KB264724

스펄전설교전집
요한서신
유다서

스펄전설교전집
요한서신
유다서

역자 + 이광식

크리스챤
다이제스트

국립중앙도서관 출판시도서목록(CIP)

요한서신 · 유다서 / [저자: Charles Haddon Spurgeon] ; 역자: 이광식. -- 고양 : 크리스챤 다이제스트, 2012

  p. ;   cm. -- (스펄전설교전집 = The treasury of the bible ; 34)

영어 원작을 한국어로 번역
ISBN 978-89-447-2234-9 94230 : ₩25000
ISBN 978-89-447-2200-4(세트) 94230

설교집[說教集]
요한의 편지[--片紙]
유다서[--書]

235.2-KDC5
252-DDC21   CIP2012003329

차례

■ 　요　한　일　서

요 한 일 서

제
1
장

—

하나님과의 교제

—

"우리가 보고 들은 바를 너희에게도 전함은 너희로
우리와 사귐이 있게 하려 함이니 우리의 사귐은 아버지와
그의 아들 예수 그리스도와 더불어 누림이라." — 요일 1:3

하나님과의 교제는 타락하기 전 인간이 누렸던 가장 큰 특권 중의 하나였습니다. 여호와 하나님께서 동산에 거니셨고, 마치 사람이 자기 친구와 이야기하듯 아담과 이야기하셨습니다. 아담이 자원하여 순종하는 동안, 그는 그 땅의 기름진 것을 먹었고 최상의 진미(珍味)와 "오래 저장하였던 맑은 포도주"를 마셨습니다(사 25:6). 그의 영혼이 누린 것 중에 우리가 가장 우선적으로 꼽아야 할 것은, 그의 아버지이시며 그의 친구이기도 하신 하나님과의 깨어지지 않은 교류였습니다. 죄는, 인간을 에덴으로부터 내쫓았듯이 하나님으로부터도 내쫓았습니다. 그 때부터 우리의 얼굴은 지존하신 분(the Most High)을 향하던 것에서 돌이켰고, 그분의 얼굴 또한 우리에게서 돌이키셨습니다. 우리는 하나님을 미워해 왔고, 하나님께서도 매일 우리를 향하여 분노해 오셨습니다. 그리스도께서 세상에 오신 것은 우리에게 잃어버린 유산을 회복시키기 위해서였습니다. 우리가 타락 전 아담 안에서 차지하였던 것과 똑같은 지위, 아니 그 이상의 지위로 우리를 회복시키려 하신 것이, 그분이 자기를 희생하신 위대한 목적이었습니다. 그분은 이미 우리가 잃어버렸던 것 중에서 많은 것을 우리에게 회복시키셨으며, 그 중 하나가 바로 하나님과의 교제입니다. 그분의 은혜에 의해 믿음을 갖게 된 자는,

그리고 그분의 보혈에 의해 씻음을 받은 자는, 우리 주 예수 그리스도로 말미암아 하나님과 화평하게 되었습니다. 그들은 더 이상 "외인도 아니요 나그네도 아니요 오직 성도들과 동일한 시민이요 하나님의 권속입니다"(엡 2:19). 또한 그들은 우리가 서 있는 이 은혜 속으로 담대하게 들어올 수 있습니다. 그분의 나라 안에 있는 자들, 두 번째 아담의 통치 아래에 있는 자들은, 그들의 첫 번째 연합의 머리였던 아담의 죄와 불순종으로 인해 잃어버렸던 그 교제를 완전히 되찾았습니다. 요한은 그리스도께서 육신으로 거하실 때에 이 특권을 누렸던 사람들 중의 하나입니다. 그는 그리스도께서 선택하신 무리에 속하였고, 택한 자 중에서도 택한 자 되어 최상의 특권을 누렸습니다. 그리스도의 성육신 기간 동안, 요한은 구주와 가장 가까운 친교를 누리는 은혜를 입었던 세 명의 제자들 중 하나였습니다. 그는 그리스도께서 변화되신 모습을 보았으며, 그분이 죽은 소녀를 일으키시는 것을 목격했으며, 동산에서도 주님과 함께 있었고, 심지어 그분이 죽으신 후 창에 찔리실 때와 피와 물이 그 옆구리에서 흘러나오는 동안에도 그 현장에 있었습니다. 요한은 그리스도께서 육신에 거하실 때에 가장 가깝고, 가장 친밀하고, 가장 밀접한 교제를 누렸던 사람입니다. 그가 머리를 그리스도의 품에 기대었듯이, 그의 생각이나 마음의 모든 감정까지도 주님의 거룩한 사랑의 품에 기댄 것입니다. 하지만 그리스도께서는 가셨습니다. 더 이상 그분의 음성을 들을 수 없었습니다. 그분의 눈을 바라볼 수도, 그분의 손을 붙잡을 수도 없었습니다. 그럼에도 요한은 그의 교제는 잃어버리지 않았습니다. 그는 더 이상 그리스도를 육신을 따라서 알지 않지만, 더 고상한 방식을 따라 그분을 알았습니다. 그의 교제는 그가 그분과 함께 걷고 대화하며 또한 그분과 더불어 먹고 마시는 은혜를 누리던 때에 비해 덜 실제적인 것이 아니었습니다. 그보다 덜 가깝다거나, 덜 달콤하다거나, 덜 거룩한 것도 아니었습니다. 요한은 이렇게 말합니다. "진실로 우리의 사귐은(truly our fellowship is) 아버지와 그의 아들 예수 그리스도와 더불어 누림이라." 여기서의 시제는 현재형(is)이지 과거형(was)이 아닙니다.

자, 우리 주 예수님에 대한 공통의 믿음 안에서 내 형제들과 자매들이 된 분들이여, 오늘 아침에 우리 중 많은 사람들이 이렇게 말할 수 있을 것이라고 나는 믿습니다. "우리의 교제는 아버지와 그의 아들 예수 그리스도와 더불어 누리는 것이라." 사도 요한이 "진실로(truly, KJV)"라고 말할 필요가 있었던 것은 어떤 이들이 그것을 의심하고 부인했기 때문이 아닐까요? 우리도 때로는 요한처럼 엄숙하게 단언하는 경우가 있습니다. 어떤 종파의 사람들은(목사제도를 인정하지 않는 형제단 같은 종파를 염두에 둔 듯함 − 역주) 그들의 교회 제도의 형식을 경건의 필수 조건(sine qua non)으로 높입니다. 또한 그들은 우리에 대해 말하기를, 우리가 그들의 방식을 따르지 않기 때문에 우리가 그리스도와 교제할 수 없을 것이라고 합니다. 우리가 그들과 달리 하나님이 세우신 목사를 거부하지 않기 때문에, 또 그들과 달리 그들이 새롭게 고안해 낸 제도대로 모든 사람이 형제를 가르치지 않기 때문에, 그래서 그들의 종파에서 누리는 교제를 우리가 누릴 수 없을 것이라고 합니다. 그들이 매우 심하게 말해 오는 동안, 우리는 우리 스스로에게 질문해 왔습니다. 하지만 마음을 깊이 살핀 후에 우리는 이렇게 대답할 수 있습니다. "형제들이여, 교회의 치리나 조직의 문제에 있어서 당신들이 옳든지 혹은 우리가 옳든지 간에, 우리는 이 한 가지를 단언할 수 있습니다. '진실로' 우리의 사귐은 아버지와 그의 아들 예수 그리스도와 더불어 누리는 것입니다."

　　그리고 종종 교리주의자 − 그리스도의 교리를 그리스도의 인격보다 더 중하게 생각하고, 그런 생각에 자만심이 결부되어 항상 자기 자신이 옳아야 하고, 다른 사람들은 틀리다고 생각하는 자 − 는 그의 '고상한' 교리에 우리가 찬성하지 않고 오히려 그의 율법적인 진술에 동조하지 않는다는 이유로 우리에 대해서 이렇게 말합니다. "오 이 사람들을 보라! 그들은 수는 많지만 하나님과 교제를 나눌 수는 없을 것이다. 그들은 우리처럼 '쉽볼렛'이라 발음하지 않고(참조. 삿 12:6) 또 우리가 가르치는 신조 조항에 동의하지 않기 때문에, 주님이 그들과 함께 하시지 않을 것이다." 아, 하지만 우리는 그들에게 말할 수 있습니다. "형제들이여, 우리는 이 교리적인 논쟁에서 떠나 옳고 그름을 가리시는 저 위대한 판단자(the Great Arbiter)에게 가는 것으로 만족합니다. 우리의 견해는 성경에 기반을 둔 것입니다. 우리가 소망하고 또 말할 수 있는 것은, 지존하신 하나님 앞에서 우리가 지금까지 하나님의 모든 목적을 선포하는 것을 회피하지 않았다는 것입니다." 하지만 교리적 논쟁이 어떠하든지, 우리는 당신에게 이렇게 반박합니다. "진실로", 예, "진실로, 우리의 사귐은 아버지와 그의 아들 예수 그리스도와 더불어 누리는 것입니다."

　　또한 아마도 어떤 체험주의자 − 자기 자신의 특정한 경험 방식에 지나치게 중요성을 부여하는 자 − 는 목사가 그와 동일한 인간적인 악행을 경험하지 않았다고 소리칠 것입니다. 아마도 그는 우리가 어떤 특정한 경험을 강조하지 않고 영적인 회개에 대해 불건전한 기준을 제시한다는 이유를 내세워 우리를 전적으로 비난할 것입니다. 자, 우리는 그런 사람에 대해 말할 수 있습니다. "우리는 우리가 아는 것을 가르치고, 우리가 본 것을 전합니다. 우리가 영적 체험의 모든 높이와 깊이와 길이와 넓이에는 다 이르지 못한다 해도, 그럼에도 우리는 자라기를 소망합니다. 당신이 우리의 선언을 의심한다고 해도 우리는 이렇게 말할 수 있습니다. 진실로, 우리의 사귐은 아버지와 그의 아들 예수 그리스도와 더불어 누리는 것입니다."

이 사실이 즉각적이고도 직접적으로 우리를 이 본문으로 이끌어 줍니다. 먼저, 여러분은 이 본문에 엄숙한 긍정으로 이끄는 조용한 조사(a quiet investigation, leading to a most solemn affirmation)가 암시되어 있음을 발견할 것입니다. "우리의 사귐은 아버지와 그의 아들 예수 그리스도와 더불어 누림이라." 둘째로, 이 구절의 앞부분에는 적절한 행동으로 이끌어 주는 강한 사랑의 열망(a most affectionate desire, leading to appropriate action)이 있습니다. 우리의 바람은 여러분이 우리와 더불어 교제하는 것이며, 바로 그 때문에 "우리가 보고 들은 바를 여러분에게 전하는 것입니다."

1. 사귐이 있는지에 대한 내적 조사

먼저, 우리 마음이 아주 평온하고 고요한 가운데에서 이 문제에 대해 말하기를 원합니다. 그것이 과연 그런지, 우리가 진정 아버지와 그의 아들 예수 그리스도와 더불어 사귐을 누리고 있는지 아닌지를 살펴보도록 합시다.

자, 형제들이여, 우리는 아버지와 더불어 교제를 누려 왔습니다. 어떤 사람과 교제를 누리기 위해서는 마음의 일치(concord of heart)가 있어야 합니다. 두 사람이 마음이 일치하지 않는데 함께 걸어갈 수 있겠습니까? 교제의 밑바탕에는 유사성(likeness)이 있어야 합니다. 우리는 닮은 소원(like wishes), 닮은 욕구(like desires)를 가져야 합니다. 우리는 닮은 목적(like ends)을 채택해야 하고, 우리의 정신이 같은 목적을 이루고자 하는 의도로 결합되어 있어야 합니다.

1) 영원한 목적에서 아버지와의 마음의 일치

자, 이 아침에 가장 먼저, 우리가 하나님의 영원한 목적에 있어서 그분과 달콤한 일치감을 느끼는 것을 고백할 수 있다고 생각합니다. 나는 하나님의 책을 읽고서, 그분이 그리스도를 교회의 머리로 삼으신 것과 또한 그분이 "누구도 능히 셀 수 없는 자들을" 그분에게 속하도록 선택하셨다는 것을 발견합니다. 나는 하나님의 말씀에서 그분이 구별되는 은혜를 주시는 하나님으로 계시된 것을 발견합니다. 그분은 "은혜 베풀 자에게 은혜를 베풀고 긍휼히 여길 자에게 긍휼히 베푸십니다"(출 33:19). 그분은 많은 아들들을 영광으로 이끄실 것이고, "이는 그의 사랑하시는 자 안에서 우리에게 거저 주시는 바 그의 은혜의 영광을 찬송하게 하려는 것입니다"(엡 1:6). 형제들이여, 여러분과 나는 마음을 살피시는 하나님 앞에서, 하나님의 목적에 있어서 그분과 일치한다고 말할 수 있지 않습니까? 왜 입니까? 우리는 그분을 사랑합니다. 우리는 그분을 기뻐합니다. 하나님의 계명 들이 우리에게는 만족스럽습니다. 설혹 우리가 하나님의 거룩한 목적이 기록된 두루마리의 내용을 고치는 것이 가능하다 해도, 우리는 그렇게 하지 않을 것입니다. 우리는 그분이 명하신 것이 무엇이든 옳다고 느낍니다. 자기 백성을 향한 그분의 목적은 그들로 영원한 생명에 이르게 하는 것이며, 그들을 향한 그분의 사랑은 지면에 있는 모든 사람들을 향한 사랑보다 뛰어납니다. 이것이 우리가 알고 있는 가장 큰 기쁨의 이유 중 한 가지입니다. 선택의 교리는 하나님의 자녀에게는 기운을 돋우는 달콤한 강장제(強壯劑)와도 같습니다. 나는 이렇게 외칠 수 있습니다. "내 아버지여, 당신은 왕이십니다. 당신이 이 세상에서 천한 것들과 없는 것들을 택하시어, 있는 것들을 부끄럽게 만드셨습니다. 이 선택 안에서 저는 당신과 교제를 나누며 이렇게 큰 소리로 외칠 수 있습니다. '천지의 주재이신 아버지여 이것을 지혜롭고 슬기 있는 자들에게는 숨기시고 어린 아이들에게는 나타내심을 감사하나이다'"(마 11:25-26).

　　또한, 우리는 하나님과 교제하며, 그분의 영원한 목적 중에서도 가장 우선적인 것은 그분 자신의 영광(His own glory)이라는 점에서도 일치합니다. 지존자의 모든 행위는 그분의 위엄을 나타내고 그분의 신성을 영화롭게 하기 위한 것입니다. 오 형제들이여, 이 목적에서 우리는 하나님과 공감하지 않습니까? 그분에게 영광을, 그분에게 영광을 돌리십시오! 오 그분의 손으로 지음받은 모든 피조물이여! 우리 정신이 매우 고양되고, 거룩한 불꽃으로 타오를 때에, 우리가 품는 가장 고상한 열망은 모든 일에서 그분이 영광을 받으시는 것입니다! 그분은 마음을 읽으시기에 그것을 아십니다. 종종 우리가 엎드러지고 땅의 티끌처럼 되었을 때에 우리는 이렇게 말했습니다. "이것이 여전히 저의 위로입니다. 곧 그분이 높임을 받으시고, 그분이 여전히 다스리시며, 그분이 하늘의 천군들 사이에서 그 뜻대로 행하시듯이 이 낮은 세상의 백성들 가운데서도 그 뜻대로 행하신다는 것입니다." 그분이 자신의 영광을 바라시듯 여러분도 그분의 영광을 바라지 않습니까? 그분은 인간의 모든 자랑과 교만을 꺾으시고, 세상으로 하여금 여호와가 하나님이시며 "그 외에는 다른 신이 없음을" 알게 하기를 원하십니다(신 4:35). 여러분도 같은 것을 바라지 않습니까? 그리고 매일같이 이렇게 기도하지 않습니까? "해 뜨는 곳에서부터 해 지는 곳까지 주께서 높임 받으시기를 원하나이다. 모든 피조물들이 주의 복되신 이름을 부르게 하시고, 호흡이 있는 자마다 주의 이름을 크게 높이고 송축하게 하소서." 바로 이 점 곧 그분의 목적과 그 목적의 우선적인 대상에 있어서, 우리는 "아버지와 사귐을 누립니다."

또한 지금 우리는 목적을 이루시는 그분의 계획(plan)에 있어서도 그분과 사귐을 누리지 않습니까? 하나님은 이 계획을 기뻐하셨습니다. "때가 차매 하나님이 그 아들을 보내사 여자에게서 나게 하시고 율법 아래에 나게 하신 것은 율법 아래에 있는 자들을 속량하시고 우리로 아들의 명분을 얻게 하려 하심이라"(갈 4:4-5). 그분이 하나의 기초를 놓으셨고, 그 유일한 기초와 관련하여 "이 닦아 둔 것 외에 능히 다른 터를 닦아 둘 자가 없으니"(고전 3:11)라고 말씀하셨습니다. 하나님께서는 "건축자들이 버린 돌"을 선택하셨고, 그것이 "모퉁이의 머릿돌"이 되게 하셨습니다(눅 20:17). 이것이 주께서 하신 일이고, 그에 대해 우리는 "그것이 우리 눈에 이상하지 않느냐"고 말할 수 없습니다. 그리스도께서 하나님이 "택하신 보배로운 모퉁잇돌"이시듯이, 그분이 "믿는 여러분에게도 보배"가 되시는 것입니다(벧전 2:7). 시작부터 끝까지의 모든 계획을 바라보면서, 여러분은 그것에 동의하지 않습니까? 그 계획이 고안해 낼 수 있는 가장 지혜롭고, 가장 은혜로우며, 가장 영광스러운 계획으로서 여러분을 감탄하게 만들지 않습니까? 예정의 첫 수원지로부터 영광의 대양으로 흘러들어가기까지, 저 영원히 흐르는 강물을 따라 여행하면서 여러분은 비길 데 없이 훌륭한 그 과정에 대해 이렇게 말할 것입니다. "우리 주 예수 그리스도의 아버지 하나님을 찬송하리로다 그의 많으신 긍휼대로 창세 전에 그리스도 안에서 우리를 택하사, 마지막에는 우리를 영화롭게 하시고 그분 자신에게로 이끄시리로다"(참조. 벧전 1:3; 엡 1:4). 예, 그분 계획의 한 말씀이라도 우리는 바꾸고 싶지 않습니다. 이 거룩한 계획의 항목에서 우리가 변경하고 싶은 것은 하나도 없습니다. 그것이 그분이 승인하시는 것이라면, 우리도 확실히 찬성합니다. 그분이 그것을 거룩한 활동 계획으로 선택하셨다면, 우리는 그분의 선택을 칭송하며, 그 계획을 수립하시고 실행하시는 지혜와 사랑에 경의를 표합니다.

또한 나는 이 말을 더하고 싶습니다. 우리는 그 계획의 가장 두드러진 특징들 (the most prominent characteristics of that plan)에 있어서도 하나님과 사귐을 갖습니다. 구원의 전 과정에서, 여러분은 하나님의 공의와 자비가 각각 그 광채를 흐리지 않고 선명하게 나타난 것을 보았습니다. 여러분은 죄인을 용서하시는 그분의 은혜를 보았고, 또한 대속자에게 죄를 보응하시는 그분의 거룩함을 보았습니다. 여러분은 그분의 진실하심이 두 가지 방향으로 작용하는 것을 보았습니다. 곧 "악과 과실과 죄를 용서하리라"(출 34:7)는 그 약속 안에는 결코 벌을 면제하지 않고 보응하신다는 경고의 진리도 있는 것입니다. 거룩한 구원의 계획 전체에서, 지존자의 속성들 중 어느 하나에도 오점이 남는 부분이 없습니다. "거룩하다 거룩하다 거룩하다 만군의 여호와여"(사 6:3)는 여전히 천사들이 부르는 노래입니다. 한때 가장 비열한 죄인들이 그들의 기쁨에 참여하고, 그들의 노래를 함께 부르는 지금도 말입니다. 또한 형제들이여, 여러분과 나는 이 점에서도 하나님과 사귐을 누리지 않습니까? 여러분은 여러분이 구원받기 위해서라면 그분이 불공정하셔도 좋다고 생각합니까? 나는 여러분이 이렇게 말할 것이라고 생각합니다. "아닙니다! 결코 아닙니다! 저 때문에 그분이 불공정하셔서는 안 됩니다." 여러분은 그분이 다른 사람들을 사랑하지 않으시고, 여러분만 편애하시기를 바랍니까? 아닙니다, 여러분은 그것을 바라지 않을 것입니다. 여러분은 그분이 심판의 경고를 철회하시기를 바라지 않을 것입니다. 만일 그렇게 되면 여러분은 그분이 약속을 잊으실 것이라고 느낄 것이기 때문입니다. 여러분이 하나님의 성품을 바라볼 때, 그분이 예수 그리스도의 얼굴에서 그것을 나타내셨듯이, 여러분의 영혼은 이루 말할 수 없는 기쁨과 감탄으로 가득하게 될 것이라고 나는 확신합니다. 여러분은 그분을 향해 이렇게 노래할 수 있습니다. "오 위대하신 하나님, 주의 자비는 영원하나이다." 또한 여러분은 다윗의 말을 빌려 이렇게 말할 수 있을 것입니다. "내가 인자와 정의를 노래하겠나이다 여호와여 내가 주께 찬양하리이다"(시 101:1). 목적에 있어서, 목적의 주된 대상에 있어서, 그 목적을 성취하는 계획에 있어서, 그리고 그 계획의 특징들에 있어서, 그리스도를 믿는 자는 아버지와의 교제에서 달콤한 일치감을 누립니다.

그러나 한 걸음 더 나아갑시다. 우리는 사랑의 대상들(objects of His love)에 있어서도 아버지와 매우 거룩하고 귀한 친교를 누립니다. 두 사람이 같은 것을 사랑할 때, 그 애정이 그들 사이를 묶어 주는 끈이 됩니다. 그 둘은 서로를 사랑할 것입니다. 섭리의 과정에서 자녀들이 그 가정으로 들어오고, 그들의 자녀들은 부모 사이를 묶어 주는 또 다른 끈이 됩니다. 그들 모두는 공통적으로 어린 자녀들에게 마음을 쏟습니다. 그런데 그 과정에서 그들의 마음이 서로를 향해서도 더 깊어지는 것을 느낍니다. 자, 하나님 아버지와 우리 영혼 사이에는 하나의 끈이 있습니다. 그분이 예수님에 대해 "이는 내 사랑하는 아들이요 내 기뻐하는 자라"고 말씀하시지 않았습니까? 그리고 여러분과 나는 이렇게 말할 수 있지 않습니까? "예, 그분은 우리의 사랑하는 구주시며, 그분을 우리가 매우 기뻐합니다." 성경에 "여호와께서 그에게 상함을 받게 하시기를 원하사"(사 53:10)라고 기록되어 있습니다. 우리 또한 그분의 상처와, 그분의 고난과, 그분의 죽음을 자세히 들여다보면서, 거룩한 기쁨과 만족을 찾았다고 느끼지 않습니까? 또한 아버지께서는 그 아들 예수를 영화롭게 하기로 결정하셨습니다. 우리가 여기 이 땅에서 그분을 영화롭게 하고자 섬기는 것, 그분의 영광을 하늘의 천사들과 정사와 권세들을 향해서도 선포하고, 높은 곳과 깊은 곳에서도 그분의 인자하심을 전하는 것이, 우리 마음에서 우러나오는 가장 즐거운 생각이 아닙니까? 아버지께서 그 아들을 사랑하십니까? 우리 역시도 그분을 사랑합니다. 우리가 유한한 존재이기에, 아버지와 똑같이 무한한 정도는 아닐지라도, 그럼에도 불구하고 아버지께서 예수님을 사랑하시듯이 우리 역시도 진실하게 그분을 사랑합니다.

> "오, 주여 제가 주를 사랑하지 않으면
> 얼마나 비열한 자인지 스스로 입증하는 것이지요.
> 구주를 사랑하지 않으니
> 차라리 죽는 것이 낫겠나이다."

이와 같이 우리는 그 아들을 사랑하는 것에서 일치함으로, 아버지와 사귐을 누립니다. 아버지께서 성도들(saints)을 사랑하시나요? 우리 역시 그러합니다. 그분이 "그들의 피가 그의 눈앞에서 존귀히 여김을 받으리로다"(시 72:14)고 선언하시고, 또한 그분이 자기 백성을 기뻐하시고 그들은 그의 특별한 분깃이며 택하신 기업이라고 말씀하십니까? 내 영혼 역시 모든 의심과 두려움 중에서도 이렇게 말할 수 있습니다. "나는 사망에서 옮겨 생명으로 들어간 줄을 압니다. 이는 내가 형제들을 사랑하기 때문입니다"(요일 3:14, KJV역). 내 영혼은 이렇게 단언할 수 있습니다. "내가 그들을 기뻐합니다. 그들이 거하는 곳에 나도 거할 것이며, 그들이 죽는 곳에서 나도 죽을 것입니다. 그들의 분깃이 내 분깃이 되고, 그들의 하나님이 영원토록 내 하나님이 될 것입니다." 이 점에서도 역시, 우리는 아버지와 사귐을 누리고 있습니다.

그러나 형제들이여, "사귐"이라는 말은 단지 마음의 일치만을 의미하는 것이 아니라, 상호 의사전달이나 교류에 있어서 그 이상의 일치감을 수행하는 것을 내포합니다. 우리의 경험으로써 엄격히 확인되지 않은 말은 한 마디도 하지 않기를 바랍니다! 하지만 또한 우리가 하나님 아버지와 사귐을 가져왔다고 말할 수 있게 되기를 바랍니다. 우리가 언제나 그분을 본 것은 아니며, 그분의 모습을 목격한 것은 아닙니다. 모세처럼 바위 틈 사이에서 그분의 뒷모습을 바라보거나, 보이지 아니하시는 여호와의 행차를 목격하는 것은 우리에게 허락되지 않았습니다. 하지만 우리는 그분에게 말을 해 왔고, 그분을 향해 "아빠, 아버지"라고 불러 왔습니다. 우리는 우리의 마음에서 우러나온 호칭, 곧 "하늘에 계신 우리 아버지"라는 호칭으로 그분에게 인사를 해왔습니다. 우리가 그러한 방식으로 그분께 나아간 것은 결코 우리 스스로를 속이는 것이 아니었습니다. 우리는 그분을 알현하여 왔습니다. 그리스도의 보배로운 피로 말미암아, 그분의 발 앞에서 우리의 사정을 낱낱이 아뢰어 왔습니다. 우리 편에서만 사정을 아뢰는 것으로 전부가 아니었으며, 그분 역시 성령으로써 그분의 사랑을 우리 마음에 부어 주기를 기뻐하셨습니다. 우리가 양자의 영을 느끼는 동안, 그분은 우리에게 인자하신 아버지의 사랑을 우리에게 보여주셨습니다. 아무 소리가 들리지 않아도 우리는 느낄 수 있었고, 천사와 같은 전령이 우리에게 증언해 주지 않았어도 우리는 알 수 있었습니다. 왜냐하면 그분의 영이신 성령이 "친히 우리의 영과 더불어 우리가 하나님의 자녀인 것을 증언하시기" 때문입니다(롬 8:16). 우리는 그분의 팔에 안겨 있고, 더 이상 멀리 떨어져 있지 않습니다. 우리는 "그리스도의 피로 가까워졌습니다"(엡 2:13). 내 형제들과 자매들이여, 나는 여러분 각자가 ─ 비록 이보다 좀 더 강렬하게 말할 수 있기를 바라겠지만 ─ 이렇게 말할 수 있을 것이라고 믿습니다. "나는 이 모든 일에서 아버지와 교제를 누려 왔습니다. 나는 그분과 대화해 왔으며, 그분이 내게 말씀해 오셨습니다." 여러분은 이 찬송의 가사에 동참할 수 있습니다.

> "아버지의 사랑 안에서
> 제가 자녀의 지위를 얻었다면,
> 당신의 성령을 비둘기처럼 보내시어
> 제 마음에 머물게 하소서."

아버지와의 사귐에 관한 요점의 결론으로서 한 가지를 더 언급하겠습니다. 우리는 모든 지혜의 하나님께 우리 자신을 맡길 수 있으며, 그분에게 행복한 것이 우리에게도 행복이었다고 하는 이 점에서도 우리가 하나님과 사귐을 누려 왔다고 말할 수 있습니다. 거룩하신 아버지께 기쁨인 것이 우리에게도 기쁨이었습니다. "그것이 무엇입니까"라고 여러분은 말합니다. 형제들이여, 하나님께서 거룩함과 선함과 긍휼과 인자를 기뻐하시고, 그것이 또한 우리에게도 기쁨이 아닙니까? 나는 이 땅에서 우리의 가장 큰 슬픔이 우리 자신의 죄라고 확신합니다. 우리가 천성을 향해 오를 때에 우리를 붙잡아 끌어내리고 방해하는 그런 죄들을 없앨 수만 있다면, 우리는 환난 중에서도 불평하지 않습니다. 거룩함은 우리의 기쁨이며, 순결이 우리의 즐거움입니다. 만일 우리가 그분의 온전하신 것처럼 온전할 수 있고, 우리 아버지이신 하나님께 불의가 전혀 없듯이 우리가 죄에서 자유로울 수 있다면, 그럴 때 우리는 이미 천국에 있는 것과 같으며, 이것이 우리의 행복입니다. 하나님께서 성결과 의에서 행복을 찾으시는 것과 마찬가지로 우리 역시 그 안에서 행복을 찾습니다.

삼위일체의 위격들(the persons of the Trinity)과 교제하는 것이 아버지의 기쁨이라면, 즉 아버지께서 그 아들을 기뻐하신다면 우리 역시도 그분을 기뻐합니다. 그런 기쁨을 우리가 이방인에게 말한다면, 아마도 그는 우리가 하는 말을 믿지 못할 것입니다. 만일 우리가 속물들의 귀에 그 말을 한다면, 그는 우리를 미쳤다고 생각할 것입니다. 예수님, 당신은 우리 영혼의 태양이십니다! 우리에게 예수님은 우리가 마실 강물이며, 우리가 먹을 떡이며, 우리가 호흡하는 공기입니다. 예수님은 우리 삶의 기초이며, 또한 그 꼭대기이기도 합니다. 예수님은 우리 존재의 기둥이고, 버팀목이시며, 아름다움이자 기쁨이십니다! 우리에게 예수님만 있다면, 우리는 예수님 외에 그 어떤 것도 구하지 않을 수 있습니다. 예수님이 모든 것의 모든 것이시기 때문입니다. 우리에게 예수님이 없다면, 우리는 파선한 자요, 망한 자가 되고 맙니다. 그러므로 우리는 아버지와 사귐을 누리고 있습니다. 그분의 행복이 틀림없이 우리에게도 행복이기 때문입니다.

　　또한 아버지의 하시는 일이 우리의 일입니다. 나는 여러분 모두에게 하는 말이 아닙니다. 그분은 자신이 택한 자들을 아십니다. 우리는 세계를 지탱하는 일이나, 태양이 떠오를 때 빛을 비추시는 일에 아버지와 동참할 수 없습니다. 셀 수 없는 언덕들에 있는 가축들을 우리가 먹이지 못하고, 숨쉬는 피조물들 모두에게 우리가 양식과 생명을 공급하지 못합니다. 하지만 그분이 하시는 일 중에 우리가 참여할 수 있는 일도 있습니다. 그분은 모든 피조물들을 선히 대하시고, 우리 역시 선을 행할 수 있습니다. 그분은 그 아들 예수에 대해 증언하시고, 우리 역시 그렇게 증언할 수 있습니다. 그 아들이 영광을 얻도록 하기 위해 "아버지께서 이제까지 일하시니", 우리 역시 그 아들의 영광을 위해 일합니다. 오, 영원한 사역자(Eternal Worker)시여! 영혼들을 구하는 것이 당신의 일이며, 우리는 그 일에서 동역자들(co-workers)입니다! 우리는 그분의 경작지이며, 그분이 세우시는 건물입니다. 그분이 진리의 씨를 뿌리시고, 우리 역시 그것을 뿌립니다. 그분의 말씀이 위로하시듯, 성령 하나님께서 우리와 함께 하실 때 우리의 말도 지친 자들을 위로합니다. 우리가 "내게 사는 것이 그리스도니"(빌 1:21)라고 말할 수 있기를 바랍니다. 이것이 또한 사시는 하나님의 목적이 아닙니까? 우리에게 그리스도를 영화롭게 하는 것보다 더 큰 바람은 없으며, 이것이 또한 아버지의 뜻입니다. 예수 그리스도께서 이렇게 기도하신 것과 같습니다. "아들을 영화롭게 하사 아들로 아버지를 영화롭게 하게 하옵소서"(요 17:1). 형제들이여, 여러분은 우리가 영원하신 하나님과 같은 입장에 서 있는 것을 볼 수 있지 않습니까? 우리가 손을 높이 들 때, 그분도 그 영원하신 팔을 올리십니다. 우리가 말할 때 그분 역시 말씀하시고, 같은 것에 대해 말씀하십니다. 우리가 그리스도의 영광을 바랄 때에 그분 역시 그 영광을 바라십니다. 우리가 길 잃은 양들을 집으로 데려오고, 집 떠난 탕자들을 귀환시키려고 갈망할 때, 그분도 같은 것을 간절히 바라십니다. 그런 관점에서 우리는 이렇게 말할 수 있습니다. "진실로 우리의 사귐은 아버지와 그의 아들 예수 그리스도와 더불어 누림이라."

2) 그 아들 예수 그리스도와의 교제

이제 간략하게나마, 우리가 아버지뿐 아니라 그 아들과도 사귐을 누린다는 사실에 대해 말하고자 합니다. 이런 문제에 있어서 우리는 말하는 것이나 글 읽기를 갓 배우기 시작한 어린 아이들과도 같습니다. 오 형제들이여, 우리는 아버지와의 사귐을 누린다고 말하더라도, 이르러야 할 수준에 이르지 못했습니다. 우리가 누리기를 바라는 교제의 수준에 비하면 우리가 누리고 있는 것은 아직 얼마나 미약한지요! 이 교제는 마치 에스겔서에 나오는 강물과도 같습니다(47장). 성소에서 흘러나온 그 물은 처음에는 발목까지 오르고, 후에는 무릎까지 오르고, 다음에는 허리에까지 오르고, 마침내 헤엄을 칠 수 있는 강이 됩니다. 그 강물을 헤엄쳐 건너본 적이 있는 사람은 우리들 중에 소수에 불과할 것이라고 나는 생각합니다. 하지만 하나님께 감사한 것은, 비록 그 물이 발목에 이를 뿐이라 해도 우리는 하나님과의 사귐을 누리는 것입니다. 비록 지금의 교제가 미약하다 해도, 그 미약함은 더 많은 것을 위한 씨앗이며, 틀림없이 더 큰 기쁨이 다가올 것을 보증합니다. 자, 지금 우리는 주 예수 그리스도와 더불어 사귐을 누립니다. 우리의 마음이 그분에게 연합되어 있다고 말할 수 있을 것입니다. 혹 그렇게 말할 수 없다면, 적어도 그것 때문에 슬피 울 수는 있을 것이라고 나는 생각합니다.

> "예수여, 우리 귀에 음악과도 같은
> 당신의 아름다운 이름을 사랑하나이다."

때때로 우리는 이렇게 노래해야 할 것입니다.

> "제가 알고 싶은 것이 있으니,
> 종종 저를 근심스럽게 만드는 것이랍니다.
> 저는 주님을 사랑하는 것인가요, 아닌가요?
> 저는 그분의 것인가요, 아닌가요?"

하지만 결국 우리는 제자리로 돌아와 이렇게 대답할 수 있다고 나는 생각합니다. "예, 주님, 주께서 모든 것을 아시오니 제가 주를 사랑하는 줄 주께서 아시나이다. 하여간, 저는 당신이 없이는 결코 행복할 수 없으며, 당신 안에서가 아니면 저는 어디서도 평안을 찾을 수 없답니다. 제가 당신을 사랑하지 않는다면, 어찌 제가 이토록 당신을 갈망하겠습니까? 당신이 떠나계실 때 제가 어찌 그렇게 근심하고 슬퍼하겠습니까? 당신이 아니 계시면 마치 저는 눈먼 자와 같아서 모든 것이 캄캄해지고, 당신이 함께 계시면 당신의 빛과 미덕의 광채로 인하여 모든 것이 밝아진답니다." 형제들이여, 사탄은 제멋대로 지껄일 것이며, 우리의 감각 또한 이 진술과는 모순되어 보일지 모릅니다. 하지만 여전히 우리의 영혼은 그분을 따르고 있습니다. 그분은 우리에게 우리 구원의 전부이시고, 우리 소망의 전부이십니다. 그러므로 우리는 그리스도와 사귐을 누리는 것입니다. 그분의 사랑이 우리 속에 있고, 우리의 마음이 그분에게 결합되어 있습니다.

　더 나아가, 우리는 그분의 고난에 있어서도 미약하지만 어느 정도는 그분과 사귐을 갖습니다. 여러분은 "죄와 싸우되 아직 피 흘리기까지는 대항하지 않았습니다"(히 12:4). 하지만 우리는 그분의 십자가를 지고 왔으며, 그분이 당하셨던 비난을 견디어왔습니다. 이렇게 말할 수 있는 사람들이 더러 있습니다.

> "예수여, 저의 십자가를 지고,
> 　모든 것을 버리고, 당신을 따르나이다."

　또한 우리 중 다른 이들은 좀 더 평탄한 길을 걸어왔겠지만, 그럼에도 불구하고 내적으로는 십자가를 느껴왔습니다. 우리 안에 있는 새로운 영이 우리가 한때 사랑했던 모든 것들과 싸워야 했기 때문입니다. 비록 외부에서 온 것은 아니라 할지라도, 그보다 훨씬 가혹할 정도로 우리 안에서 일어나는 전쟁과 다툼이 있었으며 지속적인 갈등이 있었습니다. 하지만 비록 그것이 더 많은 슬픔과 고통을 야기한다고 해도, 우리는 여전히 그분을 따를 것입니다. 그리스도께서 우리를 위해서 능욕을 참으셨듯이, 만일 우리가 그리스도를 위하여 능욕을 당한다면, 우리는 그것을 우리의 보화처럼 여길 것입니다. 내 형제들이며, 그리고 자매들이여, 나는 여러분이 그분을 따르는 자들이라고 고백하리라는 것과, 그분의 이름을 시인하기를 부끄러워하지 않을 것이라고 믿습니다. 나는 여러분이 전쟁의 날에 등을 보이지 않기를 바랍니다. 그렇게 할 수 있다면, 여러분이 예수 그리스도와의 사귐에 대해 의문을 가질 필요가 없습니다. 만일 여러분이 그분의 이름을 위하여 수치를 참고 우박처럼 쏟아지는 비난을 환영한다면, 여러분은 이 점에서 그분의 죽으심을 본받은 것이며, 그분의 고난에 참예한 자가 되는 것입니다. 나는 종종 우리가 만일 그분의 잔을 마시고 그분이 받은 세례를 받을 수 있다면 모든 고통도 감수할 가치가 있다고 생각해 왔습니다. 우리에게 땀방울을 핏방울처럼 흘려야 하는 겟세마네는 없겠지만, 그렇지만 우리에게도 나름의 겟세마네가 있습니다. 우리가 골고다에서 죽을 수는 없을 것입니다. 하지만 나는 우리가 그분과 함께 못 박혔기를 바랍니다. 세상이 우리에 대해 못 박히고, 우리 역시도 세상에 대해 못 박히기를 바랍니다. 우리가 아리마대 요셉의 무덤에 들어갈 수는 없을 것입니다. 하지만 우리는 그분의 죽으심과 연합하여 세례를 받음으로써 그분과 함께 장사되었으며, 예수 그리스도께서 아버지의 영광에 의해 죽은 자 가운데서 다시 살아나신 것처럼 우리 역시 새 생명 가운데 다시 살게 되었습니다. 또한 그분이 부활하시어 높은 곳에 오르셨던 것처럼, 비록 우리의 몸은 여전히 이곳에 있다 하더라도, 우리의 애정을 땅에 속한 것이 아닌 위에 속한 것에 두기를 바랍니다. 그분이 승천하시어 아버지와 함께 보좌에 앉으신 것처럼, 나는 이 구절의 의미를 우리가 알게 되기를 바랍니다. "또 함께 일으키사 그리스도 예수 안에서 함께 하늘에 앉히시니라"(엡 2:6). 또한 그분이 다시 오시어 다스리시듯, 나는 그것에 대해서도 우리가 얼마간 알기를 바랍니다. 그분은 우리를 왕들이자 하나님께 대한 제사장들로 삼으셨으며, 따라서 우리가 그분과 더불어 영원토록 왕 노릇 할 것이기 때문입니다. 구유에서 십자가까지, 그리고 십자가에서 천년왕국까지, 그리스도인의 경험에는 복된 사귐이 있어야 합니다. 우리는 어둑한 곳에서 작은 자로 계실 때의 그리스도를 알아야 합니다. 우리 마음속에서 아기 예수님을 알아야 합니다. 또한 우리는 광야에서 시험당하실 때의 그분을 알아야 합니다. 우리 자신이 모든 점에서 시험을 당하기 때문입니다. 우리는 비방과 모독을 견디셨을 때의 그분을 알아야 합니다. 우리 자신이 사람들에 의해 바알세불로 간주되고 만물의 찌끼처럼 취급당할 수 있기 때문입니다. 우리는 그분의 고난도, 고통도, 그분의 죽으심도 알아야 합니다. 그리고 "우리 주 예수 그리스도로 말미암아 우리에게 승리를 주시는 하나님께 감사하노니"(고전 15:57), 우리는 승리하신 그분을 알아야 합니다. 높은 곳으로 오르신 그분과, 하나님 우편에 계시는 그분과, 산 자와 죽은 자를 심판하러 다시 오실 그분을 알아야 합니다. 왜냐하면 우리 역시 우리 주 예수 그리스도로 말미암아 천사들을 판단할 것이기 때문입니다(참조. 고전 6:3; 벧후 2:4; 유 6). 비록 부족하나마 우리가 이런 면에서도 그 아들 예수 그리스도와 사귐을 누리기를 소망합니다.

하지만 우리의 사귐은 또한 실제적인 형태를 취합니다. 여기 지상에 계시는 동안 그리스도 안에 있는 동일한 소망과 열망들이 지금 우리 속에 있습니다. "내가 내 아버지 집에 있어야 될 줄을 알지 못하셨나이까"(눅 2:49) 하신 말씀을 우리는 사무치게 느끼고 있습니다. 우리가 하기를 원했던 것을 다 수행하지 못했을 때에도, 우리가 쓸모 있는 일꾼이 되는데 있어서 극복할 수 없는 어떤 장애물이 있는 듯이 여겨질 때에도, 그럼에도 불구하고 우리는 이렇게 고백해 왔습니다. "나의 양식은 나를 보내신 이의 뜻을 행하며 그의 일을 온전히 이루는 이것입니다"(참조. 요 4:34). 우리가 주님을 섬기면서 지칠 때에도 언제든 우리는 그 일에서 다시 큰 격려를 얻고, 주님과 더불어 이렇게 고백할 수 있었습니다. "내게는 너희가 알지 못하는 먹을 양식이 있느니라"(요 4:32). "주의 전을 사모하는 열심이 나를 삼키리라"(요 2:17). 또 때로는 하나님을 섬기고 또한 그분을 위해 고난 받는다는 생각에서 우리는 이렇게 말했습니다. "나는 받을 세례가 있으니 그것이 이루어지기까지 나의 답답함이 어떠하겠느냐"(눅 12:50). 주님께서 "이 유월절 먹기를 원하고 원하였노라"(눅 22:15) 하셨을 때의 그 열망이 우리에게도 있습니다. 우리 역시 우리의 천한 일에 대해 "다 이루었다"고 말하고, 우리 영혼을 아버지의 손에 부탁드리기를 바라기 때문입니다(눅 23:46). 오! 그리스도께서 가련한 예루살렘을 보시고 우실 때에 여러분은 그분과 함께 울어 본 적이 없습니까? 런던의 악행이 여러분의 눈에 눈물이 흐르게 하지 않던가요? 아마도 여러분 자신의 가족 안에 있는, 마음이 굳은 영혼들 때문에 여러분은 울지 않았던가요? 그분처럼 여러분은 이렇게 부르짖은 적이 없습니까? "암탉이 그 새끼를 날개 아래에 모음같이 내가 네 자녀를 모으려 한 일이 몇 번이더냐 그러나 너희가 원하지 아니하였도다"(마 23:37). 오! 나는 자기중심적으로 말하지 않고, 우리가 실제로 느끼는 것 이상을 말하지 않으려고 합니다. 우리는 다른 사람들을 그들의 타락과 파멸의 상태에서 끌어올리기를 애타게 바랍니다. 만일 우리의 희생으로 영혼들이 구원받을 수만 있다면, 우리 자신을 내줄지라도 그렇게 되기를 원하며, 기꺼이 이런 말을 듣기를 바랍니다. "그가 다른 사람들을 구원하였으되, 자기는 구원하지 못하였도다." 그러므로 이 점에서, 우리는 그리스도와 교제를 나눕니다.

하지만, 내가 이미 말했듯이, 교제란 대화를 요구합니다. 오! 예루살렘의 딸들이여, 여러분은 그분과 대화하지 않았습니까? 여러분이 솔로몬 왕을 만나러 나아가서 "혼인날 마음이 기쁠 때에 그의 어머니가 씌운 왕관을"(아 3:11) 그분의 머리에 씌워드린 그 행복한 날에 대해 말해 보십시오. 그분이 '기둥은 은이요 바닥은 금이요 자리는 예루살렘 딸들의 사랑으로 엮은 자색 깔개'로 된 가마를 타실 때(아 3:9-10), 우리가 언약의 연단에 서서 그분과 함께 왕의 행렬에 참여했던 복된 날에 대해 말해 보십시오. 왕이 그 궁전에 들어서실 때, 그분은 이렇게 말했습니다. "살진 짐승을 잡았으니, 오 사랑하는 자들이여, 마음껏 먹고 마시라!" 우리는 그분이 사랑하는 자들을 위해 예비해 두신 각종 향긋한 포도주를 마시고 맛난 과일들을 먹었으며, 마침내 이렇게 말했습니다. "건포도로 내 힘을 돕고 사과로 나를 시원하게 하라 내가 사랑하므로 병이 생겼음이라. 그가 왼팔로 내 머리를 고이고 오른팔로 나를 안는구나"(아 2:5-6). 형제들이여, 적어도 우리는 생각으로는 뛰어나가 그분을 안고, 기쁨으로 그분을 맞이하였습니다. 세상의 그 무엇도 우리에게 만족을 주지 못할 때, 우리의 생의 전망이 어두워지고 건강을 잃었을 때, 세상의 태양이 꺼져 버렸을 때, 그 때 모든 것의 모든 것 되시는 그분이 나타나셨고, 우리에게 그 얼굴빛을 비추어 주셨습니다.

우리 속으로 흘러들어온 이 사랑에 대해 여러분이 어느 정도는 알 것이라고 기대합니다. 여러분이 천사들의 음식을 먹고서, 경험의 작은 주머니 속에 지녔던 마르고 곰팡내 나는 빵 조각을 잊어버렸을 때에, 그 나라의 새로운 곡식을 먹고 복되고 거룩하신 주님의 새 포도주를 마셨을 때에, 여러분은 이 사랑을 어느 정도 알게 되었습니다. 이제 여러분은 더 이상 덜거덕 소리를 내는 수레를 타고 여행하지 않습니다. 여러분의 영혼은 '아미나딥'(내 귀한 백성, 아 6:12)의 수레와 같이 신속하며, 그 거룩한 기구를 타고서 여러분이 사랑하는 분을 뒤따라 달려갑니다. 결코 혀로 말할 수 없고, 입술로 묘사할 수 없는 거룩한 기쁨입니다. 그렇습니다. "진실로 우리의 사귐은 아버지와 그의 아들 예수 그리스도와 더불어 누리는 것입니다."

두 번째 주제를 위해서는 시간이 얼마 남지 않았군요. 이 주제도 한 편의 전체 설교가 될 만큼 매우 귀한 것입니다.

2. 적절한 노력으로 이끌어 주는 사랑의 열망

　　둘째로, 적절한 노력으로 이끌어 주는 사랑의 열망(an affectionate desire leading to appropriate effort)이 있습니다. 이 애정의 열망이란 다른 사람들이 우리와 사귐을 갖도록 하는 것입니다. 꿀을 발견하고서, 우리가 그것을 혼자 먹을 수는 없습니다. 주의 은혜로우심을 맛보고서, 거듭난 우리의 성품에서 가장 먼저 생겨나는 본능 중 하나는 우리로 하여금 나아가서 이렇게 외치게 만듭니다. "오호라 너희 모든 목마른 자들아 물로 나아오라 돈 없는 자도 오라 너희는 와서 사먹되 돈 없이, 값없이 와서 포도주와 젖을 사라"(사 55:1). 우리는 다른 사람들이 우리의 죄를 제외하고는 모든 면에서 우리와 교제를 누리기를 원합니다. 우리는 사도와 더불어 이렇게 말할 수 있습니다. "당신뿐 아니라 오늘 내 말을 듣는 모든 사람도 다 이렇게 결박된 것 외에는 나와 같이 되기를 하나님께 원하나이다"(행 26:29). 오직 죄의 결박만큼은 어느 누구도 매지 않기를 바랍니다. 형제들이여, 우리가 하나님 아버지에게서 느끼는 평화 안에서 여러분이 우리와 사귐을 누리기를 바랍니다. 우리가 그분의 보좌에 가까이 나아가는 점에서, 그분의 약속의 진리 안에서 담대히 그렇게 한다는 점에서, 그리고 그분이 자기를 우리에게 나타내실 때에 우리가 경험하는 넘치는 기쁨 안에서, 여러분이 우리와 사귐이 있기를 바랍니다! 우리의 소망을 여러분도 갖기를 바라고, 여러분도 죽음과 무덤을 바라볼 때에 우리와 마찬가지로 기쁨의 시각으로 볼 수 있기를 바랍니다. 곧 그분의 형상대로 변화하고, 그분을 계신 그대로 보리라는 기대감을 가지고 보는 것입니다! 우리는 여러분이 우리의 믿음을 갖기를 바라며, 아니 그 이상의 믿음을 갖기를 바랍니다. 여러분이 바라는 것들의 실상을 소유하고, 보이지 않는 것들의 증거를 갖게 되기를 바랍니다! 우리는 여러분이 효력 있는 기도에 있어서도 우리와 사귐이 있기를 바랍니다. 그리하여 주님께 여러분의 짐을 어떻게 맡겨 버리는지를 알고, 또한 구주의 공로에 호소함으로써 높은 곳으로부터 모든 복된 것들을 어떻게 가져오는지를 이해하게 되기를 바랍니다! 우리 모두가 하나 되기를 바랍니다. 사랑스럽고 선하다고 알려진 모든 것에서, 행복하고 고귀하고 거룩하고 영원한 모든 것에서 여러분이 우리와 동참하고 사귐을 갖게 되기를 바랍니다!

　　이 열망은 하나님의 자녀로 하여금 적절한 노력을 하도록 이끌어 줍니다. 그 노력이 무엇입니까? 그것은 다른 사람들에게 그가 보고 들은 것을 말하는 것입니다. 자, 나는 오늘 아침에 그런 수단을 활용하려고 합니다. 아마도 사실에 대한 예화를 들려주는 것이 말로 설명하는 것보다 더 나을 것이라 생각합니다. 내가 지금 여기서, 아버지와 그의 아들 예수 그리스도와 더불어 누리는 사귐에 대해 알지 못하는 많은 사람들에게 말하고 있습니까? 그렇다면 아마도 여러분은 그것이 무슨 의미인지 거의 알지 못할 것입니다. 그것이 무엇을 의미하는지에 대해 설명을 듣는다 해도, 거기에 그다지 중요성을 부여하지 않을 것입니다. 여러분에게는 하나님과 대화한다는 것이 중요하게 다가오지 않을 것이며, 여러분이 그리스도께 말하거나 또는 그리스도께서 여러분에게 말씀하시는 것이 상상조차 되지 않을 것입니다. 아! 만일 여러분이 그 달콤함을 안다면, 여러분은 그것을 얻기까지 결코 만족하지 않을 것입니다. 여러분은 애타는 목마름을 가지고 갈망할 것입니다. 베들레헴 성문 곁에 있는 우물물을 마시기까지는 그 목마름이 결코 가시지 않을 것입니다.

자, 영혼들이여, 여러분이 이런 일에서 우리와 사귐이 있도록 하기 위해, 여러분에게 내가 듣고 알고 본 것에 대해 말하게 해 주십시오. 바로 이것이 본문이 내게 말하라고 들려주는 바입니다. 즉, 나는, 기꺼이 여러분을 용서하고자 하시며 또 용서하실 수 있는 분으로서 그리스도를 알고 보았습니다! 오, 내가 처음 그분에게 갔던 때를 결코 잊지 못합니다. 죄의 짐을 지고 있었고, 죄로 더러운 상태였고, 오년 동안이나 양심의 가책으로 인해 짓눌린 상태였습니다. 내 두려움은 절망이 되고, 내 의심의 먹구름은 너무나 짙어 빛을 받아들일 수 없을 것처럼 보였습니다. 나는 그분에게 갔습니다. 그분이 나를 거절하실 것이라고 생각했습니다. 나는 그분을 굳은 분이라 여겼고, 나를 용서하지 않으실 거라고 생각했습니다. 하지만 내가 그분을 바라보았을 때, 그분을 바라보기만 했을 때, 두려운 눈으로 십자가에 달리신 구주를 한 번 보았을 때, 그 순간 지체 없이 내 짐이 벗겨졌고, 죄의 가책이 사라졌습니다. 절망의 자리에 마음의 평화가 찾아왔습니다. 나는 이렇게 노래할 수 있었습니다. "나는 용서받았네, 나는 용서받았다네!" 내게는 많은 죄가 있었으나 그분이 그 모든 것을 가져가셨습니다. 그 죄 중에 어떤 것들은 매우 무거운 것이었습니다. 나는 그 죄들을 사람의 귀에는 말하지 않겠지만, 하여간 그 죄는 사라졌고, 그것도 한순간에 사라졌습니다. 나의 어떤 공로 때문이 아니라, 오직 그분의 넘치는 긍휼과 주 예수 그리스도 안에 있는 자비의 풍성하심을 따라서 값없이, 은혜로 치워진 것입니다. 우리는 지금 우리가 보고 들은 바를 전하고 있습니다. 이는 여러분도 우리와 사귐을 갖도록 하기 위해서입니다. 왜냐하면 "우리의 사귐은 아버지와 그의 아들 예수 그리스도와 더불어 누리는" 것이기 때문입니다. 지금도 그분은 여러분을 받아 주실 것이며, 여러분을 용서하실 수 있습니다. 죄의 짐을 지고 슬픔으로 가득한 자여, 온전한 안식을 위해 서둘러 가십시오! 지체하지 마십시오! 평지에서 머뭇거리지 마십시오! 당신의 무거운 심령 때문에 스스로 그분에게서 멀어지려고 하지 마십시오! 그분은 팔을 벌리고 서 계시며, 용서하실 준비가 되어 있고, 가슴을 활짝 열고 당신을 기꺼이 받아 주실 것입니다. 아니, 그분이 달리고 계신다고 나는 생각합니다. 아직 거리가 먼 데도, 그분이 당신을 맞이하기 위해 달려 오십니다. 그분이 당신의 목을 안고, 당신에게 입맞춤하시고, 이렇게 말씀하십니다. "그의 누더기를 벗기고, 제일 좋은 옷을 내어다가 입히고 손에 가락지를 끼우고 발에 신을 신기라. 그리고 살진 송아지를 끌어다가 잡으라, 우리가 먹고 즐기자. 이 내 아들은 죽었다가 다시 살아났으며 내가 잃었다가 다시 얻었노라"(눅 15:22-24).

　하지만 내가 다시 증언할 것이 있습니다. 영혼들이여, 여러분이 그리스도를 믿고 용서를 받은 후에, 여러분은 그분이 여러분 영혼이 죄에서 멀어지기를 원하심을 알게 될 것입니다. 나는 생각하기를, 설혹 그리스도께서 나를 용서하신다고 해도, 나로서는 악한 행실들과 육체의 정욕을 끊는 것이 불가능할 것이라고 여겼습니다. 또한 나는 욕쟁이였던 사람들을 많이 알고 있습니다. 그들은 욕설과 저주를 일삼는 입을 씻을 수 없었노라고 말했습니다. 그들은 또한 술주정꾼이었으며, 도저히 술을 이길 수 없다고 말했습니다. 하지만 우리가 본 것을 증언합니다. 우리가 그리스도를 믿을 때, 그분이 마음을 변화시키십니다. 그분이 본성을 새롭게 하시어, 우리로 하여금 전에 우리가 사랑했던 것을 미워하게 하시고, 한때 우리가 멸시했던 것들을 사랑하게 하십니다. 오 주정꾼이여, 그분은 당신을 맑은 정신의 사람으로 만드실 수 있습니다! 행실이 부정한 자여, 그분은 당신을 고결한 사람으로 만드실 수 있습니다! 그분의 팔이 굴복시키지 못하는 정욕은 없으며, 그분이 내쫓지 못할 만큼 강력한 죄는 없습니다. 그분은 당신으로 하여금 기쁨으로 그분의 계명의 길로 달려가게 하시고, 좌로나 우로 치우치지 않게 하실 것입니다.

　다른 사람이 말합니다. "하지만, 그분이 한동안 붙들어 주신다 해도, 제가 계속해서 붙잡을 수는 없을 텐데요." 내가 보고 들은 것을 당신에게 전합니다. 그분의 이름을 찬송합니다. 나는 아직 은혜 안에서 어리지만, 그분은 나에게 언제나 신실하셨습니다. 어린 아이가 믿었고, 그 아이가 이제 증언합니다. 하나님은 신실하시며, 한 번도 그 아이를 버리지도 떠나지도 않으셨고, 그를 보전하셨습니다. 내게 흰 머리가 많았다면, "내가 보고 들은 것"을 전하는 오늘 아침의 증언에 좀 더 힘이 있을 텐데 하고 바라는 심정입니다. 예전 일을 기억합니다. 내가 '하나님은 신실하시다'는 내용으로 말씀을 전할 때에, 연로하신 내 할아버지는 강단 뒤에 앉아 계셨습니다. 내가 설교를 마치자 그분이 앞으로 나와서 이렇게 말씀하셨습니다. "하나님의 신실하심에 대해 내 손자가 잘 말하였지만, 나는 그것을 잘 증언할 수 있습니다. 내가 이십년을 세 번 보내고 또 십년을 보내는 동안, 하나님은 한결같이 신실하시고 참된 분이었습니다."

> "오랜 세월이 흘러도, 그분의 모든 백성이 입증하는 것은
> 그분의 탁월하고, 영원하고, 변치 않는 사랑이라네.
> 백발의 머리칼이 그들의 관자놀이를 장식할 때에도
> 어린 양들처럼 그들은 여전히 그분 품에 안겨 있다네."

우리가 이것을 여러분에게 증언하는 것은 여러분으로 우리와 사귐이 있게 하려 함입니다. "우리의 사귐은 아버지와 그의 아들 예수 그리스도와 더불어 누리는 것"이기 때문입니다.

나는 이에 대해 할 말이 많습니다. 만일 내가 다시 설교할 수 없다면, 내가 만일 이 세상에서 마지막 설교를 해야 한다면, 나는 이것을 최종적인 증언으로 전하고 싶습니다. 신앙 안에는 내가 결코 꿈꾸지 못했던 기쁨이 있습니다. 내가 섬겨온 그분은 좋으신 주(Master)이십니다. 그분이 우리에게 주신 것은 복된 믿음이며, 그 믿음은 너무나 복된 소망의 열매를 맺기에, 나는 이렇게 고백할 것입니다.

> "세상이 아무리 좋고 대단한 것을 준다고 해도,
> 나는 내 복된 지위를 무엇과도 바꾸지 않으리."

설혹 내가 개처럼 죽어야 해도, 그리고 미래가 없다고 해도, 나는 여전히 그리스도인이기를 원하며, 왕이나 황제가 되기보다는 차라리 천한 기독교 목회자

이고 싶습니다. 그리스도 안에 더 많은 기쁨이 있음을 확신하기 때문입니다. 예, 그분의 얼굴을 한 번 보기만 해도, 그 기쁨은 이 천한 세상에서 얻는 모든 칭찬보다 그리고 청춘의 때에 누리는 모든 즐거움보다 더 큰 기쁨입니다. 내가 확신하는 것은, 그분이 지금까지 그러하셨던 것처럼 끝까지 그러하시리라는 것입니다. 그분이 착한 일을 시작하신 곳에서, 그분은 끝까지 그 일을 이루실 것입니다. 그렇습니다, 죄인들이여. 그리스도의 십자가는 우리의 소망이고, 우리는 그것을 의지하고 죽을 수 있습니다. 십자가는 우리로 두려움 없이 무덤에 내려가도록 해 줄 것입니다. 넘치는 요단 강물 가운데서도 즐거워하게 해 줄 것입니다. 심지어 육체의 고통과 신경의 통증으로 허리가 굽을 때에도 우리로 기뻐하며 그 강을 건너가게 해 줄 것입니다. 우리로 사망의 음침한 두려움을 이기게 하는 것은 그리스도 안에 있습니다. 무덤을 덮는 가장 캄캄한 어둠 속에서도 우리로 기뻐하게 하는 것이 그리스도 안에 있습니다. 여러분이여, 주님을 믿으십시오. 주님을 신뢰하십시오. 우리의 증언이자, 또한 그분의 모든 백성의 한결같은 증언은, 그분이 신뢰할 만한 분이라는 것입니다. "너는 여호와를 기다릴지어다 강하고 담대하며 여호와를 기다릴지어다"(시 27:14).

제
2
장

—

빛 가운데 행하는 빛의 자녀

—

"만일 우리가 하나님과 사귐이 있다 하고 어둠에 행하면 거
짓말을 하고 진리를 행하지 아니함이거니와, 그가 빛 가운
데 계신 것 같이 우리도 빛 가운데 행하면 우리가 서로 사귐
이 있고 그 아들 예수의 피가 우리를 모든 죄에서 깨끗하게
하실 것이요." — 요일 1:6-7

사도는 여기서 우리가 경험한 것 이상을 말하는 것에 대해 경고합니다. 그
는 공허한 고백과 은혜로운 실재 사이의 엄연한 차이에 대해 암시합니다. 하나
님과의 사귐이 있다는 것은 위대한 일입니다. 하지만 그분과의 사귐이 있다고
우리가 단지 말하는 것(merely to say)은 전적으로 다른 문제입니다. 만약 우리
가 우리의 성품이 뒷받침하지 않는 것을 말하면, 거짓말하는 것이라고 요한은
우리에게 경고합니다. 그의 경고는 매우 명백하며, 조금이라도 표현을 완화하거
나 양해를 구하는 말이 없습니다. 말하는 것(saying)과 사람됨(being), 말하기
(saying)와 행함(doing) 사이에는 엄청난 차이가 있습니다. 어떤 좋은 경험에 대
해서, 사람들에게는 그것을 소유하고 있다고 말하려는 경향이 있습니다. 은혜의
높은 특권이 있다면, 그들은 그것을 누리고 있다고 말합니다. 이 얼마나 어리석
은 짓인지요! 그것은 미친 것에 가깝습니다. 확고하지 못한 정신을 가진 사람에
게는, 어떤 귀하고 독창적인 것이 있으면 그것을 무조건 본뜨고 모방하려는 욕
망이 있습니다. 진실하지 못한 정신을 가진 사람에게는, 진짜를 볼 때 그것을 위

조하려는 욕망이 있습니다. 참된 것을 넘어서 우리 스스로를 칭찬하지 않도록 우리 입에 파수꾼을 세우도록 합시다. 우리의 소맷자락을 넘어서 팔을 뻗지 말 것이며, 우리의 선을 넘어서 자랑하지 말아야 합니다. 모든 신앙고백은 불로 시험해 보아야 합니다. 그러므로 우리는 엄격한 검증을 견디지 못하는 주장을 함부로 내세우지 않는지 살펴보도록 합시다.

요한의 시대에는 이렇게 말하는 사람들이 있었습니다. "우리에게 하나님과의 사귐이 있다." 어떻게 그 사귐에 이르렀는지 그들은 설명하지 않았습니다. 아마도 그들은 철학적 사색에 의해서나, 정확한 추론에 의해, 혹은 오래 지속된 명상에 의해 거기에 도달했다고 주장한 것 같습니다. 길이 무엇이건, 그들은 하나님의 도성에 도달하였다고 했고, 또한 저 위대한 존재(the Great Being)와 교제한다고 말했습니다. 요한은 그들이 어둠 가운데 행하는 것을 보았습니다. 그들이 위로부터 임하는 하나님의 계시의 빛을 거부하고, 믿는 자 안에 거하시는 성령의 순수한 빛도 거부하는 것을 알았습니다. 그는 또한 그들이 참되지 않은 것을 보았고, 그들의 삶이 깨끗하지 않은 것을 보았습니다. 그래서 그는 그들이 거짓을 말하고 또한 거짓으로 행하고 있다고 경고한 것입니다. 그들의 삶은 거짓이었습니다. 그들이 진리 가운데 행하고 있지 않기 때문입니다. 하나님과 사귐이 있다고 하는 그들의 공언은 또 하나의 거짓말입니다. 왜냐하면 하나님은 거짓과는 사귐을 갖지 않으시기 때문입니다. "하나님은 빛이시라 그에게는 어둠이 조금도 없으시니라"(요일 1:5). 그러므로 그분은 어둠과는 어떤 교제도 나누지 않으십니다. 요한은 그 점을 매우 엄격하게 강조하고, 불굴의 성실함으로 그 문제를 판단합니다. 그는 사람들이 종교적 관용이라고 떠벌리는 것으로 기울 의향이 없으며, 아주 분명하게 "거짓말"이라는 말을 사용하여 거짓 주장을 반박합니다. 예수님이 사랑하셨던 그 제자는 사기꾼들을 대하는 이 순간만큼은 '우레의 아들'처럼 말하고 있습니다. 정직한 것과, 사랑하는 자들에게 해로울 수 있는 것을 명백히 드러내는 것은, 참된 사랑의 일부분입니다. 거짓을 번지르르하게 꾸미는 자는 말로만 사랑하는 자입니다. 그러므로 만일 사람들이 하나님과 사귐이 있다고 자랑하면서 그분의 계시의 말씀을 받아들이지 않는다면, 그들이 거짓말을 하고 진리를 알지 못하는 자들임을 알아두십시오.

이제 우리는 참된 것에 대해 말하도록 합시다. 빛 가운데 행하며 하나님과의 사귐을 갖는 것에 대해 말하도록 합시다. 그리스도인의 삶은 '행하는 것'

(walking)으로 묘사되며, 그것은 행동(activity)을 내포하는 말입니다. 그리스도인의 생명은 묵상에서도 양식을 얻지만, 행위에서 스스로를 드러냅니다. 하나님과의 교제는 행동을 수반합니다. 하나님과 함께 있기 위해서(to be with God) 우리는 "하나님과 동행해야(must walk with God)" 합니다. 살아 계신 하나님은 활동도 없고, 움직임도 없고, 목표도 없는 분이 아니십니다. 예수님이 말씀하셨습니다. "내 아버지께서 이제까지 일하시니 나도 일한다"(요 5:17). 대개 우리는 활동적인 일꾼들의 입장에서나 혹은 기꺼이 고난을 감수하는 자로서 하나님과의 교제를 지속해야 합니다. 걷는 것(walking)에는 행위가 내포되어 있습니다. 하지만 그것은 또한 지속적이어야(continuous) 합니다. 한 걸음으로나, 또 다른 한 걸음, 그 다음 한 걸음만으로는 걸을 수 없습니다. 우리는 계속해서 앞으로 나아가고, 그렇게 몸의 움직임을 지속해야 하며, 그렇지 않으면 걷는 것을 멈추게 됩니다. 거룩한 행보에는 순종의 인내와 지속적인 섬김이 내포되어 있습니다. 걸음을 시작하는 자가 아니라, 지속하는 자가 진정한 그리스도인입니다. 최후까지 지속되는 인내 속에 믿는 자의 삶의 정수가 있습니다. 시온의 참된 순례자들은 힘을 얻고 더 얻어 앞으로 나아갑니다. "힘을 얻고 더 얻는다"(시 84:7)고 내가 말했습니까? 이는 그 걸음에 진보(progress)가 내포되었음을 시사합니다. 한 걸음 딛고 또 한 걸음을 딛으면서도 여전히 제자리에 서 있는 자는 '걸었다'(walked)고 할 수 없습니다. '얼간이 걸음'(goose-step, 무릎을 굽히지 않고 발을 높이 들었다 놓았다 하는 걸음. 혹은 그런 식으로 걷는 제자리걸음 — 역주)이라고 하는 것이 있습니다. 많은 그리스도인들이 놀랍게도 그와 유사한 방식으로 걷는 것은 아닌지 염려스럽습니다. 그들은 언제나 있던 자리에 있고, 그들이 뒤로 미끄러지지 않았다는 사실에 만족하며 스스로 축하하려는 경향이 어느 정도 있는 것 같습니다. 그들은 천성으로 향하는 순례 길에서 진보하지 않았습니다. 그런데 그들이 어떻게 걸었다고 말할 수 있겠습니까? 나의 청중들이여, 여러분의 삶은 하나님을 향해(toward), 그리고 하나님과 함께(with) 걷는 삶입니까? 만일 그렇다면, 우리의 주제는 여러분과 관련이 있습니다. 모든 은혜의 성령이시여, 우리를 그 주제의 핵심으로 인도해 주소서!

오늘 아침에 우리가 숙고할 주제들은 본문에서 다음과 같은 순서로 나타납니다. 첫째, 우리 행함의 빛(the light of our walk)입니다. "그가 빛 가운데 계신 것 같이 우리도 빛 가운데 행하면." 둘째, 우리 행함의 교제(the communion of our walk)입니다. "우리가 서로 사귐이 있고." 셋째, 그 교제의 영광(the glory of that communion) 입니다. "예수의 피가 우리를 모든 죄에서 깨끗하게 하실 것이요."

1. 우리 행함의 빛

먼저, 우리 행함의 빛에 대해 생각해 봅시다. 참된 신자들은 어둠 속에서 걷지 않습니다. 그들은 길을 발견하였고, 그들 앞에 있는 그 길을 보고 있습니다. 그들은 그들이 믿는 분을 알고, 그분을 왜 믿는지를 알고 있으며, 그래서 분별력을 가지고 앞으로 나아가고 있습니다. 아무것도 확신하지 못한 채 길을 더듬어 찾기만 하고, 희망과 두려움의 끝없는 원을 맴돌고 있는 자는 얼마나 불행한지요! 참된 신자들은 앞으로 걸어갑니다. 빛이 그들의 길을 비추어 주고, 안전과 진보를 확신시켜 주기 때문입니다. 빛 가운데 걷는다는 것이 무슨 의미일까요? 지난주일 우리의 설교 주제는 다소 특이한 것으로서 "어둠 가운데 걷고 있는 빛의 자녀 (The Child of Light walking in Darkness)" 였습니다. 그 어둠은 우리가 이 아침에 다루고 있는 어둠과는 매우 다릅니다. 빛의 자녀들이 잠시 동안 슬픔의 어둠에 처할 수 있습니다. 하지만 거짓과, 무지와, 죄와, 불신앙의 어둠으로부터는 벗어났습니다. 이런 관점들에서의 어둠은 지나갔으며, 참 빛이 비치고 있습니다. 도덕적인 어둠은 그들의 새로 태어난(new-born) 본성과는 반대입니다. 그들은 그 어둠을 참지 못합니다. 우리는 서로 다른 것들을 분간해야 하며, 슬픔의 어둠과 죄의 어둠의 차이를 알아야 합니다. 은유는 많은 목적을 위해 사용되며, 어둠의 은유는 폭넓은 의미를 가지고 있습니다.

그러면, 그리스도인이 걷는 이 빛은 무엇입니까? 첫째로, 나는 그것이 은혜의 빛(the light of grace)이라고 대답합니다. 우리는 본성으로는 어둠에 있으며, 어둠의 왕의 지배 하에 있습니다. 사도는 우리 이방인들에게 다음과 같이 말합니다. "그들의 총명이 어두워지고 그들 가운데 있는 무지함과 그들 마음이 굳어짐으로 말미암아 하나님의 생명에서 떠나 있도다"(엡 4:18). 하나님의 은혜가 임할 때, 돋는 해가 위로부터 우리를 방문합니다. 성령께서 우리 안에 새로운 생명을 창조하심으로써 우리를 옛 본성의 지배에서 이끌어 내십니다. 또한 그분이 우리 눈을 뜨게 하시고 우리 마음으로 하늘의 진리를 이해하게 하심으로써 우리를 어둠의 왕의 폭정에서 이끌어 내십니다. 멀었던 우리의 눈이 떠지고 빛이 쏟아져 들어오는 것은 주님으로 말미암은 것입니다. 이 일은 그분이 자연 세계를 창조하실 때 "빛이 있으라" 하시매 빛이 있었던 때와 마찬가지로, 그분의 신성의 영광을 온전히 나타내시는 일입니다. 하나님의 말씀이 성령의 능력으로 우리 마음 안에 들어오면, 우리 자신에 대해서와, 우리의 죄와, 우리의 위험에 대해서 빛을 비춥니다. 이와 더불어 예수 그리스도로 말미암은 구원의 길에 대해서도 빛을 비추고, 우리의 성화와 관련하여 하나님의 뜻을 밝혀 줍니다. 참된 지식이 무지를 대체하고, 성결을 향한 욕망이 죄에 대한 사랑을 압도합니다. 바울은 말합니다. "너희가 전에는 어둠이더니 이제는 주 안에서 빛이라"(엡 5:8). 우리는 성령의 감동으로 기록된 책에서 하나님의 계시를 받아들입니다. 성령의 증언을 경청할 때 성경은 우리 마음에 하나님의 계시가 됩니다. 그리하여 과거와 현재와 미래를 포함하여 우리의 모든 위치가 새로운 빛 가운데 놓이게 됩니다. 어둠의 본성에 속한 옛 것들이 사라지고, 거룩한 빛의 임재와 더불어 모든 것이 새롭게 됩니다. 하나님의 성령의 효과적인 활동에 의해 영원한 빛이 임한 자는 복이 있습니다. 성령이 우리에게 가져다주신 빛 안에서, 우리는 하나님과 그리스도와 영원한 생명을 봅니다. "어두운 데서 빛이 비치라 말씀하셨던 그 하나님께서 예수 그리스도의 얼굴에 있는 하나님의 영광을 아는 빛을 우리 마음에 비추셨느니라"(고후 4:6).

이 빛의 결과는 다양한 방식으로 볼 수 있습니다. 처음에 그 빛은 깊은 슬픔을 야기합니다. 처음에 발견되는 것들이 양심에 슬픔을 주기 때문입니다. 빛은 오랫동안 어둠에 익숙해져 있는 눈에는 고통스럽습니다. 머지않아 그 빛이 큰 기쁨을 가져다줍니다. 그 영혼이 자기가 슬퍼하던 악으로부터 구원받은 것을 발견하기 때문입니다. 이렇게 해서 빛과 즐거움은 결국에는 함께 갑니다. 성경에 이렇게 기록된 것과 같습니다. "의인을 위하여 빛을 뿌리고 마음이 정직한 자를 위하여 기쁨을 뿌리시는도다"(시 97:11). 각자의 상태에 따라, 여러분은 그 은혜의 빛이 눈에 띄게 진실의 빛(the light of sincerity)으로 보이기도 하는 것을 목격할 것입니다. 은혜가 우리 영혼 안으로 들어오기까지, 우리의 마음은 하나님의 일들에 대해 애정을 갖지 않습니다. 우리가 모든 외적 형태의 예배에 참석할 정도로 떠들썩하게 종교적이면서도, 마음의 활동은 전혀 없을 수 있고, 또한 우리의 경건에는 진리의 빛이 없을 수도 있습니다. 하지만 일단 거룩한 빛이 들어오면, 그 때 하나님을 향한 우리의 태도가 강렬하고도 진실하게 됩니다. 위선과 가식이 떠나가고 진실한 믿음과 느낌이 찾아옵니다. "주여, 우리를 불쌍히 여기소서,

우리는 비참한 죄인들입니다"라고 하는 소리가 더 이상 생각 없이 경박하게 우리 입술을 통과하지 않습니다. 오히려 우리가 진정으로 죄로 인해 비참하다고 믿고 느낍니다. 긍휼을 구할 때 우리는 진정으로 그것을 구하고, 놀이하듯 고백과 회개를 흉내 내지 않습니다. 우리의 시선은 한 곳을 향하고, 우리의 온 몸이 가득한 빛 가운데 있습니다. 무엇을 하는지를 우리는 알고, 스스로를 일깨워 그 일을 성실하게 하고자 합니다. 우리는 우리가 무엇에 대해 기도하는지를 알며, 우리의 부르짖음과 눈물의 진실성에는 의심의 여지가 없습니다. 우리가 성품과 힘을 다해 갈망하는 것은 그리스도의 보혈로 말미암아 우리가 용서되고 받아들여지는 것입니다. 우리는 구원과 영생을 바란다고 단지 말로만 하는 것이 아닙니다. 오히려 우리는 그것을 반드시 얻어야 한다고 느끼고, 또한 우리가 거부되지 않을 것임을 느끼고 있습니다. 우리는 하나님께 대해 오락가락하는 태도를 멈추었습니다. 우리는 더 이상 두 견해 사이에서 머뭇거리지 않습니다. 오직 우리는 한 가지를 구하고, 주님에게서 그것을 구합니다. 우리는 모든 면에서 하나님과 바른 관계에 있고 싶습니다. 빛 가운데서 걷는 자는 철저하게 진실합니다. 위선의 그림자들은 사라졌습니다. 그는 그가 행하는 모든 일에서 정직하고 진실합니다. 오 나의 청중이여, 여러분 중에서 많은 이들이 여기까지 이르지 못했습니다. 예배의 자리에 있음으로써 여러분은 거룩한 일들에 대해 외적인 경의를 나타냅니다. 하지만 여러분은 하나님을 예배하고 있습니까? 여러분은 조금 전 기도하고 찬송하는 중에 그분께 경배하였습니까? 여러분은 내가 인간의 정신을 사로잡는 것 중에 가장 고상한 일들에 대해 말하는 동안 내 말에 귀를 기울이고 있습니다. 하지만 진정 여러분은 이 일에 참여자가 되기를 갈망합니까? 여러분은 의에 주리고 목말라 하고 있습니까? 빛 가운데 행하는 자들은 가식이 없으며, 진실하게 살아가는 자들입니다. 여러분도 마찬가지입니까? 실재하지 않는 것(unreality)으로 만족한다는 것은 어둠 속에 거한다는 표징입니다. 조심스럽게 겉모양을 꾸미고, 부지런히 수다를 떨고, 끊임없이 남을 믿게 하려고 위선을 부리는 것, 이 모든 것은 밤의 일이며 그 꿈에 속한 일입니다. 하지만 여러분이 겉으로 보이려는 것의 실재, 여러분이 치장하는 삶의 모든 국면에서의 진실성, 이런 것이 하나님의 빛 안에서 행하는 자들에게서는 확실하게 보이지 않습니까? 하나님께서 가짜들과 무슨 상관이 있습니까? 그분이 공허한 신앙고백자에게 무슨 관심을 기울일까요? 그분의 눈앞에서는 모든 것이 진실해야 합니다.

진실성 다음으로, 하나님의 빛 가운데 행하면 일찌감치 나타나는 결과로서 내가 언급하고자 하는 것은 알고자 하고 알려지고자 하는 소원(willingness to know and to be known)입니다. 경건하지 않은 자들은 빛으로 오지 않습니다. 그들의 행위가 드러날 것이 두렵기 때문입니다. 그런 사정 때문에 그들은 빛을 원하지 않으며 오히려 이렇게 말합니다. "우리를 떠나소서. 우리는 당신의(Thy) 길에 대해 알기를 원하지 않습니다." 무지가 그들에게 당장의 평안을 준다면, 그들은 어리석음조차 지혜로 간주합니다. 오호라! 너무나 흔하게도 사람들은 부끄러움과, 회개와, 발걸음을 돌이키는 것과 관련하여 어떤 지식도 얻기를 원하지 않는 성향이 있습니다. "가만 내버려 두세요"라고 그들은 소리칩니다. 또 얼마나 많은 사람들이 이런 식으로 말합니까? "우리는 오랫동안 우리 나름의 방식대로 그리스도인으로 지내왔습니다. 왜 우리가 스스로에 대해 의문을 제기해야 하나요?" 그들은 충실한 설교자를 의심의 눈초리로 바라봅니다. 그가 문제를 너무 깊이 다루기 때문입니다. 그 설교자가 마음과 양심의 문제를 다루기 시작할 때, 그들은 마치 쥐를 잡으러 뒤쫓아 가는 개라도 되는 양 그를 쳐다봅니다. 사실 그 비유가 그다지 틀린 것도 아닙니다. 빛을 두려워하는 자기만족(self-satisfaction)이 있는 곳에는, '위선의 쥐'가 멀리 있지 않다고 우리는 생각합니다. 사랑하는 여러분, 우리는 한낮의 빛을 견디지 못하는 어떤 것으로 만족하는 상태에 있어서는 안 됩니다. 자가진단(self-examination)의 검증을 받지 않으려는 종교는 그다지 쓸모가 없습니다. 진짜 금화를 가진 자라면 아무런 두려움 없이 어떤 검사에라도 응할 것입니다. 두려워하는 자는 금화 위조자(coiner)입니다. 한 사람이 말합니다. "보십시오! 나는 어떤 신조를 가지고 있습니다. 내 할머니가 그것을 가지고 있었습니다. 그것이 우리 집안의 가보처럼 내게 물려졌지요. 당신은 나를 불러서 하나님의 말씀으로 그 신조를 검사해 볼 수 있겠지만, 나는 내키지 않습니다. 내게 변화를 초래할 수 있는 것이라면 나로서는 배우고 싶은 마음이 없습니다. 만약 당신이 너무 강하게 말하면 나는 다른 사람에게 가서 설교를 들을 겁니다. 마음이 불안해지는 것을 참을 수 없기 때문입니다." 이것은 어리석은 편견입니다, 그렇지 않습니까? 예, 그리고 아마도 그것은 그 사람의 타락을 입증할 것입니다. 이런 종류의 타락이 사람으로 하여금 설교를 듣다가 화를 내며 밖으로 나가서는 이렇게 말하게 만듭니다. "다시는 그 사람에게서 듣지 않을 거야. 그는 지나치게 개인의 문제를 다루고 또 너무 가혹하단 말이야." 아니, 친구여, 당신의 영혼을 사랑하는 사람이 그렇게 혹독하단 말입니까? 당신은 솔직한 태도가 보석보다 귀하다는 것을 알지 않습니까? 당신은 의사에게 가서 이렇게 말하지 않겠습니까? "나를 엄격하게 조사해 주십시오. 그리고 진실을 알려 주십시오." 그가 당신을 속인다면 그에게 돈을 지불하겠습니까? 당신의 영혼에 대해서, 당신이 최악의 상태인 것을 알고 싶지 않은 것입니까? 만일 당신이 안전하기보다는 편안하기를 바란다면, 당신과 나는 의견이 맞지 않습니다. 나는 빛 가운데 행하기를 원하고, 속임수에서 벗어나기를 바라고, 마음을 살피시는 하나님 앞에서 내 위치에 대해 진실하고도 철저하게 알고 싶습니다. 나는 평안이 없는 곳에서 "평안이요, 평안이요"라고 소리치고 싶지 않습니다. 망상에서 비롯되는 위안을 나는 바라지 않습니다. 형제들이여, 우리는 진리 위에 집을 세워야 하고, 또한 오직 진리 위에만 세워야 합니다.

　사람들이 빛 가운데 행할 때 당연시되는 것들에서도 멈추고 그 표면 아래를 들여다봅니다. 어떤 것들은 진리의 상표(label)를 붙인 채로 유통되어 왔습니다. 하지만 빛 가운데 있는 자들은 딱지를 무시합니다. 그들은 상품 자체를 살펴봅니다. 우리는 풍문에 우리 영혼을 맡기는 위험을 감수하지 않습니다. 우리는 개인적인 지식을 필요로 합니다. 한 예를 들자면, 나는 가장 엄밀한 조사를 통과할 수 있는 구원을 원합니다. 나는 양심이나, 죽음이나, 하나님의 심판대조차 두려워하지 않을 수 있는 그런 방식으로 구원받기를 원합니다. 나는 빛 가운데서 구원받기를 원합니다. 나는 모든 사람들에게 알려지고 파악되기를 바라고, 숨김없이 있는 그대로의 나를 알기 원합니다. 우리는 아무것도 감추기를 바라지 않습니다. 우리는 어떤 것도 감출 수가 없습니다. "우리의 결산을 받으실 이의 눈앞에 만물이 벌거벗은 것 같이 드러나기" 때문입니다(히 4:13). 우리는 가슴을 터놓고 진실하게 외치기를 바랍니다. "하나님이여 나를 살피사 내 마음을 아시며 나를 시험하사 내 뜻을 아옵소서. 내게 무슨 악한 행위가 있나 보시고 나를 영원한 길로 인도하소서"(시 139:23-24).

　은혜의 좀 더 확실한 증거는 계시된 진리에 대한 마음의 지각과 순종(mind's perception of revealed truth and its obedience to it)입니다. 사람이 성령에 의해 계시되고 성경에 기록된 진리를 인식할 때에, 그리고 그가 어린아이 같은 심령으로 그 진리를 마음으로 받아들일 때에, 그 때 빛이 그가 행하는 길에 비춥니다. 그리스도를 영접하는 자는 그리스도의 말씀도 받아들입니다. 그리고 우리가 믿는 소중한 교리들도 받아들입니다. 형제들이여, 사람들이 무슨 말을 하더라도, 우리는 하나님으로부터의 계시를 받은 것입니다. 우리는 그것이 "성도에게 단번에 주신 믿음"인 것을 압니다(유 3). 여호와 하나님께서 침묵의 휘장을 찢으시고서 사람들에게 자기를 나타내셨습니다. 육적인 사람들은 그 정신의 어둠으로 인해 하나님이 계시하신 것을 볼 수 없고, 그분의 진리를 믿으려 하지도 않습니다. 하나님의 진리는 영적이며, 자연인은 육적입니다. 따라서 자연인은 하나님에게서 오는 가르침을 받지 않으려 합니다. 바로 다음과 같은 검증으로써 당신은 빛이 당신에게 비치고 있는지를 알 수 있습니다. 당신은 하나님께서 그분의 말씀으로 계시하신 것을 믿습니까? 혹은 당신은 스스로 교사가 되어 당신 자신의 믿음을 만든 자입니까? 배우지(learn) 않고 만들어 내는(invent) 자는 제자일 수 없습니다. 당신은 주 예수님의 가르침을 듣고, 그것을 믿습니까? 다시 말하거니와, 당신은 단지 믿는다고 말만 해서는 안 됩니다. 당신은 진실로 하나님이 계시하신 것들을 믿어야 합니다. 이로써 당신이 빛의 자녀인지, 혹은 어둠의 자식인지를 알 수 있습니다. 은혜의 교리들이 당신에게 소중한 진리입니까? 하나님께서 죄에 대해, 의에 대해, 다가올 심판에 대해 말씀하신 모든 것을 당신은 즉각 받아들일 준비가 되어 있습니까? 그분이 자기 자신과, 그분의 아들과, 그분의 성령과, 십자가와, 생명과, 죽음과, 지옥과, 영원한 미래에 대해 계시하신 모든 것을, 당신은 거짓 없이 믿습니까? 이것이 빛 가운데 행하는 것입니다. 다른 모든 가르침은 어둠입니다.

얼마나 많은 사람들이 복음을 고치고, 수정하고, 그럼으로써 그것을 배반하는지 모릅니다! 그들은 진리의 옷을 취하여, 그것을 그들의 사상이라는 피에 적시었으며, 마침내 그 옷을 얼마나 더럽혔는지 감히 하나님을 향해 거의 이렇게 말할 정도가 되었습니다. "우리가 이것을 발견하였으니 이것이 당신의 아들의 옷인가 보소서"(참조. 창 37:32). 만일 당신이 성경을 왜곡하는 자들 중의 하나라면, 억지로 당신 자신의 의도를 거기에 끼워 맞추려는 자라면, 당신은 빛 가운데 있지 않습니다. 만일 당신이 성경 말씀을 하나님이 의미하신 것과 다른 의미로 왜곡하려 한다면, 당신이 아무리 학식이 깊은 학자라 할지라도 당신은 어둠 속에 있는 것입니다. 빛 가운데 있는 자는 자기 자신의 지혜를 믿지 않는 자이며, 위로부터 내려오는 지혜 앞에서 고개를 숙이는 자입니다. 만일 당신이 어린아이처럼 예수님의 발치에 앉고자 하고, 그분의 말씀을 듣고 그분을 배우고자 한다면, 그렇다면 참 빛이 당신에게 비친 것입니다. 예수님은 세상에 오시어 모든 사람에게 비치는 빛이십니다. 성령님이 오신 것은 우리 자신의 믿음 체계를 고안하도록 돕기 위해서가 아니라, 그리스도의 것을 가지고, 그리스도의 것을 우리에게 보여주심으로써, 우리를 모든 진리 가운데로 인도하시기 위해서입니다.

　　형제들이여, 진리가 있고 또 거짓이 있으며, 진리에는 거짓이 없습니다. 빛이 어둠과 사귀거나, 혹은 진리가 거짓과 사귀는 일이 가능하겠습니까? 나는 내가 말하는 것에 대해서는 무조건 믿으라고 주장하지 않습니다. 내가 그렇게 주제넘게 되는 것을 하나님이 금하십니다. 그것은 일종의 신성모독이기 때문입니다. 하지만 하나님이 말씀하시는 것에 대해서는 무조건 믿으라고 나는 주장합니다. 복음을 하나님의 계시라고 믿는 것, 나는 그것에 대해서는 절대적인 믿음을 가지라고 주장합니다. 주 예수님을 오류 없는 교사로 믿고서, 그분이 말씀하신 것에 대해서는 즉각적인 믿음을 가지라고 나는 주장합니다. 만일 이 절대적인 신앙이 거부된다면, 그것은 여러분 안에 빛이 없기 때문입니다. 빛 가운데 행하는 것은 진리를 알고, 사랑하고, 진리대로 살아가는 것입니다. 하나님의 빛 가운데 행하는 것은 하나님으로부터의 가르침을 받아들이는 것입니다. 내게는 모든 논쟁의 결말이 "주께서 이렇게 말씀하셨다" 입니다. 주께서 이렇게 혹은 저렇게 말씀하셨다는 것을 내게 알려 주기만 하면, 비록 그 계시의 말씀이 나로서는 도저히 믿을 수 없는 것처럼 보이고 또한 내가 전에 가지고 있던 모든 생각들과 충돌한다고 해도, 나는 질문 없이 그 앞에 고개를 숙일 것입니다. "주께서 그렇게 말씀하셨다" 는 것이 내게는 다른 모든 추론과 논쟁과 증거들을 대신합니다. 그렇습니다. 우리는 모든 꾸며낸 증거와 핑계에도 불구하고 하나님을 믿으며, 이렇게 고백합니다. "사람은 다 거짓되되 오직 하나님은 참되시다"(롬 3:4). 우리가 하나님의 빛을 거부하면 하나님이 우리와 사귐을 갖지 않으실 것입니다. 오직 그분의 절대적인 진리에 근거하여 그분은 우리를 만나실 수 있고 또 만나실 것입니다. 만일 우리가 빛으로 나아와서 진리에 대한 그분의 증언을 믿으면, 그 때 우리는 하나님이 우리와 함께 걸으실 수 있는 곳에 있는 것이며, 또한 그곳에서 예수 그리스도의 보혈이 우리를 모든 죄에서 깨끗하게 하실 것입니다.

　　사랑하는 형제들이여, 이는 성품의 **투명성**과 **순박성**(a transparency and simplicity of character)으로 이어집니다. 빛 가운데 행하는 것이 그 속에 간사한 것이 없는 참된 이스라엘 사람을 만들어 냅니다. 어떤 문제에 대해서 기만과 술수로 가득한 자들은 하나님의 빛 가운데 걷고 있지 않습니다. 하나님께서는 그 마음이 굽고 거짓된 자들과는 사귐을 갖지 않으십니다. 어떤 사람들은 너무나 비뚤어져서 그들에게는 똑바른 것이 없습니다. 그들의 정신은 사물들을 굽어진 것으로 보는 듯합니다. 신실하지 못한 오랜 행실이 그들에게 악한 성향을 형성한 것입니다. 은혜의 빛이 그 안에서 비치고 있는 사람은 그렇지 않습니다. 그런 사람은 겉으로 보이는 대로 실제로도 행합니다. 그는 의미하는 대로 말하고, 말하는 대로 의미하는 사람입니다. 전반적인 일처리에 있어서 그는 하나님과 사람 앞에서 믿을 만하고, 꾸밈이 없고, 진실합니다. 그런 사람의 행위를 볼 때 우리 역시도 은혜의 빛이 우리 속에 비치기를 소망하게 되는 것입니다.

이는 그 사람이 <u>스스로</u>를 속이는 모든 간계를 중단하는 것에서도 매우 명백하게 나타납니다. 다윗이 "마음에 간사함이 없는 자는 복이 있다"(시 32:2)고 한 다윗의 선언을 기억하십시오. 다윗은 마음에 간사함으로 가득한 것이 무엇인지를 고통스런 경험을 통해 알았습니다. 그를 보십시오! 그는 한때 아주 극악할 정도로 곁길로 빗나갔습니다. 그의 마음은 어둠 가운데 있었습니다. 그 때 다윗이 무슨 짓을 했습니까? 심각한 죄를 저질렀습니다. 그는 자신의 죄가 그리 끔찍한 것은 아니라고 스스로를 믿게 하려고 노력했습니다. 그는 자신의 양심을 속이기 위해 애를 썼습니다. 그의 죄는 드러날 것 같았지만, 그는 그것을 덮으려고 했습니다. 그는 밧세바의 남편을 소환합니다. 그가 자기 집으로 가기를 사양하자 다윗은 그를 술에 취하게끔 만들었습니다. 그의 계략은 실패했습니다. 다윗은 두려웠지만, 뉘우치지 않았습니다. 정반대로, 그는 서둘러서 더 큰 죄를 짓습니다. 우리아가 전쟁터에 있을 때 그는 부당하게 죽음에 노출되고, 전투에서 죽임을 당하고 맙니다. 그의 죽음은 전쟁의 탓으로 돌려집니다. 다윗은 그것이 살인이라고 간주하지 않았습니다. 그가 빛 가운데 걷고 있지 않았기 때문입니다. 그는 여전히 어둠 가운데 있었고, 자기 하나님과 자기 양심을 늘 속이며 행동해야 했습니다. 그의 행위는 빛을 견딜 수 없었고, 그러자 그가 해낸 한 가지 생각은 빛에서 멀어지는 것이었습니다. 나단이 그에게 이 말을 한 후에 모든 것이 어떻게 변했습니까? "당신이 그 사람이라"(삼하 12:7). 죄를 깨닫게 하는 하늘의 빛이 그의 영혼의 밤을 뚫고 들어왔을 때, 그는 더 이상 변명하지 않았고, 더 이상 속임수를 쓰지 않았습니다. 수치와 혼란을 느끼면서 그는 빛 가운데 섰습니다. 자기 죄를 응시하고서, 그는 그것을 가리고자 하는 모든 생각을 버리고 즉시로 하나님의 긍휼로 피하며 이렇게 부르짖습니다. "하나님이여, 주의 인자를 따라 내게 은혜를 베푸소서"(시 51:1). 시편 51편에서 그는 그토록 울고 탄식하면서 자기 마음을 드러내고, 명백한 말로 부르짖습니다. "하나님이여, 나의 구원의 하나님 이여, 피 흘린 죄에서 나를 건지소서"(14절). 그는 이제 빛 가운데 있습니다. 그의 거짓은 떠나갔고, 이제 하나님께서 그에게 위로하며 말씀하실 수 있고, 그를 씻기시고 눈보다 더 희게 하실 수 있습니다.

하나님께서 빛 가운데 거하시듯이 빛 가운데 행하는 사람은 죄에 대한 혐오로 가득합니다. 죄는 실제적인 거짓입니다. 그것은 도덕적인 어둠입니다. 악과 불의를 혐오하는 사람, 세상의 모든 것을 잃더라도 선을 행하고자 하는 사람, 세상이 악행에 대해 모든 것으로 보상한다 하더라도 악을 행하려 하지 않는 사람, 이런 사람이 빛 가운데 걷는 사람입니다. 그가 바로 하나님과 사귐을 갖는 사람이며, 죄 씻음을 아는 사람입니다. 죄와 관련하여 우리 마음의 상태에 대해 아무리 강조하더라도 지나치지 않습니다. 만일 우리가 죄에 눈감거나, 혹은 그것을 즐거워하거나, 혹은 지속적으로 그것을 행하면, 우리는 어둠 속에 거하고 있는 것이며, 또한 하나님의 진노 아래 있는 것입니다. 요한은 말합니다. "자녀들아 아무도 너희를 미혹하지 못하게 하라 의를 행하는 자는 그의 의로우심과 같이 의로우니라"(요일 3:7). 이 실제적인 진리를 잊지 마십시오.

나는 아직 이 의미를 충분히 드러내지 못했다고 생각합니다. 빛 가운데 있는 자들은 내 말의 의미를 알 것입니다. 어둠 가운데 있는 자들은 빛 가운데서의 삶이 무엇인지를 짐작할 수도 없습니다.

2. 우리 행함의 교제

둘째로, 우리 행함의 교제(the communion of our walk)에 대해 말하고자 합니다. 빛 가운데 있는 자들은 홀로 있지 않을 것입니다. 하나님께서 친히 그들과 함께 하실 것이며, 또 그들의 하나님이 되실 것입니다. "우리가 서로 사귐이 있고"라는 말은 놀랍도록 겸손한 표현입니다. 요한은 그런 표현을 감히 만들어 내려 하지 않았을 것입니다. 그 표현은 위로부터의 성령께서 그를 위해 만들어 내신 표현임에 틀림없습니다. 하나님과 그분의 백성이 상호 교제를 누린다고 생각해 보십시오! 이 얼마나 영예입니까! 이 얼마나 큰 기쁨입니까! 이 교제로써 타락의 불행이 제거되고, 낙원이 회복되는 것입니다.

빛 가운데 계신 하나님과 빛 가운데 거하는 인간은 많은 공통점이 있습니다. 이제 그들은 하나의 빛 가운데 거하기 때문에, 같은 영역에 거하는 것입니다. 이제 그들은 모두 같은 일에 대해 관심을 가지며, 그 목적도 다르지 않습니다. 하나님은 진리를 사랑하시며, 마음이 새로워진 자들 또한 그러합니다. 위대하신 주님과 그분의 빛을 받은 자들이 같은 빛 안에 있는 것들을 보게 되었습니다. 하나님께서는 그분의 위대한 비전으로 우리가 볼 수 있는 것보다 더 많은 것들을 보십니다. 하지만 하나님이 보시는 것은 진리이며, 우리 역시도 비록 좁은 인식력을 가졌지만 진리를 봅니다. 그리고 거짓은 우리가 참지 못합니다. 이제 우리는 진리 안에서 하나님과 더불어 말할 수 있습니다. 또한 그분도 우리와 더불어 대화하실 수 있는 것은, 우리가 기꺼이 진리를 듣고자 하는 것을 그분이 아시기 때문입니다. 기도와 찬양에서 우리는 더 이상 거짓되지 않으며, 그러기에 주께서 우리의 소리를 들으실 수 있습니다. 그분의 말씀이 정직한 자의 마음에 떨어지고, 그 의미 역시 깨달아집니다. 또한 이제 우리는 함께 행동할 수 있습니다. 위대하신 하나님과 그분의 가련하고 약한 자녀들이 진리와 의를 위해 함께 분투합니다. 그분은 너무나 선하시기에, 우리의 빈약하고 작은 일도 무시하지 않으십니다. 오히려 무한히 자기를 낮추시고, 우리의 일이 진리 안에서 행해지는 것을 보실 때마다 우리 속에서 역사하십니다. 만일 우리의 일이 어둠의 일이라면, 그분이 우리와 함께 활동하실 수 없을 것입니다. 하지만 이제 우리는 빛 가운데서 걷고 또 일하기 때문에, 그분도 우리로 하여금 그분과 함께 일하도록 하실 수가 있습니다.

이제 우리는 하나님과 공감(sympathy)을 나누고, 그분과 동료의식(fellow-feeling)을 느낍니다. 위대하신 아버지께서 탕자를 위해 슬퍼하십니까? 우리 역시 죄인들을 위해 슬퍼합니다. 예수님이 예루살렘을 보시고 우십니까? 우리 역시 구원받지 못하고 멸망하는 자들을 보고 웁니다. 또한, 하나님께서 회개하는 죄인들을 기뻐하시듯 우리도 그분과 함께 공감하며 기뻐합니다. 지식의 빛뿐 아니라 사랑의 빛 가운데로 들어옴으로써, 우리는 하나님과의 공감으로 들어오는 능력을 받았습니다. 이것이 너무나 놀라운 일이 아닙니까? 하지만 그것은 놀랍지만 분명한 사실입니다. 우리는 온 세상을 빛 가운데로 인도하기를 갈망합니다. 우리는 날마다 기도합니다. "나라가 임하시오며 뜻이 이루어지이다." 하나님이 거하시는 동일한 빛 안으로 우리가 들어온 것을 보고서, 우리의 뜻은 하나님의 뜻과 같이 되기 위해 성장해 왔습니다.

사랑하는 형제들과 자매들이여, 여러분은 영원한 일들을 정직하게 다루는 것이 무엇인지를 경험으로 알 것입니다. 그것은 놀이하거나, 우롱하거나, 속이는 것이 아니며, 오직 참되고 복된 진지함으로 하나님과 영적인 사실들을 대하는 것이 아닙니까? 만일 여러분이 그것을 경험으로 안다면, 여러분은 위대하신 하나님과의 교제 안으로 들어온 것입니다. 그분은 진지하신 분이며, 진리의 문제로 희롱하거나 믿게 만들려고 속이시지 않습니다. 그분은 진심으로 행동하시고, 죄와 다툴 때에 전심으로 행동하십니다. 그분은 그의 아들을 영화롭게 하고, 또한 자기 백성을 구원하시기를 진심으로 바라십니다.

3. 교제의 영광

셋째로, 이 본문에서 나를 가장 감동시키는 대목에 이르렀습니다. 그것은 바로 이 교제의 영광(the glory of this communion)입니다. "우리가 서로 사귐이 있고 그 아들 예수의 피가 우리를 모든 죄에서 깨끗하게 하실 것이요." 여기 이 가련한 피조물이 이 본문을 읽고 있습니다. 나는 인간이 위대하시고 영원히 복되신 하나님과 교제 속에서 행하는 것이 가능한 것을 봅니다. 내가 이것을 알고 기뻐하며, 내 마음은 이렇게 반응합니다. "만일 하나님과의 교제에서 알 수 있는 것이 있다면, 나는 그것을 알고 싶다. 만일 내가 하나님과 화목할 수 있고, 그분과 우정의 관계를 맺을 수 있다면, 나는 다른 무엇보다도 그것을 더 원할 것이다. 하지만 어떻게 이런 일들이 가능할까? 나는 커다란 돌이 내 문 앞에 놓인 것을 본다. 나는 이 감옥에서 나갈 수 없고 하나님과의 복된 동행을 시작할 수 없다. 이 죄의 큰 돌이 나를 가두어 두고 있기 때문이다." 그 때 주께서 들어오셔서 이렇게 말씀하십니다. "나는 네 길에 장애물이 있는 것을 보았다. 그래서 바로 이 구절로 내가 어떻게 그것을 치워 버렸는지를 보여주노라. 귀한 말씀이로다! '그 아들 예수의 피가 우리를 모든 죄에서 깨끗하게 하실 것이라!'" 나는 이 문장이 본문에서 대두되는 방식에서 이렇게 추론합니다. 즉 마치 죽음처럼 하나님과의 모든 교제를 가로막는 것처럼 보이던 것이, 무한한 은혜에 의해서, 하나님과의 교제를 위해 넓게 활짝 열린 통로로 변했다는 것입니다. 이 돌이 무덤 입구에서 치워졌고, 교제의 천사가 마치 보좌에 앉듯 그 위에 내려와 앉습니다. 하나님께서 환한 빛 가운데서 자기 백성을 의롭다 하시고, 모든 의심을 물리치는 방식으로 그렇게 선언하십니다. 그런 다음, 그들의 죄를 깨끗하게 하신 바로 그 방법에 의해, 그분이 그들과의 가장 가깝고도 사랑스러운 교제로 들어가십니다.

우선, 여기 죄가 있습니다! 그 얼마나 악한 죄인지요! 우리의 영혼이 그것을 얼마나 미워하는지요! 그것은 우리에게 부정한 것입니다. 혐오스럽고 가증스러운 악입니다. 빛 가운데 있는 여러분은 빛의 광선이 죄의 특성이 얼마나 해롭고, 어둡고, 저주스러운지를 보여준다는 것을 압니다. 심지어 죄로 향하는 성향이 여러분의 지체 안에서 느껴질 때 여러분은 그 때문에 신음합니다. "오호라 나는 곤고한 사람이로다 이 사망의 몸에서 누가 나를 건져내랴"(롬 7:24). 들어보십시오! 여러분은 이 점에서 하나님과의 사귐이 있습니다. 그분에게는 죄가 없습니다. 하지만 그분에게 죄에 대한 큰 혐오감은 있습니다. 여러분이 죄를 미워한다면, 하나님도 그것을 역시 미워하십니다. 그러므로 이 점에서 여러분은 하나님과 일치하는 것입니다. 불의하고 부정하고 거짓된 생각은 하나님이 싫어하시는 것입니다. 그분의 거룩한 성품이 그것을 혐오하십니다. 여러분이 동일한 혐오와 거부감을 느끼는 정도에 따라, 여러분은 하나님과 사귐을 갖는 것입니다. 이런 현상은 하나님이 빛 가운데 계시듯 여러분이 빛 가운데 행하기 때문에 생기는 것입니다. 다윗은 이렇게 말합니다. "주의 율법을 버린 악인들로 말미암아 내가 맹렬한 분노에 사로잡혔나이다"(시 119:53). 다윗이 하나님과의 교제 안에서 죄에 대해 맹렬한 분노를 느끼는 것은, 마치 그가 하나님이 그의 지극히 큰 기쁨이요 그분의 영원한 인자하심 안에서 즐거워하노라고 말하는 것과도 같습니다. 그렇습니다. 사랑하는 여러분, 죄에 대한 분노는 우리를 위대하신 아버지와의 교제 안으로 이끌어 줍니다. 죄에 대한 혐오감 때문에, 하나님은 인간의 죄를 독생자에게 담당시키셨을 때, 그 아들에게서마저 얼굴을 외면하셨습니다.

한 걸음 더 나아갑시다. 죄는 일단 자각되면, 다음 단계로는 그것이 제거되어야 합니다. 당신이 말합니다. "아! 내가 죄에서 깨끗하게 된다면 좋겠어요. 하지만 어떻게 그럴 수 있죠? 내가 내 죄를 씻는 것은 불가능합니다." 나는 당신이 방금 이렇게 노래했다는 생각이 듭니다.

> "내 눈물이 영원히 흐를 수 있고
> 내 간절함을 쉬지 않고 보일 수 있다 해도,
> 죄는 속죄될 수 없으니
> 당신이 구원해 주셔야 합니다, 오직 당신만이."

이 역시 죄에 대한 하나님의 생각입니다. 그분은 죄의 오염을 제거하는 것이 얼마나 어려운지를 아십니다. 그분은 우리의 그 어떤 것으로도 그 끔찍한 오물을 씻지 못하는 것을 보셨습니다. 형제들이여, 내 주홍빛 죄로 인해 온 바닷물조차 붉게 물들 수 있으며, 그러고서도 내 끔찍한 더러움을 씻을 수 없다는 것을 나는 확실히 압니다. 지옥의 불조차 죄의 더러움을 태워 버리지 못합니다. 이런 신념 안에서 우리는 깨끗하고 거룩하신 하나님과 교제합니다. 하나님은 오직 한 가지를 제외하고는 그 무엇으로도 죄를 씻을 수 없다는 것을 아셨습니다. 그분은 아들을 죽음에 내주셔야 했습니다. 그렇지 않고서는 인간의 죄가 결코 씻겨지지 않기 때문입니다. 독생자의 희생이 죄인들의 유일한 희망입니다. 우리의 죄를 자기 백성을 위해 위대한 아사셀(scape-goat)이 되어주신 그분에게 옮기는 것만이 죄를 제거하는 유일한 방편입니다. 우리 자신의 행위나 느낌으로는 죄를 씻는 것이 불가능하다고 여기는 내적인 확신과, 필연적으로 오직 그리스도만이 인간의 도움이 되신다는 인식이, 우리를 진리의 빛 가운데로 인도하고 성 삼위일체 하나님과의 교제 안에서 행하도록 해 줍니다.

한 단계 더 나아갑시다. 하나님의 영광스러운 아들이 속죄를 위해 자기를 낮추셨습니다. 그분이 나무에 달리셨고, 우리의 죄는 그분의 머리 위에 옮겨졌으며, 그 나무에서 그 의로우신 분이 의롭지 않은 자를 위해 죽으셨습니다. 그분은 우리를 위하여 죄를 지셨고, 그럼으로써 우리로 그 안에서 하나님의 의가 되게 하셨습니다(고후 5:21). 저 죽음의 나무 곁에 서서, 우리는 온통 감복하고 사랑하는 심정으로 복되신 구주를 바라봅니다. 우리는 그분을 하나님의 지혜의 걸작으로, 은혜와, 능력과, 진리로서 바라보고 감탄합니다. 또한 감탄하면서 그분을 사랑하고, 우리 사랑을 그분에게 맹세합니다. 여기서 우리는 위대하신 아버지와의 교제 속으로 들어갑니다. 아버지는 아들을 무한히 사랑하시고, 그분을 크게 기뻐하시기 때문입니다. 가장 열광적으로 그리스도를 기뻐하고 많이 생각하는 신자라 할지라도, 하나님께서 그리스도를 생각하는 것에는 절반에도 미치지 못합니다. 성 베르나르(Bernard)가 거룩하신 주님에 대해 말할 때 얼마나 사랑의 황홀경에 빠진 듯 하였는지를 보십시오! 오 베르나르여, 그대는 아버지께서 예수님을 얼마나 사랑하시는지 알지 못할 것입니다. 그분이 어떻게 아들의 희생을 기뻐하시는지, 또 아들이 높임 받는 것을 기뻐하시는지를 알지 못할 것입니다! 예수의 피로 죄를 없애는 일에서 아버지는 무한한 만족을 얻으시고, 우리 역시 그러합니다. 사랑하는 여러분, 우리는 예수님의 속죄를 기뻐합니다. 그것은 우리에게 거룩한 기쁨의 원천입니다. 이 속죄는 조용히 입막음하고 감추어짐으로써 이루어지는 것이 아닙니다. 오직 우리는 하나님이 빛 가운데 계시듯 빛 가운데 행하며, 유일하고 영광스러운 희생 안에서 하나님과 사귐을 누립니다. 내가 만일 죄를 사소한 것이라고 스스로를 설득했다고 가정합시다. 그러면 나는 빛 가운데 걷는 것이 아니며, 하나님과 사귐을 누리는 것도 아닙니다. 만일 내가 이렇게 말한다고 가정해 봅시다. "흥, 쳇, 죄는 쉽게 용서될 수 있어. 나는 굳이 속죄가 필요하지는 않다고 확신해." 만일 그렇다면 나는 빛 가운데 걷는 것도 아니고, 하나님과 교제하는 것도 아닙니다. 또 내가 이렇게 말한다고 가정합시다. "예수님이 죽으시긴 했지만, 그분의 죽음은 단지 그분 목숨의 종결일 뿐이야. 그 죽음을 죄를 위한 희생으로 필요한 것이었다고 특별히 언급할 필요가 없어." 그러면 나는 빛 가운데 행하는 것이 아니며, 하나님과의 사귐도 가지지 못하는 것입니다.

한 걸음 더 나아갑시다. 사랑하는 여러분, 우리 중 많은 이들이 믿음으로 예수 그리스도께 나아왔습니다. 우리는 그분을 바라보았고, 우리를 모든 죄에서 깨끗하게 하시는 구주로서 그분을 영접하였습니다. 기쁨, 기쁨, 영원한 기쁨입니다! 우리의 모든 죄가 복되신 아사셀에게로 옮겨지고 망각의 광야 속으로 치워진 그날은, 우리에게 동튼 모든 날 중에서 가장 밝은 날이었습니다! 하나님께서 옛적에 어린 양의 피를 보시고, 그분의 공의가 만족되었기에 이스라엘을 넘어가셨듯이(passed over), 예수님에 대해서도 마찬가지입니다. 예수님이 죄와 불법을 끝내신 것을 볼 때, 또 영원한 의를 가져다주신 것을 볼 때, 우리가 얼마나 기쁘고 만족한지요! 형제들이여, 예수님의 죽음은 죄를 깨끗하게 하는 것이고, 빛을 가져다주는 것입니다. 그것은 구석에서 은밀하게 이루어진 부당한 일이 아니며, 악을 눈감아 주는 것도, 율법을 폐기하는 것도, 죄를 죄로 인정하지 않는 것도 아닙니다. 그런 것이 아닙니다. 빚(debt)이 인정되고, 훨씬 더 좋은 것은, 그것이 갚아졌다는 것입니다. 잘못의 처벌은 대리자에게 내려졌으며, 그리고 그분 안에서 정당하게 우리가 해방된 것입니다. 우리는 모두 심판대 앞에 나타날 것입니다. 나는 그렇게 되는 것을 기뻐합니다. 왜냐하면 내 죄의 더러움이 예수님의 피에 의해 아주 효과적으로 제거되었기 때문에 어떤 면에서도 깨끗해졌기 때문입니다. 공의의 심판자의 눈도 우리에게서 아무런 흠을 찾지 않을 것입니다. 우리는 완벽한 결백을 기뻐합니다. 주께서 우리를 눈보다 희게 하셨기 때문입니다. 예, 우리는 이 깨끗함 안에서 하나님과 사귐을 갖습니다. 하나님께서 사랑하시는 아들 안에서 우리를 받으셨습니다. 그 아들을 우리의 주와 의로 삼으신 하나님께서, 그 아들 안에서 우리를 친히 의롭다 하십니다. 그분은 마지막 날에 신자들의 구원의 의를 온 우주에 선언하실 것입니다. 모든 지적인 존재들이 그리스도 안에 있는 자들이 모두 정당하게 의롭게 되고, 정당하게 구원받았음을 보게 될 것입니다. 주 하나님과 그분의 백성들은 예수님의 인격과 사역 안에서 공통의 기쁨을 누리는 점에서 사귐을 갖습니다. 그들은 예수님의 인격과 사역을 완벽하게 간주하고, 모든 죄가 예수의 인격과 사역으로써 제거되는 방식을 완벽하게 보기 때문입니다. 그리스도 안에서 우리의 구원은 온전한 빛 가운데 있는 것입니다. 그 구원은 시내 산의 혹독한 검증도 온전히 견딜 것이고, 그 안에 어떤 결점도 찾을 수 없는 것으로 판명될 것입니다. 이는 놀라운 것입니다! 이는 영광스러운 것입니다! 하나님께서 그리스도를 심히 기뻐하십니다. 우리도 그분을 심히 기뻐합니다! 그분의 복된 이름을 찬송합니다! 지금까지 여러분은 우리가 어떻게 "서로 사귐이 있는지" 보았습니다. 오, 내 영혼에 가득한 생각들을 여러분에게 잘 표현할 능력이 있다면 좋겠습니다!

　　형제들이여, 이제 우리는 하나님의 거대한 목적에 있어서도 그분과 일치합니다. 그분의 마음에는 그분과 교제할 수 있는 존재들을 창조하신다는 생각이 있지 않았습니까? 그분은 하늘과 땅을 지으셨고, 천사들을 지으셨으며, 모든 만물을 지으셨습니다. 하지만 그분은 이 모든 것들 안에서 교제를 발견하지 못했습니다. 우리 주님은, 아담처럼, 그분이 만드신 어떤 피조물들 안에서도 '돕는 배필(help-meet)'을 발견하지 못하셨습니다. 그분은 교만에 빠질 위험 없이 영화롭게 될 수 있는 존재들을 만들어 자기에게로 이끌기를 원하셨습니다. 그들은 곧 맏아들처럼 생각하고 느낄 수 있는 자들이며, 사실상 하나님의 아들의 친구들이 될 수 있는 자들입니다. 이런 피조물들이 어떻게 만들어졌습니까? 즉석에서의 창조 작업으로 이루어진 것이 아닙니다. 그분은 천사들을 말씀 한 마디로 존재하게 하실 수 있었습니다. 하지만 이런 존재들을 만드는 일에는, 그들의 높은 지위에 적합한 경험과 훈련이 필요했습니다. 그들의 모범(model)은 여호와 하나님의 사랑의 아들이었습니다. 그분은 많은 형제들 중의 맏아들이십니다(the First-born). 이 피조물들이 죄를 아는 것이 필요했고, 그러면서도 죄를 알지 못하던 때보다 더 철저히 죄를 미워해야 했습니다. 그들은 하나님의 사랑을 알아야 했습니다. 영원히 죄를 짓지 않는 순종을 위해, 그들은 영원한 행복으로 충만하게 해줄 사랑의 줄로 결박될 필요가 있었습니다.

이 새로운 창조의 과정을 보십시오. 새로운 피조물들이 등장하는 이 과정을 보십시오. 타락과 성육신과 십자가의 과정을 생각해 보고, 그리고 그 성스러운 결과로 인한 새로운 출생을 보십시오! 여러분이 이 빛으로 과거를 보았다면, 다음에는 미래를 응시하십시오. 이제 우리는 영원무궁토록 하나님이 빛 가운데 거하시듯이 빛 가운데 행하고, 서로 사귐을 갖게 되는지를 봅니다. 이 사귐은 독생자 예수 그리스도 안에서, 그의 피에 의해 모든 죄가 씻어짐으로써 절정에 이릅니다. 피로 씻음을 받은 자들이 하나님의 친구들이 되고, 그들과 더불어 하나님이 얼굴과 얼굴을 마주하고 대화하실 것입니다. 이는 그분이 어떤 천사들이나 스랍들에게 말씀하시는 것과도 다릅니다. 그분은 그들과 함께 거하실 것입니다. 하나님은 그들의 하나님이 되실 것이고, 그들은 하나님의 백성이 될 것입니다. 그들 안에서, 그리고 그들을 통하여, 그분은 그 아들의 영광을 세상에 알게 하실 것입니다. 이 위대한 목적은 주께서 이미 우리를 그분처럼 빛 가운데 행하게 하심으로써, 그리고 우리를 보혈로 씻어주심으로써 상당히 이루어졌습니다. 하지만 장래에 어떻게 될지는 아직 나타나지 아니하였습니다(요일 3:2). 그러므로 우리는 실제로 그것을 추구하며 삽니다. 우리는 그리스도를 위해 삽니다! 이제부터 우리의 주된 영광은 십자가입니다! 이제부터 우리의 최고의 이상은 영화로우신 예수님을 보는 것입니다! 급류가 우리를 휩쓸어 버렸습니다! 우리는 더 이상 이 땅에 매이지 않습니다! 우리는 거역할 수 없는 영원한 사랑의 힘이 이끄는 대로 살아갑니다! 하나님은 피로 씻긴 우리 영혼에서 그분의 목적을 성취하셨습니다. 빛 가운데 행하며 우리는 이제 그분의 거대한 목적과 조화를 이루며, 이렇게 부르짖습니다. "아버지여, 당신의 아들을 영화롭게 하소서!"

이제 마쳤습니다. 하지만 오, 지금 이 순간 여러분 모두의 마음이 하나님의 빛 가운데로 나아오기를 바랍니다! 오, 자기 의와, 부주의함과, 생각 없이 사는 것과, 모든 죄의 어두운 길에서 떠나 진리의 빛 가운데로 들어오십시오! 오, 그 빛이 다소의 사울에게 임하였듯이 여러분에게 임하여, 즉시 여러분을 변화시키기를 바랍니다! 하나님의 영이 여러분으로 하나님과 그 아들 예수 그리스도를 알게 하시길 빕니다. 그분을 아는 것이 영생입니다.

제
3
장
—

빛 가운데 행하는 것과
피로 씻음 받는 것

—

"그가 빛 가운데 계신 것 같이 우리도 빛 가운데 행하면 우
리가 서로 사귐이 있고 그 아들 예수의 피가 우리를 모든 죄
에서 깨끗하게 하실 것이요." — 요일 1:7

이 세계에는 충돌하는 두 개의 거대한 세력이 있습니다. 하나는 선의 세력
이며, 그 왕은 하나님이십니다. 또 다른 하나는 악의 세력이며, 그것은 이 세상의
공중 권세 잡은 자 곧 사탄으로 대표되는 것입니다. 첫 번째 원리는 사도 요한에
의해 빛(light)이라는 상징으로 표현되었습니다. 하나님 자신이 빛의 본질이시고,
이 세상에서 모든 선한 것은 그분으로부터의 빛의 발산(發散)입니다. "온갖 좋은
은사와 온전한 선물이 다 위로부터 빛들의 아버지께로부터 내려오나니 그는 변
함도 없으시고 회전하는 그림자도 없으시니라"(약 1:17). 빛은 진리의 명백한 상
징입니다. 어둠은 오류의 상징입니다. 빛은 거룩함을 나타내고, 어둠은 죄에 대
한 적절한 묘사입니다. 빛은 지식을 나타내는데, 특별히 영적인 것에 대한 지식
을 나타냅니다. 빛이 영적인 것을 드러내 주기 때문입니다. 어둠은 무지의 적절
한 상징으로서, 그 아래에서 자연인의 정신은 부단히 애를 쓰고 있습니다. 본성
상 우리는 어둠의 영역에서 태어납니다. 우리는 소경처럼 더듬어 길을 나아갑니
다. 그리고 하나님이 만드신 만물을 보고서 그분을 알아도, 우리는 그분을 하나

님으로서 영화롭게도 아니하며, 감사하지도 아니하고, 오히려 그 생각이 허망하여지며 미련한 마음이 어두워졌습니다(롬 1:21). 자연적으로는, 영적인 일들이 사람에게 식별되지 않습니다. 영적인 일들은 영적으로라야 분별되는 것이며, 육의 생각으로는 영적인 일들을 알 수 없습니다. 육의 정신은 어둠 속을 걷기 때문입니다. 죄의 성질은 육의 생각으로 이해하기에는 너무나 깊으며, 따라서 육의 생각은 영원한 희생의 영광에 대해서도 이해할 수 없습니다. 하나님의 위대하심, 그분의 약속의 신실함, 그분의 언약의 효력, 이러한 것들은 모두 안개 속에 싸여 있으며, 따라서 육의 생각으로는 그것들을 볼 수가 없습니다. 하나님의 은혜가 마음속에 들어올 때 그것은 즉시로 커다란 변화를 일으킵니다. 마치 여호와께서 "빛이 있으라" 말씀하시매 빛이 있게 된 것과도 같습니다. 성령 하나님께서 사람의 영혼에 활동을 시작하시어 그에게 빛을 비추시면, 곧 그는 자기 자신의 죄악을 보게 되고, 그 죄악을 혐오하고, 거기에서 벗어나기 위해 애를 쓰고, 치유를 위해 부르짖게 되고, 또 그리스도 안에서 치유를 발견하게 됩니다. 이제부터 그는 더 이상 죄를 사랑하지 않습니다. 더 이상 교활한 자기 지혜와 이기심과 오류의 어둠에 의해 인도되지 않고, 하나님의 진리와 의와 거룩함과 참된 지식의 빛을 따라 걷습니다. 하나님이 그를 빛 가운데로 이끄신 것입니다. 그는 이제 전에 볼 수 없던 것을 보게 됩니다. 전에는 결코 알지 못했던 것들을 알고, 느끼고, 믿고, 인식하게 됩니다. 그는 빛 안에 있습니다(He is in the light). 그래서 성경에서는 계속해서 그리스도인을 '빛의 자녀'라고 부르는 것이며, 그리스도인은 낮 동안의 빛이라고 권면을 받는 것입니다. 그가 듣는 권면은 이런 것입니다. "너희는 다 빛의 아들이요 낮의 아들이라 우리가 밤이나 어둠에 속하지 아니하나니"(살전 5:5). "너희가 전에는 어둠이더니 이제는 주 안에서 빛이라 빛의 자녀들처럼 행하라"(엡 5:8).

여러분은 본문에서 그리스도인이 빛 가운데 있는 사람이라고 하는 것을 보았습니다. 하지만 이 본문에는 그리스도인에 대해 그 이상으로 하는 말이 있습니다. "우리가 빛 가운데 행하면(walk in the light)", 그래야 실제로 빛 안에 있는 것입니다. 머릿속에 빛이 있는 체하고, 모든 지식을 이해하고, 건전하고 정통적인 교리적인 견해를 가지고 있어도 그것만으로는 아무 소용이 없습니다. 그런 것은 구원이라는 중대한 문제와 관련하여 꼭 필요한 도움을 주지 못합니다. 사람은 자신이 많은 빛을 가지고 있다고 생각할 수 있습니다. 그러나 그가 말하는 빛이라는 것이 단지 개념적이고 교리적인 것에 불과할 뿐 그의 본성을 깨우쳐 주고 그의 실제적인 행함을 개선시키는 것이 아니라면, 그는 빛 가운데 있다고 말할 때에 거짓말을 하는 것입니다. 그는 전적으로 어둠 아래 있는 것입니다. 또한 우리가 형식상의 경험 안에서 빛을 가졌다고 상상하거나 공언하면서, 그 안에서 행하고 있지 않다면, 그것 역시 신뢰할 수 없는 것입니다. 왜냐하면 참된 빛이 있는 곳에서는, 그 빛이 스스로를 밝히 드러낼 것이 확실하기 때문입니다. 등 안에 초가 있다면, 그 빛이 주위의 어둠을 뚫고 발산될 것이며, 눈을 가진 자들은 그 빛을 볼 수 있을 것입니다. 내가 빛 안에 걷고 있지 않다면, 나는 빛을 가졌다고 말할 권리가 없습니다. 사도는 그렇게 말하는 자들에게 매우 단호합니다. 그는 말합니다. "그를 아노라 하고 그의 계명을 지키지 아니하는 자는 거짓말하는 자요 진리가 그 속에 있지 아니하니라"(요일 2:4). 그러므로 그리스도인은 빛 안에 있는 자요, 실제로(practically) 그 안에 있는 자입니다. 그의 행함과 대화는 믿음과, 성결과, 하나님께서 그 속에 부여하기를 기뻐하신 거룩한 지식에 의해 통제를 받습니다. 그는 믿음의 빛 안에서 행합니다. 그는 감각의 빛만을 가진 사람들이 밟고 지나간 길을 따르지 않습니다. 그는 영원을 들여다봅니다. 죄의 무서운 보응과, 또한 예수를 믿는 자들에게 주시는 하나님의 복된 선물에 주목합니다. 영원한 실재들은 그의 전 삶의 태도와 대화에 영향을 미칩니다. 그런 사람이 빛 가운데 있고, 또 빛 가운데 행하는 자입니다.

　여기에 아주 강력한 묘사가 있습니다. "그가 빛 가운데 계신 것 같이 우리도 빛 가운데 행하면." 사랑하는 여러분, 나는 이 생각에 현기증을 느낍니다. 내가 정면으로 그것을 응시하고자 애써보았지만 그 빛을 견딜 수가 없습니다. "하나님이 빛 가운데 계신 것 같이 우리가 빛에 거하면!" 우리가 이 수준에 도달할 수 있을까요? 가련한 살과 피를 가진 우리가, 과연 우리가 "우리 아버지"라 부르고 또한 "하나님은 빛이시니 그에게는 어둠이 조금도 없으시니라"고 성경에 기록된 그분처럼, 빛 가운데 온전히 행하는 일이 가능할까요? 이에 대해 많은 말을 나누고, 또 이 놀라운 표현에 대해 묵상해 보시기를 권합니다. 분명, 이는 우리 앞에 놓인 모범입니다. 구주께서 친히 이렇게 말씀하신 바와 같습니다. "하늘에 계신 너희 아버지의 온전하심과 같이 너희도 온전하라"(마 5:48). 만일 우리가 우리 삶의 모범이 되신 분의 절대적 온전하심에 미치지 못하면, 비록 우리 자신의 이상에 도달한다고 해도, 우리는 틀림없이 하나님의 영광에 이르지 못할 것입니다. 사랑하는 여러분, 교사가 어린 학생에게 어떤 견본을 그려서 보여줄 때, 그는 어린 학생이 그 견본과 똑같이 그릴 것이라고는 기대하지 않습니다. 하지만 만일 그 견본이 완벽한 것이 아니라면, 그 아이가 그것을 모방하는 것은 적절하지 않습니다. 그와 마찬가지로 우리 하나님께서도 우리에게 그 자신을 완벽한 모범이요 본받을 대상으로 제시하시는 것입니다. "사랑을 받은 자녀같이 너희는 하나님을 본받는 자가 되라"(엡 5:1). 그분에게 미치지 못하는 어떤 것도 모범이 될 수는 없습니다. 비록 우리가 삶의 조각가로서 하나님의 온전하신 모범에는 결코 필적할 수 없다고 느끼더라도, 우리는 그 모범을 본받도록 노력해야 하며, 그 모범에 이르기까지 결코 스스로 만족해서는 안 됩니다. 젊은 미술가는 그가 연필을 잡은 초기부터 라파엘로나 미켈란젤로와 필적하리라고 기대를 품을 수는 없습니다. 하지만 그가 자신의 머릿속에 고귀한 미의 이상을 간직하지 않는다면, 그는 아주 볼품없고 평범한 수준에밖에 이르지 못할 것입니다. 하늘의 손가락이 우리에게 주 예수님을 자기 백성의 위대한 모범으로 제시합니다. 또한 성령께서는 우리로 그분을 닮아가도록 우리 안에서 역사하십니다.

하지만 그리스도인이 하나님께서 빛 가운데 계신 것 같이 빛 가운데 행한다는 것이 무엇을 의미할까요? 우리는 그것이 닮음(likeness)을 의미하지, 등급(degree)을 의미한다고는 생각하지 않습니다. 비록 우리가 그분과 같은 정도로는 빛 가운데 거할 수 없지만, 우리는 진실로(truly), 진심으로(heartily), 성실하게(sincerely), 그리고 정직하게(honestly) 빛 가운데 있습니다. 나는 태양 안에 거할 수는 없습니다. 그곳은 내가 거하기에는 너무나 밝은 곳입니다. 밀턴의 작품에 나오는 천사인 우리엘(Uriel, 「실낙원」에서 천체의 빛을 관장하는 천사로 그려짐 — 역주)처럼 태양의 강렬한 영광의 빛 가운데 거할 수 있는 존재로 변화되지 않는 한, 내가 태양 안에 거할 수는 없습니다. 하지만 내가 태양 안에 직접 거할 수는 없어도, 태양의 빛 안에서 행할 수는(walk) 있습니다. 그와 마찬가지로, 하나님은 빛이시며 그분 자신은 태양과 같은 분입니다. 비록 내가 주님께서 거하시는 것과 같은 정도의 온전함과 탁월함과 성결과 진리의 수준에는 이를 수가 없지만, 그럼에도 불구하고 나는 그분이 빛 가운데 계신 것 같이 빛 안에서 행할 수는 있습니다. 존 트랩 목사(John Trapp, 1601-1669. 영국 칼빈주의 성경 주석가)는 언제나 우리가 기억할 수 있는 방식으로 진리를 제시합니다. 그는 말하기를, 하나님이 빛 가운데 계신 것 같이 우리가 빛 가운데 거한다는 의미는 특성(quality)의 차원이지 동등(equality)의 차원이 아니라고 합니다. 우리는 하나님의 거룩하심과 온전하심에 동등할 수는 없지만, 하나님과 동일한 빛 가운데 거하고 동일한 빛 가운데서 행해야 합니다. 하나님의 온전함에 이르는 것은, 우리가 요단 강을 건너서 지존자의 온전하심 속으로 들어갈 때까지는 유보될 수밖에 없습니다.

사랑하는 성도들이여, 지금까지 진정한 그리스도인의 특징을 간략히 묘사하였으므로, 그는 두 가지 특권의 고백자인 것을 주목하십시오. 첫째는 하나님과의 사귐(fellowship with God)입니다. "우리가 서로 사귐이 있고."둘째는 죄에서 완전히 깨끗하게 되는 것(complete cleaning from sin)입니다. "그 아들 예수의 피가 우리를 모든 죄에서 깨끗하게 하실 것이요."

우리가 얻는 첫 번째 특권은 한 마디로 표현됩니다. 그것은 하나님과의 교제입니다. 이 구절을 영어 번역으로(한글성경도 마찬가지임 — 역주) 읽으면, 마치 그 의미가 여러분의 형제 그리스도인들과의 교제인 것처럼 보입니다. 하지만 유능한 주석자들에 따르면, 이런 번역은 원문의 의미를 제대로 전달하지 않습니다. 아라비아 역본은 이렇게 묘사하고 있습니다. "하나님이 우리와 함께 계시고, 우리도 그분과 함께 있으니(God with us, and we with Him)."또한 여러 사본들을 이렇게 읽을 수 있습니다. "우리는 그분과 교제를 나눈다(we have fellowship with Him)." 우리말 번역은 우리가 다른 신자들과 교제를 나누는 것으로 생각하도록 강요합니다. 하지만 그것이 성령의 의도가 아닙니다. "우리는 상호 교제를 가지며, 하나님과 우리 영혼들 사이에 사귐이 있다." 이것이 이 구절의 의미입니다. 하나님은 빛이십니다. 우리는 빛 가운데 행합니다. 우리는 이 점에서 일치합니다. "둘이서 일치하지 않고서 동행할 수 있겠습니까?' 우리가 앞으로 나아가는 원리에 대해서도 우리는 일치하는 것이 분명합니다. 하나님은 진리의 옹호자이시고, 우리 역시 그러합니다. 하나님은 거룩함을 장려하는 분이시고, 우리 역시 그러합니다. 하나님은 이기심 대신 사랑이 지배하기를 바라시고, 그리스도인 역시 그러합니다. 하나님은 오류를 미워하시고, 그것을 멸하기 위해 화살을 아끼지 않으십니다. 그리스도인 역시 성도들에게 전해진 신앙을 위해 열심을 다해 싸웁니다. 하나님은 순결하시고, 또한 마음이 청결한 자가 하나님을 볼 것입니다. 하나님은 거룩하시고, 거룩한 자들이 본성의 유사성에 이끌려 하나님을 가까이 합니다. 마치 나침반의 바늘 끝이 극(極)으로 향하는 것과도 같습니다. 주께서 당신을 방문하여 여러분으로 빛 가운데 행하도록 하시면, 당신은 틀림없이 당신의 아버지 하나님과 사귐을 가질 것입니다. 어둠 가운데 있는 자는 하나님과 사귐을 갖지 못합니다. 무지로 눈이 가리어지고, 육정으로 인도되고, 오류에 조종당하며, 거짓으로 빗나가는 자가, 어찌 하나님과 대화하기를 바랄 수 있겠습니까? 그런 자의 기도는 지껄이는 소리에 불과합니다. 그런 자의 노래는 소리 나는 구리와 울리는 꽹과리입니다. 그런 자의 헌신은 죽이는 율법의 조문에서 조금도 더 나아가지 않습니다. 하지만 오, 가련한 영혼이여, 만약 하나님께서 당신을 어둠 가운데에서 끌어내시고 당신 자신의 모습을 보게 하시고, 또한 그분을 보고 진리와 의와 거룩을 따르게 하신다면, 당신의 기도는 하늘에 들리고, 당신의 노래는 하늘의 수금소리와 조화를 이루지 않겠습니까? 심지어 당신의 신음소리와 눈물조차도 아버지의 마음을 감동시킬 것이고, 당신은 그분과의 교제를 누리게 될 것입니다. 우리가 하나님이 빛 가운데 계신 것 같이 빛 가운데 행하면, 하나님의 비밀이 우리 안에 알려지고, 우리의 비밀 또한 하나님께 알려집니다. 그분은 우리에게 친히 마음을 열어 보이시고, 우리도 그분께 마음을 열어 보일 것입니다. 우리는 친구가 됩니다. 우리는 서로 결속되고, 그래서 우리가 정욕 때문에 세상에서 썩어질 것을 피하여 신의 성품에 참여하는 자가 됩니다(벤후 1:4). 우리는 에녹처럼 살며, 하늘 위의 대화를 나눌 것입니다.

두 번째 특권에 대해 생각해 보고자 합니다. 나는 이 본문에 사로잡혀 있지만, 한 편으로 이 본문이 두렵습니다. 내 말의 의미는, 이 구절의 뒷부분이 아주 종종 전후문맥에서 벗어난 채로 다루어져 왔다는 것입니다. 비록 이 구절에는 많은 영혼들에게 위로를 주는 힘이 있지만, 이 문맥 속에서 이 대목을 다루는 것이 다소 두렵습니다. 나는 이런 식으로 느껴왔습니다. "음, 내가 말하는 어떤 것이 갈망하는 어느 영혼에게서 위로를 빼앗아간다면, 나는 매우 유감일 것이다. 하지만 나는 그렇게 말하지 않을 수 없다." 기독교 사역의 본질이란 하나님의 말씀에서 특정 구절을 뽑아 그것을 전후 문맥에 관계없이 전하는 것이 아니라, 그것을 있는 그대로 취하는 것이라고 나는 느낍니다. 이 본문이 위치한 대로라면, 다른 사람들이 이 구절을 보는 것과는 달리, 나에게는 이 구절이 특별한 위로의 빛을 발하는 것으로 보이지 않습니다. 오히려 이 구절은 나에게 더 없이 밝은 또 다른 기쁨의 광채를 발합니다. 하나님의 말씀은 하나님이 말씀하시는 것으로 받아들여야 합니다. 우리는 거룩한 진리라고 하는 '산 아이'를 반으로 가르거나, 혹은 본래의 의미와는 다른 의미를 가진 것으로 왜곡할 권리가 없습니다. 본문에 따르면, 죄의 특별한 용서는 하나님이 빛 가운데 계신 것 같이 빛 가운데 행하는 자들에게만 주어지는 특별한 권리이며, 다른 어떤 자들에게 주어지는 특권이 아닙니다. 오직 하나님의 은혜에 의해 자연인의 상태에서 은혜의 상태로 인도되고 또한 빛 가운데 행하는 자들만이, 예수 그리스도의 피로 깨끗하게 씻음을 받는다고 주장할 수 있습니다.

이 구절의 후반부를 곰곰이 묵상하면, 이 속에는 사려 깊은 독자라면 감명을 받을 만한 일곱 가지의 교훈이 담겨 있는 것으로 보입니다. 아무리 절뚝거리며 걷는다 하더라도, 빛 가운데 걷고 있는 모든 사람이 누리는 특권의 차원에서 고려하면, 피로 산 용서에 대해 말하고 있는 이 구절은 보석으로 장식된 면류관과도 같습니다. 이 면류관에 장식된 일곱 가지의 값진 진주를 사랑의 시선으로 바라보라고 여러분에게 요청합니다.

1. 본문 안에 계시된 일들의 위대성

내게 감명을 준 첫 번째 교훈은 본문 안에 있는 모든 것의 위대성(greatness)입니다. 어떤 곳에서는 모든 것이 사소합니다. 여러분이 어떤 사람들과 이야기합니다. 그들의 생각과, 그들의 사상은 모두 보잘것없습니다. 거의 모든 것을 자 하나로 잴 수 있습니다. 야심 찬 사람들은 그들의 문제를 크게 늘리지만, 그 역시 본질적으로는 사소한 문제입니다. 이 본문에는 모든 것이 얼마나 웅장한 크기로 그려져 있는지를 보십시오! 사랑하는 여러분, 하나님의 백성의 죄가 얼마나 큰지를 생각해 보십시오! 여러분의 죄가 얼마나 큰지 짐작이나 할 수 있겠습니까? 회심하기 전의 여러분의 죄를 곰곰이 생각해 보십시오. 주를 찾는 동안의 여러분의 죄, 여러분 자신의 행실을 신뢰하고 거짓 피난처를 찾던 여러분의 죄를 생각해 보십시오. 회심한 이후의 여러분의 죄들을 회고해 보십시오. 사랑하는 여러분, 하나의 죄만으로도 알프스 산만큼이나 높이 솟았는데, 우리는 각각의 죄에 또 다른 죄들을 더하여 쌓아 왔습니다. 마치 산 위에 산을 쌓아 올렸다는 옛 거인들의 우화처럼, 죄에 죄를 더하여 쌓아 온 것입니다. 오 하나님이시여, 아주 순결하고 성화된 당신의 자녀들 중 한 사람의 생애에서도 얼마나 많은 죄가 쌓여 있는지요! 이것을 곱해 보십시오. 하나님의 자녀 한 사람의 죄를 모두 모으고, 거기에다 "우리"라는 단어에 포함된 자들의 수를 모두 곱해 보십시오. "우리를 모든 죄에서 깨끗하게 하실 것이요!" 하나님의 자녀들의 수가 얼마나 됩니까? 하나님의 말씀이 답해 줄 것입니다. "각 나라와 족속과 백성과 방언에서 아무도 능히 셀 수 없는 큰 무리"입니다(계 7:9). 지옥의 바닥 없는 구덩이의 깊이를 상상할 수 있겠습니까? 아마도 하늘의 영광의 높이만큼이나 깊을 것입니다. 죄는 하나님까지도 그 보좌에서 끌어내리기를 바랍니다. 동이 서에서 먼 것과 같이, 영원이라는 것이 긴 것과 같이, 그리스도께서 위하여 피 흘리신 백성들의 죄의 크기가 그러합니다. 하지만 이 모든 것이 제거되었습니다. "그 아들 예수의 피가 우리를 모든 죄에서 깨끗하게 하실 것이요."

다음에는 속죄의 위대성(the greatness of the atonement)에 주목하십시오. 여러분이 내적으로 이 말씀을 음미해 보시겠습니까? "그 아들 예수의 피!" 피는 언제라도 귀한 것이지만, 이 피는 단지 사람의 피가 아닙니다. 그것은 죄 없는 사람의 피이며, 더 나아가, 신성과 연합된 사람의 피입니다. "그 아들의 피" 입니다! 하나님의 아들의 피입니다! 아아, 천사들이 면류관을 그 앞에 던져드리는 분의 피입니다! 하늘의 모든 합창대의 화음이 그분의 영광스런 보좌를 둘러싸고 있습니다. "그는 만물 위에 계셔서, 세세에 찬양을 받으실 하나님이십니다. 아멘"(롬 9:5). 그런데 그분이 자기 피를 흘리셨습니다. 스스로 종의 형체를 취하시고, 채찍에 맞고 창에 찔리시고, 상하고 찢기시며, 마지막에는 죽임을 당하십니다. 신성을 가지신 분의 피가 아니고서는 무엇으로도 인간의 죄를 속할 수가 없습니다. 속죄하는 자는 단지 인간이어서는 안 되며, 하나님-인간(God-man)의 중보자여야 했습니다. 여호와의 동료여야 했고, 영원토록 그분과 동등한 분이어야 했습니다. 그가 죄에 대한 하나님의 진노의 고통을 감당해야 했습니다. 참된 희생의 제물, 이것을 생각해 보십시오. 어떤 인간의 정신으로도 그 가치의 무한성을 제대로 측량할 수 없습니다. 여기에 위대성이 있습니다. 거대한 죄가 있고, 그러나 위대한 속죄도 있습니다.

다시 생각해 보십시오. 여기에는 그러한 희생이 가능하게 했던 위대한 사랑(great love)이 있습니다. 오, 그가 얼마나 많이 사랑하셨으면, 하늘에서 지상으로 내려오시고, 또한 지상에서 무덤으로 내려가셨을까요! 우리가 그분을 미워하고 있을 때, 우리가 그분의 원수였을 때, 그분이 우리를 선택하셨고, 그 자신의 죽음으로써 우리로 하나님과 화목하도록 하셨습니다. 죄와 허물로 죽었고, 악한 행실의 수의(壽衣)에 싸여져 부패하였으며, 서로를 향해 증오를 품었으며, 죄와 모든 가증한 것으로 가득하였던 우리였습니다. 하지만 그분이 우리를 사랑하시어 우리를 위해 자기 목숨을 내주기까지 하신 것입니다. 여기서 우리는 진정 위대한 문제들을 다루고 있습니다. 우리는 그리스도인의 마음에 끼친 그 속죄의 결과와 그 사랑의 영향력의 위대성을 잊어서는 안 됩니다. 오, 이 위대한 속죄에서 솟아나는 평화는 모든 지각을 초월하는 위대한 평화입니다! 오, 이와 같은 거룩한 불에서 발생하는 감사의 불꽃은 또 얼마나 위대한지요! 오, 그 사랑이 마음에 부어질 때, 그 사랑을 느끼는 마음에서는 죄에 대한 증오와 불법에 대한 미움이 또 얼마나 크게 솟아나는지요! 여러분은 위대한 특권을 누리는 시민들이며, 피로 산 (blood-brought) 도성의 피로 산 시민들입니다. 하나님이 여러분을 사랑하셨습니다. 여러분은 평생을 걸려서도 그 사랑의 깊이를 다 헤아리지는 못합니다. 하나님이 여러분을 사랑하셨으며, 또한 그 사랑을 입증하시기 위해 사람의 몸으로 오시고 여러분을 위해 죽으셨습니다. 그분은 당신을 사랑하시며, 여러분의 무서운 죄에 대한 끔찍한 결과를 모두 극복하셨습니다. 이제 하나님이 보이신 그 사랑에 힘입어 여러분에게 호소합니다. 여러분의 거룩한 삶과 신실함과 열망을 보여, 여러분이 이러한 일들의 위대성을 이해하고 있음을 입증하시기 바랍니다. 만일 여러분의 마음이 여기에 계시된 일들의 위대성을 진실로 인식한다면, 여러분의 커다란 죄와, 큰 사랑으로 자기를 드리신 위대하신 구세주와, 여러분이 얻게 된 위대한 특권을 인식한다면, 여러분의 마음이 크게 기뻐할 것이라고 나는 확신합니다.

2. 단순한 유일성

이 본문에서 반짝이는 내용은 단순한 유일성(simple solitariness)입니다. "우리가 서로 사귐이 있고"라는 말씀이 있습니다. 그리고 그 다음에 영광스러우면서도 단순한 진술이 부가되었습니다. "그 아들 예수의 피가 우리를 모든 죄에서 깨끗하게 하실 것이요." 여기서 제의들(rites)과 예식들(ceremonies)에 대한 언급이 전혀 없다는 것에 주목하십시오. 본문은 이런 식으로 시작하지 않습니다. "그리고 세례의 물이, 그 아들 예수 그리스도의 피와 함께 우리를 깨끗하게 할 것이요." 유아 때에 물을 뿌리는 것이라든지 혹은 신자들이 물에 잠기는 침례라든지, 그런 것에 대해서는 한 마디도 언급되어 있지 않습니다. 본문이 말하는 것은 피에 대한 것입니다. 세례시의 물 한 방울과도 무관하게, 오직 피에 대해서만 말합니다. 여기서 성례식들에 대해서는 아무런 언급이 없습니다. 사람들이 "복된 성찬식"이라고 부르는 것, 떡을 먹고 포도주를 마시는 것은 여기에 개입되지 않았습니다. 여기서 언급되는 것은 오직 "그 아들 예수의 피"에 대한 것입니다. 만일 하나님이 제정하신 의식조차도 언급되지 않았다면, 사람이 고안해 낸 의식들도 마찬가지로 배제됩니다. 독신생활이나 수도원 제도나 일생의 청빈의 삶에 대한 맹세는 한 마디도 없으며, 사제에 대한 고해성사나 인간에 의한 사면 등은 암시조차 없고, 고행이나 지나친 도유(塗油) 의식 등에 대한 암시도 없습니다. "그 아들 예수의 피가 우리를 모든 죄에서 깨끗하게 하실 것이요." 어느 가난한 여인이 병들어 누워 있는 동안 처음으로 구원의 복음을 듣고서 아주 잘 처신했습니다. 그녀는 오직 예수의 피가 죄를 씻는다고 들었고, 그녀는 그렇게 믿었습니다. 그런 후 그녀는 가슴에 손을 넣고서 (십자가에 못 박힌 모습의) 작은 예수 상(像)을 꺼냈습니다. 그것은 그녀가 줄에 매달아 일생 동안 목에 걸고 다녔던 것입니다. 그리고 전도자에게 말했습니다. "선생님, 나는 이제 이것을 원하지 않아요." 아, 진실로 그렇습니다. 우리는 가련하고 상처 입은 영혼을 위로하기 위해 사람이 고안해 낸 모든 것에 대해서도 이렇게 말할 수 있습니다. "나는 예수님을 찾았어요. 그러니 이제 그것을 원하지 않아요." 여러분 중에 원하는 사람이 있으면, 계속해서 그것을 간직하십시오. 하지만 나로서는, 만약 내가 하나님이 빛 가운데 계신 것 같이 내가 빛 가운데 행하면 그 아들 예수 그리스도의 피가 나를 모든 죄에서 완벽하게 씻어 주기 때문에, 다른 어떤 것도 감히 쳐다보려 하지 않겠습니다. 그래서 이 세상의 보잘것없는 요소들에 매이지 않을 것입니다. 또한 여러분은 이 본문에서 깨끗하게 하는 수단으로서 그리스도인의 경험(experience)에 대해서도 언급이 없다는 것을 발견할 것입니다. 한 사람이 말합니다. "이 구절의 첫 문장이 그것을 내포하지 않습니까?" 분명히, 그렇지 않습니다. 비록 이 구절의 첫 문장이 다음 문장과 연결되어 있기는 하지만, 서로 충돌하는 것은 아닙니다. 하나님이 빛 가운데 계시듯이 내가 빛 가운데 행한다면, 그 다음은 무엇입니까? 내가 빛 가운데 행하는 것이 내 죄를 씻어 줍니까? 전혀 그렇지 않습니다. 만일 피로 씻음 받지 않고서도 내가 빛 가운데 행하는 것이 가능하다면, 나는 어둠에 있을 때와 마찬가지로 빛 안에 있을 때에도 죄인일 것입니다. 자, 하지만 우리는 하나님과 사귐을 가지며, 하나님과 사귐을 갖는다는 자체가 죄를 제거하는 것이 아닙니까? 사랑하는 여러분, 내 말을 오해하지 마십시오. 죄가 제거되지 않으면 어떤 사람도 하나님과 교제할 수 없습니다. 하지만 하나님과의 교제가, 빛 가운데 행하는 것이, 그 자체로 죄를 씻는 것은 전혀 아닙니다. 죄를 씻는 전 과정이 여기에 있습니다. "그 아들 예수의 피가 우리를 모든 죄에서 깨끗하게 하실 것이요." 그 구절을 반복해서 읽어 보라고 요청합니다. 본문은 우리가 빛 가운데 행하는 것이 우리를 죄에서 깨끗하게 한다고 말하지 않습니다. 또한 우리가 하나님과 교제하는 것이 우리를 죄에서 깨끗하게 한다고 말하지도 않습니다. 이 일은 죄 씻음과 관련이 있습니다. 하지만 그것이 원인과 결과로 연결된 것은 아닙니다. 우리를 모든 죄에서 깨끗하게 하는 것은 오직 예수의 피입니다. 십자가에서 죽어가는 강도는 그리스도를 바라보았고, 죄는 피에 의해 제거되었습니다. 여기 그리스도 안에 한 형제가 있습니다. 그는 육십 년 동안이나 그리스도를 사랑하는 경험을 했고, 이제 그의 마음은 볏단과도 같으며, 하늘의 추수를 기다릴 정도로 익었습니다. 그는 주님의 임재 안에서 살고 있으며, 일생의 대부분을 주님을 섬기며 보냈습니다. 하지만 사랑하는 여러분, 그와 저 죽어가는 강도 사이에는, 죄 씻음과 관련하여서는 털끝만큼의 차이도 없습니다. 예수님의 피가 그 강도의 죄를 씻었고, 그 동일한 피가 믿음에서 진보하고 성숙한 이 그리스도인의 죄를 씻었습니다. 만일 그렇지 않다면 그는 여전히 부정한 상태일 것입니다.

다시 이 본문을 주목해 보십시오. 이 구절에는 어떤 감정 느낌, 혹은 노력의 달성 등이 죄를 씻는 일에 피와 협력한다는 암시가 없습니다. 그리스도께서 자기 백성들의 죄를 짊어지시고, 마치 그 자신이 죄인이신 듯 그 죄들에 대한 형벌을 받으셨습니다. 그러므로 이제 우리에게서 죄가 씻어졌습니다. 하지만 어떤 의미에서도, 어떤 정도에서도, 어떤 모양이나 형태로도, 죄는 우리 노력의 달성, 감정, 느낌 혹은 경험으로 제거되지 않습니다. 오직 피만이 죄를 속하고, 다른 무엇과도 섞이지 않은 그 피만이 속죄의 일을 완성하고 완수합니다. "여러분은 그리스도 안에서 온전하게 되었습니다"(골 2:10, KJV).

나는 이 요점을 계속해서 얼마든지 확대할 수 있지만, 그렇게 하지 않겠습니다. 다만 한두 가지 교훈을 짧게 전하고자 합니다. 사랑하는 여러분, 어떤 사람들은 위로의 근거로서 교리적인 이해를 숙고하라고 권고하지만, 나는 오직 피를 바라보라고 권고합니다. 그리스도인의 경험의 표준을 세우도록 강조하고 그것이 여러분에게 위로의 통로가 될 것이라고 주장하는 자들이 있습니다. 하지만 나는 여러분에게 이렇게 호소합니다. 여러분이 교리나 경험을 소중히 여기더라도, 여러분의 영혼은 그리스도의 보혈 외에는 어디에서도 안식을 찾지 못할 것입니다. 어떤 이들은 여러분을 높은 수준의 교제로 이끌고자 합니다. 그들을 따르십시오. 하지만 그들이 여러분을 예수의 피에 의지하는 죄인의 위치에서 벗어나게 한다면 그들을 따르지 마십시오. 여러분에게 신비주의를 가르칠 수 있는 사람들이 있습니다. 그들은 내적인 빛 안에서 기뻐하라고 가르칠 것입니다. 그들이 하나님의 말씀에 근거하고 있다면 그들을 따르십시오. 하지만 그들이 여러분의 발을 유일하게 안전히 서 있을 수 있는 만세반석(Rock of Ages)에서 떨어지게 만든다면, 그들을 따르지 마십시오. 내 형제들 중 어떤 이들은 그리스도의 재림에 대해 전하는 것을 매우 좋아합니다. 나는 그들이 영광의 그리스도에 대한 진리를 전하는 것을 매우 기뻐합니다. 하지만 내 사랑하는 성도들이여, 나는 여러분의 소망을 영광의 그리스도에게나 다시 오실 그리스도께 두지 말고, "십자가에 못 박히신 그리스도"께 두라고 호소합니다. 죄를 제하는 문제에 있어서, 먼저 알아야 할 것은 영광의 보좌가 아니라 십자가이며, 통치하시는 구주가 아니라 피 흘리는 구주이심을 기억하기 바랍니다. 죄를 씻으시는 분은 영광 중에 계시는 왕이 아니라, 수치 가운데 있는 구속주이십니다. 만일 죄의 짐을 지고 있는 상태라면, 예언의 날들에 대해 연구하려고 관심을 쓰지 마십시오. 오직 여러분의 가장 우선적이고 최상의 위로를 우리를 모든 죄에서 깨끗하게 하는 예수 그리스도의 피에서 찾으십시오. 여기 여러분의 구원을 위한 북극성이 있습니다. 그것을 보고 항해하십시오. 그러면 평화의 항구에 도달할 것입니다.

3. 죄 씻음의 완벽성

본문의 빛 가운데서 세 번째로 반짝이는 것은 죄 씻음의 완벽성(the completeness)입니다. "그 아들 예수의 피가 우리를 모든 죄에서 깨끗하게 하실 것이요." 죄의 일부만이 아니라 "모든 죄에서" 깨끗하게 하는 것입니다. 사랑하는 여러분, 나는 이 말씀이 얼마나 달콤한지 다 표현할 수 없습니다. 다만 성령 하나님께서 여러분으로 그것을 맛보게 해 주시길 기도합니다. 원죄가 있으며, 그로 인해 우리는 태어나기도 전에 아담 안에서 타락했습니다. 죄를 물려받았고, 죄 가운데 태어나고, 죄 가운데 형성되었습니다. 또한 실제적인 죄가 있습니다. 내 젊은 시절의 죄, 전에 행한 악한 일들, 장년 시절의 죄가 있고, 또한 영광의 면류관을 써야 할 백발의 머리를 더럽혀 슬픔의 관을 쓰게 만드는 노년의 죄가 있습니다. 하지만 이 모든 죄들이, 원죄와 자범죄들이, 모두 사라졌습니다(all gone)! 모두 지나갔습니다! 율법을 어긴 죄들이 비록 아무리 크고, 그것이 생각과 말과 행동과 마음에 있어서 나를 죄인으로 만들었어도, 모두 지나갔습니다. 복음에 대한 죄들이 있습니다. 내가 가시채를 뒷발질하던 시절의 죄이며, 내가 양심을 질식시키던 때, 내가 열조들처럼 성령을 거역하던 때, 내 행위가 악하므로 진리를 미워하고 받아들이지 않고 내 행위가 드러날까 두려워 빛 가운데 나아오기를 거부하던 때, 복음의 모든 달콤한 초대의 말에 관심을 두지 않던 때의 죄들입니다. 그 모든 죄가 씻어졌습니다! 그리스도 예수께 대한 죄가 있습니다. 회심한 이후로 내가 다시 잘못에 빠져들고, 내 마음이 그분을 향해 냉정해지던 때의 죄입니다. 성령님께 대한 죄가 있습니다. 내주하시는 하나님의 인도 대신 나 자신의 충동을 따르던 때의 죄입니다. 이 모든 것이 제하여졌습니다! 로마 가톨릭은 죄를 가벼운(venial) 죄들과 치명적인(mortal) 죄들로 구분합니다. 그들이 어떻게 구분하건, 가벼운 죄이건 치명적인 죄이건, 용서될 수 있는 죄이건 죽음에 이르는 죄이건, 예수 그리스도의 피가 우리를 모든 죄에서 깨끗하게 하십니다! 여기 범한 죄의 목록이 있으니, 곰곰이 살피고 생각해 보십시오. 태만의 죄들도 있는데, 이 목록의 내용은 앞의 목록보다 훨씬 길게 나열되었습니다. 우리가 행해야 했으나 행하지 않고 내버려 둔 일들이, 아마도 우리가 행하지 말아야 했으나 행한 일들보다도 그 수가 훨씬 많을 것입니다. 하지만 모든 것이 제하여집니다. 어떤 죄들은 다른 죄들보다 더 큽니다. 간음, 간통, 살인, 신성모독의 죄들은 말할 것도 없이 일상생활 중에 지은 죄들보다 더 큽니다. 하지만 큰 죄이든 작은 죄이든, 그 모든 죄가 제하여집니다. 애굽에 파리 떼의 재앙을 제하신 동일하신 하나님께서 또한 천둥과 번개의 재앙 역시도 제하십니다. 모든 것이 사라지고, 즉시로 사라집니다. 바로의 병거들이 홍해에 잠기며, 가장 천한 애굽인도 동일한 방식으로 물에 잠깁니다. 깊은 물이 그들 모두를 덮었으며, 그들 중 하나도 살아남지 못했습니다. 하나님께 대한 죄들도 있습니다. 이 죄들이 얼마나 많은지! 그분의 날을 어기고 그분의 말씀을 멸시한 죄들이 있고, 그분의 이름을 더럽히고, 그분을 잊어버리고, 사랑하지 않은 죄들이 있습니다. 하지만 그분이 이 모든 것을 지워 버리십니다! 내 친구들과 내 원수들에게 잘못한 죄들, 내 이웃과, 내 아버지와, 내 자녀와, 내 남편에게와, 모든 관계에서 잘못한 죄들이 있습니다. 하지만 모든 죄가 사라집니다! 다음으로는 주제넘은 죄들, 무지의 죄들, 고의로 행한 죄들과 모르고 지은 죄들도 있다는 것을 기억하십시오. 하지만 예수의 피가 우리를 모든 죄에서 깨끗하게 하십니다. 계속해서 확대해 볼까요? 그럴 필요가 없을 것입니다. 하지만 죄 씻음이 완벽하다는 것을 이해하시기 바랍니다. 어음의 액수가 크든 작든, 동일한 수령액으로 그 어느 쪽이든 모두 변제할 수 있습니다. 예수 그리스도의 피는, 훼방의 말을 하는 베드로의 죄에 대해서나 사랑스런 요한의 죄에 대해서나, 동일하게 지불되는 복되고 거룩한 보상액입니다. 그러니 우리의 죄는 그 피로 제하여집니다. 모든 죄가 단번에 영원히 제하여집니다. 복된 완결성이여! 이 얼마나 달콤한 묵상의 주제입니까!

4. 죄 씻음의 현재성

이 본문에 장식되어 있는 다음 보석은 현재성(presentness)에 대한 생각입니다. 본문은 "깨끗하게 한다(cleanse)"이지, "깨끗하게 할 것이다(shall cleanse)"가 아닙니다(한글성경 역시 미래형으로 오해할 여지가 있으나, 헬라 원어로는 현재형으로 되어 있음 – 역주). 임종의 소망으로서 용서를 기대하려는 사람들, 아마도 숨을 거두기 몇 시간 전에서야 "내 죄가 용서받았다"고 말할 수 있을 거라고 생각하는 사람들이 많습니다. 그런 사람들은 하나님의 말씀을 결코 읽어 본 적이 없을 것입니다. 혹시 그들이 읽었다면, 불신앙의 눈으로 읽었을 것입니다. 사랑하는 여러분, 나는 죽을 때에 죄 씻음을 받을 희박한 가능성을 무시하고 싶지 않습니다. 하지만 오, 지금 죄 씻음을 받는 것이 얼마나 더 좋겠습니까! 어떤 사람들은 용서의 느낌은 그리스도인으로서 체험을 하고 수년 이후에나 얻어지는 것이라고 상상합니다. 젊은 그리스도인이 "내 죄를 용서받았어요"라고 하면, 그들에게는 그것이 때 이른 무화과처럼 너무 빨리 익은 것으로 보입니다. 하지만 사랑하는 여러분, 그렇지 않습니다. 죄인이 예수님을 의지하는 순간, 그 죄인은 하나님의 영광의 빛이 그의 부활의 모습 위에 비칠 때와 마찬가지로 완전히 용서받습니다. 사랑하는 여러분, 죄의 용서는 현재적인 것입니다. 오늘을 위한 은혜이며, 지금 이 시간을 위한 기쁨입니다. 하나님이 빛 가운데 계신 것 같이 빛 가운데 행하는 자마다 하나님과 사귐이 있고, 바로 그 순간 죄의 용서는 완벽합니다.

현재 시제로 기록되어 있는 것은 계속성을 의미하는 것으로 이해할 수 있습니다. 그리스도인이여, 그것은 언제나 그럴 것입니다. 어제도 그러했습니다. 어제도 현재형으로 "씻는다"이며, 오늘도 현재형으로 "씻는다"이며, 내일도 현재형으로 "씻는다"입니다. 그것은 여러분이 요단을 건널 때까지 언제나 "씻는다"

일 것입니다. 그 피가 현재적으로 "씻는다"이기 때문에 여러분은 매일같이 이 샘으로 나아올 수 있습니다. 매 시간 여러분은 씻기 위해 이 샘물로 올 수 있습니다. 여기에는 칭의(justification)뿐 아니라 성화(sanctification)도 있다고 나는 생각합니다. 나는 이 본문이 그 해석에 있어서 너무 많이 제한되어 있었다고 생각합니다. 나는 예수의 피가 빛 가운데서 행하는 자에게 끊임없이 작용하여, 그를 내적인 죄의 힘으로부터도 깨끗하게 한다고 믿습니다. 하나님의 성령이 이 속죄의 교리를 성결의 창출에 적용하시고, 마지막에 영혼은 결국 죄로부터 완전히 정결하게 된다고 나는 믿습니다. 나는 내 주님의 희생의 정결하게 하는 효력을 매일 지속적으로 느끼기를 열망합니다. 십자가를 바라보십시오. 그러면 그 귀한 핏방울이 모든 죄에서 여러분을 깨끗하게 해 주는 것을 느낄 것입니다.

5. 죄 씻음의 확실성

　　다섯 번째로, 본문은 우리에게 복된 확실성(certainty)에 대한 사상을 제시합니다. 본문은 "아마도 예수의 피가 우리를 모든 죄에서 깨끗하게 하실 것"이라고 말하지 않습니다. 본문은 그 일을 논박될 수 없는 사실로 말하고 있으며, 사실이 그렇습니다. 신자에게 이 일은 확실한 문제입니다. 하나님의 영이 우리의 영과 더불어 우리가 하나님께로 났음을 증언하시기 때문입니다. 우리의 영은 믿음을 통하여 기쁨과 평화를 누리며, 깨끗하게 되었음을 확신합니다. 또한 우리 속에 들어오신 하나님의 영이 두 번째 증언자로서, 우리 영혼과 더불어 우리가 하나님께로 났음을 증언하십니다. 내가 모든 죄에서 깨끗하게 된 것은, 마치 건강이 좋아진 것을 느끼듯이 내게는 의식될 수 있는 문제입니다. 내가 병상에 누워 있는 동안 나는 통증을 의식합니다. 그와 마찬가지로 나는 죄 속에 살고 있을 때에 하나님의 영이 내게 영적인 생명을 주시자마자, 나는 죄가 무겁게 나를 누르는 것을 의식하였습니다. 이제 나는 통증이 사라진 것을 의식하며, 마찬가지로 죄가 사라진 것을 의식합니다. 그래서 나는 주저하지 않고 여기서 말할 수 있습니다. 죄가 용서받았다고 하는 의식은, 지금 이 순간, 나의 주이신 예수 그리스도를 믿음으로 바라볼 때 통증이 제거되었다는 의식만큼이나 분명하고 또렷합니다. 그리스도인에게는 그런 경험이 빈번합니다. 그리스도인에게 있어서, 예수 그리스도의 피로써 모든 죄에서 깨끗하게 되었다는 것은 빈번하게 매우 또렷하고 확실하게 의식할 수 있는 문제입니다.

또한 그것은 단지 의식의 문제만도 아니며, 잘 생각해 보면 논증의 문제이기도 합니다. 만일 예수 그리스도께서 정녕 믿는 자의 모든 죄를 가져가셨다면, 필연적으로 따라오는 일은, 그리스도를 의지하는 나에게 더 이상 죄가 없다는 것입니다. 그리스도께서 내 죄를 가져가셨다면, 죄는 동시에 두 장소에 있을 수는 없습니다. 그리스도께서 짊어지셨으면, 나는 그것을 더 이상 짊어지지 않습니다. 그리스도께서 죄의 형벌을 당하셨다면 내 죄에 대한 처벌은 끝난 것이며, 나는 예수님이 대신하여 처벌받으신 죄로 인해 다시 처벌을 받을 수 없습니다. 하나님께서 주권적으로 인간을 응징하시는 경우가 아니라면, 죄의 중복 처벌은 하나님의 공의와 정직에 대한 모독이며, 따라서 우리는 잠시라도 그런 생각을 용인해서는 안 됩니다. 예수 그리스도께서 죄의 빚을 갚으셨으면, 값은 모두 지불된 것입니다.

> "그리스도께서 죄의 빚을 모두 갚으셨으니
> 공의가 더 이상 요구할 것이 없다네."

그처럼, 그리스도인이 죄에서 깨끗하게 되는 것은 영적인 논증의 문제가 됩니다. 그는 그것을 확실하고 분명하게 이해할 수 있습니다.

더 나아가, 죄 씻음에 대한 그리스도인의 확신은 그에게 복된 효력으로 작용하기 시작합니다. 그는 더 이상 죄가 그의 탓으로 돌려지지 않는 것을 확신하기 때문에, 그는 죄인이 죄로 더러워진 상태에서 좀 더 하나님께 가까이 가는 것보다 더욱 하나님을 가까이 합니다. 그는 휘장 안으로 들어갑니다. 그는 아버지를 대하듯 하나님과 대화합니다. 그는 지존하신 하나님과 친밀한 교제를 누립니다. 비록 하나님이 너무나 위대하시어 하늘들의 하늘이라도 그분을 수용할 수 없지만, 그리스도인은 그 동일하신 하나님께서 성전 안에 계시듯이 그의 마음 안에 거하시는 것을 믿습니다. 만일 죄가 제거되었음을 그가 알지 못한다면 그는 이렇게 느낄 수가 없습니다. 사랑하는 여러분, 자기 죄가 깨끗하게 씻어졌다고 확신하게 되기까지는, 어느 누구도 가장 높은 의미에서 미덕을 행하는 것이 불가능합니다. 여러분이 "그것은 너무 강한 주장입니다"라고 말할지도 모르겠습니다. 하지만 나는 그렇게 단정합니다. 스스로를 구원하려는 차원에서 선을 행하는 자는 누구든 순수한 미덕의 표징을 놓치고 있는 것입니다. 여러분이 묻습니다. "왜 그렇지요?" 행위의 선함은 그 동기에 달려 있기 때문입니다. 여러분의 동기가 스스로를 구원하는 것이라면, 그것은 이기적인 동기입니다. 여러분의 행위는 이기적이고, 그 미덕은 증발되어 버렸습니다. 하지만 그리스도인은, 선한 일들을 행할 때에, 자기 구원을 위한 공로의 관점에서 행하지 않습니다. 그는 말합니다. "나는 구원받았습니다. 완벽하게 구원받았습니다. 하나님의 책에 기록된 내 죄는 없습니다. 나는 깨끗합니다. 위대하신 하나님이시여, 당신의 법정에서 저는 예수 그리스도로 말미암아 깨끗합니다."

> "내 하나님의 사랑을 받으니
>   내 사랑도 그분을 향해 맹렬히 타오른다네."

그는 이렇게 말합니다. "내가 무엇을 해야 온 인류에게 내가 하나님을 진실로, 얼마나 사랑하는지를 증명할 수 있을까?" 여러분은 죄에서 깨끗하게 되는 것이 확실성의 문제여야 하는 것을 보았습니다. 그렇지 않으면 그것이 여러분에게 올바른 영향을 미칠 수 없습니다. 여러분이 이 본문에서 확실성을 맛보도록 하나님께 기도합니다. 그래서 여러분 영혼이 내적으로 달콤한 만족을 얻고, 이렇게 말할 수 있기를 바랍니다. "예, 의심 없이, 그 아들 예수 그리스도의 피가 나를 모든 죄에서 깨끗하게 하십니다."

6. 이 구절에 나타난 신성

여러분을 지루하게 하지 않기를 바랍니다. 하지만 이 본문을 장식하는 여섯 번째 보석에 대해서도 몇 마디 하고자 합니다. 즉 본문에 나타난 신성(divinity)에 대한 것입니다. "어디서요?"라고 한 사람이 말합니다. 신성이 이 본문에서 빛나고 있지 않습니까? 이 구절이 신적인(God-like) 문체로 기록된 것이 여러분을 감동시키지 않습니까? 신적인 문체는 매우 독특합니다. 여러분은 밀턴(Milton, 17세기 영국 청교도 시인)의 문체와 워즈워스(Wordsworth, 19세기 자연주의 계관 시인)의 문체를, 혹은 바이런(Byron, 19세기 초 대표적 낭만주의 시인)의 문체를 구분할 수 있을 것입니다. 한 구절을 읽으면 교육받은 사람은 그 문장의 울림에 의해 저자를 압니다. 신적인 문체는 그 탁월성에 있어서 독특합니다. 저작물이 주님의 것일 때에는 굳이 책 밑 부분에 저자의 이름을 기록해 둘 필요가 없습니다. 바로 그 문체로 저자를 알 것이기 때문입니다. "빛이 있으라 하시니 빛이 있었고!" 하나님이 아니시면 누가 그런 식으로 말할 수 있겠습니까? 자, 이 문장에도 신적인 울림이 있습니다! "그 아들 예수의 피가 모든 죄에서 깨끗하게 하실 것이요." 만일 사람이 이처럼 위대한 속죄에 대해 말하려면, 그는 우회적인 표현을 써야 할 것입니다. 그는 완곡한 어법으로 말해야만 할 것입니다. 우리는 그런 위대한 일들을 이와 같이 단 몇 마디로 말할 수 없습니다. 우리는 어떤 수사적 형식을 채택하여 이 진리를 극찬하면서 그 아름다움을 진술해야 할 것입니다. 하지만 하나님께서는 그 진주들을 마치 평범한 자갈에 불과한 듯이 치워버리시는 것처럼 보입니다. "그 아들 예수의 피가 우리를 모든 죄에서 깨끗하게 하실 것이요." 마치 사람이 자기 손을 씻듯이 일상적인 일인 것처럼 표현되어 있습니다.

그 전 과정의 단순성에 주목하십시오. 그것은 몇 주나 혹은 몇 달이 소요되는 것으로 보이지 않으며, 오히려 즉각적으로 이루어집니다. 사람의 행동은 느리고 점진적입니다. 우리는 무언가를 깨끗이 하기 위해서는 물에 적시고, 문지르고, 기타 많은 과정을 거쳐야 합니다. 깨끗하게 하려는 것을 바람이나 비나 서리나 태양 등에 노출시키는 경우도 있습니다. 하지만 하나님이 말씀하시면 그대로 됩니다. 예수의 피가 죄 지은 양심에 접촉하게 되면, 그것으로써 죄는 끝장이 납니다. 그분은 죄라고 하는 거대한 산을 마치 한 줌밖에 안 되는 듯 멀리 옮겨 버리시고, 큰 섬들을 마치 작은 물건 뽑듯이 뽑아 버리십니다. 그분은 우리 죄악의 대양(大洋)을 마치 양동이의 물 한 방울에 불과한 듯이 간주하십니다. 그리스도를 믿는 그 순간, 하나님이 제정하신 장엄하고도 신적인 과정에 의해, 우리는 완벽한 죄 씻음을 얻는 것입니다.

7. 본문에 암시된 지혜

마지막으로 이 본문에 나타난 지혜(wisdom)의 암시에 대해 살펴보겠습니다. 이 본문이 말하는 죄 씻음이 얼마나 지혜로운 방식입니까! 사랑하는 여러분, 죄인이 하나님께로 얼굴을 향하지 않고도 용서받을 수 있는 방식을 하나님이 고안하셨다고 가정해 보십시오. 그러면 아주 기이한 광경을 보게 될 것입니다. 하나님 없이도 가능한 어떤 과정에 의해 죄인이 용서된다는 것입니다. 그렇게 된다면 그 죄인은 이전보다 더 악화될 것이라고 나는 생각합니다. 하지만 이 본문에서 볼 때, 죄인이 용서를 받을 수 있으려면 먼저 이렇게 말해야 합니다. "내가 일어나 아버지께 가리라"(눅 15:18). 그는 하나님께 가까이 나아와야 합니다. 그가 구원받으려면 육체로 오신 그리스도 안에서 하나님을 보아야 하며, 그분을 믿음으로 바라보아야 합니다. 내가 용서를 얻기 위해 지옥으로 내 얼굴을 향하지 않아도 되고 오히려 하늘을 향해 내 얼굴을 돌려야 한다는 사실에, 나는 하나님을 찬송합니다. 나에게는 그것이 지혜로운 방식으로 보입니다. 마치 질병과도 같은 죄악이 사라질 때에, 그 질병의 진정한 뿌리였던 하나님과의 간격도 사라지는 것입니다. 그 방식은 죄인의 얼굴을 거룩함과 천국의 기쁨으로 향하도록 만듭니다.

　이 구원의 계획이 주는 유익으로서, 그것이 죄인으로 하여금 죄의 악을 느끼게 만든다는 사실을 주목하십시오. 만일 우리의 용서가 누군가의 고통이 수반된 방식으로 얻어지는 것이 아니라면, 우리는 이런 식으로 말할 것입니다. "오, 하나님이 죄를 용서하시는 것은 쉬운 일이지." 하지만 내가 예수님의 혈관에서 흘러나오는 것을 볼 때, 그분이 땀방울을 핏방울처럼 땅에 흘리시는 것을 볼 때, 또한 그분이 "악한 무리가 나를 둘러 내 수족을 찔렀나이다"(시 22:16)라고 부르짖으시는 것을 볼 때, 그 때 나는 죄가 무서운 악이라는 것을 이해합니다. 만일 사람이 죄의 악함을 느끼지도 못하고 용서받는다면, 그가 진정으로 더 나아지는 것인지 나로서는 알지 못하겠습니다. 그가 죄를 미워하도록 인도되지 않는다면, 어쩌면 용서받지 않는 편이 용서받는 것보다 더 나을지도 모릅니다.

　또한, 우리의 은혜로우신 하나님께서는 인간으로 하여금 하나님을 영화롭게 하려는 지혜로운 목적으로 이 구원의 계획을 정하셨습니다. 내가 주 예수님의 대속의 희생으로 용서를 받았다면, 구속의 사랑을 보여주신 위대하신 하나님을 찬양하고 영화롭게 하는 일에 나 자신을 구별하여 드리지 않을 수가 없습니다. 사람이 용서를 받고서도 그 후에 여전히 이기적이고 감사하지 않는 삶을 살 수 있다면 매우 유감일 것입니다, 그렇지 않습니까? 만일 하나님께서 죄인이 용서받고서도 계속해서 자기 자신을 위해 살 수 있는 계획을 고안하셨다면, 나는 세상이나 그 사람에게 그것이 유익인지 알지 못하겠습니다. 하지만 여기 속담의 표현대로 일석이조(一石二鳥) 아니 '일석다조(一石多鳥)'가 있습니다. 십자가 밑에 서게 된 이후로, 우리 영혼을 땅에 묶어둔 줄들이 풀어집니다. 우리는 이 땅의 나그네들입니다. 이제부터 "내게는 우리 주 예수 그리스도의 십자가 외에 결코 자랑할 것이 없으니 그리스도로 말미암아 세상이 나를 대하여 십자가에 못 박히고 내가 또한 세상을 대하여 그러하니라"(갈 6:14).

이제 한 마디만 더 하고 본문을 여러분에게 맡겨두고자 합니다. 여러분 중 누구라도 죄에서 깨끗함을 얻고 그 안에서 기쁨을 누리려면, 반드시 빛 가운데 행해야 합니다. 성령 하나님께서 여러분에게 예수 그리스도의 얼굴에 있는 하나님의 영광의 빛을 보게 해 주시길 기도합니다. 그러면 여러분이 그리스도를 의지할 것이고, 그분과 사귐을 갖게 될 것이며, 그 피로써 모든 죄에서 깨끗함을 받을 것입니다. 예수님을 위하여 하나님이 여러분에게 은혜를 주시길 빕니다. 아멘.

제
4
장

—

하나님과의 정직한 관계

—

"만일 우리가 죄가 없다고 말하면 스스로 속이고 또 진리가
우리 속에 있지 아니할 것이요, 만일 우리가 우리 죄를 자백
하면 그는 미쁘시고 의로우사 우리 죄를 사하시며 우리를
모든 불의에서 깨끗하게 하실 것이요, 만일 우리가 범죄하
지 아니하였다 하면 하나님을 거짓말하는 이로 만드는 것이
니 또한 그의 말씀이 우리 속에 있지 아니하니라."

— 요일 1:8-10

　　하나님은 빛이시며 그에게는 어둠이 조금도 없으십니다(요일 1:5). 따라서
그분과의 교제에도 어둠이 있을 수 없습니다. 하나님은 빛이시고, 그것은 거룩
하심을 의미합니다. 지극히 거룩하신 분으로서 그분은 불법과 교류하실 수 없습
니다. 하나님은 빛이시고, 그것은 또한 지식을 의미합니다. 주께는 모든 것이 알
려졌으며, 그분은 무지와 관련이 없습니다. 하나님은 빛이시고, 그것은 진리를
의미합니다. 그분은 오류를 범하시거나 자신의 말씀을 어기실 수 없으며, 따라
서 그분은 거짓된 것에 대해서는 미소를 보이지 않으십니다. 우리는 끊임없이
오류를 범하고, 먼저는 이리로 갔다가 다음에는 저리로 가며, 따라서 우리 안에
는 어둠이 있습니다. 하나님은 본질적으로 빛이십니다. 그분의 본성이 불순물이
나 오류에 의해 영향을 받는 것은 불가능합니다. 그분 본성의 이러한 속성으로
부터 주께서는 언제나 만사를 있는 그대로 다루신다는 사실이 대두됩니다. 인간

은 거짓을 고안해 내지만, 하나님께서는 사실들을 창조하십니다. 우리는 사물들을 겉으로 드러나는 대로 인식하지만, 하나님은 사물들의 존재 그대로를 보십니다. "사람은 외모를 보거니와 나 여호와는 중심을 보느니라"(삼상 16:7). 우리는 사물들의 옷에서 인상을 받지만, 그분 앞에서는 모든 만물이 벌거벗은 듯이 드러납니다. 주님은 결코 허위로 겉모습을 치장하지 않으시며, 또 허위로 치장된 것과 사귐도 갖지 않으십니다. 우리는 언제나 허둥대며 색칠을 하고, 광택을 내고, 번드르르하게 장식하고, 천한 것을 고귀하게 보이게 만들려고 애를 쓰고, 모조품에 불과한 것을 빛나는 진품으로 보이게 하려고 모든 기술을 동원합니다. 하지만 이 모든 것이 주님의 방식과는 반대입니다. 하나님 안에 있는 모든 것은 참되며, 또한 모든 것을 꿰뚫으시는 그분의 눈에는 모든 것이 실재 그대로 보입니다. 그분이 빛이시기 때문에, 그분은 사물들을 빛 가운데서 다루시며, 있는 그대로 다루십니다. 만일 하나님께서 우리를 은혜롭게 대해 주신다면, 우리 각 사람은 빛 가운데 서야 하고, 우리 자신을 있는 모습 그대로 그분 앞에 나타내야 합니다. 만약 하나라도 우리 입술에 거짓된 말이나, 우리 마음에 거짓된 생각이나, 우리 정신 속에 교활하고 거짓된 견해가 있다면, 그만큼 우리는 하나님이 우리와 사귐을 가지시는 영역에서 멀어져 있는 것입니다. "만일 우리가 하나님과 사귐이 있다 하고 어둠에 행하면 거짓말을 하고 진리를 행하지 아니함이라"(6절).

하지만 사랑하는 친구들이여, 우리 마음의 자연적인 성향은 있는 그대로의 우리와는 다르게 보이려고 애쓰는 것입니다. 그리고 우리 모두는 다소간 이런 성향과 싸우고 있습니다. 그런 성향이 가장 진실한 사람까지도 공격하기 때문입니다. 인정받고 싶은 욕구는 바르게 억제되고 통제된다면 쓸모가 있겠지만, 대개는 사람들로 하여금 자신들의 실제 모습보다 더 낮게 보이게 애쓰도록 몰아가기가 쉽습니다. 비난에 대한 두려움 역시 마찬가지로 위선을 낳는 강력한 수단입니다. 우리는 모든 수단을 동원하여 처음부터 이 끔찍한 악과 싸워야 합니다. 만일 그 악이 우리를 지배하게 되면 그것은 우리를 전적으로 거짓된 자로 만들 것이며, 결과적으로 우리는 하나님과 동행하는 모든 힘을 빼앗길 것입니다. 주님은 가식적인 겉치레의 연단에서는 우리와 함께 서실 수가 없으며, 오직 우리의 있는 모습 그대로의 땅에서만 우리 곁에 서십니다. 그러므로 우리가 진실하지 못한 것에 비례하여 우리는 하나님에게서 멀어지는 것입니다.

거짓되기 쉬운 우리의 성향이 우리 앞에 펼쳐진 이 장에서 묘사되어 있습니다. 우리는 이 장에서 우리 성향의 세 가지 등급을 발견합니다. 첫째는 거짓말하는 사람(the man who lies)이 있습니다. "만일 우리가 하나님과 사귐이 있다 하고 어둠에 행하면 거짓말을 하고 진리를 행하지 아니함이라." 만일 우리가 죄와 허위의 세력 아래 거하면서도 하나님과 사귐이 있다고 주장한다면, 우리는 거짓을 말하고 또 행하는 것입니다. 만일 이런 성향을 내버려 두고 통제하지 않으면, 그 사람은 점점 악화되어 8절에서 "우리가 스스로 속이고"라고 기록된 대로 행할 것입니다. 여기서 거짓을 말하는 자는 자기 자신의 거짓말을 믿게 됩니다. 그는 자신의 지각을 가리어 어둡게 하고, 자기 양심을 속이며, 마침내 스스로에게 속는 '얼뜨기'가 되는 것입니다. 거짓이 그의 본성을 가득 채움에 따라 그는 어둠을 빛이라 하고, 빛을 어둠이라 합니다. 이것은 그의 죄이며 동시에 그의 형벌입니다. 그는 너무나 오래도록 눈을 감고 있어서 마침내 완전히 눈먼 자가 되고 말았습니다. 그는 곧 자기 죄의 최종적인 완성에 도달할 것이며, 그것은 10절에 묘사되어 있습니다. 사람이 먼저 거짓말을 하면, 다음에는 자기 자신을 속이고, 그 다음에는 거짓에 철면피가 되어 지존자마저도 거짓말하는 이로 만들어 훼방하게 됩니다. 죄가 어디서 끝날 것인지 말하기란 불가능합니다. 그 시작은 마치 작은 웅덩이의 물과 같아서 새 한 마리가 씻으면 물방울이 튀어 절반이 흩어질 정도로 소량이었으나, 그 죄가 진행되면서 불어나는 시냇물처럼 되고, 마침내 모든 것을 삼키는 깊고도 넓은 급류로 변합니다. 그러므로 우리는 우리 자신을 매우 엄격하게 판단해야 합니다. 거짓되기 쉬운 우리의 자연적 성향이 우리 스스로에게 거짓 주장을 하지 못하게 해야 하며, 어리석게도 스스로를 속이고 거만하게 겉포장한 자기를 믿는 지경까지 우리를 끌고 가지 못하게 해야 합니다. 그런 성향을 통제하지 못하면, 우리는 결국 절망적인 교만의 상태에서 하나님마저도 참되지 못하다고 생각하는 지경에 떨어지고 맙니다.

우리에게 유일하고도 안전한 길은 ─ 하나님의 성령께서 우리로 그 길을 따르도록 은혜 주시길 빕니다 ─ 우리의 실제 모습 그대로 하나님께 오는 것이며, 그분에게 그리스도 예수 안에서 우리의 실제적인 상태를 다루어 주시도록 요청하는 것입니다. 우리가 하나님과 동행하려면 빛 가운데 있어야만 합니다. 일단 우리가 빛 가운데서 하나님과 동행하면 그 때 우리의 상태는 7절의 묘사에 꼭 들어맞습니다. 우리는 죄가 우리 속에 있는 것을 보게 될 것이고, 날마다 예수 그리스도의 피가 우리를 모든 죄에서 씻어 주는 것을 느낄 것입니다. 오직 날마다 죄를 고백하고 용서받는 것을 기초로 할 때, 우리와 영원하신 하나님 사이에는 천국 이편에서도 교제가 있을 수 있으며, 또한 오직 그것이 유일한 기초가 될 때 이 교제가 지속될 수 있는 것입니다. 날마다 주께 기도하여 진실한 심령을 유지할 수 있도록 합시다. 우리 자신과 주님께 대해 진실을 인정하고, 진실의 힘을 느끼고, 진실을 더 배우기를 열망하도록 합시다. 주께서 우리를 대하실 때 우리의 망상을 따라서가 아니라 사실 그대로 대해 주시도록 기도합시다. 그분이 우리로 상상의 축복 속에서 기뻐하는 것을 허용하지 마시도록 기도합시다. 스스로의 교만과, 반쯤은 마비된 양심에 만족하지 맙시다. 오히려 주께서 우리에게 진정한 용서라고 하는 실질적인 복을 주시도록, 모든 불의에서 깨끗하게 하시는 효력 있는 은총을 주시도록 기도합시다.

하나님의 도우심을 따라서, 나는 이 시간 본문을 통해 우리 앞에 놓인 세 가지 길(three courses)에 대해 먼저 숙고하려고 합니다. 두 번째로는, 어떻게 바른 길을 따를 수 있는지(how to follow the right course)에 대해 숙고할 것입니다. 세 번째로는, 왜 여러분이 그렇게 해야 하는지(why you should do so) 곰곰이 생각해보도록 여러분을 인도하고자 합니다.

1. 세 가지 길

이 본문에서 우리 앞에 펼쳐진 세 가지 길에 대해 숙고해 보도록 합시다. 나는 우리가 하나님과 사귐을 가지기를 진지하게 열망한다고 가정하겠습니다. 우리는 더 이상 그분의 원수로 지내는 것을 견딜 수 없습니다. 그분과 멀어지는 것은 우리에게 달갑지 않은 일입니다. 우리는 탕자처럼 일어나 우리의 아버지께로 가기를 열망하고, 이후로는 우리 아버지의 집에서 살 수 있기를 바랍니다. 자, 우리의 기만적인 마음은 먼저 우리에게 우리 자신의 현재적 죄의 상태를 부인하라고 넌지시 제안합니다. 그리고는 우리로 하나님과 사귐을 누린다고 주장하도록, 우리가 거룩하기 때문에 거룩하신 하나님을 가까이 할 수 있다고 주장하도록, 넌지시 제안합니다. "우리는 죄가 없고", 행동으로도 죄가 없고 본성으로도 더럽혀지지 않았다고 말하도록 제안합니다. 이는 무모한 주장이고, 그렇게 주장하는 자는 그 속에 진리가 없습니다. 하지만 다양한 시대에, 그리고 매우 다양한 사람들에 의해, 그런 주장이 뻔뻔하게 제기되어 왔습니다. 이런 교만한 말은 많은 방식으로 옹호되어 왔습니다. 어떤 자들은 "펠라기우스 일파들(Pelagians)이 명백히 말하는 것처럼" 원죄의 교리를 전적으로 부인함으로써 그런 결론에 도달했습니다. 그들은 모든 인간의 본성에는 결점과 타고난 부패성이 있다는 것과, 그로써 인간이 본래의 의로부터 매우 멀리 떨어져 있으며, 그 자신의 본성은 악으로 기울었다는 것을 인정하지 않으려 합니다. 자, 우리에게는 이러한 교리적 오류가 없을 것이라고 나는 믿습니다. 우리는 다윗이 그러했듯이, 우리가 "죄악 중에서 출생하였음을" 알기 때문입니다(시 51:5).

> "우리는 절망적인 타락에 떨어진 사람에게서 났으니
> 그의 타락이 피를 더럽히고, 우리 모두를 감염시키었네."

본성의 부패를 믿지 않는다는 이유로 죄가 없다고 말하는 자들이 여러분 중에는 많지 않을 것이라고 나는 생각합니다. 여러분 중 다수가 이 진리를 알고, 그것을 단지 신조의 문제로서가 아니라 끔찍한 사실로서 알 것입니다. 그것이 예리한 슬픔을 야기할 정도로 절실하게 느껴질 것입니다. 하지만, 만약 여러분 중에 누구라도 감히 죄가 없다고 항변하고, 자신의 본성이 악하지 않다고 구실을 대는 자가 있다면, 마음에서 그 거짓말을 제거하라고 호소합니다. 왜냐하면 그런 말은 철두철미하게 거짓말이기 때문입니다. 당신의 부모가 얼마나 정직한 지에 대해서나, 당신의 조상이 얼마나 고상한 지에 대해서는 신경 쓰지 않겠습니다. 내가 말하고 싶은 것은, 당신 안에 악으로 치닫는 성향이 있다는 것입니다. 당신에게는 동물적인 정욕이 있고, 아니 그 이상으로 있으며, 당신의 정신적 기능은 혼란스럽고 문란합니다. 당신의 능력을 초월하는 어떤 능력이 당신의 욕망을 억제하지 않으면, 당신은 곧 명백한 범법 행위로써 당신 본성의 부패성을 입증할 것입니다.

다른 사람들이 또 다른 길로 같은 결론에 도달하는 것도 다반사입니다. 대개 그들은 몇 가지 느낌과 신조들을 성령님께 속하는 것으로 돌림으로써, 그들이 죄가 없다고 말하는 뻔뻔한 지경에 도달합니다. 자, 만일 어떤 사람이 죄를 지으려는 모든 성향이 자기에게서 사라졌다고 말하고, 또한 그의 마음은 언제나 완벽하고 그의 욕망은 언제나 순수하며, 그래서 자기 속에는 어떤 죄도 없다고 말한다고 합시다. 그러면 그 사람은 방금 전에 우리가 경고한 길과는 매우 다른 특징의 길을 걸어온 것이지만, 그는 같은 결론에 도달한 것입니다. 그런 허풍쟁이들 모두에게 해 주고 싶은 한 마디는 바로 본문에 있는 말씀입니다. "만일 우리가 죄가 없다고 말하면 스스로 속이고 또 진리가 우리 속에 있지 아니할 것이요"(8절).

하지만 또 어떤 자들은 다른 루트를 통해 이 위치에 도달합니다. 그들은 항변하기를, 비록 그들에게 죄가 있을 수는 있지만, 마음은 그리 나쁘지 않다고 합니다. 그들은 죄를 '기술적인 용어(technical term)'로 간주합니다. 비록 그들이 말로는 죄가 있다고 인정하지만, 실제로는 그것을 부인하며 다음과 같이 말합니다. "나는 밑바탕에는 선한 마음을 가지고 있어요. 나는 처음부터 선의의 마음을 항상 품고 있었습니다. 물론, 하나님의 율법이라는 매우 엄격한 잣대로 판단하면 내 행위가 옳게 보이지 않을 수도 있습니다. 하지만 어쩔 수가 없었습니다. 나는 그저 내 본성을 따랐고, 그것 때문에 비난을 받을 수는 없습니다. 하나님께나 사람에게, 내가 나쁜 일을 하려고 의도한 적은 결코 없습니다. 나는 언제나 가난한 자들에게 친절했고, 어디서나 옳은 일을 해 왔습니다. 물론 나는 우리 모두가 그런 것처럼 이따금씩 잘못한 적이 있다는 것을 압니다. 하지만 어떤 사람에게도 완벽할 것을 기대할 순 없잖아요? 그러나 특별히 흠 잡힐 것이 있다고는 말할 수 없습니다." 그럼으로써 당신은 실질적으로는 죄가 없다고 말합니다. 비록 예배에서는 "우리는 비천한 죄인들입니다"라고 말함으로써 하나님께 아첨하지만, 당신은 진심으로 그런 의도로 말하는 것이 아닙니다. 당신 말의 의미는 만일 당신이 죄를 지으면 그것은 당신에게 불행한 일이었고, 따라서 그것은 비난의 대상이기보다는 연민의 대상이라는 것입니다. 그렇게 말하고 느낌으로써 당신은 진리가 당신 속에 없다는 것을 입증합니다. 당신은 거룩함이 무엇인지에 대해 한탄스러울 정도로 무지합니다. 혹 당신이 고의로 거짓을 말하는 경우가 아니라 해도, 어느 경우든 당신 속에는 진리가 없습니다.

네 번째 종류의 사람들도 다르게 말하지만 결론은 같습니다. 그들은 죄를 지었다고 인정은 하지만, 그들 스스로 용서받을 만한 적절한 위치에 있다고 생각합니다. 그들은 이런 식으로 말합니다. "우리는 기도했습니다. 회개했습니다. 성경을 읽었습니다. 공적 예배에 참석해 왔습니다. 할 수 있는 한 바르게 행하고 있습니다. 우리는 부드럽고 뉘우치는 마음을 가지고 있고, 모든 바르고 적절한 느낌을 가지고 있습니다. 우리가 구원받지 못한다면 놀라운 일이지요." 내가 보기에는 당신이 구원을 받는다면 매우 놀라운 일이 될 것 같습니다. 당신이 어떻게 해서 그런 자리에 이르렀는지의 문제는 차치하고, 실질적으로 당신은 지금껏 내가 말한 다른 사람들과 같은 자리에 도달했습니다. 당신은 자신에게 구원에 걸림이 될 만한 요소는 없다고 믿고 있기 때문입니다. 당신은 스스로를 은혜 받을 만하고 용서받기에 적당하다고 여기니, 이것이 당신이 죄의 상태에 있지 않다고 선언하는 것과 무엇이 다르겠습니까? 당신에게는 모든 것이 준비되었군요. 그리고 당신은 은근히 하나님이 준비되지 않으셨다고 암시합니다. 이는 당신의 불신앙의 탓을 하나님께로 돌리고 당신 책임이 아니라고 말하는 것입니다. 당신의 생각에 따르면, 당신은 불쌍하고 죄 없는 사람인데 하나님이 복 주시기를 미루고 있는 것이군요. 당신은 소원도 있고 충분히 진지한데, 하나님이 당신을 지나치시는 것이군요. 당신은 실제로 그렇게 믿고 있는 거지요? 그렇다면 내가 당신에게 말하겠습니다. 만약 누구든 자신이 하나님의 은혜를 받기에 적절하고 준비되어 있다고 꿈꾼다면, 그는 자기가 말하는 바를 알지 못하는 사람입니다. 은혜의 본질상, 은혜를 위한 유일한 적합성(fitness)은 그것의 결핍(need)이기 때문입니다. 자기가 적합하다는 생각은 헛된 공로 사상의 다른 형태입니다. 그런 사상은 복음 안에서 일 인치의 자리도 차지할 수 없습니다. 진정한 참회자들은 스스로에게서 칭찬할 만한 요소를 아무것도 발견하지 못합니다. 따라서 그들은 그들이 받을 자격이 없는 은혜에 의지하고, 스스로는 무가치하고 합당하지 못하다고 느끼면서도, 값없이 주시는 용서를 받기를 바라는 것입니다.

어떤 형태로든 우리가 죄의 본성과 상태를 부인하는 것은, "우리가 죄가 없다"고 말하는 것이나 다름없음을 기억하시기 바랍니다. 우리는 "내가 말한다"고 하거나 "그들이 말한다"고 하는 것에는 증언으로서 거의 가치를 부여하지 않습니다. 그들의 증언에는 진리가 없으며, 그들의 현재적인 상태에서도 "우리가 죄가 없다"고 하는 그들의 교만한 증언을 뒷받침할 요소가 아무것도 없습니다. 의로운 자들에게 죄가 전혀 없을 한 날이 임한다는 것은 사실입니다. 하지만 지금은, 성도이건 죄인이건, "나는 죄가 없어요"라고 말한다면 그 말은 공허한 말에 지나지 않습니다. 그 말이 매우 근사하게 들릴지는 몰라도, 그 말에 상응하는 사실은 없습니다.

게다가, 죄가 없다는 생각은 속임수입니다. 당신이 그렇게 말한다면 당신은 전적으로 속은 것입니다. 진리가 당신 안에 없고, 당신은 참 빛을 본 적이 없습니다. 당신은 율법의 높은 요구에 눈을 감은 것이 틀림없고, 당신 자신의 마음에도 낯선 자임에 틀림없습니다. 당신은 매일 당신 자신의 행위에 눈을 감고, 당신의 생각과 동기를 살피는 일을 망각해 왔음이 틀림없습니다. 그렇지 않았더라면 당신은 죄의 존재를 충분히 감지했을 것입니다. 바다에서 물을 찾지 못하는 사람보다 자기 지체 속에서 죄를 감지하지 못하는 사람이 더욱 어리석습니다. 대서양 바다의 모든 물방울에서 짠 맛이 느껴지듯, 죄는 우리 본성의 모든 구석구석에서 감지됩니다. 슬프게도 죄는 거기에 있고, 너무나 풍부하게 있기 때문에, 그것을 감지하지 못한다면 당신은 속은 것입니다.

자기기만(self-deceit)이 당신을 상당히 설득했고 교묘하게 속여 온 것입니다. 다른 사람을 속이는 것에도 어느 정도의 속임수가 필요하지만, 당신 스스로를 속이는 데에는 훨씬 더 많은 속임수가 필요합니다. 우리의 기만적인 마음은 자기기만에 있어서 거의 사탄적인(Satanic) 교활함을 드러냅니다. 그것은 더 나쁜 것을 더 좋게 보이게끔 구실을 댈 태세가 언제든 되어 있으며, 진리의 모양을 하고서 거짓을 진술합니다. 만일 당신이 죄가 없다고 말하면, 당신은 아주 무서운 성공을 거둔 것입니다. 당신은 당신 자신의 눈을 감겼고, 당신 자신의 이성을 왜곡시킨 것입니다! 당신은 거짓을 키워서 마침내 그것이 당신의 존재 안에 자리 잡았으며, 그것이 당신으로 진리에 대해서 무능하게 만들어 버렸습니다. 나는 당신이 당신 자신의 의를 믿고서 매우 진지하게 주장한다는 것을 압니다. 그리고 당신을 당신이 빠져든 생각에서 설득해 낸다는 것이 매우 어렵다는 것을 압니다. 하지만 그것은 최악입니다. 당신이 그처럼 스스로를 완벽하게 속인 셈이기 때문입니다. 이제 당신은 어둠을 빛이라 부르고, 당신은 눈먼 상태를 참된 시력이라 자랑하니, 우리는 당신에게 가망이 없는 것을 보고서 슬퍼할 뿐입니다. 그리고 주께서 당신을 멸망에 처하도록 버려두지 않으시기를 떨며 바랄 뿐입니다. 당신이 거짓말에 꼭 매여 있기 때문입니다.

얼마나 많은 방식으로 사람들은 스스로를 속이고 있는지요! 그들은 무(無)종교로써 또한 종교로써 그 일을 자행할 수 있습니다. 포악한 죄에 의해서나 자화자찬의 고결함으로써 그렇게 할 수 있습니다. 그들은 고상한 찬송가로도 스스로를 오도할 수 있습니다. 찬송은 바르게 이해하면 진리를 말하지만, 틀리게 사용되면 절망적인 거짓을 말하는 것으로 돌변합니다. 그들은 또한 하나님의 영의 활동에 대해 생각하면서도 스스로를 속일 수 있습니다. 성령의 활동은 바르게 이해되면 우리에게 큰 위안을 줍니다. 하지만 성령의 활동을 바리새적인 방식으로 곡해하고 오해하는 경우, 그 자체가 헛된 영광의 거품을 위한 바람을 제공하게 됩니다. 오 친구들이여, 사람들은 최상의 것을 교만을 위한 구실로 쉽게 왜곡시켜 버리고, 심지어 그들의 양식을 독으로 바꾸어 버립니다. 사람이 결백하다고 거짓말하는 것도 쉬운 일이 아니고, 그 속임수를 무너지지 않도록 유지하는 것도 쉬운 일이 아닙니다. 그 일에는 계속적으로 버팀목을 받쳐주고 보강하는 작업이 필요합니다. 그것은 자기를 있는 그대로 보이는 것만큼이나 힘들고, 아마도 그보다 더욱 힘들 것입니다. 그러니 자기를 속이려고 그런 수고를 하는 사람들이 불쌍할 따름입니다.

또 기억해야 할 것은, 사람이 "나는 죄가 없다"고 말함으로써 스스로를 속이는 동안에도, 주님을 속일 수는 없다는 사실입니다. 우리가 보지 못해도 하나님은 우리 안에서 죄를 보십니다. 타조는 모래 속에 자기 머리를 파묻고, 그리고는 스스로 안전하다고 여기는 것으로 알려져 있습니다. 하지만 그럴수록 더 빨리 붙잡히지요. 우리도 스스로 눈을 감고서 "나는 죄가 없다"고 말할 수 있겠지만, 그렇게 함으로써 영원한 구원을 확보하기는커녕, 오히려 저 우화 속의 타조처럼 실제로는 파괴자에게 우리 자신을 넘기게 됩니다. 사람이 "나는 죄가 없다"고 말하면, 그는 자기 입으로 자신을 정죄한 셈입니다. 본문은 그런 사람에 대해 그 속에 진리가 없는 자라고 말하며, 진리가 없는 자라면 구원받지 못하기 때문입니다. 현재적인 죄에 대해 고백이 없다는 것은 진리의 빛과 정직성이 그 속에 없다는 것입니다. 비록 사람의 죄가 아무리 흉악하더라도, 하나님은 모든 종류의 사람들을 구원하십니다. 하지만 거짓된 심령의 사람은, 속이 더러운데 바리새인처럼 잔의 겉 부분만 씻는 사람은, 가장 구원받기 어려운 사람처럼 보입니다. 회심의 요점은 사람이 정직해지는 것에 있습니다. 정직하고 좋은 땅이 씨를 받아들이기 때문입니다. 만약 여러분이 복음을 가장 거칠고 불경스러운 사람들 중에 전한다면, 위선적인 신앙고백자들에게서보다는 그들 중에서 성공을 거둘 소망이 더 큽니다. 공개적인 적개심과 반대가, 공허한 형식주의와 천박한 아첨으로 시작되고 끝나는 가식적인 우정보다 낫습니다. 마음의 경건이 수반되지 않는 외적 경건의 모양은, 하나님께 대하여 행하는 모든 일에서 사람을 피상적이고 비실재적이 되게 만듦으로써 그에게 심각한 해를 끼칩니다. 하나님은 내면적인 부분에서의 진실을 원하시며, 부정직한 사람들과는 평화의 담화를 나누지 않으십니다. 원한다면 가식으로 떠벌리고 공언해 보십시오. 하지만 살아 계신 하나님은 엄격한 진실에 일치하지 않는 모든 것을 혐오하신다는 것을 아십시오.

자, 이 모든 것이 주님을 찾을 때에 우리의 지침이 될 수 있습니다. 종종 죄를 자각한 죄인들이 이런 식으로 말합니다. "내가 만일 하나님을 향해 내 마음이 올바른 것을 느낄 수 있다면, 그분이 나를 긍휼로 바라보시는 것을 믿을 수 있을 텐데." 이 얼마나 틀린 말인지요! 만일 당신이 모든 것이 옳다고 느끼면, 그 느낌은 진실하지 못한 느낌입니다. 본성상 모든 것이 그릇되었기 때문입니다. 당신이 말합니다. "오, 목사님, 만일 하나님이 내게 원하시는 만큼, 내가 마땅히 느껴야 하는 만큼, 온순하고 통회하는 심정을 느낄 수만 있다면, 그 때는 내가 소망을 가질 수 있을 텐데요." 사랑하는 친구여, 그렇지 않습니다. 그런 느낌은 진실과 조화되지 않습니다. 어느 누구도 마땅히 느껴야 할 만큼 충분히 온순하고 통회하는 심정을 느낄 수 없습니다. 나는 당신이 마땅히 되어야 하는 상태가 되었다고 느끼지 않기를 바랍니다. 오히려 당신이 마땅히 되어야 하는 상태가 아닌 것을 (not) 시인하기를 바랍니다. 당신이 불안정하다는 것을 느끼고, 만족한 상태에서 결핍된 것을 느끼기 바랍니다. 그것이 진실에 부합되는 느낌이기 때문입니다. 당신이 실제 느끼지 않는 것을 느끼는 것처럼 주장하지 말라고 호소합니다. 당신이 범하지도 않은 죄를 가식적으로 고백하지도 말고, 당신 속에 있지도 않는 회개를 가장하지도 마십시오. 주께서는 모든 가짜들을 미워하시며, 오직 진실을 따라 당신을 상대하실 것이기 때문입니다. 만일 당신이 완고함을 느끼면, 주님께 가서 당신이 완고한 마음을 가졌다고 아뢰십시오. 당신의 마음이 그분의 율법에 대해 두려움도 느끼지 못하고 그분의 사랑으로 녹아들지도 않는다고 고백하십시오. 상태가 좋으면, 당신의 모습 그대로 그분에게 가십시오. 당신이 느끼는 그대로를 고백하고, 그리스도 예수 안에서 하나님이 당신을 바라보시는 대로 당신에게 대해 주시도록 요청하십시오. 그것이 유일한 길입니다. 우리가 지금 죄에서 자유롭다는 식으로 가장하는 것은 아무 효력도 없으며 우리에게 복을 가져다주지도 않습니다. 그것은 "스스로를 속이고 또 진리가 그 속에 없는" 것이기 때문입니다.

하나님의 영이 우리를 인도하시는 길이라고 믿는 두 번째 길은, 우리의 사정을 하나님 앞에 있는 그대로 정확하게 드러내는 것입니다. "만일 우리가 우리 죄를(sins) 자백하면 그는 미쁘시고 의로우사 우리 죄를 사하시며 우리를 모든 불의에서 깨끗하게 하실 것이요"(9절). 요한은 "만일 우리가 죄를(sin) 자백하면"이라고 단수로 말하지 않습니다. 그는 이에 대해서는 8절에서 이미 말했습니다. 그는 여기서 복수를 사용하여 본질적인 죄와 우리 생활에서의 실제적인 죄의 행위들을 모두 포함하고 있습니다. 우리는 내적인 죄와 그 외적인 열매들을 모두 자백해야 합니다. 우리는 이렇게 말해야 합니다. "주여, 저는 부끄럽지만 제 본성이 부패하고, 저의 생활도 그러하다고 시인합니다. 저는 본성과 행실 모두에서 죄인입니다." 그 두 가지를 시인하는 것은 원인과 결과를 시인하는 것입니다. 타고난 부패(원죄) 곧 더러움의 원천을 시인하고, 다음에는 실제적인 죄(자범죄) 곧 오염되어 흐르는 물을 시인하는 것입니다. "제가 그것을 어떻게 시인해야 하지요?"라고 묻는다면, 나는 이렇게 말하겠습니다. 죄를 시인한다는 것은 단지 어느 시기에 하나님 앞에서 은밀하게 죄의 목록을 나열하는 것을 의미하지 않습니다. 또는 어떤 정해진 기간에 우리 잘못된 행실의 목록을 열거하는 것도 아닙니다. 오히려 그것은 일생 동안 우리의 죄를 인정하는 것을 의미합니다. 우리는 죄를 범한 사람들로서 입장을 취해야 하고, 결코 무죄한 자의 자리를 차지하려고 시도해서는 안 됩니다. 우리는 죄를 범한 자가 하나님을 바라보아야 하듯이 하나님을 바라보아야 합니다. 내 말을 이해하시겠습니까? 바리새인은 그 속에 죄가 없는 사람의 입장과 태도를 취하고서 이렇게 말했습니다. "하나님이여, 당신께 감사하나이다." 그는 죄를 자백하고 있는 것이 아니라, 오히려 의(義)를 주장하고 있었습니다. 그는 빛 바깥에 있었으므로, 말하자면 진리를 따라서 말하고 느끼지 않았으므로, 하나님께 받아들여지지 않았습니다. 하지만 세리는 비록 말은 적게 했고 또한 일일이 죄를 열거하면서 자백하지는 않았어도, 그럼에도 그는 그의 태도로써, 가슴을 치는 것으로써, 감히 하늘을 우러러 보지 못하는 것으로써, 무겁게 한숨짓는 것으로써, 실질적으로 죄를 자백하고 있었습니다. 사람이 예수님의 피의 능력을 느끼기 위해 간절하게 구할 때, 그는 죄를 시인하고 있는 것입니다. 왜일까요? 우리 죄로 인해서 우리에게 가장 필요한 것이 예수님의 피이기 때문입니다. 날마다 예수 그리스도를 믿는다는 것은 죄를 시인한다는 것입니다. 어느 누구도 죄를 범하지 않았다면 구주를 믿을 필요가 없을 것이기 때문입니다. 세례는 죄의 자백입니다. 만일 사람이 자기 자신의 의로써 살 수 있다면, 그리스도와 더불어 장사될 필요가 무엇이겠습니까? 성찬에 참여하고, 저 속죄의 희생을 기억하는 것은 죄를 시인하는 것입니다. 만일 우리가 죄인들이 아니라면 우리의 복되신 대속자(Substitute)를 기억할 필요가 없을 것입니다. 죄를 가장 잘 자백하는 경우는, 우리가 죄를 범한 자들로서 하나님을 대할 때이지, 죄 없다고 느끼는 자들로서 하나님을 대할 때가 아닙니다. 우리는 주님 앞에서 그 속에 죄가 있음을 아는 자들로서 행동해야 합니다. 어떻게 하면 그렇게 행동할 수 있을까요? 그들은 매우 겸손하고도 신중하게 하나님과 동행하며, 타고난 부패성이 그들을 지배하지 못하도록 조심합니다. 그런 사람들은 날마다 강하신 분에게 힘을 주시도록 부르짖습니다. 힘을 구하는 기도가 죄로 인한 연약성을 고백하는 것이 아니고 무엇이겠습니까? 경계하고 조심한다는 것은 우리 본성이 여전히 통제를 필요로 한다는 것을 시인하는 것이 아니겠습니까? 우리는 아직 싸움이 끝나지 않았다고 느끼는 자들처럼 깨어 있어야 합니다. 그래서 우리는 갑옷과 무기를 내려놓을 수가 없습니다. 우리는 경주가 다 마치지 않았음을 알고 그래서 앞으로 달려가는 자들처럼 살아가야 합니다. 우리는 하나님의 은혜에서 떠나게 되면 곧 멸망으로 떨어질 것을 아는 자들로서, 기도에 깨어 있음으로써 하나님을 의지해야 합니다.

　죄인이 하나님의 은혜를 받기에는 합당하지 못하다고 느낄 때, 상한 심령으로 "오호라 나는 곤고한 사람이로다! 내 지나간 죄뿐 아니라 내 현재의 느낌조차도 나에게서 하나님의 사랑을 받을 자격을 박탈하는구나. 내 마음은 쇳덩이처럼 심히도 굳은 것처럼 보이는구나"라고 부르짖을 때, 그는 자기 속에 죄가 있음을 자백하고 있는 것입니다. 그가 이렇게 한숨짓는 소리가 들리는 듯합니다.

> "바위가 쪼개지고, 땅이 요동치며,
> 바다 물결이 노하고, 산들도 흔들리는구나.
> 만물들도 무언가를 느끼는 표징을 보이건만,
> 아무것도 느끼지 못하는 굳은 내 마음이여!
>
> 귀하신 주여, 당신이 느끼신 슬픔에 대해 들으면
> 돌같이 굳은 마음도 녹으련만,
> 그토록 감동적인 글을 읽고서도
> 이 내 마음에는 아무런 움직임도 없나이다.
>
> 당신의 심판에 대해서도 아무 감동 없이 들으니

마귀도 두려워 떨 만한 놀라운 생각이로다.
선하심과 진노에 대해 듣고서도
이 어리석은 마음엔 아무런 각성이 없네."

내면이 온통 잘못된 것으로 인한 이런 애처로운 부르짖음은 실질적으로 죄에 대한 자백이며, 또한 진실한 자백입니다. 모든 것이 잘못되었기 때문입니다. 설혹 여러분이 스스로를 매우 나쁘게 느낀다고 해도, 여러분의 실재는 여러분이 생각하는 것 이상으로 나쁘다는 것을 기억하십시오. 여러분의 상태는 그 자체로 절망적이며, 희망이 없고, 저주스러운 것입니다! 여러분이 잃어버린 자라고 느낀다면 - 그것을 아무리 강하게 느껴도 지나치지 않습니다 - 여러분은 하나님이 여러분을 만나주실 참 빛 안에 있는 것입니다. 여러분이 스스로에 대해 그리 심한 죄인이 아니라고 느끼고 결과적으로 여러분의 죄도 그다지 크게 악하지는 않다고 느끼는 곳에서는, 주께서 여러분과 평화 회담을 나누는 것에 동의하지 않으십니다. 그분은 진리가 있는 곳에서만 여러분을 만나 주시며, 다른 어디에서도 만나 주시지 않습니다. 여러분이 그분의 긍휼을 얻기에 합당하지 않은 자라고 자백할 때에 진실을 시인하는 것이며, 또 여러분이 잘못을 느낄 때에 그 느낌은 실제로 사실입니다. 이 진실의 기초 위에서, 비록 그것이 슬픈 진실이기는 하지만, 주님은 속죄의 피를 가지고 여러분을 만나 주십니다. 많은 죄를 덮는 최상의 은혜가 여러분에게 임하고, 또 그 은혜가 여러분을 깨끗하게 하는 것은, 여러분이 자신의 악함을 인정할 때입니다. 그러므로 여러분이 정직한 진실에 다가설수록 여러분에게는 더 좋습니다. 그리스도를 믿음으로 말미암아 곧 기쁨과 평화를 얻게 될 것이기 때문입니다. 본문의 의미는 바로 이것입니다. ― "하나님을 진실하게 대하라, 그러면 그분이 당신을 진실하게 대하실 것이다! 하나님 앞에서 가식으로 꾸미지 말며, 오직 당신의 영혼을 그대로 드러내고, 그분에게 있는 그대로의 모습을 보이라. 그러면 그분은 신실하시고 의로우셔서 당신의 죄를 용서하실 것이며, 모든 불의에서 당신을 깨끗하게 하실 것이다." 이 표현의 아름다움에 주목하십시오. 하나님이 여러분을 신실하게(in faithfulness) 대하실 것입니다. 인자(mercy)는 그분의 성품입니다. 그러므로 자연히 여러분이 기대할 수 있는 것은, 만일 여러분이 인자하신 하나님께 죄를 자백하면 자신의 성품에 신실하신 그분이 인자로써 여러분을 대하시리라는 것입니다. 정녕 그분은 그러실 것입니다. 또한 그분은 한 가지 약속도 주셨습니다. "만일 악인이 그 길을 버리고 불의한 자가 그 생각을 버리고 여호와께로 돌아오면, 그분이 긍휼히 여기시고 너그럽게 용서하신다"(사 55:7)는 것입니다. 틀림없이 그분은 자신의 약속에 신실하실 것입니다. 예수 그리스도의 피가 온전한 속죄를 이루었으니, 하나님은 그 속죄의 사실에 신실하실 것입니다. 그분은 은혜 언약을 근거로 여러분을 대하실 것입니다. 예수님의 희생이 그 언약의 보증이니, 그러므로 하나님께서도 그 언약에 따라 여러분을 진실하게 대하실 것입니다.

하나님께서 여러분을 모든 불의에서 깨끗하게 하시는 일에서 신실하시고 의로우시다는 것이 얼마나 복된 사실인지요! 여러분이 정직하게 하나님을 대하고 그분께 이렇게 아뢰시기를 호소합니다. "나를 숨은 허물에서 벗어나게 하소서(시 19:12). 주께서는 중심이 진실함을 원하시오니 내게 지혜를 은밀히 가르치시리이다. 오 주님, 나를 정결하게 하소서, 내가 정하리이다(시 51:6-7)." 여러분에게 어떤 치명적인 종양이 있거나 암이 자라고 있기 때문에 외과의사에게 간다고 가정해 보십시오. 여러분은 그것이 제거되기를 원합니다. 그런 질병을 치유한다고 공언하면서도 실제로는 일시적인 통증의 완화만 제공하는 의사들이 많다는 것을 여러분은 알고 있습니다. 여러분은 그런 의사들은 가까이 하지 않습니다. 만약 종양이나 암의 뿌리를 조금만 남겨놓아도 그것이 다시 자란다는 것을 여러분은 잘 알고 있습니다. 그래서 찾아간 외과의사에게 터놓고 이야기합니다. "선생님, 나에게 병이 있습니다. 나는 당신에게 그 병의 모든 증세들을 말하겠습니다. 비용이 얼마가 들건 혹 어떤 통증이 수반되건, 내가 요청하는 것은 오직 철저한 치료입니다. 저는 어떤 제한도 두지 않겠습니다. 이 증세에 당신이 최선이라고 느끼는 것을 행하십시오. 하지만 그 일을 깨끗하게 처리해 주십시오. 만약 당신이 손에 칼을 들어야 한다면, 내 통증에 연민을 느껴 삼가실 필요가 없습니다. 제 병에 정확히 대응해 주십시오. 병을 제거해 주시고, 그 뿌리와 모든 종양을 제거해 주시고, 그래서 완벽한 치유가 되게 해 주십시오." 그와 똑같은 방식으로 주님께 가십시오. 그리고 말하십시오. "주여, 저에게 죄가 있습니다. 그 모든 죄를 자백합니다. 참된 평화가 아니라면 저로 어떤 평화도 누리지 못하게 하소서. 그리스도로부터 얻는 것이 아니라면 저로 어떤 위로도 얻지 못하게 하소서. 더 철저한 죄의 자각이 있어야 하고 더 큰 양심의 불안이 있어야 한다면, 그리고 제 영혼을 더 깊이 찌르고 더 예리하게 파고들어야 한다면, 주여, 사정을 두지 말고 그리하소서. 제 본성의 은밀한 부패성으로부터 저를 씻어 주시고, 저를 정결하게 하소서. 주의 거룩하심을 제가 갈망하오니, 주께서 거룩하신 것처럼 저를 거룩하게 하실 때까지는, 저로 만족하지 말게 하소서." 이것이 하나님께 탄원하는 방식이며, 유일한 방식입니다. 죄를 자백하십시오. 그러면 신실하시고 의로우신 그분이 여러분에게 온전한 치유를 주실 것입니다. 그 온전한 치유란, 먼저는 죄의 용서이며, 다음에는 모든 불의에서 깨끗하게 하는 것입니다.

자, 여전히 이렇게 말하는 사람들이 있습니다. "음, 목사님, 좋습니다. 저는 그런 방식으로 하나님께 갈 수 있다고 생각합니다. 하지만 오, 내 과거의 죄가 저를 가로막고 있습니다. 저는 죄 많은 사람이라고 하나님께 자백할 수 있고, 제 본성을 새롭게 해 주시도록 그분께 요청할 수도 있으며, 그분 앞에 나 자신을 그대로 드러낼 수도 있습니다. 하지만 오, 저의 과거의 죄들은 어쩌지요? 제가 그렇게 죄를 짓지 않았더라면 모든 것이 더 낫지 않았을까요?" 아, 내 형제들이여, 여기서 여러분 앞에 세 번째로 거짓의 길이 등장합니다. 그 길은 실제적인 죄(자범죄)를 부인하는 것(to deny actual sin)인데, 그 길을 따르지 말라고 여러분에게 호소합니다. 바로 그것이 여러분의 운명을 결정짓는 것인데, 그것으로써 여러분은 하나님을 거짓말하는 분으로 만들려 하고, 또 그분의 말씀이 여러분 안에 거할 수 없도록 만들려 합니다. 만일 여러분이 "나는 죄를 짓지 않았어요"라고 말할 수 있다고 느낀다면, 여러분이 그렇게 말하고 느끼는 것에 비례하여, 여러분은 하나님과 동행할 수 있는 유일한 빛에서 스스로를 차단하는 셈입니다. 어떤 사람들은 그들이 행한 것이 실제적으로는 죄가 아니었다고 말함으로써 그런 지경에 도달합니다. 하여간 다른 사람들에게는 죄였는지 몰라도, 그들에게는 죄가 아니었다고 여깁니다. 강한 죄의 본성이 있음에도 더 악화되지 않았다는 것에 스스로를 위안합니다. 처한 상황이 달랐더라면, 달리 행동할 수 있었다는 것을 그들은 고려하지 않습니다. 한 마디로, 결국 그들은 죄를 짓지 않았다는 것입니다. 비슷한 부류의 또 한 사람은 이렇게 말하지요. "이 모든 계명들은 제가 어려서부터 지켰습니다. 아직도 무엇이 부족한가요?" 이 자기 정당화(self-justification)는 명백히 하나님을 거짓말하는 분으로 만드는 것입니다. 골고다의 십자가가 무엇을 의미하겠습니까? 그리스도께서 흘리신 피가 무엇을 의미하겠습니까? 저 죽음의 고통이 무엇을 의미하겠습니까? 만일 우리가 죄를 짓지 않았다면 하나님이 엄청난 거짓말을 하셨다는 것인데, 그분이 존재하지도 않는 죄를 위해 속죄의 희생을 제공하셨다는 것입니까? 오 불경스러운 말이고, 가증한 신성모독입니다! 위대한 사랑의 희생을 실질적으로 거짓이라고 암시하다니요! 형제들이여, 우리는 죄를 범했습니다. 우리가 알고 있는 훨씬 이상으로 죄를 범했습니다. 유일하게 지혜롭고 참된 길은 하나님 앞에 그것을 시인하는 것입니다.

설교 주제의 첫 번째 부분이 생각보다 많은 시간을 차지했군요. 따라서 두 번째 부분은 아주 간략하게 다루어야 할 것 같습니다.

2. 바른 길을 따르기

이제 우리가 어떻게 바른 길을 따를 수 있는지(how to follow the right course)에 대해 숙고하도록 합시다. 그 길은 유일하게 바르고 인정되는 길인데, 말하자면, 우리 죄를 자백하는 것(to confess our sin)입니다. 나는 지금 자신의 구원에 대해 진지한 사람들에게 말하고 있다고 가정하겠습니다. 오 나의 친구들이여, 하나님의 율법 앞에 여러분의 양심을 있는 그대로 드러내십시오. 가서 출애굽기 20장을 펼쳐놓고 십계명을 읽으십시오. 그것의 영성을 생각하십시오. 예를 들어 여인을 보고서 음욕을 품는 자는 마음으로 간음을 행한 것임을 기억하십시오. 율법이 여러분의 영혼 안에서 강한 불꽃을 내며 타오르게 하십시오. 사실들을 축소하지도 말고, 율법의 힘을 온전히 아는 것을 피하지도 마십시오. 오히려 율법의 저주의 힘을 느끼십시오. 다음에는 여러분의 개인적인 죄들을 돌아보십시오. 그것들을 하나씩 회상해 보십시오. 당신의 성품에 거대한 오점을 남긴 커다란 죄들이 있습니다. 그것들을 잊으려 애쓰지 마십시오. 여러분이 그 죄들을 잊었다면, 그 것들을 무덤에서 일으켜 다시 곰곰이 생각해 보십시오. 그리고 그것들을 여러분 자신의 죄로 느껴 보십시오. 그 죄들을 다른 누군가의 집 앞에 두려 하지 마십시오. 여러분의 죄에 정상참작의 여지를 찾기 위해 상황을 둘러보지도 마십시오. 오직 그것들을 하나님의 얼굴 빛 앞에 두십시오. 거룩한 일들에 관련된 죄들을 기억하십시오. 안식일에 관련된 죄들, 성소에 관련된 죄들, 성경에 대한 죄들, 기도에 관련된 죄들, 아버지의 사랑을 거스른 죄들, 그리스도의 피와 성령의 인도하심을 거스른 죄들을 기억하십시오. 오 이런 죄들이 얼마나 많은지요! 여러분의 태만의 죄를 생각해 보십시오. 의무를 다하지 못하고, 성의에서도 부족했던 것을 생각해 보십시오. 당신이 행한 일을 회개하고, 당신이 행하지 않은 일을 회개하십시오. 이 두 가지 형태의 죄들이 얼마나 당신을 당황하게 하고 또 겸손하게 합니까! 마음의 죄에 대해서도 생각해 보십시오. 당신의 구주를 향한 당신의 마음이 얼마나 냉랭했습니까! 생각의 죄들도 있습니다. 당신의 생각은 얼마나 자주 그릇된 판단을 했습니까? 상상의 죄도 생각해 보십시오. 당신의 상상의 산물들이 얼마나 추한지 저 벽에 생생한 색채로 묘사되어 있군요. 당신의 욕망과 기쁨, 희망과 두려움에 관련된 모든 죄들을 생각해 보십시오. 죄로 오염되지 않은 부분이 어디 있습니까? "온 머리는 병들었고 온 마음은 피곤하도다"(사 1:5). 우리는 우리 죄가 악한 것을 자백해야 합니다. 우리가 얼마나 빛과 지식과 양심을 거슬러 죄를 지었으며, 또한 거룩한 사랑과 성령의 경고를 거슬러 죄를 지었으며, 또한 부드러운 음성으로 들려주시는 그분의 따뜻한 훈계를 거슬러 죄를 범하였는지요! 오, 우리 중에 누가 잘못을 범하였을 때, 우리가 지은 그 소량의 죄 속에도 다른 사람들이 지은 거대한 죄만큼이나 악한 것이 있습니다. 그러므로 우리는 조심하여 모든 죄를 자백하도록 합시다. 또한, 인자하시고 선하시고 사랑이 많으신 하나님을 거스른 죄의 악함을 보고, 우리의 유익을 위해 주어진 완전한 율법을 거스른 죄의 악함을 보시길 바랍니다. 우리의 방탕한 죄와, 우리의 악행의 죄와, 우리 자신을 해치는 어리석은 죄들과, 우리의 마음이 빠져들었던 비열한 죄들을 보십시오. 이 모든 것이 우리가 거룩함의 가치를 알면서도, 하나님과 얼마간 사귐을 가지면서도 빠진 죄들입니다. 사랑하는 청중이여, 여러분의 시선을 예수 그리스도에게 고정하고, 그분의 속죄의 희생에 고정시키고, 그분을 믿는 자가 되어 살아나기를 호소합니다. 이것이 여러분으로 하여금 죄의 지속적인 고백자로서 살아가게 만들 것입니다. 예수님의 상처가 평화를 말할 때에, 그 상처는 또한 회개에 대해서도 말하는 것입니다. 또한 속죄가 우리에게 안식을 줄 때에, 그것은 또한 우리로 지속적인 허물을 의식하게 하여 마음이 온유하고 겸손한 자가 되도록 만듭니다. 여러분이 예수님의 고난을 볼 때에, 여러분은 여러분이 어떻게 죄를 지었는지를 볼 것입니다. 또한 여러분이 그분의 공로의 영광을 볼 때에, 여러분은 자신의 결함을 보게 될 것입니다. 그러므로 여러분은 사는 날 동안에 매일같이 죄를 자백하고, 또한 매일같이 모든 불의에서 씻음 받는 것을 알게 될 것입니다.

3. 죄를 자백해야 하는 이유

이제 왜 우리가 죄를 자백해야 하는지(why we should confess sin)에 대해 생각해 봅시다. 첫째로 내가 말하고자 하는 것은, 그렇게 하는 것이 옳기 때문에 그렇게 해야 한다는 것입니다. 종교적인 거짓말(lie-telling)은 무서운 일인데, 그런 거짓말이 많습니다. 설혹 내가 하나님 앞에서 나의 상태를 가장함으로써 구원을 얻을 수 있다 해도, 나는 그런 식으로는 구원받기를 원하지 않습니다. 마음이 빛 가운데 있는 사람은 옳은 일을 행합니다. 만일 하나님께서 진실에 부합되지 않는 방식으로 우리를 구원하시는 것이 가능하다면, 그것은 하나님께 큰 불명예가 될 것입니다. 우리가 있는 모습 그대로 하나님 앞에 오고, 예수 그리스도를 통하여 은혜를 구하는 것이 옳습니다. 그러므로 그렇게 하도록 합시다.

또한, 우리가 그 일을 피할 수 없는 것은, 달리는 우리가 할 수 있는 것이 없기 때문입니다. 아마도 이렇게 말하고 싶은 사람이 여기 있을 수 있습니다. "나는 죄가 없어요." 하지만 나는 그럴 수 없습니다. 왜냐고요? 만약 내가 본성으로든 행실로든 무죄를 주장하면, 그 말이 나를 질식시킬 것이기 때문입니다. 죄가 없다고 말하다니요! 그런 말은 너무나 엄청난 거짓이기 때문에, 내 얼굴은 흙빛으로 변하고 나는 죽은 것 같이 엎드러질 것입니다. 죄가 없다고 말한다고요? 내 본성의 모든 부분들이 그런 주장에 반박하고 나설 것입니다! 나는 입을 다물고 죄인으로서 하나님께 와야 하며, 또 그럴 수밖에 없습니다. 여기 있는 모든 사람이 그에 대해서는 할 말이 없다고 느끼기를 바랍니다. 율법의 의도와 계획은 죄인으로 하여금 입을 닫게 만들고, 그로 하여금 예수 그리스도를 통하여 값없이 주시는 은혜의 구원을 받아들이는 수밖에 없도록 만드는 것입니다. 망의 틈새가 넓어 물고기가 빠져나갈 수 있는 그물로는 물고기를 잡지 못합니다. 하지만 망의 간격이 좁아서 물고기가 빠져나갈 수 없는 그물이라면, 그것으로 물고기를 잡을 수 있습니다. 당신이 죄가 없다고도 못하고 죄를 짓지 않았다고 항변할 수도 없는 그런 죄인일 때에, 완전히 갇혀 있어서 오직 은혜로만 구원받을 수 있는 죄인일 때에, 그 때 당신은 그리스도의 그물 안에 있는 것입니다. 그분이 당신을 건져 내실 것이고, 저 사람을 낚는 어부(the Fisher of Men)에게 기뻐하실 이유가 생긴 것입니다.

또한 사랑하는 친구들이여, 우리가 하나님 앞에서 본 모습과는 다르게 보이려고 시도한다고 하더라도, 하나님은 속지 않으십니다. 그분은 만홀히 여김을 받지 않으십니다. 우리가 우리 자신을 기쁘게 하려고 아주 좋은 모양의 성품을 내세울 수 있고, 이따금씩 그것을 손질하기도 하고, 그것을 보기 좋게 단장하고 개선시키기도 하며, 또한 여러 사람들을 모아 서로 칭찬하는 모임을 만들 수도 있습니다. 친구들은 우리가 훌륭한 일들에 대해 말하는 것을 즐겁게 들어줄 것입니다. 우리도 그 보답으로 그들이 스스로를 칭찬하는 말을 들어주기만 한다면 말입니다. 하지만 한 사람의 증언이나 혹은 천 사람의 증언이 있어도, 우리의 자랑이 조금이라도 더 진실이 되는 것은 아니며, 하늘에서 믿어질 것 같지도 않습니다. 하나님은 속지 않으십니다. 그분은 자기를 깨끗하다고 보는 모든 허풍쟁이들을 보시고 이렇게 말씀하십니다. "네가 죄 없다고 말하는 것은 나를 거짓말쟁이로 만들려 하는 것이다. 내 말이 네 속에 있지 않다. 만약 진리가 네 속에 있다면 너에게 죄가 있음을 알 것이다. 또한 내 말이 네 속에 있다면 너는 네가 죄를 지었다고 자백할 것이며, 내 앞에서 너를 낮추었을 것이다."

　　죄인이여, 그리스도 안에서 하나님께 나오기에 앞서, 스스로 옳다고 느끼려 하고 또한 옳게 되려고 하는 모든 시도를 버리십시오. 이미 당신은 큰 실패를 하지 않았습니까? 당신은 그리스도를 위하여 점점 올바르게 되어간다고 생각했고, 바로 그 때 당신은 최악의 길로 빠져들었습니다. 당신은 당신의 낡은 옷을 수선하려고 시도해 왔으며, 그리스도께 오기 전에 스스로를 보기 좋게 단장하려고 노력해 왔습니다. 하지만 당신이 그 옷에 손을 댈 때마다 찢어진 부분은 더 심하게 되었습니다. 은혜를 위해 준비하려는 모든 시도를 포기하고, 지금 그대로의 모습으로 예수 그리스도께 나아오십시오. 당신이 스스로 올바르다고 느끼기 위해 또한 그리스도께 합당한 모습이 되기 위해 노력해 오는 동안, 당신은 하나님께 죄를 지어왔습니다. 왜냐하면 당신은 그분의 면전에서, '예수 그리스도께서 의인을 구하러 오신 것이 아니라 죄인들을 구하러 오셨다'고 하는 그분의 증언을 비난한 셈이기 때문입니다. 당신이 스스로 의로워지기 위해 애쓰는 정도에 비례하여, 당신은 하나님의 증언을 부인해 온 것입니다. 오, 당신이 죄를 지었다고 자백하면서 하늘의 아버지께로 올 수 있도록 성령께서 도우시길 빕니다. 죄의 자백이 당신에게는 진실입니다. 바로 그 때문에 그리스도께서 죄인들을 위해 죽으시지 않았습니까? 그것이 또한 하나님 편에서도 진실입니다. 왜냐하면 죄의 자백이 그분으로 하여금 죄인들을 향해 미소지으실 수 있게 하기 때문입니다.

　　자, 이 아침에 여러분의 상태는 어떠합니까? 거룩한 일들에 대해 빙산처럼 냉담합니까? 주님께 와서 당신이 빙산처럼 냉랭하다고 말씀드리고, 당신을 녹여주시도록 요청하십시오. 여러분의 상태가 어떠합니까? 바위처럼 딱딱합니까? 혹은 맷돌처럼 굳어 있습니까? 아무런 느낌도 없습니까? 와서 당신이 느끼지 못한다고 주님께 아뢰십시오. 오, 당신 속에 아무런 선한 느낌의 흔적도 없습니까? 아무런 느낌이 없는 채로 내 주님께 와서, 당신의 상태 그대로를 아뢰십시오. 그리고 오, 혹시 당신이 모든 죄와 악함에도 불구하고 담대히 이렇게 말할 수 있습니까? "그럼에도 불구하고, 저는 모든 죄를 깨끗하게 하시는 예수님의 피를 의지합니다. 오 주여, 간구하오니, 제가 죄를 자백하는 것을 보시고 저를 모든 불의에서 깨끗하게 하여 주소서." 당신은 그분이 신실하고 의롭게 그 일 행하심을 알게 될 것입니다. 칼레(Calais, 도버 해협에 면한 프랑스 북부의 항구)의 시민들이 그 도시가 포위되었을 때에 국왕 에드워드 3세(Edward III)에게 나아왔듯이 예수께 나아오십시오. 목에 밧줄을 매고, 사형 판결이 내려지더라도 당신이 그 형벌을 받아 마땅하다고 인정하면서 나아오십시오. 더러운 내복 차림이어도 즉시 나아오십시오. 당신의 귀에 보석을 달지 말고, 목에 장신구를 걸치지 말고, 그 어떤 치장도 하지 말고 그대로 오십시오. 본성상으로도 죄인이고, 행실로도 죄인인 그대로 오십시오. 선량하게 보이려는 어떤 변호도 하지 말고, 죄 있는 모습 그대로 오십시오. 당신의 뺨에 어떤 분칠도 하지 말고, 폐병에 걸린 얼굴을 건강한 혈색인 것처럼 꾸미려 하지 마십시오. 정직하게 있는 모습 그대로 와서 이렇게 말하십시오. "주여, 있는 그대로의 제 모습을 보소서. 저 자신이 생각하는 것보다 훨씬 나쁜 죄인일 것입니다. 그리고 저와 같은 죄인에게도, 거저 주시는 당신의 무한한 은혜를 베푸시고, 저를 구하기 위해 죽으신 예수님의 능력을 보여주소서." 아, 나의 형제들이여, 그런 방식으로 하나님께 가까이 나아오면 곧 평안이 주어질 것입니다. 어떤 준비됨, 적합성, 칭찬의 요소, 희망의 가능성 등에서 떠나, 오직 예수님만 붙잡으십시오. 빈손 든 죄인으로서 그분을 바라십시오. 그분의 계신 그대로, 그리고 당신의 모습 그대로 그분을 만나십시오. 하나님은 당신을 신실하게 대하실 것입니다. 그분은 진실을 따라 그분께 나아오는 죄인을 결코 내쫓지 않으십니다. 나에 대해 말하자면, 나는 언제나 죄인으로서 그분에게 나아갑니다. 나는 내가 구원받은 것을 압니다. 하지만 나는 이 구절에서 조금이라도 벗어나기를 원하지 않습니다. "그 아들 예수의 피가 우리를 모든 죄에서 깨끗하게 하실 것이요"(7절). 오직 그렇게 나는 그분이 빛 가운데 계신 것 같이 빛 가운데 행할 수 있습니다.

제
5
장

—

죄인들의 대언자

—

"나의 자녀들아 내가 이것을 너희에게 씀은 너희로 죄를 범하지 않게 하려 함이라. 만일 누가 죄를 범하여도 아버지 앞에서 우리에게 대언자가 있으니 곧 의로우신 예수 그리스도시라." — 요일 2:1

사도 요한은 완전하고도 값없이 주시는 죄 용서에 관한 가르침을 우리에게 매우 분명하고 강력하게 제시합니다. 그는 하나님의 사랑하시는 아들 예수 그리스도의 피가 우리를 모든 죄에서 깨끗하게 하실 것이며(7절), 또한 만일 누가 죄를 범하여도 우리에게 대언자(Advocate)가 있다고 선언합니다. 그는 이 진리를 너무 강하게 진술하면 신앙에 해가 되지는 않을까를 전혀 두려워하지 않습니다. 정반대로, 그는 이 진술을 그의 "자녀들"을 위해 신앙의 고결성을 증진시킨다는 관점에서 제기하고 있습니다. 아버지의 사랑을 죄를 범하는 그분의 자녀들에게 담대하게 선언하는 목적은 그들로 "죄를 범하지 않게 하려" 함입니다. 복음의 적대자들은 종종 값없이 주시는 은혜의 교리에 대해 — 그것이 사람들을 방탕함으로 이끈다고 — 추악한 반대를 제기하지만, 이 말씀은 그에 대한 당당한 대답입니다. 사도 요한은 그들처럼 생각하지 않았습니다. 이 "자녀들"로 죄를 범하지 않도록 하기 위해, 그는 실제로 우리의 반대자들이 "방탕하다"고 칭하는 바로 그 교리를 선언합니다. 하나님의 은혜의 교리가 충분하고, 정당하고, 명백하게 가르쳐질 때, 그것이 사람들을 죄로 이끈다고 생각하는 자들은 그들이 무슨 말을 하는지도 모르고, 무슨 주장을 하는지도 모르는 자들입니다. 사람들이 하나님의 인자하심에서 죄를 위한 근거를 찾는다는 것은 본성이나 은혜 어느 쪽에도 부합되지 않습니다. 인간의 본성은 충분히 악하지만 — 나는 썩은 냄새를 풍기고 있는 저 불결한 범죄자에게 아첨하려는 것이 결코 아닙니다 — 자연적인 양심조차도 '은혜가 넘치니 죄를 짓자'고 하는 천박함에는 구역질을 낼 것입니다. 하나님이 내게 친절하시다고 해서 내가 하나님을 미워한다는 말입니까? 그분이 내게 복을 주신다고 해서 내가 그분을 저주한단 말입니까? 그렇게 추론하는 사람들은 거의 없을 것이라고 나는 감히 주장합니다. 인간은 많은 꾀들을 고안해 냈지만(전 7:9), 그런 논증은 너무나 명백히 가증스러워서 그것을 참아줄 만큼 죽은 양심들은 거의 없습니다. 인간의 본성은 나쁘지만, 그것이 하나님의 선하심을 그분에게 반역하는 근거로 활용하는 경우는 거의 없습니다. 은혜로써 새로워진 영혼들에 대해 말하자면, 그들은 결코 그런 파렴치한 죄를 짓지 못합니다. 하나님이 너무나 선하십니까? 그러면 나는 그분을 슬프시게 하지 않을 것입니다. 그분이 내 죄를 기꺼이 용서하시는 분이십니까? 그러면 나는 그분을 사랑하고 더 이상 그분을 거역하지 않을 것입니다. 은혜에 대한 감사는, 비단보다 부드럽지만 쇠줄보다 더 강력한 결속력을 가지고 있습니다. 선생들이여, 그리스도인이 율법의 채찍으로 맞아야만 덕에 이르게 된다고 생각하지 마십시오! 우리가 단지 지옥에 떨어질 것이 무서워 죄를 미워한다고 꿈꾸지 마십시오! 의인들을 위해 천국이 없다고 해도, 하나님의 자녀들은 선을 따를 것입니다. 왜냐하면 그들의 거듭난 심령이 그것을 갈망하기 때문입니다. 악인들을 위해 지옥이 없다고 해도, 새로 태어난 본성의 필연성에 의해 그리스도인은 모든 죄에서 벗어나려고 애를 쓸 것입니다. 하나님께 사랑을 받았으므로, 우리는 그 보답으로 그분을 사랑해야 한다고 느낍니다. 많이 용서받고, 또 하나님의 은혜로 용서받았기에, 우리는 더 이상 죄 속에서 살 수 없다고 느낍니다. 예수님께서 우리를 모든 더러움에서 깨끗하게 하려고 죽으셨으니, 우리는 우리의 주님을 다시 십자가에 못 박고 다시 그분을 욕되게 할 수 없다고 느낍니다. 사람을 하나님의 뜻에 철저히 헌신하게 하고 또한 모든 악을 혐오하도록 이끌기 위해, 우리에게는 값없이 주시는 하나님의 은혜에서 추론한 논증보다도 더 고귀하고 강력한 논증이 필요하지 않습니다. 어떤 사람들이 그 교리를 왜곡한다면 어찌할까요? 악한 정신은 모든 것을 더럽히지 않습니까? 성경의 진리 중에서 사람이 마음만 먹으면 망치지 못할 진리가 어디 있겠습니까? 어떤 자들에게는 하나님의 말씀이 "사망으로부터 사망에 이르는 냄새"일 것이라고 기록되었을 때(고후 2:16), 우리 주님의 예언적인 눈이 이를 예견한 것이 아니겠습니까? 하나님의 진리를 방종이라고 주장한 자들은 모든 시대에 있어 오지 않았습니까? 개들이 부스러기를 훔쳐 먹지 못하도록 하기 위해 우리 자녀들의 빵을 도로 거두어야 할까요? 바보들이 오용하여 스스로를 해칠 수 있다고 해서 건강을 회복시키는 약을 모두 파괴해야 할까요? 올빼미들이 둥지를 틀지 모른다는 두려움으로 모든 나무들을 베어내야 하나요? 상어들이 그 안에서 헤엄친다는 이유로 바다가 말라 버려야 합니까? 추한 악당들이 그 이름을 더럽히고 그 특성을 남용한다고 해서 순수한 진리가 비난받아야 하는 것입니까? 하나님이 금하십니다. 우리는 온전한 복음 전하기를 결코 부끄러워하지 맙시다. 죄의 완전한 용서를 가장 담대하고도 가장 꾸밈없는 방식으로 전하도록 합시다. 진리는 맨 가슴을 드러낼 때 최상의 갑옷을 입은 것이며, 또한 인간의 논증과 신중함이라는 갑옷 외투를 걸칠 때 가장 보호받지 못하고 가장 거추장스럽게 된다고 믿읍시다.

　　나는 자기 백성을 향한 하나님의 무한한 사랑과 값없이 주시는 은혜의 교리가 "하나님의 자녀들"에게는 모든 죄를 피하도록 이끌어 주는 교리라고 믿습니다. 그 믿음으로, 하나님의 도우심을 의지하면서, 나는 오늘 아침에 그 교리를 전하고자 합니다. 하나님이시여, 주의 생각과 뜻에 합당한 대로 결실을 허락하여 주소서!

1. 성도는 여전히 죄인이다.

　　이 본문에 대한 강해를 성도는 여전히 죄인이다(the saint is still a sinner)는 진술로써 시작하겠습니다.

　　우리의 사도는 "만일 누가 죄를 범하면"이라고 말합니다. 그 "만일(if)"은 소문자로 기록되었지만, 그 가정만큼은 확실한 문제입니다. "만일 누가 죄를 범하면?" 주께 사랑을 받은 그 사도의 부드러운 손은 그처럼 상냥하고 부드러운 용어를 사용하고, 그것을 가정의 형태로 표기하긴 했지만, 그리고 그처럼 많은 사랑과 자비와 은혜를 받은 후에도 우리가 죄를 지을 수 있다는 것이 매우 놀랍기는 하지만, 요한은 모든 성도들이 죄를 범하는 것을 잘 알고 있었습니다. 만일 누가 죄 없다고 말하면 그는 거짓말쟁이요 진리가 그 속에 없는 자라고 그가 직접 선언하였기 때문입니다. 성도들은, 예외 없이, 여전히 죄인들입니다. 우리는 하나님의 은혜가 놀라운 변화를 가져다주는 것을 결코 부인하지 않습니다. 만일 그런 변화가 없다면 참된 은혜가 아니겠지요. 이 변화를 강조하는 것은 좋습니다. 그리스도인은 더 이상 죄를 사랑하지 않습니다. 죄는 그에게 가장 끔찍한 혐오의 대상입니다. 그는 더 이상 죄를 사소한 것으로 간주하지 않으며, 죄와 어울려 놀거나, 죄에 대해 태연하게 말하지 않습니다. 그는 그것을 치명적인 독사처럼 바라보고, 그 그림자조차도 피하려 합니다. 그가 감히 자발적으로 그 잔에 입술을 대려 하지 않는 것은, 마치 한때 독(毒)을 마시고 생명을 잃어버릴 뻔했던 사람이 그것을 입에도 대려 하지 않는 것과도 같습니다. 죄는 그리스도인의 마음에서 비록 추방되지는 않았어도(not ejected), 확실히 기운이 꺾였습니다(dejected). 죄는 마음에 들어와서 지배권을 가지려고 싸우지만 왕좌에 앉을 수는 없습니다. 그것은 '인간영혼(Mansoul)'이라는 마을에 자주 출현하지만, 어떤 소굴이나 구석에 숨어서 비행을 저지릅니다. 그것은 더 이상 거리에서 영예를 얻지 못하며, 궁전에서 제멋대로 하도록 방치되지 않습니다. 다곤(Dagon)은 비록 몸뚱이는 남아 있지만, 그 머리와 두 손목은 끊어졌습니다(참조. 삼상 5:4).

그리스도인은 거듭나지 못한 자들이 죄를 자랑하듯이 결코 극악무도하게 죄를 짓지 않습니다. 다른 사람들은 죄에 탐닉하고, 그들의 수치를 영광으로 여깁니다. 하지만 신자가 죄에 빠질 경우 그는 매우 조용해지고, 슬퍼지고, 마음이 소란스러워집니다. 죄인들은 마치 아이들이 자기 아버지의 과수원으로 가듯이 죄로 향해 가지만, 신자들이 죄에 접근할 때는 마치 도둑이 금지된 열매를 훔칠 때처럼 살금살금 걷습니다. 그리스도인에게는 수치심과 죄가 언제나 가까운 동무입니다. 그가 악에 취했을 경우, 그는 스스로를 부끄럽게 여기며 마치 술에 취해 늘어진 겁쟁이처럼 잠자리에 듭니다. 어떤 자들은 추잡한 무리 속에서 자기들의 악한 행적들을 자랑하지만, 그리스도인은 결코 자기 죄를 그렇게 떠벌리지 못합니다. 그의 마음은 내면에서부터 깨어집니다. 그가 죄를 지었을 때, 그는 많은 날 동안 뼈가 상하는 고통을 느낍니다.

또한 그리스도인은 다른 사람들과 달리, 결코 완전한 고의성을 가지고 죄를 짓지 못합니다. 죄인은 그가 범하려는 죄를 한 달 동안이나 앉아서 심사숙고할 수 있으며, 마침내 잘 짜여진 계획대로 그 일을 실행합니다. 하지만 그리스도인은 그렇게 하지 못합니다. 그는 죄를 입 안에 넣었다가 순간적으로 그것을 삼킬 수는 있습니다. 하지만 그것을 혀 아래 두고서 계속하여 돌리고 있을 수는 없습니다. 죄를 신중하게 꾸미고 계획할 수 있는 자는 여전히 옛 뱀의 참된 자식입니다.

또한, 그리스도인은 **결코 죄를 되새김질하지 않습니다.** 죄를 지은 이후에, 아무리 그것이 그의 입에서는 달콤했다고 해도, 그것은 그의 속에서 쓴 것으로 변합니다. 그래서 그것을 아주 없앨 수 있기를 바랍니다. 회심한 사람에게 죄의 반추란 그의 마음속에서 이중적인 범죄일 뿐입니다.

그리스도인은 다른 사람들과 달라서, **결코 죄에서 즐거움을 찾지 않습니다.** 그에게는 그런 취향이 없습니다. 양심이 그를 찌르기 때문에, 설혹 그가 그러고 싶어도 다른 사람들처럼 죄를 지을 수가 없습니다. 그에게는 세련된 취향이 있는데, 곧 겉보기에 맛있어 보이는 죄의 별미에 대해 구역질을 느끼는 것입니다. 은혜의 손가락이, 그 은밀하고도 신비한 접촉으로 죄의 꿀을 쓸개로 바꾸어 버리며, 모든 달콤한 맛을 쓴 맛으로 변질시켜 버립니다. 만일 그리스도인이 죄를 범하여도, 그리고 그가 그 죄를 인정할 것이지만, 그럼에도 불구하고 그에게는 여전히 죄가 달갑지 않습니다. 여전히 그는 옳은 것을 좋아합니다. 그는 악을 행하나 그것을 원하지 아니하고, 선을 행하지 못하나 그것을 원합니다(참조. 롬 7:1).

여러분은 또한 그리스도인이 죄의 습관에 대해 얼마나 다른지를 목격할 것입니다. 경건하지 않은 자는 명백한 반역의 행위를 자주 반복하지만, 그리스도인은 최소한 범죄와 어리석은 행위들을 공공연히 자행하지 않습니다. 그런 잘못에 거한다기(abide)보다는 떨어지는(fall) 것입니다. 제비는 그 날개를 시냇물에 적시지만, 다음에는 다시 공중으로 올라가 태양을 향해 솟구쳐 오릅니다. 하지만 오리는 연못에서 헤엄을 치거나 잠수를 할 수 있습니다. 그것이 자기 본거지이기 때문입니다. 마찬가지로 그리스도인도 때로는 그 날개를 ― 오호라! 그에게는 안타까운 일이로다 ― 지상의 시냇물에 적실 수 있습니다. 하지만 그런 후 그는 다시 그가 있어야 할 곳으로 올라갑니다. 오직 죄인만이 죄 속에서 헤엄치고 기뻐할 수 있습니다. 여러분이 돼지와 양을 나란히 몰고 간다고 합시다. 그들이 어떤 진흙 구덩이에 도달합니다. 그들 모두 그 속에 빠집니다. 둘 다 더러워졌습니다. 하지만 곧 그 둘 사이에 다른 특징이 있는 것을 발견할 것입니다. 돼지는 기쁜 듯이 누워 뒹굴지만, 양은 다시 일어나서 가능한 빨리 그 더러운 곳에서 벗어나려고 합니다. 그리스도인도 그렇습니다. 그는 죄에 빠집니다. 얼마나 많이 빠지는지는 하나님만이 아십니다. 하지만 그는 다시 일어납니다. 죄 속에 누워 있는 것이 그의 본성이 아닙니다. 그가 땅 바닥에 온 종일 빠져 있다면 그는 그 자신을 혐오할 것입니다. 반면 경건하지 못한 자들은 자기의 악한 길을 계속 가다가 마침내 죄가 습관이 됩니다. 마치 철망과도 같은 습관이 그를 옴짝달싹 못하게 옭아맵니다.

그리스도인과 경건하지 못한 자 사이에는 이런 정도의 큰 차이가 있으며, 그보다 훨씬 더 나아가, 신자는 새로운 피조물이며 그는 특별한 백성이자 거룩한 세대에 속합니다. 하나님의 영이 그 속에 있으며, 모든 면에서 그는 자연인과는 멀리 떨어져 있습니다. 하지만 그 모든 것에도 불구하고 우리는 출발했던 곳으로 돌아와야 합니다. 즉 그리스도인이 여전히 죄인이라는 것입니다. 그는 본성의 불완전성(imperfection of his nature) 때문에 그러합니다. 그의 본성은 불완전하기 때문에 그는 그 속에 있는 옛 아담이 죽기까지는 죄를 지을 수밖에 없고, 그런 일(죄를 지음)은 그를 위해 조종(弔鐘)이 울릴 때까지 있을 것입니다. 죄는, 그의 불완전성의 이유로, 신자가 하는 최상의 일도 오염시킵니다. 죄는 그의 회개조차도 손상시킵니다. 우리의 눈물에는 불결한 것이 있고, 우리의 신앙에도 불신앙이 있습니다. 우리가 지금껏 행한 최상의 일조차도 예수님의 공로가 아니었다면 많은 죄로 뒤섞여 있을 것입니다. 우리가 보기에 우리가 가장 깨끗할 때조차도 하나님이 보시기에는 깨끗하지 못합니다. "그의 천사라도 미련하다"(욥 4:18) 하시는 하나님께서 하물며 우리가 천사 같은 마음 상태가 된다 하더라도, 우리에게서 얼마나 많은 허물을 보시겠습니까? 하늘을 감동시키고 스랍 천사들의 선율과 견줄 만한 노래에도 여전히 그 속에는 도덕적인 흠이 있습니다. 하나님의 팔을 움직이는 기도 역시도 여전히 죄 있는 기도입니다. 우리의 기도가 하나님의 팔을 움직이는 것은 오직 저 죄 없으신 분(the Sinless One), 위대하신 중보자께서 개입하시어 우리의 간구에서 죄를 제거하시기 때문입니다. 나는 감히 그렇게 말할 수 있습니다. 지상에서 그리스도인이 도달한 최고의 경지 곧 성화의 가장 높은 단계에 도달한 최상의 신앙조차도, 여전히 그 속에는 피조물의 결점이 너무 많아서, 그 자체로는 하나님의 영원한 진노에 합당한 것으로 간주될 것입니다. 그리스도인이 도달할 수 있는 가장 높고 고상한 것에도 많은 죄가 있어서, 슬프게도 우리는 이렇게 고백합니다. "우리는 다 부정한 자 같아서 우리의 의는 다 더러운 옷과 같습니다"(사 64:6).

그리스도인이 그의 경건한 행위에서도 죄를 범하는 것처럼, 그는 **일상적인**

삶의 행적에서도 지속적으로 잘못을 범합니다. 태만의 죄들을 예로 들자면, 단 한 시간에도 이런 잘못이 얼마나 쌓일는지요! 오, 우리가 행하지 않고 버려둔 일들이 얼마나 많은지요! 이런 일들이 저주를 초래하는 죄에서 아주 큰 부분을 차지한다는 것을 기억하십시오. "내가 목마를 때에 너희가 마시게 하지 아니하였고, 병들었을 때와 옥에 갇혔을 때에 돌보지 아니하였느니라"(마 25:42-43). 우리에게 실제로 범한 죄들은 없습니까? 굳이 우리의 행동들을 언급할 필요도 없이, 우리의 생각이나 상상이나 말을 돌아보면 언제나 올바른 모습이었습니까? 여러분 자신의 방을 한 번 보십시오. 그것을 어지럽혀도 나는 그저 약간의 먼지가 떠도는 것을 볼 것입니다. 하지만 태양빛이 창문을 통해 들어오면, 나는 수백 수천만의 작은 티끌들이 춤을 추며 올라갔다 내려갔다 하는 것을 볼 수 있습니다. 그러면 내가 깨끗하고 맑은 공기라고 생각했던 것이 셀 수도 없는 온갖 먼지들로 가득 차 있다는 것을 발견합니다. 심지어 가장 깨끗한 대기 속에서도 나는 이런 먼지들을 마시고 있습니다. 우리의 마음과 삶이 그렇습니다. 성령께서 우리 안을 비추실 때에, 우리는 삶의 대기가 죄로 가득 차 있는 것을 보게 됩니다. 사람이 자기 머리털 수를 헤아리거나, 바닷가의 모래 수를 세거나, 혹은 초목에 내린 아침 이슬 방울의 수를 세는 것이, 하루 동안의 죄의 수를 세는 것보다 빠를 것입니다. 오 주여, 주께서는 우리를 아시지만, 우리는 우리 자신을 알지 못하나이다! 하지만 우리는 우리가 죄와 그릇된 행실로 가득하다는 정도는 압니다. 여러분은 나에게 이런 것이 사소한 죄들이라고 말할 것입니다. 하지만 나는 많은 모래알들이 쇠막대기들만큼이나 배를 무겁게 할 수 있다는 것을 여러분에게 상기시킵니다. 그러므로 조심하여서 이러한 매일의 잘못들을 고백하고 진지하게 회개해야 합니다. 이와 같이 그리스도인은 그 본성의 불완전성으로 인해 죄를 범합니다. 오랫동안 변하지 않은 마라의 샘은 쓴 물을 낼 수밖에 없습니다. 옛 아담은 죄를 행할 수밖에 없고, 불은 타는 수밖에 없습니다. 물은 불을 끄기 마련이며, 모든 것은 그 본성에 따라 행동합니다. 우리 안에 있는 새로운 본성은 죄를 짓지 못합니다. 그것은 하나님에게서 났기 때문입니다. 그것은 너무나 거룩하고 고귀하여서 죄와 같은 것에는 몸을 구푸리지 않습니다. 모든 신자들 속에는 결코 꺼질 수 없는 완벽한 천상의 불꽃이 있습니다. 하지만 옛 아담은 바울로 하여금 이렇게 부르짖게 만들었습니다. "오호라 나는 곤고한 사람이로다, 이 사망의 몸에서 누가 나를 건져내랴"(롬 7:24). 불꽃이 필연적으로 위로 올라가듯이, 옛 본성은 필연적으로 옛 본성의 죄를 범할 수밖에 없습니다.

또한, 많은 그리스도인들이 어떤 특정한 약점들 때문에 죄를 범합니다. 아마도 여러분 각자가 어떤 약점이 있는지 알고 있을 것입니다. 최소한 여러분이 그것을 발견할 정도로는 깨어 있기를 바랍니다. 어떤 이들은 너무 급한 성미 때문에 죄를 짓습니다. 그들은 동료 인간들을 오래도록 참아줄 수 없습니다. 그들은 안달하고, 쉽게 흥분합니다. 아마도 그들은 화낼 만한 이유가 없는 곳에서도 화를 낼 이유를 상상해 내고, 점점 열을 내다가, 분별없이 말을 뱉어 버립니다. 이런 점이 가장 은혜가 많은 사람들 중에서도 큰 근심이 됩니다. 급한 성미가 계속적인 시험거리가 되는 것입니다. 또 다른 사람들은 아주 콧대 높고 거만한 정신을 가지고 있습니다. 만약 그들이 조금이라도 무시받거나 뒷자리로 밀려난다고 느껴지면, 그들은 즉각적으로 분개하는 성향이 있습니다. 자, 그가 하는 말을 들어보십시오. "내가 이렇게 짓밟힐 수는 없지! 누가 감히 나를 이런 식으로 대하는 거야?" 그리스도를 잘 섬겨왔던 많은 사람들이 무덤에 내려갈 때까지 그들의 육체 속에 가시를 간직해야만 했습니다. 예민함, 교만한 정신, 의심하는 기질 등, 이런 것들은 마치 순례자의 발에 난 물집과도 같습니다. 그 물집들 때문에 그는 설혹 느리게 걷지는 않더라도, 언제나 고통스럽게 걸어가야 합니다. 우리 중에서 어떤 이들은 게으름과 싸워야만 합니다. 아마도 우리는 무기력한 간(肝) 때문에 괴로움을 겪는지 모르며, 의사도 그 병증에는 손을 댈 수가 없었습니다. 하나님께서 이렇게 고통을 겪는 자를 도우시길 빕니다. 왜냐하면 그런 사람은 매일 자기 의무를 감당하기 위해 스스로에게 채찍을 가해야 하며, 그러고서도 종종 매우 굼뜨고 졸린다고 느낄 것이기 때문입니다. 그는 쿠퍼(Cowper)의 시에 나오는 한 구절처럼 "아주 넓은 황무지에 있는 오두막, 끝없이 이어지는 저녁 어둠"을 바랄 것입니다. 그는 영적 추수의 수고에서 떠나 조용히 숨어 지내기를 바랄 것입니다. 사랑하는 친구들이여, 또한 우리 중에 얼마나 많은 사람들이 영혼을 의기소침하게 만드는 지속적인 불신과 싸워야 하는지요! 아마도 그들의 신경은 삶의 어느 시기에 큰 충격을 경험했을 것이며, 그래서 그들은 체질적으로 언제나 문제들의 어두운 면을 바라봅니다. 만약 그들이 둥근 봉우리의 산을 보면 그들은 그것이 휴화산일 것이라고 의심하고, 혹 그들이 하늘의 성곽처럼 산새가 가파른 골짜기에 있을 때는 산사태가 덮쳐서 그들을 멸하지 않을까 두려워합니다. 어쩔 수가 없습니다. 그것은 그들의 체질상의 특징입니다. 하지만 그것이 그들을 많은 죄로 이끕니다. 그리고 살아 계신 하나님 앞에서 회개해야 할 이유를 많이 제공합니다. 계속해서 나는 **수줍음** 때문에 어려움을 겪는 이들의 특징에 대해서도 언급할 수 있습니다. 그들은 종종 앞으로 나아가야 하는 곳에서 뒤로 물러서려는 유혹을 받습니다. 그들은 비록 주님을 부인하지는 않더라도, 당연히 해야 할 일로서 주님을 향한 그들의 사랑을 담대히 전하지 못합니다. 그리스도인은 "만일 누가 죄를 범하면"이라는 이 구절을 읽을 때에 이렇게 말할 것입니다. "아! 정말 나는 죄를 범하고 있어. 이 약점들 때문에 계속해서 죄를 범하는구나." 사랑하는 친구들이여, 우리 모두는 또한 악의 공격으로 인하여 죄를 범합니다. 때때로 우리가 깨어 있지 않을 때, 자기 망루에서 언제나 지켜보고 있는 사탄은 바로 그 때를 틈타서 우리를 공격합니다. 우리는 지옥의 투석기에서 돌이 날아오는 사이에 급히 투구를 챙겨 씁니다. 갑옷에서 어느 한 부분을 잊어버립니다. 그러면 적병이 우리가 약점이 드러난 곳을 엿보고서 우리를 깊이 찌르고, 수년 간 지속되는 상처를 남깁니다. 우리가 경건하지 못한 무리들 속에 돌진할 때에 세상의 유혹이 있고, 사업상의 시험과 심지어 가정에서의 시험도 있습니다. 우리가 무방비 상태로 있는 순간, 이 모든 것들이 그리스도인을 공격하여 발판을 잃어버리게 만듭니다. 아, 내 친애하는 형제들이여, 모든 사도들 중에 으뜸인 자보다 조금도 못하지 않은 사도가 스스로를 죄인 중의 괴수라고 불렀습니다. 은혜에 있어서 그보다 훨씬 떨어지는 우리로서는 가장 낮은 자세를 취해야 할 것입니다. 우리 안에, 우리 육신 속에, 선한 것이 없다는 것을 인정해야 합니다. '죄인'은 나의 이름이고, 나의 본성입니다. 하지만 죄인들을 구하러 오신 그분께 감사드리오니, 나는 구원받은(saved) 죄인입니다.

2. 죄가 그리스도 안에 있는 우리의 권리를 빼앗지 못한다.

이제 위로로 가득한 두 번째 요점을 살펴보고자 합니다. 우리의 죄가 그리스도 안에 있는 우리의 권리를 빼앗지 못합니다.

본문을 보십시오. "만일 누가 죄를 범하여도 우리에게 대언자가 있으니(have)." 예, 우리에게는 그분이 있고, 만일 우리가 죄를 범하여도 여전히 우리에게는 그분이 있습니다. 본문은 "만일 누가 죄를 범하면 대언자를 잃어버릴 것이다"라고 말하지 않고, "죄를 범하여도 우리에게 대언자가 있다"고 말합니다. 신자가 여태 지어 왔거나 혹은 지을 가능성이 있는 모든 죄가, 주 예수 그리스도 안에 있는 그의 권리를 소멸시키지 못합니다. 그가 어떤 죄에 떨어졌더라도, 그 어떤 것도 그의 권리 증서에 손댈 가능성이 없습니다. 진정 어떤 면에서는 내가 죄인의 명분을 주장할 때에 예수님이 나의 대언자가 되십니다. 내가 죄를 범하지 않으면, 나는 대언자를 얻을 수 없고 또 필요로 하지도 않을 것입니다. 법정에서 그를 송사하는 자가 없는데 누가 그의 입장을 변호해 줄 대언자를 원하겠습니까? 죄는 나에 대한 고발이고, 나는 죄인이며, 그래서 내게 대언자가 있는 것입니다. 오늘 내게는 그리스도 안에서 변치 않는 한 형제가 있습니다. "내 형제들에게 가서 이르라"(요 20:17)고 그분이 말씀하셨습니다. 그들은 모두 그분을 저버렸고 그래서 죄인이었지만, 그분은 여전히 그들의 형제(Brother)이셨습니다. 또한 비록 내가 죄를 범하여도, 나에게는 그리스도 안에서 한 남편이 있습니다. 하나님이 말씀하십니다. "이스라엘이 나를 버리고 행음하였고, 매춘부가 되었다. 하지만 돌아오라, 돌아오라, 내가 너와 결혼하였노라." 여러분이 보다시피, 비록 이스라엘이 행음을 하였어도 그녀는 여전히 그분의 아내입니다. 그리스도인은, 자신을 더럽히고 욕되게 하였을 때조차도, 그 모든 것에도 불구하고 여전히 그리스도의 배우자입니다. 우리는 그분의 몸의 지체들이요, 지체들은 제거되거나 빼앗길 수 없는 것입니다. 수족은 그리 쉽게 제거되지 않습니다. 그리스도께서 베드로를 씻어 주시지 않았습니까? 베드로는 그리스도의 몸의 지체였지만, 그럼에도 베드로는 씻음 받는 것이 필요했습니다. 오, 복된 장면입니다! 머리(Head)가 발을 씻으시다니요! 마찬가지로 오늘 우리가 더러워졌다 해도, 우리는 그리스도를 우리 몸의 머리로 주장할 수 있습니다. 또한 사랑하는 여러분, 우리의 모든 죄에도 불구하고 우리는 그리스도 안에서 완벽히 의롭게 되는 것을 압니다. 그분이 경건하지 않은 자들을 의롭게 하시기 때문입니다. 우리는 또한 우리가 완벽하게 받아들여지는 것을 압니다. 우리가 우리 자신 안에서가 아니라, 사랑하시는 아들 안에서 받아들여지기 때문입니다. 우리의 모든 불의에도 불구하고 우리는 용서받습니다. 왜냐하면 샘은 죄와 모든 더러움을 씻기 위해 열려 있기 때문입니다. 샘은 의롭고 정한 자들을 위해서가 아니라 죄 많고 불의한 자들을 위해 열려 있습니다. 그러므로 우리는 이런 결론을 내릴 수 있습니다. 즉 우리의 모든 죄가 우리에게서 그리스도를, 곧 우리의 생명의 샘이시며, 빛이시며, 순결이시며, 안전이신 그분을 빼앗지 못한다는 것입니다. 오! 나의 형제들이여, 만일 그리스도를 향한 우리의 권리가 우리의 선행에 의존하는 것이었다면, 우리의 행실이 나빴을 때에 그 권리를 잃어버렸을 것입니다. 하지만 그분이 우리를 사랑하신 것은 우리가 더할 수 없이 악할 때였습니다.

> "타락 속에 망가진 나를 그분이 보셨네,
>
> 　그 모든 것에도 불구하고 그분이 나를 사랑하셨네."

　우리가 죄인이었을 때에 그분이 우리를 택하셨습니다. 우리가 죄인이었을 때에 그분이 우리를 값 주고 사셨습니다. 우리가 허물과 죄로 죽었을 때에 그분이 우리를 사랑하셨습니다. 그러니 만일 우리의 현재 모습이 나쁘다고 해도, 그분은 여전히 우리를 사랑하십니다. 만약 천국에 들어갈 우리의 권리가 행위 언약에 근거한다면, 그 불안정한 권한을 우리는 곧 잃어버리고 말 것입니다. 하지만 우리의 권리는 은혜 언약에 근거하고 있습니다. 그 언약은 어떤 조건적인 조항들이 없이 처음부터 끝까지 변경할 수 없는 은혜로만 구성되어 있습니다. 그러므로 오 하나님의 자녀들이여, 여러분의 모든 잘못과 실패와 방황과 퇴보에도 불구하고, 하나님은 여전히 여러분의 하나님이시며 여러분은 그분의 자녀들입니다. 그분은 영원토록 여러분의 하나님이시며, 여러분 또한 영원토록 그분의 자녀일 것입니다. 한 사람이 말합니다. "얼마나 대담한 말인가!" 예, 나는 하나님의 자녀들에게 그들이 죄를 짓지 않는다는 의미로 말하지 않았습니다. 나는 담대하고 공개적으로 진술합니다. 신자가 범할 수 있는 모든 죄도, 비록 그의 현재적인 유익과 즐거움을 손상시킬 수는 있어도, 그리스도 안에서 그가 가진 본질적인 권리를 손상시키지는 못한다는 사실을 나는 믿습니다. 나는 이런 교리가 사람들을 죄로 몰고 가는 것이 아니라, 오히려 은혜로우시고 변치 않으시는 하나님을 사랑하도록 이끈다고 믿습니다. 하나님은 우리의 모든 죄와 근심과 재난에도 불구하고, 결코 우리를 멸망하도록 버려두지 않으실 것입니다.

3. 우리가 여전히 죄인이기에 우리에게 대언자가 필요하다.

　이제 어조를 조금 바꾸도록 합시다. 우리의 세 번째 요점은 우리에게 대언자가 있는 것은 우리가 여전히 죄인들이라는 사실에 대처하기 위함입니다.

　내가 죄인이라면, 법정이 있을 것이고, 또한 재판장으로 앉아 계시는 분 곧 아버지가 계십니다. 나에 대한 송사가 있습니다. 그렇지 않으면 나로서는 송사에 대처할 대언자를 원하지 않을 것입니다. 나를 고발하여 소송을 제기하는 적대자가 있습니다. 만일 내게 죄가 없다면 그는 감히 이런 일을 하지 못할 것입니다. 내 편에서 대응할 권리가 있어야 합니다. 나는 법정에서 반박할 권리가 있어야 하고, 재판장 앞에 일어서서 변론을 해야 합니다. 법정에서 호소할 권리를 가진 사람은 고소를 당한 사람이며, 그는 어떤 위법을 행했습니다. 만일 내가 송사를 당하지도 않고 죄인도 아니라면, 나에게는 법정에서 시간을 허락받을 권리가 없을 것입니다. 하지만 죄인이기 때문에, 그리고 송사를 당했기 때문에, 그리고 나를 고발하는 자가 있기 때문에, 나에게는 대응할 권리가 있습니다. 그리고 그 대응은, 하나님의 선하신 은혜로 말미암아, 나의 대언자를 내세우는 것입니다.

우리의 대언자에 대해 말하고자 합니다. 그분은 죄인들을 위하여 특별히 임명되었습니다. 그분의 모든 칭호와 속성들은 그분이 그런 대언자로서 적합한 분임을 입증합니다. 구원받았으나 여전히 죄인들인 여러분과 나는, 우리의 송사를 그분의 손에 안전하게 맡깁니다. 그분이 누구신지를 알기 때문입니다. "곧 의로우신 예수 그리스도시라!" 아! 그분은 내가 원하는 바로 그런 대언자이십니다. 그분은 나를 사랑하시고 내게 관심을 가지십니다. '예수'는 나를 위해 사람이 되셨던 그분의 이름입니다. 그분은 극심한 유혹이 무엇인지를 아십니다. 그분은 시련이 무엇을 의미하는지, 고통이 무엇을 의미하는지를 아십니다. 나는 나의 안녕에 관심을 가지시고, 마치 친구가 친구를 위하고 그리고 형제가 형제를 위하듯 나를 위해 변호하실 분을 얻게 되어 기쁩니다. 내가 죄를 범하여도 여전히 내게 예수님이 계신 것에 대해 하나님께 감사합니다. 예수님은 나의 "위급한때를 위하여 난 형제"이시며(잠 17:17), 죄인들의 친구이십니다. 그러므로 그분은 죄인의 편에서 변호하실 것입니다. 그분의 이름이 '예수'입니까? 그렇다면 그분은 반드시 성공하실 것입니다. 왜냐하면 "그가 자기 백성을 그들의 죄에서 **구원할 자**"(마 1:21)이시기 때문입니다. 그분의 이름 자체에 그분의 성공이 내포되어 있습니다. 그분의 이름이 예수입니까? 그렇다면, 만일 그분이 내 변론에 성공을 거두지 못하시면 그분의 명예가 손상되는 것입니다. 그분은 죄인들을 구원하시기 때문에 '예수'로 불리십니다. 그가 나를 구하시지 않으면 그분은 예수가 아닙니다. 만약 죄인인 내가 그분을 믿고 그분에게 대언자로서 변론을 의뢰하였는데, 내가 재판을 받고 내게 불리한 판결이 내려지면, 그분은 예수가 아닙니다. 그분은 자기 백성들을 그들의 죄에서 구하시지 못하였기 때문에 '예수'라고 불릴 자격을 내려

놓으실 것입니다. 사랑하는 친구들이여, 죄인들의 구주가 성도의 대언자로 임명 되신 것으로 보아, 성도가 죄인으로 간주되는 것을 볼 수 있지 않습니까? 나는 그분이 의인들을 위해 변론하셨다는 말을 들어본 적이 없습니다. 나는 그분이 죄 없는 자의 친구라고는 상상해 본 적이 없습니다. 나는 그분이 언제나 세리들 과 죄인들과 범죄자들과 바른 길에서 벗어난 자들의 편에 서시는 것을 보았습니 다. 그러므로 나는 이렇게 결론내릴 수 있습니다. 비록 내가 죄인이지만, 계속해 서 죄를 짓고 있지만, 나는 내 소송을 예수님께 맡길 수 있습니다. 그분이 죄인들 이 꼭 필요로 하는 그 대언자이시기 때문입니다.

　　다음으로, 그 대언자가 "예수 그리스도" 곧 기름 부음 받으신 분이라는 것에 주목하십시오. 이는 변론하시는 그분의 권위를 보여줍니다. 오직 특정한 귀족만 이 대법관의 법정에서 변론할 수 있습니다. 오직 특정하게 정해진 사람들만이 민사 법원이나 고등 법원에 들어갈 수 있습니다. 예수 그리스도는 아버지께서 친히 임명하시고, 아버지께서 친히 기름 부으신 분이기에, 그분의 법정에서 변 론하실 수 있습니다. 성도들이여, 여러분에게 좋은 변호자가 있으니, 곧 하나님 께서 친히 죄인의 송사를 위해 변호하도록 택하신 분이십니다! 만일 여러분 스 스로 택한 변호자라면 실패할 것이지만, 하나님의 도우심이 함께하는 강력한 대 언자가 있다면 여러분은 그에게 고충을 맡길 수 있습니다. 그는 그리스도이시므 로 권위가 주어졌습니다(authorized). 하지만 이 말을 더하고 싶습니다. 그는 그 리스도이시므로 자격이 있습니다(qualified). 기름 부음은 또한 그분의 사역에 대 해서도 자격을 부여하는 것이기 때문입니다. 그분은 유다가 베냐민을 위해 변론 할 때보다 더 잘 변론하실 수 있습니다. 그분은 하나님의 마음을 감동시키고 설 득하실 정도로 변론하실 수 있습니다. 그분이 나를 위하여 변론하려고 일어나실 때, 얼마나 애정 어린 말들과 설득력 있는 문장들을 사용하시겠습니까! 하지만 더 나아가, 그분은 그리스도 곧 하나님이 보내신 구원자(God's Messiah)이십니 다. 하나님이 그분을 보증하시지(guaranteed) 않았다면 그분을 보내시지 않았을 것입니다. 하나님께서 세상을 구원할 수 없는 구주를 세상에 보내신다면, 하나 님은 자비가 없는 분일 것입니다. 그러나 하나님이 그리스도를 지명하시고 보내 신 것은 그리스도의 성공에 대한 보증입니다. 오! 성도들의 영혼이여, 여러분에 게 꼭 맞는 대언자가 계시고, 그분은 성공할 수밖에 없는 대언자시니, 그분의 손 에 여러분을 맡기십시오!

다음으로, 그 대언자는 "의로우신(righteous) 예수 그리스도"이십니다. 그분의 성품뿐 아니라 그분의 변론도 의롭습니다. 의로운 것은 그분의 성품이며, 만약 나의 대언자가 의로우시다면, 그분이 나쁜 송사를 맡지 않으신다고 나는 확신할 수 있습니다. 의뢰인이 악한 범죄자인 것을 알고도 변호인이 그를 위해 변론하는 것이 정당한지 나는 모르겠지만, 더 큰 범죄자일수록 그 일을 맡으려 하는 자는 더 훌륭한 변호인일 것이라고 생각합니다. 하지만 내 주님은 위대하신 대언자로서, 나쁜 소송 사건을 위해서는 변호하지 않으십니다. 그분은 의로우신 예수 그리스도이시기 때문입니다. 그러므로 내가 만일 죄를 범하고, 죄를 범한 사람들 가운데 처하게 되었을 때, 그럼에도 그분이 나를 위해 변호하신다면 내 소송은 선한 것이 틀림없습니다. 그분은 나쁜 소송을 맡지 않으시기 때문입니다. 하지만 그분이 어떻게 이 일을 수행하실 수 있을까요? 그분이 나에 대한 불의의 고발을 의로우신 그분 편에서 변론하시기 때문에 가능합니다. 그분은 죄인이 서서 죄상을 심문당하는 날, 아버지께 이렇게 말씀하시는 듯합니다. "예, 내 아버지여, 그 죄인은 불의하였습니다. 하지만 내가 그의 대리자로서 받아들여진 것을 기억하소서. 내가 그를 위해 율법을 지켰으며, 능동적인(active) 순종을 보였습니다. 내가 십자가에 가서 피를 흘렸고, 그로써 거역하지 않는 수동적인(passive) 순종을 보였습니다. 내 행위와 내 죽음으로써 나는 그를 머리부터 발까지 덮었고, 그럼으로써 그를 천사들보다 아름답게 단장하였습니다. 천사들은 피조물의 완벽한 의로써 옷을 입었지만, 나는 그에게 하나님 자신의 의를 주었습니다. 나는 내 백성에게 주(主)가 되고 또한 그들의 의(義)가 되었습니다. 보십시오. 나는 내 면류관에서 보석을 취하여 그들을 장식하였습니다. 내 옷으로 그들을 덮었고, 내 피로 그들의 옷을 적시어 물들였으며, 마침내 그들의 의복이 왕의 영광을 나타내는 자주색 옷이 되었습니다."

이것 외에 죄인에 대해 더 물어볼 것이 무엇이겠습니까? 의로우신 예수께서 나를 위해 대언하시고, 그의 의를 내세우십니다. 잘 보십시오. 내가 만일 죄를 범하지 않는다면 그분이 이런 일을 하지 않으십니다. 내가 죄를 범하기 때문에 그분이 나를 위해 대언하시는 것입니다. 여기에 이 본문의 아름다움이 있습니다. 본문은 "만일 누가 죄를 범하지 않으면 우리에게 대언자가 있으니"라고 말하지 않고, 오히려 "만일 누가 죄를 범하여도 우리에게 대언자가 있으니"라고 말합니다. 그러므로 내가 죄를 범하였을 때, 양심의 가책과 쓰라린 심정으로 내 골방으로 힘없이 들어올 때, 하나님의 아들이라 일컬음을 받기에 합당하지 못하다고 느낄 때, 나에게는 여전히 대언자가 계십니다. 내가 죄를 범하는 사람 중의 하나이기 때문입니다. 나는 죄를 범하고, 나에게는 대언자가 계십니다. 오! 나는 내 영혼에서 느끼는 기쁨을 어떻게 표현해야 할지 모르겠습니다! "만일 누가 의로우면 우리에게 대언자가 있으니"가 아닙니다. "만일 누가 기도를 많이 하고, 신중하고, 경건하고, 성경적으로 행하고, 빛 가운데 거하면"이 아닙니다. 오히려 "만일 누가 죄를 범하여도 우리에게 대언자가 있으니"입니다. 오! 이 말씀에는 하나님의 마음의 음악 소리가 들리는 듯합니다. 마치 탕자가 돌아왔을 때 그의 귀환을 환영하는 축제에서 들렸던 음악과도 같습니다. "만일 누가 죄를 범하여도 아버지 앞에서 우리에게 대언자가 있으니 곧 의로우신 예수 그리스도시라."

4. 이 진리가 실제적으로 기억되어야 한다.

이제 네 번째 요점으로 전환하겠습니다. 즉 너무나 복음적이고 너무나 고귀한 이 진리가 실제적으로 기억되어야 한다는 것입니다.

사랑하는 친구들이여, 그것은 어느 때에나(at all times) 실제로 기억되어야 합니다. 나는 성도로서 노력하고 행하는 것이 내 영혼에 유익하다는 것을 매일 발견합니다. 하지만 그렇게 하기 위해서는 내가 계속적으로 죄인으로서 그리스도께 나아와야 합니다. 나는 온전해지기 위해 노력합니다. 나는 모든 덕을 위해 힘쓰고, 모든 거짓된 길을 버리려고 애를 씁니다. 하지만 하나님 앞에 서는 문제에 있어서, 나는 여전히 내가 처음 예수님을 바라보았을 때 앉았던 자리에 앉는 것이 가장 행복한 것을 발견합니다. 그 자리란 그분이 행하신 일의 반석이며, 나 자신의 의와는 아무런 상관 없는 오직 그분의 의(義)의 반석입니다. 사랑하는 친구들이여, 정녕 가장 행복한 삶의 길은, 나 자신은 아무것도 아닌 가련한 죄인에 불과하지만, 모든 것이 되시는 분으로서 예수 그리스도를 얻는 것입니다. 여러분은 성화의 과정에서 성장하고, 은혜 안에서 진보할 수 있고, 당신의 미덕을 증진시킬 수도 있습니다. 하지만 여전히 내가 진지하게 여러분에게 호소하는 것은 이런 것들 중 그 어느 것도 그리스도께서 계셔야 할 자리에 두지 말라는 것입니다. 여러분이 그리스도 안에서 시작하였다면 그리스도 안에서 마치십시오. 만약 여러분이 육체로 시작하여 계속해서 육체로 행한다면, 우리는 그 결과가 무엇인지를 확실히 압니다. 그러나 여러분이 여러분의 알파(Alpha)로서 예수님과 함께 시작하였다면, 그분을 여러분의 오메가(Omega)로 삼으십시오. 여러분이 이 선을 넘어갈 때 그것을 결코 오르는 것(rising)이라고 여기지 말기를 바랍니다. 그것은 오르는 것이 아니라 파멸을 향해 아래로 미끄러지는 것(slipping downwards)입니다. 여전히 이런 태도를 유지하십시오.

> "빈손 들고 나아와
>   당신의 십자가만 붙드나이다."

여전히 죄인이지만, 아버지 앞에서 의로우신 대언자 예수 그리스도를 가진 자라고 여기고, 이것이 여러분의 일상의 삶의 정신이 되게 하십시오.

특정한 상황들에 처해서도(on particular occasions) 이것을 본질적으로 여러분의 삶의 규칙으로 삼으십시오. 여기서 어둠 가운데 있는 몇몇 사람들에게 즉시 빛을 비추어 주고 위로가 되는 말을 하고자 합니다. 하나님의 영이 여러분에게 여러분 자신의 부패를 더욱 선명하게 보게 하실 때에는, 유의하여 이것을 붙잡도록 하십시오. "만일 누가 죄를 범하여도 아버지 앞에서 우리에게 대언자가 있으니." 아마도 처음 회심했을 때, 여러분은 여러분의 마음에 자리 잡은 악이 얼마나 깊은지를 짐작하지 못했을 것입니다. 아마 여러분은 여러분의 실제 모습이 말로 표현할 수 없을 정도로 나쁘다고 여기지는 않았을 것입니다. 하지만 최근에 심연처럼 깊은 그 샘이 터졌고, 여러분은 무서워 떨었습니다. 이 타고난 부패성을 발견하고서 여러분은 거의 미칠 지경이 되고, 혹은 낙담과 절망에 빠졌으며, 마침내 이렇게 절규합니다. "저는 죄인입니다. 하나님의 영이 저를 비추시기 전에는 제가 이런 죄인이라고는 미처 의식하지 못했습니다. 하지만 만일 누가 죄를 범하여도 아버지 앞에서 우리에게 대언자가 있는 것을 제가 압니다. 그래서 지금까지 더럽고 추하다고 생각했던 정도 이상으로 더럽고, 추하고, 흉측한 제가 저의 변호를 저의 대언자의 손에 부탁드립니다. 그리고 영원히 부탁드립니다." 이렇게 하고서도 여러분이 죄에 빠질 때가 있습니다. 오! 이 교회의 지체들 중에는 비록 목사가 그 일을 알지 못해도 그렇게 된 사람이 있을 것입니다. 당신은 죄에 떨어져 양심의 가책을 겪습니다. 밤에도 잠을 이루게 하지 못하는 무언가가 늘 떠나지 않습니다. 당신을 불안하게 하는 죄가 있고, 당신이 범한 그 죄를 잊어버리기를 바랍니다. 당신은 다윗이 그랬듯이 하나님 앞에 나아갑니다. 시편 51

절의 언어들을 사용합니다. 하지만 그 죄를 없애지 못합니다. 당신은 때로는 당신이 하나님의 자녀인 것을 믿습니다. 하지만 그 죄가 당신의 양심으로 들어와, 마치 암처럼 당신의 평안을 갉아먹고 있습니다. 내 형제여, 지금이 당신이 이렇게 말할 때입니다. "만일 누가 죄를 범하여도 아버지 앞에서 우리에게 대언자가 있으니." 만일 예수 그리스도께서 당신이 죄를 범하지 않았을 때에만 당신을 구원하신다면 그분은 당신에게 전혀 소용이 없을 것입니다. 다시 이 말을 반복합니다. 지금 당신은 죄인입니다. 지금 당신은 당신의 양심의 판결에 의해 정죄를 받습니다. 지금 당신이 죄를 범했습니다. 의도적이고도 악하게 죄를 범했습니다. 내가 당신의 죄에 대해 정상을 참작하는 것을 하나님이 금하십니다. 당신의 죄는 무겁고, 추하고, 지옥처럼 끔찍한 것입니다. 만일 당신이 예수 그리스도를 믿으면 당신에게는 아버지 앞에서 대언자가 있습니다. 그리고 그 대언자를 통하여 당신의 소송 건이 진행될 것이며, 당신의 죄는 제거될 것입니다. 아마 당신은 당신의 죄가 무겁고 추하다고 말할 것입니다. 당신이 그리스도인이라면 실제로 그렇습니다. 그리스도인이 죄를 짓는 것은 언제나 다른 사람들이 죄를 짓는 것보다 더 악하기 때문입니다. 비록 그 죄가 그 자체로는 다른 사람들의 죄보다 나쁘지 않다 해도, 당신 안에서는 더 악한 것입니다. 왕의 총애를 입은 자가 반역을 한다면 정말 더 악한 것이지요. 예수님께 사랑의 초청을 받고 크게 총애를 입은 당신이 그분에게 거짓되게 행했다면, 오, 이것이야말로 수치스러운 일이며, 그분에게는 두 배의 수치가 됩니다. 그분의 피로 씻음받은 당신이 그분을 새로 십자가에 못 박는 셈이기 때문입니다. 내가 그에 대해 무슨 말을 하겠습니까? 당신은 하나님의 가장 맹렬한 진노를 받을 만하고, 지옥의 가장 깊은 곳에 떨어질 만합니다. 하지만 주께서 당신에게 이렇게 말씀하십니다. "내가 네 허물을 빽빽한 구름 같이, 네 죄를 안개 같이 없이하였으니 너는 내게로 돌아오라"(사 44:22). "만일 누가 죄를 범하여도 아버지 앞에서 우리에게 대언자가 있으니." 본문은 "만일 어떤 사람들이(some men) 죄를 범하여도 우리에게 대언자가 있으니"라고 말하거나 혹은 "만일 어떤 사람들이 심하게 죄를 범하여도"라고 말하지 않습니다. 본문의 표현은 그것이 아닙니다. 본문은 이렇게 말합니다. "만일 누가(any man) 죄를 범하여도 아버지 앞에서 우리에게 대언자가 있으니." 그러므로 비록 당신이 중한 죄를 아무리 많이 지었어도, 당신의 죄가 정죄받아야 할 만큼 추하여도, 여전히 당신은 "우리에게 대언자가 있으니"라고 말할 수 있습니다. 겸손하고 참회하는 마음으로 달려가서 저 대언자의 발 아래에 엎드리십시오. 그러면 그분은 그분이 흘리신 피와 그분이 입은 상처로써 당신을 위해 대언하실 것이고, 당신은 소송에서 이길 것입니다.

이 모든 것에 더하여, 나는 당신이 하나님의 이름의 명예를 훼손하고, 그분의 교회와 그분의 대의(大義)를 손상시킬 정도로 죄를 지은 경우에 대해서도 말할 수 있을 것입니다. 오! 나의 형제여, 당신은 은밀하게 울 것입니다. 이런 짓을 한 것에 대해 피눈물을 흘릴 것입니다. 하지만 그 모든 것에도 불구하고, 여전히 하나님이 활짝 열어 놓으신 대문을 아무도 닫을 수 없습니다. 나에게는 당신을 위협할 벼락이 없습니다. 당신이 하나님의 자녀라면, 여전히 은혜는 값없이 주어지는 것이며, 여전히 그 은혜의 복음이 당신에게 전파됩니다. "만일 누가 죄를 범하여" 다윗처럼 하나님의 대적들에게 공개적으로 훼방할 거리를 제공하였어도(참조. 삼하 12:14), 여전히 우리에게는 아버지 앞에서 대언자가 있습니다. 오, 이 얼마나 멋진 은혜인지요! 천사장조차도 죄인들에게 주어진 이러한 은혜를 꿈꾸지 못합니다. 진짜 죄인들에게, 어마어마하게 악한 죄인들에게, 흉악하고 추악한 죄인들에게, 극악무도한 죄인들에게, 어떤 수식어로도 제대로 묘사할 수 없는 악한 죄인들에게 이런 은혜를 주시다니요! 그들이 예수를 믿으면, 그들이 죄를 지어도, 그들에게는 여전히 아버지 앞에서 대언자 곧 의로우신 예수 그리스도가 계십니다.

저기 저 형제의 경우에 대해 말할 수 있기를 원합니다. 그는 오랫동안 회복될 희망을 포기한 채로 지내왔군요. 그는 '출교'를 당했습니다. 그는 경건한 자들의 사회에서 쫓겨나고 말았습니다. 그가 오늘 아침에 이 예배당에 있기는 하지만 여기에서 볼 일이 없다고 생각합니다. 때때로 마귀가 스스로 목숨을 끊도록 그를 유혹해 왔고, 그는 스스로에게 이렇게 말했습니다. "만일 내가 잃어버린 자가 되어야 한다면, 차라리 당장 잃어버린 자가 되는 편이 나을 것이다." 아! 하지만 내 형제여, 당신은 눈앞에 이와 같은 성경 본문을 두고서 그런 일을 감히 하지 못합니다. 주께서는 여전히 당신을 사랑하시며, 만일 그분이 당신을 사랑하신다면, 당신의 모든 죄도 그분의 품에서 당신을 빼앗지 못합니다. 아마도 당신은 거의 극단의 지경까지 이르렀는지 모르지만, 그분이 당신을 꼭 붙들고 계시기 때문에 당신은 결코 그 선을 넘어가지 못합니다. 당신은 벼랑 끝에 서 있겠지만, 그 끝을 넘어가서도 안 되고, 가지도 않을 것입니다. 오늘 그분이 당신을 멈추도록 나를 보내십니다. 돌아오라! 돌아오라! 돌아오라! 아버지께서 당신에게 돌아오라 명하십니다. 당신은 오늘 돼지를 치고 있습니다. 당신은 온통 더럽고 추하며, 돼지가 먹는 쥐엄 열매로 당신의 배를 채우고자 합니다. 하지만 그럴 수 없습니다. 당신은 배가 고프지만 쥐엄 열매로 결코 만족할 수 없습니다. 당신의 아버지께서 당신을 영접하려고 기다리십니다. 오십시오. 그분이 당신을 만나실 것입니다. 그분이 당신의 목을 안고 당신에게 입맞춤 하실 것입니다. 그분이 그분의 식탁에 당신을 앉히실 것이고, 그곳에는 당신을 위한 음악과 춤이 있을 것입니다. 가장 좋은 옷이 당신을 기다리고 있습니다, 탕자여! 당신을 위해 살진 송아지를 잡았습니다! 오십시오. 오 그것을 믿으십시오. 하나님이 당신을 위해 이 큰 일을 행하실 수 있음을 믿으십시오. "하늘이 땅보다 높음 같이 내 길은 너희의 길보다 높으며 내 생각은 너희의 생각보다 높으니라"(사 55:9).

> "당신이 지은 죄가 너무 많아
> 하늘을 채운 별들의 수를 능가하고,
> 뾰족한 산들처럼 높이 솟아
> 영원한 보좌에 닿을 것 같아도,"

그럼에도 여전히 예수의 피의 홍해가 당신의 죄의 산봉우리들을 모두 덮어 잠기게 할 것입니다. 마치 노아의 방주가 산들을 덮은 물 위에 이십 규빗이나 높이 떠 있던 것처럼 될 것입니다. "만일 누가 죄를 범하여도!" 여기에는 선한 것에 대해 아무런 언급이 없고, 덕에 대해서나 마음의 부드러움에 대해서도 아무런 언급이 없습니다. 다만 이렇게 되어 있습니다. "만일 누가 죄를 범하여도 우리에게 대언자가 있으니."

　　오 예수님을 믿는 그대여, 믿지 않는 자들을 위해 기도하십시오. 그들도 대언자를 얻도록 기도하십시오. 여러분과 내가 그분께 나아와 우리를 의탁하고 그분의 상처에서 피난처를 발견하여도, 그곳에서 우리의 자녀들을 발견하지 못한다면 결코 만족하지 맙시다. 우리의 형제들과 자매들과 친구들과 친척들을 이 대언자에게로 인도하기까지는 결코 만족하지 마십시오. 여러분의 목소리가 들릴 수 있는 곳이라면, 가서 말하십시오. 예수 그리스도께서 죄인들을 용납하시고 그들과 함께 먹고 마신다고 전하십시오. 그분이 죄인들의 친구이신 것과, 기꺼이 죄인들을 있는 그대로 받으시고, 씻으시며, 눈보다 희게 하시는 분이시라고 가서 전하십시오. 여러분 자신이 그것을 입증하였고, 또 매일 그것을 입증할 필요가 있듯이, 다른 사람들도 같은 확신에 이르도록 이끌어 주십시오. 그리하여 그들도 여러분과 더불어 저 대언자의 사랑을 찬미하게 하십시오. 그분은 모든 믿는 자에게, 그들의 죄와 정죄가 무엇이건, 거룩한 사랑을 베푸시는 분입니다.

지금 이 시간 하나님께서 예수님을 위하여 여러분에게 은혜를 베푸시길 빕니다. 아멘.

제
6
장

—

그분 안에서, 그분처럼

—

**"그의 안에 산다고 하는 자는 그가 행하시는 대로
자기도 행할지니라." — 요일 2:6**

"그의 안에 산다고 하는 자" — 이는 정확히 모든 그리스도인이 고백하는 바입니다. 이것이 사실이 아닌 자는 그리스도인이 될 수가 없고, 자신이 그리스도 안에 있다는 것을 확신하지 못하고서는 신앙의 기쁨을 온전히 누릴 수 없습니다. 우리는 그리스도 안에 있어야 하고, 그리스도 안에서 거해야 합니다. 그렇지 않으면 우리는 주 안에서 구원받지 못한 것입니다. 우리를 그리스도인이 되도록 만드는 것은 그리스도와의 연합입니다. 그분과의 연합에 의해 우리는 진정한 생명 안에 사는 것이며, 하나님의 은혜 안에 사는 것입니다. 사랑하는 형제들이여, 우리는 마치 살인자가 도피성 안에 있듯이 그리스도 안에 있습니다. 우리가 우리의 성소이자 피난처 되신 그분 안에 살아간다고 말할 수 있기를 바랍니다. 우리는 도피처를 찾아 그분 안으로 도망쳤고, 그분은 복음 안에서 우리 앞에 있는 소망입니다. 마치 다윗과 그의 사람들이 엔게디 광야의 동굴들에 피했던 것과도 같이, 우리는 그리스도 안에서 숨어 있습니다. 우리 각 사람의 마음은 이런 말로 노래합니다.

"만세 반석 열리니
　그 안에 나로 숨게 하소서."

우리는 메마른 땅에서 큰 바위 그늘 아래로 들어오듯이 그리스도 안으로 들어왔고, 또는 초대 받은 손님이 연회장으로 들어오듯이, 귀향하는 여행자가 그 집으로 돌아오듯이 그리스도께로 들어왔습니다. 이제 우리는 그리스도와 결합되었다는 의미에서 그분 안에서 살고 있습니다. 마치 돌이 돌담 안에 있고, 파도가 바다에 있고, 가지가 포도나무에 있듯이 우리는 그리스도 안에 있습니다. 마치 나무 가지가 줄기로부터 수액을 받아들이듯이, 영적 생명의 모든 수액이 그리스도에게서 우리 안으로 흘러들어옵니다. 우리가 그분과 분리된다면, 우리는 포도나무에서 끊어진 가지와 마찬가지이며, 오직 거두어져서 불에 던져지기에 합당할 뿐입니다. 그렇게 우리는 우리의 피난처요, 우리의 집이요, 우리의 생명으로서의 그리스도 안에 거하고 있습니다. 오늘 우리는 그리스도 안에 머물고 있으며, 우리의 소망도 영원토록 우리의 머리이신 그분 안에 있습니다. 우리의 연합은 결코 일시적인 것이 아닙니다. 그분이 우리의 머리로서 사시는 한 우리 역시 그분의 지체들로서 살 것입니다. 그분에게서 떨어지면 우리는 아무것도 아닙니다. 머리가 없이는 손가락이 아무것도 아니듯이, 머리가 없이는 온 몸통조차도 아무것도 아니듯이, 우리의 주 예수 그리스도가 없다면 우리는 아무것도 아닙니다. 하지만 우리는 실제로 그분 안에 있으므로 담대하게 이렇게 질문할 수 있습니다. "누가 우리를 우리 주 그리스도 예수 안에 있는 하나님의 사랑에서 끊을 수 있으리요?"

사랑하는 여러분, 우리는 그분 안에 거한다고 말하는 백성이므로, 이 본문의 의무가 우리에게 부과되는 것입니다. 우리는 "그가 행하시는 대로 행해야" 합니다. 진실한 양심의 사람에게 성경은 틀림없이 큰 중요성을 지닙니다. 그렇게 되어야만 합니까? 그렇다면 하나님의 도우심으로 그렇게 될 것입니다. 우리가 말하면(say), 우리는 해야(do) 합니다. 우리가 어떤 말을 하면 그 말에 따라 행해야(walk) 하고, 그렇지 않으면 그 말은 말뿐인 것으로 그치고 맙니다. 우리가 그리스도 안에 거한다고 고백한다면, 우리는 그리스도와 함께 행하는 실천으로써 그 고백을 입증해야 합니다. 만약 우리가 그리스도 안에 있고 그분 안에 거한다고 말을 한다면, 우리는 신중하게 우리의 삶과 성품이 그리스도를 닮도록 해야 하며, 그렇지 못하다면 우리는 빈 자랑을 하는 셈이 되고 맙니다. 이는 자기가 그리스도 안에 있다고 말하는 모든 사람에게 해당되는 진실입니다. 이 본문이 가장 일반적이고도 절대적인 방식으로 표현되었기 때문입니다. 노인이건 젊은이건,

부유하건 가난하건, 학식이 있건 없건, 목사이건 청중이건, 만일 그가 그리스도 안에(in) 거한다고 고백하는 자라면 그리스도처럼(like) 살아야 하는 의무가 지워지는 것입니다.

그리스도인에게서 첫 번째의 일은 입문(initiation)입니다. 그리스도 안으로의 입문이지요. 다음번의 일은 모방(imitation)입니다. 그리스도를 본받는 것이지요. 우리는 그리스도 안에 있지 않으면 그리스도인이 될 수 없고, 그분 안에서 살고 거동하며 우리의 존재를 힘입지 않고서는 진실로 그리스도 안에 있을 수가 없습니다. 그리스도의 삶(the life of Christ)은 어느 정도는 우리에 의해 다시 살아지는(is lived over again by us) 것입니다. "사랑을 받은 자녀같이 너희는 하나님을 본받는 자가 되라"(엡 5:1). 부모를 본받는 것은 어린이들의 본성입니다. 여러분은 좋은 군사로서 그리스도를 본받으십시오. 군사의 삶에 있어서 그들의 대장이신 주님보다 더 좋은 본보기는 없습니다. 그리스도께서 친히 우리의 모범이 되어주시니 이 얼마나 감사한 일입니까? 설혹 그리스도께서 우리의 다른 모든 결핍들을 다 채워 주시지 않더라도, 그저 그분이 우리를 위한 속죄만 되어 주신다 해도, 우리는 우리의 대속제물이 되어주신 그분께 감사할 것입니다. 우리는 언제나 그것을 최우선으로 꼽으며, 다른 모든 것보다도 그분의 보혈의 공로를 찬미하기 때문입니다. 하지만 그와 동시에 우리는 본보기를 필요로 하며, 그 본보기를 우리의 용서와 의를 발견하는 곳에서 발견하고는 즐거워합니다. 죄와 사망에서 구원받았다고 말하는 자들은 거룩한 삶으로 인도받을 필요가 있고, 그리스도께서 우리처럼 가련한 피조물들을 위해 모범이 되어주시는 것은 그분 편에서 무한히 자기를 낮추시는 겸손입니다. 군인으로서 카이사르의 두드러진 특징은 그가 휘하 병사들에게 결코 "가라(go)!"고 말한 적이 없고 언제나 "오라(come)!"고 말한 것이었다고 합니다. 알렉산더 대왕 역시 길고 힘든 행진에서는 반드시 병사들과 함께 도보로 이동했으며, 격렬한 공격에서 언제나 선봉에 선 것으로 유명합니다. 가장 설득력 있는 설교는 본보기로서 길을 앞서 인도하는 것입니다. "자기 양을 다 내놓은 후에 앞서 가는"(요 10:4) 것이 정녕 선한 목자의 성품에서 두드러지는 한 가지 특징입니다. 만일 예수께서 우리에게 무언가를 하라고 명하시면, 그분이 먼저 몸소 그것을 행하십니다. 그분은 우리가 서로의 발을 씻어 주는 것을 원하시며, 바로 이것이 그 근거입니다. "너희가 나를 선생이라 또는 주라 하니 너희 말이 옳도다 내가 그러하다. 내가 주와 또는 선생이 되어 너희 발을 씻었으니 너희도 서로 발을 씻어 주는 것이 옳으니라"(요 13:13-14). 우리가 따른다고 고백하는 그분이 행하신 대로 우리가 행해야 하지 않겠습니까? 그분이 발자국들을 남겨 놓으셨고, 우리는 그 발자국을 따라 그분을 따라 갈 수 있습니다. 그분의 발자취를 따라 왕의 대로를 걷는 것이 우리에게는 기쁜 일이 아닌가요?

그것이 바로 이 시간의 주제입니다. 우리 중 많은 사람들이 그리스도 안에 있다고 말합니다. 우리가 어떻게 해야 하는지를 듣고서, 그분이 행하신 대로 우리도 행할 수 있기를 바랍니다. 오, 성령님, 이 신성한 의무의 중요성을 우리로 느끼게 하여 주소서!

하지만 잠시 멈추어야겠습니다. 여기에 그리스도 안에 있다고 말하지 못하는 자들이 더러 있다는 것을 나는 압니다. 만일 여러분이 그리스도 안에 있지 않다면, 그리스도 밖에 있는 것이고, 그리스도 밖에 있는 여러분의 위치는 위험하고 끔찍한 파멸에 이르는 것입니다. 만약 우리가 어떤 깊은 구덩이 위에 매달려 있는 한 사람을 본다면, 어떤 사람이 불바다에 노출되어 있고 그 속에서 곧 멸망할 것 같음을 본다면, 우리에게서 모든 안타까운 감정이 솟아나기 시작할 것이고 심령의 고뇌 가운데 이렇게 기도할 것입니다. "오, 하나님, 이 사람을 위험에서 건져 주소서!" 나의 형제들이여, 오늘 밤 우리 가운데는 아주 큰 위험에 처한 이들이 더러 있습니다. 실제적인 의미에서 그들은 이미 잃어버린 자입니다. 그들은 하나님도 없고, 그리스도도 없는 자들이며, 이스라엘의 행복에 대해서 외인들이기 때문입니다. 오 나의 청중이여, 내 어찌 눈물 없이 여러분에게 말할 수 있겠습니까? 가련한 영혼들이여! 하나님의 진노 아래 있는 가련한 영혼들이여! 소망이 사라지지 않은 것이 여러분에게 자비입니다. 여러분에게 미칠 수 있는 한 팔이 있습니다. 여러분을 부르는 한 음성이 있습니다. 그 음성이 바로 지금 여러분을 부르고 있습니다. 들어보십시오. "땅 끝의 모든 끝이여 내게로 돌이켜 구원을 받으라 나는 하나님이라 다른 이가 없느니라"(사 45:22). 여러분은 여러분을 위해 죽으신 분을 지금 한 번이라도 볼 수가 없습니까? 믿음의 눈으로 그분을 바라보고, 여러분을 위해 나무에 달리신 그분을 신뢰하지 않겠습니까? 하나님이 은혜 주시어 여러분이 그럴 수 있기를 바랍니다. 그러면 나는 여러분도 이 복된 본문의 교훈에 포함시킬 수 있을 것입니다. "그의 안에 산다고 하는 자는 그가 행하시는 대로 자기도 행할지니라."

1. 이것이 필연적인 의무임이 어떻게 입증되는가?

나는 우선 이 의무가 어떻게 입증되는지 숙고해 보라고 여러분에게 요청합니다. 잠시 이 질문을 생각해 보도록 합시다. 왜 우리는 예수님이 행하신 것처럼 행해야 합니까?

우리가 "~해야 한다(ought)"는 말을 읽을 때에, 우리가 정직한 사람이라면, 이 의무의 이유가 무엇이고 또한 이 의무의 정도는 어디까지인지에 대해 스스로 질문할 것입니다. "해야 한다"는 말은 진실한 마음에는 강제력을 동반한 말입니다. 필요성이 있는 곳에서, 모든 경건한 사람은 그가 해야만 하는 일을 해야만 합니다.

그러면 이 "해야 한다"는 무엇에 근거하고 있는 것입니까?

첫째, 그리스도 안에 있는 자들이 그리스도께서 행하신 것처럼 행해야 하는 것은 하나님의 계획(design)입니다. 그것이 원래부터 언약의 목적 중 일부입니다. "하나님이 미리 아신 자들을 또한 그 아들의 형상을 본받게 하기 위하여 미리 정하셨으니"(롬 8:29). 그것이 은혜 언약의 취지이자 목표입니다. 은혜는 그 얼굴을 거룩을 향하고 있으며, 은혜 안에서 부름을 받은 백성에게 그리스도는 모든 형제들 중에서 먼저 나신 자요 맏형이십니다. 사랑하는 친구여, 당신이 하나님의 사랑의 아들의 형상을 본받지 않았다면, 정녕 하나님의 목적이 당신 안에서 성취된 것이 아닙니다. "곧 창세 전에 그리스도 안에서 우리를 택하사 우리로 사랑 안에서 그 앞에 거룩하고 흠이 없게 하시려고"(엡 1:4). 이것이 선택의 목적입니다. 이것이 구속의 목표입니다. 이것이 소명의 열매입니다. 이것이 칭의의 부수물입니다. 이것이 양자됨의 증거입니다. 이것이 영광의 전조입니다. 우리는 그리스도께서 거룩하신 것처럼 거룩해야 하며, 이런 면에서 우리는 하나님의 아들의 용모를 닮아야 합니다. 하나님께서 자기 아들을 우리 위해 죽도록 내주신 것은, 우리로 죄에 대해 죽도록 하기 위함이었습니다. 또한 하나님이 그 아들을 다시 살게 하신 것은 우리로 그분처럼 살도록 하기 위함이었습니다. 아버지께서는 우리 모두에게서 그리스도의 형상을 보기를 바라시며, 그리하여 그리스도께서 우리 모두에게서 영광을 얻기를 바라십니다. 이것이 여러분에게 부여된 절대적 필연성임을 느끼지 않으십니까? 여러분은 주님께서 그분의 목적을 이루지 못하기를 바라십니까? 여러분은 이 목적을 위해 하나님의 택함을 입은 자들입니다. 그러므로 여러분은 "택하신 족속이요, 왕 같은 제사장들이요, 거룩한 나라여야 하고, 선한 일을 열심히 하는 그분의 백성이어야 합니다"(벧전 2:9; 딛 2:14). 여러분이 그분처럼 행하지 않는다면 이런 말씀이 무슨 의미이겠습니까?

이 필연성을 또 다른 점에서 숙고해 보십시오. 우리가 그리스도께서 행하시는 대로 행해야 하는 것은 신비로우신 그리스도께 필요한 일입니다. 우리가 주 예수님과 한 몸으로 연합되었기 때문입니다. 자, 그리스도의 몸이 기형적이 될 수는 없으며, 그것은 불경한 생각입니다. 하지만 어떤 사람이 눈이나, 귀나, 손이나, 그 외에 다른 지체들 중에서 머리와 조화되지 않는 지체를 가졌다면, 그는 아주 이상한 존재가 될 것입니다. 사자의 입이나, 여우의 눈이나, 새의 깃털, 이런 것들은 사람의 머리와는 어울리지 않습니다. 우리는 느부갓네살이 꿈에서 보았던 신상에 대해 읽었습니다(참조. 단 2장). 그것의 머리는 정금이었지만, 종아리는 철이었고, 또 발의 일부는 철이었고 일부는 진흙이었습니다. 정녕, 그리스도의 영적인 몸은 그런 이질적인 요소들로 구성되지 않습니다. 결코 그렇지 않습니다. 그분의 몸 전체는 하나로 조화를 이룹니다. 그 신비의 몸은 가장 아름답고 고귀한 하나님의 작품입니다. 교회는 그리스도의 몸이며, "만물 안에서 만물을 충만하게 하시는 이의 충만"이기 때문입니다(엡 1:23). 그런 신비로운 충만의 일부가 더럽혀지거나, 왜곡되거나, 죄로 가득하거나, 사탄의 지배를 받는 일이 있을 수 있겠습니까? 하나님이 금하십니다! 여러분을 부르신 분이 거룩하신 것처럼 여러분도 거룩한 자가 되고(벧전 1:15), 여러분의 머리(Head)가 거룩하신 것처럼 여러분도 그분의 몸의 지체들로서 거룩하기를 바랍니다. 그렇게 되어야 하지 않겠습니까? 누가 이의를 제기하겠습니까? 그리스도의 모든 지체들은, 생명의 연합으로써 그분과 결합되었다는 사실에 의해, 그리스도께서 행하시는 대로 자기도 행하여야 한다고 느끼지 않겠습니까?

사랑하는 여러분, 이것은 또한 그리스도 안에, 그리고 우리 안에 계시는 한 성령의 열매(fruit)임에 틀림없습니다. 옛적에 그리스도에게 기름 부으셨던 아버지는 같은 기름 부음이 어느 정도 우리 안에 머물게 하십니다. 성령이 그분에게 내려오셨고, 그분에게 머무셨으며, 우리에게도 동일한 거룩하신 분으로부터의 기름 부음이 있습니다. 성령이 하나님의 택함을 받고 거듭난 모든 자들 위에 부어졌고, 그들과 함께 그리고 그들 안에 거하십니다. 자, 하나님의 영은 모든 각기 다른 활동에서 동일한 결과를 만들어 내십니다. 하나님의 영이 어떤 경우에도 부정(不淨, unholiness)을 만들어 내신다고는 상상할 수 없으며, 그런 생각은 망령

된 생각입니다. 성령의 열매는 모든 것이 하나님 보시기에 기쁘고, 의롭고, 선한 것입니다. 그리고 사람이 보기에도 고결한 것입니다. 하나님의 영은 어디에서 활동하시든 하나님의 생각과 일치되어 활동하십니다. 하나님은 그분을 가장 잘 아는 순수한 영들에 의해 "거룩하시다, 거룩하시다, 거룩하시다"고 찬송을 받으시는 분이십니다. 그분에게는 흠이나 죄의 흔적이 전혀 없으시며, 우리 역시 성령의 활동이 완수되었을 때에는 그러할 것입니다. 만일 하나님의 영이 당신 안에 거하신다면 — 그렇지 않다면 당신은 그리스도 안에 있지 않는 것입니다 — 그 영은 당신 안에서 활동하실 것입니다. 그리하여 당신이 그리스도를 닮아가도록 하고, 당신이 그분이 행하신 것처럼 행하도록 이끄실 것입니다.

　　아마 더 이상의 논증이 필요하지 않을 것입니다. 하지만 나는 참된 그리스도인들이 이 점을 기억하기를 바랍니다. 즉 이것은 우리가 그리스도의 제자가 될 때 그분과 맺은 협정의 한 조항(one article of the agreement)이라는 것입니다. 우리가 예수님을 섬기기 시작할 때, 우리가 행동에 있어서 그분의 도우심으로 그분의 본을 따르는 것이 당연합니다. "누구든지 자기 십자가를 지고 나를 따르지 않는 자는 능히 내 제자가 되지 못하리라"(눅 14:27). "나의 멍에를 메고 내게 배우라 그리하면 너희 마음이 쉼을 얻으리니"(마 11:29). 여러분이 알듯이, 그리스도를 사랑하는 자라면 반드시 그분을 따릅니다. "너희가 나를 사랑하면 나의 계명을 지키리라"(요 14:15). 우리가 그리스도의 십자가를 우리의 구원으로 붙잡을 때, 우리는 또한 그것을 우리의 거룩한 짐으로 지는 것입니다. 우리가 그리스도께서 우리를 구원하시도록 우리 자신을 그분께 의탁할 때, 우리는 기꺼이 모든 죄를 단절하는 것입니다. 우리는 사탄의 멍에 아래에서 벗어난 것을 느끼고, 또한 더 이상 육체의 정욕에 복종해야 할 의무가 없어진 것을 느끼고, 오직 우리의 목을 숙여 주 예수님의 멍에를 메었습니다. 우리는 거리낌 없이 그리스도의 손에 우리 자신을 맡겼으며, 이렇게 말했습니다. "주여, 저를 정하게 하시고, 그런 후 저를 사용하여 주소서. 저의 몸과 그 모든 지체들을 받으소서. 저의 정신과 그 모든 재능들을 받으소서. 제 마음과 당신께서 제 마음에 부여하신 모든 새로운 능력들을 받으소서. 그리고 이 모든 것들을 당신의 소유로 삼으소서. 제 안에서 다스려 주소서. 언제나 주님만이 왕으로서 저를 온전히 통치하여 주소서. 이제 저는 저 자신의 주인이 되기를 원하지 않습니다. 저는 저 자신의 것이 아니며, 오직 주께서 값으로 사신 존재이기 때문입니다." "한 사람이 모든 사람을 대신하여 죽었은즉 모든 사람이 죽은 것이라"(고후 5:14)는 저 장엄한 진리를 배운 다음, 우리는 그 진리에서 다음의 진리를 추론합니다. "그리스도께서 모든 사람을 대신하여 죽으심은, 살아 있는 자들로 하여금 다시는 그들 자신을 위하여 살지 않고 오직 그들을 대신하여 죽었다가 다시 살아나신 이를 위하여 살게 하려 함이라"(고후 5:15). 그러니 우리는 이 복된 계약에 충실해야 하지 않을까요? 한 사람이 말합니다. "저는 오늘 저의 잘못들을 기억합니다." 그렇습니까? 하지만 여전히 그 서약이 당신을 구속하고 있음을 기억하십시오. 그 거룩한 약정에서 벗어나기를 바라지 마십시오. 여러분의 젊은 시절에, 아마도 오래 전에, 여러분이 헌신하기로 했던 그 주님을 오늘 기억하십시오. 그리고 그분이 값주고 사신 것을 온전히 소유하시도록, 무슨 일이 닥쳐도 영원히 소유하시도록, 다시금 그분께 간청을 드리십시오. 그렇게 되어야만 합니다. "내가 그분 안에 있다"고 말하는 자는 그분이 행하신 대로 행해야 합니다. 희생제물이 되신 예수께 복종하고, 여러분 자신을 산 제물들로 드리십시오. 그분께 구원의 소망을 두었으니, 여러분의 전 존재를 그분의 손에 맡기고, 모든 사는 날 동안에 그분을 사랑하고 섬기십시오.

한 가지 더 말하자면, 우리가 이제 그리스도 안에 있다면, 우리는 그리스도의 영광을 위해 살아야 하고, 그분처럼 행하는 것이 그리스도를 영화롭게 하는 큰 방편입니다. 우리가 그분이 행하신 대로 행하지 않는다면 우리가 무엇으로 그분을 영화롭게 한다고 할 수 있겠습니까? 내가 앞에 나서서 여러분에게 말씀을 전하고, 사람과 천사의 방언으로 말한다 해도, 내가 내 주님께서 행하신 대로 행하지 않는다면 내가 말하는 것에 무슨 효력이 있겠습니까? 그것은 "소리 나는 구리와 울리는 꽹과리"에 불과할 것입니다. 여러분은 사람들이 경건하지 못한 설교자들에게 무슨 말을 하는지 알 것입니다. 그들은 그들에게 침묵하든지 혹은 언행을 일치시키든지 하라고 말합니다. 경건하지 못한 목회자들은 조롱과 냉소와 비웃음거리입니다. 경건하지 못한 그리스도인들도 마찬가지입니다. 여러분은 가정에서 자녀들을 가르치거나 혹은 주일학교 학급에서 어린 아이들을 가르칠 수 있습니다. 하지만 만약 그들이 여러분의 삶을 그리스도도 없고(Christless), 기도도 없고, 신앙심도 없는 삶이라고 본다면, 그들은 여러분에게서 어떤 선한 것도 배우려 하지 않을 것입니다. 그들은 오히려 여러분이 옳게 말하는(say) 것에서 배우기보다는, 여러분이 그릇되게 행하는(do) 것에서 배우려 할 것입니다. 그렇다고 여러분이 그들을 탓하겠습니까? 행동이 말보다 훨씬 강력하지 않습니까?

교회의 회원들인 여러분이 상업 활동에서 공정하지 못하다고 가정해 보십시오. 여러분의 일상적인 대화가 천박하다고 가정해 보십시오. 여러분의 행위가 방탕하거나 진실하지 못하다고 가정해 보십시오. 세상이 여러분의 기독교 신앙에 대해 무어라고 말하겠습니까? 그들에게 기독교가 경멸의 대상이 되고 말 것입니다. 그들은 그것에 대해 콧방귀를 뀔 것입니다. 그것은 그들에게 거리의 오물과 쓰레기처럼 취급을 당할 것이며, 그렇게 될 수밖에 없습니다. 지나간 세대에서 기독교의 가장 악한 적대자들은 기독교 신앙 고백자들의 언행 불일치에 대해 조롱의 화살들을 날리곤 했으며, 그들의 시대에 그런 공격은 매우 지혜로운 것이었습니다. 그들 중 한 사람이 이렇게 말했습니다. "우리가 그토록 자주 들어온 보편적인 성결(catholic holiness)은 어디에 있단 말인가?" 또 다른 사람은 이렇게 말했습니다. "우리는 이 사람들에게서 그들이 그리스도를 사랑한다는 말을 들었으며, 또한 그들이 형제의 사랑을 위해서라면 죽을 수도 있을 만큼 다른 사람들을 사랑한다는 말을 들었다. 하지만 그들 중에서 많은 이들은 그들이 멸시하는 이교도들만큼도 사랑하지 못한다." 그들의 비방과 조롱에는 상당히 일리가 있었다고 나는 감히 말합니다. 하지만 또한 내가 염려하는 것이 있습니다. 그것은 만일 오늘날 사람들이 그런 말을 한다고 해도, 슬프게도 그 속에는 상당한 진실이 내포되어 있으리라는 것입니다. 그리스도인의 사랑이 그다지 넘쳐나지 않으며, 거룩한 삶 역시도 마찬가지입니다. 복음적인 삶의 결핍, 이것이 복음 전파를 약화시키는 일이 아닐까요? 만일 런던에 거주하는 인구 중에서 신앙을 고백하는 모든 그리스도인들이 진정 그리스도께서 행하신 대로 행하였다면, 부패한 사회와 대중들에게 끼치는 소금으로서의 영향력은 지금보다 훨씬 강력하지 않았을까요? 우리는 이곳 강단에서 복음을 전합니다. 하지만 여러분이 각 가정에서 복음을 전하지 않으면, 우리가 무엇을 할 수 있을까요? 여러분의 가게에서, 주방에서, 탁아소에서, 응접실에서, 거리에서, 일반 대중에게 전도하는 이들은 여러분입니다. 이것이 복음 전도이며, 세상에서 최상의 전도입니다. 왜냐하면 그런 전도는 들을 수 있을 뿐 아니라 볼 수 있기 때문입니다. 나는 한 사람에게서, 도보로 전도하는 사람들의 모습이 보기 좋다는 말을 들은 적이 있습니다. 바로 이 말입니다. "그리스도께서 행하신(walked) 대로 그들 역시 행해야(walk) 합니다." 일상의 삶에서의 증언을 능가하는 증언은 없습니다. 그리스도께서 우리를 통해 영광을 얻으셔야 하며, 따라서 우리는 그분처럼 되어야 합니다. 그렇지 않으면 우리가 그분을 영화롭게 하지 못할 뿐더러 오히려 그분의 이름에 누를 끼치기 때문입니다.

자, 이것이 저의 첫 번째 요점입니다. 이 의무의 정당성이 어떻게 입증되는지 숙고해 보십시오. 그리고 그 이유를 충분히 숙고하였을 때, 성령께서 여러분에게 부드러운 압박을 가해 주시도록 기도하십시오.

2. 어떤 점에서 그리스도께서 행하신 대로 행해야 하는가?

이제 두 번째로, 어떤 점에서 그리스도께서 행하신 것처럼 행하여야 하는지를 생각하도록 합시다. 여기 광범위한 주제가 있습니다. 마치 방주에 있던 노아의 경우와 마찬가지로, 내 앞에는 넓은 항해의 공간인 바다가 펼쳐져 있습니다. 나는 단지 여러분이 항해해야 할 방향을 제시할 수 있을 뿐이며, 여러분이 순조로운 항해를 할 수 있기를 바랍니다.

첫 번째로, 형제들이여, 전체를 종합하여 한 마디로 표현하자면 모든 그리스도인들이 추구해야 할 최우선적인 일은 성결(holiness)입니다. 나는 그 말의 의미가 무엇인지 길게 설명하려고 하지 않겠습니다. 내게는 그 말의 의미는 그 자체로 명백한 것처럼 여겨집니다. 여러분은 온전함(wholeness)이라는 말의 의미를 알 것입니다. 갈라진 것이나 흠결이나 깨어진 부분이 없이, 전체적으로 손상되지 않은 채 완전하고 완벽한 것을 말합니다. 자, 그것이 성결의 주된 의미입니다. 하나님의 성품은 완벽하게 거룩하십니다. 그 속에는 결핍된 부분이 없고, 불필요하게 과다한 부분도 없습니다. 어떤 것이 완벽할 때 그것은 전체적으로 온전하다는 것이며, 이런 의미를 도덕적이고 영적인 일들에 적용하면 "성결"의 내적 의미를 규정할 수 있습니다. 사람의 영과 혼과 몸 전체가 완벽하게 건강할 때, 그 때 그는 완벽하게 거룩한(holy) 것입니다. 죄에는 도덕적인 무질서가 있으며, 의란 모든 기능의 올바른 상태이기 때문입니다. 영적으로 온전히 건강한 사람은 하나님과의 관계에서 올바르며, 자기 자신을 향해서도 올바르고, 다른 사람들을 향해서도 올바르며, 시간에 대해서와 영원에 대해서도 올바릅니다. 그는 율법의 첫 번째 돌판에 대해서도 올바르고, 두 번째 돌판에 대해서도 올바릅니다. 그는 전체적으로 온전한 사람이고, 성결한 사람입니다. 그 속에는 진실이 있으며, 진실은 그를 통해 말로 표현되고 또 행동으로도 표현됩니다. 의가 그 속에 있습니다. 그는 옳은 것을 생각하고, 의의 법에 일치하는 것을 선택합니다. 그 속에는 정의가 있습니다. 그는 악한 것을 혐오합니다. 그 속에는 선량함이 있습니다. 그는 동료 인간들에게 유익이 되는 것을 추구합니다. 나는 이 "성결"의 단어가 의미하는 바를 말하기 위해 많은 시간을 소비할 수 없습니다. 여러분이 성결을 보기 원한다면, 그리스도를 바라보십시오. 그분 안에서 여러분은 완벽하고 온전한 성품을 볼 수 있습니다. 그분은 완전한 분이십니다. 여러분도 그분을 닮아 거룩함에 이르기를 바랍니다.

좀 더 세부적으로 들어가서, 다음으로 내가 하고자 하는 말은 이것입니다. 즉 우리가 우리의 위대한 모범이신 주님을 따라 행해야 할 또 하나의 중요한 점은 순종(obedience)입니다. 우리 주 예수 그리스도께서는 스스로 종의 형체를 가지셨습니다. 그분이 어떠한 섬김을 보여주셨는지요! "그가 아들이시면서도 받으신 고난으로 순종함을 배워서"(히 5:8). 또한 하나님의 사랑의 아들이신 그분이 아버지께 어떠한 순종을 보이셨는지요! 그분은 자기 뜻을 행하기 위해서가 아니라, 그를 보내신 분의 뜻을 행하기 위해 오셨습니다. 그분은 몸소 하나님의 율법 아래에 복종하시고, 아버지의 뜻을 행하셨습니다. 이런 관점에서 우리 역시 그분이 행하신 대로 행해야 합니다. 우리가 세상에 온 것은 우리가 좋아하는 것을 행하고, 우리가 선택한 것을 소유하기 위해서가 아닙니다. 혹은 "이것이 내 의견이니, 그러므로 그 일이 그렇게 되어야 해"라고 말하기 위해 세상에 온 것이 아닙니다. 죄는 자유를 약속하고, 우리에게 속박을 가져옵니다. 은혜는 지금은 묶지만(binds), 우리에게 자유를 보증합니다. 순종은 모든 영적인 성품의 법칙입니다. 주님의 뜻은 그분의 집에서 그분의 말씀이 최상의 법이 되는 것입니다. 그렇게 해야만 타락한 본성이 원래의 영광으로 회복되기 때문입니다. 방랑하는 별들이 천체에 배치되고, 태양이 위엄 있는 영향력으로써 그것들을 다스릴 때, 그럴 때에만 별들도 행복한 상태를 유지할 수 있습니다. 우리의 지각(知覺)과 마음과 삶과 입술의 말과 그 외 모든 것이 이제는 하나님 아버지를 섬기는 영역 안으로 들어왔습니다. 우리는 이렇게 말해야 합니다. "주여, 제가 무엇을 행하길 원하시는지 저에게 보이소서." 정녕 다른 모든 특징을 넘어서, 우리는 하나님의 아들의 생애에서 완전한 자기 포기(self-abnegation)의 모범을 봅니다. 어떤 사람도 예수님처럼 진실로 자유로운 적이 없었지만, 그럼에도 어느 누구도 예수님처럼 하나님의 뜻에 철저히 순종한 적이 없습니다. 예수님은 어떤 항해사보다도 더 능숙하게 스스로의 판단에 따라 배의 키를 쥐고 항해할 수 있는 분이셨지만, 그러면서도 어떤 항해사보다도 더 신중하게 해도(海圖)에 표시된 항로를 따라서 항해하셨던 분입니다. 그분은 유일하면서도 최초로 온전한 순종이 무엇인지를 보여주신 분입니다. 사랑하는 친구들이여, 여러분도 어떻게 해야 하는지를 이해할 것입니다. 예수님이 행하신 대로, 아버지의 마음을 따라 즐거이 복종하며 걷는 것이 우리의 삶이어야 합니다. 이것이 여러분에게 쉬운 일이라는 인상을 줍니까? 그것은 분명 자녀의 일(work)입니다. 하지만 분명 그것이 자녀의 놀이(play)는 아닙니다.

그러한 삶은 필연적으로 왕성한 활동(activity)이 수반된 삶일 것입니다. 예수님의 삶이 매우 활동적이었습니다. 그리스도의 삶은 활동력으로 충만했습니다. 삼십년 간 은둔의 삶을 보내며 훈련받으신 후에, 그분은 맹렬한 사랑으로 감동되어 사람들 가운데 자기를 나타내셨습니다. "그분은 열심을 입어 겉옷으로 삼으셨습니다"(사 59:17). 세례 받으시던 날부터 죽으시던 날까지, 그분은 두루 다니시며 선한 일을 행하셨습니다. 약 삼년의 기간에 이루어진 일들은 놀라웠습니다. 하나하나의 행동에 커다란 의미가 있었으며, 그런 행동이 수천 가지나 되었습니다. 매번의 설교는 완벽한 계시였으며, 그런 설교들을 그분은 매일같이 쏟아내셨습니다. 그분의 전 생애가 삶의 정수로 구성되었습니다. 어떤 이는 말하기를, 그분이 좀 더 일찍이 활동적인 삶을 시작하지 않으셨다는 것이 놀랍다고(wonderful) 했습니다. 우리는 이렇게 대답합니다. 그분이 그렇게 하지 않으신 것은 아름답습니다(beautiful). 왜냐하면 그분은 그렇게 부름을 받지 않으셨으며, 무명의 삶으로도 그분은 아버지께 최상의 순종의 삶을 사셨기 때문입니다. 나사렛에서의 삼십 년은 놀라운 순종의 기간이었습니다. 무명과 인내와 자제와 그리고 아마도 침체에 의해서도 검증받은 순종입니다. 우리 중에서 그런 순종을 쉽다고 여길 사람이 어디 있습니까? 우리는 스스로 알려지고 명성을 얻기 위해 돌진하기가 쉽지 않습니까? 아마도 우리 중에서 어떤 이들은 결코 조용히 지내는 순종을 배우지 못했을 것입니다. 하지만 그것은 놀라운 것입니다. 오, 그런 순종에 대해 더 많이 배우기를! 우리의 빛을 필요로 할 때 숨겨진 채로 지내는 순종에 대해 우리는 알고 있습니까? 모세처럼 사십년 간을 광야로 들어가서, 하나님이 사명을 주실 때까지 오직 하나님만 바라며 기다리는 순종에 대해 우리는 알고 있습니까? 활동적으로 사명에 임하도록 하는 지시가 임할 때까지, 기다림 속에는 놀라운 섬김이 있습니다. 사무엘은 말했습니다. "순종이 제사보다 낫다"(삼상 15:22). 사실상 그것은 우리가 하나님께 드릴 수 있는 다른 어떤 것보다도 나은 것입니다. 하지만 우리 주님께서 결국 그분의 무명(無名)에서 벗어나셨을 때, 그분은 어떤 힘으로 자기 삶을 몰고 가셨고, 또 그분 자신을 어떻게 소비하셨는지요! 그것은 마치 자기를 전부 태워 버린 촛불과도 같았습니다. 그분은 마음에 타오르는 열심을 가지셨을 뿐 아니라, 마치 불붙을 종이와도 같이 머리에서 발끝까지 그 열심이 자기를 삼키도록 하셨습니다. 그리스도의 삶에는 결코 한가한 시간이 없었습니다. 그분이 그 수고를 어떻게 지속할 수 있었는지가 놀랍습니다. 아마도 그분은 여기 이 지상에서 단지 짧은 기간 동안 머무셔야 한다는 사실에 자신의 열심과 공적 사역의 수고를 조절하신 것 같습니다. 다른 사람들이 그렇게 짧은 기간 동안 그분처럼 많은 것을 행하기란 불가능합니다. 왜냐하면 그들은 이곳에서 좀 더 오래 살도록 예정되었고, 현재의 무분별에 의해 미래의 유용성을 망쳐 버려서는 안 되기 때문입니다. 하지만 여전히, 활동성은 우리 주님의 생의 규칙이었습니다. 언제나, 전적으로, 그분은 자신의 생을 아버지를 위해 소비하셨습니다. 그것이 그분이 사람들 가운데서 행하신 방식이었습니다. 오 친구들이여, 우리가 정녕 그분 안에 있다면, 우리 역시 그분이 행하신 대로 행하여야 합니다! 게으른 자들이여, 일어나십시오!

다음으로, 우리는 자기부인(self-denial)의 문제에서 그리스도께서 행하신 것처럼 행해야 합니다. 물론, 우리는 이 자기 부인의 일에서, 그리스도처럼 속죄의 제물로서 우리 자신을 드리라고 부름을 받지는 않았습니다. 그런 것은 그분의 고유의 영역에 주제넘게 침입하는 짓입니다. 우리가 실천하는 자기 부인의 행동들은 그분이 우리에게 지시하시는 그런 것이어야 합니다. 로마 교회에서 자기부인의 행위로 실행되는 자의적인 숭배(will-worship)는 불합리하며, 내가 보기에, 하나님을 기쁘시게 하는 것이기 보다는 하나님 보시기에 가증한 것임에 틀림없습니다. 성 베르나르(Bernard:12세기 프랑스 수도원 개혁자)는 내가 아주 흠모하는 사람입니다. 나는 그를 주님의 사람들 중에서 최상의 인물들 중 하나라고 간주합니다. 하지만 그의 생애의 초기에, 금욕의 수행으로 쇠약해져서 자신의 효용성을 크게 감퇴시켰다는 것은 의심의 여지가 없습니다. 그는 죽음의 문턱에 이를 때까지 그런 방식의 삶을 영위했습니다. 때때로 그는 금식과 추위와 헐벗음으로 몸이 약해졌기 때문에 활동을 지속할 수가 없었습니다. 자기 몸에 불필요한 고문을 가할 필요가 없습니다. 언제 구주께서 자기 자신을 그렇게 대하셨습니까?

그분이 불필요한 고행을 하신 경우가 한 번이라도 있었는지 지적해 보십시오. 주님을 위하여 자기부인을 할 수 있는지 시험해 볼 기회는 모든 그리스도인의 일상에서 자연스럽게 찾아옵니다. 불의한 행위로써 이득을 얻을 수 있는 상황에서 여러분은 바로 그런 입장에 놓입니다. 혹은 진리를 부인함으로써 명성을 얻거나, 주위 사람들의 욕심에 영합함으로써 애정과 영예를 얻을 수 있는 상황에서도 그런 입장에 처하게 됩니다. 이렇게 말할 수 있을 정도로 여러분에게 은혜가 있기를 바랍니다. "아닙니다. 그럴 수 없습니다. 나는 나 자신보다는 내 주님을 더 사랑합니다. 나는 나 자신의 유익보다는 그리스도의 유익을 추구합니다. 나는 오직 그분의 진리를 전하기를 원하며, 나 자신의 사상을 선전하기를 원치 않습니다." 그러면 여러분은 예수님의 자기부인을 실천해 보이는 셈입니다. 이러한 자기부인은 때때로 혈과 육에는 매우 힘든 일입니다. 다음으로는, 하나님의 교회에서 여러분의 모든 재물을 드릴 수 있는 것이나, 여러분의 모든 시간을 드리거나, 여러분의 모든 능력을 쏟는 것, 이런 것이 예수님이 행하신 것처럼 행하는 것입니다. 지치고 힘이 빠졌음에도 여전히 해야 할 일로 분주할 때, 여러분에게 허용될 수 있으면서도 그렇게 허용되면 다른 사람들을 위태롭게 만드는 것들을 부인할 때, 이 역시도 주님처럼 행하는 것입니다. 여러분은 연약한 사람들에게 도움이 되는 그러한 자기부인을 실천해야 합니다. 그런 경우에 그리스도께서 어떻게 행하셨는지를 생각하고, 그렇게 행하십시오. 그리고 여러분이 스스로를 부인함으로써 그분을 영화롭게 할 수 있을 때마다, 그렇게 하십시오. 스스로 어떤 명성도 얻으려 하지 않으시고 종의 모습을 취하신 그분처럼 행하십시오. 부요하신 분으로서 우리를 위해 가난의 위치로 낮아지시고 우리로 하나님께 대하여 부요하게 하신 그분처럼 행하십시오. 그 일에 대해 생각하십시오.

　　우리가 그리스도를 본받아야 할 또 다른 점은 그분의 **겸비하심(lowliness)**입니다. 나는 모든 그리스도인들이 이 점을 본받기를 바랍니다. 속물들의 취향과는 다르긴 하지만, 세상 여인들처럼 치장을 한 일부 여성 그리스도인들을 볼 때가 있습니다. 그리고 너무 위대해서인지 가난한 사람들과 대화할 수 없고, 마치 평범한 살과 피가 아닌 다른 무언가로 만들어진 듯이 행동하는 남성 그리스도인들을 볼 때도 있습니다. 또한 거만하고, 콧대 높고, 어디에서나 허세를 부리는 성향이 있는 사람들을 볼 때도 있습니다. 그런 사람들을 볼 때 나는 불쾌감을 느끼고, 이런 얼간이들이 겸손한 자들의 천국에 들어가기를 소망하는지에 대해 의문이

듭니다. 주 예수님은 그분의 추종자들 중 일부가 그랬던 것과는 달리 결코 허세를 부리신 적이 없습니다. 그분의 제자들 중에 어떤 이들은, 그분과 달리, 스스로 얼마나 위대한 사람들인 것처럼 행세하는지요! 그분은 겸손하고, 온유하고, 부드러우시며, 자신을 잊을 정도로 다른 사람들의 영혼을 너무나 사랑하신 분이었습니다. 여러분은 주 예수 그리스도에게서 교만이나 자기 과시의 성향을 조금도 감지할 수 없을 것입니다. 그와는 정반대입니다. 그분은 언제나 동정심이 많으시고 낮은 처지에 있는 사람들에게로 자기를 낮추셨습니다.

또 하나 주목할 점은 그분의 **온유하심**(tenderness)과 친절하심과 기꺼이 용서하시는 마음입니다. 그분이 죽으시면서 하신 말씀이 모욕을 참고 넘기기 어려워하는 모든 사람들의 귀에 울려야 합니다. "아버지 저들을 사하여 주옵소서 자기들이 하는 것을 알지 못함이니이다"(눅 23:34). 그분이 우리에게 오래 참으심과 관대하심의 본을 보여주시지 않았습니까? 그분은 "욕을 당하시되 맞대어 욕하지 아니하신" 분이십니다(벧전 2:23). 모든 저주의 말에 대해 그분은 축복의 말로 되돌려주셨습니다. 만일 이런 사랑의 정신이 여러분에게 낯설다면 여러분은 그리스도인일 수가 없습니다. 여러분이 말합니다. "오, 우리는 신앙 고백에 찬성합니다." 나는 그런 말에 신경 쓰지 않습니다. 여러분은 원수를 사랑해야 하고, 그렇지 않으면 여러분은 신조가 목구멍에 걸린 채로 죽고 말 것입니다. 여러분은 또 말합니다. "오, 우리는 언제나 규칙적으로 예배당 신도석에 앉아서 복음을 듣습니다." 그 말에도 나는 상관하지 않습니다. 여러분은 여러분에게 죄를 범한 자들을 용서해야 하며, 그렇지 않으면 여러분은 그 신도석에서 나가 멸망으로 떨어질 것입니다. "오, 하지만 우리는 세례를 받았고, 성찬식에도 참여합니다." 그 말에도 신경 쓰지 않겠습니다. 여러분의 마음이 온유하고 겸손하게 되지 못하면 여러분은 영혼의 안식을 찾지 못할 것입니다. 교만은 구원의 선봉이 아닌 멸망의 선봉이며, 거만한 마음은 높아짐이 아닌 넘어짐의 앞잡이입니다(참조. 잠 16:18). 조심하십시오. 그리스도 안에 있다고 말하는 여러분은 조심하십시오. 여러분은 그리스도의 온유와 겸손 가운데서 행해야 합니다. 그렇지 않으면 결국 여러분은 그분 안에 있는 자가 아닌 것으로 드러날 것입니다. 엄하고, 잔인하고, 무자비하며, 냉혹한 마음을 가진 신앙고백자들이 천국에 들어가지 못한다는 것은, 그들이 살찌우는 돼지들이 천국에 가지 못하는 것과 다름이 없습니다.

그리스도께서 어떻게 행하셨는지에 대해 이 모든 것보다 더 많은 말을 해

주는 큰 단어가 있습니다. 그것은 바로 "사랑(love)"이라는 단어입니다. 예수님은 사랑의 화신입니다. 하나님은 사랑이십니다. 하지만 하나님은 영이십니다. 따라서 여러분이 몸으로 구체화된 사랑을 보기 원한다면 그리스도를 바라보십시오. 그분은 어린 아이들을 사랑하시며, 그들이 그분에게 나아오는 것을 용납하십니다. 그분은 과부를 사랑하시며, 그녀에게 부드러우시고, 그녀의 죽은 아들을 살리십니다. 그분은 죄인들을 사랑하시며, 그래서 그들이 그분에게로 가까이 옵니다. 그분은 모든 죄 많고, 시험을 당하고, 시련을 겪는 사람들을 사랑하십니다. 그리하여 그분은 그들을 찾아 구하려고 오십니다. 그분은 아버지를 먼저 사랑하시고, 그 다음에는 아버지를 위하여 수많은 사람들을 사랑하십니다. 여러분은 아무도 사랑하지 않습니까? 여러분은 자기 안에 갇힌 채 살고 있습니까? 여러분은 여러분의 갈빗대 안에 감금되었습니까? 자아가 여러분의 세계 전부입니까? 그렇다면 여러분은 지옥으로 갈 것입니다. 그것을 위해서는 어떤 도움도 없습니다. 사랑하지 않는 영들의 처소는 무저갱이기 때문입니다. 사랑하는 자만이 천국에서 살 수 있습니다. 천국은 사랑이기 때문입니다. 여러분이 사랑하는 것을 배우지 못하면, 주변 사람들에게 선을 행하는 것을 삶에서 배우지 못하면, 여러분은 저 영광으로 들어가지 못합니다.

이 모든 말에 이 한 가지를 더하고자 합니다. 그리스도께서 자기 안에 있다고 말하는 자는 자기도 그리스도께서 '은밀한 중에(in secret)' 사셨던 것처럼 살아야 합니다. 그리스도께서 어떻게 그렇게 사셨습니까? 그리스도께서는 기도(devotion)로 가득한 생을 보내셨습니다. 아아, 나는 어찌할꼬! 방금 전에 우리가 부른 찬송 가사를 생각할 때, 내가 이 문제에서 일부 사람들을 책망해야 하는 것은 아닌지 두렵습니다.

> "차가운 산들과 한밤중의 공기가
> 그분의 기도의 열기를 증언한다네."

완전하신 그리스도께서도 기도 없이 사실 수 없었다면, 우리처럼 가련하고 불완전한 존재들이 어찌 기도 없이 살 수 있겠습니까? 그분에게는 죄가 전혀 없었지만, 그럼에도 그분은 기도할 필요를 느끼셨습니다. 그분은 순결하고 거룩하시지만, 그럼에도 불구하고 온종일 하나님을 바라시고, 종종 아버지와 대화하셔야만 했습니다. 밤이 찾아왔을 때, 다른 사람들이 잠자리에 들었을 때에, 그분은 홀로 한적한 곳으로 물러가 기도하셨습니다. 주 예수님이 여러분 안에 계시다면, 그 문제에서 여러분은 그분이 행하신 대로 행해야 합니다.

다음으로, 그분의 하나님 안에서의 기쁨(delight in God)을 생각해 보십시오. 하나님 안에서 누린 그리스도의 기쁨이 얼마나 놀라웠는지요! 나는 그분의 삶이 불행한 삶이었다고 결코 생각할 수 없습니다. 그분이 "슬픔의 사람이요 질고를 아는 분"(사 53:3)이었던 것은 틀림없습니다. 하지만 여전히 그분의 마음 중심에는 놀라운 행복의 깊은 샘이 있었습니다. 그것이 그분을 언제나 행복하게 했습니다. 그분이 아버지를 향해 이렇게 말씀하셨습니다. "나의 하나님이여 내가 주의 뜻 행하기를 즐기오니 주의 법이 나의 심중에 있나이다"(시 40:8). 그분은 하나님을 즐거워했습니다. 많은 달콤한 밤을 그분은 기도의 시간 중에 아버지와 교제하며 보내셨습니다. 그것이 바로, 핏방울을 흘리는 고뇌와 "어찌하여 나를 버리셨나이까?"라는 고통을 견디도록 그분을 준비시킨 것이었습니다. 그 사랑의 방문들과, 그분의 거룩한 마음이 아버지와 누리셨던 가깝고도 친밀한 교제가 그분에게는 은밀한 양식이요 음료였습니다. 여러분과 나 또한 하나님을 기뻐해야 합니다. 이 매력적인 의무가 너무나 많이 소홀히 취급되고 있습니다. 이 꿀이 사람들의 입에 들어가는 경우가 드물다는 것이 이상할 정도입니다! 이 말씀을 들어보십시오. "여호와를 기뻐하라 그가 네 마음의 소원을 네게 이루어 주시리로다"(시 37:4). 형제여, 여기 왕의 길이 있으니, 이 길을 통해 왕의 보고(寶庫)로 올라갈 수 있습니다. "여호와를 기뻐하라!" 하지만 신중히 들어보십시오. 당신이 그렇게 한다고 해도 지금 당신의 마음에 있는 소원을 얻지 못하기가 매우 쉽습니다. 왜냐하면 하나님을 기뻐하는 자는 육체와 정신의 소원 이상으로 올라가서, 하나님이 바라시는 것을 바라는 수준에 이르기 때문입니다. 그렇기 때문에 그가 마음의 소원을 얻게 되는 것입니다. 오, 하나님을 기뻐하는 자의 즐거움과, 기쁨과, 희열은 어떤 것일는지요! 성령으로 감동된 시인이 노래한 시편 42편의 마지막 연을 나 자신이 노래한 적이 얼마나 많았는지 모릅니다.

"내 영혼아, 너는 하나님을 바라라
　그분이 네게 은혜롭게 대하시나니,
　나는 내 얼굴을 도우시는

내 하나님을 오히려 찬송하리로다."

오, 어떤 기쁨인지요! 그분은 "내 하나님"이십니다. 부요한 사람들은 부를 자랑하고, 유명한 사람들은 용맹을 자랑하고, 위대한 사람들은 명예를 기뻐하지만, 나는 "내 하나님"을 기뻐할 것입니다. 하나님께는 성도에게 기뻐할 것 밖에는 없습니다. 무한하신 하나님이 그분의 백성들에게 무한한 기쁨의 대상이 되십니다. 한 번 진정으로 하나님을 알게 되고 또 그분을 닮게 되면, 심지어 그분의 가장 엄격한 속성들조차도, 예컨대 그분의 능력과, 정의와, 죄에 대한 그분의 노여움조차도, 여러분에게 즐거운 요소가 될 것입니다. 하나님이 행하시는 일에 트집을 잡는 자들, 하나님이 계시하신 것에 대해 의문을 제기하는 자들은, 그분을 알지 못하는 것입니다. 그분을 알게 되면 그분을 찬미할 것이기 때문입니다. 오 형제들이여, 우리 주 예수님이 그러셨던 것처럼, 우리의 즐거움과, 우리의 보화와, 우리의 천국과, 우리의 모든 것을 여호와 우리의 하나님 안에서 발견합시다. 이 일에서 그분이 행하신 대로 행하도록 합시다.

또한 사랑하는 친구들이여, 우리는 거룩한 만족(contentment) 가운데 행해야 합니다. 예수님은 자신의 몫(lot)에 온전히 만족하셨습니다. 여우도 굴이 있고 공중의 새도 깃들일 둥지가 있을 때에 그분에게는 머리두실 곳이 없었습니다. 하지만 그분은 결코 불평하시지 않았으며, 일생의 사역을 추구하는 가운데 안식을 찾으셨습니다. 탐욕의 갈망이나 야심의 갈증 같은 것이 결코 우리 주님의 마음을 움직이지 못했습니다. 친구들이여, 진정 여러분이 그분 안에 거한다고 말한다면, 여러분도 같은 만족의 정신을 가지기를 바랍니다. 바울 사도는 "내가 배웠노니"라고 함으로써 그것을 배워야 되는 것으로 언급하며, "어떠한 형편에든지 내가 자족한다"고 했습니다(빌 4:11).

한 마디로, 그리스도께서는 이 세상을 초월하여(above) 사셨습니다. 우리도 그리스도께서 행하신 대로 행합시다. 그리스도께서는 하나님을 위해 사셨고, 오직 하나님 한 분을 위해 사셨습니다. 우리도 그분의 방식을 따라 살도록 합시다. 또한 그리스도께서는 그런 삶에서 인내하셨습니다. 그분은 결코 그 길에서 벗어나지 않으셨습니다. 오직 그분은 사신 것처럼 죽으셨으며, 지속적으로 하나님을 섬기고 죽기까지 아버지의 뜻에 순종하셨습니다. 우리의 삶이 온전한 순종이라는 모자이크의 한 조각이 되고, 우리의 죽음이 아름다운 계획의 완성이 되기를 바랍니다. 우리의 베들레헴에서 겟세마네에 이르기까지, 우리의 걷는 길이 저 사랑하시는 분이 가신 길과 평행이 되기를 바랍니다! 오, 거룩하신 성령님, 이 거룩한 방식을 따라 살도록 우리에게 역사하소서!

3. 그리스도께서 행하신 대로 행하려면 무엇이 필요한가?

이제 마지막으로 이 말로써 마치고자 합니다. 사랑하는 친구들이여, 이 모든 것에 무엇이 필요한지를 생각해 보십시오.

첫째, 그리스도의 본성과 같은 본성(nature like that of Christ)을 갖는 것이 필요합니다. 샘의 근원이 깨끗하지 못한 동안에는 결코 단 물을 낼 수가 없습니다. "여러분은 거듭나야 합니다." 우리가 새 마음과 새 영을 얻지 못하면 새로운 삶으로 예수님과 동행할 수 없습니다. 친구들이여, 여러분의 본성이 새로워졌는지를 살피십시오. 성령께서 여러분 안에서 역사하시어 죽은 자들 가운데서 다시 살게 하셨는지를 살피십시오. 만일 그렇지 않다면, 여러분의 행함과 생활양식에는 죽음과 부패의 냄새가 날 것입니다. 그리스도를 닮기 위해서는 새로운 피조물이 되어야 합니다. 육적인 마음이 예수님의 형상을 입는다는 것은 불가능합니다.

그것이 이루어지면, 다음으로 필요한 것은 성령의 지속적인 기름 부음(constant anointing of the Holy Spirit)입니다. 여기 있는 그리스도인들 중에 성령 없이 지낼 수 있는 자가 있습니까? 그렇다면 두렵건대, 그는 전혀 그리스도인이 아닐 것입니다. 하지만 우리는 매일같이 성령의 새로운 방문, 성령의 내주하심에 대한 새로운 느낌, 이스라엘의 거룩한 분으로부터의 새로운 기름 부음을 위해 부르짖어야 하는 것을 느낍니다. 그렇지 않고서는 우리가 그리스도께서 행하신 대로 행할 수 없기 때문입니다.

다음으로는, 우리 안에 그리스도께서 행하신 대로 행하고자 하는 강한 결심(strong resolve)이 있어야 합니다. 우리 주님께서도 단호한 결의 없이 거룩한 삶을 영위하신 것이 아닙니다. 그분은 옳은 일을 행하기 위해 얼굴을 부싯돌처럼 되게 하셨으며, 그리고는 그 옳은 일을 행하셨습니다. 생각 없이 여러분의 동료 인간들을 따름으로써 길을 잃지 말라고 여러분에게 호소합니다. 군중 사이에 끼여 달리는 것은 불쌍하고 어리석은 일입니다. 담대하여 비범하게 되십시오. 담대하여 홀로 굳게 서십시오. 확고한 태도로 그리스도를 따르십시오. 어떤 그리스도인이 토론에서 진리를 옹호하려고 시도했습니다. 하지만 그의 적수는 화를 내었고, 반복하여 격렬하게 소리쳤습니다. "내 말을 들으시오! 내 말을 들으시오!" 마침내 그 선한 사람이 이렇게 대답했습니다. "아니요, 나는 당신 말을 듣지 않을 것이오. 당신 또한 내 말을 듣지 마시오. 우리 둘 다 앉아서 주의 말씀을 듣도록 합시다." 바로 그렇게 해야 합니다. 형제들이여, 그리스도께 듣고 그분을(Him) 따르십시오. 나는 여러분에게서 배우지 않고, 여러분도 나에게서 배우는 것이 아니며, 오직 우리 모두는 그리스도에게서 배워야 합니다. 그렇게 함으로써 우리는 모든 논쟁을 끝내고 그분의 발 아래서 복된 일치에 이르게 될 것입니다. 그 단계에 이르도록 하나님이 우리를 도우시길 빕니다.

또한 이 말을 더하고 싶습니다. 만일 우리가 그리스도께서 행하신 대로 행하고자 한다면, 우리는 반드시 그분과의 교제(communion with Him)를 많이 가져야 합니다. 그리스도와 함께 있는 것으로써가 아니면 우리가 그분을 닮아가는 것은 불가능합니다. 나는 우리가 그리스도를 많이 닮아서 순교의 죽음을 당했던 고대의 어떤 성도처럼 되기를 바랍니다. 세상이 그에게 물었습니다. "너는 누구냐?" 그가 말했습니다. "나는 그리스도인입니다." 그들이 또 물었습니다. "너는 무슨 직업에 종사하는 자냐?" 그가 말했습니다. "나는 그리스도인입니다." 그들이 "너는 어떤 언어로 말하느냐?"라고 심문했습니다. 그가 대답했습니다. "나는 그리스도인입니다." "네가 가진 귀중품은 무어냐?"라고 그들이 물었고, 그가 또 대답했습니다. "나는 그리스도인입니다." 그들은 그에게 어떤 친구들이 있느냐고 물었고, 그는 "나는 그리스도인입니다"라고 대답했습니다. 왜냐하면 그의 모든 존재가, 그의 모든 소유가, 그가 바라고 소망하는 모든 것이, 전부 그리스도 안에 싸여 있었기 때문입니다. 여러분이 그리스도와 함께 살면 그분에게 마음을 온통 빼앗길 것입니다. 그분은 여러분의 존재 전체를 감싸 안을 것이며, 결과적으로, 여러분은 그분처럼 행하게 될 것입니다.

여러분이 그리스도 외에 어떤 것도 모방하지 않도록 주의하기 바랍니다. 만약 내가 내 손목시계를 내 친구 중 한 사람의 손목시계에 맞추고, 그 친구는 다시 그의 시계를 또 다른 친구의 시계에 맞춘다면, 우리 모두는 시간을 틀리게 알 수 있습니다. 하지만 우리 각 사람이 태양을 보고 시간을 파악하면 우리 모두 옳을 것입니다. 근원으로 가는 것에 비할 것은 없습니다. 거룩함에 있어서 여러분의 교훈을 가련하고 오류가 많은 다른 제자에게서 얻지 말고, 무오하신 주님에게서 얻으십시오. 여러분이 그렇게 할 수 있도록 하나님이 도우시길 빕니다.

한 사람이 오늘 아침에 내게 글을 써 보내왔습니다. 그 글의 내용은 그가 내 초상화를 그렸는데, 그가 나를 직접 보기 전에는 그것을 완성할 수 없다는 것입니다. 저 역시 당연히 그렇다고 생각합니다. 확실히, 여러분이 여러분의 삶에서 그리스도를 보지 않고서는 여러분은 그분의 초상화를 그릴 수 없습니다. 그분을 명확히 보고, 그분을 계속하여 보십시오. 여러분은 그리스도께서 어떤 분이신지 윤곽을 얻을 수 있을 것이며, 또한 어느 정도까지 그분을 모방하는 시도를 할 수 있을 것입니다. 하지만 여러분이 저 위대한 실물을 보지 않으면 실패할 것이라고 나는 확신합니다. 여러분은 반드시 예수님과 사귐을 가져야 합니다. 여러분은 우리가 학교에 다니던 시절의 행동을 기억할 것입니다. 그 때 우리 선생님들은 지금의 선생님들보다는 지혜롭지 못했습니다. 그들은 종이 상단에 어떤 줄을 긋고는 우리에게 따라 하도록 시켰습니다. 우리가 따라한 줄긋기는 형편이 없었지요. 내가 첫 번째 줄을 그을 때에는 그 글쓰기 선생님의 본을 보고 모방했습니다. 하지만 두 번째 줄을 그을 때부터는, 종이 상단에 있는 줄 곧 내가 모방하여 그은 줄을 보고 다시 모방하여 줄을 그었습니다. 그리하여 내가 그 종이 밑바닥에 이를 때 즈음에는, 꼭대기 부분에 내가 모방한 것을 다시 모방하고, 그것을 반복해서 모방한 것으로 가득했습니다. 그렇게 해서 내 글쓰기 연습은 본딴 것을 계속 본딴 것이므로, 아무것도 나아진 것이 없었고, 오히려 점점 더 나빠질 뿐이었습니다. 아마도 한 사람이 그리스도를 본받고자 할 때도 마찬가지일 것입니다.

한 친구가 설교자의 설교를 듣고서 그를(him) 모방합니다. 가정에서 그의 아내가 그 모방한 것을 다시 모방합니다. 그리고 누군가 다시 그녀를 모방합니다. 그렇게 온 마을이 같은 '줄'을 모방하고, 마침내 예수님께서 우리에게 가르쳐 주려 하셨던 영광스러운 '글쓰기'는 모두 놓쳐 버리고 말았습니다. 사랑하는 형제여, 여러분의 시선을 그리스도께 고정하십시오. 결코 나를 본받으려 하지 마십시오. 여러분의 친구를 본받으려 하지 마십시오. 여러분이 오랫동안 들어왔던 연로한 박사를 본받으려 하지 마십시오. 예수님을 바라보고, 오직 그분만을 바라보십시오. 소년들이 모방한 줄을 계속해서 모방하여 긋는 것과 유사한 과정에서, 우리에게 분파와 분당(分黨)이 생겨났습니다. 우리는 선생(Master)이신 주님이 맨 위쪽에 보여주신 줄을 바라보아야 합니다. "그의 안에 산다고 하는 자는 그가 행하시는 대로 자기도 행할지니라." 하나님의 영이시여, 우리로 그렇게 할 수 있도록 도와주소서! 아멘 또 아멘.

제
7
장

—

그리스도 안에서의 청년들

—

"청년들아 내가 너희에게 쓰는 것은 너희가 악한 자를 이기
었음이라… 청년들아 내가 너희에게 쓴 것은 너희가 강하고
하나님의 말씀이 너희 안에 거하시며 너희가 흉악한 자를
이기었음이라." — 요일 2:13-14

얼마 전에 내가 "아이들(little children)"에 대한 요한의 메시지를 전했을 때,
나는 그가 왜 첫 번째는 "내가 쓰는 것은(I write)"이라고 하고(13절), 다음에는
"내가 쓴 것은(I have written)"이라고 했는지(14절)에 대해 설명했습니다. 그는
지금 편지를 쓰고 있습니다. 그의 온 마음은 거기에 몰두되어 있습니다. 그는 자
신이 너무나도 사랑하는 자들에게 진지하게 편지를 쓰고 있다는 것을 말하지 않
을 수 없습니다. 하지만 그는 한 줄을 쓰자마자 현재 시제를 "내가 쓴 것은"이라
는 형태의 과거 시제로 바꾸어야겠다고 느낍니다. 그는 자신이 곧 그들에게서
떠나야 하는 것을, 한때는 산 자들 가운데 있었으나 지금은 없는 자들의 수에 포
함될 것임을 알고 있습니다. 그렇다면 이 말들은 이스라엘의 아비가 그의 자녀
들 가운데 남기는 말입니다. 이 말은 또한 지상에서 떠나 영광 중에 들어간 자들
중 한 사람의 말이기도 합니다. 내가 이 시간에 해야 하는 말은, 본문에서 정당하
게 흘러나오는 것이라면, 사랑하시던 제자 요한을 통하여 우리에게 전달되는 그
리스도의 말씀입니다. 여러분이 이 점에 더 많은 중요성을 부여할수록, 이 말씀
이 여러분의 마음에 더 좋은 유익을 끼칠 것입니다. 말할 수 없는 안식을 주는 주

님의 귀한 품에서 머리를 들고서, 요한은 이렇게 속삭입니다. "청년들아, 내가 너희에게 쓰노라." 어린 양 보좌 가까이서 거하고 있는 지금, 그는 저 복된 처소에서 우리를 내려다보면서, 저 하늘의 성곽에서 우리를 바라보면서 이렇게 소리칩니다. "청년들아, 내가 너희에게 썼노라."

기독교회 안에는 많이 자랐기 때문에 더 이상 "은혜 안에서 아기들"이라고 부를 수 없는 그리스도인들이 있습니다. 하지만 그들은 많이 성숙하지도 않기 때문에 정확히 "아비들"이라고 불리지도 못합니다. 영적인 마음의 성숙도에 있어서 중간 계층을 형성하는 이들을 "청년들"이라고 분류할 수 있습니다. 여기서 사도는 어느 누구에게도 그들의 신체적인 나이에 따라 쓰는 것이 아님을 이해하십시오. 그는 인간의 나이를 은유로 활용하여 영적인 삶에서의 성장 정도를 나타내고 있습니다. 영혼의 상태를 기준으로 볼 때 육적인 나이는 매우 다양합니다. 노년에 속하는 많은 사람들이 여전히 영적으로는 "아기들"에 지나지 않습니다. 어떤 어린이들은 은혜 안에서 벌써 "청년들"이며, 반면 적지 않은 젊은이들이 나이는 어려도 교회 안에서는 "아비들"입니다. 하나님은 그분의 종들 중에서 어떤 이들에게는 큰 은혜를 주셨고, 그들을 청년의 시기에 성숙하게 하셨습니다. 요셉, 사무엘, 다윗, 요시야, 디모데 등이 그런 사람들입니다. 우리가 지금 말하려고 하는 나이는 세상의 가족기록부에 따른 나이가 아니라, 어린 양의 생명책에 따른 나이입니다.

은혜가 곧 성장의 기준입니다. 이 기준으로 우리에게는 아기들도 있고, 청년들도 있고, 아비들도 있습니다. 이들의 위치는 이 세상의 덧없고 죽어가는 생명에 따라 평가되는 것이 아니며, 하나님의 영이 그들 안에 부여하신 영원한 생명에 따라 판단됩니다. 자연적인 의미에서 젊은이가 영적인 의미에서도 젊은이라면, 그것은 크게 고마운 일입니다. 대체로 교회에서 그러한 것에 대해 나는 기쁘게 여깁니다. 우리 중에 아비인 자들은 그들의 영적인 후손 문제로 부끄러워할 필요가 없습니다. 그리스도 안에서 청년들에게 말한다는 것은, 우리 중에 다수를 차지하는 그리스도인들에게 말한다는 것입니다. 그들은 이 지역에 있는 그리스도의 군대에서 아주 효율적인 부분을 담당하고 있습니다. 나는 청년들에게 그렇게 분류되는 것에 대해 지나친 겸양으로 삼가지도 말고 또 거만해지지도 말라고 당부합니다. 여러분은 더 이상 약골들이 아닙니다. 그러므로 여러분 스스로를 순전한 아기들로 간주하지 말고, 그렇게 함으로써 힘든 봉사에서 면제되려고 하지 마십시오. 여러분은 아비들의 서열로 간주될 정도로 성숙하지는 않습니다. 다른 계층으로 분류되려는 것을 구실로, 여러분의 진짜 위치에서 감당해야 할 의무를 망각하지 않도록 하십시오. 그리스도 안에 있는 것만으로도 충분한 영예입니다. 그리고 분명 영적인 일에 있어서 생의 전성기에 속하는 사람이 된다는 것이 결코 작은 일이 아닙니다.

이 청년들은 아기들이 아닙니다. 그들은 그리스도 안에서 그 정도로 오래 지내왔습니다. 그들은 더 이상 초심자들이 아닙니다. 하나님의 집이 그들에게 더 이상 낯선 곳이 아닙니다. 아마도 지금쯤은 그들이 하나님을 향해 태어난 지 수년이 지났을 것입니다. 그들이 처음에 바랐던 일들이 상당 부분 실현되었습니다. 그들은 이제 한때는 이해할 수 없던 것들을 알고 있습니다. 그들의 양식은 이제 우유와 죽으로 제한되지 않습니다. 그들은 고기를 먹을 수 있고 또 그것을 잘 소화시킬 수 있습니다. 그들은 분별력을 가지고 있으며, 그들의 감각을 분별 있게 활용하여, 그들이 유아기 때 그랬던 것처럼 잘못된 길로 쉽게 미혹되지 않습니다. 그들이 이 믿음의 길에 더 오래 머물렀던 만큼, 그들은 이제 이 믿음의 길에서 다 강하게 자랐습니다. 그들이 지금 소유한 믿음은 약하고 소심한 믿음이 아닙니다. 그들은 확고하고 굳세게 믿으며, "성도에게 단번에 주신 믿음의 도를 위하여"(유 3) 싸울 수 있습니다. 그들은 주 안에서와 그 힘의 능력으로 강건합니다(엡 6:10). 그들은 이제 예전보다 지혜롭습니다. 그들이 어린아이였을 때 그들은 그들을 구원할 정도의 지식을 가지고 있었습니다. 그들은 아버지를 알았고, 그것은 복된 지식입니다. 하지만 이제 그들은 하나님의 말씀의 훨씬 더 많은 부분을 알고 있으며, 그 말씀이 그들의 진지하고 경건한 믿음의 수용을 통하여 그들 안에 거하고 있습니다. 이제 그들은 구원 사역의 넓이와 길이와 깊이와 높이를 더 선명하게 이해하고 있습니다. 그들이 하나님께 배워왔기 때문입니다. 심지어 그들은 하나님의 깊은 일들을 생각하며 즐거워하기도 합니다. 그들 사이에서 언약은 결코 깨어지지 않습니다. 그들은 하나님의 영의 복된 가르침을 받아왔으며, 그분으로부터 기름 부음을 받고 모든 것을 압니다(20절). 지식에 있어서 그들은 더 이상 어린 아이들이 아니며, 그리스도 예수 안에서 장정들입니다. 이렇게 그들은 그리스도 안에서 아기들을 포함하는 첫 번째 부류의 사람들과는 구별됩니다.

하지만 그들이 아직 아비들은 아닙니다. 그들이 아직 아비들처럼 확립되고,

확증되고, 안정된 단계가 아니기 때문입니다. 아비들은 그들이 믿는 바를 알고, 그것을 어떤 것도 흔들지 못하는 온전한 확신으로 압니다. 그들은 아직 아비들의 경험을 갖지 못했으며, 결과적으로 모든 신중함과 통찰을 갖추지 못했습니다. 그들은 판단력보다는 열정이 더 풍부합니다. 그들은 아직 교회 안에서 너무나 귀중한 양육의 재능을 갖지 못했습니다. 그런 재능은 성장과, 경험과, 성숙과, 애정의 산물입니다. 그들은 그것을 향해 계속 진보하고 있으며, 머지않아 그곳에 이를 것입니다. 하지만 아직 그들에게는 그들의 활력에 좀 더 적절한 다른 일이 있습니다. 우리가 그들을 "아비들"이라고 부르지 않는다고 해서, 그것을 그들이 공동체에서 크게 소중하지 않다는 의미라고 상상하지 마십시오. 어떤 의미에서 그들은 아비들과 동등합니다. 그리고 한두 가지 측면에서는 그들이 아비들보다 월등합니다. 아비들은 깊은 묵상에 어울립니다. 그들은 깊이 연구하고 멀리 봅니다. 그래서 그들은 "태초부터 계신 이를 압니다." 하지만 활동력에 있어서는 한창 때를 지났을 것입니다. 이 젊은이들은 싸우기 위해 났습니다. 그들은 교회의 전사들입니다. 그들은 교회의 믿음을 위해 싸워야 하고, 구주의 왕국을 확장해야 합니다. 그들이 그렇게 해야 하는 것은, 그들이 강하기 때문입니다. 이것이 그들의 역할입니다. 주께서 그들이 소명을 다하도록 그들을 도우실 것입니다. 이들이 수년 동안 우리의 활동가들이 되어야 합니다. 그들이 우리의 힘이며 우리의 소망입니다. 아비들은 곧 무대에서 떠나게 될 것입니다. 은혜 안에서 그들의 성숙함은 그들이 영광에 이를 준비가 되었음을 보여줍니다. 곡식이 창고에 들일 만큼 충분히 익었을 때에, 그 곡식 단들을 들판에 오래 두는 것은 하나님의 방식이 아닙니다. 온전한 사람들은 거두어져서 온전한 자들과 함께 있게 될 것이며, 그들에게 적합한 세계로 들어갈 것입니다. 그러므로 아비들은 곧 떠나야 합니다. 그리고 그들이 떠났을 때, 이 청년들이 아니면 우리가 어디서 승계할 자를 찾겠습니까? 우리는 이들이 오랫동안 우리와 함께 머물기를 소망합니다. 이들이 진리를 위해 용감하고, 믿음 안에서 군세며, 영적으로 성숙해지기를 바라며, 갈수록 천국에서 영화롭게 된 성도들 가운데 그들의 좌석을 얻을 준비가 되어지기를 바랍니다. 사랑하는 형제들이여, 여러분이 청년들로 분류되는 것이 적절한지를 판단해 보십시오. 성별의 문제는 제쳐 두십시오. 그리스도 예수 안에서는 남자나 여자나 다 하나이기 때문입니다(갈 3:28). 여러분이 완전히 자라서 왕성한 생명을 가진 자들의 계층에 속하는지, 교회의 실제 병력 중에 속하고, 이스라엘 자손의 싸울 만한 남자들 중에 속하는지를 판단해 보십시오. 그런 사람들에게 나는 말합니다. 성령 하나님께서 말씀에 은혜를 주시길 빕니다!

1. 힘의 소유

요한이 이 청년들에 대해 첫째로 언급한 것은 그들의 힘의 소유(their possession of strength)입니다. "청년들아 내가 너희에게 쓴 것은 너희가 강하기 때문이라."

중간 계층의 그리스도인들은 눈에 띄게 강합니다. 이 말이 본래부터 그들 안에는 영적인 힘이 어느 정도 있다는 것을 의미하지는 않습니다. 사도 바울은 우리의 자연적인 상태에 대해 그와는 매우 다르게 표현하고 있습니다. "우리가 아직 연약한때에 그리스도께서 경건하지 않은 자를 위하여 죽으셨도다"(롬 5:6). 그러므로 본래 우리에게는 어떤 선하고 옳은 것을 행할 힘이 없습니다. 오히려 우리는 들소처럼 악을 향하여 돌진할 힘이 있을 뿐이었습니다. 힘센 사자처럼 선하고 신성한 모든 것에 대항하여 싸웠습니다. 하지만 모든 영적인 일들과 거룩한 일들에 대해서 우리는 전적으로 연약하고 무능했습니다. 그렇습니다. 하나님의 성령이 우리에게 임하실 때까지 우리는 죽은 자들과도 같았습니다.

사도는 여기서 청년들의 신체적인 힘에 대해서도 전혀 암시하지 않습니다. 영적인 의미에서 신체적인 힘이란 약함이 될지언정 힘이 되지는 않기 때문입니다. 육체적으로 강한 사람은 아주 종종 바로 그 이유 때문에 육체의 죄의 유혹을 받습니다. 그래서 사도는 그의 젊은 동료에게 "너는 청년의 정욕을 피하라"(딤후 2:22)고 당부합니다. 삼손의 일대기를 읽을 때마다 여러분은 삼손의 근육과 힘을 갖지 않은 것에 대해 하나님께 감사할 수 있습니다. 만약 여러분이 삼손이 가졌던 정력을 가졌다면, 그것이 삼손을 지배했듯이 여러분을 지배했을 가능성이 아주 높습니다. 청년이 보내는 생의 시기는 위험으로 가득하며, 대체적으로 영적인 상태에서도 마찬가지입니다. 젊은이가 육체의 힘이 약화된 더 나이든 사람처럼 되기를 바라는 경우도 있습니다. 왜냐하면 비록 나이가 많은 약함을 가져다 주기도 하지만 정욕의 감퇴 면에서 유익을 주기도 하기 때문입니다. 그러므로 청년의 육체적인 활력이 진정한 "힘"에 공헌하는 것으로 간주될 수는 없습니다. 오히려 청년은 자기 속에 있는 동물적인 정력이 그의 영혼을 끌어내리지 못하도록 위로부터의 더 많은 힘을 요청해야 합니다. 그는 강건한 신체가 주님의 뜻을 이루기 위한 많은 수고를 견딜 수 있는 것에 기뻐합니다. 하지만 그는 그것을 자랑하지 않습니다. 주께서 말(馬)의 힘을 기뻐하시지 않으며, 사람의 다리의 힘을 보고 즐거워하지 않으심을 기억하기 때문입니다.

이 청년들은 은혜 안에서 강합니다. 무엇보다 그들은 "강하라! 두려워 말라!"는 권면을 따라 믿음 안에서(in faith) 강합니다. 그들은 현재 일정 기간 동안 주님을 알아 왔으며, 죄의 용서에서 비롯되는 완전한 평화를 누려 왔습니다. 그들은 성령께서 그들 안에서 활동하시는 것을 의식합니다. 그리고 그것이 망상이 아니라, 거룩한 변화임을 압니다. 지금 그들은 그리스도를 믿을 뿐 아니라, 그들이 그분을 믿는 것을 알고 있습니다. 그들은 그들이 믿는 자를 알고, 또한 그들이 의탁한 것을 그 날까지 그가 능히 지키실 줄을 확신하고 있습니다(참조. 딤후 1:12). 한때는 치유를 위한 접촉(touch)이었던 믿음이 이제는 만족하게 하는 포옹(embrace)이 되었습니다. 한때는 입술만 축이던 수준이었으나 이제는 한 모금을 들이켜 마시고 갈증을 해소하는 수준이 되었습니다. 아니, 한때는 한 모금을 마시던 수준이 이제는 물이 가득한 하나님의 강 속에 잠기는 정도가 되었습니다.

그들은 생명의 강으로 뛰어들었고 그 속에서 헤엄칠 물을 발견했습니다. 오, 이런 식으로 강해지는 것이 어떤 은혜인지요! 강한 자는 오직 그의 의요 힘이신 주 안에서 자랑하도록 주의하시기 바랍니다. 하지만 동시에 그는 그분 안에서와 그분의 능력 안에서 자랑할 수 있으며, 또한 낯선 군대들에 맞설 수 있습니다. 바울이 말했듯이 "내게 능력 주시는 자 안에서 내가 모든 것을 할 수 있느니라"고 고백할 수 있습니다(빌 4:13). 내 형제들이여, 이 힘을 잃어버리지 않도록 유의하십시오. 죄를 범하여 그 힘을 잃어버리는 일이 없도록 하나님께 기도하십시오. 다시 죄에 빠져 그 힘을 잃는 일이 없도록 기도하십시오. 성령을 근심하게 하여 그 힘을 잃는 일이 없도록 하십시오. 나는 위로부터의 능력을 부여받는 것, 믿음 안에서 강해지는 것, 하나님께 영광을 돌리는 것이야말로 우리 인간의 가장 참된 영광이요 위엄이라고 간주하며, 또한 그것을 잃어버리거나 손상시키는 것이야말로 가장 슬픈 일이라고 간주합니다. 오, 모든 그리스도인들이 진보하여 주님의 청년들의 부대에 입대할 수 있기를 바랍니다.

이 힘은 사람을 강하게 하여 인내하도록 합니다. 그는 고난을 받지만, 그가 어떻게 인내하는가를 보십시오! 그는 사업에서 실패한 자이고, 하루의 빵을 얻기 위해 힘든 수고를 하는 자일 수 있습니다. 하지만 그는 결코 불평하지 않습니다. 그는 모든 상태에서 자족하는 법을 배웠습니다. 그는 박해를 받습니다. 하지만 그것 때문에 낙심하지 않습니다. 사람들이 그를 욕합니다. 하지만 그는 흔들림 없이 자기 태도를 유지합니다. 그는 아첨이나 비방 같은 것에 관심을 기울이지 않습니다. 하나님을 기쁘시게 할 수 있다면 사람들을 불쾌하게 만드는 것에는 신경 쓰지 않습니다. 그는 높은 곳에 거주하며, 인간의 견해라고 하는 매연 위에서 삽니다. 그는 참고 견디는 자입니다. 그는 목을 숙여 멍에를 메고, 어깨에는 짐을 올리며, 그리스도의 고난에 참여합니다. 강하여서 시련에 대해 불평하지 않는 자, 자기 언약의 머리이신 분의 수치와 고난에 참여하는 것으로 인하여 투덜대거나 징징대지 않는 자는 복이 있습니다. 그는 저 십자가에 달리신 분을 따르는 자가 되었을 때, 자신도 십자가를 질 것이라고 예상했습니다. 이제 그는 십자가가 그의 어깨를 누를 때에도 지치거나 쓰러지지 않습니다. 젊은 이삭이 제사에 쓸 나무를 지고 가는 것, 젊은 요셉이 감옥에서 거룩한 기쁨으로 차꼬를 차고 있는 것, 젊은 삼손이 가사 성의 문짝을 지고 가는 것, 또한 젊은 다윗이 비록 사울의 창이 그를 향하고 있는 것을 느끼면서도 수금을 타며 하나님을 찬양하는 것은 보기 좋은 광경입니다. 그런 모습들이 그리스도를 위하여 많은 시련에 처하였을 때 그것을 기쁨으로 간주하는 청년들의 특징입니다. 오 청년이여, 강하십시오. 건물의 모든 하중을 견디면서도 흔들리지 않는 쇠기둥처럼 강하십시오.

다음으로, 힘은 그리스도를 위하여 수고하는 것(labouring)에서 나타납니다. 그리스도 안에서 청년은 큰 일꾼입니다. 그는 힘이 넘치기 때문에 가만히 앉아 있을 수가 없습니다. 그는 무거운 짐과 한낮의 더위를 다른 사람들에게만 떠맡기는 것을 부끄러워합니다. 그는 자기 소명과 능력에 따라 일어나서 그 짐을 맡습니다. 그는 자기 주님께 은혜로 무언가 할 일을 주시도록 요청합니다. 그의 기도는 줄곧 이러한 것이었습니다. "저를 통하여 하고자 하시는 일이 무엇인지를 보여주소서." 응답을 받은 후에는 포도원에서 밭을 갈고, 잡초를 뽑고, 가지치기를 하고, 그 외에 철마다 필요한 수고를 하고 있는 그의 모습을 볼 수 있습니다. 그의 주님이 그에게 말씀하셨습니다. "내 양을 먹이라, 내 어린 양을 치라." 그러므로 여러분은 종일 낮과 늦은 밤까지 자기에게 맡겨진 양 떼를 돌보는 그의 모습을 볼 수 있습니다. 이 모든 수고에서 그는 크게 기뻐합니다. 그가 강하기 때문입니다. 그는 달음박질하여도 피곤치 않고, 걸어도 곤비치 않을 수 있습니다. "내 하나님을 의지하고 담을 뛰어넘나이다"(시 18:29)라고 그는 말합니다. 어떤 것도 그에게는 어렵지 않습니다. 그는 다이아몬드로 다이아몬드를 자르는 것을 기억하고서 단단한 것에 더 단단한 것을 갖다대며, 확고하고 굳은 결의로 어려움을 극복합니다. 반드시 이루어져야 하는 일이라면, 그는 하나님의 능력으로 이루어질 것을 선언하며, 그리고 보십시오, 그것을 성취해 냅니다! 이런 자들이 그 화살통에 가득한 교회는 복됩니다(참조. 시 127:5). 그런 교회는 성문에서 적군을 향해 담대히 말할 수 있습니다. 이들이 우리의 개혁을 위해 수고할 자들입니다. 이들이 우리의 사명을 수행할 자들입니다. 이들이 그리스도를 위해 적진 깊숙한 곳까지 돌격할 자들입니다. 그들은 하나님의 군대의 선봉이며, 그 군대의 주력 부대를 형성하고 있습니다. 나는 이 교회에 그런 자들이 많다고 믿습니다. 그들의 수가 우리 가운데 더 늘어나고 증대되기를 바랍니다. 우리에게 하나님의 군대의 선봉에 서는 십자가의 정예 군사들이 모자라지 않기를 바랍니다.

또한 이 청년들은 강하여 공격에 저항합니다(resist attack). 그들은 공격을 받습니다. 하지만 그들은 믿음의 방패로 대처하며, 그것으로써 원수의 불화살을 막아냅니다. 그들이 시험을 당한 다른 사람들을 만날 때에, 그들은 어디서나 대의를 위해 벌떡 일어나 전면에 나섭니다. 그들은 믿음에 가해지는 공격에 대처하기 위해 성령의 검을 들고서 종일토록 전투에 임할 태세가 되어있습니다. 그들은 믿음의 어떤 지점에서도 항복하지 않으며, 모든 위험을 무릅쓰고 진리를 수호합니다. 진리의 갑주를 입기 때문에 그들은 어떤 치명적인 상처도 입지 않습니다. 그들은 은혜에 의해 안전하게 보호받기 때문에 악한 자가 그들을 손대지 못합니다. 그들은 유혹에 저항하고, 위험의 한가운데서도 해를 입지 않습니다. 한 예를 원하십니까? 요셉을 보십시오! 일만 명이 타락하여 쓰러질 만한 곳에서도 그는 눈처럼 흰 순결의 옷을 입고 서 있습니다. 다윗과는 대조적으로, 요셉은 유사한 시험의 공격을 받았을 때에 더 나이든 사람보다도 청년이 어떻게 하나님께 더 큰 영광을 돌릴 수 있는지를 보여주는 한 예입니다. 요셉이 젊었을 때에 자기 의무를 수행하고 있는 사이에 유혹의 세력이 그에게 돌진하여왔습니다. 그는 유혹하는 여인과 단 둘이 있었고, 죄를 범하여도 누구도 알지 못할 것이었습니다. 정반대로, 만일 그가 거부하면, 성난 여주인의 중상 비방에 의해 수치나 죽음이 그에게 닥쳐올지도 모릅니다. 하지만 그는 용감하게도 그 공격에 저항하였고, 악한 자를 이겼습니다. 그는 이스라엘 족장 중 하나가 연장자로서 정도를 벗어나 악을 행하고 추한 욕망을 채우려고 죄를 범한 것과는 좋은 대조를 보여줍니다. 이 경우에서 우리는 연수나, 지식이나, 경험도 우리를 죄에서 지켜주지 못한다는 교훈을 얻습니다. 늙건 젊건 하나님의 능력에 의해 보호되어야 하며, 그렇지 않으면 유혹자에 의해 넘어지게 될 것입니다.

더 나아가, 이 청년들은 저항을 위해 강할 뿐 아니라, 공격을 위해서(for attack)도 강합니다. 그들은 적진 속으로 들어가서 전쟁을 수행합니다. 해야 하는 일이 있을 때, 그들은 마치 요나단과 그의 병기든 소년처럼 그 일이 일어나기를 간절히 갈망합니다. 이들은 만군의 주를 갈망하면서, 예수님을 위한 수고와 노력을 신속하게 착수합니다. 이들은 오류를 쳐부수고, 진리를 세웁니다. 이들은 위대한 일들을 믿고, 위대한 일들을 시도하며, 위대한 일들을 기대합니다. 그리고 주께서 그들과 함께 하십니다. 원수들이 그들에게 적개심을 품고 그들을 향해 활을 쏘았으나, 도리어 그들의 활이 굳세며 그들의 팔은 힘이 있으니, 이는 그들이 전능자이신 야곱의 하나님의 손을 힘입기 때문입니다(창 49:23-24). 그들 중 한 사람이 일천 명을 뒤쫓고, 그들 중 두 사람이 일만 명을 당해낼 것입니다.

이와 같이 나는 이 청년들이 어떤 사람들인지를 여러분에게 제시하였습니다. 그들은 강합니다. 믿는 것에 강하고, 인내에 강하고, 행함에서 강하며, 저항에 강하고, 공격에 강합니다. 이들 무리가 우리 가운데에서 출입하며 여호와의 전쟁을 위해 싸우기를 바랍니다. 이를 위해 주께서 그들을 힘으로 두르셨기 때문입니다.

2. 힘의 필요

둘째로, 사도 요한이 그들의 힘의 필요(their need of strength)에 대해서도 암시하는 것을 주목하시기 바랍니다. 그는 말합니다. "너희가 강하고, 너희가 흉악한 자를 이기었음이라."

이 본문의 행간에서 나는 이런 사실을 읽습니다. 즉 강한 청년들은 반드시 공격 받을 것이 예상된다는 것입니다. 이 일은 또한 하나님의 섭리의 법칙에 수반되는 일이기도 합니다. 하나님께서 무언가를 비축해 놓으실 때에는 그것이 필요한때가 오기 때문입니다. 애굽의 곡물창고들이 칠년 간의 풍년으로 인해 가득 차게 되었을 때, 곧 칠년 간의 기근이 닥쳐오리라는 것이 확실합니다. 사람이 강해지는 것은, 그에게 피할 수 없는 할 일이 주어지기 때문입니다. 광야의 이스라엘 백성들이 만나를 다음날 아침까지 남겨둘 때마다 벌레가 먹고 상했던 것처럼, 그리스도인 역시도 그 날 필요한 분량 외에는 조금의 은혜도 다음날까지 남겨두지 못합니다. 만일 당신이 약하다면, 사람들이 일상적으로 겪는 시련 외에는, 어떤 시련도 당신에게 닥치지 않을 것입니다. 하지만 당신이 강하다면, 틀림없이 많고 무거운 시련들이 당신을 기다리고 있을 것입니다. 믿음의 팔의 모든 힘줄들이 남김없이 사용될 것입니다. 하나님의 병기고에서 꺼내온 무기들은 하나도 빠짐없이 전투에 사용될 것입니다. 그리스도인의 군사로서의 삶은 결코 병정놀이가 아닙니다. 그것은 화려한 군사 퍼레이드가 아닙니다. 그것은 입대하는 날부터 상급의 날까지 치열한 싸움을 의미합니다. 강한 청년은 자기 힘을 과시하기 위해 소비할 여력이 없음을 알게 될 것이며, 허세와 허영을 부리기 위해 사용할 체력이 없음을 알게 될 것입니다. 강한 어깨에는 무거운 짐이 올려지고, 훈련으로 단련된 손을 위해서는 맹렬한 싸움이 기다리고 있습니다.

왜 사탄이 이 부류의 사람들을 가장 많이 공격할까요? 내 생각은 이렇습니다. 먼저, 사탄은 은혜 안에서의 아기들이 은혜 안에 있다는 것을 항상 확인하지는 못합니다. 그래서 그가 초심자들을 항상 공격하지는 않는 것입니다. 하지만 그들이 충분히 자라고 늠름하게 자기 모습을 나타내게 되면, 사탄은 그들에게 분을 냅니다. 자기 손아귀에서 완전히 빠져나간 자들을 그는 극도로 싫어하고 또 최대한 괴롭히려 합니다. 한 친구가 내게 사탄이 우리 생각을 아는지에 대해 문의하는 편지를 보냈습니다. 물론 그는 하나님이 아시는 것처럼 알지는 않습니다. 사탄은 우리의 행동과 말에서, 그리고 아마도 우리의 얼굴 표정에서도, 우리의 생각을 아주 간교하게 추측해 냅니다. 하지만 인간의 생각을 즉각적이고도 직접적으로 아시는 분은 오직 주님 한 분이십니다. 사탄은 인간의 본성 연구에 있어서 숙련가입니다. 그는 거의 육천년 간을 남자와 여자들을 살펴보고 유혹해 왔습니다. 따라서 그는 대단히 지혜롭지요. 하지만 그가 전지(全知)하지는 않으며, 따라서 그는 이런저런 사람이 은혜 안에서 너무나 미약하기 때문에 아마도 그가 전혀 은혜 안에 있지 않다고 생각하기도 할 것입니다. 그래서 그는 그런 사람을 내버려 두지요. 하지만 그 사람이 왕족의 후손이라는 것이 분명해지면, 마귀는 그를 노립니다. 나는 우리 주님께서 나사렛에서, 아직 그분이 신분을 감추고 계신 동안에 시험을 당하신 적이 있는지 알지 못합니다. 하지만 그분이 세례를 받으시자마자, 그리고 하나님의 영이 그에게 임하시자마자, 곧 그분은 광야로 이끌리어 마귀에게 시험을 받으셨습니다. 만일 여러분이 하나님의 종이라고 공언하였다면 싸움이 끝난 것으로 생각하지 마십시오. 바로 그 때부터 싸움이 시작됩니다. 세례의 물에서 나오자마자, 여러분은 광야로 이끌리어 전에 알지 못했던 싸움에 개입하게 될 것입니다. 사탄은 하나님의 은혜 안에 있는 청년들이 자기 왕국에 큰 해를 끼칠 수 있다는 것을 압니다. 그래서 그는 그들이 채 자라기 전에 일찌감치 죽이려고 안달합니다. 마치 바로가 이스라엘의 모든 남자 아기들을 죽이기를 바랐던 것과 같습니다. 내 형제들이여, 여러분은 그의 왕국을 전복시킬 정도로 강합니다. 그러므로 여러분은 그가 여러분을 전복시키기를 바라는 것에 놀라지 마십시오.

나는 청년들이 역경에서 인내하는 것이 옳다고 생각합니다. 그렇지 않으면 그들이 교만해질 것이기 때문입니다. 남자들에게서 자만심을 감추기란 어렵습니다. 힘과 용기와 인내와 열정으로 가득한 그런 사람들은, 악한 자가 그들이 완벽하다고 그들에게 속삭일 때에 그 말을 믿기가 쉽습니다. 그래서 그 악한 자의 위험한 올가미에서 벗어나도록 하기 위해 시련이 보내어집니다. 마치 검고 그을은 비천한 사람이 집주인에게 고용되어 냄비들과 주전자들을 닦듯이, 마귀는 하나님에 의해 사용됩니다. 마귀는 성도를 유혹하고, 이로써 성도는 자신의 내적 부패성을 보고서 더 이상 자랑할 수 없게 됩니다. 마귀는 자신이 하나님의 사람을 망칠 것이라고 생각하지만, 하나님께서는 그 시험의 작업을 신자의 영원한 유익을 위해 활용하십니다. 파리들의 신인 바알세불이 여러분을 괴롭히는 편이, 여러분 스스로 훌륭하다는 생각으로 '파리가 들끓을 정도로'(fly-blown) 불결해지는 것보다 훨씬 낫습니다.

또한, 연단되지 않고서는, 청년은 교만의 먹이가 되기가 쉬울 뿐 아니라, 그가 유혹을 이겼을 때에도 영광을 하나님께 돌리기보다는 틀림없이 자기 자신에게로 돌리려 할 것입니다. 욥이 시험을 당하기 전까지의 이야기를 읽어 보십시오. 여러분은 이렇게 말할 것입니다. "읽을 만한 이야기가 없습니다." 바로 그렇습니다. 기록해 둘 만한 이야기가 없습니다. 그저 양들과 가축의 수가 계속해서 늘어났다는 이야기뿐이고, 또 다른 자녀가 태어났다는 이야기고, 계속해서 그런 식입니다. 모든 것이 잘 될 때에는 한 나라에도 역사의 이야기가 없습니다. 신자들에게도 마찬가지입니다. 하지만 시련이 올 때, 남자가 남자답게 되고, 하나님을 위해 용감해지고 원수에 담대히 맞서게 됩니다. 그 때 하늘에서 "쓰라"고 하는 음성이 들려옵니다. 이제 여러분은 역사, 곧 하나님을 영화롭게 하는 역사를 가지게 됩니다. 그리스도 안에서 청년들이 고난을 견디는 것이 옳습니다. 그럼으로써 그들이 그들의 아버지에게, 그들의 구속자에게, 그들 안에 거하시는 성령님에게 영광을 돌리기 때문입니다.

게다가, 고난은 그들을 미래의 쓰임을 위해 준비시켜 주기도 합니다. 나는 이 문제에서 나 자신의 경험을 감히 증언으로 내세울 수 있습니다. 내가 처음 그리스도께로 왔을 때, 왜 내가 주님께로 올 때 그런 어려움을 겪었는지, 왜 구주를 찾는 문제에서 그토록 오래 걸리고 힘겨웠는지를 궁금하게 여겼습니다. 그 후에는, 왜 다른 사람들은 평안할 때 나는 그토록 많은 영적인 환난들을 겪었는지 궁금하게 여겼습니다. 아, 형제들이여, 나는 이렇게 큰 회중 앞에서 말씀을 전하게 되리라고는 알지 못했습니다. 내가 수백, 수천의 상심한 영혼들과 환난을 당한 자들과 멸망의 위기에 처한 자들을 대상으로 목회하게 되리라고는 당시에는 이해하지 못했습니다. 하지만 지금에 와서 명백해진 것은, 환난을 당한 자들이 그들의 경험을 언급할 때에, 대개는 내가 이렇게 대답할 수 있습니다. "나 역시 그런 적이 있습니다." 그래서 나는 같은 것을 느끼는 자로서 그들을 도울 수 있습니다.

그러므로 청년들이 젊은 시절에 멍에를 메는 것이, 그들이 강한 동안에 경험을 얻는 것이, 그들 자신뿐 아니라 다른 사람들을 위해서도 적절합니다. 훗날 그들이 아비들이 되었을 때 그들은 그 가족의 소자들을 도울 수 있을 것입니다. 형제여, 여러분의 환난을 온순하게 받아들이십시오. 그것을 감사하게 받아들이십시오. 한창 전투가 치열한 곳에 당신이 배치된 것에 대해 당신의 왕께 감사드리십시오. 먼지가 자욱한 곳으로 들어가서 의복에 피를 묻혀 보지 않고서는 결코 용사가 될 수 없습니다. 오랜 출정 기간 내내 싸워보지 않고서는 결코 역전의 용사가 될 수 없습니다. 희망의 상실이라는 벼랑 끝에 서 본 자만이 힘겨운 전투가 무엇을 의미하는지에 대해 말할 수 있습니다. 여러분에게도 마찬가지입니다. 여러분의 대장께서 여러분을 '불명예스러운 한가로움'이라는 해악에서 건져 내시길 바랍니다. 여러분은 싸워야 합니다. 그럼으로써 여러분은 연단된 성품을 얻어 여러분 안에 있는 확신으로써 다른 사람들을 격려할 수 있고, 또한 여러분의 동료를 전투로 이끌기에 적합하게 준비될 것입니다. 오, 이곳에 하늘의 가족에 속한 청년들이 많이 있어서, 그들이 세속성과 오류에 대항하여 교회를 수호하고, 울부짖으며 돌아다니는 늑대들로부터 약한 자들을 보호하며, 하나님의 교회에 숨어서 속이는 많은 협잡꾼들로부터 연약한 자들을 지켜 주기를 바랍니다! 여러분이 주님을 사랑하기 때문에, 나는 여러분에게 은혜 안에서 자라고 강하게 되라고 호소합니다. 우리에게는 여러분이 필요합니다. 오, 내 형제들이여, 칼과 방패를 잡으십시오. 깨어서 굳게 서십시오! 주께서 여러분의 손과 손가락들을 가르쳐 어떻게 싸울 줄을 알게 해 주시길 빕니다! 이 악한 시대에 여러분이 우리의 이스라엘을 보호하는 방진(方陣)이 되어 주길 바랍니다. 가나안 족속과 히위 족속과, 여부스 족속의 사람들이 지금 우리들 가까이에 있습니다. 모든 국경에서 전쟁이 진행 중입니다. 자, 그러므로, 각 사람은 용감하게 왕의 전차 주변에 서고, 각 사람은 한밤의 공격에 대비하여 칼을 허리에 차십시오.

3. 힘의 증거

세 번째로, 본문은 그들의 힘의 증거(their proof of strength)에 대해 우리를 상기시켜 줍니다. "너희가 흉악한 자를 이기었음이라." 그러므로 그들은 강함에 틀림없습니다. 악한 자를 이길 수 있는 자는 결코 보잘것없는 용사가 아닙니다. 그를 '다윗의 세 용사' 중에 포함시켜야 합니다. 악한 자들은 넘쳐납니다. 하지만 그 (the) 악한 자라고 호칭될 만한 간교한 자가 하나 있습니다. 그는 반역의 우두머리이며, 첫째가는 범죄자요, 죄인들의 두목이며, 죄인들의 유혹자입니다. 그는 시온의 순례자들에게 공격을 가하는 그 악한 자입니다. 만약 누군가 그와 한 번 맞서본 적이 있다면 그는 결코 그 일을 잊지 못합니다. 그런 싸움은 일단 한 번 싸우게 되면 비록 승리를 얻는다 해도 상처를 남깁니다.

어떤 의미에서 이 청년들이 그 흉악한 자를 이겼다는 것일까요?

우선, 그들이 그의 권세에서 벗어난다는 사실에서 그렇게 말할 수 있습니다. 그들은 한때 그의 노예들이었지만, 지금은 아닙니다. 그들은 한때 그의 지붕 밑에서 안연하게 잠들어 있었습니다. 하지만 양심에 큰 소동이 일어났고, 하나님의 영이 그들을 근심하게 하였으며, 그래서 그들은 그의 권세에서 깨끗이 도망쳐 나왔습니다. 한때 사탄은 결코 그들을 괴롭히지 않았습니다. 그럴 이유가 무엇이겠습니까? 그들은 서로 좋은 친구들이었습니다. 이제 그는 그들을 유혹하고, 성가시게 굴고, 공격합니다. 그들이 그를 섬기는 자리에서 떠나 새로운 주인과 언약을 맺었고, 그럼으로써 한때 그들의 신이었던 그에게 원수들이 되었기 때문입니다. 나는 자신들이 이제는 머리끝에서 발끝까지 마귀에게 조금도 속하지 않았음을 즐거이 고백하는 많은 사람들에게 말합니다. 그리스도께서 그들을 사셨기 때문입니다. 그분이 고귀한 피로써 그들의 몸과 혼과 영을 사셨습니다. 그들은 그런 구입에 동의하였으며, 이제 그들은 그들이 더 이상 자신들의 것이 아니고, 더구나 마귀의 것은 확실히 아니라고 느낍니다. 그들은 주께서 값주고 사신 바 되었기 때문에, 이제 그들은 그들을 사신 분에게 속하게 되었습니다. 강한 자가 그보다 더 강한 자에 의해 쫓겨났습니다. 예수님은 마음의 요새를 습격하여 함락시키셨으며, 원수를 내쫓으셨습니다. 사탄은 이제 우리 마음 안에 있지 못합니다. 그는 유다의 마음속에 들어갔지만 우리들의 마음에는 들어오지 못합니다. 우리의 영혼이 자기 소유를 능히 지키실 수 있는 다른 분에 의해 가득하게 되었기 때문입니다. 그 악한 자는 거룩하신 분에 의해 추방되었고, 이제는 거룩하신 그분이 우리 본성 안에 거하시며 주로서 다스리십니다.

더 나아가, 이 청년들이 악한 자를 이긴 것은, 그들이 사탄의 권세와 소유에서 전적으로 벗어나서 더 이상 그를 주인으로 섬기지 않을 뿐만 아니라, 그들이 그에게 반대한다는 사실에서도 그러합니다. 사람이 사탄에게 대항할 때, 그는 그 대항에서 사탄에게 승리하는 것입니다. 사탄의 제국은 우리의 의지가 그의 의지에 항복하는 것에 달려 있습니다. 하지만 우리의 의지가 그에게 반란을 일으킬 때, 그 때 이미 우리는 그를 어느 정도는 이긴 것입니다. 물론 때때로 우리가 사도 바울이 "원함은 내게 있으나 선을 행하는 것은 없노라"(롬 7:18)고 말했듯이, 원하는 것을 행하지 못할 때가 있습니다. 하지만 여전히, 죄로부터 깨끗해지기를 진심으로 바라는 것은 죄에 대한 승리입니다. 그런 의지가 점점 강해지고 더욱 확고해져서 그 악한 자의 유혹에 대항하면, 바로 그런 정도만큼 우리는 죄와 사탄을 이긴 것입니다. 이 얼마나 복된 일인지요! 사탄에게는 방어 무기가 없다는 것을, 그러므로 우리가 그에게 대항할 때 그는 반드시 도망친다는 것을 잊지 말고 기억하십시오. 그리스도인은 방어용과 공격용 무기들을 모두 가지고 있습니다. 그는 방패뿐 아니라 검도 가지고 있습니다. 하지만 사탄은 불화살을 가지고 있지만, 다른 것은 아무것도 없습니다. 나는 그가 어떤 방패를 가졌다는 대목을 읽어보지 못했습니다. 그러므로 우리가 그를 대적할 때 그는 틀림없이 도망치고 맙니다. 그는 자신을 보호하지 못하며, 따라서 우리가 대항한다는 사실 그 자체가 승리입니다.

오, 형제들과 자매들이여, 이뿐 아니라, 그리스도 안에서 청년들인 우리들 가운데 어떤 이들은 사탄에게 많은 승리를 거두었습니다. 우리는 유혹을 받아왔고, 두려워하며 시험을 받지 않았습니까? 하지만 하나님의 도우시는 강력한 은혜가 임하였으며, 우리는 패배하지 않았습니다. 바리새적인 자랑으로서가 아니라 은혜의 기쁨으로 과거를 돌아볼 때, 한때 여러분을 지배했던 많은 악한 습관들이 이제는 더 이상 여러분에게 지배력을 잃어버리지 않았습니까? 그것은 힘겨운 싸움이었습니다. 때때로 여러분은 입술을 깨물고서 패배하지나 않을까 두려워했습니다! 어떤 순간에는 여러분의 걸음이 거의 어그러졌고, 여러분의 발은 거의 미끄러졌습니다. 하지만 그럼에도 여러분은 여기에 정복자로 있습니다! 우리 주 예수 그리스도로 말미암아 우리에게 이김을 주시는 하나님께 감사합니다! 요한이 여러분에게 서신을 쓸 때에 성령이 하시는 말씀을 들으십시오. 여러분이 그 악한 자를 이겼기 때문에 그분이 말씀하십니다. "이 세상이나 세상에 있는 것들을 사랑하지 말라"(요일 2:15).

한 가지 더 말하자면, 그리스도 예수 안에서 우리는 이미 그 악한 자를 완전히 이겼습니다. 우리가 싸워야 할 원수는 이미 정복당한 원수입니다. 우리 주님께서 그를 상대하시어 그를 멸하셨습니다. 그에게는 이제 그가 자랑하던 전투용 도끼가 없습니다. 그 무서운 무기는 그의 손에 들려 있는 것을 보기만 해도 용감한 자들을 움찔하게 만들었습니다. "그 무기가 무엇입니까?"라고 여러분은 묻습니다. 그 무기는 사망입니다. 우리 주님은 그 사망 권세 잡은 자 곧 마귀를 쓰러뜨리셨습니다. 그러므로 사탄에게는 더 이상 사망의 권세가 없습니다. 사망과 지옥의 열쇠꾸러미는 그리스도의 허리춤에 있습니다. 아, 마귀여, 예수님을 믿는 우리가 너를 이기리니, 우리 주님께서 너를 이기셨기 때문이라! 너는 네 머리에 난 상처를 숨길 수 없으리라! 네 왕관은 산산조각이 났노라! 오 용이여, 주님께서 네게 심한 상처를 입히셨으니, 네 치명적인 상처는 결코 치료받을 수 없으리라! 우리는 너에 대해 불굴의 용기를 가지고 있다. 우리 주님께서 곧 사탄을 우리 발 아래 엎드러지게 하신다는 약속을 우리가 믿기 때문이다! 네가 십자가에 달리신 우리 주님의 발 아래 확실히 굴복한 만큼, 너는 또한 그분의 모든 후손들의 발 아래 엎드러지게 될 것이니, 완전한 멸망과 수치가 네 몫이 되리라! 형제들이여, 용기를 가지고 믿음에 굳게 서도록 합시다. 우리 주 예수님 안에서 우리가 저 악한 자를 이겼기 때문입니다. 우리를 사랑하시는 이로 말미암아 우리는 정복자가 되었습니다.

4. 힘의 근원

이제 네 번째의 요점으로 마치고자 합니다. 이 요점은 그들의 힘의 근원(their source of strength)입니다. 여러분은 그들의 힘과, 힘의 필요와, 그 힘의 증거를 보았습니다. 이제는 그 힘의 근원을 볼 차례입니다. "하나님의 말씀이 너희 속에 거하시고."

나는 다른 어떤 시대보다도 지금 이 시대에 하나님의 백성들이 이 구절을 이해하는 것이 절실하게 필요하다는 견해를 가지고 있습니다. 우리는 순례의 여정에서 존 번연이 '미혹의 땅(Enchanted Ground)'이라고 묘사했던 부분으로 들어섰습니다. 교회와 세상이 다를 바 없이 어리석게도 마법에 빠진 듯이 보입니다. 이 시대에 하나님의 백성의 절반은 거의 아무것도 알지 못합니다. 그들은 기사들(wonders)을 갈망하고, 소리 나는 구리와 울리는 꽹과리를 좇아 달려가고, 더욱이 놀랍도록 날조된 이야기를 들으려고 기다리고 있습니다. 모든 것이 뒤섞여 빙글빙글 도는 듯합니다. 회오리바람이 불고, 어디에나 비바람이 몰아치는 듯합니다. 그리스도인들은 그리스도를 그들의 지도자로, 또한 성경을 그들의 규칙으로 믿어 왔습니다. 하지만 그들 중 어떤 이들은 전에 결코 알지 못했던 것들을 그들의 주로, 또한 규칙으로 여기고 즐거워합니다! 내 말을 믿으십시오. 곧 새로운 메시야들이 등장할 것입니다. 사람들이 이미 기적을 행한다고 사칭하고 있으니, 우리는 곧 거짓 그리스도들을 보게 될 것입니다. 사방에서 "여기 있다!" "저기 있다!" 고 하는 소리들이 들려올 것입니다. 닻이 올려지고, 바람이 불어닥치니, 함대 전체가 혼동에 빠지고 있습니다. 한때 내가 정신이 멀쩡하고 안정되었다고 믿었던 사람들조차 이런저런 망상에 휩쓸려가는 것을 보니, 나는 이렇게 소리칠 수밖에 없습니다. "다음에는 무엇이냐? 또 다음에는 무엇이냐?" 우리는 불신앙과 광신주의가 뒤섞인 시대에 접어들고 있습니다. 이제 우리는 누가 하나님의 택하신 자이며, 누가 그렇지 못한지를 알게 될 것입니다.

이 때에 할 수만 있다면 택하신 자들까지도 미혹하려는 영들이 사방에서 날뛰고 있습니다. 미혹당하지 않은 자들은 거기에 고통스럽게 맞서고 있습니다. 여기에 성도들의 인내가 있습니다. 그리스도 안에 뿌리를 내리고 견고히 서 있지 않은 자는 스스로를 돌아보아야 합니다. 태풍이 다가오고 있기 때문입니다.

시대의 징조들은 미혹의 광란이 있을 조짐을 보이고 있습니다. 사람들은 말씀에 의해 인도받기를 그만두었고, 그들 스스로 예언자들이라고 주장합니다. 이제 우리는 볼 것을 보게 될 것입니다. 자기 목자를 알고 낯선 자들의 음성에 귀를 기울이지 않는 양은 복이 있습니다. 하지만 견고히 서는 길이 여기에 있습니다. — "하나님의 말씀이 너희 속에 거하시고."

"하나님의 말씀", 즉 우리는 하나님의 말씀의 가르침들을 믿어야 합니다. 이 가르침들이 우리를 강하게 만듭니다. 그 가르침들이 사람에게 어떤 활력을 불어넣는지요! 말씀을 잘 섭취해 보십시오. 그러면 여러분은 악한 자를 이길 것입니다. 마귀가 루터를 유혹했을 때, 그 개혁자가 '믿음으로 말미암는 의(justification by faith)'를 굳게 붙든 것이 그로 승리하게 했습니다. 은혜의 교리들을 굳게 붙드십시오. 그러면 사탄은 여러분을 공격하는 것을 곧 포기할 것입니다. 그 교리들은 철갑옷과도 같으며, 어떤 화살로도 그것을 뚫을 수 없습니다.

하나님 말씀의 약속 역시 사람에게 얼마나 큰 힘을 주는지요! 고난의 때에 "되리라(shall)" 혹은 "하리라(will)"고 표현된 약속을 붙드는 것은 하늘의 보호와도 같습니다. "내 주 하나님이 내게 응답하시리이다"(시 38:15). "내가 너를 떠나지 아니하며 버리지 아니하리라"(수 1:5; 히 13:5). 이런 말씀들은 신적인 버팀대와도 같습니다. 오, 그런 약속을 간직한 자는 악한 자를 이김에 있어서 얼마나 강하겠습니까! 여러분의 혀 아래 한 가지 약속을 간직할 때까지는 아침에 자신을 믿고서 거리에 나서지 마십시오. 안개가 자욱한 날씨엔 사람들이 보호 마스크를 착용하는 것을 볼 수 있습니다. 그것을 착용하면 그리 모양새가 좋지는 않더라도 확실히 유용할 것입니다. 지금과 같이 악한 세상의 해로운 대기에서 최상의 보호 마스크는 여러분 입술에 담은 적절한 약속이라고 나는 권면합니다. 주님께서 광야에서 이 약속으로 유혹자를 참패시키지 않으셨습니까? "사람이 떡으로만 살 것이 아니요 하나님의 입으로부터 나오는 모든 말씀으로 살 것이라 하였느니라"(마 4:4). 하나님의 약속들이 여러분 안에 거하게 하십시오. 그러면 강하게 될 것입니다.

다음에는 계명들을 생각하십시오. 계명은 종종 사탄에게 날카로운 무기이기 때문입니다. 주 예수 그리스도께서 한 가지 계명을 인용하심으로써 사탄에게 어떻게 치명적인 타격을 가하셨는지를 기억하십시오. "기록되었으되 주 너의 하나님께 경배하고 다만 그를 섬기라 하였느니라"(마 4:10). 만일 계명이 능숙하게 사용되지 않았더라면, 무엇으로 그 원수가 책망을 받았겠습니까? 위협 역시 전혀 약한 무기가 아닙니다. 죄에 대한 하나님 말씀의 가장 무서운 위협은 그리스도인들이 죄의 유혹을 당할 때에 최선의 도움이 됩니다. 이 큰 악함을, 하나님께 대한 죄를 내가 어찌할 수 있을까요? 하늘로서 말씀하시는 그분으로부터 내가 돌아선다면 내가 어찌 죄를 피할 수 있겠습니까? 사탄에게 그 위협의 말씀들을 들려주고, 그로 떨게 만드십시오. 하나님의 모든 말씀은 거룩함에 이르게 하는 생명이며 또한 죄에 대한 죽음입니다. 그 말씀을 여러분의 검과 방패로 활용하십시오. 그와 같은 무기가 또 없습니다.

자, 요한이 단지 "하나님의 말씀"이라고 언급하지 않고 "너희 속에(in you)" 거하는 하나님의 말씀이라고 언급하는 것에 주목하시기 바랍니다. 성령으로 감동된 말씀은 자원하는 마음 안으로 받아들여져야 합니다. 어떻게요? 그곳에(there) 놓여 있는 책이, 마음에 역사하시는 성령의 활동에 의해 마음 가장 깊은 이곳에(here) 호소되어야 합니다. 이(this) 모든 문자가 영과 삶으로(into spirit and life) 해석되고 표현되어져야 합니다. "너희 속에 거하시는 하나님의 말씀"이란, 말하자면 먼저 그것을 알고, 다음에는 그것을 기억하고 마음에 간직하는 것입니다. 이에 따라 우리는 하나님의 말씀을 이해해야 하고, 영적인 것들을 영적으로 분변함으로써 신앙의 교훈을 배워야 합니다. 그러다보면 마침내 하나님의 진리의 체계를 배워 그것을 전하기도 하고, 그것을 위해 변론할 수도 있게 되는 것입니다. 다음에는 애착을 가지고 그 말씀을 간직하고 사랑하십시오. 그러면 그것이 마치 꿀 송이에서 떨어지는 꿀처럼 여겨지게 될 것입니다. 이렇게 되면 여러분은 반드시 그 악한 자를 이길 것입니다. 성경에서 교훈을 받은 사람은 마치 무장한 기사와도 같아서, 적병들 사이로 헤집고 돌진하여 많은 자들에게 부상을 입히면서도 그 자신은 철갑으로 보호를 받아 해를 입지 않습니다.

예, 하지만 그것이 전부가 아닙니다. 단지 여러분 안에 있는 하나님의 말씀이 아니라 "여러분 안에 거하시는(abides) 하나님의 말씀"입니다. 그것은 언제나 거기에 있습니다. 그것은 여러분에게서 옮겨질 수 없습니다. 만일 사람이 성경을 자기 속으로 섭취하면 그 때 그는 전적으로 옳은 자가 됩니다. 그 속에 하나님 말씀이 가득하여, 악을 위한 여지가 없기 때문입니다. 여러분이 어떤 공간을 곡식으로 가득하게 하면 실질적으로 여러분은 쭉정이들을 몰아내는 것입니다. 사람들이 새롭고 거짓된 교리들을 좇아가는 것은 그들이 진정으로 진리를 알지 못하기 때문입니다. 만약 진리가 그들 속으로 섭취되고 그들을 채웠다면, 그들에게는 이 시대의 헛된 몽상들을 받아들일 공간이 없어지게 됩니다. 진실로 은혜의 교리들을 아는 사람은 결코 그 교리에서 떠나지 않습니다. 나는 우리의 반대자들이 우리 형제들이 완고하다고 하며 격렬히 비난하는 소리를 들었습니다. 일단 진리가 진실로 여러분 안에 들어가면, 그것은 여러분 존재의 본질 속으로 뚫고 들어가며, 어떤 것도 그것을 여러분에게서 끄집어내지 못합니다. 그것은 또한 모든 악한 것에 대해 여러분을 깨어 있게 함으로써 여러분에게 힘이 될 것입니다. 말씀이 여러분 안에 거할 때에 여러분은 깨어서 파수하게 될 것입니다. "그것이 네가 다닐 때에 너를 인도하며 네가 잘 때에 너를 보호하리라"(잠 6:22)고 했기 때문입니다. 하나님의 말씀은 여러분에게 요새이자 높은 망대가 될 것이며, 원수에 맞서는 견고한 성이 될 것입니다. 오, 하나님의 말씀이 여러분 속에 있는지, 여러분의 영혼 안에 있는지, 여러분의 생각을 뚫고 들어가서 여러분의 외적인 생활에서도 작동하고 있는지를 살피십시오. 성경의 말씀이 여러분의 말과 행동에 스며들어, 모든 이들로 하여금 여러분이 진정으로 성경적인 그리스도인임을 알게 하십시오.

하나님의 말씀을 먹음으로써 강한 사람들, 이들은 마치 군대와 같아서 하나님의 교회에서 우리가 필요로 하는 자들입니다. 내 형제들과 자매들이여, 말씀으로 강해지기를 열망하십시오. 여러분이 그런 상태에 이르렀을 때, 그 때 여러분은 세 번째의 단계인 이스라엘의 아비들이 되고자 열망할 수 있을 것입니다. 이 수준에 이르도록 진보를 위해 힘쓰고, 즉시 나아가도록 합시다.

그리스도 예수 안에 전혀 있지 않기 때문에 그리스도 예수 안에서 청년들이 아닌 사람이 여기에 있습니까? 나는 오늘 아침에 여러분에게 말할 수가 없습니다. 시간이 끝났기 때문입니다. 하지만 나는 여러분을 위해 근심하지 않을 수 없습니다. 그리스도 밖에 있는 것은 너무나 끔찍한 것이어서 차라리 애초부터 존재하지 않았던 것보다 못합니다. 하나님도 없고, 그리스도도 없다면, 여러분은 삶에서도 기쁨이 없고 죽음에서도 소망이 없을 것입니다. 하나님의 가족에서 아기도 되지 못하다니요! 그렇다면 이것을 아십시오. 하나님께서 그리스도가 없는 자들을 심판하실 것이며, 그분이 임하실 때에 그 심판은 신속하고 엄위하게 행해질 것입니다! 오늘 여러분이 그리스도를 영접하지 않는다면, 그날 그리스도께서도 여러분을 받지 않으실 것입니다. 더 이상 그리스도 밖에서 머물지 마십시오. 그분의 얼굴을 구하고 사십시오. "그를 믿는 자마다 멸망하지 않고 영생을 얻기" 때문입니다(요 3:16). 이 순간 여러분이 예수님을 위하여 그분을 믿을 수 있기를 바랍니다. 아멘.

오. 그분의 얼굴을 구하고 사십시오. "그를 믿는 자마다 멸망하지 않고 영생을 얻기" 때문입니다(요 3:16). 이 순간 여러분이 예수님을 위하여 그분을 믿을 수 있기를 바랍니다. 아멘.

제
8
장

—

그리스도 안에서의 아비들

—

"아비들아 내가 너희에게 쓰는 것은 너희가 태초부터 계신
이를 알았음이요 … 아비들아 내가 너희에게 쓴 것은 너희
가 태초부터 계신 이를 알았음이라." ― 요일 2:13-14

이 두 구절의 차이에 주목하시기 바랍니다. 요한은 먼저 이렇게 말합니다.
"내가 너희에게 쓰는 것은(I write unto you)." 그런 다음 그는 "내가 너희에게 쓴
것은(I have written unto you)" 이라고 합니다. 앞의 두 차례 설교에서 나는 주의
사랑을 받은 사도가 아이들과 청년들을 향하여 했던 말씀으로 설교했습니다. 나
는 내가 할 수 있는 대로 이 차이점에 대해 여러분에게 자세히 설명했고, 지금 그
것을 반복할 필요를 느끼지 못합니다. 아마도 이 문제를 여러분에게 좀 더 선명
하게 해 줄 어떤 추가적인 생각이 떠오릅니다. 사도 요한은 "내가 쓰노라"고 하
고서 이윽고 "내가 썼노라"고 말합니다. 내가 생각하기에, 이는 그의 주제의 중요
성을 보여줍니다. 만약 그가 이미 기록한 것을 다시 기록한다면, 그는 그것이 매
우 필요하고 가치 있는 진리라고 생각했음이 틀림없습니다. 만약 이 영감받은
작가처럼, 그가 다루는 문제에 대한 생각으로 가득하고, 그 주제를 청중의 마음
속에 각인시킬 때까지 그것을 반복해야 할 만큼 중요하다고 느끼는 경우가 아니
라면, 사람은 같은 주제를 반복해서 말하지 않습니다. 사도는 실질적으로 이렇
게 말하는 것을 부끄러워하지 않았습니다. "나는 이 문제에 대해 씁니다. 여러분
은 내가 그것을 이미 쓴 것을 내게 상기시킬 필요가 없습니다. 내가 이미 여러분

에게 말한 것을 여러분이 기억하게 만드는 것이 현명하다고 느끼기 때문입니다.”어떤 구조물에 부착시켜야 할 중요한 것이 있다면 꼼꼼하게 징들을 박아 두어야 합니다. 주춧돌들은 면밀하게 신경을 써서 놓아야 합니다. 교사는 기초가 될 만한 진리를 제자가 확실히 배워 잊어버릴 염려가 없을 때까지 반복해야 합니다.

　　이런 진술의 형태는 또한 작가의 변치 않는 확신을 드러내 줍니다. 이 작가는 이미 한 번 쓴 것을 다시 쓰기를 기뻐하고 있습니다. 이는 확고하게 결심한 마음을 보여주며, 그 마음으로부터 한결같은 증언이 나옵니다. 지금처럼 변덕스러운 시대에서는 교사들이 어떤 주제에 대해 “내가 쓴다”고 말하고 다시 “내가 썼노라”고 말하는 것이 어렵다고 느낄 것입니다. 잉크가 채 마르기도 전에 그들은 방금 종이에 쓴 것을 지우고서 그들의 종교적인 사상에 대해 수정판을 써야 할 필요를 느낍니다. 이런 엉성한 사색가들은 채 한 달을 한 곳에 머물러 있지 못합니다. 그들은 어떤 천체 지도에서도 삼 주간 정도를 한 곳에 위치하는 것으로 표기할 수 없는 그런 별들을 찾아다닙니다. 그들은 이런 식으로 말합니다. “나는 씁니다. 하지만 아차, 친애하는 여러분, 나는 육 개월 전에 내가 쓴 것에 대해 알지 못합니다. 아마도 나의 이전 견해는 지금은 진실이 아닐 가능성이 큽니다. 모든 것은 흘러가고 있고, 내 머리도 흐르는 모든 것과 함께 헤엄치고 있으니까요. 나는 발전해가는 사람일 뿐, 항상 배우나, 결코 진리를 아는 지식에는 이르지 못한답니다. 일년 전에 내가 쓴 것을 지워 버리고, 오늘 내가 쓰는 것에 관심을 가지고 읽어 주십시오.”

　　그런 말에 대해 우리는 이렇게 대응합니다. “친애하는 선생이여, 우리는 당신이 지금 쓰는 것에 대해 주목할 수가 없습니다. 왜냐하면 한두 주간 내에 당신이 그 모든 것을 철회하거나 전면 수정할 가능성이 매우 크기 때문입니다. 그리고 당신에 대해서도 우리는 그다지 관심을 기울이지 않을 것입니다. 왜냐하면 당신은 당신이 한 말이 끝나자마자 계속해서 말을 바꿀 것이기 때문입니다. 우리는 자꾸 고쳐서 배워야 하는 것을 배우고 싶지는 않습니다. 우리는 당신 자신이 어떤 확실한 상태에 이르기까지, 우리가 현재에 가진 지식에 머무를 것입니다. 아마도 이십년의 세월이 지나고, 당신이 당신의 집시 천막을 걷어야 할 때쯤, 아마 당신의 말을 잠시 들어줄 가치가 있을지 모르겠습니다. 하지만 그렇게 하겠노라고 약속은 하지 않겠습니다. 왜냐하면 당신이 지금 ‘발전하고’ 있다고 말하는 그 과정에서 더 깊은 어둠으로 빠져들고 있기 때문입니다. 아마도 당신은 칠 배나 어두운 밤에서 끝나게 될 것입니다."

사랑하는 친구들이여, 나는 기독교 신앙의 고정성(fixity)을 기뻐합니다. 나는 주 예수님의 복음에서 개선할 점들이나 발전해야 할 요소들에 대해서 알지 못합니다. 복음의 고정 불변성을 이 말씀으로 요약할 수 있을 것입니다. "예수 그리스도는 어제나 오늘이나 영원토록 동일하시니라"(히 13:8). 나는 성령 하나님께서 우리에게 성경에서 완벽하고 전체적인 계시를 주셨다고 믿으며, 모든 그리스도인들이 그 계시를 더하거나 감하는 것 없이 받아들여야 한다고 믿습니다. 나는 사도들과 순교자들과 신앙고백자들과 교사들이 1900년 동안 거짓을 따라 살아왔다고 믿지 않습니다. 나는 영광에 들어간 성도들의 믿음을, 요즈음 자기들의 '사상(thought)'이라는 것으로 우리를 이끌고 있다고 주장하는 건방진 작자들의 백일몽보다 더 좋아합니다. 우리는 다윗이 이렇게 말했을 때에 그의 생각과 같습니다. "내가 헛된 사상들을 미워하나이다"(시 119:113, KJV, 한글개역개정은 '내가 두 마음 품는 자들을 미워하고'로 되어 있음 ─ 역주). 성경이 이렇게 잘 말하고 있습니다. "여호와께서는 사람의 생각이 허무함을 아시느니라"(시 94:11). 만일 생각(thinking)의 문제라면 우리도 그들만큼 생각할 수 있으며, 현대 신학에 대한 우리의 생각은 슬픈 경멸로 가득 차 있습니다. 그것이 새로운 것인지에 대해서도 우리는 의심하고 있습니다. 혹 그것이 새롭다 해도 그것은 진리가 아닙니다. 진리는 필연적으로 영원한 언덕들처럼 오래된 것이기 때문입니다. 우리는 '묵상(meditation)'이라는 단어가 지금은 좀처럼 사용되지 않고, '사상'이라는 단어가 현대의 우상이 된 사실에 주목합니다. 우리는 계시된 진리를 묵상합니다. 하지만 이 '사상'이라는 개념은 진리를 배격하고 그 자리에 순전한 공상을 세웁니다. 우리는 방황하는 사색가들의 무리에 합류하기를 거부합니다. 우리는 신자들의 일정한 여정을 가고 있습니다. 우리는 이렇게 말할 수 있습니다. "우리가 쓴 것을 여전히 우리는 씁니다. 우리가 전한 것을 여전히 우리는 전합니다." 우리가 지금껏 성경에 계시된 것을 전해 왔듯이, 우리는 그 진리에 서 있으며 앞으로도 그럴 것입니다. 하나님이 우리를 도우십니다. 우리가 천년을 산다고 해도, 생의 끝에서 우리는 고정되고 불변하며 영원한 하나님의 진리를 말할 것이며, 그것에서 더하거나 뺄 것이 없습니다. 우리는 그 진리를 더 잘 이해하기를 소망하지만, 그보다 더 나은 진리를 발견하지는 않을 것입니다.

　　"내가 쓰는 것은" 그리고 "내가 쓴 것은" 인간의 영속적인 필요를 의미하기도 합니다. 인간은 때때로 같은 가르침을 요청합니다. 요한이 "내가 쓴 것은"이라고 말했을 때, 나는 그가 그의 복음을 언급한 것이라고 생각합니다. 그리고 조금 후인 지금, 그는 서신을 쓰면서 "내가 쓰는 것은"이라고 말합니다. 어느 경우든 같은 가르침을 말하고 있습니다. 인간의 본성은 여전히 동일합니다. 인간의 영적 갈등과 위험들은 여전히 동일합니다. 그러므로 날마다 또한 매 세기마다 동일한 진리가 적절합니다. 영혼의 굶주림에는 오직 한 가지 양식이 있으며, 영적인 위험에는 오직 한 가지 도움이 있습니다. 참된 교사는 언제나 동일한 진리를 가지고 사람들에게 옵니다. 왜냐하면 사람들이 계속해서 동일한 위험들과, 필요들과, 슬픔들과, 희망들을 안고 나아오기 때문입니다. 요한이 앞서 써야 했던 것을 필요로 했던 아비들은, 지금도 여전히 요한이 같은 것을 써야 할 만큼 동일한 것을 필요로 합니다. 비록 그들이 더욱 아버지답게 성장하긴 했지만, 사도의 가르침을 필요로 하지 않을 만큼 성숙한 것은 아닙니다. 예전의 진리는 후대의 우리에게도 선합니다. 아주 오래 전에, 우리들 중 일부가 어린 소년들이었을 때에, 우리는 예수님의 복음에 귀를 기울였고 우리의 마음이 그것을 받아들이고 기뻐 뛰었습니다. 그것은 우리 영혼의 생명이자 기쁨이었습니다. 그리고 지금 오늘날에, 경건의 삶에서 많이 진보를 이룬 후에, 만약 우리가 처음에 우리를 그리스도께로 인도했던 그런 단순한 설교들을 듣는다면, 예수님의 보혈과 그분께 대한 어린아이 같은 신앙과 관련된 가르침을 듣는다면, 그것은 어린 시절에 그랬던 것과 마찬가지로 우리에게 적절하고 유익할 것입니다. 훌륭하게 성장한 그리스도인들에 대해서 나는 이런 점을 주목해 왔습니다. 즉 내가 순수하게 복음적인 가르침을 전했을 때에, 아주 성숙한 성도들을 위로하거나 덕을 세우기 위한 목적이 아니라 오직 죄인들을 위한 목적으로 말씀을 전했을 때에, 그들은 마치 그들 자신이 새롭게 회심한 자들처럼 큰 기쁨으로 그 말씀을 받아들였다는 것입니다. 결국, 비록 여러분과 내가 지금은 우유를 먹고 자라지는 않지만, 한 모금의 우유는 여전히 아주 신선한 힘을 준다는 것입니다. 지금은 우리가 딱딱한 고기도 소화시킬 수 있지만, 여전히 어린아이들의 빵에도 입맛을 잃어버리지 않았습니다. 초보적인 진리들이 여전히 우리의 마음에 달콤합니다. 아니, 예전에 그랬던 것보다 지금이 더욱 달지요. 비록 우리가 거룩한 지식의 덕을 세워가는 과정에서 더 높은 단계로 진보하긴 했지만, 여전히 우리는 주 예수님과 관련된 기초적인 진리들을 큰 기쁨으로 바라보고 있습니다. 우리는 주 하나님께서 "보라 내가 택한 보배로운 모퉁잇돌을 시온에 두노니 그를 믿는 자는 부끄러움을 당하지 아니하리라"(벤전 2:6)고 하신 그분을 여전히 온 마음으로 의지하고 있습니다. 예수님은 여전히 우리에게 "택한 보배로운" 분이시고, 우리 생의 마지막 때까지도 그럴 것임을 우리는 알고 있습니다.

이 본문에서 나는 주로 아비들을 대상으로 말씀을 전하려고 합니다. 교회에는 아비들이 많지 않기 때문에, 아마도 이 설교의 대상은 얼마 안 되는 청중일 것이라고 생각할 수도 있겠지요. 하지만 그렇지는 않을 것입니다. 왜냐하면 나는 이 설교가 청년들에게도 영향을 미칠 것이라고 바라며 또 그렇게 믿기 때문입니다. 청년 형제들이여, 여러분은 첫 번째 계층에 도달하기를 바라고, 아비들 중의 하나로 간주되기를 바랄 것입니다. 심지어 어린 아이들인 여러분에게도, 이 본문은 교훈의 말씀을 담고 있습니다. 아이와 같은 여러분은 아비들이 아는 것에 대해 듣고 기뻐할 것입니다. 같은 것을 알고 싶은 소망이 여러분에게 있기 때문입니다. 하나님의 생명은 모든 단계에 있어서 동일하기 때문에, 아비들에게 유익한 말씀은 아기들에게도 유용하며, 또한 아이들에게 들려지는 말씀 안에 청년들에게 해당되는 음성이 있습니다. 성령 하나님께서 이 말씀으로 그분의 모든 백성들의 마음에 복을 주시길 빕니다!

아비들과 관련하여, 나는 이 아침에 세 가지를 질문하려고 합니다. 첫째, 그들은 누구입니까? "너희 아비들아." 둘째, 그들의 독특한 특징은 무엇입니까? "너희가 태초부터 계신 이를 앎이요." 셋째, 그들에게 주는 메시지는 무엇입니까? "아비들아 내가 너희에게 쓴 것은." 하나님의 교회에 있는 아비들에게 요한이 쓴 것이 무엇일까요?

1. 그리스도 안에서 아비들이란 누구인가?

첫째, 아비들은 누구입니까? 대개 우리는 그것을 나이와 관련지어 생각합니다. 하지만 여기서 우리는 실수하지 않도록 주의해야 합니다. 은혜 안에서 나이란, 비록 그것이 많은 경우에서 자연적인 나이와 병행하기도 하지만, 항상 그렇지는 않습니다. 하나님의 교회에는 칠십 세가 넘은 어린아이도 있습니다. 예, 노년의 모든 약점들을 나타내는 어린아이들이지요. 백발이 된 아기들을 보는 것이 그다지 유쾌한 광경은 아닐 것입니다. 하지만 나는 그런 분들을 보아왔고, 심지어 그들이 그리스도 안에서 아기들이기를 바라기도 했음을 고백하지 않을 수 없습니다. 철부지 같은 팔십대의 사람에 대해 말하기란 쉽지 않지만, 그런 분들이 있습니다. 나이 육십에도 보모의 품에서 채 벗어나지 못하여, 젖먹이 아기들처럼 많은 돌봄과 위로가 필요한 분들이 있습니다. 그와는 반대로, 하나님의 교회에는 비교적 청년의 나이에도 불구하고 지혜롭고, 안정되고, 가르침을 잘 받은 아비들이 있습니다. 주님은 자기 백성을 신속하게 자라게 하실 수 있으며, 그들의 연령에 비해 훨씬 성숙하게 만드실 수 있습니다. 소년 시절의 다윗은 하나님 안에서 연로한 엘리 제사장보다 더 아비다웠습니다. 은혜 안에서의 성장이란 시간에 따른 성장이 아닙니다. 영원의 문제들에 있어서 나이는 그다지 중요하지 않습니다. 주께서는 순박한 자에게 예리한 통찰력을 주시고, 청년들에게도 지식과 분별력을 주십니다. 솔로몬은 아직 젊을 때에 지혜로웠고, 어떤 면에서는 그가 늙었을 때보다 더 지혜로웠습니다. 어떤 청년들은 요셉과도 같아서, 그들은 사람들 중에 성년이 되기 전에 하나님 앞에서는 장성한 사람이 됩니다. 우리말 번역에 따르면 요셉이 다른 형제들보다 야곱에게 더 사랑을 받은 것은 그가 야곱의 "노년에 얻은 아들이므로"(창 37:3)라고 되어 있습니다. 이는 올바른 번역이라고 하기 어렵습니다. 왜냐하면 그렇게 보자면 그보다 늦게 태어난 베냐민이 훨씬 더 그렇게 불릴 자격이 있기 때문입니다. 내가 보기에 더 정확한 해석은 그가 '원로들의 아들(a son of the Elders)'임을 나타낸다고 보는 것입니다. 즉 그가 아직 아이였을 동안에도 그는 나이든 사람들과 어울리는 동료였고, 생각이 깊고 진지한 '애 어른(child-man)'이었으며, 비범한 지혜와 분별력으로 가득했다는 의미로 보는 것입니다. 지금도 요셉과 같은 사람들이 이따금씩 교회에서 발견됩니다. 주님은 그런 자들을 수단으로 그분의 백성들에게 큰 복을 내리십니다. 오, 그들이 더 많아지기를 바랍니다! 어려서부터 그들은 하나님의 말씀을 깨닫고, 놀라울 정도의 민감한 이해력을 보입니다. 그것 외에도, 나는 어떤 젊은 신자들에게는 아주 짧은 기간에 깊은 경험이 주어지고, 그리하여 그들이 비록 나이로는 어리지만 경건에 있어서 아비들이 되는 것을 목격해 왔습니다. 그럼에도 불구하고, 일반적으로, 은혜 안에서의 진보가 인생의 연수에 수반되어야 하는 것으로 예상할 수 있습니다. 그런 경우가 매우 빈번합니다. 우리가 다른 사람들의 영혼을 돌보기에 적합한 자들을 흔히 "교회의 장로들"이라고 부르는 것은, 단지 그들이 나이가 많기 때문이 아니라 그들이 하나님의 일에 있어서 교훈을 잘 받은 자들이기 때문입니다. 이들은 아비들입니다. 이들은 은혜 안에서 성년이 된 자들이며, 영적인 성숙도에 있어서 충분히 자란 자들이며, 세월과 많은 시련의 검증에 의해 그들의 성숙함이 인정된 자들입니다. 성도들이여, 그들이 지나온 세월의 과정에서 수고하고 인내할 수 있음을 보였기 때문에, 그들은 정당하게 아비들의 반열에 속하게 된 것입니다. 왜 우리가 초대교회의 저자들을 교부들(fathers of the church)이라고 부를까요? 내 생각으로는, 그들이 교회의 아비들이 된 것은 우리가 그들의 가르침을 후대의 가르침보다 더 뛰어나다고 인정하기 때문이 아니라, 그들이 먼저 된 사람들이고, 개척자들이며, 선봉대이기 때문입니다. 교회 초창기의 지체들은, 그들이 계속해서 신앙을 지키고 터를 잡고 정착하면, 적당한 시기에 아비들이 될 것입니다. 인내해 온 경건의 세월들이 그들에게 존경스러운 칭호를 부여할 것입니다. 바울은 어떤 사람들에 대해 "나보다 먼저 그리스도 안에 있는 자"(롬 16:7)라고 명예롭게 언급했습니다. 오랫동안 그리스도의 군사로 지내온 것은 명예입니다. 예수님께서 제자들에게 이렇게 말씀하신 것은 그들에게 적은 칭찬이 아닙니다. "너희는 처음부터 나와 함께 있었느니라"(요 15:27). 아비라고 하는 개념을 우리는 인생의 연수와 관련지어 생각할 수 있습니다. 우리는 그리스도 안에서 오래 있었던 신자들이 교훈을 잘 배우고, 하나님의 일에 있어서 온전한 성장에 이르기를 소망하고 기대합니다. 그리스도 안에 있는 형제들이여, 여러분이 아비들의 반열에 속할 수 있는지를 판단해 보십시오. 만일 여러분이 그럴 수 없다면, 그것을 목표로 삼고 달려가십시오. 나는 담대히 여러분에게 말합니다. 이 교회에는 이 계층에 속하는 그리스도인들의 비율이 내가 보아온 다른 어느 곳에서보다 더 높습니다. 나는 이 점에 대해 진심으로 하나님께 감사드립니다. 그들이 우리 회중들에게 큰 유익을 끼치기 때문입니다.

또한 "아비들"은 성숙한 사람들입니다. 그들은 경험 없는 미숙한 사람들이 아닙니다. 행군이나 싸움에 익숙하지 않은 새로운 초보자들도 아닙니다. 그들은 오래된 군사들로서 칼을 사용하는데 익숙하고, 그들 스스로 전투에서 부상당한 상처들을 간직한 사람들입니다. 이들은 그들이 아는 것을 압니다. 그들은 복음을 오래도록 묵상하고, 그것을 연구하고, 숙고하여 마침내 강하고 온전한 확신으로 그것을 깨달은 자들입니다. 대개 우리가 "아비들"이라는 말을 쓸 때는 은혜에서 발전하고, 성품에서 성숙하고, 확신에서 굳세며, 말이 분명하고, 판단에서 정확한 사람들을 의미합니다. 이들은 다른 것들을 분별할 수 있으며, 무지한 자들을 유혹하는 철학들에 속아넘어가지 않습니다. 그들은 목자의 음성을 알고, 낯선 자를 따라가지 않습니다. 더 어린 사람들은 미혹당하여 진리에 순종하지 않는 경우가 있습니다. 하지만 이들은 오류에 매혹당하지 않습니다. 새로운 회심자들은 어려운 일들을 만날 때에 이 아비들을 찾아갑니다. 초심자들을 당혹스럽게 하는 의심들이 주님께 배운 자들에게는 단순한 문제들입니다. 이들은 성벽 위에 있는 파수꾼들로서, 그곳에서 은밀하게 기어오는 의심들을 감시합니다. 진리를 위장한 치명적인 오류들이 교활하게도 몰래 기어와서 교회의 신앙을 손상시키려 합니다. 주님께서는 오류로부터 교회의 신앙을 파수하도록 하는 목적으로 그들을 가르치시고 선과 악을 분별하는 판단력을 그들에게 주십니다. 시대를 이해하고 이스라엘이 어떻게 대처해야 하는지를 아는 사람들이 그들 중에 있습니다. 사랑하는 형제들이여, 만일 여러분이 그런 아비들이라면 나는 그런 여러분을 기뻐할 것입니다. 여러분이 아직 그렇지 못하다면, 이런 고귀함을 열망하십시오. 여러분이 오래지 않아 잘 익고 달콤하게 되어, 원숙한 그리스도인들의 무리에 속하고, 저 위대한 수확에 준비될 수 있도록 주님께 기도하십시오.

　또한 "아비들"은 안정되고 힘이 있는 사람들입니다. 만일 강도들이 어떤 집을 공격하기로 계획한다면 그들은 어린 아이들에 대해서는 신경 쓰지 않으며, 소년들에 대해서도 개의치 않습니다. 하지만 아버지와 같은 사람들이 주변에 있다면 그 도둑들이 그들과 부닥치지 않으려고 조심할 것입니다. 저 원조 사기꾼(arch-deceiver)은 어린 아이들과 청년들을 속여서 교회에 손상을 가하려는 희망을 가지고 있습니다. 하지만 그 집 한가운데를 거닐며 모든 사람들에 의해 우러름을 받는 건장한 하나님의 사람들은 쉽사리 흔들리지 않을 것입니다. 스파르타 사람들이 그 시민들을 스파르타의 진정한 성벽이라고 여겼듯이, 우리 역시 이 견고한 사람들을 하나님 아래에서 교회의 놋 성벽이요 방벽처럼 여깁니다. 잘 가르침을 받고, 확신에 서고, 경험이 있고, 하나님의 영에 의해 훈련을 받은 자들은 우리 하나님의 집에서 기둥들입니다. 그들 각 사람에 대해서 이렇게 말할 수 있습니다. "하나님께로부터 태어난 자, 그는 스스로를 지키매 악한 자가 그를 만지지도 못하느니라"(요일 5:18, KJV, 한글개역개정은 '하나님께로부터 나신 자가 그를 지키시매'라고 되어 있음 ― 역주). 이들은 무장한 군사들로서, 하나님이 공급하신 갑옷을 어떻게 입는지를 알고, 성령의 검 곧 하나님의 말씀을 어떻게 사용하는지를 압니다. 이들은 강한 믿음과 굳센 확신의 사람들이며, 결단력과 용기를 가진 사람들이고, 신중히 행동하는 사람들입니다. 두려움으로 결코 서두르지 않으며, 거짓된 희망으로 들뜨지도 않습니다. 이들은 말을 철회하거나, 얼버무리거나, 교묘한 핑계를 대고 빠져나가는 자들이 아닙니다. 이들은 신실하고 참된 증인들이며, 원수에게 침착히 대응함으로써 약한 사람들에게 확신을 심어주는 자들입니다. 오, 모든 그리스도인들이 그렇게 견고한 성도들로 자랄 수 있다면 좋겠습니다. 많은 가볍고, 천박하고, 쭉정이뿐인 생각을 가진 사람들이 교회로 들어와서는 이런 성도들을 바로잡겠다고 하면서 우리에게 말할 수 없는 두통거리를 제공합니다. 하지만 이런 성도들은 결코 그들이 의도한 대로 '바로잡히지' 않습니다. 오, 이런 성도들이 더 많다면, 온 세상이 잘못 간다고 해도 그들은 여전히 바른 길을 따라 살아갈 것입니다. 아무리 미신을 예술의 아름다움으로 치장하더라도, 이들은 결코 미신에 현혹되지 않습니다. 이들은 또한 회의주의가 문화와 지혜의 이름으로 온갖 허세를 떨며 자랑하여도 그것에 압도당하지 않습니다. 이 아비들은 알고 또 확신하며, 스스로를 굳세게 하여 굴복하지 않는 법을 배웠습니다. 그들은 "기록되었으되"라는 경계를 넘어선 것에 대해서 흥분하지 않으며, 영원한 파멸의 위험을 무릅쓰고 일순간에 사라지는 모래 터 위에 집을 세우지도 않습니다. 지금은 어떤 것도 뚫을 수 없는 방진(方陣: 고대 그리스에서 창병을 네모꼴로 배치한 부대형태)이 크게 필요한때입니다. 견고하고, 흔들리지 말며, 항상 주의 일에 힘쓰는 자들이 되길 바랍니다.

하지만 그리스도인의 아비 됨에는 이것 이상의 무언가가 있습니다. 교회의 아비들은 마음이 따뜻한 사람들이며, 자연스럽게 다른 사람들의 영혼을 돌봅니다. 아버지에게는 가정의 생계를 위한 짐이 지워져 있습니다. 그는 아침에 나가서 그 날의 수고를 하며, 밤에 그 수고의 열매를 가지고 돌아와서 가정을 부양합니다. 그가 사는 것은 그 자신을 위해서가 아니며, 그 주위에 모여드는 사랑하는 가족을 위한 것입니다. 그는 자기 개인의 자아 안에서만 사는 것이 아니라 가족 모두 안에서 살아가며, 특별히 그의 자녀들 안에서 살아갑니다. 자녀들의 고통이나 결핍은 아버지 자신의 고통이고 결핍입니다. 그의 마음은 그가 어린아이였을 때나 청년이었을 때보다 더 커져 있습니다. 지금 그의 심장의 고동은 그 가정 전체에 울리고 있으며, 그가 가정의 생명입니다. 그리스도인 남자들과 여자들이 이런 상태에 이르는 것은 굉장한 일입니다. 그들이 계속해서 자기 자신의 구원에 대해서만 생각하거나, 또는 그들 자신의 영혼이 목회자의 돌봄을 받는 것에 대해서만 생각하는 것이 아니라, 오히려 그들이 교회 안의 약하고 힘없는 자들을 돌보는 것입니다. 섬기는 동안 그들은 성도들의 회중을 늘 생각합니다. 그들은 어떻게 하면 처음 온 사람이 설교에 감동을 받을지, 어떻게 하면 근심하는 심령이 위로를 받을지, 또 어떻게 하면 죄에 빠진 형제가 회복될지, 차갑게 식어가는 누군가의 영혼이 어떻게 하면 소성될지에 대해 신경을 씁니다. 부모와 같은 이런 돌봄이 교회의 참된 아비로서의 증거입니다. 그리스도의 양 떼를 먹이는 일을 그들의 일생의 일로 느끼는 자들을 주께서 우리 가운데 많이 일으켜 주시길 빕니다.

　마음에 이런 생각을 늘 가지고 있기 때문에, 아버지는 부드러워집니다. 그는 어머니의 부드러운 특성들을 어느 정도 공유하며, 따라서 그를 '돌보는 아버지(nursing-father)'라고 부를 수 있습니다. 교회의 참된 아비는, 아버지들이 그러해야 하듯이, 모든 소자들을 향해 부드러운 사랑을 가지고 있습니다. 그는 그들에게 상처를 주려 하지 않습니다. 그들을 슬프게 만드는 것보다 그에게 더 고통스러운 일은 없습니다. 반대로 그는 그들에게 기쁨을 주려고 애쓰며, 그들의 유익을 위해 자기 자신을 내어 놓습니다. 지도자들의 정신이 사랑으로 가득하고, 거칠거나 난폭하지 않고, 지배적이거나 윽박지르지 않으며, 오직 그리스도처럼 부드러울 때, 그것은 교회에 큰 축복입니다. 오 지도적인 위치에 있는 내 형제들이여, 우리가 참고 또 관용합시다. 우리가 돌보도록 주께서 맡기신 주님의 자녀들로부터 일천 가지의 성가신 일들이 생긴다 하더라도 인내하도록 합시다. 우리가 모든 이들의 종들이 되도록 합시다. 자녀들을 위해 수고하는 자가 아버지 아닙니까? 그들을 위해 짐을 지는 자가 아버지 아닙니까? 다른 누구를 위해서보다 가족을 위한 일에서, 그의 훌륭함이 가장 잘 드러나지 않습니까? 그리스도인들이 크게 자라는 것은, 스스로를 다른 사람들을 위해 크게 쓸모 있게 만듦으로써 되는 것입니다. 만약 여러분이 모든 사람의 종으로서, 그들에게 도움이 되고자 하고, 그들을 행복하고 거룩하게 하는 일이라면 무엇이든 기꺼이 하려고 한다면, 바로 그것이 하나님의 교회에서 아비가 되는 것입니다. 체휼하는 돌봄과 마음에서 우러나오는 부드러움은 성령의 은사들입니다. 그 은사들은 여러분을 행복하게 할 것이며, 그 행복은 여러분의 모든 수고를 넘치도록 보상해 줄 것입니다.

　아직도 나는 아버지라는 의미를 충분히 다루지 못했습니다. 아버지는 하나님 아래에서 그의 자녀들의 존재의 근원입니다. 죄인들을 그리스도께로 인도함으로써 시온에서 영적인 부모들이 된 사람들이 많이 있는 교회는 복됩니다. 예수 그리스도 안에서 말과 행동과 정신과 기도와 눈물에 의해, 사람들을 하나님께 태어나도록 한 자들은 행복합니다. 그런 아버지가 된다는 것이 얼마나 큰 영예인지요! 우리들 중 어떤 이들은 이런 기쁨으로 충만하여 그것을 생각만 해도 가슴이 터질 듯합니다. 주께서 아브라함에게 눈을 들어 뭇별을 보라고 하시고 또한 "네 자손이 이와 같으리라"(창 15:5)고 말씀하셨을 때, 그 약속을 우리에게 성취하셨기 때문입니다. 모든 사람이 이런 은혜의 몫을 받는 것은 아닙니다. 하지만 하나님의 교회에서 모든 사람은 영적인 자녀 곧 열매 없는 자가 되지 않도록 기도해야 합니다. 우리 모두가 영혼을 얻는 자들(soul-winners)이 되기를 바랍니다. 목사만이 아니고, 주일학교 교사들만이 아니고, 예외 없이 모든 사람이 그렇게 되기를 바랍니다! 왜 각 성도가 주 예수님께 누군가를 데리고 와서는 안 됩니까? 적어도 우리의 일치된 기도와 경건한 삶으로써, 우리의 일치된 증거와 진실함으로써, 메시야 왕국의 백성 수를 늘리도록 노력합시다. 사람이 예수님을 위해 누군가의 마음을 얻을 때까지는, 나는 그를 아비들 중의 한 사람이라고 생각하기가 어렵습니다.

지금까지 나는 아비들에 대해 묘사했습니다. 그들의 수는 결코 많지 않습니다. 그들의 수는 결코 충분할 만큼 많지 않습니다. 바울은 그리스도 안에서 "아비들이 많지 않다"(고전 4:15)고 말합니다. 하지만 어디든 그들이 있는 곳에서는 그들은 교회의 힘입니다. 나는 군대에서 많은 노병들이 앞에서 행진하는 것을 본 적이 있습니다. 그들은 부대 전체의 훈장이자 명예였습니다. 짧게 복무하는 사람들은 왔다가 가지만, 이 노련한 사람들은 그들의 군기 곁에 오래도록 붙어 있고, 그 부대의 뼈대를 이룹니다. 만일 맹렬한 전투가 벌어진다면 이런 사람들을 의지해야 할 것입니다. 마치 나폴레옹의 오랜 수비대처럼, 그들은 흔들리지도 않고 뒤로 물러나지도 않습니다. 화약 냄새가 그들을 놀라게 하지 못합니다. 총알이 날아가는 소리나, 크게 울리는 대포소리도 마찬가지입니다. 그들은 이미 그런 것들을 보고 경험했습니다. 그들은 그들의 때가 올 때까지 참고 기다릴 수 있으며, 그 일도 군인에게는 중요한 일입니다. 그리고 마침내 진격 명령을 받을 때, 그들은 사자처럼 뛰어올라 먹이를 덮치며, 원수는 그들 앞에서 쫓겨납니다. 하나님의 교회에는 그런 사람들이 있으며, 우리에게는 그런 사람들이 필요합니다. 그들은 적군의 아첨에 우쭐대지도 않으며, 흥분하여 허둥대지도 않습니다.

비록 다른 사람들은 의심하여도, 그들은 하나님을 믿으며, 의심하는 자들의 어리석음에 영향을 받지 않습니다. 그들은 알고, 확신하며, 발을 굳게 디디고 서서, 회의주의자의 설득에 요동하지 않습니다. 행동해야 할 때가 올 때, 그들은 만반의 태세를 갖추고 있다가 전력을 다해 싸우고 그 힘을 발휘합니다. 하나님께서 이 악한 시대에 이러한 군대를 우리에게 더 보내 주시고 또한 보전하시지 않겠습니까?

2. 그리스도 안에서 아비들의 특징은 무엇인가?

둘째로, 그리스도 안에서 아버지들의 두드러진 특징은 무엇입니까? 본문을 읽어 보십시오. "아비들아 내가 너희에게 쓰는 것은 너희가 태초부터 계신 이를 앎이요." 그는 변경 없이 같은 표현을 두 차례 반복합니다.

여기서 그들의 지식의 집중(concentration of their knowledge)을 보십시오. 요한은 두 차례나 말합니다. "너희가 태초부터 계신 이를 앎이요." 자, 은혜 안에서의 아기는 스무 가지 일을 압니다. 그리스도 안에서 청년은 열 가지를 압니다. 하지만 그리스도 안에서 아비는 한 가지를 알며, 그 한 가지를 그는 철저하게 압니다. 처음에는 하나의 큰 강물을 많은 개울들로 나누려 하는 것이 우리에게 매우 자연스럽습니다. 하지만 우리가 은혜 안에서 백발이 되어갈수록 우리는 모든 것을 하나의 강에 쏟아 붓습니다. 그러면 그것은 우리의 일생의 사역을 위해 효율적인 힘으로 흘러갑니다. 나는 내가 많은 교리들을 알고 있다고 믿으며, 또한 많은 계명들과 많은 가르침들을 알고 있다고 여깁니다. 하지만 갈수록 내 지식은 내 주님에게로 모여듭니다. 마치 벌들이 여왕 주변으로 떼를 지어 모여드는 것과도 같습니다. 우리 모두가 이런 상태에 도달하기를 바랍니다. "내가 너희 중에서 예수 그리스도와 그의 십자가에 못 박히신 것 외에는 아무것도 알지 아니하기로 작정하였음이라"(고전 2:2). 우리의 모든 지식이 마치 볼록 렌즈처럼 이 한 가지에 초점을 맞추게 되기를 바랍니다. 태초부터 계시는 흠모할 만한 그분의 인격이 우리의 생각의 모든 영역에 가득해지기를 바랍니다. 오, 하나의 마음으로, 하나의 시선으로, 오직 우리 주님만을 향할 수 있기를 바랍니다.

다음으로, 지식의 대상과 관련하여 그들 지식의 독특성(peculiarity of their knowledge)에 주목하십시오. 그들은 "태초부터 계신 이"를 압니다. 그리스도 안에서 아기들도 주 예수님을 알지 않습니까? 예, 그들은 그분을 압니다. 하지만 그들은 그분의 온전한 성품을 알지 못합니다. 그들은 그분을 죄를 용서하시는 분으로 압니다. 물론 그 지식도 맞는 것이지만, 그것이 전부는 아닙니다. 저기 복되신 그리스도께서 계십니다. 그리고 불쌍한 죄인인 나는 그분이 내게 오실 때에 그분을 바라봅니다. 나는 빛의 비추임을 얻고, 그분의 작은 소자 중 하나가 됩니다. 예, 그리고 내가 자라서 청년이 되면서, 나는 예수님께 더 가까이 나아가서, 그분을 또 다른 관점으로 바라봅니다. 나는 그분이 그러하셨듯이 그 악한 자를 이기고, 그렇게 하여 그분 곁에 나란히 섭니다. 하지만 내가 아비가 되면 위대하신 아버지와의 교제 속으로 들어갑니다. 사람을 하나님 안에서 '아비'가 되게 만드는 것은 하나님 아버지와의 연합입니다. 그 때 우리는 예수님을 구원을 위해 오신 분으로서 바라볼 뿐 아니라, 아버지(the Father)의 관점에서 그리스도를 바라봅니다. 죄인은 그에게 다가오시는 예수님을 보지만, 아버지께서는 그에게서 보내어진 분으로서 예수님을 보십니다. 우리가 은혜 안에서 자랄 때 우리는 어느 정도는 예수님을 하나님의 관점에서 바라봅니다. 말하자면, 우리가 그분을 "태초부터 계신 이"로 보고, 때가 되어 죄를 없이하려고 나타나신 분으로 본다는 것입니다. "이는 아주 오래된 일이군요"라고 한 사람이 말합니다. 바로 그렇습니다. 하지만 아비들도 오래된 사람들이고, 하나님의 깊은 일들이 그들에게 알려지는 것이 적절합니다. 신자들은 그리스도를 그들 자신과 유사한 방식으로 바라봅니다. 구약 성경에서 모든 사람들이 주님을 그들 자신과 유사한 특징으로 바라보았다는 것을 나는 종종 언급했습니다. 아브라함은 순례자로서, 그리스도를 순례자로 보았습니다. 야곱은 투쟁자로서, 온 밤을 그와 씨름해 주시는 언약의 천사로 보았습니다. 모세는 불로 연단을 받고 또 계속 연단받고 있는 백성의 대표자로서, 주님을 불붙은 떨기나무로서 보았습니다. 여호수아는 용감한 전사로서, 여호와의 군대 장관을 손에 칼을 들고 서 있는 사람으로 보았습니다. 다니엘서의 거룩한 세 자녀들은 불타는 풀무 속에서 하나님의 아들을 그들 자신과 같은 모양을 하신 분으로서 보았습니다. 여러분이 그리스도 안에서 아비가 될 때 여러분은 그리스도를 아버지의 관점에서 보게 됩니다. 구원을 위해 새롭게 오신 분으로서가 아니라, "태초부터 계신" 사람들의 구원자로서 그분을 보는 것입니다.

은혜 안에서의 아버지는 주 예수님을 하나님으로 보고 기뻐합니다. 그는 땅이 존재하기 전부터 영원토록 아버지와 함께 계신 분으로서 그리스도의 영광을 바라봅니다. 그는 그분이 없이 만들어진 것은 아무것도 없다는 것을 압니다. 그러므로 그는 능력의 모루에서 모든 것을 조성하시는 전능의 대장장이로서 그분을 바라봅니다. 그는 "그분의 근본이 상고에, 영원에 있는"(미 5:2) 것을 알며, 그분이 처음부터 택하신 자들의 구원을 계획하시는 것을 보고서 기뻐합니다. 그것은 영광스러운 광경입니다. 성숙한 신자는 언약을 묵상합니다. 영원한 은혜의 조항들을 묵상합니다. 그리스도 안에서 불쌍한 아기들은 종종 하나님의 신비스러운 진리에 의해 비틀거립니다. 그들은 그것을 높은 교리라고 부릅니다. 하지만 사람이 자라서 아비가 되면 언약의 진리를 사랑하고, 그것을 양식으로 섭취합니다. 영원과 관계된 숭고한 진리들이 갈수록 귀하게 여겨진다는 것은 은혜 안에서 자라고 있다는 하나의 표징입니다. 은혜 안에서 성숙한 그리스도인은 복되신 성 삼위일체의 인격들(persons)이 인간의 구원을 위해 하나의 계약을 맺으시는 것을 보고, 하나님의 아들이 태초부터 그의 택하신 자들의 대표자로 행동하시고, 그들을 위해서 아버지께 말씀하시는 것을 봅니다. 그는 그 때 그곳에서 영원하신 아들이 그의 택하신 자들의 후원자가 되고 보증이 되어서, 그들의 죄로 인해 하나님의 공의가 손상된 것을 보상하기 위해 죄의 삯을 지불하기로 계약하시는 것을 봅니다. 그는 그 언약의 모든 내용이 옛적부터 태초부터 계신 그분의 손에 의해 작성되고 확증된 것을 봅니다.

또 하나 중요한 것은, 그리스도 안에 있는 아비들은 그리스도께서 세상에 오신 사건을 어떤 불가피하고 예견되지 않은 재앙이 발생한 이후에 하나님의 명예를 회복하기 위한 임기응변의 조치가 아니라고 보는 것입니다. 그들은 전체 사건들의 계획이 신적인 지혜를 따라 그리스도를 영화롭게 하기 위해 짜여진 것으로 이해합니다. 예수님께서 몸소 인간의 본성을 취하시고, 그 본성 안에서 아버지의 모든 속성들을 나타내신 것이 여호와의 계획의 일부였다고 그들은 이해합니다. 성육하신 하나님이 죄인들을 위해 자기 목숨을 버리시고, "의인으로서 불의한 자를 대신하시어 우리를 하나님 앞으로 인도하시고"(벧전 3:18), 무한한 은혜와 끝없는 사랑을 나타내 보이신 것은 애초부터의 계획이었습니다. 때늦은 생각으로 하나님의 경륜 속에 독생자께서 개입하신 것이 아니었습니다. 오히려 만유보다 먼저 계신 그분의 눈에 전체적인 일의 배열이 형성되고, 만유는 그분을 위해 창조된 것입니다. 한 인격 안에서 피조물과 창조주를 연합함으로써 피조물을 높이려는 계획이 아버지를 기쁘시게 했습니다. 그리스도께서 한 몸을 취하심으로써 영적인 것과 물질적인 것을 결합하시고, 우리의 본성을 존귀하게 하시는 것입니다. 오 비길 데 없이 훌륭한 계획입니다! 그 계획으로 구속받은 자들이 존귀하게 되고, 하나님 자신은 영광을 얻으시는 것입니다! 오, 아비들이여, 여러분이 이를 이해했다면, 나는 여러분은 이렇게 말할 것임을 압니다. "설교자가 그것을 절반도 제대로 묘사하지 못하는구나." 맞습니다, 설교자는 그렇게 하지 못합니다. 그렇게 할 수 있기를 바라지만, 설교자에게는 시간도 능력도 부족하기만 하군요. 하지만 나는 태초부터 계신 분, 주 예수님의 영원한 영광을 기뻐합니다. "옛 산의 좋은 산물(chief things)과 영원한 작은 언덕의 선물들(precious things)이"(신 33:15) 내 마음에는 너무나 귀하게 여겨집니다. 나는 주 예수 그리스도를 다른 무엇보다 먼저 되신 분으로 믿으며, 태초부터 계신 주요 왕으로 믿습니다. 그분은 비록 한때 사람들에게 멸시와 거부를 당하셨지만, 만유 위에 계신 복되신 하나님이시며, 앞으로도 영원무궁토록 그러하실 것입니다. 비록 "이방 나라들이 분노하며 민족들이 헛된 일을 꾸미더라도" 여호와께서 그 아들을 거룩한 산 시온에서 왕으로 세우셨습니다(시 2:1,6). 하나님의 칙령은 영원토록 유효할 것입니다. 알파이신 그분이 또한 오메가가 되실 것이며, 태초부터 계신 그분이 만왕의 왕이요 만주의 주로서 영원하실 것입니다. 내 마음은 소리칩니다. "할렐루야!" 오, 그대 아비들이여, 나와 함께 "할렐루야"를 외칩시다!

그렇습니다. 하지만 나는 다시 한 번 이 지식이 그 자체로 특별하다는 것에 주목하기를 원합니다. 그 지식 자체가 그 지식의 대상만큼이나 놀라운 것입니다. "너희가 태초부터 계신 이를 앎이요." 얼마 전 저녁 예배 때에 그리스도의 귀한 종 한 분이 이 연단에서 내 곁에 앉았습니다. 그는 그리스도의 교회에서 우리와는 상당히 다른 부분에 속한 분으로서, 내게 어떤 사람의 이야기를 들려주었습니다. "친애하는 형제여, 당신은 그가 주님을 아는 사람이라고 알고 있지요? 그는 단순히 그리스도인이 아니라, 우리 주님에 대해 아는 사람입니다. 당신이나 나는 그 말이 무슨 의미인지를 알지요, 그렇지 않나요?" 나는 그저 깊은 사랑의 눈으로 그를 바라볼 뿐이었습니다. 예, 우리는 주님을 살아 계신 분으로, 분명한 실재로, 매일의 친구(Friend)로, 상담자요 동반자로 알고 있습니다. 은혜 안에서 참된 아비들은 그리스도를 깊이 생각합니다. 그들은 성경을 섭취하고, 거기에서 생명의 주스를 짜서 먹으며, 내적으로 그 맛을 즐깁니다. 사람들은 그들이 감미로운 미각을 가졌다고 합니다. 주 예수 그리스도에 대해 감미로운 미각을 가지는 것은 좋은 일이지요. 그들은 많은 묵상에 의해서 주님을 알 뿐 아니라 실제적인 교제에 의해서도 그분을 압니다. 그들은 그분과 동행합니다. 그들은 그분과 대화를 나눕니다. 그런 성도들은 다른 누구와 함께 있기보다 그리스도와 더 많이 함께 있습니다. 그들은 다른 어느 누구에게보다 그분에게 더 많은 말을 합니다. "여호와의 친밀하심이 그를 경외하는 자들에게 있고, 그의 언약을 그들에게 보이시기" 때문입니다(시 25:14). 그들에게 물어보십시오. "당신의 가장 친밀한 친구는 누구입니까?" 그들은 이렇게 대답할 것입니다. "하나님이 사랑하시는 아들, 그분이 나와 가장 가까운 분이며, 나의 가장 친밀한 동료입니다." 그들은 교제에 의해 주님을 압니다. 또한 그들은 이제 그분과 강한 공감을 나눔으로써 그분을 알게 되었습니다. 그들은 문제들에 대해서 예수님이 느끼시는 것처럼 느낍니다. 그렇게 그들은 그분을 압니다. 죄인들을 향한 그분의 부드러운 동정심이 그들의 마음에서도 솟아납니다. 비록 같은 정도로는 아니지만, 그들의 분량대로 같은 방식으로 나타납니다. 그들은 종종 죄인들을 위해 죽을 수도 있다고 느낍니다. 이 아비들 중의 한 사람이 말했습니다. "나의 형제 곧 골육의 친척을 위하여 내 자신이 저주를 받아 그리스도에게서 끊어질지라도 원하는 바로라"(롬 9:3). 그들은 문제를 인간의 입장에서 보지 않으며, 오직 그리스도의 관점에서 봅니다. 따라서 그들은 전에는 알지 못했던 주님의 방식에 대해 많은 것을 이해하게 됩니다. 어떤 사람과 아주 깊이 공감하는 사람이 그를 잘 아는 사람입니다. 믿음으로 가만히 앉아 기다리는 법을 배웠기 때문에, 이 아비들은 모든 것이 합력하여 선을 이룰 것을 차분하게 기대합니다. 그렇기 때문에 그들은 예수님의 마음의 깨어지지 않는 평온을 이해하며, 그분의 슬픔에서 뿐 아니라 그분의 기쁨에서도 그분을 압니다. 그런 성도들은 예수님과 더불어 예루살렘 성을 보고 우는 것이 무엇인지를 알며, 죄인들이 선한 목자에게로 돌아오는 것을 보고 기뻐하는 것이 무엇인지를 압니다. 그렇습니다. 그들은 보좌에 앉아 계신 그분 곁에 앉아서, 원수들이 그분의 발등상 될 때를 기대하는 것이 무엇인지를 압니다. 그들은 예수님과 더불어 침착합니다. "그가 반드시 왕 노릇 하시리라"(고전 15:25)는 말씀의 의미를 충분히 이해했기 때문입니다. 예, 그분이 반드시 다스리십니다. 그분이 다스리실 것입니다. 결국 모든 원수들이 그분의 발 아래 있게 될 것입니다. 이렇게 태초부터 계신 그분을 아는 것이 그리스도 안에서 아비들의 중요한 특징입니다.

3. 아비들에게 주는 메시지는 무엇인가?

셋째로, 사랑하는 친구들이여, 그리스도 안에 있는 아비들에게 주는 메시지가 무엇입니까? 나는 여러분의 주의를 본문에 돌림으로써, 그 메시지를 아주 간략하게 진술하고자 합니다. 사랑하는 아비들이여, 요한은 여러분에게 그리고 그리스도 안에 있는 우리 모두에게, 우리가 서로 사랑해야 한다고 말해 왔습니다. 여러분이 참으로 아버지들이라면 가족 모두를 사랑하지 않을 수 없을 것입니다. 아버지의 본능은 사랑이며, 그리스도 안에서 아비들은 사랑으로 넘쳐야 합니다. 우리의 사랑의 정신으로 인해 소자들이 우리 주변에 모여들게 해야 하며, 다른 누구보다 우리가 그들을 더 사랑한다는 것과, 아무도 그들을 돌보지 않아도 우리는 그들을 돌본다는 것을 그들로 느끼게 해 주어야 합니다. 나는 그리스도 안에서 한 아비를 알고 있습니다. 어떤 회심자는 지상의 아버지나 어머니보다 그와 더 많은 대화를 나누고 싶어했습니다. 나는 사람들이 이 아비들의 얼굴에서 일종의 초대장을 발견한다고 생각합니다. 나는 그들이 어떻게 그것을 발견해 내는지 잘 알지 못합니다. 하지만 어쨌든 회심자들은 그들이 마음을 털어놓고 대화할 수 있는 사람인 것을 느낍니다. 이스라엘의 이런 아버지들과 어머니들은 사랑이 넘치며, 그들의 말은 사실을 드러냅니다. 어떤 사람들은 마치 배들이 모여드는 거대한 항구와도 같습니다. 폭풍에 시달린 영혼이 마치 항구를 향해 가듯 그들에게로 다가갑니다. 상심한 심령들은 이렇게 말합니다. "오, 그에게 내 고충을 말할 수 있을 거야. 그는 나를 위해 기도해 주겠지." 여러분과 내가 그런 사람들이 되기를 바랍니다. 성령께서 우리 동료들의 유익을 위해 우리를 그렇게 사용하시길 빕니다.

다음 메시지는 본문 바로 다음에 이어집니다. "이 세상이나 세상에 있는 것들을 사랑하지 말라"(15절). 세상을 사랑하지 말라. 오 사랑하는 아비들이여, 여러분은 세상을 사랑해서는 안 됩니다. 그것은 지나가는 것이며, 이는 특별히 여러분에게 해당되는 진실입니다. 설혹 어떤 그리스도인이 세상을 사랑한다 해도 ─ 아무도 그러지 않기를 바랍니다만 ─ 아비들은 정녕 그래서는 안 됩니다. 여러분은 그리스도를 많이 알기 때문에 세상을 경멸하는 것이 당연합니다. 이제 여러분은 곧 본향으로 갈 것이기 때문에, 이 덧없는 것들을 잔뜩 쌓아 놓아서는 안 됩니다. 여러분은 사람들이 '기우는 세월(declining years)'이라고 부르는 모든 징조들을 가지고 있습니다. 나는 그것을 '오르는 세월(ascending years)'이라고 부릅니다. 여러분은 곧 세상과 세상에 있는 변화무쌍한 헛된 것들에서 떠나게 될 것입니다. 그러므로 여러분의 마음을 지상의 보화에 두지 마십시오. 부(富)를 그저 느슨한 손으로 쥐고, 떠날 준비를 하십시오. 여러분은 곧 떠날 것이기 때문입니다. 아침 당직 시간이 오기 전 여러분은 저 높은 아버지 집으로 떠나게 될지 모릅니다. "세상을 사랑하지 마십시오."

아비들의 또 하나의 의무가 여기에 언급되어 있습니다. 그들은 세상을 사랑하지 말아야 하면서, 동시에 육신의 정욕을 포함하여 이 악한 현세의 어떤 정욕의 희생물이 되어서도 안 됩니다. 아비들이 그런 식으로 타락할 수 있습니까? 아아, 우리가 엄숙히 인정해야 하는 것은, 믿음에서 가장 앞서 가는 성도 역시 육신의 정욕이나, 사람을 쉽게 죄로 이끄는 욕망의 탐닉에 대해 경고를 받을 필요가 있다는 것입니다. 그 다음에는 안목의 정욕이 있습니다. 다윗은 악한 자의 형통으로 인해 불평하였을 때 거기에 빠졌고, 이렇게 인정해야만 했습니다. "내가 이같이 우매 무지하였습니다"(시 73:22). 그는 악인이 형통한 것을 보고서 마침내 안달하며 불평하기 시작했습니다. 안목의 정욕 곧 자기 자신을 위해 더 많은 것을 바라고 또한 더 많이 가진 자들을 부러워하는 것이 아비들에게 일어나게 해서는 안 됩니다. 이생의 자랑, 곧 존경받고자 하는 갈망과 다른 사람과의 경쟁의식과 그런 식의 명예를 위해 애쓰는 것이 아비들에게 있어서는 안 됩니다. 여러분은 어른이니, 어린아이의 일들을 버려야 합니다. 존귀하고 사랑스러운 나의 형제들이여, 허영의 먹이가 되지 마십시오. 이 장난감들은 세상의 자녀들을 위한 것이지, 주의 영광에 이를 날이 가까운 여러분을 위한 것이 아닙니다. 여러분은 은혜 안에서 충분히 성숙했으며, 곧 천국으로 들어갈 것이니, 그에 합당하게 살아가십시오. 여러분의 영혼이 성숙한 어른이 되어가는 마당에, 아기들의 시시한 장난감 같은 이 땅의 모든 것들을 여러분의 발 밑에 내려놓으십시오.

아비들을 향한 다음 권면은 그들이 깨어 있어야 한다는 것입니다. 사도는 말합니다. "적그리스도가 오리라는 말을 너희가 들은 것과 같이 지금도 많은 적그리스도가 일어났느니라"(18절). 오 용감한 아비들이여, 깨어 살피십시오. 나는 여러 교회들의 지체들이 신앙이 건전하지 않은, 아니, 전혀 신앙이 없는 듯이 보이는 일부 목사들에게 찬동하는 것을 보고 무척 놀랍니다. 어떻게 이런 일이 있을 수 있습니까? 우리 침례교회들에는 사탄을 식탁에 앉히는 일을 참을 수 없듯이 불건전한 설교자를 강단에 세우는 일을 참지 못하는 견실한 사람들이 있었습니다. 북 스코틀랜드에는 "남자들(The Men)"이라고 불리는 일단의 사람들이 있었습니다. 만약 설교자가 그들 앞에서 이단 사설을 전하면, 그들은 자넷 게디스(Janet Geddes)가 그녀의 짧은 지팡이를 설교자의 머리를 향해 던졌을 때처럼 분노하곤 했습니다. 그들은 현대의 이단자들을 용납하지 않았으며, 지금의 유약한 세대가 그들을 잘도 참아주는 것과는 달랐습니다. 새로운 신학자들로 하여금 그들 자신의 근거지에서 원하는 것을 전할 자유를 가지게 하십시오. 하지만 우리 강단에서는 그럴 수 없습니다. 오호라! 많은 교회들에서 지도적인 위치에 있는 지체들이 줏대도 없는 연체동물과도 같으며, 무엇이든 빨아들이는 해면과도 같습니다. 나는 그들을 달팽이들이라고 부르고 싶습니다. 아니, 그들에게는 달팽이의 껍질 정도의 견고함도 없습니다. 그들은 설교자가 똑똑하고 달변인 듯이 보이면, 어떤 치명적인 것도 마다않고 꿀꺽 삼키려 합니다. 똑똑함과 달변이여, 영원히 사라지거라! 만일 하나님의 진리가 아니면, 설교단에서 더 똑똑하고 유창하게 전해지는 것일수록 더욱 저주스러운 것입니다. 우리는 진리를 가져야 하고, 오직 진리만을 가져야 합니다. 나는 그리스도 안에서 아비인 자들에게 호소합니다. 온 영국과 미국에서 이 점을 경계하여 살피십시오. 망대에 올라서 양떼를 살피고, 여러분이 잠든 사이에 양들이 죽임을 당하는 일이 없도록 하십시오.

마지막으로, 아비들의 의무는 주의 오심을 준비하는 것입니다. 28절에서 그것이 너무나 아름답게 묘사되어 있습니다. "그의 안에 거하라 이는 주께서 나타내신 바 되면 그가 강림하실 때에 우리로 담대함을 얻어 그 앞에서 부끄럽지 않게 하려 함이라." 그것은 어린 자녀들을 포함하여 여러분 모두를 향한 말씀입니다. 하지만 그것은 특별히 아비인 여러분에게 주어지는 말씀입니다. 여러분의 모든 감각을 깨우십시오! 주의 오심을 살피십시오. 여러분의 허리를 동이십시오. 예수님은 오늘 오실 수도 있습니다. 이 안식일이 이 세대의 마지막 안식일이 될 수도 있습니다. 하지만 아마도 그분은 일만 년 동안에는 오시지 않을 수도 있습니다. 그러므로 여러분이 긴 밤을 줄곧 기다린다고 해도 지치지 마십시오. 그분이 오시는 것을 연기하셨다고 말하지 마십시오. 그분은 정해진 날에 돌아오실 것입니다. 오직 우리가 이미 받은 것을 견고히 붙잡고, 깨어서 한밤의 이런 외침을 기다립시다. "그분이 오시리라. 지체하지 않으리라. 그분을 맞이하러 나가세."

“성채를 사수하라, 내가 돌아오리니,
　예수께서 조용히 신호를 보내시네.
　하늘에 손을 흔들어 응답하세,
　당신의 은혜로써 그렇게 하겠나이다.”

아멘.

제
9
장

—

"우리가 그러하도다"

—

"보라 아버지께서 어떠한 사랑을 우리에게 베푸사 하나님의
자녀라 일컬음을 받게 하셨는가, 우리가 그러하도다 그러므
로 세상이 우리를 알지 못함은 그를 알지 못함이라."
— 요일 3:1

사랑하는 친구들이여, 오늘 본문의 대부분은 옛 번역본인 흠정역(KJV)에서 볼 수 있을 것입니다. 하지만 그 일부분에 대해서는 다른 성경을 한 번 찾아보라고 여러분에게 요청합니다. 성령으로 감동된 원문의 일부분을 우리의 옛 번역자들이 빠뜨렸으며, 그것은 빠뜨리기에는 너무나 귀한 부분입니다. 우리 주님께서 이렇게 말씀하시지 않았던가요? "남은 조각을 거두고 버리는 것이 없게 하라"(요 6:12). 원문에서 빠진 부분의 절반쯤은 개역성경에 복구되어 있습니다(당시 통상 설교 본문으로 사용된 KJV에는 "우리가 그러하도다"고 하는 부분이 빠져 있음 — 역주). 일반적으로 읽기에 이 개역성경의 번역이 결코 더 완벽하다고 할 수는 없지만, 그 결점들에도 불구하고, 연구를 위해 도움이 되는 측면에서는 존중할 만합니다. 개역성경은 여기저기서 절묘한 장점들을 보여주고, 또 어떤 곳에서는 흠정역에서 빠진 부분을 눈에 띄게 드러내 주기도 합니다. 오늘 본문이 바로 그런 경우입니다. 요한일서 3장 1절을 펴서 읽어 보십시오.

"보라, 아버지께서 어떠한 사랑을 우리에게 주셔서, 우리로 하나님의 아들들이라 불리게 하셨는가(Behold, what manner of love the Father hath bestowed upon us, that we should be called the sons of God)."

이것이 흠정역대로 읽은 것입니다. 이제 개역성경을 읽으면서, 추가된 단어들을 주목하시기 바랍니다.

"보라 아버지께서 어떠한 사랑을 우리에게 베푸사 하나님의 자녀라 일컬음을 받게 하셨는가, 우리가 그러하도다(Behold what manner of love the Father hath bestowed upon us, that we should be called children of God: and such we are)."

"Such(그러한)"라는 단어는 원문에는 없습니다. 따라서 우리가 그것을 빼면 "And We Are"라는 표현을 얻습니다. 이것은 헬라어로는 두 단어입니다(kai esmen). 나는 이러한 추가가 옳은 것이라고 조금도 의심치 않습니다. 최상의 가치가 있는 권위 있는 사본들에는 이런 단어들을 포함하고 있습니다. 불가타(Vulgate) 성경과, 알렉산드리아(Alexandrian) 사본과, 다른 여러 번역본들에도 그런 표현이 있습니다. 그 단어들은 빠뜨려서는 안 됩니다. 가장 학식이 깊은 이들과 우리가 가장 신뢰할 만한 이들의 판단에 따르면, 이 단어들은 영감 받은 귀중한 단어들입니다. 교리와 관련된 차원에서는 그 단어들이 원문에 있는지 없는지의 여부가 그리 중요한 문제는 아닙니다. 바로 이어지는 구절에서 다음과 같은 동일한 말씀을 얻기 때문입니다. "사랑하는 자들아 우리가 지금은 하나님의 자녀라(now we are children of God) 장래에 어떻게 될지는 아직 나타나지 아니하였으나 그가 나타나시면 우리가 그와 같을 줄을 아는 것은 그의 참 모습 그대로 볼 것이기 때문이라"(2절).

나에게 강한 인상을 주어 주목하게 만든 것은 사도가 "우리로 하나님의 자녀라 일컬음을 받게 하셨다"라고 말한 다음, 그에 덧붙여서, 우리가 그렇게 불릴 뿐만 아니라 실제로 "우리가 그러하다"(we are so)고 말했다는 점입니다. 그 기쁨의 핵심은 우리가 지금 그것을 가졌다는 것입니다. 우리는 그것을 소유하고 있습니다. "우리가 그러하도다." 이렇게 끼워 넣은 짧은 단정적 선언이, 우리의 현재적인 신분이 하나님의 자녀라고 하는 진리를 강력하게 제시해 주고 있습니다. "우리로 하나님의 자녀라 일컬음을 받게 하셨으니, 우리가 그러하도다."

본문이 의도하는 것을 나누기 위해 여러분을 본문으로 인도하고자 합니다. "보라 아버지께서 어떠한 사랑을 우리에게 베푸사 하나님의 자녀라 일컬음을 받게 하셨는가, 우리가 그러하도다."

본문은 "보라"는 감탄사로 시작합니다. 이 "보라"는 경이로움을 나타내는 단어

(a word of wonder)입니다. 요한은 경이로운 일들(wonders) 가운데서 살아 왔습니다. 회심의 때부터 요한의 삶은 놀라운 일들로 가득한 삶이었습니다. 단지 그가 자연적인 눈으로 본 것에서 뿐 아니라, 주께서 "밧모라 하는 섬"(계 1:9)에서 그에게 나타나서서 영적인 눈으로 보게 하신 것에서도 그러하였습니다. 그의 생애는 기사들로 장식되었는데, 순교의 죽음에서 벗어난 유명한 일화로 최고조에 이르렀습니다. 전승에 따르면, 그는 기름이 끓는 큰 솥에 던져졌을 때 해를 입지 않고 나왔다고 합니다. 그의 주님께서 요한이 순교를 통해서 주님께 영광을 돌리도록 정하시지 않았기 때문입니다. 만일 사람들 가운데 기적들이 일상적인 일들로 일어나는 선견자(seer)가 있었다면, 요한이 바로 그런 사람이었습니다. 하지만 이 거룩한 서신을 쓰면서, 그는 연사들과는 달리 작가들에게서는 일반적으로 나오지 않는 놀라움의 감탄사를 터뜨리지 않을 수 없었습니다. "보라"고 그는 말합니다. "보라, 이 어떠한 사랑인지!"

내 형제들이여, 만일 우리가 하나님의 가족에 입양된 것을 깨닫는다면 그 사실에 놀라지 않을 수 없을 것이라고 나는 믿습니다. 죽을 수밖에 없는 존재인 어떤 인간이 하나님의 자녀가 된다는 것은 우리를 놀라게 할 것입니다. 하지만 우리 자신이 그런 사람이 된다는 것은 표현할 수 없을 정도로 우리를 놀라게 할 것입니다. 우리는 이렇게 소리칠 수밖에 없습니다, "보라! 보라!" 이제 그것에 대해 말하고자 합니다. 우리는 새 예루살렘에 도착할 때까지는 그것에 대해 말하기를 결코 멈추지 않을 것입니다. 우리의 거듭남과 입양은 은혜의 기적들이 복합된 것이며, 다발적인 기사들이 하나로 압축된 것입니다. 만일 주님께서 그것을 친히 계시하시지 않았더라면, 그 일은 너무나 좋은 나머지 사실처럼 여겨지지 않았을 것입니다. 우리는 천사들과 정사들과 권세자들을 만나 그들에게 놀라운 기쁨으로 외칠 것입니다. "보라, 아버지께서 어떠한 사랑을 우리에게 베푸셨는지를!" 오 거룩한 영혼들과 천사들이여, 놀랄지어다! 하나님께서 무가치한 아담의 아들들에게 이런 일을 행하셨도다!

> "보라 얼마나 놀라운 은혜를
> 아버지께서 보이셨는지를.
> 죽을 인생이요 죄인들을
> 하나님의 자녀들로 부르셨도다!"

하지만 이 "보라"는 교훈의 표현(a note of instruction)이기도 합니다. 마치 그 하나님의 사람이 이렇게 말한 것과도 같습니다. "가만히 있어, 하나님의 놀라운 사랑을 생각해 보라." 그것에 대해 말하지 마십시오. 이런 일들 중의 일부는 혀를 통해 유창하게 발설되기가 쉽습니다. 하지만 가만히 앉아서 생각하고, 숙고하고, 주목하여 보도록 하십시오. 어떠한 사랑인지를 보십시오. 여기 안경을 쓰고, 그것을 자세히 들여다보십시오. 그것을 연구하십시오. 그것에 놀라고 감탄하십시오. 모든 재능을 집중하여 그것을 연구하십시오. 그것을 들여다볼 때마다 여러분은 그 탁월한 미덕들을 새롭게 발견할 것입니다. "보라 아버지께서 어떠한 사랑을 우리에게 베푸셨는지를." 그 사랑의 방식이 지극히 숭고하고 감탄스럽습니다. 단지 얼핏 보고 지나가지 마십시오. 멈추고 머무르십시오. 그리고 이 비밀을 파고드십시오. 이 사랑을 다른 모든 사랑들과 비교해 보고, 그 사랑의 방식을 인간들의 방식과 비교해 보십시오. 이리로 오십시오. 여기 순금 덩어리가 있는 곳을 파십시오. 여러분이 수고하는 매순간 충분한 보상이 있을 것입니다. 여기에 갱도를 파고, 깊은 곳으로 내려가서 이 값진 보화를 끌어올리십시오. 보십시오. 읽고, 주목하고, 배우고, 내적으로 소화시키십시오. 그리고 여전히 또 보십시오. 보고, 또 보고, 계속해서 보십시오. 여러분에게 발견되는 것은 끝이 없을 것입니다. 여러분이 바라볼 때, 단지 외양만 응시하지 말고 실제적인 사실을 보는 것을 잊지 마십시오. "보라 아버지께서 어떠한 사랑을 우리에게 베푸사 하나님의 자녀라 일컬음을 받게 하셨는가." 여러분이 이것을 보았을 때, 다시 그것을 보십시오. 그것이 추측이 아니고, 상상도 아니고, 꿈 이야기도 아닌 것을 동일한 감탄 중에 바라보십시오. 주께서 우리를 자녀로 부르셨으며, "또한 우리가 그러합니다."

지금까지 본문을 그 감탄사와 더불어 소개하였으니, 이제 여러분에게 본문 속에 간직된 두 가지 경이로운 일들을 보도록 초대합니다. 나는 먼저 이 말을 하고자 합니다. 우리가 하나님의 자녀로 일컬음 받는 것을 놀라운 기쁨으로 바라보도록 합시다. 둘째로, 같은 경이로움을 가지고 우리가 실제로 그러하다는 것을 보도록 합시다. 그것은 이 말씀으로 표현되어 있습니다. "우리가 그러하도다."

1. 우리가 하나님의 자녀로 일컬음을 받는 경이(驚異)

먼저, 여러분이 하나님의 자녀들로 일컬음을 받는다는 놀라운 일을 보십시오.

누가 우리를 그렇게 부릅니까? 그것이 놀라운 일입니다. 사람들은 그럴 권리도 없이 스스로 위대한 이름을 취합니다. 사람들 사이에서의 어떤 칭호들은 수치의 칭호들인데, 그 이유는 그 칭호를 취한 사람들이 정당하게 그 칭호를 얻은 것이 아니기 때문입니다. 우리가 스스로를 하나님의 자녀라고 부르는 것과, 아버지께서 그의 사랑을 부어 주셔서 우리가 정당하게 하나님의 자녀들로 불리는 것은 별개입니다. 어떻게 해서 "하나님의 자녀"라고 하는 이 황태자의 칭호가 우리에게 주어진 것입니까? 성도를 하나님의 자녀들이라고 부르는 이는 누구입니까?

아버지께서 친히 그렇게 하십니다. 그분이 그들을 향해 자녀들이라고 부르십니다. 그분이 그들을 자녀들로 대하십니다. 무한한 사랑으로 그분은 그들로 하여금 "우리 아버지"라고 부르게 하시길 기뻐하십니다. 그분은 그들을 자녀들이자 상속자들이라고 부르심으로써 대답하십니다. 그분은 그들의 자녀 됨을 인정하시고, 아버지가 그 자녀들을 불쌍히 여기듯 그들을 불쌍히 여기십니다. 그분은 그들을 자녀들이라고 부르시면서 이렇게 말씀하십니다. "내가 너희에게 아버지가 되고 너희는 내게 자녀가 되리라 전능하신 주의 말씀이니라"(고후 6:18). 오, 하나님께서 여러분을 그의 자녀로 부르시는 것이 얼마나 복된 일입니까? 전능하시고 무한하신 분이 아버지의 사랑으로 여러분을 바라보시며 "너는 내 아들이라"고 말씀하십니다! 그분은 진실을 말씀하시기에 우리는 그것을 믿을 수 있고, 또 확신할 수 있습니다. 그분은 자기 자녀들을 아시며, 또한 그분이 종말에 부인하실 자들에게 자녀의 칭호를 주시지 않습니다. 그분이 우리를 자녀로 부르시고, 또한 우리가 그러합니다(and we are).

누가 우리를 하나님의 자녀들이라고 불렀습니까? 바로 예수님이십니다. 많은 형제들 중의 맏형이 되시는 예수님께서 우리를 그렇게 부르셨습니다. 그분이 "내 아버지 곧 너희 아버지"(요 20:17)라고 말씀하시지 않았습니까? 그분이 우리를 형제들로 부르기를 부끄러워하지 않으신 것이 무슨 의미이겠습니까? 어디서든 우리 주님께서는 우리에 대해 말씀하시길 우리가 그분을 머리로 하는 한 가족에 속하였다고 하십니다. 은혜롭게도 우리를 그분 자신과 연합하게 하심으로써 예수님은 실질적으로 우리를 하나님의 자녀들이라고 부르시며, 또한 우리가 그러합니다.

성령께서도 역시 천국의 모든 상속자들 속에 거하시며, 그럼으로써 그들을 하나님의 자녀들이라고 부르십니다. 그분은 우리 영으로 더불어 우리가 하나님의 자녀들이라고 증언하십니다. 우리에게는 "양자의 영이 주어졌고, 그로써 우리가 아빠 아버지"라고 부르짖는데, 그 양자의 영이 바로 성령님이십니다(롬 8:15). 성령님께서 우리에게 "아빠 아버지"라고 부르도록 격려하시며, 그분은 낯선 자나 외인(外人)으로 하여금 하나님과의 혈족관계를 주장하도록 격려하지 않으십니다. 오, 결코 그렇지 않습니다! 성령의 증언은 진리의 증언입니다. 하나님의 영에 의해 심어진 자녀로서의 영은 결코 우리를 속이지 않습니다. 이와 같이 아버지, 아들, 성령께서 우리를 하나님의 자녀들이라고 부르시며, 또한 우리가 그러합니다.

이 일에 거룩한 천사들도 온전히 일치합니다. 아마도 말로써가 아니라, 말과 다름없이 크게 말하는 행동과 행위로써, 그들은 우리가 하나님의 자녀들이라고 선언합니다. 그들이 손으로 우리를 받들어 우리 발이 돌에 부딪치지 않게 합니다(시 91:12). 그들이 이렇게 하는 것은 우리가 하나님의 가족에 속했기 때문입니다. "모든 천사들은 섬기는 영으로서 구원 받을 상속자들을 위하여 섬기라고 보내심이 아니냐"(히 1:14). 그들은 우리가 하나님의 상속자들임을 인정하며, 그러기에 그들이 우리에게 섬기는 종처럼 행동하는 것입니다.

형제들이여, 우리가 진정 하나님의 자녀들이라면 **모든 섭리도** 그렇게 인정할 것입니다. 이는 특별히 징계하시는 섭리에 있어서 진실입니다. 징계가 우리에게 임할 때 그들은 부드럽게 속삭입니다. "어찌 아버지가 징계하지 않는 아들이 있으리요"(히 12:7). 그렇습니다. 시련과 환난들, 특별히 진리를 위해서와 그리스도를 향한 우리의 사랑 때문에 오는 시련과 환난들은 자녀 됨의 증거들입니다. 거룩하고 구별된 삶과 관련하여 오는 박해는, 우리가 더 이상 악한 자의 후손이 아니며 하나님의 자녀들로 받아들여졌다는 섭리의 증언입니다.

또한 내가 믿기로, 이 중에서 어떤 분들은 **사람들의 증언도** 있다고 겸손하게 말할 수 있을 것입니다. 그들은 새로운 출생의 신비에 대해서 많이 알지 못하는 사람들에 의해서도 하나님의 자녀들이라고 불리기 때문입니다. "화평하게 하는 자는 복이 있나니 그들이 하나님의 아들이라 일컬음을 받을 것임이요"(마 5:9). 그들은 하나님의 자녀들일 뿐 아니라, 다른 사람들에 의해서도 그들이 하나님의 자녀들이라고 인정을 받는 것입니다. 다른 모든 사람들이 인디언들을 거짓으로 대했을 때에도, 윌리엄 펜(William Penn)은 그들을 매우 친절하고 평화롭게 대해주었습니다. 그 때 제대로 교육을 받지 못한 채 숲속에 살던 인디언들도 그 퀘

이커 신도가 위대한 영(the Great Spirit)의 자녀라고 느꼈습니다. 그의 평화로움은 그가 평화의 신의 혈통이라는 증거로 여겨졌습니다. 남자이건 여자이건, 모욕을 인내로 참으며 악을 선으로 갚는다고 널리 알려지는 사람은, 조롱하고 훼방하는 자들에 의해서조차 하나님의 자녀라고 인정받을 것입니다. 하나님은 사랑이십니다. 그리고 사랑이 있는 곳마다, 어느 정도 지능을 가진 사람들이라면 그 출처를 하나님께로 거슬러 올라가 찾습니다. 그러지 않을 수가 없습니다. 사랑하는 여러분, 만약 여러분의 원수들에 의해서조차 여러분이 하나님의 자녀들이라는 증언을 얻는다면, 여러분은 복된 자들이며, 또한 여러분의 삶이 거룩한 사랑의 법을 따르는 것이라면 그런 증언을 얻게 될 것입니다!

그러므로 하나님의 백성들이 어떻게 하나님의 자녀들이라 일컬음을 받으며, 모든 것이 그 증언을 어떻게 뒷받침하는지를 보십시오! 그들의 자녀 됨을 인정하는 모든 목소리들에 응답하여 그들은 믿고, 확신하며, 이렇게 외치는 것입니다. "우리가 그러하도다."

다음으로 이런 질문을 가져보십시오. 그들을 하나님의 자녀라고 부르는 이 일에 무엇이 관련되었습니까? 그 속에 어떤 특징적인 것이 있습니까? 본문의 구절을 읽어보십시오. "보라, 아버지께서 어떠한 ― 을 우리에게 베푸사." 거기에 들어가는 단어가 무엇입니까? "아버지께서 어떠한 선물(gift)을 우리에게 베푸사 하나님의 자녀라 일컬음을 받게 하셨는가" 입니까? 그렇게 기록될 수도 있었으며, 그렇게 기록되어도 옳습니다. 하지만 그렇게 기록되지는 않았습니다. "보라 아버지께서 어떠한 명예(honor)를 우리에게 베푸사" 입니까? 아니, 아닙니다! "보라 아버지께서 어떠한 사랑(love)을 우리에게 베푸사" 입니다. 마치 사람을 하나님의 자녀로 입양하는 것은 너무나 큰 사랑이 개입된 행동이기에, 그것이 어떠한 사랑인지에 대해, 특별히 여러분의 시선을 그 사랑에 고정하도록 말씀하는 것 같습니다. "보라 아버지께서 어떠한 사랑을 우리에게 베푸사 하나님의 자녀라 일컬음을 받게 하셨는가!"

이제 잠시 동안, 하나님의 자녀로 일컬음 받도록 은혜를 입은 사람에게 얼마나 강렬한(intense) 사랑이 나타났는지를 생각해 보십시오. 그것은 가장 높은 차원의 사랑입니다. 만일 여러분이 어떤 방탕하고 악의적인 원수를 받아들이면서 "너는 내 아들이 될 것이다"라고 말한다면, 여러분의 마음에 어떤 사랑이 있어야 할까요? 만일 누군가 당신에게 잘못을 행하고, 당신을 멸시하고, 당신의 권위를 모독하였는데, 당신이 그에게 "너는 지금 이 시간부터 내 아들이 될 것이다"고 말한다면, 이 얼마나 특별한 사랑의 행위이겠습니까? 하지만 사랑하는 친구여, 여러분이 그런 일을 하더라도 그 일이 너무 엄청난 일은 아닐 것입니다. 결국 여러분 자신이 그렇게 위대한 존재는 아니기 때문입니다. 아마도 그것이 여러분이 상상할 수 있는 최대한의 사랑일 것입니다. 하지만 그런 일을 하나님이 하셨다고 생각해 보십시오. 무한하고 영원한 영이신 하나님께서 "너는 내 자녀가 될 것이다. 비록 네가 진노의 자녀이지만, 내가 너를 취하여 내 것으로 삼을 것이다"고 말씀하신 것을 생각해 보십시오. 진정 여기에 사랑이 있으며, 그 사랑은 바라볼 가치가 있는 사랑인 것입니다.

그것은 분명 우리로서는 과분한(undeserved) 사랑입니다. 어떤 사람도 하나님의 자녀가 될 만한 자격을 갖추지 못하기 때문입니다. 이런 경우 오직 은혜만이 그 자비의 강물의 유일한 원천입니다. 여러분이 어떤 보통의 선물을 받을 자격이 있다고는 생각할 수도 있을 것입니다. 하지만 하나님의 자녀가 되는 그런 혜택을 받을 자격은 없습니다. 설혹 여러분이 전혀 죄를 짓지 않았다고 해도, 나는 여러분이 그것으로써 아들 됨의 권리를 얻지는 못한다고 봅니다. 가장 충성된 섬김이라도, 종을 아들로 만들지는 못합니다. 당신이 온전하다고 해도, 당신이 무엇을 주고서 이러한 존엄을 살 수 있겠습니까? 그분은 당신의 섬김이 없어도 위대하시고 영화로우신 분입니다. 하늘의 왕가의 황태자로 승진하는 것, 이런 일은 어떤 사람도 그럴 자격을 갖춘다는 것이 불가능합니다. 어떤 행위로도 이 높은 곳에는 오를 수 없고, 오직 믿음만이 은혜의 능력으로 그곳에 도달할 수 있습니다. "영접하는 자 곧 그 이름을 믿는 자들에게는 하나님의 자녀가 되는 권세를 주셨으니"(요 1:12). 하나님 앞에서 자녀가 되는 이 능력, 이 특권, 이 영예는 믿음이 아니고서는 다른 어떤 방식으로도 얻지 못합니다.

오! 또한 그것이 어떠한 사랑인지를 보십시오. 그 속에는 영원한(everlasting) 사랑이 있습니다. 만일 하나님께서 여러분을 하나님의 자녀라 일컬음 받게 하신다면, 그 일은 끝난 것이고, 영원히 완성된 일입니다. 결코 미완의 상태가 될 수 없습니다. 여기에 기쁨이 있습니다. 종은 영원히 집에 머물지 못하지만 아들은 영원히 거합니다. 섬김에서 오는 관계는 시작이 있고 끝이 있습니다. 그것을 여러분은 사람들 사이의 관계에서 압니다. 여러분은 고용된 하인에게 이렇게 말할 수 있습니다. "여기, 돈을 받게. 그리고 떠나게." 하지만 여러분은 여러분의 아들에게 그렇게 말하지 못합니다. 여러분이 아들에게 무엇을 주었건 주지 않았건, 만일 그가 여러분의 아들이라면, 언제나 그러해야 합니다. 이는 하나님의 자녀들에게 특히 그러합니다. 그들은 하나님의 자녀들이라고 일컬음 받을 뿐 아니라, 다음의 말이 덧붙여집니다. "우리가 그러하도다." 진정으로 우리는 그분의 자녀들이며, 영원히 그럴 것입니다. 우리가 진정으로 일컬음을 받는 것과 같은 그런 존재가 되었습니다. 우리는 하나님의 자녀로 일컬음을 받으며(called), 우리는 하나님의 자녀들이며(are), 이 일은 취소될 수 없습니다. 성도들의 궁극적인 견인(the final perseverance of the saints)을 나는 얼마나 크게 기뻐하는지요! 내가 종종 말했듯이, 나는 다른 종류의 구원을 줍기 위해 거리를 돌아다니지 않습니다. 그런 것은 잠시 나를 구원해 주는 듯하지만, 후에는 나를 영영 미끄러지게 만듭니다. 은혜가 나를 하나님의 가족으로 이끌어 주고, 또한 나를 그곳에 머물도록 지켜 줍니다. 주께서 나를 그분의 아들로 부르실 때, 나는 그 부르심의 의미를 압니다. 그분은 우리가 '관계'라는 말로써 의미하는 모든 것을 의미하시며, 그이상을 의미하십니다. 그분은 결코 자기 자녀들을 내쫓지 않으시며, 또한 그들이 멸망하도록 내버려 두지 않으십니다. 오직 그분의 의도는 이것입니다. "나를 경외함을 그들의 마음에 두어 나를 떠나지 않게 하리라"(렘 32:40). 혹은 주님께서 이렇게 말씀하신 바와 같습니다. "내가 그들에게 영생을 주노니 영원히 멸망하지 아니할 것이요 또 그들을 내 손에서 빼앗을 자가 없느니라"(요 10:28).

아버지께서 어떠한 사랑을 우리에게 베푸사 하나님의 자녀라 일컬음을 받게 하셨는지를 다시 보십시오. 그것은 끝이 없는 무한한(infinite) 사랑입니다. 그것은 복되신 삼위일체의 영광스러운 위격이시며 모든 은혜의 원천이신 아버지의 사랑입니다. 이 사랑이 그 원천에서 비롯되는 것이니 내 영혼이 얼마나 기쁜지요! "아버지께서 친히 너희를 사랑하심이라"(요 16:27)고 예수님이 말씀하셨습니다. 흔히 사람들이 상상하는 것처럼, 우리를 사랑하도록 아버지의 마음을 움직인 것은 예수님의 죽음이 아니었습니다. 진실은, 아버지의 사랑이 예수님을 죽음에 내주신 이유였습니다. "보라, 아버지께서 어떠한 사랑을 우리에게 베푸셨는가?" 우리를 위해 자기 아들을 내주신 그분이 또한 우리에게 어떠한 사랑을 베푸사 우리로 하나님의 자녀라 일컬음을 받게 하셨는지를 볼 때, 그분의 마음이 드러나는 것입니다! 우리 영혼의 위대한 아버지이신 그분의 사랑을 찬미합시다. 그분의 사랑이 우리가 누리는 모든 은총의 첫째 원인입니다.

나는 여러분이 "누가 우리를 자녀로 부르는가? 그 부름에는 무엇이 관련되어 있는가?" 하는 질문들을 생각하면서 감격하기를 바랍니다. 이제 또 하나의 질문을 제기하려고 합니다. "이렇게 자녀들로 불리는 사람들은 누구입니까?" "보라 아버지께서 어떠한 사랑을 우리에게(us) 베푸사 우리로(we) 하나님의 자녀라 일컬음을 받게 하셨는가." 그 사랑은 남자들과 여자들에게 주어집니다. 우리는 아무리 선하다고 해도 가련한 피조물에 불과합니다. 하지만 그분이 우리를 하나님의 자녀들이라고 부르십니다. "하나님께서 어느 때에 천사 중 누구에게 너는 내 아들이라 하셨느냐"(히 1:5). 형제들이여, 이 존귀는 그분이 천사들보다 조금 못하게 지으신 우리를 위해 마련하신 것입니다. 독생자가 어떤 분이신지를 생각해 보십시오. 저 영광스러운 하나님의 아들에 대해 성경이 어떻게 말하고 있는지를 생각해 보십시오. "하나님의 모든 천사들은 그에게 경배할지어다"(히 1:6). 우리는 그분의 신성과 관련해서는 그분과 동등하지 않습니다. 그럴 수는 없습니다. 하지만 아버지께서는 그 아들을 사랑하시는 것과 동일한 사랑을 우리에게 베푸십니다. 우리가 살아 계신 하나님에 의해 입양되고 거듭난 것이 어떠한 사랑인지를 보십시오!

또한 이것이 내일의 빵이 어디서 오는지를 알지 못하는 가난한 사람에게도 사실인 것을 기억하십시오. 사람들은 그가 존중받을 만하지 못하다고 말하지만, 나는 그가 정당하게 존중받을 만하다고 말합니다. 하나님께서 그를 자기 아들로 부르시기 때문입니다. 그는 우리가 이름을 들어본 적도 없는 사람일 수 있고, 후미진 거리의 조그만 단칸방에서 살 수도 있습니다. 그리고 죽을 때에는 아무도 "울어 주거나, 덕을 기리거나, 노래하지도 않는 채" 공동묘지의 한 구석에 묻힐 수도 있습니다. 그렇지만 하나님께서는 그에게 어떠한 사랑을 베푸셨는지, 그를 자기 자녀들 중 하나라고 부르십니다. 그렇고말고요. 저기 폐병에 걸린 가난한 소녀의 경우도 마찬가지입니다. 저기 장애로 절뚝거리는 젊은이도 마찬가지입니다. 빵을 구걸하는 저 소경의 경우도 마찬가지입니다. 아버지께서 이와 같은 자들에게 어떠한 사랑을 베푸셨는지를 보십시오! 가난한 시골 농부들, 중노동을 하는 남자와 여자들, 구두수선공들, 땜장이들, 굴뚝 청소부들, 땅 파는 인부들, 이런 사람들을 하나님은 그의 자녀들이라 부르시고 그들을 은혜로써 새롭게 하셨습니다. 아! 저기 병원에서와 구빈원 시설에 누워 있는 자들 역시 마찬가지입니다. 그들은 자선에 의해 마련된 침상에서 마지막 시간을 기다리고 있습니다.

이들 역시 예수님을 믿는다면 하나님의 자녀들입니다. 그들은 날로 수척해지고 있으며, 욕창으로 인해 움직이기도 힘들고, 가만히 누워 있기도 갈수록 힘들어집니다. 그들은 고통으로 점점 힘을 잃어가고, 영원 속으로 서서히 녹아들고 있습니다. 하지만 아버지께서 이와 같이 가난하고 연약한 인생들에게 어떠한 사랑을 베푸사, 그들로 하나님의 자녀라 일컬음 받게 하셨는지를 보십시오.

이들이 단지 인간들일 뿐 아니라 죄인들(sinners)이라는 사실을 우리가 생각할 때, 우리의 놀람은 더 높은 단계로 올라갑니다. 보십시오. 아버지께서 어떠한 사랑을 우리 죄인들에게 베푸사 하나님의 자녀라 일컬음을 받게 하셨는지요! 그분이 우리를 거름더미에서 취하셨고, 우리를 씻기셨고, 그런 다음 우리를 그분의 왕의 식탁에 앉게 하셨습니다. 여러분은 에스겔서에서 피투성이가 된 채 들에 버려져서 발짓하는 유아 이야기를 알 것입니다(16장, 예루살렘의 상태를 비유함 — 역주). 그리고 주께서 그 곁으로 지나는 길에 그 피투성이 아기를 보고 "살라" 하셨고, 씻으시고, 먹이시고, 수놓은 옷을 입히셨습니다. 그것이 바로 주께서 가련하고 죄 많은 우리를 위해 행하신 일입니다. 우리는 저주 아래 버려졌었습니다. 하지만 보십시오, 그분이 어떠한 사랑을 죄 많은 우리에게 베푸사 우리를 하나님의 자녀로 삼으셨는지요! 오호라! 심지어 우리가 그분의 자녀들이 된 이후에도 우리는 악에서 온전히 떠나지 못했습니다. 우리는 여전히 우리를 오래도록 용납하시는 풍성한 은혜가 필요합니다. 여전히 우리는 미지근한 태도와 믿음의 퇴보로 그분을 슬프시게 합니다. 보십시오, 그분이 어떠한 사랑을 우리에게 베푸사 우리로 하나님의 자녀들로 일컬음 받게 하셨는지요!

그것을 보십시오! 나는 그것을 설교로 전하고 싶다는 느낌이 들지 않습니다. 오히려 앉아서, 마음의 큰 기쁨으로 소리치고 싶습니다. 영원하신 하나님께서 나를(me) 그분의 자녀들 중에 있게 하신 것이 나에게는 영원토록 경이로운 일로 여겨질 것입니다. 주께서는 어떻게 이처럼 덧없고, 연약하고, 죄 많으며, 딱한 처지이고, 모든 결점으로 가득한 자를 사랑하실 수 있는지요! 하지만 양자의 영이 우리로 담대하게 부르짖도록 만듭니다. "진정 당신은 내 아버지이십니다." 나는 그렇게 고백하지 않을 수 없습니다. 나는 내가 그분의 것임을 알며, 감히 그 일에 의문을 제기하지 않습니다. 하지만 어떠한 사랑을, 그 어떠한 사랑을 그분이 내게 베푸셨는지요! 여러분도 같은 말을 할 수 있지 않습니까? 은혜로우신 하나님의 영이 지금 여러분의 영혼을 감동하여, 여러분으로 하나님의 은혜에 놀라도록 하시지 않습니까? 여러분의 마음이 겸손한 감사로 젖어들지 않습니까? 여러분 속에는 무엇이 있었습니까(was)? 그리고 하나님의 자녀 된 지금 여러분 안에는 무엇이 있습니까(is)? "자녀이면 또한 상속자 곧 하나님의 상속자요 그리스도와 함께한 상속자니"(롬 8:17). 어떤 이유로 우리가 그렇게 존귀한 특권을 얻는단 말입니까? 자녀 됨의 축복에는 땅과 하늘이 포함되어 있으며, 이 모든 것이 우리의 것입니다. 우리가 우리 자신을 안다면 그럴 자격이 없는 것으로 인해 슬퍼하겠지만, 그럼에도 우리는 주의 사랑을 입은 자녀이기에 기뻐하는 것입니다. 우리가 하나님의 자녀라 일컬음을 받는 사람들에 대해 숙고할 때, 바로 거기서 정녕 우리는 이렇게 말할 이유를 발견하는 것입니다. "보라, 이 어떠한 사랑인가!"

다시 한 번 그 토대를 살펴보고, 하나님의 자녀로 일컬음을 받는 것이 무엇과 관련되어 있는지를 여러분에게 제시하고자 합니다.

그것은 사실 하나님과 우리의 관계에 대한 그분의 공개적인 승인입니다. 그분은 우리를 자녀들로 인정하십니다. 때때로 우리는 비밀 결혼에 대한 소문을 듣습니다. 그런 혼인은 유효하기는 하지만, 아마도 남자가 자기 아내에 대해 부끄러워하는 것처럼 보입니다. 그는 자신이 속한 명문가에 그녀를 소개할 수 없다는 이유로, 혼례 사실을 비밀로 유지하고, 자기 자녀들을 시인하지 않습니다. 이는 악한 사람들의 방식을 따른 것입니다. 하지만 하나님은 우리를 그분의 자녀로 삼으실 때 우리를 부끄럽게 여기지 않으십니다. 우리 주 예수님과 관련한 대목에서 "그러므로 형제라 부르시기를 부끄러워하지 아니하시고"(히 2:11)라고 기록되었습니다. 나는 런던의 어떤 훌륭한 신사가 최상의 의복을 입고서 공원에 외출한 일에 대해 들었습니다. 그 신사에게는 시골에서 사는 가난하고 늙은 아버지가 있었으며, 그는 시골에서 입던 옷을 그대로 입고 아들을 만나러 왔습니다. 아버지가 그의 집에 당도했을 때 아들이 집에 없자, 그는 그를 찾으러 공원으로 갔습니다. 그 멋쟁이 신사는 자기 아버지를 단호하게 부인하지는 않았지만, 아주 총총걸음으로 그 공원을 빠져나갔습니다. 누군가 "당신과 이야기를 나누는 저 시골 사람은 누구지요?"라고 물을 것이 두려웠기 때문입니다. 그의 아버지가 노동자였기 때문에, 그는 자기 아버지를 공개적으로 시인하기를 원하지 않았던 것입니다. 그런 짓은 마치 개집의 진흙처럼 천한 것입니다, 그렇지 않습니까? 저 영광스러운 주님께서 우리를 시인하기를 거절하신다 해도 우리는 그것 때문에 놀랄 수 없습니다. 그분처럼 높고 거룩하신 분이 우리처럼 천하고 결함투성이인

자들에게 오신다는 것은 엄청난 자기 비하(come-down)입니다. 하지만 그분의 사랑은 너무나 커서, 우리에게 큰 영예를 주시고, 그럼으로써 우리가 공개적으로 하나님의 자녀라 일컬음을 받게 된 것입니다. 그분은 이 본문에서 친히 우리에게 그렇게 말씀하십니다. 그분의 영이 공개적으로 이렇게 말씀하십니다. "너희 곧 나를 사랑하는 가난한 사람들, 병든 사람들, 알려지지 않은 무명의 사람들, 어떤 재능도 없는 사람들이여! 나는 하늘과 땅과 천사들 앞에서 널리 공포하노라. 너희는 내 자녀들이며, 나는 너희를 부끄러워 아니 하노라. 나는 너희를 내 아들들이요 딸들로 삼은 사실을 자랑스럽게 여기노라."

그뿐 아니라, 이 일은 그분이 우리에게 사랑의 순종을 요구하시는 것과 관련되어 있습니다. 아버지의 이름을 욕되게 하지 마십시오. 아버지의 편에 서십시오. 아버지의 이름을 욕되게 하는 어떤 말이나 행동도 참지 못하는 것이 진정한 자녀의 표징 중 하나입니다. 사실 하나님께서는 그분의 명예를 자기 백성들 모두의 성품에 거셨습니다. "그들이 내 자녀들로 일컬음을 받으리라"고 그분이 말씀하셨습니다. 자, 만일 여러분이 잘못되고 천박한 어떤 짓을 한다면, 사람들이 여러분의 아버지에 대해 어떻게 생각하겠습니까? 그분은 황송하게도 여러분을 자녀라고 부르십니다. 그분의 이름이 여러분 때문에 비방을 받는 일이 없게 하십시오. 그분은 우리에게 그분의 아들과 딸들로 일컬음을 받는 고귀한 영예를 부여하셨습니다. 사람들이 우리의 착한 행실을 보고 하늘에 계신 우리 아버지께 영광을 돌리도록 행동합시다.

지금까지 이 구절의 앞부분을 다루는데 모든 시간을 썼습니다. 하지만 우리는 이 구절의 두 번째 부분도 잊어서는 안 됩니다. "우리가 그러하도다." 나는 여러분이 묵상하도록 그것을 소개할 뿐입니다. 진정 필요한 것은, 여러분이 이 말씀을 반복하여 새김으로써 스스로 이렇게 말할 수 있는 것입니다. "우리가 그러하도다."

2. 우리가 실제로 하나님의 자녀가 되었다는 경이

두 번째로, 무엇보다 놀라운 것은 우리가 실제로 하나님의 자녀들이 되었다는 경이로움입니다. "우리가 그러하도다."

입양은 우리에게 하나님의 자녀라는 이름을 부여하며, 거듭남은 우리에게 하나님의 자녀의 본성을 부여합니다. 이 두 가지 모두의 의미에서 우리가 그러합니다. 입양은 아버지께서 우리를 받아주시는 법적인 행위입니다. 거듭남은 우리가 아버지의 본성을 받아들이는 영적인 행위입니다. 진실로 하나님의 가족으로 입양된 모든 사람은 다시 태어남으로써 하나님의 자녀가 되고 산 소망을 가지게 됩니다. 나의 청중이여, 나는 여러분이 이러한 이중적인 근거로써 성령으로 감동된 이 말씀에 참여할 수 있다고 말합니다. "우리가 그러하도다."

이 질문에 답해 보도록 합시다. 우리는 진정 하나님의 자녀들입니까? 우리는 또 다른 질문으로써 이 질문에 대답할 수 있습니다. 우리는 진실로 주 예수 그리스도를 믿습니까? 나는 이미 성령으로 감동된 이 선언을 인용한 바 있습니다. "영접하는 자 곧 그 이름을 믿는 자들에게는 하나님의 자녀가 되는 권세를 주셨으니"(요 1:12). 우리는 그 질문에 대답할 수 있습니다. 우리는 주 예수 그리스도를 전심으로 믿고 있습니까? 그분이 우리가 의지하는 분입니까? 우리는 그분의 피와 의를 의지합니까? 만일 그렇다면, 우리가 그분을 믿는다면, 그분은 우리에게 하나님의 자녀가 되는 권세를 주셨습니다.

그 질문 한 가지는 이미 해결되었습니다. 하지만 좀 더 나아가 보도록 합시다. 만약 우리가 진정으로 "우리가 그러하도다"라고 말할 수 있다면, 우리는 어느 정도 하나님의 본성을 부여받은 것입니다. 형제들이여, 여러분은 영적인 사람들이 되었습니까? 하나님은 영이십니다. 여러분은 죄를 미워하십니까? 하나님은 거룩하십니다. 여러분은 옳은 일을 사랑합니까? 여러분의 양심이 대답하도록 하십시오. 여러분은 관대하게 행동하려고 노력합니까? 사랑이 여러분을 다스립니까? 여러분은 긍휼히 여기고, 온유하며, 따뜻하고, 친절하려고 노력합니까? 여러분에게 하나님께 대한 사랑과, 사람에 대한 사랑이 있습니까? 그렇지 않다면 여러분은 하나님의 본성을 갖지 못한 것입니다. 하나님은 사랑이시기 때문입니다. 여러분에게 얼마간 그런 본성이 있어서, 하나님의 온전하신 본성이 죽을 인생에 거할 수 있는 한에서는, 그것을 얻고자 하는 갈망과 노력이 여러분 안에 있습니까? 기억하십시오, 어떤 사람도 하나님을 닮은 부분이 없다면 그는 하나님의 자녀일 수 없습니다. 만약 당신이 당신의 아버지와 조금도 비슷하지 않다면, 당신이 그분의 자녀라고 고백하는 것이 잘못된 것입니다. 사도들 중의 하나가 말했습니다. "너희가 정욕 때문에 세상에서 썩어질 것을 피하여 신성한 성품에 참여하는 자가 되게 하려 하셨느니라"(벧후 1:4).

내가 하나님의 자녀입니까? 그렇다면 들어보십시오. 나는 내 아버지를 사랑합니다(love). 만일 여러분이 진실로 위로부터 났다면, 여러분의 마음에서부터 여러분을 하늘로부터 나게 하신 그분을 향한 갈망이 솟아날 것입니다. 만일 여러분이 하나님의 자녀가 아니라면, 여러분은 그분 없이도 살아갈 수 있습니다. 진정 여러분은 그렇게 하려고 시도할 것입니다. 대부분의 사람들에게 하나님은 실질적으로 존재하지 않는(non-existent) 분과 같습니다. 그들은 하늘을 우러러 보고, 하늘의 아름다운 빛을 보지만, 결코 그들에게 빛을 비추시는 그분을 생각하지 않습니다. 그들은 그런 존재(Being)가 계시다는 것을 믿지 않습니다. 혹 그들이 어떤 설계나 설계자(designer)가 있음에 틀림없다고 인정하기는 하지만, 그것으로 끝입니다. 하나님이 계시건 아니 계시건, 그것은 그들에게 중요한 문제가 아닙니다. 그러나 거듭난 자들은 얼마나 다른지요! 우리에게 하나님은 모든 것의 모든 것이십니다. 하나님을 사랑하는 것이 내 삶의 중대한 사실입니다. 그분을 생각할 때에 내 뺨에는 눈물이 흐릅니다. 그분은 내게 모든 것이 되십니다.

> "내 영혼 깊이로부터 당신을 사랑하지 않습니까?
> 그렇다면 저로 아무것도 사랑하지 말게 하소서.
> 예수님이 저를 감동하시지 못한다면
> 제 마음은 모든 기쁨에 대해 죽은 것과 같습니다.
>
> 당신의 모든 양 무리 중에서
> 제가 돌보기 싫어하는 어린 양은 하나도 없으며,
> 당신의 원수의 면전에서도
> 저는 당신의 대의를 호소하기를 두려워 않나이다."

하나님의 자녀에게는 그가 아버지를 사랑하는지 아닌지의 여부가 의문시되지 않습니다. 이따금씩은 그가 그런 질문을 해보아야 할 때가 있습니다. 때와 환경이 그를 시험하기 때문입니다. 하지만 머지않아 그는 이러한 엄숙한 결론에 도달합니다. "주님, 모든 것을 아시오매 내가 주님을 사랑하는 줄을 주님께서 아시나이다"(요 21:17).

더 나아가, 내가 하나님의 자녀라면 나는 내 아버지를 신뢰하는(trust) 것을 배웁니다. 나는 자녀가 부모를 신뢰하는 것보다 더 즐거운 행위를 알지 못합니다. 만일 우리가 하나님을 신뢰하면 얼마나 자주 우리가 그 신뢰에 대해 보상을 얻겠습니까! 어제 내게 한 가지 일이 있었습니다. 그것을 여러분에게 말하지 않을 수가 없네요. 나는 우리 고아원의 관리 이사 중의 한 분에게서 짧은 통지서를 받았습니다. 현재 재정이 너무 밑바닥이어서, 수표가 금요일 아침에 지불되면 은행 잔고를 넘어서게 된다는 내용이었습니다. 나는 그런 상태가 되는 것을 바라지 않았습니다. 하지만 그 문제로 불평하지도 않았습니다. 나는 하나님께 기도하여, 그분이 돈을 보내주셔서 재정 상태가 정상화되도록 요청하였습니다. 어젯밤에, 거의 열시 가까이 되어서, 나는 벨파스트(Belfast)에서 온 한 편지를 뜯어보았습니다. 그 속에는 수표가 한 장 들어 있었고, 기증된 액수는 이백 파운드였습니다. 나는 다음과 같이 답례 인사를 써 보냈습니다. "나와 함께 여호와를 광대하시다 하며 함께 그의 이름을 높이세"(시 34:3). 그 액수는 당장 결제에 필요한 정확한 액수였습니다. 비록 고아원에 운영 자금이 남아 있진 않지만 그것 역시 문제가 아닙니다. 하나님께서 이번 주간 동안에 더 많은 수입을 허락해 주실 것이며, 다른 때에도 지출이 필요할 때마다 그렇게 하실 것입니다. 내가 그 편지를 개봉했을 때, 그리고 이백 파운드의 수표를 발견했을 때, 나는 나의 주이시며 하나님이신 그분의 정확성으로 인해 머리털이 곤두서는 것을 느꼈습니다. 내 형제들이여, 휴 해나(Hugh Hannah)라고 하는 분이 그 수표를 어느 특정한 날에 보냈을 때에, 그는 그 수표가 내가 곤경에 처하여 하나님께 도움을 요청할 때에 도착할 것을 알지 못했습니다. 하지만 그것은 정확히 내가 간청하고 있을 그 때에 도착했습니다. 하나님이 기도에 응답하시는 방식에 대해 나 자신의 개인적인 경험을 말하자면, 여러분에게는 사실로 여겨지지 않을지도 모릅니다. 그것은 너무나 있을 수 없는 일처럼 보일 것입니다. 하지만 오, 크든 작든 모든 일을 하나님께 가져와서, 그분에게 모든 것을 맡길 수 있다는 것은 너무나 복된 일입니다! 나는 살아 계신 하나님을 신뢰하면서 살고 또 죽기로 결심했습니다. 여러분은 그분이 나를 버리시는지 혹은 끝까지 붙들어 주시는지를 지켜보아도 좋습니다. 여러분의 자녀가 여러분을 어떻게 신뢰하는지를 보십시오. 그는 여러분에게 와서 이렇게 외칩니다. "아버지, 제 손에 가시가 박혔어요." 혹은 "아빠, 제가 주머니 손수건을 잊어버렸어요." 그의 어려움이 무엇이든지, 아이는 모든 문제를 아버지나 어머니에게 가져옵니다. 그러면 여러분은 하던 일을 멈추고 자녀의 문제를 돌볼 것입니다. 여러분은 이렇게 말하겠지요. "얘야, 내가 곧 살펴주마." 여러분은 여러분의 어린 자녀를 사랑합니다. 그러므로 그의 작은 문제들이 여러분에게는 결코 사소한 문제가 아닙니다. 하나님께서는 우리를 하나님의 자녀라 일컬음 받게 하시고, 또한 우리로 이렇게 외치도록 가르치십니다. "우리가 그러하도다." 그분은 우리의 매일의 짐과 염려를 가지고서 담대히 그분께 가도록 하시고, 또한 우리가 아버지의 사랑의 대상인 것을 알아가도록 이끌어 주십니다.

자, 하나님의 참된 자녀는 사랑과 신뢰를 보일 뿐 아니라, 그가 아버지를 근심하시게 했을 때 슬픔(sorrow)을 겪습니다. 만약 당신이 죄로 인해 근심하고, 잘못으로 인해 슬퍼하며, 태만으로 인해 슬퍼하며, 마땅히 되어야 할 모습이 되지 못해 눈물로써 하나님께 나아간다면, 이런 슬픔은 당신이 그분의 자녀 중 하나임을 입증합니다. 슬픔 없이 죄를 지을 수 있는 사람은 언젠가는 소망 없이 슬퍼하게 될 것입니다. 깨어진 마음은 자녀 됨의 가장 확실한 징표들 중의 하나입니다. 우리는 이런 슬픔을 가지고 있으며, 또한 이것은 우리가 하나님의 자녀임을 입증합니다. "우리가 그러하도다."

여러분은 또한 자녀를 그의 기쁨(joys)으로 알아봅니다. 만일 아버지가 즐거워할 때와 아버지의 이름이 영예를 얻을 때에, 한 아이가 기뻐한다면, 여러분은 그가 그 아버지의 자녀라고 믿을 수 있습니다. 나는 얼마 전에 이런 생각을 홀로 해 보았습니다. '음, 나는 이 복음을 큰 무리의 사람들에게 전해 왔다. 하지만 그것이 나 자신에게는 어떠한가? 혹 나는 공적으로만 복음을 전하고, 나 자신을 위해 개인적으로 복음을 붙들지 않는 것은 아닌가? 나는 하룻동안의 휴식을 가지면서, 겸손히 말씀을 듣기 위해 외딴 곳의 자그마한 예배당으로 들어갔습니다. 나는 등판도 없는 긴 의자에 앉아 어떤 노동자가 복음을 아주 은혜롭게 전하는 것을 들었습니다. 그런데, 그 설교는 원래 내 것이었습니다. 그리고 그 설교자는 그 사실을 아주 거리낌 없이 인정하였습니다. 하지만 그가 설교하는 동안 나는 하나님의 사랑의 이야기에 내 마음이 녹고 있는 것을 발견했습니다. 내 마음이 내 속에서 너무나 뜨거워졌고, 그 설교자가 내 주 예수 그리스도의 이름을 높일 때 나는 당장에라도 "할렐루야!"라고 소리치고 싶었습니다. 나는 스스로에게 말했습니다. "오, 결국 너는 하나님의 자녀로구나! 너 역시 다른 자녀들과 마찬가지로 이런 종류의 양식을 좋아하는구나. 비록 네가 평상시에는 식탁에 시중꾼으로서 있어야 하지만, 이따금씩은 너 자신도 앉아서 자신만의 식사를 하기를 원하는구나. 너 역시 이 하늘의 떡을 좋아하는구나. 너는 하나님께서 자기 백성에게 공급하시는 것들에 좋은 미각을 가지고 있구나." 예, 나는 나 자신에게, 나 자신에 대해 이렇게 말할 수 있었습니다. 그리고 내가 하나님의 자녀임을 스스로 느낄 수 있었습니다. 나는 위로를 받고 돌아왔습니다. 내가 구원의 상속자들의 기쁨에 참여할 몫이 있다고 느꼈기 때문입니다.

　　하나님의 자녀의 확실한 증거들이 무엇인지에 대해 내가 계속해서 말할 필요가 있을까요? 하나님의 자녀는 진실로 이렇게 외칠 수 있습니다. "모든 것이 증거입니다." 그가 어느 곳에 있든, 하나님이 그와 함께 하십니다. 만일 그가 오 분 동안이라도 하나님에게서 떨어져 있다고 느껴지면 그는 다시 되돌아오기 위해 부르짖습니다. 그는 자신의 아버지를 어디서나 보지만, 불신자는 그분을 전혀 볼 수 없습니다. 그는 구름 속에서도 그분을 찾아냅니다. 그는 천둥 속에서도 그분의 소리를 듣습니다. 그는 모든 번개 속에서 그분의 번쩍이는 영광을 보고, 모든 이슬방울에서 그분의 부드러운 애정을 목격합니다. 그는 하나님과 더불어(with) 살고, 하나님을 의지하여(on) 삽니다. 그는 하나님 안에(in) 살고, 하나님도 그 안에 사십니다. 그가 기대하는 모든 것은 하나님으로부터 옵니다. 어디에서나, 모든 때에나, 모든 길에서, 그는 그가 하나님의 자녀임을 입증합니다. 그는 지속적으로 자기 생명을 하늘의 아버지께로부터 끌어오기 때문입니다.

　　한편으로, 하나님께서는 그에게 하나님의 자녀라고 하는 또 하나의 징표를 주시는데, 그것은 곧 그분이 그를 징계하신다는 것입니다. 내가 아는 오랜 친구는 육십년 동안 하루도 아픈 적이 없었다고 내게 말하곤 했습니다. 그는 대단히 건강한 노인이었습니다. 그러던 그가 약 삼 개월 전에 장티푸스를 앓았습니다. 내가 그를 문병하러 갔었고, 그가 회복되었을 때는 그가 나를 보러 와서는, 앉아서 내게 이런 말을 했습니다. "음, 이제 자네가 보다시피 나는 예전의 내가 아니네. 하지만 나는 이 병을 통해 큰 진보를 이루었다네. 나는 전에는 약함에 대해서는 전혀 알지 못했으나, 이제 나는 매우 낮아졌다네. 성경은 이런 말씀이 있지. '징계는 다 받는 것이거늘 너희에게 없으면 사생자요 친아들이 아니니라'(히 12:8). 오, 결국 나는 사생자가 아니라네. 나는 징계를 받았고, 이전보다 내가 하나님의 자녀된 것을 더 굳게 붙들게 되었다네." 하나님께서는 모든 징계 받은 자녀가 그 언약의 회초리로부터 확신을 얻도록 하십니다! 하나님의 귀한 자녀여, 당신은 회초리 맛을 한 번도 보지 않고 오랜 세월을 보내지 않을 것입니다. 주께서 적당하다고 판단하시는 대로 여러분은 가능한 회초리를 적게 맞기를 바랍니다. 나 자신에 대해 말하자면, 나는 모든 것을 용광로와 망치 덕택으로 돌립니다.

나는 저 위대하신 훈육선생에 의해 매를 맞을 때를 빼고는, 하늘의 교훈을 배우는 것에서 진보를 이룬 적이 없습니다. 내 집에서 최상의 가구 작품을 꼽는다면 십자가였습니다. 나를 가장 부요하게 만든 것은 개인적인 고통이었으며, 그로 인해 나는 하나님께 감사합니다. 나는 이 시로 노래할 수 있습니다.

> "하나님이 이스라엘에 씨를 뿌리시니
> 환난과 고통과 수고의 씨앗이라네.
> 이 씨들이 무성히 자라 잡초들을 질식시키니,
> 그렇지 않았더라면 온 토양에 잡초들만 가득하였으리.
> 시련이 약속을 달콤하게 만들고,
> 시련이 기도에 새로운 생명을 부여하네.
> 시련이 나를 그분의 발치로 데려다주고,
> 시련이 나를 낮추고, 낮은 그곳에 머물게 하네."

회초리를 맞는 하나님의 자녀들은 이렇게 말할 수 있습니다. "우리가 그러하도다." "우리가 그러하다"고 힘주어 단언할 수 있게 하는 모든 것에 대해 하나님께 감사합니다. 우리가 하나님의 자녀로 일컬음을 받는 것은 놀라운 사랑입니다. 하지만 지혜로운 자녀는 징계의 회초리에 입맞춤하고, 매를 사용하시는 그 손길에 감사하며, 이렇게 외칩니다. "그분이 나를 죽이실지라도 나는 그분을 신뢰하리라"(욥 13:15, KJV). 이것이 우리의 진정한 자녀 됨의 확실한 인증입니다.

본문은 말합니다. "우리가 그러하도다(And we are)." 나는 이 표현을 바꾸어 이렇게 물어봅니다. "우리가 그러합니까(Are we)?" 이 질문에 "예"라고 대답할 수 있다면, 나는 여러분 모두가 이 문제에 아주 확신을 가지길 바랍니다. "우리가 지금은 하나님의 자녀라"(2절). 여러분이 담대히 "우리가 그러하도다"라고 말할 수 있기를 바랍니다. 여러분이 의기소침해질 때, 여러분의 영혼이 무디어질 때, 이렇게 말하십시오. "우리가 그러하도다." "만약 네가 하나님의 자녀라면"이라고 마귀가 말할 때, 이 말로써 그의 얼굴을 후려갈기십시오. "우리가 그러하도다." 세상이 "뭐라고? 너희가 스스로를 하나님의 자녀라고 부른단 말이냐?"라고 말할 때, 이렇게 말하십시오. "그렇다. 우리가 그러하도다." 의심과 두려움이 들어올 때마다, 이 악한 새들이 여러분의 익은 과일을 먹지 못하도록 쫓아 버리십시오. 그

럴 때 이렇게 고함치는 것이 유용할 것입니다. "우리가 그러하도다." "보라 아버지
께서 어떠한 사랑을 우리에게 베푸사 하나님의 자녀라 일컬음을 받게 하셨는가,
우리가 그러하도다." 그분의 이름으로 일컬음을 받으니, 예수님을 믿는 믿음으로
우리는 온전한 확신을 누릴 수 있습니다! 아멘.

제
10
장

—

죄 많은 자가 죄 없이 됨

—

"죄를 짓는 자마다 불법을 행하나니 죄는 불법이라. 그가 우
리 죄를 없애려고 나타나신 것을 너희가 아나니 그에게는
죄가 없느니라." — 요일 3:4-5

사랑하는 여러분, 신자들의 특별한 성품과 하늘의 특권을 생각해 보십시오.
그들은 하나님과 사귐을 가지며, "하나님의 자녀"라고 일컬음을 받습니다. 하나
님께서 모든 인간들에 대해 아버지가 되신다고 여기는 어리석은 망상이 있습니
다. 그것은 날조된 이야기이며, 허구이고, 미혹이며, 속임수입니다. 하나님의 부
성(父性, fatherhood)은 그분이 "예수 그리스도를 죽은 자 가운데서 부활하게 하
심으로 말미암아 거듭나게 하시어 산 소망이 있게 하신" 자들에게 해당되는 것
입니다(벧전 1:3). 이런 자들이 그분의 자녀입니다. 인류의 나머지에 대해 말하
자면, 그들은 본질상 진노의 자녀입니다(엡 2:3). 이 장에서 우리에게 "보라"고
명하는 경이로운 일은 하나님의 사랑의 특별한 방식입니다. 하나님이 이 특별한
사랑을 우리에게 베푸시어 우리로 "하나님의 자녀라 일컬음을 받게" 하셨습니
다. 그리고 그분이 이 사랑을 모든 사람들에게 베푸시지 않은 것이 명백합니다.
곧바로 다음과 같은 말씀이 추가되었기 때문입니다. "그러므로 세상이 우리를
알지 못함은 그를 알지 못함이라"(1절).

그러므로 여러분이 보다시피, 하나님의 자녀가 되는 특별한 은총에서 그들
이 차지하도록 부름을 받는 특별한 위치가 생겨나는 것입니다. 그들은 그리스도

께서 세상에 속하시지 않은 것처럼 세상에 속하지 않습니다. 그들은 하나님께 구별된 거룩한 백성이 됩니다. 나는 그리스도인의 칭호를 공언하는 모든 사람이 그렇다고 말하지 않습니다. 그들이 그렇게 되어야 하겠지만, 염려스러운 것은 그들 중 많은 이들이 이런 상태에 이르지 못했다는 것입니다. 하지만 참된 신자들, 두 번 태어난 자들은, 하나님의 영에 의해 새롭게 되었습니다. 이들은 세상에 속하지 않으며, 세상도 그들을 이해하지 못합니다. 그들은 외국인과 나그네들이며, 그들의 태도와 풍속, 그들의 사고방식과 행동의 동기들은 모두 일반 사람들의 그것들과는 정반대입니다. 그들은 마치 순례자들이 허영의 시장(Vanity Fair: 존 번연의 천로역정에 나오는 대목 — 역주)을 지날 때 살 만한 것도 없고 관심을 끌 만한 것도 없는 듯이 여기고 지났던 것처럼, 세상을 통과하여 자기 갈 길로 나아갑니다. 사랑하는 형제들이여, 거룩한 백성들이여, 하나님이 여러분을 지키시기를 빕니다! 여러분이 이 음성에 순종하기를 바랍니다. "너희는 그들 중에서 나와서 따로 있고 부정한 것을 만지지 말라 내가 너희를 영접하여 너희에게 아버지가 되고 너희는 내게 자녀가 되리라 전능하신 주의 말씀이니라"(고후 6:17-18).

　　또한 사랑하는 친구들이여, 여러분이 이 장을 읽을 때 하나님의 자녀들의 복된 소망이 무엇인지를 주목하시기 바랍니다. 그들은 주 예수 그리스도께서 하늘로부터 나타나시기를 고대하고 있습니다. 그들이 믿음으로 회고해 볼 때, 그들은 그들의 주님을 십자가에서 봅니다. 그 다음에는 그분을 무덤에서 보며, 다음에는 그분이 무덤에서 살아나신 것을 봅니다. 그들이 그분을 마지막으로 보는 순간은 구름이 그분을 가려 보이지 않게 할 때입니다. 그분은 영광 중으로 들어가셨습니다. 하지만 신자들은 천사들이 제자들에게 한 말을 잊지 않습니다. "이 예수는 하늘로 가심을 본 그대로 오시리라"(행 1:11). 그래서 우리는 그분이 오시기를 고대합니다. 그분이 오실 때, 그 때가 우리에게 가장 기쁠 때일 것입니다. 그리고 "장래에 어떻게 될지는 아직 나타나지 아니하였으나" 지금도 우리는 하나님의 자녀들로 일컬음을 받습니다. 우리의 영광, 우리의 충만한 기쁨이 지금은 가리어져 있지만, 우리는 그가 나타나시면 우리가 그와 같을 줄을 압니다. 우리가 그분의 참 모습 그대로 볼 것이기 때문입니다(2절). 그렇습니다. 형제들이여, 우리의 소망은 그리스도께서 오실 때에 우리가 온전해지는 것입니다. 그 때 우리의 모든 죄가 제거되고, 우리가 그분이 거룩하신 것처럼 거룩하게 되고, 그분이 깨끗하심과 같이 우리도 깨끗하게 되는 것입니다.

우리가 우리 주님의 귀환을 기다리는 동안 해야 할 일이 무엇이겠습니까? 더 나은 때가 가까이 오는 것을 기다리면서, 우리는 무엇을 하고 있어야 할까요? 이 장의 3절은 우리에게 이렇게 말합니다. "주를 향하여 이 소망을 가진 자마다 그의 깨끗하심과 같이 자기를 깨끗하게 하느니라." 모든 죄를 벗어 버리는 것, 그것이 우리 안에 있는 것을 슬퍼하는 것, 그것이 우리를 지배하지 못하도록 결심하는 것과, 힘을 얻고 더 얻어 거룩함과 참된 의로 나아가고자 다짐하는 것과, 하나님을 경외하는 온전한 거룩함에 이르도록 애쓰는 것 — 바로 이것이 장차 부활하시고 승천하신 주님처럼 되기를 고대하는 하나님의 자녀들이 현재 해야 할 일입니다.

자, 우리가 우리 자신을 깨끗하게 하는 이 복된 일을 수행하기 위해서, 여러분이 저와 함께 본문에서 제시된 세 가지 문제를 생각하기를 바랍니다. 첫째는, 죄에 대한 그리스도인의 관점(the Christian's view of sin)입니다. 둘째는, 죄에서 구조되려는 그리스도인의 소망(the Christian's hope of rescue from sin)입니다. 그것이 어디에 달렸습니까? "그가 우리 죄를 없애려고 나타나신 것을 너희가 아나니." 셋째는, 그리스도인의 모범(the Christian's model)으로서, 그리스도인이 머지않아 그 모범을 닮게 되기를 소망합니다. "그에게는 죄가 없느니라." 그가 나타나시면 우리가 그와 같이 될 것이기 때문에, 그분처럼 우리 안에도 죄가 없게 될 것입니다.

> "오 영광스러운 소망이여! 복된 거처로다!
> 내가 내 하나님 가까이에 있고, 그분처럼 되리니.
> 육체와 죄가 더 이상 다스리지 못하니
> 내 영혼에 성스러운 기쁨이 충만하리라!'

1. 죄에 대한 그리스도인의 관점

첫째로, 그리스도인의 죄에 대한 관점이 무엇입니까? 이 큰 주제를 충분히 다룰 수 없기 때문에 잠시 동안만 여러분과 함께 숙고해 보려고 합니다.

"죄"라는 말을 동료 인간들에게 가한 잘못이나, 종교적 의무에 대한 외적인 태만으로 이해하는 사람들이 더러 있다는 것을 나는 알고 있습니다. 그들은 죄를 마치 범죄 행위(crime)와도 같은 것으로 봅니다. 국가의 번영에 대해서나 동료 인간들의 복지에 반하여 위법을 저지르는 것으로 간주하는 것이지요. 심지어 그리스도 안에서 내 형제들 중 일부가 죄 없이 살아간다고 말할 때, 나는 그들이 진정으로 죄가 무엇인지를 모른다고 생각합니다. 그들은 죄라는 말을 성경이 의미하는 것과는 매우 다른 의미로 이해하고 있는 듯 합니다. 그렇지 않다면 그들이 그런 식으로 말하지 않을 것입니다.

죄는 하나님의 완벽한 뜻(mind)에 일치하지 못하는 것이며, 혹은 본문의 표현대로라면 "죄는 불법"입니다. 율법을 어기는 모든 것이 죄입니다. 그러므로 우리는 우선, 모든 죄가 하나님의 법을 깨뜨린다(every sin breaks God's law)고 말합니다. 어떤 죄를 범했든지, 그것은 어떤 한 가지 점에서 율법을 깨뜨린 것입니다. 하나님의 십계명이 있습니다. 여러분이 제 1, 2, 3, 4, 5, 6계명을 결코 어기지 않았다고 생각하더라도, 만약 제 7, 8, 9, 10계명을 어겼다면, 실제로 여러분은 하나로 연결된 고리를 산산조각낸 것입니다. 탄갱에 있는 광부들에게 고리가 깨어졌다면, 그 고리가 어느 연결 부위에서 끊어졌는지는 그다지 중요하지 않습니다. 그런 식으로, 하나님의 율법의 어느 부분이라도 어기면 율법 전부를 깨뜨리는 것이며, 그 죄인이 율법을 지킴으로로써 구원받을 소망은 모두 망가지는 셈입니다. 모든 죄가 율법을 어기는 것이며, 그것은 다른 관점에서 율법을 보더라도 마찬가지입니다. 여러분은 저 큰 계명을 기억할 것입니다. "네 마음을 다하며 목숨을 다하며 힘을 다하며 뜻을 다하여 주 너의 하나님을 사랑하고 또한 네 이웃을 네 자신 같이 사랑하라"(눅 10:27). 자, 만약 어떤 점에서든 우리가 그 계명의 준수에서 부족함이 있거나, 혹은 그 계명에 반하여 무언가를 행했다면, 우리는 율법을 어긴 것입니다. 모든 종류의 죄가 마찬가지입니다. 하나님의 계명에 미달되거나 혹은 그것을 넘어감으로써, 율법을 어기는 것입니다. 죄가 이런 것이라면, 우리 중에 하나님의 법을 어기지 않은 사람이 하나라도 있습니까?

다음으로 이 진리의 다른 면을 보도록 합시다. 율법을 위반하는 모든 것이 죄입니다(Every breach of the law is a sin). 만일 하나님이 당신에게 명하신 것을 당신이 온전히, 전심으로, 항상, 실패 없이, 행하지 않았다면, 당신은 죄를 지은 것입니다. 그리고 당신이 한순간이라도 하나님이 하지 말라고 명하신 것을 행했다면, 당신은 그렇게 함으로써 그분께 죄를 지은 것입니다. 내가 지금 말하고 있는 것은 행동에 대해서 뿐 아니라 말에 대해서도 적용되는 것임을 잊지 마십시오. 우리 주님께서 제자들에게 말씀하시길, "사람이 무슨 무익한 말을 하든지 심판 날에 이에 대하여 심문을 받으리라"(마 12:36)고 하셨습니다. 또한 이 규칙이 생각과 상상과 욕망에 대해서와, 영혼 깊이 감추어져 있고 결코 행동으로 드러나지 않은 은밀한 동기들에 대해서도 적용되는 것임을 기억하십시오. 하나님께서는 이런 감추인 것들을 드러내어 심판하실 것입니다. 그러므로 율법과 하나님의 뜻(will)에 일치하지 않는 생각이나 말이나 행동이 모두 죄입니다. 이것이 사실이라면 우리 중에 누가 주님 앞에서 자신의 의를 내세워 설 수 있겠습니까? 하나님이 "정의를 측량줄로 삼고 공의를 저울추로 삼으시고, 우박이 거짓의 피난처를 소탕하며, 물이 그 숨는 곳에 넘칠 때"(사 28:17), 우리 중에 압도되지 않을 자 누구이겠습니까?

계속해서 말하자면, 죄가 죄 되는 주된 이유는 그것이 율법의 위반(transgression of the law)이기 때문입니다. 많은 사람들이 이렇게 말할 것입니다. "나는 누구에게도 해를 끼치지 않았어요." 그것이 논점이 아닙니다. 당신이 하나님의 법을 어기면, 그로 인해 당신은 죄를 짓는 것입니다. 우리는 단지 죄를 그 결과로써 판단하거나, 혹은 어떤 큰 잘못들을 범했다는 차원에서만 판단해서는 안 됩니다. 철도의 전철수(轉轍手, switchman)가 스위치를 올바로 켜 놓지 않으면, 한 열차가 다른 열차와 충돌할 것이고, 많은 이들이 목숨을 잃을 것입니다. 아마도 그는 스스로 "내가 부주의로 인해 큰 죄를 지었구나!"라고 말할 것이며, 그로 인해 모두가 그를 비난할 것입니다. 하지만 그가 스위치 켜는 것을 잊었는데, 어떤 기적에 의해 두 열차가 충돌을 피했다고 가정해 보십시오. 어떤 특별한 일이 발생해서 그 육중하고 강한 물체가 진행하던 방향에서 돌진하기를 멈추고, 그로 인해 어떤 상해를 입은 사람이 없다 해도, 그 전철수는 다른 경우와 마찬가지로 잘못을 범한 것입니다. 죄를 죄로 만드는 것은 그 결과로 발생되는 피해의 크기가 아니며, 그 일 자체입니다. 만일 당신이 그릇된 일을 행하면, 당신의 악행으로써 한 나라를 먹여 살린다고 해도, 당신은 여전히 죄를 범하는 것이라고 나는 말하겠습니다. 당신이 어떤 부정한 책략으로 부를 얻는다면, 어쨌든 그 자체는 책략이자 속임수이며, 따라서 당신의 부에는 저주가 있을 것입니다. 사람들은 어떤 죄들은 즉각 죄인지를 알아봅니다. 그 죄들이 그 죄들을 범한 사람에게 몸의 질병을 가져오거나, 혹은 그들을 빈털터리로 만들거나, 혹은 수치를 뒤집어쓰도록 만들기 때문입니다. 그 때 사람들은 이렇게 말합니다. "이런 행위는 잘못된 것이로구나. 그 결과를 보니 알겠군." 하지만 그것은 그 문제를 보는 아주 불완전한 방법입니다. 그 일에서 잘못된 것은, 그것이 하나님의 율법의 위반이라는 점에 있습니다.

그런데 이렇게 생각하는 사람들이 얼마나 적은지요! 여왕의 법을 어기는 것은 나쁩니다. 하지만 하나님의 법을 어기는 것은 훨씬 더 나쁩니다. 나는 회심하지 않은 모든 사람들의 얼굴을 쳐다보며 이렇게 말하고 싶습니다. "나는 이런저런 특정한 죄로 당신을 비난하지 않습니다. 오히려 나는 그 특정한 잘못의 뿌리 옆에 도끼를 두고서 당신에게 말합니다. 당신의 큰 죄는 당신이 하나님을 섬기지 않는 것이며, 당신이 당신의 조물주에게 합당한 경의를 표하지 않는다는 것입니다. 당신의 마음은 결코 순종으로 그분께 경배하지 않는군요. 당신은 반역자로 태어났으며, 당신은 지존하신 분을 대적하고 있으며, 당신의 주요 왕이신 분께 복종하지 않고 있습니다." 이것이 있음직한 모든 죄의 본질이자 바이러스입니다. 나는 어떤 이들이 죄의 문제를 이런 관점에서 생각하지 않는다는 것을 알고, 그것은 그들이 하나님을 크게 생각하지 않기 때문이라는 것을 압니다. 인간이 하나님을 대적한다는 명백한 증거는 여기에 있습니다. 즉 하나님의 율법을 가볍게 여기는 것을 큰 악으로 생각하지 않으며, 자기 자신의 뜻과 방식대로 살아간다는 것입니다.

　　이제 여러분에게 하나님의 법을 어기는 것이 큰 죄라는 것을 보여드리겠습니다. 습관적으로 하나님의 법을 어기는 자는 자기 군주에 대한 반역자입니다. 그는 하나님의 통치권을 배격하는 자입니다. 그는 실질적으로 이렇게 말하고 있습니다. "여호와가 누구이기에 내가 그의 목소리를 듣겠느냐"(출 5:2). 할 수만 있다면 그는 하나님의 손에서 왕의 홀(笏)을 탈취하려 하고, 그분의 머리에서 왕관을 벗기려 하고, 자기 자신을 자신의 왕이요 주로 삼으려 합니다. 여러분은 이것이 작은 악이라고 생각합니까?

　　또한 거룩함보다는 죄를 더 좋아하는 사람은 실질적으로 하나님의 말씀에 반박하는 것입니다. 그는 말합니다. "하나님의 뜻을 행하지 않는 것이 더 낫다. 하나님은 내게 이것저것을 행하라고 명하시지만, 나는 다른 것을 더 하고 싶다. 그렇게 하는 것이 내게 유익이라고 판단하기 때문이다." 죄인이여, 당신에게 말합니다. 당신은 하나님을 어리석은 분으로 만들고 당신이 지혜자라고 여기는군요. 당신은 이렇게 말하는군요. "세속적으로 죄를 즐기는 내 길이 더 나으며, 하나님은 나를 위해 최상의 길이 무엇인지 모르신다." 당신은 당신의 창조주께서, 사실상 당신이 그분의 무한한 지혜를 모독하도록 허용하시리라고 생각합니까?

　　하나님의 법을 어기는 것은 또한 그분의 선하심을 의심하는 것입니다. 그 사람은 마치, 소유하면 유익한 무엇인가를 하나님이 금하셨다고 생각하는 것 같습니다. 만약 그렇게 생각하지 않는다면, 그는 금지된 것을 바라지 않을 것입니다. 우리가 금지된 것을 바란다면 하와의 경우와 마찬가지일 것입니다. 금단의 열매를 따 먹음으로써 어떤 신비스러운 이익이 있다고 생각하게 되면, 저 용이 이렇게 속삭입니다. "너희가 그것을 먹는 날에는 너희 눈이 밝아져 하나님과 같이 되어 선악을 알 줄 하나님이 아심이니라"(창 3:5). 그리하여, 크시고 영광스러운 하나님의 지혜와 선하심보다 우리 자신의 어리석음을 더 선호하여, 그분이 우리의 최상의 유익을 바라지 않으신다고, 또한 우리의 최상의 유익은 그분의 뜻에 반대되는 것이라고 결론을 내리는 것입니다. 이것이 결국 하나님의 무한한 사랑을 면전에서 모독하면서 그분에게 "당신은 결국 저를 사랑하지 않으시는군요"라고 말하는 것이 아니고 무엇이겠습니까?

한 가지 더 말하자면, 하나님은 어디에나 계시기 때문에, 죄를 범할 때마다 언제나 하나님의 임재 안에서 그럴 수밖에 없음을 알고서도 감히 하나님의 법을 어기는 사람, 하나님의 면전에서 하나님의 법에 반대되는 행동을 하는 그런 사람은, 사실상 자기 하나님에게 도전장을 던지고 그분의 능력에 맞서는 것입니다. 그런 행동으로써, 그는 하나님이 전능하시지 않다고 선언하는 셈이며, 혹은 여호와께서 자신의 영예를 지키기 위해 전능의 힘을 행사하시지 않을 것이라고 선언하는 셈이며, 혹은 그 자신은 하나님이 어떻게 행동하시든 신경 쓰지 않고, 그분이 무슨 일을 하시든 상관하지 않을 것이라고 선언하는 셈입니다. 모든 죄에는 그 내부에 이런 독이 있습니다. 그것은 전능하신 하나님의 위엄에 대한 도전입니다. 오, 죄를 용서받지 못한 청중이여, 여러분은 수천 번씩 이런 식으로 행동합니다. 하지만 주께서 여러분을 치는 일을 오랫동안 참으셨고, 오늘까지도 자비로써 여러분을 참고 계십니다!

그런 식으로 우선, 그리스도인은 죄를 하나님의 법을 어기는 것으로 생각해야 합니다. 하나님의 법을 어기는 일에는, 하나님을 거역하는 악행들과 비행들과 죄악들이 헤아릴 수 없을 정도로 가득합니다.

2. 죄에서 구조되려는 그리스도인의 소망

둘째로, 죄에서 구조되려는 그리스도인의 소망(the Christian's hope of rescue from sin)에 대해 생각하도록 합시다. 그것은 본문의 이 대목에 나타나 있습니다. "그가 우리 죄를 없애려고 나타나신 것을 너희가 아나니.”

　나는 사람들의 죄에 대해 곰곰이 생각해오곤 했습니다. 또 우리 중에 이 고통스러운 문제를 지속적으로 생각하지 않는 사람이 누구이겠습니까? 죄 문제를 생각할 때마다, 나는 예수 그리스도께서 우리 죄를 없애려고 나타나셨다는 이 영광스러운 사실 외에는 위로를 찾을 수 없다는 것을 알았습니다. 하나님이 사람의 모양으로 나타나심(God's appearance in human form), 이것이 그리스도인의 소망의 근거입니다. 만일 위대하신 하나님께서 친히 이 땅에 오시기로 계획하시고 사람의 형체를 취하셨다면, 만약 영원히 복되신 삼위일체 하나님의 두 번째 위격(Second Person)이신 그리스도께서 우리와 같은 모양이 되기 위해 실제로 동정녀에게서 태어나셨다면, 만약 그분이 악한 자와 싸우기 위해 여기 오시고 그 원수의 진군을 가로막으셨다면, 그렇다면 나는 인류를 위해 희망을 가집니다. 나 자신을 위해서도 희망을 가집니다. 죄가 극복될 것이라는 희망을 가집니다. 우리가 알고 확신하듯이 하나님이 내려오시어 우리 가운데 함께 하시며, 우리의 본성을 취하셨습니다. 이것은 우리의 거룩한 신앙의 아주 기본적인 진리입니다. 그러므로 우리는 죄가 어떻게 제거될 수 있는지를 봅니다. “위대하신 하나님, 만일 당신께서 그것을 없애는 일을 착수하신다면, 그 일은 이루어질 것입니다! 하지만 그 일은 다른 누구에 의해서도 이루어질 수 없습니다. 설혹 하늘의 모든 천사들이 이 아우게이아스의 마구간(Augean stable, 그리스 신화에 나오는 지독하게 불결한 마구간. 그것을 청소하는 것이 헤라클레스에게 주어진 임무 중 하나였음 ─ 역주)을 청소한다고 약속하였다 해도, 그것은 영원히 더러운 채로 남아 있었을 것입니다. 그리고 모든 인간의 아들들이 이 더럽고 추한 세상을 불로 정화하기로 결심하였다 해도, 세상은 여전히 게헤나(Gehenna, 렘 7:31 등에 나오는 ‘힌놈의 골짜기’를 헬라어로 음역한 것. 마 5:22 등 신약에서는 지옥을 가리키는 말로 사용됨 ─ 역주)로 남아 있었을 것입니다. 하지만 오 복되신 하나님의 아들이시여, 지은 것이 하나도 당신 없이 된 것이 없으며, 능력의 말씀으로 만유를 유지하시고 붙드시는 당신께서 그 일을 착수하신다면, 그 일이 아무리 엄청난 일이라 하더라도, 그 일은 완수될 것입니다!’

　다음으로, 우리의 소망은 그리스도의 죽음(Christ's death)에 있습니다. 우리의 죄는 두 가지 방식으로 제거될 필요가 있습니다. 첫째로는, 죄의 책임(guilt of sin)에 대한 것입니다. 우리는 이미 죄를 이었고, 우리의 죄로 인하여 우리는 하나님의 의로우신 분노를 샀고, 그분의 정당한 불쾌감을 유발했습니다. 하나님은 죄를 벌하셔야 합니다. 만일 사람이 눈사태의 길목에 서 있으면, 그는 그 아래 깔려 묻히게 될 것입니다. 그리고 만일 사람이 하나님의 율법의 길에 서 있으면, 그 율법들이 반드시 그를 눌러서 뭉개고 말 것입니다. 죄책으로부터 구원받는 방법은 단 한 가지입니다. 그것은 하나님께서 친히 인간의 모양으로 오시고, 인간의 죄의 결과들을 친히 짊어지시는 것입니다. 그분이 그런 일을 행할 생각을 하셨을까요? 그분이 그렇게 자신을 낮추실 수 있었을까요? 그분이 그렇게 하셨습니다! 무한한 긍휼로써, 하늘의 위엄으로 가득하신 그분이 왕의 망토를 벗으시고, 왕관을 내려놓으시고, 이곳으로 내려오시어 흙으로 된 인간의 육신을 입고 우리 가운데 거하셨습니다. 이곳에 계시면서, 그분은 고난을 받으셨고, 피를 흘리셨고, 죽으셨습니다. "의인으로서 불의한 자를 대신하셨으니 이는 우리를 하나님 앞으로 인도하려 하심이라"(벧전 3:18). 형제들과 자매들이여, 만약 골고다의 십자가에서 죽으신 그분이 진정 하나님의 아들이시라면, 만약 그분이 거기서 죄를 속하기 위해 죽으신 것이라면, 그렇다면 나는 인간의 죄책이 어떻게 제거되는지를 볼 수 있습니다. 도저히 합법적이라고 말할 수 없는 어떤 범죄들을 생각해 보십시오. 그처럼 더러운 얼룩이 하나님의 아들의 피가 아니고서 어떻게 씻어질 수 있겠습니까? 사랑하는 친구여, 당신 자신의 죄들을 생각해 보십시오. 비록 그 죄들이 다른 사람들의 죄처럼 그다지 지독한 것이 아니라고 해도, 그럼에도 그 죄들의 간악함은 여전히 큽니다. 그 죄들이 하나님의 아들의 피가 아니고서는 어떻게 씻어질 수 있겠습니까? "하지만 오 그리스도시여, 당신께서 고개를 숙이시고 숨을 거두셨다면, 당신의 귀하신 몸이 모든 고통의 흔적들을 간직한 채로 저 침묵의 무덤에 누이셨다면, 만일 당신께서 '다 이루었다'고 말씀하셨다면, 그 누가 당신에게 반박할 수 있겠습니까? 다 이루어졌습니다! 저 위대한 희생이 완수되었고, 당신의 한 가지 제물로써 당신은 당신의 백성들의 죄를 영원히 없이 하셨습니다." "그가 우리 죄를 없애려고 나타나신 것을 우리가 아나니." 사랑하는 청중이여, 여러분은 그것을 아십니까? 혹 여러분이 알지 못한다면 여러분이 너무나 가엾습니다. 주께서 바로 지금 여러분을 가르치시어 그것을 믿게 해 주시길, 그리스도의 죽음에 의해 여러분의 죄가 제거된 것을 여러분으로 보게 해 주시길 기도합니다.

　　하지만 그 다음에, 우리는 성령의 선물로 우리 안에 주어지는 그리스도의 생명

(Christ's life in us)을 필요로 합니다. 비록 죄가 용서된다고 해도 그것으로는 충분하지 않습니다. 우리는 우리에게서, 우리 마음에서, 우리의 삶에서, 죄를 몰아내기를 원합니다. 형제들과 자매들이여, 이것이 여러분에게 필요하다고 동의하지 않으십니까? 설혹 우리가 용서받을 수 있다고 해도, 아직 온전히 성화되지 않았기 때문에, 죄가 여전히 우리에게 기어올라 꾸물거리고 있는 동안에는 결코 행복할 수 없다고 나는 생각합니다. 오, 너 해로운 파충류여! 네가 내 팔이나 혹은 몸의 어느 부분을 휘감고 있다면, 비록 너의 치명적인 독은 너에게서 제거되었다고 하더라도, 너의 혐오스러운 접촉만으로도 너는 나를 거의 죽을 정도로 아프게 하는구나! 죄라고 하는 이 더러운 것이 어떻게 우리에게서 제거될 수 있을까요? 자, 우리 주 예수 그리스도께서 바로 그것을 위해 나타나셨습니다. 그분의 죽음 이후에, 그분이 하늘에 오르셨을 때, 성령님이 우리에게 내려오시고 우리 안에 거하십니다. 이는 모든 악한 정욕을 정복하시고, 우리 안에서 거룩한 소원을 따라 활동하시기 위함입니다. 그분이 우리 안에 거하시는 것은 우리 입을 통해 말씀하시고, 우리 삶에서 행동하시고, 우리로 한때 그랬던 것처럼 육을 따라 살지 않고 하나님의 뜻을 따라 살게 하려 하심입니다. 그리스도께서 나타나신 것은, 그분이 죽은 자 가운데서 다시 살아나시고 하늘로 돌아가심으로써, 성령이 믿는 자들 가운데 오셔서 거하도록 하기 위함이며, 그럼으로써 우리를 변화시켜 새 삶을 살게 하기 위함입니다. 그리고 이제, 오늘날에는, 이 가련한 지구의 땅을 밟으셨던 그리스도, 이 땅에서 죽으셨고 묻히셨던 그리스도, 땅에서 일어나 영광 중으로 올라가신 그리스도, 그분이 강력하고 은밀하고 보이지 않는 능력으로써 여전히 죄 있는 자녀들 가운데 활동하시고, 그들을 새롭게 창조하시고, 그들을 그리스도 예수 안에서 새로운 피조물들로 만들고 계십니다! 어떤 백발의 죄인이 이런 말을 했습니다. "내가 어린 아이처럼 될 수만 있다면, 그래서 새 삶을 살 수 있다면 좋겠습니다." 연로하신 나의 친구여, 예수님께서 당신을 위해 행하시는 일이 바로 이것입니다. 그분은 당신을 은혜 안에서 아기가 되게 하십니다. 당신은 "사람이 늙어서 어떻게 태어나느냐"고 물으십니까? 바로 그것입니다. 그리스도께서는 당신을 다시 태어나게 하시고, 전혀 새로운 삶을 시작하게 하실 수 있습니다. 바로 이 목적을 위해 그분이 나타나셨습니다. 곧 그분이 우리 죄를 없애려 하심입니다. 매일, 그분을 믿는 자들 속에서, 그리스도께서는 육체와 더불어 그 정과 욕심을 십자가에 못 박고 계십니다. 매일, 그분은 옛 사람을

죽게 하십니다. 매일, 그리스도께서는 우리 안에 형상을 이루어가고 계시며, 그것이 우리의 영광의 소망입니다. 매일, 그분의 부활의 생명이 우리에게 옛 죽은 세상과 그 정욕에서 일어나도록 우리에게 힘을 부여합니다. 매일, 하늘로 올라가신 우리 주님께서 우리로 위를 향해 오르도록, 우리로 그리스도 예수 안에서 하늘의 처소에서 함께 앉도록 격려하십니다. 매일, 그분은 우리로 모든 죄에서 온전히 자유롭도록 하기 위해, 그리고 그분 자신을 닮아가도록 하기 위해, 복되신 그분의 영으로써 우리 안에서 활동하고 계십니다. 그렇다면 이것이 우리의 소망이자 복된 일이 아니겠습니까? "그가 우리 죄를 없애려고 나타나신 것을 우리가 아나니."

오, 내 사랑하는 친구들이여, 이 문제를 진지하게 생각해 보지 않은 여러분도 이 문제에 전적인 관심을 기울이시길 바랍니다! 그것이 여러분의 유일한 소망입니다. 하지만 어쩌면 여러분은 어떤 악행에 얽매여 있든지, 무관심이라고 하는 냉정하고 무기력한 증세를 겪고 있든지, 혹은 아주 세속적인 상태에 빠져 있을 것입니다. 한 가지 능력을 통해서가 아니면 이런 상태에서 빠져나올 수 없습니다. 그리고 그 능력은 주 예수 그리스도의 손에 있습니다. 더 낫고, 더 안전하고, 더 거룩한 무언가에 이르는 오직 한 가지 길이 있습니다. 그리고 그 길은 그리스도입니다. 그분을 구하지 않겠습니까? 진정, 여러분은 '여러분이 정결해지고 거룩해지는 것이 혹 여러분을 불행하게 만들지 않을까?' 라고 생각해서는 안 됩니다. 만일 여러분이 그런 일을 상상한다면, 기꺼이 나 자신에 대해 증언하고자 합니다. 나는 내 주님을 온 힘을 다해 섬기려고 애써 왔지만, 그분을 섬기는 것이 고역(苦役)이라고 느낀 적이 없습니다. 그리스도처럼 되고자 애쓰는 것은 노예의 속박으로 묶이는 것이 아닙니다. 사실, 화목하게 된 영혼의 눈에서 반짝이는 기쁨보다 더 큰 기쁨은 없습니다. 죄가 용서된다면, 악이 정복된다면, 내게 두려울 것이 무엇이겠습니까? 죽음도 예수님을 믿는 자를 찌르지 못합니다. 삶의 무거운 짐들도 우리를 압도하지 못합니다. 우리의 죄가 없어진다면, 우리는 살기에도 적격이고, 죽기에도 적격입니다. 은혜가 우리로 고난을 견디게도 하고, 기쁨을 누리게도 합니다. 조용한 병실에 대해서나, 사별하는 무덤에 대해서나, 혹은 우리 무릎에 오르는 어린 자녀들과의 교제의 기쁨에 대해서나, 모든 경우에 대해서 은혜는 우리를 알맞게 준비시켜 줍니다. 자기 주님을 닮은 자는 어떤 일에도 적응합니다. 그리스도의 나타나심으로 죄가 없어지기만 하면, 금생에서나 내생에서 우리가 감당하지 못할 것은 없습니다. 지금에나 장래에나 모든 일에서 합당하게 살아갈 수 있습니다. 설혹 내가 현세주의자(secularist)라도, 나는 그리스도인이 되고 싶습니다. 설혹 내세가 없다고 해도, 결국 죽을 운명이라고 해도, 죄를 용서받고서 영원하신 분과 평화롭게 지내고, 자기를 희생하신 그분께 뜨거운 감사를 느끼며, 죄 많은 동료 인간들을 향해 간절한 사랑으로 감동되어 살아가는 것이 더 좋을 것입니다. 나는 그렇다고 확신합니다. 기독교는 모든 윤리들 중에서도 가장 고상합니다. 현세의 삶을 위해서도 그러하거늘, 하물며 우리가 나아가는 저 영원한 세계를 위해서는 더욱더 그러합니다.

3. 그리스도인의 모범

이제 세 번째 요점인 그리스도인이 본받아야 할 모범(model)에 대해 몇 가지를 말하고서 설교를 마치려 합니다. 여러분은 그리스도께서 나타나시어 죄를 없애시는 것이 그리스도인의 소망인 것을 봅니다. 그러면 그의 모범은 무엇입니까?

먼저, 그것은 한결같이 온전하신 그리스도(Christ ever perfect)이십니다. 내 입술로는 온전하신 주님, 나의 주 예수 그리스도에 대해 충분히 말할 수가 없습니다. 하지만 나는 이것만은 말할 수 있습니다. 그분의 원수들이 모든 면에서 그분을 살폈어도, 그들은 그분에게서 그들의 독화살을 쏠 틈새를 발견하지 못했습니다. 사람들이 성령으로 감동된 성경의 위대한 진리를 내동댕이치고, 천국과 지옥의 문제도 가볍게 취급해 왔지만, 그럼에도 불구하고 주 예수 그리스도의 성품만은 경이롭게 바라보았습니다. 그분의 성품은 절대적으로 완벽했기 때문에, 사람들 중에서는 견줄 대상이 없었습니다. 마치 눈으로 덮여 있는 하나의 봉우리가 알프스의 모든 봉우리들 위로 우뚝 솟아 있듯이, 왕관 쓴 군주가 다른 모든 귀족들보다 더욱 존귀하듯이, 그리스도의 생애도 다른 모든 박애주의자들과, 모든 교사들과, 단지 지상에서만 순결하고 고상했던 다른 모든 사람들 위에 홀로 우뚝 솟아 있습니다. 그분과 같은 자가 없습니다. 그리스도에게는 결함이 없으며, 과도한 부분도 없습니다. 그분은 하나님의 기쁨입니다. 그분은 위에 있는 모든 성도들의 기쁨입니다. 그분은 여러분의 기쁨이며, 나의 기쁨입니다. 사랑하는 여러분, 우리에게 그분은 온통 사랑스러운 분이십니다.

다음으로, 그리스도 안에 있는 한 모든 성도들 역시 완벽하다(every saint as far as he is in Christ is perfect, too)는 것을 기억하십시오. 나 자신의 일부라면, 오, 그것이 얼마나 불완전한지요! 아직 그분 안에 거하지 않는 나의 일부, 다투고 때로는 벗어나려는 저 옛 본성에 대해 말하라면, 오 내가 그것 때문에 얼마나 근심하는지요! 하지만 그리스도께서 오셔서 우리와 교제하시고 또 우리가 그분에게 복종하는 면에 있어서는, 우리는 그분의 거룩한 순결에 의해 영향을 받으며, 그리하여 그분이 깨끗하신 것과 같이 우리가 깨끗해집니다. 때때로 사람들은 그리스도인이 바르게 행하지 않는다고 말합니다. "그는 여차여차한 행동을 했소이다. 그것이 당신들의 종교이지요!" 아니, 그렇지 않습니다. 정확하게 말하자면, 아직 그가 그의 종교에 철저하게 빠져들지 않았다는 점, 그것이 그의 결함이며 실패입니다. 그가 잘못된 행동에 대해 용서를 받도록, 또한 하나님의 은혜가 그의 영과 혼과 몸을 온전히 성화시키도록 기도하십시오.

이 한 가지를 더 말하고 마치겠습니다. 언젠가 그리스도 안에서 온전하게 되고, 그리스도처럼 온전하게 되리라는 이것이 모든 신자들의 결심이요, 목적이며, 기도요, 소망이며, 확신이 되어야 합니다. 오 복되고도 복된 소망이로다! 우리 속에 죄는 없고, 반드시 죽을 것입니다. 죄여, 너는 우리에게서 쫓겨나리라! 죄여, 너는 반드시 죽으리라! 비록 왕들이라 해도 이 땅에 가나안 족속은 하나도 남지 않을 것이며, 태양의 면전에서 반드시 목을 매달게 될 것입니다. 여러분은 이 죄들이 마치 가나안 왕들이 막게다 동굴에 숨었듯이 우리 영혼 안에서 스스로를 숨기려 애쓰는지를 압니다. 우리는 여호수아처럼 저 동굴 입구의 큰 돌들을 굴려서(수 10:16-18), 죄가 밖으로 나오지 못하도록 틀어막았습니다. 즉 큰 수고의 대가를 치르며 자기부인(self-denials)을 실천했습니다. 하지만 그것으로는 충분하지 않습니다. 우리는 죄를 동굴 안에 숨겨 두는 것으로는 만족할 수 없습니다. 우리는 여호수아가 다섯 왕들을 죽였듯이(수 10:26), 죄를 죽이기를 원합니다. 그래서 태양이 지기 전에 우리는 이렇게 외칩니다. "너희는 밖으로 나오라! 밖으로 나오라! 너희는 죽어야 하며, 하나도 남김없이 죽어야 한다!" 그릇된 생각도 있어서는 안 되고, 그릇된 욕망이나, 그릇된 행동들을 남겨두어서는 안 됩니다. 우리가 그리스도께서 온전하시고 깨끗하신 것처럼 되고자 한다면, 그 모든 것을 죽여야 합니다. 당신은 말합니다. "그것은 어려운 교훈입니다." 나는 그것이 우리로서는 불가능하다고 인정합니다. 하지만 우리를 위해 그 일을 수행하시는 그분에게는 불가능하지 않습니다. 그분은 우리의 죄를 없애려고 나타나셨습니다. 그분이 나타나신 일에는 성육신과, 피와 같은 땀방울과, 십자가에서의 죽음이 포함되어 있으니, 그것이 이루지 못할 일이 무엇이겠습니까? 사랑하는 친구여, 믿으십시오. 당신 안에 있는 모든 죄가 죽임을 당할 것이고, 당신은 하나님 앞에서 "티나 주름 잡힌 것이나 이런 것들이 없는"(엡 5:27) 모습으로 서게 될 것입니다. 당신은 또 말합니다. "이렇게 되면 나에게는 천국인 셈입니다." 진정, 당신은 그보다 더 나은 천국을 가질 수 없습니다. 모든 더러움에서 완전하게 씻김을 받고, 과거의 모든 죄의 길에서와 미래의 죄로 향하는 모든 성향들로부터 구원을 받으며, 그리스도 예수 안에서 온전해지는 것입니다. 오, 이것이야말로 천국입니다!

　　이것을 믿고, 그것을 얻고자 힘써 싸우도록 합시다. 그것을 얻을 때까지 결코 안주하지 말도록 합시다. 한 사람이 말합니다. "그렇다면, 천국 이편에서 우리는 결코 안주하지 않을 것입니다." 물론 그래야지요. 당신이 여기에 있는 동안에는 싸워야만 합니다. 이미 당신이 상당한 승리를 거두었다 해도, 계속해서 나아가십시오. 더욱더 많은 것을 얻으십시오. 얼마 전, 나는 한 사람이 이렇게 묻는 것을 들었습니다. "우리가 이 생애에서 온전해질 수 있나요?" 나는 그가 술을 마신 것을 냄새로 알았고, 속으로 생각했습니다. "음, 지금 당신은 마치 누더기를 걸치고, 주머니에는 동전 한 푼도 없는 사람이 '모든 노동자가 백만장자가 되는 일이 가능하다고 생각하나요?'라고 물어보는 사람과도 같군요." 그가 먼저 5실링을 저축하는 것이 가능한지 물어보는 편이 낫지 않았을까요?

　　사랑하는 여러분, 누군가 "내가 온전해질 수 있나요?"라고 물어보면, 나는 이렇게 말하겠습니다. "내 사랑하는 동료여, 당신은 지금 당장은 그 문제로 골치를 썩일 필요가 없습니다. 당신은 그 문제에서 너무나 동떨어져 있기 때문에, 먼저 당신이 어떻게 하면 품행을 단정히 할 것인지를 고민하는 편이 좋겠습니다." 여러분이 없애지 못하지만, 꼭 없애야 하는 명백한 죄들이 있습니다. 하지만 이제 막 죄를 자각하기 시작하고서 악한 습관과 행동들을 벗어나기 시작한 영혼이, 하나님이 온전하시듯 절대적으로 온전한 영혼이 되기까지는, 가야 할 길이 멀고도 멉니다. 그 거리는 너무도 멀기 때문에 하나님께서 당신을 건너게 해주셔야만 하는 것이지, 그렇지 않고서는 당신이 그 거리를 횡단할 수가 없습니다. 또한 당신은 예수님의 발치에 죄인으로서 엎드려야 하며, 그렇지 않고서는 그 일을 결코 소망할 수가 없습니다. 오십시오, 우리 모두 지금 이 순간 십자가에서 출발합시다. 주 예수 그리스도를 믿음으로써 시작하도록 합시다. 그러면 그분이 자기의 깨끗하심과 같이 우리를 깨끗하게 하실 것입니다. 그리고 마지막에는,

그분이 나타나실 때에는, 우리가 그분처럼 될 것이며, 그분의 계신 그대로를 보게 될 것입니다.

하나님이 예수님을 위하여 여러분 모두에게 복을 주시길 빕니다. 아멘.

제
11
장

—

파멸당한 마귀의 일

—

**"하나님의 아들이 나타나신 것은 마귀의 일을
멸하려 하심이라."** — 요일 3:8

이 장에서 요한은 인류를 날카롭고도 분명하게 두 부류로 구분하고 있습니다. 그는 제삼의 부류가 있다거나, 혹 있을 수 있다고 하는 것에 대해서는, 전혀 암시조차 하지 않습니다. 오직 그는 사람들을 하나님의 자녀들이 아니면 마귀의 자녀들로 묘사하며, 또한 그 두 부류가 얼마나 명백하게 드러나는지를 우리에게 말하고 있습니다(10절을 보십시오). 자, 만일 이런 구분이 존재하지 않는 것이라면, 요한이 그렇게 날카롭게 두 부류로 구분하지 않았을 것입니다. 그는 사랑의 마음과 부드러운 정신을 가진 사람입니다. 만일 그가 어디선가 중립적인 사람들을 위한 공간을 발견했거나, 소위 "중간자들(betweenites)"이나 혹은 성도들과 죄인들의 중간에 설 수 있는 사람들을 위한 제삼의 지대를 발견했다면, 그는 틀림없이 그것에 대해 언급했을 것입니다. 어느 누구도 요한에게 자비가 부족하다고 의심할 수 없습니다. 따라서 그가 어떤 중간적인 위치도 가능하지 않다고 확신하였으므로, 우리 역시 그 점에서 분명한 입장을 취할 수 있으며, 어느 쪽도 택하지 않는 어정쩡한 사람들에게 아첨하는 모든 이론을 즉시 배격합니다. 오늘날에도 세상은 여전히 하나님의 자녀들과 저 악한 자의 자녀들로 구분됩니다. 이 구분을 결코 잊어서는 안 됩니다. 그럼에도 불구하고 이를 망각한 수천 편의 설교들이 행해지고, 통상적으로 회중들은 그들 전부가 하나님의 백성인 것처럼 여기며 말씀을 듣고 있습니다. 만일 우리가 거짓을 가정하는 것으로 출발한다면 어떻게 진리를 전하겠습니까? 우리의 청중들이 모두 그리스도인들이라고 가정하는 것은 오류에서 출발하는 것입니다. 만일 그 자체로는 진리가 거짓된 방식으로 전해진다면, 사람들이 거짓의 토대 위에 세워질 가능성이 매우 높지 않겠습니까? 그럴 수는 없습니다. 나의 청중이여, 우리는 여러분을 모두 하나님의 백성으로 간주하고 말할 수가 없습니다. 그렇지 않기 때문입니다. 여러분 중 일부는 저 악한 자의 자녀들입니다. 이 말이 여러분에게 불쾌하게 들릴지라도, 여러분을 즐겁게 해 주는 것이 우리의 할 일이 아닙니다. 우리의 의무는 하나님을 기쁘시게 하고 사람들의 영혼에 유익을 끼치도록 말씀을 전하는 것입니다. 그리고 그것은 사실을 정직하게 선언함으로써 수행될 수 있습니다. 하나님이 보시기에는 산 자들과 죽은 자들 사이에, 거듭난 자들과 여전히 타락한 상태에서 지내고 있는 자들 사이에, 분명하고 확정된 선이 있습니다. 두 부류의 사람들 사이에는 깊은 간격이 있으며, 하나님께 감사하게도 그것을 건널 수는 있습니다. 하지만 그럼에도 불구하고 그 간격은 마치 입을 벌리고 있는 거대한 수렁처럼 인류를 두 부류의 진영으로 나누고 있습니다.

이러한 중대한 구별이 공중기도(public prayer)에서 언급되어야 합니다. 우리가 대부분의 기도서(liturgies)에서 불만스러운 것은 바로 이 점입니다. 왜냐하면 그 기도문들은 본질적으로 성도들과 죄인들 모두를 조화시키려는 관점에서 작성되기 때문입니다. 그리고 그 필연적인 결과로서, 그 기도서들은 어느 쪽에도 적합하지 못합니다. 하나님의 자녀들에게 어울리는 즐겁고도 확신에 찬 어조가 배제되는 것은, 경건하지 못한 자들이 그처럼 기쁨에 넘치는 신앙의 표현을 사용하지 못하기 때문입니다. 다른 한편으로는, 불안한 영혼들에게나 적합한 비탄에 찬 어조가 하나님의 은혜로 이미 오래 전에 구주를 발견한 자들의 입으로 표현되고 있습니다. 주님과 온전한 교제 속에서 행하는 자들에게는 "비참한 죄인들(miserable sinners)"이라는 말이 정확한 묘사가 아니며, 마치 그리스도 예수 안에서 용서와 생명을 발견하지도 못한 자들처럼 기도하는 것은 그들에게 적절하지 않습니다. 공중기도의 내용 중에서 일부분은 주를 경외하는 자들에 관한 것이고 다른 일부분은 그분을 경외하지 않는 자들을 위한 것입니다. 이 점이 명백하지 않으면, 공중기도를 뒤섞여 있는 회중들을 위해 사용하는 것은 적절하지 않습니다. 대중의 사용을 위한 기도서를 엄밀하게 진실의 원리에 따라서 작성하기란, 비록 전적으로 불가능하지는 않더라도, 매우 어려운 일이라고 나는 생각합니다. 거듭난 자와 거듭나지 못한 자들의 구분을 무시하는 공중기도서는 불가피하게 사람들의 영혼에 해를 끼칠 수밖에 없습니다. 주의 종은 이 문제에서 귀한 것과 악한 것을 분간해야 하며, 그렇지 않으면 그는 하나님의 입처럼 될 수 없습니다.

만일 이런 구분이 설교에서와 공중기도에서 고려되어야 한다면, 그것은 특히 우리의 개인 신앙에서도 고려되어야 합니다. 우리는 우리가 누구에게 속했고 누구를 섬기는지를 알아야 합니다. 우리는 주께서 은혜로써 구분하신 차이를 알아야 하며, 그분이 우리를 거듭나지 못한 자들과 다르게 하셨는지 아닌지의 여부를 알아야 합니다. 거래를 하는 모든 사람은 자기 입장을 분명히 하고, 그가 성공할 것인지 아닌지의 여부를 알고 싶어합니다. 확실히 우리 각 사람은 일생의 중대한 문제에서, 즉 마지막에 파산하게 되면 영원히 그렇게 되는 중대한 문제에서 자신의 입장을 확실히 알아야 합니다. 자신이 빛 가운데 있는지 혹은 어둠 속에 있는지의 여부를 아는 것, 자신이 죄의 종인지 혹은 자유롭게 된 주님의 사람인지의 여부를 아는 것은 극히 중대한 문제입니다. 각 사람은 자신이 구원받은 자인지 잃은 자인지, 용서받았는지 정죄되었는지를 알아야 합니다. 설혹 하나님의 자녀가 아니어도 진노의 자식은 아닐 것이라는 거짓된 희망 가운데 평안히 앉아 있어서는 안 됩니다. 그런 일은 있을 수 없기 때문입니다. 지금 이 순간, 각 사람은 이 편이 아니면 저 편입니다. 예수님을 믿고서 사랑받는 자녀로 받아들여지지 않았다면, 모든 사람은 하나님의 진노 아래에 있습니다. 두 종류의 후손들이 있으며, 오직 그 둘만이 있습니다. 하나는 여인의 후손이며 또 하나는 뱀의 후손입니다. 그리고 내 친구여, 당신은 이 둘 중 어느 하나에 속해 있습니다. 요한은 이 중대한 구분을 다음과 같이 요약하고 있습니다. "아들이 있는 자에게는 생명이 있고 하나님의 아들이 없는 자에게는 생명이 없느니라. 또 아는 것은 우리는 하나님께 속하고 온 세상은 악한 자 안에 처한 것이라"(요일 5:12,19).

이것을 설교의 서문으로 삼도록 합시다. 이러한 정신이 내 설교 전체에 흐를 것이기 때문입니다.

이제 본문의 말씀을 보도록 합시다. "하나님의 아들이 나타나신 것은 마귀의 일을 멸하려 하심이라." 우리는 네 가지를 말할 것입니다. 마귀의 일(the works of the devil), 하나님의 목적(the purpose of God), 하나님의 아들의 나타나심(the manifestation of the Son of God), 그리고 이 본문의 의미와 관련하여 우리 자신 안에서의 경험(the experience within ourselves)입니다. 오, 우리가 올바로 생각하고 능력으로 말할 수 있도록, 성령의 도우심을 빕니다.

1. 마귀의 일

먼저, 마귀의 일에 대해 조금 언급하고자 합니다. 이 아주 강력한 표현은 죄를 묘사한 것입니다. 앞의 문장에서 그렇게 해석하고 있습니다. "죄를 짓는 자는 마귀에게 속하나니 마귀는 처음부터 범죄함이라 하나님의 아들이 나타나신 것은 마귀의 일을 멸하려 하심이라." 즉, 그분은 죄를 멸하려 하십니다.

죄에 대한 이 명칭은 무엇보다도 혐오의 표현입니다. 죄는 하나님과 선한 사람들이 보기에 너무나 가증스럽기 때문에 그것의 여러 형태들을 가리켜서 "마귀의 일들"이라고 하는 것입니다. 사람들은 마귀와 관련된다는 생각을 좋아하지 않습니다. 하지만 그러면서도 그들은 하나님의 영으로 새로워지기까지는 마귀와 아주 친밀하게 연결되어 있습니다. 미신적인 시대에서는 마귀와 교섭하는 사람을 혐오하거나 두려워했다고 추측됩니다. 그럴 만도 하지요. 바알세불과 결탁한 사람은 모든 명예를 잃어버렸습니다. 하지만 사람이 죄 속에서 살면 그의 행동들이 성령님에 의해 "마귀의 일들"로 불린다는 것을 알아야 합니다. 사탄은 "지금 불순종의 아들들 가운데서 역사하는 영"(엡 2:2)입니다. 경건하지 못한 이들이여, 마치 대장장이가 대장간에서 일하듯이, 마귀가 여러분 안에서 역사하고 있다는 것을 생각하십시오. 만일 내가 죄 속에 살고 있다면 내가 사탄의 노예이며, 내가 그를 위해서 그의 일을 하고 있다는 생각이 충격적이지 않습니까? 만일 마귀가 마음에 있다면, 하나님과 인간의 대적(大敵)에 의해 삶 전체가 더럽혀지는 것입니다. 그러므로 죄를 가소롭게 여기지 마십시오. 그것을 사소하게 취급하지 마십시오. 그것은 위험하고 치명적이며, 마귀의 일이기 때문입니다. 그놈에게서는 어떤 선한 것도 나올 수가 없습니다. 오, 만약 인간들이 그들이 즐기는 죄에 묻어 있는 뱀의 점액(粘液)을 볼 수 있다면, 달콤한 정욕에 묻은 독사들의 독과, 그들의 거만하고 뽐내는 생각을 휘감고 있는 저 지옥의 연기를 볼 수 있다면, 정녕 그들은 지금 즐기고 있는 그것을 혐오하게 될 것입니다! 만약 죄가 우리를 마귀와 직접 관계를 맺게 한다면, 삼키려는 사자에게서 도망치듯 죄에서 도망치도록 합시다. '마귀의 일들'이란 혐오감의 표현입니다. 그 표현이 우리 마음에 새겨져서 우리로 죄를 혐오하게 만들기를 바랍니다.

　　다음으로, 그것은 **구별의 표현**(a word of distinction)입니다. 그것은 경건하지 못한 사람의 행위를 주 예수님을 믿는 사람의 삶과 구별합니다. 하나님께 속한 자는 하나님의 일을 합니다. 그의 삶은 하나님의 일입니다. 그의 삶에는 하나님을 닮은 요소가 많으며, 그는 복되신 성령 하나님의 능력을 힘입습니다. 하지만 경건하지 못한 사람의 삶은 매우 다릅니다. 그는 자기 자신을 위해 살며, 자기 자신의 쾌락을 추구하며, 그를 반대하는 모든 것을 미워합니다. 그는 주님을 대적하고, 그분의 진리와 모든 순결하고 선한 것을 미워합니다. 그의 영은 하나님께 속한 영이 아니며, 악한 자에게 속한 영입니다.

　　은혜를 입은 자들과 은혜가 없는 자들 사이에는 근본적인 구분이 있습니다. 그리고 여기에서 그들의 행실이 비롯됩니다. 전자가 행하는 일들은 하나님의 일이며, 후자가 행하는 일들은 마귀의 일입니다. 나는 이 가르침에 사람들이 호감을 느끼지 않는 것을 압니다. 하지만 그것은 사실이며, 따라서 명백하게 진술되어야 합니다. 나는 한 사람이 이렇게 말하는 것을 듣습니다. "저를 보세요. 제가 마귀의 자녀란 말입니까? 내가 성도답지 않을지는 모릅니다. 하지만 나는 신앙을 고백하는 당신네 많은 그리스도인들보다 더 나쁘지 않습니다." 내가 대답하지요. 신앙을 고백하는 그리스도인들이 때로는 끔찍한 위선자들인 경우가 있습니다. 하지만 그것이 당신과 무슨 상관입니까? 아, 내 친구여, 그들의 멸망이 당신의 구원에 도움이 되지 않습니다. 당신이 그리스도를 믿고서 그분의 사랑의 능력 아래 살지 않으면서도, 당신은 위선자만큼 선할 수 있으며, 어쩌면 그보다 더 선할 수도 있을 것입니다. 하지만 그래도 당신은 여전히 진정한 그리스도인과는 크게 다를 것입니다. 만일 당신 속에 하나님의 생명이 없다면, 당신은 하나님의 일들을 할 수 없습니다. 광물질이 스스로 식물의 단계로 올라갈 수 없습니다. 그러자면 창조주의 손길이 닿아야 합니다. 창조주께서 기적을 행하시지 않고서는 식물이 동물의 단계로 올라갈 수 없습니다. 그와 마찬가지로, 육적인 인간인 당신은 어떤 자연적인 일을 통해서는 영적인 사람이 되지 못합니다. 소생시키시는 성령에 의해 새로운 생명이 당신에게 부여되어야 합니다. 그리스도 안에 있는 참된 신자의 일들과 당신의 일들의 차이는, 마귀의 일과 하나님의 일의 차이만큼이나 큽니다. 본성의 차이가 얼마나 큰지에 따라 다른 행실의 열매들이 나오는 것을 알아야 합니다.

다음으로, 우리 앞에 있는 이 말은 몰락의 표현(a word of descent)입니다. 죄는 "마귀에게 속한(of the devil)" 것이며, 그로부터 나옵니다. 그가 죄의 부모이자 후원자입니다. 그렇다고 우리의 죄들을 전적으로 마귀 탓으로 돌릴 수 있을 정도로, 죄가 마귀에게만 속했다고 할 수 없습니다. 죄는 한편으로 우리 자신의 것이기 때문입니다. 유혹자가 당신의 의지 없이는 유혹할 수 없는 일을 한 것에 대해, 당신은 유혹자를 탓해서는 안 됩니다. 그가 당신을 유혹할 수는 있습니다. 하지만 당신의 의지가 그 유혹에 굴복하지 않는다면 그것이 당신의 죄가 되지 않을 것입니다. 책임은 당신의 의지에 있습니다. 마귀는 자기 자신이 책임져야 할 많은 죄를 가지고 있습니다. 하지만 그는 종종 짐말(pack-horse)로 하여금 자기 것이 아닌 악의 짐들을 지도록 만듭니다. 하와가 이렇게 말했을 때 그 기술을 우리에게 가르쳐 준 셈입니다. "뱀이 나를 꾀므로 내가 먹었나이다"(창 3:13). 그때부터 인간은 변명을 일삼는 일에 놀랍도록 능수능란해졌고, 자주 그들 자신의 잘못을 마귀의 유혹 탓이라고 돌립니다.

하지만 죄는 아주 진정한 의미에서는 마귀에게서 나옵니다. 그가 최초로 그것을 세상에 들어오게 했습니다. 언제 혹은 어떻게 그가 최초로 죄를 범하고 빛의 천사의 지위에서 타락하여 어둠의 주창자가 되었는지를 우리는 추측하지 않을 것입니다. 많은 사람들이 그의 높은 지위에서 비롯된 교만 때문이라고 생각하기도 하고, 혹은 인자(the Son of man)의 예견된 영광을 시기했기 때문이라고 추측하기도 합니다. 그런 교만과 시기가 그를 망하게 했을 것입니다. 하지만 어찌하였건, 그는 자기 지위를 지키지 아니하였고, 오히려 자기 주님을 거역한 반역자가 되었습니다. 그리고 모든 악의 적극적인 주동자가 되었습니다. 자기 악함으로 인해 천국에서 쫓겨났기 때문에, 그는 하나님께 앙갚음하려는 일념으로 인간을 그 순종의 자리에서 멀어지게 했습니다. 그는 창조주께서 인간에게 얼마나 관심을 기울이시는지를 알았고, 그래서 인간을 순종의 자리에서 떠나도록 유혹하면 그분을 크게 슬프게 할 수 있을 거라고 판단했습니다. 그는 창조주가 땅을 지으셨을 때에 쉬지 않으신 것을 생각했습니다. 그분이 새들과 물고기들을 만들 때에도 쉬지 않으시고, 해와 달과 별들을 만드실 때에도 쉬지 않으셨지만, 그분이 인간을 지으셨을 때 크게 만족하시고, 그 후 쉬는 날을 가지고 그 날을 영원히 안식일로 구별하신 것을 생각했습니다. 그러므로 인간을 향한 하나님의 관심이 그치지 않는 것이 명백해졌습니다. 그 악한 자는 말했습니다. "틀림없이,

만일 내가 이 은혜를 받은 존재를 하나님의 적으로 바꾸어 놓을 수 있다면, 지존자의 명성에 먹칠을 하는 것이고 내 복수를 하는 셈이겠지.” 그래서 그는 저 동산으로 찾아와 우리의 첫 부모들을 유혹했으며, 죄가 그 모든 뒤따르는 저주와 함께 세상에 들어오는 문을 열어 놓았습니다. 그런 의미에서 죄는 진실로 마귀의 일이라고 묘사할 수 있습니다. 그는 너무나 커다란 화재를 유발한 불꽃을 가져온 것입니다. 그 때 이후로 그는 자주 사람들을 유혹함으로써 죄의 창시자가 된 것입니다. 나는 그가 많은 죄인들에게 육체의 즐거움과 자아의 쾌락을 제시하는 것을 의심하지 않습니다. 그는 진리에 대해 양심의 눈을 감기고, 하나님의 경고에 대해 마음을 완고하게 만듭니다. 이런 영향력 아래서 인간들은 의심의 여지없이 거칠고 무모한 악으로 돌진하고, 자발적으로 굴복하여 마귀의 뜻을 따르는 포로가 됩니다. 필시, 사탄은 다른 영에 영향을 끼치는 영으로서 인간에게 죄를 제안할 뿐 아니라, 사람들에게 강한 영향력을 발휘하여 악으로 치닫게 하고, 선한 것에 대해서는 그들의 눈을 멀게 만듭니다. “우리를 시험에 들게 하지 마시옵고 다만 악에서 구하시옵소서”(마 6:13)는 명백히 그 악한 자를 유혹과 관련시키는 기도입니다. 우리가 알다시피 마귀는 유혹과 연결되어 있는 것이 사실입니다. 이런저런 방법으로 사람들을 유혹하는 것이 그가 끊임없이 종사하는 일입니다. 그러므로 죄는 마귀의 일이며, 또한 그렇다고 해서 그 사실이 우리를 책임에서 면제시키는 것은 아닙니다. 우리가 자발적으로 굴복하는 것이기에 그것은 우리의 일이기도 합니다. 마귀가 개입된 것을 발견할 때에는 그런 일을 철저히 수치스럽게 여기도록 합시다. 전능의 하나님이시여, 저 힘센 악령으로부터 우리를 구원하소서!

　다음으로, 이는 일종의 묘사의 말(a word of description)입니다. 죄의 일이 마귀의 일인 것은 그것이 그가 기뻐하는 일이기 때문입니다. 마귀가 하는 일들이 무엇입니까? 그 자신과 유사한 행동들이며, 그의 본성과 정신을 드러내 주는 행동들입니다. 눈을 뜨고 보십시오. 그러면 틀림없이 여러분은 “마귀의 일들”을 볼 수 있을 것입니다. 그것들은 이 불쌍한 세계 어디에나 있습니다. 지구는 마귀의 끔찍한 생산물로 인해 더럽혀져 있습니다. 하나님의 일들을 살펴보는 것은 얼마나 즐거운 일입니까! 지혜자는 말합니다. “여호와께서 행하시는 일들이 크시오니 이를 즐거워하는 자들이 다 기리는도다”(시 111:2). 나는 한 선한 사람에 대한 말을 들은 적이 있습니다. 그는 라인 강을 따라 내려가면서 줄곧 책을 읽었다고 합니다. 자연의 아름다운 경치로 인해 그의 정신이 천상의 주제에서 벗어날 것을 염려했기 때문이었습니다. 나는 사실 그런 정신을 이해하지 못하겠다고 고백합니다. 나로서는 그렇게 하고 싶지 않습니다. 만일 내가 어떤 예술가의 집에 들어가서, 그 예술가 자신에게 몰두한다는 구실로 그의 작품들에 전혀 관심을 기울이지 않는다면 그 예술가를 불쾌하게 만드는 것입니다. 우리의 하늘의 아버지께서 그의 지혜와 권능을 나타내신 작품들을 왜 우리가 기뻐하지 않는단 말입니까? 하나님의 작품들 중에서 영혼을 더럽히거나, 천하게 만들거나, 혹은 세속적으로 만드는 것은 하나도 없습니다. 여러분의 하늘의 아버지께서 만드신 모든 작품들을 즐거워하십시오. 그리고 그것을 사다리 삼아서 그분에게로 올라가십시오. 하지만 우리 앞에 펼쳐진 마귀의 일들을 생각하는 것은 얼마나 딴판인지요! 아, 마귀의 작품이라니, 이 어떤 화가이며 이 어떤 그림이란 말입니까! 정녕 붓질이나 색상이 온통 엉망입니다. 오 악한 자여, 너의 일들은 얼마나 교활한지, 너는 그 모든 일들을 악한 의도로 행하였구나! 온 땅이 너의 가증스러운 것들로 가득하게 되었구나!

세상을 돌아보면 무신론(atheism)을 발견할 것입니다. 하나님에 의해 지어진 인간들이 그분의 존재를 부인합니다. 만일 하나님께서 그렇게 할 수 있게 만들지 않으셨다면 인간들은 직립할 수도 없고 말을 할 수도 없었을 것입니다. 그런데도 그들은 "하나님이 없다!"고 외칩니다. 정신이 어떻게 되었기에 그런 어리석은 말을 토해낸단 말입니까! 틀림없이 이것은 하나님이 없기를 가장 바라는 저 악마에게서 나온 것이 틀림없습니다! 또한 사방에 무지(ignorance)가 얼마나 만연한지를 보십시오. 하나님과 그의 아들을 알지 못하는 무지의 밤이 깊기만 합니다. 이것이 저 어둠의 왕의 일이 아닙니까? 또한 진리에 대한 불신(unbelief)이 얼마나 넘쳐나는지를 보십시오. 그 진리는 사람들의 정신이 깨끗했다면 즉시로 믿어졌을 것이며, 그 진리가 그것을 받아들이는 자들에게 구원이 되었을 것입니다. 하지만 진리는 마치 해로운 것인 양 많은 사람들에게서 배척당하고 있습니다. 거기에서 하나님과 그분의 은혜에 대한 전적인 무관심(indifference)이 생겨납니다. 지금 우리에게 퍼지고 있는 이 의심(doubting)이라는 역병의 원천이 무엇이겠습니까? 그것은 "하나님이 참으로 그렇게 말씀하셨느냐?"고 묻고서 다음에는 "너희가 결코 죽지 아니하리라"(창 3:1,4)고 속삭였던 저 옛 뱀의 마음에 있는 것과 같은 것이 아니겠습니까? 바로 이 처음부터 거짓말쟁이인 자가 여전히 하나님께 대하여 수많은 거짓말들을 만들어 내고 있습니다. 우리가 도처에서 볼 수 있는 것, 곧 이방인들 중에서만 아니라 스스로를 그리스도인들이라고 부르는 자들 중에서도 볼 수 있는 우상숭배(idolatry)가 무엇입니까? 보이지 아니하시는 영이신 하나님께 영적으로 예배하는 대신 보이는 상징들을 숭배하는 것이 아닙니까? 그것 역시 사탄에게서 비롯된 것이 틀림없습니다. 그는 스스로 이 세상의 신이 되어서, 자기 자신을 하나님의 경쟁자로 내세웠습니다. 우상들에게 바쳐지는 것들은 귀신들에게 바쳐지는 것입니다. 왜냐하면 우상 그 자체는 아무것도 아니기 때문입니다. 우상이 악한 것은, 그것이 참되며 보이지 아니하시는 한 분 하나님과는 반대되는 신을 형상으로 나타낸다는 점에 있습니다. 인간을 타락시키고, 우리의 인간성에도 모욕이 되는 미신들은 모두가 사탄을 아주 즐겁게 하고 그에게 승인을 받는 일들입니다. 그래서 그것들을 "마귀의 일들"이라고 묘사하는 것이 적절합니다. 그리고 내 형제들이여 신성모독(blasphemy)이란 무엇입니까? 우리의 거리들을 오염시키는 불경스런 언행은 대체 무엇입니까? 아무런 목적도 없이 제멋대로 말하게 하고, 요즘에 만연한 더럽고 추한 언어들을 사용하도록 가르친 자는 누구입니까? 이는 악마전(惡魔殿)의 언어요, 지옥의 방언임이 틀림없습니다.

또한 내 형제들이여, 교만(pride)이란 무엇입니까? 죽을 인생에게 교만이라니요? 죄 많은 벌레에게 교만이라니요? 옷차림의 교만, 삶의 교만, 재능의 교만이라니요? 그렇게 거만한 표정들이란 무엇입니까? 저렇게 의기양양한 말투는 무엇입니까? 저 득의만만한 눈짓들은 또 무엇입니까? 이 모든 것들이 마귀의 일이 아니면 무엇이란 말입니까? 밀턴(Milton)은 마귀를 묘사하기를 그놈은 "천국에서 섬기기보다는 지옥에서 다스리는 편이 낫다"고 생각한다고 했습니다. 그는 진정 인류 사이에서 모든 교만을 선동하는 자입니다. 기만(deceit)에 대해 말하자면, 사방에서 유행하고 있습니다. 무엇보다 나쁜 것은 종교적인 기만, 형식주의, 그리고 위선(hypocrisy)인데, 이런 것들은 오직 저 무저갱에서와 자기를 광명한 천사로 가장하는 자에게서 나오는 것들이 아니겠습니까? 모든 거짓말쟁이들은 그의 사랑하는 자녀들이 아닙니까? 내가 열거한 것은 아직 충분하지 않습니다. 나는 또한 증오(hate)의 날개 아래서 시기, 분쟁, 분노, 원한, 악의, 복수 등과 같은 수많은 새끼들이 부화하는 것을 봅니다. 이런 것들이 마치 광야에서 날쌔게 움직이는 불 뱀처럼 사람들의 격정에 불을 붙입니다. 나는 이런 저주받은 악들이 나라들 사이에 전쟁을 일으키고, 공동체들을 불화로 분열시키며, 사랑으로 가득해야 할 가족들을 반목하게 만드는 것을 봅니다. 예, 이런 것들이 사람들과 사람들을 최악의 원수로 만들어 버립니다. 이런 것들은 처음부터 살인한 자요, 모든 증오와 다툼을 조장하고 선동하는 자로부터 나옵니다. 그가 그런 일들에 얼마나 분주해 왔는지요! 그가 영원한 사랑의 제국에 대항하는 증오의 나라를 세우기 위해, 낮과 밤을 쉬지도 않고 얼마나 계속해서 수고해 왔는지요! 그가 얼마나 부지런하게 어둠의 장막으로 세상을 질식시켜 왔는지, 사람들은 앉아서는 울고 일어나서는 서로를 괴롭히고 있습니다. 아, 이 더러운 영이 어떤 악행을 저질러 왔는지요! 그의 말은 악하고, 악하기만 하고, 계속해서 악할 뿐입니다. 그는 하늘의 왕에게 반역하는 일에 인류를 공범자들이 되도록 이끌었으며, 지존하신 하나님의 주권에 대항하여 반역하는 일에 협력자들이 되게 만들었습니다. 마귀의 일들은 캄캄한 그림을 만들어 냅니다. 그것은 모든 땅을 덮는 짙은 어둠이며, 느껴질 정도의 흑암입니다.

2. 하나님의 목적

이제 두 번째로, 훨씬 즐겁게 하나님의 목적(the purpose of God)에 대해 생각해 보도록 합시다. "하나님의 아들이 나타나신 것은 마귀의 일을 멸하려 하심이라."

온 땅의 은종들을 아름답게 울리십시오. 하늘의 모든 수금 소리가 울려 퍼지게 하십시오. 하나님께서는 마귀가 지상에 저질러 놓은 끔찍한 일들이 철저하게 파괴되도록 의도하셨습니다. 예, "멸한다"는 단어를 주목하십시오. 제한하는 것도, 완화하는 것도, 중화하는 것도 아니며, 멸하는 것입니다. 오, 형제들이여, 여러분이나 내가 사탄의 무력에 맞서 무엇을 할 수 있겠습니까? 그놈은 너무나 악하고 너무나 강하며, 그러면서도 너무나 지혜롭고 교활하여 속이기에 능합니다. 우리들 중에 누가 그놈의 일들을 무산시키고, 우리를 묶고 있는 그놈의 밧줄을 풀 수 있겠습니까? 하지만 하나님이 그렇게 하기로 작정하셨다면, 여호와의 뜻이 반드시 이룰 것입니다! 만약 이것이 하나님의 작정이라면, 오 도벳(Tophet, 렘 7:31 참조. 힌놈의 아들의 골짜기/게헤나의 남동쪽 끝에 있는 지명으로서 '불사르는 곳'이라는 뜻을 가짐 ─ 역주)이여, 그리고 너 바알세불이여 떨지어다! 하나님이 네 모든 일들을 멸하기로 작정하셨으니, 그것들이 모두 끝장날 것이다!

이러한 목적 하에 이루어지는 일은 분명 하나님의 일(divine work)입니다. 창조하실 수 있는 주님은 분명 멸하실 수도 있습니다. 파멸은 전능자의 손에 달려 있으며, 그것은 영원하신 분의 주권입니다. 그토록 끔찍한 세력들을 멸하는 것은 오직 주님만이 하시는 일입니다. 이런 일에 여러분이나 내가 무엇을 할 수 있겠습니까? 우리 자신들은 원래 사탄의 세력 하에 있었으며, 우리 자신이 약탈당한 자들이었는데, 우리가 어떻게 그 파괴자들을 파멸시킬 수 있겠습니까? 우리 안에 있는 하나님의 형상은 사탄의 일에 의해 손상을 입었습니다. 우리가 그 형상을 회복할 수 있습니까? 사탄에 의해 우리 마음에서 하나님께 대한 적대감이 생성되었습니다. 우리가 원수인 상태에서 그 적대감을 없애버릴 수 있겠습니까? 그럴 수 없습니다. 또 다른 손, 우리 밖에 있는 또 다른 손이, 우리를 하나님의 친구들로 만들어야 합니다. 어둠의 세력에 의해 행해져 왔던 그 일이 영원한 빛에 의해 소멸되어야 하며, 그렇지 않으면 영원히 그 상태 그대로일 것입니다. 마귀의 일들을 멸하는 것, 그것은 하나님의 일입니다. 그리고 그것이 하나님의 일이라는 사실에 그 일의 성취에 대한 우리의 소망이 있습니다.

내 생각에는, 여기에 **정복하는 일**(a conquering work)이라는 개념이 있다고 여겨집니다. 큰 왕들의 궁전이나 요새들이 언제 파괴당합니까? 왕들 자신이 처절한 싸움에서 엎드러지기까지는 그렇게 되지 않습니다. 하지만 그들의 세력이 꺾일 때, 그 때는 정복자들이 성을 무너뜨리고 요새를 불태웁니다. 여호와께 영광을 돌립니다! 저 어둠의 왕에게 그런 승리를 얻고 그의 모든 일을 파멸시키는 것이 그분의 목적입니다. "와서 여호와의 행적을 볼지어다 그가 땅을 황무지로 만드셨도다 그가 땅 끝까지 전쟁을 쉬게 하심이여 활을 꺾고 창을 끊으며 수레를 불사르시는도다"(시 46:8-9). 오 주여, 당신의 오른손이 원수를 산산조각 내셨습니다! 우리의 전능하신 용사가 큰 승리의 함성으로 나타나시어 강한 자와 함께 탈취한 것을 나누셨습니다! 저 대적(大敵)이 정복되었으므로 그의 일들은 파괴될 것입니다!

이는 또한 **완벽한 일**(a complete work)을 의미합니다. 악에서 생성되는 것을 잠시 동안만 근절하고 다시 자라도록 버려두어서는 안 됩니다. 숲의 나무는 도끼로 쓰러지지만, 뿌리가 남으면 물을 빨아들여 다시 싹이 나고 줄기가 자랍니다. 하지만 하나님의 목적은 마귀의 일을 완전히 멸하는 것이기에, 실제로 그렇게 파멸될 것입니다. 인간의 마음속에서 하나님이 일을 시작하실 때, 그분은 모든 죄를 완전히 멸하시기까지는 그 일을 멈추지 않으십니다. 예, 죄의 성향과 가능성까지도 모두 멸하십니다. 그런 다음 그분은 점이나 주름 잡힌 것이 없이 깨끗하게 된 영혼을 자기 우편에 이르도록 이끌어 주십니다. 오, 전쟁의 날에 등을 보이려 하는 그리스도의 군사들이여, 그분이 세상에서도 죄를 그 숨은 참호들에서 쫓아낼 것임을 의심하지 마십시오. 잔혹한 죄의 처소들이 하나님을 예배하는 성전들이 될 것입니다. 모든 백성들이 주 앞에 경배할 것이며, 의가 있는 새 하늘과 새 땅을 보게 될 것입니다(벧후 3:13). 마치 금 제단의 향로에서 연기가 올라가듯이 이 가련한 행성에서 올라가게 될 것이며, 그리스도의 피로써 원수의 권세와 통치에서 구속받은 백성들이 영원토록 할렐루야를 부르게 될 것입니다. 하나님께 영광을 돌립니다. 그분이 그 일을 의도하셨으니, 그분이 이루실 것입니다.

그것은 완벽한 일이며 또한 **결정적인 일**(conclusive work)입니다. 주 예수님께서 옛 용의 머리를 깨뜨리시어, 그 용이 다시는 면류관을 쓰지 못하게 될 것입니다. 그리스도께서 오신 것은 사탄과 모든 세대에 걸쳐 끝없이 싸우기 위해서가 아니라, 악의 세력을 박살내어 승리를 거두는 것이며, 그리하여 다시는 악이 세상을 괴롭히지 못하도록 하는 것입니다. 어둠의 세력들은 이 지구에 승리의 깃발을 달고 나팔을 불어대지만, 그들은 너무 성급했습니다. 조금만 기다리면, 오실 분이 오실 것이며, 지체하지 않으실 것입니다. 그분이 오실 때 사로잡힌 자들을 사로잡으실 것이며, 선과 진리와 사랑의 통치가 영원무궁토록 확립될 것입니다. 반역은 두 번 다시 일어날 수 없습니다. 오, 이 본문이 얼마나 영광스러운지요. "하나님의 아들이 나타나신 것은 마귀의 일을 멸하려 하심이라." 주께서 모든 모양과 형태의 죄를 멸하실 것이며 지면에서 영원히 쓸어 버리실 것입니다.

3. 하나님의 아들의 나타나심

셋째로, 본문이 이 일이 어떻게 이루어지는지를 우리에게 분명하게 보여줍니다. 바로 하나님의 아들의 나타나심(the manifestation of the Son of God)에 의해서입니다. 마귀의 일은 너무나 교묘하고, 그 토대는 너무나 깊이 놓여졌으며, 외관상 거의 전능의 형태로 보이고, 실제로도 너무 강하기 때문에, 하늘에나 땅에서 그것을 멸할 수 있을 만한 어떤 용사도 찾을 수 없었습니다. 마귀로서는 하나님께서 몸소 고난당하시고 죽으실 수 있으리라고는 생각조차 못했습니다. 그는 속으로 말했습니다. "만일 내가 인간으로 하여금 하나님을 거역하도록 만들 수 있다면, 그분이 틀림없이 인간을 향해 공의의 분노를 발하실 것이며, 그러면 나는 그 일을 아주 효과적으로 완수하는 셈이리라. 만일 내가 인간을 반역자로 만들 수 있다면, 하나님의 무한한 거룩하심이 인간의 반역을 묵과할 수 없을 것이며, 그분이 반드시 인간을 벌하시리라. 그렇게 되면 나는 인류를 영원히 하나님의 원수들로 만드는 것이며, 하나님은 무수한 자기 피조물들로부터 사랑을 잃게 되리라." 그는 여호와 하나님의 무한한 사랑과 지혜를 알지 못했습니다. 그의 천사와 같은 지능으로도 희생 제물에 의한 속죄, 대속자에 의한 화해라는 비길 데 없는 계획을 추측하지 못했습니다. 마귀의 일을 멸하시기 위해, 하나님의 아들이 인간의 육신으로 나타나시고 인간의 모양으로 죽으신다는 그 복된 사실을 피조물의 생각으로는 상상조차 할 수 없었습니다. 하지만 이 방법을 하나님께서 의도하셨고, 그로써 그분의 거룩한 성품들을 더욱 잘 나타내셨습니다. 마귀의 일들 이면에는 언제나 하나님의 계획이 있었습니다. 악이 허용된 것은, 그분이 사랑으로써 그것을 좌절시키고, 그분의 은혜의 영광을 나타내시기 위함이었습니다.

　　이 본문은 웅대한 사상을 담고 있는 듯이 보입니다. 먼저, 이 일의 어려움에 관한 것으로서, 즉 마귀의 일들을 멸하기 위해서는 하나님의 아들이 나타나셔야만 한다는 것입니다. 두 번째로는, 그분의 승리가 용이하다는 것입니다. 사방에 짙은 어둠이 깔려 있는 한밤중에 밖으로 나가본 적이 있습니까? 별 하나도 보이지 않고, 달도 빛을 비추기를 잊어버렸습니다. 손을 뻗어도 눈앞에 있는 손을 볼 수 없을 정도입니다. 위와 아래와 주변이 온통 캄캄할 뿐 아니라, 자기 안까지도 캄캄한 듯합니다. 짙고, 무겁고, 만져질 듯한 칠흑의 어둠에 싸여 있는 것입니다. 이 모든 것을 어떻게 흩어버릴 수 있을까요? 어떤 능력이 그토록 큰 어둠의 장막을 거둘 수 있을까요? 보십시오, 예부터 있던 태양이 동쪽에서 그 머리를 들고, 그 짙은 어둠이 자취를 감춥니다! 잔해 하나도 남기지 않은 채, 빛이 나타나자 어둠의 일들이 파멸되는 것입니다. 그것이 바로 이 본문의 사상입니다. "하나님의 아들이 나타나신 것은 마귀의 일을 멸하려 하심이라." 하나님은 영원한 침묵의 거처에서 일어나시어, 그분이 인간의 모양으로 나타나셨으며, 그로 인해 어둠의 일들이 완전히 흩어지고 멸하여진 것입니다. 이 일이 어떻게 이루어졌는지를 보도록 합시다.

　　먼저, 성육신(incarnation)을 통한 그리스도의 나타나심은 사탄의 일에 치명적인 타격이었습니다. 하나님이 사람들에게로 내려오셨단 말입니까? 그분이 베들 레헴 구유에 잠든 아기의 모습으로 나타나셨단 말입니까? 그렇다면 그 전능자께서 우리의 본성이 죄의 먹이가 되도록 포기하지 않으셨다는 것입니다. 절망해서는 안 됩니다! 하나님이시면서 동시에 인간이신 한 분이 지상에 태어나셨다면, 오 아담의 후손들이여, 그것은 여러분에게 기쁜 일입니다! 여러분은 이 노래를 듣지 않습니까? "지극히 높은 곳에서는 하나님께 영광이요 땅에서는 하나님이 기뻐하신 사람들 중에 평화로다"(눅 2:14). 하나님의 아들이 이와 같은 모습으로 나타나셨다면 인류를 영원한 밤에 넘겨 주는 일은 있을 수 없습니다.

다음으로, 지상에서의 그리스도의 삶(the life of Christ on earth)을 보십시오. 그리고 그분이 그곳에서 어떻게 마귀의 일을 멸하셨는지를 보십시오. 선과 악의 두 전사들이 광야에서 마주섰을 때에, 그것은 영광스러운 결투였습니다! 그 악한 자는 자기 무기들을 얼마나 능수능란하게 사용했는지요! 그가 얼마나 교묘하게 하나님의 그리스도를 시험했었는지요! 하지만 주 예수님은 성령의 검을 사용하셨습니다. "기록되었으되", "기록되었으되", "기록되었으되"가 급소를 연거푸 찔렀으며, 마침내 그 악한 자는 용의 날개를 펼치고 도망쳤습니다. 자기가 패배한 것을 알았기 때문입니다. 악한 영들이 인간을 점령하였습니다. 귀신들의 군대가 사람 안에 진을 치고 있었습니다. 하지만 주 예수 그리스도께서 그저 말씀으로만 명하셨을 때, 그들은 그분을 피하려 도망쳤고, 돼지 떼들 속으로 뛰어 들어갔으며, 바다로 돌진하였습니다. 그들은 "마귀의 일들을 멸하기 위해" 지명된 그가 오신 것을 알았습니다.

여기 지상에서의 우리 주님의 모든 선포, 모든 가르침, 모든 수고는 사탄이 세운 어둠의 큰 집에서 주춧돌을 뽑아내기 위한 것이었습니다.

하지만 오, 사랑하는 친구들이여, 예수님께서 사탄을 쓰러뜨리고 그의 일들을 결정적으로 멸하신 것은 그분의 죽음(His death)을 통해서였습니다. 인간이 하나님을 거역했고, 하나님은 인간을 벌하셔야 했습니다. 그분은 그 형벌을 영원히 이전시키기를 바라셨습니다. 보십시오, 존귀하신 하나님의 아들이 범죄자의 자리에 서십니다! 놀랍고도 놀라운 일입니다. 재판장이 죄수가 서야 할 자리에 서서 "범죄자 중 하나로 헤아림을 받았습니다"(사 53:12). 보십시오, 하나님의 진노가 그가 사랑하시는 자에게 떨어집니다. 예수님이 고난을 당하셨습니다. 그로써 그분은 인간을 하나님과 화목하게 하시고, 죄가 야기한 불화를 치유하려 하셨습니다. 그 일은 완수되었습니다. 인간은 더 이상 하늘에 불쾌한 대상이 아닙니다. 영광스러운 한 사람(Man)의 무한한 공로가 인류의 죄과를 모두 치워 버렸기 때문입니다. 예수님은 말로 다할 수 없는 그분의 미덕으로써 그분 안에 있는 모든 사람의 결점들을 제거하십니다. 죽기까지 하신 그분의 순종으로 율법의 정당성은 옹호되었으며, 정의가 영예를 얻고, 은혜가 영광을 얻게 되었습니다. 인간은 이 위대한 희생을 받아들이면서, 그 희생 제물을 정하신 아버지를 사랑하고 찬미합니다. 또 그렇게 함으로써 마귀의 일들이 그의 마음에서 멸하여지는 것입니다.

우리 주님의 다시 살아나심(rising again), 영광으로의 승천과, 아버지 우편에 앉으심, 후에 다시 오심, 이러한 것은 모두 하나님의 아들이 나타나시는 일의 일부분들이며, 이러한 것들로써 마귀의 일이 멸하여집니다. 복음의 전파(the preaching of the gospel) 역시 마찬가지입니다. 만약 우리가 마귀의 일들을 멸하기를 원한다면 우리가 할 최선의 방법은 더욱더 하나님의 아들을 나타내는 것입니다. 그리스도를 높여 전하는 것이 마귀를 깎아내리는 일입니다. 모든 종류의 개혁들이 좋습니다. 우리는 순수하고, 정직하고, 절제하고, 의로운 모든 것을 옹호합니다. 하지만 최상의 개혁자(Reformer)는 하나님의 그리스도이십니다. 인간의 도덕적 질병을 위한 약은 십자가이며, 오직 십자가입니다. 십자가에 달리신 구주를 전하십시오. 하나님의 성육신하신 하나님을 전하십시오. 용서와 사랑으로 충만하시며, 세상을 자기와 화목하게 하시는 그리스도를 전하십시오. 그러면 병든 상처에 최상의 치료제를 바르는 셈입니다. 예수님께서 어둠의 일들을 그분의 영으로써(by His Spirit) 멸하신 것을 결코 잊지 마십시오. 거룩한 말씀에 하늘의 힘을 부여하는 이는 하나님의 영이십니다. 성령께서 한 사람 안에 그리스도를 나타내실 때, 그 사람 안에서 어둠의 일들이 멸하여집니다. 한 나라에 그리스도를 전하여 나타낼 때, 그 나라에서 마귀의 일들이 무너지기 시작합니다. 성령께서 사람들의 마음과 양심에 그리스도를 더 많이 나타내시고, 그들을 믿어 순종하게 하시는 정도에 따라, 그만큼 사탄의 일들이 파괴당하는 것입니다.

마지막으로, 마귀의 일들을 멸하기 위해서, 우리의 복되신 그리스도께서는 그분의 영원한 능력의 나라에서 보좌에 앉으신(enthroned) 분으로 나타나십니다. "그의 어깨에는 정사를 메었고 그의 이름은 기묘자라, 모사라, 전능하신 하나님이라, 영존하시는 아버지라, 평강의 왕이라 할 것임이라"(사 9:6). 그분은 모든 세대가 그분의 손길을 느끼는 그런 아버지이십니다. 왕들, 대통령들, 국회의원들, 시인들, 지도자들, 이런 자들의 권세는 가시적입니다. 하지만 그 모든 것들 위에 보이지 않는 권세가 있습니다. 고인이 된 어떤 철학자가 단언하기를, 그는 모든 일들의 혼동 중에서도 모든 일들을 의의 방향으로 이끄는 한 능력을 볼 수 있다고 했습니다. 그러한 능력이 있습니다. 만왕의 왕, 만주의 주이신 분이 계십니다. 그분이 누구입니까? 그분에 관해 우리는 이런 말씀을 읽습니다. "아버지께서 모든 것을 그의 손에 맡기셨다"(요 13:3). 그분이 다스리고 계십니다. 그분이 지금 통치하고 계십니다. 우리의 불신앙에도 불구하고, 모든 일들이 그분의 통치대로 움직이고 있습니다. 하나님이 영광을 받고 계시며, 그분의 나라가 임하고 있습니다. 지상에서 악의 궁극적인 멸망은 확실합니다. 의와 선이 영원히 다스릴 것이 확실합니다. "여호와께서 다스리시나니 땅은 즐거워하며 허다한 섬은 기뻐할지어다"(시 97:1). 영원하신 하나님 보좌 우편에, 저 사랑의 주님, 십자가에 못 박히셨던 예수님이 앉아 계십니다. 그분이 그의 영원한 영광과 주권을 다시 되찾으셨습니다. 그분의 허락이 없이는 개도 그 혀를 움직이지 못합니다. 하나님의 아들이 다스리시며, 그분이 악을 끝장내실 것입니다. 주의 이름이 영원토록 영광을 얻으소서!

4. 우리 안에서의 경험

끝으로, 각 사람에게 이 모든 것과 관련하여 우리 안에서의 경험(experience in ourselves)에 대해 몇 마디 질문을 함으로써 설교를 마칠까 합니다. 하나님의 아들이 여러분 안에서 마귀의 일을 멸하시기 위해 나타나셨습니까? 이 문제를 잘 살펴보십시오!

처음에 당신의 마음에는 하나님께 대한 적대감이 있었습니다. "육신의 생각은 하나님과 원수가 되기"(롬 8:7) 때문입니다. 그 적대감이 파괴되었습니까? 그리스도 안에 있는 하나님의 사랑이 여러분 안에 나타나, 여러분은 진실로 더 이상 하나님을 미워하지 않으며 오히려 사랑한다고 말할 수 있습니까? 비록 당신이 소원하는 만큼 그분을 사랑하지 못해도, 그럼에도 불구하고 당신의 마음은 그분을 향하고 있습니까? 또한 그분처럼 닮기를 바라고, 영원토록 그분과 함께 있기를 원합니까? 이는 좋은 출발입니다. 하나님의 아들이 당신의 적대감을 멸하셨습니다. 당신은 그리스도 안에서 하나님의 사랑을 보았으며, 하나님께 대한 당신의 반역은 중단되었습니다.

　　다음으로, 일반적으로 인간의 정신 속에 나타나는 마귀의 일은 자기를 의롭게 여기는 교만(self-righteous pride)입니다. 그런 사람은 이렇게 말합니다. "나는 하나님의 원수가 아니다. 나는 의롭다. 비록 내가 온전하지는 않아도, 그런대로 선한 편이다. 하나님이시여! 제가 다른 사람들과 같지 않은 것으로 인해 감사드리나이다. 저는 이러저러한 일을 행하며, 또 어떠어떠한 일은 행하지 않습니다." 우리는 자연스럽게 이런 것을 자랑하지만, 하나님의 아들이 그것을 멸하십니다. 하나님의 아들이 당신의 모든 '자기 의'를 멸하셨습니까? 그것은 지독한 누더기에 불과합니다. 하지만 우리는 마치 왕복이라도 입고 있는 듯이 꿈꾸며 계속해서 그 누더기를 꿰매고 수선합니다. 여러분은 그 모든 누더기들을 벗어 버렸습니까? 강한 바람이 그것들을 모두 날려 버렸습니까? 여러분은 여러분의 타고난 헐벗음을 발견하였습니까? 만약 내가 나 자신의 의에 대해 떠벌린다면, 나는 바보일 뿐 아니라 거짓말쟁이일 것입니다. 나에게는 나 자신의 의가 없습니다. 나는 감히 그런 것을 꿈꾸지 않습니다. 여러분의 경우에도 마찬가지입니까? 그렇다면 주 예수 그리스도께서 여러분 안에서 마귀의 일을 멸하려고 나타나신 것입니다. '마귀의 일'이라고 하는 것이 '자기 의'에 대한 적절한 이름입니다. 그렇지 않습니까? 자기 의에는 그런 이름이 어울립니다. 왜냐하면 인간의 최상의 의라 할지라도, 그리스도의 의에 대항하여 일어설 때에는, 조금도 칭찬받을 여지가 없기 때문입니다. 그것은 마귀의 일들 중에서 하나일 뿐입니다.

　　주께서 우리 안에서 자기 의를 멸하셨을 때, 마귀는 일반적으로 다른 형태로 자기 힘을 과시하는데, 그것은 절망(despair)입니다. 마귀는 말합니다. "아! 너는 네가 어떤 죄인인지를 보았다. 하나님은 결코 너와 화해하지 않으실 것이다. 너에게는 용서란 것이 없다!" 오, 마귀는 뻔뻔하게도 사람으로 하여금 하나님을 마치 우리와 같은 분인 것처럼 중상모략하고 그것을 믿게 만들려 합니다. 하나님은 그 이름이 사랑이시고, 자기 아들을 죄인들을 위해 내어주신 분인데도 말입니다! 하지만 주 예수 그리스도께서 여러분에게 나타나셨다면, 절망은 사라졌으며, 마귀의 그 일은 멸하여졌습니다. 이제 여러분은 하나님 안에서 겸손한 소망을 가지고 있으며, 그분의 은혜 안에서 기쁨을 간직하고 있습니다. 비록 여러분이 때때로 풀죽은 소리를 하기는 하지만, 여러분의 의심은 여러분 자신에 대한 것이지 주님께 대한 것이 아닙니다. 여러분은 여러분이 믿는 분을 알며, 그분이 악과 과실과 죄를 용서하신 하나님이신 것을 압니다. 이렇게 하여 세 가지의 마귀의 일들이 이미 사라졌습니다. 적대감이 사라지고, 자기 의가 사라지고, 절망도 사라진 것입니다.

다음은 무엇일까요? 여러분 마음에 하나님의 약속에 대한 불신(unbelief)이 있습니까? 그것은 마귀가 좋아하는 일입니다. 불신은 마귀가 아끼는 자녀들 중의 하나입니다. 자, 여러분에게 권고합니다. "나는 언제나 이런 불신을 느낄 수밖에 없다"고 말하지 마십시오. 그렇지 않습니다. 그런 생각을 끝장내십시오! 그리스도께서 나타나신 것은 마귀의 일들을 멸하기 위해서입니다. 여러분의 긴 칼을 갈아서, 이런 의심들을 잘라 버리십시오! 모든 불신들은 죽어야 합니다. 그것들 중에 하나도 살려 두어서는 안 됩니다. 그것들을 태양의 면전에서 매다십시오!

예수님은 우리의 죄들을 가두기 위해 오신 것이 아닙니다. 그것들을 조용히 유지시키고, 어두운 구석에 숨어 있게 하려고 오신 것이 아닙니다. 그분이 오신 것은 그것들을 멸하기 위해서입니다. 이스라엘은, 어리석게도 기브온 족속과 조약을 맺었듯이 가나안 족속들과 약조를 맺어서는 안 됩니다. 그것들은 전체 족속들이, 뿌리와 가지 모두 뽑혀져야 합니다. 죄는 그렇게 근절되고 박멸되어야 합니다. 여러분이 결코 불신의 죄를 용납할 수 없다고, 그것을 하나의 불쌍한 약점으로만 방관할 수 없다고, 주 예수 그리스도께 부르짖으십시오. 결코 그렇지 않습니다. 그것은 심각한 죄입니다. 그것과 혈투를 벌이십시오. 하나님의 아들이 나타나신 것은 그것을 완전히 멸하기 위해서입니다. 자기 하나님을 더 이상 의심하지 않는 자, 아브라함처럼 흔들리지 않는 믿음으로 바랄 수 없는 중에도 약속을 붙잡는 자는 복이 있습니다!

내 형제여, 당신의 마음에서 육체의 정욕들이 일어납니까? 그것들이 어떤 자들의 마음에서 일어납니까? 가장 밝게 빛나는 성도도 때로는 가장 더러운 악으로 유혹을 받습니다. 예, 하지만 그는 거기에 굴복하지 않습니다. 하나님의 은혜로 그는 이렇게 말합니다. "그리스도께서 나타나신 것은 마귀의 일을 멸하려 하심이라." 그는 이런 악들과 어울려 장난치거나 빈둥거리지 않습니다. 그는 그런 것들을 그의 들릴라로 여깁니다. 그것들과 어울리는 대가로, 설혹 그의 영혼이 파멸까지 당하지는 않아도, 그의 눈은 희생당할 수 있음을 알기 때문입니다. "그것들을 물리치라!"고 그는 외칩니다. 그것들을 입에 담기도 적절하지 않습니다. 그것들은 마귀의 일들이며, 멸하여질 것입니다.

　　내 형제여, 당신은 성급하게 분을 냅니까? 당신이 분을 내더라도 죄를 짓지 않기를 하나님께 기도합니다. 하지만 당신이 성급한 기질의 사람이라면, 그것을 극복하라고 권면하겠습니다. "나도 어쩔 수가 없어요"라고 말하지 마십시오. 당신은 그것을 극복할 수 있습니다. 아니, 그리스도께서 그것을 반드시 멸하실 것입니다. 그것이 용납되어서는 안 됩니다. 당신의 분노가 격렬해져서 증오로 발전하지 않습니까? 당신은 당신보다 형통한 자들에 대해서나 혹은 당신보다 더 훌륭한 자들에 대해 시기심을 느낍니까? 그 시기심이 당신으로 하여금 그들에게 가혹하게 대하게 만들고, 근거도 없이 그들을 의심하게 만들지 않습니까? 오, 여호와와 기드온의 칼이여! 이 미디안 족속들을 멸하소서! 그리스도께서 나타나신 것은 그 모든 무리들을 마음에서 소탕하기 위해서입니다. 하나님은 사랑이시며, 사랑 안에 거하는 자가 하나님 안에 거하는 자입니다. 미움과 악의를 살려 두어서는 안 됩니다! 모든 형태의 악이 무너져야 합니다. 그들 모두에게 파멸이 결정되었습니다. 모든 우상이 깨뜨려져야 합니다.

　　오, 형제들이여, 모든 참된 신자 속에서 궁극적인 죄의 소멸이 있을 것입니다. 이 전망이 얼마나 놀랍습니까! 그 악의 뿌리들까지 모두 뽑히는 것입니다! 빠를수록 더 좋습니다. 하나님의 모든 자녀들이 그리스도를 닮은 자로 변화되는 날이 올 것이며, 흠 없이 하나님의 보좌 앞에 서게 될 것입니다. 이런 일의 전조가 이미 우리에게서 나타나기 시작했습니다. 우리가 모든 죄를 미워하고, 완전한 거룩함을 추구하는 사실에서 그 윤곽이 드러나고 있습니다. 위대하신 아버지께서 한 덩어리의 진흙에 자신의 인장을 찍으셨고, 우리는 그분이 그 거친 재료로 그의 사랑하시는 아들의 온전한 형상을 빚으실 것을 봅니다. 그 형상을 본받으려고 우리는 분투하고 있습니다. 그 일이 하나님의 성령의 능력으로 우리 안에서 시작되었습니다. 그러한 하나님의 목적이 성취되기까지, 사탄의 모든 일이 우리 안에서 멸하여지기까지, 그분은 쇠하지도 아니하며 낙담하지도 아니할 것입니다(사 42:4). 이것이 죽음이 주는 모든 두려움을 제거했습니다. 죄로부터 완전히 자유롭게 되는 전망은 우리로 하여금 무덤까지도 환영하게 만듭니다. 그 길을 통해 우리는 완전한 본향에 도달할 것이기 때문입니다. 그런 과정에서, 성화를 힘써 추구하도록 합시다. 거룩함을 힘써 추구하며, 그런 삶으로써 하나님께 영광을 돌리도록 합시다. 우리의 실패와 실수들에도 불구하고 계속하여 거룩함을 따릅시다(히 12:14). 발꿈치 뒤에 바짝 따라붙어서, 성결과의 거리를 가까이 유지합시다! 하나님이여, 예수님을 위하여 그렇게 할 수 있도록 우리를 도우소서! 아멘.

제
12
장
—

사랑으로 입증되는 생명

—

"우리는 형제를 사랑함으로 사망에서 옮겨
생명으로 들어간 줄을 알거니와" – 요일 3:14

소위 철학자들로 간주되고 싶은 사람들이 신앙의 문제에 대해 "우리는 믿어야 하지만, 알 수는 없다(we must believe, but cannot know)"고 말하는 것을 나는 들었습니다. 그들이 지식과 신앙을 어떤 기준으로 구분하는지에 대해서는 내가 정확히 알지 못하며, 또 궁금하지도 않습니다. 왜냐하면 나는 신앙의 문제에 관해서 "우리가 안다(know)"고 단언하기 때문입니다. 하나님의 일들에 있어서, 우리는 믿기도 하고 또 알기도 합니다. 여러분이 이 서신을 통독하고, 또 연필로 "안다"라고 하는 단어가 나타날 때마다 밑에 밑줄을 그으면, 여러분은 요한이 우리 신앙의 위대한 진실성을 얼마나 지속적으로 단언하는지를 발견하고 놀랄 것입니다. "우리는 압니다, 우리는 압니다, 우리는 압니다. 우리는 압니다…" 그는 이런 것들 중 어느 하나도 추측의 주제로 인정하지 않으며, 오히려 확실한 지식의 문제라고 단정합니다. 이 철학적인 신사들은 스스로를 '불가지론자(不可知論者, Agnostics)'라고 부릅니다. 그것은 헬라어에서 유래된 단어로, 라틴어로는 '무식한 사람(ignoramus)'이라는 단어와 같은 의미를 가집니다. 똑같은 의미를 영어로 표현하면 '아무것도 모르는 자(know nothing)'라는 말이지요. 자, 만일 그들이 '무식한 사람들'이라고 불리기를 좋아한다면, 나는 그들이 그 호칭을 고수하는 데 조금도 반대하지 않겠습니다. 하지만 그들이 무모하게 그리스도인들과 논쟁하려 해서는 안 될 것입니다. 그들은 스스로 증언의 법정에서 곧바로 나와야 할 것입니다. 우리는 "안다(know)"고 말하기 때문입니다. 우리가 안다고 단언하는 문제를, 모른다고 스스로 실토하는 그들이 부인할 수는 없습니다. 우리가 안다면, 그들이 우리를 속이는 자들이라고 논박할 수 없습니다. 만약, 어느 법정에서건, 우리의 증언이 그들의 증언과 마찬가지로 정당하게 받아들여져야 한다는 것과, 또한 우리의 일반적인 평판이 그들과 마찬가지로 솔직하고 정직하다는 것을 그들이 인정한다면, 그들은 어떤 점에서도 우리의 증언을 반박해서는 안 되며 겸손히 우리가 선언하는 것을 사실이라고 믿어야 합니다. 그들 스스로 아무것도 모르기 때문에, 그들은 아는 자들에 의해 인도를 받아야 합니다. 하여간 그들이 우리에게 동의를 하건 말건, 우리는 언제나 우리가 아는 것을 안다고 단언할 것입니다. 하나님에 대해, 내세에 대해, 기도에 대해, 우리 영혼 안에서의 하나님의 성령의 활동에 대해, 우리가 상상하거나 추측하지도 않고 심지어 단지 믿음의 문제로 여기지도 않는 확실한 일들이 있습니다. 우리는 그것들을 알고, 확신하고, 느끼고, 맛보고, 만져 봅니다. 마치 우리 자신이 존재한다는 사실을 확실히 알듯이 그것들을 알고 있습니다. 이 본문은 그리스도 안에 있는 신자들이 확실히 알고 있고 또 알아야 하는 일들에 대해, 네 가지를 말하고 있는 듯이 보입니다.

1. 우리는 허물과 죄로 죽었던 것을 안다.

첫째로, 우리는 한때 우리가 허물과 죄로 죽었던 것을 압니다. 그것이 "우리는 사망에서 옮겨 생명으로 들어간 줄을 알거니와"라는 본문에 내포된 뜻입니다. 우리가 죽음에 있지 않았다면, 우리를 죽음에서부터 옮기는 일이 없었을 것입니다. 마찬가지로 우리가 전에 생명 가운데 있었다면, 우리를 생명으로 옮겨오는 변화도 없었을 것입니다. 여기에 인간의 타고난 파멸(ruin), 곧 그의 원죄(original sin)와 마음의 부패(depravity)를 가르치는 교리가 있다고 나는 믿습니다. 나는 몇몇 그리스도인들의 자녀들이 아주 선량하다는 말을 들었습니다. 아마도 그들에게 아주 훌륭한 아버지들과 어머니들이 있었기 때문이겠지요. 그들은 교회 안에서 태어났으며, 그들에게는 회심의 필요도 없을 것이라고 간주될지도 모릅니다. 그 사랑스러운 작은 영혼들 안에는 그런 선량한 요소들이 있기 때문에, 여러분은 그 복된 요소들을 육성하기만 하면 되고, 그러면 그들이 진짜 천사 같이 될 것이라고 여깁니다. 나는 이런 자녀들을 몇몇 지켜보았습니다. 그리고 말하기 유감스럽지만, 그들의 본성에서 다른 자녀들의 본성과 다른 점을 발견하지 못했습니다. 그들이 가장 불경건한 자들의 자녀들보다 더 선량하게 자란 것도 아니었습니다. 어느 누구의 자녀이건, 그 아이는 거듭나야 한다고 나는 믿습니다. 그 아이가 하나님의 자녀가 되려면, 반드시 하나님의 영이 그의 타고난 마음을 변화시키셔야 합니다. 어쨌든, 다른 사람들에 대해서는 어떤 이론이 있든지, 우리 자신은 우리가 한때 죄 속에서 죽었던 것을 알며, 그에 대해서 의문을 가지지 않습니다.

　하나님의 성령의 역사에 의해 회심한 우리들은 한때 우리가 영적인 죽음에 꽁꽁 묶였던 것을, 과거에 우리가 전적으로 무감각했던(utterly insensible) 것을 압니다. 우리는 하나님의 말씀을 들었습니다. 어쩌면 설교자의 웅변술에 만족하고, 혹은 그의 진지함에 감동받았는지도 모릅니다. 하지만 우리는 죄를 미워하고 그리스도를 믿으라는 설교자의 호소에 따르지는 않았습니다. 우리는 흔들리기는 했지만, 깨어나지는 못했습니다. 우리는 영적으로 하나님의 법에 대해 아무 감각이 없었습니다. 우리는 그것이 전파되는 것을 들었고, 한동안 불안하기도 했지만, 하나님이 자기 율법을 어긴 죄인을 향해 선언하신 저주의 공포를 느끼지는 못했습니다. 설혹 우리가 그것에 대해 무언가를 느꼈더라도, 우리는 그 영향에서 벗어나려고 애를 썼고, 하나님의 진노에 대한 모든 생각들을 죄의 즐거움 속에서 망각해 버렸습니다. 우리는 율법뿐 아니라 복음도 들을 수 있었습니다. 우리 귀에 어떤 음악도 들려줄 수 없었던 달콤한 복음의 가락을 들을 수 있었지요. 하지만 우리가 예수님과 그분의 피 흘리신 상처들에 대해 무슨 관심을 기울였습니까? 무한한 사랑에 대해서, 귀한 말씀의 초대에 대해서, 우리가 어떤 존중을 나타냈던가요? 우리는 예배당에 그저 왔다 갈 뿐이었고, 변한 것 없이 그대로였습니다. 우리는 거울에 얼굴을 비추어 보고도 씻지 않았습니다. 죄의 얼룩들을 그대로 남겨두었습니다. 사랑하는 친구들이여, 여러분 중에 일부는 영적으로 너무 무감각하게 되어서 복음에 전혀 귀를 기울이지 않았던 것을 기억할 것입니다. 여러분 중에 어떤 이들에게 안식일은, 이따금씩 더 큰 쾌락을 즐긴 것을 빼고는, 즉 주중에 종사해야 하는 일상적인 수고 때문에 즐기지 못했던 죄들을 더 많이 찾은 것을 빼고는, 한 주간의 다른 날들과 마찬가지였습니다. 종종 일요일에 공휴일인 월요일이 뒤따르면, 온갖 종류의 악행도 같이 뒤따릅니다. 안식일이 여러분에게 은혜의 문이 되기보다는 오히려 죄의 문이 되었던 것입니다. 여러분 중에서 어떤 이들에게는 경건한 부모가 있었지만, 여러분의 아버지의 하나님께, 여러분의 어머니의 구주께 아무런 관심도 기울이지 않았습니다. 여러분은 다른 사람들이 기도의 집에 가는 것을 보았지만, 여러분은 아침에나 저녁에나 셔츠 차림을 하고서 이렇게 말했지요. "딱딱한 이야기나 들으려고 무리들 속에 끼고 싶지 않아." 바로 그랬습니다. 이 모든 것은 여러분이 거룩한 일에 무감각했기 때문이었습니다. 마법사도 죽은 독사를 유혹하지는 못합니다. 한동안, 복음의 매혹적인 음악도 여러분의 귀에 닿지 않았습니다. 그것이 여러분이 죽었었다는, 영적으로 무감각했었다는 한 가지 증거입니다.

그뿐 아니라, 우리는 살아 있는 사람들의 식욕(appetites)을 느끼지도 않았습니다. 여러분이 알다시피, 사람이 살아 있다면 그는 때가 되면 배가 고플 것입니다. 연료를 공급해야 할 시각을 정확하게 알려 주는 종이 여러분 내부에서 울릴 것입니다. 그래야 엔진이 계속해서 돌아가지요. 그는 목마름도 느낄 것입니다. 몸이 수분을 필요로 할 것이고, 그가 살아 있다면, 마실 것을 요구하는 신호가 있을 것입니다. 그가 만일 생명의 경계선에 있다면, 거의 죽을 지경이 되었다면, 그 때는 배고픔과 목마름도 잊혀질 것입니다. 하지만 건강한 사람은 이러한 생명의 증거들이 적당한때마다 나타날 것이고, 그는 먹고 마셔야만 합니다. 여러분과 나에게는 생명의 떡(Bread of life)에 대해 배고픔을 느끼지 못하던 때가 있었습니다. 우리는 이렇게 말했습니다. "체, 무슨 공염불인지, 무슨 허튼소리인지!" 우리는 "생명수의 강물"을 마시길 원하지 않았습니다. 우리는 그것의 존재를 믿지 않았습니다. 비록 지금은 복음의 모든 물방울들이 마치 꿀처럼 우리에게 달지만, 한 때는 그에 대해 조금도 관심을 두지 않았습니다. 우리는 은혜의 교리들을 멸시했고, 주 예수 그리스도의 은혜를 바라지도 않았습니다. 하늘에서 내려온 떡이신 그분에게 우리는 어떤 이끌림도 느끼지 못했습니다. 그분의 필요를 우리는 전혀 느끼지 못했습니다. 우리는 우리가 강하다고 생각했습니다. 우리 스스로 천국에 오르는 길을 찾을 수 있다고 생각했습니다. 우리는 우리 자신의 약함을 알지 못했고, 그분의 능력도 알지 못했습니다. 우리는 우리가 살지고 원기왕성하다고 생각했고, 따라서 그분을 먹어야 할 필요를 느끼지 못했습니다. 은혜와 모든 영적인 것들에 대해서 우리가 죽었었다는 것은 전적으로 사실입니다. "의에 주리고 목마른 자는 복이 있나니 그들이 배부를 것임이요"(마 5:6). 하지만 영적인 배고픔과 목마름이 찾아오지 않는 이들은 죽은 것입니다. 이것이 우리가 영적으로 죽었었다는 두 번째 증거입니다.

추가적인 증거가 있습니다. 그것은 우리가 영적인 차원에서 움직일 힘이 없었다(without power of movement spiritually)는 것입니다. 살아 있음을 증명해 보라고 요구를 받은 철학자가 있었습니다. 그는 단순히 걸음으로써 그 요구에 응했지요. 움직임은 생명의 증거이기 때문입니다. 분명, 영적인 움직임은 영적인 생명을 입증합니다. 나의 하나님, 당신께 가까이 감으로써 저는 제가 살아 있음을 증명합니다! 비록 금방이라도 넘어질 듯 불안한 유아의 걸음처럼 제 걸음이 비틀거릴지라도, 아니 생후 몇 개월에 불과한 아기처럼 기어간다 할지라도, 저는 당신께 더 가까이 감으로써 제가 살아 있음을 증명합니다! 경건한 욕망의 움직임, 겸손한 소망의 움직임, 거룩한 소원의 움직임, 뉘우치는 한숨과 부르짖음의 움직임, 이런 것이 영혼 속에 있다면, 바로 그것이 생명의 증거들입니다. 불과 얼마 전 까지, 여러분 중에서 어떤 이들에게는 이런 것이 전혀 없었습니다. 어제, 나는 최근에 하나님의 은혜로 소생한 많은 사람들을 보고서 크게 기뻐했습니다. 그들 중에서 많은 이들이, 경건한 부끄러움을 느끼면서 내 얼굴을 바라보면서, 하나님을 향해 그들이 어떻게 죽어 있었는지를 말해 주었습니다. 진정 그들은 불의와 불법에 대해서는 살았으나, 지금 그들을 그리스도 예수 안에서 살게 하신 하나님의 성령의 활동에 대해서는 마치 돌처럼 죽어 있었습니다.

죽음을 증명하는 또 다른 표징은 **호흡의 결핍**(the want of breath)입니다. 그것은 생명이 꺼졌다는 최종적 징표들 중의 하나입니다. 거울을 사람의 입에 갖다 대고서, 유리에서 흐릿해지는 부분이 발견되면 "그는 아직 살아 있다"고 말할 수 있습니다. 하지만 호흡이 완전히 멈추면, 생명도 완전히 사라진 것입니다. 어느 시인이 참되게 말했습니다.

"기도는 그리스도인의 생명의 호흡이다."

하지만 우리가 기도하지 않았던 때가 있었습니다. 아마도 여러분 중에서 어떤 이들은 어려서부터 항상 일정 형태의 기도문을 암송했을 것이며, 잠자리에 들 때마다 그 기도문을 말하였을 것입니다. 하지만 그 형식성이 얼마나 하나님을 조롱하는 것이었는지요! 나는 어린이들의 기도 형태에 대해서 심하게 말하지 않을 것입니다. 때로는 그런 형식도 하나님이 사용하셔서 참된 영적인 간구로 이끄실 수도 있기 때문입니다. 하지만 우리가 특정한 표현들을 단순히 반복하는 것을 기도라고 상상한다면 그것은 잘못된 것입니다. 이제 우리는 그것이 기도가 아님을 압니다. 우리는 진정으로 하나님께 어떤 것을 요청하지 않았고, 전혀 하나님께 진실하게 말하지 않았습니다. 그런 기도는 앞에서 시작하는 것이나 뒤에서 시작하는 것이나 매 한가지였습니다. 나는 어떤 사람들이, 삼십대와 사십대의 나이가 되어서도, 그들이 어린 시절에 사용하던 것과 똑같은 형식의 기도문을 반복한다는 말을 들었습니다. 심지어 나는 이런 내용을 읽은 적이 있습니다. 육십이나 칠십대가 된 어떤 사람이 삼십년 전에 이미 돌아가신 그의 부모님에게 복을 주시도록 하나님께 기도한다는 것입니다! 사람들이 일단 어느 특정한 형태의 기도문을 사용하기 시작하면, 그들은 계속해서 그 형식을 유지하기가 쉽고, 그렇게 되면 기도문에 무어라 쓰여 있든지 의미가 없어지고 맙니다. 우리들 중 일부는 바로 그런 상태에 있었습니다. 우리는 죽은 기도문을 활용하였습니다. 우리 안에 생명이 없었기 때문입니다. 아! 하지만 사랑하는 여러분, 지금은 그렇지 않습니다! 지금 우리는 기도합니다(pray). 혼잡한 거리를 걷는 중에서도 우리는 은밀히 하나님께 부르짖습니다. "오, 주님 저와 함께 하시기를 원합니다." 우리는 책을 읽을 때에도, 책의 의미를 이해하도록 언제나 하나님께 도움을 구하는 기도를 합니다. 우리는 아기를 바라볼 때에도 언제나 하나님께서 그 사랑스러운 아이의 영혼을 구원해 주시도록 간구합니다. 우리는 기도의 정신 안에서 사는 것이 습관이 되었음을 느낍니다. 만일 우리들 중에 그렇지 않은 사람이 있다면, 그렇게 되게 해 달라고 기도해야 합니다. 기도의 정신(spirit)은 어떤 단순한 기도의 행위보다 더 나은 것임을 기억하십시오. 기도의 행위는 선합니다. 기도의 습관도 선합니다. 하지만 언제나 기도의 정신을 가지고 있어서, 숨쉬는 것처럼 자연스럽게 기도할 수 있다면, 이것이야말로 모든 것 중에서 최상의 복입니다. 또한 이것이 영적 생명의 가장 확실한 징표들 중의 하나입니다.

또 다른 한 가지를 언급하기가 슬프지만, 우리들 중에 어떤 이들은 아주 두드러질 정도로 부패하기 시작했었다(had begun to corrupt)는 점에서 죽었던 것이 사실입니다. 사람이 목숨을 잃으면, 몇 시간 정도까지는 상당 부분 평상시 모습처럼 보일 수 있습니다. 눈으로만 보아서는 그가 살았는지 죽었는지를 확실히 알 수 없습니다. 하지만 그 모습은 며칠을 지속하지 못합니다. 여러분은 내적 죽음의 표징들을 곧 알아볼 수 있습니다. 죽음이 정복한 자리에 부패가 시작되고, 곧바로 여러분은 이렇게 말해야 할 것입니다. "죽은 자의 시신을 묻어 보이지 않게 하시오." 우리의 구원에서, 호흡이 육신에서 떠난 직후 그 어린 소녀에게 일어났던 일이 우리에게도 일어났습니다. 그리스도께서 그 어린 소녀의 손을 붙잡고 말씀하셨습니다. "달리다 쿰, 소녀야 일어나라"(막 5:41). 그러자 소녀는 부패가 그녀의 몸에 큰 변화를 일으키기 전에 다시 살아났습니다. 내적인 죽음이 외적인 부패로 시작되어 나타나기 전에, 어린 시절에 구원받은 사람은 복이 있습니다. 하지만 우리들 중에서 소년 시절에 회심한 자들은, 만일 은혜가 개입하지 않았더라면 어떻게 되었을지 두려워하며 방황하던 것으로 족하였음을 기억해야 합니다. 나는 종종 저 훌륭한 스코틀랜드 사람인 로울랜드 힐(Rowland Hill: 1744-1833. 런던 목회자)에 대한 말을 들은 적이 있습니다. 한번은 그가 앉은 채로 한동안 설교자의 얼굴을, 그의 눈매가 기이하고 우스꽝스럽게 반짝이는 것을 뚫어지게 바라보고 있었습니다. "무얼 하고 있습니까?"라고 설교자가 물었습니다. "당신 얼굴의 윤곽을 보고 있었습니다"라고 그 스코틀랜드인이 대답했습니다. "그것을 어떻게 평가하지요?" "오! 하나님의 은혜가 아니었다면 당신이 얼마나 나쁜 사람이 되었을까를 생각하고 있었습니다." 우리들 중에 더러는 젊은 시절의 모습을 되돌아보면서, 이렇게 말할 수밖에 없을 것입니다. "하나님의 은혜가 아니었다면 내가 얼마나 큰 죄인이 되었을까!' 그 때 이미 부패가 시작된 증거들이 있었습니다.

　하지만 부패가 더 분명하게 나타난 다른 사람들도 있습니다. 그들은 실제적인 범죄에 빠졌고, 소위 이 세상의 쾌락이라고 하는 것과, 그 허영과, 그 환락과, 타락에 더 친밀했었습니다. 그들은 스스로를 다른 사람들보다 더 나쁘지 않다고 여깁니다. 정녕 그들은 죄 속에 죽어 있으면서도, 자신들이 다른 사람들처럼 나쁘지는 않다고 스스로를 칭찬합니다. 하지만 그들은 만인들의 면전에, 마지막 날의 심판 때처럼, 그들의 은밀한 행위들이 드러나는 것을 좋아하지 않습니다. 그들은 그런 일들이 다른 사람들에게 알려지는 것을 부끄럽게 여깁니다. 나의 친구여, 당신은 나인이란 성문에서 사람들이 메고 나오던 죽은 청년과도 같습니다. 사람들이 관에 뉘여 무덤으로 가던 도중에, 그리스도께서 만나서 살려 주셨던 그와 마찬가지입니다. 관에 누였을 때에도 당신은 죽었으며, 확실히 죽은 것입니다. 하지만 죽은 자들 중에서는, 나사로처럼 무덤에 누인지 나흘이나 지난 다른 사람들도 있습니다. 그의 여동생이 이렇게 말했지요. "주여, 벌써 냄새가 나나이다"(요 11:39). 하나님의 은혜가 임한 어떤 사람들 중에는, 더할 수 없을 만큼 악으로 멀리 치달았던 때의 그들의 모습을 내가 묘사하고 있는 것을 쉽게 이해하는 이들이 있을 것입니다. 그들이 범하지 않은 죄가 하나도 없었고, 목에 찰 정도로 그들은 죄를 지었습니다. 그들은 죄에 탐닉했고, 할 수 있는 모든 악을 행했습니다. 그들의 영혼에 썩은 것이 있었고, 그들이 하는 모든 말도 썩어서 음탕과 훼방으로 가득하였습니다. 그들이 행하는 모든 일이 그러하였습니다. 하나님의 코에 죄의 냄새가 더욱 역겨울수록, 그들은 도리어 그것을 더욱 즐겼습니다. 이 중에는 언제나 이렇게 말하는 사람들이 더러 있을 것입니다. "나는 내가 죽었던 것과, 부패했던 것을 압니다. 죽음이 내게 인장을 찍었고, 그것은 실수가 아니었습니다. 나는 정녕 하나님 앞에서 죽은 자였습니다. 나는 선한 사람들의 코에도 이미 역겨운 냄새가 되기 시작했었습니다."

이제 우리 주제 중에서 이 부분은 충분히 다루었습니다. 우리의 원래의 수치를 돌아보도록 합시다. 한때 우리가 팠던 구덩이를 기억하고, 이 한 가지 확실한 일에 굳게 서도록 합시다. 우리는 우리가 죽었던 것을 압니다.

2. 우리는 독특한 변화를 겪은 것을 안다.

두 번째로, 우리는 또 한 가지를 아는데, 그것은 좀 더 밝은 부분입니다. 우리는 아주 독특한 변화(a very singular change)를 겪었다는 것을 압니다. "우리는 사망에서 옮겨 생명으로 들어간 줄을 알거니와."

"사망에서 생명으로(from death unto life)"라는 것은 자연적인 과정의 역전(the reverse of the natural one)을 말합니다. 우리는 모두 생명에서 사망으로 옮겨갈 것을 예상합니다. 이방인들은 사람들을 강 건너 보이지 않는 세계로 데려다 주는 카론(Charon)에 대해 말합니다. 아주 오래 전에 이방 시인은 말했습니다. "아베르누스(Avernus, 로마 신화에서 지옥의 입구로 알려진 곳 ― 역주)로 내려가기란 쉽지만, 다시 거슬러 돌아오기란 아주 어렵다." 하지만 우리는 그것이 하나님께서 우리를 위해 행하신 일이라고 믿습니다. 우리 안에는 전적으로 초자연적인 그런 변화가 일어났습니다. 우리 자신에게 맡겨 두었더라면 결코 일어나지 않았을 그러한 변화입니다. 이제 우리는 그러한 변화를 확신합니다. 어떤 사람들에 대해 말하자면, 그 변화가 그들 자신이 보기에도 너무나 분명하여서 종종 스스로 놀라기도 합니다. 어떤 사람에게는, 하나님의 존재에 대한 가장 확실한 증거들 중의 하나는, 그를 어둠에서 빛으로 바꾸어 놓으시고, 죄와 사탄에게서 하나님께로 향하도록 바꾸어 놓으신 그분의 손길에 있습니다. 버틀러(Butler: 1692-1752. 성공회 주교, 철학자)나 페일리(Paley: 1743-1805. 영국 성공회 학자)나 혹은 어떤 신앙의 변증가들에 의해 집필된 모든 논증들도, 한 사람을 개인적으로 다루시는 하나님의 손길보다는 설득력이 떨어집니다. 하나님의 손길이 이러한 형태로 나타날 때, 즉 우리를 사망에서 생명으로 옮기셨을 때, 그것은 하나님과 예수 그리스도의 복음의 능력에 대한 반박할 수 없는 증거가 됩니다.

　　나는 생명에서 사망으로 가는 것을 묘사하는 것도 쉽지 않다고 생각합니다. 많은 사람들이 숨지는 것을 보긴 했지만, 나는 그것을 제대로 묘사할 수가 없습니다. 하물며 사망에서 생명으로 옮겨지는 것을 묘사하기란 거의 불가능합니다. 형제들과 자매들이여, 나는 여러분 중에서 많은 이들이 알고 있듯이, 그것이 무엇인지를 압니다. 그 일이 여러분 자신에게서 일어났지만, 여러분은 그것을 설명하지 못합니다. 그 얼마나 놀라운 과정인지요! 그것은 죽는 것이 아니고, 그와는 정반대의 일, 즉 소생하는 일입니다. 여러분은 그 일이 어떻게 일어나는지 다른 사람에게 설명할 수 있겠습니까? 여러분은 외적인 수단들이나 외부 환경들에 대해 말할 수는 있을 것입니다. 하지만 여러분은 어느 누구에게도 성령의 은밀한 방식을 묘사할 수는 없습니다. 소생시키시는 그분의 방식들은 깊은 신비이며, 심지어 그것을 느꼈던 자들도 인간의 언어로 그것을 표현하지는 못합니다. 하지만 오 불신자들이여, 우리의 말을 믿으십시오. 여러분 앞에 있는 우리는 예전의 우리들과는 다릅니다. 마치 우리는 죽었다가 다시 살아난 것과 같습니다! 여기 있는 우리들 중에 일부는 너무나 크게 변하고 바뀌었기 때문에, 설혹 우리의 옛 자아들을 만난다 해도 다시는 그것을 우리 자신으로 여기지 않을 정도입니다. 전능하신 하나님의 효과적인 은혜의 역사로써 참된 우리 자신을 찾았으니, 이제 우리는 더 이상 예전의 우리들이 아닙니다.

　　하지만, 사망에서 생명으로 옮겨가는 것은 대개 고통으로 시작된다고 말할 수 있습니다. 사람들이 거의 익사하게 되었다가 안마라든가 여러 조치들을 통해 생기를 되찾았을 때에, 그들이 느끼는 첫 번째 감각은 격렬한 고통이라는 말을 들었습니다. 피가 다시 돌기 시작하고, 폐가 부드럽게 숨을 쉬기 시작할 때, 첫 번째의 느낌은 큰 고통입니다. 마비되었던 다리가 다시 회복될 때에, 얼마나 저리고 고통스러운지를 여러분은 잘 알 것입니다. 잃었던 의식을 회복할 때에 일어나는 일은, 대개 사망에서 생명으로 옮겨지는 자들이 느끼는 고통이 어떤지를 희미하게나마 상징적으로 보여줍니다. 하지만 고정적이고 확정적인 규칙을 제시하지는 않겠습니다. 나는 판에 박은 듯이 동일한 현상을 묘사하는 것이 아니며, 단지 일반적으로 일어나는 일을 말할 뿐입니다. 나는 주 예수님께서 "달리다 쿰"이라고 하셨을 때, 그 소녀가 어떤 고통을 느꼈는지에 대해 전혀 알지 못합니다. 나는 그 소녀가 눈을 뜨고, 일어나 앉고, 예수님을 알아보자마자 그분께 시중들기를 원했을 것이라고 예상하며, 또 예수님은 그 아이에게 먹을 것을 주도록 명하셨습니다. 또한 아주 부드럽게 예수님께로 인도된 사랑스런 아이들과 어른들이 더러 있기도 합니다. 그들의 출생에는 다른 사람들의 경우와는 달리 고통이 그다지 수반되지 않았습니다. 그럼에도 그들은 진정으로 거듭났으며, 하나님의 가족으로 태어났습니다. 하지만 일반적으로, 새로운 생명은 고통과 더불어 시작된다고 나는 생각합니다.

새로운 생명의 최초의 표징들 중 하나는 그것이 자기 경시(self-depreciation)를 크게 수반한다는 것입니다. 사망에서 생명으로 이동하는 자는 자기 자신을 아주 작게 평가하게 됩니다. 그는 한때 자신의 아름다움과 미덕이라고 생각했던 것을 멸시하게 됩니다. 자신의 탁월함이라고 여겼던 것에 대해서도, 예전과는 전혀 다르게 간주합니다. 그가 자기 자신을 크게 생각했더라면 그는 결코 바늘귀를 통과할 수가 없었을 것입니다. 따라서 그는 자기 자신을 축소시켜야 했고, 마침내 스스로 보기에 아무것도 아닌 자로 여겨질 정도로 자기를 축소시켜야 했습니다.

그와 동시에, 진정 그 생명이 한 영혼 안에서 시작될 때, 그것은 아주 빠르게(very quickly) 시작됩니다. 처음에는 어둠을 보이게 할 정도의 빛만 있고, 탄식을 내쉬게 할 정도의 생명만 있을 것입니다. "하나님이여 이 죄인을 불쌍히 여기소서"라는 기도는 그에 비하면 오히려 하늘의 생명이 확장된 형태일 것입니다. 때때로 가련하고 떠는 영혼은 그런 정도에도 이르지 못합니다. 하지만 신적 생명은 단 하나의 불꽃도 결코 꺼지지 않습니다. 살았고 썩지 않는 씨인 하나님의 말씀은 영원토록 그 생명을 지속합니다. 비록 그것이 겨자씨 한 알과 같다고 해도, 하나님이 예비하신 땅에 떨어질 때, 그것은 반드시 살고 또 자라게 됩니다. 하지만 종종 그것은 처음에는 아주 연약합니다. 그 실체의 검증은 그 사람이 예수님을 믿느냐 하는 것에 있습니다. "아들을 믿는 자에게는 영생이 있기" 때문입니다(요 3:36). 그것은 확실한 말씀입니다. 주님이 친히 "무릇 살아서 나를 믿는 자는 영원히 죽지 아니하리라"(요 11:26)고 말씀하셨기 때문입니다. 새로워진 사람은, 그 생명이 아무리 미약하다 해도, 예수님을 믿으며 따라서 그는 구원을 받은 것입니다.

그 생명이 출생할 때, 그것은 대개 큰 기쁨(great joy)을 수반합니다. 사람이 마침내 예수님을 믿고 그분을 의지하게 되었을 때, 그는 어둠에서 빛으로 옮긴 것이며, 그것은 슬픔에서 넘치는 기쁨으로 옮겼다는 의미입니다. 항상 그렇지는 않지만, 일반적으로는 그렇습니다. 기쁨과, 말할 수 없는 충만한 희열이 있고, 그것이 사망에서 생명으로 옮기는 일에 수반됩니다. 그 시기를 돌아볼 때마다 우리는 언제나 하나님께 감사하게 됩니다. 우리의 벗들이 아주 분명한 회심을 하게 되었을 때 나는 언제나 기뻐합니다. 왜냐하면, 비록 내가 아주 점진적으로 그리스도께 온 사람들에 대해서는 한 마디도 하지 않고 있지만, 그들의 경험은 다소 불분명하기 때문입니다. 의심할 것 없이 그들도 다른 사람들과 마찬가지로 구원의 문제에서 안전합니다. 하지만 그들에게는 회심 이후에 찾아오는 큰 위로가 결핍되어 있습니다. 그리고 때때로, 죄에 대한 깊은 자각 없이 아주 쉽게 회심한 사람들은, 죄의 극악함을 좀 더 명백하게 보았던 사람들에 비해 죄를 가볍게 여기는 경향이 있습니다.

그와 같이, 어떤 방식으로 사망에서 생명으로 옮겨졌던 간에, 우리는 아주 독특한 변화를 겪었다는 것을 알고 있습니다.

3. 우리는 우리가 사는 것을 안다.

세 번째로, 우리는 다른 무언가를 알고 있습니다. 우리는 우리가 사는 것을 압니다(We know that we live). "우리는 사망에서 옮겨 생명으로 들어간 줄을 알거니와."

그 생명 안에는 '정죄 없음(non-condemnation)'이라는 사실이 내포되어 있습니다. 죽음의 정죄를 받은 사람은 살아도 사는 것이라고 말할 수가 없습니다. 하지만 예수 그리스도를 믿는 자는 그에게 정죄가 없다는 것을 압니다. 아무것도 그의 책임으로 돌려지지 않습니다. 그의 모든 죄들을 위해 그리스도께서 형벌을 당하셨기 때문입니다. 완전한 속죄가 이루어졌으며, 죄가 영원토록 치워졌습니다. 이것을 우리는 압니다. 또한 그것을 알고 기뻐합니다. 그것이 우리 생명의 더 없는 기쁨이요 행복입니다.

사랑하는 친구들이여, 우리는 지금 이런 방식으로 삽니다. "우리는 존재의 새로운 상태로 들어왔습니다." 우리는 전에 아무것도 모르던 것에 대해서 이제는 많은 것들을 알게 되었습니다. "모든 것들이 새로워졌습니다." 한 사람이 일전에 내게 이런 말을 했습니다. "아, 목사님! 세상이 온통 변했든지, 아니면 내가 변했든지 둘 중 하나입니다. 한때 내가 좋아했던 사람들이 이제는 두려워졌습니다. 한때 내게 즐거움을 주었던 일들이 이제는 나를 불행하게 만듭니다. 그리고 전에 내가 우울하다고 여겼던 것들이 이제는 내게 가장 고상한 기쁨을 주는 것들이 되었답니다." 그렇습니다. 이제 우리는 단지 하나님에 대해서 말하는 것이 아니라 그분을 알며, 단지 그리스도에 관해서 이야기하는 것이 아니라 그분을 의지하여 삽니다. 단지 하나님의 영에 대해서 상상하거나 책을 읽는 것이 아니라, 그분이 우리 안에서 일하시는 것을 느낍니다. 우리는 이제 예수의 피가 우리에게 작용하여 우리 영혼을 깨끗하게 만든 것을 압니다. 성경의 약속들이 이제 우리의 부(富)가 되고, 기도가 우리의 현실이 되었습니다. 이제는 누구도 우리에게 기도에는 능력이 있다고 말해 줄 필요가 없습니다. 날마다 주께서 우리의 간구를 들으시는 증거들을 우리가 가지고 있기 때문입니다. 우리는 전적으로 새로운 세계에서 살고 있습니다. 우리는 우리가 살아 있는 것을 압니다. 이런 일들은 한때 우리에게 알려지지도 인식되지도 않았지만, 이제는 우리에게 알려지고 인식됩니다.

또한, 이제 우리는 영적인 교제(spiritual society) 안으로 들어왔습니다. 여기에서 일어난 커다란 변화를 어떻게 설명해야 할지 모르겠군요. 한때 여러분의 삶이 돼지였다가, 어느 순간 갑자기 사람이 되었다고 상상해 보십시오! 자, 지금 여러분은 사람으로서 망원경으로 볼 수가 있습니다. 돼지들은 그렇게 할 수가 없지요. 여러분은 현미경을 들여다볼 수도 있습니다. 내 일생에 돼지가 그렇게 했다는 말을 듣지 못했습니다. 돼지들은 말하지 않습니다. 하지만 여러분은 말하고, 노래하고, 기도합니다. 여러분은 예전의 여러분과는 전혀 다른 피조물이 된 것입니다. 우리 중 일부 사람들에게 바로 그런 일이 일어났습니다. 우리는 예전에 가졌던 생명과는 전혀 다른 생명을 얻었습니다. 우리는 한때 우리가 살았던 것과는 전혀 다른 세계에서 살고 있습니다. 우리는 지금 한때는 도무지 알 수 없는 것들을 알고, 전에 결코 누리지 못했던 것들을 누립니다. 또한 죽음에서 생명으로 옮겨지기 전에는 결코 느끼지 못했던 슬픔도 느낄 수 있습니다. 이 모든 것으로써 우리는 진정 살아 있다는 것을 압니다.

　　더 나아가, 이 새 생명은 새로운 양식(new food)을 필요로 합니다. 우리는 이제 오직 그리스도만이 채워 주실 수 있는 식욕을 느낍니다. 우리는 하나님의 집을 사랑하고, 하나님의 말씀을 즐거워합니다. 또한 성령님이 은혜를 주실 때, 우리는 골수와 기름진 것으로 만족하게 됩니다. 우리는 또한 이 생명이 우리에게 영원한 생명을 보장한다(guarantees to us eternal life)는 것을 믿습니다. 사실상, 그 생명 자체가 영원한 생명입니다. 결코 죽을 수 없는 생명이며, 결코 우리에게서 빼앗아 갈 수 없는 생명입니다. 아직 회심하지 않은 나의 친구여, 내 당신에게 한 마디 하지요. 우리는 매우 행복하답니다. 당신은 이렇게 말하는군요. "하지만 당신은 우리에게는 없는 슬픔이 있다고 말하지 않았습니까?" 정확히 그렇습니다. 당신이 알다시피, 사람들에게는 돼지들에게는 없는 슬픔이 있지요. 내가 당신을 돼지에 비유하는 것인가요? 음, 당신이 그런 이미지를 좋아하지 않는다 하더라도 나로서는 어쩔 수가 없습니다. 다른 이미지를 든다고 해도 마찬가지입니다. 살아 있는 그리스도인과 그냥 사람 사이에는, 마치 살아 있는 사람과 개 사이와 마찬가지로 큰 차이가 있습니다. 그는 다른 종류의 생명 즉 더 고차원적인 생명을 가지고 있으며, 다른 생명의 영역으로 들어간 것입니다. 나는 개에게 천문학을 가르치려고 시도하지 않을 것이며, 또한 거듭나지 않은 사람이 하나님의 일들을 알기란 불가능합니다. 나는 내 개를 의자에 앉혀 두고서 신학에 대해 설명하는 것을 생각조차 하지 않습니다. 당신이 거듭나기까지는, 결코 하나님의 은혜의 의미를 이해하지 못할 것입니다. 당신은 새 생명을 얻어야 하고, 죽음에서 생명으로 옮겨져야 하며, 그렇지 않고서는 이런 일들을 알 수가 없습니다. 하지만 예수님을 믿는 우리는 우리가 이 생명을 가진 것을 압니다.

4. 우리는 사랑하기 때문에 살아 있음을 안다.

　　네 번째로, 우리는 사랑하기 때문에(because we love) 살아 있음을 압니다. 우리가 살아 있는지 아닌지에 대한 신분조회는 아주 이상한 것입니다. 나는 오늘 아침에 한 통의 통지서를 받았는데, 그 내용은 법원 기록원에서 "찰스 해돈 스펄전"이라고 하는 사람이 여전히 살아 있는지에 대해 조사하니, 진술서와 선서문을 함께 작성하라는 것이었습니다. 나는 통지서의 수신 법관에게 그런 취지의 선서 문을 작성하지 않을 것이라고 대답했습니다. 어떤 목적으로도 나는 맹세하기를 원치 않기 때문입니다. 하지만 나는 아주 기꺼이, 그리고 엄숙하게, 내가 가장 잘 알고 믿는 바를 확인해 줄 의향은 있습니다. 그것은 바로 내가 살아 있다는 것입니다. 그리고 머지않아 그렇게 해야 할 것이라고 예상합니다. 나는 스스로에게 이렇게 말하지 않습니다. "내가 정말로 살아 있는가, 혹은 죽었는가?" 그러나 나는 일부 그리스도인들이 종종 이런 노래를 부른다는 것을 압니다.

"내가 살았는지, 혹은 죽었는지,
그것이 내가 알고 싶은 것이라네."

그들은 그들이 살아 있는지 아닌지를 확신하지 못합니다. 스스로를 슬프게 하고, 비참하게 하고, 우울하게 만드는 것을, 그들은 생명의 한 가지 증거라고 여깁니다. 아마 그럴 수도 있겠지요. 하지만 그 외에도 생명의 다른 증거들이 있습니다. 그리고 나는 본문에서 제시된 증거를 좋아합니다. "우리는 형제를 사랑함으로 사망에서 옮겨 생명으로 들어간 줄을 알거니와."

형제들이여, 만일 우리가 하나님의 백성들을 사랑한다면, 그들이 하나님의 백성들이기에 그들을 사랑한다면, 바로 그것이 우리가 사망에서 생명으로 옮겼다는 한 가지 증거입니다. 여러분은 그들을 그리스도를 위하여 사랑합니까? 여러분은 스스로에게 이렇게 말합니까? "그는 그리스도의 백성 중의 한 사람이다. 그는 그리스도의 십자가를 지고 있다. 그는 하나님의 자녀들 중의 하나이다. 그러므로 나는 그를 사랑한다. 그리고 그와 함께 있는 것을 즐거워한다." 그렇다면 그것이 여러분이 이 세상에 속하지 않았다는 증거입니다. 여러분이 세상에 속했다면 세상을 사랑했을 터이지만, 여러분이 그리스도께 속했기 때문에 그리스도의 사람들을 사랑하는 것이며, 또한 그리스도를 위하여 그들을 사랑하는 것입니다.

또 하나의 증거는 여러분이 진리를 위하여 그들을 사랑한다는 것입니다. 우리는 질그릇에 불과하지만, 하나님의 뛰어난 보화가 우리 안에 담겨져 있습니다. 여러분은 이렇게 말할 수 있습니까? "나는 그가 전하는 진리 때문에 저 사람을 사랑한다. 나는 그의 재능을 상관하지 않으며, 그의 복음에 관심을 기울인다." 또한 이렇게 말할 수 있습니까? "나는 저 여인을 사랑한다. 나는 그녀가 예수님에 대해 말하는 것을 즐거이 듣는다. 그리스도로 가득한 그녀의 경험이 나에게 큰 위로가 된다. 나는 어떤 형제가 쓴 글을 읽기를 무척 좋아한다. 그가 쓴 모든 글에는 그리스도의 향기가 있기 때문이다." 그렇다면, 그것이 여러분이 사망에서 생명으로 옮겨간 표징입니다. 여러분이 자녀들을 사랑한다면, 아버지를 사랑하는 것이라고 나는 확신합니다. 또한 여러분이 그분을 사랑한다면, 그것은 그분이 먼저 여러분을 사랑하셨기 때문입니다.

우리가 사망에서 생명으로 옮겨간 또 다른 표징은 우리가 하나님의 백성을 그들 자신을 위해서 사랑하는 것입니다. 우리가 그들처럼 되기를 바랄 때 우리는 스스로에게 이렇게 말할 수 있습니다. "나는 그들 중에서 가장 작은 자라도 되기를 원한다. 그들의 발을 씻기고, 가장 낮은 자리에 머물면서, 그들과 더불어 기쁨과 사랑을 나누길 원한다." 만일 여러분이 하나님의 백성을 사랑하되 세상이 그들을 미워할 때에도 그들을 사랑하며, 그들의 편에 서서 기꺼이 그들과 함께 욕을 먹고자 한다면, 바로 그것이 여러분이 하나님의 자녀라는 확실한 증거입니다. 하나님의 백성들이 비난을 받을 때 그들을 사랑하는 자는 이렇게 말할 것입니다. "당신들이 그러한 성도를 조롱하는 것인가요? 그렇습니까? 나는 그와 한 가족에 속한 사람입니다. 그러니 당신들은 나도 비난해야 할 것입니다. 당신들이 썩은 오물을 던지면서 이 그리스도인을 웃음거리로 만든다면, 나는 그 사람의 편에 설 것이고, 하나님의 자녀가 받는 치욕에 동참하는 것을 나의 명예로 여길 것입니다." 여러분이 이렇게 성도들을 사랑한다면, 여러분은 여러분이 사망에서 생명으로 옮겼는지의 문제로 두려워할 필요가 없습니다.

우리가 같은 백성으로서 하나님의 백성들의 모임을 사랑한다면, 그것 역시 은혜의 한 가지 확실한 징표입니다. 작은 기도 모임에 기꺼이 참여합니다. 그들의 신음 소리를 들을 때에는, "저런 종류의 슬픔이 바로 내가 느끼기 원하는 슬픔이다" 라고 느낍니다. 그들의 기뻐하는 기도 소리를 들을 때에 우리는 이렇게 말합니다. "저런 것이 바로 내가 느끼기 원하는 기쁨이다." 주님께서 그들을 위해 어떠한 일을 하셨는지를 그들이 말하는 것을 들을 때, 비록 우리 자신은 그와 같은 기쁨을 느끼지 못하였어도, 우리는 이렇게 말합니다. "내가 그들을 사랑하는 것은 주께서 그들을 사랑하셨기 때문이다. 설혹 주께서 내게는 이 모든 일을 행하지 않으셨다 하더라도, 주께서 그 일을 그들에게서 이루셨으니 나는 그들을 사랑한다. 나는 어디에서나, 어느 누구에게나, 내 아버지의 손길이 닿은 것을 보고는 기뻐할 것이다." 자, 만일 여러분의 경우가 이와 같다면, 평안히 여러분의 길을 가십시오. 우리가 형제를 사랑하는 것은 내적 생명의 아주 작은 징표에 불과한 듯이 보이지만, 그것은 세상에서 가장 확실한 증거 중 하나입니다. 또한 고상하고 강한 성도들조차 어둡고 힘겨운 날에 그 사랑으로 큰 위로와 즐거움을 얻습니다.

하나님이시여, 그리스도를 위하여 우리 모두에게 이 귀한 지식을 얻는 은혜를 허락하소서. 아멘 또 아멘.

제
13
장

—

성도들을 향한 하나님의 사랑

—

**"그가 우리를 위하여 목숨을 버리셨으니
우리가 이로써 사랑을 알고"** — 요일 3:16

　　참된 사랑은 오래도록 잠들 수가 없습니다. 그것은 불과 같아서 활동적인 특징이 있으며, 움직여야만 합니다. 사랑은 표현을 갈망합니다. 그것은 잠자코 있을 수 없습니다. 사랑에게 표현하지 말라고 명하는 것은, 살지 말라고 명하는 것과 같습니다. 또한 참 사랑은 말의 표현으로만 만족하지 않습니다. 그것은 말을 사용하지만, 말의 미약함을 고통스럽게 의식합니다. 사랑의 온전한 의미는 어떤 인간의 언어로도 전달되지 않기 때문입니다. 사랑이 의미하는 모든 의미를 말(words)에 담아 전하고자 하면, 말은 그 무게를 견디지 못하고 산산조각 나고 맙니다. 사랑은 행위로써 자기를 표현해야 합니다. 우리의 옛 속담이 전하듯이, "행동은 말보다 더 크게 말합니다." 사랑은 또한 희생을 즐거워합니다. '그녀'는 자기부인(self-denials)을 기뻐합니다. 희생이 클수록, 그 희생을 감수하는 사랑은 더욱 훌륭합니다. 사랑은 아무런 비용도 치르지 않은 것을 선물로 제공하지 않습니다. 사랑은 고통과 손실과 십자가를 기꺼이 감수하고, 그럼으로써 자기 자신을 가장 잘 표현합니다.

　　이것이 일반적인 원리입니다. 이는 사람들에게만 적용되는 것이 아니며, 하나님에게까지 적용될 수 있습니다. "하나님은 사랑이시며", 또한 사랑이시기 때문에 그분은 사랑을 표현하셔야 하고, 단지 자기 사랑을 말하는 것으로만 안주하실 수가 없습니다. 그분의 사랑은 행동으로 스스로를 나타내야 합니다. 더 나아가, 하나님은 자신이 감수할 수 있는 최대한의 희생을 실행하시기까지, 그분의 독생자를 죄인들을 대신하여 죽도록 내주시기까지, 가만히 안주하실 수가 없었습니다. 그분이 그 일을 마치셨을 때, 그 때 비로소 그분은 그 사랑에서 안식하실 수가 있었습니다. 하나님께서는 우리에게 오셔서 이렇게 말씀하신 것이 아닙니다. "사람들이여, 내가 너희를 사랑하노라. 설혹 내가 너희를 위한 내 사랑을 증명하는 어떤 일도 하지 않더라도 너희는 내가 너희를 사랑하는 것을 믿어야 한다." 그분은 우리에게 그 사랑을 믿으라고 요구하시지 않고, 오히려 그 사랑의 풍성한 증거들을 우리에게 주셨습니다. 그러므로 그분에게는 그 사랑에 대한 우리의 믿음을 요구하실 권리가 있습니다. 이 서신을 기록한 저 사랑의 사도는 본문에서 "이로써 우리가 사랑을 알고"라고 말합니다. 아마도 원문을 그대로 옮기면 이런 의미가 될 것입니다. "이로써 우리가 하나님의 사랑을 알게 되었으니, 그분이 우리를 위하여 자기 목숨을 버리셨기 때문이다." 우리가 다른 사람들이 우리를 위해 희생할 준비가 된 것을 보고 그들의 사랑을 알게 되는 것처럼, 하나님께 대해서도 마찬가지입니다. 우리는 "그가 우리를 위하여 목숨을 버리셨다"는 그 사실로써 그분이 우리를 향해 어떤 사랑을 가지셨는지를 발견하고, 분별하고, 인식하며, 알게 되었습니다.

1. 사랑을 나타내신 하나님의 행동에서, 사람들이 사랑을 보지 못하다.

먼저, 내가 여러분에게 보여주고자 하는 것은 하나님께서 자기 사랑을 아주 분명하게 나타내신 많은 행동들이 있지만, 대부분의 사람들은 그 속에서 그분의 사랑을 보지 못한다는 사실입니다.

하나님의 많은 행동들에 대해서 이런 말을 할 수 있습니다. "이로써 하나님의 사랑이 나타났도다." 하지만 많은 사람들이 그 행동들 배후에 있는 사랑을 인식하지 못합니다. 이 문제와 관련하여 우리 자신은 어떠한지를 살펴봅시다. 우리들 중에 어떤 이들은 출생 때부터 양육 받은 환경에서(in the surroundings into which we were brought at our very birth) 우리를 향한 하나님의 사랑을 인식해야만 합니다. 나는 나 자신을 포함하여 그리스도인 부모에게 많은 신세를 지고 있는 사람들에게 말하고 있습니다. 우리들 중에 많은 사람들이 진실로 어린이들의 찬송 가사처럼 이렇게 말할 수 있습니다.

"내가 태어난 곳은, 수많은 사람들과 달리
하나님을 알지도 못하고,
깎아 만든 나무와 돌을 향해
소용없는 기도를 하도록 배우는 곳이 아니라네."

　하지만, 노예나 이방인들이 아니어도, 어쩌면 우리가 런던의 빈민굴에서 우리의 어린 시절을 보내야만 했을 수도 있습니다. 여러분 중에서 어떤 이들은 스스로를 아주 착했다고 여기겠지만, 만약 여러분이 동일한 환경과 동일한 교육수준의 결핍 속에 자랐더라면, 지금 소년원들을 가득 메우고 있는 소년들이나 교도소에 가득한 사람들에 비해 더 나은 사람들이 되었을 거라고 여깁니까? 만약 여러분이 그들이 겪은 것과 같은 상황을 겪었다면, 출생 때부터 강한 술 냄새가 여러분에게 익숙했다면, 여러분이 처음 듣기 시작한 말이 훼방하는 말이었다면, 도둑들의 부엌에서 살았었다면, 여러분은 그들보다 더 죄에서 깨끗했을 것이라고 여깁니까? 우리가 다른 사람들을 깔보고 멸시할 때, 만약 우리가 그들이 겪은 모든 유혹들과 그들이 자란 환경을 모두 안다면, 어쩌면 우리는 그들이 더 나빠지지 않은 것에 대해 거의 찬사를 보내야 할지도 모릅니다. 어떤 사람들은 정직하기 위해서 큰 싸움의 대가를 치러야 합니다. 이 지독한 런던에는, 아마도 우리가 나쁘다고 생각하는 많은 여성들이 있을 것입니다. 그럼에도 불구하고 그들은 거의 순교의 인내를 했고, 유혹에 맞서 혹독한 싸움을 싸워 왔습니다. 설혹 그들이 어느 정도 타락했지만, 그들이 더 심하게 타락하지 않은 것 때문에 영예를 얻어야 할 정도입니다.

　그에 비해 우리는 얼마나 큰 복을 받았습니까? 세상에서 눈을 떴을 때, 우리는 우리를 보고 미소를 짓는 얼굴과, 또 장래에 우리에게 예수 그리스도에 대해 이야기를 들려줄 입술을 올려다볼 수 있었으니 말입니다. 우리가 얻은 첫 번째 본보기는, 오늘날까지도 우리가 따르기를 원하는 그런 것이었습니다. 어릴 때부터 우리의 동료들은 경건의 질서 속에서 지내온 자들이었습니다. 우리의 인격형성에 많은 영향을 끼친 분들 중에서 더러는 지금 천국에 있으며, 우리는 그들로 인해 항상 하나님께 감사해야 합니다. 자, 만일 우리가 지혜롭다면, 우리가 호의적인 환경에서 태어나고 자랐다는 사실의 의미를 제대로 이해한다면, 우리는 우리를 향하신 하나님의 사랑을 인식할 것입니다. 그러나 우리 중에서 많은 사람들이 그것을 깨닫지 못합니다. 혹시 여러분 중에는 엄격한 가정환경에서 태어나고, 통제를 받고, 소위 삶의 쾌락이라고 간주되는 것을 멀리하며 살아 왔다는 이유로, 자신이 나쁘게 취급당했다고 생각하는 사람들이 더러 있을지 모릅니다. 그에 대해 나는 놀라지 않겠습니다. 많은 젊은이들이 어머니가 시키는 대로 너무 많이 매여서 살았다고 느꼈습니다. 다른 청년들이 제 마음대로 즐기는 것을 보았지만, 그들은 그렇게 할 수 없었습니다. 그들의 아버지는 마치 엄격한 간수와 같아서 언제나 너무 가까이서 감시한다고 느꼈습니다. 철없던 시절에 우리들 중 상당수는 그런 식으로 느꼈습니다. 하지만 이제는 하나님이 우리 눈을 열어 주셨고, 우리는 그 모든 환경에서 하나님의 사랑을 볼 수 있습니다. 하지만 그 때는 그것을 볼 수가 없었지요. 일반적으로 젊은이들은, 그리스도인 부모를 두고 기독교적 훈육을 받은 높은 특권을 누린 것에서 하나님의 사랑을 깨닫지 못합니다. 오히려 종종 그에 대해 반발하고, 마치 큰 고난이라도 겪는 것처럼 여기고는 거기에서 벗어나기를 바랍니다.

다음으로, 사랑하는 친구들이여, 하나님이 우리 모두에 관하여 지혜롭고 사려 깊은 율법을 주신 것에서(in His giving us a wise and judicious law), 우리는 그분의 사랑을 분명히 볼 수 있습니다. 십계명은 사람들에게 주시는 커다란 호의의 선물입니다. 그것은 우리에게 가장 지혜롭고도 행복한 삶의 길에 대해 말해 주기 때문입니다. 그것은 우리에게 해가 되는 것을 제외하고는 아무것도 금하지 않습니다. 또한 우리에게 진정한 기쁨이 되는 것을 아무것도 제한하지 않습니다. "너희는 ~하라" 혹은 "너희는 ~하지 말라"고 말하는 계명은, 마치 이따금씩 여러분이 해수욕장 같은 데서 발견하는 표지판과도 같습니다. "위험! 이 지점에서 멀리 떨어지시오!" 하나님께서는 진정으로 우리에게 유익이 되는 것을 금지하는 법을 만들지 않으십니다. 여러분의 정원에서 해로운 열매를 맺는 나무가 있다면, 여러분의 자녀는 그 열매를 먹지 말라는 말을 들을 것입니다. 만약 여러분이 자녀에게 아무런 신경을 쓰지 않는다면, 자녀가 독이 든 열매를 따서 먹을 수도 있겠지요. 하지만 여러분이 자녀를 사랑하기에 여러분은 이렇게 말합니다. "내 아이야, 이것은 안 돼. 그리고 저것도 안 돼. 왜냐하면 그것이 너에게 아주 해롭고, 너를 죽게 할 수도 있기 때문이야." 우리는 율법의 수여에서 하나님의 사랑을 보아야 합니다. 하지만 어느 누구도 다른 방식으로 하나님의 사랑을 볼 수 있기까지는 그렇게 하지 못합니다. 율법과 관련하여 "우리가 이로써 사랑을 알고"라고 말해야 하지만, 실상 그렇게 말하지 못합니다.

우리는 또한 일상적인 하나님의 섭리의 혜택에서(in the daily bounties of divine providence) 하나님의 사랑이 풍성하게 나타나는 것을 보아야 합니다. 만일 우리의 눈이 활짝 열린다면, 빵 한 덩어리도 우리 아버지의 돌보심의 증거로 우리에게 오는 것이며, 우리가 마시는 물 한 모금도 우리 아버지의 은혜의 선물로 오는 것입니다. 우리는 그분의 사랑으로써 옷을 입고 있지 않습니까? 우리의 콧구멍에 있는 이 생명의 숨을, 우리의 창조주께서 주신 것이 아니면 누가 우리에게 주었겠습니까? 우리의 위대한 시혜자(Benefactor)가 아니면 누가 우리의 건강을 보전합니까? 오늘 밤 여러분이 병상에 있지 않다는 것, 정신병동에 있지 않다는 것, 무덤의 경계선에 있지 않다는 것, 아니, 여러분이 지옥에 있지 않다는 것이 사랑의 증거가 아닙니까? 우리는 은혜의 덩어리(mass of mercies)이며 또한 죄의 덩어리(mass of sins)입니다. 우리는 은혜와 배은망덕으로 뒤섞여진 존재인 듯이 보입니다. 하지만 주께서 우리의 눈을 열어 주시면, 우리는 우리가 받은 무한한 은혜들을 보게 될 것이고, 또한 그분의 사랑을 인식하게 될 것입니다. 하지만 이것이 인간이 하나님의 사랑을 보는 최초의 장소는 아닙니다. 십자가는 하나님의 사랑을 볼 수 있는 창문입니다. 하지만 그 창문이 열리기까지는, 하나님의 섭리의 모든 혜택들도 우리에게 그분의 사랑을 납득시키지 못합니다. 사람들이 얼마나 많은 수확물을 거두어들이면서도 그 추수를 허락하신 하나님께 감사하지 않는지를 보십시오. 그들이 곡물을 가득 실은 마차를 곡식창고로 운전해 가고, 탈곡을 하고, 또 그것을 시장에 내다 팝니다. 하지만 여러분은 그들이 햇곡식을 팔려고 올 때 시장에서 감사와 찬양의 노래를 부르는 것을 들어본 적이 있습니까? 그런 내용의 노래를 들어본 적이 있습니까? 만일 우리가 농산물 시장에서 새 곡식이 도착하는 것을 보고서

> "하나님을 찬양하세
> 모든 복들은 그분에게서 나온다네."

라고 노래한다면, 아마도 사람들은 우리를 미쳤다고 생각할 것입니다. 어쩌면 그들 중에서 상당수의 사람들은 곡식 값이 조금 내려간 것 때문에, 그래서 가난한 사람들이 양식을 조금 더 싸게 구입할 수 있게 된 것으로 인해, 악담을 퍼부을

가능성도 있습니다. 하나님께 감사의 찬양을 하는 것이 이제는 한물간 유행이 된 듯하고, 우리는 유식하다고 하는 학자들에게서 "곡식은 자연적으로 자라는 것이지 하나님과는 아무런 상관이 없다"는 식의 말을 듣고 있습니다. 그들은 말하기를, 비가 내리든 해가 빛나든, 자연의 과정은 엄격한 법칙에 따라 통제되며 하나님은 그에 대해 전혀 관심이 없다고 합니다. 그리하여 실질적으로 그들은 하나님이 휴가 중이시며, 세상을 스스로 굴러가도록 방치하셨다는 암시를 풍깁니다. 혹은 하나님이 마치 시계의 태엽을 감아두고서, 그 시계를 기둥에 매달아두고는 잠이 드셨다는 암시를 넌지시 비춥니다. 그것이 철학자들의 종교입니다. 내 입장을 말하자면, 그 철학자들이 자기들 종교를 고수하든 말든, 그것은 내 종교와는 다릅니다. 나의 종교는 비를 내리시는 하나님을 믿는 것이고, 해를 비추시는 하나님을 믿는 것이며, 추수를 허락하시는 하나님을 믿는 것입니다. 나는 "우리에게 모든 것을 후히 주사 누리게 하시는 하나님"(딤전 6:17)을 믿습니다. 또한 그로 인해 그분의 이름을 찬송합니다. 우리의 마음이 그분에 대해 올바르다면, 우리는 "이로써(hereby)" 하나님의 사랑을 알 것입니다. 하지만 우리는 그렇지 못합니다. 그런 인식은 색 유리창을 통하여, 그리스도의 보혈에 의해 붉게 채색된 창을 통하여 우리에게 들어옵니다. "그가 우리를 위하여 목숨을 버리셨으니", 거기에서, 오직 거기에서 우리는 하나님의 사랑을 인식합니다.

2. 그리스도의 죽음에서 그분의 사랑을 보다.

그것이 우리를 두 번째 요점으로 데려다줍니다. 그리스도께서 자기 목숨을 버리신 일에서, 그분의 사랑이 나타났습니다.

내가 이미 말했듯이, 하나님의 많은 행동들에서 우리가 그분의 사랑을 볼 수 있어야 합니다. 하지만 본문에 따르면 "그가 우리를 위하여 목숨을 버리셨으니", "이로써" 우리가 하나님의 사랑을 압니다. 사람이 사랑의 대상을 위하여 자기 목숨을 버리면 그것보다 더 큰 사랑의 증거가 있을 수 없다는 것이 널리 인정되고 있습니다. 모든 종류의 희생이 애정의 증거들로 간주될 수 있습니다. 하지만 생명의 포기는 사랑의 최고의 증거이며, 누구도 그것을 의심하지 않습니다. 한 사람이 자기 조국을 사랑한다고 말합니다. 그런데 그 사람이 고대의 로마 우화에서처럼 쿠르티우스(Curtius)의 처지에 놓였다고 가정해 봅시다. 로마 광장에 거대한 틈이 갈라져 있고, 로마에서 가장 귀중한 것을 그 속에 던져 넣어야만 그 갈라진 틈이 닫힐 수 있다고 선언되었습니다. 그 이야기는 계속해서 들려주기를, 완전무장을 한 쿠르티우스가 말을 타고서 그 구덩이 아래로 뛰어내렸고, 그러자 즉시 그 구덩이가 닫혔다고 하였습니다. 어느 누구도 그가 자기 조국을 향해 가진 사랑을 의심할 수 없었습니다.

만약 인간애에 대해 의문이 생길 때, 우리는 마르세유(Marseilles)의 한 의사와 관련된 실화를 생각할 수 있습니다. 만일 우리가 그가 했던 것처럼 행동한다면, 아무도 우리가 동료 인간들을 향해 가진 사랑을 의심하지 못할 것입니다. 전염병이 그 도시를 휩쓸고 있었고, 사람들은 수천 명씩 죽어가고 있었습니다. 그곳의 선한 감독은 그들 중에 남아서 죽어가는 자들에게는 최후의 예배 의식들을 수행하고, 산 자들을 격려하였습니다. 그 도시의 많은 의사들은 떠날 수도 있었지만, 계속 체류하면서 환자들을 돌보았습니다. 그들이 모여 논의한 자리에서, 역병이 가장 심해서 죽은 환자의 해부와 검시(檢屍)가 결정되었습니다. 문제는 ‘누가 그 일을 할 것인가’였습니다. 누가 그 일을 하든 그는 몇 시간 내로 그 병으로 죽을 것이 분명했습니다. 영예롭게도, 그들 중의 한 사람이 말했습니다. “내 생명은 다른 어느 누구의 생명보다 더 귀하지 않습니다. 내가 그 일을 함으로써, 이 끔찍한 질병의 원인을 발견할 수 있고, 그래서 이 도시를 구할 수 있다면, 내 목숨을 희생하지 못할 이유가 무엇입니까?” 그는 그 무서운 일을 완수했고, 그 환자의 사례에 대해서 메모를 남겼고, 그리고 집으로 돌아가서는 죽었습니다. 어느 누구도 그가 마르세유를 사랑했던 것을 의심하지 않았습니다. 그가 그 도시를 위해 자기 목숨을 버렸기 때문입니다.

아마도 여러분은 일전에 한 어머니의 사랑에 대한 이야기를 읽었을 것입니다. 그 사랑 역시 누구도 의심할 수 없습니다. 최근의 홍수 재해에서, 요람에 누운 두 어린 자녀를 가진 한 어머니가, 그들을 안고서 언덕에 올랐습니다. 그녀는 한 나무에 도달했는데, 이 사랑스러운 아이 둘과 함께 대피하기에는 다소 약한 곳이었습니다. 아이들을 붙잡고 있다가, 그녀는 그들이 기대고 있는 나무가 그녀와 두 아기들을 지탱할 만큼 튼튼하지 못한 것을 발견했습니다. 그래서 가능한 그들을 최대한 해를 입지 않을 곳에 올려두고서, 그녀는 물 속으로 뛰어들었고, 곧 익사하고 말았습니다. 그녀가 자녀들을 위해 목숨을 버렸을 때 누구도 그 어머니의 사랑을 의심할 수 없습니다. 이것이 사랑의 최고의 증거입니다. 심지어 “마귀의 대변자”라도 이 진실을 논박하지는 못할 것입니다. 다른 사람들을 위해 죽을 수 있는 이들은, 그들이 목숨을 버린 대상들을 진정으로 사랑하는 것이 틀림없습니다.

자, 우리 주 예수 그리스도께서 죄인들을 위하여 죽으심으로써 그들을 향한 자기 사랑을 입증하셨습니다. 여러분에게 그 이야기를 다시 들려주는 것이 필요한가요? 오 내 형제들과 자매들이여, 여러분이 스스로 읽어 보고, 또 자주 읽어 보십시오! 그 이야기는 네 번 기록되었지만, 결코 많은 것이 아닙니다. 하나님의 아들이, 우리를 위하여 범죄자의 죽음을 죽으셨고, 야만스럽게 십자가에 달리어 피를 흘리고 목숨을 잃으셨다는 이야기입니다! 그 이야기를 읽으십시오, 그러면 그분이 우리에게 대한 자기 사랑을 어떻게 증명하셨는지를 볼 수 있을 것입니다.

하지만 그리스도의 죽음에는 아주 특별한 점이 몇 가지 있으며, 그것은 방금 내가 언급한 사람들의 사랑보다도 더 나은 사랑의 증거들입니다. 첫 번째는 이것입니다. 예수님은 전혀 죽으실 필요가 없었습니다. 마르세유의 의사가 죽었을 때, 그는 수년 후에는 결국 겪게 될 일을 겪은 것입니다. 그 어머니가 자녀들을 구하기 위해 죽었을 때, 그녀는 단지 자기에게 정해진 때에서 몇 주, 혹은 몇 달, 혹은 몇 년을 앞서 죽은 것입니다. 필멸의 존재로서, 그녀는 죽을 수밖에 없습니다. 설혹 우리가 다른 사람들을 위해 목숨을 준다고 해도, 우리는 진정으로 우리 목숨을 주는 것이 아닙니다. 단지 정해진 때에 조금 앞서 자연의 빚을 갚는 것일 뿐입니다. 하지만 주 예수 그리스도의 경우는 전적으로 다릅니다. 그분에게는 죽음이 지배하지 못합니다. 바울이 "오직 그에게만 죽지 아니함이 있다"(딤전 6:16)고 한 것은 그분에 대해 기록한 것입니다. 누가 감히 그분의 동의 없이, 하나님의 아들이시며 생명의 주이신 그분을 가리켜 "너는 죽어야 하리라"고 말할 수 있겠습니까? 누구도 그럴 수 없었습니다. 그리스도께서 죽으신 것은 전적으로 자발적인 행동이었습니다. 그분이 십자가에 죽으신 것은 순수하게 자발적인 행위였으며, 결과적으로, 우리를 향한 그분의 사랑을 보여주는 매우 분명한 증거입니다.

또한 우리 주님의 경우에는, 그분이 위하여 죽으신 자들 편에서 어떤 요구(claims)도 없었음을 기억하십시오. 나는 자녀를 위해 죽는 어머니를 이해합니다. "여인이 어찌 그 젖 먹는 자식을 잊겠으며 자기 태에서 난 아들을 긍휼히 여기지 않겠느냐"(사 49:15). 나는 한 시민이 그 도시를 위해서 기꺼이 죽고자 한 이유를 어느 정도 이해할 수 있습니다. 칼레(Calais)의 저명한 시민들이 자신들의 목에 밧줄을 걸고서 에드워드 3세(Edward III)에게로 나아가서는, 그들의 동료 시민들 대신 죽겠다고 제안했을 때, 나는 그들의 행동을 이해할 수 있습니다. 그들은 그 공동체의 지도자들이 아니었습니까? 그들은 책임과 명예를 가진 지위에 있었으며, 물론 그것이 정확하게 희생을 요구하는 것은 아니지만, 적어도 그렇게 하는 것이 자연스럽고, 그들이 정녕 고귀한 정신을 가진 사람들이었다면 그렇게 하는 것이 당연하지 않았을까요? 하지만 우리 주 예수 그리스도에게는 그런 요구가 없었습니다. 여왕 엘리너(Eleanor)가 자기 목숨의 위험을 무릅쓰고 남편의 상처에서 독을 빨아냈을 때, 나는 왜 그녀가 그렇게 해야 했는지 이유를 알 수 있습니다. 나는 그녀가 그렇게 해야 할 의무가 있었다고 말하는 것이 아니라, 아내로서의 관계가 그녀가 한 일에 대해 이유가 된다고 말하는 것입니다. 하지만 하나님의 아들이신 예수 그리스도는, 그분 자신이 무한한 긍휼로써 우리와 관계를 맺기로 결정하시기까지는 우리와 아무런 상관이 없었습니다. 그분과 우리 사이의 관계는 토기장이와 진흙 사이의 관계에 지나지 않는 것이었습니다. 회전 기구 위에 있는 진흙이 토기장이의 뜻과는 어긋나게 되면, 그 토기장이는 그것을 집어서 한쪽 구석으로 던져 버리지 않습니까? 저 위대하신 조물주께서도 우리에게 그렇게 하실 수 있었습니다. 하지만 그렇게 하는 대신, 그분은 우리를 그분의 뜻에 합당한 은혜의 그릇이 되도록 하기 위해 자기 피를 흘리셨습니다. 오 하나님의 아들이시여, 어떻게 당신은 우리의 본성을 취하실 정도로 자기를 낮추실 수 있었는지요? 그리고 우리와 당신 사이의 거리가 개미와 그룹 천사, 혹은 나방과 천사장 사이의 거리보다 훨씬 더 멀 때에도, 어찌 우리를 위해 피 흘리고 죽으실 수 있었는지요? 하지만 당신에게 어떤 요구도 없었지만, 당신은 스스로의 자유 의지로써, 우리를 향한 놀라운 사랑으로 인해 자기를 낮추어 죽기까지 하셨습니다.

　그리스도의 사랑에 있어서 또 하나 특별한 것은 그분을 죽으시게 만든 어떠한 간청(appeals)도 없었다는 것입니다. 내가 인용했던 다른 경우들에서도, 어떤 음성적인 호소는 없었다는 것을 여러분은 상기할 것입니다. 요람에 있는 어린 아이들은 그들의 어머니에게 그들을 위해 죽으실 것을 요청하지 않았습니다. 그렇지 않았지요. 하지만 그들의 어머니로서는 그들을 바라보는 것 자체가 충분한 호소였지요. 전염병으로 죽어가는 그 도시의 경우에, 시신 해부를 통해서 그 역병의 비밀을 발견할 수 있다고 믿었던 그 의사는, 거리를 다니며, 죽음의 표시를 해 둔

문들을 보고, 창문들에서 어린이들의 우는 소리를 들으면서, 그들이 그의 마음에 크게 연민을 자아내는 호소를 한다고 느끼지 않았을까요? 하지만 인간은 자기를 위해 죽으시도록 하나님께 어떤 호소도 하지 않았습니다. 우리의 조상이자 우리 모두의 대표자였던 아담은 하나님 앞에서 무릎을 꿇고 이렇게 말하지 않았습니다. "하나님이여, 죄인을 불쌍히 여기소서. 오 하나님, 제가 주께 죄를 범하였으니, 저를 위해 구주를 보내시어 당신의 진노에서 저를 구원하게 하소서!" 아담의 입술에서는 어떤 기도도, 어떤 죄의 자백도 나오지 않았습니다. 그저 악하고 천박한 시도로써 자기 불순종의 탓을 하나님께 돌리려 할 뿐이었습니다. "하나님이 주셔서 나와 함께 있게 하신 여자 그가 그 나무 열매를 내게 주므로 내가 먹었나이다"(창 3:12). 일반적으로 인간의 본성이 하는 것이란 그것이 전부입니다. 인간의 본성은 구주가 필요하다는 것을 시인하지 않으려 하고, 속죄의 희생이 필요할 정도로 충분히 죄를 범했다는 것을 시인하려 하지 않습니다. 만일 그런 일이 가능하다면, 인간의 무관심하고 부루퉁한 태도는 그리스도의 사랑조차도 무력화시켰을 것입니다. 여러분은 간청하지 않았습니다. 속죄를 간청하지 않았고, 여러분의 죄의 사면을 바라지도 않았습니다. 그럼에도 예수님은 오셨습니다. 사람들이 요청하지도 않고, 바라지도 않고, 찾지도 않았지만, 그분은 죄인들을 위해 자기 목숨을 버리셨습니다.

또 주목해야 할 것은, 예수 그리스도께서는 자신이 목숨을 버리신다 해도, 자신이 목숨을 버리신 그들 속에서 친히 사랑을 창조해 내시지 않는 한, 그들로부터 그 보답으로 사랑을 얻지 못할 것임을 잘 아셨습니다. 바로 이런 일을 그분은 자기 백성의 마음에서 행하셨습니다. 하지만 그냥 내버려 둔 다른 사람들의 마음에는 예수 그리스도에 대한 사랑이 없습니다. 여기서, 매 안식일마다, 죄인들을 위해 죽으신 그리스도를 전하는 것이 우리의 큰 특권입니다. 하지만 우리의 회중 가운데 어떤 이들에게는, 그 주제가 세상의 모든 주제들 중에서도 가장 감명을 주지 못하는 주제입니다. 만약 이곳에서, 감옥에 있는 죄수들의 고통을 덜어주기 위해 살다가 죽은 하워드(Howard) 씨의 헌신에 대해 이야기한다면, 많은 사람들이 감명을 받아 그 박애주의자를 예찬할 것입니다. 하지만 대부분의 사람들이 우리 주님에 대해서는 얼마나 보잘것없는 찬미를 드리는지요! 그것은 아주 오랜 이야기이고, 너무 자주 들어서 관심을 적게 기울인다고 여러분은 말하지요. 자, 자녀들을 위해 죽었던 그 어머니는 그 자녀들이 그녀를 사랑한다고 느꼈습니다.

그 아기들이 그녀의 품에 있을 때, 귀여운 웃음소리와 미소로 그녀를 얼마나 자주 기쁘게 했던지, 그녀는 그들을 위해서라면 기꺼이 목숨을 포기할 수 있다고 느꼈습니다. 하지만 우리 주 예수 그리스도께서는, 자신이 돌처럼 마음이 완악한 극악무도한 자들을 위해 죽으신다는 것을 아셨습니다. 만일 그들을 내버려 둔다면, 그분의 사랑에 대해서 그들이 보이는 반응이란 전적으로 그분을 거부하는 것임을 그분은 잘 아셨습니다. 그들은 그분을 믿으려 하지 않을 것이고, 그분의 의보다는 자기 자신의 의를 신뢰하려 할 것이고, 죄인들을 위해 목숨을 버리신 그분의 희생의 공로를 믿기보다는 성례식이나 기타 의식들에 의해서 천국에 가는 길을 찾으려 할 것임을 아셨습니다.

또한, 우리 주님은 사람들을 위해서 뿐 아니라, 사람들의 손에(by the hands of men) 죽으셨음을 기억하십시오. 마르세유의 그 의사는 자기 동료 시민들의 행동에 의해 죽지 않았습니다. 그 어머니는 자기 자녀들의 손에 죽지 않았습니다. 갈라진 구덩이 속으로 뛰어들어간 쿠르티우스는 동료 시민들의 분노에 의해 강요받지 않았습니다. 정반대로, 그들이 계속 살아 있다면 모두가 기뻐했을 것입니다. 하지만 그리스도를 죽음에 이르게 한 것은 너무나 특이하여서, 그분은 그분이 죽기를 바라는 자들을 위해 죽으셨습니다. 그들은 격렬하게 분노했고, 입에 거품을 물고서 "그를 십자가에 못 박게 하소서, 그를 십자가에 못 박게 하소서"라고 소리쳤습니다. 여러분 중에 어떤 이들이 말합니다. "오! 하지만 우리는 결코 그렇게 말하지 않았습니다." 아니지요, 그 때는 아닙니다. 하지만 아마도 여러분은 지금 그렇게 말하고 있습니다. 여전히 그리스도의 복음을 미워하는 자들이 많기 때문입니다. 그리스도의 복음을 미워하는 것은 그리스도 자신을 미워하는 것입니다. 그것이 본질이고 핵심입니다. 또한 그리스도를 거부하는 것, 여러분 자신의 쾌락을 선택하는 것, 여러분 중에서 일부가 그러하듯이 계속해서 회개하기를 미루는 것, 그리스도에 대해 적대심을 품고 살아가는 것, 이 모든 것이 결국은 "그를 십자가에 못 박게 하소서"라고 외쳐대는 것이나 같습니다. 여러분 중 어떤 이들은, 만약 그리스도도 없고, 하나님도 없고, 천국도 없고 지옥도 없다면, 완벽하게 즐거워할 것임을 스스로 알고 있습니다. 말하자면, 여러분은 가능하다면 그리스도를 십자가에 못 박으려 하고, 그분의 존재와, 그분과 관계된 모든 것을 없애고 싶어하는 것입니다. 그것이 바로 오래 전에 유대인들로 하여금 "그를 십자가에 못 박게 하소서"라고 외치게 했던 그런 정신입니다.

그뿐 아니라, 그리스도의 죽음에는 이러한 두드러진 점이 있습니다. 즉 우리를 위해 죽으시면서, 그분은 엄청난 수치와 모욕을 당하시고, 또한 죄와 밀접하게 관련되셨다는 것입니다. 쿠르티우스가 구덩이에 뛰어들었을 때 그는 어떤 수치스러운 일도 겪지 않았습니다. 내가 만일 그 자리에서 그를 보았더라면 손뼉을 치면서 외쳤을 것입니다. "잘했습니다, 쿠르티우스여!" 이렇게 하지 않을 사람이 누구이겠습니까? 하지만 우리 주님이 죽으셨을 때, 사람들은 그분을 향해 험담을 쏟아내고, 그분을 조롱했습니다. 그분의 죽음은 정녕 수치스러운 죽음이었습니다. 내 생각으로는, 그 어머니가 그녀의 아기들을 안전한 위치에 두고서 자기 자신은 맹렬한 물결 속으로 빠졌을 때, 천사들이 그러한 영웅적 행위를 보고서 슬퍼하면서도 미소를 지었을 것입니다. 우리 구주께서 숨을 거두실 무렵에 외치신 말씀 중에는 이러한 고통의 외침이 있습니다. "나의 하나님, 나의 하나님, 어찌하여 나를 버리셨나이까?" 이는 그분이 우리의 대표자로서, 수치뿐 아니라 인간의 죄를 짊어지셨기 때문입니다. 의롭고 거룩하신 하나님의 아들이 우리를 위해 저주의 대상이 되신 것입니다. 또는 바울이 우리에게 말해 주듯이, "하나님이 죄를 알지도 못하신 이를 우리를 대신하여 죄로 삼으신 것은 우리로 하여금 그 안에서 하나님의 의가 되게 하려 하셨기"(고후 5:21) 때문입니다.

이 모든 것이 우리로 그리스도의 놀라운 사랑을 보게 하도록 도움을 줍니다. 그러므로 나는 "그가 우리를 위하여 목숨을 버리셨으니 우리가 이로써 사랑을 알고"라는 본문 말씀에 따라서 다음의 질문으로써 설교를 마치려 합니다. 여러분과 나는 그 사랑을 알고 있습니까? 우리는 그 사랑을 인식하고 있습니까? 이는 아주 단순한 질문이지만, 여러분에게 강조하고 싶은 질문입니다. 위대한 사상가였던 아리스토텔레스가 한 말이라고 생각합니다만, 사람은 사랑을 받은 것을 알면 반드시 그에 보답하는 사랑을 어느 정도 느낀다고 했습니다. 나는 그것이 하나의 규칙으로서 진실이라고 생각합니다. 만일 여러분이 진정으로 그리스도께서 여러분을 사랑하시어 여러분을 위해 죽으신 것을 안다면, 어느 정도는 여러분의 마음에서 그분을 향한 사랑이 솟아날 것입니다. 어느 주일 밤에 나는 엑서터 홀(Exeter Hall)에서 이렇게 시작되는 찬송 가사를 읽고 있었습니다.

"예수, 내 영혼이 연모하는 분(Lover)"

그리고 바로 그 때, 어떤 사교계의 사람, 세상에 속한 사람, 모든 영적인 일들에 무관심한 사람이 그 예배당에 들어섰습니다. 그리고 그 찬송 구절을 읽는 소리가 그의 귀에 들어왔습니다.

"예수, 내 영혼이 연모하는 분."

그는 스스로에게 물었습니다. "예수님은 진정으로 **나를 사랑하실까?** 그분은 내 영혼의 연인이신가?' 그 구절은 그의 무관심했던 마음에서 사랑을 불러일으키는 수단이었고, 그 때 그 자리에서 그는 그리스도의 사랑에 항복하였습니다. 오, 그와 같은 결과가 내가 그 이야기를 들려주는 이곳에서도 일어날 수 있습니다. 지금까지 주 예수 그리스도를 사랑하지 않았던 어떤 이들이 스스로에게 이렇게 물을 것입니다. "그분이 그의 원수들을 사랑하셨고, 기이하게도 그들을 사랑하여 죽기까지 하셨단 말인가? 그렇다면 우리는, 비록 지금까지는 그분의 원수였지만 그 이상 그분의 원수가 될 수 없다. 우리를 향한 그분의 위대한 사랑의 보답으로 우리는 그분을 사랑할 것이다."

그리고 그분을 사랑하는 그리스도인들이여, 여러분이 그분의 사랑을 어느 정도 알게 되었다면 그 사랑을 더 많이 알도록 힘쓰고, 그래서 그분을 더 많이 사랑하도록 힘쓰십시오. 그리고 여러분이 진정 그분을 더 많이 사랑할수록, 그 사랑을 나타내도록 힘쓰십시오. 이 본문의 후반부 구절을 주목해서 보십시오. 내가 그 뒷부분을 남겨두는 것은, 그것을 부담스러워 해서가 아니라, 그것을 충분히 다룰 시간이 없기 때문입니다. "그가 우리를 위하여 목숨을 버리셨으니 우리가 이로써 사랑을 알고, 우리도 형제들을 위하여 목숨을 버리는 것이 마땅하니라." 우리는 우리 하나님께 대한 우리의 사랑을 동료 인간들을 향한 우리의 사랑으로써, 특히 동료 그리스도인들을 향한 사랑으로써 증명해야 합니다. 또한 우리의 행위로써 사랑을 입증해야 합니다. 나는 일부 신앙고백자들의 사랑에 어떤 가치가 있는지 알지 못합니다. 그들이 그 사랑을 위해 일년에 얼마간의 대가를 치른다면, 그들이 고백하는 사랑에도 가치가 있겠지요. 하지만 내가 우려하는 것은, 어떤 신앙고백자들은 자기들의 신앙을 위해 리본 장식 값만큼도, 혹은 어떤 어리석은 오락을 위해 치르는 값만큼도 대가를 치르지 않는다는 것입니다. 그들은 그들의 목회자들에게 거리의 구두닦이에게 지불하는 것보다 못한 액수를 지불합니다. 그들은 자기 자신들을 위해서는, 복음을 전파하고, 이방인들을 구원하고, 가난한 자들을 돕고, 잃은 자들을 건져내는 일에 소비되는 액수의 백 배나 되는 금액을 순전히 낭비의 용도로 소비합니다. 우리의 기독교 신앙은 그 정도에 미치지 못하고, 정녕 그렇게 실천하기를 원하지 않는 것입니다. 만약 우리가 그리스도인이라고 고백한다면, 진정으로 그리스도인이 되도록 합시다. 특히 그리스도를 향한 우리의 사랑을 우리의 동료 그리스도인들을 향한 사랑으로써 나타내도록 합시다. 여러분이 그들 중에서 곤경에 처한 누군가를 발견한다면, 힘닿는 대로 최대한 도우십시오. 그들에게 위로와 격려가 필요하면 그들에게 위로와 격려를 주고, 만약 그들에게 물질적인 도움이 필요하다면 역시 필요한 도움을 주도록 하십시오.

오래 전 박해의 시절에, 목숨 피할 곳을 찾는 그리스도인들을 숨겨 주려고 애쓴 고귀한 성도들이 항상 있었습니다. 그들 자신이 목숨을 잃을 위험을 무릅쓰고도 그렇게 했습니다. 또한 많은 그리스도인들이 동료 그리스도인들의 목숨을 구하기 위해 스스로의 목숨을 내놓았습니다. 일부 고령의 사람들이 비틀거리며 재판관 앞으로 나아왔습니다. 그들이 스스로를 희생하는 것이 젊은이들을 잃는 것보다는 교회에 손실이 적을 것이라고 여겼기 때문입니다. 또한, 아마도, 그들 중에 더러는 젊은이들보다 견뎌낼 믿음이 더 크다고 생각했기 때문입니다. 더 큰 믿음을 가지고 있다면 자신들은 더욱 죽을 준비가 되어있다고 여겼고, 그럼으로써 젊은이들은 믿음과 소망과 사랑에서 더 강해질 때까지 살기를 바랐기 때문입니다. 하지만, 다른 한편으로, 때때로 젊은이들이 부드럽게 그 '아비들'을 뒤로 당기면서 이렇게 말했습니다. "안 됩니다. 당신은 늙으셨습니다. 당신이 여기에 좀 더 머무시면서 젊은이들을 가르치시는 편이 더 좋습니다. 하지만 젊은 사람들은 튼튼하니까, 우리가 가서 그리스도를 위해 죽겠습니다." 그와 같이 박해의 시절에는 하나님의 교회에서 '그리스도를 위해 누가 먼저 죽을 것인가?'를 두고서 많은 논쟁이 있었습니다. 그들은 모두 자기 형제들을 위하여 기꺼이 목숨을 버리고자 했던 것입니다.

이러한 자기희생의 사랑이 지금은 어디로 가 버렸습니까? 나는 그런 것을 좀 보고 싶습니다. 그런 것을 찾을 수만 있다면 눈에 현미경이라도 쓰고 싶습니다. 하지만 그렇게 해도 찾지 못할 것이 두렵습니다. 만약 지금 우리가 그리스도인들로서 서로를 사랑한다면, 우리는 마을의 화젯거리가 될 것이며, 세상 사람들조차 이렇게 말할 것입니다. "이 그리스도인들이 서로를 어떻게 사랑하는지를 보라!" 바로 이것이 우리가 행해야 할 일입니다. 그리스도 안에서 형제들과 자매들이여, 이 사랑을 실천하도록 합시다. 그렇게 할 수 있도록 하나님이 그리스도를 위하여 여러분을 도우시길 빕니다. 아멘.

제
14
장

—

마음의 판결이 무엇인가?

—

**"사랑하는 자들아 만일 우리 마음이 우리를 책망할 것이
없으면 하나님 앞에서 담대함을 얻고" — 요일 3:21**

이 본문이 하나님의 백성들에게 말하고 있음을 신중하게 살피시기 바랍니다. 본문은 "사랑하는 자들(beloved)"이라고 불리는 자들에게 말하고 있습니다. 이들은 하나님과 그분의 백성으로부터 특별한 사랑을 받는 자들입니다. 이는 아주 다정하고 사랑스러운 호칭이며, 그러면서도 이 경우에는 명백히 은혜의 가족들에게만 해당되는 호칭입니다. 오직 이들만이 마음의 책망을 받지 않고 하나님을 향해 담대함을 가지고 살 수 있습니다. 나는 여러분이 이 점을 주목하기를 바랍니다. 왜냐하면 다양한 사람들을 호칭하는 다양한 방식들이 있고, 이런 방식들에는 교훈의 내용이 담겨 있기 때문입니다. "사랑하는 자들" 중에 속하지 않는 것으로 간주되는 자들에게, 우리는 주 예수 그리스도의 복음을 전합니다. 복음은 죄인들을 위한 것이고, 그들에게 피로 말미암는 용서에 대해 말해 줍니다. 복음은 경건하지 않은 자들을 위한 것이며, 그들에게 성령의 역사에 대해 말해 줍니다. 그 성령의 역사에 의해 그들의 마음이 새로워질 수 있는 것이지요. 복음의 이야기는 전적으로 은혜와 값없이 베푸시는 호의에 대한 것이며, 믿음으로 예수의 발치에 엎드리는 모든 자들에게 악과 과실과 죄의 용서를 전하는 것입니다. 그것이 아직 사랑을 입지 못한 자들에게 들려주는 성경의 목소리입니다. 주께서 사랑받지 못한 자들을 사랑받는 자들로 부르시고, "너희는 내 백성이 아니라" 한

그곳에서 그들이 살아 계신 하나님의 백성이라고 일컬음 받기를 우리는 소망합니다. 하지만 우리가 구원받은 자들 곧 하나님의 사랑을 입은 자들에 대해서 말할 때, 우리는 범죄자들의 용서를 다루기보다는 자녀들의 행위를 주로 다룹니다. 그들은 주 안에서 영원한 구원을 얻었습니다. 그러므로 우리는 그들에게 구원의 믿음에 대해서 강조하기보다는, 믿음에서 솟아나는 좀 더 높은 차원의 담대함에 대해서, 구원의 상속자로서의 권리이자 특권인 하나님을 향한 확신을 강조하는 것입니다. 우리는 그들이 믿는 바를 알기를 바랄 뿐 아니라, 그것을 확신하기를 바랍니다. 그리고 하나님과의 거룩한 친교를 누리기를 바라고, 하나님을 향한 복된 담대함을 갖기 바라고, 주의 사랑을 입은 자들로서 그들의 특권인 영혼의 달콤한 즐거움과 평화를 누리기를 바랍니다. 이 모든 것들은 그들이 하나님의 영의 인도에 순종할 때에 얼마든지 누릴 수가 있으며, 그것이 주의 사랑을 입은 사도가 쓴 이 서신에 잘 진술되어 있습니다.

　우리가 하나님의 자녀들이 되자마자 우리는 율법의 정죄하는 힘에서 해방됩니다. 우리는 행위 율법의 원리와 지배 아래에 있지 않습니다. 하지만 그렇다고 해서 우리가 그리스도를 향하여 법 없는 자들이 아닙니다. 우리는 하나님의 권속들에게 적용되는 거룩한 규칙들 아래에 있습니다. 우리는 단순히 왕에 의해 통치를 받는 백성들로 취급되는 것이 아니라, 자녀들로서 아버지에 의해 다스림을 받는 것입니다. 우리는 천둥과 번개 및 심히 크고 오래 울려 퍼지는 나팔 소리와 더불어 반포되었던 그 율법 아래에서 나와, 인자이신 그리스도 예수의 부드러운 음성에 귀를 기울입니다. 우리는 짐승조차도 가까이 접근하는 것이 금지되고, 모든 백성들도 산 주위에 경계를 정하고 거리를 유지하도록 했던 그 율법 아래에 있던 데서 나왔습니다. 이제 우리는 즐거운 마음으로 주님 가까이에 나아갑니다. 우리는 율법 아래에서 나왔고, 사랑의 통치 아래 있는 것을 느낍니다. "여러분이 법 아래에 있지 아니하고 은혜 아래에 있으니", 그러므로 죄가 여러분을 지배하지 못하는 것입니다(롬 6:14). 우리는 하나님의 가족 안으로 들어왔으며, 그 가족 안에는 사랑의 목적으로 고안되었으며 무한한 긍휼로 시행되는 규정과 훈련이 있습니다. 그 규율에 대한 순종에 우리의 평화와 번영이 달려 있습니다. 만약 우리가 우리 마음이 우리를 책망할 것이 없이 살아간다면, 그 때 우리는 하나님 앞에서 담대함을 얻습니다.

　본문에서 볼 때, 하나님을 향해 가지는 이러한 어린아이와 같은 담대함은,

우리 입장에서는 어떤 엄숙한 '재판(trial)'에서 생겨나는 것입니다. 마음에서, 혹은 양심에서, 하나의 재판이 있습니다. 그 재판에서 내적 본성의 모든 세력이 각각 기소인, 증인, 배심원, 재판장의 역할을 맡습니다. 이 재판에서 "책망할 것 없음(non-condemnation)"이라는 판결이 나오면, 거기에서 "하나님을 향한 담대함"이 생겨나는 것입니다. 오늘 설교에서 여러분에게 제시하고자 하는 것은 다음에 대한 것입니다. 첫째, 마음이라고 하는 내적 법정에서의 재판(the trial in the inward court of the heart)입니다. 둘째, 이 법정에서 선고되는 무죄방면(the acquittal pronounced by this court)입니다. "만일 우리 마음이 우리를 책망할 것이 없으면." 셋째, 그 결과로서 이 무죄방면에서 나오는 확신(the confidence which comes of this acquittal)입니다. "만일 우리 마음이 우리를 책망할 것이 없으면 하나님 앞에서 담대함을 얻고." 이 주제들을 생각하는 동안 성령께서 우리를 가르쳐 주시길 빕니다!

1. 마음의 법정에서 열리는 재판

여러분이 인간의 마음에서 곧 인간 본성의 내적 법정에서 열리는 재판(trial held in the inner court of man's nature)에 대해 생각해 보기를 바랍니다. 그것은 일종의 약식 재판이며, 최후의 심판이 아닙니다. 때때로 판사가 판사실에 앉듯이, 양심이 우리 안에 앉아서, '사실(私室)에서' 각 사건들의 내용을 청취합니다. 만일 우리가 이 최초의 법정에서 정당하다고 인정되어 무죄 방면되면, 그 때 그 문제는 종결되는 것이며, 우리는 하나님을 향해 담대함을 얻습니다. 하지만 만약 우리의 마음이 우리를 정죄하면, 그것은 나쁜 징조입니다. 위대하시고 모든 것을 아시는 재판장께서 그 정죄를 확정하실 가능성이 크기 때문입니다. 비록 항소심이 있다고 해도, 우리 양심의 비난은 나쁜 조짐입니다. "만일 우리 마음이 우리를 정죄한다면, 하나님은 우리 마음보다 더 크시고 모든 것을 아시기 때문입니다"(20절, KJV).

이제 나는 몇 가지 관점을 소제목으로 나누어서 이 재판에 대해 말하고자 합니다.

첫째로, 이 재판은 많은 사람들이 피하려고 애를 쓰는 것입니다. 많은 신앙고백자들이 그들의 신앙고백을 심사하는 것을 피하고, 심사에 의해 그들의 신앙을 검증하는 것을 회피합니다. 허다한 사람들이 생각을 좀처럼 하지 않습니다. 그들은 나비 같은 삶을 살며, '팔랑팔랑' 경솔하게 날갯짓을 하며 이 꽃에서 저 꽃으로 옮겨 다닙니다. 그들의 삶에는 진정한 목적이 없습니다. 다른 많은 사람들은 생각을 하고, 또 깊이 생각하지만, 그들의 영혼이나 하나님에 대해서는 생각하지 않습니다. 그들은 창조주와의 관계의 문제를 아주 부차적인 문제로 간주합니다. 생의 마지막 몇 분간을 남겨두었을 때에, 죽음의 땀방울이 이마에 맺힐 때에, 적절한 판단이 거의 불가능할 때에 생각해도 되는 문제로 취급합니다. 이런, 그들은 최상의 일들을 최악의 순간에 미루어 두고, 그렇게 하고서도 스스로 지혜롭다고 여깁니다! 이는 심각한 어리석음이며, 제정신을 가진 사람이라면 그런 어리석음에 빠져서는 안 됩니다. 어떤 기독교 신앙고백자들은, 그보다는 좀 더 잘 알아야겠지만, 그들 자신이 믿음에 서 있는지에 대해 좀처럼 자기를 점검해 보려고 하지 않습니다. 당연히 그들의 모든 것이 좋을 것이라고 여깁니다. 그들은 아주 오래 전에 신앙을 고백했습니다. 그 때 이후로 그들은 점잖은 사람들로 지내왔습니다. 사실 그들은 그들의 동료 그리스도인들 사이에서 존경을 받아왔으며, 아마도 교회에서 직분도 받았을 것입니다. 그들이 스스로의 기초에 대해 질문할 필요가 있을까요? 그들이 스스로를 저울에 올려놓고 무게를 다시 달아보아야 할 필요가 있을까요? 사람이 자신의 마음의 내실(內室)에서 자신의 영적 상태에 대해 토론하기를 두려워할 때, 그것은 아주 불길한 징조입니다. 나는 많은 그리스도인들이 의심과 두려움에 시달리는 것은, 단지 그들이 그 문제를 한 번도 제대로 다룬 적이 없기 때문이라고 확신합니다. 어떤 문제를 철저하게 조사해 보는 것이, 그 문제에 대한 의심으로 항상 시달리는 편보다 훨씬 낫습니다. 만일 내가 바다로 나가야 하고, 또한 선박이 튼튼한지 의심스럽다면, 나는 그 배를 조사하도록 요구할 것이며, 그래서 그것이 오래되어 낡아빠진 배인지 아니면 튼튼하고 좋은 배인지를 확인할 것입니다. 나는 사람이 언제나 이렇게 노래하고 있는 것은 건강한 상태가 아니라고 생각합니다.

"그것이 내가 알고 싶은 것이라네."

형제여, 당신은 당신이 주님을 사랑하는지 아닌지를 알아야 합니다. 만약 그것이 의심스러운 문제라면, 당신의 사랑은 매우 냉랭하고 미약한 것임에 틀림없습니다. 사랑의 열정은 많은 방식으로 자신의 존재를 입증합니다. 친구여, 당신은 당신의 영적 상태에 대해 최대한 자세히 살펴보기를 원해야 합니다. 당신 문제의 최악의 부분까지도 알기를 원해야 합니다. 만일 당신의 상태가 심각하게 나쁘다고 판명된다 해도, 그것을 아는 편이 더 좋습니다. 만일 당신의 상태가 모두 좋은 것으로 판명되면, 그 때 당신은 이 지식에서 생겨나는 담대함을 얻을 수 있습니다. 이 담대함에 대해서 오늘 본문이 말하고 있습니다. 만일 정당하고 신중하고 공정한 심문이 있은 뒤에, 우리의 마음이 우리를 책망하지 않으면, 그 때 우리는 하나님을 향한 담대함 곧 우리 삶을 유쾌하게 하는 담대함을 얻습니다. 마음을 정직하게 살피는 과정에서 담대함을 얻는 자는 기쁨과 활력으로 가득하게 될 것입니다. 하지만, 슬프게도 내가 반복하는 말은, 많은 사람들이 마음의 내적 재판을 기피한다는 것입니다. 비록 그들의 내적 본성 은밀한 곳에 재판정이 설치되어 있어도, 그들은 자신들의 사건을 영적인 법정 안으로 끌어들이지 않습니다. 그럼으로써 그들은 눈가리개를 한 채 벼랑 끝을 향해 걷고 있는 것입니다. 하나님, 그들이 마지막 죽음의 한 발을 내딛기 전에, 그 안대가 제거될 수 있게 해 주옵소서!

둘째로, 참된 그리스도인들은 이 양심의 법정에 아주 빈번하게 출입한다는 것을 기억하십시오. 그들은 그들의 상태가 철저히 검사되어, 그들이 속지 않기를 간절히 바랍니다. 나는 일부 그리스도인들이 이 재판을 너무 오래 *끄는* 것을 알고 있습니다. 그들은 스스로를 너무 자주 시험하고, 자신의 상태를 조사하는데 인생을 보내는 것처럼 보입니다. 내면을 들여다보는 것이 자칫 지나칠 수도 있습니다. 우리는 계속해서 죽은 행실을 회개하는 기초만 다질 것이 아니라, 더 높은 차원의 일도 수행해야 합니다. 선박이 처음으로 건조되었으면 시범 운항을 하는 것이 좋습니다. 하지만 선박이 항상 시범 운항만 한다는 것은 아주 불합리합니다. 그것은 실제적인 운항을 하고, 상업적인 용도로 등록이 되어야 합니다. 건조된 용도에 맞는 일을 실제로 수행했을 때에야 비로소 충분한 검증이 이루어진 것입니다. 어떤 그리스도인들은, 계속해서 검사만 하면서, 언제나 이런 문제만 제기하고 있습니다. "나는 그리스도인인가?" 형제여, 그리스도인이 되십시오. "나는 하나님의 자녀인가?" 형제여, 하나님의 자녀가 되고, 그것을 누리십시오. 그리고 가족 등기부를 뒤지느라고 일생을 소비하지 마십시오. 하지만, 참된 그리스도인이 자기 점검(self-examination)을 싫어하지 않고, 어떤 형태로 제기되는 검증에도 반대하지 않는 것이 분명합니다. 만일 여러분이 하나님과의 관계가 바르다면 여러분의 기도는 이러할 것입니다. "하나님이여 나를 살피사 내 마음을 아시며 나를 시험하사 내 뜻을 아옵소서. 내게 무슨 악한 행위가 있나 보시고 나를 영원한 길로 인도하소서"(시 139:23-24). "오 나의 하나님, 저는 평강이 없을 때에도 '평강하다, 평강하다'는 말에 속지 않기를 원합니다(렘 6:14). 저는 저 자신을 속이기를 원하지 않으며, 혹은 우아한 상상의 침대에 누워 달콤한 혼수 상태에 빠져들기를 원하지 않습니다. 오 그러기를 원하지 않습니다. 제 속에 찌꺼기들을 가라앉혀 두고 있기보다는 그릇을 깨끗이 비우게 하시고, 제 속에 죄를 숨겨 두기보다는 초를 밝혀 발견되게 하소서. 저로 왕의 위폐(僞幣)인 조잡한 금속으로 남아 있기보다는, 차라리 불 속에 던져지게 하소서." 영원의 문제를 분명하게 확인하십시오. 여러분 안에 계신 성령의 증언으로써, 여러분이 진정 하나님의 자녀들인지를 확인하십시오. 참된 사람의 영은 이 문제에 응답합니다. 그는 언제나 기꺼이 양심의 법정에 앉기를 원하고, 자신의 마음과 삶을 엄숙하게 검증하기를 원합니다.

　사랑하는 친구들이여, 이 법정에서 판단되어야 할 문제는 아주 중대한 것입니다. 여러분은 그 문제가 무엇이라고 생각하십니까? "나는 온전한가?" 하는 문제가 아닙니다. 공식적인 공판을 열지 않아도 그 문제는 해결할 수 있기 때문입니다. "나는 죄에서 완전히 자유로운가?" 하는 문제도 아닙니다. 왜냐하면 "만일 우리가 죄가 없다고 말하면 스스로 속이고 또 진리가 우리 속에 있지 아니할 것이기"(요일 1:8) 때문입니다. 판결되어야 하는 문제는 이것입니다. ─ "나는 진리의 문제에서 거짓이 없는가? 내 신앙은 참되고, 나의 신앙고백은 진실한가?' 또한 "내 본성에서 사랑이 통치하고 있는가?' 이 장 전체가 사랑에 대해 다루고, 사랑이 있는지의 여부가 우리 상태에 대한 최상의 검증이라고 가르치기 때문입니다. 14절을 보십시오. "우리는 형제를 사랑함으로 사망에서 옮겨 생명으로 들어간 줄을 알거니와 사랑하지 아니하는 자는 사망에 머물러 있느니라." 여기서 던지는 질문은 이것입니다. ─ "내가 하나님을 사랑하는가? 나는 내 형제를 또한 사랑하는가? 내 정신은 사랑의 정신인가? 만일 그렇지 않다면 나는 하나님의 자녀가 아니기 때문이다." 다음 질문은 "나는 주 예수 그리스도를 믿는가?" 입니다. 본문 다음에 이어지는 구절에서, 우리가 예수 그리스도를 믿는 이것이 커다란 검증의 대상이라고 제시되어 있습니다(23절). 믿음은 양심이 판단해야 할 중요한 문제입니다. 다음으로 이어지는 질문은 이러합니다. "나는 또한 그분의 계명을 지키는가? 나는 하나님께 순종하는가? 나는 예수님이 거룩하신 것처럼 거룩해지기를 추구하는가? 혹은 나는 내가 알고 있는 죄 속에 여전히 살고 있는가? 내 속에서 하나님을 기쁘시게 하지 못하는 무언가를 용인하지는 않는가?" 본문에 이어지는 구절은 이렇게 말하고 있습니다. "우리가 그의 계명을 지키고 그 앞에서 기뻐하시는 것을 행함이라"(22절). 그리고 여기서 제기되는 질문은 이러합니다. ―"우리가 그분의 계명을 지킬 뿐 아니라, 그렇게 하는 것이 하나님을 기쁘시게 하기 위해서인가? 하나님을 기쁘시게 하는 것이 나의 최상의 동기인가? 나는 '하나님을 기쁘시게 하는 자'라는 증거를 얻었던 에녹처럼 되기를 원하는가? 나는 그분의 계명을 지키고, 또한 그분을 기쁘시게 하려고 애를 쓰는가?" 이러한 것들이 양심의 법정에서 심문되어야 할 문제들이며, 이보다 더 중대한 문제는 없습니다. 우리의 영원한 상태가 여기에 달려 있습니다. 지금 당면한 문제는 당신의 재산이 아니며, 지금 제기되는 질문은 당신의 건강에 대한 것이 아닙니다. 그것은 당신이 하나님을 향해 살고 있는지, 당신이 지금 하나님의 자녀인지, 그래서 저 신비하고 장엄한 영원을 직면할 준비가 되어 있는지에 관한 것입니다. 오 선생들이여, 이 문제들을 양심의 법정으로 가져가기를 주저하지 마십시오. 설혹 당신이 전에는 그 법정을 피하였어도, 지금은 그곳에 출석하여, 엄숙하게 당신의 영혼의 소리를 들으십시오!

그 법정은 많은 증거에 의해 좌우됩니다. 그 증거는 찾아다닐 필요가 없습니다. 이미 거기에 있기 때문입니다. 만일 심리의 내용이 "내 동료들이 나는 하나님의 자녀라고 생각합니까? 그들이 나를 신자로 간주하며, 내 속에 사랑으로 역사하는 믿음이 있다고 봅니까?"에 대한 것이라면, 그것은 어려운 문제일 것입니다. 왜냐하면 우리의 사적, 공적 삶에 대해 의견을 진술할 너무나도 많은 사람들을 소환해야 할 것이기 때문입니다. 하지만 이 경우에 우리는 외부 사람들과 아무런 상관이 없습니다. 양심이 판사이자 배심원일 뿐 아니라 증인이기 때문입니다. 심리 전체가 내면에서 진행됩니다. 우리가 증언에 이의를 제기할 수 없는 것은, 증언자들이 우리 자신의 마음과 양심이기 때문입니다. 우리는 그들이 말하는 것을 믿어야 합니다. 우리는 재판장에게도 항변하지 못합니다. 우리 자신의 양심이 재판장이고, 우리가 우리 자신을 향해서 부당할 수가 없기 때문입니다. 우리는 우리 자신을 위해 아주 편파적이고, 아첨하는 거짓과 자기애(self-love)가 아주 많기 때문에, 우리를 심문하는 재판장으로서 우리 자신의 양심보다 더 호의적인 재판장을 기대할 수는 없습니다. 우리는 우리 자신에게 불리한 주장과 편견에 따라 판결을 그르칠 리가 없습니다. 그리고 오, 우리 마음이 얼마나 많은 증거를 제시할 수 있는지, 그런 증거는 외적 행위들보다 훨씬 더 결정적입니다! 기억(memory)이 일어나서 말합니다. "나는 네가 회심을 고백한 이후로 한 일들을 모두 기억한다. 너의 언약 위반과 결점들을 다 기억한다." 의지(will)가 일어서서 기회가 없어 실제 행동으로 이어지지는 않았던 잘못들을 시인합니다. 혈기(passion)가 사람의 시선에는 감추어진 채 불쑥 솟았던 것을 자백합니다. 상상(imagination)이 증언을 하게 되는데, 그 상상이라는 것이 얼마나 죄의 힘을 가지고 있는지, 그것을 통제하기가 얼마나 어려운지 모릅니다. 우리의 기질(temper)이 성급한 분노를, 우리의 정욕(lust)이 악한 것들을 갈망하였음을, 우리의 마음(heart)은 악한 탐심과 교만과 반역을 자백합니다. 희망적인 것으로는, 죄가 정복되고, 나쁜 습관들이 깨어지고, 욕망들이 억제되었다는 증언이 있습니다. 이 모든 것도 정직한 증언으로 받아들여지고 정당하게 고려됩니다. 우리 안에 있는 모든 것이 새로워졌는지 아닌지의 여부를 말해야 할 것입니다. 어둠에서 빛으로 변화되었는지의 여부와, 죄와 사탄의 권세 아래에서 그리스도의 능력 안으로 옮겨왔는지에 대해서도 말해야 합니다. 각 세력은 은혜의 증거나 반대로 갱신(更新)되지 못한 증거를 제시할 수 있으며, 판결은 그 증거의 무게에 따라 내려질 것입니다. 마음은 다른 어디에서도 전혀 알려지지 않은 것에 대해 많은 증거들을 가지고 있습니다. 마음은 그 자신의 괴로움을 알듯이 자신의 죄악 됨을 알고 있으며, 또한 인간의 마음은 가장 친한 친구의 귀에도 감히 속삭일 수 없는 비밀들을 자기 자신에게는 드러낼 수 있습니다. 이 문제와 관련해서는, 증거가 부족하여 판결이 잘못 내려지는 경우란 없습니다.

　공판이 진행되는 동안, 그 심문은 커다란 긴장감을 조성합니다. 내가 나 자신의 마음을 향해 "마음이여, 너는 나를 정죄하는가 아니면 무죄 방면하는가?"라고 물어야 하는 동안, 나는 떨면서 서 있습니다. 아마 여러분 중에는 "판결을 기다리며(Waiting for the Verdict)"라는 제목의 그림을 보신 분이 있을 것입니다. 그 화가는 판결을 기다리는 사람의 인상을 극도의 긴장감 때문에 매우 불안해하는 모습으로 묘사하였습니다. 하나님께 감사하게도, 우리는 양심의 판결을 오랫동안 기다리도록 부름을 받지 않았습니다. 우리는 그 질문을 미결로 남겨두어 애를 태우게 해서는 안 됩니다. 우리는 그것을 하나님의 빛 안에서 해결해야 하며, 그런 다음에는 하나님이 빛 가운데 계신 것 같이 우리도 빛 가운데 행해야 합니다. 내가 이해하지 못하겠다고 고백하는 것은, 하나님의 백성인지 아닌지를 모르겠다고 시인하는 사람들이 그 얼굴에는 여전히 편안한 기색을 띠고 있다는 것입니다. 만일 당신이 구원받지 못했다면, 혹은 그것을 아직 확신하지 못한다면, 그런 상태에서 어떻게 편안히 지낼 수 있단 말입니까? 당신은 영원한 진노의 위기에 처한 것이 아닌가요? 그렇다면 그처럼 커다란 위험에서 벗어난 것을 알 때까지는 눈을 붙이지 마십시오. 마음속에서 영혼의 큰 슬픔과 고통으로 작용하는 것이 아니라면, 당신이 품고 있는 의문은 진지한 것이라고 보기가 어렵습니다. 자기 구원에 의문을 품고 있는 사람이 편히 쉬지 못한다면, 나는 그것은 완벽하게 이해할 수 있습니다. 하지만 자신과 하나님의 사이가 화목한지 의심스러운 사람이, 그러면서도 행복하다면, 그것은 참으로 이해할 수 없는 일입니다. 마음속에 하나님의 은혜가 있다면, 어찌 용서를 확신하지 못하고서도 만족할 수 있단 말입니까? 영혼 속에서 이 재판이 진행되는 동안 판결을 기다리는 것은 아주 고통스러운 일입니다.

이 문제에 대해서 마지막으로 한 가지 더 언급할 것이 있습니다. 그것이 대법원(supreme court)이 아닙니다. 만일 이 법정에서의 판결이 당신에게 불리하게 내려지고, 당신의 마음이 당신을 책망하여도, 그것이 최종적인 판결은 아님을 기억하십시오. 아직 더 높은 법정이 있습니다. 나는 한때 베드로가 보여주었던 방식을 좋아합니다. 그는 자기 주님을 부인했고, 맹세하면서 반복하여 그분을 부인했었습니다. 하지만 그는 통곡하면서 회개하였습니다. 주님께서 그에게 "요한의 아들 시몬아, 네가 나를 사랑하느냐?"라고 물으셨을 때, 그의 마음은 그가 자기 주님을 사랑하는 질문으로 그를 책망하지 않았습니다. 오히려 그의 마음은 그가 자기 주님을 부인했던 것에 대해 심하게 책망하였고, 그래서 "내가 주를 사랑하나이다"라고 탄원한 후에, 자기 사건을 더 높은 법정으로 가지고 가서 이렇게 말했습니다. "주님 모든 것을 아시오매 내가 주님을 사랑하는 줄을 주님께서 아시나이다"(요 21:17). 영혼에 쟁의가 발생할 때, 여러분이 그 문제를 여러분 자신을 넘어서 '모든 것을 아시는 분(the Omniscient One)'께 가져가는 것이 지혜롭습니다. 흠정역 개역본(Revised Version)은 내가 좋아하는 번역본은 아니지만, 이 대목을 이렇게 표현하고 있습니다. "이로써 우리가 진리에 속한 줄을 알고 또 그분 앞에서 우리의 마음을 안심시키리라. 이는 우리 마음이 혹 우리를 정죄하여도, 하나님은 우리 마음보다 크신 분이며, 모든 것을 아시기 때문이라."

　　여러분 모두가 이 점을 기억하시길 바랍니다. 여러분의 양심에 의한 재판은 최종적이고 결정적인 것이 아닙니다. 왜냐하면 여러분의 양심은 잠들거나, 혹은 여러분에게 유리하도록 치우쳐 판결할 수도 있으며, 혹은 여러분의 양심이 병적으로 우울한 상태가 되어 사건의 모든 사실들을 제대로 고려하지도 않고 여러분에게 불리한 판결을 내릴 수도 있기 때문입니다. 판결의 오류가 있을 수 있기 때문에, 여러분은 "하나님이여, 나를 살피소서"(시 139:23)라고 말하면서 지존자에게 호소해야 합니다. 무엇보다도, 혹 여러분의 양심이 지금 여러분을 정죄한다 해도, 죄인들 중의 괴수에게도 거저 주시는 온전한 복음이 아직 남아 있음을 기억하십시오. 만일 여러분이 오늘 아침에 마음의 책망을 받으며 하나님 앞에 서 있다면, 그 정죄의 느낌 그대로 얼굴을 땅에 대고 엎드려 이렇게 부르짖으십시오. "하나님이여 불쌍히 여기소서 나는 죄인이로소이다"(눅 18:13). 양심의 빛에 비추어 어떤 판결이 내려지더라도, 여러분이 그 판결을 존중한다면, 그것이 여러분에게 크게 유익할 것입니다. 만약 양심의 판결이 여러분을 책망하지 않는다면 그 때 여러분은 하나님을 향해 담대함을 얻으며, 만약 그 판결이 여러분을 책망한다면, 그 책망이 여러분으로 하여금 즉시 피난처로 달려가게 할 것이며, 우리 주 예수 그리스도의 복음 안에서 그 죄책을 내려놓기를 소망하게 만들 것입니다. 이렇게 되도록, 거룩하신 성령께서 여러분에게 은혜 주시길 빕니다!

2. 마음의 법정에서 선고되는 무죄방면

　　이제 두 번째로, 여러분에게 유쾌한 주제에 대해 말하고자 합니다. 즉 이 법정에서 선고되는 무죄방면(the acquittal pronounced by this court)에 대한 것입니다. "만일 우리 마음이 우리를 책망할 것이 없으면."

　　사람이 양심의 법정에서 무죄 판결을 받을 수도 있다는 것을 주목하십시오. 마음에 제기되었던 질문이 해결되는(settled) 것입니다. 내가 진실하게 예수 그리스도를 믿는지의 여부가 확인될 수 있습니다. 내가 진실하게 하나님과 그분의 백성을 사랑하는지의 여부가 확인될 수 있습니다. 내 마음이 주 예수 그리스도의 계명들에 순종적인지의 여부를 확인할 수 있습니다. 이런 것들이 더 이상 모호하지 않으며, 결코 해결될 수 없는 불가사의한 문제들이 아닙니다. 이 문제의 진상이 한두 가지의 방식으로 선명하게 밝혀질 수 있습니다. 양심의 법정은 이 문제로 재능의 한계로 어려움에 봉착하지 않습니다. 그것은 하나님의 도우심에 의해, 성경의 빛으로, 양심에 제기되는 질문을 꽤 유능하게 판결할 수 있습니다.

하지만 이런 문제들은 커다란 분별력을 가지고 토의되어야 합니다. 어떤 사람이 크게 유혹을 받았다고 가정해 봅시다. 아침과, 한낮과, 밤에, 더러운 유혹들을 받았더라도, 양심은 이렇게 말해서는 안 됩니다. "이 사람은 하나님의 자녀가 아니다. 그가 유혹을 받았기 때문이다." 유혹받는 것은 죄가 아닙니다. 우리 주 예수님께서도 마귀의 유혹을 받으셨지만, 그분에게는 죄가 없기 때문입니다. 많은 유혹, 예, 엄청나게 많은 유혹이라도, 그것이 하나님께 대한 우리 믿음의 진실성에 불리한 증거는 아닙니다. 오히려 때로는 더 많은 유혹을 받을수록, 우리 안에 유혹할 것 즉 사탄이 파괴하기를 원하는 어떤 선한 것이 있음이, 더 진실하게 입증되는 경우도 있습니다.

또한 마음의 판결은 신중하게 내려져야 합니다. 그렇지 않으면 우리는 외적인 환경들에 따라서 판단할 수 있으며, 따라서 판단을 그르칠 수 있습니다. 결코 이렇게 말해서는 안 됩니다. "나는 물질의 문제로, 가족의 문제로, 영혼의 우울함으로 크게 고통을 받는다. 따라서 나는 하나님의 자녀일 수 없다." 뭐라고요! 하나님의 자녀들이 징계를 받지 않는단 말입니까? 아버지가 징계하지 않는 아들이 어디 있습니까? 하나님의 최상의 자녀들 중에서 어떤 이들은 큰 고통을 겪어왔습니다. 좀 더 강조해서 말하자면, 지금껏 살았던 그리스도인들 중에서 가장 순결했던 이들도 더러는 큰 질병을 안고 살았으며, 마치 무화과가 멍이 들면 익게 되는 것처럼, 그런 수단들을 통해 천국에 더욱 어울리는 자들이 되었습니다. 그러므로 여러분이 고통을 받기 때문에 하나님의 자녀가 아니라는 생각이 들어올 때에, 그 생각을 용인해서는 안 됩니다. 우리는 불꽃이 위로 날아가듯이 고생을 위하여 태어났기 때문입니다(욥 5:7).

또한, 우리의 결점들과 약점들이 우리에게 불리한 결정을 내리게 해서도 안 됩니다. 사리를 분별하는 양심은 이렇게 말합니다. "이 사람이 죄를 지은 것은 사실이다. 하지만 그것은 의도적이지 않고, 부주의에 의해서 혹은 뜻밖에 지은 잘못이다. 그의 영혼은 그가 빠졌던 그 죄를 미워한다. 그는 자기 잘못을 깊이 회개하고 있다." 삶에서의 죄의 발생이 한 사람을 은혜 밖에 있다고 판정하지 않습니다. 죄의 만연, 죄의 묵인, 죄의 사랑, 의도적인 죄의 지속, 이런 것들은 그렇게 판정할 수 있습니다. 하지만 불완전하다는 사실이, 만약 그가 그것을 뉘우치고 슬퍼한다면, 정죄를 위한 증거가 되지는 않습니다. 내 자녀가 작고 약하다는 사실이, 그가 내 아들이 아니라는 증거는 아닙니다. 그 아이는 아버지를 닮게 되겠지만, 아직은 작은 아기일 뿐입니다. 약함이나 심지어 결함을 시인하면서도, 우리는 담대함을 가지고 하나님께 나아갈 수 있습니다. 그처럼 판결은 아주 신중하게 내려져야 합니다.

판결은 복음의 원리에 입각해서 내려져야 함을 기억하십시오. 양심의 법정에서 이런 질문이 제기되어서는 안 됩니다. "나는 율법을 완벽하게 지켰는가?" 그에 대한 답으로는 이것으로 충분합니다. "선을 행하고 전혀 죄를 범하지 아니하는 의인은 세상에 없다"(전 7:20). "율법의 행위로 그의 앞에 의롭다 하심을 얻을 육체가 없다"(롬 3:20). 제기되어야 할 질문은 이런 것입니다. "나는 주 예수 그리스도를 믿는 자인가? 나는 구원을 위해 그분을 의지하고 있으며, 그 신앙의 진실을 하나님을 사랑하고 형제들을 사랑함으로써, 또한 하나님을 기쁘시게 하는 일들을 행하고 그분을 불쾌하게 하는 일들을 피함으로써 증명하는가?" 그 질문은 공로에 관한 것이 아니며, 은혜와 은혜의 열매에 관한 것입니다. 구원은 은혜에, 오직 은혜에만 속한 것입니다. 그러므로 내 질문은 이러해야 합니다. "나는 그 은혜의 참여자인가? 나는 비록 자격이 없어도, 나는 예수의 피로 씻음을 받고, 그분의 의로 감싸져 있는가? 나는 사랑받는 자녀로 받아들여졌는가?" 그것이 질문이며, 만일 여러분이 그것을 율법의 원리에 기초하여 그 문제를 논의한다면, 여러분은 판단을 그르칠 것입니다. 우리는 마음의 법정에서 옛 언약에 따라 심문을 받지 않으며, 오직 새 언약을 따라 심문을 받습니다. 다른 책이 펼쳐져 있으며, 그것은 생명의 책입니다.

여기서 마음의 법정에서의 이 문제가 결코 우리의 느낌(feelings)에 의해 결정되어서는 안 된다는 점을 상기시키고자 합니다. 만일 마음이 올바른 판단을 하고자 한다면 결코 이렇게 말해서는 안 됩니다. "나는 너무나 행복하기 때문에 하나님의 자녀이다." 반대로 이렇게 외쳐서도 안 됩니다. "나는 너무 슬프기 때문에 하나님의 자녀일 수가 없다." 거룩한 감정들이 증거로 제시될 수는 있겠지만, 그것들은 평가하기가 어렵습니다. 느낌이란 바람처럼 변하기 쉬운 것입니다. 느낌은 육체와 외부적 환경에 크게 의존하고, 심지어 대기(大氣)의 상태에도 크게 의존합니다. 내 느낌에 대해 말하자면, 나는 그것이 기압계에 따라서 크게 올라갔다 내려갔다 하는 것을 증언합니다. 따라서 나는 내 느낌을 중시하지 않습니다. 나는 아주 기쁠 때에는 스스로에게 이렇게 말합니다. "침착해라, 기쁨에 너무 도취하지 마라." 내 마음이 가라앉는 것을 느낄 때, 나는 이렇게 소리칩니다. "자, 마음이여, 바보같이 굴지 마라. 네가 가라앉을 이유가 없다. 하나님 안에서 항상 기뻐하고, 육체를 의지하지 마라." 여러분도 스스로를 그렇게 다루십시오. 우리에게 당면한 질문은 "나는 행복한가?"가 아니라, 이런 것입니다. "나는 진실한 신자인가? 그리고 내 믿음은 삶에서 나타나는 그 결과로써 그 진실성을 입증할 수 있는가?" 죄인들도 성도들처럼 기뻐할 수 있으며, 성도들도 죄인들처럼 슬퍼할 수 있습니다. 요점은 우리가 무엇을 느끼느냐가 아니라, 우리가 무엇을 믿고 행하느냐 하는 것입니다.

우리 상태에 대한 질문은 신속하게 판정되어야 합니다. 내가 이미 여러분에게 말했듯이, 그것을 우물쭈물 끌어서는 안 됩니다. 우리는 '법의 지연(the law's delays)'에 대해서 알지만, 이 법정에서는 우리가 어떤 지체도 허락해서는 안 됩니다. 신속한 판결을 위해 서둘러야 합니다. 내 마음이 나를 책망합니까, 혹은 나를 책망하지 않습니까? 이 문제에 대해 즉시 분명하고 확실한 대답을 얻으십시오. 이 아침에 이 자리에 있는 여러분 중에서 마음이 이렇게 말하면서 책망하는 분이 있습니까? "그래, 나는 교회의 한 교인이지만, 진정한 교인이라고 할 수가 없어. 나는 마땅히 살아야 할 삶을 살지 못하고 있어." 만일 여러분이 그리스도를 믿지 않는 자들이고, 형제들을 향한 사랑을 전혀 느끼지 못하는 자들이라면, 그렇다면 그 판결을 받아들이고, 겸손히 하나님 앞에 가서 여러분의 마음을 새롭게 해 주시도록 요청하십시오. 거저 주시는 은혜의 문이 아직 여러분에게 열려 있습니다. 하지만 그 반대로, 만일 여러분의 양심이 이렇게 말하고 있습니까? "그래, 내 모든 부족함과 내 모든 연약함에도 불구하고, 나는 온 마음으로 하나님을 사랑한다. 나는 그리스도를 의지하며, 그 외에는 의지할 것이 아무것도 없다. 나는 그리스도께서 완성하신 일에 나 자신을 온통 맡기고 있으며, 마치 그릇이 못에 매달려 있듯이 그분께 전적으로 매달려 있다. 다른 어느 곳에도 내가 의지할 것은 없다. 나는 내 안에 변화가 있는 것을 안다. 나는 한때 내가 사랑했던 것들을 지금은 미워하고 있음을 알며, 한때 미워했던 것들을 지금은 사랑하고 있음을 안다. 나는 하나님을 경외하는 성결 속에서 온전해지기를 갈망한다." 그렇다면, 여러분은 사도가 이렇게 말하는 상태에 있는 것입니다. "만일 우리 마음이 우리를 책망할 것이 없으면 하나님 앞에서 담대함을 얻고."

그 행복한 상태를 좀 더 충분히 생각한 후에 설교를 마치도록 합시다. 여러분 모두가 성령의 역사하심을 통해 하나님 앞에서 거룩한 담대함을 누리게 되기를 바랍니다.

3. 무죄방면에서 나오는 담대함

이제 이 무죄방면에서 나오는 담대함(the confidence of this acquittal)에 대해 생각해 보도록 합시다. 여기에 자기 양심의 법정에서 무죄를 얻은 사람이 있습니다. 여러분의 양심이 이렇게 말했습니다. "그는 진실한 사람이다. 그는 믿는 사람이다. 그는 하나님의 생명으로 소생한 사람이다. 그는 하나님을 경외하고 그분께 순종하는 사람이다." 이제 여러분은 하나님을 향해 담대함을 얻으며, 혹은 적어도 그런 담대함을 가질 자격을 얻습니다.

그러한 담대함 혹은 확신이 무엇을 의미합니까? 진실성(truthfulness)에 대한 확신이 있습니다. 여러분이 무릎을 꿇고 기도할 때, 여러분은 여러분이 기도하고 있으며 하나님을 업신여기고 있지 않은 것을 압니다. 여러분이 노래할 때, 마음에서 우러나오는 선율로 노래하고 있음을 알고, 여러분이 말씀을 전할 때 여러분의 영혼이 믿는 바를 전하고 있는 것을 알게 됩니다. 만약 오늘 내가 여러분에게 나 자신이 분명히 확신하지 못하는 것들에 대해 말한다면, 그것이야말로 비참한 일일 것입니다. 하지만 대체로 나는 말씀을 전할 때에 커다란 즐거움을 느낍니다. 내가 가르치는 것들이 나 자신에게도 위로와 생명이 되기 때문입니다. 여러분은 설교를 즐거워할지 모르겠지만, 나는 즐거워합니다. 때때로 나는 나 자신에게 말합니다. "이런 가르침은 매우 달콤하다. 내가 그것으로 나 자신을 먹일 수 있으니, 사람들도 그것을 먹어야 할 것이고, 그렇지 못하면 그것은 그들의 잘못이다." 요리사는 혹 자신이 만든 음식을 싫어할지 몰라도, 나는 그렇지 않습니다. 나 자신이 여러분에게 전하는 내용에 확신을 느끼기 때문입니다. 하나님을 향한 확신은 영혼의 진실성이며, 그것은 우리로 하여금 그분을 향해서 하는 일을 부끄러워하지 않게 해 줍니다. 여러분은 이렇게 말할 수 있습니까? "내가 무엇을 하든, 나는 그것을 정직하게 행한다. 비록 내가 모든 일에서 원하는 모습은 아니더라도, 내가 하나님 앞에서 고백하는 것은 진실하다." 그 때 여러분은 담대함을 얻습니다. "내가 한 가지 아는 것은 내가 맹인으로 있다가 지금 보는 그것이니이다"(요 9:25). 나는 눈먼 눈으로 안경을 쓴 채 사람들로 하여금 내가 볼 수 있다고 믿게 하려는 것이 아닙니다. 나는 실제로 보고 있습니다. 나는 정녕 알고 있습니다. 나는 내가 믿는 바를 알며, 내가 하나님을 사랑하는 것을 알며, 내가 거룩함을 사모하는 것을 압니다! 이 깊은 진실성은 사람 안에서 다른 사람들의 판단에 대한 '복된 무관심'을 낳습니다. 불법이 없는 것을 확신할 때, 그는 겉치레의 형식들에 대해 거룩한 자유를 느낍니다. 저 위선자를 보십시오. 그는 자신의 참 모습이 발각될 것을 두려워합니다. 그는 다른 사람들에게 의심을 받지 않기 위해서, 모든 것을 아주 단정하고 예절바르게 해야 합니다. 만약 위선자인 당신이 당신의 얼굴을 그린다면, 당신은 얼굴에 바른 광택제에 금이 생기지 않도록 웃지도 말고 울지도 말아야 합니다. 만일 당신이 겉이 번지르르한 옷을 입었다면, 그 옷이 찢어지지 않도록 하기 위해 달리지도 말고 뛰지도 말아야 합니다. 여러분이 위선자들을 대할 때에는 '사고'가 생기지 않도록 조심해야 합니다. 그는 여러분이 방금 웃은 것 때문에 여러분을 아주 심하게 비난할 것입니다. 그리고 나에 대해서는 주일에 여러분을 웃게 만들 정도로 악하다고 공공연히 비난할 것입니다. 가련한 영혼인 그는 자신의 체통을 지켜야 합니다. 그것이 그가 가진 전부이기 때문입니다. 경기가 좋지 않은 요즘에, 언제 파산할지도 모르는 많은 사람들이, 자신들의 가난이 티 날까 두려워 지출 줄이기를 꺼려하고 있습니다. 그래서 그들은 파산을 간신히 모면하는 상태에서도 겉모습은 그럴싸하게 유지하고 있습니다. 그들에게 지불 능력이 있다면야 그들이 그렇게 두려워할 이유가 없겠지요. 만일 여러분의 양심이 여러분을 책망하지 않으면, 그 때 여러분은 심령의 복된 평안을 누릴 수 있습니다. 진리가 여러분 안에 있기 때문입니다.

하나님을 향하여 가질 수 있는 또 다른 종류의 확신은, 그분께 받아들여졌다는 확신입니다. 만일 내 마음이 "그래, 너는 믿고 있잖아"라고 말한다면, 그 때 나는 하나님의 말씀으로부터 내가 영생을 얻은 것을 압니다. 하나님의 말씀은 "믿는 자는 영생을 가졌나니"(요 6:47)라고 말합니다. 양심은 이렇게 말합니다. "그래, 너는 믿음을 가지고 있다." 그러면 마음은 이렇게 결론을 내립니다. "그러므로 이제 정죄는 없다. 그러므로 우리가 믿음으로 의롭다 하심을 받았으니 우리 주 예수 그리스도로 말미암아 하나님과 화평을 누리자"(롬 5:1). 내 말을 믿으십시오. 이 사막과 같은 세상에서 영원토록 흐르는 달콤한 생수는, 사랑받는 자로 받아들여졌다는 확신의 강물입니다. 여러분이 이것을 알 때, 여러분의 생명은 다가오는 영광의 햇빛으로 반짝일 것이며, 여러분의 마음은 크게 기뻐할 것입니다.

　　이것이 자아내는 것은, 아마도 그것이 사도가 크게 의도한 의미일 터인데, 대화의 담대함(a boldness of converse)입니다. 자신이 진실한 것을 알고 또한 하나님께서 그를 받으신 것을 아는 사람은 하나님과 자유롭게 대화합니다. 그는 하나님께 대한 거룩한 경외심을 느끼며, 결코 그것을 잃지 않으면서도, 그분을 향해 거룩한 확신을 가지고 나아갑니다. 아브라함이 하나님과 어떻게 대화하는지를 보면 놀랍지 않습니까? 그는 하나님이 그와 더불어 말씀하실 곳으로 올라갔습니다. 하나님께서 소돔을 멸하실 것이라고 그에게 말씀하셨을 때, 그는 얼마나 절묘하게, 그러면서도 얼마나 담대하게 이렇게 말을 했습니까? "주께서 의인을 악인과 함께 멸하려 하시나이까? 주께서 이같이 하사 의인을 악인과 함께 죽이심은 부당하니이다"(창 18:23,25). 뭐라고요? 아브라함이 하나님을 타이르는 것입니까? 아브라함이 하나님이 부당한 일을 하실 거라고 꿈꾸는 것입니까? 오, 그렇지 않습니다. 하지만 그는 담대하게, 그가 생각할 수 있는 가장 설득력 있는 탄원을 드리고 있습니다. 그리고 그는 그런 말로 반복해서 하나님을 재촉하고 있습니다. 그가 어떻게 자기 사정을 아뢰고 있습니까? "나는 티끌이나 재와 같사오나 감히 주께 아뢰나이다. 오십 의인 중에 오 명이 부족하다면 그 오 명이 부족함으로 말미암아 온 성읍을 멸하시리이까"(창 18:27-28). 그것은 놀라운 호소이며, 그것을 "하나님 앞에서의 담대함"이라고 표현할 수 있습니다. 또한 욥을 보십시오. 그 마음이 자기를 책망할 것 없는 사람이 여기 있으며, 그는 이렇게 말할 수 있었습니다. "주여, 주께서는 제가 악하지 않은 것을 아십니다." 그는 아주 담대하게 하나님과 대화하기를 바라며 이렇게 말합니다. "내가 어찌하면 하나님을 발견하고 그의 처소에 나아가랴? 어찌하면 그 앞에서 내가 호소하며 변론할 말을 내 입에 채울까"(욥 23:3-4). 비록 하나님의 두려우심이 그를 두렵게 할지라도, 자기 양심의 평정을 확인하고서, 그는 하나님을 향해 담대함을 얻습니다. 하나님 안에서의(in) 담대함일 뿐 아니라, 하나님을 향한(toward) 담대함이며, 마치 사람이 자기 친구와 대화하듯 하나님과 대화하기 위한 담대함임을 주목하십시오. 여러분은 이것을 이해하지 못합니까? 여러분이 하나님의 자녀인 것에 대해서 어떤 의심이 있다면, 이것을 이해하지 못한다는 것을 나는 압니다. 의심이 여러분을 겁쟁이로 만듭니다. 여러분의 마음이 여러분을 책망하지 않을 때, 그리고 여러분이 하나님 앞에서 옳은 상태인 것을 알 때, 그 때 여러분은 대화의 자유를 느낄 것입니다.

이는 기도에서의 큰 확신(great confidence in prayer)으로 이어집니다. 문맥을 보십시오. "하나님 앞에서 담대함을 얻고, 무엇이든지 구하는 바를 그에게서 받나니 이는 우리가 그의 계명을 지키고 그 앞에서 기뻐하시는 것을 행함이라"(21-22절). 여러분이 기도의 능력을 원한다면, 삶에서 청결해야 합니다. 무엇을 구하든지 하나님이 주시겠다는 성경의 약속은 여러분 누구에게나 주어진 것이 아닙니다. 그것은 어떤 특징을 가진 사람들에게 주어진 약속입니다. 그 무제한의 약속은 하나님의 사람들에게 주어진 것이며, 매우 성화되어서 하나님의 뜻에 일치하지 않는 것이라면 그 어떤 것도 구하지 않고, 구할 생각도 하지 않는 사람들을 위한 것입니다. 이 구절을 기억하십시오. "여호와를 기뻐하라 그가 네 마음의 소원을 네게 이루어 주시리로다"(시 37:4). 하나님을 기뻐하는 사람의 소원은 언제나 하나님의 뜻과 일치하며, 따라서 그는 원하는 무엇이든 얻을 수 있는 사람입니다. 여러분이 하나님을 기쁘시게 하는 모든 일들을 행할 때, 또한 여러분의 삶이 성화되고 거룩할 때, 그 때 여러분은 그분의 사랑 안에 거하는 것입니다. 예수님이 이렇게 말씀하시지 않았습니까? "너희가 내 안에 거하고 내 말이 너희 안에 거하면 무엇이든지 원하는 대로 구하라 그리하면 이루리라"(요 15:7). 거룩하지 못한 소원은 은혜롭게 거절될 것입니다. 하지만 진실하게 순종하는 사람의 소원은 하나님의 뜻에 일치될 것이며, 따라서 그것은 이루어질 것입니다. "그를 향하여 우리가 가진 바 담대함이 이것이니 그의 뜻대로 무엇을 구하면 들으심이라"(요일 5:14).

이 본문은 그러한 사람이 하나님을 위한 모든 섬김에서도(in all service for God) 하나님 앞에서 담대함을 얻을 것임을 의미합니다. 신실하게 자기 주님을 따를 때에 마주치는 위험들(perils encountered)에 대해서도, 하나님을 향해 담대함을 가진 하나님의 사람을 보십시오. 예를 들어 다니엘을 보십시오. 다니엘은 누구든 바벨론 왕을 제외한 대상에게 기도하는 자는 사자 굴에 던져 넣기로 한 왕의 조서에 도장이 찍혔을 때에, 어떻게 할 것인지 고민하지 않았습니다. 그는 마치 그 조서가 없는 것처럼, 예루살렘으로 향한 창문을 열고 전에 하던 대로 하루 세 번씩 무릎을 꿇고 하나님께 기도하였습니다(단 6:10). 그가 하나님을 향해 가진 담대함은, 자기 의무를 수행하는 과정에서 안전하리라는 것입니다. 그는 치러야 할 대가를 계산하지 않았습니다. 불타는 용광로를 앞에 두었던 저 거룩한 세 소년들 역시 마찬가지였습니다. 그들은 말했습니다. "우리가 섬기는 하나님이 계시다면 우리를 맹렬히 타는 풀무불 가운데에서 능히 건져내시겠고 왕의 손에서도 건져내시리이다. 그렇게 하지 아니하실지라도 왕이여 우리가 왕의 신들을 섬기지도 아니하고 왕이 세우신 금 신상에게 절하지도 아니할 줄을 아옵소서"(단 3:17-18). 그것이 바로 사람이 자기 마음이 자기를 책망할 일이 없을 때 하나님을 향해 가지는 담대함이 아니겠습니까? 만약 다니엘이 "내가 지하실로 내려가서 기도하든지, 혹은 창문에 가리개를 치고서 기도해야겠다"라고 말했더라면, 그는 하나님을 향해 가지는 모든 담대함을 잃었을 것이며, 성경에서 보여주었던 그의 모습이 아니었을 것입니다. 만약 그 세 소년들이 "우리가 무릎은 꿇겠지만 마음 속으로는 은밀하게 저항할 것이다. 우리는 정말로 우상을 숭배하는 것이 아니라, 그 금 신상에게 엎드리는 동안 하나님을 경배할 것이다"라고 말했더라면, 그들은 하나님 안에서 담대함을 얻지 못했을 것입니다. 오호라, 사람들이 오늘날 소위 자기들의 양심이라고 하는 것을 가지고 얼마나 어리석은 꾀를 부리는지 모릅니다. 이 '놀라운' 19세기는 단순하고 정직한 사람에게는 전적으로 이해되지 않는 시대입니다. 양심이란 찬성하든지 반대하든지, "예"라 하든지 "아니요"라고 해야 하는 것입니다. 그런데 오늘날 사람들은 기이한 행동을 하고, 도무지 설명할 수 없는 행동들을 합니다. 오늘날에는 사람이 마귀를 섬기고, 마귀에게서 보수를 얻으면서도, 말로는 줄곧 하나님을 섬긴다고 말합니다. 여러분은 이런 불쾌한 것이 없고, 모든 면에서 정직하고 깨끗한 양심을 가지시기 바랍니다. 그리하여 하나님 앞에서 담대함을 얻으십시오.

더 나아가, 우리가 하나님을 섬김에 있어서 이런 담대함을 얻으면, 모든 필요한 **도움을 얻을 것**(receiving all necessary help)을 확신하게 됩니다. 하나님은 참된 사람을 도우실 것입니다. 만약 그런 사람이 곤경에 처하여 스스로는 앞으로 나아갈 수 없는 상황이 되면, 그는 주님의 다른 종들을 담대히 소환하여 자기를 돕도록 할 것입니다. 아모리 족속과 싸우고 있는 여호수아를 보십시오. 낮이 길지 않고, 그래서 그는 태양을 향해 이렇게 외칩니다. "태양아 너는 기브온 위에 머무르라, 달아 너도 아얄론 골짜기에서 그리할지어다"(수 10:12). 그는 좀 더 긴 일광을 필요로 했으며, 원수들을 뒤쫓는 일을 다 마칠 때까지 대담하게도 해와 달을 향해서 조금 머물라고 도전했던 것입니다. 이와 같이 하나님의 종은 땅과 하늘로부터 도움을 요구할 수 있으며, 모든 세력들을 이용하여 자기 주님을 섬기게 할 수 있습니다. 왕의 명을 수행하는 어떤 장교가, 만일 자신이 곤경에 처한 것을 발견하면, 누구든 지나는 사람을 불러 이렇게 말할 것입니다. "왕의 이름으로 말하니, 나를 도우시오." 그와 꼭 마찬가지로, 만약 여러분이 여러분의 주님의 명을 수행하고 있다면, 그리고 양심이 여러분을 책망할 것이 없으면, 여러분은 필요한 대로 하늘에 있는 모든 천사나 자연의 모든 힘들을 징발하여 저 위대하신 왕을 섬기라고 할 수 있습니다.

하나님을 향해서 담대함을 가지는 것이 무엇을 의미하는지 충분히 말할 수 있는 시간이 있으면 좋겠습니다. 그것은 안심을, 완벽한 안심(perfect rest)을 의미합니다. 폭풍이 불 때 여러분의 주님의 모습을 보십시오. 시끄러운 바람 소리가 들리고, 큰 물결이 거의 배를 뒤집으려 할 때에, 여전히 그분은 주무십니다. 그분 외에는 어느 누구도 감히 잠들 수가 없었습니다. 왜냐하면 다른 누구도 하나님을 향해 그처럼 확신을 갖지 못했기 때문입니다. 그분은 그 배가 안전한 것을 아셨습니다. 왜 그분이 걱정한단 말입니까? 진실로, 그분은 바다의 사령관(Lord High Admiral)이셨으며, 그분 자신의 기함(旗艦)을 책임지고 있을 뿐 아니라 그날 그분과 함께 항해하는 작은 배들의 선단 전체의 안전을 책임지신 분이셨습니다. 하지만 그분은 그 때문에 불면증에 시달리지 않으셨습니다. 그분은 자신을 하나님께 맡기고, 잠에 빠지셨습니다. 그것이 할 수 있는 최상의 일이었습니다. 여러분과 나도 같은 일을 할 수 있습니다. 우리는 놀라거나 두려워할 필요가 없으며, 근심할 필요도 없습니다. 오직 여호와를 의뢰하고 선을 행하십시오. 그러면 땅에 머무는 동안 그의 성실을 먹을거리로 삼을 것입니다(시 37:3).

이 담대함은 종종 기쁨(joy)으로 승화되어, 마침내 그리스도인은 하나님 안에서의 즐거움으로 넘치게 됩니다. 그의 행복은 제한되지 않습니다. 솔로몬이 말하듯이, 그는 자기의 음식물을 기쁨으로 먹습니다. 왜냐하면 하나님이 그가 하는 일들을 이미 기쁘게 받으셨기 때문입니다(전 9:7). 그는 사랑하는 아내와 함께 즐겁게 살 것이며, 그의 자녀들은 그에게 복이 될 것입니다. 그는 자기의 부르심을 따라 하나님을 즐거이 섬기며 수고할 것이고, 밤에는 집으로 돌아와 그의 하나님이신 아버지의 보살핌 안에서 편히 쉴 것입니다. 모든 것이 잘 될 것이며, 그는 그것을 압니다.

하나님 안에서 담대함을 얻은 사람은 복이 있습니다. 그런 사람은 자기 영혼이 그것을 주신 하나님께로 돌아가야 할 때가 되었다는 전갈이 올 때에, 마지막으로 침상에 오릅니다. 그는 놀라지 않고 **죽으러**(to die) 갈 것입니다. 그의 양심은 그를 책망하지 않습니다. 그러므로 그는 인내하는 중에 자기를 누이고, 하나님과 함께 할 신호를 기다립니다. 그러는 중에 천국의 빛이 그의 얼굴을 스쳐 지나가며, 그를 격려하고 위로하기 위해 찾아왔던 사람들이 이상한 말을 듣습니다. 마치 낙원의 새 소리 같기도 한 중얼거림이 그의 입술에서 떨어집니다. 그들은 그가 고통 중에 있는 것을 알지만, 또한 그가 기쁨에 잠겨 있는 것을 눈여겨봅니다. 그들은 그가 죽어가고 있다고 생각하지만, 그는 자기가 생명 안으로 들어가고 있음을 증언합니다. 저 진주 문은 그의 앞에서 열렸고, 저 빛나는 황금 길이 그의 희미한 눈에 들어옵니다. 마지막 호흡이 허락하는 한 최상으로, 그가 노래하는 것을 들어보십시오.

> "내 눈이 희미해지는 것을 그대들이 보는 동안
> 내 마지막 순간들은 얼마나 달콤하게 흐르는지요.
> 내 뺨에는 죽을 인생의 창백함이 서려 있어도,
> 내 영혼에는 영광이 깃들어 있네."

자, 이제 그는 갔습니다. 저 영혼들의 나라로 떠났습니다. 그는 자기 하나님 앞에 섰으며, 그분 앞에서 떨지 않습니다. 빛나는 눈을 가진 그는 저 영원한 태양의 빛을 견딜 수 있습니다. 그의 마음은 그를 책망하지 않으며, 그는 하나님 앞에서 담대함을 얻습니다. 천상의 광채들 가운데에서 그는 "내 아버지여"라고 외칩니다. 천사들이 소리칩니다. "주요 하나님이시다(Lord and God)." 하지만 그는 "내 아버지여"라고 말하며, 그러자 저 충성스러운 종들이 왕의 자녀를 위해 자리를 비켜 줍니다. 눈부신 존재들이 저 행복한 영혼을 호위하여 복된 아버지의 발 앞으로 인도합니다. 그곳에 그를 남겨둡니다. "사랑하는 자들아, 만일 우리 마음이 우리를 책망할 것이 없으면 하나님 앞에서 담대함을 얻고." 하나님의 은혜가 여러분에게 임하기를 빕니다. 아멘.

제
15
장

—

기도의 능력을 위한 조건들

—

"무엇이든지 구하는 바를 그에게서 받나니 이는 우리가 그의 계명을 지키고 그 앞에서 기뻐하시는 것을 행함이라. 그의 계명은 이것이니 곧 그 아들 예수 그리스도의 이름을 믿고 그가 우리에게 주신 계명대로 서로 사랑할 것이라. 그의 계명을 지키는 자는 주 안에 거하고 주는 그의 안에 거하시나니 우리에게 주신 성령으로 말미암아 그가 우리 안에 거하시는 줄을 우리가 아느니라." — 요일 3:22-24

오늘 아침에 나는 기도의 중요성에 대해 말씀을 전하려고 합니다. 또한 여러분이 저를 위해 그리고 이곳에서의 주의 일을 위해 간절히 기도하도록 여러분을 분발시킬 수 있기를 바랍니다. 진실로, 저는 이보다 더 중한 주제를, 혹은 내 영혼에 중하게 여겨지는 주제를 달리 정할 수 없었습니다. 내가 만일 여러분에게 한 가지 요청을 하도록 제의받는다면, 바로 이런 요청을 할 것입니다. "형제들이여, 나를 위해 기도하십시오." 하나님의 은혜가 없다면 우리의 사역이 무슨 소용이 있겠으며, 또한 우리가 하나님의 교회를 위해 기도하지 않고서 어찌 하나님의 은혜를 바랄 수 있겠습니까? 나는 눈물로 이렇게 호소하고 싶습니다. "형제들이여, 나를 위해 기도하십시오." 기도를 억제하지 마십시오. 오히려 풍성한 간구를 드리고, 그럼으로써, 오직 그럼으로써, 교회로서 우리는 갈수록 번성하고 지속될 수 있을 것입니다. 하지만 그럴 때에, 내게 떠오르는 질문은 "우리의 기도가 성공적이지 못하도록 가로막는 무언가가 있다면 어찌할 것인가?' 하는 것입니다. 우리가 여러분에게 기도하도록 권면하기에 앞서, 진지하게 숙고해 보아야 할 문제가 바로 이것입니다. 왜냐하면 우리가 이사야 1장에서 이미 교훈을 받은 대로, 악한 백성들의 기도는 하나님께 가증스러운 것이 되기 때문입니다. "너희가 손을 펼 때에 내가 내 눈을 너희에게서 가리고 너희가 많이 기도할지라도 내가 듣지 아니하리라"(15절). 교회들은 그 헌신이 도리어 악(惡)이 되는 상태로 떨어질 수 있습니다. "성회조차도(even the solemn meeting)" 하나님께 가증한 것이 될 수도 있습니다(13절). 우리들 중 어떤 사람의 마음에는 악한 것들이 있어서, 그것이 하나님으로 하여금 그분의 성품과 속성상 도무지 우리들의 간구를 존중하실 수 없게 만들 수 있습니다. 만일 우리가 마음에 죄악을 품으면 주께서 듣지 아니하십니다(시 66:18). 본문에 따르면, 기도의 효력을 위해 필수적인 몇 가지 사항들이 있습니다. 하나님은 모든 진실한 기도를 들으시지만, 하나님의 백성들이 반드시 소유해야 할 몇 가지가 있으며, 그것이 없을 때에 그들의 기도는 과녁에 이르지 못하고 떨어집니다. 본문은 우리에게 이렇게 말합니다. "무엇이든지 구하는 바를 그에게서 받나니 이는 우리가 그의 계명을 지키고 그 앞에서 기뻐하시는 것을 행함이라." 오늘 아침에 우리가 숙고할 주제는 기도의 능력을 위한 필수요소들(essentials to power in prayer)에 대한 것입니다. 즉 우리가 기도에 있어서 늘 하나님의 들으심을 얻기 위해서 우리가 해야 할 것(what we must do)과, 되어야 할 것(what we must be)과, 가져야 할 것(what we must have)에 대한 것입니다. 엘리야와 야곱과 같은 사람들이 되는 법을 배우도록 합시다.

1. 기도의 능력을 위한 필수요소들

먼저, 기도의 능력을 위한 필수요소들(the essentials of power in prayer)을 생각함으로써 시작하도록 합시다. 시작하면서 우리가 구분해야 할 것이 있습니다. 나는 긍휼을 구하고 있는 영혼의 기도와 이미 구원받은 사람의 기도 사이에는 큰 차이가 있다고 간주합니다. 나는 여기에 참석한 모든 사람들을 향해, 그 성품이 어떠한 사람이건 간에, 이렇게 말하고 싶습니다. 만약 여러분이 예수 그리스도를 통하여 하나님의 긍휼을 진지하게 구한다면 여러분은 그것을 얻을 것입니다. 이전까지 여러분의 삶의 상태가 어떠했든지, 만일 지금 뉘우치면서 중보자이신 그리스도를 통해 여호와의 얼굴을 구하면, 그분을 만나게 될 것입니다. 만일 성령이 여러분에게 기도하도록 가르치시면, 더 이상 주저하지 말고 서둘러 십자가로 나아오십시오. 거기서 죄 많은 영혼을 예수께 의탁하십시오. 죄인의 첫 번째 기도를 위한 조건으로, 나는 진실성(sincerity) 외에 달리 아는 것이 없습니다. 하지만 우리가 여러분 중에서 구원받은 이들에 대해 말한다면 다른 방식으로 말해야 합니다. 여러분은 이제 하나님의 백성이 되었습니다. 물론 여러분은 아직 구원을 얻지 못한 구도자(seeker)가 기도의 응답으로 얻는 절박한 은혜를 매일같이 얻을 수 있습니다. 하지만 이제 여러분은 하나님의 자녀이고, 그래서 거듭난 가족에게만 해당되는 특별한 훈육을 받습니다. 그 훈련에서 기도의 응답은 높은 위치를 차지하며, 아주 탁월한 효용성이 있습니다. 신자에게는 단순한 구원을 넘어서 누릴 수 있는 것이 있습니다. 신자의 현재의 삶을 쓸모 있게 하고, 행복하게 하고, 영예롭게 하는 은혜들과, 축복들과, 위로들과, 혜택들이 있습니다. 그리고 이런 것들은 그의 성품과 무관하게 얻을 수 있는 것이 아닙니다. 그런 것들은 구원과 관련된 필수적인 문제들은 아닙니다. 구원과 관련하여 필수적인 것들은 신자라면 조건 없이 얻을 수 있습니다. 그런 것은 언약의 복이기 때문입니다. 하지만 지금 우리가 말하는 것은 그 집의 명예와 진미(珍味)들에 관한 것이며, 이런 것들은 주님의 자녀로서 우리의 순종에 따라 허락되기도 하고 보류되기도 합니다. 만일 여러분이 여기에 부가된 조건들을 무시하면, 여러분의 하늘의 아버지께서 그런 복들을 여러분에게 보류하실 것입니다. 은혜 언약의 본질적인 축복은 조건 없이 주어집니다. 아무런 자격들을 갖추지 못한 사람들에게도 긍휼을 구하라는 초대의 말씀이 전해지고 있습니다. 하지만 구원받은 사람들로서 하나님의 가족 안으로 들어왔으면, 그분의 가족 안에서 주님의 규칙들에 대한 우리의 순종 여부에 따라, 최상의 은총들이 허락되기도 하고 보류되기도 하는 것입니다. 한 가지 흔한 예를 제시하겠습니다. 만일 어떤 배고픈 사람이 여러분의 집 문 앞에서 빵을 구하면, 여러분은 그의 성품이 어떠하든지 간에 그에게 빵을 줄 것입니다. 여러분은 또한 여러분의 자녀에게도 그의 행동이 어떠하든지 간에 음식을 줄 것입니다. 여러분은 생명에 꼭 필요한 것은 자녀에게 주기를 거절하지 않을 것입니다. 자녀를 훈련한다고 해서, 꼭 필요한 양식이나 추위를 막아줄 의복을 주기를 거절하지는 않을 것입니다. 하지만 여러분의 자녀가 바라는 다른 많은 것들이 있을 것입니다. 여러분은 자녀가 순종하면 그것들을 줄 것이지만 자녀가 거역하는 경우에는 주지 않을 것입니다. 나는 이런 예가 하나님의 부성애적인 통치를 어느 정도까지는 잘 설명해 준다고 생각합니다.

　　이 본문이 하나님께서 자기 종들의 기도를 가끔씩 들으심을 언급하는 것으로 오해하지 마시기 바랍니다. 왜냐하면 그분은 자기 종들이 그분에게서 멀어졌을 때에도, 그분이 그 얼굴을 그들에게서 숨기실 때조차 그들의 기도를 들으시기 때문입니다. 하지만 여기서 의미하는 기도에서의 능력이란 하나님과 함께 하는 것에서 오는 지속적이고도 확실한 능력입니다. 본문의 말씀을 인용하자면, "무엇이든지 구하는 바를 그에게서 받는" 것입니다.

　　이런 기도를 위해서는 몇 가지 선행적이고도 필수적인 조건들이 있으며, 이제 우리는 그것들에 대해 말할 것입니다. 첫째로, 어린아이 같은 순종(child-like obedience)입니다. "무엇이든지 구하는 바를 그에게서 받나니 이는 우리가 그의 계명을 지키기 때문이라." 만일 우리에게 이것이 결핍되어 있으면, 주님께서는 자기 백성인 이스라엘 백성들에게 말씀하셨듯이 우리에게 이렇게 말씀하실 것입니다. "너희가 나를 버리고 다른 신들을 섬기니 그러므로 내가 다시는 너희를 구원하지 아니하리라. 가서 너희가 택한 신들에게 부르짖으라"(사 10:13-14). 어떤 아버지라도, 불순종하는 자녀의 요청을 들어주면 가족 안에서 거역을 장려하게 되고, 자기 가정을 다스리는 일이 불가능하게 된다고 말할 것입니다. 종종 부모는 이렇게 말해야만 합니다. "애야, 너는 방금 내 말을 듣지 않았다. 그러니 나도 네 말을 들어줄 수가 없다." 아버지가 자녀를 사랑하지 않아서가 아니라, 그 자녀를 사랑하기 때문에, 그 사랑 때문에, 그는 잘못을 행한 자녀의 요청을 거절함으로써 그의 노여움을 나타내야 한다고 느끼는 것입니다. 하나님께서는 우리가 계명을 어기고 죄를 범하는 것을 보실 때, 마치 우리가 고집 센 자녀들을 대할 때처럼 우리를 대하십니다. 인자한 부모의 훈련의 일환으로서 이렇게 말씀하십니다. "나는 네가 내게 부르짖을 때 네 기도를 물리칠 것이다. 네가 나에게 간청할 때에 네 말을 듣지 않을 것이다. 내가 너를 멸하지는 않겠다. 너는 구원을 받을 것이다. 너는 생명을 위한 떡과 물을 얻을 것이다. 하지만 그 이상은 얻지 못할 것이다. 내 나라의 보화들이 너에게는 거부될 것이며, 기도에서 특별한 요청을 들어주는 그런 혜택을 너는 얻지 못할 것이다." 시편 81편에서 볼 때 주께서 자기 친 백성을 그렇게 대하시는 것이 분명합니다. "내 백성이 나를 경청하기를 원하고 나의 길들로 행하였더라면! 내가 곧 그들의 원수들을 제압하고 그들의 대적들을 향하여 내 손을 돌이켰을 것이요, 그들이 또한 가장 좋은 밀로 먹었을 것이요, 또 반석에서 나오는 꿀로 내가 너를 만족케 하였으리라"(13-14,16. KJV). 만일 불순종하는 하나님의 자녀가 "네가 기도에서 무엇을 구하든지 받을 것이다"는 약속을 손에 쥐게 된다면, 그는 틀림없이 자기 불순종을 강화시키고, 자기 욕심을 채우고, 자기 반역을 부추길 무언가를 구할 것입니다. 이런 일은 결코 용납되어서는 안 됩니다. 하나님께서 우리의 타락을 방조하신단 말입니까? 그분이 육체의 정욕이라는 불꽃에 기름을 부으신단 말입니까? 고집스러운 마음은 더 큰 자유를 갈망하고, 그것이 더 큰 고집으로 이어집니다. 거만한 정신은 더 높아지기를 갈망하고, 그것이 더 큰 교만으로 이어집니다. 나태한 정신은 더 큰 안락을 구하고, 그것이 더 큰 게으름으로 이어집니다. 또한 군림하려는 정신은 더 많은 힘을 구하고, 그것이 더 큰 억압의 기회들로 이어질 것입니다. 무릇 그의 사람됨이 어떠하면, 그의 기도도 그러할 것입니다. 반역적인 정신을 가진 자는 고집스럽고 거만한 기도를 하게 마련입니다. 하나님께서 그런 기도에 귀를 기울이셔야 한단 말입니까? 그럴 수는 없습니다. 우리가 그분의 계명들을 지키면 그분은 우리가 구하는 것을 주실 것입니다. 하지만 우리가 불순종하여 그분의 통치를 거절하면 그분 또한 우리의 기도를 거절하실 것이며, 이렇게 말씀하실 것입니다. "네가 나에게 대항하면 나도 너에게 대항할 것이며, 네가 나를 거스르면 나도 나의 거스름을 너에게 보이리라"(레 26:23-4; 시 18:26). 만일 우리가 하나님의 은혜로 다윗처럼 말할 수 있다면 복된 것입니다. "여호와여 내가 무죄하므로 손을 씻고 주의 제단에 두루 다니리이다"(시 26:6). 이는 결코 완벽한 무죄를 의미하지 않습니다. 하지만 그것은 최소한, 죄를 사랑하지 않고 고집스럽게 하나님을 거역하지 않는다는 면에서는 무죄입니다.

다음으로, 승리하는 기도를 위해 또 다른 필수적인 요소는 어린아이 같은 공손함(child-like reverence)입니다. 다음 문장을 주목해 보십시오. 우리가 구하는 바를 받는 것은 "우리가 그의 계명을 지키고 그 앞에서 기뻐하시는 것을 행하기" 때문입니다. 우리는 자녀들에게 아버지의 명이 타당하고 지혜로운 것인지에 대해 의문을 제기하도록 허용하지 않습니다. 의문이 시작되는 곳에서 순종은 끝이 납니다. 의무에 있어서, 자녀의 판단 기준이 아버지로서의 명할 권리를 제한해서는 안 됩니다. 착한 자녀들은 이렇게 말합니다. "아버지께서 우리에게 이렇게 저렇게 하라고 말씀하셨어. 그러므로 우리는 그렇게 할 테야. 우리는 언제나 그분을 기쁘시게 하는 것이 좋으니까." 부모를 사랑하는 자녀에게 있어서 행동의 가장 중요한 동기는, 그 행동이 부모를 기쁘게 한다는 확신입니다. 부모를 사랑하는 자녀에게 있어서 어떤 행동을 삼가게 만드는 가장 강력한 이유는, 그런 행동이 부모를 불쾌하게 만들 것이라는 생각입니다. 그것은 정확히 하나님을 향한 우리의 태도에서도 마찬가지입니다. 하나님은 온전하신 어버이시며, 따라서 우리는 실수할 것을 두려워하지 않고 언제나 '그분을 기쁘시게 하는 것'을 바른 행위의 규칙으로 삼을 수 있습니다. 반면에 그분을 노엽게 할 수 있는 일들은 행하지 않는 것을 안전한 규칙으로 삼을 수 있습니다. 만일 우리 중에 누가 아주 완고하여져서 이렇게 말한다고 가정해 봅시다. "나는 하나님을 기쁘시게 하는 일을 행하지 않을 테야. 나는 나 자신을 기쁘게 하는 일을 행할 테야." 그러면 우리의 기도가 어떤 성격을 띠게 될까요? 우리의 기도는 이런 요청으로 요약될 수 있지 않을까요? "나를 내 맘대로 하게 해 주세요!" 하나님께서 그런 요구에 동의하시리라고 기대할 수 있을까요? 우리가 감히 하나님의 유산뿐 아니라 하나님까지도 주관하려는 것입니까? 여러분은 전능자로 하여금 보좌에서 내려오시게 하고, 그자리에 거만하고 죽을 인생을 앉히려 하는 것입니까? 여러분의 집에는 아버지에게 조금의 존경심도 보이지 않고 이렇게 말하는 자녀가 있습니까? "나는 모든 일에서 내 마음대로 하고 싶어요." 만일 그런 자녀가 여러분에게 무언가를 요청하러 오면, 여러분은 그에게 몸을 낮추어 그 말에 귀를 기울입니까? 여러분은 그가 여러분에게 지시하도록 허용하고, 여러분에게 합당한 예의를 갖추는 것을 잊도록 내버려 둡니까? 여러분은 이렇게 말합니까? "그래, 내 사랑스러운 아이야, 나는 너의 중요성을 인식한다. 너는 이 집을 주관할 것이고, 네가 구하는 무엇이든 가지게 될 것이다!" 그러면 그 집안은 대체 어찌 되겠습니까? 나는 그런 집들이 더러 있다는 것을 우려합니다. 자녀들로 하여금 그들의 주인들이 되게 하고, 그래서 스스로 화를 자초하는 어리석은 부모들이 있음을 우려합니다. 하지만 하나님의 집의 질서는 그렇지 않습니다. 그분은 고집스러운 자녀들의 말에, 듣고 노하시거나 진노로 응답하시는 경우를 제외하고는, 귀를 기울이시지 않습니다. 그분이 육체를 위해 구하는 이스라엘의 기도를 어떻게 응답하셨는지를 기억하십시오. 고기가 아직 그들의 이 사이에 있어 씹히기도 전에, 그것이 그들에게 저주가 되게 하셨습니다(민 11:33). 많은 사람들이 그들이 구하는 것을 얻음으로써 징계를 당합니다. 마치 배교자들이 그들의 욕망을 가득 채우는 것과 같습니다.

우리는 어린 아이처럼 하나님께 공손해야 하며, 그래서 이렇게 느껴야 합니다. "주님, 만일 제가 구하는 것이 당신을 기쁘시게 하지 않으면 저도 그것을 기쁘게 여기지 않겠습니다. 제 소원은 모든 것이 바로 되도록 당신의 손에 맡기는 것입니다. 주여, 제가 구한 것 중에 옳지 않은 모든 간구를 지워주소서. 그리고 제가 빠뜨린 간구들을 포함시켜 주시되, 설혹 제가 기억하였으면 바라지 않았을 것이라도 주님이 원하시는 것이면 포함시켜 주소서. 좋으신 주님, 제가 바라야 할 것들이 있다면, 제가 그것을 바란 것처럼 저에게 허락하여 주소서. '내 원대로 마옵시고 당신의 원대로 하옵소서.'" 이제, 기도에서 지속적으로 하나님의 들으심을 얻기 위해서는, 이 순종의 정신이 필수적임을 여러분이 이해했을 것이라고 생각합니다. 그 반대는 기도에서 확실한 장애물입니다. 주님은 주변에 둘러싼 자녀들에 의해 존경을 얻으셔야 합니다. 그 자녀들은 그들이 행하고 구하는 모든 것에서 그분의 기쁨을 추구해야 합니다. 그렇지 않다면 그분이 그들을 인자한 시선으로 바라보지 않으실 것입니다.

세 번째로, 본문은 어린아이 같은 신뢰(child-like trust)가 필수적임을 시사합니다. "그의 계명은 이것이니 곧 그 아들 예수 그리스도의 이름을 믿고." 성경 어디에서나, 하나님께 대한 믿음은 성공적인 기도에 필수적이라고 말하고 있습니다. 우리는 하나님이 계신 것과 그가 자기를 찾는 자들에게 상 주시는 이심을 믿어야 합니다(히 11:6). 그렇지 않으면 우리는 전혀 기도하지 않은 것이나 다름없습니다. 하지만 우리 기도의 성공은 우리 믿음의 크기에 비례합니다. "네 믿음대로 되리라"가 그 나라의 불변의 규칙입니다. 성령께서 사도 야고보의 입을 빌려 어떻게 말씀하시는지를 기억하십시오. "너희 중에 누구든지 지혜가 부족하거든 모든 사람에게 후히 주시고 꾸짖지 아니하시는 하나님께 구하라 그리하면 주시리라. 오직 믿음으로 구하고 조금도 의심하지 말라 의심하는 자는 마치 바람에 밀려 요동하는 바다 물결 같으니, 이런 사람은 무엇이든지 주께 얻기를 생각하지 말라"(약 1:5-7). 본문은 그 아들 예수 그리스도의 이름을 믿는 믿음에 대해 말합니다. 나는 이것이 그분의 알려진 성품에 대한 믿음, 그분의 복음에 대한 믿음, 그분의 대속 및 구원과 관련된 진리에 대한 믿음을 의미한다고 이해합니다. 혹은 그것은 그리스도의 권위에 대한 믿음을 의미할 수도 있습니다. 내가 하나님께 간청하며 "그것을 예수님의 이름으로 행하여 주소서"라고 말할 때, 나는 이런 의미로 말하는 것입니다. "당신께서 예수님을 위해 행하시듯이 저를 위해 행하여 주소서. 저는 그분으로부터 그분의 이름을 사용하라는 권한을 부여받았기 때문입니다. 당신께서 그분을 위해 행하시듯이 그 일을 저를 위해 행하여 주소서." 그 이름을 믿음으로 기도할 수 있는 자는 실패할 수 없습니다. 주 예수님께서 이렇게 말씀하셨기 때문입니다. "내 이름으로 무엇이든지 내게 구하면 내가 행하리라"(요 14:14). 하지만 믿음이 있어야 하며, 믿음이 없다면 우리가 들으심을 얻기를 기대할 수 없습니다. 여러분은 그것을 이해하지 못합니까? 다시 가족의 비유로 되돌아가 봅시다.

　어느 가정에 자기 아버지의 말을 믿지 않는 자녀가 있다고 가정합시다. 그는 끊임없이 자기 생각 속에는 자기 아버지의 신실함에 대한 의심으로 가득하다고 말을 합니다. 또한 그는 자기 형제들과 자매들에게 아버지에 대한 믿음이 매우 약하다고 말합니다. 그는 그런 딱한 사실을 언급하면서도, 자신이 그런 말을 하는 것에 전혀 놀라지 않습니다. 오히려 그는 마치 어쩔 수 없는 질병에라도 걸린 듯, 자신이 불쌍히 여김을 받아야 한다고 느낍니다. 하여간 그는 아버지가 진실을 말한다는 것을 믿지 않습니다. 그리고 비록 그가 자기 아버지의 약속을 믿으려고 애는 쓰지만, 그래도 믿을 수 없다고 선언합니다. 아들에게서 그처럼 천하게 불신을 당하는 아버지라면, 그런 아들의 요청을 들어주기 위해 결코 서두르지 않을 것이라고 나는 생각합니다. 정녕, 그렇게 불신으로 가득한 아들의 요청들은, 그의 아버지가 들어주고 싶어도 들어줄 수가 없을 것입니다. 왜냐하면 그런 요청을 승낙한다는 것은 아들의 불신을 충족시켜 주는 셈이 되고, 또한 그의 부모에게는 불명예가 되기 때문입니다. 예를 들어, 이 아이가 머릿속에 자기 아버지가 그에게 일용할 양식을 공급할 것인지에 대해 의심을 간직하고 있다고 합시다. 그 때 그는 자기 아버지에게 와서 이렇게 말할 것입니다. "아버지여, 다가오는 십 년 동안 쓸 수 있는 충분한 돈을 내게 주소서. 십년 후면 저도 어른이 될 것이고, 나 스스로를 부양할 수 있을 것이기 때문입니다. 내 두려움을 가라앉히도록 돈을 주십시오. 저는 그 때문에 큰 근심 중에 있습니다." 아버지가 이렇게 대답합니다. "내 아들아, 왜 내가 그렇게 해야 하느냐?" 그러자 이런 대답이 돌아옵니다. "아버지, 이렇게 말씀드려서 매우 죄송합니다만, 저는 당신을 믿지 못하겠습니다. 저는 당신과 당신의 사랑에 대해 매우 약한 믿음을 가지고 있기 때문에, 이렇게 지내는 도중에 어느 날 당신이 저를 굶주리도록 내버려 둘 것이 두렵고, 그래서 저는 무언가 확실한 것을 은행에 보관해 두기를 원합니다." 여러분 중에 어느 아버지가 그런 식으로 구하는 아들의 요청을 들어주겠습니까? 아마도 여러분은, 여러분의 사랑하는 자녀의 머릿속에 여러분을 그토록 욕되게 만드는 생각이 자리 잡고 있는 것에 대해 깊은 슬픔을 느낄 것입니다. 여러분은 그런 요청을 들어주고 싶지도 않고, 들어줄 수도 없을 것입니다.

이 비유를 여러분 자신에게 적용하시기를 바랍니다. 여러분은 그것과 아주 비슷한 요청을 드린 적이 없습니까? 여러분은 날마다 일용할 양식을 내려주시는 하나님을 신뢰하지 못하였고, 따라서 소위 "미래를 위한 얼마간의 비축량(some provision for the future)"이라고 하는 것을 염원하여 왔습니다. 여러분은 섭리보다 더 믿을 만한 공급자를 원하고, 하나님의 약속보다 더 나은 안전 보장을 원합니다. 여러분은 여러분의 하늘 아버지의 말씀을 신뢰하지 못하고 있으며, 거의 파산에 이른 외국 정부가 발행한 약간의 채권을 더 믿을 만한 것으로 여기고 있습니다. 여러분은 터키의 술탄이나 이집트의 총독은 믿을 수 있으면서도, 온 땅의 하나님을 믿지 못하고 있습니다! 우리는 "보이는 것들"을 보이지 않는 하나님의 전능하심보다 더 실질적인 것으로 여김으로써, 그분을 수없이 모독하는 것입니다. 우리는 지금 당장 필요하지 않은 것을, 아니 어쩌면 앞으로도 전혀 필요하지 않을 것을, 지금 당장 주시도록 하나님께 요청합니다. 그런 욕망의 밑바탕에는 그분에 대한 수치스러운 불신이 자리 잡고 있으며, 그런 불신이 우리로 하여금 미래의 공급을 보장하는 커다란 저장고가 필요하다고 생각하게 만드는 것입니다. 형제들이여, 여기서 책망받을 일이 없습니까? 여러분은 주께서 여러분의 어리석음을 돕고 부추기실 거라고 기대하는 겁니까? 하나님께서 여러분의 불신에 영합하실까요? 그분이 여러분에게 번쩍이는 금과 은을 무더기로 주시어 도둑들로 하여금 훔쳐가게 하시고, 또한 의복을 켜켜이 쌓아두어 좀이 먹도록 하실까요? 주님께서 여러분의 의심과 불신을 정당하다 인정하고 용인하시듯 행동하실 것 같습니까? 여러분이 그분을 그렇게 하도록 만들 수 있다고 여기는 것입니까? 하나님이 금하십니다! 불신의 마음으로 구할 때에는 여러분의 기도가 응답되리라고 기대하지 마십시오. "네 길을 여호와께 맡기라 그를 의지하면 그가 이루시리라"(시 37:5).

기도에서 지속적인 성공을 위해 다음으로 꼭 필요한 것은 어린아이 같은 사랑(child-like love)입니다. "그 아들 예수 그리스도의 이름을 믿고 그가 우리에게 주신 계명대로 서로 사랑할 것이라." 믿음 다음에 이어지는 큰 계명은 사랑입니다. "하나님은 사랑이시라"는 말씀이 있는 것처럼, 우리는 "기독교는 사랑이다"라고 말할 수 있습니다. 만일 우리 각 사람이 사랑의 화신들이 된다면, 그리스도를 온전히 닮는 수준에 이르게 될 것입니다. 우리에게 하나님을 향한 사랑, 그리스도를 향한 사랑, 교회를 향한 사랑, 죄인들을 향한 사랑, 그리고 도처에 있는 사람들을 향한 사랑이 풍성해야 합니다. 사람에게 하나님을 향한 사랑이 없을 때, 그는 자기 아버지를 향한 사랑이 없는 자녀의 상태에 있는 것입니다. 그의 아버지가 그처럼 무정하고 불효의 마음을 가진 자식에게 모든 소원들을 무조건적으로 이루어 주리라는 약속을 하겠습니까? 혹은, 어떤 자녀가 자기 형제들과 자매들을 사랑하지 않는데도, 그의 아버지가 "구하라 그리하면 주실 것이요"라는 절대적인 약속을 그에게 주겠습니까? 만일 그렇게 되면, 그 사랑 없는 아들은 자신의 이기적인 요구들로 온 가족을 궁핍하게 만들 것입니다. 나머지 식구들에게는 무관심한 채, 그는 오로지 자기 자신의 욕심을 채우는 일에만 골몰할 것입니다. 머잖아 그는 이런 요구를 할 것입니다. "아버지여, 내게 모든 유산을 주십시오." 혹은 "아버지, 나에게 맞추어 가정을 통솔하시고, 내 형제들이 모두 내가 바라는 대로 따르게 하십시오." 자기 머리칼을 자랑스러워하던 압살롬처럼 자기 개인의 용모나 자랑하면서, 그는 곧 자기 자신의 왕국을 추구할 것입니다. 소수의 요셉과 같은 사람들이 채색 옷을 입을 수는 있겠지만, 가정의 폭군들이 될 수는 없습니다. 누가 탕자로 하여금 재산을 탕진하도록 허용하겠습니까? 어느 누가 어리석게도 탐욕스럽고 형제들을 지배하려는 아들을 명예로운 자리에 앉혀서, 그 형제들보다 높이려 할까요? 그러므로, 여러분이 알다시피 이기적인 자에게는 기도의 능력을 맡길 수 없습니다. 사랑이 없는 영혼들, 하나님도 사람들도 사랑하지 않는 자들에게는 결코 크고, 넓고, 제한 없는 약속들을 맡길 수가 없습니다. 하나님이 우리 기도를 들으시기를 바란다면, 우리는 하나님을 사랑해야 하고, 또한 동료 사람들을 사랑해야 합니다. 왜냐하면, 우리가 하나님을 사랑할 때 무엇이든지 하나님을 영예롭게 하지 않는 것은 구하지 않을 것이며, 또한 우리 형제들에게도 더불어 축복이 되지 않는 어떤 일도 우리에게 일어나는 것을 바라지 않을 것이기 때문입니다. 우리의 가슴은 참으로 하나님과 그분의 피조물들을 향해 고동칠 것이고, 우리 자신에게만 열중하지 않을 것이기 때문입니다. 여러분이 먼저 이기심을 버려야 하나님께서 천국의 열쇠를 여러분에게 맡기실 수 있습니다. 자아가 죽을 때, 그 때 하나님은 여러분으로 하여금 그분의 보화창고를 열 수 있도록 하실 것이며, 여러분은 왕자의 자격으로 하나님께 요청하고 들으심을 얻게 될 것입니다.

이 외에도, 우리에게 또한 어린아이 같은 방식(child-like ways)이 있어야 합니다. 다음 구절을 읽어 보십시오. "그의 계명을 지키는 자는 주 안에 거하고, 주는 그의 안에 거하시나니." 그것이 어린아이가 자기 가정을 사랑하는 방식입니다. 아버지가 항상 그 요청에 귀를 기울여 주는 착한 자녀는, 다른 어떤 곳보다 부모님이 사시는 정답고도 오랜 집을 더욱더 사랑합니다. 자, 하나님의 계명을 사랑하고 지키는 자는 그분 안에 거한다고 말할 수 있습니다. 그는 주님을 자기 거처로 삼으며, 하나님과의 거룩한 친밀함 속에서 살아갑니다. 그의 안에는 우리 주님의 말씀이 가득합니다. "너희가 내 안에 거하고 내 말이 너희 안에 거하면 무엇이든지 원하는 대로 구하라 그리하면 이루리라"(요 15:7). 믿음과 사랑은, 마치 그룹 천사의 두 날개처럼, 믿는 자의 영혼을 세상 위로 옮겨다 주고, 그를 하나님의 보좌 가까이로 데려다줍니다. 그는 하나님을 닮은 자가 되었고, 이제 그의 기도는 하나님이 응답하실 수 있는 기도가 되었습니다. 하지만 이렇게 하나님의 생각과 일치하기까지는, 그의 간구의 능력에는 어느 정도의 제한이 있어야만 합니다. 하나님 안에 거하는 것은 하나님의 능력을 얻기 위해 필수적인 것입니다. 여러분에게 한 아들이 있는데, 그 아이가 이렇게 말한다고 가정해 보십시오. "아버지, 저는 내 집을 좋아하지 않아요. 저는 당신을 좋아하지도 않아요. 그리고 저는 가정의 규칙으로 속박되는 것을 참을 수 없어요. 저는 이제부터 낯선 자들과 함께 살 거예요. 하지만 아버지, 이것만은 기억해 두세요. 매주 저는 아버지께 올 것이고, 많은 것들을 요청할 겁니다. 그러면 아버지께서 제가 구하는 것은 무엇이든지 주실 것이라고 기대할게요." 만일 여러분이 가정의 가장이 되기에 적합한 사람이라면, 이렇게 말할 것입니다. "내 아들아, 어떻게 그런 식으로 내게 말할 수 있느냐? 네가 그렇게 제멋대로 내 집에서 떠나려고 하면서, 내가 네 요구를 다 수용하리라고 기대하느냐? 네가 그토록 나를 무시하고서도, 지독하게 몰인정하고 악하게 반항하는 너를 내가 부양할 것이라고 기대하느냐? 그럴 수 없다. 네가 만약 아버지인 나와 함께 거하지 않을 것이라면, 나는 너에게 어떤 약속도 할 수 없다." 하나님께서도 그렇게 하실 것입니다. 우리가 그분과 함께 거하면, 그리고 그분과 교제하면, 그분이 우리에게 모든 것을 주실 것입니다. 그분이 마땅히 사랑을 받으셔야 하듯이 우리가 그분을 사랑한다면, 그분이 마땅히 신뢰를 받으셔야 하듯이 우리가 그분을 신뢰한다면, 그 때 그분은 우리의 요청들을 들으실 것입니다. 하지만 그렇지 못하다면 그것을 기대하는 것은 가당치도 않습니다. 진정, 불경건한 욕망들을 채우고 악하고 변덕스러운 생각들을 만족케 하는 것은, 그분의 거룩한 성품에 오점을 남기는 일이 될 것입니다. "여호와를 기뻐하라 그가 네 마음의 소원을 네게 이루어 주시리로다"(시 37:4). 하지만 당신이 하나님을 기뻐하지 않는다면, 당신이 거하는 처소가 그분이 아니라면, 그분이 당신에게 응답하지 않으실 것입니다. 그분이 당신에게 고생의 떡과 물을 주실 수는 있겠지만, 분명 당신의 마음의 소원을 이루어 주시지 않을 것입니다.

　한 가지 더 있습니다. 본문에서 볼 때 우리에게 어린아이 같은 정신(child-like spirit)이 있어야 합니다. "우리에게 주신 성령으로 말미암아 그가 우리 안에 거하시는 줄을 우리가 아느니라." 이것이 양자의 영, 곧 하나님의 모든 자녀들 안에서 다스리시는 영이 아니고 무엇이겠습니까? 완고한 자들 곧 하나님과 다르게 생각하고 느끼고 행동하는 자들은, 하나님께서 그들이 생각하고 느끼고 행동하는 방식에 동조하실 거라고 기대해서는 안 됩니다. 교만의 정신에 따라 움직이는 이기적인 자들, 편한 것만 좋아하는 정신으로 움직이는 게으른 자들은, 하나님께서 그들을 즐겁게 해 주시리라고 기대해서는 안 됩니다. 성령께서 우리 안에서 통치하신다면, 그분은 우리의 본성을 그분의 통치에 복종시키실 것이며, 그런 후에 우리의 새로워진 마음에서 솟아나는 기도들은 하나님의 뜻과 일치할 것이며, 또한 자연스럽게 그런 기도는 응답을 얻게 될 것입니다. 어떤 부모도 고집스러운 아이가 이런 식으로 하는 말에 귀를 기울이지는 않을 것입니다. "내가 이것을 갖는 것을 내 아버지가 원하지 않는다는 것을 나는 안다. 하지만 나는 그것을 가지고 말테야." 오호라, 어른으로서 여러분은 건방진 아이에게 이런 식으로 억지로 뜻이 꺾이진 않을 겁니다. 하나님께서는 만일 우리가 그분의 거룩한 뜻에 반하는 것을 요청할 때 그것을 우리에게 허락하실까요? 그럴 수는 없습니다. 그럴 가능성은 생각조차 할 수 없습니다. 우리 안에 그리스도 예수의 생각과 같은 생각을 품어야 하며, 그 때 비로소 우리는 이렇게 말할 수 있습니다. "항상 내 말을 들으시는 줄을 내가 알았나이다"(요 11:42).

　이제 이 부분을 지나서, 잠시 동안 이 주제의 또 다른 부분을 숙고해 보기를 바랍니다.

2. 기도에서 필수적인 요소들이 지니는 효력

두 번째로, 우리는 기도에 있어서 이러한 필수적인 요소들의 효력(the prevalence of these essential things)에 대해 주목할 것입니다. 이런 요소들이 우리 안에 풍성하게 있다면, 우리의 기도가 열매도 없이 무익하게 되는 일은 있을 수 없습니다.

먼저, 만일 우리에게 믿음(faith)이 있다면, 하나님이 우리 기도를 들으시는 것에 의문이 있을 수 없습니다. 우리가 예수님의 피와 이름을 믿고 기도할 수 있다면, 반드시 평안의 응답을 얻을 것입니다. 하지만 이에 대해 트집을 잡는 경우가 수없이 많습니다. 기도가 자연 법칙에 관련될 경우, 과학을 따지는 사람들이 우리를 반대합니다. 그런들 어떻습니까? 나는 이 과학적인 사람들이 충분히 따져 보도록, 하고 싶은 대로 하도록 기회를 주고 싶습니다. 자연 법칙에 부합되지 않는 기도에 어떤 가치가 있는지 알 수 없지만, 그럼에도 하나님이 기도를 들으신다고 나는 믿습니다. 하나님께서 우리를 위해 자연 법칙을 바꾸시지는 않을 거라고 사람들은 말합니다. 그러면 나는 이렇게 대꾸하지요. "누가 뭐라고 하든, 그분의 뜻대로 행하실 것입니다!' 기적을 행하시거나 자연법칙들을 일시 보류하시는 것을 포함하여, 주님은 우리의 기도에 응답하시는 여러 방법들을 가지고 계십니다. 그분은 기적으로 기도에 응답하기도 하셨습니다. 하지만 내가 종종 여러분에게 말했듯이, 기적은 그분의 목적을 이루는 더 거친(rougher) 방식으로 보입니다. 그것은 작은 결과를 위해 거대한 기계를 멈추는 것과도 같습니다. 하지만 그분은 자신의 목적을 어떻게 성취하실 것인지, 내가 알지 못하는 은밀한 수단들로써 우리의 기도에 어떻게 응답하실 것인지를 아십니다. 아마도 기도가 작동할 때에는, 우리의 학식 있는 이론가들이 발견할 수 있는 자연 법칙과 자연적인 힘들은 그대로 유지되는 채, 그와 별개로 작동하도록 배치해 두신 다른 법칙과 힘들이 있을 것입니다. 가장 지혜로운 사람들도 우주를 통제하는 법칙을 모두 알지는 못합니다. 아니, 그 십분의 일도 알지 못하지요. 우리는 그리스도인들의 기도가 '섭리라는 기계장치(the machinery of providence)'의 일부이며, 하나님의 목적이라는 거대한 톱니바퀴 속의 톱니들(cogs)과 같다고 믿습니다. 따라서 하나님께서 자기 자녀들을 기도하도록 이끄실 때, 그분은 이미 그 기도가 목적하는 결과를 내기 위해 바퀴를 움직이게 하신 것입니다. 우리가 드리는 기도는 그 바퀴의 일부로서 움직이는 것이지요. 그 기도에 하나님께 대한 믿음이 있고, 하나님께서 살아 계시고 참되시다면, 그분은 반드시 기도를 들으실 것입니다. 본문 앞의 구절은 이렇게 말하고 있습니다. "만일 우리 마음이 우리를 책망할 것이 없으면 하나님 앞에서 담대함을 얻고 무엇이든지 구하는 바를 그에게서 받나니"(21-22절). 깨끗한 양심을 가진 자는 담대함을 가지고 하나님께 오며, 그 믿음의 담대함이 그의 기도의 응답을 보장합니다. 어린아이와 같은 확신이 이런 기도를 가능하게 만듭니다. 그것은 한 사람으로 하여금 위대한 일들(great things)을 위해 기도하게 하며, 그런 위대한 일들은 그가 이 담대함에 대해 배우지 못했더라면 결코 구하지 않았을 것입니다. 또한 그런 담대함은 많은 사람들이 구하기를 두려워하는 작은 일들(little things)을 위해서도 기도하게 만듭니다. 많은 사람들이 그런 작은 일들을 위해 구하지 못하는 것은 그들이 하나님을 향해 어린아이들의 담대함을 느끼지 못하기 때문입니다. 나는 종종 큰 일들을 위해서보다 작은 일들을 위해서 기도할 때에 하나님 안에서의 담대함이 더욱 필요하다고 느끼곤 합니다. 우리는 우리의 큰 일들을 하나님이 주목하실 가치가 있다고 생각하지만, 사실상 그런 일들도 하나님께는 아주 작은 일들일 뿐입니다. 또 우리는 우리의 사소한 일들까지도 하나님 앞에 가져오는 것이 거의 무례가 되지 않을까 생각하기도 합니다. 하지만 우리가 알아야 할 것은, 자녀에게 매우 큰 일도 부모에게는 매우 작은 일일 수 있고, 부모는 그 자녀와는 다른 관점에서 그 일을 평가한다는 것입니다. 여러분이 일전에 아이가 심하게 우는 소리를 들었다고 합시다. 그의 어머니가 그를 불러서 어디가 아프냐고 물었습니다. 그를 울게 한 것은 손가락에 박힌 가시였습니다. 자, 그것은 작은 문제였습니다. 여러분은 가시를 뽑기 위해서 의사를 세 명이나 부른다거나, 혹은 소리를 치면서 사방에 알리기를 원하지 않았을 것입니다. 바늘을 가져와서는, 곧바로 그 일을 처리했지요. 오, 하지만 그 일이 저 귀엽고 작은 아이에게는 얼마나 큰 일이었는지요! 그의 얼굴은 아픔의 눈물로 온통 젖어 있었습니다. 그것이 그에게는 큰 문제였던 것입니다. 자, 그 소년에게 고통을 일으킨 것이 어머니가 신경을 쓰기에는 너무 사소한 문제인가요? 전혀 그렇지 않습니다. 어머니나 아버지가 어린 자녀들의 작은 소원들을 보살피지 않는다면 누가 보살피겠습니까? 우리의 아버지 하나님은 너무나 좋으신 아버지이시며, 그분은 마치 아버지들이 그 자녀들을 불쌍히 여기듯 우리를 불쌍히 여기시고, 우리의 작은 문제들을 돌보십니다. 그분은 하늘의 별들의 수를 아시고 그 이름을 하나씩 부르시는 분이지만, 그러면서도 자녀들의 상한 마음의 소리에 귀를 기울이시고, 그들의 상처를 싸매어 주시는 분입니다. 태양을 밝히신 동일하신 하나님께서 "내가 꺼져가는 등불을 끄지 아니하리라"(사 42:3)고 말씀하십니다. 여러분이 하나님 앞에서 담대함을 얻으면, 여러분은 큰 일들과 작은 일들을 그분께 가져갈 것이며, 그분은 여러분의 담대함을 실망시키지 않으실 것입니다. 자기를 의지하는 자는 결코 수치를 당하거나 놀라지 않을 것이라고 그분이 말씀하셨기 때문입니다. 믿음은 반드시 성공합니다.

하지만 다음으로, 사랑(love) 역시도 반드시 성공합니다. 우리가 이미 보았듯이 기독교적인 의미에서 사랑하는 자는 하나님과 마음이 일치하는 자입니다. 여러분은 여러분의 사랑을 가족에게만 한정한다 해도, 하나님이 그렇게 하시리라고 기대하지는 마십시오. 그분은 그런 테두리 내에 제한된 기도를 무시하실 것입니다. 만약 어떤 사람이 자기만을 사랑하여, 다른 모든 사람의 곡식 값은 내려가고 자기가 생산한 곡식 값만 올라가기를 바란다면, 분명코 주님께서 그런 천박한 이기심에 동의하실 거라고 기대할 수는 없습니다. 만약 어떤 사람의 마음이 하나님의 모든 피조물들을 애정으로 감쌀 정도라면, 그가 특별히 믿음의 가정을 위해서 기도하는 동안에도, 그의 기도는 하나님의 마음에 합한 기도가 될 것입니다. 그의 사랑과 하나님의 선하심이 나란히 가는 것입니다. 비록 하나님의 사랑은 강하게 흐르는 강물과도 같고, 그의 사랑은 졸졸 흐르는 작은 개울과도 같지만, 그 둘은 같은 방향으로 흐르고 있으며, 그 둘 모두 같은 목적에 도달하게 될 것입니다. 하나님께서 사랑하는 사람의 기도를 언제나 들으시는 것은, 그러한 기도가 그분의 작정(decrees)에 부합되기 때문입니다.

또한, 하나님은 순종(obedience)의 사람의 기도를 들으십니다. 그의 순종하는 마음이 그로 하여금 겸손하고 공손하게 기도하도록 이끌어 주고, 또한 그는 주의 뜻이 이루어지는 것을 자신의 최고의 소원이라고 느끼기 때문입니다. 그러므로 순종하는 마음을 가진 사람의 기도하는 것은 예언의 말씀(oracle)과도 같으며, 그의 기도들이 곧 예언들(prophecies)입니다. 그는 하나님과 일치된 사람이 아닙니까? 그는 정확히 하나님의 의도하시는 것을 바라고 구하지 않습니까? 그런 활에서 쏜 기도의 화살이 어찌 그 목표물에 명중하지 않겠습니까? 만일 여러분의 뜻이 하나님의 뜻과 일치된다면, 여러분은 하나님 자신이 바라시는 바를 바랄 것입니다. 어려움은 우리가 하나님과의 '일치(en rapport)'를 유지하지 못한다는 것입니다. 하지만 우리가 그럴 수 있다면, 그 때 우리는 하나님이 말씀하시는 것과 같은 내용의 말을 할 것입니다. 비록 그분의 말씀은 천둥처럼 들리고, 우리의 말은 속삭임처럼 들리겠지만, 그럼에도 거기에는 완벽한 조화가 있습니다. 지상에서 울려 퍼지는 기도 소리와 하늘에서 울려 퍼지는 작정의 소리들이 일치하게 될 것입니다.

또한 하나님과의 교제(fellowship with God) 안에서 사는 사람은 틀림없이 기도에 성공할 것입니다. 왜냐하면, 그가 하나님 안에 거하고, 하나님이 그 안에 거하신다면, 그는 하나님이 바라시는 것을 바랄 것이기 때문입니다. 주님과의 친교 속에서 사는 신자는 인간의 유익을 바랄 것이고, 하나님도 그러하십니다. 그는 그리스도의 영광을 바랄 것이고, 하나님도 그러하십니다. 그는 교회의 번성을 원할 것이고, 하나님도 그러하십니다. 그는 자신이 거룩함의 한 견본이 되기를 바라고, 하나님도 그러하십니다. 혹 그 사람이 하나님의 뜻에 일치하지 않는 것을 바랄 때가 있다면, 그것은 무지의 결과입니다. 사람은 사람일 뿐 하나님이 아니며, 사람이 최상일 때에도 반드시 실수가 있기 때문입니다. 하지만 그가 기도에서 이러한 결함을 나타내긴 하여도, 언제나 기도의 끝에는 이런 내용을 추가합니다. "주님, 제가 이 기도에서 당신의 생각과 일치하지 않는 무언가를 구하였거든, 주께 간청하오니 제 말을 참작하지 마소서. 그리고 제가 당신께 표현한 저의 소원 중에서, 비록 그것이 제 가슴속에서 다른 무엇보다도 간절하게 타오르는 열망이라 하더라도, 당신이 보시기에 옳지 않은 소원이 있다면, 내 아버지여 제 말을 고려하지 마소서. 오직 당신의 무한한 사랑과 긍휼로, 당신의 종이 구하는 것보다 당신의 종을 위해 더 좋은 무언가를 행하여 주소서." 자, 기도가 이런 식일 때, 어찌 그 기도가 실패하겠습니까? 주께서는, 마치 노아가 비둘기가 방주로 돌아오는지를 내다보듯이, 하늘의 창을 통해 그러한 기도가 자기에게 오는지를 보고 계십니다. 그리고 그분은, 마치 노아가 손을 내밀어 그 비둘기를 방주 안 자기에게로 받아들였듯이(창 8:9), 손을 내밀어 그런 기도를 자기에게로 받아들이시고 그 품에 안으십니다. "너는 내 품에서 나갔다가, 다시 내게로 돌아오니 너를 환영하노라. 나의 영이 너를 지었으니, 내가 네게 응답하겠노라."

또한 본문은 그리스도인을 하나님의 영으로 충만한(filled with God's Spirit) 사람으로 말하고 있습니다. "우리에게 주신 성령으로 말미암아 그가 우리 안에 거하시는 줄을 우리가 아느니라." 사람의 생각을 사람의 영이 아니면 누가 알겠습니까? 마찬가지로, 하나님의 영이 아니면 하나님의 일들을 누가 알겠습니까? 만약 하나님의 영이 우리 안에 거하신다면, 그분이 우리에게 하나님의 생각이 무엇인지를 일러 주실 것입니다. 그분은 하나님의 뜻대로 성도들 안에서 간구하십니다. 때때로 사람들은 기도에 들으심을 얻는 자들은 그들이 원하는 대로 기도할 수 있을 것이라고 생각합니다. 하지만 내가 여러분에게 단정하건대, 이런 사람들 중에 어느 누구도 그렇지 않다고 말할 것입니다. 여러분은 그런 사람을 불러서 여러분을 위해 기도해 달라고 요청할 수 있겠지만, 그는 그렇게 하겠다고 약속하지 못합니다. 이상하게도 그런 사람들을 말리는 무언가가 있으며, 그럴 때 그들은 '어떤 상황에서는 비록 효과적이고 간절한 기도를 하기 원해도 왜, 어떻게 해서, 그렇게 할 수 없는지를 알지 못한다'고 느낍니다. 비두니아에 가려고 애썼지만 예수의 영이 허락하지 않으셨을 때의 바울처럼(행 16:7), 어떤 요청들이 있을 때 우리가 자연적으로는 그에 응하고 싶지만, 성령이 막으실 때가 있는 것입니다. 겉보기에는 기도를 방해할 만한 것이 아무것도 없습니다. 하지만 여호와의 '비밀'(secret, 한글개역개정에는 '친밀하심'으로 되어 있음)이 그를 경외하는 자들에게 있으며(시 25:14), 그분은 언제 어디에서 그분의 택하신 자들이 기도의 들으심을 얻는지 은밀한 암시를 주십니다. 당신이 그분과 동행하며 성령으로 충만하다면, 그분은 믿음의 기도를 들으신다는 약속을 당신에게 주십니다. 하지만 동시에, 그분은 사람들이 당신에게 요청하는 모든 문제에 대해 믿음을 주시지는 않습니다. 오히려 그분은 당신에게 분별력과 판단력과 지혜를 주시고, 또한 성령께서는 하나님의 뜻을 따라 성도들 안에서 간구하십니다.

지금까지 나는 이 교훈을 꽤 선명하게 제시했다고 생각합니다. 이제 옛 청교도들이 말하곤 했듯이, '실제적인 진보(practical improvement)'를 위해 잠시 동안 말하고자 합니다. 나는 여러분 중 많은 사람들에게 진보가 있기를 간절히 바랍니다.

첫째로, 우리는 교회로서 큰 은혜를 위해 기도하기를 원합니다. 내가 교회 전체적으로 은혜를 위해 기도하기를 원한다고 말하는 것은, 여러분에게 기도를 명하는 것이라고 생각합니다. 좋습니다. 자, 우리에게는 능력의 기도를 위한 필수 요소들이 있습니까? 우리는 예수 그리스도의 이름을 믿고 있습니까? 나는 그렇다고 믿습니다. 나는 비록 우리가 믿음의 약함에 대해서는 많이 고백하지만, 믿음의 건전성에 있어서는 결함이 발견되지 않는다고 생각합니다. 다음 질문으로 넘어가도록 합시다. 우리는 하나님과 서로에 대한 사랑으로 가득합니까? 그 이중 계명(double commandment)은, 우리가 예수 그리스도의 이름을 믿고 또 서로를 사랑하라는 것입니다. 우리는 서로를 사랑합니까? 우리는 사랑 안에서 행하고 있습니까? 우리 중에는 그 점에서 완벽한 사람이 없습니다. 나부터 시작하여 그 점에서 마땅히 되어야 할 모습이 되지 못했음을 시인하려 합니다. 여러분도 돌아가면서 그렇게 시인하겠습니까? 우리 각 사람이 종종 사랑 없는 행동을 해왔고, 사랑 없는 말들을 했으며, 사랑 없는 험담에 귀를 기울이고, 도움의 손길을 내밀어야 할 때 손을 거두어들이고, 오히려 떨어지려는 사람을 무정하게 떠민 적이 있었다고 시인해야 하지 않겠습니까? 하나님의 교회에 사랑이 결핍되면, 우리는 기도의 응답을 기대할 수 없습니다. 하나님께서 이렇게 말씀하실 것이기 때문입니다. "너희는 번영을 빌고 있다. 무엇을 위해서냐? 사랑하지 않는 공동체에 사람 수나 더한단 말이냐! 너희들은 사람들의 회심을 구하고 있다. 뭐라고! 사랑 없는 공동체에 다른 사람들을 참여시킨단 말이냐?" 여러분은 여러분이 사랑하지 않는 죄인들을 하나님이 구원하시기를 기대하는 겁니까? 또 여러분이 조금도 관심을 기울이지 않는 영혼들을 하나님이 회심시키기를 바라는 겁니까? 우리는 영혼들을 사랑하여 그리스도께와 하나님의 성령의 통치로 인도해야 합니다. 세상을 정복하기 위한 커다란 도구는 사랑입니다. 만일 그리스도인들이 이슬람교도들이나 유대교인들보다 더 사랑한다면, 이슬람교도들과 유대교인들을 정복할 것입니다. 만약 그리스도인들이 그들보다 더 적은 사랑을 보이면, 이슬람교도들과 유대교인들이 그리스도인들을 정복할 것입니다. 하나님의 말씀인 성령의 검은 으뜸가는 무기이며, 그 다음가는 무기는 그리스도인들이 동료 인간들을 향해 보이는 사랑의 태도와 너그러운 대화입니다. 그런 무기를 우리는 얼마나 많이 가졌습니까? 아니면 얼마나 부족하게 가졌습니까?

　　다음으로, 우리는 하나님 보시기에 기뻐하실 일들을 행하고 있습니까? 그렇지 않다면 우리는 기도의 응답을 기대할 수 없습니다. 돌려가면서 여러분 자신에게 이 질문을 던져 보십시오. 특히 교회의 지체가 된 각 사람이 그 질문에 대답해 보십시오. 최근에 여러분은 예수 그리스도께서 보시고 좋아하실 일들을 해왔습니까? 여러분의 가정은 하나님을 기쁘시게 하는 방식으로 질서가 잡혀 있습니까? 예수 그리스도께서 이번 주에 여러분의 집을 방문하셨다고, 사전에 초대받지 않고 불시에 방문하셨다고 가정해 보십시오. 그분이 보신 것에 대해서 어떻게 생각하셨을까요? 한 사람이 말합니다. "오, 내가 여차여차한 행동을 아주 변덕스럽게 했다는 것을 압니다." 여러분, 나는 당신이 당신 자신에 대해 생각해 보라고 요청합니다! 그것이 중요한 것입니다. 당신 자신을 바로잡으십시오. 하나님의 교회의 지체들이 그분 보시기에 기쁘신 일을 행하지 않는다면, 그들은 번영이 들어오지 못하도록 문을 잠그는 것이고, 또한 교회의 기도가 응답을 얻지 못하도록 가로막는 것입니다. 잘못된 행위로 하나님의 교회의 번성을 가로막기를 바라는 자가 누구입니까? 그 정도로 간악한 자가 누구입니까? 하나님께서 여러분 중 몇몇을 용서하시길 빕니다. 어떤 사람들에 대해서는 우리가 눈물을 흘리며 말합니다. 오호라, 그들은 그리스도를 따르는 자라고 고백하면서도, 그리스도의 친구가 아니라, 도리어 그리스도의 십자가의 원수처럼 행하고 있습니다.

다음 질문은 이것입니다. 우리는 하나님 안에 거합니까? 본문은 말하기를, 우리가 그의 계명을 지키면 하나님이 우리 안에 거하시고 우리는 그분 안에 거한다고 합니다. 우리가 그러합니까? 말하자면, 낮 동안에 우리는 하나님을 생각합니까? 일에 종사하면서도 우리는 여전히 하나님과 함께 있습니까? 그리스도인은, 마치 사람들이 원형 천장 아래나 대형 현관 아래로 달려가 소낙비를 피하는 것처럼, 아침에 하나님께 달려갔다가 다시 밤에 달려가서, 그분을 보호막이나 임시방편의 수단으로 활용하는 자가 아닙니다. 오히려 우리는 해가 뜰 때부터 해가 질 때까지, 하나님 안에 거하고, 그분 안에서 살아야 합니다. 그분을 매일의 묵상으로 삼고, 그분 앞에서 행하고, 항상 이렇게 느끼면서 살아야 합니다. "하나님, 당신께서 저를 보고 계십니다." 여러분은 어떠합니까, 사랑하는 친구들이여! 오, 이 질문이 신도석마다 돌고, 마음과 마음에 전달되어, 각 사람이 스스로 대답할 수 있기를 바랍니다.

마지막으로, 하나님의 영이 우리를 움직이십니까? 아니면 다른 영이 그렇게 하고 있습니까? 우리는 하나님을 바라며 이렇게 말합니까? "주여, 당신의 영으로 이 경우에는 제가 무엇을 말해야 하고, 무엇을 해야 하는지를 알려 주소서. 저의 판단을 다스리시고, 저의 혈기를 복종하게 하시며, 저의 천박한 충동을 가라앉히시고, 오직 당신의 영으로 저를 인도하소서. 주여, 저 자신보다 당신을 더 귀히 여기게 하소서. 주께서 저의 생명이자 넋이 되어 주소서. 선하신 주님이시여, 저의 삼중의 왕국인 영과 혼과 몸에서 당신이 최고의 통치자(Master)가 되셔서, 제 본성의 모든 영역에 당신의 법을 세우시고, 당신의 뜻이 존중되게 하소서." 우리 모두가 이런 마음을 가지면 우리는 강력한 교회가 될 것입니다. 하지만 많은 사람들이 우리와 뒤섞여 있습니다. '애굽'에서 온 많은 사람들이 섞여 있으며, 이들이 우리 가운데 탐욕을 퍼뜨립니다. 악행은 언제나 그들에게서 시작됩니다. 하나님이 하나의 교회로서 우리를 구원하사 그분의 임재를 잃지 않게 해 주시길 빕니다! 우리 가운데는 가라지가 섞여 있기 마련이며 그들이 우리를 시험하려 할 것입니다. 주께서 "둘 다 추수 때까지 함께 자라게 두라"(마 13:30)고 말씀하셨기 때문입니다. 우리가 가라지를 뽑으려 하다가는 곡식까지 뽑을 염려가 있습니다. 하지만 어쨌든 우리는 곡식이 더 강해지도록 기도합시다. 교회에는 언제나 둘 중에 한 가지 일이 생깁니다. 곡식이 잡초를 질식시키든지, 혹은 잡초가 곡식을 질식시키든지 하는 것입니다. 우리 교회의 경우에는 하나님께서 곡식을 잡초보다 더 크게 해 주시고, 그분의 종들을 강하게 하시어 주변에 둘러싼 악을 압도하게 해 주시기를 빕니다. 모든 일을 마친 후에, 우리를 사랑받는 자녀로 받으신 그분의 은혜의 영광을 찬송하는 우리가 되기를 바랍니다. 주께서 여러분에게 복을 주시고, 영원토록 여러분과 함께 하시길 빕니다. 아멘 또 아멘.

제
16
장

—

"사랑은 여기 있으니"

—

"사랑은 여기 있으니 우리가 하나님을 사랑한 것이 아니요
하나님이 우리를 사랑하사 우리 죄를 속하기 위하여 화목
제물로 그 아들을 보내셨음이라. 사랑하는 자들아 하나님이
이같이 우리를 사랑하셨은즉 우리도 서로 사랑하는 것이 마
땅하도다." — 요일 4:10-11

율법은 사랑을 명합니다. 정녕 율법의 모든 계명들은 "사랑"이라는 한 단어
로 요약됩니다. 좀 더 길게는 이렇게 표현될 수 있습니다. "네 마음을 다하며 목
숨을 다하며 힘을 다하며 뜻을 다하여 주 너의 하나님을 사랑하고 또한 네 이웃
을 네 자신 같이 사랑하라"(눅 10:27). 하지만 이 모든 것은 결국 "네가 사랑하라"
는 것입니다.

하지만 율법은 우리의 부패성 때문에 결코 사랑을 불러일으키지 못했습니
다. 우리는 사랑하라는 계명을 받았지만, 사랑하지 못했습니다. 우리 안에 있는
정신은 이기적이고, 그것은 시기와 적개심을 불러일으킵니다. 우리 가운데 싸우
고 다투는 것이 어디에서 비롯됩니까? 우리의 정욕에서 비롯되는 것이 아닙니
까? 타락 이후로 지상에서는 사람이 사람의 가장 모진 적수가 되었고, 세상은 미
움과 시기와 다툼과 분쟁과 해를 가하는 것과 비방으로 가득하게 되었습니다.
율법이 할 수 있는 전부는 그 적개심이 그릇되었음을 보여주고, 심판으로 위협
하는 것입니다. 하지만 율법은 거듭나지 못한 마음에 사랑의 샘을 공급하지 못

합니다. 인간이란, 복음이 그를 사로잡아서 은혜의 힘으로써 율법이 육체의 연약함 때문에 할 수 없는 것을 이루기까지는, 사랑하지도 않고 사랑스럽지도 않습니다. 사랑은 많은 사람들의 마음을 얻어 하나님의 나라로 인도합니다. 또한 그 통치는 사랑이 온 세상을 다스릴 때까지, 그리하여 사람들 가운데 하나님 나라가 임하고 하나님이 그들 가운데 거하실 때까지 확장되어 갈 것입니다. 지금 이 순간 사랑은 하나님의 백성임을 구별해 주는 표징입니다. 예수님이 말씀하셨습니다. "너희가 서로 사랑하면 이로써 모든 사람이 너희가 내 제자인 줄 알리라"(요 13:35). 그리고 사도 요한이 말했습니다. "우리는 형제를 사랑함으로 사망에서 옮겨 생명으로 들어간 줄을 아느니라"(요일 3:14). 그 영이 이기적인 사람은 그리스도의 영을 가진 것이 아닙니다. 또한 "누구든지 그리스도의 영이 없으면 그리스도의 사람이 아닙니다"(롬 8:9). 시기하고 다투는 영을 가진 사람은 겸손하시고 사랑이 많으신 예수님의 제자가 아닌 것이 명백하고, 예수님을 따르지 않는 자는 그에게 속한 자가 아닙니다. 그리스도께 속한 사람은 그분의 사랑으로 가득합니다. "사랑하는 자마다 하나님으로부터 나서 하나님을 알고, 사랑하지 아니하는 자는 하나님을 알지 못하나니, 이는 하나님은 사랑이심이라"(요일 4:7-8). 하나님은 믿는 자의 사랑의 중심입니다. 성도들은 특별히 사랑을 받는 내부 원(inner circle) 안에 있고, 모든 인류는 사랑이라는 고리의 바깥 테두리(circumference) 안에 포함되어 있습니다. "사랑 안에 거하는 자는 하나님 안에 거하고 하나님도 그의 안에 거하시느니라"(요일 4:16). 오직 그 영이 친절하고 따뜻한 자, 어디에서든 화평을 장려하고, 사람들을 향해 선의로 대하는 자가 하나님의 자녀입니다.

성도들은 하나님을 향한 사랑에서 시작합니다. 그것이 최고의 위치를 차지해야 합니다. 하나님은 가장 선하고 귀한 분이시기 때문입니다. 또한 우리는 온 마음으로 그분을 경외합니다. 그 다음에, 예수님을 위해, 우리는 그리스도 안에 있는 모두를 사랑합니다. 하나님의 자녀 중 한 사람과 나머지 자녀들 사이에는 특별히 가깝고도 친밀한 관계가 존재합니다. 낳으신 그분을 사랑하면서, 우리는 그분에게서 태어난 모든 자들을 사랑합니다. 한 자녀는 자기 형제들을 따뜻하고도 특별한 애정으로 사랑하지 않습니까? 이 사랑의 원리가 일단 회심한 사람의 마음에 심겨지면, 그 속에서 모든 인류를 향한 사랑을 유발합니다. 그가 악한 자들을 만족스럽게 여긴다는 것이 아닙니다. 하나님께서도 그렇게는 하지 못하십니다. 그분의 거룩함은 모든 불의를 혐오하십니다. 바람직한 사랑은 만족(complacency)의 사랑이 아니라, 선의(benevolence)의 사랑입니다. 그래서 우리는 지면에 거하는 모든 자들에 좋은 것을 바라고, 또 우리의 능력껏 그들에게 유익을 끼치고자 하는 것입니다. 이러한 거룩한 자비심이, 이러한 이타적인 사랑이, 자녀로서 하나님을 본받는 여러분에게 있어야 합니다. 우리의 하늘 아버지께서는 감사할 줄 모르는 악한 자들에게까지 친절하시니, 우리 또한 그렇게 되어야 합니다. 가장 방탕한 자들조차도 구원을 받아서, 바르게 되고 선하게 되기를 바라야 합니다. 사랑은 인류 중에서 가장 타락하고 사랑스럽지 못한 자들에게서도 사랑스러운 요소를 창조하기를 바라며, 또한 하나님이 그 노력을 도우시기에 성공을 거둡니다.

누군가 이렇게 말하는 것을 듣습니다. "이는 방대한 사상이구나. 우리가 이 정도로 사랑해야 한단 말인가? 이런 사랑이 어떻게 생긴단 말인가? 우리의 마음은 좁고, 인간들은 무가치하고, 화나게 하는 일이 수없이 많고, 사랑과는 다른 정신이 세상에 만연하다. 그런데 이런 사랑이 어디에서 온단 말인가? 인간의 무가치성의 산봉우리들을 모두 덮을 사랑의 홍수가 어디에서 온단 말인가?" 당신은 바다의 근원에 들어가 본 적이 있습니까? 혹은 그 깊은 심연을 찾아다녀 본 적이 있습니까? 예, 하나님의 영의 이끄심을 따라 우리는 이 사랑의 바다의 근원을 찾아볼 것입니다. 우리는 오직 한 곳에서 우리의 최상의 목적에 부합되는 충분한 사랑을 발견할 것인데, 우리가 그것을 발견하는 것이 하나님의 목적이기도 합니다. 끝없는 하나의 대양(大洋)이 있으며, 그 속에 뛰어들어 우리는 세례를 받을 수 있고, 그곳에서 우리는 넘치기까지 가득 채워질 수 있습니다. 마르지 않는 사랑의 동기가 어디에 있습니까? 사랑은 검증을 받는 것이고, 사랑이 스스로를 주장하기란 어렵습니다. 인류 중에서 가장 화를 돋우는 사람까지도 사랑할 수 있는 사랑의 동기를 우리가 어디서 찾을 수 있습니까? 배은망덕을 경험할 때에도, 선의의 마음을 얼어붙게 만드는 야비한 반응을 대할 때에도, 우리에게 도움이 되는 사랑의 근거를 어디에서 찾을 수 있을까요? 예, 그러한 한 가지 동기가 있습니다. 불가능한 사랑까지도 가능하게 하는 한 가지 힘이 있습니다. 우리는 바로 그것에 의해 지속적으로 사랑의 마음을 품도록 지속적으로 사랑의 강권함을 받습니다.

그러니 먼저, 나와 함께 그 무한한 사랑의 원천(the infinite spring of love)에 주목합시다. "사랑은 여기 있으니 우리가 하나님을 사랑한 것이 아니요 하나님이 우리를 사랑하사." 둘째로, 그 사랑의 놀라운 분출(the marvellous outflow of that love)에 주목합시다. "하나님이 우리 죄를 속하기 위하여 화목 제물로 그 아들을 보내셨음이라." 그리고 셋째로, 우리 안에서의 그 사랑의 분출(the overflow of that love in us)을 생각합시다. 그 사랑이 우리 마음에 가득하게 되면 그것은 다른 사람들에게로 흘러갑니다. "사랑하는 자들아 하나님이 이같이 우리를 사랑하셨은즉 우리도 서로 사랑하는 것이 마땅하도다."

1. 무한한 사랑의 원천

첫째로, 그 무한한 사랑의 원천입니다. 본문에서 내가 강조하고 싶은 두 단어가 있습니다. 그것은 "아니요(not)"와 "하지만(but)" 입니다.

먼저 "아니요"에 대한 것입니다. "사랑은 여기 있으니, 우리가 하나님을 사랑한 것이 아니요." 많은 사람들이 아주 자연스럽게 본문을 이런 의미라고 결론을 내립니다. "우리가 먼저 하나님을 사랑한 것이 아니다." 그것이 정확하게 이 본문이 가르치는 진리는 아니어도, 상당히 중요한 진리를 담고 있으며, 또한 이 장에서 직접적인 표현으로 언급되기도 합니다. "우리가 사랑함은 그가 먼저 우리를 사랑하셨음이라"(19절). 사랑의 원인은 인간이 먼저 하나님을 사랑한 것에 있지 않습니다. 존재하는 그 무엇도 하나님이 먼저 그것을 사랑하시기 전에 하나님을 사랑할 수 없었습니다. 그것의 존재 자체가 하나님이 먼저 사랑하셨기 때문에 가능합니다. 하나님의 사랑의 계획이 이미 정해졌고, 그 계획들 중에서 많은 부분이 우리가 태어나기도 전에 실행되었습니다. 또한 우리가 태어났을 때에도, 우리들 중 어느 누구도 하나님을 먼저 사랑하여 그분이 우리를 찾으시기에 앞서 하나님을 찾은 자가 없으며, 하나님이 우리와 화목을 원하시기 전에 그분과 화목을 바란 자가 없습니다. 그렇지 않습니다. 하나의 이론으로서 자유의지(free will)에 대해 무어라고 하든, 사실상 어느 누구도 자발적으로 자기 하나님을 찾거나 자기를 지으신 분과의 우정을 갈망한 적이 없습니다. 만일 그가 죄를 회개한다면, 그것은 하나님의 영이 먼저 그를 찾아가서 그의 죄를 보여주셨기 때문입니다. 만일 그가 회복을 갈망한다면, 그것은 그가 하나님의 진노를 두려워하고 거룩함을 사모하도록 가르침을 먼저 받았기 때문입니다.

"주권적이고, 풍성하며, 거저 주시는 은혜가 임하기 전에는
어떤 죄인도 당신과 함께 있을 수 없나이다."

인간의 사랑이 하나님의 사랑에 앞설 수 있다는 사상에 대해, 우리는 검정
색 대문자로 부정어를 표기합니다. 그것은 전혀 불가능한 일입니다. "우리가 하
나님을 사랑한 것이 아니요(NOT that we loved God)."

"우리가 하나님을 사랑한 것이 아니요." 이 말의 두 번째 의미는, 어떤 사람
도 날 때부터(by nature) 하나님을 사랑하지 않았다는 것입니다. 우리들 중에 어
느 누구든, 만일 출생 시의 상태 그대로 있었다면, 하나님을 향해 애정을 갖지도
않았을 것이고 또 가질 수도 없었습니다. 하나님을 사랑하기는커녕, 인간은 그
분에게 무관심합니다. 어리석은 자는 그 마음에 "하나님이 없다"고 말하며, 본성
적으로 우리는 모두 그런 바보들입니다. 죄인들은 하나님이 없기를 바랍니다.
우리는 본성적으로 무신론자들이고, 비록 머리는 무신론을 따르지 않아도 마음
이 무신론을 따라갑니다. 우리는 내키는 대로 죄를 지을 수 있기를 바라고, 그로
인해 책임 추궁을 당하는 위험이 없기를 바랍니다. 우리 생각에는 하나님이 없
으며, 혹 그분에 대한 생각이 들어온다면 그것은 두려움과 공포입니다. 아니, 그
이상으로 나쁩니다. 인간은 그 악한 행실로써 하나님을 대적하고 있습니다. 하
나님이 바라시는 거룩함을 인간은 좋아하지 않습니다. 하나님이 혐오하시는 죄
가 거듭나지 못한 마음에는 달콤하고 매력적으로 여겨집니다. 그래서 인간의 길
은 하나님의 길과 정반대입니다. 인간은 비뚤어졌습니다. 그는 하나님과 동행할
수 없습니다. 서로 맞지 않기 때문입니다. 인간은 온통 악하고, 하나님은 온전히
선하십니다. 그러므로 인간 본래의 마음에는 하나님을 향한 사랑이 없습니다.
인간이 하나님을 사랑한다고 말을 해도, 그럴 때 그가 말하는 것은 자기 자신이
만들어 낸 하나님이지, 여호와 하나님 곧 성경의 하나님이며 살아 계시고 참되
신 유일하신 하나님이 아닙니다. 의로우신 하나님과 구주를 자연인의 생각은 견
디지 못합니다. 육신의 생각은 하나님과 원수이며, 하나님과 화목하지도 않고
정녕 화목할 수도 없습니다. 사랑에 있어서, 거듭나지 못한 마음은 물을 담을 수
없는 깨어진 물통입니다. 우리의 자연적인 상태에서는, 선을 행하는 자가 없으
니 하나도 없습니다. 마찬가지로 하나님을 사랑하는 자가 없으니, 하나도 없습
니다.

우리가 이 부정어를 하나님을 사랑하는 자들에게 적용해 볼 때 요한이 말한 의미에 좀 더 가까워집니다. "우리가 하나님을 사랑한 것이 아니요." 즉, 하나님을 향한 우리의 사랑은, 그 사랑이 존재할 때조차도, 그리고 그 사랑이 우리의 삶에 영향을 미칠 때조차도, 사랑을 공급하는 원천이라고 언급하기에는 합당하지 않다는 것입니다. 사도는 이런 생각을 부인하고 우리에게 훨씬 더 광대한 무언가를 가리키며 이렇게 소리칩니다. "사랑은 여기 있으니!" 나는 "바다의 샘들(the springs of the sea)"을 찾고 있습니다(참조. 욥 38:16). 여러분은 내게 흐르는 물이 고여 있는 바위 틈 사이의 작은 연못을 가리킵니다. 나는 그 연못을 보고 기뻐합니다. 얼마나 맑고, 얼마나 푸른지요! 마치 바다 깊은 곳에서 떠 온 물의 색깔과도 같습니다. 하지만 그것을 큰물의 원천이라고 가리키지는 마십시오. 만일 여러분이 그렇게 한다면 나는 여러분의 어린애 같은 무지를 보고 미소지을 것이고, 여러분에게 저기 높은 물결이 이는 대양(大洋)을 보라고 가리킬 것입니다. 저 광대한 대서양에 비해 여러분의 작은 연못은 무엇입니까? 여러분은 믿는 자의 마음 안에 있는 사랑을 가리키면서 "사랑은 여기 있으니"라고 말할 것입니까? 그렇다면 여러분은 나를 미소짓게 하는 것입니다. 나는 참된 마음에는 사랑이 있다는 것을 압니다. 하지만 하나님의 사랑의 거대한 대양 앞에서, 측량할 수도 없는 깊고도 넓은 그 사랑 앞에서, 누가 인간의 마음에 있는 사랑을 언급할 수 있겠습니까? 내가 이 두 종류의 사랑을 생각할 때에, "아니요"라는 단어는 내 입술에서 뿐 아니라 내 마음에서 우러나옵니다. "우리가 하나님을 사랑한 것이 아니요, 하나님이 우리를 사랑하신 것입니다(Not that we loved God, but that he loved us)." 하나님이 우리를 사랑하신 그 사랑에 비할 때, 우리의 사랑이란 최상의 상태에서도 얼마나 빈약한 것인지요!

또 다른 비유를 들어보겠습니다. 우리가 세상을 밝혀야 한다면, 한 어린이는 태양을 반사하는 밝은 거울을 가리키고는 이렇게 소리칠 것입니다. "여기 빛이 있습니다!" 여러분과 나는 이렇게 말하겠지요. "가엾은 아이야, 저것은 빌려온 광채일 뿐이란다. 빛은 저기에 있는 것이 아니고, 저기, 태양 안에 있단다." 성도들의 사랑은 하나님의 사랑의 반사에 지나지 않습니다. 우리에게 사랑이 있지만(we have love), 하나님은 사랑이십니다(God is love). 그리스도를 향한 어떤 성도들의 사랑을 생각할 때에, 나는 그 사랑에 매혹됩니다. 그것은 성령의 열매로서 무시되어서는 안 됩니다. 그리스도를 위하여 모든 것을 해로 여긴 바울 사도를 생각할 때(빌 3:8), 말라리아가 발생하는 아프리카 연안 지역으로 가서 그리스도를 위해 죽는 우리 선교사들을 생각할 때, 「순교자 열전」(*Book of Martyrs*)을 읽으면서 장작 더미 위에 서서 불에 타 죽는 신앙고백자들을 볼 때, 나는 주님을 향한 성도들의 사랑을 보고 기뻐합니다. 하지만 이는 작은 실개천에 불과합니다. 모든 사랑을 솟구쳐내며, 인간의 사랑을 무한히 능가하는 저 영원하고도 측량할 수 없는 깊은 사랑의 원천은, 하나님 안에서, 오직 하나님 안에서만 발견됩니다. "사랑은 여기 있으니 우리가 하나님을 사랑한 것이 아니요 하나님이 우리를 사랑하셨음이라."

하나님을 향한 우리의 사랑과, 우리를 향한 하나님의 사랑을 대조해 봅시다. 사랑하는 형제들이여, 우리는 하나님을 사랑합니다. 그렇게 하는 것이 마땅한 것은, 그분이 지극히 사랑스러운 분이시기 때문입니다. 마음에 빛이 비추이면 우리는 하나님의 사랑스러우신 모든 면을 볼 수 있습니다. 그분은 너무나 선하시고, 너무나 은혜로우시며, 너무나 완벽하시기에, 우리에게서 감탄하는 애정을 불러일으키십니다. 아가서에서의 배우자는 사랑하는 이를 생각할 때에 그 모든 매력들을 언급하면서 이렇게 외칩니다. "그 전체가 사랑스럽구나"(아 5:16). 하나님을 보게 되면 그분을 사랑하는 것이 자연스럽습니다. 하지만 우리를 향한 그분의 사랑을 생각해 보십시오. 우리에게 전혀 사랑스러운 것이 없음에도 불구하고, 그분이 우리를 사랑하셨다니 이는 비할 데 없이 놀라운 일이 아닙니까? 우리에게는 본성상 거룩하신 하나님의 애정을 끌 만한 것이 하나도 없습니다. 오히려 정반대이지요. 그럼에도 그분이 우리를 사랑하셨습니다. 정녕, 여기에 사랑이 있는 것입니다!

우리가 하나님을 사랑할 때 그것은 우리에게 영예입니다. 그토록 영광스러우신 분을 사랑하도록 허락되었다는 것 자체가 사람에게는 영예로운 일입니다. 어떤 철학자의 글에 따르면, 사람이 하나님의 친구가 된다고 말하는 것은 지나치게 대담한 것이라 했습니다. 생각이 깊은 그 이교도의 말에는 상당히 칭찬할 만한 요소가 있습니다. 진정 영광스러운 하나님과 죄 많은 피조물인 인간 사이에는 무한한 차이가 있기 때문입니다. 하나님께서는 황송하게도 우리에게 그분을 친구라 부르도록 허락하시고, 예수님께서도 "너희는 나의 친구라"(요 15:14) 말씀하십니다. 그것은 이성을 초월하면서도 달콤한 성령의 계시입니다. 그것이 우리를 얼마나 높여주는 계시인지요! 한편으로, 하나님이 우리를 사랑하신다고 그분에게 보탬이 되는 것은 하나도 없습니다. 그분의 사랑은 주기만 할 뿐, 아무 것도 받지 않습니다. 하나님의 사랑은 어떤 보상을 얻지 못합니다. 무한하신 그 분이 유한한 존재를 사랑하기 위해 자기를 낮추시는 것, 무한히 순결하신 그분 이 죄인을 사랑하시는 것, 이는 실로 엄청난 비하(卑下)입니다. 더 나아가, 그것 이 어떤 일과 관련되는지를 보십시오. 그 사랑은 필연적으로 하나님께서 그 사 랑하시는 아들의 인격 안에서 "사람들에게 멸시와 버림을 받고"(사 53:3), 자기 를 비우고(빌 2:7), 심지어 범죄자 중 하나로 헤아림을 받는(사 53:12) 것을 의미 합니다. "사랑은 여기 있습니다!"

　　우리가 하나님을 사랑할 때, 우리는 그 행위로써 수익자(gainer)가 됩니다. 하나님을 사랑하는 자는 가장 효과적인 방식으로 자기 자신을 사랑하는 것입니 다. 우리에게 하나님을 향한 사랑이 가득할 때, 우리는 부요함으로 가득하게 됩 니다. 그것은 우리의 부요, 우리의 건강이며, 우리의 힘이요, 우리의 기쁨입니다. 하지만 하나님은 우리를 사랑하심으로써 얻는 것이 없습니다. 나는 이 두 가지 를 대비하는 것을 그리 좋아하지 않습니다. 측량할 수 없는 하나님의 사랑에 비 하면 우리의 사랑이 너무 빈약하고 초라하기 때문입니다.

　　하나님을 사랑하는 것은 우리의 의무입니다. 우리는 반드시 그렇게 해야 합 니다. 그분의 피조물로서 우리는 우리의 창조주를 사랑해야 합니다. 그분의 보 살핌에 의해 보전되기에, 그분의 선하심 때문에, 우리는 그분을 사랑해야 합니 다. 우리는 그분에게 너무 많은 것을 빚지고 있기 때문에, 우리의 최대한의 사랑 도 우리의 의무를 인정하는 것에 불과합니다. 하지만 하나님은 우리에게 아무것 도 빚지지 않으시고도 우리를 사랑하셨습니다. 창조주에 대한 피조물의 권리들 이 무엇이든 간에, 우리는 그 모든 것을 반역으로 인해 몰수당했습니다. 죄를 범 한 인간은 벌을 받을 권리를 빼고는 하나님을 향해 아무런 권리를 갖지 못했습 니다. 하지만 하나님께서는 멸망당해 마땅한 인류에게 무한한 사랑을 나타내셨 습니다. 오, 언어여, 네가 얼마나 나를 실망시키는지! 나는 이 흙으로 된 이 변변 찮은 입술로는 내 마음을 표현할 수가 없습니다. "오 하나님, 당신 편에서는 아 무런 의무도 없었으나, 당신이 보여주신 그 사랑은 얼마나 무한한지요! 구하지 않는 자들에게도 값없이 주셨으니, 이 모든 것은 당신이 사랑하기를 원하셨기 때문입니다. 그렇습니다. 당신이 사랑하신 것은 당신이 사랑이시기 때문입니다. 왜 당신께서 인류를 사랑하셨는지는, 오직 당신의 마음이 그렇게 하도록 이끄신 것을 제외하고는, 달리 어떤 이유도 없고 강제도 없고 요구도 없었습니다. 사람이 무엇이기에 주께서 그를 그토록 많이 생각하시나이까? '사랑은 여기 있으니, 우리가 하나님을 사랑한 것이 아니요, 하나님이 우리를 사랑하신 것입니다.'"

나는 지금까지 사랑의 원천에 대해 말했습니다. 다른 어디에서도 말고, 오직 그곳에서 사랑을 긷도록 합시다. 만일 여러분이 세상에 나가서 "나는 하나님을 사랑하기 때문에 동료 인간들을 사랑해야 합니다"라고 말한다면, 그 동기는 선한 것입니다. 하지만 그것은 의문이 제기될 수 있고, 한계가 있고, 변할 수 있는 사랑이지요. "하나님이 나를 사랑하시기에 내가 동료 인간들을 사랑해야 합니다"라고 말하는 것이 훨씬 좋습니다. 하나님을 향한 내 사랑이 식어갈 때, 내 부족함과 불완전함으로 인해 내가 하나님을 사랑하는지에 대해서조차 의문을 가지게 될 때, 만일 그 근거와 동력이 하나님을 향한 나 자신의 사랑에서 나오는 것이라면 나는 실패할 것입니다. 하지만 하나님이 나를 사랑하셨기 때문에 나도 타락한 인간들을 사랑한다면, 그럴 때 나는 변하지 않는 동기와, 의문을 제기할 수 없는 근거와, 저항할 수 없는 강력한 동력을 가진 것입니다. 그래서 사도 바울도 이렇게 외쳤던 것입니다. "그리스도의 사랑이 우리를 강권하시는도다"(고후 5:14). 그것은 그리스도인에게 가장 강력한 동기를 주고, 가장 강하고 지속적인 힘을 부여하는 마르지 않는 원천입니다. 그래서 사도는 우리에게 우리 자신의 사랑이 아닌 하나님의 사랑을 바라보라고 말하는 것입니다. "사랑은 여기 있으니"라고 그는 말합니다. "우리가 하나님을 사랑한 것이 아니요, 하나님이 우리를 사랑하신 것입니다." 지금까지 "아니요(not)"에 대해 살펴보았습니다.

이제 "그러나(but)"를 살펴보도록 합시다. "하나님이 우리를 사랑하신 것이라(But that He loved us)." 나는 새로운 것에 대해 말할 것이 없고, 어떤 새로운 것에 대해 말하고 싶지도 않습니다. 나는 그저 여러분 각자가 이 말씀을 묵상하기를 바랍니다. "하나님이 우리를 사랑하셨다." 세 단어에 불과하지만, 그 의미는 얼마나 심오한지요! "하나님이", 무한히 거룩하시고 불의를 참지 못하시는 "그분이 우리를 사랑하신 것입니다." 그 영광에 대해서는 가장 위대하고 지적인 천사들도 놀라는 "그분이 우리를 사랑하셨습니다." 하늘과 하늘들의 하늘이라도 용납하지 못하는(대하 6:18) 그분이 우리를 사랑하셨습니다. 모든 것이 풍족하시며, 우리에게서는 그 어떤 것도 필요로 하지 않으시고, 우리 손에서 아무것도 받지 않으시는 그분이 우리를 사랑하셨습니다. 여기에 어떠한 기쁨이 잠들어 누워 있는지요! 오, 우리가 그것을 깨울 수 있다면 얼마나 좋겠습니까! "하나님이 우리를 사랑하셨기 때문에" 가망 없던 죄인들에게도 어떤 소망이 생겼는지요! 설혹 사람이 자기 동료 인간들 모두에게서 사랑받는 것을 알고, 또한 모든 천사들과 그룹과 스랍 천사들에게서도 사랑받는 것을 확인한다 해도, 이 모든 것은 "하나님이 우리를 사랑하셨다"는 사실에 비하면, 마치 몇 방울의 물을 대양(大洋)에 담긴 물과 비교할 수 없는 것과 마찬가지일 것입니다.

　　이제 두 번째 은종을 울려 봅시다. "하나님이 우리를 사랑하사(He loved us)." 나는 사도가 여기서 하나님의 택하신 백성들을 향한 특별한 사랑을 말하고 있기보다는 인간을 향한 그분의 사랑을 일반적인 차원에서 말한다고 생각합니다. 하나님은 타락 안에서(in the Fall) 몰락한 우리 인류를 보셨습니다. 그리고 그분은 인간이 파멸당하는 것을 견디실 수 없었습니다. "주여, 사람이 무엇이기에 주께서 사랑으로 그를 찾으시나이까?" 예, 그분은 그렇게 사람을 찾아오셨습니다. 주의 사랑이 그분으로 하여금 인간의 반역을 한탄하게 하셨고, 이렇게 외치게 하셨습니다. "내가 자식을 양육하였거늘 그들이 나를 거역하였도다"(사 1:2). 그 때문에 그분은 하늘과 땅에게 그분의 비통함의 증인이 되라 명하셨습니다. 그분은 죄가 인간을 비참한 불행으로 끌고 간 것과, 그들을 영원히 파멸시키려는 것을 보셨습니다. 그분은 그렇게 하도록 버려두실 수가 없었습니다. 그분은 긍휼히 여기는 사랑으로 인간들을 사랑하셨고, 부드러우면서도 강한 선의의 사랑으로 그들을 사랑하셨으며, 또한 그것을 맹세로 선언하셨습니다. "주 여호와의 말씀이니라 죽을 자가 죽는 것도 내가 기뻐하지 아니하노니 너희는 스스로 돌이키고 살지니라(겔 18:32)." "사랑은 여기에 있습니다." 만일 여러분과 내가 하나님과 화목하다면, 우리 각자는 자기 자신을 위해서 이 사랑이라는 단어를 강조하여, 그것을 특별하고도 효과적이며 선택적인 사랑으로 간주할 수 있습니다. 신자 개개인은 이렇게 말할 수 있습니다. "그분이 나를 사랑하사, 나를 위하여 자기 자신을 버리셨다"(참조. 갈 2:20). 그런 다음 이 본문에서 어떤 부분을 강조할 수 있을까요? "하나님이 우리를 사랑하셨습니다(loved)." 우리를 불쌍히 여기시거나, 아끼시거나, 혹은 도우신 것으로는 충분하지 않아, 우리를 사랑하신 것입니다. 하나님이 나를 사랑하신다는 생각은 종종 나를 자리에서 벌떡 일어나게 만들곤 했습니다! 전율하게 만드는 그 진리를 듣고서 나는 가만히 앉아 있을 수가 없었습니다. 이 지식은 내게 너무 기이하니, 높아서 내가 능히 미치지 못합니다(시 139:6). 심지어 개에게 사랑을 받는 것도 기분 좋은 일이고, 아기에게 사랑을 받는 것이나, 친구에게 사랑을 받는 것도 유쾌한 일입니다. 하나님의 백성들에게 사랑을 받는 것도 즐거운 일입니다. 하지만 오! 하나님께 사랑을 받는 것, 그것을 안다는 것, 그것은 천국입니다! 사람이 하나님의 사랑을 누리는 것을 확실히 안다면, 달리 어떤 천국을 또 바라겠습니까?

다음 단어를 주목하십시오. "하나님이 우리를 사랑하셨습니다(He loved us)." "우리를", 가장 무가치한 존재들인 우리를 그분이 사랑하셨습니다. 어딘가에 개미탑(anthill)이 있습니다. 그것이 어디에 있는지 여러분에게는 중요하지 않겠지요. 그곳에는 개미들이 많습니다. 그 둥지를 휘저으면, 그것들이 떼를 지어 기어 나옵니다. 그것들 중에서 하나를 생각해 보십시오. 그것에 대해 여러분은 아무것도 알 필요를 느끼지 않습니다! 개미 한 마리가 하는 일이 여러분과는 관련이 없습니다. 그러니 그를 내버려 두지요. 하지만 결국, 개미 하나가 여러분에게 고려할 대상이 되지 못하는 것 이상으로, 여러분 한 사람도 하나님께 고려할 만한 대상이 되지 못합니다. "땅의 모든 사람들을 없는 것 같이 여기시며"(단 4:35). 이 큰 도시에서만 해도 여러분 한 사람이 무엇이란 말입니까? 런던에서, 영국에서, 세계 인구 중에서, 한 남자, 한 여자가 대체 무엇이란 말입니까? 여러분은 얼마나 하찮은 존재에 불과합니까! 더 나아가 이 세상 인구도 우주에 비하면 무엇이겠습니까? 나는 우리가 밤에 보는 이 모든 별들도, 우리의 시력 안에 들어오는 미처 헤아릴 수 없이 많은 모든 세계들도, 하나님의 위대한 집의 어느 외딴 구석에 불과하다고 생각합니다. 태양계 전체와, 우리가 지금껏 생각해 왔던 별들의 모든 체계가, 창조라는 끝없는 바다에 비교하면 양동이의 물 한 방울에 지나지 않을 것입니다.

하지만 그럼에도 "그분이 우리를 사랑하셨습니다." 덧없고 보잘것없는 피조물인 우리를 사랑하신 것입니다. 더욱이, 이 보잘것없는 우리들이 그분께 감히 반역을 했음에도 불구하고 그분이 우리를 사랑하셨습니다. 우리는 그분을 거역하며 "여호와가 누구냐?"라고 큰 소리쳤습니다. 우리는 손을 들어 그분에 맞서고자 했습니다. 우스꽝스러운 반역입니다! 터무니없는 싸움입니다! 그분이 우리를 흘깃 보시고 전멸시키셨다 해도, 우리는 그분을 탓할 수 없었을 것입니다. 하지만 그분이 우리를 사랑하신 것을 생각해 보십시오. 우리가 그분을 거역하였을 때에, 그분이 우리를 사랑하신 것을 기억하십시오. 이는 놀라운 일입니다.

앞 구절에서 우리를 죄 속에서 죽은 자로 말하고 있다는 것에 주목하십시오. "하나님의 사랑이 우리에게 이렇게 나타난 바 되었으니 하나님이 자기의 독생자를 세상에 보내심은 그로 말미암아 우리를 살리려 하심이라"(9절). 그 때 우리는 죽은 상태였습니다. 모든 선함에 대해서 죽었고, 선을 행할 생각이나 능력이 없었습니다. 저주받은 감옥에 갇힌 죄수들이었습니다. 하지만 하나님께서는 우리가 죄와 허물로 죽었을 때에도 큰 사랑으로 우리를 사랑하셨습니다. 하나님의 자녀여, 오늘 당신을 향한 하나님의 사랑은 놀랍습니다. 하지만 당신이 그분을 거역하며 멀리 갔을 때에도 당신을 향한 그분의 사랑이 어떠했는지를 생각해 보십시오. 당신의 전 존재에서 거룩하고 영적인 생명의 맥박을 느낄 수 없었을 때, 그분이 당신을 사랑하시어 자기 독생자를 보내셨고 그로 말미암아 당신을 살리려 하셨습니다. 또한 그분은 우리가 죄에 흠뻑 젖어 있을 때에 우리를 사랑하셨습니다. 이 본문이 그렇게 말하고 있지 않습니까? 그분이 우리 죄를 속하기 위하여 그 아들을 보내셨고, 이는 우리가 화목하게 되어야 했음을 의미합니다. 우리의 의로우신 재판장이 우리에게 화가 나셨습니다. 그분의 의로운 진노가 우리의 악으로 인해 맹렬히 타올랐습니다. 하지만 바로 그 때 "그분이 우리를 사랑하셨습니다." 그분은 재판장으로서는 우리에게 노하셨지만, 그럼에도 우리를 사랑하셨습니다. 그분은 벌하기로 작정하셨으나, 그럼에도 구원하기로 결심하셨습니다.

이는 경이로운 말씀입니다! 나는 이 본문에 완전히 압도되었습니다. 나는 이 주제에 의해 나 자신이 정복당했음을 고백합니다. 하지만 우리 중에 누가 이 측량할 수 없는 것을 감히 측량할 수 있겠습니까? "사랑은 여기 있으니", 곧 하나님께서 그분의 마음에서 자발적으로 솟아나는 사랑으로 우리를 너그럽게 사랑하신 것입니다. 이것이 사랑을 위한 근거입니다. 이것이 모든 사랑을 솟구쳐내는 마르지 않는 샘입니다. 만일 우리가 사랑하기를 바란다면, 우리는 이곳에 와서 먼저 그릇을 채우고 그것을 다른 사람들에게 떠다 주는 것입니다. 우리의 가슴에서 솟아나는 사랑은 맥빠지고, 약하고, 빈약하지만, 하나님의 사랑은 매우 깊으며, 따라서 언제나 새롭고 충만하게 흘러넘칩니다. 여기에 우리가 아까 말했던 "바다의 샘들"이 있습니다. "사랑은 여기 있습니다!"

2. 그 사랑의 놀라운 분출

내가 최선을 다해 그 사랑의 놀라운 분출(the marvellous outflow of that love)에 대해 말하는 동안, 계속해서 여러분이 주의를 집중해 주시기 바랍니다. "사랑은 여기 있으니 우리가 하나님을 사랑한 것이 아니요 하나님이 우리를 사랑하사 우리 죄를 속하기 위하여 화목 제물로 그 아들을 보내셨음이라." 사랑하는 여러분, 하나님의 사랑은 창조에서도 볼 수 있습니다. 인간의 신체 골격과 그것을 둘러싼 구조를 연구하는 자는 거기에서도 하나님의 친절하심을 많이 볼 것입니다. 하나님의 사랑은 섭리에서도 볼 수 있습니다. 일상의 삶에서 하나님의 사랑의 손길을 보는 자는 아버지(Father)의 돌보심에 대한 증거들을 찾기 위해 멀리 갈 필요를 느끼지 않습니다. 하지만 만약 여러분이 하나님의 사랑의 깊은 샘이 터져서 온 지면을 덮게 된 것이 언제인지를 알기 원한다면, 마치 노아의 홍수 때처럼 그것이 어떻게 대홍수처럼 널리 그 모습을 드러내었는지를 보기 원한다면, 여러분은 베들레헴에서 나시고 골고다에서 십자가에 못 박히신 예수를 보아야 합니다. 사람들에게 오신 그분의 임무는 하나님의 가장 고귀한 사랑을 드러내는 것이기 때문입니다.

"하나님이 그 아들을 보내셨음이라"는 단어 하나하나를 숙고해 보십시오. 하나님이 "보내셨습니다(sent)." 사랑이 파송의 원인이었습니다. 만일 하나님과 인간 사이에 화목이 있으려면, 인간이 하나님께 사절을 보내야 합니다. 잘못을 한 당사자가 먼저 용서를 구해야 하며, 약한 자가 더 강한 자에게 도움을 요청해야 하며, 가난한 자가 자선을 베풀어줄 자에게 요청해야 하는 것입니다. 하지만 "사랑은 여기 있으니" 하나님이 "보내셨습니다." 그분이 먼저 평화의 사신을 보내셨습니다. 오늘 "우리가 그리스도를 대신하여 사신이 되어, 하나님이 우리를 통하여 여러분을 권면하시는 것 같이 그리스도를 대신하여 간청하니, 여러분은 하나님과 화목하십시오"(고후 5:20). 오, 이 얼마나 놀라운 일인지요! 하나님께서는 반역한 인간들이 화해를 요청하며 그분의 보좌에 사절을 보낼 때까지 기다리시지 않고, 오히려 그분 자신이 협상을 시작하셨습니다!

더 나아가, 하나님께서는 "그 아들"을 사신으로 보내셨습니다. 만약 사람들이 큰 나라의 권력자에게 사신을 보낸다면, 그들은 그 나라에서 뛰어난 자를 뽑아 그 힘센 왕을 알현하게 할 것입니다. 하지만 그들이 어떤 작은 나라의 국왕을 대할 때에는 그보다는 하급 관리를 보내어도 충분하다고 생각할 것입니다. 그러므로 지극히 은혜로우신 하나님의 참 사랑에 놀라지 않을 수 없습니다. 그분이 인간들에게 사신을 보내실 때, 그분은 천사나 혹은 그분의 보좌 앞에서 시중드는 가장 빛나는 천사에게도 그 임무를 맡기시지 않았으며, 그 아들을 보내셨습니다. 오, 인간을 향한 하나님의 사랑이 어떠한지요! 그분은 자기와 동등한 아들을 반역자들에게 보내셨습니다. 그분을 영접하지도 않고, 그분의 말씀을 듣지도 않고, 오히려 그분에게 침을 뱉고, 그분을 때리고, 그분의 옷을 벗기고, 그분을 죽이려 하는 자들에게 말입니다! 예, 그분은 "자기 아들을 아끼지 아니하시고 우리 모든 사람을 위하여 내주셨습니다"(롬 8:32). 그분은 아들을 보내면 어떤 일이 일어날 것을 아셨지만, 그럼에도 그 아들을 보내신 것입니다.

> "예수는, 위에서 보내심을 받아
> 이 아래 사람들에게 내려오셔서,
> 끝없이 흐르는 사랑의 원천이
> 어디서 시작되는지를 보여주시네.
>
> 무한한 천국에서 찬양을 받으시는 그분이,
> 천사들이 뵙기를 갈망하는 그분이,
> 그 복된 나라를 기쁨으로 떠나
> 사신이 되어 내게 오셨네!
>
> 내게! 벌레요, 죄 많은 흙덩어리요,
> 의지할 데 없이 버려진 반역자요,
> 내 하나님께 원수요 역적이요,
> 나면서부터 배반자인 내게 오셨네."

　더 나아가, 그 사신의 높은 위엄뿐 아니라 그분과 하나님 사이에 존재하는 관계의 친밀함을 생각해 보십시오. "하나님이 그 아들을 보내셨습니다." 앞 구절에서는 "하나님이 자기의 독생자를 세상에 보내셨다"고 말합니다. 모든 영광 중에 거하시는 하나님은 너무나 무한하시어, 우리가 하나님에 대해 말할 때는 사람의 방식대로 말하는 수밖에 없습니다. 하지만 사람의 방식대로 말할 때, 자기 아들을 품에서 떠나보내어 죽게 하시는 것이 여호와께 얼마나 큰 손실이었을까요? 그리스도는 아버지 자신(the Father's self)과도 같으며, 그리스도와 아버지는 본질에 있어서 한 분이십니다. 오직 한 분 하나님만이 계십니다. 우리는 삼위일체의 신비를 이해할 수는 없지만, 그것을 믿습니다. 자기 아들의 인격 안에서 이곳으로 오신 분은 하나님 자신(God Himself)이셨습니다. 그분이 모든 것을 견디셨습니다. 우리는 "하나님이 자기 피로 사신 양 떼"이기 때문입니다(행 20:28). 칼을 빼어들었던 아브라함을 기억하십시오. 여러분은 그가 "네 아들, 네 사랑하는 독자 이삭을 번제로 드리라"(창 22:2)고 한 음성에 순종하는 것을 보고 놀랄 것입니다. 하지만 또 기억할 것은, 주께서는 아브라함이 순종으로 하려고 했던 일을 실제로 행하셨다는 것입니다. 그분은 자기 아들을 포기하셨습니다! "여호와께서 그에게 상함을 받게 하시기를 원하사 질고를 당하게 하셨습니다"(사 53:10). 그리스도의 죽음은 사실상 하나님께서 인간의 몸으로 인간의 죄를 감당하신 것입니다. 성육하신 하나님께서 우리 죄를 인하여 피를 흘리셨습니다. 이 사랑의 홍수에 우리는 넋을 잃고 떠내려가고 맙니다. 나의 형제들이여, 최선을 다해 말하고 있습니다만, 제대로만 표현된다면 내 말이 여러분 영혼에 불을 지필 것입니다. 저 독생자의 죽음을 보고서 천국도 온통 놀라지 않습니까? 만유의 상속자이신 그분이 고개를 숙이고 죽으신 일에, 천국에서는 아직도 놀라움이 채 가시지 않았습니다. 하나님이 죄인들을 살리시려고 자기 독생자를 죽게 내주셨을 때, 그분이 얼마나 세상을 사랑하셨는지를, 오 어찌하면 내가 여러분에게 적절하게 표현할 수 있을까요!

한 걸음 더 나아갑시다. 하나님이 그 아들을 "화목 제물로", 즉 단지 화해를 위한 조정자로서가 아니라 화해를 위한 제물로 보내신 것입니다. 그분이 자기를 속죄의 제물로 삼으신 것은 자비(mercy)가 정의(justice)와 충돌하지 않고서도 가능해지도록 하기 위함입니다. 하나님께서 화해하시기 전에 한 제물을 요구하셨다는 것에 대해, 마치 재판장 편에서 무언가를 잘못이나 한 듯이 사람들이 냉소하는 것을 나는 들었습니다. 하지만 나는 그들의 귀에 이렇게 속삭여 주려고 합니다. "하나님께서 제물을 요구하셨습니다. 그것은 사실입니다. 그분은 정의롭고 거룩하시기 때문입니다. 하지만 하나님께서는 그 제물을 자기 자신에게서 찾으셨습니다." 여호와께서 친히 요구하신 속전(贖錢)을 찾으셨음을 기억하십시오. 그것은 그분 자신이었고, 자기와 하나인 친 아들이었습니다. 그분이 속죄와 화목을 위해 제물이 되신 것입니다. 하나님 아버지께서 몰인정해서가 아니라, 아들을 치시지 않고는 화를 푸실 수 없었기 때문이 아니라, 그분이 너무나 자비하시면서도 불의하실 수 없었기 때문입니다. 그래서 최고의 사랑으로써, 사람들이 정당하게 구원 얻을 수 있는 한 방법을 고안하셔야 했던 것입니다. 부당한 구원이 이루어져서는 안 되었기 때문입니다. 주께서는 화목 제물을 찾으셨습니다. 그리스도의 고난은 사실이지만 그에 대해서 말하지는 않겠습니다. 그리스도의 죽음은 사실이지만 그에 대해서도 말하지 않겠습니다. 단지 나는 여기 요한일서 2장 1절에 있는 성경 말씀 그대로를 표현하고자 합니다. "그는 우리 죄를 위한 화목 제물이라." 하나님과 인간 사이의 화해는, 그리스도께서 행하신 모든 일과 고난당하신 모든 일에 있을 뿐 아니라, 보냄을 받으신 그리스도 자신 안에 있는 것입니다. "사랑은 여기 있습니다!" 인간과 하나님 사이에 평화와 사랑이 있도록 하기 위해, 궁극적인 사랑의 통치를 위해, 하나님께서 속죄의 제물을 발견하시고 또 친히 속죄의 제물이 되셨습니다.

　　나에게 무엇보다 놀랍게 여겨지는 것은 주 예수님께서 우리의 슬픔뿐 아니라 우리의 죄를 담당하셨다는 것입니다. "그는 우리 죄를 위한 화목 제물이라." 만일 우리에게 어떤 덕목들이 있을 경우 하나님께서 우리의 덕목들을 취급하시고, 또 우리에게 혹 어떤 사랑이 있을 경우 그분이 우리의 사랑을 취급하시는 것은, 그리 어려운 일로 보이지 않습니다. 그런데 그분이 자기 아들을 보내시어 죄인들인 우리와 함께 거하게 하시고, 또 우리의 죄와 접촉하게 하시고, 그리하여 칼자루를 쥐실 뿐 아니라 그 칼날에 의해 자기 가슴을 찌르고, 그 때문에 죽게 하시는 것은, 정녕 기적들 중의 기적입니다. 오 친구들이여, 그리스도께서는 우리의 의로움을 위해 자기를 내주신 것이 아니라, 우리 죄를 위해 자기 목숨을 버리셨습니다. 그분이 우리를 구하러 오셨을 때에 그분은 우리를 죄인들로 보셨습니다. "그리스도 예수께서 죄인을 구원하시려고 세상에 임하셨도다"(딤전 1:15). 만일 내가 이 순간까지도 그리스도를 발견하지 못했다면, 바로 지금 이 가르침을 받아들임으로써 그분을 발견하기를 소망할 것입니다. 하나님의 영에 의해 활짝 열린 창문이 있어, 절망한 자도 빛을 볼 수 있는 듯합니다. 하나님이 자기 아들을 보내시어 인간의 죄를 담당하게 하셨다면, 그렇다면, 비록 내가 혐오스러운 죗덩어리에 불과하다 할지라도, 하나님의 무한한 사랑을 누리는 길이 열린 것입니다. 오, 죄 많은 사람들이여, 음악보다 감미롭고, 어떤 시보다도 즐거움으로 가득한 이 말씀을 들어보십시오. 천사들의 수금으로도, 지금 내가 아주 빈약하고도 단순하게 여러분의 귀에 들려주는 이 말씀보다, 이 복된 소식보다, 더 고상한 연주를 할 수는 없을 것입니다. 하늘과 땅을 지으신 하나님께서, 우리가 거역했던 그분이, 여러분이 죽기를 바라지 않으시고, 오히려 여러분을 너무나도 사랑하시어 자기 아들의 몸을 통해 한 화목의 길을 열어 놓으셨습니다. 여러분이 하나님과 화목할 수 있는 다른 길은 없습니다. 만일 그분이 여러분과 부분적으로만 화해하시고, 그분의 정의에 대해서는 화해하지 않으셨다면, 여러분은 진실로 하나님과 화해한 것이 아닙니다. 지금도 하나님께서는 완벽하게 정의로우시고, 거룩하시며, 죄를 향해 노를 발하시는 분이십니다. 바로 그분에 대해서, 여러분은 그리스도 예수 안에 있는 믿음으로, 그리스도께서 사람들을 위해 자기 목숨을 버리심으로 말미암아, 화목하게 된 것입니다. 오, 이 복된 소식을 듣는 모든 자에게 하나님이 은혜 주시기를 빕니다!

3. 우리 안에서의 사랑의 분출

이제 마지막으로 생각할 것은 우리에게서 나오는 당연한 사랑의 분출(consequent outflow of love from us)에 관한 것입니다. "사랑하는 자들아 하나님이 이같이 우리를 사랑하셨은즉 우리도 서로 사랑하는 것이 마땅하도다." 서로를 향한 우리의 사랑은 단지 우리 속으로 흘러들어온 하나님의 사랑이 다시 흘러나가는 것입니다. 그것이 전부입니다. "사랑은 여기 있으니, 우리가 하나님을 사랑한 것이 아니요 하나님이 우리를 사랑하신" 것이며, 그래서 우리도 다른 사람들을 사랑하는 것입니다. 대륙의 한 도시에서 광장을 장식하고 있는 한 분수를 본 적이 있습니다. 물이 공중으로 뛰어오릅니다. 그런 다음 그것은 원형의 웅덩이 속으로 떨어지고, 웅덩이가 가득 차면 다시 그 아래 단계의 웅덩이로 떨어집니다. 그 물이 다시 세 번째 웅덩이를 채우지요. 소낙비처럼 떨어지고 또 웅덩이에서 다음 웅덩이로 떨어지는 즐거운 물소리를 들어 보십시오! 만일 여러분이 낮은 웅덩이 곁에 서서 그것을 바라보면 "여기에 물이 있다"고 말할 것입니다. 그것은 사실입니다. 또 그보다 한 단계 높은 곳에서도 사실이고, 그 위의 단계에서도 마찬가지입니다. 하지만 만약 여러분이 정말로 물이 어디에 있는지를 표현하고자 한다면, 먼 곳을 바라보아야 합니다.

아마도 그 분수대 옆 어딘가에는, 방대한 저수조가 있을 것이고, 그곳에서

부터 모든 배관이 연결되어 물을 높은 곳까지 힘 있게 뿜어내고, 또 그렇게 아름답게 떨어지도록 만드는 것입니다. 마찬가지로, 동료 인간들을 향한 우리의 사랑은 가득 찬 웅덩이에서 떨어지는 은빛 물줄기와도 같습니다. 하지만 그 사랑의 최초의 원천은 측량할 수 없는 하나님의 사랑입니다. 그 사랑의 원천은 그분의 본질 속에 깊이 감추어져 있어서, 결코 변하지 않으며, 줄어들지도 않습니다. 사랑은 여기에 있습니다! 만일 여러분과 내가 동료 그리스도인들을 사랑하고, 또 타락한 인류를 사랑하기를 바란다면, 우리는 이 영원한 원천에서 사랑을 흘려보내는 도수관(導水管)에 연결되어 있어야 합니다. 그렇지 않으면 우리는 곧 사랑에 실패하고 말 것입니다.

형제들이여, 하나님의 사랑이 우리 안에 있는 모든 참된 사랑의 원천이며, 그러기 때문에 그 사랑이 우리를 사랑하도록 격려한다는 것을 기억하십시오. 여러분이 하나님을 사랑한다고 느낄 때마다 여러분에게는 하나님의 백성 모두를 향한 사랑이 넘치게 될 것입니다. 그럴 것이라고 나는 확신합니다. 하나님의 사랑을 의심하게 될 때 여러분은 무정하고 냉랭해질 것입니다. 하지만 여러분이 여러분을 위해 자기를 내주신 구주의 사랑으로 불타오를 때, 여러분은 마치 거리의 모든 걸인들을 사랑한다고 느낄 것이며, 모든 매춘부까지도 그리스도의 사랑의 발 아래로 인도하기를 갈망할 것입니다. 그러지 않을 수가 없을 것입니다. 사람들이여, 그리스도께서 여러분의 마음을 그분의 사랑에 담그시면, 그분의 사랑이 스며들 것이고, 여러분은 그 사랑으로 충만해질 것입니다.

여러분은 하나님이 사랑하시는 동일한 사람들을, 동일한 이유로 사랑하고 존중할 것입니다. 하나님은 사람들을 사랑하십니다. 여러분도 그럴 것입니다. 하나님은 그들 안에 선한 것이 없을 때에도 그들을 사랑하시며, 여러분도 같은 방식으로 그들을 사랑할 것입니다. 때때로 사람들의 악함이, 참된 그리스도인의 마음에서는 그들을 향한 더욱 강한 애정의 불이 타오르도록 합니다. 그들이 더 깊은 타락에 빠져 있을수록, 그들은 더욱더 구주를 필요로 합니다. 우리의 모라비안 형제들이 선교사들로 나갔을 때에, 그들은 가장 야만스러운 부족들에게로 먼저 가기를 원하지 않았습니까? 그들은 이렇게 말했습니다. "그들이 더 많이 타락하였으니 그들은 더욱더 구주를 필요로 한다." 신자들이 그 선교사들의 정신을 느껴야 하지 않겠습니까? 만일 사람들이 타락하여 짐승처럼 천하게 되고, 귀신들처럼 추하여졌다 해도, 이는 우리가 그들을 그리스도께로 이끌기를 더욱 열망해야 할 더욱 강한 이유가 아니겠습니까? 나는 그리스도인 백성들 가운데 들어오곤 했던 저 가증스러운 정신이 그 아비인 마귀에게로, 그것이 마땅히 있어야 할 곳으로 내쫓기기를 바랍니다. 가난하고 타락한 사람들을 멸시하는 그런 정신을 말하는 것입니다. 나는 사람들이 "저런 쓰레기 같은 인간들을 돌보는 것에 무슨 유익이 있담?"이라고 말하는 것을 들으면, 심히 슬퍼집니다. 하나님의 교회는 가장 천한 자들의 영혼들도 귀하게 느껴야 합니다. 또한 가장 추하고, 가장 무지하고, 가장 타락하고, 가장 야만스러운 남자와 여자들을 구원하는 것이 온 교회의 노력을 기울일 만한 가치 있는 일이라고 느껴야 합니다. 하나님께서 죄 가운데 죽은 죄인들을 살려서 자기에게로 이끄시기 위해서, 예수 그리스도의 죽음을 합당하게 생각하셨기 때문입니다.

형제들과 자매들이여, 사람들을 향한 우리의 사랑이 실제적이어야 한다고 느끼지 않는다면, 우리는 아직 이 진리를 이해하지 못한 것입니다. 우리를 향한 하나님의 사랑이 실제적이었기 때문입니다. 그분의 사랑은 지구의 어느 은밀한 동굴에 고여 있는 물처럼 가만히 있지 않았습니다. 그 사랑은 노아 시대의 물처럼 솟구쳐 올랐습니다. 우리가 성경에서 "그 날에 큰 깊음의 샘들이 터졌다"(창 7:11)고 읽은 것과도 같습니다. 선물로 주신 주 예수님 안에서 우리는 하나님의 사랑의 실재를 목격합니다. 가난한 사람들을 볼 때 우리는 이렇게 말해서는 안 됩니다. "덥게 하시오, 배부르게 하시오(약 2:16), 돕지 못해 미안하오." 오히려 우리의 것을 나누어 그들을 구제해야 합니다. 우리의 사랑은 그러해야 합니다. 만일 우리가 무지한 자들을 만나서 이렇게 말하면 안 됩니다. "저런, 교회가 미사를 무시하고 있군. 교회가 정신을 차려야 해." 우리는 죄인들을 얻기 위해 분발하고 힘써야 합니다. 여러분 가까이에 타락한 사람들이 있다면, 이렇게 말하지 마십시오. "누군가 그들을 찾아가면 좋으련만." 아닙니다, 여러분 자신이 그들을 찾아가십시오. 우리 각 사람에게는 사명이 있습니다. 그 사명을 수행하십시오.

우리의 사랑은 한 가지 점에서, 즉 언제나 화목을 추구한다는 점에서 하나님의 사랑을 본받아야 합니다. 하나님이 자기 아들을 보내신 것은 이 목적을 위해서입니다. 누군가 여러분을 화나게 했습니까? 화목을 추구하십시오. "오, 하지만 나는 피해를 입은 쪽입니다." 하나님도 그러셨습니다. 그리고 그분은 곧장 화목을 추구하셨습니다. 형제여, 같은 일을 하십시오. "오, 하지만 나는 모욕을 당했습니다." 바로 그렇게, 하나님도 모욕을 당하셨습니다. 그분을 거역하는 모든 부당행위가 있었습니다. 하지만 그분은 아들을 보내셨습니다. "오, 하지만 상대가 너무나 비열합니다." 당신이 그러합니다. 하지만 하나님은 당신을 사랑하여 자기 아들을 보내셨습니다. 가서 그분의 본을 따르십시오. 나는 이 사랑이 애초부터 당신 자신의 마음에서 나온다는 의미로 말하지 않습니다. 내 말의 의미는 하나님이 그분의 사랑을 당신의 마음속으로 흘러들게 하셨기 때문에, 당신의 마음에서도 그 사랑이 흘러나와야 한다는 것입니다. 당신은 그 분수대의 웅덩이들 중의 하나입니다. 사랑이 위에서부터 당신 속으로 부어졌으니, 그 사랑을 아래에 있는 웅덩이들에게로 흐르게 하십시오. 즉시 가서 화목하도록 하십시오. 당신과 당신의 친구 사이뿐 아니라, 모든 사람과 하나님 사이가 화목하게 되도록 시도하십시오. 그것을 여러분의 목표로 삼으십시오. 그리스도께서 우리의 화평이 되셨으니, 우리가 만나는 모든 가련한 죄인들에게 이 화평을 전하도록 합시다. 하나님께서 그리스도 안에서 화해하신 것을 우리가 그들에게 말해 주어야 합니다. 우리는 그들에게 이렇게 말해야 합니다. "그는 우리 죄를 위한 화목 제물이니 우리만 위할 뿐 아니요 온 세상의 죄를 위하심이라"(요일 2:2). 이 말씀에 주목하십시오! 이 말씀은 다음 말씀과도 일치합니다. "보라 세상 죄를 지고 가는 하나님의 어린 양이로다"(요 1:29). 이제 하나님은 복음의 협정으로 온 인류와 교류하실 수 있습니다. 우리가 만나는 사람들이 하나님께서 화목하기를 원하지 않으시는 사람들이라고 생각할 필요가 없습니다. 그 화목제물을 통하여 하나님께 나아오는 자는 누구든지 받아들여집니다. 하나님께서는 예수 그리스도로 말미암아 그분께 나아오는 모든 영혼을 언제나 받아 주십니다. "하나님이 세상을 이처럼 사랑하사 독생자를 주셨으니 이는 그를 믿는 자마다 멸망하지 않고 영생을 얻게 하려 하심이라"(요 3:16). 여러분과 내가 할 일은 화목입니다. 화목에 이바지하는 모든 일이 우리의 할 일입니다.

우리가 그 일을 마쳤을 때, 다음에는 무엇이 있을까요? 우리에게는 그 일로 인해 자랑할 것이 없습니다. 한 사람이 자기 동료 인간들을 너무나 사랑하여 그들을 위해 자신의 전부를 주었고, 또 그들을 위해 실질적으로 죽었다고 가정할 때, 그에게 자랑할 만한 어떤 것이 있을까요? 이 본문을 반복해서 읽어 보십시오. "사랑하는 자들아 하나님이 이같이 우리를 사랑하셨은즉 우리도 서로 사랑하는 것이 마땅하도다." 여러분이 자기희생의 가장 높은 경지에 오른다고 해도 여러분에게 자랑할 것이 없음은, 마땅히 행해야 할 의무를 행하는 것이기 때문입니다. 이와 같이 여러분은 기독교의 최고의 단계에서도 행위로 말미암는 구원에 대한 모든 사상이 배제되는 것을 볼 수 있습니다. 우리가 기독교 신앙의 최고의 단계에 이를 때에, 우리가 사랑으로써 우리 몸을 불사르게 내준다고 해도, 하나님의 사랑이 우리에게 부여한 엄청난 의무를 생각하면 우리는 그저 마땅히 행할 바를 행한 것일 뿐입니다.

만약 여러분이 이 도시 전체에 물을 공급하기 위해 상수도를 관리해야 할 때, 한 수도관이 있어서 여러분이 거기로 물을 쏟아 붓는데, 그 수도관의 다른 편 끝에서는 물이 전혀 나오지 않는다면, 여러분은 어떻게 하시겠습니까? 여러분은 그 수도관을 파내고서 이렇게 말하겠지요. "이 수도관은 내 목적에 맞지 않아. 나는 물을 잘 받아들일 뿐 아니라 잘 흘려서 내보내는 수도관을 원해." 그것이 바로 주께서 우리에게 바라시는 것입니다. 이기적으로 이렇게 말하지 마십시오. "나는 가만히 앉아서 하나님의 사랑을 누리기를 원해. 나는 누구에게도 그리스도에 관해서는 한 마디도 하지 않을 테야. 가난한 사람들에게는 동전 한 푼도 주지 않을 테야. 오직 내가 원하는 것은 가만히 앉아서 하나님의 사랑으로 위로를 얻는 것이야." 만일 여러분이 그런 식으로 생각한다면, 여러분은 꽉 막혀 버린 수도관입니다. 여러분은 쓸모가 없습니다. 여러분은 교회 체계에서 뽑혀져야 할 것입니다. 왜냐하면 세상을 위해 사랑을 공급하는 교회는 뚫린 수도관들을 필요로 하고, 그 수도관들을 통해 하나님의 사랑이 자유롭게 흐를 수 있어야 하기 때문입니다. 주님께서 여러분을 깨끗하게 하시고 또 가득 채우시길 빕니다. 그래서 여러분에게서 생명수 강이 지속적으로 흐를 수 있게 해 주시길 빕니다. 아멘.

제
17
장

—

보는 것과 증언하는 것

—

**"아버지가 아들을 세상의 구주로 보내신 것을
우리가 보았고 또 증언하노니" — 요일 4:14**

본문에는 결코 분리될 수 없도록 서로 결합된 두 가지가 있습니다. "우리가 보았고 또 증언하노라." 먼저, 어느 누구도 자기가 보지 않은 것을 증언해서는 안 됩니다. 여러분이 개인적으로 그것을 알지 못한다면, 그것에 대해 말하지 마십시오. 증언의 힘은 곧 증언의 인격성(personality)에 있습니다. 여러분이 결코 경험하지 못한 진리는, 다른 누군가가 전하도록 맡겨두는 것이 좋습니다. 이것이 수많은 목회자들이 실패하는 이유입니다. 그들의 사역의 배경에 개인적인 회심이 없고, 결과적으로 그들 속에 그리스도인의 생명이 없습니다. 그들의 설교는, 이것저것 주워들은 것을 말하는 어떤 사람의 증언과도 같습니다. 그 사람이 다른 사람들이 그에게 들려준 것을 말하기 시작하려 할 때, 재판장이 그 증언을 중지시키는 것을 여러분은 압니다. 재판장은 이렇게 말하지요. "아니, 아니, 이보시오! 당신 자신이 본 것이 무엇이오? 이 일에 관해서 당신이 직접 알고 있는 것을 말해 보시오. 나는 그 일에 대해서 다른 사람들이 당신에게 말해 준 것을 듣고 싶지 않소." 강단에서 전달되는 메시지도 그러해야 합니다. 설교자에게 요구되는 것은 그가 보고, 맛보고, 느끼고, 만져본 바를 증언하는 것입니다. 여러분이 다른 사람들을 그리스도께로 데려오려고 시도할 때, 여러분은 그리스도께서 여러분에게 행하신 일을 증언함으로써 그 일을 해야 합니다. 만일 그분이 개인적으로 여러분을 위해, 당신을 위해 어떤 일도 행하시지 않았다면, 당신은 그분을 위해 증언할 수 없으며, 그렇게 할 수 있는 체 가장해서도 안 됩니다.

다음으로, 여러분이 본 것을 여러분은 증언해야 합니다. 여러분이 직접 본 것이 있다면, 마리아가 부활하신 그리스도를 보았을 때처럼 행하십시오. 그녀는 그 소식을 전하기 위해 그분의 제자들에게로 달려갔습니다. 여러분이 본 것을 혼자서만 간직할 권리가 있습니까? 아니, 그렇지 않습니다. 가서 좋은 소식을 전하십시오. 초에 불이 켜진 것은 그 초 하나만 위해서가 아닙니다. 사람들이 그 빛으로써 볼 수 있도록 하기 위해서입니다. 만일 여러분이 하나님께로부터 빛을 받았다면, 여러분의 빛을 사람들 앞에 비추어서, 그들로 그 빛을 보고 그로 인해 하나님께 영광을 돌리게 하십시오. 이런 진술은 틀림없이 신앙을 고백하는 많은 그리스도인들을 근심하게 할 것입니다. 그들은 그들이 주님을 보았다고 말합니다. 나는 그들이 말하는 것의 진실을 의심할 이유가 없습니다. 하지만, 보았으면, 왜 그들이 증언하지 않는 것입니까? 우리 본문에는 이렇게 쓰여 있습니다. "우리가 보았고 또 증언하노라." 요즘에는 많은 경우에서 이렇게 말할 수 있을 것입니다. "우리는 보았고, 또 증언하지 아니하노라." 믿음으로 그리스도를 보았다고 공언하는 어떤 이들이, 심지어 그분의 말씀대로 세례를 받는 일에서조차 앞으로 나서서 그분을 시인하지 않습니다. 많은 사람들이 가시적인 교회와 연합하지도 않고, 주일학교를 섬기거나 혹은 그와 같이 유용한 형태의 기독교적 섬김에 종사하지 않습니다. 재능을 가지고 있으면서도, 그것을 유익하게 사용하지 않는 여러분이 어떻게 되겠습니까? 오, 냅킨에다 재능을 꽁꽁 싸두고 있는 게으른 자들이여, 주님이 자기 종들을 불러 결산하시는 그날에 여러분이 무어라고 대답할 것입니까? 우리의 본분을 다하고자 한다면, 먼저 우리는 본 것을 확신해야 하고, 그 다음에는 본 것을 그대로 증언해야 합니다. 하나님이 짝지어 주신 것을 사람이 나누지 못합니다. "우리가 보았고 또 증언하노라." 이 경우에 '이혼'은 있을 수 없으며, 혼인 서약을 깨뜨릴 수 없습니다. "우리가 보았고 또 증언하노라."

보는 것과 증언하는 것, 나는 이 두 가지 주제를 논하려고 합니다. 먼저, 나는 여러분에게 사도들이 본 것(apostolic seeing)에 대해 말할 것입니다. 의심의 여지 없이 요한이 "우리가 보았고 또 증언하노니"라고 했을 때, 우리는 그가 자기 자신 및 동료 사도들(brother-apostles)을 언급하고 있다고 이해할 수 있습니다. 사도들이 본 것, 그것이 우리의 첫 번째 주제입니다. 두 번째 주제는 우리가 보는 것

(our seeing), 혹은 그리스도인들이 어디까지 "우리가 보았다"고 말할 수 있는가에 대한 것입니다. 세 번째는 사도적 증언(apostolic testifying)과 우리의 증언(our testifying)에 대한 것입니다. 그 증언들은 많은 항목들에 있어서 서로 같아야 합니다.

1. 사도들이 본 것

첫째로, 사랑하는 친구들이여, 사도들이 본 것에 대해 잠시 말하도록 하겠습니다. 요한과 그의 동료 사도들은 이렇게 말합니다. "아버지가 아들을 세상의 구주로 보내신 것을 우리가 보았고 또 증언하노라."

그들의 경우에는, 이 말이 너무나 확실하다(eminently clear)는 점을 주목하십시오. 이 서신의 시작 부분을 읽어드리겠습니다. "태초부터 있는 생명의 말씀에 관하여는 우리가 들은 바요, 눈으로 본 바요, 자세히 보고, 우리의 손으로 만진 바라. 이 생명이 나타내신 바 된지라. 이 영원한 생명을 우리가 보았고 증언하여 너희에게 전하노라"(요일 1:1-2). 그리스도와 함께 거하고, 그분의 기적들을 보고, 그분의 가르침을 듣도록 선택된 이 사람들이, 아주 분명한 증언을 가지고 앞으로 나섭니다. 그들은 우리에게 그들이 본 것과, 그들이 들은 것과, 그들이 자세히 살펴본 것과, 그들의 손으로 만져본 것에 대해 말합니다.

먼저, 그들은 그리스도에게서 들었습니다. 이는 높은 특권이었습니다. "그 사람이 말하는 것처럼 말한 사람은 이 때까지 없었기" 때문입니다(참조. 요 7:46). 그리스도께서 가르치실 때에 그들처럼 들은 자들도 없었습니다. 사도들은 주님의 음성을 공적으로 뿐 아니라 사적으로도 들었습니다. 그분이 대중들에게는 충분히 설명하지 않으신 진리들을 그들에게는 자세히 풀어 설명해 주셨습니다. 예수님의 음성을 들을 수 있었다는 것이 얼마나 달콤한 경험이었겠습니까! 나는 그분 음성의 멜로디가 사도들이 사는 날 동안에 그 귀에서 떠나지 않았을 것이라고 믿습니다. 그들은 그분의 입술에서 직접 들음으로써, 하나님의 아들 곧 주 예수 그리스도께서 진정 그들의 눈앞에 계시는 것을 알았습니다. 그들은 단지 사람으로서는 도저히 말할 수 없는 것들을 그분이 말씀하시는 것을 들었습니다. 오래 전에 약속된 메시야, 하늘의 사자(Divine Messenger), 하나님에게서 보냄을 받은 이가 아니고서는 어느 누구의 입술에서도 나올 수 없는 그런 놀라운 진리들을 그분이 선포하시는 것을 그들은 들었습니다. 그들은 그분에게 들어서, 그분이 사람들을 구원하기 위해 하나님에 의해 보냄을 받으신 것을 알았습니다.

요한은 또 말하기를 사도들이 그리스도를 보았다고 합니다. 삼년 이상 동안, 그들은 그분을 매일 보았고, 계속해서 보았습니다. 요한 사도는 덧붙여 말하기를, 그들이 또한 그분을 "자세히 보았다"고 합니다. 그 말은 명백히 때때로 그들이 주의를 집중하고서 그분을 응시했음을 의미합니다. 여러분은 사람을 단지 본다는 것이 무엇인지를 압니다. 하지만 그를 진지하게 바라보는 것, 그의 외모에 깊은 인상을 받고서 그를 머리에서 발끝까지 자세히 쳐다보지 않을 수 없는 것은, 그냥 보는 것과는 별개의 일입니다. 그에게 매혹되고, 그에게 시선을 빼앗겨서, 마치 그를 눈 안에 담아두고자 하고, 여러분의 영혼에 그의 영상을 새겨두고자 하는 것입니다. 지금 요한은 사도들이 그렇게 주님을 보았다고 말합니다. 그들은 그분을 보았고, 그들의 눈이 그분을 자세히 살펴보았습니다. 그들은 그들의 주님에 대해서 오해할 수가 없었습니다. 요한은 변화산에서 그분을 보았고, 십자가에서도 그분을 보았습니다. 자신의 복음서에서, 그리스도의 옆구리를 창으로 찌른 군인에 대해 기록할 때에, 요한은 이렇게 말합니다. "이를 본 자가 증언하였으니 그 증언이 참이라. 그가 자기의 말하는 것이 참인 줄 알았다"(요 19:35).

그러므로 사도들은 그리스도에게서 들은 자들이고, 그리스도를 본 자들입니다. 그 외에도, 그들은 그분을 손으로 만져 보았습니다. 그들 중의 한 사람은 주의 품에 자기 손을 얹었습니다. 예수님이 죽은 자 가운데서 살아나신 후에, 그분이 그들에게 말씀하셨습니다. "내 손과 발을 보고 나인 줄 알라, 또 나를 만져 보라, 영은 살과 뼈가 없으되 너희 보는 바와 같이 나는 있느니라"(눅 24:39). 그들은 말씀이 육신이 되고, 또 그들 가운데 거하신 것을 조금도 의심하지 않았습니다. 그들은 그것을 의심할 수가 없었습니다. 그들의 모든 감각이 하나님의 아들의 실제적인 성육신을 입증했기 때문입니다. 이와 같이 그들은 하나님의 아들에게서 듣고, 그분을 보았고, 그분을 만져 보았습니다.

자, 아마도 여러분 중에서 이렇게 말하는 사람들도 있을 것입니다. "그들이 가졌던 증거를 우리도 가졌으면 좋았을 텐데. 우리가 그 시대에 살았더라면 지금 우리는 훨씬 더 큰 확신을 가지고 말할 수 있을 텐데." 내 말을 들으십시오. 단지 그리스도에게서 듣는 것이 확신을 주지는 않습니다. 그분에게서 들은 자들은 수천수만 명이나 있었습니다. 하지만 그들은 그분의 가르침에서 아무것도 주목하여 들은 것이 없고, 심지어 그들이 감당할 수 없는 진리 때문에 그분을 싫어하고 미워하면서 떠나 버렸습니다. 그분을 단지 보는 것에도 그다지 큰 이점이 없습니다. 수많은 무리들이 그분을 보지 않았습니까? 하지만 그들은 그분의 영광을 보지 못했고, 그분이 사람들의 구원자이신 것을 이해하지 못했습니다. 그분이 십자가에 달리셨을 때에도, 많은 사람들이 그분을 보고서 야유하고 조롱만 하다가, 등을 돌리고서 제 갈 길로 갔습니다. 그분을 만지는 것에 대해서 말하자면, 군병들이 그분을 손으로 다루고 그분에게 매질을 하지 않았습니까? 오! 그렇지요, 단지 손으로 만진 것이 아니라 거칠게 다루었습니다! 하지만 그들이 귀하신 예수님의 몸에 손을 대었다고 해서 확신하게 된 것은 아무것도 없습니다.

　　형제들이여, 실상 참된 믿음이란 단지 귀로나, 눈으로나, 손으로 오는 것이 아니고, 영혼 안으로 번쩍이듯 들어오는 것입니다. 아마도 귀를 통해서 들어오겠지만, 그래도 언제나 직접적으로는 마음에 작용하시는 하나님의 영에 의해서 들어오는 것입니다. 만약 이 사도들에게 또 하나의 감각, 즉 영적인 감각이 없었더라면, 그들은 여전히 불신자들로 남았을 것입니다. 그러므로 결국, 그들이 여러분에 비해 큰 이점을 가진 것은 아니었습니다. 사랑하는 이들이여, 주님을 영적으로 알고 있는 여러분 역시 진실로 이렇게 말할 수 있습니다. "아버지가 아들을 세상의 구주로 보내신 것을 우리가 보았고 또 증언하노라."

　　하지만 다음으로, 사도들이 영적으로 빛의 비추임을 얻었음을 인정하고서, 그들이 목격한 것이 그리스도의 사명과 관련하여 대단히 결정적인(eminently conclusive as to the mission of Christ) 증거라는 점을 주목하십시오. 그들이 본 것은 그리스도만이 아니라, "아버지가 아들을 보내신 것"입니다. 자, 사랑하는 여러분, 이것을 그리스도께서 행하신 기적들에서 볼 수 있습니다. 우리 주님이 물을 포도주로 바꾸시는 첫 번째 기적을 행하실 때에, 그 점이 특별히 이렇게 기록되었습니다. "예수께서 이 첫 표적을 갈릴리 가나에서 행하여 그의 영광을 나타내시매 제자들이 그를 믿으니라"(요 2:11). 물을 포도주로 바꾸시는 일은 단순한 기적이라고 할 수 있습니다. 하지만 예수님은 그 일을 행하실 때에 기이한 방식으로 사도들 마음에 이런 생각이 번개처럼 스치게 했습니다. "이분은 하나님의 아들이시다. 이분이 메시야시다." 장엄한 기적이 그 뒤에 이어지지만, 그 역시 그것을 목격한 자들에게 동일한 효력을 미쳤다고 성경은 말합니다. 우리 주 예수님이 나사로의 무덤에 오셨을 때, 그를 다시 살리시기 전에, 그분이 마르다에게 하신 말씀을 여러분은 기억할 것입니다. "내 말이 네가 믿으면 하나님의 영광을 보리라 하지 아니하였느냐"(요 11:40). 그리고 그분이 나사로를 죽은 자들 가운데서 불러내셨을 때에, 그곳에 둘러선 자들은 그 기적에서 하나님의 영광이 광채를 발하는 것을 보았습니다. "마리아에게 와서 예수께서 하신 일을 본 많은 유대인이 그를 믿었더라"(요 11:45). 만일 여러분 중에 누구든 그리스도께서 지상에 계시는 동안 그분과 함께 있었다면, 그리고 영적으로 빛의 비추임을 얻었다면, 여러분은 그분이 물 위를 걸으시는 것에서나, 눈먼 자의 눈을 뜨게 하시는 것에서나, 혹은 사람들이 그분께 데리고 온 각양 병든 자들을 치유하시는 일에서, 그분의 영광을 얼마간 보았을 것입니다. 그리고 여러분이 목격한 것이 그분의 사명에 관한 결정적인 증거라고 느꼈을 것입니다.

하지만 사랑하는 여러분, 구주의 사명과 관련하여 사도들은 그분의 삶에서 (in His life) 결정적인 증거를 가지고 있습니다. 그분의 삶이 어떤 것이었습니까! 나는 엘리야의 삶을 생각할 때마다 그 삶에 감탄하고 또 그 삶을 본받고 싶습니다. 구약과 신약에 나오는 모든 성도들의 기록을 읽을 때에, 나는 그들의 삶에 감탄한 나머지 그들의 실패들을 잊을 정도입니다. 하지만 이 성스러운 책에서 우리가 읽은 사람들 가운데 가장 깨끗하고 선한 사람의 삶도, 예수님의 삶만큼 우리에게 깊은 인상을 남기지는 않습니다. 예수님의 삶은 완벽할 뿐 아니라, 신적입니다. 너무나 특별하기에, 다른 누군가의 삶이 모방할 수 있는 정도를 넘어선 것이며, 사실상 모방하기가 불가능합니다. 예수님의 삶은 모든 삶 중에서 가장 인간적이면서도, 지극히 높은 차원에서 초인적이었습니다. 어느 한 가지 면에서도 인간이 그 삶을 흉내 낼 수 없다는 의미에서 그분의 삶은 초인적이었습니다. 정녕 그것은 비범한 삶이었습니다. 누군가 그 삶의 다양한 국면들을 볼 수 있고, 또 성령의 가르침에 의해 그 모든 의미가 무엇인지를 배울 수 있었다면, 오직 하나님의 아들만이 이런 삶을 살 수 있었다고 확신했을 것입니다. 로마 백부장이 그분의 죽음에 대해서 한 말을, 성령으로 깨우침을 얻은 자는 그분의 삶에 대해서 말할 수 있습니다. "이 사람은 진실로 하나님의 아들이었도다"(막 15:39).

다른 모든 증거들을 찾아 나서기 위해 나는 이 문제에만 머물 수는 없습니다. 하지만 내가 확신하는 것은, 하나님의 영의 가르침으로써, 은혜를 입은 그 사람들은 예수님이 기적들을 행하시는 것을 보았을 때와, 그분의 모든 기적들보다 더욱더 놀라운 그분의 삶을 보았을 때, 그분이 하나님이 보내신 분이신 것을 느꼈다는 것입니다.

이 말을 하기까지는 아직 핵심을 말한 것이 아닙니다. 즉, 그들이 본 것은 그분이 사람들을 구원하기 위해 보내심을 받았다는 것에 대해 결정적인 증거입니다. "아버지가 아들을 세상의 구주로 보내신 것을 우리가 보았고 또 증언하노라." 그리스도의 삶에는 이 선언과 상충되는 것이 하나도 없습니다. 그분은 어떤 사람도 저주하지 않으셨습니다. 그분은 누구에게도 하늘에서 불을 내리지 않으셨습니다. 심지어 악한 자들이 그분을 나무에 못 박을 때에도, 그분은 그들을 위해 기도하셨습니다. 모든 면에서 그분은 파괴자가 아니라, 구원자이셨습니다. 이 사도들은 구원을 받았습니다. 알려진 죄에서 구원을 받았으며, 비굴한 직업에서 구원받기도 했고, 그들 자신으로부터 구원을 받았습니다. 그들은 그것을 알았습니다. 그들 자신이 구원을 받았기에, 그들은 아버지께서 그 아들을 세상의 구주로 보내셨음에 틀림없다는 것을 알았습니다.

그들은 또한 그분이 병자들을 치유하시는 것을 보았습니다. 종종 그분이 군중 사이를 다니실 때에, 사람들이 거리의 침상에 누워 있는 것과, 또 다른 사람들도 떼지어 그분에게 몰려드는 것을 보았을 때, 그 광경이 어떠했을까요? 그분이 여기서 한 사람에게 손을 얹으시고, 저기서 다른 사람을 치유하시고, 다른 곳에서 또 그렇게 하시고, 그렇게 계속해서 사람들을 치료하시는 것을 그들은 보았습니다. 마치 귀신들의 군대 사이로 행진하시면서, 스스로 길을 뚫고 지나가시는 것 같았습니다. 칼과 단창이 없이, 오직 부드러운 시선으로 보시고, 인자하면서도 능력 있는 손으로 만지기만 하면서도 그렇게 하셨습니다! 그분은 사람들의 생명을 멸하러 오신 것이 아니라 그들을 구원하러 오셨습니다. 아무런 대가 없이 베푸신 헤아릴 수 없이 많은 치유들이, 사도들에게는 아버지께서 그 아들을 세상의 구주로 보내신 것에 대한 명백한 증거였습니다.

하지만 그들이 그것을 더 잘 알게 된 것은 그들이 그분이 죽으신 것을 본 이후, 그분의 빈 무덤을 본 이후, 오순절 날에 성령이 내려오시는 것을 경험한 이후였습니다. 그 때 불의 혀 같은 것이 그들에게 주어졌을 때, 그들은 나가서 그분의 이름으로 말했고, 삼천 명의 사람들이 강력한 은혜의 감동을 느꼈으며, 그들은 아버지께서 아들을 세상의 구주로 보내신 것을 알았습니다. 그들을 유대인들을 향한 설교자로 제한시키던 속박이 끊어졌을 때, 그들은 온 아시아를 다녔고, 담대하게 유럽으로 건너갔으며, 어디든 다니면서 말씀을 전했습니다. 파르티아 사람들과, 메대 사람들과 엘람 사람들이 복음을 들었고, 헬라 사람들과 로마 사람들이 꿇어 회개하였으며, 빌립보 사람들과 골로새 사람들이 그리스도께로 모여들었습니다. 그 때 사도들은 아버지께서 아들을 세상의 구주로 보내신 것을 알았습니다. 그들의 평생에, 그들이 확신하는 분명한 증거가 있었으며, 그들은 담대히 나서서 그러하다고 증언하였습니다.

지금까지 여러분에게 첫 번째 요점, 즉 사도들이 본 것을 제시하였습니다.

2. 우리가 보는 것

두 번째는 우리가 보는 것(our seeing)입니다. 몇 가지 문제들을 아주 분명하고 개인적으로 제시하겠습니다. 각 사람은 어느 정도까지 나와 같은 입장인지 확인하시기 바랍니다.

형제들이여, 우리들 중에 일부는 예수님이 세상의 구주로 하나님께 보내심 받은 것을 보았습니다. 우리가 그것을 어떻게 보았습니까? 자, 첫째로, 그분의 말씀의 능력(the power of His word)에 의해서입니다. 여러분은 사마리아 여인과 관련된 독특한 사건을 읽었을 것입니다. 그 여인은 수가 동네 사람들에게 그녀가 행한 모든 일을 말한 사람을 만났다고 전했고, 그녀가 그분을 메시야로 믿는다고 했습니다(요 4:29). 그들은 그녀의 말에 귀를 기울였고, 그 후 구주에게서 직접 듣기 위해 나아왔습니다. 그분이 그들에게 말씀을 전하셨는데, 그 결과가 무엇이었습니까? 그 사마리아인들이 그 여인에게 말했습니다. "이제 우리가 믿는 것은 네 말로 인함이 아니니 이는 우리가 친히 듣고 그가 참으로 세상의 구주신 줄 앎이라"(요 4:42). 여러분은 요한이 이 서신을 쓰고 있을 때, 그 사마리아 여인에 대한 기록을 염두에 두지 않았을까요? 그래서 무의식적으로 수가 사람들이 말했던 것과 똑같이 "세상의 구주(the Saviour of the world)"라는 표현을 반복하고 있는 것이 아닐까요? 그들은 단순히 그분의 말씀의 능력에 의해 그리스도의 메시야 되심을 확신했습니다. 형제들과 자매들이여, 우리 중에 많은 이들이 이 사마리아 사람들이 가졌던 것과 동일한 증거를 가졌습니다. 우리는 그리스도의 말씀의 능력을 경험했습니다. 나는 우리가 인간의 웅변술의 힘을 느꼈다고 말하지 않습니다. 혹은 인간의 논증의 힘을 알게 되었다고 말하는 것이 아닙니다. 오직 우리가 주의 말씀의 힘을 경험하고 입증했다고 말하는 것입니다. 하나님의 말씀에는 설교자의 방식과는 전적으로 무관하게 역사하는 무언가가 있습니다. 우리를 전율하게 하고, 우리를 정복하고, 사슬로 묶고, 포로로 삼고, 자유롭게 하고, 우리 입에 새 노래를 넣어주고, 거룩한 기쁨으로 우리를 춤추게 만드는 것은 진리 그 자체입니다. 여러분은 그 경험을 알고 있습니다, 그렇지 않습니까? 내 형제들과 자매들이여, 나는 종종 이 기도의 집에서 여러분이 인간의 입술이 지니는 힘을 훨씬 능가하는 어떤 힘을 느껴왔을 것이라고 믿습니다. 여러분은 지금 껏 그랬었다는 것을 압니다. 여러분은 집에 가서 이렇게 말했을 것입니다. "하나님께서 오늘 내 영혼에 말씀하셨다. 나는 복음이 참되고, 그리스도께서 신성한 분이심을 안다. 아버지께서 그 아들을 세상의 구주로 보내셨으니, 나는 비길 데 없는 그분의 말씀의 능력을 느꼈다."

다음으로, 이 서신의 뒷부분에는 요한이 언급한 세 가지의 증거들이 있으며, 그 각각의 증거는 우리에게 임하는 현재적인 능력입니다. 그는 마지막 장의 7절과 8절에서 이렇게 말합니다. "증언하는 이가 셋이니, 성령과 물과 피라 또한 이 셋은 합하여 하나이니라." 여러분은 말씀의 능력뿐 아니라 성령의 감화력(the influence of the Holy Spirit)도 느꼈지 않습니까? 성령이 오셔서, 마치 사막의 열풍(熱風)이 들의 꽃들을 마르게 하는 것처럼, 여러분의 의를 시들게 하시지 않던가요? 또한 하나님의 영이 임하시어, 여러분이 죽은 자처럼 엎드려 있을 때 여러분에게 생명을 불어넣으시지 않던가요? 그분이 오셔서, 여러분에게 구주를 향하도록 지시하시지 않던가요? 심지어 여러분에게 그분을 바라볼 수 있는 눈을 주시지 않던가요? 하나님의 영이 종종 여러분에게 빛을 비추시고, 여러분을 소생시키시고, 여러분을 위로하시고, 여러분을 인도하시지 않던가요? 그분이 여러분에게 마치 불과 같고, 이슬과 같고, 그리고 바람과 같지 않으시던가요? 그렇다면, 만일 여러분이 하나님의 영의 활동을 안다면, 그리고 여러분이 신앙고백을 거짓으로 하지 않는다면, 여러분 또한 아버지께서 그 아들을 세상의 구주로 보내신 것을 보았습니다.

다음 증언은 물로 깨끗이 씻는 것(the purging by the water)에 관한 것입니다. 자, 물이, 그리스도의 갈라진 옆구리에서 흘러나온 물이, 여러분에게 작용하지 않았습니까? 내 형제여, 만일 당신이 신앙고백하는 그대로의 사람이라면, 당신은 깨끗한 사람입니다. 한때 당신은 너무나 더러웠지만, 씻음을 받았고, 이제는 다른 사람입니다. 전에 당신이 사랑했던 것들이 이제는 당신에게 끔찍한 것이 되었습니다. 이제 당신은 그것들을 미워합니다. 커다란 변화가 당신에게 일어났기 때문입니다. 당신은 추한 것을 사랑하고 죄를 기뻐하던 상태에서 씻음을 받았습니다. 예, 그리고 그 씻는 과정은 매일 계속됩니다. 당신은 매일같이 죄를 하나씩 떠나보내도록 도움을 받습니다. 당신은 당신 안에 있는 악을 보게 될 뿐 아니라, 그것을 정복하게 됩니다. 사랑하는 친구들이여, 그렇지 않습니까? 여러분은 그것을 알고 있습니다. 만일 하나님의 은혜가 여러분을 거룩하게 하시지 않았다면, 여러분에게는 그 능력의 커다란 증거 하나가 결핍된 것입니다. 하지만 그 능력이 여러분의 성품을 변화시켰다면, 틀림없이 여러분은 하나님에게서 온 증거를 얻은 것입니다. 이와 같이 우리 역시 "아버지가 아들을 세상의 구주로 보내신 것을 보았고 또 증언합니다." 그분이 우리를 깨끗하게 하셨고, 우리로 거룩한 것들을 사랑하게 하셨고, 하나님이 미워하시는 모든 것을 미워하게 하셨기 때문입니다.

세 번째 증언은 피로써 씻는 것(the cleansing by the blood)에 대해 말합니다. 여러분은 예수의 피로 씻는 것에 대해 아는 것이 있습니까? 죄로 격동하는 양심에 말하는 그 피, 악한 행실로 인해 하나님에게서 멀어진 죄인들에게 하나님께 나아가도록 말하는 피, 우리가 기도에서 호소하는 피, 우리의 모든 소망의 기초가 되는 그 피에 대해 여러분은 알고 있습니까? 나는 진실로 말할 수 있습니다. 내가 처음 그리스도의 대속의 교리에 대해 배웠을 때, 그분이 내 위치에서, 나를 대신하여, 나를 위하여 죽으신 것을 배우고, 오직 그분을 바라보고 사는 것 외에 내가 할 일이 없음을 이해하게 되었을 때, 그것은 내게 마치 라플란드(Lapland, 유럽 최북부 지역)에서 몇 달간 한밤이 지속된 후 태양이 비치는 것과도 같았습니다. 오, 그것은 내 영혼에 얼마나 복된 일출이었는지요! 자, 만일 여러분이 여러분의 양심과 마음에 끼치는 예수님의 피의 능력을 안다면, 여러분 또한 "우리가 보았다"고 말할 수 있습니다. 그리고 여러분이 진실로 이렇게 추가해서 말할 수 있기를 나는 바랍니다. "아버지가 아들을 세상의 구주로 보내신 것을 우리가 또 증언하노라."

이 모든 것 외에도, 곧 말씀의 능력과, 성령의 감화력과, 물로 깨끗이 씻는 것과, 예수님의 피로 씻는 것 외에도, 우리에게는 다른 증거가 있습니다. 즉 우리 영혼의 열망(the aspirations of our souls)입니다. 여러분 속에는, 만일 구주가 계시지 않는다면 결코 설명할 수 없는 갈망과 욕구들이 있지 않습니까? 하나님께서 인간에게 배고픔의 욕구를 주셨을 때, 그분이 그 욕구를 채우도록 양식을 주고자 하신 것이라고 여러분은 추론할 수 있습니다. 그분이 우리에게 목마름을 느끼는 기능을 주셨을 때, 어딘가에 그 갈증을 해소할 수 있는 멋진 시내가 흐를 것이라고 우리는 확신할 수 있습니다. 주께서 우리에게 거룩함을 갈구하는 탄식과, 그분을 가까이 하고자 하는 갈망과, 그분을 뒤따라 그분 계시는 곳에 있고자 하는 간절한 소망을 주셨을 때에, 하늘에서 주신 이러한 갈망들이 곧 그것들이 채워질 것이라는 증거들입니다. 또한 사람들을 위한 구주가 계시지 않고서는 그런 일은 있을 수가 없습니다. 하나님께 감사하기는, 그러한 구주가 계셔서, 그분이 우리가 탄식하며 바라는 모든 것들을 주시리라는 것입니다! "장래에 어떻게 될 지는 아직 나타나지 아니하였으나 그가 나타나시면 우리가 그와 같을 줄을 아는 것은 그의 참 모습 그대로 볼 것이기 때문이라"(요일 3:2).

하지만 내가 단지 열망에 대해서만 말할 필요는 없습니다. 내가 나 자신에 관한 한 사실 그대로 말할 수 있는 것은 이것입니다. 내 주님의 능력이 내게 입증되었습니다. 내가 그리스도의 승리들(the triumphs of Christ)을 보았기 때문입니다. 지난 화요일에도 그 승리들 중 일부를 나는 목격했습니다. 나는 그것을 언제나 목격합니다. 또한 하나님의 뜻 안에서 나는 다음 주 화요일에도 그 중 얼마를 목격할 것입니다. 나는 죄와 술 속에 젖어 살던 사람들이 정직하고 건전하게 되는 것을 보았습니다. 또한 타락한 여성들이 참회하면서 예수님의 발 앞으로 인도되는 것을 보았습니다. 사역이 점점 길어질수록, 내가 타고 달려왔던 복음의 전차는 많은 포로를 얻어 그리스도의 승리를 장식해 왔습니다. 줄곧 허다한 사람들이 죄의 길을 떠나서 살아 계신 하나님께로 돌이키기로 결심해왔습니다. 그러므로 나는 하나님의 은혜의 능력을 믿어야 하며, 그것을 의심할 수가 없습니다. 나무가 어떠한 지에 대한 증거는 정녕 그 열매에서 발견되는 것이며, 또한 그 열매는 아주 풍성합니다. 남쪽 바다로 떠난 선교사들에게 그리스도께서 하신 일에 대해 물어보십시오. 그들은 여러분에게 한때 벌거벗은 식인종들이 거주하였으나 지금은 옷 입은 사람들이 거주하는 섬들에 대해 말해 줄 것입니다. 또 그들이 바른 마음을 가지고 그리스도의 발치에 앉아 있는 것에 대해서도 들려줄 것입니다. 온 세상에 그리스도의 전리품들이 가득하고, 갈수록 그것들로 더욱 채워질 것입니다. "아버지가 아들을 세상의 구주로 보내신 것을 우리가 보았고 또 증언하노라." 물이 바다를 덮음 같이, 온 땅에 여호와를 아는 지식이 가득하게 될 것입니다.

3. 사도적 증언과 우리의 증언

이제 마지막 요점에 이르렀고, 그것은 실제적인 것입니다. 세 번째로, 사도적 증언과 우리의 증언(apostolic testifying, and ours)에 대해 말하고자 합니다.

나는 여러분 중에 많은 이들이 사도 요한이 말한 것에 동참할 수 있다고 믿습니다. "아버지가 아들을 세상의 구주로 보내신 것을 우리가 보았고 또 증언하노라." 그 문제와 관련하여, 우리는 사도들처럼 증언하도록 합시다. 먼저, 우리는 사도들과 같은 방식으로(in the same manner) 증언해야 합니다. 사도들의 증언 방식이 무엇이었습니까? 나는 그것이 매우 열렬하고 뜨거운 것이었다고 말합니다. 복음의 초창기 설교자들은 결코 냉랭하게 설교하지 않았습니다. 어떤 설교들은 마치 연사의 입술에 고드름처럼 달라붙어 있습니다. 하지만 사도들은 마치 불붙은 듯이 설교했습니다. 그들의 입술은 마치 용암을 토해낼 때의 에트나(Etna, 시칠리아에 있는 유럽 최대의 활화산 — 역주)의 입과도 같았습니다. 모든 말씀이 불 붙은 채로 사람들의 마음과 양심 속으로 들어갔습니다. 여러분을 향해 사랑으로 불붙은 사람은, 그리스도에 대해 결코 냉랭하게 말하지 않습니다. 그들은 복음을 뜨겁게 전합니다.

사도들은 또한 그들의 메시지를 아주 단순하게 선포했습니다. 나는 사도들의 설교에는 설교자가 자기를 과시하려는 요소가 없었다고 믿습니다. 웅변가식의 감정격발(fireworks)이나 장황한 연설조의 마무리를 보여주는 어떤 기록도 찾을 수 없습니다. 나는 항상 목회자 후보생들에게 이것이 열두 번째의 계명이라고 말합니다. "장광설을 늘어놓지 말지어다(Thou shalt not perorate)." 하지만 많은 설교자들이 그렇게 할 것입니다. 사람들에게 훌륭하게 설교를 마무리했다는 인상을 심어주기 위해, 그들은 아주 '화려한(splendid)' 마무리를 할 것입니다. 그렇게 하지 마십시오, 형제여, 그렇게 하지 마십시오! 사람들에게 천국에 가는 길을 말해 주십시오. 그들에게 그것을 말할 때, 당신이 할 수 있는 한 최대로 분명하게 말하십시오. 두세 마디 간명한 영어로 표현할 수 있다면, 그런 표현을 사용하십시오. 긴 라틴어는 퇴비더미에나 던져 버리고 그곳에서 썩게 버려두십시오. 그것들은 강단에서는 전혀 쓸모가 없습니다. 우리는 사람들에게 쉽게 이해될 수 있는 언어, 우리 시대의 일반 대중의 평범한 언어를 원하기 때문입니다.

사도들이 그렇게 말했으니, 우리도 그렇게 해야 합니다.

하지만 사도들은 또한 아주 담대하게 말했습니다. 여러분은 그들에게서 어떤 소심함도 발견할 수 없을 것입니다. 우리는 사도행전에서 이런 말씀을 읽습니다. "그들이 베드로와 요한이 담대하게 말함을 보고 그들을 본래 학문 없는 범인으로 알았다가 이상히 여기며 또 전에 예수와 함께 있던 줄도 알았더라"(행 4:13). 어떤 설교자들은 그들이 말하려 하는 것에 변명하려는 듯이 보이지 않습니까? 그들은 감히 자기들의 견해를 강요하는 것에 대해 사전에 양해를 얻으려고 합니다. 만약 내가 내 견해를 강요한다면 여러분에게 용서를 구하겠지만, 나는 그리스도의 복음을 선포할 때에 나 자신의 견해를 갖지 않습니다. 나는 여러분에게 하나님의 말씀을 전하며, 그것을 거절한다면 여러분이 위험에 처합니다. 여러분은 그 말씀을 그분에게서 나온 말씀처럼 받아들여야 하며, 하나님이 보내신 사람에 의해 전달된 것을 변명거리로 삼을 수는 없습니다. 사도들은 그런 식으로 나사렛 예수 그리스도의 이름으로 담대하게 말했으며, 또한 나사렛 예수 그리스도께서 그들의 말을 보증하셨습니다. 내 형제여, 하나님이 당신을 보내시지 않았다면 집으로 가십시오. 하지만 그분이 보내셨다면, 하나님의 이름으로, 그분의 메시지를 위해 변명하지 마십시오. 당신에게는 당신을 보내신 주님이 부여하신 영예가 있으니, 당신은 그분에게 충실함으로써 당신의 주님을 영예롭게 하십시오.

이와 같이, 우리는 사도들처럼 그리스도를 위해 증언해야 합니다. 또한 우리는 같은 능력으로(in the same power) 그렇게 해야 합니다. 사도들은 어떤 능력으로 증언하였습니까? 그들의 뛰어난 교육의 능력이었습니까? 아마도 바울을 제외하고는, 그들은 어떤 교육도 받지 않았습니다. 그들은 우리들 대부분보다는 배를 더 잘 다룰 수 있었지요. 하지만 그것이 그들의 주된 재능이었습니다. 요즘 흔히 하는 말이 있지요? 그들이 소위 "시대정신과 일치하는(en rapport with the spirit of the age)" 힘으로 말했습니까? 나도 이따금씩은 멋진 표현을 사용하는 것이 좋겠습니다! 그들이 "시대에 뒤지지 않고 따라가는" 사람들로서 말했습니까? 조금도 그렇지 않습니다. 그들은 그들이 살고 있던 때의 "시대정신(the spirit of the age)"을 미워했으며, 온 힘을 다해 그것과 싸웠습니다. 그들의 힘의 근원이 무엇이었습니까? 그들의 유일한 힘은 성령이었습니다. 그러므로 형제들이여, 우리는 그리스도를 위해 한 영혼이라도 얻을 능력이 우리 속에 없음과, 오직 성령 하나님께는 초자연적인 능력이 있음을 보아야 합니다. 우리가 그 능력을 가지면, 일이 성취될 것입니다. 그 능력이 없으면, 우리는 소리 나는 구리와 울리는 꽹과리가 될 뿐입니다.

또한 우리가 만약 사도들처럼 증언하고자 한다면, 우리는 같은 메시지로(with the same message) 증언해야 합니다. "아버지가 아들을 세상의 구주로 보내신 것을 우리가 보았고 또 증언하노라." 세상은 잃어버린 상태이고, 우리는 그것을 말하면서 더듬으면 안 됩니다. 세상에 있는 모든 사람이 잃은 바 되었고, 본성과 그 행실로써 잃은 자들이 되었습니다. 그것은 너무나 큰 상실이고, 인간이 스스로를 회복시킬 수 없는 상실이며, 오직 하나님만이 그 상실에서 구원하실 수가 있습니다. 우리는 그 진리를 증언해야 합니다. 그 다음에 우리는 구주를 보내신 분(the Sender)에 대해 강조해야 합니다. "아버지께서 그 아들을 보내셨습니다." 우리가 거역하고 반항했던 위대하신 아버지께서 아들을 보내셨습니다. 그 아버지께서 방황하는 자녀들을 다시 집으로 데려오시려고, "아들을 보내신" 것입니다. 우리는 또한 보냄을 받은 분(the Sent One)에 대해서도 많이 증언해야 합니다. "아버지가 아들을 세상의 구주로 보내셨습니다." 천사도 아니고, 교육이나 훈련으로 준비된 어떤 사람도 아니고, 하나님은 자기 품에서 나신 그 아들을, 천국의 영광 중에 계시던 그 아들을 보내셨습니다. 영원하신 하나님의 아들이, 아버지로부터 보내심을 받아, 이 땅에 오셨습니다.

예수님이 어떤 목적으로 오셨습니까? 그분은 구원하시기 위해 오셨습니다. 죄를 속하기 위한 화목제물이 되심으로써 사람들을 구원하시어, 하나님의 의로우심을 나타내시고 또한 그분을 믿는 자를 의롭게 하시기 위해 오셨습니다. 그분은 죄의 지배에서 우리를 해방하심으로써 우리를 구원하기 위해 오셨으며, 그 후로는 우리가 죄에 예속되지 않고 우리를 사탄의 노예가 되게 했던 모든 권세를 이기도록 하기 위해 오셨습니다. 그리스도의 사역 범위가 무엇이었습니까? "아버지가 아들을 세상의 구주로 보내셨도다." 그분은 세상을 정죄하기 위해서가 아니라 구원하러 오셨고, 세상이 그분을 통해 구원을 얻도록 하기 위해 오셨습니다. 여기서 그분의 한 가지 사명은 구주(Savior)가 되는 것입니다. 그분이 다시 오실 때에는 모든 사람의 심판자(Judge)가 되실 것입니다. 하지만 초림 때에는 그분은 구주로 오셨고, 오직 구주로만 오셨습니다. 그분은 하늘에 올라가셨으나, 여전히 구주이시며, 그분을 힘입어 하나님께 오는 자들을 모두 구원하실 수 있습니다. 그분이 유일한 구주이십니다. 어떤 지역에서는, 병자들을 치유한다고 속이는 많은 자들이 있을 수 있습니다. 하지만 의사로서 자격을 가지고 활동하는 분은 오직 한 분이십니다. 또 구원한다고 속이는 많은 자들이 있지만, 하늘 아래에 구주의 자격이 있는 분은 오직 한 분이십니다. 그분은 주 예수 그리스도이십니다. 그분이 여기서 "세상의 구주"로 호칭되는 것은, 그분이 세상의 유일한 구주이시기 때문입니다. 어떤 사람이 어느 지역에서 유일한 의사이기 때문에 그 지역의 의사라고 부를 수 있는 것처럼, 그리스도는 지금까지나 앞으로나 이 세상에서 유일한 구주이시기 때문에 "세상의 구주"이신 것입니다.

그분은 "세상의 구주", 즉 모든 계층과, 모든 계급과, 모든 신분에 속하는 사람들의 구주이십니다. 피부색의 차이, 인종의 차이, 부의 차이, 재능의 차이, 지위와 서열의 차이, 교육과 학식의 차이 등이 그분에게는 아무런 차이가 없습니다. 예수 그리스도는 부자들이나 혹은 가난한 자들의 구주로 오신 것이 아니며, 학식 있는 자들이나 혹은 무지한 자들의 구주로 오신 것도 아니라, "세상의" 구주로 오셨습니다. 그분들은 죄인들로서의 사람들을 구원하려고 오셨습니다. "그리스도 예수께서 죄인을 구원하시려고 세상에 임하셨습니다"(딤전 1:15). 큰 죄인들이나 또는 작은 죄인들만 구원하기 위해서도 아니고, 공개적인 죄인들이나 혹은 은밀한 죄인들만 구원하기 위해서도 아니며, 그저 "죄인들"을 구원하기 위해 세상에 오셨습니다. 그분이 자기 목숨을 버리신 것은 바로 이런 사람들을 위해서입니다. 그분은 잃어버린 자들을 찾아 구원하려고 오셨습니다. 어느 한 가지 특정한 방향에서 잃어버린 자들이나, 혹은 다른 특별한 길에서 잃어버린 자들만이 아니라, 어떤 길에서든 잃어버린 자들을 위해, 자기 자신에 대해서와, 하나님에 대해서와, 선함과 소망과 천국에 대해서 잃어버린 자들을 구원하려고 오셨습니다. 예, 도덕에 대해 잃어버린 자들이라면, 예수 그리스도께서는 그들도 역시 찾아서 구원하려고 오셨습니다.

그분은 세상의 구주로 보냄을 받으셨습니다. 어떤 사람도, 그분을 믿기만 하면, 그분의 죽음의 공로에서 제외되지 않습니다. "하나님이 세상을 이처럼 사랑하사 독생자를 주셨으니 이는 그를 믿는 자마다 멸망하지 않고 영생을 얻게 하려 하심이라"(요 3:16). 사실, 그분은 궁극적으로는 그분의 택하신 자들이 아니면 아무도 구원하시지 않습니다. 이것이 그분이 오시고, 사시고, 죽으신 목적일 것입니다. 하지만 그것이 어느 한순간도, 여러분과 하늘 아래 사는 모든 인간들에게 주어지는 보편적인 초청과 모순되지 않습니다. "원하는 자는 값없이 생명수를 받으라"(계 22:17). 누구든지 예수님을 믿는 자는 영생을 얻습니다. 그리스도께서 말씀하십니다. "수고하고 무거운 짐 진 자들아 다 내게로 오라 내가 너희를 쉬게 하리라"(마 11:28). "내게 오는 자는 내가 결코 내쫓지 아니하리라"(요 6:37). "여호와께서 말씀하시되 오라 우리가 서로 변론하자 너희의 죄가 주홍 같을지라도 눈과 같이 희어질 것이요 진홍 같이 붉을지라도 양털 같이 희게 되리라"(사 1:18). 내가 말하고 있는 것은, 지금까지 내가 본 것과, 여기 있는 많은 사람들이 본 것의 결과입니다. "아버지가 아들을 세상의 구주로 보내신 것을 우리가 보았고 또 증언하노라." 사랑하는 청중이여, 나는 지금 이전에 내게서 들은 적이 없는 몇몇 사람들을 향해 말합니다. 여러분은 내 증언을 받아들이시겠습니까? 만약 여러분이 우리를 거짓되다고 판단한다면, 여러분은 그것을 받아들이지 않을 것입니다. 하지만 만약 여러분이 우리를 정직하고 진실한 사람으로 판단하였다면, 우리가 여러분에게 전하는 것을 받아들이십시오.

여러분에게 호소하니, 우리의 메시지를 받아들이십시오. 무슨 목적으로 우리가 증언하겠습니까? 나는 요한으로 하여금 여러분에게 마지막 말을 하게 하고, 그런 다음에 내 말을 마치려고 합니다. 이것이 우리가 증언하는 이유입니다. 우리는 요한으로 하여금 그리스도의 삶에 관해 기록하도록 이끌었던 같은 목적을 가지고(with the same design) 증언하는 것입니다. "예수께서 제자들 앞에서 이 책에 기록되지 아니한 다른 표적도 많이 행하셨으나, 오직 이것을 기록함은 너희로 예수께서 하나님의 아들 그리스도이심을 믿게 하려 함이요 또 너희로 믿고 그 이름을 힘입어 생명을 얻게 하려 함이니라"(요 20:30-31). 구원이 있습니다. 구원할 준비가 되신 그리스도께서 계십니다. 소경된 눈들이여, 그분을 보십시오. 죽은 영혼들이여, 그분을 보십시오, 그분을 쳐다보십시오. 그럴 수 없다고 말하지 마십시오. 나로 하여금 그 능력을 힘입어 말하게 하시는 그분이, 여러분이 이 명령을 듣는 동안 기적을 행하실 것입니다. 소경된 눈이여, 볼지어다! 죽은 마음이여, 그분의 성령의 효과적인 역사에 의해 영원한 생명으로 일어날지어다! 하나님이여, 그분의 귀하신 이름을 위하여 그렇게 되도록 허락하여 주소서! 아멘.

제
18
장

—

사랑의 논리

—

"우리가 사랑함은 그가 먼저 우리를 사랑하셨음이라."
— 요일 4:19

이 말씀은 위대한 교리상의 진리입니다. 이 말씀에 근거하여 나는 아주 적절히 교리적인 설교를 할 수 있을 것이며, 그 요약과 골자는 하나님의 주권적인 은혜(the sovereign grace of God)가 될 것입니다. 하나님의 사랑은 명백히 우리의 사랑에 선행합니다. "그가 먼저 우리를 사랑하셨음이라." 또한 이 본문에서 아주 분명한 것은, 하나님의 사랑이 우리의 사랑의 원인이라는 것입니다. "우리가 사랑함은 그가 먼저 우리를 사랑하셨음이라." 그러므로 오래 전, 혹은 영원 전으로 거슬러 올라가서, 하나님이 영원한 사랑으로 우리를 사랑하시는 것을 우리가 볼 때, 그분의 선택의 이유는 우리가 그분을 사랑했기 때문이 아니요, 그분이 우리를 사랑하기를 원하셨기 때문이라고 짐작할 수 있습니다. 우리가 그분의 의지의 목적을 성경에서 읽은 것에 의하면, 그분은 이유들을 가지고 계셨습니다. 그분의 이유들은 그분 자신에게 잘 알려졌습니다. 하지만 그 이유들은 우리 내면의 타고난 선함에서 발견되는 것이 아니며, 혹은 우리 안에 있을 것이라고 예견되는 것도 아닙니다. 우리가 선택된 것은 단지 그분이 긍휼히 여길 자를 긍휼히 여기셨기 때문입니다. 그분이 우리를 사랑하신 것은 그분이 우리를 사랑하기를 원하셨기 때문입니다. 그분이 사랑하는 자기 아들을 선물로 주신 것은 자기 백성을 선택하신 것과 밀접하게 관련됩니다. 그것은 너무나 큰 희생이어서, 피조물 안에 있는 어떤 선함으로도 그분에게서 이끌어 낼 수 없는 것이었습니다. 최고의 경건이라도, 독생자를 선물로 받는 무한한 은혜에 합당한 자격을 갖추기란 불가능합니다. 인간 안에 있는 그 어떤 것도 구속주의 성육신과 고난이라는 은혜에 걸맞은 자격을 갖추기란 불가능합니다. 우리의 구속은, 우리의 선택과 마찬가지로, 하나님의 자발적이고 자기원천적인(self-originating) 사랑에서 발생합니다. 또한 우리는 신생(新生, regeneration)으로 말미암아 예수 그리스도 안에 있는 하늘의 복들에 실제적인 참여자가 되는데, 그 신생은 우리에게서 나는 것도 아니요(not of us), 우리에 의한 것도 아닙니다(nor by us). 우리가 회심한 것은 그 전에 이미 그 방향으로 우리 마음이 기울었기 때문이 아니며, 우리가 거듭난 것도(regenerated) 태어나면서 우리 안에 선한 무언가가 있었기 때문이 아닙니다. 오직 우리의 새로운 출생은 전적으로 하나님의 능력의 사랑에 힘입은 것입니다. 그 사랑이 우리를 효과적으로 다루었고, 우리를 사망에서 생명으로, 어둠에서 빛으로 옮겼으며, 멀리 있던 우리 마음과 적대적이던 우리의 영을 사랑의 즐거운 길로 돌이키게 했던 것입니다. 이제 우리는 그 길을 따라 천국을 향해 여행하고 있습니다. 그리스도의 이름을 믿는 자들로서 우리는 "혈통으로나 육정으로나 사람의 뜻으로 나지 아니하고 오직 하나님께로부터 난 자들입니다"(요 1:13). 이 본문의 핵심과 골자는 하나님의 '원인이 없는(uncaused)' 사랑이, 그분 안에서 솟아나는 사랑이, 우리를 그분을 사랑하는 상태로 이끄는 유일한 수단이 되었다는 것입니다. 그분을 향한 우리의 사랑은 마치 졸졸 흐르는 작은 실개천과 같아서 대양을 향해 흘러가고 있습니다. 그것이 먼저 대양에서 왔기 때문입니다. 모든 강들은 바다를 향해 달려갑니다. 하지만 그 물들은 먼저 바다에서 생겨난 것입니다. 구름이 대양에서 증발된 것을 소낙비로 증류시키고 시내들을 채운 것입니다. 여기에 그들의 제일 원인(first cause)과 최초의 기원(prime origin)이 있습니다. 그래서 마치 그들은 의무를 인식하는 듯이, 그 원천을 향해 되돌아감으로써 그 원천에 경의를 표하는 것입니다. 하나님의 사랑의 대양은 너무나 넓어서, 상상력의 나래를 아무리 펼쳐도 그것을 가로지를 수가 없습니다. 그 사랑의 대양에서 증발하는 것이 은혜의 비의 보고(寶庫)가 되고, 그 비가 우리의 마음에 떨어집니다. 그 비가 광야의 목초지 같은 우리의 마음에 흘러넘치고, 부여받은 생명을 감사하는 시내가 되어, 다시 하나님께로 흘러가는 것입니다. 위대하신 하나님, 모든 선한 것들이 당신에게서 온 것입니다! 당신의 선하심이 우리에게 선한 것을 창조하셨고, 우리를 향한 당신의 무한한 사랑이 당신을 향한 우리의 사랑을 이끌어 내셨습니다!

　사랑하는 친구들이여, 나는 거룩한 신앙의 교리들에 대해 오랜 세월 동안 가르침을 받았고 또 그 교리들을 신뢰합니다. 하지만 나는 신앙의 교리를 늘 다니던 길을 따라가는 식으로 전하기보다는, 그와 병행하는 길로 여러분을 안내하려고 합니다. 그 길에서 우리는 동일한 진리를 또 다른 관점에서 볼 수 있습니다. 나는 체험적인 설교를 하기를 원합니다. 아마도 이런 방식은 통상적인 교리 설교보다 본문의 흐름 및 성경 저자의 생각과 조화될 것입니다. 우리는 본문을 우리 자신의 의식 속에서 검증되고 입증된 사실로 간주할 것입니다. 이런 관점에서 볼 때 본문의 진술은 이러합니다. "우리를 향하신 하나님의 사랑에 대한 의식(sense)이 그분을 향한 우리 사랑의 주된 이유이다." 하나님이 우리를 사랑하시는 것을 우리가 믿고, 알고, 느낄 때, 자연적인 결과로서, 우리는 그에 대한 반응으로 그분을 사랑합니다. 진실로 하나님의 사랑을 받는다는 우리의 지식이 증대되고, 믿음이 강해지고, 확신이 깊어지는 것에 비례하여, 그러한 우리 존재의 정체성에서부터 우리는 우리의 마음을 하나님께 드리지 않을 수가 없습니다. 오늘 아침의 설교는 그런 경로를 따라 전개될 것입니다. 하나님께서 그분의 거룩하신 영으로 우리 각 사람에게 은혜를 주시길 빕니다.

1. 우리 마음에 하나님을 향한 사랑이 반드시 있어야 한다.

　먼저, 우리 마음에서 하나님을 향한 사랑의 절대적 필요성(the indispensable necessity of love to God in the heart)에 대해 숙고할 것입니다.

　어떤 은혜들은 건강한 영적 성장을 위해서는 매우 중요하면서도, 영적 생명을 가까스로 유지하기만 하는 차원에서는 반드시 필수적이지는 않습니다. 그러나 하나님을 향한 사랑은 반드시 마음속에 있어야 하며, 그렇지 않으면 그 마음에 다른 은혜들이 있을 수 없습니다. 만일 누구든 하나님을 사랑하지 않으면, 그는 새로워진(renewed) 사람이 아닙니다. 하나님께 대한 사랑은 언제나 그리스도의 양들에게 새겨진 표지이며, 그 표지는 다른 자들에게는 결코 새겨지지 않습니다. 이토록 중요한 문제를 생각함에 있어서, 나는 여러분이 본문의 전후 문맥에 주의하기를 바랍니다. 여러분은 이 장의 7절에서 하나님을 사랑하는 것이 새로운 출생의 필수적인 표지(necessary mark of the new birth)로 표현된 것을 발견할 것입니다. "사랑하는 자마다 하나님으로부터 나서 하나님을 알고." 그러므로 그 마음이 진실로 하나님을 사랑하지 않는 사람이라면 자신을 거듭난 사람이라고 믿을 권리가 없는 것입니다. 만일 내가 하나님을 사랑하지 않으면, 세례 명부를 인용하면서, 그것이 내가 거듭났음을 말해 준다고 하는 것은 허사입니다. 교회의 의식이 결코 사람을 거듭나게 하는 것이 아닙니다. 거듭남에는 확실한 결과가 뒤따라야 합니다. 만일 내가 거듭났다면, 비록 완벽하지는 않아도, 이 한 가지만은 말할 수 있어야 합니다. "주님 모든 것을 아시오매 내가 주님을 사랑하는 줄을 주님께서 아시나이다"(요 21:17). 믿음으로써 우리가 하나님의 자녀가 되는 권세를 받았을 때, 우리는 또한 자녀의 본성을 받은 것이며, 따라서 자녀의 사랑으로 "아빠, 아버지"라 부르짖는 것입니다. 이 규칙에는 예외가 없습니다. 만일 어떤 사람이 하나님을 사랑하지 않으면, 그는 하나님으로부터 난 자도 아닙니다. 열이 없는 불을 내게 보여주십시오. 또한 하나님을 향한 사랑을 만들어 내지 않는 거듭남을 내게 보여주십시오. 마치 태양이 반드시 빛을 내듯이, 하나님의 은혜로 새롭게 창조된 영혼은 하나님을 향한 진실한 애정으로써 그 본성을 나타냅니다. "여러분은 거듭나야 합니다." 하지만 여러분이 하나님을 사랑하지 않는다면 거듭난 것이 아닙니다. 하나님을 향한 사랑은 반드시 있어야만 하는 것입니다.

8절에서도 역시 하나님을 향한 사랑이 우리가 하나님을 안다는 징표(mark of our knowing God)라고 말합니다. 참된 지식은 구원에 있어 필수적입니다. 하나님은 우리를 어둠 속에서 구원하지 않으십니다. 그분은 우리의 "빛이요 구원"이십니다(시 27:1). 우리는 "자기를 창조하신 이의 형상을 따라 지식에까지(in knowledge) 새롭게 하심을 입은 자들"입니다(골 3:10). 8절 말씀에서처럼 "사랑하지 아니하는 자는 하나님을 알지 못하나니 이는 하나님은 사랑이시기 때문입니다." 여러분이 강단에서 듣고 배운 모든 것, 여러분이 성경에서 연구한 모든 것, 학자들로부터 가르침을 얻은 모든 것, 서재에서 수집한 모든 것, 이 모든 것은 만일 여러분이 하나님을 사랑하지 않는다면 하나님을 아는 지식이 아닙니다. 참된 종교에서는, 하나님을 사랑하는 것과 하나님을 아는 것이 동의어(同義語)이기 때문입니다. 사랑이 없다면 여러분은 여전히 무지 가운데 있는 것이고, 그 무지는 가장 불행하고 파괴적인 종류의 무지입니다. 모든 학문적 성취란, 사랑이 소금으로서 그것을 보전하지 않으면 임시적인 것에 불과합니다. "방언도 그치고 지식도 폐하여질"(고전 13:8) 것이고, 오직 사랑만이 영구히 남을 것입니다. 여러분은 이 사랑을 가져야 하며, 그렇지 않다면 영원토록 바보일 것입니다. 참된 시온의 모든 자녀들은 주께로부터 배울 것입니다. 하지만 하나님을 사랑하지 않는 자는 하나님께 배운 자가 아닙니다. 그러므로 하나님을 향한 사랑이 결여된 것을, 하나님께 대해서나 구원에 대해서 모든 참된 지식이 결여된 것으로 간주하십시오.

더 나아가, 이 장은 하나님을 향한 사랑이 다른 사람들을 향한 사랑의 뿌리(the root of love to others)라고 가르쳐 줍니다. 11절과 12절은 이렇게 말합니다. "사랑하는 자들아 하나님이 이같이 우리를 사랑하셨은즉 우리도 서로 사랑하는 것이 마땅하도다. 만일 우리가 서로 사랑하면 하나님이 우리 안에 거하시고 그의 사랑이 우리 안에 온전히 이루어지느니라." 자, 그리스도인들을 사랑하지 않는 그리스도인은 아무도 없습니다. 교회 안에 있으면서도 교회의 마음과 정신이 없는 자는, 마치 가택 침입자와도 같습니다. 하지만 우리 형제들을 향한 사랑은 우리에게 공통의 한 분 아버지를 향한 사랑에서 솟아납니다. 그렇기 때문에 우리가 그 아버지를 사랑해야 하며, 그렇지 않고서는 하나님의 자녀들의 필수적인 징표들 중의 하나인 형제 사랑에서 실패하게 될 것입니다. "우리는 형제를 사랑함으로 사망에서 옮겨 생명으로 들어간 줄을 압니다"(요일 3:14). 하지만 우리가 아버지를 사랑하지 않으면 진실로 형제들을 사랑할 수 없습니다. 그러므로 하나님께 대한 사랑이 결여되면, 은혜의 본질적인 징표인 교회를 향한 사랑도 결여될 것입니다.

또한, 본문을 따라 읽어내려 가다보면, 여러분은 18절에서 하나님을 향한 사랑이 역시 그리스도인에게 있는 본질적 징표인 거룩한 평안의 중요한 방편(chief means of holy peace)임을 발견할 것입니다. "우리가 믿음으로 의롭다 하심을 받았으니 우리 주 예수 그리스도로 말미암아 하나님과 화평을 누리자"(롬 5:1). 하지만 사랑이 없는 곳에는 그러한 평화도 없습니다. 두려움은 고통을 수반하고, 영혼을 괴롭힙니다. 사랑은 믿음의 필수적인 동반자이며, 그들이 함께 갈 때, 평화는 그 결과로 따라오는 것입니다. 하나님을 향한 뜨거운 사랑이 있는 곳에 하나님과의 거룩한 친밀함이 형성되고, 여기에서 만족과 기쁨과 안식이 흘러나옵니다. 사랑이 반드시 믿음과 협력하고 두려움을 쫓아내야 합니다. 그래야 영혼이 하나님 앞에서 담대함을 가질 수 있습니다. 오! 그리스도인이여, 당신은 거듭남에 의해 하나님의 성품을 당신 안에 심겨지도록 할 수 없습니다. 당신이 하나님을 사랑하지 않는다면, 거듭남 자체로 형제 사랑을 나타내지 못하고, 그 자체로 평화와 기쁨의 아름다운 꽃들을 피우지 못합니다. 하나님을 당신의 지극히 큰 기쁨으로 삼으십시오. 주님 안에서 기뻐하십시오. 오, 주의 성도들이여, 주님을 사랑하십시오!

우리가 계속해서 이 서신을 따라서 요한의 진술을 살펴보면, 다음 장 3절에서 사랑이 참된 순종의 원천(the spring of true obedience)인 것을 또한 볼 수 있습니다. "하나님을 사랑하는 것은 이것이니 우리가 그의 계명들을 지키는 것이라." 하나님의 계명에 순종하지 않는 자는 명백히 참된 신자가 아닙니다. 비록 선행들이 우리를 구원하는 것은 아니지만, 그럼에도, 구원을 받았으면, 신자들은 틀림없이 선한 행실의 열매를 맺습니다. 비록 열매가 나무의 뿌리는 아니지만, 뿌리를 잘 내린 나무는 제 철에 반드시 그 열매를 냅니다. 마찬가지로, 계명을 지키는 것이 나를 하나님의 자녀로 만들지는 않지만, 하나님의 자녀로서 나는 내 하늘의 아버지께 순종할 것입니다. 하지만 내가 하나님을 사랑하지 않는다면 이 일을 하지 못합니다. 단순한 외적 순종, 하나님의 율법에 대한 형식적인 인정이, 하나님 보시기에 순종은 아닙니다. 그분은 마음이 없는 제사를 혐오하십니다. 내가 사랑하기 때문에 순종해야 하는 것이고, 그렇지 않으면 나는 참되고 영적인 차원에서 전혀 순종하는 것이 아닙니다. 그러므로 구원에 이르는 믿음의 필수적인 열매들을 맺기 위해서는, 하나님을 향한 사랑이 있어야 함을 기억하십시오. 그것이 없이는, 참된 열매는 없을 것이며 또 진실로 불가능할 것입니다.

더 이상 이 논증을 계속하지 않아도 되기를 바랍니다. 거듭난 마음에 하나님을 향한 사랑이 자연스러운 것은, 마치 아기에게 그 어머니를 향한 사랑이 자연스러운 것과 마찬가지입니다. 자녀에게 굳이 사랑해야 할 이유를 논증할 필요가 있을까요? 여러분 안에 하나님의 생명과 본성이 있는 것이 틀림없다면, 여러분은 주님을 갈망할 것입니다. 마치 불꽃이, 그 안에 있는 불의 본성으로 인하여 태양을 향해 높이 오르듯이, 여러분의 새롭게 태어난 영혼은 그 생명의 원천인 하나님을 찾을 것입니다. 그러므로 여러분 자신을 살펴서, 여러분이 하나님을 사랑하는지 아닌지를 확인하십시오. 손을 가슴에 얹고, 불꽃 같은 눈을 가지신 그분 앞에서 대답해 보십시오. 이 시간 그분에게 고백해 보십시오. 이 한 가지 질문에 대답해 보십시오. "네가 나를 사랑하느냐?" 나는 여러분 중에서 많은 이들이 진실로 이렇게 말할 수 있을 것이라고 여깁니다.

> "예, 우리는 당신을 사랑하고 찬미합니다.
> 오, 당신을 더욱 사랑할 은혜를 주소서."

지금까지의 내용은 이 설교의 두 번째 단계에 이르기 위해 필요한 것이었습니다. 계속해서 성령께서 우리를 이끌어 주시길 빕니다.

2. 하나님을 향한 참된 사랑의 원천

여러분은 하나님을 향한 사랑이 필수불가결하게 중요하다는 것을 보았습니다. 이제 하나님을 향한 참된 사랑의 근원이자 샘(the source and spring of true love to God)에 대해 배우도록 합시다. "우리가 사랑함은 그가 먼저 우리를 사랑하셨음이라." 하나님을 향한 사랑은, 그것이 존재하는 어디에서건, 우리를 향하신 하나님의 사랑을 믿는 가슴 안에서 생겨납니다. 어떤 사람도 하나님이 그를 사랑하시는 것을 알기까지는 하나님을 사랑하지 않습니다. 모든 신자는 하나님이 그를 사랑하신다는 이러한 최우선적이고 중요한 이유 때문에 하나님을 사랑하는 것입니다. 그는 자신이 하나님의 호의를 입을 자격이 없음을 보았지만, 하나님이 그의 사랑하시는 아들을 선물로 주신 일에서 그분의 사랑을 믿었습니다. 그는 하나님의 사랑의 증거로서 그리스도께서 이루신 속죄를 받아들였습니다. 그리고 이제 그를 향한 하나님의 사랑에 만족하여, 그 또한 필연적으로 자기 하나님을 사랑하는 것입니다.

다음으로, 하나님을 향한 사랑은 하나님의 성품을 무덤덤하게 칭송하는 자의 마음에서 시작되지도 않는다는 것을 기억하십시오. 나는 이렇게 믿습니다. 즉 하나님이 우리를 먼저 사랑하셨기에 우리가 그분을 사랑하고, 그런 후에는 우리가 은혜 안에서 자라면서 하나님의 성품으로 인하여 그분을 사랑하게 되는 것입니다. 나는 하나님의 존재와 성품 자체의 사랑스러움 때문에 우리 마음이 하나님을 사랑하게 되는 것이 가능하다고 생각합니다. 우리가 그분을 사랑하게 되는 것은 그분이 너무나 지혜로우시고, 너무나 강력하시고, 너무나 선하시고, 너무나 인자하시며, 모든 면에서 사랑스러우시기 때문입니다. 이는 마치 하나님의 생명 안에서 성숙하게 익은 열매가 우리 안에서 맺혀지는 것과도 같습니다.

하지만 그것이 사람의 마음에서 사랑의 은혜가 솟아나는 최초의 원천은 아닙니다. 사도 요한은 휘장 안을 들여다보았고, 다른 누구도 보지 못한 탁월한 영광을 본 사람입니다. 그는 자기 머리를 주님의 품에 기대었던 사람이며, 주의 거룩하심을 보고, 성육하신 하나님의 성품의 비길 데 없는 아름다움을 주목하여 본 사람입니다. 하지만 그러한 요한조차도 "우리가 그분에게 매혹되었기 때문에 그분을 사랑한다"고 말하지 않으며, 오히려 이렇게 말하고 있습니다. "우리가 사랑함은 그가 먼저 우리를 사랑하셨음이라." 형제들이여, 만일 내가 조금 전에 언급했던 종류의 사랑, 즉 하나님의 성품을 무덤덤하게 칭송하는 사랑을 죄인에게 요구한다면, 그는 그렇게 하는 것이 쉽지 않다고 여길 것입니다. 동일한 사회 계층에 속하는 두 신사들이 있다고 합시다. 한 사람은 다른 사람에게 아무런 신세를 지고 있지 않습니다. 자, 그들은 동등한 입장에 서서, 서로의 성품에 대해 무덤덤하게 칭송하고 또 그 결과 무덤덤한 차원의 애정을 느낄 수도 있습니다. 하지만 나와 같은 죄인이, 본래 수렁에 빠져 있었고, 악으로 가득하고, 사형 판결을 받아서 응분의 벌로 지옥에 던져져야 했던 내가, 내 구주이시며 내 하나님께 엄청난 호의와 신세를 입은 내가 그분에 대한 사랑을 무덤덤하게 칭송하는 것은 한가로운 짓입니다. 내 생명과, 내 모든 것이 그분의 덕택이기 때문입니다. 게다가, 내가 그분에게서 자비의 빛을 얻고 죄인을 향한 그분의 인자하심을 경험하기까지는, 그분의 거룩하시고, 정의롭고, 의로우신 성품이 내게는 사랑스러운 것이 아니었습니다. 나는 나의 추함을 정죄하는 순결을 두려워했고, 내 죄로 인해 나를 태워 버릴 정의에 몸서리를 쳤습니다. 오 구도자여(seeker), 애써 그분의 훌륭한 특징들을 찾아 무덤덤하게 사랑을 고백하느니, 저 사랑을 입은 제자처럼 그리스도께서 먼저 당신을 사랑하셨기에 그분을 사랑하는 것에 만족하십시오.

또한, 하나님을 향한 우리의 사랑은 스스로 결정하는 의지력에서 솟아나지 않습니다. 나는 선한 것이든 나쁜 것이든, 대체 의지 자체가 무언가를 할 수 있다는 것에 대해 크게 의문을 가지고 있습니다. 어떤 사람들은 의지를 일종의 신(神)으로 간주하고, 그것이 하늘과 땅과 더불어 바라는 것을 행한다고 주장합니다. 하지만 진실은, 의지가 주인이 아니라 종이라는 것입니다. 죄인에게 있어서 의지란 노예입니다. 또한 성도에게 있어서는, 비록 의지가 해방되기는 했으나, 여전히 복되게도 하나님의 통제 아래에 있습니다. 인간이 어떤 일을 하는 것은 단지 의지가 그것을 바라기 때문이 아니라, 애정과 열망과 판단이 그런 방향으로 그들의 의지에 영향을 끼쳤기 때문입니다. 어느 누구도 진실로 이런 식으로 말할 수 없습니다. "나는 어떤 편견이나 도움 없이, 하나님을 사랑하기를 바라고 사탄은 사랑하지 않을 것이다." 그런 거만하고 주제넘은 말은 그가 거짓말쟁이임을 입증할 것입니다. 그런 사람은 틀림없이 자기를 숭배하는 자일 것입니다. 사람이 하나님을 사랑할 수 있는 것은 그렇게 할 만한 어떤 이유들을 인식했을 때입니다. 하나님을 사랑할 첫 번째 이유, 즉 지성에 영향을 끼칠 뿐 아니라 애정에도 변화를 일으키는 첫 번째 이유가 본문에 언급되어 있습니다. "우리가 사랑함은 그가 먼저 우리를 사랑하셨음이라."

자, 지금까지 본문을 소극적인 관점에서 보았으니 이제 그것을 좀 더 적극적인 방식으로 바라보도록 합시다.

사랑하는 형제들이여, 마음에서는 믿음이 언제나 사랑에 선행하는 것이 분명합니다. 우리는 먼저 우리를 향하신 하나님의 사랑을 믿고, 그 다음에 그 보답으로 하나님을 사랑합니다. 오 이것이 얼마나 격려가 되는 진리인지요! 나는, 죄인으로서, 내가 하나님을 사랑한다고 느끼기 때문에 그분을 사랑하는 것이 아니라고 믿습니다. 오히려 나는 먼저 그분이 죄인으로서의 나를 사랑하시는 것을 믿습니다. 그 다음에, 그 은혜로운 사실을 믿고서 내게 은혜를 베푸신 그분을 보답으로 사랑하게 되는 것입니다. 아마도 구도자들(seekers) 중에는 스스로에게 이렇게 말하는 사람이 있을 것입니다. "오, 우리가 하나님을 사랑할 수 있다면, 자비를 바랄 수 있을 텐데." 그것이 첫 단계가 아닙니다. 당신의 첫 단계는 하나님이 여러분을 사랑하심을 믿는 것입니다. 그리고 그 진리가 성령에 의해 당신의 마음에 충분히 납득되었을 때에, 당신의 영혼에서 자발적으로 하나님을 향한 뜨거운 사랑이 솟아나는 것입니다. 마치 이슬과 태양의 영향 아래에서 꽃들이 그 향기를 자연스럽게 발하는 것과도 마찬가지입니다. 지금껏 구원받은 모든 사람은 하나님을 사랑하는 자로 하나님께 나아온 것이 아니라 죄인으로서 나아와야 했습니다. 그리고 죄인으로서의 그들을 향한 하나님의 사랑을 믿어야 했습니다. 우리는 모두 주려서 '생명의 떡'을 사기 위해 애굽으로 내려갈 때 자루에 돈을 소지하고서 가려고 합니다. 하지만 그래서는 안 됩니다. 하늘의 떡은 우리에게 값없이 주어지는 것이며, 우리는 그것을 거저 받아들여야 하며, 돈으로 값을 매기려 해서는 안 됩니다. 여러분은 이렇게 말할지 모릅니다. "저는 제 마음에서 한 가지 선한 감정도 느끼지 못합니다. 저는 한 가지 선한 생각도 갖지 못한 것 같습니다. 저에게 하나님을 향한 사랑이 전혀 없는 것 같아 두렵습니다." 이 사랑을 느껴질 때까지 불신앙에 머물지 마십시오. 만일 그렇게 한다면, 여러분은 결코 믿지 못할 것입니다. 여러분은 하나님을 사랑해야 하고, 그것은 진실입니다. 하지만 여러분이 그분을 믿기까지는, 특히 독생자 안에서 나타난 그분의 사랑을 믿기까지는, 결코 그분을 사랑하지 못합니다. 여러분이 그리스도 안에서 하나님께 나아온다면, 그리고 "하나님께서 그리스도 안에 계시사 세상을 자기와 화목하게 하시며 그들의 죄를 그들에게 돌리지 아니하시고"(고후 5:19)라는 이 단순한 메시지를 믿는다면, 여러분은 여러분의 마음이 하나님을 향하고 있는 것을 발견할 것입니다. 예수 그리스도를 믿는 자마다 멸망하지 않고 영생을 얻을 것입니다(요 3:16). 여러분은 이것을 믿습니까? 당신은 지금 예수님을 믿을 수 있습니까? 즉, 그분을 신뢰할 수 있습니까? 그렇다면 그리스도께서는 당신을 위해 죽으신 것입니다. 하나님의 아들 그리스도께서 당신 대신에, 당신의 죄로 인해 고난을 당하셨습니다. 하나님께서 그 독생자를 당신을 위해 죽으시도록 내주셨습니다. 한 사람이 말합니다. "오, 제가 그것을 믿는다면, 제가 얼마나 하나님을 사랑하게 되겠습니까!" 예, 정녕 그럴 것입니다. 바로 이것이 당신으로 하여금 그분을 사랑하게 만드는 유일한 동기입니다. 당신은, 죄인으로서, 그리스도를 당신의 구주로 영접해야 하며, 그런 다음에 하나님을 향한 사랑이 당신의 영혼에서 마치 소낙비 후의 풀처럼 자연발생적으로 솟아날 것입니다. '믿어진 사랑'(love believed)이 '보답하는 사랑'(love returned)의 어머니입니다. 행성은 빛을 반사하지만, 먼저 그것은 태양으로부터 빛을 받아들입니다. 굴광성(屈光性) 식물인 헬리오트로프(heliotrope, 연보라 빛의 다년생 꽃)는 그 얼굴을 태양으로 향합니다. 하지만 먼저 햇살이 그것을 따뜻하게 하며 사랑을 표현합니다. 여러분이 하나님을 향하고 또 그분을 기뻐하고 즐거워할 수 있으나, 그것은 먼저 여러분이 여러분을 향한 하나님의 사랑을 믿고, 알고, 확신하였기 때문입니다. 한 사람이 말합니다. "오, 하나님께서 사랑스럽지 않은 죄인을 사랑하실 수는 없습니다. 그토록 순결하신 분이 부정한 자를 사랑하시고, 만유의 통치자께서 자기 원수를 사랑하시다니요!" 하나님이 말씀하시는 것을 들어보십시오. "이는 내 생각이 너희 생각과 다르며 내 길은 너희의 길과 다름이니라, 하늘이 땅보다 높음 같이 내 길은 너희 길보다 높으며 내 생각은 너희의 생각보다 높으니라"(사 55:8-9). 당신은 인간들이 경건하기 때문에 하나님께서 그들을 사랑하시는 것이라고 생각합니다.

하지만 이 말씀에 귀를 기울여 보십시오. "우리가 아직 죄인 되었을 때에 그리스도께서 우리를 위하여 죽으심으로 하나님께서 우리에 대한 자기의 사랑을 확증하셨느니라"(롬 5:8). "우리가 허물과 죄로 죽었을 때에 하나님이 우리를 사랑하신 그 큰 사랑을" 생각해 보십시오(엡 2:1,4). 하나님께서는 그 마음에 하나님을 향한 사랑이 전혀 없는 자들을 사랑하셨습니다. 가련한 영혼이여, 그분은 스스로를 사랑스럽지 못하다고 느끼는 당신을 사랑하십니다. 그분은 굳은 마음 때문에 슬퍼하는 당신을, 그분을 향한 사랑으로 녹지도 않고 따뜻해지지도 않는 돌 같은 마음으로 인해 슬퍼하는 당신을 사랑하십니다. 주께서는 이렇게 말씀하십니다. "내가 네 허물을 빽빽한 구름 같이, 네 죄를 안개 같이 없이하였으니 너는 내게로 돌아오라 내가 너를 구속하였음이니라"(사 44:22). 오, 하나님의 저 자비로운 음성이 이 아침에 그분의 불쌍하고 방황하는 백성들을 부르시기를 바랍니다! 그리하여 그들로 하여금 그들을 향한 그분의 사랑을 믿게 하시고, 그분의 발 앞에 엎드려 영원토록 그분의 종들이 되게 해 주시길 빕니다!

형제들이여, 우리를 향하신 하나님의 사랑을 우리가 확신하는 정도에 따라, 우리 역시 그분을 향하여 사랑을 품게 될 것이 확실합니다. 마귀가 여러분을 시험하지 못하게 하십시오. 여러분의 사랑이 약하기 때문에 하나님이 여러분을 사랑하시지 않을 거라는 마귀의 말을 믿지 마십시오. 마귀는 할 수만 있다면 어떤 수단으로든 하나님의 사랑에 대한 여러분의 믿음을 약화시키려 하고, 하나님을 향한 사랑이 솟아나도록 북돋아 주는 물줄기를 차단하거나 줄이려고 합니다. 만일 내가 마땅히 사랑해야 할 정도로 하나님을 사랑하지 못함을 슬퍼한다면, 그것은 거룩한 슬픔입니다. 하지만 만일 내가 그것 때문에 나를 향한 하나님의 사랑이 줄어든다고 결론을 내린다면, 나는 내 눈이 흐려졌다고 해서 빛을 부인하는 셈이며, 또한 사랑을 증대시켜 줄 능력을 스스로에게서 빼앗는 것입니다. 나는 오히려 나 자신의 무가치성을 더욱더 많이 볼수록, 나를 향한 하나님의 사랑의 위대성을 더욱더 생각해야 합니다. 나는 내가 죄인일수록, 나와 같은 죄인을 포용한 그 사랑이 얼마나 위대한 것인지를 더욱더 분명하게 보아야 합니다. 하나님의 긍휼을 더욱 깊이 느낄수록, 나로서는 그분께 더욱 감사하고 그분을 더욱 사랑해야 함을 느끼는 것입니다. 오, 위대한 사랑의 물결이 우리를 곧장 저 사랑의 대양(大洋)으로 이끌어 주기를 바랍니다!

사랑하는 형제들이여, 여러분을 향한 하나님의 사랑의 행동들을 매일 볼 수 있습니다. 식량과 의복을 선물로 주시는 것에서, 이 땅의 삶에서 은혜를 베푸시는 것에서, 특히 언약의 축복과, 여러분의 마음에 부어지는 평강과, 그분 자신 및 그분의 복되신 아들과 더불어 누리게 하시는 교제에서와, 기도의 응답에서 그분의 사랑의 행위들을 볼 수 있습니다. 이런 일들을 잘 관찰해 보십시오. 만일 여러분이 이런 일들을 신중하게 숙고하고 그 가치를 중요하게 여긴다면, 거룩한 사랑의 불꽃을 타오르게 하는 연료를 모으는 셈입니다. 여러분이 모든 좋은 선물에서 아버지의 사랑의 새로운 증거들을 볼 수 있는 정도에 비례하여, 그만큼 여러분은 즐거운 사랑의 학교에서 진보를 이루게 될 것입니다. 오, 우리가 먹는 모든 떡 조각에서 하나님의 사랑을 맛보는 것은 천국의 삶을 사는 것입니다. 우리가 맑고, 하나님의 사랑으로 향기로운 대기를 호흡한다는 것은 복된 삶입니다. 우리가 잠든 동안에는, 그분의 사랑이 마치 침상 주위에 드리워진 비단 휘장처럼 우리를 보호하고 있음을 알고, 또한 일어날 때에는 그 사랑이 아침으로 하여금 우리에게 미소짓게 한다고 느끼는 것은 실로 복된 삶입니다. 아, 심지어 우리가 아플 때에도, 우리를 징계하는 것은 그분의 사랑입니다. 우리가 가난해졌을 때, 그 사랑이 우리의 짐을 가볍게 합니다. 사랑이 주기도 하고 가져가기도 합니다. 사랑이 위로하기도 하고 때리기도 합니다. 우리는 위로나 아래로나, 사방으로나, 안으로나 밖으로나, 사랑으로 둘러싸여 있습니다. 우리가 이것을 인식할 수만 있다면, 우리는 불꽃처럼 되어서 우리 하나님을 향하여 뜨겁고 열렬하게 될 것입니다. 지식과 관찰은 우리의 유아 같은 사랑에 대해 훌륭한 보모입니다.

또한 아, 영혼은 하나님의 인자하신 품에 안겨 쉴 때에, 그분을 향한 사랑에서도 튼튼하게 자라납니다. 여러분 중에서 지금 하나님께 받아들여졌는지 혹은 종말까지 신앙을 지킬지에 대해 의심과 두려움으로 흔들리는 이들은, 예수님께 전적으로 자기를 의뢰하는 법을 알고 또한 그분의 사랑의 불변성을 믿는 성도들의 마음에서 타오르는 열정을 상상하기 어려울 것입니다. 흥하든지 망하든지, 나에게는 그리스도 안에서가 아니면 희망이 없습니다. 그분이 내 생명이시며, 나의 전부이십니다.

> "그분과 함께라면 안전히 거하고,
> 　그분의 능력으로 보호받음을 나는 아네.
> 내가 그분의 손에 맡긴 것을

끝날까지 그분이 지키시리라."

내가 이렇게 성경적으로 확신하고 내 주님을 의뢰하는 정도에 비례하여, 내 마음은 온통 그분을 향한 사랑에 몰입할 것이며, 내 삶은 구속주의 영광을 위해 바쳐질 것입니다.

사랑하는 여러분, 나는 이 점을 명백히 하고 싶습니다. 하나님을 향해 사랑을 느끼기 위해 우리는 믿음의 길을 따라 걸어야 합니다. 진실로, 이는 어렵거나 위험한 길이 아니며, 오히려 무한한 지혜에 의해 예비된 길입니다. 그것은 죄인들에게 적합한 길이며, 정녕 성도들 역시 그 길로 걸어야 합니다. 만일 당신이 하나님을 사랑하고자 한다면, 이런저런 있어야 하는 은혜가 있는지를 살피기 위해 당신 자신을 들여다보지 말고, 오히려 당신의 하나님을 바라보십시오. 당신을 위해 그리스도를 주신 그분의 영원한 사랑, 그분의 무한한 사랑, 그분의 희생적인 사랑을 바라보십시오. 그러면 당신의 사랑은 신선한 생명과 활력을 마시게 될 것입니다.

기억하십시오. 영혼 안에 하나님을 향한 사랑이 있다면, 어디에서나 그 이유는 하나님이 그 영혼을 사랑하시기 때문입니다. 언젠가 그리스도인 여성과 만났던 일이 기억납니다. 그 여인은 그녀가 하나님을 사랑하지만, 하나님은 그녀를 사랑하지 않으신다고 생각하며 불안해하였습니다. 그것은 도무지 앞뒤가 뒤바뀐 두려움이며, 누구에게도 그런 두려움이 있어서는 안 됩니다. 하나님께서 얼마간 그분의 사랑을 여러분의 마음에 부어 주시지 않으면, 여러분은 정녕 하나님을 사랑하기를 원하지 않을 것입니다. 하지만 한편으로, 우리가 하나님을 사랑하지 않는 것에 대해, 하나님이 우리를 사랑하지 않기 때문이라고 구실을 댈 수는 없습니다. 하나님이 우리를 사랑하지 않으신다면 죄인이 하나님께 나아오기가 두려울 것입니다. 오 사랑 없는 죄인이여, 마음이 둔하고 냉랭한 사람이여, 하나님의 음성이 그런 당신조차 그리스도께 오라고 부르십니다. 죄 속에서 죽은 자를 향해서도 그분은 "살라(live)"고 말씀하십니다. 비록 당신은 피투성이가 된 채, 혐오스럽게 여겨져 들에 버려졌지만, 자비로우신 주님께서 지나가시며 "살아 있으라"(겔 16:6)고 말씀하십니다. 위엄의 주께서 다가오셔서, 사랑스럽지도 않고, 사랑도 없고, 타락하고 부패하였으며, 하나님을 대적하는 죄인인 당신을 만져 주셨습니다. 주께서 멀리 있던 당신과 접촉하시고, 당신을 그 상태에서 들어 인도하시고, 당신으로 그분을 사랑하도록 만드신 것은, 당신 자신 때문이 아니라 그분의 이름 때문이며, 그분의 긍휼 때문이었습니다. 당신에게는 그분을 향한 사랑이 전혀 없었으며, 모든 사랑은 오직 그분 안에만 있었습니다. 그러므로 만일 당신이 예수님을 믿는 자라면, 그분이 당신에게 이미 복 주기를 시작하셨으며, 영원토록 당신에게 복을 주실 것입니다. 모든 사랑의 깊은 샘들은 저 영원하신 분의 품 안에 있습니다.

3. 우리들의 사랑의 부흥

이는 세 번째로, 우리들의 사랑의 부흥(the revival of our love)에 대해 잠시 숙고하도록 이끌어 줍니다. 슬프게도, 아마 이 중에는 한때 하나님을 아주 뜨겁게 사랑했지만 지금은 식어서 아주 무관심하게 된 사람들이 더러 있을 것입니다. 우리를 향하신 하나님의 사랑은 결코 변하지 않지만, 우리의 사랑은 너무나 자주 식고 쇠퇴합니다. 아마도 여러분 중에서 어떤 이들은 애정이 너무나 차갑게 식어버려서 한때 하나님을 사랑한 적이 있었던 것도 확인하기가 힘들 정도입니다. 아마도 삶이 너무나 방종하여 교회의 견책을 받아야 하는 사람도 있고, 배교자가 되어 위험한 상태에 처한 사람도 있을 것입니다. 하지만 여러분 안에 정녕 영적인 생명이 있다면, 여러분은 돌이키기를 원할 것입니다. 여러분은 길 잃은 양처럼 방황하였지만, 여러분의 기도는 이러합니다. "주의 종을 찾으소서, 내가 주의 계명들을 잊지 아니함이니이다"(시 119:176). 자, 여러분이 잘 알아야 하는 것은, 여러분의 사랑의 출발이 된 그 원인을 여러분이 회복해야 한다는 것입니다. 여러분은 처음에 죄인으로서 그리스도에게 갔습니다. 여러분의 처음 행동은, 여러분 속에 하나님의 사랑을 입증해 주는 것이 아무것도 없었을 때에, 여러분을 향한 하나님의 사랑을 믿었다는 것입니다. 같은 방식으로 다시 가십시오. 내 사랑하는 형제여, 사랑을 당신 안에 있는 메마른 샘에서 퍼 올리려고 하지 마십시오! 당신의 뜻대로 사랑을 끌어올리는 일을 가능하다고 생각하지 마십시오. 설혹 사람이 사랑을 위해 자기 집 재산을 전부 내놓는다 해도, 그것은 전적으로 업신여김을 받을 것입니다. 주님의 변치 않는 은혜를 생각하십시오. 그러면 당신은 사랑의 '봄철(spring-time)'이 다시 당신의 영혼으로 되돌아오는 것을 느낄 것입니다. 여전히 주님께서는 죄인들을 위하여 자비를 예비해 두고 계십니다. 여전히 그분은 은혜를 베푸시려고 기다리십니다. 당신이 탕자처럼 행해 온 지금도 그분은 당신을 기꺼이 받아 주십니다. 여러분을 집에 받아 주시고 그 사랑의 품에 안아 주십니다. 배교자여, 당신이 하나님의 사랑을 믿기 위해서는 심사숙고가 필요합니다. 여전히 당신을 돌아오도록 초청할 수 있는 사랑이란 어떠한 사랑인지를 생각해 보십시오. 당신은 많은 것을 안 이후에 빛과 지식에 거슬러 죄를 지었고, 그토록 많은 것을 체험한 이후에 당신의 신앙고백을 거짓으로 만들어 버렸습니다. 그분은 정당하게 당신을 찍어 버리실 수 있었습니다. 당신이 오랫동안 땅만 버렸기 때문입니다(눅 13:7). 정녕, 이스라엘이 멀리 떠났을 때, 여호와께서 은혜롭게도 이렇게 말씀하신 것은 이스라엘을 향한 그분의 사랑의 확실한 증거였습니다. "그들이 말하기를 가령 사람이 그의 아내를 버리므로 그가 그에게서 떠나 타인의 아내가 된다 하자 남편이 그를 다시 받겠느냐?" (렘 3:1). 자, 모든 사람은 "아니요!"라고 대답할 것입니다. 누가 스스로를 그토록 더럽힌 아내를 사랑하겠습니까? 하지만 주께서 이렇게 말씀하십니다. "네가 많은 무리와 행음하였지만 내게로 다시 돌아오라"(KJV, 한글개역개정은 "네가 많은 무리와 행음하고서도 내게로 돌아오려느냐"로 되어 있음). 이 얼마나 비길 데 없는 사랑입니까? 하지만 예레미야 3장에서 찾아볼 수 있는 이 은혜로운 말씀을 더 들어 보십시오. "너는 가서 북을 향하여 이 말을 선포하여 이르라 여호와께서 이르시되 배역한 이스라엘아 돌아오라 나의 노한 얼굴을 너희에게로 향하지 아니하리라 나는 긍휼이 있는 자라 노를 한없이 품지 아니하느니라 여호와의 말씀이니라"(12절). "여호와의 말씀이니라 배역한 자식들아 돌아오라 나는 너희 남편임이라 내가 너희를 성읍에서 하나와 족속 중에서 둘을 택하여 너희를 시온으로 데려오리라"(14절). 당신은 이 말씀을 아무런 감정 없이 들을 수 있습니까? 배교자여! 내 그대에게 호소하니, 하나님의 사랑의 날개를 타고 그분에게로 다시 돌아오십시오! 하지만 나는 당신이 이렇게 묻는 말을 듣습니다. "그분이 아직 나를 받아주실까요? 이런 내가 다시 한 번 그분의 품에 안길 수 있을까요?"

> "아버지 품에 꼭 안기어서
> 　다시 자녀로 인정될 수 있을까요?"

　그렇게 될 것입니다. 그분은 자신이 하나님이시고 변하지 않으시며, 따라서 당신이 멸망당하지 않을 거라고 스스로 선언하시지 않습니까? 이 모든 것이 사실임을 느낄 때, 타락한 자의 가슴에도 사랑의 불꽃이 다시 타오르고 이렇게 부르짖습니다. "보소서 우리가 주께 왔사오니 주는 우리 하나님 여호와이심이니이다"(렘 3:22). 나는 여러분 중에 중대한 의무의 태만과 마음의 방황을 의식하고 있는 사람에게 호소합니다. 여러분을 그리스도께 돌아가도록 이끌어 줄 자로 모세를 찾지 마십시오. 그는 시내 산 화염(火焰)으로 가는 길을 알고 있습니다. 하지만 골고다의 용서의 피에 이르는 길은 알지 못합니다. 곧바로 그리스도께 가십시오. 만일 당신이 율법으로 가서 스스로를 판단하기 시작하면, 만일 당신이 일종의 영적 격리와 고립을 겪고 있어서 구주께 대한 당신의 믿음을 새롭게 하기 위해서는 먼저 정신적인 연옥을 통과해야 한다는 개념을 가지고 있다면, 당신은 그릇된 생각을 하고 있는 것입니다. 당신의 있는 모습 그대로 오십시오. 나쁜 상태 그대로 오십시오. 완고하고, 냉랭하고, 죽은 것처럼 느껴지는 그대로 오십시오. 바로 그 모습 그대로 나아와서 그리스도 예수 안에 있는 하나님의 무한한 사랑을 믿으십시오. 그 때 깊은 참회가 우러나올 것입니다. 그 때 마음의 깨어짐을 느낄 것입니다. 그 때 거룩한 투기심 곧 죄에 대한 거룩한 증오심이 생길 것이며, 모든 죄의 불순물로부터 영혼이 정화될 것입니다. 정녕 그 때에 모든 선한 것들이 당신의 영혼에서 회복되어, 당신을 의의 길로 이끌어 줄 것입니다. 이런 것들을 먼저 바라지 마십시오. 이런 것들을 먼저 바라보는 것은 원인에 앞서 결과를 먼저 바라는 것이기 때문입니다. 배교했던 자에게서 사랑이 회복되는 큰 이유는, 여전히 그를 향하신 하나님의 사랑이어야 합니다. 그는 이제 그분을 믿음으로 꼭 붙들고, 감히 그 붙든 손을 놓으려 하지 않을 것입니다.

한 사람이 말합니다. "하지만, 나는 배교자에게 하나님의 사랑을 믿으라고 말하는 것은 매우 위험하다고 생각합니다. 그런 자가 그렇게 믿는다는 것은 분명 심각하게 주제넘은 짓입니다." 사람이 진실을 믿는 것은 결코 주제넘은 짓이 아닙니다. '주제넘음'이라는 것은 어떤 진술이 듣기에 편한지 불편한지의 여부 자체에 있는 아니라, 그 진술의 거짓됨에 있습니다. 나는 거듭 말합니다. 진실을 믿는 것은 주제넘은 짓이 아닙니다. 또한 주께서 자기의 방탕한 아들들과, 그분의 방황하는 양들을 여전히 사랑하신다는 이 말은 진실입니다. 그분은 한때 쫓아냈던 자기 백성이 멸망하지 않고 되돌아올 수 있도록 수단을 고안해 내실 것입니다. "만일 누가 죄를 범하여도 아버지 앞에서 우리에게 대언자가 있으니 곧 의로우신 예수 그리스도시라"(요일 2:1).

　기억하십시오. 배교자를 다시 되돌아오도록 이끄는 힘은 그 사람을 묶은 '사랑의 줄'입니다. 그것이 그로 하여금 하나님이 여전히 그를 사랑하시기 때문에, 울며 회개하며 하나님께 돌아가야만 한다고 느끼도록 만듭니다. 이 아침에 여기 모인 여러분 중에도 당신에게 불순종하고 당신에게서 떠나서 술에 취하고 방탕한 가운데 살고 있는 아들이 있습니까? 만일 당신이 그에게 화를 내고, 그의 이름을 호적에서 빼버리고 더 이상 자녀로 간주하지 않겠다고 위협한다면, 그러면 당신의 그 엄격함이 그 아들로 하여금 사랑 가운데 다시 당신에게 돌아오게 해줄 거라고 생각하십니까? 절대 그렇지 않습니다. 대신 이런 경우를 가정해 보십시오. 당신이 여전히 그를 사랑하고 있다고 그에게 확신시키는 것입니다. 당신의 식탁에는 언제나 그를 위한 자리가 있고, 또 당신의 집에 그를 위한 잠자리가 마련되어 있음을 확인시켜 주십시오. 아니 더 좋은 것은, 당신의 마음속에 그를 위한 따뜻한 공간이 있음을 확신시켜 주는 것입니다. 그가 당신의 눈물을 보고, 그를 위해 기도하는 당신의 기도를 듣는다고 가정해 보십시오. 이것이 그로 하여금 당신에게 돌아오도록 만들지 않겠습니까? 예, 그가 아들이라면, 진정 그럴 것입니다.

　오 배교자여, 당신의 하나님과 당신 사이도 이와 마찬가지입니다. 주께서 친히 그 마음으로부터 당신과 같은 경우를 위해 설득하는 음성을 들어보십시오. "내 백성이 끝끝내 내게서 물러가나니 비록 그들을 불러 위에 계신 이에게로 돌아오라 할지라도 일어나는 자가 하나도 없도다. 에브라임이여 내가 어찌 너를 놓겠느냐? 이스라엘이여 내가 어찌 너를 버리겠느냐? 내가 어찌 너를 아드마 같이 놓겠느냐? 어찌 너를 스보임 같이 두겠느냐? 내 마음이 내 속에서 돌이키어 나의 긍휼이 온전히 불붙듯 하도다. 내가 나의 맹렬한 진노를 나타내지 아니하며 내가 다시는 에브라임을 멸하지 아니하리라 이는 내가 하나님이요 사람이 아님이라"(호 11:7-9). 정녕 당신을 돌아오도록 끌어당기는 무언가가 있다면, 바로 이것일 것입니다. 저 방황하는 아들이 이렇게 말합니다. "아! 내 아버지께서 여전히 저를 사랑하십니다. 나는 일어나서 그에게 갈 것입니다. 그토록 자애로운 마음을 괴롭게 하지 않을 것입니다. 다시금 아버지를 사랑하는 아들이 되겠습니다." 하나님께서는 한때 그분의 이름을 시인하고서 지금 탕자가 된 당신을 향해 이렇게 말씀하시지 않습니다. "내가 너를 내쫓았으니 너는 더 이상 내 자녀가 아니다." 오히려 그분은 이렇게 말씀하십니다. "내가 너를 여전히 사랑하노라. 내 이름을 위하여 내 노를 멈출 것이며, 너를 끊어버리지 아니하리라." 당신이 노엽게 한 그 아버지께로 돌아오십시오. 그러면 당신은 그분이 자기 사랑을 후회하지 않으신다는 것과, 여전히 당신을 포옹해 주시는 것을 알게 될 것입니다.

4. 하나님을 향한 우리 사랑의 완성

시간이 부족하군요. 하지만 잠시 동안 네 번째 요점에 대해 말하고자 합니다. 그것은 하나님을 향한 우리 사랑의 완성(the perfecting of our love to God)입니다.

사랑하는 여러분, 우리 중에 하나님의 사랑의 깊이를 많이 알고 있는 자들은 소수입니다. 우리의 사랑은 얕습니다. 아, 얼마나 얕은지요! 하나님을 향한 사랑은 마치 큰 산과도 같습니다. 대다수의 여행자들은 그것을 멀리서 바라보거나, 혹은 그 낮은 곳 골짜기로 지나갈 뿐입니다. 소수의 사람만이 산의 높은 곳에 있는 돌출부 중의 어느 한 곳에까지 오르고, 거기서 장엄한 광경의 일부를 봅니다. 여기저기서 모험적인 여행가들이 작은 봉우리에 오르고, 눈 덮인 고산(高山)을 좀 더 가까이서 목격합니다. 그 중에서도 극소수의 사람들이 가장 높은 정상에까지 올라 아무도 밟아보지 않은 눈을 밟습니다. 하나님의 교회에서도 그러합니다. 모든 그리스도인은 하나님의 거룩한 사랑의 그늘 아래에 거합니다. 소수의 사람들이 그 사랑을 상당히 즐거워하고 또 그 사랑에 어느 정도 반응합니다. 하지만 천사처럼 정결한 사랑에 도달하고, 주의 언덕에까지 오르고, 독수리의 눈으로도 보지 못했던 곳에 서고, 젊은 사자도 밟아보지 못한 길을 걸으며, 완벽한 헌신과 뜨거운 자기희생적 사랑이라는 높은 경지에 오른 자는 거의 없습니다. 슬프게도 이 시대에는 거의 없습니다. 자, 그처럼 높이 오르는 일은 어려울 것입니다. 하지만 저 숭고한 곳에 이르기를 바라는 자라면, 반드시 따라가야 할 한 가지 확실하고 유일한 루트가 있음을 기억하십시오. 그것은 자기 행실의 길이 아니고, 자기 행위의 길도 아닙니다. 바로 이것입니다. "우리가 사랑함은 그가 먼저 우리를 사랑하셨음이라." 요한과 사도들은 그들이 이렇게 해서 그들의 사랑에 이르게 되었다고 고백했습니다. 한 사람의 가슴에서 가장 숭고한 사랑이 타오르려면, 하나님이 먼저 그 사람을 사랑하셨다는 이것 외에는 다른 열원(熱源)이 없습니다. 여러분은 어떻게 해서 그런지를 이해하지 못합니까? 하나님이 나를 사랑하신다는 것을 아는 지식은, 하나님께 대한 나의 고통스러운 두려움을 몰아냅니다. 그리고 그것이 떠나간 후에, 그 자리에는 하나님을 향한 넘치는 사랑이 자리합니다. 두려움이 떠나가면서, 사랑이 다른 문으로 들어오는 것입니다. 그러므로 하나님을 더욱 믿을수록, 영혼을 채우는 사랑의 공간도 그만큼 넓어지는 것입니다.

또한, 하나님의 사랑에 대한 강한 믿음은 큰 즐거움을 가져다줍니다. 하나님의 온 마음이 우리를 향해 강하게 고동치고 있는 것을 알 때에, 마치 우리가 그분이 만드신 유일한 피조물인 듯 그분의 온 마음이 우리에게 열중하고 있음을 우리가 알 때에, 우리의 마음은 기쁘고, 우리의 영혼은 골수와 기름진 것으로 만족하게 됩니다. 이러한 깊은 즐거움이 내가 방금 말했던 그 불타는 사랑을 만들어 냅니다.

만일 어떤 성도들의 열렬한 사랑이 하나님께 대한 찬미의 형태로 나타난다면, 이는 그들과 하나님의 친밀성에서 우러나오는 것입니다. 또한 이 친밀성이란, 만일 그들이 그분을 그들의 친구로 알지 않았더라면 결코 생겨날 수 없는 것입니다. 누구든 하나님이 그를 향해 사랑을 가지고 계시다는 것을 알지 않고서는, 결코 하나님께 친구처럼 말할 수 없습니다. 사랑의 지식이 참될수록 확신은 더욱 커지고, 교제 또한 더욱 친밀해집니다.

사랑하는 형제들이여, 하나님이 여러분을 사랑하시는 것을 여러분이 안다면, 여러분은 감사를 느낄 것입니다. 의심은 여러분의 감사를 약화시키지만, 믿음은 그것을 증대시킵니다. 그러므로 우리가 은혜 안에서 진보할 때에, 우리 영혼에 있는 하나님을 향한 사랑이 그분을 닮고자 하는 열망을 부추길 것입니다. 우리는 사랑하는 자들과 함께 있기를 갈망합니다. 우리는 떨어져 있는 시간들을 손꼽아 헤아립니다. 사랑하는 자들과 친교를 누리지 못하는 곳이라면 어디에서도 행복하지 않습니다. 마찬가지로 하나님을 향한 사랑은 그분과 함께 있고 싶은 열망을 자아냅니다. 그분을 닮고 싶은 열망, 천국에서 영원토록 그분과 함께 있고 싶은 열망이 우러나옵니다. 이 열망이 우리를 세속성에서 멀어지게 만들고, 우상 숭배를 멀리하도록 만들며, 매우 복된 성화의 영향을 우리에게 미치며, 아주 귀하고 숭고한 성품을 형성합니다. 또한 그것은 교회의 유익과 하나님의 영광을 위하여 강력한 영향력을 발휘합니다. 오, 이 교회에 그처럼 높은 경건의 단계에 이르는 자들이 많이 있기를 바랍니다. 하나님께서 우리에게 믿음과 성령이 충만한 자들을, 주 안에서와 그분의 힘의 능력으로 강한 자들을 많이 허락하시길 빕니다. 은혜 안에서 높이 오르기를 열망하는 자들에게는, 그들이 오르는 각 단계에서 야곱이 보았던 사다리를 사용해야 함을 기억하는 것이 도움이 될 것입니다. 우리를 향하신 하나님의 사랑이 하나님의 사랑에 오르는 유일한 길입니다.

이제 나는 잠시 동안 이 본문의 진리를 시험해 보고자 합니다. 만일 여러분이 신자들이라면 잠시 동안은 내 말에 귀를 기울이기보다는, 여러분 자신의 마음과 하나님의 말씀에 귀를 기울이기를 바랍니다. 우리가 지금껏 말한 것이 무엇에 대한 것이었습니까? 바로 우리를 향하신 하나님의 사랑에 대한 것이었습니다. 이 생각을 머리에 담아 두십시오. "하나님이 나를 사랑하신다. 단지 나를 참으시거나, 나에 대해 생각하시거나, 먹이시는 정도가 아니라, 나를 사랑하신다." 오, 우리가 사랑하는 아내나 남편으로부터 사랑받는다고 느끼는 것도 아주 행복하며, 귀여운 아이나 혹은 어머니의 사랑을 느끼는 것도 큰 행복입니다. 하지만 하나님이 나를 사랑하신다고 생각하면, 이것이 얼마나 더 좋은 일인지요! 여러분을 사랑하시는 분이 누구입니까? 하나님, 하늘과 땅의 창조주, 전능자, 만유의 주이신 그분이 나를 사랑하신단 말입니까? 바로 그분이요? 모든 사람들이, 모든 천사들이, 하늘의 보좌 앞에 서 있는 모든 생물들(living creatures, 계 4:9)이 나를 사랑한다고 해도, 저 무한하신 분이 나를 사랑하시는 것에 비하면 아무것도 아닙니다! 또한 그분이 사랑하시는 자가 누구입니까? 나(Me)입니다. 본문은 "우리(us)"라고 말합니다. "우리가 사랑함은 그가 먼저 우리를 사랑하셨음이라." 하지만 개인적인 관점에서는 이런 의미입니다. 그분이 나를 사랑하십니다. 천하여 아무것도 아닌 자, 죄로 가득한 자, 지옥에 떨어지기에 합당한 나이며, 그분의 사랑과 은혜에 대한 보답으로 너무나 적게 그분을 사랑하는 나입니다. 이런 나를 그분이 사랑하십니다.

사랑하는 여러분, 믿는 자여, 이것이 당신의 마음을 녹이지 않습니까? 이것이 당신의 영혼에 불을 붙이지 않습니까? 그것이 진정으로 믿어진다면 그렇게 될 것이라고 나는 압니다. 반드시 그럴 것입니다. 또한 그분이 나를 어떻게 사랑하셨습니까? 그분이 나를 너무나 사랑하시어 자기 독생자를 나를 위해 내주셨습니다. 나무에 달리게 하셨고, 거기서 피 흘리며 죽게 하셨습니다. 그 결과가 무엇입니까? 그분이 나를 사랑하셨고 또 용서하셨기 때문에, 나는 천국으로 향하는 길을 가고 있습니다. 몇 달 내에, 어쩌면 며칠 내에, 나는 그분의 얼굴을 뵈옵고 찬미의 노래를 부를 것입니다. 그분은 내가 태어나기도 전에 나를 사랑하셨습니다. 하늘의 별이 비추기도 전에 그분이 나를 사랑하셨습니다. 영원무궁토록 그분은 그 사랑을 멈추지 않으실 것입니다. 내가 죄를 지었을 때 그분이 나를 사랑하셨습니다. 내가 그분을 잊어버렸을 때 그분이 나를 사랑하셨습니다. 내가 내 죄 가운데서 그분을 저주하던 그 날들에도, 여전히 그분이 나를 사랑하셨습니다. 내 무릎이 떨리고, 노령으로 내 머리가 희어지고 "백발이 되어도"(사 46:4) 그분이 나를 사랑하실 것입니다. 세상이 불탈 때에도 그분은 나를 사랑하실 것입니다. 영원히, 영원무궁토록 나를 사랑하실 것입니다. 오, 이 복된 생각의 여물을 되새김질 하십시오. 마치 맛있는 별미처럼 그것을 여러분의 혀 아래에 두고 굴리십시오. 만일 여가가 있다면, 오늘 오후에 가만히 앉아서, 다른 아무것도 생각하지 말고 이것만을 생각하십시오. 당신을 사랑하시는 그분의 크신 사랑을 생각하십시오. 만일 여러분의 마음이 즐거움으로 벅차오르는 것을 느끼지 못한다면, 여러분의 영혼이 하나님을 갈망하는 것을 느끼지 못하고, 여러분의 감정이 하나님을 향한 사랑으로 크게 부풀어 오르는 것을 느끼지 못한다면, 그렇다면 내가 크게 잘못한 것입니다. 이는 너무나 강력한 진리이고, 또 여러분은 이 진리에 영향을 받는 그리스도인들이기에, 만일 그것이 믿어지고 느껴진다면, 그 결과는 틀림없이 그분이 여러분을 먼저 사랑하셨으므로 여러분도 그분을 사랑하게 되리라는 것입니다. 형제들과 자매들이여, 하나님이 그리스도를 위하여 여러분에게 은혜를 주시기를 빕니다. 아멘.

제
19
장

—

사랑의 출생과 근원

—

"우리가 사랑함은 그가 먼저 우리를 사랑하셨음이라."
— 요일 4:19

아주 단순하면서도 의미로 가득 차 있는 말씀입니다. 나는 어떤 시인이 기도에 대해 한 말을 이 문장에도 적용할 수 있다고 생각합니다. 그것은 "유아의 입술로 표현할 수 있는 가장 단순한 형태의 말"이면서 동시에 "위엄의 높은 곳에 도달하는 가장 숭고한 연설"입니다. 믿음을 가진 어린 소녀에게 왜 구주를 믿는지를 한 번 물어보십시오. 그러면 그 아이는 즉시로 이렇게 대답할 것입니다. "그분이 나를 사랑하시고 나를 위해 죽으셨기 때문이지요." 천국에 올라가서 그리스도 예수 안에서 온전하게 된 성도들에게 같은 질문을 해 보십시오. 그러면 구속받은 성도들 모두가 한 목소리로 이렇게 대답할 것입니다. "그분이 우리를 사랑하시어 그의 피로 우리의 모든 죄를 씻으셨기 때문이지요." 우리가 그리스도를 사랑하기 시작할 때, 우리가 사랑하는 이유는 그분이 먼저 우리를 사랑하셨기 때문입니다.

오늘 아침 이 본문으로 말씀을 전하면서, 나는 우선 여기 있는 모든 사람이 먼저 그것을 느낄 수 있도록(feel) 성령님께 기도합니다. 본문을 단지 읽고 듣는 것과 본문을 영혼으로 느끼는 것 사이에는 놀라운 차이가 있습니다. 오, 이 아침에 여러분이 마음으로부터 "우리가 그분을 사랑합니다"라고 말할 수 있기를 바랍니다. 설혹 내가 더 이상 말을 하지 않고 침묵 속에 앉아 있어도, 여러분이 다음 45

분간을 하나님을 향한 사랑의 감정을 불러일으키는데 쓴다면, 그것은 시간을 아주 적절하게 쓰는 셈일 것입니다. 주 예수님과의 사랑으로 가득 채워지는 것은 영혼에게는 대단히 유익한 일입니다. 주님과 즐거운 여가를 보내는 것은 영혼의 모든 질병에 대해 상쾌한 치유의 효과가 있습니다. 그러므로 하나님을 향한 거룩한 사랑의 열정에 탐닉하고 뜨겁게 타오를 수 있도록, 여러분의 마음에 여유와 공간과 기회를 주십시오. 만일 이 본문의 둘째 부분, 즉 "그가 먼저 우리를 사랑하셨음이라"는 대목이 믿음의 능력으로써 동일하게 여러분에게도 생생하다면, 여러분의 마음은 골수와 기름진 것으로 만족을 얻을 것입니다. 만일 그리스도 예수 안에 있는 하나님의 지극하신 사랑이 성령에 의해 여러분 마음에 부어진다면, 여러분은 내 설교를 필요로 하지 않을 것입니다. 여러분의 내적인 체험이 어떤 설교보다 더 나을 것입니다. 여러분의 사랑이, 마치 이슬방울처럼, 하나님의 사랑의 무한한 창공 속으로 발산되어 올라가기를 바랍니다. 여러분의 마음이 여러분의 보물이 있는 곳으로 올라가기를 바라고, 하나님의 품에 기대어 안식하기를 바랍니다. 여러분 마음에서 그리스도의 사랑과 또 그분을 향한 여러분의 사랑이 이 순간 온전히 알려지고 느껴진다면, 여러분은 복된 자들입니다. 오 복된 영이시여, 그렇게 되게 하소서! 우리가 본문이 마음에서 활동하는 것을 느낄 수 있다면, 그저 침묵하는 문자로 읽는 것보다는 일 천배나 더 나을 것입니다.

　여러분이 베르사유에 있는 미술관을 방문하여, 그곳에서 프랑스 전쟁의 장면들이 타오르는 듯한 붉은 색채로 화폭에 묘사된 것을 본다면, 여러분은 그 그림들에 감명을 받지 않을 수 없고, 그 가공할 장면들에 관심을 기울이지 않을 수 없을 것입니다. 같은 미술관의 위층에는 넓은 초상화 전시실이 있습니다. 나는 그 초상화들을 전시한 회랑(回廊, gallery)에서는 큰 관심을 기울이지 않고 지나쳤으며, 단지 여기저기서 눈에 띄는 인물들을 주시하느라 잠시 멈추었을 뿐입니다. 그곳에서 오래 머무는 사람은 매우 소수였고, 모든 사람들이 잘 닦아놓은 마루바닥을 될 수 있는 대로 빠르게 지나치는 듯했습니다. 자, 아래층에 있는 인물들에 관심을 기울이던 사람들이 왜 위층에 있는 인물들에는 관심을 기울이지 않을까요? 그들은 같은 사람들이고, 그들 중에 많은 사람들이 같은 옷을 입고 있었습니다. 왜 여러분은 관심을 가지고서 그들을 응시하지 않을까요? 그 이유는 여기에 있습니다. 일반적으로, 정물화로서의 초상은 감동적인 활동 장면과는 달리 그다지 관심을 끌지 못합니다. 후자에서는 용사가 전투용 도끼를 무섭게 휘두르는 것이나, 혹은 의회에서 연설을 하는 상원의원을 볼 수 있으며, 따라서 여러분은 가만히 있는 몸과 얼굴들에 대해서보다는 그들에 대해서 더 많은 생각을 하게 됩니다. 생명은 인상적이고, 활동은 생각을 깨웁니다. 본문에 있어서도 마찬가지입니다. "우리가 사랑함은, 그가 먼저 우리를 사랑하셨음이라." 이것을 교리적 진술의 문제로 한 번 보십시오. 만일 여러분이 생각이 깊은 사람이라면, 그것을 잘 숙고할 것입니다. 하지만 그 사실 자체를 느낀다면, 하나님의 사랑을 느끼고, 그것을 우리의 영혼 안에서 알고, 그것이 우리의 삶에서 명백히 나타난다면, 그것이 얼마나 우리를 몰두시키겠습니까? 오늘 아침에 성령의 능력으로 그렇게 되기를 바랍니다. 여러분이 말씀을 듣는 중에 하나님을 사랑하게 되기를 바라고, 나 역시 말씀을 전하는 중에 하나님을 열렬히 사랑하게 되기를 바랍니다.

서두는 이 정도로 하고, 나는 본문을 네 가지 목적으로 사용하려고 합니다. 첫째, 교리적 교훈을 위해서(for doctrinal instruction)입니다. 다음에는 경험상의 지식을 위해서(for experimental information)입니다. 셋째로, 실제적인 지침을 위해서(for practical direction)이며, 네 번째로 논쟁상의 변호를 위해서(argumentative defence)입니다.

1. 교리적인 교훈

이 본문에서 교리적인 교훈을 얻을 수 있습니다. 교리적인 교훈의 한 가지 요점이 아주 명백한데, 그것은 곧 자기 백성을 향하신 하나님의 사랑이 우선이다(God's love to His people is first)는 것입니다. "그가 먼저 우리를 사랑하셨음이라." 이 교리를 확신하십시오. 많은 오류들과 무지가 이 교리에 대한 망각과 관련되기 때문입니다. 우리를 향하신 하나님의 사랑이 하나님께 대한 우리의 사랑보다 선행합니다. 성경에 따르면 하나님의 사랑은 영원하기 때문에, 그 사랑이 앞서는 것은 너무나 명백합니다. 주께서 세상의 기초를 놓기도 전에 그리스도 예수 안에서 자기 백성을 택하셨습니다. "내가 영원한 사랑으로 너를 사랑하였노라"(렘 31:3). 그분의 인자하심은 자기를 경외하는 자에게 영원부터 영원까지 이릅니다(시 103:17). 영원 전부터 주께서는 자기 백성을 사랑의 눈으로 바라보셨고, 영원 전에 아직 아무것도 창조되기도 전에, 그분의 사랑이 먼저(first) 있었습니다. 분명 그분은 우리가 존재하기도 전에 우리를 사랑하셨습니다. 그분이 거의 일천 구백 년 이전에 우리를 위해 자기 아들을 죽도록 내주시지 않았습니까? 우리가 갓 태어나 우는 소리로 어머니의 귀에 첫 인사를 들려주었을 때보다 훨씬 오래 전에 그렇게 하시지 않았습니까? 그분이 우리를 사랑하신 것은 우리가 그분에게 사랑을 받고자 하는 어떤 소원을 가지기 전의 일입니다. 예, 그분이 우리를 사랑하신 것은, 우리가 그분의 면전에서 그분을 거역하고, 우리의 거듭나지 못한 마음이 그분에게 격렬한 적대감을 나타낼 때였습니다. "하나님이 그 큰 사랑으로 우리를 사랑하신 것은 우리가 허물로 죽었을 때"였음을 기억하십시오(엡 2:4-5). 아직 우리의 영적 감정의 맥박이 한 번도 뛰지 않고, 소망의 고동이 한 번도 울리지 않고, 갈망의 호흡이 시작되기도 전, 그 때에 주께서 우리를 사랑하셨습니다.

　　우리가 찾기 전에 하나님의 사랑이 있었습니다. 우리가 그분을 향해 달려가기 전에 그분이 우리를 자기에게로 이끄셨습니다. 우리가 그 사랑을 찾은 것이 아니라, 그 사랑이 우리를 찾은 것입니다. 우리는 점점 더 그 사랑에서 떠나 방황하고 또 저항함으로써, 그 사랑에 합당하지 못한 자들인 것을 스스로 입증합니다. 그런 것이 우리의 본성이고 우리의 행실입니다. 우리의 본성과 행실은 전혀 하나님의 사랑에 걸맞지 않습니다. 하지만 하나님의 사랑이 일어나, 양심과 의지에 작용하는 능력으로써 우리의 미친 질주를 멈춥니다. "너희가 나를 택한 것이 아니요 내가 너희를 택하여 세웠노라"(요 15:16). 이것이 주권적인 은혜의 음성입니다. 그 음성에 우리는 이렇게 반응하도록 합시다. "내가 나 된 것은 하나님의 은혜로 된 것입니다"(고전 15:10).

　　주님의 사랑은 우리 편에서의 회개보다도 앞선 것입니다. 하나님께서 먼저 사랑하시지 않았더라면 완고한 죄인들이 결코 회개하지 않았을 것입니다. 주님은 죄를 미워하십니다. 하지만 그분은 죄인들을 사랑하십니다. 그분은 우리가 죄를 즐거워하는 동안에도 우리를 긍휼히 여겨 사랑하셨습니다. 마치 달콤한 사탕을 혀 아래서 굴리듯이 우리가 죄를 혀 아래 담아둘 때에, 그분의 율법의 천둥이나 복음의 호소가 우리를 죄에서 돌이키도록 설득하기도 전에, 그분이 우리를 불쌍히 여겨 사랑하셨습니다. 우리의 가슴에서 죄를 자각하기도 전에, 은혜로우신 하나님을 거역한 범죄로 인해 우리가 슬퍼하고 비탄하기도 전에, 그 때 그분이 우리를 사랑하셨습니다. 형제들이여, 오늘 우리는 예수 그리스도를 믿는 믿음을 가지고 있습니다. 하지만 예수 그리스도를 믿는 우리의 믿음이 그분의 사랑에 앞서 생겨난 것은 아닙니다. 그 반대로, 우리의 믿음은 옛적부터 우리에게 보여주신 그 사랑에 의지하고 있습니다. 우리가 불신하면서 마음이 완고했을 때, 우리에게 제시된 성령의 증언과 영생의 말씀을 거부하였을 때, 바로 그 때 주께서 우리를 불쌍히 여기셨고, 우리에게 자비를 베푸셨습니다. 그 때 계속해서 우리를 초대하셨고, 우리에게 호소하셨고, 우리를 설득하셨습니다. 그러다가 마침내 복된 때가 이르렀을 때, 우리가 비로소 믿고 또한 그분의 사랑을 의식하게 된 것입니다. 주의 사랑을 받은 여러분이여, 지금 여러분에게는 하나님이 인정해 주시는 요소들이 많이 있습니다. 하지만 그것들이 먼저 있었던 것은 아닙니다. 그것들이 하나님의 사랑보다 앞섰던 것은 아닙니다. 그것들은 오직 그분의 사랑의 열매들일 뿐입니다. 지금은 그 의미를 어느 정도 잃어버린 옛 영어를 사용하자면, 하나님의 사랑은 '앞서는(preventing)' 사랑입니다. 그것은 영혼의 어떤 올바른 동기들보다 앞서며, 시간상의 순서로 볼 때 우리 편에서의 어떤 욕망이나, 소원이나, 바람이나, 기도보다도 우선하는(first) 것입니다. 오늘 여러분의 신앙이 독실합니까? 하지만 그분이 여러분을 사랑하신 것은 여러분의 신앙이 먼저 독실했기 때문이 아닙니다. 원래 여러분은 그렇지 않았습니다. 오늘 여러분은 경건합니까? 그로 인해 그분의 이름을 찬송합니다! 하지만 그분이 여러분을 사랑하신 것은 여러분이 경건하지 못할 때였습니다. 여러분의 거룩함은 그분의 사랑에 뒤따르는 것이며, 여러분을 거룩하게 하기 위해 그분이 여러분을 선택하신 것입니다. 여러분은 그분의 복되신 성령의 영향력에 의해 성화되어가며 그분을 닮아가고 있습니다. 또한 그분은 여러분 안에 있는 그분의 형상을 사랑하십니다. 하지만 그분이 여러분을 사랑하신 것은 그 형상이 여러분 속에 없을 때였습니다. 그렇고말고요. 그분은 여러분이 다른 사람들과 마찬가지로 진노의 자녀들이었을 때에, 마귀의 형상이 여러분의 성품과 본성에 두드러지게 나타났을 때에, 무한한 긍휼로 여러분을 바라보셨습니다. 인생에서 아무리 일찍 여러분이 주님을 사랑하기 시작했다 할지라도, 그분의 사랑이 먼저입니다. 이는 진정 놀라운 것입니다. 이로 인해 그분의 이름을 찬송합니다! 우리는 그분이 참되신 것을 알고, 그분 안에서 즐거워합니다.

우리가 아는 한, 사실상 하나님의 사랑에는 우리에게서 발생하는 어떤 이유도 찾을 수가 없습니다. 그분이 우리를 사랑하신 것은 그분이 우리를 사랑하고자 하셨기 때문이며, 혹은 주께서 이렇게 표현하신 그대로입니다. "옳소이다 이렇게 된 것이 아버지의 뜻이니이다"(마 11:26). 그 이유들은 그분 자신의 본성 안에 있으며, 생각할 수 있는 최상의 장소, 즉 그분 자신의 완벽함에서 생겨난 것입니다. 하지만 그분은 그 이유들을 우리에게 모두 알리기를 원하지 않으셨습니다. 그분이 우리에게 알리기 원하시는 것은, 그분이 긍휼히 여길 자를 긍휼히 여기고 불쌍히 여길 자를 불쌍히 여기신다는 것입니다(롬 9:15). 이렇게 하여 그분은 우리 마음의 충성된 복종심을 시험해 보십니다. 또한 우리는 그분의 의로우신 뜻에 공손한 침묵으로 순복할 수 있다고 나는 믿습니다.

하나님의 사랑은 그 자체 안에 원인이 있으며, 어떤 면에서든 우리 안에 있는 어떤 것으로부터 흘러나오는 것이 아닙니다. 그것은 하나님의 마음에서 자연 발생적으로 흘러나오는 것이며, 그 깊은 원천들은 그분 자신의 가슴에서 발견되는 것입니다. 이것이 우리에게는 커다란 위안입니다. 왜냐하면 그것이 창조된 것이 아니기에, 변할 수도 없기 때문입니다. 만일 그것이 우리 안에 있는 어떤 선함 때문에 비롯된 것이라면, 그 선함이 시들 때에 그 사랑도 역시 시들 것이기 때문입니다. 만일 하나님이 먼저 우리를 사랑하신 것이 아니고 두 번째로 사랑하셨거나, 혹은 그 사랑의 원인이 우리 안에 있는 것이었다면, 그 원인은 변했을 것이고, 아마도 그 결과인 하나님의 사랑 역시도 변했을 것입니다. 하지만 오늘 신자의 상태가 어떠하든지, 그가 얼마나 방황하였든지, 그가 얼마나 많은 죄의식으로 신음하고 있든지, 주님께서는 이렇게 선언하십니다. "내가 아직도 그를 열렬히 기억하고 있도다"(렘 31:20, KJV, 한글개역개정은 "내가 그를 깊이 생각하노라"로 되어 있음). 주님께서는 여러분이 죄가 없었기 때문에 여러분을 먼저 사랑하신 것이 아닙니다. 그분은 여러분이 지을 모든 죄를 미리 아셨습니다. 그 모든 것이 그분의 거룩하신 생각 앞에 드러났습니다. 하지만 그럼에도 그분은 여러분을 사랑하셨고, 또한 여전히 사랑하십니다. "나 여호와는 변하지 아니하나니 그러므로 야곱의 자손들아 너희가 소멸되지 아니하느니라"(말 3:6). 오 하나님의 복된 사랑이여! 그 사랑이 먼저이기에, 우리는 우리 생각에서 첫 번째 자리와, 우리 마음에서 가장 높은 보좌와, 우리 영혼에서 왕의 지위를 그 사랑에게 드리는 것입니다. 그 사랑이 먼저이기에, 우리가 그 사랑을 칭송합니다!

이 본문에서 볼 수 있는 교리상의 교훈의 또 다른 부분은 하나님의 사랑이 하나님을 향한 우리 사랑의 원인이라는 것입니다. 둘 중에 하나가 먼저이면 다른 하나는 두 번째입니다. 하지만 첫 번째 것이 두 번째 것의 원인이 되지 않을 수도 있습니다. 양자 사이에 실질적인 연결 고리가 없을 수도 있습니다. 하지만 여기에서는 틀림없이 이런 관계입니다. "우리가 사랑함은 그가 먼저 우리를 사랑하셨음이라(We love him, because he first loved us)." 이는 하나님의 사랑이 단지 우리의 사랑을 의식하게 해주는 동기가 되는 차원을 넘어서, 그 사랑이 힘이 되고 거룩한 능력이 되어서, 우리 안에 사랑을 창조해 낸다는 의미입니다. 만일 하나님께서 우리를 위해 자기 아들을 죽게 하시지 않았다면 우리가 과연 하나님을 사랑했을까요? 속죄의 제물이 없었더라면 우리에게 하나님 사랑이 생겨났을까요? 구속받지 못한 사람들, 타락한 천사들처럼 자기 죄 속에서 행하도록 내버려진 사람들, 그들에게 하나님을 향한 사랑이 없는 것은 타락한 천사들에게 그런 사랑이 없는 것과 마찬가지입니다. 어떻게 그들이 그런 사랑을 가질 수 있겠습니까? 하지만 속죄를 위해 내주신 아들은 사랑의 위대한 근거입니다. 하나님께서는 자기 아들을 주시고, 그렇게 하심으로써 자기 사랑을 나타내시며 또한 우리의 사랑을 창조해 내시는 것입니다. 우리가 골고다를 기억할 때에, 그분의 사랑이 우리 사랑의 원인이라는 것을 우리는 발견하지 않습니까?

하지만 사랑하는 여러분, 하나님은 사람들을 위해 자기 아들을 죽음에 내주셨건만, 여러분과 내가 그분을 사랑하지 않았던 것은, 우리가 그 위대한 사실을 미처 깨닫지 못했었기 때문입니다. "이 구원의 말씀을 우리에게 보내신"(행 13:26) 것이 그분 편에서는 결코 작은 은혜가 아니었습니다. 아직 많은 이방인들이 그 소식을 듣지 못했지만, 은혜로운 섭리에 따라 여러분은 그 복된 소식을 듣는 혜택을 입었습니다. 여러분은 가정에서 성경에서 그 소식을 접했고, 또 매 주일마다 강단에서 그 소식을 듣습니다. 그분이 복음을 여러분에게 보내시지 않았더라면 여러분이 어떻게 그분을 사랑할 수 있었겠습니까? 그 아들 예수를 선물로 주신 것과, 그 은혜의 소식을 구원받은 자의 문 앞에 이르게 한 섭리는, 사람이 하나님을 사랑하게 되는 명백한 이유들입니다. 하지만 그리스도께서 죽으셨고 복음이 전파되었건만, 여전히 어떤 사람들은 그분을 사랑하지 않습니다. 왜 그럴까요? 그들 마음의 완고함 때문입니다. 하지만 다른 사람들은 그분을 사랑합니다. 그 이유를 어디서 찾아야 할까요? 그들의 마음이 본래부터 더 훌륭했기 때문일까요? 나는 감히 그렇게 말하지 않을 것이며, 그들 역시 조금도 그렇게 여기지 않을 것입니다. 그렇게 여기는 신자는 없을 것입니다. 나는 그 원인을 성령의 영향력에서 찾아야 합니다. 성령께서 신자의 영혼 안에 그리스도 예수 안에 있는 하나님의 사랑을 계시하시고, 마음을 감화시키시고, 믿음과 사랑과 모든 은혜를 창조하시는 것입니다. 사랑하는 여러분, 만일 여러분이 하나님을 사랑한다면, 그것은 여러분의 사랑으로 사랑하는 것이 아니라, 그분이 여러분의 마음 속에 심어주신 그 사랑으로 사랑하는 것입니다. 거듭나지 못한 인간 본성은 하나님을 향한 사랑이 자랄 수 없는 토양입니다. 바위를 제거해야 하며, 그 메마른 땅을 좋은 토양으로 바꾸는 초자연적인 변화가 있어야 합니다. 그런 다음에 다른 땅에서 가져온 진귀한 식물로서의 사랑이, 신적인 능력에 의해 우리 마음에 심겨지고 유지되어야 합니다. 그렇지 않으면 그 사랑은 마음에서 결코 찾아볼 수 없습니다. 하나님의 사랑에 의해 영혼 안에서 창조되고 형성된 것을 제외하고는, 세상에는 하나님을 향한 올바른 형태의 사랑이란 없습니다.

　그 두 가지 진리를 한꺼번에 표현하겠습니다. 하나님의 사랑이 먼저이고, 하나님의 사랑이 우리 사랑의 원인입니다. 이제부터는 여러분이 보통 '은혜의 교리들(doctrines of grace)'이라고 불리는 것을 믿고 싶어질 거라고 나는 생각합니다. 많은 교회들에서 그런 가르침들이 받아들여지지 않는 것이 나로서는 매우 놀랍습니다. 실질적으로 그런 교리들은 모든 그리스도인들에게 겸손히 인정되는 것임에도 말입니다. 사람들은 설교는 제각기 좋은 방식을 따라 하지만, 기도 만큼은 모두가 은혜의 교리를 따라서 합니다. 그러한 교리들은 그리스도인의 경험과 너무나 일치하기에, 두드러지는 현상은 신자는 나이가 들수록 하나님의 진리를 더 깊이 찾게 되고, 또한 자신의 구원을 전적으로 하나님의 은혜로 돌리며 찬미한다는 것입니다. 인간의 자유 의지(free will)를 과장하는 것이 아닌, 영원히 복되신 분이 거저 주시는 은혜(free grace)의 귀한 진리들을 믿는 것입니다. 나는 나 자신의 교리상의 신조를 이보다 더 좋게 표현할 수가 없습니다. "우리가 사랑함은, 그가 먼저 우리를 사랑하셨음이라." "그분이 우리를 사랑하신 것은 우리의 믿음과 사랑과 성결에 대한 그분의 예지(豫知, foresight)에 근거한다"고 말하는 사람들이 있는 것을 나는 압니다. 물론 주님께서는 이 모든 것들을 분명하게 예견하십니다. 하지만 그분은 또한 우리의 사랑의 결핍과, 믿음의 부족과, 우리의 방황과, 우리의 죄들까지도 예견하셨음을 기억하십시오. 그분이 한 가지 방향으로 예견하셨다면 다른 방향으로도 예견하셨다고 가정하는 것이 타당합니다. 우리가 또 기억해야 할 것은, 그분을 향한 어떤 사랑도 우리 자신에게서는 솟아나지 않음을 그분이 미리 내다보셨다는 점입니다. 그분을 향하여 우리 자신에게서 솟아난 사랑은 지금껏 없었고, 앞으로도 결코 없을 것입니다. 그가 예견하신 것은, 그분이 우리에게 믿음을 주시기 때문에 우리가 믿을 것이라는 것입니다. 그분이 내다보신 것은, 그분의 영이 우리 안에서 회개의 역사를 일으키시기 때문에 우리가 회개하리라는 것입니다. 그분의 사랑이 우리 안에서 활동하기 때문에 우리가 그분을 사랑하게 되리라는 것을 그분은 내다보셨습니다. 그분이 예견하신 것 중에, 그분이 우리에게 무언가를 주고자 하실 때 그럴 이유가 될 만한 것이 우리에게 하나라도 있었을까요? 이 경우에 명백한 것은, 그분의 예지가 그분이 하시는 일에 대한 이유가 될 수 없다는 것입니다. 오직 그분 자신의 영원한 목적이 구원받은 자들과 완고하게 죄 속에서 멸망하는 자들을 구분한 것입니다. 그분의 거룩하신 이름에 모든 영광을 돌립시다. 그분께만 모든 영광이 속했기 때문입니다. 그분의 '앞서는' 은혜가 모든 영예를 얻어야 할 것입니다.

2. 경험상의 지식

둘째로, 우리는 이 본문을 경험상의 지식을 위해서(for experimental information) 사용할 것입니다. 먼저 여기서 우리가 배우는 것은 모든 참된 신자들은 하나님을 사랑한다는 것입니다. 우리는 그분을 사랑하고, 우리가 그분을 사랑하는 것에는 한 가지 이유가 있습니다. "그가 먼저 우리를 사랑하셨기 때문입니다." 하나님의 모든 자녀들은 그들의 아버지를 사랑합니다. 나는 그들이 모두 동일한 사랑을 느낀다고 말하지 않습니다. 혹은 그들이 마땅히 느껴야 할 만큼의 사랑을 느낀다고 말하지도 않습니다. 그렇게 하는 사람이 우리 중에 누가 있겠습니까? 그들이 때때로 그들의 사랑을 의심하게 되는 일이 없다고도 말하지 않겠습니다. 오히려, 그리스도께서 "요한의 아들 시몬아, 네가 나를 사랑하느냐?"고 물으심으로써 베드로를 시험하신 것처럼, 그리스도인들이 자기 스스로를 시험해 보는 것이 좋다고 나는 주장합니다. 하지만 진정으로 하나님에게서 난 모든 자녀들의 마음에는 사랑이 있습니다. 그것은 마치 자연적인 생명에 피가 필요하듯이 영적인 생명에 꼭 필요한 것입니다. 하나님을 향한 사랑이라는 이 한 가지가 결핍된 채로 거듭나서 하나님의 나라로 들어가는 일은 결코 없다고 단정할 수 있습니다. 여러분에게 어떤 덕목들이 결핍될 경우(그래서는 안 되겠지만), 그 문제의 뿌리는 여러분 안에 있을 것입니다. 하지만 여러분에게 사랑이 없다면 여러분은 소리 나는 구리와 울리는 꽹과리와 다름없습니다. 여러분의 외적 행위가 어떠하든지, 여러분의 몸을 불사르게 내주거나, 여러분이 가진 물건들을 모두 가난한 자들에게 준다고 해도, 만일 여러분의 영혼에 하나님을 향한 사랑이 없다면, 하나님의 양이라는 표지가 여러분에게는 없는 것입니다. 또 여러분에게 있는 반점은 그분의 자녀들의 반점과는 다릅니다(참조. 창 30:32). 하나님에게서 난 자마다 하나님을 사랑한다는 것이 확실합니다.

　모든 그리스도인에게 필수적인 그 사랑이 어떤 종류인지를 조심스럽게 관찰하십시오. "우리가 사랑함은 그가 먼저 우리를 사랑하셨음이라." 사람들은 하나님을 향한 '공평 타당한(disinterested)' 사랑에 대해 많은 말들을 해왔습니다. 만일 그런 것이 있다면, 그것은 매우 칭찬할 만한 것입니다. 하지만 여기서 그것은 언급되지 않았습니다. 사랑하는 여러분, 우리가 하나님의 최상의 탁월함과 선하심 때문에 하나님을 사랑하는 것이 무엇인지를 나도 안다고 생각합니다. 분명 우리가 그분을 더 많이 알게 될 수록 우리는 그분의 성품 때문에 그분을 더 사랑하게 될 것입니다. 하지만 그럼에도 불구하고 그분이 먼저 우리를 사랑하셨기 때문에 우리가 그분을 사랑하는 것이 아니라면, 우리가 그것과는 다른 종류의 사랑을 가졌거나 혹은 가졌다고 생각한다 해도, 그것이 우리가 하나님의 자녀인 것을 입증하지는 않습니다. 그분이 우리를 사랑하셨기 때문에 우리가 그분을 사랑하는 것, 우리에게는 이것이 있어야 합니다. 다른 형태의 사랑은, 그것이 진실하다고 해도, 그 이후에 우리 안에서 자라나는 것입니다. 또한 다른 형태의 사랑은 본질적인 것이 아니며, 우리가 그것을 지나치게 강조할 필요가 없습니다. 하나님이 우리를 먼저 사랑하셨기 때문에 그분을 사랑하는 것은 영혼 안에 은혜가 있다는 충분한 증거입니다. 감사가 천한 덕목이라고 헐뜯음을 당해 왔지만, 정녕 그것은 고귀한 감정이며, 영적 동기(spiritual motives)에 있어서 가장 강력한 것 중의 하나입니다. 사람이 하나님의 존재와 성품으로 인하여 하나님을 칭송하며 사랑하는 것은 좋습니다. 그렇지만 거기에는, 하나님이 먼저 그를 사랑하셨기 때문에 그분을 사랑하는 감사의 사랑이 수반되어야 합니다. 그렇지 않다면 그에게는 요한이 모든 성도들에게서 발견되는 것이라고 말한 것이 결핍되어 있는 것입니다. 사랑하는 여러분, 어떤 높은 수준을 가정하고서 스스로를 괴롭히지 마십시오. 오직 그분이 먼저 당신을 사랑하셨기 때문에 당신도 그분을 사랑하는지를 확인하십시오. 당신은 아직 은혜 안에서 아기이기 때문에, 다른 형제들이 도달한 높은 수준에 이르지 못할 수도 있습니다. 하지만 당신의 사랑이 '사랑받기 때문에 사랑한다'는 단순한 성격의 사랑이라고 해도, 당신은 충분히 안전합니다.

　　이러한 겸손한 형태의 사랑은 너무나 본질적이며, 그 속에 참된 그리스도인에게 너무나 필요한 '무가치성이라고 하는 은혜로운 의식'(gracious sense of unworthiness)이 머무는 것입니다. 우리는 하나님이 우리에게 부어 주시는 그 사랑에 합당하지 못한 자들이었다고 느낍니다. 우리는 이러한 겸손을 가져야 하며, 그렇지 않으면 하나님의 자녀의 한 가지 표징을 잃어버리는 것입니다. 은혜에 감사하는 이러한 겸손한 형태의 사랑에는, 또한 주의 사랑이 은혜로 주어졌다는 사실에 대한 분명한 인식이 있습니다. 그리고 이 역시도 그리스도인에게는 필수적인 것입니다. 그것이 그에게는 사랑의 순종을 위한 중요한 원천이 됩니다. 만일 어떤 사람이 내가 사랑받을 만한 정도로만 나를 사랑한다면, 나는 어떤 강력한 의무 같은 것을 느끼지 않을 것이고, 강렬한 감사의 감정도 느끼지 않을 것입니다. 하지만 주님의 사랑은 전적으로 순전한 은혜이고 전적으로 받을 가치가 없는 자에게 임한 것이기에, 그로 인해 우리는 감사의 보답으로 그분을 사랑하는 것입니다. 여러분의 마음에 하나님을 향한 그러한 겸손하고 감사하는 사랑이 있는지를 살펴보십시오. 그것이 너무나 중요한 문제이기 때문입니다.

　　하나님을 향한 사랑이 어디에서 발견되건, 그것은 그 사랑을 가진 자의 구원에 대한 확실한 증거입니다. 만일 여러분에게 이런 의미의 사랑이 있다면, 그렇다면 그분은 먼저 여러분을 사랑하셨고, 또 지금도 여러분을 사랑하십니다. 여러분이 하나님의 사랑 안에 거하고 있고 또 여러분이 그분을 사랑한다는 것을 확신할 수 있다면, 여러분에게는 다른 증거가 필요하지 않습니다. 나는 얼마 전에 존경스러운 한 형제에게서 유명한 설교자 로버트 홀(Robert Hall)에 관한 이야기를 들었습니다. 그는 웅변의 위엄으로 가장 학식 있는 자들을 매혹시켰지만, 그 자신은 아주 소박한 사람이었습니다. 그가 어느 때보다도 행복을 느낄 때는 그가 가난한 신자들과 함께 체험적인 경건에 대해 대화를 나눌 때였습니다. 그는 말 등에 올라탄 채 여행하는 것에 익숙했었고, 어느 날 집으로 가는 길에 클립스톤(Clipstone)에서 설교를 하고 있었습니다. 그러다가 큰 눈이 내려서 시버토프트(Sibbertoft)라고 하는 작은 마을에서 멈추었습니다. 그 작은 마을의 여관인 "흑백조(Black Swan)"를 운영하던 선량한 사람이 그 설교자에게 자기 집에서 눈을 피하도록 요청하였고, 만일 그를 집으로 맞아들일 수 있다면 자기로서는 큰 기쁨이 될 것이라고 그를 설득하였습니다. 홀(Hall) 목사는 그가 그 이웃에서 가장 신실한 그리스도인들 중의 한 사람인 것을 알았으며, 그래서 말에서 내려 그 작은 여인숙으로 들어갔습니다. 그 선량한 사람은 기쁨으로 침대와 책상과 양초를 그 선지자의 방에 제공했습니다. 그 시골 여인숙에 그런 방이 있었기 때문입니다. 홀 목사가 불가에서 잠시 쉰 후에 집주인이 말했습니다. "목사님, 오늘 밤은 여기서 유숙하셔야겠습니다. 괜찮으시다면 이웃 사람들 몇몇을 부를 것이고, 목사님께서 이 응접실에서 설교를 하실 수 있다고 느끼신다면 그들이 기쁘게 당신의 설교를 들을 수 있을 것입니다.""그렇게 하시지요, 선생"이라고 홀 목사는 대답했고, 그렇게 되었습니다. 그 응접실이 교회당이 되었고, 그 "흑백조"는 복음의 깃발의 기호가 되었습니다. 가난한 농부들이 몰려들었고, 그 하나님의 사람이 온 힘을 쏟아 부어 훌륭하게 말씀을 전했습니다. 그들은 그 일을 결코 잊을 수 없었습니다. 홀 목사에게서 말씀을 듣는 것이 그들에게는 일대 사건이었기 때문입니다. 모두가 떠난 후 홀 목사는 자리에 앉았고, 우울한 기분이 그를 엄습했습니다. 그는 여관 주인과 대화를 나눔으로써 그 기분을 떨쳐버리고자 했습니다. 그 위대한 설교자가 말했습니다. "아, 선생, 마음이 굉장히 무겁습니다. 내 상태에 대해 하나님께 여쭈어보아야 할 것 같습니다. 사람이 하나님의 자녀라는 확실한 증거가 무엇인지를 내게 말해 주겠소?" 그 소박한 사람이 이렇게 대답했습니다. "글쎄요, 홀 목사님, 당신이 몹시 지치신 듯이 보여 안타깝군요. 당신은 스스로를 의심하지만, 다른 사람은 누구도 당신을 의심하지 않는답니다. 주님께서 당신을 위로하시고 격려하시길 바라지만, 내가 그런 말을 할 자격이 있는지 염려됩니다." "괜찮습니다, 친구여, 괜찮습니다. 당신은 하나님의 자녀의 최상의 증거가 무어라고 생각하는지 내게 말해 주시오." 여관 주인이 이렇게 대답했습니다. "글쎄요, 목사님, 굳이 말하자면, 이런 것이라고 생각합니다. 사람이 하나님을 사랑하면 그는 틀림없이 하나님의 자녀들 중 하나일 것입니다." 그 말을 듣고 그 강력한 설교자가 이렇게 말했습니다. "당신이 그렇게 말하니, 나로서는 듣고 싶은 말입니다." 그 말을 신호로, 그 여관 주인은 하나님을 찬미하며 말하기를 시작했습니다. 후에 홀 목사가 전한 말에 의하면, 그는 거의 한 시간 동안이나 뜨겁고도 진지하게 하나님의 사랑스러우심에 대해 말했다고 합니다. 내게 그 이야기를 들려준 형제가 "목사님이 직접 그가 하는 말을 들었더라면 좋았을 것입니다"라고 하더군요. 그는 이렇게 말했다고 합니다. "하나님을 사랑하십시오, 목사님. 내가 어찌 그분을 사랑하지 않을 수 있을까요? 내가 어찌 그분을 사랑하지 않는단 말입니까?" 그는 계속해서 전능자에 대해서, 그분의 사랑과 은혜에 대해서 말하였으며, 주님의 위대하심과 선하심과 구속의 영광과, 그분이 자기 백성에게 행하신 모든 일에 대해 말했습니다. 그 말을 다 듣고 나서 마침내 홀 목사가 이렇게 말했습니다. "고맙소이다. 고맙소이다, 내 친구여. 만일 내가 하나님을 사랑하면 그것이 하나님의 자녀 된 증거라는 말이지요? 내게 그 사랑이 있는 것을 나는 압니다. 나는 그분을 사랑하지 않을 수가 없기 때문입니다. 나는 나 자신에게 어떤 공로도 돌리지 않겠습니다. 그분은 너무나 사랑스러운 분이시고, 또 우리를 위해 그토록 큰 일을 행하셨으니, 만일 내가 그분을 사랑하며 찬미하지 않는다면 나는 누구보다 더 야만적인 사람일 것입니다."그 선량한 사람과 그 위대한 설교자의 마음에 격려가 되었던 것이 여러분의 마음에도 격려가 될 것입니다. 만일 당신이 하나님을 사랑하고 있다면 틀림없이 당신은 하나님의 사랑을 받은 자입니다. 참된 사랑은 상상할 수 있는 다른 어떤 길로도 여러분의 마음에 올 수가 없었습니다. 그 사랑이 있다면 여러분은 그분의 영원한 선택의 대상이라는 것을 확신해도 좋습니다.

하지만 오, 사랑하는 청중이여, 만일 여러분이 하나님을 사랑하지 않으면 여러분의 상태에 대해서 잠시 생각해 보라고 호소합니다! 하나님의 말씀을 듣고도 그분을 사랑하지 않는단 말입니까? 여러분은 눈먼 것이 틀림없습니다. 그분의 성품에 대해서 무언가를 알고도 그분을 찬미하지 않는단 말입니까? 여러분의 마음은 그 마음이 돌처럼 굳었을 때의 나발의 마음과도 같습니다(참조. 삼상 25:37). 하나님께서 그리스도 안에서 원수들을 위하여 십자가에서 피 흘리시는 것을 보고도 그분을 사랑하지 않다니요! 오 지옥이여, 그대의 죄가 이보다 더 악하지는 않으리라! 사랑이 여기 있는데, 그것을 알아보지 못한단 말입니까? 사람은 자기가 사랑을 받는다고 느낄 때마다 어느 정도는 그 사랑에 보답한다고 합니다. 그런데 그리스도의 사랑을 보고서도 그 보답으로 아무런 사랑도 느끼지 못하는 마음에 대해 내가 무슨 말을 해야겠습니까? 그것은 야만적이고, 악마적입니다. 하나님이 그런 마음을 긍휼히 여기시길 빌 뿐입니다. 오 사랑하는 마음이여, 너는 이와 같은 기도를 토로하고 고백할지어다. "주여, 저를 용서하소서. 당신의 성령으로 저를 새롭게 하소서. 이제부터는 저로 이렇게 말할 수 있게 하여 주소서. '하나님이 저를 먼저 사랑하셨으니 저 역시 겸손히 주를 사랑합니다.'"

3. 실제적인 지침

셋째로, 우리는 이 본문을 실제적인 지침(practical direction)의 문제로 활용할 것입니다. 이 중에는 비록 현재는 하나님을 사랑하지 않아도, 그러기를 갈망하는 사람들이 있다고 나는 진심으로 믿습니다. 자, 사랑하는 친구여, 당신이 어떻게 하면 하나님을 사랑할 수 있는지를 이 본문이 말해 줍니다. 아마 당신은 이렇게 말할 것입니다. "오, 내가 하나님을 사랑하는 것은 나의 성품을 개선하였을 때, 그리고 종교상의 외적인 의무들을 수행했을 때일 것입니다." 하지만 당신은 스스로의 힘으로 하나님을 향한 사랑을 획득하려고 하는 것입니까? 하나님을 향한 사랑은 당신 자신에게 있는 것입니까? "아니요"라고 당신은 대답합니다. 그러면, 어떻게 당신은 그 사랑이 없는 곳에서 그것을 얻어내려 하는 것입니까? 텅 빈 철제 금고에 자주 가더라도 거기서 일천 파운드 가치의 화폐를 얻을 수는 없습니다. 당신이 오랫동안 당신 자신의 마음을 들여다보더라도 거기에서는 하나님을 향한 사랑을 얻을 수 없습니다. 마음이 하나님을 사랑하게 되는 방법은 무엇입니까? 본문은 성령의 방법을 우리에게 보여줍니다. 그분이 하나님의 사랑을 마음에 나타내시며, 그 때 마음은 그 보답으로 하나님을 사랑하는 것입니다. 그러므로, 만약 오늘 아침 당신에게서 하나님을 사랑하고자 하는 열망이 일어난다면, 이 본문이 제시하는 방식을 활용하십시오. 즉 인간을 향하신 하나님의 크신 사랑을 묵상하되, 특히 이 점을 묵상하십시오. "하나님이 세상을 이처럼 사랑하사 독생자를 주셨으니 이는 그를 믿는 자마다 멸망하지 않고 영생을 얻게 하려 하심이라"(요 3:16). 당신이 믿음으로써 당신의 영혼을 그리스도께 의탁하고 있는지를 분명히 확인하십시오. 당신에게 요구되는 것은, 당신이 아무것도 아닌 자로서 모든 것이 되시는 그리스도께 자신을 의탁하는 것입니다. 그것이 전부입니다. 심지어 그분이 당신에게 주시는 그 믿음조차도 성령의 선물입니다. 그 구원의 계획은 온통 사랑에 속한 것입니다. 이러한 구원의 길이 당신 앞에 제시된 것이 무한한 사랑임을 인식하십시오. 당신이 회개하기를 원한다면, 당신의 죄를 위하여 고난당하신 예수님의 사랑보다 당신의 죄가 더 크다고 간주하지 마십시오. 당신이 믿기를 원한다면, 교리보다는 십자가에 달리신 예수 그리스도의 인격을 더 많이 연구하십시오. 당신이 사랑하기를 원한다면, 무가치한 원수들을 위하여 자기 목숨을 버리신 예수 그리스도의 크신 사랑을 생각하고, 그것이 당신의 마음을 깨뜨릴 때까지 거듭 생각하십시오. 하나님의 사랑은 거룩한 사랑의 출생지입니다. 그 사랑은 불합리하고도 불가능한 공적을 시도하려는 여러분의 마음에 있지 않습니다. 하나님과 화해할 수 없는 육적인 마음에서는 사랑이 발생하지 않습니다. 오직 사랑은 예수님의 마음에서 나는 것이며, 그 다음에 여러분에게 임하는 것입니다. 여러분은 무언가에 대해 여러분의 마음을 억지로 믿게 할 수 없으며, 여러분이 알지도 못하는 대상에 대해서 "나는 아무개를 사랑할 것이다"라고 말할 수도 없습니다. 믿음과 사랑은 그 이전 단계에서 발생하는 두 번째의 단계입니다. "믿음은 들음에서 나며"(롬 10:17), 사랑은 묵상에서 납니다. 그것은 그리스도의 사랑을 의식하는 영혼 안에서 흘러나오며, 마치 포도즙 틀의 포도송이들에서 포도즙이 흘러나오는 것과도 같습니다. 저 구속의 사랑의 향기 나는 신비를 향해 가십시오. 그 짙은 향기로 인해 마침내 당신의 옷에서 몰약과 침향과 육계의 향기가 풍길 때까지 거기 머무십시오(참조. 시 45:8). 예수 그리스도의 향기에 취하지 않고서는 당신 자신에게서 향내를 풍길 수 없습니다. 그분 사랑의 꿀이 당신의 전 본성을 송이 꿀(honeycomb)처럼 되게 만들 것이며, 당신의 인격의 모든 세포(cell)에서 꿀이 흐르도록 할 것입니다.

형제들이여, 만일 우리가 받은 그 사랑을 유지하기를 바란다면, 역시 같은 일을 해야 합니다. 지금 이 순간 여러분은 하나님을 사랑하고 있으며, 또한 계속해서 그분을 사랑하기를 원합니다. 그렇다면 지혜롭게, 사랑이 사랑을 먹고 자라게 하십시오. 그것이야말로 최상의 양식입니다. 이것이 당신의 사랑의 달콤한 맛을 유지시켜 줄 꿀입니다. 이것이 당신의 불꽃을 계속 타오르도록 유지시켜 줄 불입니다. 우리가 만일 그리스도의 사랑에서 분리된다면, 우리의 사랑은 마치 저기 큰 도로에서 떨어진 으슥한 골목의 등잔불처럼 곧 꺼지고 말 것입니다. 우리를 소생시켜 사랑의 생명 안으로 들어오게 하신 분이 계속해서 그 사랑 안에 우리를 살게 하실 수 있습니다. 그렇지 않으면 우리는 사랑도 잃고 생명도 잃고 맙니다.

혹 당신의 사랑이 다소 차갑게 식어버렸다면, 그리고 그것을 다시 회복시키기를 원한다면, 당신을 향한 하나님의 사랑을 의심하는 것에서 출발하지 마십시오. 그것은 사랑을 회복시키는 것이 아니라 약화시키는 길입니다. 내 형제여, 당신 마음의 냉랭함을 생각하는 것을 넘어 하나님의 사랑을 믿으십시오. 만일 당신이 성도로서 그분을 기뻐할 수 없다면 죄인으로서 예수 그리스도를 의지하십시오. 그러면 당신의 사랑을 되찾게 될 것입니다. 당신은 물이 흐르는 샘을 봅니다. 그리고 그것이 어떻게 계속 물을 솟구쳐내는지를 봅니다. 나는 주전자 하나를 그 아래에 놓아둡니다. 샘에서 흐르는 물이 그 안으로 쏟아져 들어오고, 곧 그 것을 가득 채워 넘치게 만듭니다. 마찬가지로 우리의 영혼이 그리스도의 사랑으로 가득 채워져야 합니다. 그러나 당신은 당신의 주전자를 가져가 버렸고, 그것은 이제 텅 비어 있습니다. 그러고서 당신은 스스로에게 이렇게 말합니다. "오호라, 오호라, 여기에 아무것도 없도다! 내가 어떻게 해야 하지? 이 주전자가 비어 버렸네." 어떻게 하느냐고요? 처음에 당신이 했던 것을 하는 것이 좋습니다. 가서 그 흐르는 물 아래에 그것을 내려놓으십시오. 그러면 곧 다시 채워지게 될 것입니다. 마른 땅으로 옮기는 것으로는 그것을 결코 채워지게 할 수 없습니다. 의심은 사랑의 죽음입니다. 오직 믿음의 손으로 하늘의 양식을 받아 사랑을 먹일 수가 있습니다. 당신의 눈물로 그것을 채우지 못합니다. 당신이 슬피 울 수도 있지만, 탄식과 신음으로는 그것을 채우지 못합니다. 오직 흐르는 샘만이 빈 그릇을 채울 수 있습니다. 하나님이 여전히 당신을 사랑하심을 믿으십시오. 설혹 당신이 성도가 아니라 해도, 죄인들을 향하신 그리스도의 강력한 사랑을 믿으십시오. 그리고 그분에게 당신을 맡기십시오. 그러면 그분의 사랑이 당신의 마음으로 쏟아져 들어와 다시 흘러넘치도록 채울 것입니다. 만일 당신이 그리스도를 향한 가장 높은 사랑의 단계에 오르기를 원하거나, 황홀한 기쁨을 누리고 싶거나, 혹은 온전히 성별되기를 원한다면, 그리고 만일 사도들의 자기 부인이나 순교자들의 영웅적 행위를 목표로 하든지, 혹은 천국에 있는 성도들처럼 그리스도를 닮기를 원한다면, 사랑 외에는 당신을 그런 형상으로 빚을 도구가 없습니다. 성령에 의해 당신의 영혼 안에 부어지는 예수 그리스도의 사랑 외에는, 어떤 힘으로도 당신을 예수 그리스도의 형상을 닮게 만들 수가 없습니다. 그러므로 실제적인 지침의 문제로서 이 점을 새겨두십시오. 하나님을 향한 당신의 사랑을 강렬하게 느끼고 싶다면, 당신을 향한 하나님의 사랑을 깊이 생각하십시오.

　실제적인 지침으로서 한 가지를 더 말하자면, 만일 여러분이 하나님을 사랑한다면 하나님이 자기 사랑을 여러분에게 보이셨듯이 그 사랑을 보이십시오. 여러분이 같은 정도로 그렇게 할 수는 없겠지만, 같은 방식으로 그렇게 할 수는 있습니다. 하나님은 무가치한 자들을 사랑하셨습니다. 여러분도 무가치한 자들을 사랑하십시오. 하나님이 자기 원수들을 사랑하셨습니다. 여러분도 여러분의 원수를 사랑하십시오. 주님은 그들을 실제로 사랑하셨습니다. 단지 말로만 사랑하신 것이 아니라, 행함과 진실함으로 사랑하셨습니다. 그분은 자기희생의 사랑으로 그들을 사랑하셨으며, 그래서 예수님이 우리를 위해 자기를 주셨습니다. 여러분도 자기희생의 사랑으로 사랑하십시오. 하나님을 위해서라면 일천 번이라도 죽을 수 있도록 그분을 사랑하십시오. 육체를 위하여 살지 않고 오직 그분의 영광을 위해서만 살기까지 그분을 사랑하십시오. 하나님의 집을 향한 열심이 여러분을 삼킬 정도로 여러분의 마음을 불타오르게 하십시오. "우리가 사랑함은 그가 먼저 우리를 사랑하셨음이라(because He first loved us)." 그러므로 그분이 우리를 사랑하신 것처럼 그분을 사랑하도록 합시다. 그분의 사랑이 우리 사랑의 동기가 되고 본이 되도록 합시다.

> "내 하나님의 사랑을 받았으니
> 타오르는 사랑으로 나도 그분을 사랑하리라.
> 시간이 시작되기도 전에 택함을 받았으니
> 보답으로 나도 그분을 선택하리라."

4. 논쟁상의 변호

우리의 본문은 논쟁상의 변호(an argumentative defence)를 우리에게 제시합니다. 우선, 하나님을 향한 우리의 사랑은 변호(apology)가 필요한 듯이 보인다고 내가 말할 때, 여러분은 내 말의 의미를 알 것입니다. 어느 황제가 한 시골뜨기 소녀에게 사랑의 시선을 보낸 것에 대한 이야기를 우리는 들었습니다. 그 소녀가 먼저 황제를 남편이 될 대상으로 바라보았더라면 그것은 아주 어처구니없는 일이었을 것입니다. 만일 그녀가 그렇게 행동했더라면, 모든 사람이 그녀를 정신 나갔다고 간주했을 것입니다. 하지만 그 왕이 그녀를 내려다보면서 그녀에게 자기 왕비가 되어주기를 요청했을 때, 그것은 또 다른 문제였습니다. 그녀는 그의 사랑에 근거하여 그를 사랑할 수 있게 된 것입니다. 종종 내 영혼은 이렇게 말합니다. "오 하나님, 저는 당신을 사랑하지 않을 수가 없습니다. 하지만 제가 그래도 되는 것인지요? 이 가련한 마음이 감히 당신을 향해 사랑을 표현할 수 있는지요? 더럽고 추한 제가, 무가치하고 빈털터리이며 죄인인 제가, 감히 전능하신 주 하나님을 사랑해도 좋은 것인지요? '거룩하다, 거룩하다, 거룩하다'라고 스랍 천사들이 노래했던 주님을 향해 제가 '오 나의 하나님, 제가 당신을 사랑합니다'라고 말할 수 있는 것인지요?" 예, 나는 그럴 수 있습니다. 그분이 먼저 나를 사랑하셨기 때문입니다. 높이 솟아오를 수 있는 사랑의 허가증이 있습니다.

> "오 주여, 전능하신 당신을
> 저와 같은 자라도 사랑할 수 있는 것은,
> 당신께서 먼저 고개를 숙이고서
> 제 가난한 마음의 사랑을 요청하셨기 때문입니다."

또한, 사람들이 배우자에 대해 묻듯이 누군가 우리에게 이렇게 묻는다고 가정합시다. "여자들 가운데에 어여쁜 자야 너의 사랑하는 자가 남의 사랑하는 자보다 나은 것이 무엇인가? 너의 사랑하는 자가 남의 사랑하는 자보다 나은 것이 무엇이기에 이같이 우리에게 부탁하는가(아 5:9). 당신이 하나님을 향해 가진 사랑은 무엇이며, 그의 성육하신 아들을 향해 간직한 당신의 사랑이 대체 무엇인가?" 그럴 때 우리에게는 그들의 변론을 물리칠 만한 결정적인 근거가 있습니다. 우리에게는 두려움을 가라앉혀 줄 증서가 있습니다. 우리는 이렇게 대답합니다. "우리가 사랑함은 그가 먼저 우리를 사랑하셨기 때문입니다. 만일 당신도 그분이 당신을 사랑하신 것을 안다면, 그분이 우리를 위해 행하신 일이 당신을 위한 일인 것을 당신이 알기만 한다면, 당신도 역시 그분을 사랑할 것입니다. 당신은 우리에게 '왜'냐고 묻지 않을 것이며, 오히려 왜 당신도 그분을 사랑하지 않는가를 이상히 여길 것입니다."

> "열방이 그분의 사랑을 알기만 한다면
> 정녕 온 세상도 그분을 사랑하리라."

우리가 하나님을 사랑하는 것에 대한 변호로서, 이보다 더 큰 이유는 영원토록 없을 것입니다. "그가 먼저 우리를 사랑하셨음이라."

여기에 하나님을 사랑하는 자를 위하여 오래된 정통 신앙의 논증이 있습니다. 어떤 이들은 은혜의 교리들이 방탕함에 이르게 한다고 말해 왔습니다. 하지만 본문은 그런 공격에 대한 아주 훌륭한 방패입니다. 형제들이여, 우리는 주님이 우리를 사랑하시되 먼저, 아낌없이, 사랑하셨다고 믿습니다. 우리의 눈물이나 기도 때문도 아니고, 우리의 믿음을 예견하셨기 때문도 아니며, 우리 안에 어떤 것 때문도 아닙니다. 오직 그분이 먼저 사랑하셨습니다. 자, 거기에서 무엇이 나옵니까? 우리가 그에 대해 어떻게 말하겠습니까? "만일 우리가 죄 가운데 있을 때에 그분이 우리를 사랑하신 것이라면, 계속해서 죄 가운데 거하여 은혜가 넘치게 하자"라고 어떤 자들이 악하게 말하는 것처럼 말할까요? 하나님이 금하십니다! 하나님이 먼저 사랑하신 것에서 우리가 끌어내는 결론은 "그가 먼저 우리를 사랑하셨기 때문에 우리가 그분을 사랑한다"고 하는 것입니다. 어떤 이들은 두려움에 의해 도덕으로 치우치겠지만, 그리스도인은 사랑에 의해 즐거이 성결을 향해 나아갑니다. 우리가 그분을 사랑하는 것은, 그러지 않으면 지옥에 던져질 것이 무서워서가 아닙니다. 그런 두려움은 지나갔습니다. 우리는 하나님에 의해 의롭다 하심을 얻었기에 결코 정죄를 당하지 않습니다. 우리가 사랑함은 천국을 잃게 될까 두려워서도 아닙니다. 그 기업은 우리가 예수 그리스도와 함께하는 상속자가 됨으로써 우리에게 보장된 것입니다. 이러한 복된 안위가 우리를 방탕함으로 이끌까요? 그렇지 않습니다. 오히려 우리가 하나님의 사랑의 위대하심과 무한하심을 보는 정도에 따라, 우리는 그 보답으로 그분을 더욱 사랑할 것이며, 또한 그 사랑은 모든 거룩함과 경건한 성품의 기초가 될 것입니다. 은혜의 교리는, 비록 종종 비방을 받지만, 그것을 믿는 자의 마음에서 영웅적인 덕목을 위한 가장 큰 자극제가 됨을 입증해 왔습니다. 은혜의 교리에 대해 달리 주장하는 자는 실상 자신이 말하는 바를 알지 못하는 것입니다.

마지막으로, 여기에 반박하는 세상을 침묵시키는 고귀한 논증이 있습니다. 여러분은 여기 이 본문이 얼마나 아름다운지를 알아봅니까? 그것은 기독교에 대한 묘사입니다. 사람들은 그들이 옛 신앙에 싫증났다고 말합니다. 그리고 시대에 앞서가도록 우리에게 요청합니다. 우리가 그들에게 어떻게 대답해야 할까요? 그들에게 좀 더 나은 무엇이 필요한 것일까요, 그런 것일까요? 시대에 영합하는 철학자들은 기독교보다 더 나은 종교를 제시하려고 합니다! 그들이 과연 그럴까요? 한번 지켜 보십시오. 하지만 그들의 거짓 약속이 대략이라도 이루어지는 것을 보려면 아주 오래 기다려야 할 것입니다! 차라리 우리가 이미 실제로 가지고 있는 것을 바라보도록 합시다. 이 본문은 일종의 순환 고리입니다. 여기에는 하늘에서 인간에게 내려오는 사랑이 있으며, 또한 인간에게서 하나님께로 올라가는 사랑이 있습니다. 그렇게 그 원은 완성됩니다. 본문은 오직 사랑만을 다루고 있습니다. 우리는 주님을 사랑하고, 그분은 우리를 사랑합니다. 본문은 아나크

레온(Anacreon: 기원전 6세기의 그리스 서정시인 — 역주)의 하프를 닮아서, 오직 사랑만을 연주합니다. 여기에는 분쟁, 이기심, 분노, 시기심과 같은 말이 없습니다. 온통 사랑이고, 사랑만 있습니다. 자, 이 본문의 문맥을 잘 보십시오. 하나님과 그분의 백성 사이에 있는 이 사랑에서 사람들을 향한 사랑이 발생합니다. "하나님을 사랑하는 자는 또한 그 형제를 사랑하기" 때문입니다(21절).

　　기독교 윤리의 본질은 사랑입니다. 우리가 예수 그리스도를 전할 때에 우리가 전하는 위대한 진리는 바로 이것입니다. "하나님이 우리를 사랑하셨으니, 우리도 하나님을 사랑하고, 또한 우리가 서로를 사랑해야 하는 것이다." 오 열방들이여, 그대들은 이보다 더 나은 복음을 원하는 것입니까? 그대들의 북과 대포와 칼을 치워 버릴 것이 바로 이것입니다! 사람들이 하나님을 사랑하고 서로를 사랑할 때, 피투성이의 전쟁이 왜 필요하단 말입니까? 이것이 여러분의 노예 상태를 종식시킬 것입니다. 모든 사람에게 있는 하나님의 형상을 사랑하는 법을 배운 자가 어찌 자기 형제를 노예로 부리겠습니까? 자기 하나님을 사랑하고 하나님이 지으신 피조물들을 사랑하는 법을 배운 자가, 어찌 다른 이들을 억압하고 지배하려 하겠습니까? 보십시오, 기독교는 우주의 대헌장(Magna Charta)입니다. 사람들이 헛되이 정치에서 찾으려 하는 참된 "자유, 평등, 박애"가 여기에 있습니다. 어떤 사람의 권리도 침해하지 않으며, 모든 사람의 고통을 배려하고, 모든 사람들의 필요를 채워주는 '신성한 공산주의(sacred Communism)'가 여기에 있습니다. 평화와 기쁨이 넘치는 황금시대, 사자가 소처럼 풀을 뜯고, 어린 아이가 독사 굴에 손을 넣고 장난치는 복된 시대의 원리가 여기에 있습니다. 그러므로 이 소식을 널리 전하십시오. 온 지구상에 전달되도록 하십시오. 하나님의 사랑이 먼저이고, 그분을 향한 우리의 사랑이 그 다음이고, 어떤 피부색이든, 어떤 계층이든, 어떤 평판을 가졌든, 아무도 차별하지 않는 보편적인 사랑이 그 다음입니다. 하나님이 사랑이시기에, 하나님과 인간을 모두 사랑해야 하는 것입니다.

　　주께서 이 묵상을 그분의 성령으로, 그리스도의 이름을 위하여 여러분에게 복을 주시길 빕니다. 아멘.

제
20
장

—

믿음과 거듭남

—

"예수께서 그리스도이심을 믿는 자마다 하나님께로부터 난
자니, 또한 낳으신 이를 사랑하는 자마다 그에게서 난 자를
사랑하느니라." — 요일 5:1

복음 사역자는 자기 임무를 제대로 수행하기 위해서 하나님의 교훈을 많이
필요로 합니다. 태도와 정신에서 많은 주의를 기울이는 것 외에, 그는 이 문제에
서 하나님의 지도를 필요로 할 것입니다. 이 사역에서 어려운 것 중의 하나는 전
체 진리를 적당한 비율로 전하는 것입니다. 어느 한 가지 교리를 지나치게 과장
하거나 한 가지 요점만 강조하다가 다른 부분을 손상시키지 않는 것이며, 어느
일부분을 뒤로 제쳐두지 않으면서 부당하게 그것만을 앞세우지도 않는 것입니
다. 사역의 실질적인 결과는 상당 부분 공평한 균형에 의존하며, 말씀을 적절히
배분하는 것입니다. 이 문제에 중요성을 부여해야 하는 이유는 그것이 중대한
진리들에 영향을 미치기 때문입니다. 여기에 올바른 주의를 기울이지 않으면 아
주 심각한 결과를 초래할 수 있습니다. 나는 우리를 위한 그리스도의 사역과 또
한 우리 안에서의 성령의 활동과 관련된 기본적인 사실들을 언급합니다. 이신칭
의(以信稱義)와 관련된 문제에는 모호성이나 애매성이 없어야 합니다. 동시에
우리는 분명하고도 단호하게 천국에 들어가려면 모든 영혼이 거듭나야 한다고
주장합니다. "네가 거듭나야 하겠다"(요 3:7)는 말씀은 "믿고 세례를 받는 사람은
구원을 얻을 것이요"(막 16:16)라는 분명한 복음의 선언과 마찬가지의 진리입니

다. 염려스러운 것은, 어떤 열성적인 형제들이 이신칭의의 교리를 담대하고 분명하게 전할 뿐만 아니라, 다른 진리와의 관련성에서 벗어나 나쁘게 전해 왔다는 것입니다. 그들은 사람들을 무모한 확신으로 이끌었고, 몹시 꺼림칙한 일종의 도덕률폐기론(Antinomianism)의 면모를 나타내었습니다. 사람들이 죽고, 열매 없고, 효력 없는 믿음으로 "선하신 주님, 우리를 구원하소서"라고 열렬히 기도하는 것과 관련하여, 우리가 무의식적으로 그것을 조장하고 있는지도 모릅니다. 게다가 무엇을 믿어야 하는지에 대한 설명도 없이 "믿으라, 믿으라, 믿으라"고 서서 외치는 것이나, 구원이 무엇인지에 대한 설명도 없이, 구원이란 의미가 죄책으로 뿐만 아니라 죄의 권능으로부터의 구원이라는 설명도 없이 온통 믿음에 의한 구원만을 강조하는 것은 심각한 문제입니다. 열광적인 부흥사들은 그런 것을 온당하게 여기는 듯하지만, 그런 가르침의 결과를 관찰해 온 사람들은 그런 가르침이 유익을 끼치기보다는 오히려 심대한 해를 끼치지 않았는지 의문을 제기합니다.

다른 한편으로, 다른 극단에도 동일한 위험이 있다는 것이 우리의 정직한 신념입니다. 우리는 사람이 그리스도 예수 안에서 새로운 피조물이 되어야 하며, 그렇지 않으면 그가 구원받지 못한다는 것을 확신합니다. 그러나 어떤 이들은 이 진리의 중요성에만 집착한 나머지, 줄곧 회심의 큰 변화와 그 열매와 그 결과들에 대해서만 강조하고 있습니다. 그들은 누구든지 그리스도 예수를 믿는 자는 영생을 얻는다는 복음을 거의 기억하지 못하는 듯이 보입니다. 그런 교사들은 체험에 대하여 아주 높은 기준을 세워두고서 하나님의 자녀로 태어난 진정한 표지들과 표징들을 강요하여, 진지한 구도자들을 크게 낙심시키고 일종의 율법주의에 빠지게 만드는 경향이 있습니다. 그런 것에 대해서 우리는 다시금 "선하신 주여, 우리를 구원하소서"라고 말해야 할 것입니다. 우리는 확실한 진리를 분명하게 전하는 일에서 실패하지 않도록 합시다. 예수 그리스도께 대한 참된 믿음은 영혼을 구원에 이르게 합니다. 만일 우리가 이 진리를 분명히 전하지 않으면, 오래 전부터 평화를 누려야 했고 또 하나님의 자녀로서의 자유 안으로 들어와야 했던 많은 사람들을 율법의 멍에로 붙들어 맬 수가 있습니다.

이 두 가지의 균형을 유지하는 일은 쉽지 않을 수도 있습니다. 하지만 우리가 지혜로운 건축자가 되기를 원한다면 그것을 목표로 삼아야 합니다. 요한은 그의 가르침에서 그렇게 했습니다. 여러분이 요한복음 3장을 보면, 우리 구주께서 니고데모에게 새로운 출생에 대해 설명하신 것을 길게 기록해 둔 것을 알 수 있습니다. 하지만 그는 같은 장에서 성경 전체에서 복음과 관련하여 가장 명백한 부분을 우리에게 제시하고 있습니다. "모세가 광야에서 뱀을 든 것 같이 인자도 들려야 하리니, 이는 그를 믿는 자마다 영생을 얻게 하려 하심이니라"(14-15절). 그는 또한 우리 앞에 있는 이 본문에서도 사람이 하나님께로부터 나는 것을 주장합니다. 그는 그것을 반복하여 언급하고 있습니다. 하지만 그는 언제나 놀라운 효력을 믿음의 탓으로 돌립니다. 그는 거듭남의 표징으로서의 믿음, 세상을 이기는 믿음, 내적 증언을 소유하는 믿음, 영생을 소유하는 믿음에 대해 언급합니다. 정녕 그는 믿는 것에 아무리 큰 영예를 부여한다고 해도 지나치지 않다고 여기는 듯합니다. 그와 동시에 그는 새로운 출생과 관련한 내적 경험의 중요성에 대해서도 강조합니다.

자, 설교자에게 그런 어려움이 있다면, 우리는 청중으로서 그에 대한 의문이 생기는 것을 이상하게 여길 필요가 없습니다. 우리는, 많은 사람들이 그리스도 예수께 대한 믿음이 구원에 이르게 한다는 가장 귀한 교리를 계속해서 들음으로써 다른 진리들을 망각하였다는 것을 압니다. 그래서 그들은 구원받지 못한 상태에서도 구원받았다고 결론을 내리고, 그들이 진리에 항상 수반되는 경험에는 전적으로 이방인들이면서도 스스로 믿는 자들이라고 상상하는 것을 알고 있습니다. 그들은 믿음을 뻔뻔한 확신과 같은 것이라고 상상해 왔습니다. 그리스도 안에서 안전하다고 하는 그들의 뻔뻔한 확신은 바르게 이해된 하나님의 말씀에 근거하지도 않았고, 그들의 영혼 안에 있는 어떤 사실로도 입증되지 않았습니다. 자기 점검(self-examination)이 그들에게 제안될 때마다, 그들은 그것을 그들의 확신에 대한 공격으로 간주하고 피하여 왔습니다. 복음의 시험들(tests)로 스스로를 점검해 보라는 권면을 받을 때, 그들은 그들의 확실한 구원에 대해 의문을 제기하는 것은 불신앙이라는 견해로써 그들의 헛된 평화를 옹호해 왔습니다. 그러므로 내가 염려하는 것은, 그리스도를 믿는다고 '상상하는' 그들의 기만이 그들을 거의 가망 없는 상태로 빠지게 했다는 것입니다. 복음의 경고와 훈계들이 그들의 치명적인 신념에 의해 외면당해 왔습니다. 그들은 그런 것에 유의할 필요가 없다고 여깁니다. 그들이 유일하게 필요하다고 여기는 것은, 그리스도 예수께서 이미 오래 전에 우리를 위해 모든 일을 행하셨다는 믿음에 고집스럽게 매달리는 것입니다. 복음을 직접적으로 거부하지만 않으면, 경건한 두려움이나 주의 깊은 행실은 불필요하다고 여기는 것입니다.

다른 한편으로, 우리는 어떤 사람들이 이신칭의의 교리를 그들 신조의 일부로만 받아들이고, 믿는 자가 구원을 받는다는 것을 실제적인 사실로 받아들이지 않음을 알고 있습니다. 그들은 느낌을 지나치게 중시하여 생각과 기분이 늘 새로워져야 합니다. 그들은 언제나 증거들과 계속적인 의심의 주제들을 자신의 내부에서 찾고 있습니다. 그들이 자주 부르는 노래는 이런 것입니다.

> "내가 알고 싶은 것은 이것이니,
> 종종 그것이 근심을 야기한다네.
> 내가 주님을 사랑하는 것일까, 아닐까?
> 나는 그분의 소유일까, 아닐까?"

이런 부류의 사람들은 비난하기보다는 딱하게 여겨야 할 사람들입니다. 나는 결코 불신앙을 퍼뜨리는 사람이 아니지만, 경건한 근심에 대해서는 반복해서 가르치기를 원합니다. 사람이 자신이 진정 그리스도 안에 있음을 알기 위해 신중한 것과, 그리스도의 약속들에 대해서 의심하고 마치 그런 것이 마땅한 것처럼 여기는 것은 전혀 다릅니다. 어떤 사람들은 자기 마음을 지나치게 들여다보려는 경향이 있습니다. 그들은 그리스도 예수 안에 있는 하나님의 은혜의 충만함과, 새로움과, 풍성함을 배우는데 시간을 쓰기보다는 그들 자신의 외적인 증거들과 내적인 감정들을 연구하는데 더 많은 시간을 씁니다. 하나님이 신자를 받으시는 것은 그 사람 안에서가 아니라(not in himself) 그리스도 예수 안에서(but in Christ Jesus)입니다. 우리는 예수님의 피로 씻음을 받고, 예수님의 의로 옷을 입는 것이고, 한 마디로 "그의 사랑하시는 자 안에서"(엡 1:6) 받아들여지는 것입니다. 그런데 그들은 이런 위대한 복음의 진리를 너무 흐려놓고 말았습니다.

이 두 가지 진리가 여러분의 영혼 안에서 균형을 이루기를 간절히 바랍니다. 오직 성령님만이 이것을 여러분에게 가르치실 수 있습니다. 이는 독수리의 눈으로도 본 적이 없고, 어린 사자도 밟아보지 못한 좁은 길입니다. 성령께서 가르치시는 자는 주제넘은 확신으로 치우쳐서 성령의 내적 활동을 무시하지도 않을 것이며, 반대로 "하나님으로부터 나와서 우리에게 지혜와 의로움과 거룩함과 구원함이 되신"(고전 1:30) 주 예수 그리스도의 구원을 망각하지도 않을 것입니다. 나에게는 이 본문이 이 두 가지 진리를 아주 아름답게 조화를 이루도록 섞어 놓은 듯이 보입니다. 하나님의 도우심을 따라서, 나는 이 진리들에 대해 말하고자 합니다.

"예수께서 그리스도이심을 믿는 자마다 하나님께로부터 난 자니." 먼저, 우리는 이 아침에 여기서 의도하는 믿음(the believing which is here intended)에 대해 숙고할 것입니다. 두 번째로, 그것이 어떻게 거듭남의 확실한 증거인지(how it is a sure proof of regeneration)를 살펴볼 것입니다. 세 번째로, 이 구절의 뒷부분을 숙고하면서 우리는 그것이 어떻게 그리스도인의 사랑을 위한 근거가 되는지를(how it becomes an argument for Christian love) 제시할 것입니다.

1. 본문에서 의도하는 믿음이란 무엇인가?

본문에서 의도하는 믿는 것(believing)이란 무엇일까요? 먼저, 여기서 의도된 믿음은 우리 주님과 그분의 사도들이 사람들에게 권면했던 믿음이라고 우리는 이해합니다. 이러한 하나님의 말씀에는 언제나 구원의 약속이 뒤따릅니다. 그 한 예가 베드로가 고넬료에게 "그에 대하여 모든 선지자도 증언하되 그를 믿는 사람들이 다 그의 이름을 힘입어 죄 사함을 받는다 하였느니라"(행 10:43)고 가르쳤을 때입니다. 또한 우리 주님께서 갈릴리에 오셔서 사람들에게 하신 말씀은 "회개하고 복음을 믿으라"입니다(막 1:5). 어떤 사람들은 사도들이 사람들에게 믿도록 명하고, 권면하고, 호소하였다는 것을 인정하지 않을 수 없으면서도, 사도들이 사람들에게 믿으라고 권한 그런 종류의 믿음은 구원의 믿음(saving faith)이 아니었다고 말합니다. 자, 우리가 선호하는 입장을 변호하기 위해 열을 내고, 너무나 억지스러운 주장을 하는 것은 당치도 않습니다. 우리는 사도들이 하나님의 영의 감동을 받아 뜨거운 열정으로 불붙어서, 세상을 돌아다니며 사람들에게 결국 그들을 구원하지도 못할 믿음을 갖도록 권면했다고는 상상조차 할 수 없습니다. 그들이 무슨 목적으로 사람들의 필요만 환기시키고 아무런 결과도 없는, 그런 열매 없는 일로 달음박질했겠습니까? 우리 주님께서 사도들에게 온 천하에 다니며 만민에게 복음을 전파하라고 명하셨을 때, 또한 "믿고 세례를 받는 사람은 구원을 얻을 것이요"(막 16:16)라는 말씀을 더하셨을 때, 전파되는 믿음은 다름 아닌 구원의 믿음입니다. 그에 대해 달리 말하는 것은 경솔한 짓입니다. 나는 일전에 어떤 설교의 한 대목을 읽고서 충격을 받았음을 고백해야겠습니다. 그 설교자는 바울이 빌립보 간수에게 한 말에 대해 이렇게 진술했습니다. "이것은 한밤중에 아주 특별한 상황에서 나눈 대화 중에 한 말이다. 그리고 이 대화를 기록한 전도자는 그 대화 현장에 없었다." 아니, 그 때가 정오였다면, 그리고 온 세상 사람들이 그 현장에 있었다면, 바울 사도가 "내가 어떻게 하여야 구원을 받으리이까?"(행 16:30)라는 질문에 대해 "주 예수를 믿으라 그리하면 구원을 받으리라"는 말보다 더 적절한 대답을 할 수 있었을까요? 반복해서 말하건대, 사도들이 권면한 믿음에 대해, 그것은 구원하지 못하는 인간적인 믿음에 불과하며 그런 믿음이 영혼을 구원한다는 확실성은 없다고 말한다면, 그런 말은 경솔하거나 혹은 그 이상으로 악한 것입니다. 그런 주장은 지독한 것이고, 강력히 반박되어야 합니다.

더 나아가, 여기서 의도하는 믿음은 모든 사람의 의무입니다. 본문을 다시 읽어보십시오. "예수께서 그리스도이심을 믿는 자마다 하나님께로부터 난 자라." 진리를 믿는다는 것은 인간의 의무가 아닐 수 없습니다. "예수님이 그리스도이시다"는 진리입니다. 모든 사람이 그것을 믿는 것이 의무입니다. 나는 여기서 "믿는다"는 말을 그리스도께 대한 신뢰라고 이해합니다. 사람들이 신뢰할 만한 것을 신뢰하는 것은 당연한 의무이며, 예수 그리스도는 모든 사람들이 신뢰할 만한 분이심이 분명합니다. 그러므로 사람들이 그분을 신뢰하는 것은 의무입니다.

"주 예수 그리스도를 믿으라 그리하면 구원을 얻으리라"는 복음의 명령은 신적인 권위로써 모든 인간에게 주어진 말씀입니다. 모든 사람이 그렇게 해야 하는 것이 마땅합니다. 요한은 "그의 계명은 이것이니 곧 그 아들 예수 그리스도의 이름을 믿는 것이라"(요일 3:23)고 했습니다. 또한 주께서 친히 확증하여 우리에게 말씀하셨습니다. "그를 믿는 자는 심판을 받지 아니하는 것이요 믿지 아니하는 자는 하나님의 독생자의 이름을 믿지 아니하므로 벌써 심판을 받은 것이니라"(요 3:18). 이를 부인하려는 사람들이 더러 있다는 것을 나는 압니다. 그들은 인간에게 예수님을 믿을 영적 능력이 없다는 이유로 그것을 부인합니다. 그에 대해 나는, 죄인의 도덕적 능력의 크기가 곧 그의 의무의 크기라고 상상하는 것은 전적으로 오류라고 반박합니다. 인간이 마땅히 행해야 하지만, 행할 수 있는 도덕적이고 영적인 능력을 잃어버려서 행할 수 없는 많은 일들이 있습니다.

어느 한 사람이 정숙해야 하지만, 설혹 그가 오랫동안 부도덕하였기 때문에 자기 정욕을 억제하지 못한다고 해서, 그가 그 의무에서 해방되는 것은 아닙니다. 채무자는 마땅히 자기 빚을 갚아야 합니다. 하지만 그가 재산을 탕진하여 어쩔 수 없는 가난뱅이로 전락하였다 해도, 그 때문에 빚을 갚지 않아도 되는 것은 아닙니다. 모든 사람은 참된 것을 믿어야 합니다. 하지만 만약 그의 마음이 너무나 부패하여 그가 거짓을 사랑하고 진리를 받아들이기를 원하지 않는다면, 그것이 그에게 변명이 되겠습니까? 만약 하나님의 법이 죄인들의 도덕적 상태에 따라서 기준이 낮아진다면, 인간의 죄악성의 정도를 측정하는 척도로서 하나님의 법에 등급을 매기는 셈입니다. 그렇게 되면 사실상 최악의 사람에게도 하나님의 법을 적용할 수 없고, 결과적으로 그는 조금도 잘못이 없는 셈이 되고 맙니다. 하나님의 요구들이 가변적인 것이 되고 말며, 실로 우리는 아무런 규칙의 적용도 받지 않게 되는 셈입니다. 하지만 인간이 아무리 악하다고 해도 그리스도의 명령은 유효합니다. 그분이 모든 곳에 있는 모든 사람에게 회개하라고 명하실 때, 그들은 그들의 죄악성 때문에 기꺼이 회개하는 것이 불가능하든지 어떻든 간에, 회개하는 것이 그들의 의무입니다. 모든 경우에 있어서, 하나님이 명하신 것을 행하는 것이 인간의 의무입니다.

　동시에, 이 믿음은, 그것이 존재하는 곳에서는 어느 경우에도 예외 없이, 하나님의 선물이며 성령님의 역사(the gift of God and the work of the Holy Spirit)입니다. 성령께서 그렇게 하도록 이끌어 주시지 않으면, 어떤 사람도 본문에서 의미하는 대로 예수님을 믿지 못합니다. 그분은 우리 안에서 모든 선한 일들을 이루시고, 우리의 믿음 역시 마찬가지입니다. 믿음은 하늘의 선물이며, 인간의 본성에서 솟아나지 않습니다. 모든 신자에게 있어서 믿음은 "하나님의 선물"(엡 2:8)입니다. 여러분은 아마도 내게 이렇게 말할 것입니다. "이 두 가지가 조화되는 것입니까?" 나는 대답합니다. "물론입니다, 그 둘은 모두 진실입니다.""어떻게 조화되지요?"라고 여러분이 말합니다. "어떻게 모순되지요?"라고 나는 되묻습니다. 여러분에게 그것을 모순된다고 입증하는 것이 어려운 만큼, 나에게도 그것을 조화된다고 입증하는 것이 어렵습니다. 만일 이론이 그렇게 하지 못하면, 경험이 그 둘을 조화시켜 줍니다. 사람들은 성령에 의해 '죄를' 자각합니다. 그리스도께서 말씀하십니다. "죄에 대하여라 함은 그들이 나를 믿지 아니함이요"(요 16:9). 여기에 그 진리들의 한 가지 측면이 있습니다. 하지만 성령에 의해 죄를 자각하는 그 동일한 마음들이, 성령에 의해 "하나님의 역사를 믿는 것"을 또한 배웁니다(참조. 골 2:12). 형제들이여, 진리의 방패의 양면을 다 보시기 바랍니다. 연결된 고리를 발견하지 않고서는 그 두 교리들을 믿지 못하는 유아 상태에서 벗어나십시오. 사람이여, 여러분은 눈을 두 개 가지지 않았습니까? 여러분은 사물을 분명히 보기 위해 그 중에 하나를 가려야만 합니까? 여러분은 영적인 입체경(立體鏡, stereoscope)을 사용하여 진리의 두 측면이 하나로 겹쳐지는 것을, 그래서 어떤 한 가지가 두 면으로 구성되었기 때문에 더욱 실제적이고 생동감 있게 되는 것을 볼 수 없단 말입니까? 많은 사람들이 교리의 한 가지 측면 이상을 보기를 거절합니다. 그래서 표면상으로는 그들의 생각과 일치하지 않는 것에 대항하여 고집스럽게 싸우고 있습니다. 이 경우에 있어서, 나는 인간의 의무와 하나님의 선물을 동시에 믿는 것에 아무런 어려움이 없다는 것을 발견합니다. 만약 다른 사람들이 이 두 가지 진리들을 받아들이지 못한다면, 나는 그들의 거부에 대해 아무런 책임이 없습니다. 나의 의무는 정직하게 그 두 가지를 증언할 때에 수행되는 것입니다.

　지금까지 우리는 그저 길을 말끔히 치우는 것에 시간을 보냈습니다. 이제 앞으로 나아갑시다. 본문에서 뜻하는 믿음은 명백히 한 인격으로서 예수님을 신뢰하는(rests upon a Person, upon Jesus) 것입니다. "예수께서 그리스도이심을 믿는 자마다 하나님께로부터 난 자라." 그것은 어떤 교리에 대한 믿음이 아니고, 어떤 견해나 혹은 어느 신앙고백서에 대한 믿음도 아니며, 한 인격(a Person)과 관련된 믿음입니다. 본문의 말씀을 이렇게도 옮길 수 있습니다. "구주께서 기름 부음 받으신 분(the Anointed)으로 믿는 자마다 하나님께로부터 난 자이다." 분명 이 의미는, 단지 그분이 그런 분이심을 '믿는다고 고백하는'(profess to believe) 자마다 하나님께로부터 난 자라는 뜻이 아닙니다. 그렇게 말하는 많은 사람들이 그 삶으로써 그들이 거듭나지 않았음을 증명하기 때문입니다. 오히려, 그것을 사실로 믿고서, 진실하고도 참되게 예수님을 하나님이 보내시고 기름 부으신 분으로 영접하는(receive) 자마다 거듭난 사람이라는 뜻입니다. "예수님이 그리스도이시다" 혹은 예수님이 기름 부음 받으신 분이시다는 의미가 무엇입니까? 첫째로, 그분이 그 선지자(the Prophet)이시다는 의미입니다. 둘째로, 그분이 그 제사장(the Priest)이시다는 의미입니다. 셋째로, 그분이 교회의 왕(the King of the Church)이시다는 의미입니다. 이 세 가지 모두의 차원에서 그분은 기름 부음을 받으신 분입니다.

자, 나는 스스로 이런 질문을 할 수 있습니다. "나는 오늘 예수님이 하나님의 기름 부음을 받으신 저 위대한 선지자로서 내게 구원의 길을 계시하시는 분이라고 믿는가? 나는 그분을 나의 교사로 받아들이고, 그분이 영생의 말씀을 가지신 것을 인정하는가? 내가 그렇게 믿는다면, 그분의 복음에 순종하여 영생을 얻을 것이다. 나는 지금부터 그분을 내 영혼에 하나님을 계시하시는 분으로, 언약의 사자요, 지존하신 분에게서 기름 부음 받은 선지자로 영접하는가? 하지만 그분은 또한 제사장이시다. 자, 제사장이란 사람들 중에서 제사를 드리도록 기름 부음 받은 자이다. 나는 예수님이 인류의 죄를 위해 한 제사를 드리기 위해 기름 부음 받으신 것을 확고히 믿는가? 그분이 단번에 영원히 드리신 제물로서 속죄를 이루고 구속을 완수하신 것을 믿는가? 나는 그분의 속죄가 나를 위한 속죄라고 받아들이고, 또한 그분의 죽음을 내 모든 죄의 속함과 용서에 대한 소망의 근거라고 받아들이는가? 나는 실제로 예수님을 나의 유일한 속죄의 제사장으로 믿고, 나를 위해 제사장 역할을 하실 분으로 그분을 영접하는가? 만일 그렇다면, 나는 예수님이 기름 부음 받으신 분임을 부분적으로 믿는 것이다. 하지만 그분은 또한 왕이시다. 만일 내가 바른 믿음을 가졌는지를 알기 원한다면, 나는 그 이상을 나 자신에게 물어야 한다. 예수님은, 지금은 천국에 오르셨고 한때 십자가에서 피를 흘리신 그분은, 나에게 왕이신가? 나는 그분이 미워하시는 것을 미워하며, 그분이 사랑하시는 것을 사랑하는가? 나는 그분을 높이기 위해 살아가는가? 나는 충성된 신하로서, 그분의 나라가 임하고 그분의 뜻이 하늘에서 이룬 것 같이 땅에서도 이루어지기를 바라는가?" 내 사랑하는 친구여, 그대는 진심으로 진지하게 이렇게 말할 수 있습니까? "나는 나사렛 예수 그리스도를 나에게 선지자요, 제사장이요, 왕이신 분으로 영접한다. 하나님이 그분에게 기름을 부으시고 그 세 가지 직분을 수행하게 하셨기 때문이다." 사랑하는 친구여, 만일 그렇다면 당신은 하나님이 택하신 자로서의 믿음을 가지고 있습니다. "예수께서 그리스도이심을 믿는 자마다 하나님께로부터 난 자라"고 기록되었기 때문입니다.

좀 더 나아가도록 합시다. 참된 믿음은 신뢰입니다(True faith is reliance). 어떤 헬라어 사전을 보아도, '피스튜에인'(πιστευειν, believing)이라는 단어에는 단지 믿는다(believe)는 뜻뿐 아니라 신뢰하고(trust), 신임하고(confide), 맡기고(commit), 위탁한다(entrust with)는 등의 의미가 있는 것을 볼 수 있습니다. 그러니 여기에 있는 모든 신앙고백자들, 믿음을 가졌다고 고백하는 모든 사람에게 나는 묻고 싶습니다. 여러분의 믿음은 신뢰하는 믿음입니까? 여러분은 어떤 신앙의 진술들을 믿고 있습니다. 여러분은 또한, 오직 홀로 구원하실 수 있는 그 영광스러운 한 분을 신뢰하고 있습니까? 여러분은 신용할 뿐 아니라 의지하고 있습니까? 신조(creed)가 여러분을 구원하지 못할 것이며, 오직 기름 부음 받으신 구주를 의지하는 것이 구원의 길입니다. 여러분에게 호소합니다. 여러분이 아무런 오류가 없는 정통 교리로 교육을 받았다 해도, 또한 영원하신 하나님이 직접 펜으로 기록하신 신조를 배울 수 있었다고 해도, 그것이 단지 개념상의 (notional) 믿음에 불과하다면, 그것이 여러분의 영혼을 구원하지 못한다는 것을 기억하십시오. 그런 사람들은 마치 달이나 저 우주의 성운(星雲) 어딘가에 사람이 존재하는 것을 믿는다고 말하는 것이나 다를 바 없습니다. 이에 대해 우리의 태도는 확고합니다. 그런 식의 믿음을 가졌지만 명백히 하나님의 자녀들이 아닌 자들이 우리 주변에 많은 것을 보기 때문입니다.

게다가, 참된 믿음은 입에 발린 뻔뻔함으로 이렇게 말하는 것과는 다릅니다. "나는 내가 구원받은 것을 믿습니다. 나는 아주 즐거운 감정을 가지고 있기 때문입니다. 나는 줄곧 놀라운 꿈을 꾸어왔고, 아주 대단한 기분을 느껴 왔습니다." 그런 모든 확신은 순전히 뻔뻔한 가정(presumption)에 지나지 않습니다. 뻔뻔한 상상은, 믿음이라기보다는, 오히려 믿음의 반대입니다. 그것은 바라는 것의 실상이라기보다는 순전한 신기루입니다. 믿음은 올바른 이성과도 같아서, 자신의 근거를 숙고할 때에, 마치 수학 법칙을 도출하듯이 안전하게 결론을 도출해 낼 수 있습니다. 자신의 상상 말고는 아무런 근거도 없는 믿음을 조심하라고 나는 여러분에게 호소합니다.

또한, 믿음이란 예수님이 나를 위해 죽으셨다고 쉽사리 단정하는 것이 아닙니다. 나는 이따금씩 이러한 찬송 가사와 불일치하는 나 자신을 느낍니다.

> "큰 죄에 빠진 날 위해
>
>   주 보혈 흘려 주시고 …"

분명 이 구절은 하나님의 자녀에게 너무나 어울리는 표현입니다. 하지만 죄인도 정확히 그런 방식으로 표현할 수 있는지에 대해서는 나는 확신하지 못합니다. 내가 예수님을 믿는 것은 그분이 나를 위해 보혈을 흘려 주셨음을 납득하였기 때문이 아닙니다. 오히려 내가 그분을 믿도록 인도되었다는 그 사실에서 그분이 나를 위해 보혈을 흘리신 것을 나는 깨닫습니다. 내가 우려하는 것은, 예수님이 그들을 위해 죽으셨다고 믿는다 하면서 정작 하나님께로부터 나지도 않은 자들, 곧 근거도 없는 자비의 소망 때문에 죄 속에서 무감각해진 자들이 무수하다는 것입니다. 사람이 그리스도께서 자기를 위해 죽으셨다고 추정하는 것에는 어떤 특별한 효력이 없습니다. 어떤 사람들이 가르치듯이, 예수님이 모든 사람들을 위해 죽으셨다고 말하는 것은 상투적인 표현일 뿐입니다. 그런 이론에 따르면 보편 속죄(universal atonement, 칼빈주의 5대 교리 중 하나인 제한속죄/limited atonement와는 대조되는 개념 - 역주)를 믿는 모든 자가 필연적으로 하나님께로부터 난다는 것인데, 그것은 전혀 그렇지 않습니다. 성령께서 우리를 주 예수님을 의지하도록 이끄실 때, 하나님이 독생자를 주셨으니 그를 믿는 자마다 구원을 얻는다는 진리가 우리 영혼에 펼쳐집니다. 그에 따라 우리는 예수님이 믿는 우리들을 구원하고자 하는 특별한 의도를 가지시고 죽으셨음을 깨닫습니다. 예수님이 우리를 위해 피를 흘리셨음을 성령님이 우리에게 믿게 하시는 것과, 단지 예수님이 모두를 위해 죽으셨다는 개념에 근거하여 우리를 위해서도 죽으셨다고 결론내리는 것은 전혀 다른 것입니다. 후자는 예수 그리스도에 대한 참된 믿음과는 마치 동에서 서가 먼 것처럼 거리가 멉니다.

내가 볼 때에, "내가 구원받았다"고 확신하는 것은 믿음이 아닙니다. 구원받지 못하고서도 그렇게 믿는 경우가 있으며, 거짓말을 믿는 것은 결코 바른 믿음일 수 없습니다. 많은 사람들이 "악독이 가득하면서도" 성급하게 구원받았다고 결론을 내려왔습니다(참조. 행 8:23). 그것은 그리스도께 대한 확신을 나타내는 것이 아니라 가장 파괴적이고 천박한 뻔뻔스러움을 드러내는 것입니다. 우리가 출발한 곳으로 다시 돌아오자면, 믿음이란 한 마디로 예수 그리스도께 대한 신뢰(reliance upon Jesus Christ)입니다. 구속주께서 특별하고 구체적인 의미에서 나를 위해 죽으셨는가 아닌가 하는 문제는, 최우선으로 제기되어야 할 문제가 아닙니다. 나는 그분이 죄인들을 구하시려고 세상에 오신 것을 알고, 그러한 보편적인 차원에서 그분에게 나아옵니다. 나는 누구든지 그분을 믿는 자는 구원을 받을 것임을 알고, 그래서 그분을 신뢰합니다. 그렇게 한 후에, 나는 그분의 말씀에서 내가 그분의 특별한 사랑의 대상인 것과, 내가 하나님으로부터 난 것을 배웁니다.

　내가 처음으로 예수님께 올 때에 나는 예수님의 피에 대하여 어떤 개인적이고도 특별한 차원의 지식을 갖지 못합니다. 오직 성경은 이렇게 기록되어 있습니다. "하나님이 예수를 우리 죄를 위한 화목제물로 세우셨고, 이는 우리만 위할 뿐 아니요 온 세상의 죄를 위하심이라"(롬 3:25; 요일 2:2). 나는 그 화목제물에게로 와서 그분을 의지합니다. 살든지 죽든지 나 자신을 구주께 맡깁니다. "위대하신 하나님의 아들이시여, 당신은 사시고 죽으셨으며, 피 흘리고 고난당하셨으며, 당신을 의지하는 모든 자들의 죄를 속하는 화목제물이 되셨으니, 제가 당신을 의지합니다. 당신에게 기댑니다. 저를 당신에게 던지나이다!' 자, 이와 같은 믿음을 가진 자는 누구든지 하나님께로부터 난 자이며, 그는 새로운 출생의 분명한 증거인 참된 믿음을 가진 자입니다. 그러므로 여러분이 이 믿음을 가졌는지 아닌지를 판단해 보십시오.

　이 문제로 잠시만 더 지체하기를 원합니다. 참된 믿음에 대해서 성경은 비유들을 제시하고 있는데, 이 중 한두 가지를 언급하고자 합니다. 히브리 조상들이 애굽에서 어린 양을 잡고서 그 따뜻한 피를 그릇에 받고, 그 다음에는 우슬초 가지를 그 피에 적시어 문설주와 인방에 표시를 해 둔 것은 명백한 믿음의 예표입니다. 문에 피를 바른 것이 믿음을 나타냅니다. 구원은 그 피에 의해 이루어지고, 그 피는 그것을 개별적으로 문에 바른 집마다 효력을 끼쳤습니다. 믿음이 그런 역할을 합니다. 믿음이란 그리스도의 보혈을 각자가 개별적으로 자기 영혼에 뿌리는 것이며, 여호와께서 자기 백성을 '넘어가시고'(pass over, 유월/逾越) 파멸을 면하게 하시는 그 은혜의 방식을 받아들이는 것입니다. 믿음은 다른 방식으로도 유대인들에게 제시되었습니다. 짐승이 속죄를 위한 제물로 드려질 때, 제사장이나, 이따금씩은 부족의 대표자들이나, 혹은 개인이 그 희생 제물 위에 손을 얹습니다. 그것은 그들의 죄가 그 제물에게 전가되기를 바란다는 상징입니다. 바쳐지는 제물은 위대한 대속자(the great Substitute)의 예표로서 그들을 위해 고통을 당하는 것입니다. 믿음은 예수님의 대속하는 죽음의 효력을 얻기를 바라면서, 그분에게 손을 얹는 것입니다.

　더욱더 분명하게 믿음이 제시된 경우는 뱀에 물린 이스라엘 백성들이 놋 뱀을 쳐다보는 것입니다. 이스라엘 진영의 한가운데서 모세는 커다란 장대에 놋 뱀을 달아 올렸습니다. 모든 장막 위로 이 놋 뱀은 태양빛을 받아 번쩍였고, 모든 죽어가는 사람들 중에서 누구든지 그것을 바라보기만 하면 살게 되었습니다. 바라보는 것은 아주 단순한 행위입니다. 하지만 그것은 그 사람이 하나님의 명령에 순종하는 것을 나타냅니다. 그는 명령을 받은 대로 바라본 것이고, 그 놋 뱀으로부터 치유의 효력이 임하는 것은 바라봄을 통해서입니다. 그런 것이 믿음입니다. 그것은 세상에서 가장 단순한 것이지만, 표면에 보이는 것보다 훨씬 더 많은 것을 시사합니다.

"저 십자가에 달리신 분을 바라보는 것에 생명이 있도다."

예수님을 믿는 것은 단지 믿음의 눈으로 그분을 바라보는 것이며, 그분에게 여러분의 목숨을 의탁하는 것입니다.

사람들이 운집한 가운데 우리 구주의 뒤에서 옷자락을 잡았던 그 가련한 여인도 우리에게 믿음이 무엇인지 또 하나의 비유를 제공합니다. 그녀는 말했습니다. "내가 그분의 옷자락을 만지기만 하여도 낫게 되리라"(마 9:21, KJV). 어떤 약을 먹지도 않고, 어떤 고백도 하지 않고, 어떤 의식을 수행하지도 않고, 단순히 그녀는 구주의 의복 자락을 만졌으며, 그리고 그 즉시로 나았습니다. 오 영혼이여, 만일 그대가 단순히 그분을 의지함으로써 그리스도와 접촉할 수만 있다면, 그 믿음이 아무리 미약하더라도, 그대는 하나님이 택하신 자의 믿음을 가진 것입니다. 그대는 어떤 경우에도 새로운 출생의 증거가 되는 믿음을 가진 것입니다.

2. 그 믿음이 거듭남의 확실한 증거이다.

이제 우리는 계속해서, 그러한 믿음이 존재한다면 그것이 거듭남의 확실한 증거(the proof of regeneration)임을 보이고자 합니다. 거듭난 영혼 안에서가 아니면, 그러한 믿음은 이 세상에서는 조금도 존재해 본 적이 없고 앞으로도 존재하지 않을 것입니다. 이는 본문의 말씀에 일치하는 진술입니다. 설혹 다른 증언이 없어도 이 한 본문만으로도 그것을 입증하는 것으로는 충분합니다. "예수께서 그리스도이심을 믿는 자마다 하나님께로부터 난 자라." 가련한 영혼이여, 나는 그대가 이렇게 말하는 것을 듣습니다. "아! 저 새로운 출생은 커다란 신비로구나. 나는 그것을 이해할 수가 없어. 내가 그것에 참여하지 못하는 자가 될까 두렵구나." 만일 당신이 예수께서 그리스도이심을 믿으면 당신은 거듭난 것입니다. 만일 당신이 십자가에 달리신 구주를 의지하고 있다면 당신은 분명 거듭나서 산 소망을 얻은 것입니다. 신비이건 아니건, 만일 당신이 믿는 자라면 새로운 출생은 당신의 것입니다.

이 세상에서 가장 위대한 신비들은 가장 단순한 징후들에 의해 스스로를 드러내는 것을 당신은 인식하지 못했습니까? 믿음의 단순성과 명백한 용이성을 내적 신생(新生)의 틀림없는 징후로 간주하지 못할 이유가 없습니다. 갓난아기가 살았는지를 그 울음소리로가 아니면 우리가 무엇으로 알겠습니까? 하지만 아기의 울음소리란, 얼마나 단순한 소리입니까! 그것은 흉내 내기도 얼마나 쉽습니까! 숙련된 기술자는 관악기나 현악기 연주로 쉽게 우리를 속일 수도 있습니다. 하지만 오직 진짜 아기의 울음소리만이 숨을 쉬고, 가슴이 뛰고, 피가 흐르는 신비들과 생명 그 자체에 수반되는 다른 경이로움을 나타냅니다. 저기 강에 빠졌다가 막 건짐을 받은 사람을 봅니까? 그녀가 살았나요? 예, 생명이 거기 있습니다. 왜요? 폐가 아직 숨을 쉬기 때문입니다. 하지만 폐로 숨쉬도록 하는 일은 쉬운 일이 아니지 않습니까? 풀무질을 한다고 해서, 폐를 움직이게 할 수는 없지 않을까요? 아, 그렇습니다. 그것은 어떤 면에서는 흉내 내기가 쉽겠지만, 실상 생명이 있는 곳이 아니면 어떤 폐도 숨을 쉬지 않습니다. 생명이 있는 곳이 아니면 심장에서 피를 뿜어내고 들이키는 일을 하지 못합니다.

다른 예를 들어보겠습니다. 언제든 전신국(電信局)으로 가보십시오, 그러면 어떤 나침들이 끊임없이 째깍거리며 오른편과 왼편으로 움직이는 것을 볼 것입니다. 전기는 커다란 신비입니다. 여러분은 그것을 보거나 느낄 수 없습니다. 하지만 전기 기사는 전선을 따라 전기가 흐르고 있다고 여러분에게 알려 줍니다. 그가 어떻게 그것을 알까요? "나침을 보고서 알지요." 어떻게요? 내가 그 바늘들을 쉽게 움직일 수도 있는데요. "예, 하지만 그 바늘이 두 가지 방향으로 움직이는 것을 보지 않나요? 오른쪽으로 움직였다가, 다시 왼쪽으로 움직이지요. 거기서 나는 신호를 읽고 있습니다." 여러분이 말합니다. "하지만 나는 거기서 아무것도 볼 수 없는데요? 나는 그 바늘이 째깍거리며 움직이는 것을 쉽게 흉내만 낼 수 있을 뿐입니다." 하지만 그 기술을 배운 사람은 그 바늘들에서 단지 전기의 활동뿐만 아니라 더 깊은 신비를 봅니다. 그는 어떤 정신(mind)이 보이지 않는 힘을 조종하고 그것을 수단으로 무언가를 말하고 있는 것을 인식합니다. 모두에게

가 아니라, 그 기술을 전수받은 사람에게, 그 단순성 속에 감추어진 신비가 보이는 것입니다. 신자는 믿음 안에서 보는 것이 있습니다. 그것은 바늘의 움직임처럼 단순하지만, 하나님께서 인간 정신에 활동하신다는 징후입니다. 영적인 사람은 그 징후에 의해 넌지시 표현된 내적 비밀이 있다는 것을 알아봅니다. 하지만 육적인 눈으로는 그것을 해독하지 못합니다. 예수님을 믿는다는 것은, 다른 어떤 것보다도 거듭남을 잘 보여주는 징후입니다. 그것은 결코 우리를 현혹시키지 않습니다. 살아 계신 하나님과 그의 아들 예수 그리스도를 믿는 믿음은 거듭난 자 안에서가 아니면 존재하지 않습니다. 누구든지 믿는 자는 구원받은 자입니다.

이러한 논증에 여러분이 저를 조금 더 따라와 주길 바랍니다. 어떤 신학자가 최근에 이런 말을 했습니다. "믿는다고 하는 인간의 행위와 그가 구원받은 것은 같은 것이 아니다. 믿음의 행위란 단지 구원받는 쪽으로 향하는 것이다." 이 말은 그리스도를 믿는 모든 자가 즉시로 구원받는 것을 부인하는 것이나 다름없습니다. 그 말이 내포하는 것은, 사람이 예수님을 믿기 때문에 구원받는다고 결론을 내려서는 안 된다는 것입니다. 자, 그 말이 얼마나 성경과 배치되는지를 주목하십시오. 예수님을 믿는 자는 심판을 받지 아니한다는 것은 하나님의 말씀에 근거하여 확실합니다. 요한복음 3장 18절과 그 외에 다른 많은 구절들을 읽어보십시오. "그를 믿는 자는 심판을 받지 아니하는 것이요." 자, 거듭나지 못한 모든 사람은 심판을 받는다는 것이 아닙니까? 그렇다면 심판을 받지 않는 사람은 구원받은 사람이 아닙니까? 믿는 자는 심판을 받지 않는다고 한 하나님의 권위를 확신한다면, 어떻게 제정신을 가지고서 믿는 자는 구원을 받는다는 사실을 부인할 수 있단 말입니까? 그가 심판을 받지 않는다면, 무엇을 두려워해야 한단 말입니까? 그가 믿음으로 의롭다 하심을 얻었으니, 우리 주 예수 그리스도로 말미암아 하나님과 화평을 누리게 되었다고 결론을 내리는 것이 정당하지 않습니까?

또한 이 장의 4절에서는 믿음이 "세상을 이긴다"고 말합니다. "세상을 이기는 승리는 이것이니 우리의 믿음이니라." 자, 그러면, 구원받지 못한 사람들 안에 있는 믿음이 세상을 이긴단 말입니까? 사도가 "하나님께로부터 난 자마다 세상을 이긴다"고 말했는데, 어떻게 이런 일이 가능하단 말입니까? 4절을 읽어 보십시오. "무릇 하나님께로부터 난 자마다 세상을 이기느니라." 믿음이 세상을 이깁니다. 또 세상을 이기는 자는 하나님께로부터 난 자입니다. 그 의미는 곧 그가 구원받았다는 것이며, 또한 그의 믿음이 승리를 쟁취하는 방편이라는 것입니다.

　　더 나아가, 믿음은 하나님의 증언을 받아들입니다(9절). 아니 그 이상으로, 믿음을 가진 자는 하나님의 진리를 자기 안에서 증거합니다. 이 장의 10절을 읽어 보십시오. "하나님의 아들을 믿는 자는 자기 안에 증거가 있고." "이것을 행하고 저것을 느끼는 자는"이라고 한 것이 아니라, "믿는 자는" 자기 안에 증거가 있다고 했습니다. 그의 마음이 하나님의 진리를 증언하는 것입니다. 구원받지 못한 사람이 자기 안에서 경험적인 증언을 한단 말입니까? 어떤 사람이 내적 경험으로 하나님의 복음을 증언하고도, 그 사람 자체는 잃어버린 상태에 있거나, 혹은 단지 궁극적으로는 구원을 얻을 가망이 있는 상태에 머무는 경우가 있을 수 있나요? 아니요, 여러분, 그것은 불가능합니다. 믿는 자는 그 안에서 변화가 일어났고, 그 변화를 의식하면서 그는 하나님의 증언을 확증할 수 있습니다. 그런 사람은 구원의 상태에 있는 것이 틀림없습니다. 그가 구원받지 못한 사람이라고 말하는 것은 당치 않습니다.

　　또한, 이 장의 13절을 주목하시기 바랍니다. 믿음이 있는 곳이면 어디든 영생이 있습니다. 말씀이 그렇게 표현하고 있습니다. "내가 하나님의 아들의 이름을 믿는 너희에게 이것을 쓰는 것은, 너희로 하여금 너희에게 영생이 있음을 알게 하려 함이라." 우리 주님께서 친히, 그리고 그분의 사도들도, 여러 장소에서 이렇게 선포하였습니다. "그를 믿는 자마다 영생을 얻게 하려 함이라." 예수님을 믿는 어떤 죄인이 구원받았다고 말하려면 진보를 이루어야 한다는 식으로 내게 말하지 마십시오. 그리스도를 의지하는 사람이 단지 구원으로 가는 도중일 뿐이라고, 그래서 그가 구원받았는지를 알기 위해서는 교회 의식들을 수행할 때까지, 은혜 안에서 자랄 때까지, 기다려야 한다고 말하지 마십시오. 그렇지 않습니다. 예수님이 완수하신 일을 죄인이 믿는 그 순간 그는 구원을 받습니다. 하늘과 땅이 사라져도, 그 사람은 결코 멸망하지 않습니다. 단 일초 전에라도 내가 구주를 의지하였다면 나는 지금 안전합니다. 오십 년 전에 예수님을 믿고서 줄곧 의롭게 행해 온 사람과 꼭 마찬가지로 나는 안전합니다. 나는 막 태어난 회심자가 천국에 곧 들어갈 성숙한 성도처럼 행복하고, 쓸모 있고, 경건하다고 말하는 것은 아닙니다. 내가 말하는 것은 "그를 믿는 자마다 영생을 얻는다"는 말씀이 진리이며, 또한 그 진리가 예수 그리스도 안에서 장성한 분량에 이른 자에게와 마찬가지로 믿음 안에서 아기에게도 마찬가지로 적용된다는 것입니다.

마치 본문의 이 장이, 믿음이 즉각적인 구원을 가져다주지 못한다고 말하는 중대한 오류에 대처하기 위한 목적으로 기록된 듯이, 이 장은 반복하여 믿음을 칭송하고 있습니다. 예, 나는 우리 주님께서 친히 믿음에 영예를 부여하신다고 덧붙여 말할 수 있습니다. 왜냐하면 믿음은 결코 스스로 영예를 취하지 않고 모든 영광을 귀하신 구세주께 돌리기 때문입니다.

자, 몇 가지 질문들에 한두 마디로 대답하고자 합니다. 하지만 사람은 믿을 뿐 아니라 회개해야 하는 것이 아닌가요? 대답은 이것입니다. 어떤 사람도 동시에 회개하지 않고서 믿은 적이 없습니다. 믿음과 회개는 같이 가는 것입니다. 반드시 그렇습니다. 만약 내가 나를 죄에서 구원하실 그리스도를 의지한다면, 그와 동시에 나는 죄를 회개하고 있는 것이며, 죄에 대해서와 또한 죄의 상태와 관련된 다른 모든 것에 대하여 내 마음은 바뀐 것입니다. 회개와 관련된 모든 열매들은 믿음 그 자체에 내포되어 있습니다. 그리스도를 믿는 사람이 하나님의 원수로나, 혹은 죄를 사랑하는 자로 남아 있는 것을 여러분은 결코 발견하지 못할 것입니다. 그가 제시된 속죄를 받아들인다는 사실은, 그가 죄를 싫어한다는 것과, 하나님과의 관계에서 그의 생각이 전적으로 변화되었다는 분명한 증거입니다. 나아가, 그 후로 그리스도인 안에서 발생하는 모든 은혜들은, 모두가 믿음 안에서 초기 상태로 발견되는 것들이 아닙니까? "믿기만 하라, 그리하면 구원받으리라"는 외침에 많은 이들이 조소를 보내고, 또 다른 사람들은 그것을 오해하고 있습니다. 하지만 여러분은 "믿기만 하라(only believe)"는 의미가 무엇인지를 압니까? 여러분은 그 말에 어떤 의미가 담겨 있는지를 알고 있습니까? 히브리서의 저 유명한 장을 읽고서, 믿음이 행하여 왔고 또 여전히 행할 수 있는 것이 무엇인지를 살펴보십시오. 그러면 믿음이 결코 하찮은 것이 아님을 알게 될 것입니다. 어떤 사람이든 그 속에 믿음이 있다면 그에게는 죄 씻음과, 세상으로부터의 구별과, 악과의 투쟁과, 그리스도의 영광을 위한 분투가 있을 것이며, 그러한 것은 믿음 외에 달리 무엇으로도 산출해 내지 못합니다.

믿음은 그 자체로 가장 고귀한 은혜들 중의 하나입니다. 그것은 모든 덕목들의 요약입니다. 때로는 단 하나의 이삭 안에 온 정원을 비옥하게 할 씨앗이 충분히 들어 있을 수 있습니다. 그와 마찬가지로 "믿음"이라는 한 단어 안에는 땅을 복되게 할 충분한 덕목이 들어 있습니다. 성령께서 그것을 자라게 하신다면, 그것은 타락한 자를 온전한 자로 변화시키기에 충분한 은혜입니다. 믿음이란 사람들이 생각하는 것처럼 쉽고 가벼운 것이 아닙니다. 우리는 결코 구원을 단지 신조의 고백 덕택으로 돌리지 않습니다. 우리는 그런 생각을 혐오합니다. 우리는 또한 구원을 맹목적인 신념 탓으로 돌리지도 않습니다. 우리는 오직 구원을 예수 그리스도의 덕택으로 돌립니다. 구원을 얻는 것을, 자기 백성의 죄를 위하여 양손에 못을 박히고 죽기까지 고난당하신 그분의 팔에 단순하고도 어린아이 같은 믿음으로 사랑스럽게 안기는 것 때문이라고 여깁니다. 그러므로 믿는 자는 구원을 얻으며, 확실히 그렇다고 안심할 수 있습니다. "예수께서 그리스도이심을 믿는 자마다 하나님께로부터 난 자니라."

3. 믿음은 그리스도인의 사랑을 위한 근거이다.

여기에서 무엇이 생겨납니까? 사랑이 솟아나옵니다! 만일 우리가 하나님께로부터 난 자이면 하나님께로부터 난 모든 자들을 사랑해야 합니다. 형제가 자기 형제를 사랑해야 하는 것을 내가 굳이 입증하려 든다면, 그것은 여러분에 대한 모욕이 될 수 있습니다. 자연적인 본성이 그것을 우리에게 가르치고 있지 않습니까? 하나님으로부터 난 자들은 같은 가족에 속한 모든 자들을 사랑하는 것이 마땅합니다. 그들이 누구입니까? 예수님이 그리스도이심을 믿는 자들이며, 우리가 하나님의 기름 부음 받으신 그리스도께 소망을 둔 것처럼 그들 역시 그분께 소망을 둔 자들입니다. 우리는 모두 서로를 사랑해야 합니다. 한 가족에 속했기 때문에 우리는 그렇게 해야 합니다. 우리는 믿고, 따라서 하나님께로부터 났습니다. 우리가 하나님의 가족에 속한 자들처럼 행동하도록 합시다. 그 가족으로 받아들여진 것을 우리의 특권으로 여기고, 우리의 높은 지위에 따르는 훌륭한 의무를 즐거이 수행하도록 합시다. 우리가 주변을 둘러보면 예수 그리스도를 믿는 다른 많은 사람들이 있습니다. 우리가 같은 친족에 속했기 때문에 그들을 사랑하도록 합시다.

"하지만 그들 중 일부는 교리에서 건전하지 못합니다. 그들은 주님이 명하신 의식에서 중대한 실수를 합니다." 우리가 그들의 잘못을 사랑할 수는 없으며, 반대로 그들이 우리의 잘못을 사랑하리라고 기대할 수도 없습니다. 하지만 우리는 그 사람들만큼은 사랑해야 합니다. "예수께서 그리스도이심을 믿는 자마다 하나님께로부터 난" 자들이기 때문입니다. 그들 역시 가족의 일원이며, 따라서 우리는 낳으신 아버지를 사랑하듯이 그분에게서 난 모든 자들을 사랑해야 합니다. 먼저, 나는 하나님을 사랑합니다. 그러기에 나는 하나님의 진리를 장려하기를 바라며, 하나님의 복음을 오점 없이 지키기를 바랍니다. 하지만 그렇다면 나는 하나님이 낳으신 모든 자들을 사랑해야 하며, 내가 그들에게서 약점들과 잘못들을 발견하기도 하고, 나 자신에게 약점들이 있음에도 불구하고 그리해야 합니다. 생명은 사랑의 이유입니다. 귀하신 구주께 대한 공통적인 믿음으로 나타난 공통적인 생명이 우리를 서로 묶어 줍니다.

나는 이 말을 고백해야겠습니다. 물론 나는 모든 형제들의 양심의 판단에 존경을 표합니다. 하지만 어떻게 내가 하나님의 자녀로서, 예수님을 그리스도로 믿는 어떤 형제가 내 주님의 식탁 교제에 참여하는 것을 거절할 수 있는지 나는 모르겠습니다. 만일 그가 신실하다면(나는 단지 그의 생명에 대해서만 판단할 수 있을 뿐입니다), 그가 하나님께로부터 난 자라면, 모든 자녀는 아버지의 식탁에 올 권리가 있지 않습니까? 오래 전에는, 부모들이 자녀들에게 식사를 하지 못하게 하는 벌을 주곤 했다는 것을 나는 압니다. 하지만 지금은 누구나 그것이 너무 잔인하고 지혜롭지 못하다고 말합니다. 자녀에게 꼭 필요한 음식을 빼앗는 것은 자녀의 건강을 해칩니다. 주님의 집에는 회초리가 있으며, 따라서 불순종하는 자녀들을 식탁에서 쫓아낼 필요는 없습니다. 그들을 주의 식탁에 오게 하십시오. 그들로 주 예수님과 더불어 또한 그분의 모든 성도들과 더불어 먹고 마시게 하십시오. 그들의 체질이 더 강해지면 그들이 지금 시달리고 있는 질병을 떨쳐 버리고, 복음 전체에 순종하며 나아올 것이라는 소망 중에 그렇게 하십시오. "믿고 세례를 받는 사람은 구원을 얻을 것이요"라고 말하는 것이 복음입니다(막 16:16).

이 교회의 지체들이 서로를 향한 사랑을 나타내기를 호소합니다. 여러분 중에 연약한 자들이 있습니까? 그들을 위로하십시오. 훈계가 필요한 자들이 있습니까? 여러분의 지식을 동원하여 그들을 도우십시오. 고통 중에 있는 자들이 있습니까? 그들을 도우십시오. 믿음에서 퇴보하는 자들이 있습니까? 그들을 회복시키십시오. "자녀들아, 서로 사랑하라"는 것이 그리스도의 가족의 규칙입니다. 그 규칙을 준수하도록 합시다. 우리에게 주신 성령으로 말미암아 우리 마음에 부은 바 된 하나님의 사랑이(롬 5:5), 모든 성도들을 향한 우리의 사랑으로써 드러나기를 바랍니다. 또한 아직 그분의 우리에 들어오지 않은 다른 양들을 기억하십시오. 그분은 그들 역시도 인도하고자 하십니다. 우리 안으로 들어와야 하는 그들을 사랑하도록 합시다. 사랑으로 나아가서 즉시 그들을 찾읍시다. 하나님께서 다른 어떤 형태의 임무를 우리에게 주시더라도, 사랑의 시선으로 우리의 탕자 같은 형제들을 살펴서 찾도록 합시다. 바로 오늘 몇 사람을 하나님의 가족 안으로 인도하여, 그들로 인해, 잃은 자를 찾게 된 것으로 인해, 하나님의 천사들 앞에서 큰 기쁨이 있을지 어찌 알겠습니까? 하나님이 예수 그리스도를 위하여 여러분에게 은혜와 위로를 주시길 빕니다. 아멘.

제
21
장

—

믿음의 승리

—

"무릇 하나님께로부터 난 자마다
세상을 이기느니라 세상을 이기는 승리는 이것이니
우리의 믿음이니라." — 요일 5:4

요한 서신에는 사랑의 향기가 있습니다. 말씀이 계속해서 떠오르는 동안 성령께서 모든 문장에 감동을 불어넣으십니다. 글자마다 하늘의 꿀에 흠뻑 적시어져 그 단맛이 깊이 배어 있습니다. 요한이 하나님에 대해 말할 때에, 그분의 이름은 사랑입니다. 요한은 자기 서신에서 언급되는 형제들을 사랑합니다. 심지어 세상에 대해서도, 그는 "하나님이 세상을 이처럼 사랑하사 독생자를 주셨으니"라고 기록합니다. 시작부터 결론까지, 온통 사랑이 방식이면서 주제이고, 사랑이 동기이면서 또한 목표입니다. 그러므로 우리는 이토록 평화로운 글에서 군사적인 표현을 발견하여도 조금도 놀라지 않습니다. 나는 전쟁의 소리를 듣습니다. 그것은 사랑의 음성이 아니며, 분명히 이렇게 말하고 있습니다. "하나님께로부터 난 자는 세상을 이기느니라." 보십시오, 여기 투쟁과 전투가 있습니다. '이긴다'는 말은 칼과 전쟁, 투쟁과 경쟁, 항쟁 및 격투와 관련된 듯이 보입니다. 그래서 그 단어는, 부드럽고 온화하며 입에 담기에도 거칠지 않고, 부드러운 우단으로 감싼 듯한 '사랑'이라는 단어와는 어울리지 않는 듯합니다. 사랑이라는 말은 더없이 부드럽고, 그 표현은 기름보다 더 부드럽게 흐릅니다. 그런데 여기서 우리는 전쟁을 대합니다. 혈투입니다! "하나님께로부터 난 자마다 세상을 이기느니라”는 말씀을 나는 읽습니다. 죽기까지 싸우는 투쟁이며, 목숨을 건 전투입니다.

　　항상 평화에 대해 말하는 복음이 어떻게 여기서처럼 전쟁을 선언하는 것이 가능할까요? 어떻게 그럴 수 있을까요? 그 이유는 간단합니다. 세상에는 사랑에 적대적인 무언가가 있기 때문입니다. 빛을 견디지 못하는 어둠의 통치자들이 도처에 있습니다. 따라서 빛이 올 수 있으려면, 그것은 어둠을 몰아내야 합니다. 여름이 통치하려면, 먼저 오랜 겨울과 싸워야 합니다. 삼월의 바람으로 크게 소리 지르면서 그것을 쫓아내야 하고, 사월의 소낙비 속에서 그 눈물을 흘리게 만들어야 합니다(참고로 영국의 여름은 오월부터 칠월까지임 – 역주). 그와 마찬가지로, 어떤 위대하고 선한 것이 이 세상을 지배할 수 있으려면, 반드시 그것을 위해 전투를 해야 합니다. 사탄이 자기 피 묻은 보좌에 앉아 있으니, 강력한 무력과 싸움과 전쟁에 의해서가 아니면 누가 그를 끌어내리겠습니까? 어둠이 열방을 덮고 있습니다. 태양이 그 광선의 화살로써 밤을 꿰뚫어 그것을 쫓아내기 전에는 빛의 제국을 세울 수가 없습니다. 그러므로 우리는 성경에서 그리스도께서 세상에 화평을 주러 온 것이 아니라 검을 주러 오셨다고 읽는 것입니다(마 10:34). 그분이 오신 것은 “사람이 그 아버지와, 딸이 어머니와, 며느리가 시어머니와 불화하게 하려” 함입니다(마 10:35). 의도적으로가 아니라, 목적을 위한 방편으로서 그렇다는 것입니다. 진리와 의가 다스리기 위해서는 언제나 투쟁이 있어야만 하기 때문입니다. 오호라! 이 땅은 선이 악과 싸워야 하는 전쟁터입니다. 서로 뒤섞여 격렬하게 싸우는 것을 천사들이 숨을 죽인 채 보고 있습니다. 하지만 구원의 대장(the Captain of Salvation) 휘하의 병력은 오직 십자가 군병들 외에는 없습니다. 그 얼마 안 되는 무리가 홀로 싸워야 하지만, 결국 영광스럽게 승리할 것입니다. 그들로 충분히 전쟁을 수행할 수 있고, 그들 군기의 표어도 ‘충분함(Enough)’입니다. 도우시는 삼위일체의 팔에 의해 충분합니다.

　　하나님의 도우심을 따라서, 나는 여러분에게 본문에서 발견되는 세 가지를 말하고자 합니다. 첫째로, 본문은 위대한 승리(great victory)에 대해 말합니다. 둘째로, 그것은 위대한 출생(great birth)에 대해 언급합니다. “하나님께로 난(born) 자마다.” 셋째로, 본문은 위대한 은혜(great grace)에 대해 칭송하며, 그에 의해 우리는 세상을 이깁니다. “곧 우리의 믿음이니라.”

1. 위대한 승리

먼저, 본문은 위대한 승리에 대해 말합니다. 승리 중의 승리이며, 가장 위대한 승리입니다. 우리는 나라들 간에 큰 전투들이 있었던 것을 알고 있습니다. 한 나라가 한 나라를 이겼습니다. 하지만 세상을 이긴 승리에 대해 아는 사람이 누구입니까? 어떤 이들은 알렉산더가 그러한 정복자라고 말할 것입니다. 하지만 나는 아니라고 대답합니다. 그 자신도 패배했던 사람입니다. 심지어 그가 모든 것을 자기 수중에 가졌을 때에도 그러했습니다. 그는 세상을 얻기 위해 싸웠으며, 그것을 쟁취했습니다. 그런 다음에 세상이 어떻게 그 지배자를 지배했으며, 어떻게 그 정복자를 정복했고, 그 군주를 쳐서 응징했던가를 주목해 보십시오. 울면서, 바보처럼 소리지르며, 약탈하려는 또 다른 세계를 향해 손을 뻗치고 있는 저 젊은 왕을 보십시오. 겉으로 볼 때 그는 세상을 정복한 것처럼 보입니다. 하지만 실상 그의 내적인 영혼에서는, 세상이 그를 정복했으며, 그를 압도했으며, 그를 야망의 꿈으로 에워쌌으며, 탐욕의 사슬로 그를 묶었습니다. 그래서 모든 것을 가졌을 때도 그는 여전히 만족하지 못했고, 또 다른 세상을 정복할 수 없는 것 때문에 울며 신음하며 탄식하였으며, 불쌍한 노예처럼 세상의 전차 바퀴를 따라 끌려 다녔습니다. 세상을 정복했던 사람이 누구입니까? 그를 앞으로 나서게 하십시오. 만일 세상을 이겼다고 말할 수 있는 자가 있다면, 그런 자는 군계일학(群鷄一鶴)이고, 카이사르(Caesar)를 무색하게 할 것이며, 최근에 세상을 떠난 우리의 웰링턴(Wellington) 장군까지도 능가할 것입니다. 그것은 아주 희귀한 것이고, 대단한 승리이면서 어마어마한 정복이기에, 세상을 이겼다고 말할 수 있는 자는 마치 사울처럼 자기 동료들보다 어깨 위만큼은 더 클 것입니다(참조. 삼상 9:2). 그는 우리의 존경을 받을 것입니다. 그의 앞에서 우리는 존경심으로 고개를 숙일 것입니다. 그의 연설은 우리를 순종하도록 설복시킬 것이며, 우리는 마땅히 영예를 돌릴 자에게 영예를 돌릴 것이며, 그의 소리에 귀를 기울이면서 "이는 마치 천사가 그 날개를 흔드는 것과 같다"고 말할 것입니다.

이제 나는 지금까지의 생각을 좀 더 확장하면서, 그리스도인이 세상을 이기는 것의 다양한 의미들을 제시하려고 합니다. 선생들이여, 거친 싸움이라고 나는 여러분에게 보증합니다. 실전 경험이 없는 기사는 이길 수 없습니다. 결코 그가 이길 수 있는 쉬운 전투가 아닙니다. 그런 자는 해가 화창한 어느 날 전장으로 돌진했다가, 군대를 바라보다가, 다시 자기 준마(駿馬)의 고삐를 돌리고, 우아하게 말에서 내려 비단으로 짜인 자기의 천막 문으로 들어가 버립니다. 이제 막 군복을 입은 순전한 신참병, 어리석게도 일주일의 복무 기간이면 영광의 면류관을 확보할 것이라고 상상하는 자는 단 하나의 전투에도 이기지 못합니다. 아니요, 선생들이여, 그것은 일생의 싸움입니다. 그것은 이 모든 근육의 힘과 강한 심장이 필요한 싸움입니다. 승리하고자 한다면, 우리의 온 힘을 기울여야 하는 다툼입니다. 우리가 만일 승리자가 되려면, 하트(Hart) 씨가 예수 그리스도에 대해 말한 것을 우리에게도 말할 수 있어야 합니다. "그는 충분한 힘을 가지셨지만 하나도 남기지 않으셨다." 만일 주님이 곁에 계시는 것과 그러므로 두려워할 자는 아무도 없다는 것을 기억하지 않는다면, 가장 강인한 심장도 움찔할 수 있고, 용감한 자들도 떨 수 있는 전투입니다. 세상과의 이 싸움은 힘이나 능력으로 싸우는 것이 아닙니다. 만일 그렇다면 우리가 곧 이길 수도 있습니다. 하지만 이 싸움이 한층 더 위험한 이유는 그것이 정신의 싸움이며, 마음의 다툼이며, 영의 투쟁이며, 영혼의 분투라는 사실에 있습니다. 우리가 어느 한 가지 방식으로 세상을 이겼을 때에도, 우리는 아직 우리 과업의 절반도 수행하지 못한 것입니다. 왜냐하면 세상은 프로테우스(Proteus: 그리스 신화에서 갖가지 모양으로 변한다고 하는 바다의 신 – 역주)이며, 계속해서 그 모양을 바꾸고 있기 때문입니다. 카멜레온처럼, 그것은 무지개의 모든 색깔을 가지고 있습니다. 그러므로 여러분이 어느 한 가지 모양의 세상을 무찔렀을 때에, 그것은 다른 모양으로 여러분을 공격할 것입니다. 여러분이 죽기까지는, 여러분이 싸워야 하는 세상이 언제나 새로운 모습을 하고 나타날 것입니다. 그리스도인이 세상을 이기는 몇 가지 형태들에 대해 언급하도록 하겠습니다.

1) 그리스도인은 세상의 풍습을 이긴다.

세상이 입법자로 행세하며 그에게 풍습들을 가르치고자 할 때 그는 세상을 이깁니다. 여러분이 알다시피, 세상은 풍습에 관한 오래되고 거대한 법전(法典)을 가지고 있으며, 세상의 방식에 순응하지 않는 자는 사회적 추방을 당하게 됩니다. 여러분 중 대부분은 다른 모든 사람들이 하는 방식과 똑같이 행하고, 그것을 족하게 여깁니다. 사업상 이런저런 면에서 정직하지 못한 일을 보아도, 모든 사람이 그렇게 하기 때문에 그것을 문제 삼지 않습니다. 인류의 대다수가 어떤 습관들을 가지고 있는 것을 보면, 여러분은 거기에 압도되어 굴복하고 맙니다.

내가 짐작하기에, 여러분은 무리를 지어 지옥으로 행진하는 것이 저 무저갱에서 맹렬히 타오르는 불의 열기를 감소시키는데 도움이 된다고 생각하는 듯합니다. 장작을 더 많이 던져 넣을수록 불꽃은 더 맹렬해지는 것을 잊어버리고 말입니다. 대개의 사람들은 흐르는 강물에서 죽은 물고기처럼 헤엄칩니다. 오직 살아 있는 물고기만이 강물을 거슬러 올라갑니다. 오직 그리스도인만이 세상의 풍습을 멸시합니다. 그리스도인은 세상의 인습주의에 신경을 쓰지 않으며, 오직 스스로에게 이런 질문을 합니다. "이것이 옳은 것인가, 그런 것인가? 만일 그것이 옳다면, 단독으로라도 그 일을 행할 것이다. 설혹 세상에서 그렇게 하는 사람이 하나도 없어도 나는 그렇게 할 것이다. 모두가 야유하는 소리가 하늘을 찌르더라도, 나는 계속 그것을 행할 것이다. 돌들이 날아와서 나를 죽게 한다고 해도, 나는 그것을 해야만 한다. 나는 단독으로라도 옳은 길을 갈 것이다. 다수가 나를 따르지 않는다면, 나는 그들 없이도 갈 것이다. 그들이 나와 함께 행하고 올바르게 행한다면 기쁘겠지만, 그렇지 않다면, 나는 그들의 풍습을 멸시할 것이다. 나는 다른 사람들이 무엇을 행하는지에 대해서는 신경 쓰지 않을 것이다. 나는 다른 사람들에 의해 압박을 받지 않을 것이며, 일어서든 넘어지든 오직 내 주님을 향할 것이다. 이런 식으로 나는 세상의 풍습을 이기고 정복할 것이다."

공평한 세상이여! 그녀가 모피 가운을 갖추어 입고, 재판장의 의복을 걸치고서, 여러분에게 엄숙하게 말합니다. "이 사람아, 네가 틀렸다. 네 동료들을 보라. 그들이 어떻게 하는지를 보라. 내 법률을 보라. 수많은 세월이 흐르는 동안 사람들이 그렇게 해 오지 않았더냐? 네가 뉘기에 감히 나를 반대한단 말이냐?" 그리고서 그녀는 자신의 케케묵은 법전을 꺼내어 곰팡내 풍기는 책장들을 넘기면서 이렇게 말합니다. "보라, 여기 느부갓네살의 시대에 시행되었던 조항들이 있고, 또 여기에는 바로 시대에 시행되었던 또 다른 법률이 있다. 고대의 사람들이 표준적인 권위로써 기록해 두었으니, 그것들은 틀림없이 옳을 것이다. 너는 다수의 견해에 반대하여 네 자신의 입장을 내세우려 한단 말이냐?" 예, 우리는 그러합니다. 우리는 에베소 사람들이 마술 두루마리 책들을 태웠던 것처럼 세상의 법전을 태워버리고, 세상의 행동 규범들을 쓸모없는 휴지 조각으로 여깁니다. 우리는 세상의 포고문을 갈기갈기 찢어 버립니다. 우리는 다른 사람들이 행하는 것에 관심을 기울이지 않습니다. 우리에게 풍습이란 올가미일 뿐입니다. 우리는 유별난(singular) 것을 어리석은 것으로 간주합니다. 하지만 유별난 것이 옳은 것일 때, 우리는 그것을 가장 자랑스러운 지혜로 간주합니다. 우리는 세상을 이깁니다. 우리는 세상의 풍습을 짓밟습니다. 우리는 독특한 사람들처럼 행하며, 구별된 인종이요, 선택된 세대요, 특이한 백성으로서 행합니다. 그리스도인은 거래할 때에 불신자들이 은근히 비웃으며 암시하는 것처럼 행동하지 않습니다. 불신자는 위선자를 조롱하면서 이렇게 묘사합니다. "이보게, 설탕을 뿌렸나?" "예, 사장님." "차에 자두 잎들을 섞었나?" "예, 사장님." "후추에 붉은 연단(red lead)을 섞어 넣었나?" "예, 사장님." "그러면 기도모임에 참석하러 가자." 그리스도인들은 그렇게 하지 않습니다. 그리스도인들은 이렇게 말합니다. "우리는 더 나은 방식을 알고 있습니다. 우리는 세상의 풍습에 순응할 수 없습니다. 만일 우리가 기도하는 자들이면, 우리는 기도대로 행하는 자들입니다. 만일 그렇지 않다면 우리는 위선자들일 것이며, 그것도 아주 터무니없는 위선자들일 것입니다. 만일 우리가 하나님의 집에 출석하고, 하나님을 사랑한다고 고백하며, 그분을 어디에서나 사랑한다고 고백한다면, 우리는 우리의 신앙을 가게에서나 계산대 뒤에서나 우리의 직장 사무실에서도 적용합니다. 우리는 모든 곳에서 신앙을 따라 행하며, 만일 그렇지 않다면 하나님께서는 그것이 전혀 올바른 신앙이 아닌 것을 아십니다." 그러므로 여러분은 세상 사람들의 풍습에 맞서 일어서야 합니다. 이곳은 삼백만의 사람들이 사는 도시이지만, 여러분이 세상을 이기고자 한다면 그 사람들과 구별되어야 합니다.

　　2) 그리스도인은 세상의 위협을 이긴다.

　　우리는 세상의 풍습에 반기를 들었습니다. 우리가 그렇게 하면 우리 대적들은 어떤 반응을 보일까요? 세상은 얼굴 모양을 바꿉니다. "저 사람은 이단자이다. 저 사람은 광신자이다. 그는 점잔빼는 위선자이다"라고 세상은 직접적으로 말합니다. 세상은 칼을 집어들고, 이마를 찌푸리며, 귀신처럼 매섭게 노려보고, 야단법석을 떨면서 이렇게 말합니다. "저자가 감히 우리 정부를 모독했다. 그는 다른 사람들처럼 하지 않으려 한다. 이제 내가 그를 박해할 것이다. 중상모략이여! 지옥 구덩이에서 나와 그에게 야유를 퍼부어라! 시기심이여! 네 이를 날카롭게 갈고 그를 깨물어라!' 세상은 온갖 거짓된 것들을 부추겨서 그를 박해하도록 만듭니다. 만일 세상이 할 수 있다면 자기 손으로 직접 박해하고, 그렇게 할 수 없다면 혀로써 그를 박해합니다. 세상은 그가 어디에 있든지 그를 괴롭힙니다.

세상은 그를 사업에서 파멸시키려 하고, 혹은 만일 그가 진리의 용사로 나선다면 그를 비웃고, 조롱하고, 조소를 보냅니다. 세상은 모든 돌들을 집어들고서 그를 해하려고 합니다. 그 때 주님의 용사의 행동은 무엇입니까? 세상이 무기를 들고서 그와 싸우려 하는 것을 볼 때, 온 땅이 마치 군대처럼 그를 뒤쫓고 마침내 그를 파멸시키려 하는 것을 볼 때, 그리스도인은 어떻게 행동합니까? 그가 항복할까요? 그가 굴복할까요? 그가 굽실거릴까요? 오, 그렇지 않습니다! 루터처럼, 그는 자기 군기(軍旗)에 "나는 누구에게도 항복하지 않는다(I yield to none)"라고 씁니다. 그리고서, 세상이 자기와 싸우려 한다면 기꺼이 세상에 맞서기 위해 나아갑니다.

> "무장한 원수들이 지면에 가득하여도,
> 그는 완벽한 평화 중에 거하네."

아! 여러분 중에서 어떤 이들은 다른 이들로부터 반대하는 말을 듣는다면, 즉시로 자기가 가진 종교를 포기하려고 합니다. 하지만 하나님으로부터 난 참된 자녀는 사람들의 의견에 조금도 신경 쓰지 않습니다. 그는 이렇게 말합니다. "아, 내 빵이 떨어지고, 내가 이 넓은 세상을 돈 한 푼 없이 떠돌아다닐 처지가 되어도, 또 죽는다고 해도, 내 혈관에 속한 피는 한 방울까지라도 모두 그리스도의 것이다. 나는 그분의 이름을 위하여 기꺼이 그 피를 흘릴 준비가 되어 있다." 그리스도를 얻기 위해서라면, 그리스도 안에서 발견되기 위해서라면, 그는 모든 것을 해로 여깁니다. 세상이 사납게 울부짖을 때에도, 그는 그 울부짖음을 조롱하면서, 기쁜 곡조로 콧노래를 부를 수 있습니다.

> "새 예루살렘 복된 집
> 그 이름 언제나 내게 귀하네,
> 언제나 내 수고를 모두 마치고
> 기쁘고도 평화로운 그곳에 가게 될까?"

세상이 칼을 뽑아들 때, 그리스도인은 그것을 보고 말합니다. "아, 번개가 그 천둥 우리에서 뛰어나와, 구름을 가르고, 별들을 놀라게 하는 것 같군요. 하지만 바위 아래 보호받는 등반가에게는 무력하지요. 그는 그 위엄을 비웃는답니다. 그렇게 세상도 나를 해치지 못합니다. 환난의 때에 내 아버지께서 그분의 지붕 아래로 나를 숨겨 주시고, 반석으로 나를 덮어 주시기 때문입니다." 이런 식으로, 우리는 세상의 위협에 굴하지 않음으로써 세상을 이깁니다.

   3) 그리스도인은 세상의 아첨을 이긴다.
   "좋다", 세상은 말합니다. "다른 방식을 시도해 보겠다." 정말이지 이것은 가장 위험한 방식입니다. 미소를 짓는 세상은 인상을 쓰는 세상보다 더 위험합니다. 세상은 말합니다. "내가 반복하여 타격을 날려도 저 사람을 쓰러뜨리지 못한다. 세상은 말합니다. "내 전투용 장갑을 벗고서, 내 아름답고 흰 손을 그에게 보여주리라. 그 손에 입맞춤하라고 그에게 말하리라. 내가 그에게 사랑한다고 말하리라. 나는 그에게 아첨하고, 온갖 좋은 말을 그에게 해 주리라." 존 번연은 이 아첨 부인(Madam Bubble)에 대해서 잘 묘사했습니다. 그녀는 사람의 마음을 끄는 자기만의 방식이 있습니다. 그녀는 말 한 문장이 끝날 때마다 미소를 보입니다. 그녀는 매력적인 일들에 대해 많은 말을 하면서 환심과 사랑을 얻으려고 합니다. 오, 정녕 그리스도인들은 박해를 받을 때보다는 칭송을 받을 때가 더욱 위험합니다. 우리가 인기의 정상에 설 때, 우리는 떨며 두려워해야 합니다. 우리가 두려워해야 할 때는 우리가 야유와 조롱을 들을 때가 아니며, 오히려 사람들과 행운의 여신의 무릎에 올려져 귀여움을 받을 때입니다. 우리에게 화가 미치는 때는 모든 사람들이 우리를 좋게 말할 때입니다. 내가 내 의(義)의 외투를 벗어 던져 버릴 때는, 차가운 겨울바람이 불 때가 아니라, 해가 뜨고, 날씨가 따뜻하고, 공기가 향긋할 때입니다. 그럴 때 나는 무방비상태로 내 의복을 벗어 버리고 벌거벗게 됩니다. 맙소사! 이 세상의 사랑에 의해 벌거벗었던 사람들이 지금껏 얼마나 많았는지요! 세상은 그들에게 아첨하고 갈채를 보냈습니다. 그들은 아첨의 소리에 취해 버렸습니다. 그것은 넋을 잃게 만드는 음료입니다. 그들은 비틀거리고, 갈지자로 걸었으며, 죄를 범했고, 자기 명성을 잃었습니다. 마치 한때 빛나던 혜성이 길을 잃고서 저 어두운 우주 공간 속으로 사라지는 것과도 같습니다. 그들은 한때 위대했으나, 지금은 타락했습니다. 그들은 한때 강하였으나, 지금은 길을 잃고 방황합니다.
   하지만 하나님의 참된 자녀는 결코 그렇지 않습니다. 그는 세상이 자기를 향해 인상을 찌푸릴 때와 마찬가지로 미소를 지을 때에도 안전합니다. 그가 칭송을 받으면, 그 칭송의 내용이 사실이라고 해도, 그는 이렇게 말합니다. "내 행동들은 칭찬을 받을 만합니다. 하지만 나는 모든 영예를 내 하나님께 돌립니다." 위대한 영혼들은 비평가들로부터 칭찬을 받는 것이 무엇인지를 압니다. 그들에게 있어서 그것은 하루치의 수입에 불과한 것입니다. 어떤 사람들은 많은 칭찬을 듣지 못하면 살아가지를 못합니다. 그들이 더 많은 칭찬을 받을 자격이 있다면, 그것을 가지라고 하십시오. 하지만 그들이 하나님의 자녀들이라면, 그들은 늘 평상심을 유지할 것입니다. 그들은 응석받이처럼 버릇없이 되지 않을 것입니다. 마치 높은 곳에 있는 암사슴의 발처럼 그들의 발은 흔들림 없이 서 있을 것입니다. "세상을 이기는 승리는 이것이라."

   4) 그리스도인은 세상의 유혹을 이긴다.
   때때로, 세상은 그리스도인에게 다시 간수와 같은 모습으로 돌변합니다. 하나님이 고난과 슬픔을 보내시고, 마침내 삶이 감옥이 되고, 세상은 그 감옥의 간수가 되며, 그것도 아주 비열한 간수가 됩니다. 내 친구들이여, 여러분이 시련과 고통에 처해 본 적이 있습니까? 또 세상이 여러분에게 찾아와서 이렇게 말한 적이 있었나요? "불쌍한 죄수여, 나에게는 너를 내보낼 수 있는 열쇠가 있다. 너는 금전상의 어려움에 처해 있구나. 내가 너에게 거기에서 벗어날 방법을 알려주마. 그 양심 씨를 쫓아내 버려라. 그는 너에게 '그것이 부정직한 행위가 아니냐?'고 물어볼 것이다. 그의 말에 귀를 기울이지 마라. 그를 잠재워라. 정직에 대해서는 네가 돈을 얻은 후에 생각하라. 여가 있을 때 회개하면 될 것이다." 세상은 그렇게 말합니다. 하지만 여러분은 이렇게 말합니다. "나는 그렇게 할 수 없소이다." 세상이 다시 말합니다. "음, 그렇다면 투덜대고 불평하라. 너 같이 선한 사람이 이런 감옥에 갇혀 있다니!" 그리스도인이 말합니다. "아니요, 내 아버지께서 나를 곤란에 처하게 하셨으니, 그분의 때에 그분이 나를 이끌어내실 것이오. 하지만 내가 여기서 죽는다 해도 나는 빠져나가기 위해 나쁜 수단들을 사용하지 않을 것이오. 내 아버지께서는 나의 유익을 위해 이곳에 처하게 하셨으니, 나는 불평하지 않을 것이오. 여기서 내 뼈를 묻는다고 해도, 이 돌 바닥 아래에 내 관이 놓인다 해도, 이 차가운 감방 벽이 내 비석이 된다고 해도, 차라리 여기서 죽을지언정 부당한 수단에 의해 빠져 나가기 위해서는 손가락 하나 까딱하지 않을 것이오." 세상이 또 말합니다. "아하, 그렇다면 네놈은 바보로구나." 그는 지나가면서 경멸하는 투로 말합니다. "저 사람에겐 머리가 없네. 그는 과감한 일을 하지 않으려 하네. 그에게는 용기가 없다네. 그는 넓은 길로는 진출하지 않으려 하네. 그는 고리타분하고 낡아빠진 도덕의 길만 걸으려 하네." 그렇고말고요. 그는 그렇게 합니다. 이런 식으로 그는 세상을 이깁니다.

오! 나는 그리스도인이 싸워왔던 몇 가지 전투에 대해 여러분에게 말할 수 있습니다. 많은 가난한 소녀들이 있습니다. 그들은 일하고 또 일하여, 손가락 뼈마디가 앙상하게 드러날 때까지 일을 합니다. 우리가 입고 쓰는 것들을 만들면서 그들이 버는 돈은 겨우 생계를 이을 정도입니다. 우리는 때때로 우리가 입고 있는 것이 가난한 소녀들의 피요, 뼈요, 힘줄들이라는 것을 알지 못합니다. 저 불쌍한 소녀는 수없이 유혹을 받아왔습니다. 악한 자가 그녀를 유혹하려고 애를 써 왔습니다. 하지만 그녀는 용감하게 싸워왔습니다. 자신의 정절에 굳게 서고, 빈궁 속에서도 여전히 정직하게 서 있습니다. "달 같이 아름답고, 해 같이 맑고, 깃발을 세운 군대 같이 당당한 여자이며"(아 6:10), 악의 유혹들과 부추김에 의해 정복당하지 않은 영웅입니다. 다른 경우들도 있습니다. 많은 사람에게 단 시간에 부자가 될 수 있는 기회가 찾아왔습니다. 그 기회를 움켜쥐기만 하면 그는 한순간에 거부가 될 수 있습니다. 하지만 그는 감히 그렇게 하지 않습니다. 그 안에 계신 하나님이 "안돼"라고 말씀하셨기 때문입니다. 세상은 "부자가 되라, 부자가 되라"고 말합니다. 하지만 성령님은 "아니다! 정직하라, 네 하나님을 섬기라"고 말씀하십니다. 오, 치열한 경쟁, 많은 전투들이 마음 안에서 수행됩니다! 하지만 그리스도인은 말합니다. "안돼. 설혹 내가 하늘의 별들을 온통 황금의 세계로 변화시킬 수 있다 해도, 나는 그 부의 세계가 나를 현혹하고 내 영혼에 해를 끼치도록 허용하지 않을 테야." 이렇게 그는 정복자로서 행합니다. "세상을 이기는 승리는 이것이니 우리의 믿음이니라."

2. 위대한 출생

하지만 이 본문은 위대한 **출생**(great birth)에 대해서도 말합니다. 아주 친절한 어느 친구가 내게 말하기를, 내가 엑서터 홀에서 설교할 때에는 청중들의 다양한 견해들에 경의를 표해야 한다고 했습니다. 비록 나는 칼빈주의자이면서 침례교 목사이더라도, 다양한 신조들이 있음을 기억해야 한다고 했습니다. 자, 만일 내가 여러분 전부를 기쁘게 하는 것만을 전하려면, 대체 내가 무엇을 전해야겠습니까? 나는 내가 진리라고 믿는 것을 전합니다. 혹시 내가 단 하나의 진리라도 빠뜨리면 그것이 나를 영원히 영국의 왕으로 만들어 준다고 해도, 나는 그것을 빠뜨리지 않을 것입니다. 내가 말하는 것을 좋아하지 않는 사람들은 떠날 수 있는 선택권이 있습니다. 내 생각에, 그들은 스스로를 기쁘게 하려고 여기에 옵니다. 그래서 만일 진리가 그들을 기쁘게 하지 않으면 그들은 진리에서 떠날 수도 있습니다. 나는 정직한 영국의 청중이, 진리를 말함에 있어서 망설이지 않고, 더듬거리지도 않고, 어물거리지도 않는 사람에게서 등을 돌리고 떠나는 것을 조금도 두려워하지 않을 것입니다. 자, 이 위대한 탄생에 대해서는 어떠할까요? 나는 아마도 거슬리는 것을 말할지도 모릅니다. 하지만 내 말이 거슬린다고 말하는 사람은 무엇보다 '얼간이 씨'(Mr. Jay)일 것입니다. 어떤 사람들은 새로운 탄생이 유아 세례 시에 발생한다고 합니다. 하지만 나는 저 존경스러운 대주교가 이렇게 말한 것을 기억합니다. "교황주의는 거짓입니다. 퓨지주의(Puseyism: 옥스퍼드 대학 교수였던 Pusey와 그의 추종자들이 교회 의식 등에서 가톨릭적인 전통을 강조하고 국교회의 권위를 회복하고자 한 운동 ─ 역주)는 거짓입니다. 세례 시에 거듭난다는 말도 거짓입니다." 그렇습니다. 그것은 너무나 명백한 것이기에 설교자가 그런 사상을 머릿속에 담아둔다는 것을 나는 상상도 할 수 없습니다. 그것은 너무도 명명백백하게 부조리한 것이기에, 그런 주장을 믿는 자는 상식 이하의 사람입니다. 물 한 방울에 의해 모든 아기들이 거듭나다니요! 그렇다면 저기 링 안에서 싸우고 있는 권투선수도, 유아 때 소위 '성수(聖水)' 몇 방울을 이마 위에 떨어뜨린 적이 있으니 거듭난 것이겠군요! 또 다른 사람은 거짓 맹세를 합니다. 저기 거리에서 술에 취해 비틀거리는 사람을 보십시오. 그도 거듭난 것이군요! 아 그것 참 대단한 중생(重生)이로군요! 나는 그가 또 한 번 거듭나기를 바란다고 생각합니다. 그런 식의 거듭남은 그를 마귀에게나 어울리게 할 뿐입니다. 그 속이는 효과에 의해, 그를 칠 배나 더 지옥 자식이 되게 만들 수도 있습니다. 그러나 이 '아름다운' 퓨지주의 교회의 상상에 따르면, 저주를 일삼고, 거짓 맹세하고, 훔치고 강탈하는 사람들이나, 교수형에 처해진 저 불쌍하고 비참한 사람들 모두 거듭난 셈입니다! 무슨 엉뚱한 말인지요! 그런 사상을 물리치십시오! 아, 하나님께서 사람들에게 새로운 생명의 탄생을 이루실 때는, 사람들 마음속에 그보다 더 좋은 것을 보내 주십니다.

　　본문은 위대한 출생에 대해서 말합니다. "무릇 하나님께로부터 난 자마다 세상을 이기느니라." 이 새로운 출생은 신앙 전반에서 매우 신비스러운 부분입니다. 여러분이 만일 새로운 출생을 제외하고서 다른 어떤 것을 전한다면, 언제나 청중들의 호응을 얻을 것입니다. 하지만 만일 여러분이 천국에 들어가려면 근본적인 변화가 있어야 한다고 주장하면, 비록 그것이 성경의 가르침이라고 해도, 대체로 그런 가르침은 사람들의 입맛에 맞지 않아서 그들로 경청하도록 만들기가 어려울 것입니다. 아! 이제 내가 여러분에게 "사람이 물과 성령으로 나지 아니하면 하나님의 나라에 들어갈 수 없느니라"(요 3:5)는 말을 시작하면, 여러분은 내 말을 외면할 것입니다. 만일 내가 "성령의 능력에 의해 거듭나게 하는 영향력이 여러분 마음에 주입되어야 합니다"라고 말하면, 여러분이 "그것은 종교적 열광(enthusiasm)이야"라고 말할 것임을 나는 압니다. 아! 하지만 그것은 성경에 근거한 열심입니다. 나는 여기에 서 있으며, 이 성경으로써 판단을 받을 것입니다. 만일 성경이 우리에게 거듭나야 한다고 말하지 않는다면, 나는 그것을 포기하겠습니다. 하지만 성경이 그렇게 말한다면, 여러분의 구원이 달린 진리를 불신하지 마십시오.

　　그렇다면 거듭난다는 것이 무엇입니까? 아주 간단히 말해, 거듭나는 것은 너무나 신비스러워(mysterious) 사람의 말로는 표현할 수 없는 변화를 겪는 것입니다. 우리가 우리의 처음 출생을 제대로 묘사할 수 없듯이, 두 번째 출생을 묘사하기가 우리로서는 불가능합니다. "바람이 임의로 불매 네가 그 소리는 들어도 어디서 와서 어디로 가는지 알지 못하나니 성령으로 난 사람도 다 그러하니라"(요 3:8). 하지만 그것은 너무나 신비로우면서도, 동시에 알려지고 느껴지는(known and felt) 변화입니다. 사람들이 잠이 들어 알지도 못하는 사이에 거듭나는 것이 아닙니다. 그들은 그것을 느낍니다. 그것을 경험합니다. 전기의 힘은 신비로운 것이지만, 그것은 어떤 느낌 혹은 감각을 만들어 냅니다. 새로운 출생도 그러합니다. 새롭게 태어날 때에 영혼은 큰 고통을 겪으며, 종종 눈물의 홍수에 빠지기도 합니다. 때때로 그것은 쓴 잔을 마시는 것과도 같으며, 이따금씩은 달콤한 소망의 생수를 마시는 것과도 같습니다. 우리가 사망에서 생명으로 옮겨가는 동안, 오직 하나님의 자녀만이 진실로 이해할 수 있는 어떤 체험이 있습니다. 그것은 신비로운 변화이면서, 그와 동시에, 분명한 변화이기도 합니다. 그것은 마치 이 심장을 내게서 꺼내어, 그 검붉은 핏방울들을 쥐어 짜내고서, 그런 다음 깨끗이 씻은 상태로 다시 내 영혼 안에 집어넣는 것과도 같은 변화입니다. 그것은 새로운 마음과 정직한 영이 되는 것이며, 신비하지만 동시에 실제적이고 현실적인 변화입니다!

더 나아가서, 이 변화는 초자연적인(supernatural) 것이라고 말할 수 있습니다. 그것은 사람이 자기 힘으로 수행할 수 있는 것이 아닙니다. 그것은 술 취함을 멀리하고 멀쩡한 정신으로 바뀌는 정도가 아닙니다. 그것은 로마 가톨릭 신자가 개신교 신자로 바뀌는 것이 아닙니다. 그것은 비국교도(a Dissenter)에서 국교도(a Churchman)로 전향하거나, 혹은 국교도에서 비국교도로 선회하는 것이 아닙니다. 그것은 그보다 훨씬 더 방대한 것입니다. 그것은 새로운 원리가 내 마음속에 주입되어, 내 영혼을 파고들고 내 전인(全人)을 움직이는 것입니다. 내 이름의 변화가 아니라 내 본성의 변화이며, 그래서 내가 더 이상 예전의 내가 아니라, 그리스도 예수 안에서 새 사람이 되는 것입니다. 그것은 초자연적인 변화입니다. 사람이 할 수 없는 일이며, 오직 하나님만이 하실 수 있는 일입니다. 하나님의 영이 수반되지 않으면 성경 그 자체로도 그 변화를 이루어 내지 못합니다. 어떤 목사의 웅변도 그런 일을 초래할 수 없습니다. 그것은 너무나 강력하고 너무나 놀라운 일이기에, 오직 하나님의 역사라고, 하나님이 홀로 이루신 일이라고 인정되어야 합니다.

이 시점에서 새로운 출생은 또한 영속적인 변화(enduring change)라고 진술해야겠습니다. 아르미니우스파 사람들(Arminians)은 사람들이 거듭나고도, 그 후에 죄에 빠졌다가, 다시 스스로의 힘으로 일어설 수 있다고 말합니다. 또한 다시 그리스도인들이 되었다가, 또 죄에 빠져 하나님의 은혜를 잃어버리고, 그런 후 다시 되돌아올 수 있다고 합니다. 삶 속에서 수백 번이나 죄에 빠지고, 계속해서 은혜를 잃었다가 다시 회복하기를 반복한다는 것입니다. 자, 나는 그것이 여러분이 성경에서 읽은 것과는 전혀 다른 설명이라고 여깁니다. 내가 성경에서 읽는 것은, 혹 참된 그리스도인들이 타락하게 된다면, 그들이 다시 새롭게 하여 회개하는 것이 불가능하다는 것입니다(히 6:4-6). 더 나아가, 성경에서 내가 읽는 것은, 하나님께서 착한 일을 시작하셨으면 그분이 그 일을 끝까지 이루신다는 것과(빌 1:6), 그분이 한 번 사랑하신 자들을 끝까지 사랑하신다는 것입니다(요 13:1). 내가 만일 단지 개선된 정도라면, 나는 여전히 술주정꾼일 수 있고, 혹 여러분은 내가 제멋대로 행동하는 것을 볼 수도 있을 것입니다. 하지만 내가 진정으로 거듭났다면, 진정으로 초자연적인 변화를 겪었다면, 나는 결코 타락하지 않을 것입니다. 내가 죄에 빠질 수는 있겠지만, 궁극적으로 타락하지는 않을 것입니다. 나는 생명이 지속되는 동안에 서 있을 것이며, 변함없이 안전할 것입니다. 그리고 내가 죽을 때 이런 말을 듣게 될 것입니다.

> "하나님의 종이여, 잘하였도다!
> 네 복된 임무를 그치고 쉴지어다.
> 싸움을 싸웠고, 승리를 얻었으니,
> 너의 영원한 즐거움으로 들어갈지어다."

사랑하는 여러분, 여러분 스스로를 속이지 마십시오. 만약 여러분이, 사람이 거듭나고서도 하나님에게서 떠났다가 다시 한 번 거듭날 것이라고 상상한다면, 여러분은 그 문제에 대해서 아무것도 모르는 것입니다. "하나님께로부터 난 자는 다 범죄하지 아니하기" 때문입니다(요일 5:18). 진실로 또한 실제로 거듭난 사람은 복이 있습니다. 그는 사망에서 생명으로 옮긴 자입니다!

3. 위대한 은혜

마지막으로, 위대한 은혜(great grace)가 있습니다. 진실로 거듭난 사람들은 세상을 이깁니다. 어떻게 그렇게 할 수 있습니까? 본문은 말합니다. "세상을 이기는 승리는 이것이니 우리의 믿음(faith)이니라." 그리스도인들은 이성의 힘으로 세상을 이기는 것이 아닙니다. 전혀 그렇지 않습니다. 이성은 아주 좋은 것이며, 누구도 그것을 비난해서는 안 됩니다. 이성은 촛불입니다. 하지만 믿음은 태양입니다. 자, 나는 촛불을 끄지는 않겠지만 태양을 더 선호합니다. 나는 그리스도인으로서 이성을 사용합니다. 나는 그것을 지속적으로 활용합니다. 하지만 내가 진정한 전투에 임할 때, 이성은 나무로 된 칼입니다. 그것은 부러지고, 끊어집니다. 하지만 믿음은 참된 예루살렘의 금속으로 만든 칼이며, 영혼과 몸을 찔러 쪼갭니다. 이 본문은 "세상을 이기는 승리는 이것이니 우리의 믿음이니라"고 말합니다. 세상에서 무언가를 이루는 사람들이 누구입니까? 그들은 언제나 믿음의 사람들이 아니었습니까? 심지어 자연인으로서의 믿음조차 그러합니다. 싸움에서 이기는 자가 누구입니까? 자기가 싸움에서 이긴다고 믿고, 자신이 승리자가 될 거라고 공언하는 그 사람입니다. 세상에서 결코 성공하지 못하는 자가 누구입니까? 언제나 어떤 일을 하기를 염려하고, 자신이 그것을 이루지 못할 것이라고 두려워하는 그 사람입니다. 알프스 정상에 오르는 자는 누구입니까? "내가 그 일을 할 것이고, 그렇지 않으면 죽을 것이다"라고 말하는 자입니다. 어떤 일이 가능성의 영역 안에 있는 일이라면, 그 일을 할 수 있다고 믿고 결심하는 자가 그 일을 할 것입니다. 맹렬한 싸움과 전투의 한가운데서도 굳센 손으로 깃발을 움켜쥐고 세운 자들이 누구였습니까? 바로 믿음의 사람들입니다. 누가 위대한 일들을 행했습니까? 두려워하고 떨며 염려하는 사람들이 아니라, 믿음의 사람들이었습니다. 담대한 얼굴과 놋쇠로 된 이마를 가진 사람들, 떨거나 두려워하지 않으며 오직 하나님을 믿은 자들, 자기의 도움이 오는 산을 향하여 눈을 든 자들이었습니다.

지상에서 이루어진 놀라운 일들 중에서 믿음에서 나오지 않은 것은 하나도 없습니다. 고귀하거나, 풍성하거나, 혹은 위대한 일 중에서 믿음에 그 성취의 뿌리를 두지 않은 것은 아무것도 없습니다. 여호수아가 신앙적인 믿음으로 싸웠듯이 레오니다스(Leonidas: 기원전 5세기 스파르타의 왕 — 역주)는 인간적인 믿음으로 싸웠습니다. 크세노폰(Xenophon: 기원전 4세기 그리스의 철학자이자 역사가이며 장군 — 역주)은 자기의 재능을 믿었고, 맛다디아스의 아들들(Mattathias: 예루살렘 성전을 더럽히고 유대교를 근절하려던 시리아의 안티오쿠스 4세에 저항한 인물로서, 그의 아들들 중 가장 유명한 이는 유다 마카베오/Judas Maccabees이다. 마카베오는 기원전 164년 항전에서 승리하여 성전을 다시 봉헌하는데 이것이 요한복음 10장 22절에 나오는 수전절/the feast of Dedication의 유래이다 — 역주)은 그들의 대의명분을 믿었습니다. 믿음은 강한 것들 중에서도 강한 것입니다. 그것은 정신의 영역에서의 군주입니다. 그 힘을 능가하는 것이 없고, 그 비범한 용맹에 고개를 숙이지 않은 자가 없습니다. 믿음의 결핍은 사람을 비열하게 만들고, 그를 움츠러들게 만들어 아주 하찮은 삶을 살게 만듭니다. 그런 자에게 믿음을 주십시오. 그러면 그런 사람도 바다 깊은 곳으로 뛰어드는 레비아단(Leviathan) 같은 존재가 될 것입니다. 그는 노련한 용사가 되어 전장에서도 '아하! 아하!' 하며 탄성을 지를 것입니다. 그는 열국을 손에 쥐고서 가루로 만들며, 군대와 마주칠 때에도 단칼에 그들을 휩쓰는 거인이 될 것입니다. 그는 제왕들의 홀(笏)들을 모아 단으로 묶을 것이며, 모든 왕관들을 모아 자기의 소유로 삼을 것입니다. 선생들이여, 믿음과 같은 것은 없습니다. 믿음으로써 여러분은 하나님의 힘을 빌려 쓰게 되고, 거의 그분처럼 무엇이든 할 수 있게 될 것입니다. 우리에게 믿음을 주소서, 그러면 우리가 모든 일을 할 수 있을 것입니다!

　　나는 믿음이 어떻게 그리스도인들로 하여금 세상을 이기도록 돕는지를 말하고자 합니다. 그것은 언제나 동종요법(同種療法) 식으로(homeopathically) 그렇게 합니다. "아주 독특한 생각인데요"라고 여러분은 말합니다. 그럴 수도 있습니다. 원리는 이런 것이지요. "유사한 것이 유사한 것을 치료한다(like cures like)." 마찬가지로 믿음은 '유사한 것으로 유사한 것을 치료함으로써(by curing like with like)' 세상을 이깁니다. 그러면 믿음이 어떻게 세상의 두려움(fear)을 짓밟습니까? 하나님을 두려워함으로써 그렇게 합니다. 세상은 이렇게 말합니다. "자, 만일 네가 이 일을 하지 않으면 네 생명을 빼앗을 것이다. 네가 만일 내 우상 앞에 절하지 않으면, 너를 뜨겁게 타오르는 풀무 속에 집어넣을 것이다." 믿음의 사람이 말합니다. "하지만, 나는 몸과 영혼을 능히 지옥에 멸하실 수 있는 분을 두려워한다. 네가 두려운 것이 사실이지만, 나는 너보다는 그분에 대해 더 큰 두려움을 가지고 있다. 내가 혹 하나님을 노여우시게 할까 두렵고, 내 주권자를 거스르게 될까 심히 떨린다." 그렇게 한 가지 두려움이 다른 두려움을 상쇄하는 것입니다.

　　믿음이 어떻게 세상의 희망들(world's hopes)을 전복시킵니까? 자, 세상은 말합니다. "나는 너에게 이것을 주겠다. 만일 네가 내 제자가 되면 저것까지 주겠다. 저기 너를 위한 희망이 있다. 너는 부자가 될 것이고, 위대하게 될 것이다." 하지만 믿음은 말합니다. "나에게는 하늘에 간직한 소망이 있다. 그것은 썩지도 않고 쇠하지도 않는 영원한 소망이다. 생명의 면류관을 쓰게 되는 찬란한 소망이다." 그리하여 영광스러운 소망이 이 세상의 모든 희망들을 이기는 것입니다. 세상이 또 말합니다. "아! 네 동료들의 본(example)을 따르는 것이 어떠냐?" 믿음이 대답합니다. "그럴 수가 없는 것은 내가 그리스도의 본을 따르기 때문이다." 만일 세상이 또 다른 본을 우리 앞에 제시하면 믿음은 같은 방식으로 대응합니다. "오, 저런 사람의 본을 따르라. 그는 지혜롭고, 위대하고, 선하기도 하다"라고 세상은 말합니다. "나는 그리스도를 따를 것이다. 그분은 가장 지혜롭고, 가장 위대하시며, 가장 선하신 분이시다"라고 믿음이 말합니다. 본으로써 다른 본을 이기는 것입니다. 세상이 또 말합니다. "좋다, 네가 이 모든 것으로도 정복당하지 않으니,

오라. 내가 너를 **사랑할**(love) 것이다. 너는 내 친구가 될 것이다." 믿음이 대답합니다. "이 세상과 친구인 자는 하나님의 친구가 될 수 없다. 하나님이 나를 사랑하신다." 그렇게 그는 사랑으로써 세상의 사랑을 이깁니다. 두려움으로 두려움을 이기고, 소망으로 소망을 이기며, 무서운 것으로써 무서운 것을 이깁니다. 그렇게 믿음은 '유사한 것이 유사한 것을 치료하는 방법으로' 세상을 이깁니다.

형제들이여, 설교를 마무리하면서, 나는 그저 소자로서 이 아침에 최선을 다해 여러분에게 말했음을 밝힙니다. 아마도 다른 때에는, 더 많은 천둥을 발하고, 하나님의 말씀을 더 잘 선포할 수 있을 것입니다. 하지만 이것만은 내가 확신합니다. 나는 내가 아는 전부를 여러분에게 말하고, 솔직하게 말하고 있습니다. 나는 연설가가 아니며, 단지 내 마음에서 우러나오는 것을 여러분에게 말합니다. 하지만 설교를 마치기 전에, 여러분의 영혼과 더불어 한 마디를 더 나누고 싶습니다. 여기에 거듭난 사람이 얼마나 있습니까? 어떤 이들은 내 말에 귀를 기울이지 않고서 이렇게 말합니다. "전부 허튼소리이군. 우리는 규칙적으로 예배당에 출석하고, 찬송가와 성경책을 늘 팔짱에 끼고 다니는걸. 우리야말로 아주 신앙적인 사람이고말고!" 오, 영혼이여! 만일 내가 당신을 심판대에서 본다면, 내가 한 말을, 내가 전한 하나님의 말씀을 기억하십시오. "당신이 **거듭나지**(born again) 않으면 당신은 하나님 나라에 들어가지 못합니다." 여러분 중에는 이렇게 말하는 사람들도 있습니다. "우리는 거듭난다는 것이 당신이 말한 것처럼 엄청난 변화라는 것을 믿을 수 없네요. 나는 예전의 나에 비해 훨씬 좋아졌답니다. 나는 지금 거짓 맹세도 하지 않고, 아주 많이 개선되었습니다." 여러분, 나는 결코 그것이 적은 변화라고 말하는 것이 아닙니다. 하지만 거듭나는 것은 주전자를 수선하는 것이 아니라, 아예 깨뜨려서 새 것을 만드는 겁니다. 거듭나는 것은 마음을 땜질하는 것이 아니라, 새로운 마음과 정직한 영을 갖게 되는 것입니다. 그것은 다름 아니라 죄에 대하여는 죽고 의에 대하여는 사는 것인데, 그 의가 여러분의 영혼을 구할 것입니다.

내가 전혀 새로운 교리를 전하는 것이 아닙니다. 영국 국교회의 신앙 규약들을 읽어 보십시오. 국교회 사람들이 이따금씩 하나의 교회로 합치기 위해 나를 찾아옵니다. 내가 그들에게 그들의 기도서(payer book)에 있는 우리의 교리들을 보여주면, 그들은 거기에 그런 내용이 있는 것을 알지 못했다고 말합니다. 친애하는 청중이여, 여러분 자신의 신앙 조항들을 한 번 읽어보시겠습니까? 단연코, 여러분은 여러분 자신의 기도서에 있는 내용도 알지 못합니다. 오늘날 사람들은 성경을 읽지 않습니다. 그들 대부분이 신앙을 갖고 있지 않습니다. 그들에게 종교가 있지만, 그것은 전부 외적인 모양일 뿐입니다. 그들은 진정으로 종교의 의미가 무엇인지 탐구해 볼 생각을 하지 않습니다. 여러분, 종교의 외투가 여러분에게 유익을 주지 않습니다. 여러분에게 결핍된 것은 살아 있는 경건입니다. 정작 여러분에게 필요한 것은 종교적인 주일이 아니라 경건한 월요일이며, 경건한 교회가 아니라 경건한 사실(私室)입니다. 여러분에게 필요한 것은 무릎 꿇을 신성한 장소가 아니라, 하루 종일 서 있는 곳이 거룩한 장소가 되도록 하는 것입니다. 진실하고, 근본적이며, 결정적이고, 전적인 마음의 변화가 있어야 합니다. 자, 여러분은 어떻게 말하겠습니까? 여러분의 믿음이 세상을 이겼습니까? 여러분은 세상을 이기면서 살아갑니까? 아니면 세상과 세상에 있는 것들을 사랑하면서 살아갑니까? 만일 그렇다면 선생들이여, 여러분 각 사람이 그 길에서 돌이켜 마음을 그리스도께 드리지 않는다면, 그 길을 계속 가다가 멸망하는 수밖에 없습니다. 오, 뭐라고요? 여러분은 예수님이 사랑을 드리기에 합당한 분이냐고 묻는 것입니까? 영원과 천국에 속한 일에 시간을 드릴 가치가 있느냐고 말하는 것입니까? 여러분은 속물이 되는 것이 그렇게 달콤해서, 고통 중에 죽을 수도 있다고 말하는 것입니까? 죄인이 되는 것이 그렇게 좋아서, 그것 때문에 영혼의 영원한 복지를 잃어버려도 좋다는 것입니까? 오 내 친구들이여, 한때의 쾌락을 위해서 영원한 저주의 위험을 무릅쓸 가치가 있다고 하는 것입니까? 쾌락 속에 춤추는 것이 저 울부짖는 악귀들과 지옥에서 영원히 춤출 정도로 가치가 있단 말입니까? 하나님을 따르는 자들에게 천국의 기쁨들이 기다리고 있는데, 한 번의 쾌락의 꿈을, 눈을 뜨면 끔찍하게 될 그런 꿈을 즐길 가치가 있다는 것입니까? 오! 내 심정을 여러분에게 밝히자면, 마음의 슬픔이 눈물이 되어 쏟아질 것 같고, 자리를 떠나서 실컷 울고 싶습니다. 여러분이 여러분의 불쌍한 영혼을 가엾게 여기게 되길 빕니다. 나는 여러분의 영혼에 어느 정도 책임이 있다는 것을 압니다. 만일 파수꾼이 미리 경고하지 않으면, 사람들은 멸망할 것이지만, 그들의 피는 그 파수꾼의 손에서 찾게 될 것입니다. "이스라엘 족속아 돌이키고 돌이키라, 어찌 죽고자 하느냐?"(겔 33:11)라고 주께서 말씀하십니다. 악으로 기울어지고, 악에 취하고, 악한 뜻으로 가득한 여러분을 향해서도, 오늘 아침에 성령께서 내 입술을 빌려 말씀하십니다. "만일 너희가 전심으로 여호와께 돌이키면 그가 긍휼히 여기시리라, 우리 하나님께로 돌아오라 그가 너그럽게 용서하시리라"
(참조. 사 55:7). 내가 여러분을 데리고 갈 수는 없습니다. 내가 여러분을 끌고 올
수는 없습니다. 내 말은 무력하고, 내 생각은 약합니다! 이 어린 아이가 끌고 가
기에는 옛 아담이 너무도 강합니다. 하지만 귀한 영혼들이여, 하나님이 여러분
에게 말씀하십니다. 하나님께서 진리를 보내시니, 우리는 함께 기뻐할 것입니
다. 하나님께서 수확을 늘게 하시니 뿌리는 자나 거두는 자가 모두 즐거워할 것
입니다. 하나님이 여러분에게 복을 주시길 빕니다! 여러분 모두가 거듭나기를
바라고, 세상을 이기는 믿음을 갖게 되기를 빕니다!

> "그리스도를 바라보고
> 세상과 죄를 이기는 믿음,
> 선지자요, 제사장이며, 왕이신 그분을 영접하고,
> 양심을 깨끗하게 하는 그 믿음이 내게는 있는가?
>
> 이 귀한 은혜를 내가 얻었다면,
> 모든 찬양을 당신께 드림이 합당하나이다.
> 지금껏 당신 손에서 그 은혜를 구하지 않았다면
> 이제 구하오니, 주여, 그 은혜를 제게 허락하소서."

제
22
장

—

세 증언자들

—

**"증언하는 이가 셋이니 성령과 물과 피라
또한 이 셋은 합하여 하나이니라." — 요일 5:7-8**

　　기독교는 매우 고상한 주장을 제기합니다. 기독교는 참된 믿음을, 유일하고도 참된 믿음을 주장합니다. 기독교는 자신의 가르침이 신적인 것이라 공언하고, 따라서 무오하다고 합니다. 한편 위대한 교사(great Teacher)이자 하나님의 아들에 대해서, 기독교는 거룩한 예배를 요구하고 또한 사람들의 전적인 신뢰와 순종을 요구합니다. 기독교의 명령은 모든 인간에게 전파됩니다. 비록 당장은 그 권위가 인류의 무수한 사람들에게 거부당할지라도, 결국 진리가 보편적인 지배력을 얻게 되고 또한 주 예수님이 위대한 능력으로 친히 통치하실 그 때를 확신하면서 바라봅니다.

　　자, 그러한 고상한 주장을 정당화하기 위해, 복음은 강한 증거를 제시해야 하며, 또 그렇게 하고 있습니다. 외적인 증거들 면에서도 부족하지 않으며, 오히려 풍부합니다. 많은 학식 있는 사람들이 그 증거들을 상세히 설명하는데 그들의 삶을 보냈으며, 나로서는 그것들의 요약을 시도할 필요를 느끼지 않습니다. 요즘에는 저기 동양의 폐허들에서 발견되는 돌들을 뒤집어 보면, 그것이 하나님의 말씀의 진리를 선포하는 경우가 많습니다. 사람들이 역사나 자연을 더 많이 조사해 볼수록, 성경적 진술의 진리는 더욱 명백해집니다. 외적인 증거들의 병기고(兵器庫)에는 증거의 무기들이 많이 보관되어 있습니다. 복음은 그 자체 내에도 진리의 증거들을 간직하고 있습니다. 그것은 곧 스스로를 입증하는 능력입니다. 그것은 너무나 순결하고, 너무나 거룩하며, 타락한 인간의 창작의 재능을 전적으로 초월하는 것이어서, 하나님에게서 난 것이 틀림없습니다. 하지만 오늘 아침의 설교는 이러한 외적이거나 내적인 증거들과는 상관이 없습니다. 나는 본문에서 말하는 세 증언자들에 대해 여러분의 주의를 촉구합니다. 여전히 우리 가운데 있는 위대한 세 증언자들의 증언은 우리 신앙의 진리와, 우리 주님의 신성과, 믿음의 탁월성을 입증합니다. 우리의 본문은 세 증언자에 대해서, 곧 성령과 물과 피에 대해서 말하고 있습니다. 우리의 해석자이신 성령님께서 이 주목할 만한 구절의 풍성한 의미로 우리를 이끌어 주시길 기도합니다.

1. 세 증언자들이 주님을 증언하였다.

첫째로, 나는 이 세 증언자들에 의해 우리 주님 자신이 입증되셨다(our Lord Himself was attested by these three witnesses)는 사실에 주목할 것입니다. 여러분이 출애굽기 29장이나 혹은 레위기 8장을 주의 깊게 읽으면, 제사장이 위임을 받을 때(제사장은 그리스도의 한 예표였습니다) 언제나 세 가지가 사용된 것을 볼 수 있을 것입니다. 제사장이 위임받을 때는 매번 물로 씻음을 받아야 했고, 희생 제물이 드려지고 귀와 엄지손가락과 엄지발가락에 그 피를 발라야 했습니다. 그런 다음 제사장은 기름 부음을 받았는데, 그것은 장차 우리 믿음의 대제사장이 오실 때에 성령으로 기름 부음 받으신다는 것의 한 징표였습니다. 그렇게 모든 제사장은 기름 부으시는 성령님과 물과 피로써 세워졌습니다. 이는 예표의 문제로서, 만일 예수 그리스도께서 정녕 오실 그 제사장이시라면, 그분은 이 세 가지 징표들에 의해 알려질 것입니다.

옛 시대의 경건한 사람들은 또한 이 세 가지에 의해서가 아니면 죄 씻음을 받을 수 없음을 잘 이해했습니다. 그 증거로 우리는 다윗의 기도를 인용할 것입니다. "우슬초로 나를 정결하게 하소서" — 즉, 피에 적신 우슬초라는 말입니다 —"내가 정하리이다"(시 51:7). "나를 씻어주소서" — 물이 거기에 있습니다 — "내가 눈보다 희리이다." 다음에는 "주의 구원의 즐거움을 내게 회복시켜 주시고 자원하는 심령(Thy free Spirit)을 주사 나를 붙드소서"(12절). 이와 같이 죄를 씻기 위해서는 피와 물과 성령이 필요하다고 인식되었습니다. 만일 나사렛 예수께서 진정 자기 백성을 그 죄에서 구원하실 수 있다면, 그분은 성령과 물과 피라는 이 삼중의 선물과 함께 오셔야 합니다. 지금은 그러하다는 것이 명백해졌습니다.

　　우리 주님은 **성령에 의해**(by the Spirit) 증거를 얻으셨습니다. 하나님의 성령이 구약의 예표들과 예언들에서 그리스도를 증언하십니다. "성령의 감동하심을 받은 사람들이 하나님께 받아 말한 것임이라"(벧후 1:21). 또한 예수님은 마치 자물쇠 홈에 꼭 들어맞는 열쇠처럼 그 예언들에 정확히 일치하셨습니다. 우리 주님의 인성은 성령의 능력에 의해 형성되고 준비되었으며, 천사가 마리아에게 이렇게 말한 것과 같습니다. "성령이 네게 임하시고 지극히 높으신 이의 능력이 너를 덮으시리니 이러므로 나실 바 거룩한 이는 하나님의 아들이라 일컬어지리라"(눅 1:35). 우리 주님이 때가 되어 공적 사역을 시작하셨을 때 하나님의 성령이 비둘기처럼 그분 위에 내려오시고 머무셨고, 하늘로부터 이런 소리가 들려왔습니다. "너는 내 사랑하는 아들이라 내가 너를 기뻐하노라"(눅 3:22). 이는 정녕 우리 주님이 메시야이심을 확실하게 보증하는 인증(認證)입니다. 그것은 예언의 영에 의해 세례 요한에게 증거로서 주어진 것이기 때문입니다. "성령이 내려서 누구 위에든지 머무는 것을 보거든 그가 곧 성령으로 세례를 베푸는 이인 줄 알라"(요 1:33). 공생애 사역 내내 성령이 우리 주님 안에 한량없이 거하셨으며, 그리하여 그분의 삶이 성령으로 충만하고 성령으로 인도받았다고 묘사할 수 있습니다. 그 때문에 그분의 삶과 사역이 능력으로 충만했습니다. 그분이 이렇게 말씀하신 것은 진실로 참입니다. "주의 성령이 내게 임하셨으니 이는 가난한 자에게 복음을 전하게 하시려고 내게 기름을 부으시고 나를 보내사 포로된 자에게 자유를, 눈먼 자에게 다시 보게 함을 전파하며 눌린 자를 자유롭게 하려 하심이라"(눅 4:18). 또한 베드로가 이렇게 잘 말했습니다. "하나님이 나사렛 예수에게 성령과 능력을 기름 붓듯 하셨으매 그가 두루 다니시며 선한 일을 행하시고 마귀에 눌린 모든 사람을 고치셨으니 이는 하나님이 함께 하셨음이라"(행 10:38). 많은 표적과 기사들은 주 예수님의 사역에 대한 성령의 증언입니다. 성령은 우리 주님과 일생 동안 함께 하셨으며, 더 나아가, 그분이 죽으시고 부활하신 이후에는 오순절 날 제자들에게 충만한 능력으로 임하심으로써 그분에 대해 증언하셨습니다. 주님은 제자들에게 성령으로 세례를 베풀 것을 약속하셨으며, 그들은 그 선물을 기대하면서 예루살렘에 머물렀습니다. 그들은 실망하지 않았습니다. 별안간 "그들이 다 성령의 충만함을 받고 성령이 말하게 하심을 따라 다른 언어들로 말하기를 시작하였습니다"(행 1:4). 불의 혀 같이 갈라지는 것들과 "급하고 강한 바람"은 승천하신 그분이 주요 하나님이시라는 신성한 증거들이었습니다. 사도들이 말했습니다. "우리는 이 일에 증인이요 하나님이 자기에게 순종하는 사람들에게 주신 성령도 그러하니라"(행 5:32). 우리 주님이 미리 예고하셨듯이, 성령으로 말미암은 사도들의 말은 사람들로 하여금 "죄에 대하여, 의에 대하여, 심판에 대하여" 깨닫게 했습니다(요 16:8). 그들은 승천하신 구주를 믿고 또 같은 날에 세례를 받았습니다. 예수님이 하신 말씀은 풍성하게 성취되었습니다. "내가 아버지께로부터 너희에게 보낼 보혜사 곧 아버지께로부터 나오시는 진리의 성령이 오실 때에 그가 나를 증언하실 것이라"(요 15:26). 이와 같이 우리 주님의 탄생 때부터 일생 동안, 그리고 그분의 승천 이후에도, 성령께서 그분에 대해 분명하게 증언하셨습니다.

우리 주님께서 물로 오신 것 또한 명백합니다. 나는 모든 제사장들이 물로 씻음을 받은 것을 여러분에게 보여주었습니다. 우리 주님은 부정(不淨)하지 않으셨으며, 따라서 그분에게는 이 일이 필요 없다고 생각할 사람이 있을 것입니다. 하지만 "모든 의를 이루기 위하여"(마 3:15) 그분이 행하신 첫 번째 단계는 요단 강에서 세례 요한에 의해 씻음을 받는 것이었습니다. 그분은 물세례로써 자기 사역을 착수하셨는데, 물세례는 그분의 죽음과 장사지냄과 부활에 의해 그분이 자기 백성을 구하실 것임을 암시하는 것입니다. 그 세례가 마치자마자 여러분은 그분이 물과 함께 오신 것을 볼 수 있습니다. 물로써 나타내는 것은 곧 외적인 씻음이 상징하는 깨끗하고, 정결하고, 거룩한 삶이기 때문입니다. 세상에 알려지지 않았던 그분의 초기 생애도 거룩하였으며, 후기의 공생애 사역도 흠이 없었습니다. "그에게는 죄가 없었습니다"(요일 3:5). 어느 누가 그분처럼 순결하게 사명을 수행한 적이 있습니까? 그분은 단지 상징으로서 물로 오신 것이 아니라, 물이 의미하는 바 더럽혀지지 않은 순결한 삶으로 오신 것입니다. 그분의 가르침은 그분의 삶의 모범처럼 순결하였습니다. 그분의 모든 가르침 중에서 죄를 지어내거나, 조장하거나, 변명하는 내용이 한 마디라도 있었다면 내게 지적해 주십시오! 그분은 죄인들의 친구(the Friend)이셨지만, 그들의 죄의 옹호자는 아니었습니다. 죄인들을 향한 그분의 온화하심은 그 목적이 죄를 제거하는 것에 있는 의사로서의 온화함입니다. 그분의 모든 가르침은 정결하게 하고 생명을 주는 물에 적절히 비유될 수 있으며, 그런 방식으로 사람들의 마음에 작용하였습니다. 특히 이 마지막 의미에서 그분은 물로써(by water) 오신 것입니다. 아주 현저하게도 요한복음은 요한일서의 상세한 설명이면서 동시에 원전(原典)과도 같습니다. 요한복음을 펼쳐보면, 여러분은 주 예수님께서 가르치시던 초기에 물로써 오신 것을 발견할 것입니다. 니고데모에게 그분은 사람이 "물과 성령으로 나야" 한다고 말씀하십니다. 사마리아 여인에게 그분은 "생수(living water)"에 대해 상세하게 말씀하십니다. 그분은 "누구든지 목마르거든 내게로 와서 마시라"(요 7:37)고 외치십니다. 사역에 있어서 그분은 사람들을 초대하실 뿐 아니라, 자기를 믿는 모든 자들에게 '생수의 샘'을 아낌없이 주셨습니다. 이와 같이 우리 주님은 사람들에게 새롭고, 깨끗하고, 정결하게 하는 생명을 전해 주신다는 의미에서 물로 오셨습니다. 물은 믿는 자의 영혼 안에서 솟아나는 새로운 생명, 하나님의 존재의 영원한 원천에서 솟아나 생기 있게 흐르는 생명의 상징입니다. 그 생명은 영원토록 흐르면서 넓어지고 깊어지는 에스겔의 강과도 같아서(겔 47장), 능력과 기쁨이 갈수록 증대되고 충만해지며, 마침내 영원한 행복의 대양(大洋)과 합쳐지게 됩니다. 예수님은 이 생명의 물을 사람들에게 쏟아부어 주시기 위해 오셨습니다. 그분의 이름을 찬양합니다!

우리 주님은 제자들의 발을 씻겨주심으로써 자신의 생을 마감하셨습니다. 그것은, 일생 동안 사람들을 정결하게 하셨고 또한 지금도 살아 계셔서 세상의 부패를 정화하시는 분으로서, 생의 적절한 마감이었습니다. 심지어 죽음 이후에도 우리 주님은 창에 찔리신 심장에서 쏟아져 나오는 피와 물로써 그 교훈적인 상징을 유지하셨습니다. 분명 요한은 그것을 아주 의미심장하게 여겼습니다. 그 일에 대해 기록할 때 그는 이렇게 말하고 있기 때문입니다. "이를 본 자가 증언하였으니 그 증언이 참이라 그가 자기의 말하는 것이 참인 줄 알고 너희로 믿게 하려 함이니라"(요 19:35). 그런 식으로 요단 강에서 십자가에 이르기까지, 상징과 실체 모두가 우리의 위대하신 주님에게 있었습니다. 그분의 인격적인 순결과, 다른 사람들에게 나누어 주신 그분의 생명의 선물이, 위로부터 받은 그분의 사명을 입증합니다.

예수님에게는 또한 피(the blood)가 있었습니다. 이것이 그분과 세례 요한의 차이입니다. 요한은 물로 왔지만, 예수님은 "물로만 아니요, 물과 피로" 임하셨습니다(6절). 우리는 세 가지 증언 중에서 어느 하나만을 선호해서는 안 됩니다. 하지만 피는 그리스도께 대한 얼마나 놀라운 증언입니까! 처음부터 그분은 피로 오셨습니다. 세례 요한이 이렇게 외쳤기 때문입니다. "보라 세상 죄를 지고 가는 하나님의 어린 양이로다"(요 1:29). 자, 죄를 지고 가는 어린 양은 죽임을 당한 어린 양이며, 피를 흘리는 어린 양입니다. 그래서 그분이 세례의 물에 젖어 있을 때, 세례 요한은 그분이 인간의 죄를 위해 피를 흘리셔야 하는 것을 보았습니다. 그분의 사역에서 종종 장래의 고난과 피 흘리심에 대한 분명한 증언이 있었습니다. 모여든 무리 앞에서도 그분은 이렇게 말씀하셨습니다. "인자의 살을 먹지 아니하고 인자의 피를 마시지 아니하면 너희 속에 생명이 없느니라"(요 6:53). 제자들에게 그분은 조만간 예루살렘에서 성취하실 죽음에 대해 말씀하셨습니다. 그리고 마지막에는, 우리의 모든 죄를 그 어깨 위에 짊어지시고 겟세마네에서 고민하셨고 십자가에 달리셨습니다. 피는 저기 나무에 달리신 그분이 정녕 하나님의 어린 양이셨다고 증언합니다.

> "성육하신 하나님이 질 수 있는 모든 짐을 지셨으니,
>   힘은 충분하였어도, 남기신 힘도 없었다네."

그분이 사심 없이 원수들을 위해 죽으시고 이타적으로 수치스러운 운명을 견디신 것은, 그분을 거절하고 조롱한 자들을 구속하기 위함이었고, 불굴의 사랑으로 죽음을 정복하기 위함이었으며, 불평 없이 하나님의 진노를 감당하기 위함이었으니, 그 일은 하나님의 아들이 아니고서는 누구도 할 수 없는 일이었습니다. 메시야가 끊어짐을 당하셔야 했지만 그것은 그분 자신을 위함이 아니었습니다. 그분은 자기 영혼을 속건 제물로 드리셔야 했으며(사 53:10), 악한 자들과 함께 죽임을 당하셔야 했고, 땅에 몸을 누이셔야 했습니다. 언약의 피가 흘려져야 했고, 유월절 제물이 죽임을 당해야 했으며, 목자가 맞아야 했고, 어린 양이 도살자에게로 끌려가야 했으니, 오직 자기 피를 흘림으로써 예수님은 자신이 예언된 메시야이심을 입증할 수 있었습니다. 그분이 아무리 순결한 삶을 사셨다고 해도, 만약 그분이 죽지 않으셨다면, 그분은 우리 모두의 죄를 감당하기로 지명된 그 구주가 되실 수 없었을 것입니다. 증언을 성취하기 위해서는 피가 필요했습니다. 물과 더불어 피가 흘러야 했으며, 섬김뿐 아니라 고난이 있어야 했습니다. 만약 그분이 양들을 위해 자기 목숨을 버리지 않으셨다면, 가장 경건한 모범조차도 그분을 하나님이 보내신 목자로 입증하지 못했을 것입니다. 속죄를 제외

한다면, 예수님은 여느 선지자와 다를 바가 없으며, 그분의 사명의 본질적인 부분이 사라지는 셈입니다. 명백하게도, 오실 그분은 "허물을 그치게 하고 죄를 끝내셔야" 했습니다(참조. 단 9:24). 자, 이 일은 속죄에 의해서가 아니면 이루어질 수 없었습니다. 그래서 예수님은 자기 피로 그 속죄를 이루셨고, 우리는 그분이 하나님의 그리스도이심을 압니다. 그분의 피는 그분의 사명의 인장(印章)이며, 그분의 사역의 핵심입니다.

지금까지 나는 이 거룩한 세 증언자들에 의해 우리 주님이 입증되셨음을 제시하였습니다.

2. 세 증언자들은 지속적으로 주님을 증언한다.

이제, 두 번째로, 성령 하나님께서 저를 도우심을 바라며, 이 세 증언자들이 여전히 모든 시대에 걸쳐 그분에 대한 지속적인 증언자들임(these three remain as standing witnesses to Him to all time)을 여러분에게 제시하고자 합니다.

우선, 성령(the Holy Spirit)께서 지금 이 시간에도 예수님의 가르침이 진리임과, 예수님이 하나님의 아들이심을 증언하십니다. 나는 그분이 어디에서나 그런 증언을 하신다고 말하지 않습니다. 많은 사람들이 인간의 지혜로 전하고, 인간적인 연설의 탁월함으로 전하고 있기 때문입니다. 성령 하나님은 그들과 동역하지 않으십니다. 그분이 다른 도구들을 선택하셨기 때문입니다. 나는 또한 미적지근한 목회자나 기도 없는 교회에 의해 진리가 모독을 당할 때에도 그분이 진리를 증언하신다고 말하지 않습니다. 내가 말하는 것은, 예수님이 온전히 전파되는 어디에서나, 성령께서 그분의 말씀의 진리에 대한 위대한 증언자가 되신다는 것입니다. 그분이 어떻게 그 일을 하십니까? 신적인 능력으로써 그분은 사람들에게 복음의 진리를 깨닫게 하십니다. 성령에 의해 진리를 깨닫는 이러한 사람들 중에는 그렇게 믿도록 교육을 받은 사람들만 있는 것이 아니라, 다소의 사울처럼, 그 진리 전체를 혐오하던 사람들도 포함되어 있습니다. 그분은 사람들에게 감화력을 끼치시고, 그러면 마치 난류(暖流)인 멕시코 만류(Gulf Stream)에서 빙산이 녹는 것처럼 불신앙이 녹아서 사라집니다. 그분이 무관심하고 부주의한 자들을 감동하시면, 그들은 회개하고, 믿고, 구주께 순종합니다. 그분은 거만한 자들을 떨게 만드시고, 악한 자들을 두려움에 전율하도록 만드십니다. 그리스도께서 진실로 전파되는 곳에서 이루어지는 회심들은 그 자체가 복음의 진리를 입증하는 기적들입니다. 매춘부가 될 수도 있던 자를 정숙한 사람이 되게 하고, 술주정뱅이를 정신이 건전한 사람으로 만들고, 도둑을 정직한 사람으로, 적개심이 가득한 사람을 용서하는 사람으로, 욕심쟁이를 너그러운 사람으로, 무엇보다도 스스로를 의롭게 여기던 사람을 겸손하게 만드는 분은, 진정 하나님의 그리스도이십니다. 또한 성령께서 복음으로써 이러한 모든 일을 행하실 때에, 그분은 십자가의 능력을 명백하게 증언하십니다.

또한 성령님은 믿는 자들에게 임하셔서, 그들을 통해 우리 주님과 그분의 복음을 증언하십니다. 그분의 활동은 매우 다양합니다. 그분이 '하나님의 일곱 영(the Seven Spirits of God)'이라고 불리시는 이유는 그 때문입니다. 하지만 그분이 영혼을 소생시키시고, 위로하시고, 깨닫게 하시고, 새롭게 하시고, 정결하게 하시고, 기름을 부으시고, 혹은 뜨겁게 타오르게 하시는 모든 경우에서, 그분은 예수님을 증언하십니다. 그분은 언제나 그리스도의 것(the things of Christ)을 가지고 그것을 우리에게 나타내십니다. 그분이 얼마나 강력하게 성도들을 위로하시는지요! 여러분은 깊은 고통 중에서 그분에 의해 위로받은 적이 있지 않습니까? 위로자(the Comforter)이신 성령님이 여러분의 마음을 붙들어 주셨기 때문에, 여러분은 사랑하는 사람들을 잃었을 때에도 불평하지 않고서 이겨내지 않았던가요? 자, 복음을 통해서 여러분 안에 평화가 임하게 했던 그 놀라운 감화력이, 진리를 믿도록 여러분을 확신시켜 주었습니다. 무거운 시련 가운데 누리는 여러분의 평온함을 목격했던 다른 사람들은, 설혹 그들이 그 이유를 깨닫지는 못했다 하더라도, 적어도 그리스도인으로 하여금 불평하지 않고 인내하게 만드는 이 기이한 것이 무엇인지 의문을 가지게 되었습니다. 그러므로 성령님이 성도들을 위로하실 때에, 그분은 그리스도를 증언하시는 것입니다.

또한 성령이 성도들의 영혼을 인도하시고, 그들에게 빛을 비추시고, 그들을 높이 이끄실 때에도 그분은 동일한 일을 하십니다. 나는 잠시 동안 "최후의 순간"에 대해 생각해 보고자 합니다. 어떤 이들은 그런 생각을 거부합니다만, 그 순간에도 하나님의 종들이 그분의 이름으로 말한 것이 사실입니다. 순교자들의 시대를 보십시오! 앤 아스큐(Anne Askew)처럼 지극히 연약한 여성들이 얼마나 놀랍게도 원수들을 좌절시켰는지요! 무지한 직공들이 주교들과 박사들 앞에 용감히 일어서서 어떻게 그들을 당황하게 만들었는지요! 지금 이 순간에도, 기도의 응답으로, 성령께서는 그분의 감화력에 자기를 복종시키는 선택받은 자들에게 임하십니다. 마치 회리바람처럼 그들에게 임하시어, 그들로 하여금 거룩한 의미에서 말에 능하게 하시고, 하나님께서 그들에게 전하라고 주신 말씀을 담대하게 말하도록 하십니다. 우리 중에 어떤 이들은 이런 일을 압니다. 우리가 저 영원하신 영에게 우리 자신을 의탁했을 때에, 생각이 주어지고 말의 재능도 우리에게 주어진 것을 경험했기 때문입니다. 이러한 일을 통해서도 성령께서는 우리 신앙의 진리를 증언하십니다.

　　성령의 모든 활동에 대해 언급할 시간이 내게 없습니다. 한 가지만 더 언급하자면, 그분의 위로하시고 격려하시는 감화력이 특별히 박해의 시대에 매우 두드러졌다는 것입니다. 하나님의 사람들이 생각만 해도 끔찍한 고문을 당했지만, 그럼에도 그들은 원수들에게 굴복당하지 않았습니다. 헐벗음이나, 위험이나, 칼도 그들을 하나님의 사랑에서 끊을 수 없었습니다. 블랜디나(Blandina)는 황소가 끄는 그물에 매달려 이리저리 끌려 다니기도 하고, 뜨거운 놋쇠 판에 달구어지기도 했지만, 그녀는 고문하는 자들을 지치게 만들었습니다. 로렌스(Lawrence)는 쇠막대기에 묶이고서도 웃음을 잃지 않을 정도였습니다. 그는 불꽃 가운데서도 "오직 예수(None but Jesus)"라고 크게 소리쳤으며, 그의 영혼이 몸을 떠날 때에 불붙은 손으로 손뼉을 치면서 승리를 외쳤습니다. 하나님의 영은 격렬하고도 오래 지속되는 박해 가운데서도 교회를 보전하셨으며, 성도들에게 담대한 용기로 충만하게 하시고, 원수들을 놀라고 두렵게 만드는 침착한 불굴의 정신을 부어 주셨습니다. 그러한 인내가 세상을 강력하게 압도하였기에, 이런 속담이 생겨나게 된 것입니다. "순교자들의 피는 교회의 씨앗이다."

　　동일한 능력으로 하나님의 영은 위대한 신앙 부흥의 시대에 복음을 증언하십니다. 종교개혁의 시대에 성령께서는 얼마나 놀랍도록 그리스도를 증언하셨는지요! 루터가 입을 열어 좋은 소식을 선포하기가 무섭게 사람들은 곧바로 그것을 진지하게 받아들였습니다. 사람들은 밭을 갈 때나 베틀로 옷감을 짤 때에도 시편을 노래했습니다. 고귀한 말씀이 그들 모두의 입에 있었습니다. 사람들은 천사들이 루터의 글을 온 세상으로 전달했다고 말하곤 했습니다. 그런 것은 아니지요. 오직 저 영원히 복되신 성령께서 진리를 불꽃처럼 날아가게 하신 것입니다. 휫필드(Whitefield)의 시대에도, 우리가 책으로 읽고 일부는 눈으로 목격해 온 많은 부흥의 시대에도 그러했습니다. 때때로 사람들은 충격에 떨면서 몸부림을 쳤고, 또 다른 때에는, 아무런 외적인 힘이 가해지지 않았음에도 동일한 능력이 그들의 영혼을 새롭게 했습니다. 에든버러(Edinburgh)에서, 한 집회 장소를 향해 수많은 사람들이 거리를 가로질러 달려가서는 한꺼번에 무릎을 꿇고 자비를 구하며 울부짖는 것을 본 사람이라면, 과연 복음의 진실을 의심할 수 있었을까요? 영적인 영역에서 전능하신 하나님의 성령은, 무력을 행사하지 않고서도 사람들의 의지를 인도하실 수 있었으며, 사람들의 어두운 정신을 밝히고 그들로 하여금 예수 그리스도께서 하나님이시며 구주이심을 볼 수 있게 하셨습니다. 예수님의 사랑으로 압도되어, 그들은 그분의 명령에 즉시 복종하였습니다. 목사는 서서 사무적으로 말하고 사람들은 기계적으로 오고 가는 형식적인 교회는 신앙의 증언을 하지 않으며, 오히려 불신자를 만들어 냅니다. 하지만 어떤 이들이 "진정한 감리교도의 불(real Methodist fire)"이라고 부르고, 또 다른 이들은 "옛 프로테스탄트의 열심(the old Protestant enthusiasm)"이라고 부르는 곳에서, 우리는 놀라운 회심과, 깊은 회개와, 독특한 깨달음과, 천사처럼 너그러운 사랑을 통해서 성령님을 봅니다. 그것을 통해 우리 신앙에 대한 반박할 수 없는 신적인 증거들을 우리가 보는 것입니다.

다음으로, 교회 안에서 지속적인 증언자는 물(the water)입니다. 세례의 물이 아니라 그리스도인들에게 부어진 새 생명의 물이며, 요한의 주님은 "물"이라는 단어를 바로 그런 의미에서 사용하셨습니다. "내가 주는 물은 그 속에서 영생하도록 솟아나는 샘물이 되리라"(요 4:14). 하나님의 영이 임하시는 사람 안에서, 그분은 마치 샘처럼 깨끗하고, 밝고, 신선하며, 활기찬 새로운 본성을 창조하십니다. 그리고 이러한 본성이 수많은 사람들 안에 존재한다는 그 사실이 복음의 진실성에 대한 지속적인 증언입니다. 다른 어떤 종교도 그것을 흉내조차 내지 못합니다. 그들이 옛 본성을 개선할 것을 제안할 수는 있어도, 그들 중에 누구도 "보라 내가 만물을 새롭게 만드노라"(계 21:5)고 말하지는 못합니다. 이는 오직 우리 주 예수님에게만 있는 권세입니다.

새 생명의 존재는 사실에 관계된 문제입니다. 우리는 삶이 깨끗하고 흠이 없는 많은 사람들을 직접 알고 있습니다. 그들이 하나님 앞에서는 흠이 있겠지만, 사람들의 눈으로 볼 때는 완벽하고 정직하며, 흠과 해가 없습니다. 그리스도인들의 경건한 삶은 복음의 전리에 대한 좋은 증거입니다. "하지만 기독교 신앙을 고백하는 많은 사람들이 거룩하지 않아요"라며 반박하는 분이 있나요? 나는 그 점을 인정합니다. 하지만 그런 경우, 그들과 그들이 고백하는 종교는 서로 모순된다는 점을 모든 사람이 알고 있습니다. 만일 어느 이슬람교도가 음탕한 말을 하더라도, 나는 그가 이슬람교와 모순된다고 여기지 않을 것입니다. 그 종교는 처첩들을 들이는 것을 허용하고 있기 때문입니다. 내가 만약 방탕한 힌두교도의 말을 듣는다 해도, 나는 그가 자기 종교에 불명예가 된다고 여기지 않을 것입니다. 그 종교에서 신성시하는 어떤 의식들은 정말이지 말할 수 없을 정도로 구역질나는 것이기 때문입니다. 다른 모든 우상 숭배들에 대해서도 같은 말을 할 수 있습니다. 하지만 만일 어떤 사람이 그리스도인이라고 고백하고서도 중대한 잘못을 범하면, 그 추문은 곧 온 세상에 자자해지는 것을 모두가 알고 있습니다. 그의 행위가 그의 신앙고백과 모순된다는 것을 세상이 인식하기 때문입니다. 비록 어떤 이들은 비방하는 투로 "이것이 너희들의 신앙이다"라고 떠들썩하게 말하겠지만, 세상은 그것이 우리들의 신앙이 아니라 오히려 그 신앙의 결핍인 것을 압니다. 왜 그들은 어느 타락한 신앙 고백자를 보고서 그토록 이상히 여기는 것일까요? 간음하는 자들이 그토록 드물어서, 혹 진실이든 거짓이든 어느 목사가 그런 죄를 범했다고 하면 그토록 소란을 피우는 것일까요? 세상의 양심은 예수의 종교가 순결의 종교임을 알고 있습니다. 그래서 만일 신앙을 고백하는 그리스도인들이 세상의 더러움에 빠지면, 그러한 행동이 기독교 신앙과는 정반대되는 것에서 발생한 것임을 세상이 아는 것입니다. 복음은 완벽한 것입니다. 따라서 만일 우리가 온전히 복음에 순복한다면, 죄는 우리에게서 미움을 받고, 우리 안에서 죽임을 당할 것이며, 우리는 지상에서도 천상에 있는 자들처럼 온전한 삶을 살 것입니다. 오, 하나님께서 그분의 교회에서 새로운 생명과 거룩함과 사랑과 온유와 절제와 경건과 자비가 더욱 넘치게 해 주시길 빕니다. 이런 것들이 복음의 논리이고, 그 삼단논법이자 논증이니, 누구도 그것을 논박하지 못할 것입니다.

　세 번째의 지속적인 증언자는 피(the blood)입니다. 그리스도의 피가 여전히 지상에 있습니다. 그리스도께서 그 피를 땅에 흘리셨을 때 다시 거두어들이지 않았기 때문입니다. 오 땅이여, 그대는 여전히 죽임당하신 하나님의 아들의 피로 얼룩졌고, 만일 그대가 그분을 거절한다면 그 피가 너를 저주하리라! 하지만 오 인간이여, 그대는 그분이 구원하실 분이심을 믿고서, 저 귀한 핏방울로 인하여 은혜를 입지 않았습니까? 자, 그 피가 진정 죄와 두려움과 절망으로부터 구원하는 것이 맞습니까? 그것이 진정 인간에게 효험이 되는 것이 사실입니까? 우리의 기억에 물어보도록 합시다. 그 대답은 분명하고 충분할 것입니다. 나는 내가 아는 것을 말하고, 내가 본 것을 증언합니다. 나는 예수 그리스도의 피와 성육하신 하나님의 사랑을 전해 왔으며, 또한 거만하고 완고한 마음을 가진 사람들이 눈물을 홍수처럼 흘리는 것을 보아왔습니다. 십자가의 놀라운 회초리로 맞았을 때 '바위덩어리' 같은 자들이 우는 것을 보았습니다. 시내 산의 천둥소리에도 저항할 수 있었던 사람들이 골고다의 부드러운 음성을 듣고서 마음이 녹았습니다. 또 한편으로는, 너무나 비관하여 사는 것보다 목을 매기로 결정한 사람이 저 귀한 십자가를 쳐다보고서 얼굴이 밝아지는 것과, 말할 수 없는 기쁨이 절망을 몰아내는 것을 목격해 왔습니다. 그 피는 위로의 기적들을 이루었습니다. 하나님과 싸우던 사람들, 거룩함에 대항하던 사람들에게 그 피에 대해 들려주었을 때, 그들이 하나님과 화목하게 되는 것을 우리는 보았습니다. 그들이 그 피에 매료되어 무기를 버리고 이렇게 외치는 것을 우리는 보았습니다.

"항복합니다, 예수의 사랑에 나는 굴복합니다.
누가 그 매력에 저항할 수 있으리?
새롭게 되기 원하여
내 구주의 팔에 나 자신을 던지나이다."

예수의 피는, 양심에 평화를 말한 후에는, 마음에 뜨거운 사랑을 불붙입니다. 종종 사람들을 성결과, 자기부인과, 자기희생의 고귀한 행위로 이끕니다. 저 나무에서 피 흘리신 놀라운 사랑으로 거슬러가지 않고서는 그런 행동은 이해될 수가 없습니다. 순교자들이, 그들을 위해 십자가에 달리신 분을 위해 피를 흘린 것도 당연합니다. 사람들 안에서 강력하게 역사하는 그 피가 하나님의 영광을 위하여 행할 소원과 능력을 주는 것입니다. 그렇습니다, 형제들이여, 그 피는 그 비할 데 없는 사랑의 음성을 듣는 모든 사람의 양심을 녹이고, 변화시키고, 복종하게 하고, 거룩하게 하며, 기쁨을 만들어 내는 능력입니다. 그러기에 지금도 그것은 성령과 물과 더불어, 하나님의 그리스도를 증언하는 설득력 있는 증언자입니다.

3. 이 증언은 신앙의 마음 안에서 특별히 강력하다.

　　세 번째로, 이러한 삼중이면서도 일치된 증언은 신앙의 마음 안에서 특별히 강력합니다(this triple yet united witness is peculiarly forcible within believing hearts). 자, 형제들이여, 이 세 증언자들은 우리의 영혼 안에서 지속적으로 증언을 합니다. 나는 수년 전의 일을 말하는 것이 아니며, 바로 어젯밤, 당신이 무릎을 꿇고서 기도하는 중에 들었던 증언에 대해 말하는 것입니다. 성령께서 당신을 기도하도록 도우실 때, 복음은 거짓이 아니라고 그분이 증언하시지 않던가요? 당신의 기도에 대한 응답이 좋은 증거가 아니던가요? 그리고 주일 아침에, 당신이 생각을 모으고 한 주간의 염려를 잊어버리도록 기도할 때에, 당신은 성령의 도움으로써 그렇게 한 것입니다. 당신의 영혼 안에 깃든 이 거룩한 평안이 그리스도가 진정 구주이심을 입증하지 않습니까? 속에서 당신의 영혼이 불붙은 채로 앉아 있는 오늘 아침에, 주님께서 당신 가까이 계시다는 사실이, 성령께서 당신에게 주시는 영적인 교제가, 당신에게 그리스도를 증거하는 새로운 증언이 아닙니까? 지난 언젠가, 당신이 몹시 슬픈 중에 성령께서 당신을 위로하셨을 때, 그리고 당신이 몹시 반항적인 중에 그분이 당신을 마치 젖 뗀 아기처럼 잠잠하게 하셨을 때, 이것이 당신의 신앙을 확증하지 않습니까? 또 일전에 당신이 어둠 속에 있을 때 그분이 당신에게 빛을 비추셨고, 당신이 곤경에 처했을 때 그분이 인도하셨으니, 그 때 당신은 복음에는 생명과 능력과 신적 특성이 있다는 새로운 증거를 얻지 않았습니까? 당신의 이러한 달콤한 느낌은 예수님을 계시하시는 하나님의 영에 의해 당신에게 임한 것입니다. 그분이 당신을 위로하거나 격려하신 것은 율법에 의해서나 혹은 육체에 의해서가 아닙니다. 오직 당신의 마음에 부어진 하나님의 사랑으로써, 우리 주 예수 그리스도의 십자가에서 흘러내리는 귀한 사랑으로써 당신을 위로하고 격려하신 것입니다. 아, 사랑하는 친구들이여, 나는 사람들이 "회의하는 정신의 건강성" 이라거나 "현대 사상의 아름다움" 에 대해 흔히 말하는 것에 죽도록 지겨움을 느낍니다. 이런 말은 하나님의 교회에 신분을 숨기고 들어와 도사리고 있는 불신자들의 자화자찬에 불과합니다. 회의주의자들을 상대할 때에 써먹을 수 있는 간단한 방법을 한 가지 알려드리지요. 그들에게 이렇게 물어보십시오. "당신은 성령님을 알고 계십니까? 당신의 영혼 속에서 그분을 느껴본 적이 있습니까?" 만일 그들의 대답이 "아니요"라면, 우리는 성령님의 활동을 느낀다고 그들에게 선언하십시오. 논쟁이 끝날 것입니다. 만일 그들이 정직하다면, 우리도 그러하며, 우리는 우리 영혼 안에서 역사하시는 성령님의 거룩한 활동에 대한 증언자들입니다. 만일 그들이 그분의 능력을 결코 느끼지 못한다면, 그들의 부정적인 진술들이 우리의 신앙에 조금도 영향을 끼치지 못합니다.

다음으로 우리 안에 있는 증언자는 물(the water), 혹은 새롭고도 순수한 생명입니다. 내 형제들이여, 여러분은 내적인 생명을 느낍니까? 나는 여러분이 그렇다는 것을 압니다. 여러분은 그 생명이 싸우고, 분투하고, 경쟁하며, 때로는 지배하고 승리하며, 때로는 사로잡히고 신음하는 것을 느낄 것입니다. 종종 여러분은 그것이 갈망하고, 소망하며, 주리고, 목마르며, 한탄하고, 한숨짓는 것을 느낄 것입니다. 여러분은 더 이상 예전의 여러분이 아닌 것을 의식하고, 여러분이 회심하기 전에는 결코 알지 못했던 새로운 생명이 여러분 안에 있는 것과, 또한 여러분 안에 있는 그 새 생명이 항상 살아 있고 썩지 않는 씨인 것을 의식합니다. 여러분이 하나님께로부터 났음을 안다는 그 사실이, 여러분을 나게 한 그 진리에 대해 의심하는 것을 금합니다. 여러분이 용서받았다는 그 의식이, 그리스도께서 육체로 오셨으며, 그분이 하나님의 아들이시며, 그분의 복음이 하나님의 진리라는 사실에 대한 모든 회의를 금합니다. 여러분에게는 이 모든 일들이 명확합니다.

우리 안에서 증언하는 것은 또한 피(the blood)입니다. 사랑하는 여러분, 이는 결코 실패하지 않는 증언자로서, 우리 안에서 아벨의 피보다 더 나은 것들에 대해서 말해 줍니다. 그것이 너무나 큰 평안을 주기 때문에 우리는 행복하게 살고 평온하게 죽습니다. 그것이 우리에게 하나님께 가까이 나아가도록 해 주기 때문에, 때때로 우리가 그 능력을 느낄 때 우리의 아버지를 가까이 하여 마치 그분을 얼굴과 얼굴을 맞대고 뵈옵는 것 같습니다. 그리고 오, 그 피가 우리에게 어떠한 안전장치를 제공하여 우리로 즐거워하게 하는지요! 피로 말미암은 속죄의 검붉은 차양막이 우리 머리 위에 드리워져 있는 동안, 우리는 결코 멸망할 수 없다고 느낍니다. 그것이 우리에게 어떠한 승리를 주는지요! 그 피가 우리로 이렇게 소리치게 만듭니다. "우리 주 예수 그리스도로 말미암아 우리에게 승리를 주시는 하나님께 감사하노라"(고전 15:57). 이는 신비한 감각으로서, 육체적인 흥분으로는 설명될 수가 없습니다. 그런 감동이 우리가 가장 차분할 때에 가장 강하기 때문입니다. 그런 감정은 어떠한 자연적인 기질 탓으로 설명될 수 없습니다. 본성상으로는 우리도 다른 사람들과 마찬가지로 쉽게 혼란에 빠지고, 거룩한 일들을 망각하기가 쉽기 때문입니다. 시련의 때에 우리는 피가 흐르는 예수님의 상처를 바라보았고, 위로를 받았습니다. 우리는 예수님과의 교제가 너무도 복된 것을 알았기 때문에 가브리엘 천사를 부러워하지 않습니다.

　젊은이들이여, 여러분은 페일리의 「증거들」(Paley's Evidences)을 읽을 필요가 없습니다. 성령과 물과 피의 증거가 더 훌륭합니다. 여러분은 버틀러의 「유추」(Butler's Analogy)와 같은 책들을, 원한다면 읽어도 좋겠지만, 반드시 읽을 필요는 없습니다. 그런 책들은 뛰어나기는 하지만 우리 신앙의 피부와 껍질만을 입증할 뿐입니다. 그러나 정작 중요한 것은 알갱이입니다. 만일 여러분이 단순한 기도로 나아와서 예수의 피가 여러분의 영혼에 적용되기를 요청한다면, 그리고 하나님의 영이 여러분의 영혼 안에서 강력하게 역사하시어 여러분이 새로운 내적인 생명을 얻고 그 결과로 새로운 삶을 영위해간다면, 여러분은 세상에서 최상의 증거를 얻은 것입니다. 여러분은 회의주의자들을 비웃을 것이며, 콜렌소의 반대(Colenso's objections)라든가, 「시론과 논평」(Essay and Reviews)이라든가, 틴달의 도전(Tindal's challenge), 헉슬리의 꿈(Huxley's dreams), 그 외에도 교회를 오염시키는 무가치하고 쓰레기 같은 서적과 잡지들을 모두 불살라 버릴 것입니다. 오 하늘이여, 우리가 어찌하여 이런 시대에 살아, 목사들이 의심은 좋은 것이라고 말하고, 시인들은 요한이 하나님을 거짓말하는 이로 만드는 것이라고 말했던 바로 그런 회의주의, 곧 하나님께 대한 모독이자 시대에 대한 저주라고 비난받아야 할 그런 사상을 거의 신성화하는 이런 날들을 본단 말입니까! 여러분의 의심을 몰아내십시오! 망령든 남자들과 꿈꾸는 여자들이여, 참회하는 자로서 예수의 발 아래 엎드리십시오! 그러면 공상적인 학문이 그대들에게 줄 수 있는 모든 것보다 훨씬 더 뛰어난 것을 발견할 것입니다. 하지만 만약 여러분이 그렇게 하기를 원하지 않는다면, 여러분이 알아야 할 것이 있습니다. 곧 여러분은 법정에서 헛되이 여러분의 창조주를 비난하고 있으며, 헛되이 그분의 판결을 거꾸로 판단하고 있고, 마치 여러분 자신이 하나님보다 높은 신들인 것처럼 행동하고 있다는 것입니다!

　지금까지 나는 이 세 증언자들이 우리 영혼 안에서 증언한다는 것을 여러분에게 제시하려고 노력했습니다. 이제 나는 여러분이 그 순서(their order)에 주목하기를 바랍니다. 성령과 물과 피, 이 셋이 우리 안에서 증언합니다. 왜 이런 순서일까요? 왜냐하면 그들이 이런 방식으로 작용하기 때문입니다. 하나님의 영이 먼저 마음에 들어오십니다. 아마도 사람이 그 사실을 알기 훨씬 이전일 것입니다. 성령은 새 생명을 창조하시고, 그 생명이 회개하고 구주를 찾는데, 그것이 물입니다. 그리고 그 새 생명은 예수의 피를 향해 달려가서 평화를 얻습니다. 성령께서 강력하게 역사하시는 동안 그 새 생명이 은밀하게 창조되고, 다음에는 그 피를 믿는 믿음이 생겨납니다. 이렇게 해서 삼중의 증언이 완성됩니다. 우리는 또한 이것이 우리의 위안의 순서이기도 하다는 것을 발견합니다. 나는 스스로에게 이렇게 말했습니다. "하나님의 영이 내 안에 계시는 것을 내가 알 수 있을까?" 그리고 나는 그렇지 않다는 것에 두려워했습니다. 다음에 나는 나의 내적인 생명 곧 물에 대해 살펴보았고, 그에 대해 항상 확신하지는 못했습니다. 하지만 내가 그 피를 바라보았을 때에, 모든 것이 충분히 분명해졌습니다! 예수님이 죽으셨습니다. 나는 나 자신을 다시 한 번 그분의 팔에 의탁했습니다. 내게 성령이 있는지 내가 알지 못할 때, 내가 그 생명수를 가졌는지에 대해 의심할 때, 나는 여전히 내가 그 피를 믿는 것을 압니다. 그리고 이것이 완벽한 평화를 가져다줍니다.

그 순서를 살펴본 다음에는, 이제 그들의 연합(their combination)에 주목하십시오. "이 셋은 합하여 하나이니라." 그러므로 모든 참된 신자에게는 각각의 증언자가 모두 있습니다. 만약 각각의 증언자가 적정한때에 증언하지 않는다면, 심각하게 의심해 볼 이유가 있습니다. 예를 들어, 하나님의 영이 이런저런 일을 하도록 인도하셨다고 말하는 사람들이 나타났다고 합시다. 그들에 대해 우리는 이렇게 묻습니다. "여러분의 생명은 무엇입니까? 물이 증언합니까? 여러분은 용서받았습니까? 그 피가 여러분을 위해 증언하고 있습니까?" 만약 이런 질문들에 대답이 주어지지 않는다면, 그들이 하나님의 영에 대해서 내키는 대로 헛소리를 하더라도, 그들의 구원의 증거는 심각하게 의심해 보아야 합니다. 우리는 이렇게 대답할 사람들을 더러 알고 있습니다. "내 삶을 보세요, 나는 예전과는 많이 달라졌습니다. 나는 착실하고, 정직하고, 훌륭한 사람이에요." 예, 하지만 당신은 예수의 피를 의지합니까? 실제적인 증거는 좋은 것이지만, 그것은 반드시 믿음에서 나와야만 합니다. 만일 당신이 예수님을 믿지 않으면 당신에게는 본질적인 증언자가 없는 것이며, 당신의 신앙은 증명되지 않습니다. 또 다른 많은 사람들은 우리에게 이런 식으로 말하겠지요. "나는 예수님이 나를 위해 죽으신 것을 믿어요." 하지만 우리는 그들의 삶에 대해서 물어보아야 합니다. "당신은 행동에서 깨끗해졌습니까, 당신은 변화된 사람입니까?" 라고 말입니다. 기억하십시오. 만일 물이 피와 더불어 말하지 않으면, 여러분에게 삼중의 증언이 있는 것이 아닙니다. 이렇게 말할 사람도 더러 있을 것입니다. "음, 우리는 예수님을 믿습니다. 그리고 우리의 삶도 변화되었습니다." 하지만 기억하십시오. 당신이 그렇게 **말할**(say) 수 있지만, 정말 그렇습니까? 만일 그렇다면, 하나님의 영이 당신을 변화시키신 것입니다. 만일 당신이 그렇게 믿도록 스스로를 자극한 것에 불과하다면, 혹은 당신이 당신 자신의 자유 의지에 의해 난 것이라면, 당신에게는 증언자가 없습니다. 왜냐하면 진실로 구원받은 자들은 혈통으로나 사람의 뜻으로 나지 아니하고 하나님의 영으로 나기 때문입니다(요 1:13; 3:8).

　　세 중언자들의 증언은 일치합니다. 피에 의한 용서를 믿는 자는 또한 물에 의한 성화도 믿습니다. 예수 그리스도의 피를 의지하는 자는 언제나 하나님의 성령을 존중합니다. 또 한편으로는, 성령을 믿는 자는 내적 생명과 깨끗하게 하는 피 모두를 소중히 여깁니다. 하나님께서는 이 셋을 하나로 결합하셨고, 어떤 사람도 그것들을 따로 떼어놓지 못하게 하셨습니다. 옛 신학자들은 소망의 세례, 물의 세례, 피의 세례(baptismus flaminis, baptismus fluminis, baptismus sanguinis)에 대해 말했습니다. 우리가 이 모든 것들을 알고, 그래서 성령과 물과 피 안에서 즐거워하기를 바랍니다.

4. 이 증언자들이 신앙의 최후 승리를 보증한다.

　　마지막으로, 이 증언자들이 우리에게 우리 신앙의 최후 승리를 보증합니다(these witnesses certify to us the ultimate triumph of our religion). 성령(the Spirit)이 복음을 통하여 역사하십니까? 그렇다면 복음이 시대를 이길 것입니다. 하나님의 영은 전능하시고, 정신의 영역을 온전히 다스리시는 분이기 때문입니다. 그분에게는 지성에 빛을 비추시고, 애정을 이끌어 내시고, 의지를 통제하시며, 인간의 본성 전체를 변화시키는 능력이 있습니다. 그분은 모든 일을 그분이 기뻐하시는 뜻을 따라 행하시며, 마치 "바람이 임의로 불듯이"(요 3:8) 역사하십니다. 그분이 자신의 전능의 힘을 발휘하실 때 누구도 그분을 가로막을 수 없습니다. 그분은 하루에 삼천 명을 회심하게 하셨고, 그와 마찬가지로 삼백만 명이나 혹은 삼억 명까지도 쉽게 회심시키실 수 있습니다. 그분은 이 일을 하실 수 있고, 또 하실 것입니다. 바람은 때때로 나비의 날개조차 흔들지 않을 만큼 매우 부드럽게 붑니다. 하지만 또 다른 때는 폭풍으로 몰려와서는 그 앞에 있는 모든 것을 휩쓸어 버림니다. 부드러운 입김만 보고서 세찬 폭풍이 어떠할 것인지 판단하지 마십시오. 바람이 일단 강력하게 그 속도를 높이면 어떤 것도 그 앞에 마주 설 수 없습니다. 하나님의 성령의 바람이 이 땅 전역에 불게 되면, 그것이 이 땅의 모든 미신의 독소와 무지의 구름들을 일거에 몰아낼 것입니다.

성령은 불에 비유됩니다. 무엇이 불의 힘에 저항할 수 있습니까? 불은 너무나 작아서 소치는 사람이 등잔 속에 넣어 들고 다닐 수도 있습니다. 하지만 보십시오, 그것이 또한 도시를 태울 수도 있습니다. 하나의 성냥 안에 저기 대 초원을 불타게 할 모든 불이 담겨 있습니다. 마른 풀 안에 성냥불이 던져집니다. 그러면 보십시오, 온 하늘이 그 뜨거운 열기로 인해 그을릴 정도입니다. 주의 영이 제한을 받으시겠습니까? 주께 너무 어려운 일이 있겠습니까? 보십시오, 저 우주가 한때는 혼돈의 상태였지만, 주의 영이 그 위에 운행하시자 이처럼 아름다운 세계가 나타났습니다. 그분이 마치 알을 부화하듯이 이 죄의 혼돈을 덮으실 때, 거기에서 "의가 있는 곳인 새 하늘과 새 땅이"(벧후 3:13) 나타날 것입니다. 복음이 반드시 이기는 이유는, 복음과 더불어 역사하시는 성령이 전능하시기 때문입니다.

다음으로, 복음이 반드시 이기는 이유는, 내가 순결의 새 생명이라고 설명한 물(the water) 때문입니다. 요한이 무어라고 말합니까? "하나님께로부터 난 자마다 세상을 이기느니라"(4절). 하나님께로부터 난 한 영혼이라도 세상 속에 남아 있는 한, 복음이 정복당하기란 불가능합니다. 살아 있고 썩지 않는 씨는 영원토록 있습니다! 교회를 파괴하려 하는 자들은 고작 그 살아 있는 씨들을 흩어 버릴 뿐이며, 사탄이 태풍을 일으킬 때 그놈은 그 씨들을 더 멀리 퍼지게 할 뿐입니다. 한때 사탄이 음모를 꾸미기 위해 몇 주간을 앉아 고민하다가, 저 복마전(伏魔殿)의 모든 악령들을 비밀 회의실로 불러 모았습니다. 여러분은 그 회의에서 무엇이 나왔다고 생각합니까? 교황의 종교재판소(Papal Inquisition)입니다. 그들은 끔찍한 고문 기구를 설치하고서 그들이 이단이라고 부르는 것을 박멸하기로 했습니다. 그들은 루터교도들의 피가 그들이 타는 말의 안장 띠까지 차오르도록 하겠다고 말했습니다. 그리고 그들의 다짐을 거의 이행하였습니다. 하지만 그들의 잔혹함이 소용이 없었습니다. 살아 있는 믿음은 살아 남았습니다. 그들이 자행했던 살인과 극악무도한 행위들은 온 세상으로 하여금 동정의 소리로 들끓게 할 뿐이었으며, 그것이 복음의 진보에 도움이 되었습니다. 그들은 복음을 멸하지 못합니다. 로마의 교황에 대해, 혹은 복음적인 교회를 파괴한다고 하는 저 의식주의적인(Ritualistic) 무리나 불신앙의 패거리에 대해 논하지 마십시오. 그들이 주님을 이기지 못하는 한, 결코 그들의 목적을 이루지 못합니다. 그리스도인들의 내적인 생명은 저 영원한 생명의 태양에서 떨어진 불꽃과 같아서, 하나님이 사시는 한 결코 꺼질 수가 없기 때문입니다.

마지막으로, 복음은 그 피(the blood)로 인해 반드시 널리 퍼지고 승리합니다. 그 피에 능력이 있습니까? 오, 그렇습니다. 어떻게 그런지 말해 주지요. 영존하시는 아버지이신 하나님께서 피가 보증하는 언약으로써 예수님에게 약속하셨습니다. "그가 씨를 보게 되며 그의 날은 길 것이요 또 그의 손으로 여호와께서 기뻐하시는 뜻을 성취하리로다"(사 53:10). 정녕 그리스도께서 십자가에서 죽으심에 따라, 그분은 온 우주의 보좌에 앉으셔야 합니다. 하나님께서 자기 아들에게 거짓말을 하실 수 없습니다. 그분의 상처를 조롱하실 수 없고, 혹은 그분의 죽음의 외침에 귀를 막으실 수도 없습니다. 그러므로 그리스도는 아버지께서 그에게 약속하신 것을 반드시 가지셔야 합니다. 그분이 하신 말씀은 이러합니다. "내게 구하라 내가 이방 나라를 네 유업으로 주리니 네 소유가 땅 끝까지 이르리로다"(시 2:8). "광야에 사는 자는 그 앞에 굽히며 그의 원수들은 티끌을 핥을 것이라"(시 72:9). "그가 모든 원수를 그 발 아래에 둘 때까지 반드시 왕 노릇 하시리라"(고전 15:25).

형제들이여, 이 모든 것에서 내릴 수 있는 결론은, 만약 여러분이 그리스도의 편에 있지 않으면 그것이 여러분에게 나쁘다는 것입니다. 여러분은 틀림없이 전투에서 지고 말 것입니다. 하지만 만일 여러분이 그리스도의 편에 선다면, 결코 주저하거나 비관적으로 말하지 마십시오. 사람들이 창세기를 논박하려고 새로운 책을 내놓을 때, 그리고 속죄를 반박하려고 또 다른 책을 가져올 때, 두려워하지 마십시오. 복음이 세상에 있는 동안에, 마귀는 누군가를 찾아내어 복음에 대적하는 책들을 쓰게 할 것입니다. 그런 책들을 주목하지 마십시오. 그런 책들이 사실에 맞설 수는 없습니다. 예전에 어떤 철학자가 물질과 같은 그런 것은 없다는 것을 입증하려고 한 책을 썼습니다. 어떤 독자가 그 말을 믿었습니다. 그런데 우연히 침대 기둥에 머리를 부딪치고는, 그 때부터 그 이론을 버렸습니다. 사람이 성령의 능력을 느낄 때, 혹은 내적인 생명의 힘을 느낄 때, 그는 논쟁에는 신경을 쓰지 않습니다. 그는 사실들에 관한 소박한 철학을 가지고 있으며, 그것이 그의 입장을 더 훌륭하게 대답해 줍니다. 비록 다른 사람들이 그를 둘러싸고서 "너는 배우지 못했어"라고 말한다 해도, 그는 개인적인 양심의 문제를 입증하기 위해 학식이 필요하다고 느끼지 않습니다. 우리가 약간의 설탕을 우리 입 속에 넣어두었을 때, 설탕이 달다는 증거를 필요로 하지 않는 것과도 마찬가지입니다. 여러분은 복음을 의심합니까? 그것을 맛보십시오! 일관되게 성경을 반대하면서 말하는 자는 결코 그것을 읽어 본 적이 없는 자입니다. 그리스도를 대항하며 악담하는 자들은 그분을 알지 못하는 자들입니다. 기도의 효능을 부인하는 자들은 결코 기도하지 않는 자들입니다. 그 어떤 것도 설득력에서 사실을 능가하지는 못합니다. 말 짜 맞추는 자와 허풍쟁이의 영역에서 벗어나 실제적인 그리스도인의 삶으로 들어가십시오. 이런 일들이 그러함을 개인적으로 입증하십시오. 그러면 여러분은 곧 성령과 물과 피의 복된 증언에 의해 확신을 얻게 될 것입니다.

제
23
장

—

불신자들에 대한 엄숙한 책망

—

"하나님을 믿지 아니하는 자는 하나님을 거짓말하는 자로
만드나니 이는 하나님께서 그 아들에 대하여 증언하신 증거
를 믿지 아니하였음이라." — 요일 5:10

만일 지금 우리 주님이 지상에 계시다면 틀림없이 이렇게 기도하실 많은 사람들을 만나실 것입니다. "아버지 저들을 사하여 주옵소서 자기들이 하는 것을 알지 못함이니이다"(눅 23:34). 정녕 큰 죄 가운데 살고 있는 많은 사람들이 무지한 가운데 그렇게 행하고 있습니다. 자기들의 죄가 얼마나 큰지를 알지 못하고, 하나님 앞에서 죄의 진정한 특성이 무엇인지를 알지 못하는 것입니다. 사람들이 무지 중에 죄를 범하지 않도록 성경적인 지식을 전하는 것이 기독교 사역자와 또한 모든 그리스도인들의 의무입니다. 우리는 사람들이 행하고 있는 것이 무엇인지 알게 해야 하며, 그들이 계속해서 어둠 가운데 방치되지 않도록 해야 합니다. 만일 그들이 죄를 범하면, 최소한 그 죄가 무엇과 관련되었는지를 사람들로 하여금 알게 해야 합니다. "지식 없는 영혼(soul)이 선하지 못하기" 때문입니다 (잠 19:2, KJV, 한글개역개정은 "지식 없는 소원은 선하지 못하고"라고 되어 있음 — 역주). 이제는 참 빛이 인류에게 비추었는데, 사람이 계속해서 어둠 가운데 행하는 것은 맞지 않습니다. 우리의 증언이 항상 받아들여지는 것은 아닙니다. 사람들이 자기 행위가 악하므로 빛보다 어둠을 더 사랑하기 때문입니다. 하지만 그럴지라도 우리의 의무는 달라지지 않습니다. 우리는 진리를 증언해야 하며, 하나님의

손에 들려진 도구로서 세상으로 하여금 그 넘치는 죄악을 깨닫게 해 주어야 합니다.

주 예수 그리스도를 믿지 않는 커다란 죄가 종종 매우 가볍게 그리고 매우 가벼운 기분으로 언급되고 있습니다. 마치 그것이 전혀 죄가 아닌 듯이 말입니다. 이 본문에 따르면, 그리고 정녕 성경 전체의 취지에 따르면, 불신앙은 하나님을 거짓말하는 분으로 만드는 것이니, 이보다 나쁜 것이 또 무엇이겠습니까? 내가 간절히 바라는 것은 모든 불신자가 지금이라도 자기 불신앙의 참 모습을 볼 수 있게 되는 것입니다. 혹 하나님의 영이 그로 하여금 지난 불신앙의 악을 보게 하신다면, 그는 자기에 대해 충격을 받고 자기 죄를 두려워하여, 더 이상 불신 속에 거하지 않고 믿음의 자리로 나아올 것입니다. 그렇습니다. 내 영혼이 애타게 갈망하는 것은, 믿지 않는 자들에게 은혜가 주어져서 그들이 주 예수 그리스도를 지금 믿을 수 있게 되는 것입니다.

우리 인류가 죄 속에서 잃어버린 처지가 되었을 때, 하나님 편에서 구원의 길을 마련하신 것은 무한한 긍휼이었습니다. 우리의 잃어버린 상태에 적합한 구원의 길을 만드신 것은 또한 무한한 겸손이었습니다. 만일 구원이 행위에 의존하는 것이었다면, 구원은 우리에게 불가능하였을 것입니다. 그것은 우리의 슬픔을 조롱할 뿐, 슬픔을 덜어주지는 못했을 것입니다. 무한한 긍휼로 하나님은 예수 그리스도를 속죄의 제물로 보내셨습니다. 하나님은 죄 많은 인간들에게 속죄의 희생 제물이신 그리스도를 믿으라고 명하셨고, 또한 그분 안에서 밝히 나타난 하나님의 사랑을 보라고 말씀하셨습니다. 그분은 죄인들에게 믿음으로 예수 그리스도를 구주로 영접함으로써 영원한 생명을 얻으라고 명하셨습니다. 자, 인간이 매우 악하고 마음이 심히 부패하지 않았다면, 그는 복음의 선언을 듣고서 즐거이 뛰었을 것이고, 즉각적으로 하나님이 증언하신 진리를 믿었을 것입니다. 하지만 절망적으로 타락하였기 때문에, 인간은 예수 그리스도를 믿지 않습니다. 여러분이 그에게 그리스도를 전하여도, 저 십자가에 달리신 분을 그 앞에 제시하여도, 성령께서 효과적으로 역사하시는 경우가 아니면, 그는 여전히 불신앙 가운데 머물 것이고, 하나님의 증언을 받아들이기를 거절하고 구주를 거부할 것입니다. 오늘 아침에 내가 하고자 하는 것은, 그런 상태에 있는 모든 사람이 마치 거울에 비추듯 자기 모습을 보고, 자기가 행하고 있는 것이 무엇인지를 분명히 보게 하는 것입니다. 나는 그런 사람이 이 설교를 듣고서 이렇게 느끼게 되기를 바랍니다. "예, 나는 내가 무엇을 하고 있는지를 이해하겠습니다. 예수님을 믿지 않음으로써 나는 속죄의 피를 멸시하고 있습니다. 또 나는 하나님의 면전에서 그분을 거짓말하는 분이라 말하고 있습니다." 모든 사람이 자기가 정확히 어떤 상태인지를 아는 것은 언제나 좋은 일입니다. 인생의 바다에서 우리가 우리 위치의 위도와 경도를 더 자주 관찰할수록 더 좋은 법입니다. 많은 파산이 부주의한 거래에서 발생하며, 그런 경우에 거래자들은 자신들의 회계 장부를 제대로 참작하지 않습니다. 그들은 한 몫 잡기를 기대하면서 상황을 제대로 파악하지도 않고 계속 밀어붙이지만, 기대하던 일은 일어나지 않습니다. 사람이 자기가 누구이고, 어떤 상태에 있으며, 어디에 있고, 어느 쪽으로 나아가는지를 안다는 것은 언제나 좋은 일입니다. 불신자들에게 호소하고 싶습니다. 자기 상태를 잘 살피고, 하나님이 그 상태를 어떻게 여기시는지를 이해하고, 심판받지 않기 위해서 자기 자신을 잘 판단해 보십시오. 설혹 내가 이번 설교에서는 아주 부드럽게 말하지 않는 듯이 보여도, 여러분이 놀라서는 안 됩니다. 죄인들을 불쌍히 여기고 그들을 위로하는 것이, 자칫 그들로 하여금 스스로를 더 이상 비난받지 않아도 되는 자들로 여기게 하고, 오히려 동정 받을 자격이 있는 불쌍한 자들로 간주하게 할 수도 있다고 나는 믿습니다.

얼마 전에 나는 고민에 빠진 한 사람과 대화를 나누었습니다. 힘겨운 '전투' 끝에 나는 그녀에게 이런 요점을 제시했습니다. "구원의 길이 있습니다. 예수 그리스도께서 세상에 오신 것은 죄인들을 구원하시기 위해서입니다. 누구든지 그분을 믿는 자는 구원을 받습니다." "나는 그분을 믿을 수가 없어요"라고 그녀가 대답하더군요. 그때 나는 '총검'으로 찌르며 이렇게 말했습니다. "그렇다면 당신은 전능하신 하나님 앞에 서서, 그분에게 당신이 그분을 믿을 수 없노라고 선언하시겠습니까? 물론 그것은 다른 말로 하자면 '하나님은 거짓말쟁이이십니다!' 라고 말하는 것과도 같지요. 그러니, 일어나서, 당신의 마음속에 있는 것을 말해 보십시오." 그녀가 아주 진지하게 대꾸했습니다. "나는 감히 그런 식으로는 말할 수가 없어요." 내 대답은 이것이었습니다. "하지만 당신은 방금 그렇게 말했습니다. 당신의 불신으로써 당신은 수년 동안 그렇게 말해 왔고, 또한 여전히 불신앙에 머물러 있음으로써 지금도 당신은 실제적으로 그렇게 말하고 있습니다." 그 고민에 빠졌던 사람이 떠나면서 내게 이렇게 말하더군요. "목사님이 저를 위로하려고 애쓰지 않아서 감사합니다. 저는 목사님이 저를 진실하게 대해 주시기를 바랐고, 또 목사님이 그렇게 해 주신 것에 대해 하나님께 감사합니다." 이제 나는, 예수님을 믿지 않는 자들의 영혼을 사랑하는 동기에서, 그들을 진실하게 상대하고자 합니다. 그들에게 어떤 위로도 주지 않을 것입니다. 믿지 않는 자들에게 위로란 없기 때문입니다. 오직 나는 그들에게 그들의 죄가 어떤 것인지를 보여주고자 하며, 그래서 그들이 수치를 느끼고 당황스러워하며, 그들의 악한 불신앙을 회개할 수 있기를 바랄 뿐입니다. 하나님이 그들로 하여금 이 말씀을 깨닫게 해 주시길 빕니다. "하나님을 믿지 아니하는 자는 하나님을 거짓말하는 자로 만드나니, 이는 하나님께서 그 아들에 대하여 증언하신 증거를 믿지 아니하였음이라."

먼저, 우리는 믿지 못하는 죄인의 무능함(the sinner's inability to believe)을 자세히 해부할 것입니다. 다음으로, 그의 죄의 본성(the nature of his sin)이 무엇인지를 묘사할 것입니다. 다음으로 불신자의 죄(the unbeliever's sin)를 통렬하게 책망할 것이며, 네 번째로 그의 예고된 운명(his fate predicted)에 대해 말할 것입니다.

1. 믿지 못한다고 하는 죄인의 무능함을 해부하다.

먼저, 믿지 못하는 죄인의 무능을 해부할 것입니다. 그는 그가 믿지 못한다고 항변합니다. 그는 종종 이렇게 말하면서, 그런 변명으로 자기 양심을 달랩니다. 눈을 뜨고 각성하게 되었을 때, 그는 예수 그리스도를 믿을 수 없고, 하나님도 믿을 수 없다고 선언하고서, 다시 가서는 죽음의 잠에 빠져듭니다. 그는 자신의 변명을 뒷받침하려고 성경을 인용하는데, 아마도 주 예수님께서 친히 하신 말씀을 우리에게 상기시키려 할 것입니다. "나를 보내신 아버지께서 이끌지 아니하시면 아무도 내게 올 수 없다"(요 6:44). 그에 대해 우리는 이렇게 대꾸합니다. 우리 주님의 말씀은 언제나 우리에게 매우 중대하며, 따라서 우리는 한순간도 그분의 어떤 말씀도 왜곡하기를 원하지 않습니다. 하지만 우리 주님은 다른 곳에서 그 말씀을 이렇게 설명하십니다. "너희가 영생을 얻기 위하여 내게 오기를 원하지 아니하는도다"(요 5:40). 그렇게 볼 때 죄인의 무능은 자기 의지에 놓여 있는 것입니다. 그가 믿기를 원하지 않기 때문에 믿을 수가 없는 것입니다. 모든 죄인이 이것을 확인해야 하며, 그 양심은 이 진술의 진리를 인정해야 합니다. 오 믿지 않는 자여, 들으시오! 당신은 "내가 믿을 수 없다(I cannot believe)"고 말하지만, 차라리 당신이 "나는 믿지 않을 것이다(I will not believe)"라고 말하는 편이 더 정직할 것입니다. 악은 거기에 있습니다. 당신의 불신은 당신의 잘못이지, 당신의 불운이 아닙니다. 그것은 질병이지만, 또한 그것은 범죄이기도 합니다. 그것은 당신에게 끔찍한 불행의 원인이지만, 한편으로 그렇게 되는 것이 정당한 이유는, 그것이 진리의 하나님께 대한 지독한 모독이기 때문입니다.

　내가 여러분의 불신앙을 분해해서, 왜 여러분이 믿지 못하는지 그 이유를 제시해 보겠습니다. 여러분 중에 많은 이들의 무능함은 여러분이 그 문제에 대해 전혀 생각할 관심을 기울이지 않는다는 사실에 있습니다. 여러분 중에 상당히 많은 이들이 여러분의 영혼에 대해서나, 혹은 구원받는 문제의 중요성에 대해 관심을 기울이지 않기 때문에 주 예수 그리스도를 믿지 않는 것입니다. 여러분은 여러분의 사업과, 여러분의 쾌락, 혹은 여러분의 죄에는 신경을 씁니다. 여러분은 하늘의 일들에 대해 생각할 시간이 충분하다고 상상하고서, 그 일들의 중요성을 부차적인 것으로 간주합니다. 이것이 일반적으로 불신앙의 원인으로서 큰 비중을 차지합니다. 예를 들어, 성경을 믿지 않는 어느 누구에게라도 이런 질문을 던져 보십시오. "당신은 순수하게 그 책이 하나님의 책인지 아닌지 당신 스스로 알아보기 위한 차원에서 그 책을 읽어 본 적이 있습니까? 그 책이 하나님의 계시라는 증거들을 살펴보기 위해 진지하게 앉아서 연구해 본 적이 있습니까?" 불신자 중에서 그 질문에 "예"라고 대답할 사람을 찾기란 아주 드물 것입니다. 그들은 그들이 이해하지 못하는 것에 대해 악담을 퍼붓고, 그들이 연구해 본 적도 없는 것을 아무렇게나 비난합니다. 이것이 옳은 일입니까?

　그렇지만 많은 사람들이 이렇게 말하겠지요. "오, 예, 나는 성경을 믿습니다. 나는 그것이 하나님의 책인 것을 믿습니다. 나는 복음이 하나님의 복음인 것을 믿습니다." 그러면, 왜 여러분이 예수님을 믿지 않는단 말입니까? 그것은 틀림없이 여러분이 복음의 메시지를 복종할 정도로 중요하지 않다고 생각하기 때문입니다. 또한 그렇게 함으로써 여러분은 실제적으로 하나님을 거짓말하는 분으로 만들고 있습니다. 그분을 향해서 여러분은, 여러분의 영혼이 그분이 말씀하시는 것처럼 그다지 귀하지는 않으며, 여러분의 상태가 그분이 선언하시는 것처럼 그다지 위험하지는 않다고 말하는 셈이기 때문입니다. 당신이 죽어가고 있습니다. 의사가 말합니다. "여기 당신의 병을 치료해 줄 약이 있습니다. 그것이 당신의 생명을 구해 줄 유일한 약입니다. 그 약을 먹지 않으면 당신은 죽습니다." 당신이 그 약을 먹지 않는다고 가정해 보십시오. 당신이 그 문제를 어떻게 보더라도, 당신은 가장 실제적인 방식으로 그 의사를 거짓말쟁이로 만드는 것입니다. 당신은 "내 상태는 당신이 말하는 것처럼 그렇게 나쁘지 않아요"라는 식으로 많은 말을 하지는 않습니다. 당신은 "나는 당신이 주는 약을 믿지 않아요"라고 말하지도 않습니다. 하지만 그 약을 먹기를 거절함으로써, 당신은 분명히 그렇게 말하고 있는 셈입니다. 그 의사는 당신의 행동을 잘 이해할 것입니다. 비록 당신이 한 마디의 말을 하지 않아도, 그는 자신의 눈앞에서 당신이 죽어가는 것을 지켜보면서 죽음이 당신의 문 앞에 있다고 느낄 것입니다. 복음의 잔치에 나아오기를 거절하면서, 여러분이 말로는 주님이 그것을 중요하게 여기시고 또한 그분이 하늘과 땅에 복음의 영광을 널리 선포하신다고 말합니다. 하지만 여러분이 평가하기에는, 여러분의 논밭이나 장사가 훨씬 더 관심을 기울일 가치가 있는 것입니다. 큰 구원을 등한히 여김으로써, 여러분은 여러분이 다급한 위험에 빠지지도 않았고 구주를 필요로 하는 긴급한 상황에 처하지도 않았다고 실제적으로 선언하는 셈입니다. 죄의 용서와, 하나님의 은혜와, 천국의 소망이 다른 모든 것에 우선하여 구할 가치가 있는 것이 아니라고 말하는 셈이며, 예수님이 모든 것 중에서도 최우선이고 그분의 사랑이 여러분을 진정으로 행복하게 하기 위해 꼭 필요한 것이 아니라고 말하고 있는 셈입니다. 이러한 모든 점에서, 여러분의 무관심이 하나님을 거짓말하는 분으로 만들고 있습니다.

믿음의 문제에서 죄인이 무능한 두 번째 이유는 복음이 참되다(the gospel is true)는 사실에 있습니다. 여러분이 이렇게 대꾸합니다. "아니요, 그것은 우리가 믿고자 하는 바로 그 이유입니다." 예, 하지만 예수님께서 요한복음 8장 45절에서 무어라고 말씀하십니까? 그분이 말씀하십니다. "내가 진리를 말하므로 너희가 나를 믿지 아니하는도다." 어떤 진술을 믿지 않는 기이한 이유입니다! 그것이 진리이기 때문이라니요! 하지만 거짓말을 믿을 능력은 엄청나면서도, 진리를 받아들일 능력은 전혀 없는 듯 보이는 사람들이 수도 없이 많습니다. 종교적인 사기꾼들이 등장할 때, 어려서부터 복음을 듣고 자랐던 사람들이 복음이 진리라는 이유로 그것을 받아들이지 않고, 즉시로 속임수에 넘어가는 얼간이들이 되고 맙니다. 진리가 그들의 본성에 맞지 않는 것입니다. 그들의 본성은 거짓의 아비의 지배 하에 있으니, 뻔한 거짓말이 다가와 그들의 눈에 띄자마자, 그들은 마치 파리를 낚아채려고 뛰어오르는 물고기처럼 그것을 향해 뛰어오릅니다. 그 소름끼치는 경신성(輕信性,credulity)에 나로서는 놀랄 따름입니다! 나는 스스로를 대담한 사색가들이요 철학자들이라고 여기는 사람들과 만납니다. 그들은 내가 전하는 것들을 내가 정말로 믿을 수 있다는 것에 대해서 놀라움을 표합니다. 하지만 그들이 주장하는 신조가 무엇인지를 그들에게서 배우자마자, 내 편에서도 역시 놀라게 되고, 또한 내가 놀라는 정도는 그들이 놀라는 정도보다 천배는 더 큽니다. 그리스도를 받아들이는 믿음은, 인간이 원형질(原形質)에서 발전한 것이라고 즉시로 믿는 그들의 가벼운 믿음에 비하면, 정말이지 좁은 목구멍에 불과합니다. 그들의 신조는 요나를 한꺼번에 삼켜 버린 거대한 물고기의 목구멍과도 같습니다. 여러분은 거짓말을 기꺼이 믿으려 하고, 복음은 그것이 참이라는 이유로 믿지 않으려 합니다. "우리를 아주 고약하게 헐뜯는군요"라고 한 사람이 말합니다. 여러분 중에서 어떤 이들에게는, 여러분의 타락한 취향과 회의적인 생각에 맞장구치는 것이 아니면 어떤 가르침도 받아들이지 않으려는 습성이 있습니다. 그러므로, 복음이 진리이고 그래서 여러분의 타락한 취향에 거슬린다는 이유 때문에 여러분이 그것을 참지 못하는 것입니다. 만일 우리가 복음을 조금 손질한다면, 그것을 깎아내고, 여러분에게 맞게 다듬는다면, 여러분은 그것을 받아들이려 할 것입니다. 하지만 영원하신 하나님의 이름으로, 우리가 그렇게 하지 않을 것임을 다짐합니다. 우리는 하나님을 위해서도, 또한 여러분을 위해서라도, 감히 그런 일을 할 수 없습니다. 여러분에게 다른 복음을 전하는 것은 여러분을 속이는 것에 불과하기 때문입니다.

　　복음이 사람들 중에서 멸시를 받기 때문에(because it is despised among men) 그것을 받아들이지 않는 사람들도 있습니다. 복음은 지상의 위대한 자들에 의해 조롱을 당합니다. 인류의 다수가 그것을 비웃습니다. 그래서 겁쟁이들이 복음에 등을 돌립니다. 만약 왕들과 위대한 자들이 진리를 따른다면 그 속에 무언가가 있을 터이지만, 예수님을 믿는 자들은 일반적으로 가난한 무리들이 아닙니까? 여러분은 실상 이렇게 말하지 않습니까? "나는 단독으로 하나님의 증언을 믿을 수는 없습니다. 하지만 학식 있는 교수라든가 위대한 지배자가 그분의 증언에 무언가를 덧붙인다면 그것을 믿겠어요." 그리스도의 시대에 그들이 무어라고 말했습니까? "당국자들 중에 그를 믿는 자가 있느냐"(요 7:48). 통치자들의 견해가 명백히 복되신 하나님의 증언보다 더 고려되었습니다. 우리는 항상 "그것이 유행하는 것입니까?"라고 묻는 어떤 부류의 사람들을 압니다. 또 다른 부류에 속하는 사람들은 이런 식으로 조심스럽게 묻습니다. "우리 가게의 사람들이 그것에 대해 어떻게 생각하지요?" 그들은 하나님의 선포보다 사람들의 판단을 더 중시합니다. 그들은 그들과 마찬가지로 오류가 있는 동료 인간들을 믿으려 하면서, 하나님을 믿지 않으려 합니다. 내 여러분에게 말하지요. 만약 여러분이 유행을 따라서 하나님을 믿고, 또한 그분의 증언이 지상의 유력자들이나 여러분 주변인들에 의해 지지를 받는다는 이유로 그분을 믿는다면, 그것은 전혀 하나님을 믿는 것이 아닐 것입니다. 실제로 그것은 사람들의 증언을 믿기로 결정한 것에 지나지 않습니다. 죄인이여, 동료 인간들의 평결은 기꺼이 받아들이려 하면서 하나님의 선언은 받아들이지 않다니요? 이는 결코 작은 잘못이 아닙니다.

또 많은 사람들은 복음을 믿기에는 너무 교만해서(too proud to believe it) 그것을 믿지 않습니다. 복음은 사람들을 아주 겸손하게 만드는 것입니다. 그것은 죄인에게 이렇게 말합니다. "자, 선생, 당신에게는 스스로의 공로가 없습니다. 뿐만 아니라 당신에게는 미래에도 공적을 쌓을 힘이 없습니다." 사람은 스스로 온건하고, 정숙하고, 정직하며, 관대하다고 주장하지만, 복음은 그에게 이렇게 말합니다. "당신은 하나님의 율법을 어겼고, 그 때문에 유죄 선고를 받았습니다." 여러분이 행한 모든 것은 여러분의 의무일 뿐이며, 그것이 다른 면에서의 결점들을 전혀 제거해 주지 못합니다. "누구든지 온 율법을 지키다가 그 하나를 범하면 모두 범한 자가 되느니라"(약 2:10). 여러분이 구원받고자 한다면, 여러분은 죄인으로서 구원을 받아야 하며, 그렇지 않으면 구원받지 못합니다. 그리스도께서 의인을 부르러 오신 것이 아니요 죄인을 불러 회개시키기 위해 오셨기 때문입니다. 여러분은 다른 이의 공로를 통해서 구원받아야 하며, 예수의 보혈 안에서 죄 씻음을 받아야 합니다. 여러분 자신의 행위가 그 일에 전혀 관여할 수 없으며, 은혜로써, 오직 은혜로써만 그 일이 이루어져야 합니다. 물론 저 거만한 사람은 그것을 믿을 수 없을 겁니다. 그는 그것을 조롱하면서 등을 돌릴 것입니다. 왜 그가 그것을 믿지 못할까요? 그가 그것을 믿고 싶지 않기 때문입니다. 그는 너무나 거만하여 그것이 그의 기분을 상하게 하고 그의 비위에 거슬리기 때문에, 그래서 그는 그것을 견디지 못합니다. 여러분 중에서 많은 이들이 복음을 좋아하지 않는다고 고백해야 합니다. 복음이 여러분의 교만을 간직할 여지를 전혀 남기지 않기 때문입니다. 만일 복음이 여러분에게 "성찬에 참여하라"고 말하고, 만일 성찬 참여가 여러분을 구원한다면, 여러분은 내일이라도 세례를 받고 성찬식에 참여할 것입니다. 또한 만일 내가 "누구든지 자기 집에서 영국의 '땅 끝 마을(the

Land's End, 영국의 남서쪽 끝)'까지 맨발로 걷는 자는 구원을 받을 것이오"라고 말하도록 허락받는다면, 여러분은 오늘 오후에 비가 내리더라도 당장 출발하겠지요. 만일 여러분이 해야 할 큰 일이 있다면 여러분은 그 일을 행하려 할 것입니다. 하지만 다른 분이 이룬 것을 받아들이는 것 외에 여러분 자신이 할 일이 아무것도 없기 때문에, 여러분은 그것을 받아들이지 않으려고 합니다. 여러분이 거저 주시는 은혜를 거부하는 것에는, 그 밑바닥에 가증스러운 교만이 도사리고 있습니다. 만약 이것이 여러분의 무능의 비밀이라면, 그것이 여러분에게 변명이 될까요? 오히려 그것이 여러분의 죄를 더 크게 만들지 않을까요?

사람들이 왜 예수님에 대한 하나님의 증언을 믿지 못하는지에 대한 또 다른 이유는 **복음의 거룩함에**(in the holiness of the gospel) 있습니다. 복음이 그들에게 다가와 "여러분의 죄를 자백하면 사면을 얻을 수 있습니다. 그런 다음 가서 다시 죄를 지을 수 있습니다"라고 말한다면, 그것이 여러분 중에 많은 사람들의 마음에 흡족하지 않겠습니까? 그런 것은 사악한 인간들을 위한 종교입니다! 그런 가르침이 인기를 얻지 못할 때가 한순간이라도 있겠습니까? 그것은 마귀가 직접 고안해 낼 수 있는 아주 매력적인 종교입니다. 또 그놈은 거짓에서 천재성을 발휘합니다. 사제에게 가서 죄를 고백하고, 약간의 돈을 지불하고, 면제를 받고, 다음 번 고해 때까지 가서 마음대로 사는 겁니다! 약간의 참회를 할 때마다 죄를 손쉽게 떨어버리는 것이지요. 인간의 본성은 그런 종교를 기뻐합니다. 하지만 복음은 인간에게 이렇게 말합니다. "너는 네 악한 길에서 떠나야 한다. 더 나아가, 이런 죄들을 조장했던 바로 그 본성이 변화되어야 한다. 너는 거듭나야 한다." 복음은 이렇게 외칩니다. "회개하라! 악인은 그의 길을, 불의한 자는 그의 생각을 버리고 여호와께로 돌아오라 그리하면 그가 긍휼히 여기시리라"(막 1:15; 사 55:7). 복음은 예수님을 선포합니다. 그분이 사람들을 그들의 죄로부터(from their sins) 구원하신다고 선언합니다. 하지만 여러분은 그것을 원하지 않습니다. 여러분 마음의 부정이 순수한 복음을 믿기 어렵게 만드는 것입니다.

오 영혼들이여, 이 진리를 바라보라고 여러분에게 호소합니다. "나는 믿을 수 없어요"라고 여러분이 말할 때, 그것은 여러분이 너무나 무관심하기 때문이든지, 그렇지 않으면 진리를 받아들이기에는 여러분의 본성 자체가 너무 거짓되고 부정하기 때문입니다. 이런 문제가 없다면 여러분은 충분히 쉽게 믿을 수 있습니다. 천사들이 믿는 것을 어렵게 여길까요? 순수한 영혼들이 믿는 것을 어렵다고 말할까요? 그렇지 않습니다. 여러분의 불신앙의 바탕에는 여러분의 죄가 놓여 있습니다. 그것이 이 쓰라린 고뇌의 뿌리입니다. 우리는 재산을 탕진하는 자가 검소의 미덕을 믿는다고 기대할 수 없고, 혹은 품행이 단정하지 못한 자가 정숙의 미덕을 믿으리라고 기대할 수가 없습니다. 방탕한 사람은 누군가 순결하다는 것을 인정조차 않으려 합니다. 악한 자들이 온 인류에 대해 가진 견해가 무엇이겠습니까! 왜 그들이 다른 사람들을 전부 나쁘게 생각할까요? 그들 스스로의 기준으로 다른 사람들을 판단하기 때문입니다. 비둘기가 높이 날아올랐을 때 그것은 깨끗한 시냇물과 곡식으로 가득한 들판을 내려다봅니다. 하지만 콘도르가 같은 경치 위를 나는 동안 그것은 무엇을 내려다볼까요? 여기저기에 죽은 말이나, 시신이나, 썩은 고기 조각을 볼 것입니다. 모든 사람은 자기 눈의 기준을 따라서 봅니다. 은혜가 없고, 불순한 정신을 가진 사람은 순수를 볼 수 없습니다. 그리스도께서 교만한 바리새인들에게 말씀하셨습니다. "너희가 서로 영광을 취하니 어찌 나를 믿을 수 있느냐"(요 5:44). 그들은 그런 식으로 교만했습니다. 사람이 주 예수님에 대해서 "나는 믿을 수 없어요"라고 선언하는 모든 경우에, 어려움은 그 자신 안에 있는 것이지, 믿어야 하는 사실들에 있는 것도 아니고, 그 사실들의 증거에 있는 것도 아닙니다. 불신앙에 대한 변명은 한 가지, 오직 한 가지가 있습니다. "듣지도 못한 이를 어찌 믿으리요"(롬 10:14). 하지만 그런 변명은 이방인에게 소용되는 것이지, 여러분에게는 해당이 없습니다. 여러분은 예수님에 대해서 듣기도 하고 읽기도 하여 복음을 알기 때문입니다. 그러므로 받아들여질 수 있는 그 유일한 변명은 여러분을 위한 것이 아닙니다. 여러분에게는 이 말씀이 들려져야 합니다. "하나님을 믿지 아니하는 자는 하나님을 거짓말하는 자로 만드는 것이라."

2. 불신앙의 죄의 성격을 파헤치다.

두 번째로, 이제 나는 더욱 바짝 가까이 다가가서, 믿지 않는 것이 하나님을 거짓말하는 분으로 만든다는 점에서, 불신앙의 죄의 성격(the nature of the sin of unbelief)을 설명하고자 합니다. 이것을 많은 형태의 예를 들어 제시하겠습니다.

그런 사람들은 예수님이 메시야이시고, 약속된 구주이시며, 하나님의 아들이심을 부인하는 죄를 짓는 것입니다. 하늘로부터 하나님께서 친히 선언하셨습니다. "이는 내 사랑하는 아들이요 내 기뻐하는 자라"(마 3:17). 베드로는 오순절에 "하나님께서 나사렛 예수로 큰 권능과 기사와 표적을 너희 가운데서 베푸사 너희 앞에서 그를 증언하셨느니라"고 진실하게 말했습니다(행 2:22). 하나님께서는 다양한 방식으로 "그가 내 기뻐하는 아들이라"고 말씀하셨습니다. 그러니 만일 여러분이 예수님에 대해서 그렇지 않다고 말한다면, 여러분은 하나님을 거짓말하는 분으로 만드는 것입니다. 그것은 아주 명백합니다.

더러 그분의 신성을 부인하는 이들이 있습니다. 자, 우리는 성경에서 거듭 거듭 예수 그리스도는 "육신으로 나타나신 하나님"(딤전 3:16)이라고 들었습니다. "이 말씀은 곧 하나님이시니라"(요 1:1). "하늘과 땅에서 보이는 것들과 보이지 않는 만물이 다 그에게서 창조되었습니다"(골 1:16). 그분은 "기묘자라, 모사라, 전능하신 하나님이라"(사 9:6)고 불리십니다. 그리스도께서 행하신 기적들과, 특히 죽은 자들 가운에서의 부활이, 모두 그분의 신성을 입증합니다. 아버지께서 그분이 그와 동등한 분이심을 친히 증언하십니다. 어떤 사람이 예수님은 하나님이 "아니라"고 말하고, 아버지께서는 "그러하다"고 말씀하신다면, 그 사람이 명백하게 거짓말을 하는 것입니다. 하지만 내가 믿기로는 그런 종류의 불신자들은 여기에 아주 소수인 듯합니다. 나는 그런 사람들을 남겨두고서 계속 나아가고자 합니다.

떨면서 울고 있는 한 가련한 죄인이 내게 옵니다. 여러 가지 대화를 나누는 중에 그는 이렇게 말합니다. "내 죄들이 너무 큽니다. 그래서 나는 그것이 용서받을 수 있다고 믿지 않습니다." 나는 그를 이렇게 상대합니다. "하나님께서는 '너희의 죄가 주홍 같을지라도 눈과 같이 희어질 것이요 진홍 같이 붉을지라도 양털 같이 희게 되리라'(사 1:18)고 말씀하십니다". "하지만 목사님, 내 죄는 정말이지 너무나 크답니다.""그 아들 예수의 피가 우리를 모든 죄에서 깨끗하게 하십니다"(요일 1:7). "하지만 내 죄와 허물은 엄청나게 무겁답니다." "'악인은 그의 길을, 불의한 자는 그의 생각을 버리고 여호와께로 돌아오라 그리하면 그가 긍휼히 여기시리라 우리 하나님께로 돌아오라 그가 너그럽게 용서하시리라'(사 55:7)고 말씀하셨지 않습니까?""목사님, 저는 그것을 믿을 수가 없어요." 그렇다면 일어나서, 분명하게 말하십시오. "오 하나님, 당신께서는 너그럽게 용서하시겠다고 말씀하셨는데, 그것은 거짓말입니다"라고 말입니다. 나는 당신에게 그것을 공공연하게 밝히라고 도전합니다. 당신은 이미 마음속으로 그렇게 말하고 있지 않습니까? 사실이 그러니 내 말을 부인하지 못할 것입니다. 하나님은 "나는 용서할 것이고 또 용서할 수 있다"고 말씀하시는데, 당신은 "그분이 그러실 수 없다"고 말하니, 대체 그것이 주님을 거짓말쟁이로 만드는 것이 아니고 무엇이겠습니까?

또 한 사람이 이렇게 말합니다. "오, 하지만 내 마음은 너무나 완고하여 나를 새 사람으로 만드시고, 나로 하여금 죄를 사랑하는 것에서 건지신 하나님의 능력을 믿을 수 없습니다." 하지만 하나님은 그분의 말씀에서 이렇게 선언하십니다. "새 영을 너희 속에 두고 새 마음을 너희에게 주되 너희 육신에서 굳은 마음을 제거하고 부드러운 마음을 줄 것이라"(겔 36:26). 그것이 바로 하나님이 말씀하시는 바입니다. "그럴 수 없어요"라고 당신은 말합니다. 좋습니다, 그렇다면, 이 말을 부인하지 마십시오. 당신은 하나님을 거짓말쟁이로 몰고 있습니다. 하나님은 "나는 할 수 있다"고 말씀하시는데, 당신은 "그분이 하실 수 없다"고 말합니다. 그것이 당신의 입장입니다.

많은 사람들이 하나님의 구원하시려는 의도를 의심합니다. 그들은 말합니다. "나는 예수 그리스도의 피가 죄를 지워 주는 것을 믿습니다. 하지만 그분이 저를 용서하려 하실까요?" 자, 여호와께서 하시는 말씀을 들어보십시오. 그분은 맹세로써 이 말씀을 하셨으며, 하나님께서 맹세하신다는 것은 아주 놀라운 일입니다. 그분이 자기를 들어 맹세하시는 것은 그분보다 더 큰 이가 없기 때문입니다. 이 말을 잘 들으십시오! "주 여호와의 말씀이니라, 죽을 자가 죽는 것도 내가 기뻐하지 아니하노니 너희는 스스로 돌이키고 살지니라"(겔 18:32). 거듭 반복하여, 모든 방식으로, 그분은 긍휼 베풀기를 기뻐하신다고 우리에게 확인해 주십니다. 자, 그렇다면 죄인이여, 만일 당신이 하나님은 그러기를 원하지 않으신다고 말하고, 또 그리스도께서도 용서하기를 원하지 않으신다고 말하면, 그리스도께서 기꺼이 그러기를 바라시고 그것을 입증하시려고 죽기까지 하셨음에도 당신이 그것을 부인한다면, 당신의 불신은 대체 무엇이란 말입니까? 차마 이 말을 입 밖으로 발설하고 싶지는 않지만, 말할 수밖에 없다고 느낍니다. 당신은 고의적으로 하나님을 위증자로 몰고 있는 것이니, 지옥에서나 혹은 지옥에서도 가장 더러운 마귀에게서 나오는 훼방이라도 그보다 더 추악할까요? 정확히 그런 일을 당신은 지금까지 해 왔고, 또 지금도 하고 있습니다.

"오호라", 한 사람이 부르짖습니다. "제 의심의 근거는 더 깊습니다. 저는 하나님이 용서하시는 일이나 거듭나게 하시는 일이나 모두 하실 수 있다는 말을 듣고, 그 말을 믿습니다. 하지만 그럴지라도, 그런 일이 저를 위한 것인지 이해되지가 않습니다. 이 모든 일들이 저를 위한 것인지 알 수가 없습니다." 그렇다면, 하나님이 하신 말씀을 들어보십시오. "오호라 너희 모든 목마른 자들아 물로 나아오라 돈 없는 자도 오라 너희는 와서 사 먹되 돈 없이, 값 없이 와서 포도주와 젖을 사라"(사 55:1). 당신은 교묘하게 대꾸합니다. "하지만 저는 목마르지 않아요." 그렇다면 더욱 부끄러워해야 합니다! 다시 들어보십시오. "수고하고 무거운 짐 진 자들아 다 내게로 오라 내가 너희를 쉬게 하리라"(마 11:28). "하지만 저는 수고하지 않아요." 수고하지 않는다고요? 그러면 어떻게 생활을 할 수 있습니까? 당신이 너무 게으른 사람이어서 수고하지 않는다는 것이 유감이군요. 성경 말씀은 하늘 아래에서 모든 수고하는 사람들, 모든 무거운 짐 진 사람들을 다 포함하고 있습니다. 다시 또 들어보십시오. "오라, 누구든지 원하는 자는 생명수를 받으라"(계 22:17). 그것은 누구든지 오기를 원하는 모든 사람을 초대하는 말씀이 아닙니까? 만일 당신이 "저는 원하지 않아요"라고 말한다면, 그렇다면 떠나도 좋습니다. 당신이 구원받는 것과, 하나님과 화해하는 것을 원하지 않는다고 고백하기 때문입니다. 또 그것이 바로 정확히 내가 입증하려고 애쓰는 것입니다. 당신이 믿지 못하는 것은, 당신이 그러기를 원하지 않기 때문이군요. 당신의 피가 당신의 머리로 돌아갈 것입니다(참조. 행 18:6). 더 이상 당신에게 할 수 있는 말이 무엇인지 모르겠습니다. 당신은 지옥의 불꽃과 영원하신 하나님의 진노를 자청할 정도로 미친 것임에 틀림없습니다. 당신이 그런 상태에 있다면 당신을 위로하는 것이 내가 할 일이 아닙니다. 당신이 스스로 멸망을 선택한다면, 아아, 반드시 그렇게 되고 말 것입니다. 하지만 내 말을 한 번 더 들어보십시오. 예수님이 제자들에게 말씀하셨습니다. "너희는 온 천하에 다니며 만민에게 복음을 전파하라. 믿고 세례를 받는 사람은 구원을 얻으리라"(막 16:15-16). 하나님께서 더할 나위 없이 분명히 밝히신 것은, 복음이 당신에게 전파되기 위한 것이며, 따라서 당신과 관련되었다는 것입니다. 하나님께서 당신의 애나 태우려고 복음을 당신에게 보내시겠습니까? "그것은 저를 위한 것이 아니에요"라고 당신이 말할 때, 당신은 하나님을 거짓말하는 자로 만드는 것입니다. 그분은 복음이 "만민"을 위한 것이라고 말씀하십니다. 당신은 만민 중의 한 사람인 줄을 알면서, 어찌 당돌하게도 그것이 당신을 위한 것이 아니라고 말한단 말입니까? 그런 식으로 말함으로써, 당신은 주님이 당신을 희롱하고 있다고 비난하는 셈입니다.

한 사람이 말합니다. "좋습니다. 하지만 저는 어떻게, 그리스도를 단순하게 신뢰하고 또 그분에 대한 하나님의 증언을 믿는 것이 내 영혼을 구원하는지 이해할 수가 없습니다." 친애하는 사람이여, 당신은 이해하지 못하는 것이 아니면 아무것도 믿지 않습니까? 그런데 당신이 그것을 맛보지 않고서 어떻게 그것을 이해할 수 있을까요? 어떤 의사가 말합니다. "이 약이 당신을 고칠 것입니다." 환자가 대꾸합니다. "내가 그것을 먹기 전에 그것이 어떻게 나를 고치는지 이해하기를 원합니다." 그 사람은 바보이지요. 만일 당신이 그런 식으로 하나님을 조롱하면 당신도 마찬가지입니다. 당신은 하나님의 증언에 근거해서 복음을 믿어야 합니다. 그렇지 않고서는, 당신의 믿음은 전혀 하나님을 믿는 믿음이 아닙니다. 복음에서 권면하는 믿음이란 하나님께서 자기 아들에 관하여 기록한 것에 대한 믿음이며, 하나님의 말씀을 그대로 받아들이는 믿음입니다. 그러므로 당신이 주 예수 그리스도를 믿는다는 것은 하나님의 참되심을 믿는다는 것입니다. 만일 당신이 하나님의 증언을 능가하는 어떤 다른 증거도 없이 예수 그리스도를 믿기를 거절한다면, 그것은 실질적으로 하나님의 증언이 충분하지 못하다고 말하는 것이며, 달리 말하면, 그분을 거짓말쟁이라고 말하는 것입니다.

나는 사람들이 이렇게 말하는 것을 수없이 들어왔습니다. "오, 하지만 저는 그것을 믿을 수 없어요. 그것은 너무나 놀라우니까요." 그것이 바로 당신이 믿어야 할 이유가 아닙니까? 영광스러운 주님에게서 오는 것이라면 놀라운 것이 당연하지 않겠습니까? 그분은 영광 중에 거하시는 거룩한 분이시고, 찬양 중에 거하시는 두려운 분이시며, 놀라운 일들을 행하시는 분입니다.

또 한 사람이 소리칩니다. "그것은 사실로 믿기에는 너무나 좋은 것입니다." 아, 불쌍한 영혼이여, 당신은 이런 말씀을 읽어 보지 못했군요. "하늘이 땅보다 높음 같이 내 길은 너희의 길보다 높으며 내 생각은 너희의 생각보다 높으니라"(사 55:9). 그보다 못한 구원은 당신에게도 유용하지 않으며, 하나님을 영화롭게 하지도 못합니다. 어떤 이들은 복음이 너무 단순하다고 느낍니다. 그들은 "믿으라 그러면 살리라"보다는 더 복잡한 신앙 체계를 원합니다. 우리처럼 유한한 정신을 가진 사람들을 위해서는, 그것이 결코 지나치게 단순하다고 말할 수 없습니다. 다음에는 그들이 돌아서서 이렇게 말하는 것을 나는 듣습니다. "그것은 너무 신비스러워." 하지만 결국 이 신비라는 것이 어디에 있습니까? "주 예수 그리스도를 믿으라, 그리하면 구원을 받으리라." 그보다 더 어떻게 명백할 수 있습니까? 어쨌거나, 사랑하는 친구들이여, 내가 여러분에게 말하고 싶은 것은, 그것이 신비이건 아니건, 하나님이 그것을 증언하신다는 것이며, 따라서 여러분이 그것을 믿지 않으면 하나님을 거짓말하는 자로 만든다는 것입니다. 당신이 그것을 너무 단순하다고 생각하든지, 혹은 너무 좋다거나, 혹은 너무 놀랍다거나, 혹은 너무 '어떻다'는 식으로 생각하든지, 당신은 하나님을 믿든지 혹은 그분을 거짓말하는 분으로 여기든지 해야 합니다. 제 삼의 길은 없습니다. 그것이 단순하건 신비스럽건, 놀랍건 평범하건, 주님은 그것이 진실이라고 주장하십니다. 따라서 당신이 그분의 증언을 거부하면 그분을 거짓말하는 분으로 만드는 것이고, 그 결과를 감수해야 할 것입니다.

3. 불신의 죄를 통렬하게 비난하다.

이제 세 번째로, 이 죄에 대한 **통렬한 비난**(the execration of this sin)이라는 두려운 요점을 잠시 다루는 동안, 성령께서 말씀 가운데 함께 해 주시기를 기도합니다. 하나님을 믿지 않는 것은 정녕 죄악입니다! 그것은 다른 모든 죄의 어미이며, 다른 악이 세상으로 들어오는 문입니다. 마귀는 하와의 귀에 속삭였습니다. "하나님이 참으로 너희에게 말씀하시더냐?" 그렇게 주입된 의심이 우리의 타락을 초래했습니다. 그 의심이 그녀의 총명을 흐려놓았을 때, 그 원수는 이렇게 덧붙였습니다. "너희가 결코 죽지 아니하리라"(창 3:4). 하나님을 직접적으로 거짓말하는 이로 만든 것입니다. 그녀가 그 말을 믿고 또 그녀의 남편도 함께 동조했을 때, 우리의 파멸이 결정되었습니다. 하나님께 대한 불신앙이 우리 인류를 에덴에서 쫓겨나게 했고, 그 결과 우리는 해산의 고통 중에 태어나고, 수고로이 땅을 갈아야 했습니다. 오, 저주받은 불신앙이여! 네가 이제 하만처럼 높은 장대에 매달릴 때가 되었도다! 오호라, 인간 중에서 그대를 가슴으로 품는 자가 있도다! 너 우리 인류의 파괴자여, 너는 정말이지 혐오스럽구나!

이스라엘 백성들이 광야를 가로질러 가나안으로 이동할 때에, 그 광야에서 파야 했던 무덤들이 그 얼마나 많았습니까? 애굽에서 나온 육십만 장정들 중에서 오직 두 사람만 살아남아 약속의 땅에 들어가지 않았던가요? 누가 이 모두를 죽였습니까? 성령의 감동을 입은 저 사도가 우리에게 말해 줍니다. "그들이 믿지 아니하므로 능히 들어가지 못한 것이라"(히 3:19). 오늘날 예루살렘으로 가서, 저 현대적인 도시의 빌딩들 아래에서, 저 거룩한 도시의 완전한 파괴를 보여주는 발굴의 흔적들을 보십시오. 돌 하나도 돌 위에 남지 아니하리라는 그 예언이 어떻게 완벽하게 이루어졌는지를 보십시오. 시온의 언덕 위에 서서 물어보십시오. "누가 이 아름다운 도시를 파괴하였는가? 누가 이 거룩하고 아름다운 집을 불타게 했는가? 그녀는 한때 아름다웠고, 온 땅의 즐거움이었건만, 누가 그것을 무너뜨려 진토가 되게 했으며, 왜 그랬을까? 다윗과 솔로몬의 궁전들이 전복되었고, 보습이 그 기초를 갈아엎고 말았다. 왜 이 모든 일이 일어났을까? 역사상 가장 잔혹하고 끔찍했던 예루살렘 포위는 왜 있었던 것일까?" 그것은 유대인들이 메시야를 거절했기 때문이며, 살아 계신 하나님의 증언을 믿으려 하지 않았기 때문입니다. 오 저주스러운 불신앙이여! 그것은 거룩하신 하나님을 향하여 독을 내뿜는 것이니, 그분이 그것을 미워하실 수밖에 없습니다. 어떻게 절대적으로 참된 것이 거짓이라는 비난을 받아야 한단 말입니까? 하나님을 거짓말하는 자로 만드는 이 죄를 똑똑히 쳐다보라고 여러분에게 호소합니다. 그것은 하나님께 덤비는 짓입니다. 여러분이 화를 내도록 가장 쉽게 자극하는 것이 무엇입니까? 어떤 사람이 여러분의 물건을 훔치거나, 그가 당신을 직접적으로 치거나, 혹은 그가 당신에게 사업상 손해를 끼친다면, 여러분은 그것을 참을성 있게 견딜 수도 있을 것입니다. 하지만 어떤 사람이 당신의 면전에서 그가 당신을 믿을 수 없노라고 말하면, 그 모욕은 뼈아프게 느껴집니다. 만일 여러분이 거짓말쟁이로 불리고도 만족할 수 있다면, 여러분은 정직한 사람들이 아닙니다. 그보다 더 쓰린 고통은 없습니다. 그것은 모든 것 중에서도 가장 매정한 비난입니다. 오, 내 말을 믿기가 어렵다고 내게 말하지 마십시오. 그 말은 나를 금방 자극할 것입니다. 하지만 여러분이 나를 천 번이라도 그렇게 취급하더라도, 내 주 하나님께는 결코 같은 모독을 하지 마십시오.

또한, 이 불신앙은 아주 예민한 부분에서 하나님을 모독하는 것임을 잊지 마십시오. 그분이 죄인에게 오셔서 말씀하십니다. "내가 기꺼이 너를 용서하겠노라." 그런데 그 죄인이 이렇게 말합니다. "저는 당신을 믿지 않습니다." 주께서 말씀하십니다. "내 말을 들어보라, 어떤 증거를 너는 바라느냐? 보라, 나는 내 독생자를 주었고, 그가 죄인들을 구하기 위해 나무에 달려 죽었노라." "여전히 저는 당신을 믿지 않습니다"라고 저 불신자가 대답합니다. 자, 더 이상 어떤 증거가 주어질 수 있을까요? 구주를 피 흘려 죽도록 내주심으로써 무한한 자비가 최대한 베풀어졌습니다. 하나님이 죽어가는 자기 아들의 상처 속에서 그분의 속마음을 다 드러내 보이셨습니다. 그런데도 그분은 여전히 불신당하고 계십니다. 정녕, 인간은 이로써 하나님께 최고조의 적대감을 드러낸 것입니다. 자기 하나님을 믿기를 거절하는 것보다 인간의 비열함을 완벽하게 입증하는 것은 없습니다. 또한 하나님께서 그토록 부패한 마음에 겸손히 믿음의 역사를 이루시는 것보다 전능자의 은혜의 위대성을 더 크게 입증하는 것은 없습니다. 오, 죄의 기적이여! 오, 더 큰 사랑의 기적이여!

　여러분에게 상기시키고 싶은 것은, 여러분이 하나님을 거짓말하는 분으로 만드는 것은 단지 한두 차례에 그치지 않는다는 것입니다. 여러분은 그분이 반복적으로 선언하시는 것을 부인하고 있습니다. 어떤 사람에게 거짓말쟁이라고 한 번이라도 말하면 그것은 큰 모독입니다. 하지만 그가 계속해서 진실을 주장하는데도 계속해서 그를 반박한다면, 그것은 엄청난 도발입니다. 만일 그 사람이 완벽하게 진실하고, 또한 그가 자신의 증언을 거듭 되풀이함에도 불구하고, 당신이 그의 신뢰성을 계속 부인한다면 악한 쪽은 당신입니다. 하지만 주님께서는 그분의 말씀을 단순히 반복한 정도가 아니라, 그에 대해 맹세하셨습니다. 그런데도 여러분은 그를 믿으려 하지 않습니다. 지금 이 순간 여러분이 하나님 앞에 있다는 것과, 주께서 여러분의 마음을 직시하고 계시다는 것을 기억하기를 바랍니다. 그분은 여러분의 영혼 깊은 곳에서 불신앙으로 그분에게 이렇게 말하고 있다는 것을 똑똑히 보고 계십니다. "오 하나님, 하늘과 땅의 창조주시여, 당신은 거짓말쟁이십니다. 오 하나님, 자기 아들을 죽게 내주신 분이시여, 저는 그 사실을 믿습니다. 하지만 저는 지금도 당신을 신뢰하지 않겠습니다. 저는 저를 용서하신다는 당신의 능력이나 의지를 믿지 않습니다. 비록 당신의 말씀이 아주 분명하게 당신이 그러실 수 있고 그럴 뜻도 있다고 선언하더라도 말입니다. 당신은 당신의 아들을 믿는 모든 자를 용서하신다고 약속하셨지만, 저는 믿을 수가 없습니다. 당신은 그리스도와 관련된 당신의 증언을 믿는 모든 자들의 죄를 즉시로 사하시겠다고 말씀하시지만, 저는 당신의 증언을 믿지 않습니다. 당신은 거짓말을 하고 계십니다." 나는 여러분이 이런 말에 몸서리를 치리라는 것을 알지만, 여러분은 그럴 필요가 상당히 있습니다. 왜 여러분은 계속해서 그런 불신으로 행동한단 말입니까? 더러 이렇게 말하는 사람이 있을 것입니다. "아, 목사님, 저는 여러 해 동안 믿으려고 노력해 왔습니다." 끔찍한 말이로군요! 그런 말은 사태를 더 심각하게 만들 뿐입니다. 이런 경우를 상상해 보십시오. 내가 어떤 진술을 한 후에, 어떤 사람이 나를 믿지 않는다고, 사실은 그가 나를 믿고 싶기는 하지만 믿지는 못하겠다고 선언하는 것입니다! 나는 틀림없이 모욕감을 느낄 것입니다. 게다가 만약 그가 이런 말을 덧붙인다고 상상해 보십시오. "사실, 저는 여러 해 동안 당신을 믿으려고 노력해 왔습니다. 하지만 믿을 수가 없군요." 그 말이 무슨 의미이겠습니까? 내가 도무지 가망 없는 거짓말쟁이라는 의미가 아닙니까? 내가 아주 확고한 거짓말쟁이이며, 그래서 그가 나를 어느 정도 신용하고 싶어도, 도저히 그럴 수 없다는 말이 아닙니까? 나를 위해서 그가 할 수 있는 모든 노력을 기울였음에도 불구하고, 결국 나를 믿어 준다는 것이 그로서는 도무지 불가능함을 알았노라고 말하는 것이 아니겠습니까? 자, 만일 어떤 사람이 "나는 하나님을 믿으려고 노력해 왔습니다"라고 말하면, 실상 그는 지존자를 향해 바로 그런 식으로 말하는 셈입니다. 믿으려고 노력해 왔다니 그 얼마나 허튼 소리입니까! 어떤 진술이 사실이라면, 바른 재판관은 그것을 믿습니다. 선택의 문제가 아니라, 증언이 믿음을 요구하는 것입니다. 모독적인 것은 다른 방면에서도 볼 수 있습니다. 사람들은 진리를 믿기를 원하지 않습니다. 그래서 그들은 부주의하고 무관심하며, 구차한 변명과 질문들을 제기합니다. 그들은 표적들과 기사들, 느낌들과 강렬한 인상들을 요구합니다. 그들은 증언에 맞서 싸우며, 그 빛을 가리려고 애씁니다. 명백하게도, 성경을 하나님의 말씀이라고 믿으면서도, 여전히 불신자들인 여러분이 바로 그러합니다. 예수님이 구주시면 왜 여러분은 그분을 믿지 않는 것입니까? 믿으려고 노력한다는 식의 말은 단지 핑계일 뿐입니다. 하지만 핑계이든 아니든, 내가 여러분에게 상기시키고 싶은 사실은 성경에는 "노력하고 믿으라(try and believe)"는 말이 없다는 것입니다. 성경은 "주 예수 그리스도를 믿으라"고 말합니다. 그분이 하나님의 아들이시며, 그분이 기적들로써 그것을 입증하셨고, 그분이 죄인들을 구하시려고 죽으셨습니다. 그러니 그분을 믿으십시오. 그분은 우리가 절대적인 신뢰를 보이고 어린아이 같은 확신을 가질 만한 분입니다. 여러분은 그분이 그런 분이심을 부인하는 것입니까? 그렇다면 여러분은 그분의 성품을 모독하고 그분을 거짓말하는 자로 만드는 것입니다.

4. 불신자에게 예고된 운명을 말하다.

불신자의 운명(the fate of unbeliever)에 대해 몇 마디 언급하고서, 내 영혼의 무거운 짐과 같은 이 문제를 마무리지으려 합니다. 만일 이 불신자가 계속해서 하나님을 믿을 수 없다고 하고, 그리스도를 신뢰할 수 없다고 말하면, 그에게 어떤 일이 일어날까요? 하나님을 거짓말쟁이라고 부르는 자에게 어떤 일이 닥칠까에 대해, 천사들은 어떻게 생각할는지가 나는 궁금합니다. 그들은 그분의 영광을 보고, 또한 그들의 얼굴을 가리고 보면서 "거룩하다, 거룩하다, 거룩하다"고 외칩니다. 하나님을 거짓된 분으로 여기는 생각에 대해, 그들이 어떤 두려움을 느낄는지요! 천국에 있는 성도들은 하나님의 영광을 볼 때 그 얼굴을 엎드려 숙이며 그분을 찬송합니다. 그들에게 물어보십시오. 고집스럽게도 하나님을 거짓말쟁이라 부르는 자들에게, 예수 그리스도로 말미암아 반역자들에게 긍휼을 베푸시는 문제에서 그분을 계속 거짓말쟁이라고 부르는 자들에게, 어떤 일이 반드시 일어날 것인지를 물어보십시오. 나로서는, 최종적인 불신앙에 대해서는 어떤 형벌도 가혹하지 않다고 생각합니다. 그저 내가 아는 것은 이렇게 기록된 말씀입니다. "믿지 않는 사람은 정죄를 받으리라"(막 16:16). 아마도 여러분은 그것이 어떤 의미인지 알지 못할 것입니다. 그러나 만일 여러분이 계속해서 불신을 지속한다면 반드시 그 의미를 알게 될 것입니다. 하나님은 거짓말쟁이가 아니십니다. 하지만 만약 그분이 불신자로 죽은 사람을 정죄하지 않으신다면, 그분은 거짓말쟁이가 되십니다. 그러므로 그분이 그렇게 하실 것임이 분명합니다. 그분이 말씀하셨습니다. "믿지 않는 사람은 정죄를 받으리라." 만약 그분이 거짓되다면 그분은 여러분을 방면하실 것입니다. 하지만 그분이 참되시다면, 그분은 여러분을 지옥에 던지실 것입니다. 그 외에 여러분에게 다른 길은 없습니다.

　　일전에 어떤 사람이 내게 이렇게 말했습니다. "나는 믿을 수가 없어요." 나는 그에게 이 한 마디로 대답했습니다. "그렇다면 당신은 정죄를 받을 것입니다." 내가 달리 해 줄 말이 없었을까요? 예, 없었습니다. 불신자에게는 해 줄 수 있는 어떤 위로의 말이나 소망의 말도 없었습니다. "믿고 세례를 받는 사람은 구원을 얻을 것이요 믿지 않는 사람은 정죄를 받으리라." 우리 주님의 이 말씀에는 '정직한 불관용(honest intolerance)'이 있습니다. 그분은 머뭇거리거나 주저하면서 "당신에게 어떤 나쁜 일이 일어날까 염려스럽군요"라는 식으로 말하지 않으셨습니다. 여러분이 예수님을 믿지 않으면 땅 위에 있는 것이나 하늘에 있는 그 무엇도 여러분을 구원하지 못합니다. 여러분이 일천 개의 문들을 두드리고 소리쳐도, 기도하고 신음하며 괴로워하고 땀을 흘려도, 아아, 마지막 한 방울까지 피를 흘린다 해도, 천국으로 향하는 문은 오직 하나일 뿐입니다. 그리고 그 문은 예수 그리스도를 믿는 믿음의 문입니다. 만일 여러분이 그 문으로 들어가지 않으면 하나님은 다른 문을 열어 주지 않으십니다. 하나님께서는 그분의 마음에 있는 무한한 은혜를 그 사랑하는 아들의 인격 안에 다 쏟아 부으시기를 기뻐하셨습니다. 그리고는 외치십니다. "원하는 자는 값없이 생명수를 받으라"(계 22:17). 하지만, 예수님이 당신에게서 거절당하신다면, 또한 그분에 대한 하나님의 증언이 거부된다면, 다른 어떤 도움을 기대하지 마십시오. 하나님께 당신을 위해 죽어줄 또 다른 아들이 있는 줄 생각합니까? 설혹 그렇다고 해도 당신은 그분을 믿지 않을 것입니다. 당신은 그분이 당신의 사악한 변덕을 만족시키려고 구원의 전체 계획과 은혜 언약을 변경하시고, 또 그분의 지혜의 목적을 뒤집으실 거라고 생각합니까? 그분이 당신의 사악함에 동조하고 당신의 오만을 지지하실 거라고 꿈꾸지 마십시오. 분명히, 그분은 자기 말씀을 지키실 것입니다. 만약 당신이 그리스도를 믿지 않으면, 당신은 마지막 큰 날에 철저하게 수치를 당할 것입니다.

내가 하고 싶은 마지막 말은 이것입니다. 불신자는 잃어버리게 될 뿐 아니라, 자기의 불신앙 때문에 잃어진다는 것입니다. 주님이 이렇게 말씀하셨습니다. "믿지 아니하는 자는 벌써 심판을 받은 것이니라"(요 3:18). 왜일까요? "그가 하나님의 독생자의 이름을 믿지 아니하였기" 때문입니다. 그는 이미 그를 정죄할 다른 많은 잘못도 범하지 않았습니까? 오, 그렇지요, 헤아릴 수 없는 다른 죄들이 그에게 있습니다. 하지만 정의는 그의 정죄 받은 이마에 새겨 넣을 가장 극악무도한 죄명을 조사합니다. 그리고 이 끔찍한 죄를 선택하고서, "하나님의 아들을 믿지 아니하였으므로, 정죄를 당하였음"이라고 표기합니다. 하나님의 영이 세상에 오셔서 죄를 책망하실 때에, 그분은 그들에게 모든 죄 중에서 가장 큰 죄를 깨닫게 하심으로써 그 일을 시작하십니다. 그분이 가장 지독한 죄라고 고르신 것이 무엇일까요? "죄에 대하여라 함은 그들이 나를 믿지 아니함이요"(요 16:9). 나는 단지 성경에서 발견한 것을 여러분에게 말할 뿐입니다. 어떤 형제들은 이렇게 말할 것입니다. "이 설교는 정통이 아니다." 나는 그들의 비평에 개의치 않습니다. 내가 주장한 것은 하나님의 말씀이며, 하나님의 말씀은 온 세상에서 인간의 말과 반대됩니다. 그분의 말씀은 좌우에 날선 검보다 예리합니다. 그래서 나는 그 말씀이 오늘 아침에 여러분의 심령 골수를 찔러 쪼개고, 상처내고, 죽여서, 그런 다음 그리스도께 소생케 해 주시기를 기도합니다. 여러분 중에 누구든 마지막에 저 절망의 감옥으로 던져진다면, 그래서 지옥에서 하나님의 진노를 당하게 된다면, 여러분의 정죄 받은 감방 위에 새겨질 비난은 이런 내용일 것입니다. "이 사람은 복음이 참된 것을 알았지만, 그것을 믿으려 하지 않았다." 이 생각이 여러분을 몹시 괴롭게 할 것입니다. "내가 정죄를 받은 것은 진리를 믿지 않았기 때문이다. 내가 하나님을 거짓말하는 자로 만들었기 때문이고, 그리스도를 의지하지 않았기 때문이다. 그분이 그렇게 될 것이라고 내게 말씀하셨고, 그분이 말씀하신 대로 되었구나. 무엇보다 나를 고통스럽게 하는 것은, 불신앙 때문에 내가 망하는 것이 정당하다는 사실이로구나."

　오, 친애하는 청중이여, 주님을 거짓말하는 분으로 만들지 마십시오. 아직 여러분에게 남은 이성에 호소하고, 천국과 지옥을 두고 호소하며, 피 흘리신 예수님의 상처와 하나님의 진리를 두고 호소하건대, 예수님을 영접하십시오. 성령께서 함께 호소하시어, 여러분의 심령을 누그러뜨리시고, 여러분의 돌 같은 마음이 십자가 앞에 녹아지게 하셔서, 여러분으로 하여금 예수 그리스도를 여러분의 전부가 되시는 분으로 영접하게 해 주시길 빕니다. 아멘 또 아멘.

제
24
장

—

내적 증거의 참된 위치

—

"하나님의 아들을 믿는 자는 자기 안에 증거가 있고"
— 요일 5:10

얼마 전에 나는 성령의 증언과 인치심의 방식에 대해 전하였으며, 따라서 그 주제가 여러분 중에서 많은 이들의 기억 속에 남아 있으리라고 믿습니다. 하지만 오늘 그 주제를 다시 언급하고자 하는데, 그것도 같은 이유로 반복해야겠습니다. 왜냐하면 그 문제와 관련하여 오해를 하는 많은 사례들을 내가 접하기 때문입니다. 그런 오해들이 큰 슬픔과 많은 죄를 야기합니다. 내가 지금 읽어드리고자 하는 편지는 내가 어제 받은 것입니다. 이는 같은 취지를 담고 있는 많은 편지들 중의 하나입니다. —"친애하는 스펄전 목사님, 당신과 당신 교회의 회중에게 기도의 부탁을 드립니다. 부탁드리는 기도의 내용은 하나님이 성령에 의해 그분 자신을 저에게 나타내시도록 하는 것입니다. 오랫동안, 아마도 여러 해 동안이라고 할 수 있겠지만, 저는 그분을 섬기려고 노력해 왔습니다. 그리고 공공연하게 그분의 백성으로 합류하고자 하는 강한 소원을 가져왔습니다. 하지만 내 속에는 내가 구원받았다는 증거가 없습니다. 구원의 증거를 얻기까지 저는 감히 한 걸음도 나아갈 수가 없습니다."

자, 이 편지는 모든 면에서 바르고 정직하고자 하는 진지한 소원을 토로하고 있으며, 이 점을 높이 평가해야 합니다. 우리는 우리의 영혼에 대해 열심을 가져야 하며, 위선을 두려워해야 하고, 모든 것을 진실과 정직으로 행하고자 결심해야 합니다. 우리는 참되지 않은 신앙고백을 한다는 생각을 혐오해야 하며, 그런 점에서 이 편지는 본받을 만한 정신을 보여줍니다. 모든 사람이 위선자가 되지 않기를 갈망해야 하며, 마음의 감정과 무관하게 입술만의 고백이 한 마디라도 튀어나오도록 허용해서는 안 됩니다. 또한, 자기 영혼의 구원에 대해서 가능한 최상의 증거를 얻기를 바라는 것은 아주 적절합니다. 아주 특별하고, 결정적이고, 확실한 종류의 증거가 있다면, 모든 사람이 그것을 위해 하나님께 부르짖어 구하고, 또 그것을 얻기까지 불만족하다고 느끼는 것은 옳은 일입니다.

하지만, 이 모든 것을 인정한 후에, 우리는 정직하게 이런 말을 덧붙여야만 합니다. 즉 이런 근심은 믿음에 장애가 될 가능성이 크다는 것입니다. 특별한 증거를 추구하는 욕구가, 주님께서 그분의 말씀 안에서 우리에게 주신 증거를 우리가 받아들이는 일에 방해가 되기 때문입니다. 무지 속에서 우리는 평화와 확신의 참된 원천을 간과하기가 쉽고, 하나님이 결코 우리에게 계시하지 않으실 증거를 찾느라고 우리의 눈(眼)만 긴장시키기가 쉽습니다. 그러면서 우리 가까이에 놓여져 있는 귀한 위로들을 놓쳐 버리는 것입니다. 어떤 특별한 것을 갈망하는 동안, 우리는 무한하신 지혜가 우리의 손 닿는 곳에 놓아 두신 것을 눈여겨보지 않는 것입니다. 마치 배고프다고 말하는 어리석은 아이가 무리한 것을 달라고 보채면서, 자기 접시 위에 올려진 빵을 먹기를 잊어버리는 것과도 같습니다. 진지하고도 정직하게 어떤 유익한 증거를 얻기를 바라면서, 이미 그들 속에 있는 성령의 증거를 잊어버리고 있는 사람들이 많습니다. 영적인 어둠으로 말미암아 그들은 현재 있는 위로들을 놓쳐 버리고, 너무 약해져서 현재 해야 할 의무들을 수행하지 못하는 것입니다. 그들은 스스로의 상상에 의해 만들어진 속박에 묶인 채로 앉아 있습니다. 일어서서 얼마든지 걸어다닐 수 있는 데도 말입니다. 성령께서 이 문제를 잘 다루도록 우리를 가르쳐 주시길 기도합니다. 그리하여 이러한 내적 증거를 구하는 많은 이들이 이미 그것을 가졌음을 알게 되고, 혹은 적어도, 오늘 우리 주 예수 그리스도로 말미암아 그것을 얻게 되기를 바랍니다.

자, 여기 우리의 본문이 있습니다. "하나님의 아들을 믿는 자는 자기 안에 증거가 있고."

1. 하나님의 아들을 믿는 것이 내적 증거보다 앞선다.

우리가 첫 번째로 주목하는 것은, 하나님의 아들을 믿는 것이 내적 증거에 앞서 온다(believing on the Son of God comes before the inner witness)는 것입니다. "하나님의 아들을 믿는 자는 자기 안에 증거가 있음이라." 그는 그 증거를 얻기 전에 믿으며, 그가 그 증거를 얻는 것은 오직 그가 믿은 이후입니다. 본문에서 이는 자명합니다. 누구든지 이 말씀을 읽는 사람은, 사람이 자기 속에 그 증거를 얻기에 앞서 믿는 자가 되어야 함을 보게 됩니다. 본문은 "자기 안에 증거를 가진 자는 믿는 자가 된다"고 말하지 않습니다. 그 순서는 거꾸로입니다. "믿는 자가 자기 안에 증거를 얻습니다." 그는 먼저 믿고서, 다음에 그 내적인 증거를 얻습니다.

믿음의 기초는 자기 아들에 관한 하나님의 증언입니다(The basis of faith is the testimony of God concerning His Son). 곧 우리가 성경에서 발견하는 하나님의 증언이지요. 내가 그리스도 예수를 하나님의 아들로 믿는 것은 하나님께서 친히 그분을 그렇게 선언하신 것 외에 다른 이유 때문이 아닙니다. 또한 내가 예수님께 내 영혼을 의탁하는 이유는 내면에서 느껴지는 어떤 감정들 때문이 아니며, 하나님께서 내가 그분의 증언이라고 받아들이는 책에서 예수님을 속죄의 제물로 세우셨다고 선언하시기 때문입니다. 성경에서 나는, 누구든지 예수님을 믿는 자는 그로 인해 용서를 받고, 받아들여지며, 구원을 얻는다고, 하나님이 선언하시는 것을 발견합니다. 그래서 내가 그분을 믿는 것입니다. 하나님의 증언 외에 우리 신앙을 세울 수 있는 다른 기초란 없습니다. "만일 우리가 사람들의 증언을 받을진대 하나님의 증거는 더욱 크도다"(요일 5:9). 하나님의 증언은 분명 우리에게 충분합니다. 감히 그 이상의 증거를 요구한단 말입니까? 우리가 하나님의 증언이라는 견고한 기둥을 보강하려고 돌아다녀서는 안 됩니다. "주께서 이렇게 말씀하신다"로 증거는 충분합니다. 우리 편에서 그 이상의 증거를 요구하는 것은 불경스러운 무례입니다. 감히 우리가 지존자의 엄숙한 선언을 보충하기 위해 우리가 보아왔고 느껴왔던 무언가를 찾아서 눈을 돌린단 말입니까? 만일 그렇다면, 우리는 전혀 하나님을 믿고 있는 것이 아니라, 오히려 거짓말하실 수 없는 하나님보다 더 확실한 증언자를 기다리고 있는 것입니다. 그런 경우라면 우리는 여전히 잃은 자입니다. 어떤 뒷받침할 만한 증거를 가져오실 때까지는 하나님을 믿기를 거절함으로써 그분을 거짓말하는 자로 만드는 동안, 우리는 구원받을 수 없기 때문입니다. 만일 우리가 그런 추가적인 증거를 얻고자 한다면, 우리의 믿음이 하나님 안에 서 있는 것이 아니라 그 추가적인 증언에 서 있는 것이며, 따라서 우리는 여전히 하나님께 대해서는 불신자들로 남아 있는 것이 명백합니다.

구원에 이르게 하는 믿음의 유일한 기초는 그 아들 예수 그리스도에 관한 하나님 자신의 증언입니다. "또 증거는 이것이니 하나님이 우리에게 영생을 주신 것과 이 생명이 그의 아들 안에 있는 그것이라"(11절).

　본문 바로 뒤에 따라오는 말씀이 이러한 기초, 즉 하나님의 증언에 대한 거부는 있을 수 있는 극단적인 죄와 관련된다(the rejection of this basis, namely, God's own testimony, involves the utmost possible guilt)는 것을 우리에게 아주 엄숙하게 단언합니다. "하나님을 믿지 아니하는 자는 하나님을 거짓말하는 자로 만드나니 이는 하나님께서 그 아들에 대하여 증언하신 증거를 믿지 아니하였음이라." 자, 이것이 어떤 내적 증거를 가리키는 것이 아님은 매우 분명합니다. 왜냐하면 그리스도를 믿지 않는 사람은 내적 증거가 없고, 또 가질 수도 없기 때문입니다. 그가 갖지도 못한 것을 거부하였다고 유죄가 될 수는 없습니다. 하지만 하나님께서 온 인류에게 외적인 증거를 주셨습니다. 성경에 담겨 있는 그 증언은 분명하고 직접적입니다. 거기서 그분은 예수 그리스도가 그분의 아들이시고, 사람들의 구주로 지명된 분임을 선언하십니다. 또한 사람들에게 그를 믿으라고 명하시며, 믿는 자는 구원을 받을 것이라고 약속하십니다. 하나님의 계시에 대한 거부는 불신자를 어마어마한 죄와 관련되게 만듭니다. 왜냐하면 그의 불신은 하나님이 거짓말하신다고 말하는 것과 마찬가지이며, 그분이 고의적으로 허구에 지나지 않는 책을 우리에게 주었고, 결국 우리를 실망시킬 소망을 제시하였으며, 단지 허깨비에 지나지 않는 심판으로 우리를 위협하고, 구원할 수도 없는 구원자를 보냈으며, 아무런 효력도 없는 희생제물을 제시하였다고 말하는 것이나 다름없기 때문입니다. 구주로서의 그리스도를 거부하는 것은 아주 직접적인 방식으로 하나님을 거짓말하는 자로 만드는 것입니다. 물론 우리는 이런 죄를 멀리해야 할 것입니다. 그것은 하나님의 명성을 해치는 것이고, 그분의 신실하심을 반박하면서 그분에게서 그분 왕관의 가장 빛나는 보석 하나를 빼앗으려는 시도이기 때문입니다. 오 사랑하는 청중이여, 이런 죄를 범하지 마십시오. 하나님을 믿으라고 여러분에게 호소합니다. 모든 사람이 그분의 말씀을 부인한다 해도, 여러분은 그분을 믿으십시오. "사람은 다 거짓되되 오직 하나님은 참되시다 할지어다"(롬 3:4). 비록 여러분의 본성의 모든 느낌이 그분의 증언을 반박하는 듯이 보여도 하나님을 믿으십시오. 느낌은 속일 수 있고, 의식(意識)은 몽상일 수 있지만, 하나님은 거짓말을 하실 수 없기 때문입니다. 그분의 말씀은 그 자체로 진리입니다. 그러므로 이것이 믿음의 기초이며, 이 믿음의 기초를 거부하는 것이야 말로 극단적인 죄입니다.

다른 방식으로 표현해 보겠습니다. 나는 하나님께서 죄인들을 구원하시려고 그 아들 예수 그리스도를 보내셨다고 듣고 읽었습니다. 그리하여 나는 그리스도를 믿어야 하는 것과, 그 때 내가 그분의 구원의 은혜를 얻게 된다는 것을 알게 되었습니다. 나는 이것을 믿고, 그리스도를 신뢰하고, 그래서 구원을 받았습니다. 이 구원이 내게 평화와 안식을 주며, 그래서 나는 내 믿음에 확고하게 되었습니다. 그런데 믿기도 전에 이런 평화와 안식을 원하는 사람들이 많습니다. 그들은 씨를 뿌리기도 전에 수확을 기대하고, 앞뒤가 뒤바뀐 그들의 욕망이 채워질 때까지는 씨를 뿌리려 하지도 않습니다. 내 사랑하는 친구여, 당신은 자연의 질서가 이런 식으로 뒤바뀌기를 기대할 수는 없습니다. 어찌 그것을 바란단 말입니까? 하나님께서 진리를 말씀하셨고, 또한 그것이 진리일진대 왜 당신은 그것을 믿지 않습니까? 믿음의 본질은 진리를 말씀하시는 하나님을 믿는 것에 있고, 그분의 말씀이 진리이기 때문에 그 말씀을 따라 행하는 것에 있습니다. 당신이 그것을 믿기를 기대하시는 것은 하나님의 당연한 권리가 아니겠습니까? 왜 당신은 명백하게 그분에게 드려야 할 것을 드리지 않는 것입니까? 우리 안에 있는 것이든지 다른 사람 안에 있는 것이든지, 왜 우리가 그 이상의 증거를 요구한단 말입니까? 우리가 즉시 이렇게 말해야 마땅하지 않겠습니까? "하나님이 그것을 말씀하셨습니다. 그것은 진실입니다. 나는 그 말씀대로 행할 것입니다. 그분이 그리스도께서 죄인들을 위해 죽으셨다고 말씀하셨고, 또한 그리스도를 믿는 모든 자를 구원하신다고 말씀하셨기 때문에, 나는 그분을 믿을 것이고, 그러면 나는 구원을 받을 것입니다."

자, 이 믿음의 기초는 넘치도록 족합니다(this basis of faith is abundantly sufficient). 이토록 아주 명백한 진리를 굳이 주장해야 하는 것에 나는 약간 부끄러움을 느낍니다. 왜냐하면 만약 우리가 절망적으로 악에 빠져서 하나님으로부터 멀어져 있지 않다면, 이 진리를 즉각적으로 느낄 것이기 때문입니다. 하나님께서 그것을 말씀하셨습니까? 그렇다면 그에 대해 어떤 확정을 요구하는 것은 그분께 대한 직접적인 모독이며, 하늘의 위엄에 대한 부당한 무례입니다. 하나님께서 그것을 말씀하셨습니까? 그렇다면 우리는 세상의 모든 과학적인 사람들이 수 세기 동안 증언해 온 것 이상으로 그것을 믿어야 합니다. 하나님이 그것을 말씀하셨습니까? 그렇다면 우리는 세상의 모든 전통과 모든 나라들이 우리에게 전수해 준 것 이상으로 그것을 확실히 믿어야 합니다. 하나님이 그것을 말씀하셨습니까? 그렇다면 우리는 우리의 모든 이성이 엄밀한 예증으로 입증하는 것 이상으로 그것을 분명히 믿어야 합니다. 하나님이 말씀하셨습니까? 그렇다면 우리는 우리의 눈으로 직접 보는 것 이상으로 그것을 믿어야 합니다. 우리가 눈으로 보는 것은 우리를 속일 수 있고, 혹은 우리가 귀로 듣는 것이 우리를 기만할 수도 있습니다. 우리의 감각들은 속일 수 있습니다. 하지만 하나님은 속이시지 않습니다. 그분은 참되십니다. 우리 영혼의 짐을 그분의 신실하심에 맡기고, 그 모든 결과까지도 맡기고, 주님이 약속하신 것을 그분이 능히 행하시리라고 확신하는 것이 우리의 지혜입니다.

　　자, 비록 이 기초가 충분하여도, 주님께서는 우리의 불신앙을 아시고, 그것에 아무것도 더하시지 않는 것이 아니라, 오히려 은혜롭게도 상세히 부연하시는 방식으로(in a graciously amplified manner) 그것을 우리 앞에 제시하십니다. 그분이 말씀하십니다. "증언하는 이가 셋이니 성령과 물과 피라 또한 이 셋은 합하여 하나이니라"(7-8절). 예수 그리스도는 하나님의 아들이십니다. 그분은 죄인들을 구하실 수 있으며 또 그렇게 하십니다. 그분이 그분을 믿는 모든 자를 구원하실 것임은 먼저 성령(the Holy Spirit)을 주신 일에서 입증되었습니다. 그분은 오순절에 처음 강림하셨습니다. 가시적이며 느낄 수 있을 정도로, 급하고 강한 바람과 불의 혀 같이 갈라지는 것처럼 임하셨으며, 제자들이 결코 배운 적이 없었던 언어로 말하게 하시는 놀라운 선물을 통해 그분의 능력을 나타내셨습니다. 성령께서는 사도들과 함께 하시면서 예수님이 하나님의 아들이심과, 그들이 전하는 복음이 신적인 복음임을 강력하게 증언하셨습니다. 성령님은 하늘로 돌아가지 않으셨습니다. 비록 그분의 놀라운 능력이 더 이상 물리적인 차원에서는 우리들 가운데 보이지 않지만, 여전히 그분은 교회 안에서 영적인 기적들을 행하고 계십니다. 그분은 여전히 거듭나게 하시고, 여전히 깨닫게 하시고, 여전히 위로하시며, 여전히 기도 중에서 우리의 연약함을 도우십니다. 그분은 여전히 우리의 위로자(Comforter)이시며 인도자(Guide)이십니다. 많은 복되고도 유용한 방식으로, 성령님은 여전히 교회 가운데 계시면서 복음의 진리를 증언하시며, 그로 인해 그분은 찬양을 받으셔야 합니다. 기적들 대신에 우리에게는 성령의 임재가 있습니다. 사람들이 죄 가운데서의 죽음으로부터 소생하고, 마음이 새로워지며, 눈이 떠지고, 영혼들이 거듭납니다. 교회 안에서의 이런 일들이 곧 복음의 진리에 대한 하나님의 지속적인 증언들입니다.

다음으로, 물(the water)의 증언이 있습니다. 나는 그 물이 사람이 마시면 영원히 살게 되는 생명수(living water)를 의미하고, 또한 교회 안에 있는 영적 생명을 나타낸다고 이해합니다. 곧 하나님이 믿는 자들에게 주시는 생명과 죄 씻음입니다. 자, 우리들 가운데는 한때 우리가 알지 못했던 생명을 소유하고 있음을 증언할 수 있는 사람들이 수천이나 됩니다. 그 생명은 예수 그리스도를 믿음으로써 우리에게 주어졌고, 또한 오늘 내 설교를 듣고 있는 모든 자들에게도 예수님을 믿는 믿음에 근거하여 주어질 것입니다. 교회 안에 있어서, 교회의 살아 있는 지체들 한가운데서부터 영원토록 흘러나오는 그 생명수는 또 다른 형태의 하나님의 증언이며, 참된 신앙은 그 견고한 증언의 기초 위에 세워져야 합니다.

다음으로는 피(the blood)가 있습니다. 세 번째 증언자입니다. 아벨의 피보다 더 나은 것을 말하는 속죄의 그 피는 죄인의 양심에 평화를 가져다주고, 내적 다툼을 종결시킵니다. 믿는 자의 귀에 그와 같은 음성은 없습니다. 이것이 또하나의 강력한 형태의 하나님의 증언입니다. 그분은 죄를 용서하시고 양심에 평화를 주십니다. 이 사실은 수많은 사람들에게 알려졌으며, 또한 그것이 자기의 사랑하시는 아들에 대한 하나님의 지속적인 증언입니다. 성령과 물과 피의 지속적인 능력은, 예수 그리스도께서 약속된 구주이시며 누구든지 그를 믿는 자는 구원을 받는다는 이 사실에 대한 하나님의 지속적인 증언입니다. 복음을 듣는 자는 이 증거 이상의 무엇도 기대해서는 안 됩니다. 그에게 더 이상 무엇이 필요하단 말입니까? 그가 더 무엇을 바랄 수 있단 말입니까? 만일 여러분이 그리스도에 대한 하나님의 증언을 거절한다면, 여러분은 그분을 직접적으로 거절한 셈이며, 하나님의 엄숙한 증언을 믿지 않는 자들에게는 다른 증언은 결코 주어지지 않을 것입니다.

사랑하는 여러분, 지금까지 자세히 설명된 성령과 물과 피라는 이 삼중적인 증언은 그것이 영원하고 불변하다(it is everlasting and immutable)는 점에서 뛰어납니다. 당신은 오십년 전에 예수 그리스도를 믿었습니까? 그 때 당신이 그분을 믿은 것은 하나님께서 그분을 신뢰해도 좋은 분으로 선언하셨기 때문입니까? 하나님의 그 증언은 모든 면에서 지금까지도 그 효력이 유효합니다. 천년 전에 한 가련한 죄인이 예수님께 왔습니다. 하나님께서 성경 안에서 그에게 확신시키시기를,

그가 예수님 안에서 긍휼을 얻을 것이라고 하셨기 때문입니다. 그리고 오늘 또 다른 죄인이 동일한 확신을 가지고 예수님께 나아올 수 있습니다. 그 믿음의 보증이 변하지 않았기 때문입니다. 이 얼마나 복된 일입니까! 우리의 느낌들은 변합니다. 때때로 내적인 증언은 밝게 타오르다가도, 때로는 아주 희미하게 되어 버립니다. 때때로 우리는 마음이 부드러운 것을 느끼다가도, 때로는 마치 돌처럼 굳어 버리는 것을 느낍니다. 어느 순간 우리는 열정적이다가도, 또 어느 순간에는 무관심하게 됩니다. 우리의 신앙이 그렇게 가변적인 기초에 근거해서는 안 됩니다. 그처럼 변화무쌍하고, 전율할 만한 유사(流砂)와도 같은 기초는 결코 우리를 오래도록 만족하게 하지 못합니다. 하지만 하나님의 말씀에서 우리는 반석 같은 기초를 얻습니다. "아들이 있는 자에게는 생명이 있느니라"(12절). 그분이 그것을 말씀하셨으면, 그것은 틀림없는 진실입니다. 내가 나의 내면을 들여다볼 때, 나는 내 느낌으로써 영적인 생명을 소유했는지 아닌지를 항상 말할 수는 없습니다. 하지만 나는 내가 예수님을 믿는 것을 알기 때문에 영생을 가진 것도 압니다. 하나님께서 그렇게 말씀하셨기 때문입니다. 나는 하나님의 아들 예수 그리스도를 의지하면서, 나의 모든 느낌들을 초월하여 내가 구원받은 것을 압니다. 내 감정이 무어라고 말하든, 하나님이 이렇게 말씀하셨기 때문입니다. "아들을 믿는 자에게는 영생이 있느니라"(요 3:36). 그리고 가련한 영혼이여, 당신이 오늘 아침에 그리스도께 나아오도록 초청을 받은 것은 당신 속에 당신이 나아올 수 있도록 하는 어떤 보증, 즉 당신이 그러기에 적합하다고 하는 어떤 내적 증언이 있기 때문이 아닙니다. 당신은 이 책에 충분한 증언이 있다는 그 이유로 나아와야 합니다. 그 증언이란 곧 하나님의 영이 교회에 계시다는 사실과, 생명수가 여전히 사람들에게 주어진다는 사실과, 예수의 피가 그 능력을 잃지 않아서 모든 죄에서 깨끗하게 씻어 준다는 사실에 대한 충분한 증언입니다. 만일 당신이 이토록 충분한 증언을 믿지 않는다면, 또 다른 증거를 얻기를 기대할 수 없습니다. 왜냐하면 이는 하나님의 증언이며, 구원 얻는 사람들은 이 증언에 기초하여 예수 그리스도를 믿기 때문입니다.

　　자, 사랑하는 친구들이여, 이 기초를 신뢰하지 않고 또 신뢰할 수도 없는 믿음이란 명백히 전혀 하나님께 대한 믿음이 아닙니다. 그분의 말씀 이상의 증거를 요구하는 '믿음'이란 실상 인간의 거만한 결심에 불과합니다. 한 사람이 말합니다. "음, 하지만 제가 어떤 환상을 본다면, 그러면 믿을 것입니다." 그것은 말하자면, 당신의 환상을 믿는 것이겠지요. 하지만 그 환상이란 열병에 걸린 뇌의 결과일 수도 있으며, 거기에 당신이 속을 수도 있는 것이지요. "오, 하지만 제가 어떤 음성을 듣는다면, 그러면 믿을 수 있을 겁니다." 말하자면, 당신은 성경의 확실한 증언의 말씀을 거부하고, 혹 하나님께서 자기를 낮추시어 당신의 변덕을 만족시켜 주시면 믿을 수 있겠다는 말이군요. 당신이 들었다고 생각하는 음성들은 의지할 만한 것이 되지 못합니다. 인간의 상상력이 쉽게 그것들을 만들어 내기 때문입니다. 백일몽을 꾸면서 나는 많은 소리들을 들었고, 혹은 들었다고 생각하기도 했습니다. 하지만 그것들은 메아리일 수도 있고, 혹은 멀리 공중의 새 소리이거나, 아니면 단순한 추측일 수도 있습니다. 공중의 소리를 들은 것으로는 아무것도 의지할 수가 없습니다. 당신은 그것을 계시된 하나님의 뜻과 경쟁시키겠다는 말입니까? "오, 하지만 제가 특별한 계시를 얻는다면요?" 당신에게는 그런 특별한 계시를 기대할 하등의 권리가 없습니다. 내 분명하게 여기서 말하지요. 그 어떤 추가적인 계시도 기대할 수 없습니다. 하나님의 책은 종결되었고, 하나님의 계시는 완성되었기 때문입니다. 이 거룩한 책에 무언가를 더하는 자는 저주를 받습니다. 그러므로 만일 당신이 하나님께서 당신에게 어떤 새로운 계시를 주셨다고 말한다면, 당신은 이 책에 기록된 무서운 저주를 받으려고 모험을 하는 것입니다. 하나님께서는 그분의 영에 의하여 옛 진리를 우리의 마음에 가져다주시고, 우리의 눈에 새 빛을 비추시고, 그 말씀이 우리에게서 새 힘으로 작용하게끔 하십니다. 하지만 그분이 어떤 새로운 사실들을 계시하지는 않습니다. 어떤 인간의 귀에도 새로운 사실들을 들려주시지는 않습니다. 우리는 옛 계시에 만족해야 하며, 성령께서 그 말씀들을 마음에 가져다주실 때의 생명과 능력과 힘에 만족해야 합니다. 우리들 중에 어느 누구도 추가적인 계시를 가지려고 추구해서는 안 됩니다. 그런 짓은 성경이 불완전하다는 뜻을 내포하기 때문입니다. 뭐라고요? 하나님께서 이 책에서 당신이 그분의 아들을 믿을 수 있도록 모든 것을 말씀하셨는데, 그것이 당신에게 충분하지 않다는 말인가요? 그분이 자기 방식을 벗어나서 당신에게 은밀하게 무언가를 전달해야 하신단 말입니까? 그분이 이미 말씀하신 것이 거짓말로 취급당하고서, 당신의 지시를 따라서, 당신의 개인적인 편익을 위해 무언가를 말씀하셔야 한단 말입니까? 당신은 너무나 선하고 너무나 위대해서, 다른 죄인들과 같은 방식으로 구원받을 수 없단 말입니까? 당신이 하는 말은 실제적으로 그런 뜻입니다. "오", 당신이 말합니다, "하지만 제가 이러저러한 것을 느낀다면 믿을 수 있겠습니다." 그랬다고 가정합시다. 그러면 당신의 확신은 당신의 느낌에 있는 것이지, 하나님의 말씀에 있는 것이 아닙니다. 하나님을 참되시게 만드는 것이 당신의 느낌에 달려 있어야 한다니, 그것이 대단히 뻔뻔스런 태도가 아니고 무엇이겠습니까! 당신이 어떻게 느끼더라도, 하나님은 참되십니다. 그분을 믿으십시오. 그분은 자기 아들을 믿는 믿음에 따라 구원을 주시는 것이지, 당신의 느낌을 믿는 믿음에 따라 구원을 주시는 것이 아닙니다.

하나님의 말씀에 더하여, 어떤 경험이나 표적이나 혹은 기적을 얻을 때까지는 믿지 않으려는 자들을 향해 말하고자 합니다. 믿음 안에서 아주 오래도록 걸어왔던 그분의 백성들도, 종종, 하나님의 말씀 안에서의 외적 증언이라고 하는 믿음의 처음 기초로(to the first foundation of faith in the outer witness of God in His word) 완전히 되돌아가야 합니다. 우리들 중에 더러는 수년 간 내적인 증언을 소유하는 특권을 누려왔습니다. 하지만 어떤 때에 그것은 떠나가며, 그래서 우리는 처음의 기초적인 진리로 돌아옵니다. 바깥에 바람이 불고 폭풍이 몰아칠 때, 유혹이 윙윙거리며 우리 영혼을 향해 악을 쓸 때, 우리는 언제나 우리 자신의 경험을 향해서가 아니라 하나님의 말씀을 향해 달려갑니다. 우리는 우리가 느끼는 것에서 떠나 주께서 말씀하신 것을 향해 달려갑니다. 일 온스(ounce)의 "기록되었으니"가 우리가 느낀 것의 일 톤(ton)보다 더 큰 확신을 줍니다. 고난의 때에, 우리는 우리의 행복한 느낌이 기만이며 우리의 확신은 잘못이라고 판단하기가 쉽습니다. "진실로, 나는 서서 내 안에서 진주 문을 보았다고 생각하였고, 천국의 기쁨으로 가득하다고 생각하였도다. 하지만 오호라, 그것이 모두 꿈일지도 모르겠구나." 하지만 이것만은 전혀 꿈이 아닙니다. 그리스도께서 죄인들을 구하시려고 세상에 오셨습니다! 그 사실은 전혀 착오가 아닙니다. 하나님께서 자기 아들을 속죄의 화목제물로 보내셨습니다! 여기에는 어떤 상상도 개입되지 않았습니다. 그것은 진리의 성경 안에서 명명백백하게 기록되어 있으며, 그 증언을 향해 나는 다시 달려갑니다. 내가 성도인지 혹은 죄인인지, 내가 천국의 상속자인지 혹은 진노의 자녀인지, 하나님의 말씀이 유효하게 증언하고 있습니다. "그를 믿는 자는 심판을 받지 아니하는 것이라"(요 3:18). 나는 그분을 믿고, 따라서 나는 심판을 받지 않습니다. 지옥의 모든 악령들조차 내가 심판을 받는다고 생각하지 않을 것입니다. 하나님이 내가 심판을 받지 않는다고 말씀하셨기 때문입니다. 내 믿음은 그 반석 위에 서 있으며, 어떤 일이 닥쳐도 흔들리지 않습니다.

하나님의 아들을 믿는 것이 내적인 증언보다 앞선다는 첫 번째 주제는, 이 것으로 충분한 것 같습니다.

2. 믿음 뒤에 내적 증거가 따른다.

둘째로, 내적 증거가 자연스럽게 믿음을 따라옵니다(the inner witness naturally follows upon faith). "하나님의 아들을 믿는 자는 자기 안에 증거가 있고." 내적 증언 이 믿음에 선행한다는 것은 전혀 불가능합니다. 이는 여러분이 잠시만 생각해 보아 도 분명하게 이해할 수 있습니다. 여기에 어떤 질병에 아주 효능이 있다고 잘 알 려진 약이 있습니다. 어떤 아픈 사람이 말하기를, 자기가 그에 대해 내적 증거를 얻기까지는 그 효능을 믿지 않을 것이라고 합니다. 적어도 그가 믿음으로 그 약 을 섭취하고, 그래서 그 약이 그에게 작용할 수 있을 때까지, 그는 결코 그 약의 효능에 대해서 아무런 증거도 얻지 못할 것입니다. 이는 여러분에게 분명히 이 해되는 사실입니다. 예수님의 보혈이라고 하는 이 '만병통치약(catholicon)' 역시 마찬가지입니다. 여러분이 먼저 믿음으로 그것을 받아들일 때까지, 여러분은 그 효능에 대한 어떠한 내적(inner) 증거도 얻을 수 없습니다. "영접하는 자 곧 그 이 름을 믿는 자들에게는 하나님의 자녀가 되는 권세를 주셨으니"(요 1:12). 영접이 먼저입니다. 또한 여러분은 이 증거를 믿음과 무관하게 가질 수 없습니다. 왜냐 하면 성령님은 결코 아무것도 없는 백지 위에 자기 인장을 찍지 않으시기 때문 입니다. 먼저 마음에 새긴 믿음의 글이 있어야 하며, 그런 다음 하나님의 영이 그 내용을 인증하는 도장을 찍어 주십니다. 여러분은 성령 하나님께서 거짓에 대해 서명하실 거라고 생각할 수 있습니까? 만약 그분이 여전히 불신앙 상태에 있고, 결과적으로 이미 정죄를 받은 어떤 사람에게 구원의 내적 증거를 주신다면, 그 것은 거짓을 보증하는 셈이 될 것입니다. 만약 여러분이 하나님의 말씀을 믿기 를 거절하면, 성령께서 여러분의 정죄를 선언하시는 것 외에 달리 어떤 증거를 주신다고 여러분이 생각할 수 있겠습니까? 반드시 믿음이 앞서 와야 하며, 그 다 음에 증거가 뒤를 따르는 것입니다.

하지만 특별히 기억되어야 할 것은, 사람이 내적 증거를 가지고서도 때로는 그 것을 인식하지 못할 수도 있다는 것입니다. "그것은 이상하군요?"라고 여러분이 말 합니다. 하지만 생각해 보십시오. 당신이 넓은 땅의 소유주이고, 어떤 분쟁 상대자가 그 땅에 대한 당신의 권리에 이의를 제기합니다. 당신은 아마도 부동산 권리 증서를 찾지 못할 수도 있습니다. 그 부동산은 틀림없이 당신의 소유인데, 당신은 그 권리 증서들을 어디에 두었는지 잊었습니다. 아마도 어느 잊혀진 서랍에 자물쇠가 채워진 채로 보관되고 있을 것입니다. 아마도 그로 인해 당신은 몹시 어려움을 당할 수 있고, 그것이 당신의 소유인지 아닌지에 대해 판결이 내려지고 분쟁이 해결되는 날까지 그럴 수 있습니다. 나는 하나님의 많은 자녀들이 자기 영혼 속에 풍부한 증거를 가지고 있다고 믿습니다. 하지만 그들에게 그것을 식별하는 지혜가 없습니다. 많은 증거들이 있지만, 무지나 부주의함으로 인해 그 증거들을 수집하여 그것으로써 자기 자신을 새롭게 하지 않는 것입니다. 믿는 자라면, 그는 자기 속에 증거를 가지고 있습니다. 그 증거가 무엇인지 아는 충분한 깨달음만 있다면 그는 위로를 받을 것입니다. 하지만 종종 하나님의 말씀을 찾는 것에서 태만하기 때문에, 그는 증거를 가지고서도 그것을 발견하지 못합니다. 그는 그것을 읽기를 바라지만, 무지 때문에 그것을 어디에 두었는지 잊어버리는 것입니다.

자, 이 내적 증거라는 것이 무엇입니까? 그것은 다음과 같이 간주될 수 있습니다. 이 본문 앞의 구절들을 보십시오. 여러분은 거기서 한 가지 형태의 증거를 얻을 것입니다. 예수 그리스도는 하나님의 아들이시며, 죄인들의 구주이십니다. 그것이 증언의 요점입니다. 먼저 **성령께서**(the Spirit), 우리가 믿은 후에, 그러하다고 우리 영혼 안에서 증언하십니다. 우리는 성령께서 우리를 인도하시어 예수님을 믿게 하시고, 회개에 이르게 하셨다고 인식합니다. 성령이 우리를 새롭게 하셨고, 성령이 우리를 예전의 우리와 달라지게 하셨습니다. 성령이 기도에서 우리를 도우시며, 성령이 우리로 찬양의 날개를 타고 높이 오르게 하시고, 성령이 우리에게 놀랍도록 역사하십니다. 우리는 이런 일들이 예수님을 믿는 믿음으로 말미암아 우리에게 임하였음과, 예수님은 진정 죄인들의 구주이시며 우리는 구원받았다고 결론을 내립니다. 다음으로는 **물**(the water)이 우리 속에서 증언합니다. 말하자면, 우리는 새 생명을 느끼며, 우리 마음에 있는 생명수를 느끼며, 한때 우리가 죽었던 것들에 대하여 지금 우리가 살아 있음을 의식합니다. 이제 우리는 전에는 우리에게 결코 없었던 새로운 본성이 우리 속에 있음을 발견합니다. 이 모든 것들이 우리가 믿는 것이 참이라는 위로의 증거들입니다. 우리는 우리의 믿는 바가 참인 것을 입증하였습니다. 예수님을 믿음으로써 믿는 자에게 약속된 그 생명을 얻었기 때문입니다. 세 번째로는, 보혈(the precious blood)이 우리 영혼 안에서 그 이상의 증언을 합니다. 그 피가 우리에게 평화를 줄 때 우리는 피로 값주고 사신 바 된 죄인들로서 노래합니다. 우리는 그 피로 모든 죄를 씻음 받은 자들로서 하나님 앞에서 즐거워합니다. 우리는 피 뿌림을 받음으로써 휘장 안으로 나아갈 수 있게 되었으며, 그 피의 음성으로 말미암아 우리 영혼 안에 깊은 평안이 있음을 느낍니다. 이는 우리 안에 있는 달콤하고도 분명한 내적 증거이며, 우리가 다른 어떤 증거 없이도 하나님의 말씀에 근거하여 받아들인 것이 정녕 진실임을 입증해 줍니다. 이제 우리는 우리의 영혼 안에 확증적인(confirmatory) 증거를 가지고 있습니다. 우리가 그것을 원했기 때문이 아니라, 믿음에 대한 달콤한 보상과 은혜의 특권으로서 그것을 가진 것입니다. 만약 우리가 먼저 있는 그대로의 하나님의 말씀을 믿지 않았더라면 우리는 결코 그 증거를 얻지 못했을 것입니다. 오직 믿음 이후에 그 증거는 자연스럽게 우리 마음 속에 흘러들어온 것입니다.

그 증거의 다른 부분은 이 점에 놓여 있습니다. 즉 우리가 믿었을 때에 우리가 생명을 얻었습니다. 11절 말씀에 따르면, 또 증거는 이것이니 하나님이 우리에게 영생을 주신 것과, 이 생명이 그의 아들 안에 있는 그것입니다. 우리는 믿었고, 또한 생명을 얻었다고 느낍니다. 하나님의 증언이 참임을 우리가 이중으로 확인하는 것입니다. 우리는 하나님께서 말씀하셨기 때문에 먼저 그 증언을 믿었고, 이제는 그것을 느끼도록 허락을 받았습니다. 그 생명이 우리 영혼 안에서 샘처럼 솟아나고 있기 때문에, 우리는 이제 예수 그리스도께서 틀림없이 하나님의 아들이심을 압니다. 달리 누구에게 이 생명이 주어진단 말입니까? 또한 달리 누가 이처럼 높고, 영적이며, 신성한 생명을 우리에게 주신단 말입니까?

자세히 말하자면, 그 내적 증거는 바로 이런 방식으로 발견됩니다. 첫째, 놀라운 변화의 느낌(a wondrous sense of change)이 믿는 자에게 임합니다. 하나님의 단순한 증언에 근거하여 예수 그리스도를 믿은 후, 영적 갱신의 역사가 그에게서 일어나며, 그는 자신이 전적으로 변화되었음을 느낍니다. 한번은 어느 소녀가 내게 말했습니다. "온 세상이 변하였든지, 아니면 제가 온통 변해 버렸답니다." 모든 것이 그렇게 변한 듯이 보이는 것은, 그것을 바라보는 눈이 새로워졌기 때문입니다. 그런 사람은 근본적인 변화를 느끼고, 모든 것이 그에게 뒤바뀌었음을 느낍니다. 달콤했던 것이 시어지고, 전에 시었던 것이 이제는 달콤해집니다. 자신이 철저하게 새롭게 지어졌음을 발견하고서 그는 이렇게 말합니다. "이는 하나님의 손길이다." 그는 이 모든 일을 가능하게 한 능력이 하나님의 아들로부터 왔음을 고백합니다.

　다음으로는, 하나님의 말씀과 함께하는 놀라운 능력이 있습니다. 항상 그렇지는 않지만 자주 그러합니다. 내 형제들이여, 여러분은 종종 하나님의 말씀을 읽을 때나 들을 때에, 다른 형태의 강연을 들을 때에는 결코 느끼지 못하는 것을 느낀다고 의식하지 않습니까? 예를 들어, 십자가 아래에 가서, 보혈을 흘리시는 여러분의 구주를 바라보십시오. 그 때 여러분은 다른 어떤 것을 통해서도 느낄 수 없는 것을 느끼지 않습니까? 여러분이 신앙 서적을 읽고서, 그것이 여러분에게 어떤 경건한 영향을 끼칠 수도 있습니다. 하지만 여러분이 곰곰이 생각해 보면, 그것이 단지 하나님의 말씀에서 빌려온 것이기 때문에 강력하다는 것을 알 수 있을 것입니다. 하나님의 음성은 어떠한 마술적인 방식 이상으로 여러분의 영혼을 전율하게 하며, 다른 어떤 소리도 그것을 흉내 내지 못합니다. 자, 내가 보증하겠습니다. 그리스도인은 마음에 끼치는 영향만으로, 눈을 가린 채 어느 것이 성경 본문 말씀이고 어느 것이 아닌지를 분간할 수 있습니다. 성경 본문의 말씀은 너무도 장엄하여 다른 어떤 것도 그 위엄을 흉내 내지 못합니다. 성경 말씀들이 능력으로 적용될 때, 그 말씀들은, 오직 하나님의 말씀만이 그렇게 하실 수 있는 것처럼 우리를 낮추기도 하고 높이기도 합니다. "왕의 말에는 권능이 있습니다"(전 8:4). 또한 이것이 복음의 탁월한 진리에 대한 내적 증거가 됩니다.

　그와 유사한 증거로서, 우리가 올바른 위치에 있다는 느낌이 있습니다. 여러분 모두가 전에는 바른 위치에서 벗어나 있었지만, 예수 그리스도를 믿고서 바른 위치에 서게 되었습니다. 여러분은 하나님의 질서와 조화를 이루게 되었고, 여러분이 느끼는 이러한 느낌은 오직 진리에 의한 결과입니다. 거짓은 질서가 아닌 혼동을 야기할 뿐이기 때문입니다. 만약 누군가가 저 탕자를 향해 이렇게 말했다고 합시다. "나는 너에게 아버지가 있는지 의심한다. 나는 네 아버지의 사랑을 의심한다. 나는 그의 집에 먹을 것이 풍족한지를 의심한다." 아마도 저 탕자가 돼지들의 여물통 곁에 서 있는 동안에는 당황스러워서 그런 사악한 질문들에 대답을 하기가 어려울 것입니다. 하지만 그가 자기 아버지의 집에 도착했을 때에는, 그가 아버지의 사랑의 식탁에 앉아서 흥겨운 음악소리와 살진 송아지를 잡아 잔치를 여는 소리를 들을 때에는, 누구도 그런 질문으로 그를 혼란스럽게 하지 못합니다. 어떤 회의주의자가 그에게 "아버지의 사랑이란 없다"고 말한다면, 아직도 아버지의 입맞춤으로 인해 뺨이 기분 좋게 상기되어 있는 그로서는 최상의 대답으로 응수할 수 있을 것입니다. 나는 그가 그런 회의주의자에게 굳이 대답할 필요도 느끼지 못할 것이라고 생각합니다. 그저 조용한 미소만 보이고서, 살진 송아지 잡은 것을 먹으며 연회를 즐기겠지요. 혹, 그가 대답한다면, 아마도 그는 이렇게 말할 것입니다. "가시오, 당신의 의심들일랑 그것을 받아들이는 자들에게나 가져다주시오. 나로서는 내 사랑하는 아버지와의 관계가 다시 바르게 되었소. 그분이 나를 용서하셨고, 나는 그분의 사랑을 느끼며, 그분의 애정이 넘치는 것을 나 자신이 잘 알고 있소이다."

예수 그리스도를 믿는 믿음을 통하여 우리에게 찾아오는 그 깊은 평화의 느낌(deep feeling of peace)이, 우리로 하여금 그분이 우리를 구원하실 수 있음과 우리가 그분 안에서 안전함을 재차 확신하도록 만듭니다. 우리는 아무런 느낌이 없을 때에 하나님의 말씀을 붙들었습니다. 하지만 예수 그리스도를 믿고서 이제 우리는 놀라운 평안, 곧 "모든 지각에 뛰어난 하나님의 평강"(빌 4:7)을 의식합니다. 우리는 우리가 용서받았고, 또 정당하게 용서받은 것을 봅니다. 은혜로 구원받았지만, 하나님의 정의를 훼손하지 않고서 구원받은 것을 우리는 압니다. 따라서 우리는 완벽하게 평화를 누립니다. 예, 때때로 우리는 평화를 초월하는 상태로 고양되지요. 나는 내적 생명의 고상한 비밀들에 관해서 많은 말을 하려 하지 않지만, 이따금씩은 그것을 고백할 것입니다.

> "우리의 거룩한 기쁨은 증대되어
> 이루 말할 수 없으니, 저 천상에 있는 것처럼,
> 이곳 지상에서도 천국이 시작되도다."

이것이 또한 복음이 참되다고 하는 내적 증거의 일부입니다.

또한 나는 갈수록 성숙해지는 거룩한 성품에 대해서도, 그리스도의 형상을 점차 닮아가는 것에 대해서도 말할 수 있을 것입니다. 이런 것들이 내적 증거의 일부가 아닐까요? 또한 나는 갈수록 강해지는 힘에 대해서도, 한때 우리가 감히 시도조차 할 수 없었던 일들을 이제는 쉽게 이루는 것에 대해서나, 혹은 환난 중에서 강해지는 인내에 대해서도 말할 수 있을 것입니다. 이런 것 하나하나가 고

귀한 증거들이 될 것입니다. 하나님과의 친교에 대해서나, 혹은 죽음을 예상하는 중에서도 누리는 평화에 대해서, 혹은 그리스도인들이 경험하는 다른 수천 가지의 축복들에 대해서도 나는 말할 수 있을 것입니다. 나는 이 모든 것들이 아주 강력한 내적 증거들이 된다고, 우리가 처음에 하나님의 증언을 믿는 순수한 믿음으로 받아들였던 진리를 풍성하게 확증해 준다고 주장합니다.

3. 내적 증거가 뛰어난 것에는 몇 가지 이유가 있다.

시간이 촉박하므로 간략하게 이 요점을 말하고자 합니다. 이 내적 증거가 대단히 뛰어난(exceedingly excellent) 이유는, 첫째, 그것이 매우 명백하여 쉽게 이해되기(plain and easy to be understand) 때문입니다. 여러분 중에 다수는 버틀러의 「유추」(Buttler's *Analogy*)를 읽어보지 않았을 것이며, 만일 그것을 연구해야 한다면 여러분은 잠에 빠지고 말 것입니다. 걱정하지 마십시오. 여러분은 여러분의 영혼 속에 반박할 수 없는 "유추"를 가지고 있습니다. 여러분이 버틀러나 페일리(Paley)의 책을 이해하지 못해도, 여러분은 여러분 자신의 영혼의 증언은 이해할 것입니다. 만일 당신이 시골 사람에게 음식물의 섭취나 소화나 흡수 작용에 대해 말하면, 그는 눈을 크게 뜨고서 당신이 한 말의 의미가 무엇인지 궁금히 여길 수도 있습니다. 하지만 당신이 그에게 좋은 식사를 제공한다면 그는 당신이 하는 말의 의미를 실제적으로 이해할 것입니다. 하나님의 일에 있어서도 마찬가지입니다. 신학적인 용어들은 어렵습니다. 하지만 당신이 예수 그리스도를 믿고 또 그분이 당신의 영혼을 구원하신다면, 당신은 그분이 거룩한 구주이심을 이해할 것이며, 어느 누구도 당신의 주장을 반박하지 못할 것입니다.

바로 그것이 내적 증거가 탁월한 또 다른 이유입니다. 즉, 그것은 반박할 수 없는(unanswerable) 것입니다. 어떤 사람이 특정한 약이 순 엉터리라는 말을 듣고서는, 이렇게 대답합니다. "이것 보세요, 그 약이 나를 치료했답니다." 그런 주장에 무슨 말로 반박하겠습니까? 그런 사람은 가만히 두는 것이 상책입니다. 마찬가지로, 복음이 순전히 엉터리라는 말을 그리스도인이 듣는다면, 그는 이렇게 대꾸합니다. "그것이 나를 구했답니다. 나는 술주정꾼이었는데, 그것이 나를 건전한 사람으로 만들었고, 아니 그 이상으로 만들었지요. 나는 강한 정욕의 사람이었는데, 그것이 나를 누그러뜨렸고, 아니 그 이상이 되도록 만들었답니다." 그런 사실들에 반박하여 무슨 말을 하겠습니까? 틀림없이 옛 지배자들처럼 아무

말도 하지 못할 것입니다. "그들이 그 병 나은 사람이 베드로와 요한과 함께 서 있는 것을 보고 비난할 말이 없는지라"(행 4:14).

이와 같은 논증은 그 결과에 있어서 매우 지속적입니다(very abiding). 변화되었고 또한 매일같이 복음에 의해 새로워짐을 느끼는 사람은 당황하지 않습니다. 왜냐하면 그의 논증은 매일같이 새로워지고, 그가 믿는 바가 참임을 아는 새로운 이유들을 늘 자기 속에서 발견하기 때문입니다. 그는 그 이유들을 언제든지 제시할 준비가 되어 있습니다. 때때로 논쟁에서 도전을 받을 때 여러분은 이렇게 대답해야 할 때가 있습니다. "내 달려가서 위층에서 몇 권의 책들을 참조할 때까지 잠시만 기다리시오." 하지만 증거가 개인적일 때에는 이렇게 대답하면 그만입니다. "나는 그것을 느껴왔습니다. 나는 그것을 알고, 그것을 맛보았으며, 그것을 손으로 만져 보았습니다." 그러한 논증에서 여러분은 언제나 정통합니다.

이와 같은 증거는 사람에게 큰 담대함을 줍니다(gives a man great boldness). 그는 자신의 견해를 숨기지 않으며, 어떤 변명하는 태도로 이웃과 대화하지 않습니다. 그는 분명하고 확실합니다. 고백하기는, 내가 종교적인 진리에 대해서 토론해야 할 때, 그것이 나에게는 썩 내키지 않는 임무라는 것입니다. 나는 실제적이고 생생한 검증에 의해 이런 일들에 대해서 스스로 너무나 확신을 가지고 있기 때문에, 다른 사람들이 왜 나처럼 확신하지 않는지에 대해 의아할 뿐입니다. 그들이 이런저런 요점에 대해서 나와 토의하기를 원할 때, 그것이 나에게는 마치 저 하늘에 태양이 있는지를 증명해 보라고 요구하는 것처럼 보입니다. 나는 그분의 광선으로 몸을 녹이고 있으며, 그분의 열기 아래서 정신이 아찔해지기도 하고, 그분의 빛에 의해서 보고 있습니다. 그런데 내게 그분의 존재를 증명해 보라고 요구하다니요! 그 사람들이 미친 것이 아닙니까? 그들이 내게 무엇을 증명하라고 요구하는 것입니까? 하나님이 기도를 들으시는지에 대해서입니까? 나는 매일 기도하고 응답을 받습니다. 하나님이 죄를 용서하시는 문제입니까? 나는 나 자신이 죄인들 중에서도 가장 흉악한 자였으며, 깊은 절망 가운데 빠졌었다고 간주합니다. 하지만 나는 믿었고, 그 믿음에 의해 즉시로 충만한 빛과 자유 안으로 도약했습니다. 그들은 왜 그것을 직접 시도해 보지 않는단 말입니까? 여러분은 내게 빵이 음식으로 적당한지 입증해 보기를 원합니다. 사람들이여, 나는 그것을 먹고 수년 동안을 살아왔답니다! 나는 어디서부터 내 증명을 시작해야 할지 모르겠습니다. 여러분이 직접 한 조각의 빵을 들고, 먹고서, 어떤지를 알아보십시오. "너희는 여호와의 선하심을 맛보아 알지어다"(시 34:8). 우리는 믿고, 확신하며, 그래서 말합니다. 하지만 우리는 사람들이 우리의 증언을 거부한다고 해서 놀라지 않습니다. 그들은 하나님의 증언도 거부하기 때문입니다.

4. 내적 증거를 말씀 안에 있는 하나님의 증언의 위치에 두어서는 안 된다.

이 말을 하고서 마치고자 합니다. 비록 이 내적 증거가 뛰어나기는 하지만, 그것을 결코 말씀 안에 있는 하나님의 증언의 위치에 두어서는 안 됩니다(it must never be put in the place of the divine witness in the word). 왜 그래서는 안 됩니까? 왜냐하면 그것이 주님을 모독하는 것이며, 믿음에 의한 구원이라는 그분의 규칙에도 위배되기 때문입니다. 게다가, 내적 증거는 우리에게 언제나 동일하게 선명한 것은 아니며, 또는 우리가 그것을 언제나 동일하게 식별할 수는 없기 때문입니다. 가장 명석한 그리스도인이라 할지라도 자기 신앙의 기초를 경험과 자기 업적에서 시작한다면, 그는 머지않아 속박에 매일 것입니다. 사랑하는 여러분, 하나님이 말씀하신 토대 위에 집을 세우고, 당신의 내적인 기쁨 위에 집을 세우지 마십시오. 그 귀한 기쁨을 주춧돌로 간주하지 말고, 오직 당신의 영적 성전의 첨탑 정도로 생각하십시오. 중요한 것은 "하나님이 말씀하셨기 때문에 나는 믿는다"는 태도입니다. 만일 어떤 다른 증거가 당신의 그물에 들어오면, 그것을 받아들이되, 계속해서 믿음으로 물고기를 잡으십시오. 하나님께 대한 믿음, 하나님의 말씀 자체에 대한 믿음으로 말입니다. 그러면, 혹 주님의 섭리 안에서 당신이 욥처럼 빈털터리가 되고, 온 몸에 종기가 난 채로 퇴비 더미 위에 앉는다고 해도, 당신은 이렇게 말할 수 있을 것입니다. "나는 하나님이 내게 자녀들을 주셨을 때 그분이 나를 사랑하심을 믿었습니다. 내가 양 떼와 소 떼를 가졌을 때 하나님이 나를 사랑하심을 믿었습니다. 나는 약대와 나귀들을 얻었을 때에 하나님이 나를 사랑하심을 믿었습니다. 그렇지만 이런 것들이 내 믿음의 큰 이유들은 아닙니다. 내 믿음의 큰 이유는 하나님 자신이기에, 나는 여전히 그분이 나를 사랑하심을 믿습니다. 그러므로 지금 내 모든 자녀들이 죽었고, 내 모든 소유가 날아갔으며, 내 몸까지 병들었어도, 아니, 설혹 하나님이 나를 죽이신다고 해도, 나는 여전히 그분을 신뢰할 것입니다." 그것이 믿음입니다. 하나님께서 당신에게 이렇게 노래할 수 있는 믿음을 주시길 바랍니다. "비록 무화과나무가 무성하지 못하며, 외양간에 소가 없을지라도, 나는 여호와로 말미암아 즐거워하리로다"(합

3:17-18). 비록 내 안에 아무런 은혜의 증거들이 없다고 해도, 아무런 기쁨이 없으며, 깨어진 평화와 슬퍼할 만한 죄가 있어도, 마음의 완고함이 나를 비틀거리게 해도, 처음에 내가 주 예수님을 죄인의 구주로 붙들었듯이, 나는 여전히 그분을 죄인의 구주로 붙들 것입니다. 나는 처음에 내가 성도였기 때문에 그분을 믿은 것이 아닙니다. 그리고 지금은 내가 죄인임을 갈수록 더 많이 알아간다는 이유로 그분을 의심하지 않을 것입니다. 오직 나는 처음에 그러했듯이 그분에게 계속해서 나아갈 것이며, 하나님께서 내게 허락하신 저 위대한 구원에 기댈 것입니다.

죄인이여, 여러분의 내적 증거에 대한 생각을, 거룩한 말씀 안에서 당신과 모든 인간을 향해 증언하신 하나님 자신의 증언의 위치에 두려 하지 마십시오. 당신은 "내가 내적 증거를 얻을 때 예수님을 믿겠습니다"라고 말해서는 안 됩니다. 왜냐하면 당신이 구속하시는 주님을 먼저 믿지 않으면 그 내적 증거를 결코 얻지 못할 것이기 때문입니다. 당신이 하나님의 말씀 자체를 믿으려 하고, 당신의 모든 죄 속에서 그리스도께 나아오기까지는, 그리고 죄를 씻는 그분의 피와 완벽한 의를 받아들일 때까지는, 당신은 당신 자신의 어리석음과 죄악의 증거 외에는 어떠한 내적 증거도 결코 갖지 못할 것입니다. 그러니 그것을 바라는 것이 무슨 소용이란 말입니까? 왜 죽은 자들 가운데서 산 자를 찾습니까? 당신은 믿기 전에 이 내적 증거를 가질 수 없으며, 그것을 바라서도 안 됩니다. 그런 욕망은 불합리하기 때문입니다. 하나님의 성령께서 백지 위에 그분의 인장을 찍으시기를 바라는 것은 불합리하다고 내가 이미 말했습니다. 어찌 그분이 그러실 수 있겠습니까? 당신이 하나님을 믿으려 하지 않는다면, 어찌 구원받기를 바라며, 또한 구원받지 않고서, 어찌 내적 증거를 얻을 수 있단 말입니까?

어떤 왕이 죄 지은 사람들을 용서하고자 하여, 단지 그들이 왕의 자비를 신뢰한다는 단순한 조건으로 그들을 용서하려고 합니다. 그런데 그들이 이렇게 말한다고 가정해 보십시오. "당신이 우리의 변덕스런 기분을 만족시켜 주지 않으면, 우리는 당신의 관대함을 믿지 않을 것입니다." 더 나아가서, 내 당신에게 묻겠습니다. 당신이 하나님을 믿으려 하지 않고서, 어찌 그분과의 관계가 바르게 될 수 있습니까? 정녕 당신이 내 엄숙한 진술을 믿기를 거부한다면 나는 당신을 내 친구로 간주할 수 없습니다. 당신이 나를 거짓말쟁이로 간주한다면 어찌 내가 당신을 내 친구라고 부를 수 있겠습니까? 신뢰가 회복되기 전에 무슨 평화가 있을 수 있겠습니까? 자기 아들에 관한 하나님의 증언을 믿기를 거부하는 자들은 그분의 원수들이 아닙니까?

자, 나의 청중이여, 여러분은 하나님을 믿을 것입니까, 믿지 않을 것입니까? 사랑하는 영혼이여, 당신은 하나님을 믿을 것입니까, 믿지 않을 것입니까? "오, 하지만"이라고 당신이 말하는군요. 지금은 그것이 문제가 아닙니다. 주님이 참인가 거짓인가 하는 이 문제에 무슨 "하지만"이 있을 수 있습니까? 나는 당신이 "하지만(but)"을 수없이 만들어 낼 수 있다는 것을 잘 알고 있습니다. 하지만 당신은 하나님을 믿을 것입니까, 아니면 그분을 거짓말하는 자로 만들 것입니까? 오 살아 계신 하나님의 영이시여, 이 사람들에게 불신앙의 죄를 보여주소서! 단순히 하나님을 신뢰한다는 것이, 예수 그리스도에 관한 그분의 증언을 믿는다는 것이 얼마나 정당하고 옳은 일인지를 지금 저들로 보게 하여 주소서! 자, 나는 당신에게 이렇게 주장합니다. 만약 하나님이 신뢰할 만한 분이 아니라면, 그렇게 말하고, 당신의 갈 길을 가십시오. 하지만 만약 그분이 신뢰할 만한 분이시라면, 그분이 진리를 말씀하셨다면, 왜 당신은 그분을 믿지 않는 것입니까? 만약, 이 말 후에도, 당신이 예수님을 믿기를 거부한다면, 당신의 파멸은 당신의 책임입니다. 하지만 당신이 그리스도를 믿는다면, 당신은 기뻐해도 좋습니다. 당신은 구원받았기 때문입니다. 이것이 만민에게 전파하라고 우리가 명을 받은 복음입니다. "믿고 세례를 받는 사람은 구원을 얻을 것이요 믿지 않는 사람은 정죄를 받으리라"(막 16:16). 그리스도를 위하여 하나님이 친히 은혜를 주시길 빕니다.

제
25
장

—

산 자인가, 죽은 자인가?

—

"아들이 있는 자에게는 생명이 있고
하나님의 아들이 없는 자에게는 생명이 없느니라."
— 요일 5:12

지난 주일 아침에, 저는 믿는 자 안에서의 성령님의 은혜로우신 활동들 (gracious operations)에 대해서, 그분이 거듭난 자의 마음에 내주하시는 은혜로운 사실에 대해서 말씀을 전했습니다. 우리가 성령의 역사에 대해 말씀을 전할 때, 일부 연약하고 신앙 교육을 잘 받지 못한 형제들이 곧바로 의문과 낙담에 빠지는 경우가 자주 발생합니다. 그 이유는 그들이 몇 가지 점에서 그들 속에 있는 은혜의 활동을 분별하지 못하기 때문입니다. 그러한 활동이 그들 속에서 왕성할 수 있지만, 그들의 영적 혼란과 정신적 시야의 흐림으로 인해 그들이 그것을 즉각 식별하지 못하는 것입니다. 그래서 그들은 혼란스러워하고 또 놀라는 것입니다. 이런 문제로 고민하는 영혼들에게 위로를 주기 위한 위로의 가르침이 있습니다. 그것은 위대한 진리로서, 즉 "주 예수 그리스도를 믿는 자마다 영생을 얻는다"는 가르침입니다. 만약 그들이 후자의 복음의 선언(gospel-declaration)을 기억한다면, 그들은 또한 전자의 영적 사실을 숙고할 기회를 가질 수 있습니다. 그 두 가지 진리들을 숙고함으로써, 그들은 많은 지속적인 은혜를 얻습니다. 한동안은, 그들이 오직 한 가지만 보는 눈을 가지고 있어서, 균형을 잃어버리고 많은 슬픔을 초래하기도 합니다. 하지만 성령의 활동들과 예수 그리스도를 믿는 믿음에 의한 완벽한 구원의 교리를, 지혜롭게 섞어서 분명하게 전하기란 결코 쉬운 일이 아닙니다. 아무리 지혜롭게 말한다고 해도, 우리는 때때로 한 가지 진리로 다른 진리를 침해하게 만드는 경우가 있는 듯이 보입니다. 진리의 말씀을 옳게 분변하는 것은, 하나님께 배운 기독교 목회자의 한 가지 표징입니다. 하지만 옳게 분변한다는 것이 결코 쉬운 일이 아니어서, 그 진리는 성령 하나님과 같은 교사에 의해 우리에게 가르쳐져야 합니다. 우리 주님께서 니고데모에게 말씀하셨을 때, 그분은 오늘날 모든 신중한 목사들이 청중들에게서 발견하는 것과 동일한 어려움을 경험하셨습니다. 모든 신중한 목사들은 성령의 내적 활동에 대한 묘사가 반드시 믿음의 복음 선포를 동반해야 함을 알고 있습니다. 그렇지 않으면 그것은 당황과 낙심만 초래할 수 있기 때문입니다. 우리 주님께서는 요한복음 3장에서, 니고데모에게 그가 거듭나야 한다고 말씀하심으로써, 그리고 그에게 신생(new birth)의 신비한 성격에 대해 설명하심으로써 시작하셨습니다. 그러자 니고데모는 아주 놀라면서 믿지 못하겠다는 투로 외칩니다. "어찌 그러한 일이 있을 수 있나이까?" 그는 신생에 대해 들음으로써 조금도 믿음을 향해 나아가지 못한 것처럼 보입니다. 그러므로 같은 상황에서 우리 주님은 거듭남의 교리(the doctrine of regeneration) 혹은 성령의 내적 역사(the inner work of the Spirit)로부터 화제를 전환하시어, 그에게 믿음의 교리(the doctrine of faith)에 대해, 혹은 구원에 이르게 하는 믿음의 대상인 그리스도의 사역(the work of Christ)에 대해 말씀하십니다. 이리하여 "사람이 물과 성령으로 나지 아니하면 하나님의 나라에 들어갈 수 없느니라"(5절)는 마음을 살피게 하는 구절이 있는 같은 장에, 이와 같은 격려의 말씀도 포함되게 되었습니다. "모세가 광야에서 뱀을 든 것 같이 인자도 들려야 하리니, 이는 그를 믿는 자마다 멸망하지 않고 영생을 얻게 하려 하심이니라"(14-15).

　　내 형제들이여, 여기에서 나는, 지혜롭지 못한 부흥사들이 계속해서 "믿으면 살리라!"고만 외치고, 또한 그들의 침묵에 의해서나 때로는 무분별한 발언에 의해 성령의 회개의 역사와 다른 활동들을 깔보는 것은, 그런 면에서 우리 주님의 본을 배우지 못한 것이라고 결론을 내립니다. 다른 한편으로는, 계속해서 내적 경험과 성령의 사역을 소리 높여 외치면서, "믿고 세례를 받는 자는 구원을 받으리라"는 복음의 메시지를 선포하는 일을 망각하는 보수적인 신학자들 역시도, 이 점에서 우리 주 예수 그리스도와 혹은 그분의 사도들이 보이셨던 모범과 선례와는 다릅니다. 오히려 그들은 진리를 그 일부를 빠뜨림으로써 훼손하는 것입니다. 우리는 하나님의 기쁘신 뜻을 위하여 우리에게 소원을 두고 행하게 하시는(빌 2:13) 성령의 활동에 대해서, 우리 영혼 안에서 이루시는 그분의 내적 사역에 대해서, 매우 분명하고 담대하게 선포할 수 있어야 합니다. 그와 동시에, 우리는 죄인을 향하여 그가 믿어야 할 믿음의 대상은 '내적 사역'이 아니라, 예수 그리스도께서 그를 위해 '십자가에서 성취하신 사역'임을 분명하게 말할 수 있어야 합니다. 그렇게 할 수 있다면 우리는 하나님의 진리를 충실하게 다루는 것이며, 우리의 청중들의 영혼도 지혜롭게 다루는 것입니다. 구원을 가져다주는 믿음은 내면에 있는 모든 것으로부터 눈을 돌려서, 한때 죽임을 당하시고 이제 승천하신 주님께서 이루시고 완성하신 일을 바라보는 것입니다. 하지만 어떤 사람도 소생하게 하시는 성령께서 그 속에서 역사하시지 않고서는 이런 믿음을 가질 수 없습니다. 만약 우리가 이 두 가지 진리 모두를 조화로운 비율로 전할 수 있다면, 그런 형태의 기독교적 가르침이야말로 진리와도 일치하며 동시에 영혼의 건강에도 유익할 것으로 보입니다. 한 가지 주제에 대해서는 지난 주일에 최선을 다하여 전하였으니, 오늘은 다른 한 가지 주제의 탁월함을 제시하고자 합니다.

본문에서는 살아 있는(living) 어떤 사람들에 대해서와, 죽은(dead) 사람들에 대한 언급이 있습니다. 이 두 부류가 모두 본문에 언급되어 있습니다. 우리는 생명을 가진 자들과 그것이 결핍된 자들의 행위(the conduct of those who have life and those who are destitute of it)를 순서대로 자세히 살펴볼 것입니다.

1. 산 자들에 관하여

첫째로, 살아 있는 자들에 대해서입니다(concerning the living). 우리의 본문은 "아들이 있는 자에게는 생명이 있고"라고 단언합니다. 물론 여기서 "생명"이라는 말은 단순히 존재라든가 자연적인 생명을 의미하지 않습니다. 그런 것은 하나님의 아들이 있는 자에게나 없는 자 모두에게 있기 때문입니다. 첫째 아담의 형상 안에서 우리 모두는 살아 있는 존재로 지음을 받았고, 주님께서 우리 코의 호흡을 거두실 때까지는 생명을 지속합니다. 하지만 여기서 의미하는 생명이란 영적인 생명이며, 새로운 출생에서 부여받은 생명입니다. 그 생명으로써 우리는 하나님 나라를 인식하고 또 그 안으로 들어갑니다. 그 생명으로써 우리는 새롭고도 영적인 율법 아래로 오며, 새로운 동기들에 의해 움직이고, 새로운 세상에 존재하는 것입니다. 여기서 의미하는 생명이란 영혼 안에 있는 하나님의 생명입니다. 그것은 우리가 "살려 주는 영이신"(고전 1:45) 둘째 아담의 형상을 따라 새롭게 지음을 받았을 때 우리에게 주어졌습니다. 그 생명은 그것을 소유한 자에게 내면적으로 감지되는 거룩한 생명이며, 외적으로는 그 거룩한 결과와 성결의 열매들을 통해 영적인 관찰자들에게 식별되는 생명입니다. 이 영적 생명은 율법의 판결이 선언하는 바 형벌의 죽음으로부터의 확실한 구원의 표징입니다. 율법 아래에 있는 자는 정죄를 받았습니다. 그에 대해서 죽음의 선고가 기록되었습니다. 하지만 은혜 아래에 있는 사람은 율법에서 해방되었고, 죽음의 판결을 받지 않습니다. 하지만 그는 합법적인 칭의(稱義)에 힘입어 사는 것입니다. 그 칭의가 그의 죄를 사면하고, 결과적으로 죽음에서 그를 해방하는 것입니다. 이러한 두 종류의 생명, 즉 범죄자가 용서를 받을 때 재판장에 의해 주어지는 생명이면서, 또한 하늘의 아버지로부터 부여받는 생명 안에서, 천국의 상속자는 거듭나서 산 소망을 가지게 되는 것입니다. 이러한 두 생명은 서로 어우러져 우리에게 영원한 생명을 보증하고, 마치 저 "유리 바다"(계 4:6)에 서 있는 자들처럼 천군천사들의 음악에 맞추어 그 목소리를 조율합니다. 영원한 생명은 온전한 영적 생명입니다. 만일 우리가 용서와 칭의의 덕택에 살고, 성령에 의해 소생되었기 때문에 산다면, 우리는 또한 참된 하나님이시며 영원한 생명이신 우리 주 예수 그리스도를 닮아, 영원하신 아버지의 영광 중에서 살게 될 것입니다. 영적인 생명이자 영원한 생명, 바로 이것이 여기서 의미하는 생명입니다.

"아들을 가진다(having the Son)"는 표현에 대해서는, 주 예수 그리스도를 소유하는 것(possessing)이라고 우리는 이해합니다. 예수님께서 완수하신 사역이 있으며, 믿음은 그것을 '내 것으로 만듭니다(appropriates).' 우리는 그리스도를 믿고, 그리스도는 우리의 것이 됩니다. 우리의 영혼 안에 있는 은혜의 결과로서, 우리는 주 예수님을 우리가 의지할 분으로 선택하며, 그런 다음 우리는 그분을 우리 마음의 주(Lord)요, 우리 행동의 안내자(guide)요, 우리 영혼의 최고의 기쁨으로 영접합니다. 그러므로 '아들이 있는 자'란 오직 예수님 한 분만을 의지하는 사람이며, 그 안에서 예수 그리스도께서 다스리시고 통치하시는 사람입니다. 또한 그런 사람은 아주 확실하게 지금 이 순간에도 영원한 영적 생명을 소유한 사람입니다. 본문은 그가 "생명을 가질 것이다(he shall have life)"라고 말하지 않으며, 그가 생명을 가졌다(has)라고 말합니다. 그는 그 생명을 지금 누리며, 그의 영은 지금 이 순간 소생한 상태입니다. 하나님께서 그에게 새 생명의 숨을 불어넣으셨고, 그로써 그는 신의 성품에 참예하는 자가 되었고, 약속의 상속자들 중에서 하나가 되었습니다. 그리고 이 생명을 그는 하나님의 아들을 그의 전부가 되시는 분으로 영접하였기 때문에 얻은 것입니다.

　　지금까지 나는 본문의 말씀의 의미에 대해 간략히 논하였습니다. 뼈를 부러뜨렸으므로, 이제 우리는 그 골수와 기름에 대해 논하도록 합시다. 믿음으로써 이 세상에서 그리스도를 소유한 사람이라면 아주 확실하게, 영원한 생명에 의해 하나님께 대하여 산 자입니다. 우선, 아들을 소유하는 것이 영생의 좋은 증거이다(having the Son is good evidence of eternal life)라고 나는 말할 것입니다. 왜냐하면 사람이 믿음으로써 그리스도를 영접한다는 그 자체가 '살아 있는 행동'이기 때문입니다. 믿음은 영혼의 손입니다. 하지만 죽은 사람은 그에게 제시되는 것을 붙잡기 위해 얼음 같은 그의 손을 뻗을 수 없습니다. 만일 내가 죄 많고 절박한 죄인으로서 빈손으로 그리스도의 충만을 받아들인다면, 나는 생명의 행동을 수행한 것입니다. 그 손이 약해서 떨릴 수는 있겠지만, 그래도 거기에는 생명이 있습니다. 믿음은 영혼의 눈입니다. 그것으로써, '죄에 물린(sin-bitten)' 죄인은 마치 모세가 광야에서 놋 뱀을 높이 든 것처럼 높이 들리신 그리스도를 바라봅니다. 하지만 돌처럼 굳어버린 죽음의 눈으로는 믿음이 응시하는 것을 쳐다볼 수 없습니다. 시각과 관련하여 모든 유기체의 조직이 다 있다고 해도, 생명이 없으면 눈은 보지 못합니다. 그러므로 만일 내 믿음의 눈이 오직 주 예수님을 바라보고, 또 내가 그분을 의지한다면, 나는 틀림없이 살아 있는 생명체이며, 그 행동 자체가 내가 하나님께 대하여 살아 있음을 입증합니다. 예수님을 바라보는 것은 아주 단순한 행동입니다. 정녕 어린아이 같은 행동입니다. 그러나 그것은 살아 있는 행동입니다. 죽은 눈으로는 아무것도 볼 수가 없습니다. 또한 믿음은 영혼의 입입니다. 믿음으로 우리는 그리스도를 먹습니다. 예수 그리스도가 내적으로 소화되고 흡수됩니다. 그래서 우리의 영혼은 그분을 먹고 사는 것입니다. 그러나 죽은 자는 먹지 못합니다. 시신이 잔치에 참석했다는 말을 들어본 적이 있습니까? 입이나, 치아나, 입천장 따위가 있으면, 유기체의 기관으로서는 완벽합니다. 하지만 죽은 사람은 단 것을 맛보지도 못하고 별미를 즐기지도 못합니다. 그런데, 만일 내가 하늘에서 내려온 떡으로서, 그리고 반석에서 나는 신령한 음료로서 그리스도 예수를 영접하였다면, 나는 그 자체로 내가 시온의 산 자들에게 속하였다는 명백한 증거가 되는 행동을 한 셈입니다.

자, 내 사랑하는 친구들이여, 아마도 여러분 중에서 어떤 이들은 그리스도를 영접한 것 외에는, 다른 은혜의 증거를 거의 찾지 못할 것입니다. 여러분은 여러분이 예수님을 바라보고 또 그분을 붙들고 있다는 것을 압니다. 자 그럴 경우에, 만일 여러분이 영생을 소유하지 못했다면 여러분은 이 행동을 할 수 없었을 것입니다. 이 본문은 명백하게 진실입니다. "아들이 있는 자에게는 생명이 있고."

더 나아가서, 예수님께 대한 믿음이 생명의 증거인 까닭은, 그것에 수반되는 것들 때문입니다. 자, 지금까지 어느 누구도 구주의 필요성을 느끼기까지는 예수 그리스도께 나아온 자가 없습니다. 속이 아프지 않으면 내과의사를 찾지 않으며, 상처가 없으면 외과의사를 찾지 않습니다. 죄가 악함과 죄의 용서가 필요함을 느끼지 않고서는, 어떤 영혼도 용서를 구하거나 혹은 그것을 얻지 못합니다. 말하자면, 회개가 언제나 믿음과 함께 온다는 것입니다. 반드시 죄에 대한 혐오와 그 결과에 대한 두려움이 있어야 하며, 그렇지 않다면 믿음도 없습니다. 자, 회개가 생명의 명백한 표징인 것처럼, 예수님께 대한 믿음은 영적인 생명과 반드시 관련이 있습니다. 회개란 마치 갓 태어난 아기의 울음소리와 같다고도 말할 수 있지 않을까요? 그 아이가 살았음을 나타내 주는 울음소리 말입니다. "하나님이여 불쌍히 여기소서, 나는 죄인이로소이다"(눅 18:13)라는 그 외침이 곧 보좌 앞에 서는 그룹 천사들의 노래와 마찬가지로 확실한 생명의 징표입니다. 죄에 대한 참된 회개가 없이는 그리스도를 꼭 붙들 수 없습니다. 회개 그 자체가, 썩지 않는 씨로부터 솟아나는 내적 생명을 소유하였음과, 따라서 영원히 살게 되었음을 보여주는 명백한 증거입니다.

또한 믿음이 있는 곳에는 언제나 기도가 있습니다. 만약 다소의 사울이 "주여, 제가 무엇을 하기를 원하시나이까?"라고 소리쳤다면(행 9:6, 헬라원어와 KJV에 포함되었으나 한글개역개정에는 포함되어 있지 않음 — 역주), 머잖아 그에 대해 "보라, 그가 기도하고 있느니라"(행 9:11)고 말할 수 있다고 보면 틀림없습니다. 예수님을 믿는 영혼이라면 예외 없이 기도에서 그 믿음과 소원을 표현합니다. 기도는 영혼의 호흡이며, 그 호흡이 있는 곳에는 반드시 생명이 있습니다. 죽은 자가 하나님께 기도할 수 있을까요? 죽은 영혼이 긍휼을 구하며 소리칠 수 있을까요? 그럴 수 없습니다. 사랑하는 여러분! 눈물이 떨어지는 것, 하나님 외에는 아무도 가까이 없을 때 눈을 위로 향하는 것, 이런 것들은 사람들이 판단하기에는 아주 약한 기도일 수 있지만, 그럴지라도 그것은 얍복 강가에서 씨름하던 야곱의 생명이나 혹은 갈멜 산 언덕에서 능력의 기도를 하던 엘리야의 생명과 마찬가지로 생명의 징표들입니다. 그러므로 주 예수님께 대한 믿음을 가지고 있는 자는, 그 믿음에 회개와 기도 및 기타의 많은 경건한 은혜들이 수반되기 때문에, 정녕 그 영혼 안에 영생의 확실하고도 분명한 증거들을 가진 것입니다.

그리스도를 영접한 결과들, 즉 사람이 하나님의 아들을 영접할 때 그는 일정한 평화와 기쁨을 얻는 것 역시 천상의 생명에 대한 선한 증거들이라고 말할 수 있습니다. 하나님과의 화평이나 성령 안에서의 기쁨은 죽은 영혼들의 무덤에서는 발견되지 않습니다. 에스겔이 그 계곡에서 마른 뼈들을 보았을 때, 그들 중에 어느 누구도 마음의 기쁨으로 노래하거나, 혹은 말로 다할 수 없는 감사를 조용히 읊조리는 것을 나는 볼 수 없습니다. 그 계곡에도 일종의 평화는 있었습니다. 끔찍스러운 죽음의 정적, 무덤의 으스스한 침묵 같은 것입니다. 하지만 생생하고도 흐르는 물처럼 생기 넘치는 평화에 대해서는, 그 마른 뼈들이 알 리가 없었습니다. 욥은 위선자에 대해서 "그가 어찌 전능자를 기뻐하겠느냐?"(욥 27:10)고 말했습니다. 하나님 안에서의 기쁨은 너무나 놀라운 역사이기에, 입으로만 신앙을 고백하는 자들은 그와 유사한 모조품을 만들어 내지 못합니다. 조화(造花)들은 정원에 있는 실제 꽃들과 매우 흡사할 수는 있지만, 그들에게는 마음을 기쁘게 하는 향기가 없습니다. 생명의 달콤한 꿀을 저장하지 않았으니, 벌들이 와서 곧 그 차이를 알아냅니다. 달콤한 즙과 향기로운 냄새는 흉내 낼 수 없는 것입니다. 믿음의 모든 결과들에 대해서도 그렇게 말할 수 있습니다. "양심을 죽은 행실에서 깨끗하게 하는 것"(히 9:14)이라든지, 성령에 의한 깨우침, 경건한 두려움, 양자의 영, 형제의 사랑, 세상과의 구별됨, 성결한 삶, 불꽃처럼 하늘로 올라가는 경건한 감사, 제단의 향기처럼 올라가는 거룩한 애정 등을 이 아침에 상세히 설명하기에는 그 수가 너무 많습니다. 이들 중 그 어떤 것도 타락한 인간성의 납골당에서는 찾아볼 수 없습니다. 그런 것들은 오직 하나님께서 그 기쁘신 뜻대로 역사하시는 생명의 집에서만 발견될 수 있습니다. 아들이 있는 자에게 생명이 있음은 분명합니다. 왜냐하면 그가 하나님의 아들을 붙드는 그 행동과, 그 행동에 수반되는 일들과, 그 행동의 결과들이, 모두 의심의 여지 없이 영원한 생명을 소유하였음을 보여주기 때문입니다.

　주 예수 그리스도의 소유는 많은 면에서 믿음의 증거(the evidence of faith in many ways)입니다. 그것은 살아 있는 영혼에 대한 하나님의 인증입니다. 저기 전장(戰場)을 뒤덮은, 격렬한 전투에서 쓰러져 있는 사람들을 보십시오! 많은 이들이 칼로 베임을 당했고, 더 많은 이들이 부상을 입고서 송장처럼 넋을 잃은 채 누워 있습니다. 죽은 자들은 모두 몸이 굳어 뻣뻣해졌고, 그들 자신의 피로 뒤범벅되어 있습니다. 부상자들은 정신이 아득한 채 피를 흘리고 있으며, 그들이 쓰러져 있는 그곳을 벗어나지 못합니다. 의사들이 급히 그 전쟁터로 달려갑니다. 치료의 손길을 내밀어도 소용없는 죽은 자들은 누구인지, 피가 부족하여 정신을 잃고 쓰러져 있는 자들은 누구인지를 확인합니다. 살아 있는 사람의 가슴에는 눈에 띄도록 종이 한 장을 붙여놓습니다. 그 때 야전병원에서 파송된 군인들이 부상자들을 한데 모읍니다. 그들이 직접 머무르면서 누가 살았고 누가 죽었는지를 판단할 필요가 없습니다. 그들은 살아 있는 자들에게 붙어 있는 표지를 발견하고, 그들을 부드럽게 들것에 실어 병원으로 옮깁니다. 그곳에서 그들의 상처가 치료될 것입니다. 자, 아들을 믿는 믿음은 하나님의 틀림없는 표지입니다. 하나님은 부상을 입은 모든 가련한 죄인에게, 피 흘리는 마음으로 주 예수님을 영접한 모든 죄인에게, 그 표지를 해 두셨습니다. 비록 그가 치명적인 부상을 입어 쓰러져 있고 거의 생명이 없는 듯이 느껴진다고 해도, 만약 그가 믿는다면 그는 확실히 살아 있는 것입니다. 예수님을 소유한 것이 속일 수 없는 징표이기 때문입니다. 믿음은 하나님의 징표로서, 오해할 수 없는 언어로 "이 영혼은 살았다"고 증언하고 있습니다. 예수님이 말씀하십니다. "진실로, 진실로, 너희에게 이르노니 믿는 자는 영생을 가졌노라"(요 6:47). 상심한 자들을 돌보는 그리스도의 일꾼들이여, 조심스럽고 또 부드럽게 이 부상당한 자를 들어 옮기고, 그의 상처를 위로의 약속으로 싸매어 주십시오! 그의 꺼져가는 생명을 하나님의 책에 있는 귀한 위로의 말씀으로 회복시켜 주십시오! 우리가 다른 것을 볼 수 없다고 해도, 초심자에게서 예수님께 대한 단순한 믿음만 식별할 수 있다면, 우리는 어떤 의심도 느끼지 않습니다. 오히려 즉각적으로 그를 사랑스런 형제로 받아들일 것입니다. 아들을 바라보고 믿는 모든 자가 영생을 얻도록 하는 이것이 곧 아버지의 뜻이기 때문입니다.

　또한, 주 예수 그리스도의 소유가 명백한 증거가 되는 이유는, 정녕 그것이 어떤 의미에서 생명의 원천이자, 근원이며, 또한 자양분이기 때문입니다. 여기 한 손이 있습니다. "그것이 살아 있습니까?" 그것에 대해서, 생명의 증거로는 불충분한 많은 질문들이 제기될 수 있습니다. "그것은 피부색이 창백합니까? 손가락들의 모양은 제대로 갖추어졌습니까?" 아마도 대답은 제각각일 것입니다. '예'라고도 하고 '아니'라고도 하고, 생명이 있다고도 하고 없다고도 할 것입니다. "그것은 에메랄드나 다이아몬드 장식을 한 금가락지를 하고 있습니까? 혹은, 그것은 우아하고 아주 잘 어울리는 장갑을 끼고 있습니까?" 아마도 그 대답은 제각각일 것입니다. 이러한 것들 중에서 어느 것도 그 손의 생명에는 하등의 영향을 미치지 못합니다. 그 색이 희거나 혹은 상아색일 수도 있으며, 가을의 나뭇잎처럼 진한 갈색일 수도 있습니다. 그것은 쇠 비늘로 된 장갑을 끼고 있을 수도 있고, 혹은 피의 얼룩이 묻어있을 수도 있습니다. 또 그것은 죽은 것처럼 차가울 수도 있고, 산 것처럼 온기가 있을 수도 있습니다. 하지만 급소를 찌르는 질문은 이 것입니다. "그 손이 진실로 살아 있는 머리와 연결되어 있습니까?" 만일 그렇다면, 그 손이 확실히 살아 있다는 결론이 불가피합니다. 자, 우리는 믿음으로써 하나님의 아들을 영접하며, 그 믿음은, 진실로 지체들을 그들의 살아 있는 머리이신 그리스도와 연합시켜 주는 은혜입니다. 하나님의 아들과 생명의 연합이 있는 곳에는, 반드시 생명이 있습니다. 가지가 진실로 줄기에 연결되어 있으면, 그것은 생명을 얻을 것입니다. 비록 그것이 항상 열매를 맺지는 않아도, 그 자체로는 항상 생명을 가지고 있습니다. 그것이 살아 있는 줄기와 연합되어 있기 때문입니다. 그러므로 사랑하는 여러분, 아들(the Son)을 소유한 것이 생명의 증거가 되는 것은, 그것이 생명의 원천이기 때문입니다.

다른 측면에서, 아들을 소유한 것은 생명의 원천일 뿐 아니라, 생명의 결과이기도 합니다. 캘커타에 있는 블랙홀(Black Hole in Calcutta, 1756년 인도 캘커타의 토굴에 갇힌 영국 병사 146명 중 123명이 하룻밤에 죽었음 — 역주)의 커다란 문이 열렸을 때에, 그리고 신선한 공기가 흘러들어왔을 때, 그 공기를 받아들이지 못한 많은 허파들이 있습니다. 그 단순한 이유는 그토록 야만적으로 밀폐된 곳에서 대부분의 사람들이 죽었다는 것입니다. 그들에게는 신선한 산소가 들어왔어도 너무 늦은 것입니다. 하지만 그곳에는 즐거워하며 즉각적으로 그 하늘의 미풍을 받아들였던 소수의 사람들도 있었습니다. 그런 자들은 여전히 살아 있어서 그 시신들 한가운데서부터 탁 트인 공기 속으로 걸어 나왔습니다. 자, 사람이 예수님을 자기 영혼 속으로 받아들일 때, 마치 죽은 자들 가운데서의 생명처럼, 그의 믿음은 그의 안에 있는 영적이고도 신비스러운 생명을 나타내는 확실한 표시입니다. 그 생명의 힘으로 그는 주님을 영접할 수 있는 것입니다. 예수님은 여러분에게 널리 전하여지며, 그분의 은혜는 공기처럼 풍성하게 주어집니다. 하지만 죽은 자는 그 공기를 마실 수가 없습니다. 그 공기를 마시는 자들은, 의심의 여지 없이, 살아 있는 자들입니다. 복음 전파를 통해 그리스도께서 여러분에게 제시됩니다. 마치 저 거리 모퉁이의 물 마시는 곳(drinking fountain)에서 물을 값없이 마실 수 있는 것과도 같습니다. 하지만 죽은 사람은 마시지 않습니다. 그의 입술은 저 맑게 흐르는 물에 아무런 관심이 없습니다. 마시는 자는 명백히 살아 있는 자입니다. 예수 그리스도를 영접하는 것은 그 영혼 안에서 하늘의 생명이 박동하는 확실한 결과입니다.

이와 같이 여러 방면에서 영혼의 활동을 관찰하면서, 여러분은 다양한 차원에서 믿음의 증거가 유효함을 볼 수 있습니다. 믿음은 아주 분명한 증거로서, 그것을 가진 자는 그 속에 하나님의 생명을 소유하였음을 보여줍니다.

좀 더 진술하자면, 믿음으로 주 예수 그리스도를 소유하는 것은 영생의 충분한 증거(sufficient evidence of eternal life)입니다. 한 사람이 말합니다. "저는 제가 언제 회심하였는가를 알지 못합니다." 내 사랑하는 친구여, 당신에게 하나님의 아들이 있습니까? 당신은 예수 그리스도를 의지합니까? 그것으로 충분합니다. 만일 당신이 마음으로부터 "나는 예수 그리스도를 의지한다"고 말할 수 있다면, 비록 당신에게 기록할 가치가 있는 영적인 일대기가 없어도, 당신에게 생명이 있는 것입니다. 나이든 많은 분들이 그들의 생일을 잊어버리거나, 혹은 출생등기부를 잊어버려, 그들이 몇 살이나 되었는지 정확히 알지 못합니다. 하지만 그것이 그들이 살아 있지 않다고 입증하는 것은 전혀 아닙니다. 마찬가지로 당신이 정확히 언제 회심하였는가를 알지 못한다는 것이, 당신이 구원받지 못했다는 증거는 아닙니다. 분명, 그 큰 변화가 일어난 정확한 날짜와 장소를 언급할 수 있다면 아주 기분이 좋겠지만, 많은 경우에 있어서 그런 언급을 할 수 없는 것은, 그 변화가 아주 점진적(gradual)이었기 때문입니다. 세상의 어떤 지역에서는 태양이 별안간 떠오르고, 또 갑작스럽게 집니다. 하지만 여기 영국에서, 우리는 아침을 예고하는 상쾌한 여명과 밤을 예시하는 황혼을 즐깁니다. 많은 회심자들에게는 영혼의 긴 여명기가 있습니다. 그 속에서 그들은 전적으로 어둡지도 않지만, 그렇다고 전적으로 밝은 것도 아닙니다. 그들은 어디서 어둠이 끝나는지를 좀처럼 알 수 없지만, 바로 그곳에서 빛이 시작되었습니다. 사랑하는 친구들이여, 은혜의 연감(年鑑, yearbook)에 대해서는 염려하지 마십시오. 그것의 지나간 역사보다는 현재적인 실재에 더 많은 관심을 기울이십시오. "아들이 있는 자에게는 생명이 있고." 비록 언제 하나님의 아들을 붙들었는지 알지 못해도, 지금 그분을 소유하고 있다면, 불신의 까마귀를 품고 있을 필요는 없습니다.

믿음은 충분한 증거입니다. 비록 큰 지식이 없어도 그러합니다. 나는 우리 모두가 말씀 안에서 배우고, 그리스도 안에서 강한 자들을 위한 교리들을 이해하기를 바랍니다. 하지만 비록 우리가 선택(election)에 대해서 거의 알지 못하고, 또한 성화(sanctification)와 칭의(justification)의 차이가 너무 어려워 이해하지 못한다 해도, 우리에게 하나님의 아들이 있다면 우리는 생명을 가진 것입니다. 확실히 백치와 다를 바 없는 사람들 중에도, 예수님께 대한 단순한 믿음으로 천국에 들어간 자들이 있습니다. 그들은 뉴턴(Newton)이나 로크(Locke)와 마찬가지로 확실히 구원받았습니다. 뉴턴이나 로크는 그들의 모든 총명과 철학으로도, 이 나라에서 가장 불쌍한 바보가 자기 안전을 위해 의지하는 겸손하신 구주의 공로보다 더 나은 구원의 반석에 기댈 수는 없었습니다. 그대가 그리스도를 소유했다면, 할 수 있는 대로 많이 배우십시오. 은혜 안에서와 우리의 주님이시며 구주이신 예수 그리스도를 아는 지식에서 자라기를 힘쓰십시오. 하지만 당신의 총명이 무디다고 하여도, 마치 당신의 영혼이 당신의 지식을 의지하는 것인 양 떨지 마십시오. 아무리 무지하여도 "아들이 있는 자에게는 생명이 있기" 때문입니다.

마찬가지로 여러분은 아마도 어떤 특별한 공포나 놀람을 겪어보지 못하였을 수도 있습니다. 어떤 순례자들이 좁은 문에 이를 때, 절망의 구덩이(the Slough of Despond)가 오물을 쏟아내고 흉악한 개가 그들이 자비의 문을 두드리는 동안 울부짖습니다. 하지만 많은 다른 사람들은 부드럽게 예수님께로 이끌려 옵니다. 마치 어린 양들이 그분의 품에 안겨서 오는 것과도 같습니다. 그리스도의 꽃들 중에서 많은 꽃들이 보호받는 장소에서 피어나며, 날카로운 유혹의 서리를 느끼지 않습니다. 예수님께는 여러 가닥으로 이어 만든 채찍이 있을 뿐 아니라, 사랑으로 끌어당기시는 줄이 있습니다. 많은 온유한 심령들은 하나님의 그리스도 안에서 그들의 전부를 발견하도록 인도를 받습니다. 하지만 그들은 내적 부패성의 깊이에 대해서 잘 알지 못하며, 사탄의 사악한 제안들에 대해서도 거의 알지 못합니다. 내 사랑하는 친구들이여, 이런 이유로 근심하지 마십시오. 차라리 나는 그에 대해 감사하라고 말하고 싶습니다. 당신은 예수 그리스도를 바라보고, 오직 그분만을 의지합니까? 당면한 문제에 있어서, 다른 어떤 것이 없을지라도, 그것만으로 충분한 증거입니다. "아들이 있는 자에게는 생명이 있습니다."

한 사람이 이렇게 말하는 소리를 듣는 것 같습니다. "아! 하지만 저는 이러저러한 경건한 사람의 전기를 읽었습니다. 나는 그가 자주 영적 친교의 칠층천(seventh heaven)에 올랐던 것을 발견합니다. 충만한 기쁨과 황홀경이지요. 오, 저도 그런 것에 대해서 얼마간 안다면 좋을 텐데요!" 음, 당신이 그러기를 나는 바랍니다. 나는 당신이 최상의 은사들을 진지하게 갈망하기를 바랍니다. 하지만 내 사랑하는 친구여, 당신이 이러한 황홀경을 누리지 못했다고 해서 그 때문에 구원받지 못했다고 생각해서는 안 됩니다. 많은 사람들이 도중에서 거의 위로를 받지 못하고 천국에 갑니다. 나는 그들에게 위로의 결핍을 추천하지 않습니다. 오히려 내가 당신에게 조언하고 싶은 것은, 확신의 근거로서 특별한 경험을 바라는 대신 피 흘리시는 구주를 바라보고, 오직 그분 안에서 안식하라는 것입니다. 당신이 그분을 가졌다면 당신은 영생을 가진 것이기 때문입니다. 우리 자신을 우리 자신들 중에서 비교하는 것은 지혜롭지 못합니다. 체험이란 매우 다양합니다. 모든 이스라엘 백성들이 야곱의 허리에서 난 자들이지만, 모두가 유다지파에 속하는 것은 아닙니다. 나는 모든 이스라엘 지파들의 얼굴 생김새가 제각기 달랐음을 의심하지 않습니다. 그럼에도 조상 야곱의 커다란 특징은 모든 유대인들의 얼굴에서 찾아볼 수 있었겠지요. 그와 마찬가지로 하나님의 모든 자녀들의 영적인 생김새는 제각기 다를 것입니다. 은혜의 효력이 다양하게 나타나기 때문입니다. 하지만 그럼에도 불구하고, 깨뜨려지지 않는 영적 단일성 또한 있습니다. 사랑하는 여러분, 당신에게 하나님의 아들이 있습니까? 그렇다면 당신에게는 생명이 있습니다. 비록 그 생명이 어느 정도 아플 수도 있고, 그것이 바람직하지는 않아도, 그럼에도 그것이 영원한 생명임을 당신이 안다면 그 생명을 더 강하게 하는데 도움이 될 것입니다. 한 사람의 생명이 약해질 때, 그것이 생명인지의 여부를 의심하는 것은 그에게 전혀 도움이 되지 않습니다. 하지만 그것이 하나님의 생명임을 아는 것은 그에게 커다란 도움이 되지요. 그러므로 사망과 지옥 위에 승리의 확신을 가지십시오. 비록 그것이 하나의 불꽃에 불과하다고 해도, 그 불꽃은 지옥의 모든 악귀들이 밟아서 끌 수 없으며, 고난의 모든 물로도 끄지 못하는 불꽃입니다. 가련하도록 약하고 떠는 영혼이여, 당신에게 그 아들이 있다면, 당신은 하나님의 생명과 공존하는(co-exist) 생명을 가진 것입니다. 그 생명은 "현재 일이나 장래 일이나, 높음이나 깊음이나, 다른 어떤 피조물이라도"(롬 8:38-39) 파괴할 수 없는 생명입니다. 왜냐하면 그것들이 당신을 주 예수님에게서 끊을 수 없으며, 따라서 그분이 사시는 한 당신도 살 것이기 때문입니다.

그리스도를 소유함이 지속적인 증거(having the Son is abiding evidence)라는 사실 자체가 큰 은혜입니다. 한때 기뻐했던 다른 모든 증거들이 물결 따라 흘러가며 시야에서 멀어진다는 것이 무엇인지를 나는 압니다. 내가 하나님을 위해 행했던 모든 일들에서조차 죄와 무가치성의 흔적을 보는 것이 빈번한 나의 내적 경험입니다. 그분이 나를 통해서 또는 내 안에서 행하신 일들이라면, 그것은 여전히 살아 있습니다. 하지만 종종 나는 지나간 사역의 세월들을 회고하면서, 수많은 내 설교들과 기도와 다른 노력들을 돌아봅니다. 그리고 그 모든 것들이 나 자신의 개인적인 결함에 의해 무익하고, 오염되고, 더럽혀지고, 손상되었다고 생각해 왔습니다. 나는 그 모든 일들을 내 구원을 위해서 깃털만큼의 무게도 의지할 수 없었습니다. 여러분이 여러분의 내적 은혜를 의심하고, 지나간 전 삶을 판단하며, 또한 그것이 부족함을 발견하기 시작할 때, 그 때에도 이렇게 말할 수 있다는 것이 얼마나 달콤한지 모릅니다. "한 가지 내가 아는 것은, 내가 예수님을 의지한다는 것이다. 다른 모든 것은 거짓되어도, 이것만은 분명한 사실이다."

> "다른 피난처는 내게 없으니,
> 의지할 데 없는 내 영혼은 당신께 매달리나이다."

욥은 어떤 빈궁한 자가 산 중에서 소나기를 만나 피할 곳이 없어 바위에 꼭 붙어 있는 것에 대해 말합니다(참조. 23:8). 그곳에 머물러 있는 그 가난한 사람, 자기 구원의 반석(the Rock of salvation)에 영원토록 붙어 있는 사람은 복이 있습니다.

> "영원토록 이곳이 내 안식처가 되리니,
> 　상처 입은 당신의 옆구리에 붙어 있겠나이다.
> 　이것이 내가 신뢰하고 호소하는 전부이니,
> 　나를 위해 구주께서 죽으셨다네."

사랑하는 친구들이여, 여러분의 경험도 나의 경험과 마찬가지로, 여러분 자신을 덜 의지하고 주님을 더 의지하도록 이끌 것이라고 생각합니다. 여러분은 때때로 깃털이 다 자란 장성한 새처럼 늠름하고, 거룩하게 보이며, 믿음에서 온전히 성숙하고 진보를 이룬 성도처럼 빛이 납니다. 하지만 여러분의 산은 얼마나 쉽게 요동하는지요. 주께서 그 얼굴을 가리시기 때문입니다! 털갈이를 할 계절이 되면, 여러분의 모든 깃털 장식과 명예는 진창에 밟힐 것입니다. 그러면 여러분은 서둘러 자신의 시선으로부터도 자기를 감추고, 심하게 수치를 느낄 것입니다. 아마도 바로 그럴 때에, 여러분은 형통할 때보다도 여러분 자신에 대해 훨씬 더 참된 견해를 가지게 될 것입니다. 여러분에게 무언가 자랑으로 삼을 것이 있다고 여길 때보다는 여러분 자신을 멸시할 때에, 여러분은 훨씬 더 진실에 가까워지는 것입니다. 낙심의 때가 말할 수 없이 귀한때입니다. 그 때, 예수님께로 곧장 달려가서, 참회하며 이렇게 외친다면 말입니다.

> "저의 모습 이대로는, 아무런 호소도 할 수 없지만,
> 　당신의 피를 저 위해 흘리셨고
> 　또 당신께서 '내게 오라'고 제게 말씀하시니
> 　오 하나님의 어린 양이시여, 제가 옵니다."
> ('큰 죄에 빠진 날 위해'를 원래 가사에 가깝도록 옮겼음 ― 역주)

그 찬송 가사의 내용 이상으로 성숙하였다고 사람들이 자랑하는 말을 들어왔지만, 나는 내가 결코 그럴 수 없다는 것을 압니다. 은혜 받을 어떤 자격을 갖추고서 예수님께 나오는 것이 아니라, 여전히 그분이 은혜의 풍성함을 따라 내 죄와 비참함을 보시고 긍휼을 베푸시는 것으로 나는 만족해야 합니다. 비록 구름이 은혜의 다른 수많은 증거들을 가린다 해도, 우리가 저 위대한 속죄의 제물로 나아와서 그 깨끗하게 하는 능력에 우리를 맡기는 것은 결코 막지 못합니다.

사랑하는 친구들이여, 첫 번째 대지를 이 말로써 마칠까 합니다. 아들을 소유하는 것은 틀림없는 생명의 증거입니다(having the Son is infallible evidence of life). "아들이 있는 자에게는 생명이 있고(has)." 그가 어쩌면 그것을 가질 수 있다거나, 아들이 있는 어떤 이들에게는 생명이 있다고 말하지 않습니다. 이 규칙에는 예외가 없습니다. 하나님의 말씀이 분명 참되기 때문에, 그가 누구이건, 어떤 사람이건, "아들이 있는 자에게는 생명이 있습니다." 이 은혜로운 단언은 가난의 밑바닥에서 수고하는 자들과, 환난의 풀무에 빠진 자들과, 변절하였다가 여전히 그리스도를 붙들고서 돌이키는 자들, 풀이 죽은 신자들, 많은 결점 때문에 슬퍼하는 자들을 모두 포함합니다. 믿음으로 여러분은 담대히 예수님을 의지하였으니, 여러분은 사망에서 생명으로 옮긴 것입니다. 사랑하는 여러분, 소망의 우물물을 마시고 기운을 내십시오. 주 안에서의 즐거운 확신 가운데, 하늘을 향한 순례의 길을 재촉하십시오.

2. 죽은 자들에 관하여

이제 죽은 자들에 관한(concerning the dead) 말씀입니다. "하나님의 아들이 없는 자에게는 생명이 없느니라." 말하자면, 그에게는 영적인 생명이 없습니다. 그에 대해서는 사망 선고가 하나님의 책에 기록되었습니다. 그의 자연적인 생명은 이 세상에 있는 동안 보존됩니다. 하지만 그는 이미 정죄를 받았고, 율법의 관점에서 볼 때 그는 살아 있는 동안에도 죽은 것입니다. 여러분 중에서 어떤 이들은 이 말씀이 바로 여러분 자신을 언급하고 있다고 생각하십시오. 불신자에게는 영적인 생명이 없습니다. 그는 자기 영혼의 궁핍을 슬퍼하지도 않으며, 그 궁핍이 채워진다고 해도 기뻐하지 않습니다. 그는 기도 없이 살며, 하나님과의 은밀한 교제에 대해서는 아무것도 모릅니다. 이토록 값진 것들을 만들어 내는 내적인 생명이 그에게 없기 때문입니다. 결과적으로 그는 영생을 얻지 못합니다. 그는 영원히 존재할 것이지만, 그의 존재는 연장된 죽음일 뿐입니다. 그는 생명을 맛보지 못할 것입니다. 그는 낙원의 즐거움을 누리지 못할 것이고, 하나님의 얼굴을 뵙지도 못할 것입니다. 그는 벅찬 감격으로 영원한 행복의 노래를 부르지 못할 것이며, 무궁토록 흐르는 저 행복의 강물도 마시지 못할 것입니다. 그는 걸어다니는 시체요, 움직이는 시신입니다. 생명 대신 사망이 그의 몸을 차지하고 있습니다. 그에게는 하나님의 아들이 없으며, 그 말은, 그가 결코 구원하시는 예수님을 의지하지 않으며, 시온의 왕의 인도와 다스리심에 결코 자기를 맡기지 않는다는 말입니다.

　　하나님의 아들이 없다는 것은 영적 생명이 없다는 분명한 증거임을 주목하십시오. 예수님을 의지하지 않은 사람은 하나님을 거짓말하는 자로 만든 것이기 때문입니다. 순수한 영적인 생명이 하나님을 거짓말하는 이로 만들겠습니까? 반대로 하나님의 증언을 고집스럽게 거부한 사람이 하나님으로부터 생명을 얻겠습니까? 범죄자가 여전히 자기 창조주의 원수로 남아 있고 그분을 거짓말하는 이로 만드는 동안에, 어찌 하나님이 정죄의 판결문을 지우시겠습니까? 그의 불신앙의 역사가 그는 영적으로 살아 있는 자가 아님을 입증합니다. 지금까지 그는 계속해서 사망의 거주지로 적합한 어둠을 선택해 왔고, 무덤의 열매들인 부패를 사랑해 왔습니다. 영적으로 살아 있는 자가 이런 일을 한단 말입니까? 그는 자기 양심을 질식시켜 버렸습니다. 그는 은혜의 성령을 거역했으며, 의보다 죄를 더 좋아했고, 천국의 기쁨보다 이 세상의 쾌락을 더 사랑했습니다. 그는 그리스도에게서 아무런 아름다움도 발견하지 못했고, 그분의 구원에서 어떤 타당성도 깨닫지 못했습니다. 그 사람은 눈먼 것이 틀림없으며, 모든 영적인 감각이 결여된 것이 틀림없습니다. 사실상, 그는 죽은 것이 분명합니다. 그렇지 않았다면 그렇게 행동하지 않았을 것입니다.

　　천사들의 판단으로는, 복음을 듣는 자가 하나님의 아들을 믿지 않는 것은 아주 놀라운 범죄입니다. 하나님께서 인간들을 구원하러 육신이 되시는 것을 천사들이 보았을 때 그들은 틀림없이 깜짝 놀랐을 것입니다. 그런데도 인간들이 성육하신 구주를 믿지 않는 것을 보고는 그들이 얼마나 놀라겠습니까! "그리스도 예수께서 죄인을 구원하시려고 세상에 임하셨다"(딤전 1:15)고 하는 이 미쁘신 말씀을 무수한 사람들이 신용하지 않았습니다. 그 말씀이 "모든 사람이 받을 만한" 말씀임에도 불구하고, 인류의 다수가 그것을 받아들이지 않습니다. 그런 사람들에 대해서 천사들이 어찌 생각할까요? 그들은 그 분명한 이유를 이해할 것입니다. 곧 그들의 마음이 너무나 부패하고 타락하여, 인간이란 악취를 풍기는 매장지나 다를 바 없기 때문이라고 말입니다. 복음에 대한 불신은 인간의 크고도 저주스러운 죄입니다. 예수님을 붙들지 않는 것은 죄악들 중의 죄악입니다. 그것은 마치 여로보암과도 같은데, 그에 대해서 우리는 그가 자기도 범죄하고 이스라엘에게도 죄를 범하게 하였다고 기록된 것을 읽습니다(왕상 15:30). 그것은 모든 종류의 악이 들어 있는 알과도 같습니다. 예수 그리스도를 믿지 않는 것은 뚜렷하게 그(the) 정죄입니다. "그 정죄는 이것이니 곧 빛이 세상에 왔으되 사람들이 빛보다 어둠을 더 사랑한 것이니라"(요 3:19).

내 사랑하는 청중이여, 여러분이 그리스도를 영접하지 않았다면, 이것이 곧 여러분이 죄 속에서 죽었다는 압도적인 증거임을 기억하십시오. 여러분은 유아 때에 '물 뿌림'을 받았습니다. 여러분은 입교를 했거나, 아마도 침례를 받았을지도 모릅니다. 교회의 회원이 되기도 하였겠지요. 하지만 여러분에게 하나님의 아들이 없다면, 그런 모든 외적인 것들은 저울에 달린 모래 한 알의 무게만큼도 되지 못합니다.

아마도 이렇게 말할 사람이 있을 것입니다. "오! 하지만 저는 훌륭한 권위자에 의해 세례를 받을 때에 '제가 그리스도의 지체요, 하나님의 자녀이며, 하나님 나라의 상속자'라고 보증을 받았습니다!" 당신은 많은 사람을 속였고, 또 내가 염려컨대, 앞으로도 수많은 사람들을 더 속이게 될 어느 책의 권위에 의해 보증을 받았습니다. 당신에게 그리스도가 없다면, 당신이 천국의 상속자라는 것은 사실이 아닙니다. 만약 당신이 그리스도를 믿는다면 당신에게는 생명이 있습니다. 하지만 당신이 하나님의 아들을 소유하지 않았다면 하늘의 생명도 없는 것입니다. 지금껏 살았던 모든 사제들이 당신에게 세례 시에 하나님의 자녀가 되었음을 보증한다고 해도, 나는 그들의 면전에서 그들이 지독한 거짓말을 한다고 일축할 수 있습니다. 그들 중의 일부는 자기들이 거짓말하는 것을 알고 있습니다. 중요하게 간주되어야 할 것은 그들의 말이 아니라 하나님의 말씀이며, 하나님의 말씀은 이렇게 선언합니다. "하나님의 아들이 없는 자에게는 생명이 없느니라." 이 거짓 사제들과 그들이 주는 유아 때의 물 뿌림을 의지하지 마십시오. 그들이 영혼들을 속이는 때에, 어찌 그들이 하나님의 종들인 체할 수 있단 말입니까? 비록 수천 번씩 반복되고, 또한 세상의 화려함과 영광으로 거창스럽게 행해진다고 해도, 외적인 의식들일랑 조금도 의지하지 마십시오. 오직 하나님께서 직접 명하신 것만이 당신에게 영적인 생명을 부여할 수 있습니다. 당신은 그리스도를 소유해야 합니다. 그분이 영혼의 생명이기 때문이며, 그분이 없다면 당신은 죄속에서 죽은 것이기 때문입니다.

아마도 당신은 이렇게 말할지도 모르겠군요. "오! 하지만, 저는 항상 정숙하고, 올바르고, 도덕적인 삶을 살아 왔습니다. 저는 종교적 의무에 충실했습니다.

저는 제가 하나님께 대해 살았음을 입증하기 위해 많은 구체적인 일들을 진술할 수도 있습니다." 그렇군요. 하지만 당신의 모든 구체적인 행실들이, 아무리 잘 진술된다고 해도, 이러한 본문과 관련해서는 아무것도 입증해 주지 못합니다. "하나님의 아들이 없는 자에게는 생명이 없느니라." 나는 당신이 도덕주의자라고 말합니다. 당신은 잘 씻겨져서 단정하게 놓여진 시신입니다. 하얀 세마포로 고상하게 차려 입었고, 냄새 좋은 향수를 듬뿍 뿌렸고, 몰약(沒藥)과 침향(沈香)과 육계(肉桂)로 싸였으며, 그대의 목에는 꽃다발이 걸려 있고, 그대의 가슴에는 수줍은 듯 붉은 장미송이로 장식이 되어 있습니다. 하지만 그대에게는 생명이 없습니다. 따라서 그대의 운명은 무덤이며, 썩음이 당신의 유산이며, 당신의 거처는 "구더기도 죽지 않고 불도 꺼지지 않는"(막 9:48) 곳으로 결정되었습니다. 모든 탁월함과 도덕적 행위들과, 세례와 성례에도 불구하고, "믿지 않는 사람은 정죄를 받으리라"(막 16:16). 중간 지대는 없습니다. 고상하고 덕스러운 불신자들을 위한 상급의 거주지가 특별히 마련된 것은 없습니다. 그들이 믿지 않는다면, 그들은 나머지 사람들과 한 다발로 묶일 것입니다. 하나님께서는 믿지 않는 자들을 거짓말하는 자들과 도둑질하는 자들과 음행하는 자들과 술 취한 자들과 우상 숭배자들과 모두 같은 운명에 처하도록 정하셨기 때문입니다. 그대 믿지 않는 자여, 조심하십시오! 여러분의 불신이 그 자체로 심판자가 될 것이며, 최후의 심판 때에 배석한 천사들이 당신을 향해 정죄의 증거를 제시할 것입니다. "그를 끌어내라. 그리스도께서는 그를 알지 못하시며, 그도 그리스도를 알지 못한다. 그에게는 아들이 없으니, 따라서 그는 생명을 보지 못할 것이며, 오직 진노가 그의 위에 임할 것이다."

자, 만일 이런 일들이 아프리카나 뉴질랜드에 있는 어떤 사람들에 대해서 말하는 것이라 해도, 그들이 멀리 떨어져 있긴 하지만, 여러분은 그 불쌍한 영혼들에 대해 염려해야 할 것입니다. 하지만 이 일들은 여러분 중의 일부 사람들에 대해 말하는 것입니다. 여러분 중에 일부는 죽었습니다. 이것이 끔찍하지 않습니까? 오, 만일 어떤 천사의 지팡이로 건드려서 우리 영혼의 모습처럼 우리 몸의 모습이 변한다면, 이 예배당 복도 바닥이 얼마나 많은 시신들로 가득하고, 이 신도석 중에는 얼마나 많은 시신들이 앉아 있을까요! 요한은 한때 가이오를 위해서 그의 영혼이 잘 됨같이 그가 범사에 잘되고 강건하기를 바랐습니다(요삼 2). 자, 우리의 몸이 우리의 영혼의 상태와 똑같이 된다고 가정해 봅시다! 저런! 한 장소에 살아 있는 여성이 앉아 있는데, 그 옆에 나란히 그녀의 죽은 남편이 있습니다. 살아 있는 한 어린이가 있는데, 백발이 된 죽은 할아버지가 그 옆에 있습니다. 오! 이 자리에 어떤 광경이 펼쳐지겠습니까! 우리들 중에서 살아 있는 자들은 서둘러 치맛단을 끌어모으고는 "어서 나가자! 어찌 시신들 옆에 나란히 앉는단 말인가?"라고 말할 것입니다. 그 결과는 대단히 놀라울 것입니다. 하지만 그럼에도 불구하고, 아마도 사람들은 그 영적인 사실에는 전혀 놀라지 않을 수도 있습니다. 우리는 그것이 사실인 줄 알지만, 그것을 당연한 문제로 받아들이며, 우리의 죽은 불쌍한 이웃들을 위해 거의 기도하지 않으며 제 갈 길을 갑니다.

3. 죽은 자들 가운데서 살아가는 산 자들의 행동 방식

이제 죽은 자들 가운데 거하는 산 자들에 관하여(concerning the living as they dwell among the dead) 몇 가지 사항을 언급하고서 설교를 마칠까 합니다. 산 자들이 죽은 자들 가운데서 살도록 갇혀 있고, 하나님의 자녀들이 섭리에 의해 진노의 자식들과 섞여 있다면, 그들은 어떤 종류의 사람들이 되어야 하겠습니까?

첫째로, 우리는 죽은 자들의 부패에 의해 오염되지 않도록 주의하도록 합시다. 하나님의 아들이 있는 여러분은 아들이 없는 자들에 의해 상해를 입지 않도록 신경을 써야 합니다. 우리는 한 해부학자가 죽은 시신을 조사할 때에 겪은 사고들에 대해서 들은 적이 있습니다. 그는 표본을 가지고서 뼈들과, 신경들과, 힘줄들을 자세히 살펴보았고, 아마도 그 와중에 그의 손가락을 찔렀던 것 같습니다. 치명적인 물질이 그의 피를 감염시켰고, 죽음이 임박하고 확실해졌습니다. 자, 나는 신앙을 고백하는 어떤 그리스도인들이, 불경건한 자들의 행동 방식들을 들여다보고 싶어서 저급한 오락의 장소들에 들어가고, 직접 판단해 보기 위해 그 땅을 염탐해 보는 경우가 있다고 들었습니다. 그런 행위는 위험한 정도를 넘어선 것입니다. 내 사랑하는 친구들이여, 나는 내 사역에서, 그런 식의 어떤 것도 시험 삼아 경험해 볼 필요가 있다고 느낀 적이 없지만, 그럼에도 영혼들을 얻는 일에 적지 않은 성공을 거두어왔습니다. 내가 지옥에 들어가 보는 일을 매우 두렵게 느낀다고 고백해야겠군요. 내 머리를 사자의 아가리 속에 넣어서, 그 목구멍이 어떻게 생겼나 살펴보려는 짓을 나는 아주 두렵게 느낍니다. 그들이 무얼 하는지를 보기 위해 음란하고 불경스러운 무리들 속으로 들어간다면, 주제넘은 심각한 죄를 범하는 것이라고 나는 생각합니다. 염려컨대, 그렇게 한다면 나는 단지 입술의 고백자에 지나지 않으며, 내가 뒤섞인 자들의 죄의 치명적인 물질로 나 자신을 더럽히는 것이라고 생각합니다. “너희는 그들 중에서 나와서 따로 있고 부정한 것을 만지지 말라”(고후 6:17)고 주께서 말씀하셨습니다. “죽은 자들이 그들의 죽은 자들을 장사하게 하고 너는 나를 따르라”(마 8:22)고 그리스도께서 말씀하셨습니다.

만일 우리가 이 땅의 삶에서 어느 정도 죽은 자들과 뒤섞여야 한다면, 산 자들에 비해 죽은 자들이 우월하다고 인정되는 일이 없도록 주의해야 합니다. 죽은 자들이 산 자들을 지배한다면 그것은 이상한 일일 것입니다. 죽은 자들은 그들의 관 속에 누워 있어야 하고, 산 자들이 정해 주는 대로 그들의 좁은 무덤에 안치되어 있어야 합니다. 하지만 때때로 나는 이 세상에서 죽은 자들이 지배했던 것을 보았습니다. 말하자면, 그들이 유행을 정하고, 살아 있는 그리스도인들이 그것을 따라가는 것입니다. 육신적인 세상이 “이것이 거래 방식이다!’라고 말하면, 그리스도인이라고 하는 사람이 “나는 그 풍습을 따르겠습니다!’라고 대답하는 것입니다. 그리스도인이여, 이래서는 안 됩니다. “아아, 그렇지만”, 한 사람이 말합니다, “나는 다른 사람들이 하는 것처럼 해야 합니다. 알다시피 우리도 살아야 하거든요.” 이것 역시 사실이 아닙니다. 그것이 우리의 삶을 위해 필연적인 것은 아니기 때문입니다. 만일 우리가 그릇되지 않고서는 살아갈 수 없다면, 그 필연성이란 삶을 위해서라기보다 차라리 죽음을 위한 것이지요. 오 그리스도인이여, 당신은 부패가 은혜를 정복하는 일을 결코 용인해서는 안 됩니다. 만일 당신이 세상 풍습의 권세에 짓눌린다면, 하나님의 은혜로써 이렇게 부르짖어야 합니다. “오호라 나는 곤고한 사람이로다, 이 사망의 몸에서 누가 나를 건져내랴”(롬 7:24). 당신은 이길 때까지 싸워야 하고, 마침내 “우리 주 예수 그리스도로 말미암아 우리에게 승리를 주시는 하나님께 감사하노라”(고전 15:57)고 소리쳐야 합니다.

죽은 영혼들을 위해 우리가 해야 할 일은 이것이라고 나는 생각합니다. 곧 우리가 그들을 불쌍히 여기는 것입니다. 초대 교회의 그리스도인들이 카타콤(the catacombs, 지하묘지)에 거할 때에, 그곳에서 그들은 돌아다닐 때마다 무덤들을 보았고, 틀림없이 그들의 머릿속에서 이상한 생각들이 떠올랐을 것입니다. 내 형제들이여, 지금 여러분이 그와 유사한 곤경에 처해 있습니다. 여러분은 런던 시내를 걸어다닐 때마다 이런 생각을 하지 않을 수 없을 것입니다. ‘여기에서 내가 만나는 대부분의 사람들은 죄 속에서 죽었구나.' 이 죽은 영혼들의 일부는 바로 여러분의 집 안에 살고 있습니다. 그들은 여러분의 자녀들이고, 여러분의 하인들입니다. 여러분이 일하러 나갈 때, 여러분은 같은 작업대 위에서 영적으로 죽은 사람들과 나란히 서 있어야 합니다. 여러분이 일상의 노동에서 떠나 하나님의 집에 들어오지만, 심지어 거기서도 여러분은 죽은 자들을 만납니다. 이런 상황이 우리로 하여금 기도하도록 만들어야 하지 않겠습니까? "영원한 영이시여, 저들을 살려주소서! 저들은 하나님의 아들이 없이는 생명을 가질 수 없습니다. 오 저들로 하나님의 아들을 영접하게 하소서!' 사랑하는 여러분, 그런 기도와 관련하여, 부지런히 영혼을 살리는 메시지를 전하십시오. 그 살리는 메시지란 "믿으십시오, 그러면 살 것입니다" 입니다. "예수께서 그리스도이심을 믿는 자마다 하나님께로부터 난 자라"(요일 5:1). 살아 있는 자들이여, 저 위대한 생명의 말씀을 단순히 반복만 할 것이 아니라, 성령께서 그 말씀에 힘을 부여하도록 그분을 의지하십시오. 여러분에게 호소합니다. 영혼들을 얻기 위해 힘쓰십시오. 이 날부터 여러분 자신을 세상의 처세술과 풍습으로부터 구별하고, 주님을 섬길 수 있고, 타는 불에서 나뭇가지를 건져내며, 구덩이로 떨어지는 영혼들을 구할 수 있는 현장 속으로 뛰어드십시오.

하나님께서 그분의 이름을 위하여 오늘 아침 이 단순한 말씀에 은혜를 주시길 빕니다. 아멘.

제
26
장

—

충만한 확신을 위한 도움들

—

"내가 하나님의 아들의 이름을 믿는 너희에게 이것을 쓰는
것은 너희로 하여금 너희에게 영생이 있음을 알게 하려 함
이라." ─ 요일 5:13

이 모든 것이 얼마나 단순한지요! 요한은 독수리의 날개를 타고 높이 솟아올라, 독수리의 눈으로 위대한 신비 속을 꿰뚫어보고 있습니다. 하지만 그는 구약 성경과 신약 성경의 저자들을 총망라한 중에서도 가장 단순한 저자 중의 하나입니다. 그는 결코 자기 생각의 위대성이나 문체의 장엄함을 나타내 보이려고 애쓰지 않습니다. 그와 반대로, 그는 사랑의 학교에서 한 어린아이가 어린아이들에게 말하듯이 말하고 있습니다. 다른 사람들을 가르치려고 애쓰는 우리 모두가 이 점을 기억하고, 우리 자신이 이 교훈에 깊이 빠진다면 좋겠습니다.

요한은 매우 실제적인 것으로도 마찬가지로 주목할 만합니다. 그가 글을 쓸 때 그는 언제나 모든 문장에 가치 있는 의도를 담고 있습니다. "이것을 기록함은"이라고 말하면서, 그가 그 기록을 남기는 의도를 설명합니다. 이 서신들은 여러분을 화려함으로 현혹시키려고 기록된 것이 아니고, 여러분을 공론(空論)으로 이끌기 위해서도 아니며, 여러분의 호기심을 만족시키기 위해서도 아닙니다. 오직 이 서신들은 "너희로 하여금 너희에게 영생이 있음을 알게 하려고" 쓴 것입니다. 이 실제적인 목적은 현대 사상의 열성적인 지지자들에게는 평범하게 보일 수도 있습니다. 하지만 요한은 현대인들이 멸시하는 문제들에 대해 깊은 경의를

나타내고 있습니다. 신학의 평범한 내용들이 하나님의 양 떼가 먹고 눕기에는 가장 푸르른 목초지입니다. 우리가 영생을 가졌음을 아는 것은, 제국들의 미래를 예언하거나 왕들의 운명을 예고할 수 있는 것보다 우리에게는 무한대로 더 유익한 것입니다. 우리가 영생을 가졌음을 아는 것이, 모든 신비를 설명할 수 있거나 방언들로 말할 수 있는 것보다 우리에게는 실제로 훨씬 더 중요합니다. 요한은 애정이 가득한 그의 마음을 따라 서신을 기록하면서, 그의 형제들로 하여금 그들이 영생을 개인적으로 소유하였는지의 여부에 관해 분명한 지식을 갖도록 인도합니다.

그가 자신의 의도를 우리에게 들려주는 것은, 자기 의도를 성취하는 것에 도움이 됩니다. 사람들에게 그가 무엇을 위해 쓰고 있는지를 알림으로써, 그는 그들로 하여금 그의 의도를 이해하고 그 의도에 몰입하도록 격려합니다. "내가 하나님의 아들의 이름을 믿는 너희에게 이것을 쓰는 것은 너희로 하여금 너희에게 영생이 있음을 알게 하려 함이라." 사랑하는 친구들이여, 만일 이것이 성령으로 감동된 요한 사도의 의도라면, 그에게 협조하는 것에 주저하지 맙시다. 이 아침에 믿음의 확신을 위해서 기도하고, 영생이 우리의 심장에서 박동하고 있음을 확실히 알도록 기도합시다. 아직 여러분이 예수님을 믿지 않는다면, 여러분의 심령에서 그 예비적인 단계를 취하고자 하는 뜨거운 열망이 일어나고, 그래서 하나님의 아들을 믿는 자들이 되길 바랍니다.

본문으로 들어가서, 첫 번째로, 누구에게 이것이 기록되었는지(to whom it was written)를 숙고해 보도록 합시다. "내가 하나님의 아들의 이름을 믿는 너희에게 이것을 쓰는 것은." 두 번째로, 어떤 목적으로 기록되었는지(to what end it is written)를 살펴보도록 합시다. "이것을 쓰는 것은 너희로 하여금 너희에게 영생이 있음을 알게 하려 함이라." 이것이 우리로 하여금 세 번째로, 이 서신에서 기록된 것이 어떻게 이 복된 확신을 갖는데 도움이 되는지(how that which was written in this epistle conduces to this blessed confidence)를 숙고해 보도록 이끕니다. 그리고 마지막으로, 요한에게서 결코 잊혀지지 않고 추가된 한 가지 문제(an added matter which is never forgotten)에 대해 여러분이 관심을 갖도록 요청할 것입니다. 그는 이럴 때에도 최고 형태의 기독교적 성취를 격려하는 의도를 가지고 이 서신을 기록하고 있습니다. "또한 너희가 하나님의 아들을 믿도록 하려 함이라"(that ye may believe on the name of the Son of God, KJV, 한글개역개정에는 이 대목이 없음 — 역주). 그들은 이미 그 거룩한 이름을 믿었습니다. 하지만 그들로 하여금 그 믿음을 확인하도록 하고, 그들을 더 높은 단계의 믿음으로 이끄는 것이, 요한이 마음에 품은 의도의 일부로 남아 있습니다.

성령님, 우리의 묵상을 유익하게 해 주소서!

1. 본문은 누구를 대상으로 기록되었는가?

첫째로, 간략하게, 누구에게 이것이 기록되었습니까? 편지의 수령인을 확인하는 것이 중요합니다. 만일 내가 다른 누군가에게 보낼 의도로 된 서신을 읽고 있다면, 비록 거기에 좋은 소식이 담겨 있다고 해도, 나는 그 소식을 도용함으로써 나 자신을 속이는 셈이 될 것입니다.

이 서신은, 그리고 특별히 이 서신에 있는 본문은, 하나님의 아들을 믿는 모든 자를 위해 기록된 것입니다. 이 서신의 일부에서 요한은 "자녀들아 내가 너희에게 쓰는 것은"(2:12)이라고 말하고, 다음에는 "청년들아 내가 너희에게 쓰는 것은"(2:13)이라고 말하며, 계속해서 그는 "아비들아 내가 너희에게 쓴 것은"(2:14)이라고 말합니다. 하지만 이제 그는 "하나님의 아들의 이름을 믿는 자들"이라고 하는 한 가지 포괄적인 묘사로써 아기들에게와, 청년들에게와, 아비들에게 씁니다. 그러므로 우리의 설교는 그리스도를 믿는 여러분 모두를 위한 것입니다. 어린 아이여, 당신은 이제 막 영적인 삶을 시작했습니다. 우리는 당신이 영생을 가졌다는 확신에 이르기를 바랍니다. 젊은이여, 죄와 격렬하게 싸우고 있지요? 우리는 당신이 영생을 가졌음을 앎으로써 당신의 싸움에서 강해지기를 바랍니다. 그리고 아비들이여, 우리는 여러분이 지금까지 이 지식 없이 지내오지 않았기를 바랍니다. 하지만 여러분이 그래왔건 아니건, 이 글들은 당신의 중년의 때에, 하나님의 생명이 당신 안에서 강력하게 존재하고 있음에 대해 당신이 충만한 확신을 가지도록 하기 위해 기록되었습니다. 그가 불신자가 아니라면, 젊었거나 늙었거나, 어떤 사람도 이 본문에서 제외되지 않습니다.

불신자들에게 이 본문을 쓴 것이 아닙니다. 이 본문은 예수님을 믿는 모든 자들을 위해 쓰인 것이지만, 그 외에는 다른 누구를 위해서 기록된 것이 아닙니다. 왜 그것이 불신자들에게는 말하지 않느냐고 여러분이 묻는다면, 간단하게, 사람들이 사실이 아닌 것을 확신한다는 것은 터무니없기 때문이라고 나는 대답하겠습니다. 요한은 예수 그리스도를 믿지 않은 사람이 영생을 가졌다고 생각하는 것을 결코 바라지 않았습니다. 그런 생각은 치명적인 오류이기 때문입니다. 믿지 않는 자는 영생을 보지 못합니다(요 3:36). 그런데 그가 어떻게 그것을 소유하였다고 확신한단 말입니까? 믿음은 확신에 이르기 위해 필수적인 예비단계입니다. 여러분은 반드시 먼저 믿음이라는 잎사귀를 보고, 그 다음에 확신이라는 익은 곡식을 가질 수 있습니다. 사랑하는 친구들이여, 십자가에 못 박히신 구주를 여러분 스스로 신뢰하고 있음을 확인하지 않고서, 구원의 확신을 가질 수 있다고는 꿈도 꾸지 마십시오. 여러분에게 제시된 하나님의 아들 예수 그리스도의 속죄가, 그것을 믿는 모든 자에게 구원의 확신을 줍니다. 하지만 그 외에는 누구에게도 확신을 주지 않습니다. 그것은 순서에도 맞지 않는 것이기에, 만약 우리가 여러분이 주 예수 그리스도를 기탄없이 믿기도 전에 여러분이 영생을 가졌다고 상상하도록 만든다면, 그것은 실제적이고도 치명적인 해악이 될 것입니다. "아들을 믿는 자에게는 영생이 있고, 아들을 순종하지 아니하는 자는 영생을 보지 못하고, 도리어 하나님의 진노가 그 위에 머물러 있느니라"(요 3:36). 그러므로 나는 그리스도께 나아온 여러분 모두에게 말합니다. 비록 여러분의 영적인 삶이 아직까지는 불완전하고 성숙하지 못했어도, 이 즐거운 확신의 잔치에 여러분 외에는 누구도 초대하지 않을 것입니다. 칼집에서 뽑은 화염검처럼, 요한의 말씀은 낙원의 입구에 서 있는 그룹 천사처럼 그 길을 지키고 서 있습니다. 그의 말씀은 "내가 하나님의 아들의 이름을 믿는 너희에게 이것을 쓰는 것은"입니다. 예수님을 믿지 않는 모든 자는 영생을 가졌다고 꿈꾸는 망상에서 뒤로 물러서십시오. 당신이 약속의 구주를 마음으로 신뢰하고 영접하지 않았다면, 안식과, 평화와, 충만한 확신의 기쁨이 당신에게 무슨 상관이란 말입니까?

하나님의 백성 모두에게 주어지는 말씀이면서 그 외에는 누구에게도 주어지지 않는 이 말씀으로부터, 우리는 세상에는 믿는 자들이면서, 또한 참된 신자들이면서, 그들이 영생을 가진 것을 모르는 자들이 있다고 결론을 내립니다. 아주 많은 수의 참된 신자들이 이토록 격려가 되는 사실을 모르고 있습니다. 예를 들어, 어떤 그리스도인들은 지금 구원받은 자들이면서도 스스로 잃은 자들일 수 있다고 생각합니다. 그들 속에 하나님의 생명을 가졌음에도 불구하고, 그 생명이 꺼질 수 있다고 생각하는 것입니다. 사랑하는 여러분, 나는 당신이 덧없는(temporary) 생명이 아니라 영원한(eternal) 생명을 가졌음을 알게 되도록 기도합니다. 성령께서 믿는 자에게 부여하시는 생명은 몇 날이나, 몇 주나, 몇 달이나, 몇 해 동안만 지속되는 생명이 아닙니다. 그 생명의 거주지는 영원의 영역 안에 있습니다. 그것은 실제적으로 하나님께서 우리 속에 넣어 주신 신적인 생명입니다. 이로써 우리가 "세상에서 썩어질 것을 피하여 신성한 성품에 참여하는 자가 되는" 것입니다(벤후 1:4). 우리가 거듭난 날에, 우리는 생명력 있는 산 소망으로 다시 태어난 것입니다. 하나님의 영에 의한 위로부터의 새로운 출생은 곧 끝없는 생명으로의 출생입니다. "너희가 거듭난 것은 썩어질 씨로 된 것이 아니요 썩지 아니할 씨로 된 것이니 살아 있고 항상 있는 하나님의 말씀으로 되었느니라"(벤전 1:23). 우리 주님은 사마리아 우물에서 또 다른 비유를 우리에게 제시하십니다. "내가 주는 물을 마시는 자는 영원히 목마르지 아니하리니 내가 주는 물은 그 속에서 영생하도록 솟아나는 샘물이 되리라"(요 4:14). 많은 사람들이 이 샘물이 마를 수 있다고 상상합니다. 하나님의 귀한 자녀들이 새 생명의 불멸성을 이해하지 못함으로써 얼마나 많은 위로를 잃어버리는지를 나는 감히 말하기가 어렵습니다. 하지만 이 정도는 선언할 것입니다. 나로서는, 만약 내가 예수님을 내 영혼에 영접하였다면 내가 영원한 복락을 얻게 되었다는 이것이 복음의 면류관이자 영광입니다! 예수님이 말씀하시지 않았던가요? "내가 그들에게 영생을 주노니 영원히 멸망하지 아니할 것이요 또 그들을 내 손에서 빼앗을 자가 없느니라"(요 10:28).

　　또한, 이 생명의 성격에 관하여 완벽할 정도로 건전한 교리적 관점을 지닌 많은 그리스도인들이, 그들이 믿는 자들이면 지금 이 순간에도 그 생명을 소유하고 있음을 알지 못합니다. 심지어 이 본문에 대해 글을 쓰는 성경 주석자들과, 이 본문에 대해 인쇄된 설교들을 남긴 대부분의 설교자들조차, 이 본문이 마치 이렇게 말하고 있는 것처럼 이해하고 있음을 나는 발견합니다. "너희로 하여금 너희에게 영생이 있을 것임을(shall have eternal life) 알게 하려 함이라." 그들은 언젠가 우리가 영광으로 들어가게 될 거라는 충만한 확신에 대해 말합니다. 죄송하지만, 본문은 전혀 그런 식으로 말하지 않습니다. 본문은 "너희로 하여금 너희에게 영생이 있음을(have) 알게 하려 함이라"고 말합니다. 바로 여기에서, 지금 이 시간에 말입니다. 지금 이 순간 믿는 자 속에 있는 영적인 생명은, 천국에서 그에게 있을 생명과 동일한 생명입니다. 은혜의 생명(grace-life)은 발아 상태의 영광의 생명(glory-life)입니다. 같은 생명이며, 단지 덜 발달되었을 뿐입니다. 우리가 임종의 순간에, 여기 지상에서 머무는 동안 가졌던 것과는 다른 생명을 얻게 되는 것이 아닙니다. 죽음은 그 생명을 확인해 줄 뿐, 아무것도 새로운 것을 발생시키지 않습니다. 몸에는 아주 분명한 변화가 있을 것입니다. 하지만 영에 있어서는, 지금 그 속에 있는 하나님의 생명이 영원무궁토록 그 안에 거할 바로 그 생명입니다. 우리의 믿음의 생명은 영원한 생명입니다. 우리는 예수님을 믿는 하나님의 자녀들이, 오늘 그들의 등을 밝히는 거룩한 불꽃이 하나님의 보좌 앞에서 영원토록 밝게 빛날 불과 동일하다는 것을 느끼게 되기를 바랍니다. 그들은 이미 천국에서 누리게 될 거룩한 기쁨과 희락의 감정을 느끼기 시작했습니다. 그들은 이미 영광 중에서 그들의 것이 될 인식과 능력을 어느 정도는 소유하고 있습니다. 믿는 자들로서, 우리가 영생을 가졌다는 이 사실을 기억하고, 또 알도록 합시다.

하지만 또 한편으로, 이 모든 것을 다 믿으면서도, 그리고 이론상 완벽하게 옳으면서도, 이렇게 부르짖는 그리스도인들이 더러 있습니다. "저는 제가 영생을 가진 것을 알기 원합니다. 저는 이미 내가 가진 것보다 좀 더 충만한 구원의 확신을 가지기 원해요." 그것이 또한 우리가 여러분에게 바라는 것입니다. 만일 여러분이 예수님을 믿은 것을 알면 여러분은 틀림없이 영원한 생명으로 살아난 것이고, 따라서 그것을 알아야만 합니다.

하지만 본문이 말하는 것은 오직 이미 믿은 여러분을 향해서입니다. 만일 여러분이 저 복되신 아들의 영광스러운 이름을 믿지 않았다면, 즉시 와서 그분을 신뢰하십시오. 이것이 모든 불신자에게 선포되는 복음입니다. "주 예수 그리스도를 믿으라, 그리하면 구원을 얻으리라." "믿고 세례를 받는 사람은 구원을 얻을 것이요 믿지 않는 사람은 정죄를 받으리라"(막 16:16). 불신자는 자기가 잃은 자가 된다는 확신을 가질 수는 있겠지만, 그가 구원을 얻는다는 확신을 가질 수는 없으며, 앞으로도 영원히 그럴 것입니다. 우선, 죄를 없이하려고 나타나신 하나님의 아들의 이름을 믿으십시오. 그분의 영광스러운 인격과, 그분의 완수된 사역과, 그분의 받아들여진 희생제물과, 그분의 효력 있는 중보와, 장차 있을 그분의 영광스러운 재림을 믿으십시오. 하나님께서 시온에 두신 유일한 기초석을 의지하십시오(사 28:16). 그러면 당신에게 이 위로의 말씀이 주어질 것입니다. 하지만 그 때까지는 아닙니다.

2. 본문은 어떤 목적으로 기록되었는가?

　　두 번째로, 요한이 어떤 목적으로 기록하였는지(to what end John has written)에 대해 언급하고자 합니다. "너희로 하여금 너희에게 영생이 있음을 알게 하려 함이라"라고 그가 말할 때, 나는 그의 우선적인 의미가 "예수 그리스도를 믿는 모든 사람은 영생을 가졌음을 너희로 알게 하려 함이라"고 생각합니다. 이것은 여러분에게와 소수의 다른 사람들에게만 해당되는 사실이 아닙니다. 오히려 그것은 일반적인 진리로서, 하나님의 아들의 이름을 믿는 모든 사람이 영생을 가졌다는 것입니다. 우리는 이것을 의심할 수 없습니다. 그것은 추론이나 연역의 문제가 아니며, 하나님으로부터 온 계시의 문제입니다. 여러분은 그에 관해 어떠한 견해를 형성해서는 안 되며, 단지 그것을 믿어야 합니다. 주님께서 친히 그것을 말씀하셨기 때문입니다. 이 말씀을 들으십시오. 요한일서 5장 1절 말씀입니다. "예수께서 그리스도이심을 믿는 자마다 하나님께로부터 난 자라." 하나님의 영이 그렇게 말씀하셨으니, 그런 것임에 틀림없습니다. 우리는 더 이상의 추가적인 증거를 필요치 않습니다. 우리가 사람들의 증언도 받아들일진대, 하나님의 증언은 더욱 위대합니다. 하나님의 영이 이것을 증언하셨고, 성령은 진리이시기에, 그분의 증언은 틀림없는 진실입니다. 여러분은 그분의 증언을 받아들이고, 다른 증언을 요구하지 마십시오. 요한일서 5장 12절에는 이렇게 기록되어 있습니다. "아들이 있는 자에게는 생명이 있고 하나님의 아들이 없는 자에게는 생명이 없느니라." 이는 성경 전체에서 한결같은 증언이며, 특히 사도 요한의 글에서 그러합니다. 그는 얼마나 자주 믿는 자가 영생을 가졌음을 거듭 주장하는지요! 그 진술에 대해 결코 의문을 제기하지 말라고 여러분에게 호소합니다. 여러분의 생각 속에서 그 의문을 해소하십시오. 만일 여러분이 그것에 대해 어떤 의심이라도 가진다면, 여러분은 복음을 손상시키는 것이고, 주님의 증언을 거절하는 것이며, 성령을 부인하는 것입니다. 여러분이 그토록 악하게 행동하지는 않겠지요. 하나님의 증언을 믿음으로써 그분께 영광을 돌리십시오.

　　나는 요한이 이 구절에서 그것뿐 아니라 그 이상을 의미했다고 생각하는데, 즉 이런 것입니다. 요한은 우리로 하여금 개인적으로 예수님을 믿는지를 알게 함으로써, 우리가 개인적으로 영생을 가졌음을 알게 하기를 원합니다. 모든 신자가 영생을 가졌음을 아는 것과, 내가 믿는 자로서 나 자신이 영생을 가졌음을 안다는 것은 별개입니다. 나는 물에 빠진 한 사람에 대해서 읽은 적이 있습니다. 그는 물 속으로 가라앉으면서 그의 머리 위 하늘에서 무지개를 보았습니다. 그는 생각했습니다.

'아, 하나님께서 홍수로써 땅을 멸하지 않으신다는 언약을 주셨었지. 그런데도 그것이 전혀 나에게는 위로가 아니로구나. 내가 지금 물에 빠져 죽게 생겼도다.' 대부분의 은혜의 조항들은 우리가 개인적으로 그것에 관심을 가지지 않으면 우리에게 아무런 소용이 없습니다. 모든 신자가 영생을 가진 것은 사실이지만, 내가 신자가 아니라면 그것이 대체 무슨 소용이란 말입니까?

사람들이 예수님을 그들 자신이 믿는지 믿지 않는지에 대해 모른다는 것은 아주 이상한 일입니다. 그것은 확인될 수 있는 지식의 문제이기 때문입니다. 나는 내가 생각하는지를 알고, 내가 결심하였는지를 알며, 내가 의심하는지의 여부도 압니다. 그러므로 나는 당연히 내가 믿는지에 대해서도 알아야 합니다. 하지만 여러분이 알다시피 인간의 본성은 타락했을 때(at the Fall) 지독하게 기이한 습성을 물려받았습니다. 그 본성은 안개가 자욱한 지역으로 떨어졌으며, 그래서 총명의 시선이 모두 흐려져 빗나가게 되었고, 사방의 공기는 아주 축축합니다. 혹시 여러분이 나 자신에 대해서 말하라고 요구한다면, 나는 그러하다고 단언합니다. 하지만 동시에 나는 주저 없이 여러분도 마찬가지라고 말합니다. 나의 똑똑한 친구여, 당신은 아주 놀랍도록 똑똑한 머리를 가지고 있지만, 당신이 모든 동료들 중에서도 가장 눈이 어두워 어찌할 바를 모른다 해도 나는 놀라지 않을 것입니다. 최악의 어둠이란 사람의 눈을 가려서 그로 하여금 자신이 볼 수 없음에도 다른 사람들보다 잘 본다고 생각하게 만드는 어둠입니다. 우리 모두는 본성상 그처럼 혼돈스러운 상태에 있기 때문에 기이한 진술이나 감정 상태에도 놀랄 필요가 없습니다. 만일 어떤 형제가 "사람이 자신이 믿는지의 여부를 확인하지 못하면 필연적으로 불신자임에 틀림없다"고 주장하면, 여러분은 속으로 이렇게 말해도 좋습니다. "저 친구가 모든 것을 아는 것은 아니지." 인간 정신에서 있을 수 있는 모순과 불일치를 판단할 수는 없습니다. 나는 내 속에 조금의 은혜라도 있는지, 그 가능성에 대해서 의심했던 정신 상태에 빠진 적이 있습니다. 하지만 나는 필사적으로 예수님을 꼭 붙들었습니다. 그럴 때에 내 정신은 침울하게 활동하고, 생각의 방식은 뒤죽박죽이 되어버립니다. 존 번연은 "생각이 수없이 엎치락뒤치락 하는" 상태에 대해 언급한 적이 있는데, 그것이 거의 정확하게 나의 정신 상태를 표현해 줍니다. 사람이 아주 강한 신자이면서도, 그가 믿음의 불씨라도 가졌는지에 대해 의심하는 것은 얼마든지 있을 수 있는 일입니다. 나는 목사들이 이러한 내적 의심의 상태에 대해 비웃는 것을 들었습니다. 정말이지 그것은 모두에게 우스꽝스러운 일이지만, 정작 그런 상태에 있는 사람들에게는 우스꽝스럽지 않습니다. 만일 여러분이 일단 이런 비참한 고충을 겪게 되면, 그 병적인 불합리성의 고통은 여간해서 줄어들지 않습니다. 우리의 정신적 고통은 논리로 분석하기가 어렵습니다. 고통으로 가득하면서도, 아주 비합리적입니다. 아마도 여러분은 아주 신경이 예민한 사람들을 더러 알고 있을 것입니다. 그들은 하늘이 무너질까 또는 땅이 꺼지지나 않을까 두려워합니다. 이는 매우 어리석은 것이지만, 그로 인해 야기되는 고통은 아주 실제적입니다. 그것을 조롱거리로 삼음으로써 남들의 정신적 고통을 가중시킬 수 있는 사람에게는 기독교적인 정신이 거의 없는 것입니다. 그것을 조롱거리로 삼는 것은 상처에 기름을 붓는 것이 아니라, 오히려 상처를 소금으로 문지르는 것입니다. 의심의 여지 없이, 많은 사람들이 그들의 개인적인 안전에 대해 가지고 있는 의심들은 아주 불합리합니다. 하지만 하나님의 종은 그렇다고 해서 그런 증세가 있는 사람들을 조롱해서는 안 됩니다. 주 예수 그리스도께서 무지한 자들을 긍휼히 여기셨기 때문입니다. 그분이 상한 갈대를 꺾지 않으시고 꺼져가는 심지를 끄지 않으셨으니, 우리도 그래서는 안 됩니다. 저는 개인적으로 의심하는 가련한 자들에게 더욱 친절해지는 법을 배웁니다. 저 자신이 종종 그러했기 때문입니다. 나는 주님의 가족 중에서 가장 작은 소자가 느끼는 것을 나 자신이 느껴볼 수 있기를 정말이지 바랍니다. 지금 이 순간 나는 충만한 확신을 누리지만, 내가 언제나 좋은 상태에만 있는 것은 아닙니다. 나는 나 자신이 연약함에 싸여 있기 때문에 다른 사람들을 향해 동정심을 가지고 있습니다. 우리는 이런 문제들을 이론상 내키는 대로 조정하듯이 함부로 판단해서는 안 되며, 오히려 문제들을 있는 그대로 다루어야 합니다. 최상의 신자들 중에서도 때로는 심히 괴로워하며 그들이 신자들인지의 여부를 알고 싶어 할 때가 있음은 분명합니다. 요한의 소원은 그러한 사람들이, 그리고 모든 신자들이, 모든 의심을 넘어 그들이 영생을 가졌음을 확실히 알도록 하는 것에 있습니다.

　　우리의 본성이 너무 어그러져 있기 때문에, 나로서는 불필요한 말처럼 보이는 것, 즉 영생의 소유를 완전히 확신하는 것이 가능하다고 말할 필요가 있습니다. 로마 교회는 초자연적인 계시를 받은 소수의 몇 사람을 제외하고는, 어느 누구도 영생을 가졌음을 확신할 수 없다고 가르칩니다. 그런 종류의 가르침이 프로테스탄트 진영에도 떠돌며 좀처럼 사라지지 않고 있습니다. 많은 사람들이 그렇게 말하지는 않는다고 해도, 그렇게 생각하고 있습니다. 당신이 살았는지를 아는 것이 불가능하다니요! 거기에 대해 어떤 의심을 품는다는 것이 오히려 불가능함에 틀림없습니다. 이성적으로, 살아 있는 사람은 자기가 살아 있음을 알아야 합니다. 어느 누구도 자신의 영원한 상태에 대해서 의심을 가지고 있는 동안에는, 잠들어서도 안 되고 졸아서도 안 됩니다.

그것은 가능하며, 그것이 가능하다면 또한 그것은 매우 바람직한 것입니다. 사람이 자기가 영생을 가진 것을 알 때, 그것이 그에게 얼마나 위로가 되겠습니까! 그것이 그의 영혼에서 어떠한 감사가 우러나오도록 하겠습니까! 그것이 그에게 세상을 초월해서 살도록 얼마나 도움을 주겠습니까! 영원한 상급을 가진 것을 안다면, 그가 얼마나 거룩한 열심을 가지고 하나님을 섬기려 하겠습니까! 그는 증거들을 따져 보느라고, 또한 계속해서 자기 자신을 조사해 보느라고 시간을 허비할 필요가 없을 것입니다. 그는 자기 자신을 조사했으며, 그리스도께 자기를 맡겼으며, 자신이 영생을 가진 것을 압니다. 그는 얼마나 빨리 진보를 이룰까요? 그는 도의 초보를 떠나서 완전을 향해 달려갈 것입니다! 더 이상 묻는 것도 없이, 그는 거룩한 담대함을 보일 것이며, 즐거운 교제와 황홀한 기쁨 속에서 힘을 얻고 또 얻으며 앞으로 나아갈 것입니다. 그의 믿음이 바라는 것들의 실상이 되어, 여기 지상에 있는 동안에도 그는 구속받은 자를 위하여 간직된 기쁨을 바라보며, 영광에서 영광으로 진행합니다. 내가 다시 말하건대, 만일 온전한 확신이 가능하다면, 그것은 명백히 바랄 만한 것입니다.

좀 더 나아가, 충만한 확신을 얻는 것은 우리의 의무입니다. 만일 우리가 확신을 가지는 것이 정당하지 않다면, 우리는 부르심과 택하심을 굳게 하라는 명령을 듣지 않았을 것입니다(참조. 벧후 1:10). 하나님의 자녀가 하나님이 그의 아버지이심을 아는 것, 그의 마음속에서 그의 자녀 됨에 대하여 결코 의심을 품지 않는 것, 나는 이것이 옳다고 확신합니다. 나는 그리스도와 혼인한 영혼이 신랑의 달콤한 사랑을 아는 것이 정당하다고 알며, 그 영혼이 그리스도의 사랑을 온전히 누리는 것에 있어서 어떠한 의심의 먹구름도 용인해서는 안 된다고 알고 있습니다. 그러므로 나는 여러분에게 여러분이 영생을 가졌음을 알라고 주장합니다. 내 형제들이여, 요한은 죽었으나 이 책을 통해 말하고 있습니다. 요한이 여러분에게 호소하는 것은, 하나님의 아들이 오시어 우리에게 참되신 그분을 알 수 있는 이해력을 주신 것과, 또한 우리가 참되신 그분 안에 있음을 알라고 하는 것입니다. 그가 우리에게 권면하는 것은, 우리가 믿는 자들로서 미쁘신 하나님의 약속에 우리 영혼을 확고히 의탁하라고 하는 것입니다.

슬프지만 나는 여러분 중 어떤 이들에게 환기시킵니다. 여러분은 아직 믿지 않았으므로, 여러분은 이 문제에 분깃도 관계된 것도 없습니다. 사랑을 입은 그 사도는 여러분을 향해 말하고 있지 않습니다.

3. 본문이 이 복된 확신을 갖도록 어떻게 도움을 주는가?

세 번째로, 오늘 아침의 설교에서 내가 강조하고 싶은 대목에 이르렀습니다. 우리를 충만한 확신으로 이끌기 위해 요한이 본문에서 말한 바가 무엇입니까? 그는 어떻게 도움을 주어, 우리로 신자들임을 알게 하고, 결과적으로 우리가 영생을 가졌음을 알게 하는 것입니까? 나는 이 복된 서신의 개요(概要)를 모두 열거할 수는 없습니다. 다만 많은 중에서 몇 가지 항목만을 선택하도록 하겠습니다. 이 서신이 어떻게 사람들로 하여금 그들이 영생을 가졌는지를 알게 하는지, 그 설명을 제시하는 것은 매우 가치 있는 일입니다. 이 서신의 어느 한 문장에 조금의 무리한 해석을 가하지 않아도, 이 서신 전체가 확신에 대해 주장하는 것을 쉽게 발견할 수 있습니다. 모든 신자들로 하여금 영생을 가졌음을 알게 하려는 사도의 바람은 진주들을 꿰는 비단 실과도 같습니다. 지금 신자들은 그들이 영생을 가졌음을 알아야 하며, 그것을 결코 의심하지 말아야 합니다. 그렇게 해야 함을 하나님께서 친히 말씀으로 확증하셨기 때문입니다. 요한복음 6장 47절에서 주 예수님이 하신 말씀을 기억해 보십시오. "진실로 진실로 너희에게 이르노니 믿는 자는 영생을 가졌느니라." 여러분은 주님께서 "진실로, 진실로"라며 하신 말씀을 의심하겠습니까? 어떠한 외적인 증거로 뒷받침되지 않아도, 그리스도의 말씀은 그 자체로 모든 은혜를 입은 정신을 충분히 만족하게 합니다. "사람은 다 거짓되되 오직 하나님은 참되시다 할지어다"(롬 3:4). 예, 모든 상황도 거짓되다 할 것입니다. 우리가 증거로서 바라보았던 모든 것들이, 만일 주님의 선언을 부인하는 것이라면, 모두 거짓으로 간주되어야 합니다. 하나님께 대한 이 단순한 믿음으로부터, 마음에 역사하시는 성령님의 활동에 의해 자연스럽게 확신이 오는 것입니다. 순수하고 불순물이 섞이지 않은 우유를 취하고, 그것을 그대로 두십시오, 그러면 거기서 곧 크림을 얻을 것입니다. 믿음은 우유이며, 충만한 확신은 그 위에 생기는 크림입니다. 믿음이 충분히 오랫동안 지속되었으면, 그 윗부분에서 거룩한 확신이라는 풍부한 크림을 얻을 것입니다. 하나님의 증언은 참입니다. 그러므로 그것을 믿고, 또한 충만한 확신으로 믿기를 바랍니다. 모든 올바른 원리들에 따르면, 확신이란 믿음이 확실한 약속을 부여잡는 그 시간의 경과에 따라 증대됩니다. 나는 내 영혼을 그리스도께 의탁하였고, 그러므로 나는 영생을 얻었습니다. 그것을 어떻게 내가 아는 것입니까? 하나님의 성령께서 하나님의 말씀 안에서 그렇게 선언하셨기 때문에 내가 아는 것입니다. 그분이 "아들을 믿는 자는 영생을 가졌다"고 말씀하셨습니다. 나는 아들을 믿으며, 그러므로 나는 영생을 가진 것입니다. 친구들이 내 속에서 생명을 보았다고 내게 확인해 줍니까? 그렇다면 그들에게 무척 감사하겠지만, 나로서는 그들의 증거가 필요하지 않습니다. "하나님의 아들을 믿는 자는 자기 안에 증거가 있습니다"(10절). 성령께서 진술하실 때, 그 점에 대해서 추가적인 증거를 요청하거나 제안하는 것은 어느 정도 무례한 짓이나 마찬가지입니다. 그러므로 그 문제는 나의 토의 주제가 아닙니다. 나는 그것을 받아들일 뿐입니다. 우리는 여러분에게 신자들이 가진 영생을 입증하기 위해 하나님이 말씀하신 것 외에 어떤 다른 근거를 제공해서는 안 됩니다.

논의될 수 있는 문제는 이것입니다. "나는 예수님을 믿는가? 나는 영생을 얻은 참된 신자인가?" 이 물음에서 도움을 얻기 위해 본 서신을 살펴보도록 합시다.

먼저, 여러분은 요한이 믿음과 죄의 고백 안에서 하나님과의 진실한 교제(truthful dealing with God, in faith and confession of sin)를 증거로 언급하는 것을 발견할 것입니다. 하나님께 대한 관계에서, 사람들은 자연적으로 어둠과 거짓 가운데서 행합니다. 하지만 우리가 예수님을 믿을 때 우리는 진리의 빛으로 나아와 그 안에서 행합니다. 이 서신의 1장 6절에서 9절까지를 읽어 보십시오. "만일 우리가 하나님과 사귐이 있다 하고 어둠에 행하면 거짓말을 하고 진리를 행하지 아니함이거니와, 그가 빛 가운데 계신 것 같이 우리도 빛 가운데 행하면 우리가 서로 사귐이 있고 그 아들 예수의 피가 우리를 모든 죄에서 깨끗하게 하실 것이요, 만일 우리가 죄가 없다고 말하면 스스로 속이고 또 진리가 우리 속에 있지 아니할 것이요, 만일 우리가 우리 죄를 자백하면 그는 미쁘시고 의로우사 우리 죄를 사하시며 우리를 모든 불의에서 깨끗하게 하실 것이라." 신자는 마치 자기가 죄가 없는 것처럼 하나님을 상대하지 않습니다. 그런 태도는 그리스도를 소용없도록 만드는 것이며, 정결하게 하는 그분의 피가 전혀 필요 없다고 간주하는 것입니다.

그는 현재 죄 없이 살고 있다고 말하지 않습니다. 그렇게 말하는 것은 깨끗하게 하시는 그분의 사역을 지나간 과거의 문제로 제한하는 것이기 때문입니다. 반면 성령님은 그것을 현재적인 문제이며, 현재 우리가 하나님과 동행하는 것과 관련된 문제라고 가르치십니다. 죄 없이 산다고 주장하는 것은 어둠 속에서 행하는 것입니다. 그런 주장이 거짓이기 때문입니다. 빛 가운데 행하는 사람은 하나님 앞에 죄인으로서 나아오며, 그 사람을 하나님의 아들 예수 그리스도의 피가 모든 죄에서 깨끗하게 하는 것입니다. 그러므로 여러분이 진실하게 하나님을 대면한다면, 그것을 여러분이 구원받은 증거의 하나로 간주할 수 있습니다. 만일 여러분이 하나님 앞에서 여러분의 죄를 고백하고, 그 죄에서 깨끗하게 될 수 있는 여러분의 유일한 소망을 예수 그리스도의 피에 둔다면, 여러분은 진리 안에서 하나님을 향하여 행하게 된 것이며, 그분은 여러분을 받아 주십니다. 그리고 그리스도를 믿지 않는 당신은, 당신이 어떤 죄를 범한 것을 잊으려고 애쓸 것이며, 혹은 종교의 형식들과 의식들로 당신의 죄를 위한 다른 종류의 속죄물을 드리려고 시도할 것입니다. 하지만 당신이 정직한 빛 가운데 나아온다면 모든 것을 털어놓을 것이며, 위선의 행동을 멈추게 될 것입니다. 그리고 "하나님이여 나를 살피시고 나를 시험하옵소서"(시 139:23)라고 부르짖으며, 그리스도 예수 안에 있는 하나님의 무한한 자비를 간구하게 될 것입니다. 죄가 고백되고, 믿음이 그 죄를 제거하기 위해 예수님을 바라볼 때, 당신은 하나님의 자녀라고 확신해도 좋습니다. "아버지, 내가 아버지께 죄를 지었습니다"(눅 15:18)가 참으로 하나님께로 난 자녀의 부르짖음입니다. "하나님이여 불쌍히 여기소서 나는 죄인이로소이다"(눅 18:13)가 의롭다 하심을 받고 자기 집으로 내려가는 자의 기도입니다. 우리는 황홀한 기쁨으로 바울이 로마 성도들에게 한 말을 반복할 수 있습니다. "그리스도 예수 안에 있는 속량으로 말미암아 하나님의 은혜로 값없이 의롭다 하심을 얻은 자 되었느니라. 이 예수를 하나님이 그의 피로써 믿음으로 말미암아 화목제물로 세우셨으니, 이는 하나님께서 길이 참으시는 중에 전에 지은 죄를 간과하심으로 자기의 의로우심을 나타내려 하심이라"(롬 3:24-25).

다음으로, 요한은 하나님의 자녀인지에 대한 검증으로서 순종(obedience)을 우리에게 제시합니다. 2장을 펼쳐서 3절부터 읽어 보십시오. "우리가 그의 계명을 지키면 이로써 우리가 그를 아는 줄로 알 것이요, 그를 아노라 하고 그의 계명을 지키지 아니하는 자는 거짓말하는 자요 진리가 그 속에 있지 아니하되, 누구든지 그의 말씀을 지키는 자는 하나님의 사랑이 참으로 그 속에서 온전하게 되었나니 이로써 우리가 그의 안에 있는 줄을 아노라. 그의 안에 산다고 하는 자는 그가 행하시는 대로 자기도 행할지니라"(3-6절). 자, 사랑하는 형제들이여, 여러분은 마음으로부터 주님의 뜻에 순종합니까? 거룩함이 여러분 삶의 목표이며 목적입니까? 당신은 예수님이 당신에게 명하시는 대로 행하려고 힘씁니까? 당신은 천국의 태양에 따라 행하고 있습니까? 당신은 행실과 발걸음에서 주님의 율법에 따라 행하려고 노력합니까? 또한 당신의 속사람이 하나님의 법을 즐거워하고 있습니까? 당신은 온전한 성결을 향해 힘써 나아가고 있습니까? 그렇다면 당신은 당신이 순종하는 분의 종입니다(참조. 롬 6:16). 모든 의문을 넘어 당신은 그리스도의 양들 중의 하나임을 확신해도 좋습니다. 왜냐하면 그분이 "내 양은 내 음성을 들으며 나는 그들을 알며 그들은 나를 따르느니라"고 말씀하시기 때문입니다(요 10:27). "의를 행하는 자는 그의 의로우심과 같이 의롭습니다"(요일 3:7). 만일 은혜가 당신으로 하여금 순종하게 만들었다면, 은혜는 또한 당신에게 영생을 준 것입니다.

다음으로, 마음의 사랑(love)의 증거에 주목해 주십시오. 2장 9절과 10절은 이렇게 말하고 있습니다. "빛 가운데 있다 하면서 그 형제를 미워하는 자는 지금까지 어둠에 있는 자요, 그의 형제를 사랑하는 자는 빛 가운데 거하여 자기 속에 거리낌이 없음이라." 그 다음에 계속해서 3장 14절을 보십시오. "우리는 형제를 사랑함으로 사망에서 옮겨 생명으로 들어간 줄을 알거니와, 사랑하지 아니하는 자는 사망에 머물러 있느니라." 이것이 당신의 입장을 판단하는데 크게 도움이 될 것입니다. 당신은 누군가를 미워합니까? 당신은 복수를 바라고 있습니까? 당신은 용서하지 않고 있습니까? 그렇다면 당신은 빛 가운데 거하고 있는 것이 아닙니다. 당신은 가인에 속한 것이지 그리스도께 속하지 않았습니다. 당신은 당신의 원수를 사랑하는 것을 느낍니까? 사랑이 당신의 삶의 원리이기 때문에 사실상 당신에게는 아무런 원수가 없다고 느낍니까? "사랑은 하나님께 속한 것이니 사랑하는 자마다 하나님으로부터 나서 하나님을 앎이라"(요일 4:7). 우리는 모든 사람들을 향해 일반적인 선의(善意)를 느껴야 하며, 또한 그리스도 안에 있는 모든 사람을 향하여서는 그보다 더 강한 사랑과 애정을 느껴야 합니다. 이 사랑은 실제적이어야 하며, 우리로 하여금 우리의 형제들을 돕고 위로하도록 이끌어야 합니다. 당신에게는 이 사랑이 있습니까? 당신은 형제들이 그리스도께 속한 것 때문에, 그들이 아무리 가난하고 배우지 못했어도, 그들과의 어울림에서 기쁨을 느낍니까? 만일 참된 믿음이 당신의 영혼에 거하지 않는다면, 당신은 사랑이 당신의 심령을 다스리고 있음을 느끼지 못할 것입니다. 사랑의 삶으로 입증되는 사랑의 정신은, 당신이 사랑이신 하나님께 속하였다는 한 가지 참된 표징입니다. 오 하나님과 사람들을 향하여 그 가슴이 거룩한 사랑의 불꽃으로 타오르는 이들이여, 담대하게 충만한 확신으로 들어가십시오!

　　다음으로는 세상으로부터의 분리(separation from the world)가 옵니다. 2장의 15절을 읽어 보십시오. "이 세상이나 세상에 있는 것들을 사랑하지 말라 누구든지 세상을 사랑하면 아버지의 사랑이 그 안에 있지 아니하니라." 이것은 3장의 1절에 의해 지지를 받습니다. "그러므로 세상이 우리를 알지 못함은 그를(Him) 알지 못함이라." 당신은 경건하지 못한 자들로부터 반대를 받았습니까? 이스마엘이 여전히 이삭을 희롱하는 것을 발견했습니까? 당신이 일하러 갈 때, 한때 당신과 더불어 술을 마시곤 하던 직장 동료들이 당신을 피하려 합니까? 당신은 그리스도인이라는 것 때문에 위선자로 손가락질을 받습니까? 그렇다면 당신과 다른 사람들 사이에는 차이가 있으며, 세상이 그것을 볼 수 있다는 것입니다. 뱀의 후손은 여자의 후손을 향해 '쉿' 소리를 내며 야유할 것입니다. 하나님께서 그 둘 사이에 적대감을 두셨습니다. 그러므로 그것으로 인해 놀라지 마십시오. 우리 주님께서 이렇게 말씀하시지 않았습니까?"세상이 너희를 미워하면 너희보다 먼저 나를 미워한 줄을 알라. 너희가 세상에 속하였으면 세상이 자기의 것을 사랑할 것이나 너희는 세상에 속한 자가 아니요 도리어 내가 너희를 세상에서 택하였기 때문에 세상이 너희를 미워하느니라"(요 15:18-19). 그러므로 비난과 욕설과 다른 형태의 박해들이, 당신이 어디서나 반대를 받는 그 무리에 속하였음을 보여줌으로써, 오히려 당신에게 위로가 될 수도 있습니다.

　　그 다음으로, 2장에서 우리는 믿음의 지속(continuance in the faith)이라는 증거를 대합니다. "이 세상도, 그 정욕도 지나가되 오직 하나님의 뜻을 행하는 자는 영원히 거하느니라. 아이들아 지금은 마지막 때라 적그리스도가 오리라는 말을 너희가 들은 것과 같이 지금도 많은 적그리스도가 일어났으니 그러므로 우리가 마지막 때인 줄 아노라. 그들이 우리에게서 나갔으나 우리에게 속하지 아니하였나니 만일 우리에게 속하였더라면 우리와 함께 거하였으려니와 그들이 나간 것은 다 우리에게 속하지 아니함을 나타내려 함이니라"(17-19절). 그리스도인이 거룩함 가운데 더 오래 인내할수록, 그는 자기의 신앙이 그의 영혼 안에서의 하나님의 영의 활동임을 더욱 확신할 수 있습니다. "끝까지 견디는 자는 구원을 얻으리라"(마 24:13). 거룩한 인내는 선택의 확실한 징표입니다. 자기 길을 계속해서 갈 수 있는 자는 의로운 자입니다. 하지만 겉으로만 신앙이 있는 체하는 자들은 "유리하는 별들이요"(유 13) 시드는 꽃들과 같습니다. 왔다가 가는 것은 하나님께 속하지 않았습니다. 성령은 참된 신자들 속에 지속적으로 거하십니다.

다음으로 3장 3절에서도 증거를 볼 수 있는데, 말하자면 정화(purification)입니다. "주를 향하여 이 소망을 가진 자마다 그의 깨끗하심과 같이 자기를 깨끗하게 하느니라." 당신은 날마다 죄로부터 자기를 깨끗하게 하려고 애를 씁니까? 또 죄를 지었을 때, 밤에 쓰라린 회개로 하나님께 나아가며, 또한 그 죄로부터 구원해 주시기를 간구합니까? 당신은 당신을 둘러싼 죄들에 대항하여 싸우고 있습니까? 당신은 세상의 풍습에 맞서 투쟁하고 있습니까? 당신은 악에 대항하는 전사입니까? 이것을 당신 속에 새 영(new spirit)이 있다는 증거로 삼을 수 있습니다. 그것은 본래 당신에게 없었던 것입니다. 또한 당신은 그것을 당신이 새로운 생명으로 소생하였다는 증거로 삼을 수 있습니다. "우리가 하나님을 사랑하고 그의 계명들을 지킬 때에 이로써 우리가 하나님의 자녀를 사랑하는 줄을 아느니라. 하나님을 사랑하는 것은 이것이니 우리가 그의 계명들을 지키는 것이라 그의 계명들은 무거운 것이 아니로다. 무릇 하나님께로부터 난 자마다 세상을 이기느니라 세상을 이기는 승리는 이것이니 우리의 믿음이니라"(요일 5:2-4).

또한 3장 21절에서 우리는 또 하나의 복된 증거를 만납니다. 그것은 바로 깨끗한 양심(a clear conscience)입니다. "사랑하는 자들아 만일 우리 마음이 우리를 책망할 것이 없으면 하나님 앞에서 담대함을 얻고." 사람들은 우리에 대해서 말하기를 우리가 우리 자신의 유익만 추구한다 하고, 혹은 우리가 위선자들이라고 합니다. 하지만 우리가 우리 마음에 손을 얹고서 "주님, 모든 것을 아시오매 내가 주님을 사랑하는 줄을 주님께서 아시나이다"(요 21:17)라고 말할 수 있다면, 우리는 충만한 확신을 위한 최상의 근거를 가진 것입니다. 죽은 행실로부터 깨끗하게 되어 살아 계신 하나님을 섬기게 된 양심은, 성령께서 우리 마음에 쓰신 서신들에 찍은 그분의 인장(印章)들 중의 하나입니다. 신적 증거는 거듭난 자들 외에는 누구도 가질 수 없는 특권입니다. 여러분이 영생을 얻었는지를 알려면 양심의 법정에서 여러분이 깨끗함을 입증하십시오.

더 나아가, 우리는 기도의 응답(answers to prayer)에서 증거를 발견합니다. "무엇이든지 구하는 바를 그에게서 받나니 이는 우리가 그의 계명을 지키고 그 앞에서 기뻐하시는 것을 행함이라"(요일 3:22). 하나님께서 당신의 기도를 들으십니까? 그렇다면 당신은 그분이 보시기에 기뻐하시는 자입니다. 당신은 그분과 대화하는 습관을 가지고 있으며, 그분이 당신에게 응답하십니까? 그렇다면 당신은 하나님과 사이가 좋은 것입니다. 하나님께서 당신 마음의 소원을 허락하십니까? 그것은 당신이 그분을 기뻐하기 때문이 아닙니까? 그분은 고의로 죄 속에서 사는 자들의 기도를 듣지 않으십니다. 하지만 누구든 그의 뜻대로 행하는 자라면, 하나님께서 그의 기도를 들으십니다. 당신은 모든 응답된 기도들을 예수 그리스도 안에서 당신을 향한 하나님의 사랑의 또 다른 증거로 간주할 수 있습니다.

진리의 고수(adherence to the truth) 또한 충만한 확신을 가질 수 있도록 하는 또 하나의 도움입니다. 4장 전체를 읽어 보십시오. "사랑하는 자들아 영을 다 믿지 말고 오직 영들이 하나님께 속하였나 분별하라 많은 거짓 선지자가 세상에 나왔음이라"(1절). 6절에서 요한은 말합니다. "우리는 하나님께 속하였으니 하나님을 아는 자는 우리의 말을 듣고 하나님께 속하지 아니한 자는 우리의 말을 듣지 아니하나니." 나는 일전에 어떤 학식 있는 신학자의 글에서 우리가 전하는 복음적인 가르침이 기독교가 아니라 바울주의(Paulinism)라고 선언하는 내용을 읽은 적이 있습니다. 그 발언으로써 이 신학자는 스스로를 정죄한 것입니다. 요한은 말합니다. "우리는 하나님께 속하였으니 하나님을 아는 자는 우리의 말을 듣고 하나님께 속하지 아니한 자는 우리의 말을 듣지 아니하나니, 진리의 영과 미혹의 영을 이로써 아느니라." 사도들의 말을 듣지 아니하는 자는 그들의 주님의 말씀을 듣지 않는 자들입니다. 바울이 우리에게 전한 복음이 그리스도의 것이 아니라고 누가 감히 말한단 말입니까? "너희를 영접하는 자는 나를 영접하는 것이요 나를 영접하는 자는 나 보내신 이를 영접하는 것이니라"(마 10:40)고 예수님이 말씀하셨습니다. 사도들의 입술을 통한 성령의 증언은 하나님의 아들이 친히 하신 증언만큼이나 확실한 것입니다. 선지자들이나 사도들을 통해 말씀하셨건, 혹은 그리스도께서 직접 말씀하셨건, 성령이 하신 말씀에 등급을 매기는 것은 명백히 성령을 거역하는 것입니다. 후자를 참이라 하고 전자를 거짓이라 하든지, 혹은 후자가 전자보다 더욱더 참이라고 말하는 자는, 자유롭게 말씀하시면서도 언제나 무오하신 하나님의 영을 폄훼하는 것입니다. 성령이 하신 말씀에 의문을 제기하는 자는 그 속에 그리스도의 영이 거하지 않는 자입니다. 만일 당신이 성경을 여러분의 지침으로 간주하고 또한 하나님의 진리로 굳게 붙잡는다면, 당신은 하나님의 양들 중의 하나입니다. 하나님의 양들에 대해 주님은 이렇게 말씀하십니다. "타인의 음성은 알지 못하는 고로 타인을 따르지 아니하고 도리어 도망하느니라"(요 10:5). 이 시대의 가증스러운 정신에 반대하는 것, 그리스도의 복음을 변질시키는 다른 모든 것에 대해서 반대하는 것, 그것이 참된 자녀의 징표입니다. 당신이 진리를 증언하면, 진리도 당신에 대해 증언할 것입니다. 부르심의 소망에서 떠나지 않는 자들은 복된 자들입니다.

참된 믿음의 최상의 증거들 중 하나는, 그리고 충만한 확신에 최상의 도움이 되는 것들 중 하나는, 하나님과의 거룩한 친밀성(a holy familiarity with God)입니다. 4장 16절 이하를 읽어 보십시오. "하나님이 우리를 사랑하시는 사랑을 우리가 알고 믿었노니 하나님은 사랑이시라 사랑 안에 거하는 자는 하나님 안에 거하고 하나님도 그의 안에 거하시느니라. 이로써 사랑이 우리에게 온전히 이루어진 것은 우리로 심판 날에 담대함을 가지게 하려 함이니 주께서 그러하심과 같이 우리도 이 세상에서 그러하니라. 사랑 안에 두려움이 없고 온전한 사랑이 두려움을 내쫓나니 두려움에는 형벌이 있음이라 두려워하는 자는 사랑 안에서 온전히 이루지 못하였느니라. 우리가 사랑함은 그가 먼저 우리를 사랑하셨음이라"(16-19절). 오, 사랑하는 형제여, 만일 사람이 사람과 더불어 말하듯 당신이 하나님과 더불어 말하기 위해 온다면, 당신이 그분 안에 거한다면, 당신이 날마다 사람들에게 말하는 것보다 하나님께 더 많은 말을 한다면, 그리고 당신이 세상의 다른 무엇에서보다 하나님과의 교제에서 더 많은 기쁨을 얻는다면, 당신은 그분에게 속한 사람입니다. 하나님은 결코 사람으로 하여금 그분을 알고 사랑하게 한 후에, 그를 쫓아내시지 않습니다. 만일 당신이 지존자의 은밀한 곳에 들어가고 전능자의 그늘 아래에 거한다면, 영원한 생명이 분명 당신 안에 있습니다. 당신으로 하여금 뒤로 물러서게 하는 노예의 두려움이 더 이상 당신에게 없고, 오히려 당신을 하나님께로 더 가까이 이끌어 주는 어린아이의 담대함이 있다면, 그렇다면 당신은 그분의 자녀입니다. 양자의 영(the spirit of adoption)은 하나님의 영으로부터 주어지는 확실한 증거 중의 하나입니다. 하나님을 자기의 지극한 기쁨이라고 말할 수 있는 자는 시온에서 사는 자들 중 하나입니다.

4. 요한이 잊지 않고 부가하는 한 가지 문제

이제 설교를 마무리하려 하지만, 마지막 요점을 감히 남겨둘 수는 없습니다. 요한의 의도에 첨부된 부록(the appendix to John's design)입니다. 사도는 이렇게 말합니다. "또한 너희가 하나님의 아들의 이름을 믿도록 하려 함이라"(13절 후반부. KJV, 한글개역개정에는 없는 부분임 — 역주). 나는 그의 말이 이런 의미라고 생각합니다. "너희는 결코 이렇게 말하는 상태에 빠져서는 안 된다. '나는 영생을 가졌다. 그러므로 나는 단순히 예수 그리스도의 피와 의를 의지할 필요가 없다. 수년 전에 나는 거듭났다. 그러니 이제 나는 매일같이 믿음의 방식으로 살 필요는 없다.'" 사도는 말합니다. "그래서는 안 된다. 나는 믿는 자들에게 이 편지를 쓰고 있다. 내가 믿는 자들에게 말하는 바는 이것이다. 즉 그들이 충만한 확신을 가질 수 있지만, 그것이 주 예수 안에 있는 지속적인 믿음을 대체해서는 안 된다." 개인적으로 말하고 싶은 것이 있습니다. 내가 처음 예수 그리스도를 믿은 것은 약 삼십 사년 전입니다. 그 때 나는 스스로에게는 아무것도 없는 자로서 그분께 왔으며, 그분을 나의 전부로 여겼습니다. 이 순간 나는 내가 영생을 가진 것에 대해 즐겁고도 분명한 확신을 가지고 있습니다. 하지만 오늘 내 확신의 근거는 정확히 내가 처음 그리스도께 왔을 때의 그것과 같습니다. 나는 내 양심에서 확신을 가지지 않으며, 나 자신의 신념을 의지하지 않습니다. 내 확신은 "그리스도 예수께서 죄인을 구원하시려고 세상에 임하셨다"(딤전 1:15)는 것과 "그를 믿는 자마다 영생을 얻는다"(요 3:16)는 사실에 있습니다. 나는 그분을 믿으며, 따라서 내가 영생을 가진 것을 압니다.

형제들이여, 흥분하여 그것을 넘어서지 마십시오. 여러분의 처음 믿음을 유지하십시오. 다른 방향에서 아무리 멀리 진보한다 해도, 예수님께 대한 한결같은 믿음 안에 굳게 서십시오. 만일 여러분이 내가 제시한 이런 표징들과 증거들을 조사해 보는 것을 지혜롭게 여긴다면, 그렇게 해 보십시오. 하지만 만일 여러분이 거기서 양식을 얻겠다고 생각한다면, 여러분은 텅 빈 찬장을 발견할 것입니다. 만일 여러분이 과거에 여러분이 알았던 것을 의지하고, 현재 그리스도 없이 살 수 있다고 생각한다면, 그것은 큰 잘못입니다. 그것은 마치 상한 만나를 먹고 살려는 시도와 같습니다. 여러분 중에 누구도 광야에서 그렇게 할 수 없었습니다. 여러분은 곧 거기에서 코를 돌리고 말 것입니다. 그것은 하루가 지나면 "벌레가 생기고 냄새가 났습니다"(출 16:20). 여러분이 그리스도 외에 바라보는 모든 것은 때가 되면 부패할 것이며, 그리하여 여러분은 그것을 싫어하게 될 것입니다. 사랑하는 여러분, 큰 병이든 작은 잔이든, 모든 그릇을 확실한 곳에 단단히 고정된 하나의 못에 걸어 두십시오. 여러분이 예수님에게서 떠나면, 여러분은 어둠의 땅과 사망의 그늘진 곳에서 방황하게 될 것입니다.

내가 하나님의 자녀인지 아닌지는, 오늘 내가 논하려는 문제가 아닙니다. 나는 죄인이고, 예수 그리스도께서 죄인들을 구원하려고 오셨으며, 그리고 그분을 믿는 자들은 구원을 받습니다. 그래서 나는 그분을 믿습니다! 그래서 나는 구원을 받았습니다! 하나님의 말씀이 그것을 선언합니다. 주의 이름이 영원무궁토록 찬양을 받으소서. 아멘.

제
27
장

—

확신

—

"우리가 아노라 … 또 아는 것은 … 또 아는 것은 … "
— 요일 5:18-20

이 서신 전체를 통하여 요한이 얼마나 계속적으로 "안다"는 단어를 쓰는지 주목할 만합니다. 이 서신을 찬찬히 읽어 내려가면서 내가 새롭게 발견한 것은, 마치 시계가 같은 소리를 계속 반복하듯이, 요한이 이러한 단조음(單調音)을 반복하는 듯이 보인다는 점입니다. "우리가 안다(we know), 우리가 안다(we know), 우리가 안다(we know)." '어떤 것도 알지 못하는 것(not to know anything)'이 유행이 되어버린 이 시대에, 공공연히 학식이 있다고 하는 자들은 우리를 계속적인 의심의 상태에 억류해 두려고 합니다. 우리의 위대한 시인은 어중간한 신조(half the creeds)에서보다는 정직한 의심(honest doubt)에 더 많은 신념이 있다고 말하며, 또한 모두가 소위 "현대 사상(modern thought)"이라고 하는 것에 홀린 것처럼 보입니다. 이러한 시대에, "우리가 안다, 우리가 안다, 우리가 안다"며 반복해서 울리는 종소리를 듣는 것이 우리 귀에는 즐거움이요, 우리 마음에는 격려가 됩니다. 결국, 어딘가에는 확실한 무언가가 있으며, 우리의 닻을 꽉 붙드는 것이 있고, 우리의 영원한 소망을 세울 어떤 기초가 있습니다. 저 희미한 구름과 허깨비 말고도 의지할 수 있는 무언가가 있는 것입니다. "우리가 안다, 우리가 안다, 우리가 안다." 연필을 쥐고 요한일서를 쭉 읽어가면서 "안다(know)"는 단어에 밑줄을 그어 보십시오. 그러면 여러분은 그 반복적인 표현의 힘을 느낄 것입니다. 2장을 보십시오. "이로써 우리가 그를 아는 줄로 알 것이요" (3절). "그를 아노라 하는 자는 … 이로써 우리가 그의 안에 있는 줄을 아노라"(4절). 13절은 이렇게 말합니다. "아비들아 내가 너희에게 쓰는 것은 너희가 태초부터 계신 이를 알았음이요." "아이들아 내가 너희에게 쓴 것은 너희가 아버지를 알았음이요 아비들아 내가 너희에게 쓴 것은 너희가 태초부터 계신 이를 알았음이요"(14절). "너희는 거룩하신 자에게서 기름 부음을 받고 모든 것을 아느니라"(20절). "내가 너희에게 쓰는 것은 너희가 진리를 알지 못하기 때문이 아니라 알기 때문이요"(21절). 3장에서도 계속 이어집니다. "세상이 우리를 알지 못함은 그를 알지 못함이라"(1절). "우리가 그와 같을 줄을 아는 것은 그의 참 모습 그대로 볼 것이기 때문이니"(2절). 5절입니다. "그가 우리 죄를 없애려고 나타나신 것을 너희가 아나니." 장 전체를 통하여 계속해서 "우리가 안다", "너희가 안다", "그들이 안다"는 표현이 반복되고 있습니다.

이렇게 반복하는 이유가 무엇일까요? 우선, 요한이 자기 귀에 울리고 있는 주님의 말씀을 메아리치게 한 것으로 보입니다. 그는 주님의 가슴에 머리를 기대었고, 주님의 마음을 헤아렸습니다. 더 나아가 그는 주님의 생각을 이해했고, 주님의 말씀을 이해했습니다. 요한일서를 읽을 때 여러분은 계속해서 복음서의 구절을 상기하게 될 것입니다. 요한 서신은 요한복음의 정수를 뽑아 놓은 것처럼 보입니다. 예수님의 사랑을 입은 요한은 다른 어떤 사도보다 주님을 더욱 풍성하게 묘사합니다. 요한복음 14장 4절에서 주님의 말씀에 귀를 기울여 보십시오. "가서 너희를 위하여 거처를 예비하면… 내가 어디로 가는지 그 길을 너희가 아느니라." "주여 어디로 가시는지 우리가 알지 못하거늘 그 길을 어찌 알겠사옵나이까?"라고 도마가 주님께 말합니다. 그리고 7절 말씀입니다. "너희가 나를 알았더라면 내 아버지도 알았으리로다 이제부터는 너희가 그를 알았고 또 보았느니라." "안다"는 소리가 어떻게 울려 퍼지는가를 들어 보십시오! 또한 요한복음 17장에서 우리 주님의 기도에 주목해 보십시오. "지금 그들은 아버지께서 내게 주신 것이 다 아버지께로부터 온 것인 줄 알았나이다"(7절). "그들은 내가 아버지께로부터 나온 줄을 참으로 아오며"(8절). "의로우신 아버지여 세상이 아버지를 알지 못하여도, 그들은 아버지께서 나를 보내신 줄 알았사옵나이다"(25절). 예수님의 말씀들이 요한의 마음에 너무나 고정되어 있고, 그의 마음에 너무나 깊이 각인되어 있기 때문에, 그가 어떤 단어를 원할 때, 그의 정신은 그의 생애에서 가장 행복했던 기억들 가운데 아주 견고하게 뿌리내린 단어들에서 그 단어를 찾아냅니다. "안다"는 단어가 요한서신에서 관용어가 될 정도로 자주 등장하는 이유를, 나는 우리 주님의 표현들이 그 종에게 고이 간직되었다는 사실 탓으로 돌립니다.

더 나아가, 요한은 우리가 보기에 정신적 갈등이 거의 없는 사람입니다. 도마는 마음에 비해 머리에 치우쳤던 사람입니다. 그래서 그에게는 의심들이 있었고 이렇게 외쳤습니다. "내가 그의 손의 못 자국을 보며 내 손가락을 그 못 자국에 넣으며 내 손을 그 옆구리에 넣어 보지 않고는 믿지 아니하겠노라"(요 20:25). 장차 그는 큰 믿음의 사람이 되었고, 정녕 참된 교리에서 진정한 지도자가 되었습니다. 왜냐하면 그가 그리스도의 상처를 보았을 때, 그 상처로부터 그분의 신성을 추론해 냈기 때문입니다. "나의 주님이시요 나의 하나님이시니이다"라고 그는 말했습니다(요 20:28). 요한은 그리스도와 매우 친밀하였기에 의심하지 않았으며, 머리로 의심하는 사람이기보다는 마음으로 느끼는 사람이었습니다. 그는 진지하고도 열성적으로 사랑하는 삶을 사는 사람이었기에, 지성이 감성을 압도하는 것에서 발생하는 그런 종류의 질병을 겪지 않았습니다. 그의 영혼은, 그의 주님의 영혼처럼 거룩한 사랑으로 불이 붙었고, 의심의 지푸라기가 있는 듯 보이기만 해도 신속히 그것을 태워 버렸습니다. 요한이 그의 글에서 얼마나 확신에 차 있는지를 살펴보면 매우 아름답습니다. 나는 그의 서신의 첫 머리를 좋아합니다. 그것은 오늘날 우리가 듣는 식의 주저하는 말투와는 매우 다릅니다. 그는 이렇게 시작합니다. "태초부터 있는 생명의 말씀에 관하여는 우리가 들은 바요 눈으로 본 바요 자세히 보고(즉 강렬하게 응시하고) 우리의 손으로 만진 바라. 우리가 보고 들은 바를 너희에게도 전함은 너희로 우리와 사귐이 있게 하려 함이니 우리의 사귐은 아버지와 그의 아들 예수 그리스도와 더불어 누림이라"(1,3절). 이것이 참된 "확신(positivism)"이 아닐까요? 만일 여러분이 여기서 그것을 발견하지 못한다면 어디서 그것을 발견하겠습니까? 교조주의(dogmatism)에 대해 말해 보십시오! 여기에 진정 교리적인 가르침이 있습니다. 그는 한순간도 주저하거나, 두려워하거나, 혹은 의심하지 않습니다. 그의 증거는 너무나 확실하고, 그의 확신은 너무나 확고하기에, 그 종소리가 너무나 분명하게 울리는 것입니다. "우리가 안다, 우리가 안다, 우리가 안다."

"안다"는 단어로 표현된 그 충만한 확신은, 완전한 사랑이 언제나 주저함이

나 의심을 쫓아낸다는 사실에서 생겨납니다. 주저나 의심은 두려움의 한 형태입니다. 그것에 대해 요한은 우리에게 이와 같이 말합니다. "온전한 사랑이 두려움을 내쫓나니 두려움에는 형벌이 있음이라"(요일 4:18). 사랑은 의심을 참지 못합니다. 만일 사랑이 의심을 만나면 투기하게 되며, 그것은 죽음처럼 잔혹해집니다. 사람이 한 겨울에 늑대를 만나거나 혹은 새끼를 빼앗긴 곰을 만나는 것이, 차라리 투기하는 사람을 만나는 것보다는 낫습니다. 그것이 로뎀 나무 숯불처럼 격렬한 불꽃을 내며 타오르기 때문입니다. 사랑은 반드시 확신을 얻어야 합니다. 우리가 끔찍이 사랑하는 대상들은 상호간의 애정에 관해서는 의심의 여지가 조금이라도 있어서는 안 됩니다. 그리스도가 계시는지, 그분이 하나님의 아들이신지, 혹은 그분이 우리를 사랑하시어 우리를 위해 자신을 주셨는지에 관한 의심은, 사랑하지 않는 자들이 빠지는 것입니다. 하나님께서 그룹 사이에 좌정하시듯 사랑이 최고의 상태에 자리 잡고 있는 곳에서는, 의심의 다곤(Dagon)은 엎드러져 산산조각이 나게 됩니다(참조. 삼상 5:4). 만일 이 시대의 교회가 예수님을 더욱 사랑한다면, 교회는 그분에 대해 훨씬 더 확신 있게 말할 것입니다. 그렇게 함으로써 교회는 더욱더 하나님의 신탁을 선언하듯이 말하게 될 것입니다. 하지만 미지근한 사랑의 안개가 짙게 드리워진 곳에서는, 분명 차가운 의심의 냉기가 흐를 것입니다. 예수님께 대한 사랑이 쇠퇴하는 이런 겨울밤에는 불신앙의 추위가 영적 삶의 강물을 얼어붙게 만듭니다. 주님께서 그분의 교회의 사랑을 회복시키시고, 그 일이 이루어지자마자, 교회의 자녀들은 요한이 그랬듯이 "우리가 안다. 우리가 안다, 우리가 안다"라고 말할 것입니다. 루터와 칼빈의 위대하고 오랜 확신의 정신이, 휫필드와 웨슬리에게 임했던 열정과 더불어 타오르면서 다시 교회로 돌아올 것이며, 그로 인해 하나님은 세상을 축복하실 것입니다.

나는 기독교 지식의 형태들에 대해서 말하려고 합니다. "우리가 안다 … 또 우리가 안다… 또 우리가 안다." 내가 여기서 주목하는 것은, 그리스도인들은 이 지식을 일곱 가지의 다른 형태로 가지고 있다(Christians have this knowledge in seven different forms)는 것입니다. 그 각각의 지식은 다른 형태의 지식을 끌어내어, 마치 귀한 사슬의 황금 고리들(golden links)과도 같습니다.

1. 그리스도인은 교훈을 받은 차원에서 안다.

　　첫째로, 우리는 우리가 교훈(instruction)을 가지고 있음을 압니다. 이 점에서 우리는 무지로부터(from ignorance) 구원을 얻습니다. 그리스도인은 복음과 복음의 위대한 진리들에 대해 무지하지 않습니다. 그리스도인은 성경 말씀을 살펴봄으로써, 또한 성령에 의해 가르침을 받음으로써 그것들을 압니다. 우리는 "안다"고 하는 용어를 이 서신에서 빈번하게 발견할 수 있습니다. 나는 두 가지 실례를 제시하고자 합니다. 5장 20절입니다. "우리가 아는 것은 하나님의 아들이 이르러 우리에게 지각을 주사 우리로 참된 자를 알게 하신 것이라." 우리는 성육신의 사실을 알며, 우리 주 예수 그리스도의 사명을 압니다. 우리는 성경에서 그렇게 배워 알고 있습니다. 4장 16절에서 또 다른 예를 볼 수 있습니다. "하나님이 우리를 사랑하시는 사랑을 우리가 알고 믿었느니라." 우리는 하나님의 사랑을 압니다. 그것이 계시되었고, 우리가 그 사랑에 대한 성경의 증언을 받아들였기 때문입니다.

　　우리는 복음의 위대한 사실들을 알며, 이는 결코 적은 축복이 아닙니다. 수많은 우리 동료 인간들이 믿음의 첫 번째 원리에 대해서도 알지 못합니다. 하나님이 계신지에 대해서도 그들은 거의 알지 못하고, 예수의 피로 말미암는 놀라운 구속의 계획에 대해서는 아무것도 알지 못합니다. 심지어 소위 기독교 국가라고 하는 이 나라에서도 이런 일들에 대한 무지의 정도는 큽니다. 그리스도인들이 다른 사람들에게 그리스도에 대해 아는 바가 무엇인지에 대해 더 자주 물어보기를 바랍니다. 발행되는 부수에 비례하여 볼 때, 성경만큼 덜 읽히고 덜 이해되는 책이 없는 것이 확실합니다. 많은 설교가 있고, 또 그 중에 더러 매우 훌륭한 설교가 있기는 하지만, 여전히 예수 그리스도의 복음의 기본적 진리들에 대한 큰 무지를 도처에서 볼 수 있습니다. 놀라운 일들 중의 하나는, 강단에서 사용되는 언어가 대중에게 전혀 이해되지 못한다는 것입니다. 그들은 설교자가 어디에 있는지 알지 못합니다. 설교자는 구름 위 어딘가에 있고, 그들은 그의 '잘난 체 떠드는 말(big words)'에서 아무것도 배우지 못합니다. 사람들은 그 말이 모두 옳고, 매우 훌륭하다고 생각하면서, 그 말에 귀를 기울입니다. 하지만 교훈과 관련된 면에서 볼 때 많은 설교자들이 거의 알아듣지 못하는 외국어로 말하는 것이나 다름없습니다. "즐거운 소리를 아는 백성은 복이 있도다"(시 89:15, KJV, 한글개역개정은 "즐겁게 소리칠 줄 아는 백성은 복이 있나니"로 되어 있음 ― 역주). 하나님의 아들 예수 그리스도께서 육체로 오신 것과, 그분이 자기 백성의 죄를 짊어지신 것과, 그분이 그들을 대신하여 하나님의 진노를 감당하신 것과, 그분을 믿음으로써 모세의 율법으로는 의롭게 될 수 없던 사람들이 의롭게 됨을 안다는 것은 복된 일입니다! 우리가 "그의 피로 말미암아 속량 곧 죄 사함"(엡 1:7)과 성화와 영원한 생명을 얻었음을 아는 것은 복된 일입니다. 성령님을 아는 것, 그분이 영혼을 회심시키시고, 위로하시고, 깨달음을 주시고, 인도하시고, 거룩하게 하심을 아는 것은 복된 일입니다. 미래의 삶에 대해 어느 정도 안다는 것은 좋은 일입니다. 선택의 교리와, 효과적인 부르심의 교리와, 성도의 영원한 안전에 대한 교리를 안다는 것은 좋은 일입니다. 이러한 진리들을 발견하지 못한 사람들이 많습니다. 만일 우리가 그것을 발견했다면, 그것이 자랑할 만한 일은 아니더라도 크게 감사해야 할 일입니다. 성경이 너무 일반화되어 그에 대해 우리가 마땅한 감사를 드리지 않는 것이 나는 염려스럽습니다. 또한 복음의 설교를 듣는 것이 너무나 일상화되어, 그것을 듣도록 허락받은 사람에게 얼마나 큰 혜택이 부여된 것인지를 우리가 충분히 인식하지 못하는 듯합니다. 사랑하는 친구들이여, 복음의 교훈과 관련하여 우리가 어둠 속에 있지 않다는 것에 기뻐하십시오. 하나님께 감사하게도, 우리는 우리가 안다(we know)고 말할 수 있습니다. 우리가 가르침을 받았기 때문입니다. 우리 중에 어떤 이들은 어릴 때부터 가르침을 받아왔습니다. 우리는 압니다. 우리가 성경을 살펴보았기 때문입니다. 우리는 압니다. 복음 사역자들에게서 말씀을 들었기 때문입니다. 우리는 압니다. 우리 자신이 이런 일들을 스스로 평가하고, 판단하고, 연구해 보았기 때문입니다.

2. 그리스도인은 이해의 차원에서 안다.

이보다 훨씬 더 높은 지식이 있습니다. 두 번째로는 그것에 대해 말하고자 합니다. 안다는 것은 종종 파악(apprehending)과 이해(understanding)를 의미합니다. 이런 종류의 지식은 단지 교리들이나 사실들을 그 내적인 의미를 이해하지 못한 채 듣기만 하는 것을 의미하지 않습니다. 즉, 사람이 예수 그리스도께서 하나님의 아들이심과 그분이 죽으셨음을 알면서도, 대속의 위대한 진리에 대해서는 이해하지 못하고 왜, 무엇 때문에 예수님이 죽으셨는지를 이해하지 못할 수도 있습니다. 자, 나는 구원을 위해서는 진리에 대한 아주 깊은 이해가 필요하다고 말하는 것이 아닙니다. 내가 말하고자 하는 것은, 이런 문제로 깊이 들어갈 수 있다는 것, 그리하여 단지 사실들만 아는 것이 아니라 그 사실들의 이유들까지도 아는 것, 또한 그 사실들에 담긴 교훈까지도 알 수 있다는 것은 더없이 귀중한 특전이라는 것입니다. 견과(nut)는 매우 좋습니다. 하지만 나는 그 껍질을 깨고, 알맹이를 얻고 싶습니다. 말씀(the Word)을 읽는 것은 즐거운 일입니다. 하지만 나는 그것을 묵상하고, 그 위대한 문제를 파악하기를 원합니다. 교훈에 있어서 우리는 마치 풀을 뜯는 소와 같다고 할 수 있습니다. 하지만 깨달음은 소가 되새김질을 하는 것과도 같습니다. 소가 가만히 누워 되새김질할 때, 진정한 양분을 얻는 것은 바로 그 때입니다. 요한은 "안다"는 단어를 본문 20절의 두 번째 절에서 그런 의미로 사용하였습니다. "또 아는 것은 하나님의 아들이 이르러 우리에게 지각을 주사 우리로 참된 자를 알게 하신 것이라." 즉 그분이 우리에게 그분이 오신 것이 무슨 의미인지를 가르치셨다는 것입니다. 어린 시절부터 우리는 예수님이 육체로 오신 것을 알았지만, 이러한 의미를 이해하게 된 것은 아마도 불과 얼마 전일 것입니다.

> "그분이 짊어지신 것은, 우리가 결코 짊어질 수 없는 것
> 그분 아버지의 의로우신 분노라네."

또한 그분이 우리의 대표자로서 지금 이 순간 하나님 보좌 앞에 서 계심을 안 것도 그리 오래지 않을 것입니다. 우리는 전가된 의(imputed righteousness)의 교리를 사실의 문제로서 알고 있지만, 아마도 우리는 지금까지도, 저 사랑하시는 아들 안에서 우리가 받아들여졌다는 온전한 의미에 대해서는 다 이해하지 못할 것입니다. 나는 진리를 아는 모든 자에게 그 내적인 의미를 더 깊이 이해하도록 매일 기도할 것을 권합니다. 그리하여 언약의 골수와 기름진 것에 대해 알고, 계시의 광맥 속으로 더 깊이 들어가서, 겉만 읽는 독자들이 결코 찾아내지 못하는 금덩어리들을 캐내라고 촉구합니다. 성경은 그 학생에게 그 보물을 한꺼번에 다 내놓지 않습니다. 성경을 연구하는 학생은 파고 또 파야 하며, 캐고 또 캐내야 합니다. 제롬(Jerome)은 "나는 성경의 풍부함에 탄복합니다"라고 늘 말하곤 했습니다. 그의 말대로 실로 성경 속에는 엄청난 풍부가 있습니다. 헨리 마틴(Henry Martin)이라고 생각합니다만, 그가 성경을 페르시아어로 번역해야 했을 때, 그는 성경의 음절 하나하나를 검토해야 할 정도로 말씀에 대해 잘 알지 못한다고 말했습니다. 여러분은 엉클 톰(Uncle Tom, 미국 여류작가 H. B. Stowe의 Uncle Tom's Cabin에 등장하는 주인공 — 역주)이 음절 하나하나를 끊어서 "여-러-분 여러분,

상-심-하-지 상심하지, 마-세-요 마세요"라는 식으로 읽었음을 기억할 것입니다. 그가 그렇게 모든 철자를 하나씩 읽은 것도 근사했지요. 여러 시간 동안 성경의 한 구절을 곰곰이 생각한 후에, 어쩌면 여러분은 그 가르침을 온전히 발견하였다고 느낄지 모르겠습니다. 아마도 여러분은 학식 있는 저자들의 글을 살펴보고, 본문을 정확하게 살피고, 또 본문으로부터 많은 좋은 생각들을 얻을 수 있을 것입니다. 그런데 그 이상의 새로운 의미가 다시 시작됩니다. 아마도 몇 주가 지난 후에, 그 본문을 마치 혀 밑에 넣어둔 별미처럼 오래도록 음미한 이후에, 당신은 별안간 이렇게 말하게 될 것입니다. "전에는 결코 이것을 볼 수 없었어. 여기에 여전히 새롭고도 더욱 놀라운 무언가가 있구나. 이제야 나는 이 성경 구절의 깊은 의미를 알 것 같아."

나는 그리스도인들이 이런 의미에서 "알고", 그래서 "우리가 안다, 우리가 안다, 우리가 안다"라고 말할 수 있게 되기를 간절히 바랍니다. 우리는 정통 교리상의 신조를 단순하게 주장하는 것으로 그칠 것이 아니라, 그 의미를 알아야 합니다. 우리는 단지 어떠어떠한 것이 우리의 교리적 입장이라고 단지 고백하는 것으로 그치지 말고, 마치 꽃받침 속으로 들어가는 꿀벌들처럼 진리 속으로 들어가서, 그 속에 있는 꿀을 발견해 내야 합니다. 오 우리 모두가 계시의 깊은 갱도 안으로 들어왔다고 느끼게 되기를 바랍니다. 하나님의 성령께서 불붙은 횃불을 드시고 우리를 모든 진리 가운데로 인도해 주시길 바랍니다! 우리 모두가 저 진귀한 보석들의 무수한 번쩍임들을 볼 수 있기를 바랍니다. 그 보석들의 번쩍거림은 어린 사자가 밟아보지 못한 깊은 곳에만 있고, 오직 하나님의 영이 인도하실 수 있는 갱도 깊은 곳에 있으며, 천상의 안약을 눈에 바른 자만이 볼 수 있는 곳에 있습니다! 오, 이해하고, 그래서 안다고 할 수 있는 사람들로 구성되는 교회가 되기를 바랍니다!

3. 그리스도인은 개인적 친분의 차원에서 안다.

우리는 교훈으로써 알고, 지각으로써 압니다. 하지만 이보다 더 달콤한 의미가 있습니다. 세 번째로 우리는 개인적인 친분에 의해(by personal acquaintance) 압니다. 그런 의미를 2장 13절과 14절에서 볼 수 있습니다. "아비들아 내가 너희에게 쓰는 것은 너희가 태초부터 계신 이를 알았음이요(have known)." 오늘 본문 말씀은 또 하나의 실례입니다. "또 아는 것은 하나님의 아들이 이르러 우리에게 지각을 주사 우리로 참된 자를 알게(know) 하신 것이라.” 나는 모든 본문 구절들을 인용하지 않을 것입니다. 그런 종류의 구절들이 많이 있습니다. 그와 같이 우리는 주님을 알고 있습니다. 한 친구가 당신에게 와서 “자네는 그러한 사람을 알고 있나?”라고 묻습니다. 당신은 먼저 “그런 사람이 있는 것을 알고 있네”라고 말합니다. 그것은 교훈(instruction)입니다. “하지만, 자네가 그를 아는가?”라는 그 이상의 질문이 주어집니다. 당신이 이렇게 대답합니다. “음, 나는 그가 아주 키가 큰 사람이었고, 보병 부대의 장병으로서 크림반도(the Crimea)로 갔다는 것을 아네.” 그것은 일종의 파악(apprehension)에 의해 아는 것이며, “자네가 그를 아는가?”라는 질문에 충분히 대답한 것은 아닙니다. 당신이 또 말합니다. “음, 나는 그를 안다고 말할 수 없네. 왜냐하면 내가 그를 본다고 해도 나는 그를 알아보지 못할 것이기 때문이지. 나는 그에게 말을 건넨 적이 없다네.” 한 사람을 친분으로 안다는 것은 이보다는 더 높은 차원의 지식이며, 믿는 자들이 하나님을 알고, 예수 그리스도를 알고, 성령님을 아는 것이란 바로 후자의 지식을 말합니다. 신자들은 하나님을 친분으로 압니다. “본래 하나님을 본 사람이 없으되”(요 1:18), 우리는 그분에게 말했고, 그분도 우리에게 말씀하셨습니다. 우리는 이 귀로써 그분의 음성을 듣진 못했으나, 확실히 우리의 마음으로 그분의 소리를 듣습니다. 우리의 영은 그분의 음성을 압니다. 우리는 때때로 그분이 말씀하실 때 두려워서 엎드렸고, 속박의 영(the spirit of bondage) 아래로 이끌렸습니다. 하지만 이제 우리는 사랑의 영(spirit of love)으로서 그분의 목소리를 알고, 그 소리에 반응하며 “아빠, 아버지”라고 부르짖습니다. 우리는 예수님의 음성을 압니다. 우리가 낯선 자를 따르지 않는 것은 우리가 “타인의 음성은 알지 못하기 때문”입니다(요 10:5). 하지만 우리는 예수님을 알기에, 그분이 우리 영혼에 말씀하실 때 우리는 그분의 부르심에 대답합니다. 우리는 그분의 음성만 알 뿐 아니라, 그분을(Him) 압니다. 우리는 하나님과 그리스도의 개인적인 교제 안으로 들어왔으며, 상상으로서가 아니라 실제로 그리하였습니다. 정녕 우리가 살아온 날 동안, 영원하신 하나님께서 예수 그리스도 안에서 우리를 바라보셨고 우리와 접촉하셨습니다. 아니, 그 이상으로, 우리에게 기적을 행하셨으며, 우리를 새로운 피조물로 만드셨으며, “예수 그리스도를 죽은 자 가운데서 부활하게 하심으로 말미암아 우리를 거듭나게 하사 산 소망이 있게” 하셨습니다(벧전 1:3). 나는 여러분 모두에게 말하는 것이 아닙니다. 나는 진실로 주님을 아는 자들에 대해서만 말하고 있습니다. 주 예수님은 우리가 친밀하게 아는 분이 되셨습니다. 우리는 그분에게 우리의 모든 슬픔을 말합니다. 우리가 그분께 가져가지 않는 고통이 없으며, 그분의 품에 쏟지 않는 슬픔이 없습니다. 그러면 한편으로 그분은 그분의 마음을 우리에게 나타내십니다. "여호와의 친밀하심(secret)이 그를 경외하는 자들에게 있기" 때문입니다(시 15:14).

참된 신자들 특히 온전히 성숙한 신자들은, 그들이 거룩한 삶에서 진보를 이루었을 때, 마치 그들의 친구들을 알듯이, 더 나아가 그들이 그들 자신을 알듯이, 주 예수 그리스도를 압니다. 그들은 마치 사람이 자기 친구와 대화하듯이 그분과 대화합니다. 심지어 그들은 자기 친구들에 대해서는 알지 못해도 그분에 대해서는 알고 있습니다. 왜냐하면 그들이 그분을 그들 속에 모셔들였으며, 그래서 그분과 하나가 되었기 때문입니다. 그들은 그분의 살을 먹고 그분의 피를 마셨으며, 그분은 그들 안에 계시고, 그들은 그분 안에 있습니다. 이는 해 아래 다른 모든 지식을 능가하는 친밀한 지식입니다. 물론 그들이 그리스도에 대해 알아야 할 모든 것을 안다고 고백하진 않습니다. 지식을 뛰어넘는 그리스도의 사랑이 있으며, 죽을 인생의 이해력을 초월하는 높고 깊은 것이 있기 때문입니다. 하지만 그럼에도 불구하고 그들은 그분을 알며, 그들의 열망은 그분을 더욱 더 온전히 알아가는 것입니다.

이해로서의 앎이 교훈으로서의 앎을 능가하듯이, 친분으로서의 앎이 이해로서의 앎을 훨씬 능가합니다. 여러분과 내가 이 세 번째의 지식으로 그분을 알고, 일생 동안 그 달콤함을 누리며 살아가기를 바랍니다.

4. 그리스도인은 회의주의에 반대하는 확신의 차원에서 안다.

여기에서 네 번째 단계의 지식이 발생합니다. 그것은 회의주의에 반대하는 확신(certainty)의 지식입니다. 우리가 교훈의 지식에 머무를 때 의심이 생길 수 있습니다. 우리가 식별하고 이해하였을 때에도 여전히 의심이 우리를 괴롭힐 수 있습니다. 하지만 우리가 예수님과 더불어 친분을 맺게 되었을 때, 의심이 우리를 괴롭힐 가능성은 훨씬 적어집니다. 예수님과의 교제로부터, 거룩한 일들에 대한 절대적 확신이라는 더 높은 단계의 지식이 생겨납니다. 요한 자신이 아주 확신에 차 있습니다. 나는 방금 전에 이 서신의 서두를 여러분에게 읽어드렸고, 그의 확신이 어떠한지를 보여드렸습니다. 또한 우리는 그의 서신 전체를 통해 동일한 확신의 힘을 발견합니다. 그는 3장 5절에서 이렇게 말합니다. "그가 우리 죄를 없애려고 나타나신 것을 너희가 아나니 그에게는 죄가 없느니라." 그리고 같은 장 24절에서는 이렇게 말합니다. "우리에게 주신 성령으로 말미암아 그가 우리 안에 거하시는 줄을 우리가 아느니라." 또 5장 19절은 이렇게 말합니다. "또 아는 것은 우리가 하나님께 속하고, 온 세상은 악한 자 안에 처한 것이라." 그가 느끼기에 자기 형제들은 소수이며, 온 세상은 다른 편과 동맹을 맺었기에, 아타나시우스(Athanasius: 예수 그리스도의 신성을 부인했던 아리우스에 반대하여, 325년 니케아 공의회에서와 그 이후 약 50년 동안에 이어진 치열한 논쟁에서 일관되게 아리우스파를 반박하고 정죄했던 알렉산드리아 감독 — 역주)의 정신으로 그는 온 세상이 악한 자 안에 처하였다고 외치는 것입니다. 그는 진리에 반박하는 세상의 증거에는 조금의 힘도 부여하지 않습니다. 진리 안에 거하는 한 사람의 증언이 거짓의 아비의 세력 아래에 있는 수백만의 증언보다 더 무게가 있기 때문입니다. 형제들이여, 우리는 이 확신의 단계로 들어가야 합니다.

　내가 크게 놀라는 것은, '생각이 깊은(thoughtful)' 공적 교사는 "일종의 진지한 회의주의인 시대정신"을 크게 참작해야 한다고 하는 주장이 계속해서 들려온다는 것입니다. 나는 그런 주장을 믿지 않습니다. 시대정신이란 '생각이 없고(thoughtless)' 경박한 정신입니다. 나나 다른 그리스도인이 대체 왜 시대정신과 관련을 맺어야 한단 말입니까? 우리는 우리 안에 있는 영을 따라 말해야 하며, 우리 안에 있는 영은 하나님의 영(the Spirit of God)이지, 시대정신(the spirit of the age)이 아닙니다. 기독교 사역자들이 어떤 정신을 따라 말해야 하는 것입니까? 가령 일 세기가 지속되는 동안에는 일 세기의 정신이 있고, 이 세기가 오면 이 세기의 정신이 오며, 그런 식으로 시대가 바뀜에 따라 그리스도인의 정신도 바뀌어야 한다고 합시다. 그런 일이 있을 수 있습니까? 여러분은 레이턴(Leighton)이 시대정신을 따라 말하지 않았다는 이유로 사람들이 그를 비난한 것을 기억할 것입니다. 그에 대해 그는 이렇게 대꾸했습니다. "여러분 모두가 시대를 위해 말한다고 해도, 한 가련한 형제는 영원을 위해 말하게 하십시오." 그가 옳지 않았습니까? 정녕 진리의 영은 결코 변하지 않습니다. 진리란 불변하기 때문입니다. 정녕 하나님의 영은 결코 변하지 않으십니다. 그분은 하나님이시기 때문입니다. 우리가 한 시대를 위해서 한 가지 약을 처방하고, 또 다른 시대를 위해서는 또 다른 약을 처방한단 말입니까? 성경이 "너희는 온 천하에 다니며 모든 세기마다 복음을 각색하여(adapt the gospel) 전하라"고 말합니까? 나는 성경이 그렇게 기록되지 않은 것을 발견합니다. 우리에게 불변하는 명령은 "복음을 전파하라", 그(the) 복음, 그 동일한 복음을 "만민에게" 전하라는 것입니다. 생각이 깊거나 얕거나, 철학적이거나 무지하거나, 개화되었거나 개화되지 못했거나, 모든 만민에게 전하는 것입니다. "언제나 동일하라(semper idem)"가 복음의 신전 위에 기록된 모토입니다. 그것이 지속되게 하십시오. 복음은 변할 수 없습니다. 복음이 변한다는 것은 진리의 죽음이자 그리스도께 대한 반역입니다. 비록 사람들이 믿지 않고, 시대가 갈수록 의심하는 시대가 되어도, 그리스도는 여전히 신실하실 것입니다. 그분은 자기를 부인하실 수 없습니다. 아, 형제들이여, 여러분이 이 일들에 대해 확고하지 않다면, 하나님께서 여러분을 확고하게 만들어 주시길 빕니다. 오, 구주께서 나를 사랑하시는지에 대해, 또한 그분이 나를 위해 자기를 주셨는지에 대해 불확실하다는 것은, 차라리 내 영혼의 죽음과도 다름이 없습니다! 어떤 사람들은 할 수만 있다면 성전의 영원한 기둥들을 무너뜨리는 것에서 기쁨을 찾습니다. 하지만 그 신성모독의 손을 그 기둥들에 갖다대는 것을 보는 것만으로도 너무나 고통스럽습니다. 저기 피 묻은 나무에 나의 소망이 달려 있습니다. 거기서 성육하신 하나님이 나의 죄를 위한 속죄의 희생을 바치셨습니다. 만일 당신이 속죄의 교리를 논박할 수 있다면, 나의 위로는 사라지는 셈이며, 나는 더 이상 사는 것에 관심이 없어질 것이고, 결국 내게는 아무것도 남지 않을 것입니다. 그러면 내 영혼은 절박한 필요에 의해 근본적인 진리들로 달려갈 것입니다. 내 영혼은 인간의 견해라는 잡동사니들을 몰아내고서, 저 반석 곧 하나님이 말씀하신 영원한 진리의 순수한 화강암, 그리스도 예수 안에서 "예"와 "아멘"에 이를 때까지는 결코 만족할 수가 없습니다. 형제들이여, 이것을 위해 수고하십시오. 거듭남이라는 것이 있는지의 여부가 당신의 의문이 되지 못하게 하십시오. 만일 당신이 의롭게 되었다면, '칭의'라는 것이 있는지에 대한 의문은 없어질 것입니다. 만일 당신 자신이 성화되는 것을 의식한다면, 천국에 살면서 그 영광을 누리고 있는 천사들이 천국이 있는지에 대해 의심할 수 없듯이, 당신도 '성화'에 대해 의심하지 못할 것입니다. 우리가 이 네 번째 지점에 이르기를 바랍니다. 그것은 회의주의에 대항하는 절대적 확신으로서의 앎입니다.

5. 그리스도인은 분별의 차원에서 안다.

하지만 이제, 다섯 번째로, 이 시대에 매우 유용한 또 다른 종류의 지식이 있습니다. 즉 쉽사리 그릇된 가르침을 받아들이는 것에 반대하는 분별력(discernment)으로서의 지식입니다. 2장에서 18절부터 읽어 보십시오. "아이들아 지금은 마지막 때라 적그리스도가 오리라는 말을 너희가 들은 것과 같이 지금도 많은 적그리스도가 일어났으니 그러므로 우리가 마지막 때인 줄 아노라. 그들이 우리에게서 나갔으나 우리에게 속하지 아니하였나니 만일 우리에게 속하였더라면 우리와 함께 거하였으려니와 그들이 나간 것은 다 우리에게 속하지 아니함을 나타내려 함이니라. 너희는 거룩하신 자에게서 기름 부음을 받고 모든 것을 아느니라"(18-20절). 그는 성도들이 전부를 안다는 의미로 말하는 것이 아니라, 그들이 판단하고, 분별하고, 진리와 오류를 구분한다는 의미에서 말하는 것입니다. 어떤 교리가 여러분에게 제시되면, 여러분은 그것이 그리스도께 속한 것인지 또는 적그리스도에게 속한 것인지를 알며, 또한 그 지식에 따라서 행동합니다. 여러분은 판단할 수 있고, 분별할 수 있으며, 구별할 수도 있습니다.

4장 2절에서 여러분은 그런 말씀을 다시 대하게 됩니다. "이로써 너희가 하나님의 영을 알지니(또는 하나님의 영을 분별할지니) 곧 예수 그리스도께서 육체로 오신 것을 시인하는 영마다 하나님께 속한 것이라." 요한은 6절에서도 "진리의 영과 미혹의 영을 이로써 아느니라"고 말합니다. 우리는 어느 것이 어느 쪽인지를 압니다. 우리 주님께서 "타인의 음성은 알지 못하는 고로 타인을 따르지 아니하고"(요 10:5)라고 말씀하셨고, 또한 "나는 내 양을 알고 양도 나를 안다"(요 10:14)고 말씀하신 그대로입니다.

분별의 영이 있으며, 오늘날에는 그것이 많이 필요합니다. 그것은 다음과 같은 방식으로 우리에게 옵니다. 가르침, 이해, 친교, 확신, 이러한 것들이 거짓과 진리를 가려내는 분별력을 가져다줍니다. 최소한의 가르침만 받은 그리스도인이, 즉 자기 주님을 알지 못하고 그분을 사랑하지도 않는 그리스도인이, 어떻게 해서 미혹당하지 않는가를 보는 것은 아주 흥미로운 일입니다. 단순한 신앙고백자들은 유창하게 말할 수 있는 사람의 말에 귀 기울이기를 좋아합니다. 만약 그가 아주 근사한 표현들을 구사하고, 폭포에 대해서와, 물결이 굽이치는 시내들과, 하늘과, 구름들과, 그 외에 시를 흉내 내는 다른 것들에 대해 말한다면, 단연코 그들은 그 연설가를 대단히 높이 칭송할 것입니다. 하지만 하나님의 자녀는 그렇게 생각하지 않습니다. 그는 그러한 화려한 웅변을 들을 때 이렇게 말합니다. "나를 위한 것은 아무것도 없군요. 그것이 무슨 의미입니까? 온통 화려한 꽃이로군요. 내가 꽃들을 먹고 살 순 없지요." 그는 그가 양식을 공급받을 수 있는가 아닌가의 여부를 판단하며, 그가 먹을 수 있는 것이 무엇인지를 압니다. 누구도 양들에게 어떤 것이 먹기에 좋고 어떤 것은 좋지 않은지를 따로 가르치지 않습니다. 양들이 본능으로 아는 것이지요. 나는 그들이 건강에 좋은 약초들에 대해서와 건강에 좋지 않은 식물들에 대해서 설교를 할 수 있으리라고는 생각하지 않습니다. 하지만 그들은 어떻게든 구분할 줄을 알고, 신자들도 그러합니다. 그들은 그것을 글로 작성하지 못합니다. 그들은 분별에 관해서 논문을 작성할 수 없습니다. 하지만 그들은 먹어야 하는 것이 무엇인지를 알고, 먹을 수 없는 것이 무엇인지를 알며, 그에 대해서 아주 확실한 판별 기준이 있습니다. 신자는 말합니다. "아, 그것은 내가 먹을 것이 아닙니다. 그 속에는 그리스도가 없습니다. 나는 그것을 참을 수가 없습니다." 그들은 예수 그리스도를 사랑하고 그분을 높이는 어떤 겸손한 설교자에게 귀를 기울이며 말합니다. "아, 좋아. 그는 잘못된 곳에서 'h' 발음을 했고, 그의 문법은 결점이 있군. 하지만 우리는 은혜를 받았어. 그가 우리 주님을 높여드리고 그분에 대해 전했을 때, 우리 마음이 속에서 기쁨으로 춤추었다네." 나 자신이 바로 그렇게 느껴왔습니다. 나는 한 평범한 노동자가 전한 예수 그리스도의 말씀을 듣고서 마음이 깨어질 듯이 부르짖었습니다. 하지만 어떤 학식 있는 사색가가 아무런 가치도 없는 말로써 단순한 사람들의 정신을 혼돈스럽게 하는 것을 들었을 때 분노를 느꼈습니다.

내가 어제 한 장소에 갔을 때의 일입니다. 그곳에서 나는 기운을 돋우어줄 약간의 음식을 사야 할 필요를 느꼈습니다. 그리고 아주 먹기 좋은 것이라는 말을 듣고서, 무언가를 사야겠다고 생각했습니다. 그러나 내가 그것을 먹어보았을 때, 나는 그것이 밀가루를 반죽해서 크기만 부풀려놓은 것이며, 그 위에 설탕가루를 조금 뿌려놓은 것 외에는 아무것도 아님(nothing)을 단번에 알아보았습니다. 그리고 그것은 내가 읽었던 설교들을 상기시켰습니다. 그 설교들 속에는 아무것도 없었고(nothing), 심하게 부풀려서 양을 크게 키운 것이며, 웅변술이라는 조금의 설탕만 뿌려졌을 뿐입니다. 배고픈 영혼들이 바람을 먹을 수는 없습니다. 그들은 그것을 먹지 않을 것입니다. 그들은 곧 떠나고 말 것입니다. 물론 세련되고 유행에 민감한 사람들, 허탄한 신앙고백자들, 오직 '말'만 기대하는 사람들은 "오, 그렇게 냉정하게 평가해선 안 됩니다. 우리가 모든 설교에서 교리를 기대할 수는 없습니다"라는 식으로 말하겠지요. 마치 야생 당나귀들처럼, 그들은 콩콩거리며 바람을 들이마시고 그것으로 만족합니다. 하지만 하나님의 백성들은 그렇지 않습니다. 그들은 이슬람교와 우리 주 예수 그리스도의 십자가를 연관시키는 하잘것없는 논문 같은 설교를 들으면서 주일을 낭비하기를 원하지 않습니다. 그러기에는 세월이 너무 짧고, 영원은 너무 길며, 지옥은 너무나 끔찍하고, 천국은 너무나 귀중하다고 느낍니다. 그런 설교자들이 도처에 넘쳐납니다. 또한 그런 설교자들을 칭찬하면서 "이들은 매우 지적이고, 다양한 계층들을 아우르기에 적합한 형제들이다"라고 말하는 신사들도 많이 있습니다. 우리의 할 일은 예수 그리스도를 전하는 것입니다. 만일 우리가 그분을 전할 수 없다면 차라리 양복 재단사가 되든지, 밭을 갈든지, 구두를 수선하든지, 또는 생계를 꾸려갈 다른 정직한 길을 찾는 편이 좋을 것입니다. 십자가에 못 박히신 그리스도 외에 다른 무언가를 전하는 것은 우리 주님을 배반하는 것이며, 틀림없이 마지막 결산의 날에 우리를 당혹과 비난에 처하게 만들 것입니다. 사랑하는 형제들이여, 우리에게 분별의 영이 주어져서, 우리가 귀한 것과 천한 것을 구별할 수 있게 되기를 바랍니다. 우리가 설교자들로서 마치 '하나님의 입'처럼 행하여야 하듯이, 청중으로서의 우리는 같은 분별력을 가지기를 바랍니다. 그리하여 우리가 하나님께 속한 것을 받아들이고, 또한 굳게 결심하여, 예수 그리스도를 따르지 않고 세상의 정신을 따르는 것을 즉각적으로 거부할 수 있기를 바랍니다.

6. 그리스도인은 근심에 반대되는 확신의 차원에서 안다.

이제 또 다른 형태의 지식으로 넘어가고자 합니다. 이 서신에서 앎이란 종종 근심에 반대되는 확신(assurance in opposition to anxiety)을 의미합니다. "안다"는 단어는 이 서신에서 빈번하게 그런 의미로 쓰이며, 2장 3절에서 5절까지의 내용도 그러합니다. "우리가 그의 계명을 지키면 이로써 우리가 그를 아는 줄로 알 것이요, 그를 아노라 하고 그의 계명을 지키지 아니하는 자는 거짓말하는 자요 진리가 그 속에 있지 아니하되, 누구든지 그의 말씀을 지키는 자는 하나님의 사랑이 참으로 그 속에서 온전하게 되었나니 이로써 우리가 그의 안에 있는 줄을 아노라." 그 다음에는 3장 14절입니다. "우리는 형제를 사랑함으로 사망에서 옮겨 생명으로 들어간 줄을 알거니와." 또 24절입니다. "우리에게 주신 성령으로 말미암아 그가 우리 안에 거하시는 줄을 우리가 아느니라." 그리스도인들이 이 단계까지 이르는 경우는 매우 드뭅니다. 우리는 그렇게 되어야 합니다. 그리스도인은 사닥다리를 오르듯 내가 묘사한 단계들을 따라 올라가야 합니다. 하지만 많은 그리스도인들이 언제나 아주 소심하게도 이렇게 말하는 것이 필요하다고 생각하는 듯합니다. "나는 내가 그리스도 안에 있기를 바랍니다. 나는 내가 구원받았다고 믿습니다." 그들은 "나는 내가 그분 안에 있음과, 그분의 영이 내 속에 계신 것을 압니다"라고 담대하게 말하지 않습니다. 자, 만일 그들이 사닥다리의 이 단계에 이르지 못했다 하여도 우리가 그들을 비난해서는 안 됩니다. 하나님의 자녀들 중 어떤 이들은 많은 날 동안 여전히 떨며 의심하는 단계에 머물기 때문입니다. 하지만 그들이 그 단계에 만족해서는 안 됩니다. 우리가 구원 받았는지 아닌지를 아는 것은 우리 모두의 바람이자 목표여야 합니다. 그것은 의심스러운 상태로 남겨둘 수 있는 문제가 아니기 때문입니다. 한 사람이 어느 기업체에 자기 돈을 투자했다고 가정합시다. 그런데 오늘 그가 집에 도착했을 무렵 그 회사의 신용이 불확실하다는 생각이 들었다고 합시다. 그 회사의 신용이 불안한지 아닌지를 확인할 때까지 그는 차분하게 있을 수가 없을 것입니다. 그러므로 그보다 훨씬 더 중요한 문제, 곧 우리 영혼의 영원한 이윤이 걸린 문제를, 우리는 불안한 상태로 남겨둘 수가 없습니다. 의문이 제기되자마자, 분별 있는 사람은 그 문제가 해결되기까지는 만족하지 않을 것입니다.

"그것이 해결될 수 있을까? 그것이 가능할까?"라고 누군가 말합니다. 오 형제들이여, 내 말을 믿으십시오. 우리들 중에서 많은 이들이 우리의 부르심과 택하심을 알고 있습니다. 어떻게요? 하나님께서 틀림없는 증거들을 우리에게 주셨기 때문입니다. "주 예수 그리스도를 믿는 자마다 영생을 얻으리라"고 그분이 말씀하십니다. 우리는 그분을 믿습니다. 우리는 그분을 온 마음으로 신뢰합니다. 그러니 하나님께서는 우리가 구원받았고 영생을 얻었다고 말씀하신 것입니다. 우리가 하나님을 의심한단 말입니까? 또한 "우리는 형제를 사랑함으로 사망에서 옮겨 생명으로 들어간 줄을 압니다." 만일 우리가 하나님의 백성을 향하여 진심 어린 사랑을 느낀다면, 우리가 사망에서 생명으로 옮겼다고 성령의 감동이 우리에게 알려줍니다. 우리가 그것을 의심한단 말입니까? 아니요, 우리는 그것을 믿을 것입니다.

한 사람이 말합니다. "음, 그것이 제게는 주제넘은 것처럼 보이는걸요." 그렇게 생각하십니까? 오늘 밤에 당신이 자녀들에게 내일 아침에 그들을 데리고 외출할 것을 약속했다고 가정해 보십시오. 그들 중에서 하나가 당신에게 말합니다. "아버지, 아버지께서 그렇게 하시기를 바랍니다." 그런데 그의 얼굴에는 기쁨이 없습니다. 왜일까요? 그 아이가 말한 것은, 당신이 그렇게 할 거라고 생각하지 않는다는 의미이기 때문입니다. 그는 당신을 믿는 것이 주제넘은 일인 것이 될까 염려하고 있습니다. 당신은 오히려 그 아이가 당신을 의심하는 것이 주제넘은 것이라고 생각하지 않습니까? 또 다른 아이를 보십시오. 당신이 말합니다. "제인, 나는 내일 너를 데리고 외출할거야." 그녀는 기쁨으로 손뼉을 칩니다. 그 작은 아이의 머릿속에는 의심의 생각이 전혀 들어오지 않습니다. 그녀가 주제넘은 것입니까? 자기 아버지를 믿는 것이 주제넘은 일이 된단 말입니까! 정녕, 하나님을 믿는 것이 주제넘은 일이 될 수는 없습니다! 하나님을 믿지 않고 당신 자신을 높이 생각하는 것, 그것이 주제넘은 것입니다. 하지만 하나님을 신뢰하고 그분의 말씀을 믿는 것이 어떻게 주제넘은 일이 될 수 있단 말입니까?

　또 한 사람이 말합니다. "아, 하지만 만약 내가 구원받을 것을 확실히 안다면, 내가 태평스러운 상태가 되지 않을까 염려스럽습니다." 왜 그렇게 생각하십니까? 충만한 확신은 오히려 사람들을 깨어 있도록 만듭니다. 그들은 하나님의 사랑을 입은 자라는 큰 기쁨을 느끼기 때문에, 그분을 슬프시게 하는 어떤 것도 행하기를 두려워합니다. 자기가 돈을 가지고 있는지 아닌지를 알지 못하는 사람이, 아마도 무언가가 들어 있을 수도 있고 없을 수도 있는 금고를 아주 잘 감시할 것 같지는 않습니다. 하지만 만약 그가 그 속에 보물이 든 것을 안다면 그는 아무도 그것을 강탈해가지 못하도록 그것을 잘 지킬 것입니다. 형제들이여, 우리가 속박의 영의 지배를 받는 종이라면, 그래서 지옥에 보내어질 것에 대한 두려움 때문에 옳은 일을 하도록 채찍을 맞아야 한다면, 그럴 수도 있을 것입니다. 하지만 우리는 종이 아니라 자녀들입니다. 그리고 자기의 귀한 자녀들을 향한 하나님의 영원한 사랑은 결코 미움으로 변하지 않습니다. 그런 이유 때문에 자녀들이 하늘의 아버지께 불순종한단 말입니까? 결코 그럴 수 없습니다! 확신은 그리스도인 안에서 경건의 원천입니다.

7. 그리스도인은 흔들리지 않는 믿음의 차원에서 아직 오지 않은 일을 안다.

　마지막으로 언급할 지식은 이것입니다. 즉, 동요하지 않는 믿음(unstaggering faith)의 지식이며, 그것은 아직 오지 않은 어떤 일을 아는 것입니다. 여러분은 3장 2절에서 그 한 예를 볼 수 있습니다. "사랑하는 자들아 우리가 지금은 하나님의 자녀라 장래에 어떻게 될지는 아직 나타나지 아니하였으나 그가 나타나시면 우리가 그와 같을 줄을 아는 것은 그의 참 모습 그대로 볼 것이기 때문이라." 왜 저 위대한 사도가 "그가 나타나시면 우리가 그와 같이 되기를 바란다(hope)"고 말하지 않았을까요? 오, 그는 그것을 바란 정도가 아니라 그것을 알았던(knew) 것이며, 그것을 확신했던 것입니다. 하지만 우리는 일반적으로 이렇게 말하지 않습니까? "그리스도께서 나타나실 때 그렇게 될 것이라고 믿습니다." 그것은 사실입니다. 하지만 오, "없는 것을 있는 것으로 부르는" 믿음이 더 낫습니다(참조. 롬 4:17). 어떤 사람이 그의 이웃으로부터 일천 파운드 금액의 수표를 받고서 "나는 돈을 가지고 있습니다"라고 말합니다. "친애하는 선생, 당신에게는 돈이 없습니다. 당신은 단지 종이쪽지를 하나 가지고 있을 뿐입니다." 그 말에 그는 대꾸합니다. "아, 하지만 서명이 되어 있기 때문에 그것은 돈이나 다름없지요." 정녕 하나님의 약속은 속일 수 없기에 성취된 것이나 다름없습니다!

나는 교회와 대학과 고아원과 문서 보급 등과 관련된 수많은 일들에 대해서 나 자신이 걱정하는 대신, 어려움이 있을 때마다 하나님께 기도로 아뢰고 내 모든 근심들을 그분의 발 아래에 내려놓는 것에 대해 하나님께 감사합니다. 나는 내가 할 수 있는 만큼 최선을 다하고, 그 다음에는 모든 일들을 주님께 맡깁니다. 이런 일들이 그분의 일이 아니라면, 그 일들은 엉망이 되겠지요. 만일 주님의 일이라면, 그분이 그 일들을 보살펴 주실 것입니다. 나는 그분의 손에 들린 도구이며, 내가 할 수 있는 부분이 얼마 되지 못해도, 나머지는 그분께 맡기는 것입니다. 우리가 주님께 일들을 맡겼을 때 일들이 얼마나 순적하게 진행되어 가는지를 보면 놀랍습니다. 여러분이 안절부절못하고 염려하는 것은 모두 해만 끼칠 뿐입니다. 바퀴 사이에 무언가가 끼이면 그것이 돌아가지 않지요? 그 끼인 것이 무엇인지 여러분에 말해드리지요. 그것은 바로 여러분 자신의 손가락입니다! 바퀴 사이에 손가락이 끼여 짓눌리는 것을 여러분은 견디지 못합니다. 그것이 교훈입니다. 여러분의 손가락을 빼고 바퀴를 그냥 내버려 두십시오. 큰 난관이 있을 때 할 수 있는 최상의 일은 그 문제에 대해 하나님께 기도하는 것입니다. 그것을 일단 선반 위에 올려 놓았으면, 다시 그것을 집어 내리지 마십시오. 여러분 중에 어떤 분들은 오늘 밤 무거운 짐을 가지고 왔을 것입니다. 설교와 기도와 찬양이 진행되는 동안에 여러분은 그 짐을 잊어버리고, 그것을 느끼지 못했습니다.

하지만 밖으로 나서자마자, 여러분은 이렇게 말할 것입니다. "내 짐을 안에 두고 나왔구나! 들어가서 다시 그것을 가져와야지." 그리고 여느 때처럼 그것을 마음의 무거운 짐으로 느낍니다. 사랑하는 여러분, 이는 하나님을 신뢰하는 것이 아닙니다. 그분을 신뢰하는 것은 당신의 염려를 모두 그분에게 맡기는 것입니다. "하나님을 사랑하는 자들에게는 모든 것이 합력하여 선을 이루느니라"(롬 8:28). 강을 건널 때에 물이 당신을 침몰하지 못할 것이며, 불 가운데로 지날 때에 불꽃이 당신을 사르지 못할 것이라고 확신하십시오(사 43:2). 당신이 사는 날을 따라서 능력도 주어질 것임을 확신하십시오(신 33:25). 하나님께서 당신을 끝까지 이끄실 것임을 확신하십시오. 그분은 자기 백성을 모든 환난에서 건지실 것이고, 그들을 그분의 영원한 나라와 영광에 들어가도록 허락하실 것이기 때문입니다. 우리는 확신을 가지고 말해야 합니다. 고난과 시련으로부터의 구원에 대해서와, 모든 미래에 대해서 우리는 본문이 말하는 것처럼 말해야 합니다. "우리가 안다, 우리가 안다, 우리가 안다." 그것이 바울이 말한 방식이기도 합니다. "우리는 모든 것이 합력하여 선을 이루는 것을 안다." 그는 "그렇게 생각한다"거나 "그러기를 희망한다"는 식으로 말하지 않고, "우리가 안다"고 말했습니다. 믿음은 바라는 것들의 실상이요 보지 못하는 것들의 증거입니다(히 11:1). 그 확신의 힘으로 우리는 말할 수 있습니다. "우리가 안다, 우리가 안다, 우리가 안다."

자, 친애하는 독자여, 만일 당신이 회심하지 않았다면, 당신이 아는 것이 무엇입니까? 당신이 주님을 알지 못한다면, 당신이 아는 것이 무엇입니까? 참된 지식에 의해 당신에게 영적으로 유용한 것에 대해서 당신은 아는 것이 아무것도 없습니다. 오, 하나님께서 당신에게 이를 알게 해 주시길 바랍니다. 즉 당신은 본성상 타락한 자요, 용서받지 않는다면 당신은 영원히 잃어버린 자가 될 것입니다. 당신이 그것을 알게 되었을 때, 주님의 성령께서 당신에게 구주가 계신 것과 그분이 능히 끝까지 구원하시는 분이신 것도 알게 해 주시길 기도합니다. 그런 다음 성령께서 당신으로 하여금, 그분(구주)이 너무나도 당신을 사랑하셨고 당신을 위해 자신을 주셨음을 알게 해 주시길 기도합니다. 그리하여 당신이 그분을 알고, 그분이 하늘의 영광 중에 오실 때에 당신이 그분 안에서 발견되기를 기원합니다. 아멘.

요
한
삼
서

요
한
삼

제
1
장

—

부모와 목회자의 기쁨

—

“내가 내 자녀들이 진리 안에서 행한다 함을
듣는 것보다 더 기쁜 일이 없도다.”— 요삼 4

　　요한은 마치 자기가 아버지인 것처럼 말합니다. 그래서 부모들에게도 본문 말씀을 사용할 권리를 허락합니다. 내가 확신하기로는, 여기 계신 여러 어머니 아버지들도 “우리가 우리 자녀들이 진리 안에서 행한다함을 듣는 것보다 더 즐거움이 없도다”라고 말할 수 있습니다. 그러나 요한은 이 서신을 받는 사람들의 육신의 아버지가 아니라 영적인 아버지였습니다. 여기의 자녀들은 요한의 목회 사역을 통하여 새로운 삶을 가지게 되었습니다. 요한과 그들의 관계는 처음에는 그들의 회심의 도구였습니다. 그리고 그 후에 요한은 하늘의 양식과 은혜의 말씀을 그들에게 공급함으로써 한 아버지로서 양육하며 돌보았습니다. 그러므로 오늘 아침에, 이 말씀을 부모들의 표현으로 사용한 후에, 말씀으로 다시 돌아가 모든 참 목회자들의 진실한 고백으로 사용해야 합니다. 즉 “내가 내 자녀들이 진리 안에서 행한다 함을 듣는 것보다 더 기쁜 일이 없도다.”

**1. 첫째로, 부모에게 가장 큰 기쁨은,
그 자녀들이 진리 가운데 행하는 것입니다.**

　　이보다 더 큰 기쁨은 없습니다. 그리고 여기서 우리가 먼저 주목할 것은 그 기쁨이란 그리스도인 아버지와 어머니들에게 독특한 기쁨이라는 것입니다. 만약 그 부모 자신이 진리 안에서 행하지 않으면서 "내가 내 자녀들이 진리 안에서 행한다 함을 듣는 것보다 더 큰 기쁨이 없도다"라고 진심으로 말할 수 있는 부모는 아무도 없습니다. 어떤 늑대도 자기 새끼가 양이 되기를 바라지는 않습니다. 믿음이 없는 사람은 그 자녀들의 경건을 별것 아니라고 생각합니다. 왜냐하면 그는 자기의 경건도 중요하지 않다고 생각하기 때문입니다. 자신의 영혼을 귀하게 여기지 않는 사람은 그 자녀의 영혼도 귀하게 여기지 않습니다. 자기가 그리스도를 거절하는 사람이 그 자녀 때문에 그리스도에게 매료되지는 않습니다. 아브라함은 이스마엘을 위해 기도했습니다. 그러나 이스마엘이 그 아들 느바욧을 위해 기도했다는 기록을 나는 읽어 본 적이 없습니다. 내가 두려워하는 것은, 비록 신앙을 고백하는 사람일지라도 많은 사람들이 오늘 이 본문을 진심으로 따라 읽을 수 없다는 것입니다. 그들은 그 자녀들에게서 다른 기쁨을 찾고 있습니다. 그들은 그 자녀들이 진리 안에서 행하는지 아닌지는 거의 관심이 없습니다. 그들은 자녀들이 몸이 건강하다면 기뻐합니다. 그러나 그 자녀들에게 나병 같은 죄가 아직 남아 있을지라도 슬퍼하지 않습니다. 그들은 그 자녀가 매력적으로 생긴 것을 기뻐하면서도 하나님 앞에서 그들이 은총을 받고 있는지 아닌지에 대한 것은 관심이 없습니다. 그 딸에게 은으로 만든 슬리퍼를 신기지만, 집안 어른들은 그 아이가 넓은 길로 갈 것인지 좁은 길로 갈 것인지에 대하여서는 결코 알아보려고 하지 않습니다. 참으로 안타까운 것은, 많은 자칭 그리스도인 부모들도 자기 자녀가 학업에 명석하고, 사업에 있어서 예리한 감각이 나타나기만 하면, 비록 그들에게 거듭난 성품의 징후가 보이지 않더라도, 만족스러워한다는 것입니다. 또 그 자녀가 자랑거리가 되는 시험에 합격하고, 세상살이라는 전투에 잘 적응할 수 있는 전망만 보인다면, 그 부모는 그보다 더 귀한 면류관이 보장된 더 높은 투쟁이 있다는 사실을 망각해 버립니다. 그러나 더 귀한 투쟁을 위해서 그 아이가 필요한 것은, 하나님의 은혜로 준비되어야 하며, 하나님의 전신갑주로 무장되어야 합니다. 통탄스러운 일은, 만약 우리 자녀들이 생명의 면류관을 잃어버린다면, 문학이나 예술에서 명예의 월계관을 얻는다고 하더라도, 그것은 아주 작은 위안밖에 아니라는 사실입니다. 그러나 자기 자녀가 부요하기만 하다면, 결혼만 잘한다면, 사업을 독자적으로 계획하여 활동을 시작하기만 한다면, 그 자녀가 종사하는 직업에서 고위직에 도달하기만 한다면, 마땅히 올바른 분별이 있어야 할 많은 사람들조차도 자기 자녀가 축복받았다고 생각합니다. 또한 그들의 자녀들이 돈다발을 벌어들이기만 한다면, 이들이 급히 지옥으로 내려가더라도 그 부모는 기뻐하면서 침실로 가고, 완전히 만족하면서 잠에서 깰 것입니다. 이러한 부모들에게 더 큰 기쁨이란, 이 세상에서 그들의 몫을 소유한다는 것이며, 녹슬고 없어질 보화를 쌓아가는 것입니다. 아들과 딸들에게서 거듭난 모습이 전혀 보이지 않을지라도, 하나님을 향한 부요함의 증거가 없을지라도, 선택받은 사랑과 구속받은 은혜와 성령의 거듭나게 하는 능력의 흔적이 전혀 없을지라도, 그러한 조건으로 만족하는 부모들이 있습니다. 자, 그런 자칭 그리스도인들에게 대하여, 그들은 스스로 자신에게 자신이 정말 그리스도인인지 아닌지 물어볼 필요가 있다고 나는 말할 것입니다. 만약 그렇게 물어볼 필요를 느끼지 않는다면 그들은 우리 중 몇 사람들에게 부탁하여 심각한 토론을 해보도록 해야 합니다. 한 사람의 마음이 정말 하나님과 올바른 관계에 있을 때, 또한 그 자신이 닥쳐올 진노로 부터 구원받았다면, 그리고 하늘에 계신 아버지의 면전에서 나오는 빛 속에서 살아가고 있다면, 그러한 부모는 분명히, 자녀의 영혼에 대하여 염려하며, 자녀의 영원한 품성을 귀중히 여길 것이며, 그리고 그 자녀가 진리 안에서 행한다 하는 것을 듣는 것보다 더 큰 기쁨을 주는 것은 아무것도 없다고 느낄 것입니다. 사랑하는 여러분 오늘 아침에 본문의 말씀을 정중하게 그리고 면밀히 살펴보면서 여러분 자신을 판단하십시요! 만약 여러분이 신앙고백을 하는 그리스도인이면서 자기 자녀의 회심이 가장 큰 기쁨이라고 말할 수 없다면, 여러분의 신앙고백이 타당한지 심사숙고해 봐야 합니다.

　　자 그러면 다음 구절을 주목해 봅시다. 본문에서 말하는 기쁨이란, 그 목적이 특별합니다. 그 표현은 사려 깊은 것입니다. 요한은 급하게 여러 말씀을 기록한 것이 아니라 이 말씀들은 크게 압축해서 기록했습니다. 그는 말하기를, "내가 내 자녀들이 진리 안에 행한다 하는 것을 듣는 것보다 더 기쁜 일이 없도다"라고 합니다. 자, 사랑하는 부모 여러분! 만약 우리 자녀들이 그 진리를 배운다면 우리에게 큰 기쁨일 것입니다. 내가 바라기는, 여러분의 자녀들이 복음의 교훈을 알지 못하는 상태로 여러분의 품을 떠나게 방치하지 말라는 것입니다. 그래서 여러분의 자녀들도 그리스도의 일생과 성경의 큰 교훈과 구원 계획과 위대한 원리들이 당신에게 분명한 것처럼, 당신 자녀들도 알고 명백하게 이해하도록 해야 한다는 것입니다. 우리의 자녀들에게 질문해 보았을 때, 그들이 복음을 철저하게 이해하고, 그 진리의 교훈에 뿌리가 잘 박혔으며, 기초가 잘 되었다는 것을 확인하게 된다면, 그것이 바로 우리에게 큰 기쁨이요 만족일 것입니다. 그러나 훨씬 더 큰 기쁨이 있습니다. 그 자녀들이 그 진리를 맛보고 느낄 때입니다. 안타까운 것은, 만약 우리가 진리의 능력을 마음속으로 느끼지 못한다면, 알고 난 후에 사라진다는 것입니다. 부모 여러분, 딸의 눈에서 흐르는 회개의 눈물을 처음 보았을 때, 여러분의 마음이 기쁘지 않았습니까? 여러분의 아들이 "아버지, 나는 하나님을 믿고, 하나님의 은혜로 구원받았음을 믿습니다"라고 말했을 때, 기뻐하지 않았습니까? 그렇습니다! 자녀들이 진리의 글을 아는 것보다 진리의 능력을 안다는 것이 더욱 큰 기쁨입니다. 그러한 기쁨을 얻는 일에 여러분 누구도 뒤지지 않기를 바랍니다. 그의 집안 모두가 성령으로 거듭나야 한다는 것은, 모든 부모들에게 거룩한 포부가 되어야 합니다.

우리 자녀들이 진리의 의미를 알고 고백할 때, 그리고 그것을 알고 맛보아 느끼고 난 후 드디어 "우리는 하나님의 백성과 하나로 연합했습니다. 왜냐하면 우리도 하나님의 백성에게 소속되었다는 것을 확신하기 때문입니다"라고 할 때 그것이 큰 기쁨입니다. 그 자녀가 하나님의 백성들에게 둘러싸여 먼저 그리스도 하나님께 그의 마음을 드리는 것을 본다면, 결혼식 날처럼 행복할 것입니다! 믿는 자녀들이 세례를 받는 것은, 언제나 너무나 기쁘고 경사스러우며 당연한 일입니다. 앞선 우리 부모들은 "우리는 여호와의 편에 있는 자"(출 32:26)라는 말을 들을 때면 주님을 찬양했습니다. 그리고 동일한 특권이 우리 자녀들의 이름으로 우리에게 주어질 때, 우리는 감사가 넘칠 수밖에 없습니다.

그러나 사랑하는 여러분, 이 모든 일에 있어서 걱정이 있습니다. 여러분이 자녀들을 가르칠 때, 이들이 제대로 배우고 있는지 염려하며, 이들이 감동을 받을 때도 여전히 그 감동이 단순한 느낌이 아닐까 걱정하게 됩니다. 또한 그 역사가 자연적인 것이며, 하나님의 성령의 역사가 아니면 어떻게 할까 하고 생각합니다. 심지어 그 자녀들이 자기는 주님의 것이라고 고백할 때조차도, 그 고백이 영원히 계속될까 라는 무거운 의문이 여전히 남아 있습니다. 이들이 그 고백 위에 계속하여 견딜 수 있을 수 있을 것인가? 또한 인생의 마지막 시간까지 그 신앙에 신실할 수 있겠는가? 라고 말입니다. 그러나 본문 말씀의 기쁨이란 이 세 가지보다 더 고귀한 것입니다. 즉, 그러한 걱정들을 먼저 할 수밖에 없지만, 기쁨은 오히려 그 걱정들로 나온다는 것입니다. "내가 나의 자녀들이 진리 안에 행한다는 것을 듣는 것보다 더 기쁜 일이 없도다." 그 목적이 있습니다. 그들의 실천적인 경건이 있고, 그들의 삶에 역사하는 복음의 능력의 실제적 예증이 있습니다. 이것은 그 교훈이 잘 접수되었으며 그 느낌이 단지 흥분이 아니라는 것을 증거합니다. 그리고 그 고백이 거짓되거나 오류가 아니라, 진리 안에서 이루어진 것입니다. 우리 아들들이 성장하는 것을 본다는 것은 정말 더 없는 행복이 아닙니까? 그리고 정직하고 신중하며, 의로움과 은혜로 진리 안에 행한다는 것도 말입니다. 우리 딸들은 아름답게 장성하며, 겸손하고 정숙하게 단장하고 우리와 함께 있는 동안 그 가정에 잘 어울리며, 혹은 새 가정에서 주변에 있는 이들과 빨리 성장하며 부드럽고 은혜롭고 친절하며, 진실한 모든 것의 본보기가 된다면 말입니다. "나는 이보다 더 큰 기쁨이 없도다"라고 요한이 말합니다. 그리고 동일한 기쁨을 함께 받은 여러분도 진실로 " 아멘, 아멘 그렇습니다"라고 말할 수 있습니다. 그러므로 우리 앞에 있는 이 기쁨은 특별한 과정이 있으며 특별한 목적이 있습니다.

　사랑하는 여러분, 이 기쁨은 건강한 기쁨입니다. 그래서 우리는 아주 작은 두려움도 없이 기쁨을 만끽할 수 있습니다. 왜냐하면 이 기쁨은 모든 세상적 기쁨보다 그 특성이 우수하기 때문입니다. "과유불급"이란 세월 속에 모든 일에 좋은 규칙입니다. 그러나 우리 자녀들이 진리 안에서 행하는 이 기쁨은, 우리가 원하는 것보다 더욱 만족스러운 것입니다. 이 기쁨은 첫째, 영적인 기쁨이기 때문이며, 그래서 더욱 우수한 기쁨입니다. 우리는 눈으로 보고 귀로 듣는 것들로부터는 충분히 기뻐하지 못합니다. 이런 것들은 육신의 것이며 썩어 없어지기 때문입니다. 그러한 것들은 좀먹는 옷과 같으며, 녹스는 금속 같지만, 우리는 하나님의 성령의 역사로 즐거워하며, 이 세상이 다 지나가도 그 성령의 역사는 남아 있을 것입니다. 한나는 어린 사무엘을 위해 만들어준 새 코트로 인하여 기쁨을 얻었습니다. 그러나 앞서 그의 행동에서 보여준 새로운 마음속에는 더욱 고귀한 즐거움이 있었습니다. 만약 자기의 아들이 왕으로 승격된다면, 그에게 즐거움이 될 것입니다. 그러나 우리 자녀들이 그 옛 언약에 따라서 "온 세상의 군왕"(시 45:16)이 되는 것을 본다면, 참으로 최상의 거룩한 즐거움이 될 것입니다. 그리고 그런 기쁨으로 즐거워하십시요. 그런 기쁨은 열광하는 것이 아닙니다. 그러한 기쁨은 하나님에 대한 사랑에서 나오는 것이기 때문입니다. 그래서 참으로 훌륭한 기쁨입니다. 우리는 하나님을 사랑하기 때문에, 우리 자녀가 회개하고 돌아오기를 간절히 바랍니다. 그분에 대한 사랑으로부터, 그분의 은혜를 통하여, 우리는 그분에게 우리 자신을 드렸습니다. 그리고 지금, 많은 세월이 지나고, 그 동일한 사랑이 우리를 강권하여 우리 자녀도 드리게 됩니다. 바르실래가 그의 노년에 다윗에게 자기 아들 김함이 왕을 섬길 수 있도록 해 달라고 간청했습니다(삼하 19:31-39). 우리도 그와 같이 우리 힘이 기울어 갈 때에, 우리 자녀들로 하여금 여호와를 섬길 수 있도록 간구해야 합니다. 그리하여 우리 자녀들이 우리의 부족했던 봉사를 여호와께 채워가도록 해야 합니다. 우리는 이렇게 노래합니다.

> "내게 억 만 개의 혀가 있어도
> 그 하나도 잠잠히 있지 못하리라
> 내게 억 만 개의 심장이 있어도
> 내가 모두 주께 드리리이다."

우리는 지금, 단 하나의 혀만 가지고 있지만, 간절히 바라기는, 우리 자녀들의 혀는 구주를 널리 찬양해 나가야 합니다. 우리는 이 세상에서 내 것이라고 할 만한 또 다른 생명이 없습니다. 그러나 주께서 우리에게 주신 삶들이 있습니다. 우리가 기뻐하는 것은 주께서 우리의 생명들을 그 자신을 위해 소유하고 있다는 것입니다. 우리는 이렇게 기도합니다. "주여! 이 아이의 생명을 받으시고, 그 것으로 주님을 섬김에 사용하여 주소서. 이 아이가 아주 어릴 적부터, 흰 머리가 그의 이마를 장식할 때까지 그리하소서." 이는 마치 노병사가 그의 왕에게 와서 이렇게 말한 것과 같습니다. "나는 이제 왕을 섬기기에는 너무 늙었습니다. 그러나 왕은 훌륭하신 군주시니 내가 나의 아들을 당신께 데려와 그가 어릴 때부터 당신을 섬기게 하려 하나이다. 그가 그의 아비를 대신하게 하소서. 그는 그의 아비를 능가하는 용맹과 능력으로 그의 왕과 그 나라를 섬길 것이니이다." 자, 우리 자녀들이 진리 안에서 행하며 하나님을 사랑하게 된다면, 그것은 또 하나의 심장을 하나님을 섬기는데 바치는 것이기에 우리를 기쁘게 하는 것입니다. 우리는 우리 아들들의 구원과 성화를 아주 기뻐합니다. 왜냐하면 그것은 그리스도의 왕국이 이 세상에서 확장되는 일이기 때문입니다. 전쟁의 화염 속에서는, 주력 부대의 깃발을 높이 쳐들고 있는 그 손도 결국은 죽음으로 마비될 것입니다. 그러나 그 군기를 잡은 자가 멀어져 가는 눈으로, 그 자신의 아들이 뛰어올라 그 지휘봉을 장악하고 그 군기가 주력부대 위에 계속 펄럭이게 하는 것을 본다면 행복한 일입니다. 이삭이 아브라함을 이은 것은 축복입니다! 솔로몬이 다윗을 계승한 것이 축복입니다! 로이스가 그의 딸 유니게에게로 이어진 것이 축복이며, 유니게가 그의 아들 디모데에게로 이어진 것이 축복입니다! 이것이 바로, 우리가 믿는 사도적 계승이며, 우리는 이것을 위해 간절히 기도합니다. 다가오는 세대에, 이스라엘 청년들에 의하지 않고서는, 과연 경건한 후손이 이 땅 위에 번성하는 것과 세상이 그리스도에게 정복되는 것을 얼마나 볼 수 있겠습니까? 우리는 평화로이 공동묘지의 푸른 잔디 밑에서 잠자고 있을 것이지만, 다른 목소리가 성도들의 회중에서 들릴 것이며, 다른 어깨들이 주님의 언약궤를 짊어지고 광야를 통과할 것입니다. 우리의 계승자들은 어디에 있습니까? 어디로부터 그 목소리가 계승되어 올 것이며, 어디로부터 필요한 어깨들이 오겠습니까? 우리가 바라기는, 우리 자녀들 가운데서 나올 것이며, 하나님이 만약 그렇게 허락하신다면, 우리는 이보다 더 큰 기쁨이 없을 것입니다.

그 일이 그리스도인 부모들에게 왜 그렇게 특별히 큰 기쁨인지 여러분에게 말씀드리려고 합니다. 이러한 문제는 끈질긴 기도의 주제를 만들어 주기 때문입니다. 기도의 문을 통하여 우리에게 오는 것은, 음악과 춤이 있는 집으로 들어오는 것입니다. 우리가 눈물로 그것을 구한다면, 웃음으로 그것을 받을 것입니다. 기도 응답의 기쁨은, 기도에 씨름한 만큼 비례하여 대단히 큽니다. 때로는 당신이 내 자녀가 빨리 회개하지 않으면 어쩔까 하여 마음이 상하지만, 나는 여러분에게 말합니다. 반대로, 그들이 회개할 때는 오히려 그들이 구원받았다는 생각 때문에 당신의 마음은 기쁠 것입니다. 자녀들의 젊은 시절의 어리석음 때문에 여러분의 눈은 흘리는 눈물로 붉어졌었지만, 언젠가 그들의 마음속에 하나님의 은혜의 역사를 나타내는 거룩한 행동들로 인하여 즐거움으로 빛이 날 것입니다. 한나가 그렇게도 아름답게 노래한 것은 당연한 것입니다. 왜냐하면 그녀는 그렇게 진지하게 기도했었기 때문이며, 주께서는 그녀의 기도를 들으셨고, 그 응답의 기쁨은 이전에 있었던 기도의 고통을 능가했기 때문입니다. 우리에게 이보다 더 큰 기쁨은 없습니다. 우리의 자녀가 진리 안에서 행한다는 것입니다. 그 기쁨은 정당한 것이며 합당한 것입니다. 그 기쁨은 좋은 근원에서 나오는 샘이기에, 그 기쁨에 너무 빠질까 두려워할 필요도 없습니다.

이 기쁨은 살려내는 효력이 있습니다. 지금껏 그 기쁨을 느껴본 사람은, 그 기쁨이 어떤 에너지를 자기에게 넣어주는지 잘 알고 있습니다. 여러분 중에 아직 그런 경험이 없다면, 간절히 바라는 분들은 그 열망에 의하여 효력이 나타날 것입니다. 이것이 바로 그 의미하는 바입니다. 가족 중에 한 아들이 회개하고 하나님께로 돌아왔습니까? 우리는 그 사실에 대하여 기뻐합니다. 그러나 한 아들만을 위하여 기쁨에 머무를 수는 없습니다. 또 한 걸음 더 나아가 다른 이들을 생각해야 합니다. 만약 하나님께서 반쪽 가정을 구원하시기를 기뻐하셨다면, 부모의 마음에는, 이 화려한 기쁨 뒤에 아직 기근과 갈증이 남아있을 것입니다. 그래서 그 부모는 "주여 이들 모두를 불러 주소서! 한 명도 뒤에 남겨 두시지 마소서"라고 부르짖을 것입니다. 여러분 중 어떤 이들은 오늘 아침에 자녀들 모두가 회심했음을 알기에 대단히 행복하십니까? 저는 여러분들 중 어떤 분들을 알고 있습니다. 하나님께서 수많은 자기 백성들 가운데서도 여러분의 가정들을 그렇게 사랑하신다는 것이 얼마나 거룩하며   얼마나 영광스럽습니까? 정말 감사하십시오. 그리고 즐거워하면서 여러분의 그 기쁨의 면류관을 여러분의 구주의 발 앞에 드리시기 바랍니다. 그리고 만약 여러분이 지금 집에 교회가 있다면, 더 큰 열심과 거룩함으로 가정예배를 계속하십시요. 그리고 주님이 그들에게도 똑같이 찾아오시도록 다른 이들을 위해서도 기도하십시오.

　사랑하는 여러분, 여러분의 자녀들은 회개했는데, 아직 다른 이들은 회개하지 않았습니까? 여러분에게 부탁합니다. 주님이 어떤 이에게 역사하신 그 일이, 다른 사람들에게도 역사하실 것이라고 용기를 가지시기 바랍니다. 여러분이 기도로 무릎을 꿇고, 하늘에 계신 아버지께 말하십시오. "주여, 주님은 나의 집의 일부분에 응답하셨습니다. 주께 간절히 원하옵기는, 나의 모든 집에 은혜를 베풀어 주소서. 나의 사랑하는 자식들이 아직 당신의 원수에게 머물면서 지옥으로 가는 길을 추구하고 있는 것을 차마 볼 수 없습니다. 이제 저에게 내 사랑하는 자식들 몇 명은 진리 안에 행하는 것을 보게 하셔서 기쁨으로 충만하게 하셨습니다. 그러나 제가 지금 슬픈 것은, 아직 남은 자식들의 행실을 볼 때, 그들은 아직 마음이 돌아서지 않았고 주의 계명을 지키지 않습니다. 주여! 나의 모든 가족이 유월절 어린 양을 먹게 하소서. 그리고 주의 은혜로 말미암아 나와 함께 애굽으로부터 나오게 하소서. 사랑하는 여러분, 내가 확신하기로는, 이러한 일들은 여러분이 느끼고 있는 것입니다. 이는 진실한 모든 그리스도인은 그의 자녀들이 하나님의 부르심을 받는 것을 간절히 바라기 때문입니다. 가령, 우리의 가족인 어린이가 길을 잃었는데, 그 아이를 버릴 수밖에 없는 그런 경악스러운 선택을 할 수밖에 없도록 하나님이 우리에게 결정하게 하셨다는 것입니까? 결코 그렇게 하지 않을 것입니다. 그것은 너무나 소름끼치는 일입니다. 하나님은 결코 우리에게 그러한 처참한 일을 지시하시지 않으실 것입니다.

우리가 아는 이야기 중에, 식구는 대단히 많은데 너무 가난한 아일랜드 가족이 떠나가는 배에 올랐습니다. 한 착한 친구가 그의 아버지에게 제안하기를, 어린 아이들 중에 한 명만 완전히 포기하고 양자로 내게 주어 키우면 어떻겠는가고 물었습니다. 그것은 완전히 포기하는 것입니다. 그리고 결코 다시 볼 수도 없고 자기 자식이라고 다시 요구할 수도 없는 것입니다. 그 부모는 양자로 줄 아이를 선택해야 했습니다. 이것은 옛날 이야기입니다. 그러나 그 부모 사이에 무슨 의논이 되었는지 우리는 알고 있습니다. 첫째 아이는 물론 포기하지 않았습니다. 그 이유는 간단합니다. 그는 장남이기 때문입니다. 둘째 아이는 그 어머니가 정말 좋아하는 아이였습니다. 그리고 셋째 아이는 너무나 병약하여 그 어머니가 꼭 돌보아야만 했습니다. 그리고 막내아들까지 다 이유가 있었습니다. 그리고 그 누구도 감히 그 어머니에게서 그 사랑하는 아이를 빼앗을 수 없다는 것을 알아차렸습니다. 어떤 아이도 나누어 줄 수 없었습니다. 그들은 아이를 포기하기보다는 차라리 함께 굶어 죽는 게 낫겠다고 생각했습니다.

자, 분명한 것은 그 헐벗은 사람이 한 아이를 포기하고 그 착한 친구에게 양자로 준다면, 얼마나 고통스러운 일이겠습니까! 그리고 우리는 포기해 버리는 그러한 결정을 할 수 없습니다. 우리는 사랑하는 아이 하나라도 영원한 멸망에 내주는 것은 결코 할 수 없는 것입니다. 하나님은 꿈에라도 우리가 그렇게 하는 것을 금하십니다. 우리는 밤낮으로 부르짖어야 합니다. " 주여! 결코 아닙니다. 우리는 그들이 죽는 것을 볼 수 없습니다. 주께 간구하오니 그들을 살려 주소서!" 우리는 모세의 영성을 회복해야 합니다. 그래서 "내 아이들이 버림받기보다는 차라리 내 이름을 생명책에서 제하시고 그들을 구원해 주소서! 주여, 주의 자비하심으로 이 아이들 모두를 빠짐없이 구원해 주소서!"라고 말입니다. 우리의 기도에는 이 아이와 저 아이를 위한 차별을 둘 수 없습니다. 우리의 이 같은 소원과 바람은 아주 정당하다고 생각합니다. 반면에, 자식들의 영원한 멸망을 그냥 앉아서 무관심으로 냉정하게 조용히 바라보고만 있다면 그것은 아주 잘못된 것입니다. 하나님은 여러분을 부모로 삼으셨습니다. 그리고 그는 여러분이 부모관계에서 행할 어떤 부당한 것도 원하시지 않습니다. 부자연스러운 것은 옳지 않습니다. 주께서는 친히 한 아버지로서 죄에 빠진 자기 자녀들을 안타까워하십니다. 그리고 우리도 그렇게 한다고 해서 주께서 슬퍼하시지 않습니다. 어리석게 죄를 눈감아 주는 일을 제외하고는, 그 어디에서도 자연적 부모의 사랑에 대하여 비난하는 곳은 찾아볼 수 없습니다. "내 아들 압살롬아 내 아들, 내 아들 압살롬아, 차라리 내가 너를 대신하여 죽었더면, 압살롬 내 아들아 내 아들아"(삼하 18:33)라고 한 다윗의 비통한 애도까지도 하나님은 견책하시지 않으셨습니다. 또한 "이스마엘이나 하나님 앞에 살기를 원하나이다!"(창 17:18)라고 한 아브라함도 책망 받았다는 것을 찾아볼 수 없습니다. 이러한 부모의 욕망들은 하나님 자신이 우리에게 심어 주신 천성적 본능이며, 비록 항상 허락된 것은 아니지만, 그것 때문에 결코 비난받지 않았습니다. 비록 우리 자녀가 타락하여 에서나 이스마엘이나 혹은 압살롬의 경우가 된다고 하더라도, 여전히 그 아들에 대한 그 아버지의 기도는 금지되지 않았습니다. 어떻게 그럴 수 있습니까? 어느 때든지 여러분의 자녀의 영혼을 위해 탄원할 때는 두려워하지 마십시오. 끈질기게 요구하십시오. 열심히 하십시오, 진지하게 하십시오. 그러나 자녀의 생활문제는 하나님께 맡겨두어야 합니다. 자녀의 건강에 관한 것도 두 번째 문제입니다. 그러나 자녀의 영혼에 관해서는 그렇게 하십시오. 스스로 포기하지 마십시오. 할 수 있는 최선을 다해 씨름하십시오. 그리고 이렇게 기도하십시오 "나의 자녀들을 축복하시지 않고서는 주님을 지나가시게 할 수 없나이다! 이들이 거듭나지 않은 상태는 나의 가장 깊은 슬픔입니다 오 주여, 기꺼이 그들을 거기로부터 회복시켜 주옵소서."

다시 한 번 강조하는 것은, 우리가 살펴본 이 엄청난 기쁨은, 그 주변상황이 매우 심각합니다. 즉 그 기쁨은 이런 문제에 함께 뒤섞여 있습니다 ― "만약 내 자녀들이 진리 안에서 행하지 않으면 어쩌지?" 자, 이 세상에서 우리의 삶에는 많은 슬픔과 잠자지 못하는 밤들과 근심의 날들이 있습니다. 내가 보아온 대로 착한 사람들이나 훌륭한 사람들도 마찬가지로 그들의 자녀들에게 일어나는 매일의 고통 때문에 심령이 상하곤 합니다. 어느 분은 이렇게 말했습니다. "자녀들이란, 확신할 수 없는 축복이다" 거의 진리에 가까운 말입니다. 자녀는 축복입니다. 자녀는 하나님이 만드신 축복의 특선품입니다. 그러나 만약 그 자녀가 방탕하며, 불순하며, 믿음이 없다면 그 자녀는 우리 마음을 아프게 할 것입니다.

"독사의 이빨보다 더 날카로운 것은
　감사하지 않는 아들을 두는 것이라."

생활의 십자가를 지는 것보다 더 무거운 십자가는 없습니다. 그 다음은, 믿지 않는 남편에게 매인 여인이나, 타락한 아내와 맞지 않는 멍에를 진 남자입니다. 자기 자신은 진실한 그리스도인이면서, 진리 안에 행하지 않는 자녀를 둔 아버지를 나는 안타깝게 생각합니다. 아버지는 항상 하나님의 집으로 가는데, 아들은 선술집으로 가야 합니까? 아버지는 시온의 노래로 찬송하는데, 아들과 딸들은 사탄의 발라드를 끊임없이 노래합니까? 우리는 성찬식에 혼자 참석하고, 우리 자녀들은 우리와 분리되어야 합니까? 왜 우리는 거룩한 길과 평화의 길로 가면서, 오호라, 우리가 가장 사랑하는 자녀들은 많은 사람들이 가는 넓은 길로 가며, 우리가 높이 존중하는 것을 멸시하며, 우리가 찬양하는 하나님을 대적해야만 합니까? 하나님께서는 그렇게 되기를 원치 않으십니다. 그러나 그것은 대단히 심각한 문제입니다. 만약 우리가 우리의 눈을 죽음의 강 너머에 있는 영원한 곳에 둔다면, 우리 앞에 놓인 비전은 더욱 심각한 문제가 됩니다. 만일 우리 자녀들이 진리 안에 행하지 않고 구원받지 못하고 죽는다면 어떻게 할 것입니까? 하늘나라에는 흘릴 눈물도 없습니다. 만약 하늘에 눈물이 있다면 천사들이 새 예루살렘 성곽 너머를 바라보며 지옥불 속에 있는 그 자녀들의 광경에 실컷 울 것입니다. 영원한 저주 때문이며, 영원히 소망이 닫혀졌기 때문입니다. 만약 우리가 하늘에 계신 우리 아버지의 얼굴을 뵈옵고 있는 동안, 우리가 낳은 자녀들은 고통으로 이를 갈면서 애곡하고 있다면 어떻게 할 것입니까? 이제 분리의 시간이 틀림없이 온다는 것을 기억하십시오.

오! 어리석은 청년들이여! 여러분과 여러분의 부모 사이에 영원히 간격이 있다는 것을 기억하십시오. 여러분은 그러한 상황을 견딜 수 있습니까? 아마도 여러분의 부모는 이 세상을 먼저 떠나게 될 것입니다. 오, 그들이 떠나가는 것으로 인해 여러분의 심령에 자극을 받고 여러분도 그들을 따라 천국으로 가기를 바랍니다! 그러나 만약 여러분이 사죄함 받지 못하고 회개하지 않은 죄인으로서, 부모보다 먼저 이 세상을 떠난다면, 여러분의 임종은 부모에게 두 배의 슬픔이 될 것입니다. 내가 여러 젊은이들의 장례식에 갔었는데, 서로 차이가 있다는 것은 너무 마음 아픈 일이었습니다. 한 젊은이의 어머니는 딸에 대한 아름다운 이야기를 내게 들려주면서, 그 딸이 어떻게 살았으며, 임종 때는 무슨 말은 했는지 알려주었습니다. 그래서 우리는 거의 기쁨에 가까운 절제된 슬픔으로 장례지로 갔으며, 나는 위로를 해야 할지 축하를 해야 할지 모를 정도였습니다. 그러나 또 다른 경우를 보십시오. 내가 그 집에 들어갔을 때, 할 말이 없었습니다. 물어볼 말이 없었습니다. 나와 거의 대화가 없었습니다. 그 임종에 대해 거의 거론하지 않았습니다. 마침내 그 아버지는 내게 이렇게 속삭였습니다. "목사님, 너무 애석한 것은, 그가 구원받은 증거가 없다는 것입니다. 우리가 약간의 선행의 증거라도 가졌더라도 그 아이에게 기꺼이 나누어 주고 싶습니다. 그것이 제 아내의 마음을 아프게 합니다. 제 아내를 좀 위로해 주십시오." 나는 전혀 위로자가 되지 못했습니다. 왜냐하면 소망이 없이 슬퍼하는 것은 진짜 슬퍼하는 것이기 때문입니다. 간구하기로는, 다 성장한 우리 아들들과 딸들이 죽고, 또다시 두 번 죽게 되어 애통하는 일은 결코 우리의 몫이 되지 말아야 할 것입니다. 이들은 살아 있을 때 하나님 아버지와 구세주를 멸시하고, 나중에 죽어서는, "복받은 자들이여 나아와 창세로부터 너희를 위하여 예비된 나라를 상속받으라"(마 25:34)라고 하실 바로 그 입술로부터 오히려 "저주를 받은 자들아 나를 떠나라"(마 25:41)라는 말을 듣게 되는 것보다는, 차라리 나지 않았으면 좋았을 것이며, 차라리 때 이른 과일처럼 일찍 떨어지는 것이 나았을 것입니다. 우리 앞에 놓인 위대한 기쁨은, 그 대조되는 공포와 대칭관계를 이루고 있습니다. 간절히 바라기는, 우리 가족과 관련된 그 누구에게도 이러한 극도의 재앙은 결코 일어나지 말아야 할 것입니다.

지금까지는 부모들에 대한 것으로 본문 말씀을 드렸습니다. 이제 이 말씀을 나와 내 형제들에게 대한 것으로 살펴보려 합니다.

2. 사랑하는 친구 여러분, 이 본문 말씀은 특별히 목회자의 위대한 상급에 대하여 자세히 볼 수 있습니다.

"내가 내 자녀들이 진리 안에서 행한다 함을 듣는 것보다 더 기쁜 일이 없도다." 하나님의 보내심을 받은 목회자는 영적인 자녀들을 가지고 있습니다. 그들은 마치 실제로 그의 집에서 태어난 것과 같이 많은 자녀를 가지고 있습니다. 왜냐하면 그 자녀들의 영원한 성품에 대하여 족보로 본다면 목회자는 하나님 다음입니다. 이 지상의 친족관계에 대하여서 천국에서는 희미한 기억만 남을지 모릅니다. 이는 그들은 천국에서는 시집도 안 가고 장가도 가지 않으며, 다만 하나님의 천사들과 같기 때문입니다. 그러므로 지상에서 함께 하던 영혼들은 영광 중에서 비록 하나로 연합할 수밖에 없지만, 아들과 아버지의 친족관계란 천국에서는 더 이상 존재하지 않습니다. 또한 친족관계의 의무나 속박은 끝나는 것입니다. 다만 영혼에 관련된 관계들만이 지속될 것입니다. 내가 천국에서는 나의 아들을 내 자녀로 바라보지 않고 여러분들을 대하는 그런 식으로 알아볼 것입니다. 그 확인은 당신의 영혼을 통하여서이며, 오히려 여러분의 거듭난 영으로 될 것입니다. 그런 측면에서 나는 여러분과 친족관계입니다. 만약 목회자가 그의 사역으로 열매를 맺지 못한다면, 그 어떤 목회자도 편히 쉴 수 없습니다. 남자들과 여자들은 말씀 선포에 의해서 하나님에게서 태어나야 합니다. 이러한 목적으로 우리가 여러분에게 보내심을 받은 것이지, 여러분이 주일을 존귀하게 보내도록 하거나, 여러분을 대신하여 예배를 집행함으로써 여러분의 양심을 편하도록 하기 위한 것이 아닙니다. 오히려, 교사들과 목회자들은 더 높은 목적을 위해서 세상에 보내심을 받았습니다. 그런데 만약 여러분의 영혼이 구원을 받지 못했다면, 우리는 여러분이 관계되어 있는 한, 헛되이 수고하고 있는 것입니다. 만일 우리가 여러분을 위한 거듭남의 도구로 하나님의 손에 의하여 만들어지지 않는다면, 우리의 전도나 가르침은 단지 수고의 낭비이며, 여러분의 들음도 시간낭비에 불과할 것입니다. 자녀들이 하나님 앞에 거듭나는 것을 보는 것은 위대한 일입니다. 따라서 모든 설교자는 영적인 아들들과 딸들에 관하여 말할 수 있기를 간절히 사모합니다. 요한은 그렇게 했습니다.

  설교자 자신의 자녀들은 종종 그에게 알려집니다. 그 자녀들도 요한을 알고 있었습니다. 그 밖에는 그가 "나의 자녀들"이라고 부를 수 있는 사람들이 없었고, 그들을 자기 자녀라고 기뻐할 수 없었습니다. 이러한 사실로 부터 추론할 수 있는 것은, 영적 은혜를 받은 사람이나, 특히 하나님의 종으로 인하여 회심한 사람은, 그 사실을 알려 주는 것이 그의 의무라는 것입니다. 요한은 자기의 자녀들에 관하여 말하고 있습니다. 그러나 만약 회심한 사람들이 있었는데, 요한은 그 사실에 대하여 전혀 들은 적이 없었다면, 또한 그 회심한 사람들은 어떤 신앙고백도 하지 않았고, 그 교회에 가입하지도 않았다면, 그래서 요한은 그들을 알게 되는 위로함도 받지 못했으며, 그들이 진리 안에서 행한다는 것을 듣는 기쁨도 누리지 못하고 살다가 죽었다면 어떻겠습니까? 그러므로 주님을 알고 있지만,

주님의 이름을 결코 신앙 고백하지 않는 여러분을 권면하고자 합니다. 그렇게 하는 것은 우리를 아주 슬프게 하는 잘못입니다. 우리는 여러분의 행복을 추구해 왔습니다. 그리고 하나님은 여러분을 위해 우리를 보내셨습니다. 그러나 여러분은 우리의 노고의 열매를 부인합니다. 우리의 노고의 열매란, 하나님께서 여러분의 양심 속에 우리의 사역을 인정하셨다는 사실을 우리가 듣고 아는 데 있습니다. 더 이상 하나님의 고용인들의 노고를 속여 빼앗지 마십시오. 예수님을 위해 한 영혼을 구원했다는 그 소식은 설교자에게 너무나 큰 활기를 줍니다. 그러한 소식이 우리에게는, 마치 바싹바싹 타들어가는 사막에서 목마른 영혼에게 주는 차가운 물과 같습니다. 나는 수없이 그런 물을 마셨습니다. 그러나 나는 아직도 계속하여 더 목마릅니다. 내가 감사하는 것은, 주께서 오직 이전에 하셨던 것처럼 역사하실 때이며, 내가 그 사실을 들을 때입니다. 어느 날 아침에 나는 실망하는 영혼들에 대하여 설교한 적이 있습니다. 여기서 아주 멀리 떨어져 있는 한 친구가, 여러 해 동안 절망 중에 있다가 그 날 아침 여기에 와서 감동을 받고, 그 설교를 통하여 빛과 자유를 얻었다는 것을 제가 알게 된다면, 제가 얼마나 감사하겠습니까? 아, 제가 얼마나 기쁘겠습니까! 설교가 구원을 가져온다면 설교하지 않을 수 없을 것입니다. 만약 성령께서 여러분에게 전한 우리의 말씀에 축복하신다면 그 축복을 억누르지 말고 받아들이십시오. 그리고 공중 앞에서 그리스도의 명령을 따라서 세례로 그리스도로 옷을 입으십시오. 주님의 교회에 연합하십시오. 그리고 당신처럼 하나님 앞에 동일하게 거듭난 사람들과 함께 교제를 나누십시오.

오늘 이 본문 말씀을 볼 때, 요한은 그의 영적 자녀들에 대하여 늘 소식을 듣고 있었던 것 같습니다 : "내가 듣는 것, 즉 내 자녀들이 진리 안에서 행한다 하는 것을 듣는 것보다 더 기쁜 일이 없도다." 이 말은, 여러분이 신앙고백을 한다면, 여러분에 관하여 사람들이 소식을 전할 것이라는 점을 내포하고 있습니다. 요한은 다른 사람들이 전해 주지 않았으면 듣지 못했을 것입니다. 이와 같이 특별히 교회에서 신앙고백을 한 그 사람은, 아주 가까이서 흠잡는 사람들로부터가 아니라, 세상의 모든 사람들이 주목하게 될 것입니다. 집안에는 구주를 모르고 있는 사람들이 있습니다. 만약 그들이 당신의 인격에서 어떤 흠을 발견한다면 그 흠에 대하여 여러분에게 이렇게 말할 것입니다. "이것이 너의 신앙이냐, 그러냐?" 여러분은 그런 말을 많이 듣는 사람이 될 것입니다. 그리고 여러분에 대한 소식이 우리에게 들릴 것입니다. 그것이 좋은 것이든 나쁜 것이든, 우리는 그 듣는 대로 믿게 될 것입니다. 우리가 우리 교회 신도들 가운데 스파이 시스템을 가동하는 것이 아닙니다. 사천오백명이나 되는 이렇게 큰 교회에서 그러한 거대한 모순된 행위를 어떻게 해서든지 오랫동안 숨기기는 거의 희박합니다. 공중의 새들이 듣고 그 일을 말할 것이며, 독수리처럼 눈이 날카로운 세상은 교회에 대하여 경찰처럼 행세할 것입니다. 그리고 그들은 좋지 않은 의도를 가지고 양들을 지키는 사냥개가 되어, 양 한 마리가 곁길로 가자마자 곧장 맹렬히 짖어댈 것입니다. 내가 여러분에게 보증합니다. 나는 교회의 신도들이 진리 안에서 행한다는 것을 듣는 것보다 더 기쁜 일은 없습니다. 예를 들어, 한 젊은 그리스도인이 죽었을 때, 그의 주인이 내게 편지를 보냈습니다. "당신 교회에 아무개 같은 교인이 또 있습니까? 나는 이전에 그런 하인은 결코 본 적이 없습니다. 나는 그를 잃어버린 것을 애통해합니다. 그와 똑같은 훌륭한 다른 하인을 찾을 수 있기를 바랄 뿐입니다." 반면에 우리가 때때로 다음과 같은 말을 듣는 것과 너무나 다르지 않습니까? "나는, 신앙 고백하는 자와 함께 살기보다는 차라리 믿지 않는 사람과 함께 사는 것이 더 낫겠습니다. 왜냐하면 그리스도인이라고 하는 사람들이 성질이 더 나쁘며, 세상 사람들보다 걸핏하면 잘 싸우기 때문입니다." 세상이 그렇게 당당하게 그러한 나쁜 정보를 제시하도록 빌미를 주는 것은 참으로 부끄러운 일입니다. 그러나 우리의 기쁨은 전혀 비난 받을 수 없는 또 다른 사람들이 있다는 데 있습니다.

　　요한 사도가 "행한다"고 한 말에 주목하십시요 세상은 우리의 개인적인 기도와 내적 감정을 말할 수 없습니다. 세상은 오직 실제로 보고 이해한 것에 대하여 말합니다. 그래서 요한은 그들의 공적인 인격과 품행, 즉 그들이 "행한다"는 것을 들었습니다. 나의 형제들이여, 여러분의 개인적인 삶에 대하여 조심하고 또 조심하십시요. 그러면 여러분의 공적 삶은 올바르게 될 것입니다. 그러나 세상의 심판은, 여러분의 공적인 삶에 훨씬 많이 달려 있다는 것을 명심하십시요. 그러므로, 걸음걸이, 행동, 말 하나하나를 조심하십시요. 만약 그렇지 않으면 진리의 정도에서 벗어날 수 있습니다.

　　"진리 안에서 행한다"는 말은 무엇입니까? 이것은 그 진리 안에서 행한다는 것이 아닙니다. 혹은 건전한 교리 안에서 행하며, 교리적인 것 외에는 개의치 않는 것을 듣고 요한이 기쁨에 넘쳐 있다는 것도 아닙니다. 요한의 기쁨의 전망은,

그들의 교리적 정통성을 포함하고 있습니다만, 그것에서 훨씬 더 멀리 뻗어 나갑니다. 일단 회개한 사람들이 진리 안에 굳게 선 것을 보는 것은 큰 기쁨이라는 것을 지적하고 인정하면서 출발합시다. 그리고 형제들이여, 나는 여러분이 거룩한 믿음에 대하여 본질적이고, 근본적이며, 기본적인 진리들에 굳게 있다는 것을 듣는 것이 참으로 기쁩니다. 또한 여러분이 소위 "현대 사상"이라고 하는 허튼 소리에 매력을 느끼지 않은 것에 대해서도 나는 기쁘게 생각합니다. 그리고 여러분은 그리스도의 신성이나, 혹은 인간의 타락이나 대속적 희생이나 성경 영감의 확실성이나, 기도의 응답에 대하여 의심하고 곁길로 가지 않았습니다. 내가 감사하는 것은, 여러분이 그 크고 오래된 은혜의 교리들을 굳게 붙잡고, 그것을 바로 현대의 유행인 지성적 헛소리로 바꾸지 않았다는 것입니다. 여러분이 배운 그 진리 안에서 거한다는 것을 사람들로부터 듣는 것은 훌륭한 일입니다. 그러나 진리 안에서 행한다는 말은 그 이상의 어떤 의미가 있습니다. 그것은 진리와 일치된 행동을 의미합니다. 만일 여러분이 타락했다는 것을 믿는다면, 그 진리와 일치하는 여러분의 타락한 본성을 바라보면서, 하나님 앞에 겸손히 행하시기 바랍니다. 여러분이 하나님은 오직 한 분이 계신다는 것을 믿습니까? 그 진리 안에서 오직 그만을 경외하십시오. 여러분은 하나님의 선택을 믿습니까? 그렇다면 여러분이 선택받은 자라는 것을 입증하고, 하나님의 특별한 백성으로서, 선한 일을 위하여 선택받은 자로서, 진리 안에서 행하십시오. 여러분은 구속함을 믿습니까? 그것이 여러분에게 근본적인 진리입니까? 그 안에서 행하십시오. 왜냐하면 "너희가 너희 자신의 것이 아니라 값으로 산 것이 되었"(고전 6:19)기 때문입니다. 여러분은 하나님의 성령의 역사로서 효과적인 소명과 중생을 믿습니까? 그러면 하나님의 성령의 능력 안에서 행하고, 여러분의 거룩한 삶으로 하여금, 참으로 하나님의 초자연적인 역사에 의해서 새로운 존재가 되었다는 것을 증명하십시오. 여러분이 믿는 것과 일치되게 행동하십시오.

그러나 진리 안에서 행한다는 것에는 여전히 더 이상의 의미가 있습니다. 그 외관과 내용이 "진짜가 되라"는 것입니다. 세상에 보이기 위하여 행하는 많은 것들은 공허한 웃음거리이며, 신앙의 기만이며, 경건의 모조품입니다. 수많은 실례로 보아, 그러한 사람은 한 개의 모자를 두 개의 얼굴 위에 쓴 것과 같습니다. 그리고 이중적 인간성을 가진 것입니다. 그래서 그의 어떤 착한 일도 진짜가 아닙니다. 그는 영리한 연극인이며, 더 이상 아무것도 아닙니다. 참으로 슬픈 일입니다. 이 시대에 수많은 독실하다는 신앙인들이 단지 신앙을 연기하는 것에 불과하다는 것은 정말 슬픈 일입니다. 아무튼, 영국 국교회의 전례주의 교파의 교회력을 보십시오. 그것을 보고 말해 보십시오. 그것이 무엇입니까? 그것은 단막으로 된 수난극인데 사실상 일종의 몸짓으로 하는 게임입니다. 그리스도의 생애를 계속해서 연기하도록 되어 있습니다. 그래서 예수님이 탄생했을 때는 캐롤을 부르라고 하고, 그가 금식했으므로 우리는 소금절인 생선을 먹어야 하며, 그가 나귀를 타고 예루살렘 성에 입성했기 때문에 우리가 시편을 노래하는 것이고, 마치 예수께서 실제로 죽은 것처럼 장례식 조종을 쳐서 벨을 울리게 합니다. 어느 날 그가 탄생했고 또 다른 날 그가 할례를 받았습니다. 그래서 일 년을 진지한 가장(假裝)으로 지냅니다. 그러나 이런 일들 중 그 어느 한 가지도 실제 사건이 아니며, 오히려 주님은 하늘에 앉아서 그렇게 연기하는 것을 보시고 분개하실 것입니다. 그런 것들 중 어떤 것도 따라하지 마십시오. 그러한 그림자들과는 작별하고, 그 본질을 추구하십시오. 실제 있는 그대로의 그리스도께 예배하십시오. 그리고 예수님을 "어제나 오늘이나 영원토록 동일"(히 13:8)하신 분으로 여기십시오. 사람들이 여러분을 볼 때에, 그들에게 여러분이 진정으로 믿고 있는 바로 그 믿음을 보게 하십시오. 그리고 여러분에게 어떤 속임수도 없다는 것을 보게 하십시오. 그러면 여러분을 고집불통이라고 할 것입니다. 그러나 오히려 그로 인해 감사하십시오. 그 호칭을 집으로 가져가서, 너무 명예로운 칭호이기 때문에 여러분의 적에게 다시 되돌려줄 수 없다고 하십시오. 그러면 사람들은 여러분이 너무 엄숙하고 거친 광신주의자라고 할 것입니다. 그러면 답례로, 그들도 역시 광신자가 되게 해 달라고 하나님께 기도하십시오. 왜냐하면 그런 이유로 사람이 너무 지나치게 되지는 않기 때문입니다. 죽은 그리스도의 묘지에 출몰하는 유령처럼 세상을 통과하지 마시고, 하나님의 생명과 함께 살아 있으며, 신적 실체와 더불어 머리부터 발끝까지 살아 계십시오. 그러면 여러분은 진리 안에서 행할 것입니다. 사도들이 어떻게 처신했는지 알아봅시다. 그들은 자신이 주장하는 그 진리를 위해서 죽을 준비를 했습니다. 그리고 그 진리를 위해서 그들의 모든 삶을 희생 제물로 삼았습니다. 여러분의 진실성이 다른 사람들이 볼 수 있는 아주 강력한 능력이 되게 하십시오. 여러분의 진실성은 그 능력에 의해 고양되어 왔으며, 그 추진력에 의해 지배되어 온 것입니다. "내게 이보다 더 기쁜 일은 없도다."

한 설교자가 사람들이 진리 안에서 그렇게 행하는 것을 볼 때, 왜 그는 그것을 그의 큰 기쁨으로 생각합니까? 이는 그것이야말로 우리 사역의 목적이며, 우리가 목표하는 것이 그것이기 때문입니다. 우리는 사람들을 이 교파 혹은 저 교파로 개종시키기 위해서 사는 것이 아니라, 하나님 앞에 거룩하게 살도록 하며, 사람들과 더불어 정직한 관계를 가지도록 하기 위해 사는 것입니다. 이것이 위대한 것이며, 이것이 성취된 것을 볼 때에 이보다 더 기쁜 일이 없습니다. 이것이 복음 자체의 설계도입니다. 그리스도는 그의 교회를 사랑하시고, 교회를 위해 자신을 주셨습니다. 흠도 없고, 티도 없으며 주름 잡힌 것도 없는 그런 완전한 교회를 위해 그 자신을 제공했습니다. 거룩한 백성은, 구속의 주님의 고난의 보상이며, 신랑이신 주님 옆에 서서, 신랑의 기쁨이 충만하기 때문에 함께 기뻐하는 그 친구들의 기쁨입니다. 그리스도인의 거룩성은 복음을 전파하는 위대한 수단입니다. 모든 다른 선교를 능가합니다. 그러므로 나는 거룩함이라는 선교를 추천합니다! 길가를 전도로 삼으며, 상점이 전도요, 그들의 삶이 전도이며, 그들 자신이 하나님 앞에 제사장이며, 그의 평상 의복이 제사장 의복이며, 그의 일상 음식이 성찬예식인 그런 사람들이야말로 그리스도를 위하여 전도를 가장 잘하는 것입니다. 우리에게 거룩하고 신성한 백성을 주십시오. 그러면 우리가 이길것입니다. 이들은 무한한 힘을 가진 군대입니다. 그리스도께서 세상을 정복하실 때 그들과 함께 하실 것입니다. 우리가 거룩한 백성을 기뻐하는 것은, 그들이 하나님께 영광을 돌리기 때문입니다. 말로만 신앙을 고백하는 자들은 그렇지 않습니다. 앞뒤가 맞지 않는 신앙고백자들은 하나님에게 망신거리입니다. 내가 울면서 여러분에게 말하는데, 그들은 그리스도의 십자가의 대적입니다. 진리 안에 행하는 백성들은 예수 십자가의 머리에 면류관을 얹습니다. 이들은 하나님을 모독하는 사람들까지도 잠잠하게 합니다. 왜냐하면 하나님을 모독하는 자들이 이 거룩한 남자들과 여자들을 볼 때에, 그러한 인격을 만들어 낸 그 복음에 대하여 대적하는 어떤 말도 할 수 없기 때문입니다.

사랑하는 여러분, 목회자를 사랑하고, 성경을 사랑한다면, 그리고 여러분이 복음을 사랑하고 그리스도를 사랑하며, 하나님을 사랑한다면, 거룩한 백성이 되십시오. 구원받은 것을 고백하는 여러분! 진실한 사람이 되시고, 깨어 경성하십시오. 여러분이 나를 근심시키지 않고, 복음을 모독하지 않으며, 그리스도를 또다시 십자가에 못 박지 않으려거든, 그리고 그리스도를 공개적으로 모독하지 않으려면, 그리스도께서 행하신 것처럼 여러분도 그렇게 행하십시오. 악한 것을 경멸하여 피하고, 선한 것을 고수하십시오. 여러분의 언어에서, 여러분의 기질에서, 동료와의 사업상의 거래에 있어서도, 가족 간의 대화에서도, 마치 장래에 주님이 재림하실 때가 되기를 원한 것처럼, 그렇게 하나님 앞에 입증하십시오. 왜냐하면 주님이 지금 문 앞에 계시며, 그의 재림을 기다리는 그의 종들에게 복 주시기 때문입니다.

　　여러분이 신앙고백을 해야 할 만한 사람이 아니라면, 내가 간청하건대 차라리 신앙고백을 하지 마십시오. 만약 이미 잘못 고백했다면 그것을 취소하고, 하나님 앞에서 겸손히 낮추고 다시 한 번 더 충만한 보혈의 샘으로 나아가십시오. 거기에는 여전히 여러분을 위한 용납하심과 긍휼하심이 있기 때문입니다. 여러분이 예수님을 그렇게 멸시했음에도 불구하고 그는 여러분을 즐거이 받아 주실 것입니다. 아버지 품으로 돌아온 탕자처럼 다시 돌아오십시오. 그러면 여러분을 위해 준비한 살진 소와 가장 좋은 예복을 보게 될 것입니다. 연말에 가까이 갈수록 열심히 기도하십시오. 지난 시절에 잘못이 있었다면, 더이상 육신의 뜻대로 행하지 마십시오. 이제부터 새해에는, 새로운 삶으로 사시기 바랍니다. 그리고 우리 자녀들이 진리 안에서 행한다는 아름다운 소식을 들으면서 함께 기뻐하시기 바랍니다. 아울러 우리 자신도 역시 은혜로 말미암아 진리 안에 행하며, 진리의 성령으로 인하여 그 교회가 지어져가며, 그 수가 배가되어가기를 바랍니다. 예수 그리스도를 위하여 하나님의 축복이 여러분과 함께 하시기를 기원합니다.

유
다
서

제
1
장

—

특별한 축복기도

—

"예수 그리스도의 종이요 야고보의 형제인 유다는 부르심
을 입은 자 곧 하나님 아버지 안에서 사랑을 얻고 예수 그리
스도를 위하여 지키심을 받은 자들에게 편지하노라 긍휼과
평강과 사랑이 너희에게 더욱 많을지어다." — 유 1-2

유다가 이런 강력한 편지를 보낼 그 당시는 대단히 힘든 시절이었습니다. 새들이 노래하고 꽃 피는, 봄날 같은 기독교 초창기는 지나갔습니다. 모든 사람들에게 시련의 계절이 찾아왔습니다. 그러나 모든 시련 가운데 최악은 교회 내부에 있는 고통이었습니다. 무지하고 사악한 사람들을 교인으로 받아들였습니다. 항상 누룩과 같이 행동하는 사람들이 복음의 진리까지도 오염시키기 시작했습니다. 그래서 이전엔 오염되지 않고, 순수한 그리스도의 십자가의 복음이 있던 곳에, 영지주의 영향과 그 당시 다른 철학들이 침투해 들어왔습니다. 그리고 신자의 삶의 수준 높은 영성과, 깊은 거룩성을 격하시키는 경향도 그 모든 오류들과 함께 들어왔습니다. 그래서 하나님을 간절히 사모하며, 그와 동행하던 하나님의 자녀들은 매우 마음이 아팠습니다. 추측하기로, 이 당시 바울은 이미 상급을 받으러 하늘나라로 갔을 것이며, 요한은 겨우 살아 있을 정도였고, 야고보와 베드로도 비슷한 상태였을 것입니다. 그러나 베드로가 베드로 후서를 기록할 당시는, 이미 암흑이 짙을 때였으며, 유다가 펜을 들고 이 짧은 서신을 기록할 때는 훨씬 더 타락했을 때였고, 하나님의 종들의 마음에는 이미 큰 죄악이 예견되

었습니다. 이러한 불길한 조짐들은, 승천하신 주님에 대한 기쁨의 신앙과, 장차 속죄 없이 그 주님이 다시 구원하러 오실 것이라는 신앙에 의해서만이 제거될 수 있었습니다.

그러므로, 이 서신은 우리 시대에 적합한 것이며, 우리의 시대와 제가 지금 말씀드리는 것들은 거의 비슷한 상황입니다. 그래서 사도가 비록 과거에 이것을 기록했을지라도, 그의 말씀들은 오늘날 현시대의 죄악들과 매우 유사한 것들입니다! 만약 유다가 오늘날 여기 살아 있다면, 다른 형태의 죄악에 대하여 다루었을 것입니다. 그러나 그러한 오늘날의 죄악도 그가 기록한 죄악과 본질상으로는 같은 것이며, 똑같이 고약한 쓴 뿌리이며, 그 쓴 뿌리가 우리의 시대에 싹이 솟아나서, 우리를 괴롭히며 그로 인하여 많은 사람들이 오염되었을 것입니다.

이 서신을 자세히 읽어보면, 유다가 문제의 해결점을 올바르게 파악한 것으로 생각됩니다. 즉, 교회 내부의 죄악에 대응하는 적절한 방법은, 그 교회 자체에서, 즉 그 교회의 참되고 신실한 교인들이 다루어야 하며, "부르심을 받은 자 곧 하나님 아버지 안에서 사랑을 얻고 그리스도를 위하여 지키심을 받은 자들"(1절)에게 알려서, 그들로 하여금 교인들을 고도의 영적 강건함을 추구하도록 각성시키며, 자비와 화평과 사랑이 교우들 안에 증가하도록 위하여 간구하는 것입니다. 만약 여러분이 감염된 지역을 방문해야 할 때에, 여러분 자신이 활기차며 아주 건강하다면, 그 질병을 피하는 일에 도움이 될 것입니다. 주변의 죄악에 대항하는 최선의 방어책도, 마음과 삶의 올바른 상태를 양육하는 것이며, 주님을 아는 지식과 은혜 안에서 계속해서 성장해 나가는 것입니다. 이를테면, 저 편에 있는 나비 날개 모양의 돛을 단 작고 가벼운 보트는 바람에 전복될 수 있겠지만, 바닥에 짐을 충분히 실은 배는, 어떤 경우에도 해를 받지 않으며, 강풍을 거슬러 가도록 잘 조정됩니다. 여러분 자신을 올바르게 조절하십시요. "네 자신과 가르침을 살펴"(딤전 4:16)라는 지혜의 말씀을 경청하십시요. 이 두 가지 일이 제대로 된다면, 이 곳 저 곳에서 불어오는 어떤 죄악의 바람도 여러분에게 아무런 영향을 미치지 못할 것입니다.

저는 그런 것이 이 서신의 주제라고 생각합니다. 그리고 첫 구절들은, 서언으로서 적절합니다. 이제 이 두 구절을 세 항목으로 나누어서 말씀드리겠습니다. 첫째로, "예수 그리스도의 종이요, 야고보의 형제인 유다"(1절)라는 한 특별한 사람이 있습니다. 둘째는, 이 편지를 받은 특별한 사람들, 즉 "부르심을 받은 자 곧 하나님 아버지 안에서 사랑을 얻고 예수 그리스도를 위하여 지키심을 받은 자들"입니다. 그리고 셋째로, 특별한 축복기도가 있습니다. "긍휼과 평강과 사랑이 너희에게 더욱 많을지어다."

1. 특별한 사람

무엇보다 먼저, 이 서신을 기록한 사도는 특별한 사람이었습니다. 유다는, 신앙을 저버린 일반인들과 자기 자신을 분명히 구별하기를 원했으며, 자기는 믿음이 견고하며, 그의 주님에 대하여 여전히 신실하다는 것을 알리고 싶었습니다.

제가 보기엔, 유다가 자신에 대하여 표현하는 모든 명칭들은 특별한 점이 있습니다. 그의 이름에 특별한 점이 있습니다. 그는 "유다"라는 그 자신의 이름으로 서신을 시작합니다. 이름을 밝히지 않지만, 어떤 교파에서는, 저술할 때에, 성명의 머리글자만 사용하는 관습이 있습니다. 그러나 나는 성경에서는 결코 그런 관습을 보지 못했습니다. "G.B."가 어떤 서신을 기록했다거나, 또는 성경의 어떤 책을, "A.B."가 썼다거나 "X.Y.Z."라는 식의 표현은 전혀 채택하지 않았습니다. 이름이 항상 사용된 것도 아닙니다. 이를테면, 히브리서 서두에는 이름이 없습니다. 왜냐하면 구약이나 신약에서 저자들은, 자기 자신을 영화롭게 하지 않았습니다. 그렇다고 그들이 자신의 이름을 부끄러워하지도 않았습니다. 왜냐하면 그들은 자신의 신앙을 공개적으로 고백해야만 했기 때문에, 자신의 이름을 서신의 첫 머리에 곧잘 사용하곤 했습니다.

이 서신은 유다가 기록했습니다. 즉, 가룟인 유다가 아닌 유다입니다. 이 점에서 그의 이름은 특별합니다. 이 유다는 멸망의 아들이 아니라, 하나님의 참된 아들 유다이며, 그는 진실하고 열심인 신자였습니다. 그러나 그가 서신에 기록한 자신의 이름은, 우리가 그냥 짧게 발음하는 "유다"(Jude)가 아니라 가룟 유다와 같은 철자인 "유다"(Judas)였습니다.

제 생각에는, 저자 유다는, 자신도 가룟 유다와 동일한 이름을 가졌으며, 더욱이 동일한 인간성을 가지고 태어났음에도 불구하고, 자기와 전혀 다른 그 유다를 생각하면서 눈물을 흘렸을 것입니다. 만약 자기 자신도 버림을 받았었다면, 다른 그 유다처럼 주님의 배반자가 되었을 것입니다. 그러나 은혜로 인하여 그는 자기 주님을 배반한 그 사람과는 다른 사람이 되었습니다. 만약 여러분이나 내가 그런 입장이었다면, 내가 확신하기는, 멸망의 자식이 되는 것으로부터 우리를 지키신 주권적인 하나님의 은혜에 대한 우리의 감사를 깊이 생각하지 않고서는, 자기 이름을 기록할 수 없었을 것입니다. 흔히 인용하는 어구 중에 "하나님의 은혜가 없었다면, 존 브래드퍼드는 존재하지 않았을 것이다"는 말이 있습니다. 이 유다도, 지키시는 하나님의 은혜가 없었다면 존재하지 못했을 것입니다. 여러분은, 우리가 이 유다를 가룟인 유다로 오해하지 않도록 성령께서 얼마나 특별하게 역사하셨는지 기억해야 합니다! 저자 유다가, "주여 어찌하여, 자기를 우리에게는 나타내시고 세상에게는 아니하려 하시나이까"(요 14:22)라고 예수께 물었을 때, 성령께서 그 묻는 자의 이름은 "가룟인 아닌 유다"라고 기록했습니다. 마치 "그는 배반자 가룟인 유다가 아니다"라고 한 것과 같습니다. 비록 여러분과 동일한 이름을 가진 다른 사람들은 큰 죄악에 빠졌을지라도, 여러분은 지키심을 받았다는 것은 여러분에게 얼마나 크신 자비입니까! 그러나 여러분이 자신의 이름을 회상해 볼 때, 그리고 어린 시절에 애초에 친구였던 이들에게도 여러분의 이름이 얼마나 오염되었는지 기억하십시오. 그리고 여러분을 타락하지 않도록 지켜 주신 하나님께 감사하십시요. 여러분의 이름을 지옥의 늪(Stygian bog)으로부터 구원하셔서, 하늘에 기록된, 하나님의 자녀들의 책에 기록해 주신 "모든 이름 위에 뛰어난 이름"(빌 2:9)을 기억하지 않고서는, 여러분의 이름은 생각조차 할 수 없습니다. 자, 그러므로 유다의 이름은 특별한 것입니다.

그의 직임도, 그의 이름에 못지않은 특별한 점이 있었습니다. "예수 그리스도의 종 유다"라는 말씀은, 개역성경(Revised Version) 난외주에는 "예수 그리스도의 노예(bondservant)"라고 아주 정확하게 번역되었습니다. 그래서 원래 예수 그리스도의 종들은 그 직무를 완전히 이행한다는 것과, 그리스도에게 정말 철저히 소속되었다는 점을 기쁘게 선포한다는 것을 안다는 것은 대단히 아름다운 일입니다. 이들은 자기가 원하는 곳에 갈 수도, 올 수도 없었지만, 그러나 예수 그리스도의 노예였습니다. 이 세상에서 이들보다 더 진정으로 자유로운 사람은 없었으며, 예수 그리스도의 이 종들은 무쇠보다 더 강하면서도, 비단보다 부드러운 사랑의 쇠사슬에 속박되는 것을 즐거워했습니다! 주의 종들은 그리스도로로부터 도망칠 자유가 없다는 것을 기쁨으로 여겼습니다. 이들의 소원은, 주님의 집의 문설주에 그들의 귀를 박고, 일생 동안 아니 영원토록 주님의 노예가 되는 것이었습니다(출 21:5-6). 이것이 바로 "예수 그리스도의 종, 유다"라고 기록할 때 사도가 의미했던 것입니다.

　유대인의 관습을 보면, 고대에는 사람들이 어떻게 종이 되었는지 알 수 있습니다. 이들은 값을 치르고 산 노예였습니다. 어떤 이가 돈으로 노예를 사면, 그 불쌍한 노예는 그 소유가 된 것으로 간주됩니다. 그와 같이 우리도 우리 자신의 것이 아니고, 값으로 산 것이 되었습니다. 우리는 "은이나 금과 같이 없어질 것으로 구속된 것이 아니요, 오직 흠 없고 점 없는 어린 양 같은 그리스도의 보배로운 피로" 된 것입니다(벧전 1:18-19). 현대 목회에서 신사들은 이 진리를 경멸하면서 그것은 상업적 개념이라고 합니다. 그러나 실제가 그렇습니다. 우리는 그러한 개념을 부끄럽게 여기지 않습니다. 사도 바울은 고린도 교인들에게 "너희는 값으로 산 것이 되었으니"(고전 6:20; 7:23)라고 했습니다. 마치 실제로 그랬던 것처럼 분명하여 논란의 여지가 없습니다. 여러분과 나도 역시 대가를 주고 산 것이라고 느끼고 있으며, 그것이 바로 우리가 그리스도에게 소속되었다는 한 가지 이유입니다. 이제부터 우리는 나 자신에 대한 소유권이 없음을 느낍니다. 그러나 우리는 훨씬 더 가치 있는 것을 가졌음을 즐거워합니다. 왜냐하면 우리도, 도마처럼, "나의 주, 나의 하나님"(요 20:28)이라고 고백할 수 있기 때문입니다. 지금부터는 우리 자신에 대하여 주장할 권리가 없으며, 그의 보배로운 피를 값으로 주시고 사신 그분에게 우리 몸을 양도해야 합니다. 왜냐하면 우리는 그 값을 치르고 산 그의 노예들이기 때문입니다.

　사람이 노예로 소유되는 또 다른 방법이 있었는데 출생에 의한 것입니다. 율법에 따르면, 제사장의 집에서 태어나거나, 제사장의 돈으로 산 사람은 성물을 먹을 수 있습니다. 은혜로운 영향력 안에서 태어난 사람들이 있습니다. 다윗은 그것을 시편 116편에서 언급하고 있는데 "여호와여 나는 진실로 주의 종이요, 주의 여종의 아들 곧 주의 종이라"(16절)라고 했습니다. 그는 경건한 어머니가 있다는 것을, 하나님을 섬기는 가운데 태어난 것이라고 간주합니다. 그와 마찬가지로, 여러분과 저는 거듭났으며, 즉 진실로 두 번 태어났으며, 하나님의 집에서 태어난 것입니다. 그리고 우리가 거듭난 것은, 우리가 "선생이라 또는 주라"(요 13:13)고 부르는 그분을 지금부터 영원토록 섬길 수 있는 영광스러운 일에 우리를 묶어 두는 것입니다! 옛 성품은 불순종하는 것이 자연스럽지만, 새로운 성품은 순종합니다. 우리 안에 있는 옛 아담은 마땅히 그 자신의 길로 가지만, 새 아담은 당연히 그리스도의 뜻에 순종합니다. 이는 우리가 전에 가지고 있던 것과는 전혀 다른 생명을 소유하고 있기 때문입니다. 즉, 우리는 의로움 가운데 거하는 새로운 세상에 태어났습니다! "이전 것은 지나갔으니 보라 새 것"(고후 5:17)이 되었습니다. 이제는 한때 우리가 불의의 도구로 내주었던 지체를 의로운 도구로 드립니다. 그리고 우리가 하나님을 섬기는 일에 참여하도록 허락받은 것을 즐거워합니다.

이 사람 유다를 다시 한 번 살펴봅시다. 바울은 자신을 사도라고 말했는데, 그것은 그가 사도인지 아닌지 논쟁이 있었기 때문이며, 그는 그 명칭을 사용할 권리를 주장할 필요가 있었기 때문입니다. 그러나 유다는 그런 문제에 논란이 없었기 때문에 한층 더 낮은 칭호를 택하였습니다. 높은 자와 낮은 자가 모두, 그리스도의 나라에서는 하나입니다. 그래서 유다는 자신을 "예수 그리스도의 종"이라고 했습니다. 사랑하는 청중 여러분, 여러분도 역시 예수 그리스도의 종이라는 그 명칭을 취하실 수 있겠습니까? 자유사상가들은 자기들이 원하는 대로 길을 가게 둡시다. 그러나 여러분은 그리스도 중심의 사상가이며, 여러분은 그리스도의 길로 가기를 원합니다! 자기 자신을 사랑하고, 자신의 즐거움을 추구하는 사람은, 자기가 원하는 것을 하게 하십시오! 그러나 여러분은 이제부터, 주님을 사랑하고 그를 즐거워하십시오. 왜냐하면 여러분은 출생에 의하여, 또한 값으로 산 것으로 의하여, 예수 그리스도의 종이기 때문입니다!

또한, 때때로 노동 계약서에 의하여 종이 되기도 합니다. 그들은 일정 기간 동안 종의 상태로 들어갑니다. 여러분과 저는 스스로 그리스도께 자신을 바쳤습니다. 우리는 영원토록 그의 소유가 되는 언약관계에 들어갔습니다. 바울은 마치 자기가 그리스도의 흔적으로 소인이 찍힌 것처럼 기록하고 있습니다. 나는 유다도 마찬가지라고 믿어 의심하지 않습니다. 바울은 말하기를, "이후로는 누구든지 나를 괴롭게 하지 말라 내가 내 몸에 예수의 흔적을 지니고 있노라"(갈 6:17)고 했습니다. 그는 의심의 여지 없고, 돌이킬 수 없이, 주 예수 그리스도에게 영원히 소속되었습니다. 그리고 그는 그 사실을 영광스러워했습니다! 사랑하는 친구 여러분, 여러분도 역시 그렇다면, 그 사실을 영광스러워하지 않겠습니까?

그 다음에, 유다는 또 다른 명칭, 즉 "야고보의 형제"라는 말을 사용하여 자신의 특별한 관계를 보여줍니다. 내가 보기에는, 이 표현은 유다 자신을 매우 기쁜 마음으로 소개하는 것 같습니다. 그는, 예수 그리스도의 유명한 종이 자기 형제이기 때문에, 자기가 마치 특별히 사랑받는 사람인 것처럼 여겼던 같습니다. 이

야고보는, 그 시대 유대인들에게는 의로운 야고보라고 알려진, 명성 있는 사람이었으며, 외부 사회에서조차도 그의 거룩한 생활이 알려진 사람입니다. 이러한 사람이 유다의 형제였습니다. 기독교는 형제 관계를 귀하게 여기라고 가르칩니다. 그리고 우리가 관계를 맺고 있는 사람들을 존경하라고 합니다. 특별히 은혜 안에서 맺은 관계는 더욱 그렇습니다. 나는, 누구나 자기 형제를 좋아하고, 그에게 감사하는 것을 기쁘게 여깁니다. 유다가, 하나님의 영감으로 자신이 "야고보의 형제"임을 잊지 않고 말한 것은 기쁜 일입니다. 여러분 가운데 어떤 분은 여러분의 형제들에게 많은 은혜를 입고 있으며, 여러분이 그런 분들의 아들이나 아버지거나 자매나 형제라는 것은 하나님께 감사할 이유입니다. 여러분의 가정적 위치에는 특별한 은혜가 있습니다. 만약 그러하다면, 하나님께 연합된 사람들과 여러분이 연합하여 살게 하신 것에 대하여, 하나님을 계속 찬양하십시오! 우리 자녀들이 그분의 자녀가 되기를 기원합니다! 우리의 친구들이 그분의 친구가 되기를 기원합니다! 우리의 형제들이 그리스도 안에 있는 형제가 되기를 기원합니다!

2. 특별한 사람들

이제 둘째로, 유다의 이 서신을 받은 **특별한 사람들**에 대하여 상고해 봅시다. 이 경우에서는, 개역성경(Revised Version)의 난외주의 번역이 훨씬 더 정확합니다. "부르심을 받은 자 곧 하나님 아버지 안에서 사랑을 얻고 예수 그리스도를 위하여 지키심을 받은 자들," 저는 이것이 최상의 번역이며 가장 정확하다고 믿습니다.

유다의 서신을 받은 그 특별한 사람들은, 첫째, 사랑받고 거룩하게 된 자들입니다. 곧, "하나님 아버지 안에서 사랑을 얻고"라고 했습니다. 하나님의 자녀 여러분, 무엇보다도, 어둠과 불신의 시대에 성도로 구원 받은 그 믿음을 굳게 붙드십시오. 왜냐하면 그 믿음으로 말미암아 여러분은 하나님 아버지께 사랑하심을 받았으며, 흠정역(Authorized Version)의 번역처럼, "하나님 아버지에 의하여 거룩하게 되었기" 때문입니다. 이 말씀은, 하나님께서 여러분을 향하신 영원한 사랑으로 인하여, 여러분을 하나님 자신을 위해 구별해 두셨다는 뜻입니다. 그의 영적인 이스라엘을 향하여, 주께서 지금도 말씀하시기를, "내가 땅의 모든 족속 가운데 너희만 알았나니"(암 3:2)라고 하시며, "만군의 여호와가 이르노라 내가 나의 정한 날에 그들을 나의 특별한 소유로 삼을 것이요"(말 3:17)라고 하셨습니다. 땅과 태양과 달과 별들이 빛나기 전부터, 이미 하나님의 통찰력 있는 눈은, 그의 사랑하시는 자들에게 집중되어 있었으며, 그는 그들을 거룩하게 하셨습니다. 이는 "여호와의 분깃은 자기 백성이라, 야곱은 그의 택하신 기업"(신 32:9)이기 때문입니다.

그가 자기를 위하여 그들을 구별해 두셨으므로, 때가 차매, 그는 사람들 가운데서 그들을 구속하셨습니다. 즉, "그리스도께서 교회를 사랑하시고 그 교회를 위하여 자신을 주심같이"(엡 5:25) 하셨습니다. 그의 사랑의 결과로 인하여, 하나님은, 자기가 구속하신 백성들이 사람들의 아들들 가운데 역사하시는 그의 은혜로우신 방편이 되도록 결정하셨습니다. 그들은 주님이 쓰시기에 합당한 그릇이 되어야만 합니다! 그들은, 주의 빛을 옮기는 등불이 되어야 하며, 세상의 오염물 가운데서 하나님의 보존하시는 능력을 나타내는 소금이 되어야 합니다! 하나님은, 하나님 자신과 그를 섬기는 일을 위하여, 그들을 구별하셨습니다. 말씀에 따르면, "이 백성은 내가 나를 위하여 지었나니 나를 찬송하게 하려 함이니라"(사 43:21)라고 하셨습니다.

이 사랑하심과 구별하심으로부터 나온 또 다른 종류의 성화(聖化)가 있는데, 그것은 정결하게 하는 것입니다. 왜냐하면, 우리도 다른 이들과 마찬가지로 진노의 자식이었으며, 오염되었기 때문입니다. 그러나 하나님의 성령께서 구별이라는 거룩한 목적을 성취하셨습니다. 우리를 세상에서 이끌어 내시되 마치 아브라함을 갈대아 우르에서 인도해 내듯이 하셨으며, 하나님께서 우리 조상들에게 하신 것처럼, 그와 함께 동행하도록, 구별된 길에 우리를 두셨습니다. 그리고 그는, 우리를 예수님의 옆구리에서 나오는 보배로운 피와 더불어 흘린 물로 씻었습니다. 그 신비로운 샘은, 다윗의 집과 예루살렘 거민들의 죄와 부정을 위하여 골고다에서 열렸습니다. 이것이 바로 "하나님 아버지께서 거룩하게 하셨다"는 의미입니다. 만약 여러분이 다른 번역문인, "하나님 아버지 안에서 사랑하심을 얻고"(한글개역개정)를 채택한다고 해도 같은 의미가 될 것입니다. 왜냐하면 사랑은 그 대상에 끼치는 분리된 영향력이 있기 때문입니다. 만약 한 남자의 사랑이 한 여자에게 확정된다면, 그는 그녀를 자기 신부라고 부를 것이며, 그는 이 땅의 모든 다른 여자들과 다르게 그녀를 바라볼 것입니다. 그의 생각과 그의 마음속에는 항상 그녀가 있을 것이며, 그의 입술은 때때로 그녀를 칭찬할 것입니다. 그리고 그는 그녀를 위해 살 것입니다. 하나님께서도 자기 소유인 자기 백성을 오직 자기를 위하여 구별해 두신 것입니다. 더욱이, 사랑받고 정결하게 된 후에, "그리스도 예수를 위하여 보존되었다"(KJV)고 했습니다. 이 말씀은 너무나 감미로운 표현이며, 진정한 의미를 보여줍니다. 그러나 정확한 번역은, "예수 그리스도를 위하여 지키심을 받았다"(한글개역개정)입니다. 나의 생각으로는, 이 말씀이 가장 기쁨을 주는 진리입니다. 예수 그리스도께서 오직 혼자서만 사용하는 보석같이 우리의 존재를 지키신다고 생각하면, 내 눈이 번쩍 빛나게 됩니다. "내 누이, 내 신부는 잠근 동산이요 덮은 우물이요, 봉한 샘이로구나"(아 4:12), "예수 그리스도를 위하여 지키심을 받은 자들"(유 1)입니다. 우리 모두가, 이 성스러운 목적을 이루기를 소원합니다. 내가 우상 숭배를 어떻게 다뤄야 합니까? 나는 예수 그리스도를 위하여 지키심을 받았습니다! 내가 세상의 것들을 추구하는 문제를 어떻게 할까요? 나는 예수 그리스도를 위하여 지키심을 받았습니다! 내가 내 자신의 생계에 매이거나, 사람들의 찬사를 얻으려고 합니까? 내가, 소위 지혜롭다고 생각하는 사람들의 판단에 흔들립니까? 내가 "예수 그리스도를 위하여 지키심을 받은" 것 외에 그 어떤 것에 관계합니까? 우리의 마음은, 오직 그분의 입술만이 마실 수 있는 컵이 되어야 하며, 우리를 위하여 자기 자신을 주신 그분만을 위하여 거룩히 구별된 성찬배가 되어야 합니다. 그러므로 이제 우리의 눈은 예수님만 위한 것이고, 우리의 귀도 예수님만 위한 것이며, 우리의 입술도 예수님만 위한 것입니다. 모든 것이 오직 항상 그분만 위한 것이 되게 합시다!

"예수 그리스도를 위하여 지키심을 받았다"는 말씀은, 여러분은 그 보물에 손을 대서는 안 된다는 것입니다. 그것은 왕을 위하여 구별된 것입니다! 여러분은 그 남자를 간섭하려고 해서는 안 되며, 그 여자의 사랑을 빼앗으려고 해서도 안됩니다. 그들은 예수 그리스도를 위하여 지키심을 받았습니다. 유다의 이 서신을 받은 사람들은 그러한 사람들입니다. 다른 이들은 추잡스러운 꿈을 꾸는 사람들일지 모르지만, 이들은 예수 그리스도를 위하여 지키심을 받은 자들입니다! 어떤 이들은 방랑하는 별들과 뿌리 뽑힌 나무일지 모르지만, 그러나 이 백성들은 예수 그리스도를 위하여 지키심을 받았고, 그에 의해 지키심을 받았으며, 그의 안에서 지키심을 입었습니다. 특별히 그를 위하여 지키심을 받았습니다. 이 귀중한 하나님의 말씀의 의미를 예수 그리스도의 사랑하심을 입은 여러분의 가슴 속에 기록하시기를 기원합니다.

그리고 유다는 "부르심을 받은 자"라는 말씀을 추가합니다. 이 모든 설명을 통하여 나타내는 특별한 의미들을 여러분은 아셨습니까? 즉, 사랑을 얻고, 거룩하게 되며, 그리고 지키심을 받고, 또한 부르심을 받은 것입니다. 복음을 듣는 모든 사람들에게는 그 복음 안에 부르심이 있습니다. 그러나 모든 사람이 이 본문에 나오는 의미의 "부르심"을 받은 것은 아닙니다. 복음은 여러 번 여러분을 불렀습니다. 그 때에 여러분의 귀는 귀머거리였습니다. 그러나 여러분이 부르심을 들은 그 날이 있었습니다! 그것은 마치 나사로가 그리스도에게 부르심을 받았을 때에 일어났던 일이 여러분에게도 일어난 것과 같습니다. 여러분은 죄악의 팔에 안겨 잠자고 있었습니다. 아니 나사로처럼 여러분은 실제로 죽었습니다. 그러나 그날에는 여러분을 불러내는 너무나 영광스러운 음성이 있었습니다! 그것은 여러분이 귀로 들을 수 있는 소리가 아니라, 바로 여러분의 영혼으로 들을 수 있는, 더 좋은 음성이며, "사울아 사울아 네가 어찌하여 나를 박해하느냐?"(행 9:4)라고 하늘로부터 다소의 사울을 향하여 부르시던 때와 같이, 분명한 그리스도의 음성이었습니다.

나는 주님이 나를 처음 부르셨을 때를 뚜렷하게 기억합니다. 주님은, 그 후에 나를 여러 번 부르셨기 때문에 나는 그것을 훨씬 잘 기억합니다. 그 복된 소명은 계속되는 것이며, 때로는 반복되기도 합니다! 주님은 우리를 먼저, 사망에서 생명으로, 어둠에서 빛으로, 나아가서 희미한 빛에서 더 밝은 빛으로 부르셨습니다. 그는 우리를 한 걸음 한 걸음 더 높이 부르십니다! 천사들조차 야곱의 사다리를 날아오르지 않고 한 계단씩 올랐습니다. 날마다, 온종일 "친구여, 더 높이 올라오라"고 하시는 음성이 있습니다. 우리가 인생의 계단에 주저앉으려고 할 때에, 그리고 우리가 지금까지 올라온 황금 길을 바라보면서 만족하려고 할 때, "좀 더 높이"라고 우리에게 말씀하시는 음성을 듣게 됩니다. 사다리 꼭대기에는 은혜로우신 하나님이 계셔서, 여전히 우리에게 올라오라고 손짓하시면서, 계속해서 말씀하시기를, "내 얼굴을 찾으라"고 하시고, "여호와여 내가 주의 얼굴을 찾으리이다"(시 27:8)라고 응답하게 하십니다.

주님의 사랑하심을 입은 자들은 부르심을 받았습니다. 그들은 세상 사람들이 듣지 못하는 음성을 들었습니다. 그들은 이 세상의 눈먼 자들이 결코 보지 못한 얼굴을 보았습니다. 그들은 한 손을 잡았으며, 그 신비로운 손은 그들을 어루만졌습니다. 그것은 악한 자들 가운데 여전히 누워 있는 죽은 자들은 결코 느껴

보지 못한 것입니다. 그들은 그리스도께서 불경건한 자들 가운데서 나오라고 불러내셨으며, 그들과 구별되게 하시고, 주님을 따르게 하시며, 계속해서 마지막까지 따르게 하셔서, 마침내 영원토록 주님과 함께 거하기 위해서 그의 영광 중에 들어가도록 명령하십니다!

오 사랑하는 여러분, 복음의 축복은 그와 같은 남자들과 여자들에게 속해 있습니다. 이들은 거룩하신 사랑으로 구별되었으며, 그리스도를 위하여 구별되고 바쳐졌으며, 이들은 유효적 소명을 받은 자들이며, 그리스도의 영광만을 위해 구별되었고, 오직 주님만을 위하여 쓰임받을 자들입니다. 벨사살이 그 황금잔으로 마실 것입니까? 하나님이 금하셨습니다! 사탄이 와서 그 왕자의 보석 면류관을 빼앗아 자신을 위해 단장할 것입니까? 하나님께서 금하셨습니다! 신앙고백을 하는 그리스도인들이 세상의 즐거움과 세상의 명예를 추구하며, 자신을 벨리알에게 넘겨 주는 것을 내가 볼 때에, 내가 그들을 어떻게 생각하고 무엇이라고 말하겠습니까? 하나님께서 우리 중에 그 누구도 그렇게 되지 않도록 하시기를 소원하며, 다만 우리는, "말세에 나타내기로 예비하신 구원을 얻기 위하여 믿음으로 말미암아 하나님의 능력으로 보호하심을 받기"(벧전 1:5)를 기원합니다!

3. 특별한 축복기도

이제 나는 유다가 이 사람들에게 한 **특별한 축복기도**를 간략히 살피고, 끝맺겠습니다. 이것이 바로 나의 설교의 중요한 요점입니다. 사랑하는 친구 여러분, 나의 하나님을 향한 특별한 소원과 기도는, 하나님을 위하여 구별된 모든 사람들에게 긍휼과 평강과 사랑이 풍성하게 넘치는 것입니다.

사랑하는 여러분에게 **긍휼**이 있기를 기원합니다! 여러분은 항상 긍휼이 필요합니다. 왜냐하면 성도라도 여전히 죄인이기 때문입니다. 여러분이 계속해서 죄를 용서받을 수 있는 그 긍휼을 기원합니다! 삶의 오염으로부터 발을 계속 씻어 줄 그 긍휼하심을 기원합니다. 여러분의 필요를 공급해 줄 하나님의 섭리의 긍휼을 기원합니다. 시련 속에서도 지탱할 수 있는 긍휼을 기원합니다. 더욱더 큰 능력으로 여러분을 인도해 주실 긍휼하심을 기원합니다! 여러분이 풍성한 긍휼을 받기를 기원합니다. 왜냐하면 여러분이 그것을 원할 것이기 때문입니다. 하나님을 찬양합니다. "그는 인애를 기뻐하십니다"(미 7:18).

그리고 사도는, 우리에게 평강이 있기를 원한다고 말했습니다. 진실로, 여러분에게 평강이 있기를 원합니다! 하나님과 완전한 평화가 있는 사람, 자기 양심에 완전한 평화가 있는 사람, 그의 모든 동료들과 평화가 있는 사람, 특별히 하나님의 가족 안에서 올바르게 행동함으로써 평화를 촉진시키는 그러한 사람은 세상 불안과 혼란 가운데서도 강력한 힘이 있습니다! 다른 사람들이 주춤거리며 겁에 질려 있을 때에도, 이런 사람은 견고히 서 있습니다. 그는 이렇게 말할 수 있기 때문입니다. "내 마음이 확정되었고, 내 마음이 확정되었사오니, 내가 노래하고 내가 찬송하리이다"(시 57:7; 108:1). 사랑하는 여러분! 여러분은 이러한 평강을 누리시기를 기원합니다!

다음으로 유다는, 우리에게 사랑을 가지라고 했습니다. 이것은 먼저, 성령께서 우리 마음에 쏟아 부으신 하나님의 사랑을 깨닫는 것을 말하며, 또한 하나님의 측량할 수 없고, 바꿀 수 없으며, 끝없이 영원하신 그 사랑으로써 우리를 사랑하시는 황홀한 실감을 말하는 것입니다. 여러분의 심령이, 여러분을 향하여 베푸신 그 무한한 사랑에 대한 바로 그 생각으로 춤추시기를 기원합니다! 그러고 난 후 여러분은 사람들을 향하여 사랑을 나타내며, 사마리아인의 비유에 나오는 뜨거운 사랑으로, 여러분의 몸과 같이 이웃을 사랑하십시오. 이 같은 사랑은, "덥게 하라, 배부르게 하라"(약 2:16)라고 말로만 하는 것이 아니라, 베푸는 사랑의 행위와 친절한 행동으로, 그 사랑이 실제임을 증명하는 것을 말합니다! 하나님의 백성들에게 이러한 사랑이 풍성하기를 기원합니다. 여러분의 사랑이, 그리스도 안에서 여러분의 형제와 자매된 이들에게 풍성하게 나타나기를 기원합니다! 그들의 이름은 어린 양의 생명책에 기록되어 있습니다! 사랑하는 친구 여러분! 여러분과 제가 사랑으로 충만하기를 기원합니다. 어떤 이는 바실(Basil)을 빛의 기둥이라고 했습니다. 그러나 나는, 그것보다 사랑의 기둥이라고 해야 할 것 같습니다. 주님의 옆에 앉아 있는 거룩한 요한을 보십시오. 사랑이 풍성했기에, 그는 진실로 사랑의 기둥이었습니다.

사도의 축복은 다음과 같습니다. 이러한 긍휼과 평강과 사랑이 너희에게 더욱 많을지어다. "많아진다"는 것은 멋진 말이 아닙니까? 그것은 단순히 증가한다는 것이 아니라, 풍성하게 되는 것입니다! 여러분은 증가한다는 의미를 아실 것입니다. 하나에서 둘을 더하면 셋이 되는 것을 말합니다. 그러나 여러분이 더욱 많아진다(multiplied)고 하는 것은 "셋 곱하기(multiply) 셋은 아홉"이 되는 것을 말하는 것입니다. 더욱 많아진다는 것은 빠른 성장의 방법입니다! 여러분에게 이 세 가지 축복이 모두 많아지기를 기원합니다. 여러분에게 지금 평강이 있다면, 열 배의 평강이 있기를 바랍니다. 여러분에게 지금 평강이 있다면, 더욱 깊고, 부요하고, 한층 더 지속적인 평강과 더욱 풍성한 평강과, 평강 위에 평강과 "모든 지각에 뛰어난 하나님의 평강"(빌 4:7)이 있기를 기원합니다. 또한 여러분에게 사랑이 있다면, 여러분의 사랑이 증가하고, 제곱이 되며, 세제곱이 되기를 기원합니다! 여러분이 할 수 있는 최대수치로 여러분의 사랑을 증가시키기를 기원합니다. 왜냐하면 어떤 사람이 아무리 사랑해도 지나칠 만큼 하나님을 너무 사랑한 사람은 없으며, 자기 동료를 올바르게 충분히 사랑한 사람도 없기 때문입니다! 주님이 우리를 은혜 안에 자라게 하시기를 바라며, 은혜로 충만하게 하시기를 바라며, 우리에게 이 세 가지 은혜가 더욱 넘치게 하시기를 기원합니다!

이제 나는 처음 시작한 곳으로 다시 돌아왔습니다. 유다가 이 서신을 기록한때는 암흑의 시기였습니다. 그러나 유다는 그리스도인들에게, "이 모든 사람들이 잘못된 길로 가는 것을 너희가 아나니, 그 원인은 암흑 가운데 있기 때문이다. 그러므로 너희는 나가서 그들과 더불어 싸우라"고 말한 것이 아니라, "긍휼과 평강과 사랑이 너희에게 더욱 많을지어다"라고 말씀했습니다. 그리스도인의 은혜가 원수들에게는 패배가 될 것입니다! 여러분이 어둔 밤을 더 밝히려면, 더 밝은 별들을 가지고 오십시요. 여러분이 암흑시대를 계몽하려면, 더 밝은 그리스도인들이 되도록 하십시오! 만일 이 세상에 해악이 만연하다면, 사랑하는 형제 자매 여러분, 그 책임은 대부분 우리 자신들에게 있습니다. 만약 우리가 전적으로 하나님 앞에 살아간다면, 사람들은 그리스도인이 무엇인지 더욱더 잘 알게 될 것입니다! 내가 믿기로는, 죄인들을 회개시키는 지름길은 성도들의 성화입니다. 만약 우리가 더욱 믿음이 있다면, 더 잘 전파할 수 있을 것입니다. 만약 우리가 더 믿음으로 기도한다면, 우리는 더 많은 영혼들이 회심하는 것을 보게 될 것입니다. 우리가 하나님과 더 가까이 산다면, 하나님에게서 멀리 떨어져 있는 사람들도 더 좋아질 것입니다. 사람이 생명수를 받으면, "그 속에서 영생하도록 솟아나는 샘물이 되리라"(요 4:14)고 하시며, "그 배에서 생수의 강이 흘러나오리라"(요 7:38)고 기록하지 않았습니까? 하나님이 여러분을 그러한 은혜의 소유자로 만들어 주시기를 바랍니다!

나는 회개하지 않은 사람들에게는 거의 한 마디도 하지 않았습니다. 왜냐하면 회개한 여러분의 삶이 설교가 되기를 원하기 때문입니다. 입으로 설교하는 것도 대단히 좋은 것입니다. 그러나 세상에서 가장 좋은 설교는, 다리로 설교하고, 생활로 하며, 그리고 하나님의 백성들의 행위와 생활양식으로 설교하는 것입니다! 가령 가정이 경건하며, 사업에 있어서 정직하며, 여러분의 일상 대화에서 하나님에 대한 뜨거운 열정이 있다면, 믿지 않는 사람들이 말하기를, "이것이 무슨 뜻일까?" 하고 그것에 관하여 더 많이 알려고 할 것입니다. 내가 간절히 바라는 바는, 여기 계신 분들 가운데 "예수 그리스도를 위하여 지키심을 받은 자들"이라는 말을 들을 수 없는 사람들도 그렇게 되기를 간절히 사모하라는 것입니다. 그리고 오늘, 잠자리에 들기 전에, 그도 그리스도에게 소속되기를 기도하시기를 바랍니다! 그리고 믿음으로 자신을 그리스도께 드리고, 바로 오늘 밤에, 방금 말씀드린 그 행복한 평강을 알게 되기를 바랍니다. 여러분 모두에게 주 예수 그리스도를 위하여 그러한 은혜가 임하기를 기원합니다! 아멘.

제
2
장

—

삼중적 성화

—

"하나님 아버지 안에서 사랑을 얻고" ― 유 1:1
"그리스도 예수 안에서 거룩하여지고" ― 고전1:2
"성령이 거룩하게 하심으로" ― 벧전 1:2

　　사랑하는 여러분, 은혜가 넘치는 모든 역사에서 성 삼위일체의 연합을 주의 깊게 살펴 보십시오. 우리는 한 분 하나님이 계신 것을 믿습니다. 우리가 성 삼위일체를 깨닫게 된 것을 기뻐합니다. 그러나 성 삼위일체는 단일성 안에서 가장 분명하게 나타납니다. 우리의 슬로건은, 여전히 "이스라엘아 들으라, 우리 하나님 여호와는 오직 유일한 여호와시라"(신 6:4)는 말씀입니다. 삼위일체에 대하여 편견을 가진 젊은 신자들은 정말 어리석은 말들을 합니다. 즉 그리스도는 사랑스럽고, 은혜로운 모든 것들을 구현하신 분이시며, 반면에 성부 하나님은 엄격하고 정의롭기만 하며, 사랑은 결여된 분이라고 간주하는 것입니다. 또한 성부 하나님의 명령이나, 성자 예수님의 구속하심을 아주 중요시하는 반면, 성령의 역사를 경시하는 것도 역시 대단히 어리석은 것입니다. 삼위 하나님의 은혜로우신 행위 안에서는 서로 분리되어 있지 않습니다. 삼위 하나님은 그 본질에서와 마찬가지로 그 행위도 연합되어 있습니다. 그 택하신 자들에게 향하신 삼위 하나님의 사랑은 하나이며, 여전히 나뉠 수 없는 그 위대한 중심적 근원으로부터 나오는 행위에서도 하나입니다. 특별히 나는 성화의 문제에서 이것을 주목하여 보려고 합니다. 아주 미세한 실수도 없이, 우리가 성령의 사역으로서 성화에 대하여 말하지만, 성부와 성자는 성화에는 관계가 없다는 견해를 가져서는 안 됩니다. 성화는 성부와 성자와 성령의 사역이라고 말하는 것이 옳습니다. 여전히 여호와께서는 "우리의 형상을 따라 우리의 모양대로 우리가 사람을 만들고"(창 1:26)라고 하셨으며, "우리는 그가 만드신 바라 그리스도 예수 안에서 선한 일을 위하여 지으심을 받은 자니 이 일은 하나님이 전에 예비하사 우리로 그 가운데서 행하게 하려 하심이니라"(엡 2:10)고 하셨습니다.

나의 형제 여러분, 하나님께서 참된 거룩함에 두는 가치에 대하여 주의 깊게 생각하시기를 바랍니다. 왜냐하면 삼위 하나님은, "티나 주름 잡힌 것이나 이런 것들이"(엡 5:27) 없는 교회를 세우시기 위해 공동으로 역사하시는 분이라고 기록하고 있기 때문입니다. 마음의 거룩함을 멸시하는 사람은 하나님과 직접적으로 충돌하고 있습니다. 거룩함이란, 하나님이 그의 살아 있는 성전 위에 세우시는 건축 계획입니다. 우리는 성경에서 "거룩한 옷"(시 110:3)이라는 말씀을 읽습니다. 하나님 앞에 아름다운 것은 거룩함밖에 없습니다. 새벽별의 아들 계명성의 모든 영광도, 그가 죄로 더럽혀졌을 때는 하나님의 혐오감을 막을 길이 없었습니다(사 14:12). "거룩하다, 거룩하다, 거룩하다"(사 6:3)라는 스랍들의 끊임없는 환성은 피조물이 바쳐야 할 최상의 노래이며, 거룩하신 분이 마땅히 받으셔야 할 가장 존귀한 찬송입니다. 그러므로 그는 거룩함을 그의 최상급의 보물로 여기십니다. 거룩함은 그의 마음에 새긴 보증이며, 그의 오른손에 있는 인장입니다. 하나님께서 거룩하심을 멈추는 순간 그의 존재하심도 멈출 정도입니다. 그리고 그는 그의 순결성과 의로우심과 거룩하심에 위배되는 어떤 것을 용납하시기보다는 차라리 세상에 대한 그의 주권을 포기하고 싶을 정도일지도 모릅니다. 그리스도의 제자라고 고백하는 여러분은, 순결한 삶과 경건한 대화를 고귀한 가치로 여기시기를 바랍니다. 그리스도의 보혈은 우리의 소망의 토대로서 값진 것입니다. 그러나 결코 성령의 사역을 평가절하하지는 마십시오. 그 성령의 사역은 빛에 거하는 성도들의 유업을 효력 있게 합니다. 그렇습니다. 오히려 성령의 역사를 귀하게 여기십시오. 성령의 역사를 정말 진심으로 존중하여, 죄악은 징조라도 두려워하십시오. 성령의 역사를 귀하게 여겨, 여러분의 가장 평범한 행동에서도, "택하신 족속이요, 왕 같은 제사장들이요 거룩한 나라요, 그의 소유가 된 백성이니, 이는 너희를 어두운 데서 불러내어 그의 기이한 빛에 들어가게 하신 이의 아름다운 덕을 선포하게 하려 하심이라"(벧전 2:9)는 말씀대로 되시기를 바랍니다.

오늘 아침 나의 계획은 주로 성화 교리에 대하여 전하는 것이었습니다. 나는 "성화"라는 용어를 신학자들이 이해하는 형식으로 사용하려고 했습니다. 신학체계에서 "성화"라는 용어는, 성경에서 의미하는 것보다 더 좁은 의미를 가지고 있다는 것을 알아야 합니다. 그러나 그 주제를 연구하다가, 나는 너무 넓은 범위에 빠졌습니다. 그래서 좀 더 효율적 방법으로 시도하려고 합니다. 다음 기회에 우리는 성령의 역사에 대하여 폭넓게 상고할 것입니다. 그러나 오늘은 단지, 성경에 나오는 성화는 여러 방면으로 취급되고 있다는 사실에만 집중하려고 합니다. 만약 오늘 아침에 우리가 단지 신학적인 데 집중하지 않고, "성화"라는 용어의 성경적 사용에 유의하며, 조직신학을 따르는 것보다는 하나님의 거룩한 말씀 안에서는 더 넓은 의미를 가지고 있다는 것을 볼 수 있다면, 신자 여러분의 이해력을 밝히는데 있어서 도움이 될 것입니다. 성경책이 하나님의 사역 같은 것을 조직적으로 배열하지 않은 것은 당연한 것입니다. 자연 그대로의 자유는, 과학 박물관의 정확하고 질서정연함과는 너무나 다릅니다. 여러분이 만약 대영 박물관을 방문한다면, 모든 동물들이 각자의 순서에 따라서 제자리에 자리 잡고 있는 것을 보게 될 것입니다. 그러나 여러분이 하나님의 세계로 들어가 보십시오. 거기에는 개와 양 떼, 그리고 말과 암소, 사자와 독수리, 코끼리와 타조가 거닐고 있는 것을 보게 될 것입니다. 마치 어떤 동물학자도 이때까지 분류하지 않은 상태로 말입니다. 다양한 바위들은 지질학자들이 그들의 책에 그려 놓은 것과는 전혀 다르게 놓여 있을 것이며; 별들은 그들의 크기와 광도에 따라서 자리가 지정되어 있지 않았을 것입니다. 대자연의 질서는 다양합니다. 과학은 단지 기억을 돕기 위해 정리하고 분류할 뿐입니다. 그와 마찬가지로 조직신학자들은, 하나님의 말씀을 취급할 때에, 성경 진리들이 교실 강의를 위해 순서대로 놓여 있는 것이 아니라 일상의 삶의 순서대로 놓여 있다는 것을 알게 됩니다. 조직신학은 분석 화학이나 해부학처럼 유용합니다. 그러나 성경은 교리체계처럼 정렬되어 있지는 않습니다. 성경은 천국으로 가는 안내서입니다. 영원으로 가는 가이드입니다. 마치 학자의 책상과 마찬가지로 농부의 쟁기와 같이 그렇게 말입니다. 성경은 현명한 자들에게 고전이요, 어린아이를 위해서는 입문서가 됩니다. 성경은 낮은 자들과 무지한 사람을 위한 책입니다. 어린 양도 건널 수 있는 얕은 곳도 있지만, 코끼리가 그 속에서 수영을 할 수 있을 정도로 깊은 곳도 있습니다.

우리는 하나님을 찬양합니다. 그는 우리가 길을 잃게 되기도 하는 신학 체계를 주시지 않고, 그의 말씀을 주셔서, 일상 생활에 실천하게 하며, 인격 함양을 위한 최선의 실제적인 형태로 주셨습니다.

구약은 신약을 이해하도록 도움을 주며, 신약은 구약의 하나님의 말씀을 해석해 준다는 것은 이미 우리에게 잘 알려진 진리입니다. 말씀으로 말씀을 해석하는 자체 해석이 최상입니다. "다이아몬드로 다이아몬드를 자른다"는 것이 금세공인에게 하나의 규칙인 것처럼, 성경을 연구하는 사람에게도 성경은 성경으로 해석하는 것입니다. 하나님의 말씀을 가장 잘 알기 위해서는 말씀 자체의 빛 속에서 그것을 연구해야만 합니다. 구약성경에서 우리는 "거룩하게 하다"라는 말씀을 매우 자주 볼 수 있는데, 그것은 실제로 세 가지 의미로 사용되었습니다.

1. 구약에서, "거룩하게 하다"는 말의 첫째 의미

자, 첫째 의미를 주목하십시오. 구약에서 "거룩하게 하다"라는 말은 빈번히 따로 떼어 놓다는 의미를 가지고 있습니다. 그것은, 이전에는 평범했던 어떤 것을 따로 구별해 두는 것을 의미합니다. 이전에는 법적으로 예사롭게 사용할 수 있는 것을, 이제는 하나님을 섬기는 데만 사용하기 위해서 그것을 구별해 두는 것입니다. 그 때에 그것은 거룩하게 되었다고 하거나 거룩하다 라고 합니다. 이를테면 출애굽기 13장 2절에 "처음 난 모든 것은 다 거룩히 구별하여 내게 돌리라"고 말씀한 것입니다. 애굽에서 처음 난 것들을 멸망시킨 말씀에서 하나님은, 사람이나 가축이나 처음 난 것은 자기의 소유라고 주장하셨습니다. 레위 지파를 처음 난 것의 대표자로서 따로 떼어 놓으셔서, 여호와 앞에서 매일 그의 성막과 그의 성전에서 섬기도록 하셨습니다. 제사장과 레위인으로 그렇게 따로 구별해 놓은 자들을 거룩한 자들이라고 일컬었습니다. 창세기 2장 3절에는, 더 일찍 이 용어가 사용되었습니다. 말씀하시기를, "하나님이 그 일곱째 날을 복되게 하사 거룩하게 하셨으니, 이는 하나님이 그 창조하시며 만드시던 모든 일을 마치시고 그 날에 안식하셨음이니라"고 하셨습니다. 하나님께서 이 날은 이전에는 일상적인 시간이었지만, 하나님 자신을 섬기도록 따로 떼어 놓은 것입니다. 그러므로 제7일에는, 사람이 자신을 위하여 일하지 말아야 하며, 그를 만드신 분을 위하여 쉬며, 그를 섬겨야 하는 것입니다. 마찬가지로 레위기 27장14절에서도 볼 수 있듯이 "만일 어떤 사람이 자기 집을 성별하여 여호와께 드리려 하면"과 같은 말씀들은, 집이나 밭을 하나님의 것으로 구별한 경건한 유대인을 가리킨 것으로 이해됩니다. 그것이 밭의 소산물이든, 집의 소유물이든 하나님의 제사장이든, 레위인이든 간에, 어떤 방식으로든지 거룩한 용도를 위하여 전적으로 바쳐지기로 의도되었다는 것입니다. 자, 그 어떤 것도 그 집 자체를 위하여 되어진 것은 없으며, 집을 위한 예식도 없습니다. 우리는 집을 정결하게 했다거나, 씻었다거나, 피로 뿌렸다는 기록을 읽을 수 없습니다. 단지 그런 것들은 하나님을 위하여 구별되었다는 사실 자체로 거룩하게 되었다고 여겨졌습니다. 그래서 우리는 출애굽기 29장44절에서 가장 두드러진 본보기를 읽을 수 있습니다. "내가 그 회막과 제단을 거룩하게 하며"라는 말씀은 하나님이 그의 집, 즉 그가 거하시는 특별한 집을 구별하셨다는 것을 의미하는 것이 분명합니다. 그리고 그가 거하시는 그의 집에서는 스랍들의 날개 사이에서 임재의 영광의 밝은 빛이 비추이며, 그것은 여호와께서 그의 백성들 가운데 거하신다는 영광스러운 증거였습니다. 그와 동일한 취지의 말씀들은 다음과 같습니다. 제단과 기구들과 그릇들에 대하여(민 7:1), 여호와의 궤가 기럇여아림에 있는 동안 지키게 하기 위하여 아비나답의 아들 엘리에셀을 구별하심(삼상 7:1), 도피성을 위하여 구별한 성읍들을 지정할 때에(수 20:7) 사용된 기름 부었다는 원문들은 다른 곳에서는 "성별했다"고 번역하고 있습니다. 구약에서 흔히 나타나는 "거룩하게 하다"는 말은 오로지 거룩한 용도를 위하여 구별했다는 의미를 가지고 있습니다. 이것은, 요한복음 10장 36절의 "하물며 아버지께서 거룩하게 하사 세상에 보내신 자가 나는 하나님의 아들이라 하는 것으로 너희가 어찌 신성모독이라 하느냐"라는 말씀을 해석해 줍니다. 예수 그리스도는 자기 자신에 대하여 그의 아버지께서 "거룩하게 하신" 자라고 말씀하고 있습니다. 자, 예수 그리스도께서는 죄 때문에 거룩하게 된 것이 아닙니다. 그는 죄가 없는 분입니다. 그는, 순결하게 잉태되었으며, 모든 죄의 얼룩과 접촉으로부터 영광스럽게 보존되셨으므로, 불순물과 타락으로부터 깨끗하게 하기 위하여, 성령께서 그 안에 거룩하게 하는 역사를 하실 필요가 전혀 없습니다. 여기서 의미하는 모든 것은 예수께서 구별되셨다는 것입니다. 요한복음 17장19절은 매우 잘 알려진 유명한 구절입니다. "또 그들을 위하여 내가 나를 거룩하게 하오니, 이는 그들도 진리로 거룩함을 얻게 하려 함이니이다"라는 말씀은, 그는 하나님만 섬기기 위하여 특별히 자신을 바쳤다는 것이며, 하나님의 일에만 종사하도록 되었다는 의미입니다. 그래서 그는 "나의 양식은 나를 보내신 이의 뜻을 행하며 그의 일을 온전히 이루는 이것이니라"(요 4:34)라고 말씀할 수 있었습니다. 형제 여러분, 이제 "하나님 아버지 안에서 거룩하게 되고"(KJV)라는 본문 말씀을 이해하실 것입니다. 분명히 이것은 하나님 아버지께서 그의 백성들을 특별히 구별하시고 그들을 거룩하게 하셨다는 것을 의미합니다. 하나님 아버지는 신자의 마음 안에서 비록 강제적 방법으로 역사하시지 않지만, 바울은, 우리 안에서 우리가 계획하며, 행동하게 하시는 것은 하나님이시며, 효력 있게 역사하시는 분은 성령이시라고 말합니다. 또한 그리스도께서는 선택의 작정 안에서 그의 백성을 위하여 자신을 주시고, 그 백성을 자기를 위하여 영원토록 거룩하게 하셨습니다. 하나님은 그 백성을 위하여 그의 아들을 선물로 주심으로써, 그들을 구속하셨고, 그들을 거룩하게 하셨습니다. 그리고 그는 끊임없이 성령을 보내 주심으로써 거룩하신 목적을 이루셔서 모든 인류 가운데서 구별된 거룩한 백성이 되도록 하십니다. 그런 의미에서 모든 그리스도인은 이미 완전히 거룩하게 되었습니다. 우리는 신자들에 대하여, 하나님 아버지가 거룩하게 한 자들, 즉 구별된 자들이라고 말할 수 있습니다. 그들은 이미 창조되기 전에 구별되었습니다. 그들은 그리스도께서 값 주고 취득하여 법적으로 구별되었으며, 은혜의 성령의 효력 있는 소명에 의하여, 명백하게 가시적으로 구별됩니다. 이러한 의미에서, 제가 말씀드릴 수 있는 것은, 하나님의 백성은 모든 기간 동안 거룩하게 됩니다. 그리고 그 거룩하게 됨은, 성부 하나님과 관련된 역사이며, 우리 주 하나님을 위하여 그들은 영원토록 완전하게 거룩하게 됩니다.

이 진리가 여러분 모두에게 충분히 명백하지 않습니까? 잠시 동안 이 교리를 접어두고 실제적인 측면에서 그것을 살펴봅시다. 형제 자매 여러분! 여러분은 마땅히 알아야만 할 이 하나님의 진리를 이 때까지 실감해 본 적이 없습니까? 그릇 하나나 컵, 그리고 제단이나 기구는 하나님께 드리는 예배를 위하여 구별된 후에는, 절대로 그것을 다시 일상적인 목적을 위하여 사용하지 않았습니다. 제사장 외에는 그 누구도 금잔으로 마실 수 없습니다. 그 제단은 소홀하게 사용될 수 없습니다. 하나님의 놋쇠 대야는 일상적인 세수에는 사용할 수 없습니다. 제단 위에 있는 화젓가락이나 촛불 끄는 도구까지도 일상적 목적으로는, 어느 때든지 결코 남용될 수 없었습니다. 이러한 사실은 얼마나 시사적이며 엄숙한 일입니까! 만약 여러분과 내가 성부 하나님에 의하여 거룩하게 되었다면, 우리는 하나님을 위한 목적 외에는 결코 사용될 수 없습니다. "내 자신을 위해서는 할 수 없다고?"라고 여러분은 말할 것입니다. 나의 형제 여러분, 우리는 우리를 자신을 위해서 사용할 수 없습니다. 여러분은 여러분 자신의 것이 아닙니다. 여러분은 값으로 산 것이 되었습니다. "그러나 우리는 일해야 하며 우리의 양식을 벌어야만 하지 않습니까?"물론 당연히 그래야만 합니다. 그러나 여러분의 자신의 목적을 위해서 일해서는 안됩니다. 여러분은 여전히 "부지런하여 게으르지 말고 열심을 품고 주를 섬겨"(롬 12:11)야 합니다. 그러나 기억하십시요, 여러분이 종의 신분이라면, 눈가림으로 사람을 기쁘게 하는 자가 되지 말고, 하나님을 섬기듯이 해야 합니다. 만약 어떤 사람이 "나는 주님을 섬길 수 없는 직업을 가지고 있습니다"라고 말하려면 그것을 떠나십시요. 당신의 책임이 아닙니다. 그러나 나는 소명을 발견할 수 없는 직업은 없다고 생각합니다. "나는 '먹든지 마시든지 무엇을 하든지 모든 것을 하나님의 영광을 위하여'(고전 10:31) 하겠다"라고 말할 수 없는 직업은 전혀 없습니다. 제단이 신성한 곳이었듯이, 그리스도인은 더욱 신성한 사람입니다. 그리스도인이 자기 자신을 위해 살거나, 세상을 위해 산다는 것은, 마치 여러분이나 내가 가장 거룩한 곳인 제단을 더럽히고 거룩한 불을 우리 주방용으로 사용하고, 향로를 일반 향으로 사용하며, 성소의 촛대를 우리 방에 사용하는 것과 같은 신성모독입니다. 이런 것들은 하나님의 것입니다. 그 누구도 감히 도용할 수 없는 것들입니다. 우리는 하나님의 것입니다. 그리고 우리는 그를 위해서만 사용되어야 합니다.

오! 그리스도인들이여, 여러분은 반드시 이것을 깨달아야 합니다! 여러분은 그리스도의 사람이며, 하나님의 사람이며, 예수 그리스도로 말미암아 하나님의 종이 된 자들입니다. 여러분은 자신의 일을 위해 존재하는 것이 아니며, 여러분 자신의 목적을 위해 사는 것도 아닙니다. 여러분은 항상, "내게는 우리 주 예수의 십자가 외에 결코 자랑할 것이 없으니"라고 말할 수 있어야 합니다. 그리고 "내게 사는 것이 그리스도니 죽는 것도 유익함이라"(빌 1:21)라는 말씀을 실제로 여러분의 좌우명으로 삼아야 합니다. 안타깝게도 신앙을 고백하는 그리스도인 열 명 중 아홉은 이 사실을 깨닫지 못합니다. 그들은 자신의 일부를 헌신하거나 시간의 일부분을 드리면 충분하다고 생각합니다. 아니요! 그리스도께서는 여러분의 일부분을 사신 것이 아닙니다. 형제 여러분, 예수 그리스도는 여러분의 일부를 사신 것이 아닙니다! 그는 여러분의 모든 것, 몸과 영과 혼을 사셨고, 그러므로 그는 여러분 전체를 소유하셔야 합니다. 만일 여러분이, 일부분은 그에 의

하여, 다른 부분은 여러분 자신에 의하여 구원을 받았다면 여러분 자신을 위하여 사십시요. 그러나 만일 하나님께서 자기가 사용하시기 위하여 적합한 것으로서 여러분을 자비의 그릇이 되게 하셨다면, 오, 주님의 것을 도둑질하지 마십시요. 제단의 그릇으로 사용되는 것들을 일상의 잔으로 취급하지 마십시요.

또 다른 실제적인 생각이 여기 있습니다. 바벨론의 멸망을 초래한 범죄가 있었습니다. 벨사살이 술에 취하여 소리질러 "예루살렘 성전에서 탈취하여 금, 은그릇"(단 5:2) 같은 전리품인 여호와의 잔들을 가져오게 한 것입니다. 그들이 금촛대를 가져왔고, 대리석으로 지어진 홀 중앙에서 밝은 빛을 내고 있었습니다. 그 전제 군주는 아내들과 첩들에 둘러싸여 가득 부은 술잔을 들고 여호와의 잔을 돌리게 명하면서, 이방인들과 우상 숭배자들과 더불어 하늘과 땅의 하나님을 저주하였습니다. 바로 그 순간, 거룩한 그릇에 신성모독의 입술이 닿자마자 신비롭게도 한 손이 나타나서 그의 운명을 기록하였습니다. "왕을 저울에 달아보니 부족함이 보였다"(단 5:27)는 것입니다. 이것이 그의 죄악의 잔을 넘치게 한 범죄입니다. 이제 그의 죄악의 정도가 극에 달하였던 것입니다. 그는 온 땅의 하나님 여호와께 속하는 그릇을 방탕과 술취함을 위하여 사용하였습니다. 언약의 피로 정결하게 되었다고 고백하는 여러분은 주의하여야 합니다. 거룩한 것들에 대하여 신중해야 합니다. 여러분이 하나님을 섬기는 일에 구별되었다고 고백하면서, 여러분의 몸으로 죄의 종이 되게 하거나, 여러분의 지체를 불법의 종으로 만들지 마십시요. 기록하는 천사가 외칠 때에, "저울에 달아보니 부족함이 보였다"는 소리를 듣지 않도록 하십시오. 여호와의 그릇이 된 여러분은 정결하게 되십시오. 그리스도의 것이 되고, 그 안에서 겸손한 믿음을 가지기를 소망하는 사랑하는 여러분은 삼가 조심해서 행하며, 어떠한 일이 있더라도 죄의 종으로 자신을 팔지 말고, 오직 하나님의 것이 되는 영원한 은혜 언약 안에서 자신을 구별된 자로 여기십시오. 만일 여러분과 내가 죄의 유혹을 받는다면, 우리는 이렇게 대답해야 합니다. "아니요. 다른 사람은 그렇게 할지라도, 나는 할 수 없습니다. 나는 하나님의 사람입니다. 나는 그를 위해 구별되었습니다. '내가 어찌 이 큰 죄악을 행하여 하나님께 죄를 지으리이까?'"(창 39:9) 헌신으로 거룩함을 강화하십시오. 하나님께서 여러분을 부르신 그 존엄하심을 생각하십시오. 그의 거룩하신 목적을 위하여 당신을 여호와의 그릇으로 성별하셨습니다. 이제부터는 여러분을 불결하게 하는 모든 것으로부터 멀리하십시오. 안티오코스 에피파네스

(Antiochus Epiphanes)가 예루살렘 성전에서 돼지를 여호와의 제단에 드린 후에, 그의 가공할 만한 죽음은 이미 예상된 것이었습니다. 고상한 신앙 고백을 하면서 하나님의 제단에 불결한 육신을 올려놓는 사람이 참으로 많습니다. 경건을 자신의 이득을 위해 사용하며, 사람들 사이에서 칭찬과 평판을 얻기 위하여 믿음을 가지려 합니다. 이런 일에 대하여 주께서 무슨 말씀을 하십니까? "원수 갚는 것이 내게 있으니 내가 갚으리라"(히 10:30)고 하십니다. 그들의 신은 배입니다. 그들은 부끄러움을 영광으로 여겼습니다. 그들은 땅의 일을 생각합니다. 그들은 당연히 저주받아 죽을 것입니다. 여러분의 엄숙한 잔치에 그들은 오점이 됩니다. 영원히 흑암이 예비된 유리하는 별들입니다. 그러나 사랑하는 여러분은, 악한 자들의 오류를 따라가지 마십시오. 자기를 세상에 물들지 않도록 지키십시오.

2. 구약에서, "거룩하게 하다"는 말의 둘째 의미

둘째로, 구약 성경에서 "거룩하게 하다"는 말은 때때로 다른 의미로 사용됩니다. 우리의 성경 백과사전에는 암시되지 않았지만, 그 주제를 분명하게 설명해야 합니다. "거룩하게 하다"는 말은 거룩한 용도를 위하여 구별된 것뿐 아니라, 거룩한 것으로 간주하고, 취급하며, 선언한다는 의미로 사용합니다. 한 가지 실례를 든다면, 이사야 8장 13절의 말씀이 그 점을 잘 보여줍니다. "만군의 여호와 그를 너희가 거룩하다 하고." 여호와께서는 거룩한 일을 위하여 구별될 필요가 없음을 여러분은 잘 알고 있습니다. 또한 만군의 주께서는 정결하게 될 필요도 없습니다. 왜냐하면 그는 거룩 그 자체이기 때문입니다. 그러므로 주를 경외하며 찬양하십시오. 두려움으로 떨면서 그의 보좌로 나아가고, 그를 이스라엘의 거룩한 자로 여기십시오. 이제, 다른 실례들을 보겠습니다. 나답과 아비후가 레위기 10장에 기록된 대로 하나님께 희생을 드리되, 다른 생소한 불을 제단에 사용하였으므로 여호와의 불이 나와서 그들을 소멸하였습니다. "나는 나를 가까이하는 자 중에서 내 거룩함을 나타내겠"(레 10:3)다는 이유에서입니다. 이것은, 하나님이 구별되어야 한다거나, 정결하게 하여 거룩하게 된다는 뜻이 아니라, 그는 가장 거룩한 분으로 간주되어야 하며, 그런 방자함으로 대접받아서는 안 된다는 것을 의미합니다. 그리고 민수기 20장10절에서 모세가 화를 못 이겨서 바위를 두 번 친 불행한 경우가 있었습니다. "반역한 너희여 들으라 우리가 너희를 위하여 이 반석에서 물을 내랴"(민 20:10). 주께서는 모세가 약속의 땅을 볼 수는 있지만, 들어가지 못한다고 말씀하셨습니다. 그 이유는, "너희가 나를 믿지 아니하고 이스라엘 자손의 목전에서 내 거룩함을 나타내지 아니한고로, 너희는 이 회중을 내가 그들에게 준 땅으로 인도하여 들이지 못하리라"(민 20:12)는 것입니다. 그들은 하나님의 백성들 가운데서 그 이름을 영화롭게 하도록 행동하지 않았다는 것입니다. 우리에게 더욱 친숙한 본보기가 "주기도문"에 있습니다. "하늘에 계신 우리 아버지여 이름이 거룩히 여김을 받으시오며…"(마 6:9)라고 합니다. 이제 우리는, 하나님의 이름은 정결하게 할 필요가 없고, 구별될 필요가 없다는 것을 알았습니다. 그러므로 여기서 의미는 오직, "주의 이름이 온 땅에서 존중히 여김을 받고 찬양받게 하소서. 모든 사람들이 주의 이름은 거룩한 것인 줄 알게 하소서"라는 것입니다.

사랑하는 형제 여러분, 우리의 두 번 째 본문인, "예수 그리스도 안에서 거룩하게 된 자들"(고전 1:2)이라는 말씀에는 어떤 빛이 있습니다. 만일 "거룩하게 하다"라는 말을 "거룩한 존재로 인정되고 그런 대우를 받는다"는 뜻으로 받는다면, 그 결과로 그리스도 예수 안에 있는 성도들은 하나님에게 거룩한 자로 인정받는다는 뜻으로 볼 수 있습니다. 이 본문의 뜻에만 국한되지 않고, 또 하나의 의미가 거기에 부가되는 것을 봅시다. 그리스도 안에서 거룩하게 된다는 것을 확대함으로써, 성령의 역사를 거의 망각하는 형제들이 있습니다. 우리가 의롭다 함을 받은 사실과 거룩한 자로 취급을 받는다는 의미로, 그리스도 안에서 거룩하게 된다고 말한다면, 그들과 논쟁할 이유가 없습니다. 그러나 만일 그들이 성령의 역사를 부인한다면, 그것은 치명적인 오류의 죄입니다. 나는 때때로 "전가된 성화"(Imputed sanctification)라는 용어를 사용하는 것을 듣는데, 그것은 천박하고 불합리한 것입니다. 여러분은 "전가된 칭의"(Imputed justification)라는 용어는 사용조차 할 수 없습니다. "전가된 의"(Imputed rightousness)라는 용어는 옳은 말이며, 영광스러운 교리를 포함하고 있습니다. 그러나 칭의는 전가되는 것이 아니라 실제로 수여되는 것입니다. 우리는 그리스도의 전가된 의로 말미암아 의롭게 된 것이며, 전가적으로 거룩하게 된 것은 아닙니다. 그런 말은 아무도 이해할 수 없습니다. 그 용어는 정확하지도, 성경적이지 않습니다. "예수는 하나님으로부터 나와서 우리에게 지혜와 의로움과 거룩함"(고전 1:30)이 되셨다고 말합니다. 그러나 성화는 전가로 되는 것이 아니며, 본문도 그렇게 말씀하지 않습니다.

전가된 성화를 주장할 수 없는 것은, 전가된 지혜라든가 전가된 구속이라고 할 수 없는 것과 같은 이치입니다. 예수 그리스도께서 성취하신 사역으로, 하나님의 백성은 부분적으로 거룩하게 되었으나, 여전히 범죄하기 쉬운 자로서 거룩하게 된 것입니다. 그래서 그리스도로 인하여 그들이 완전히 거룩한 자로 취급되며, 거룩한 자로 간주함을 받는 것입니다. 그러나 신학적인 정의를 따르면, 이것은 성화보다는 오히려 칭의입니다. 성경에서는 때때로 "성화"라는 말이 칭의와 같은 의미로 사용됩니다. 하지만, 하나님의 백성은 예수 그리스도를 통하여 완전히 거룩한 것으로 간주되기 때문에, 담대하게 주께 나아갈 수 있음을 명백히 알 수 있습니다.

　　형제 여러분, 잠시 동안 이에 대하여 생각해 보십시오. 거룩하신 하나님은 거룩하지 않은 사람들과 관계할 수 없습니다. 그리스도는 거룩하시지 않습니까? 그러므로 하나님이신 그리스도 예수께서도 거룩하지 않은 자들과 교제할 수 없습니다. 그런데 여러분과 나는 거룩하지 못합니다. 그렇다면 그리스도께서 어떻게 우리를 그의 품안에 영접하십니까? 아버지 하나님께서 어떻게 우리와 동행하시고 용납하실 것입니까? 그는 우리 자신을 보시지 않고, 우리의 위대한 언약의 머리가 되신 둘째 아담 안에서 우리를 보십니다. 그는 그리스도의 공로를 우리의 것으로 보십니다. 그는 우리를 보실 때,

> "아담의 타락 안에 있었던 것으로 보지않고,
> 　죄와 파멸이 모든 것을 덮을 때에라도,
> 　정오의 태양 광선보다 더 밝은 곳,
> 　어느 날엔가 거기 설 것처럼 보시네."

　　그는 그리스도의 모든 행위와 그리스도의 완전한 순종과 죄 없는 삶을 우리의 것으로 보십니다. 그래서 우리는 이렇게 노래합니다.

> "그대가 입은 흠 없는 옷으로
> 　그 거룩한 자처럼 거룩하리라."

　　우리는 휘장 안에 있는 지성소로 담대하게 들어갈 수 있지만, 하나님께서

그리스도 안에서 우리를 거룩한 자라고 보시기 때문입니다. 이것은 크고 귀중한 교리입니다. 그러나 여전히 "성화"라는 용어를, 성령의 역사라는 일반적 용법으로 사용되는 것 외에 다른 의미로 사용하는 것은, 혼란스러운 개념들을 불러일으킬 수 있으므로, 하나님의 성령의 역사를 무시하지 않도록 해야 합니다. 그리스도인들 사이의 일상적인 대화에서는 성화를 우리 주 예수 그리스도의 전가된 의로 말미암은 칭의와 완전히 다른 것이라고 혼동하는 일이 없으면 더 좋겠습니다. 만일 우리 형제가 정확하지 못한 표현을 사용한다 하더라도 그가 믿음에 완전히 잘못된 것처럼 너무 엄격할 필요가 없습니다. 왜냐하면 성경에서는 "성화"와 "칭의"라는 용어는 자주 서로 교환적으로 사용되기 때문이며, 그리스도의 의라는 말은 하나님의 은총의 양면적 역사의 주제(subject-matter)이기 때문입니다.

3. "성화"라는 용어의 일반적인 의미

이제 우리는 "성화"라는 말이 사용되는 일반적인 의미를 살펴보겠습니다. 그것은 실제로 정결하게 하거나 거룩하게 만드는 것을 의미합니다. 단순히 구별하거나 거룩한 것으로 간주하는 것이 아니라, 진실로 그렇게 하며, 실제로 본성상 그렇게 되게 합니다. 그런 의미로 구약성경 여러 곳에 그 말씀을 볼 수 있습니다. 출애굽기 19장 10,11,12절에 찾을 수 있습니다. 셋째 날에 하나님께서 시내 산 정상에서 율법을 선포하시려고 명령하셨습니다. "오늘과 내일 그들을 성결하게 하며." 이런 성결은 외적으로 나타나는 행위이기 때문에, 몸과 옷을 깨끗하게 하여, 그들의 영혼을 경건한 상태로 있게 하는 것입니다. 여호수아 3장을 보면, 이스라엘 자손들이 요단 강을 건너려고 할 때, "너희는 자신을 성결하게 하라 여호와께서 내일 너희 가운데서 기이한 일들을 행하시리라"(수 3:5)는 말씀이 있었습니다. 그들은 매우 존엄한 광경을 보는 자로 자신을 준비해야만 했습니다. 즉, 요단 강이 뒤로 물러가고, 하나님의 제사장들의 발 앞에 완전히 마르는 광경입니다. 이 경우에는 실제적인 성결이 있었습니다. 옛적에는 사람에게 피를 뿌렸고, 그래서 더러움에서 성결하게 되고, 하나님이 보시기에 순결한 것으로 간주되었습니다. 이것이 우리가 "성령으로 거룩하게 하심"의 일반적인 의미이며, 그리스도인들의 일상적 대화에서 이해하는 일반적인 의미이기도 합니다.

성화는 중생으로 시작합니다. 하나님의 성령께서 사람 속에 영이라고 불리는 제3의 한층 높은 본성인 새로운 원리를 주입하십니다. 그래서 믿는 사람은 몸과 혼, 그리고 영이 되는데, 여기서 아담의 다른 모든 후손들과 뚜렷이 구별되는 것입니다. 중생에서 시작되는 이 역사는 두가지 길로 이행되는데, 생명을 주는 것과 제거하는 것입니다. 즉 선한 것에 생명을 주는 일과 사람 속에 있는 악한 요소를 제거시키는 것입니다. 제거함으로 인하여, 육신의 정욕이 굴복되고 억제됩니다. 생명을 주는 일은 하나님께서 우리에게 주신 생명의 활기로 인하여 영원토록 솟아나는 샘물이 됩니다. 우리가 이것을 견인이라고 하는 것인데, 그것은 날마다 이루어지며, 그리스도인은 그것으로 보존되고 은혜로운 상태에 놓여있게 되며, 하나님을 찬양하고 영광을 돌리는 선한 일이 풍성하게 됩니다. 그것은 철저히 영혼이 성결될 때, "영광" 중에 정점에 이르며 완전하게 되고, 그 영혼은 지극히 높으신 분의 오른편에 있는 거룩한 영들과 함께 거하기 위해 들려질 것입니다. 이 일은 우리가 보통 성령의 역사라고 말하지만, 성령과 마찬가지로 주 예수 그리스도의 역사입니다. 주제에 대한 본문을 연구할 때에, 나는 어느 한 구절에서는 그것을 성령의 역사로 말하다가, 다른 구절에서는 예수 그리스도의 역사라고 한다는 사실을 발견하고 매우 놀랐습니다. "그리스도 예수 안에서 거룩하게 되다"라는 두 번째 본문은, 세 번째 본문인 "성령이 거룩하게 하심"(벧전 1:2)이라는 말씀만큼이나 풍성한 의미가 있다고 이해할 수 있습니다. 자, 이 귀중한 역사를 체험하지 못한 사람들은, 관심도 없고 그 주제가 너무 딱딱하다고 느낄 것입니다. 그러나 성화라는 성결하게 하는 역사가 신자에게 얼마나 귀중한가를 알게 될 것입니다!

성화는 우리 안에 있는 역사이며, 우리를 위한 역사가 아닙니다. 그것은 우리 안에서 일어나는 역사이며, 두 분의 행위자가 있습니다. 한 분은, 이 성화가 효력이 있도록 하시는 행위자 곧 성령이시며, 다른 한분은, 성령이 이 성화를 이루실 수 있도록 하신 유효한 방편이 되신 분, 즉 예수 그리스도와 그의 보혈이 있습니다. 될 수 있는 한 그것을 알기 쉽게 설명하겠습니다. 다음과 같이 상상해 보십시오. 세탁할 의복이 있습니다. 그것을 씻는 사람이 있고, 그 의복을 씻을 세탁통이 있습니다. 씻는 분은 성령이시고, 그 세탁통은 그리스도의 피라고 말입니다. 정결하게 하시는 분을 거룩하게 하는 자라고 말하는 것은 정확합니다. 세탁통 안에 있는 것과 그것을 정결하게 하는 분이 성령이라고 말하는 것도 역시 정확합니다. 하나님의 영께서 우리를 거룩하게 하시며, 그는 그 일을 효과적으로 이루십니다. 그러나 그는 그리스도의 피로 우리를 정결하게 하시며, 그리스도의 옆구리에서 피와 함께 흘러나온 물로 정결하게 하십니다. 예화를 다시 생각해 봅시다. 검은 옷이 있습니다. 빨래를 하는 사람은 그것을 희게 만들기 위해서 비누를 사용합니다. 빨래하는 사람과 비누는 둘 다 정결하게 하는 것입니다. 이와 같이 성령과 그리스도의 속죄는 둘 다 거룩하게 하는 자입니다. 이것은 아주 분명하다고 생각합니다. 이 교리를 상세히 살펴봅시다. 하나님의 영은 우리를 정결하게 하시는 위대한 사역자이십니다. 오늘 아침 여러분은 대부분「침례교 신앙고백서」를 가지고 있으며,「소요리 문답」이 교회와 가정들에 보편적으로 보급되어 있으므로, 굳이 성경 본문을 인용하지 않겠습니다. 그것들을 보면 이 주제에 관한 성구를 많이 알게 될 것입니다. 왜냐하면 이것은 우리 가운데 보편적으로 수용된 교리이기 때문입니다. 언약의 취지에 따라서 우리 안에 새 마음과 의로운 정신을 창조하시는 분은 하나님의 영이십니다. "새 영을 너희 속에 두고 새 마음을 너희에게 주되"(겔 36:26). "내가 내 영을 너희 속에 두어 너희로 내 율례를 행하게 하리니 너희가 내 규례를 지켜 행할지라"(겔 36:27). 그는 그 본성을 새롭게 하며, 변화시키며, 그 의지의 경향을 바꾸시고, 우리로 하여금 선하고 옳은 일을 추구하게 하실 것입니다. 그래서 우리 안에 있는 모든 선한 일은 "성령의 열매"라고 합니다. 우리의 모든 덕행과 은혜들은 살아 계신 하나님의 영에 의하여 우리 안에 효력 있게 이루어지는 것입니다. 형제 여러분, 내가 간곡히 부탁드리오니 결단코 이 사실을 잊지 마십시오. 교회의 일원들이 우리 안에 있는 성령의 역사를 소홀히 여기기 시작하면 그것은 잘못된 것입니다! 우리는 우리를 위하시는 그리스도의 역사를 즐겨 찬송해야 합니다. 우리는 우리 안에 계시는 복된 성령의 역사를 과소평가해서는 안 됩니다.

언젠가 우리 교회에 이 잘못된 사건이 일어났을 때, 존경하는 나의 선임자였던 길(Gill) 박사는 극단적 칼빈주의의 견해를 가졌지만, 그 문제의 핵심에는 건전한 태도를 가지고 있었습니다. 그 때에 우리 교회에 소위 "전가된 성화"의 교리를 믿고서 찬양을 받으실 성령의 역사를 부인하는 일까지 있었습니다. 제가 지난 밤에 옛 교회록에서 이 교회의 사려 깊은 견해를 기록해 둔 것을 읽어 보았는데, 길 박사가 친필로 기록한 것이었습니다. "결의됨 : 마음 속에서 역사하는 하나님의 은혜와 거룩의 원리로서, 혹은 영혼에 전달되며, 심겨진 하나님의 은혜를 구성하는 것으로서, 성령의 내적 성화를 부인하는 것은 잘못이다. 비록 시작된 데 불과하고 여전히 불완전하지만, 그것은 은혜의 지속적인 역사이며, 모든 부패성과 시험과 올무가 있더라도 그리스도의 날까지 그 일을 시작하신 이가 이루실 것이다. 그 날에 그것으로 말미암아 영원한 영광에 합당한 성도들이 될 것이다. 이것을 부인하는 것은 큰 오류이며, 성령에 대한 큰 모독이며, 마음에 역사하시는 그의 은혜의 역사를 부인하는 것이며, 참된 종교를 파괴하며, 경건의 능력도 부인하는 것이다. 그러한 견해를 가진 자는 성도들의 교제에 적절하지 못하며, 더욱이 이 오류를 찬동하는 사람들은 성도들의 교제에 참여하지 못할 것이다. 그리고 그 오류를 받아들이고 계속 고집하는 회원들은 출교될 것이다.”

그 결의로 정죄된 오류를 주장하는 출석한 두 명의 회원과 터무니 없는 망상을 가지고 있던 잘 알려진 세 번째 회원은, 그 결과로 그날 저녁에 출교되었습니다. 더구나 그 정죄된 견해를 주장했던 다른 교회의 회원은 성찬을 금지당했습니다. 그리고 케터링에 있는 그의 목사에게 그 문제에 대하여 서신을 보내면서 그런 큰 오류에 빠진 자들과 교제를 갖지 말라고 경고하였습니다. 길 박사는 그런 오류는 너무나 심각하기 때문에 단번에 전지가위를 사용하였습니다. 그리고 그것이 자라지 못하도록 바로 그 연한 가지를 잘라 버렸습니다. 우리가 하나님의 능력 안에서 그것을 실천하는 것은 교회의 권징에 유익이 됩니다. 그 싹이 났지만 아직 거기에 오염되지 않은 자들은, 교회의 도움을 통하여 하나님의 복된 섭리로 지키심을 받았습니다. 우리를 그리스도의 형상으로 만드시는 우리 안의 성령의 역사는, 죄에서 우리를 정결하게 하시는 예수 그리스도의 역사인 구원과 마찬가지로, 절대적으로 필요한 것임을 우리는 항상 주장하며 지속적으로 가르쳐야 합니다.

여기서 잠깐 멈추고, 긴장을 푸십시오. 하나님의 영이 성화를 만드신 분이라고 성경에 기록하고 있지만, 결코 잊어서는 안 되는 가시적인 행위자가 있다고 말씀드린 것 때문에, 여러분이 혼란스러워 하지 말기를 바랍니다. “그들을 진리로 거룩하게 하옵소서 아버지의 말씀은 진리니이다”(요 17:17)라고 그리스도께서 말씀하셨습니다. 성경 공부반의 젊은 사람들은, 우리의 성화의 방편이 하나님의 말씀이라고 증언하는 성경구절들을 찾아보시면, 매우 많은 구절이 있음을 알게 될 것입니다. 그 영을 거룩하게 하는 것은 하나님의 말씀입니다. 하나님의 영께서 우리 마음에 하나님의 진리의 명령과 훈계와 교훈을 주시고, 그것들이 능력으로 적용되게 하십니다. 이것들이 귀에 들리고, 마음에 받아들이게 되고, 우리 안에서 하나님의 기쁘신 뜻을 행하도록 합니다. 하나님의 진리가 선포되는 것은 참으로 중요한 일입니다. 복음의 위대한 교리와 교훈을 무시하는 사역을 용납하지 않는 것은 참으로 필요한 일입니다. 진리는 거룩하게 하는 자입니다. 만일 우리가 진리를 듣지 않고 의지하지 않으면 우리는 성화의 은혜로 성장할 수 없습니다. 우리가 건전한 깨달음이 건전한 성장을 이루는 것처럼, 건전한 삶이 있어야 성장을 이룰 수 있습니다. "주의 말씀은 내 발에 등이요 내 길에 빛이니이다"(시 119:105). 그러므로 어떤 오류에 대하여 "이것은 사소한 문제이다"라고 말하지 마십시오. 그것이 오늘은 견해의 문제지만, 내일은 실천상의 문제가 될 것입니다. 판단의 오류가 있으면 반드시 실천의 오류가 따라옵니다. 깨알 같은 진리도 모두 작은 다이아몬드 같으므로 모두 귀하게 여겨야 합니다. 여러분이 받고, 배운 진리를 굳게 잡으십시오. "건전한 말씀을 굳게 믿으십시오." 오늘날에는 신조와 교리들이 멸시를 당하지만, 여러분이 받은 것을 굳게 붙잡고, "믿음 없는 세대에서 신실한 자"가 되십시오. 왜냐하면 그렇게 진리를 굳게 붙잡으므로, 여러분은 하나님의 영으로 거룩하게 되기 때문입니다. 진리로써 역사하시는 이는 하나님의 영이십니다.

이제 먼저의 비유로 되돌아갑시다. 성령께서 우리의 마음을 더러움과 죄악으로부터 씻으시는 것은, 그리스도의 흘리신 피와 그의 옆구리에서 쏟아진 물로 하신 것이므로 또 다른 의미에서 우리는 그리스도를 통하여 거룩하게 되는 것입니다. 다음의 말씀은 우리 주님에 관한 말씀입니다. "그리스도께서 교회를 사랑하시고 그 교회를 위하여 자신을 주심같이 하라 이는 곧 물로 씻어 말씀으로 깨끗하게 하사 거룩하게 하시고 자기 앞에 영광스러운 교회로 세우사 티나 주름 잡힌 것이나 이런 것들이 없이 거룩하고 흠이 없게 하려 하심이라"(엡 5:25-27). 또 이 말씀을 기억하십시오. "그러므로 예수도 자기 피로써 백성을 거룩하게 하려고 성문 밖에서 고난을 받으셨느니라"(히 13:12). "거룩하게 하시는 자와 거룩함을 입은 자들이 다 한 근원에서 난지라 그러므로 형제라 부르시기를 부끄러워하지 아니하시고"(히 2:11). 다시 말씀드리거니와 이런 구절들이 매우 많습니다. "이름을 예수라 하라 이는 그가 자기 백성을 저희 죄에서 구원할 자이심이라"(마 1:21). "그러나 내게는 우리 주 예수 그리스도의 십자가 외에 결코 자랑할 것이 없으니 그리스도로 말미암아 세상이 나를 대하여 십자가에 못 박히고 내가 또한 세상을 대하여 그러하니라"(갈 6:14). 우리가 잘 기억하는 "오호라 나는 곤고한 사람이로다 이 사망의 몸에서 누가 나를 건져내랴"(롬 7:24)라는 말씀에서, 사도 바울은 부패성과 투쟁하며 절규로 질문합니다. 그러나 그 대답을 성령이라고 말하지 않고, "우리 주 예수 그리스도로 말미암아 하나님께 감사하리로다"(롬 7:25)라고 말씀하셨습니다. 이런 구절을 다 열거할 수가 없습니다. 즉, 우리의 성화가 예수 그리스도의 역사의 결과임을 나타내는 구절이 많습니다. 그리스도는 우리를 거룩하게 하시는 자입니다. 왜냐하면 그는 우리가 씻음을 받는, 중생이라는 놋그릇 안에 그의 피와 옆구리에서 나온 물로 채우셨고, 그 그릇 안에서 성령으로 말미암아 우리가 씻음을 받는 것입니다. 율법으로는 거룩하게 되는 일이 없습니다. 성령께서는 우리를 거룩하게 하기 위하여 율법적인 교훈을 사용하지 않습니다. 단순한 도덕성에 관한 교훈으로 정결하게 되는 일은 없습니다. 하나님의 영은 그것들을 사용하지 않으십니다. 마라의 물이 몹시 썼을 때, 모세가 명하여 한 나무를 던져 넣게 하여 그 물이 달게 되었던 것과 마찬가지입니다. 그와 같이 하나님의 영께서는 우리의 본성이 쓴 것을 보시고, 골고다 언덕의 나무를 취하셔서 개울에 던져 넣으시고, 따라서 모든 것이 정결하게 되었습니다. 성령은 우리가 나병환자임을 아시고 믿음의 우슬초에 그 피를 적셔서 우리에게 뿌려서 정결하게 하십니다. 그래서 우리는 정결하게 됩니다. 그리스도의 피에는, 죄의 용서를 이루실 뿐 아니라 죄의 죽음을 이루시는 신비한 효력이 있습니다. 그 피가 하나님 앞에서 나타나고, 하나님은 기뻐하십니다. 그것이 우리에게 떨어질 때 욕망은 시들어지고 옛 부패성은 소멸됩니다. 다곤은 법궤 앞에서 쓰러집니다. 그루터기가 남아 있고 부패성이 여전히 잔존하지만, 그리스도께서 타고난 우리의 모든 죄악에 종지부를 찍었으며, 그리스도로 말미암아 우리가 하늘에 계신 아버지께서 완전하심과 같이 완전하게 되어 하늘에 오를 것입니다.

성령께서 오직 진리를 통하여서만 역사하시는 것과 마찬가지로, 그리스도의 피는 오직 **믿음**을 통하여 역사하십니다. 교리문답반과 성경 공부반에 있는 청년 여러분, 조용한 시간에 성경을 펴고, 영혼을 정결하게 하고, 정신을 정화하는 믿음에 대한 귀중한 많은 구절들을 찾아보십시오. 우리의 믿음은 그리스도의 귀중한 대속을 든든히 붙잡고 있습니다. 믿음은 나무 위에서 고난당하신 예수를 바라보면서 이렇게 말합니다. "그를 십자가에 못 박게 만든 죄에 대하여 복수할 것을 내가 맹세하노라." 그의 보혈은, 우리 안에 있는 모든 죄를 혐오하게 하시고, 성령께서는 하나님의 진리를 통하여 믿음으로 역사하여 뿌려진 보혈이 적용되게 하십니다. 따라서 우리는 정결하게 되고 사랑하시는 자 안에서 영접을 받습니다. 나는 말로 인해 분별력을 어둡게 하고, 혼란을 줄까 걱정됩니다. 교리 책에는 짧게 정의되어 좁고 간략하지만, 성경은 우리에게 성화에 대하여 넓고, 크며, 광대하게 가르치고 있으므로 여러분의 사고의 진로를 올바로 제시할 수 있다고 생각합니다. 우리가 하나님 아버지로 말미암아 거룩하게 되었고, 그리스도 예수 안에서 거룩하게 된 역사는, 지금도 하나님의 성령으로 거룩하게 되는 역사입니다.

사랑하는 청중 여러분, 실제적으로 거룩한 일을 하기 위해 노력하십시오. 그리스도를 사랑하는 여러분은 누구라도 여러분에 대하여 "어떤 그리스도인이 있는데, 그는 다른 사람보다 더 나쁘다"라는 말을 듣는 일이 없기를 바랍니다. 그리스도를 세상에 알리는 것은, 우리의 웅변, 학식, 그리고 명성이나 부가 아닙니다. 그것은 그리스도인들의 거룩한 생활입니다. 나는 지난날 동역자에게 이백 년 기념행사가 그리스도의 교회에 막대한 손상을 초래할 까봐 염려된다고 말한 적이 있습니다. 형제들 사이에 분쟁의 기회가 되지 않기를 바라는 것입니다. 잘못은 시정되어야 하지만, 사랑은 상처를 입어서는 안 됩니다. 지난날에 비국교도가 번성했던 유일한 비결은, 그 목회자들이 훨씬 더 거룩했기 때문이라고 누군가 언급했는데, 나는 옳은 말이라고 생각했습니다. 국교도 목사들이 사냥을 하는 동안 비국교도 목사들은 병자를 심방했습니다. 그리고 그는 말하기를 "이것이 우리의 능력을 상실하게 한 길이다. 곧 우리 목사들이 정치적으로 나가고 세상과 타협한다면 우리는 끝장이다"라고 외쳤습니다. 나는 필요하다고 느낄 때, 책망하는 일을 피하지 않습니다. 나는 분쟁은 미워합니다. 그러나 단지 허락할 수 있는 분쟁은, 누가 가장 거룩한 사람이 될 수 있을지, 누가 가장 열심이며, 누가 가난하고 무시받은 사람들을 위해 최선을 다할 수 있는 사람일지, 그리고 누가 그리스도의 십자가를 최고로 높일 수 있는 사람이 될지 노력하는 것입니다. 그 방법은, 다른 사람들보다 더 경건하고, 더 거룩하며, 더 영적인 사람이 되는 것입니다. 그러나 보잘것없는 모든 파벌 싸움은 다툼과 원한과 논쟁을 일으킬 뿐이며, 하나님의 성령으로 말미암은 것이 아닙니다. 오직 하나님을 위하여 살고, 그에게 헌신하십시오. 그것이 교회의 능력입니다. 그것은 우리에게 승리를 안겨 줍니다. 하나님께서 우리를 도와주시기를 바라며, 그의 이름이 찬양을 받으시기를 바랍니다.

아직 회개하지 않고 거듭나지 못하고 여기 계신 모든 분들에게 나는 성화를 말할 수 없습니다. 오늘 아침 나는 문을 열었습니다. 그러나 여러분은 들어갈 수 없습니다. 여러분이 여기에 들어올 수 없다면 천국에 들어갈 수 없다는 것을 기억하십시오.

> "영원한 심판을 위한 거룩한 문들이여
> 부패, 죄악, 그리고 수치,
> 누구도 거기에 들어갈 수 없다네
> 어린 양을 따르는 자들 외에는."

그들이 여러분이기를 기원합니다. 겸손하게 나와서 여러분의 죄를 고백하고, 죄사함을 구하십시오. 그렇지 않으면, 성령으로 여러분의 마음의 영이 거룩하게 되는 것을 소망할 수 없습니다. 하나님께서 예수님을 위하여 여러분을 축복하시기를 기원합니다. 아멘.

제
3
장

—

애찬의 암초

—

"그들은 기탄 없이 너희와 함께 먹으니
너희의 애찬의 암초요
자기 몸만 기르는 목자요." — 유 12

하나님의 교회가 그 경계를 신속하게 넓혀갈 때, 그 성장이 실제적이고 영속적이 되도록 하는 것이 무엇보다 중요합니다. 시온의 성벽이 빠르게 세워져 간다면, 그것을 세우는 건축자들은 조심스러운 눈으로 그 작업을 살펴보아서, 돌들이 잘 섞이지 않은 회반죽으로 연결되어 장래에 전체 구조물이 붕괴되는 일이 없도록 해야 합니다. 양들의 위대한 목자이신 우리 주 예수님은, 그분의 교회가 아주 번창할 때 이따금씩 인간의 연약함을 상기시키십니다. 그리하여 그들이 스스로 삼가서 나무나 풀이나 짚이 아니라, 금이나 은이나 보석으로 튼튼하게 건축하고 있는지를 살피라고 경고하십니다.

모두가 잠들었을 때가 하나님의 교회로서는 아주 음울한 시기입니다. 하지만 활동적일 때에도 위험은 있을 수 있습니다. 한 사람이 그리스도를 위하여 강렬한 흥분 속에서 열성적인 노력을 기울일 때에도, 그의 속에 있는 많은 것이 위조되었을 가능성은 있습니다. 열정에 의해 격동된 일시적인 현상에 불과할 수 있는 것입니다. 그러므로 유다가 말하듯이, 성도들과 신자들에게 이 문제에 관한 글을 써서 그들이 하나님 앞에서 건전하고, 참되며, 진실한 자들로 인정되도록 권면할 필요가 있는 것입니다. 유다가 이 본문과 서신 전체에서 우리에게 말하는 바는, 고상한 신앙고백을 하는 많은 자들이 실제로는 그들이 고백하는 바와 일치하지 않는 자들이라는 것입니다. 또한 하나님의 교회에서 최상의 지위를 차지하는 많은 자들이 실제로는 비 없는 구름이요, 열매 없는 나무이며, 영원토록 캄캄한 흑암으로 돌아갈 운명의 별들이라고 그는 말합니다.

1. 기독교회에서 발견되는 불경건한 자들

곧바로 본문으로 들어가겠습니다. 본문에 근거하여 진술하자면, 우리는 기독교회에서 불경건한 자들(ungodly men)을 발견하게 될 것을 예상해야 합니다. 그들이 거기에 있어서는 안 됩니다. 교회는 그들을 멀리하기 위해 최대한 진지한 노력을 기울여야 합니다. 그들이 교회 안에 있는 것으로 발견되면(discovered), 교회는 그들을 지체 없이 쫓아내야 합니다. 교회는 악한 구성원들을 몰아내야 하고 순결을 유지하도록 애써야 합니다! 하지만 그럼에도 불구하고 지상에서 완벽한 교회란 결코 없습니다. 교회는 위에 있는(above) 가나안에서는 흠이 없습니다. 하지만 이 광야에 있는 동안에는 잡다한 무리가 이스라엘 지파들 중에 뒤섞여 있습니다.

먼저 우리는 이런 점을 예상해야 합니다. 언제나 그래왔기 때문입니다. 하나님의 낙원에서조차 완벽한 인간들 중에 죄가 침투했다면, 하물며 모든 사람들의 마음이 나면서부터 거짓된 불완전한 우리 회중 가운데는 얼마나 더욱 그러하겠습니까? 인류의 최초의 가족에도 가인이 있었습니다. 그는 엄숙한 제사의 날에 그 자신이 악한 자임에도 불구하고 하나님의 제단에 나아왔으며, 또한 그의 형제를 죽였습니다. 지면을 쓸었던 엄중한 심판이 있은 후에, 오직 여덟 명으로 구성된 작은 교회가 방주 안에 모였을 때에도, 그들 중에는 족장 노아가 이렇게 말했던 한 사람이 있었습니다. "가나안은 저주를 받아 그의 형제의 종들의 종이 되기를 원하노라"(창 9:25). 방주 안에 있었던 함은, 비록 성도들 가운데 둘러싸여 있었지만, 불경건하고 유기(遺棄)된 자였습니다!

거룩한 은혜의 선택을 따라, 주님께서 아브라함을 인류 중에서 택하여 그와 그의 집을 구별하셨을 때, 우리는 이삭을 희롱했던 이스마엘에 대해서 읽습니다. 이삭의 가족에서도 우리는 불경스러운 에서에 대해 듣습니다. 아무리 소수가 선택된다 해도, 그들과 관련된 사람들 중에서 그들과 함께(with them) 있어도 그들 중에 속하지 않은(not of them) 일부 사람들이 반드시 있게 마련입니다. 명백하게 그리스도의 교회를 예표하는 백성, 곧 광야에서의 이스라엘 역시 같은 방식으로 오염이 되었습니다. 율법의 규정들이 아무리 엄격하고 그들의 지도자가 아무리 성실하여도, 여전히 반역적인 사람들은 불평을 일삼았으며, 그 혼합된 무리는 탐욕으로 떨어졌습니다. 또한 고라와 다단과 아비람은 쓴 뿌리였습니다. 내가 굳이 여러분에게 그리스도께서 오시기까지 주의 백성의 역사 전체를 개관할 필요는 없습니다. 여러분이 손가락으로 그 전체 역사 중에서 어느 한 부분을 가리키더라도, 여러분은 틀림없이 곡식 중에 뒤섞여 있는 가라지들과, 선택된 자들의 가족 안에 둥지를 틀고 있는 뱀의 후손을 발견할 것입니다.

우리 주님께서 오신 이후 시대에는, 고통스럽게도 이런 사실이 두드러집니다! 우리 주님께서는 그분 가까이에 있던 열둘만을 사도로 삼으셨지만, 이렇게 말씀하셨습니다. "내가 너희 열둘을 택하지 아니하였느냐 그러나 너희 중의 한 사람은 마귀니라"(요 6:70). 유다의 이름은 저주의 인침을 받고 영원 속으로 떨어졌습니다. "그 사람은 차라리 태어나지 아니하였더라면 제게 좋을 뻔하였느니라"(마 26:24). 이후, 예수님이 승천하시고 하나님의 영이 부어졌을 때, 교회가 사랑으로 모든 물건을 서로 통용하였을 때에도, 우리는 아나니아와 삽비라가 재산의 상당 부분을 감추고서 거짓으로 전부를 바친 것처럼 속인 일에 대해 읽었습니다. 너무나 일찍부터 시온의 성문 안에서 거짓말쟁이와 위선자가 발견될 정도로, 순결한 교회가 비열한 자들을 전적으로 배제시킬 수 없었던 것입니다.

또한 사마리아에 있는 교회를 보십시오. 빌립의 전도가 그 도시를 뒤흔들었습니다. 그러자 마법을 행하는 체하여 사람들을 현혹하던 사람이 '신자'가 되었다고 고백했습니다. 하지만 그의 마음은 하나님 보시기에 옳지 못했습니다. 그의 믿음은 하나님의 선택받은 자의 믿음이 아니었습니다. 베드로가 그에게 한 말이 얼마나 엄중했던가요? "이 도에는 네가 관계도 없고 분깃 된 것도 없느니라 … 내가 보니 너는 악독이 가득하여 불의에 매인 바 되었도다!"(행 8:21,23). 마술사 시몬이라고 하는 그 저주스러운 이름은, 그리스도의 교회가 아주 열성적인 상태에 있을 때에도, 가장 천박한 사람들의 방해를 받지 않기를 기대할 수 없다는 또 하나의 증거입니다.

교회 역사의 어떤 부분을 관찰하여도 같은 사실을 볼 것입니다. 한번은 황제 프리드리히 3세(Frederick III)가, 어떤 신하가 자기는 아무런 위선자도 찾아볼 수 없는 곳으로 가기를 바란다고 선언하는 말을 들었다고 합니다. 그래서 황제가 말했습니다. "그렇다면 그대는 저 얼어붙은 대양을 건너 사람이 살지 않는 곳으로 가야 할 것이오. 그리고 설혹 그대가 그곳에 도착한다 해도, 그곳에는 여전히 한 명의 위선자가 있을 것이오." 사람이 모인 단체 중에서 비열한 사람들을 찾아볼 수 없는 단체를 찾기란 어렵습니다. 아주 선별된 사람들의 모임 중에도 최악의 사람들을 빈번하게 찾아볼 수 있습니다.

더 나아가, 이런 일을 예상할 수 있는 것은 파렴치한 사람들로 하여금 그리스도인의 이름을 사칭하도록 유혹하는 많은 요인들이 있기 때문입니다. 주 예수를 따르는 것에 대한 보상이 오직 화형이나 참수형이나 또는 원형 경기장에서의 죽음이었을 때에는, 이런 식의 유인(誘引) 요소들이 거의 없었습니다! 하지만 오늘날처럼 그리스도인이 될 때에 존경을 받고, 기독교 신앙고백이 여러분을 좋은 사교 모임에 가입하게 해 주며, 여러분의 사업에서도 신뢰와 신용을 담보해주며, 여러분의 가게에 고객들을 유치하는데 도움을 주는 때에는, 그런 식의 유인 요소가 많습니다. 종교가 아주 편리하고 존중받는 것이 될 때, 무뢰한들이 그것을 사칭하는 것은 놀라운 일이 아닙니다. 박해는 멈추지 않았습니다. 아직도 많은 박해를 견디는 그리스도인들이 있습니다. 하지만 다른 한편으로, 많은 사람들이 그들의 신앙고백으로 유익을 얻으려 하고, 어떤 교활한 불량배들은 삶의 성공을 위해서 경건의 복장을 갖추어 입는 것보다 더 좋은 속임수는 없다는 점을 입증해 왔습니다.

그러므로 무모하게도 성스러운 땅에 끼어들어 미래에 닥칠 모든 형벌의 결과들을 무릅쓰는 자들을 발견한다 해도, 놀랄 이유가 없지 않겠습니까? 저기 독수리(vulture)가 어떻게 솟아오르는지를 보십시오. 그것이 저 푸른 하늘을 좋아하거나 하늘의 별들과 교제하기를 열망하겠습니까? 그렇지 않습니다. 저 굶주린 새는 그처럼 고상한 것은 조금도 생각하지 않습니다! 더 넓은 시야를 확보할수록 독수리는 자기 둥지에 양식을 공급하기가 더 용이해집니다. 그 점을 기억할 때, 여러분은 그것이 높이 솟아오르는 것으로 인해 놀라지 않을 것입니다. 그것은 하늘을 향해 오르지만 그 눈은 언제나 먹이를 찾고 있습니다. 높이 오르기 위해서, 그것은 어떠한 거룩한 자극도 필요로 하지 않으며, 오로지 피에 주린 욕구만 있으면 되는 것입니다. 그 새가 높이 오르는 것은 단지 번개처럼 내려와 그 욕망의 대상을 낚아채기 위한 것일 뿐입니다.

귀신의 마음을 가졌으면서도 천사처럼 오르는 사람들을 보고 놀라지 마십시오. 그 모든 것을 설명해 주는 이유가 있습니다! 얻을 풀이 없으면 들 나귀가 울지 않을 것입니다(참조. 욥 6:5). 얻을 수 있는 아무런 유익이 없다면 사람들이 서둘러 위선적인 신앙을 공언하지 않을 것입니다! 배의 노잡이는 앉아서 등을 기슭 쪽으로 돌리고 있지만, 줄곧 그 방향으로 나아가고 있습니다. 많은 사람들이 세상과 관계를 끊은 체하지만 실상 세상을 향해 노를 젓고 있습니다. 얼마나 많은 사람들이 저 옛 그림과도 같은지 모릅니다. 그 그림에서 화가는 멀리서 볼 때 경건하게 손을 모으고 있으며 책을 앞에 두고 있는 거룩한 탁발 수도사를 묘사하고 있습니다. 정말이지 그는 성자처럼 보입니다. 하지만 여러분이 저 '덕망 있는' 협잡꾼을 가까이서 보면, 그의 오므린 손은 레몬을 감싸 쥐고 있으며, 또한 그의 앞에는 책 대신 구멍 뚫린 사발이 놓여 있습니다. 그는 그 속으로 레몬즙을 짜고 있는 것입니다! 많은 선술집들이 간판에는 천사를 그려두고 있지만 그 주인은 마귀입니다! 겉으로는 깨끗해도 안으로는 추합니다. 자신들의 목적에 잘 부합되는 것처럼 보일 때, 위선자들이 애굽에 역병이 있을 때의 파리 떼처럼 모여든다 해도 그리 놀랄 일은 아닙니다!

또한 형제들이여, 우리는 하나님의 백성들 중에 은혜 없는 자들이 섞여 있음을 상기할 수 있습니다. 사려 깊은 사람에게는 이런 일이 사탄의 가장 간교한 책략들 중의 하나임이 분명해 보입니다. 사탄이 무가치한 사람들을 끼워 넣는 것만큼 하나님의 교회에 심각한 손상을 줄 수 있는 방법이 또 무엇이겠습니까? 사람들이 잠자는 동안 원수가 와서 곡식 가운데 가라지를 덧뿌렸습니다. 가라지들로 하여금 곡식에게서 자양분을 빼앗고, 곡식을 질식시키고, 추수 때에 풍성한 소출을 내지 못하도록 방해하기 위해서입니다. 그리스인들은 트로이의 성벽 바깥에서는 그 성을 무너뜨릴 수 없었습니다. 하지만 오랜 전쟁 후에 그들은 책략으로 목마(木馬)를 사용함으로써 성공할 수 있었습니다.

속이 텅 빈 거대한 목마 속에 소수의 그리스인들을 배치시킨 후, 그들은 도망치는 것처럼 속이고 그 말을 남겨두었습니다. 싸움에 열중했던 트로이인들은 그것을 트로이 성문 안으로 끌고 갔습니다. 깊은 밤, 목마 속에 숨었던 그리스인들이 빠져나와 밖에 있던 그들의 동료들을 위해 성문을 열었습니다. 사탄은 교회 안에 있는 하나의 귀신이 교회의 경계 밖에 있는 일천 귀신들보다 훨씬 더 많은 일을 할 수 있다는 것을 잘 압니다. 하나님의 교회라고 하는 요새를 공격했던 모든 불경스러운 모독자들과, 무신론자들과, 자유사상가들이 교회에 끼친 해악은, 피 흘리신 어린 양의 추종자인 체하면서도 은밀하게는 하나님의 아들을 다시 십자가에 못 박고 욕되게 하는(히 6:6) 자들이 끼친 해악의 십분의 일도 되지 못합니다. 사탄은 그 점을 잘 이해하고 있습니다. 만일 이곳에 이런 종류의 사람이 있다면, 그런 사람들은 자기 자신을 살펴보라고 경고합니다. 당신들은 저 악한 자의 앞잡이들이며, 저 타락한 영의 도구들입니다. 그토록 타락한 것에 대해 부끄러워하십시오!

　　몰래 숨어 저 어둠의 왕을 섬기는 자가 되는 것이 얼마나 슬픈 일인지요! 정녕 당신이 명예를 추구하는 자라면, 차라리 공개적으로(openly) 공공연하게 사탄을 위해서 싸우는 편이 나을 것입니다. 저 검은 깃털을 장식하고 악마의 제복을 입고 그렇게 하십시오. 차라리 그렇게 하는 것이, 경건한 자들의 무리에 몰래 숨어들어 어둠 속에서 단검으로 그들을 찌르는 비열한 암살자가 되는 것보다는 나을 것입니다. 오직 해적들만이 그들의 돛대 위에 위장의 깃발을 달고 항해합니다. 오, 풀밭에 숨은 너희 뱀들이여! 너무나 교활하게 접근하는 너희 독사들이여! 그대들이 어찌 지옥의 저주를 피하리? 지금 그대들을 고용하여 자기를 은밀하게 섬기도록 한 저 더러운 마귀가 영원토록 그대들을 묶을 저 삼중의 화염 밧줄을 예견하고서 득의의 미소를 짓고 있도다! 오, 당신들이 회개하여, 야비하고 비뚤어진 길에서 돌이키기를 바랍니다! 그렇지 않으면 그대들은 영원토록 끔찍한 종말을 맞게 될 것입니다.

　　내 사랑하는 형제들과 자매들이여, 아주 슬픈 생각이지만 우리는 언제나 하나님의 교회에서 경건하지 못한 자들을 발견하게 될 것을 예상할 수 있습니다. 우선, 다수의 사람들이 어쩌다가 실수로 거기에 발을 들여놓았기 때문입니다. 나는 몇 가지 면에서, 회심하지 않았으면서도 하나님의 백성의 수에 포함되는 것처럼 간주되는 많은 사람들에 대해 설명할 것입니다. 나는 어느 정도까지는 그들을 너그럽게 봅니다. 그들이 처음으로 교회의 수에 더해졌을 때는 그들이 정직했다고 믿기 때문입니다. 물론 그들은 구원받지 못했습니다. 하지만 그들은 스스로 구원받았다고 **생각했습니다**. 죄를 진정으로 자각한 적이 없지만, 그럼에도 불구하고 그들은 어떤 불안들을 경험했으며 또한 회개로 인해 어느 정도 그런 불안들이 가라앉았습니다. 비록 그들이 주 예수님을 진실하게 믿은 적은 결코 없지만, 그들은 어느 정도 평화를 느꼈고 그러한 불완전한 평온을 참된 믿음의 결과인 것으로 간주했습니다.

그들이 진실로 새로운 마음을 받은 적이 없지만, 그들에게 어느 정도의 변화는 있습니다. 그래서 그들은 외적인 것을 내적인 것으로 오해합니다. 그들은 하나님의 백성의 열정에 의해 자극을 받았고, 전율하게 만드는 어떤 설교를 듣고서 전에 느껴보지 못한 것을 느꼈습니다! 그리고는 곧장, 희망 사항(wish)이 생각(thought)으로 연결되어, 여전히 죄와 허물 가운데 죽은 상태로 머물면서도 사망에서 생명으로 옮겼다고 결론을 내립니다. 처음에는 어떤 두려운 생각들이 찾아오지만, 차츰 이런 두려움들이 불편하게 여겨지고, 사탄이 결정적으로 그들의 눈을 멀게 하며, 그들의 양심에 달구어진 쇠로 화인(火印)을 칩니다. 마침내 그들은 더 이상 의문을 품지도 않고, 눈을 감고서, 영광으로 향하는 길로 가고 있다고 믿으면서 곧장 파멸을 향해 내달립니다.

어느 배우가 리처드 3세의 역할을 감탄할 정도로 훌륭하게 해냈다고 합니다. 그는 극중 인물에게 자신의 모든 정신을 철저하게 몰입시켰기 때문에, 자기가 실제로 왕이라는 생각에 빠져들었습니다. 그는 생활에서 돈을 낭비하였고 행동에서는 너무 거만해졌기에, 처음에는 경멸을 당하고 나중에는 극빈자가 되었습니다. 의심할 여지 없이, 처음에는 단순히 배우였던 많은 사람들이 나중에는 그들이 연기하였을 뿐인 역할이 자신의 실재라는 기만에 빠져들고, 바리새인의 교만한 태도로 으스대며 걷습니다. 그러다가 마침내 하나님께서 그들의 사악한 얼굴에서 가면을 벗겨내시고, 그들을 영원한 멸시의 표적으로 세워 두십니다. 오, 그것이 우리들의 처지가 되지 않도록 조심하십시오. 조심하지 않으면, 처음에는 무심코 그런 실수를 저지르지만, 나중에는 비참한 얼뜨기가 되고 또한 다른 사람들까지 기만하는 자가 되어버립니다!

우리는 위선자들과, 형식주의자들과, 회심하지 않은 사람들을 하나님의 교회에서 발견할 것을 자연스럽게 예상할 수 있습니다. 인간 본성이란 모든 면에서 충분히 사악하기 때문입니다. 다른 모든 것을 능가할 정도로 혐오스러운 어떤 악이 있다면, 바로 그 이유 때문에 그것을 향해 달려갈 것입니다. 위선보다 더 야비한 것은 없고, 자기 자신이 아닌 성품으로 위장하는 것보다 천박한 것은 없으며, 맹세하고 약속한 것에서 돌이켜 배반하는 것보다 더 비참한 것은 없습니다! 하지만 바로 그 이유 때문에, 인간의 마음이 만물보다 거짓되며 절망적으로 사악하다는 사실을 아는 사람이라면, 그런 악에 빠진 인간들을 발견하게 될 것을 예상합니다. 깊은 물에는 반드시 물고기가 헤엄칠 것입니다! 더러운 연못에는 반드시 개구리들이 살 것입니다! 불결한 진창 속에는 돼지가 뒹굴 것이며, 저주스러운 죄가 있다면 틀림없이 인간이 그것을 범할 것입니다! 인간은 더욱 능숙하게 최악의 악을 행하려고 수단과 방법들을 찾을 것이며, 가지각색의 죄악들을 자기 동료로 삼을 것입니다. 세상은 허위로 맹렬한 성취를 이루고 있으며, 가장 능란한 방식으로 속이는 법을 배워 왔습니다. 위선의 기술을 익힌 신앙고백자들이 너무나 많고, 그런 위선이 사라질 희망은 없습니다. 나는 큰 범죄자들을 볼 것을 예상합니다. 성령의 감동을 받은 저자들이, 악한 자들과 유혹자들은 갈수록 악해질 것이라고 말하기 때문입니다. 세대가 지날수록 선한 자들은 더욱 선해지고, 악한 자들은 더욱 악해질 것이라고 나는 예상합니다. 각 세대는 그 선조들을 능가할 것이기 때문입니다. 만약 이 악한 세대에서 저 악명 높은 네로(Nero)와 칼리굴라(Caligula)를 능가하는 괴물들이 나타난다 해도 우리가 놀라서는 안 됩니다. 오랜 동안의 죄의 실습은 사람들을 그 일에 능숙하도록 만들기 때문입니다. 세상은 곪아가고 있으며, 사람들의 성품은 가장 심할 정도로 부패하고 있습니다. 이 세대는 극악한 세대이며, 거짓과 속임수와 위선이 넘치는 시대입니다. 그러므로 우리는 인간 본성의 저변에 깔려 있는 불의가 갈수록 끓어오를 것을 예상해야 합니다.

이 마지막 날에 늑대의 무리가 양의 옷을 입은 것을 본다 해도, 교회에서 속이는 자들과 비방자들이 보인다 해도, 놀라지 마십시오. 그런 일에 대해 우리는 하나님의 경계의 음성을 들었기 때문입니다.

2. 불경건한 자들이 하나님의 교회에 끼치는 해악

두 번째로, 불경건한 자들은 하나님의 교회에 심각한 해악을 끼칩니다. 본문은 그들에 대해서 우리의 "애찬의 암초"라고 말합니다. 그들이 하나님 앞에서 교회를 더럽히는 것은 심각하게 생각할 문제입니다. 그들은 교회의 얼굴에 묻은 오점들입니다. 그들은 하늘의 주님께서 보시기에 교회의 아름다움을 손상시킵니다. 물론 주님이 그리스도 안에서 교회를 바라보실 때, 교회는 언제나 아름답습니다. 하지만 그분이 교회를 그 자체로 바라보실 때, 불경건한 자들로 말미암은 교회의 더러움이 그분을 노엽게 하고, 따라서 그분은 일정 기간 교회에 징계를 보내시며, 사람들을 회심시키는 그분의 영의 능력과 그분의 약속에 담긴 위로의 힘을 철회하십니다. 사랑하는 친구들이여, 공동체 가운데 있는 악한 사람들이 그 공동체에 얼마나 많은 해악을 끼치는지를 다 말할 수 없습니다. 또한 여전히 부정한 삶을 살면서도 하나님과 교제를 나누는 것처럼 위장하는 경건하지 못한 신앙고백자들 때문에, 하나님의 교회라고 하는 전체 공동체에서 선한 일들이 얼마나 많은 방해를 받는지 모릅니다.

그들은 교회의 희생제물에서 발견되는 오점들입니다. 유대 법에 따르면, 흠 있는 짐승은 하나님께 바쳐질 수 없었습니다. 악한 자가 교회의 구성원이 되고, 또한 공적으로 교회의 이름으로 기도하면서 부정하고 위선적인 기도를 하나님께 바치는 것이 얼마나 끔찍한 일인지요! 여전히 악의 노예인 사람의 입술에서 나오는 말은 정녕 불결한 기도임에 틀림없습니다. 그런데 어떻게 감히 그런 자가 공적으로 성소에 서서 다른 사람들의 기도를 이끈단 말입니까! 하나님께서 그런 모독을 참으시겠습니까? 그것 때문에 전체 예배가 더럽혀지지 않겠습니까? 그런 자가 주의 식탁에 앉는단 말입니까? 어찌 그런 자가 거룩한 성찬을 모독한단 말입니까! 그런 자가 설교도 하다니! 그런 일이 얼마나 많이 있었는지 모릅니다! 그런 자가 목사의 이름을 얼마나 더럽히는지요! 그런 자가 성찬의 잔을 돌리고 있습니다! 거룩한 보혈에 얼마나 큰 모독입니까! 아아, 내가 그런 문제를 생각할 때, 그토록 엄숙한 애찬이 그런 자들이 관련된 것에 의해 고의적인 조롱거리가 되어버렸기 때문에, 거기에 참여한 자들에게 하나님의 벼락이 떨어지지 않은 것이 의아할 정도입니다! 그토록 혐오스러운 희생제물을 우리의 이름으로 우리의 제단에 올린다니, 이는 심히 두려운 일입니다. 진실로 우리는 범죄자들의 죄를 알지 못하며, 따라서 우리의 죄는 무지의 죄입니다. 주께서 우리를 긍휼히 여기시기를 바랍니다.

여호수아가 군대를 이끌고 아이(Ai) 성으로 갔을 때 그들은 패했습니다. 용기가 모자라거나, 지혜가 부족해서가 아니며, 싸움을 위한 군사들의 수가 모자라서도 아닙니다. 그들이 원수들 앞에서 패하고 쫓겨야 했던 것은 다름 아니라 아간이 진영 가운데 있었고, 그가 자기 장막에 시날 산의 아름다운 외투 한 벌과 금덩이를 숨겼기 때문입니다. 한때 주의 백성들 가운데 선 후에 굽은 길로 빗나간 자들에 대해 내가 분노하여 말한다고 해도 나를 냉혹하다고 생각하지 마십시오. 내 영혼은 그런 자들을 불쌍히 여기며, 마음 깊은 곳에서 나는 그들을 위해 울고 있습니다. 하지만 그리스도와 그분의 백성들을 위해, 내가 그들과 그들의 죄악에 대해서 느끼는 것은, 마치 여호수아가 판결에 인정을 베풀지 않고 그 범죄자에게 죽음을 선고했던 것과도 같습니다. 비록 아간이 자백하기는 했으나, 참된 마음을 가진 모든 이스라엘 백성들은 원수들 앞에서 이스라엘로 하여금 치욕을 당하게 했던 그 사람에게 돌을 던지며 이렇게 말했습니다. "네가 어찌하여 우리를 괴롭게 하였느냐? 여호와께서 오늘 너를 괴롭게 하시리라"(수 7:25).

교회는 깨끗하고 정결해야 합니다. 우리 주님께서 손에 키를 들고 자기의 타작마당을 정하게 하실 것이기 때문입니다(마 3:12). 죄를 묵인하는 자는 거기에 참여하는 자입니다. 하나님께서는 우리가 우리 중에 있는 부정한 것을 치우길 원하시며, 그리하여 우리가 그분 보시기에 전체적으로 오염되어 가증한 것이 되지 않기를 바라십니다. 신앙고백을 하면서도 마땅히 살아야 할 삶을 살지 않고 은밀한 죄를 행하고 있는 당신들이여, 교회의 구성원이 되고서도 우리가 알지 못하는 중에 죄악 속에 뒹굴고 있는 그대들이여, 내 여러분에게 호소합니다. 주께서 당신들에게 재앙을 내리시기 전에 자발적으로 우리 중에서 나가십시오! 이중의 심판이 당신들에게 내려지지 않도록 우리에게서 떠나십시오! 우리로서는, 감히 당신의 입장을 옹호하지 않을 겁니다! 우리는 육욕으로 더러워진 의복도 미워하며, 자신의 정욕을 마치 의복처럼 걸치고 있는 불결한 몽상가들을 더욱더 미워합니다. 당신에게 이성이 조금이라도 남아 있다면, 설혹 다른 모든 것을 잃어버린다 해도, 차라리 죽을지언정, 속이는 자들을 기다리고 있는 저 엄중한 복수를 초래하기를 원치 않을 것입니다. 당신의 죄악들이 없어질 수 있도록, 회개하고 불의한 일들을 버리십시오! 하지만 당신이 그렇게 하지 않을 거라면, 적어도 당신의 거짓된 신앙고백으로써 하나님의 교회를 모독하는 일만은 멈추십시오!

더 나아가, 기독교회에 있는 불경건한 자들은 세상이 보는 앞에서 교회를 더럽힌다는 점에서도 교회에 해악을 끼칩니다. "그들은 너희의 애찬의 암초라." 그들은 구경꾼들이 판단하는 중에 기독교회를 더럽힙니다. 세상은 교회를 칠 막대기를 찾아낼 때마다 언제나 기뻐합니다. 그들은 경건한 신앙고백자들을 너무나 미워하기 때문에 마치 사자가 먹이를 덮칠 때처럼 기회를 얻기를 바랍니다. 한 명의 신앙고백자가 탈선하자마자, 사람들은 말합니다. "아하, 바로 저렇다니까! 저건 무리 중에서 벗어난 한 마리의 청어일 뿐이지. 그들은 모두 똑같다니까!" 하지만 누구든 불량 주화를 하나 발견한다고 해서, 모든 주화들이 다 불량하다고 그는 결론을 내리지 않습니다! 위선자들이 있다고 해서 모든 그리스도인들이 그렇지는 않다는 것을 사람들이 압니다. 그들은 자주 그렇다고 말하지만, 그 이상을 알고 있습니다. 여러분은 성급하게 그들에게 대답할 필요가 없습니다. 그들은 모든 그리스도인들이 사기꾼들이라고 선언할 때 그들의 목구멍에서 거짓말을 하고 있다는 것을 압니다. 그들은 그렇지 않은 그리스도인들, 곧 깨끗하고 거룩하게 살아가는 그리스도인들, 모든 면에서 신앙고백을 따라 사는 그리스도인들도 많다는 것을 알아야 합니다.

그들이 교회를 대하듯이 다른 단체의 사람들을 대하면, 그 사람들이 그런 테스트를 통과할 수 없는 것을 그들도 알고 있습니다. 하원(House of Commons)에는 도둑들이 없답니까? 그렇다고 해서 입법부의 구성원들이 모두 불량배입니까? 분명 그들 중에는 정직하지 못한 자들도 일부 있습니다. 하지만 그렇다고 해서 그들 중에 존경받을 만한 사람이 하나도 없는 것입니까? 전 세계의 사람들이 모이는 곳치고 비난받을 요소가 없는 데가 하나라도 있었습니까? 쭉정이 때문에 알곡이 비난받아야 합니까? 온 힘을 다해 우리 중에서 협잡꾼들을 발견하는 즉시로 추방하는 것 외에, 그 이상 우리가 무엇을 할 수 있겠습니까? 만일 우리의 규정과 관례가 부정한 자들을 그 정체가 폭로되는 대로 분리시키는 것이라면, 그 자체가 바람직한 미덕이 아니겠습니까?

나는 기독교를 미워하는 누구에게라도 묻습니다. 교회가 근면하게 그 구성원들을 살피고, 악한 자들이 발견될 때 그들을 제명하는 것 외에 무엇을 또 할 수 있겠습니까? 소수의 거짓된 신앙고백자들의 잘못을 전체 교회의 탓이라고 주장한다면, 그렇게 주장하는 자들이 야비하고 추한 것입니다. 세상이 그렇게 교회를 비난한다면, 오히려 세상이 그 천박함으로 인해 부끄러움을 당해야 합니다! 그럼에도 불구하고 그들은 말합니다. "하하! 우리가 기회를 잡았군, 우리가 기회를 잡았어!" 예수님이 그분의 친구에 의해 배반을 당하고 반역적인 제자에 의해 팔릴 때, 야비한 자들은 기뻐하고 하나님의 백성이 아닌 자들은 의기양양해합니다. 오, 기만적인 신앙고백자여, 주께서 이 일로 인해 당신에게 마땅한 보응을 하시지 않겠습니까? 예수님의 이름을 술주정꾼의 노래로 만드는 것이 아무 일도 아니겠습니까? 원수로 하여금 불경스런 모독을 하게 만드는 것이 아무렇지도 않은 일이겠습니까? 오 완고한 자여, 떠십시오. 이 일로 인해 그대는 형벌을 면치 못할 것입니다!

내가 여기서 덧붙여 말해야 하는 것은, 이러한 오염이 우리에게도 영향을 미친

다는 점입니다. 우리가 기만적인 자들 및 악한 자들과 뒤섞이면, 마치 역청에 접
촉하였을 때 그로 인해 더럽혀지는 것과 마찬가지로 느끼게 됩니다. 나병환자와
함께 앉은 사람에게는 전염의 위험이 있지 않겠습니까? 거짓된 신앙고백자의 죄
에 대해 논하는 것은 정신에 해롭습니다. 한 형제의 죄를 다루는 것은, 비록 징계
의 방식으로 다룬다고 해도, 어느 정도는 우리의 마음에 해를 끼칩니다. 나는 신
문으로 범죄의 공판에 대한 보고서를 읽는 것이, 마치 그 자신이 죄를 모의한 것
과 마찬가지로 불법 행위에 대해 배우게 해 준다고 믿습니다. 그리고 범죄자에
대해 상세히 설명하는 것은 그 이상일 것입니다. 우리가 죄에 대해 읽거나 들을
때, 우리가 그 영향을 의식하든지 하지 않든지, 우리의 정신에는 언제나 오염된
것이 남습니다. 하나님의 교회는, 죄인이 그 진영에 남겨놓은 오염물을 의식하
고서, 날마다 스스로를 씻어내야 합니다.

우리 가운데 알려지지 않은 죄에 대해 날마다 회개를 선언하도록 합시다.
우리 모두는 기독교회에 합류하면서 곧장 한 몸이 되었습니다. 그러므로 어떤
의미에서 한 사람의 죄는 전체 공동체의 잘못입니다. 하나의 방에 있는 누룩은
그 집 전체 속에 있는 누룩입니다. 한 집 안에 있는 역병은 그 도시 안에 있는 역
병입니다. 우리는 "오, 내가 그런 사람의 잘못을 어쩔 수가 없어"라고 말해서는
안 됩니다. 그 사람은 우리 중의 한 사람입니다! 우리 중의 어느 한 사람에게서
어떤 잘못이 있을 때, 우리 모두가 하나님 앞에서 겸비해야 합니다. 그는 한 가족
의 일원이기 때문입니다. 그는 같은 몸의 지체가 아닙니까? 전체 몸은 가장 성치
못한 지체의 질병이나 죄와 관련되지 않습니까? 우리에게서 더러움과 애찬의 암
초가 제거되고 깨끗해지기 위해서는, 날마다 하나님을 가까이 하고, 날마다 긍
휼을 구하며, 날마다 겸손히 낮추고, 날마다 회복의 은혜를 위해 예수님의 보혈
로 나아가야 합니다.

3. 경건하지 못한 자들의 안일한 상태

세 번째로, 아주 중요한 요점에 이르렀습니다. 하나님의 교회에 있는 불경건한
자들은 일반적으로 그곳에서 아주 편안하게 지냅니다. 죄를 두려워하는 일부 성도들
은 "기탄 없이 먹어대는" 위선자들이 아닙니다. 나는 이 대목이 그들에게 큰 위
로를 줄 것이라고 생각합니다. 아무 두려움 없이 먹어대는 자들은 애찬에 참여
할 권리가 없으며, 하나님의 백성들이 나누는 교제와 아무런 상관이 없습니다.

하지만 이 자들이 그곳에 있으며, 조금의 두려움도 없이 그 자리에 참여합니다. 그들은 그들이 구원받았는지 아닌지에 대해서 아무런 두려움이 없습니다. 그들은 그런 문제로 골치를 썩이고 싶어하지 않으며, 그것을 당연시합니다. 그들은 말합니다. "오 좋아요, 우리는 다른 사람들과 마찬가지로 선하지요!" 그들은 태평스럽게 모든 자기 조사(self-examination)를 염두에서 지워 버립니다. 그들은 현재에 대해서도 두려워하지 않으며, 가만 두어도 모든 것이 충분히 선하다고 간주합니다. 만일 죄에 대해 비난을 받으면, 그들은 일어서서 그것을 부인하고, 하나님의 백성들의 면전에서 조금도 얼굴이 붉어지지 않은 채 거짓말을 합니다.

그들은 내세에 대해서도 염려하지 않습니다. 현재적인 곤경 속으로 빠져들고, 영원한 파멸에 떨어질 것이 확실하여도 그러합니다. 그들은 살든지 죽든지 상관하지 않습니다. 그들은 두려움 같은 것을 의식하지 않습니다. 그들은 가장 행복한 사람들처럼 보이며, 얼굴에는 만연한 미소를 띠고 평화로운 인상을 풍깁니다. 나는 하나님의 진실한 자녀가 혹 그가 진정으로 거듭난 것은 아닌지 염려하고 놀라는 모습을, 자신의 현재적인 결점들을 의식하면서 그로 인해 슬퍼하고, 종종 장래에 있을 유혹들을 의식하면서 넘어지지 않기 위해 두려워하는 모습을 보아왔습니다. 그도 죽음을 염려할 수 있고, 최종적으로 그 자신이 버려진 자가 되지 않을까 두려워할 수 있습니다. 하지만 이렇게 떠는 자는 하나님의 나라의 진정한 '화폐'이며, 그 자신 외에는 누구도 그에 대해 염려하지 않습니다. 반면에 어설픈 위폐(僞幣)는 이런 식으로 말해왔습니다. "오 예! 나는 믿습니다. 그렇게 생각합니다. 나는 내가 구원받은 것을 확신합니다." 그렇게 말하면서 그의 사생활은 점점 더 악화되어가고, 갈수록 죄의 진창 속으로 빠져 들어갑니다.

내 사랑하는 친구들이여, 믿음의 충만한 확신을 구하십시오. 하지만 뻔뻔한 억측(presumption) 같은 것은 혐오하고, 또 혐오하십시오. 만일 여러분의 삶이 합당한 모습의 삶이 아니라면, 나는 여러분에게 지나치게 확신하지 말라고 호소합니다! "그들의 열매로 그들을 알리라"(마 7:20). 만일 여러분 중에 누구든 죄 속에서 살아가는 자가 있다면, 나는 여러분이 어떤 교리들을 받아들였거나 혹은 여러분이 어떤 경험을 자랑하든지 상관하지 않을 것입니다. 나는 여러분이 여러분 스스로에 대해 염려하지 않는 것으로 인해 여러분을 염려합니다! 여러분에게 호소하건대, 여러분의 삶이 경건하지 못한 동안에는 여러분의 양심이 평화롭게 되도록 달래지 마십시오. "평강하다, 평강하다" 하나 평강이 없을 수 있기 때문입니다(렘 6:14). 여러분이 완벽할 수 없다는 것과, 구원이 우리의 행실에 의해서 가 아니라 하나님의 은혜에 의한 것임을 나는 인정합니다. 하지만 동시에 이 말 씀을 명심하십시오. "스스로 속이지 말라 하나님은 업신여김을 받지 아니하시나 니 사람이 무엇으로 심든지 그대로 거두리라"(갈 6:7).

내가 여러분 중에 누군가의 마음을 날카롭게 찌르고 있습니까? 내 의도가 그런 것입니다! 나는 더 깊이 찌를 수 있기를 바랍니다. 하지만 내가 염려하는 바 는, 가장 훌륭한 사람들이 그것을 가장 크게 느끼고, 정작 그것을 가장 크게 느껴 야 할 자들은 이런 식으로 말한다는 것입니다. "나는 그 설교자가 진실한 것을 기뻐한다. 하지만 그의 책망은 내게는 해당되지 않는다." 쿠퍼(William Cowper, 18세기 영국 시인 – 역주)의 이 말을 기억하십시오.

> "자기 상태에 대해 의심해 보지 않은 사람,
>
> 아마도 그 사람은, 아마도 그 사람은, 너무 늦었으리라."

불필요하게 또 지나치게 담대하여, 시궁창으로 떨어지지 마십시오. 약속에 근거하지도 않고 그리스도에 기초하지도 않은 육신적인 안정 속에서 지나치게 확신하는 그 사람은, 조만간 그 자신이 지옥에서 잠자리를 깔 수밖에 없음을 발 견할 것입니다. 나는 이 본문에서, 이들이 애찬에서 아무런 두려움 없이 성도들 과 함께 먹은 것을 보고 놀랍니다. 나는 이 본문이 애찬(love feasts)뿐 아니라 성 찬(the Lord's Supper)도 암시하고 있다고 생각합니다. 어떻게 불경건한 자가 그 리스도를 십자가에 못 박으면서 그리스도의 피를 상징하는 포도주를 마실 수 있 는지 나는 이해할 수가 없습니다. 창기들과 더불어 자기 삶을 허비하고, 혹은 부 정직하게 돈을 버는 자가, 어떻게 주의 식탁에서 떡을 뗄 수 있는지를 나는 납득 할 수가 없습니다.

하지만 죄란 이해할 수 없는 것입니다. 오, 인간의 죄의 심연이여! 내 사랑하 는 친구들이여, 여러분 중에 누구든 이런 마음의 완고함이 보인다면, 용서받을 수 있도록 하나님께 기도하십시오! 하지만 나는 여러분이 결코 그렇게 하지 않 을까 두렵습니다. 혹 사망에 이르는 죄가 있다면, 분명 그 죄는 바로 이와 같은 죄일 것입니다. 즉 사람이 자기 마음이 부패한 것을 알고서도, 여전히 아무런 두 려움 없이 하나님의 집에서의 엄숙한 애찬에 나아오는 것입니다. 존 번연이 말했듯이, 그런 자는 마귀의 부싯깃 통에 담을 만한 부싯깃으로 적합합니다.

천로역정에서 읽은 한 대목을 여러분에게 읽고서 이 요점의 인상을 여러분에게 남겨두고자 합니다. 이 부분은 내가 어제 읽은 내용인데, 기만자의 운명에 대해 묘사한 것으로서 내게 감명을 주었던 대목입니다. "이제, 그들이 작은 길을 통과했을 때, 그들은 아주 어두운 길로 접어들었으며, 거기서 한 사람을 만났다. 그 사람은 일곱 귀신들에 의해 일곱 가닥의 강한 줄로 결박당한 자였다. 그는 그들이 언덕 중턱에서 보았던 그 문을 향해 끌려가고 있었다. 선한 크리스챤 (Christian)은 떨기 시작했고, 그의 동료인 소망 씨(Hopeful) 역시 그러하였다. 하지만 귀신들이 그 사람을 끌고 가는 동안, 크리스챤은 혹 그가 아는 사람인지를 확인하기 위해 쳐다보았고, 그가 한때 배교(Apostasy)의 마을에 살았던 변절 씨 (Turn-Away)일 거라고 생각했다. 하지만 그는 그 사람의 얼굴을 정확히 보진 못했다. 그 사람이 마치 발각된 도둑처럼 고개를 숙이고 있었기 때문이다. 그러나 그가 지나가는 동안 소망 씨가 그의 뒷모습을 보았고, 그의 등에서 이런 글귀가 쓰인 종이가 붙은 것을 목격했다. ― '방탕한 신앙고백자요 저주받을 변절자 (Wanton Professor and Damnable Apostate).' "

하나님이시여, 결코 이런 문서가 우리 등에 붙는 일이 없게 해 주시고, 오직 견인의 은혜로써 끝날까지 우리를 보전하여 주소서!

4. 불경건한 자들을 한동안 교회에 머물게 하시는 하나님의 의도

이제 나는 네 번째 요점으로서 다음의 질문을 제기함으로써 결론을 맺고자 합니다. 불경건한 자들이 한동안 하나님의 교회에 머무는 것이 분명하다면, 거기에 하나님의 어떤 의도가 있을까요? 이를 통해 그분이 오늘 아침에 여러분과 나에게 주시는 교훈이 무엇일까요? 이는 우리에게 중요한 문제입니다. 이 일은 우리 자신에 관계된 문제입니다.

첫째 교훈은 이것입니다. 하나님께서는 그분의 특별한 은혜가 없었더라면 우리가 어떤 사람들이 되었을까를 우리에게 상기시키십니다. 유다는 그리스도를 팔고, 그의 유일한 보상은 스스로 목을 매는 밧줄입니다. 내가 유다가 될 수도 있지 않았을까요? 아나니아는 새빨간 거짓말과 더불어 죽습니다. 내가 그런 불행한 사람이 될 수도 있지 않았을까요? 그리스도인이여, 이 질문을 해 보십시오! 당신의 마음에는 유다의 마음을 넘어서는 쓴 악함이 전혀 없습니까? 당신은 본성적으로 아나니아보다 훌륭합니까? 만약 원래의 상태 그대로 방치되었더라면, 당신의 성품 속에 타고난 어떤 선함이 있어서 당신이 죄에 빠지는 것을 막아 주었을까요? 유다는 사도였고, 설교자였으며, 기적을 행하는 자였음을 기억하십시오. 그는 예수님과 더불어 접시에 떡을 적시는 자였고, 그럼에도 그분을 팔았습니다. 당신이라고 그러지 말라는 법이 있습니까? 자기 의(Self-Righteousness)가 이렇게 속삭이지 못하게끔 하십시오. "아아, 나라면 그런 짓을 결코 할 수 없었을 텐데." 당신이 그것을 어떻게 압니까? 시몬 베드로는 자기 주님을 결코 부인하지 않겠다고 말했습니다. 하지만 얼마 못가서, 그는 저주와 맹세의 말로써 그분을 부인하고 말았습니다. "선 줄로 생각하는 자는 넘어질까 조심하라"(고전 10:12). 다른 사람이 한 일을 나도 할 가능성이 있습니다! 보호하시는 은혜가 내 길에 함께하지 않았더라면, 악한 구렁텅이 속에 나도 얼마든지 빠질 수 있었을 것입니다.

둘째로, 주님께서는 우리에게 영원을 위해서 일하라고 명하십니다. 그럴싸한 집들이 무너져 내린 것을 우리가 안다면, 훌륭한 토대 위에 집을 세우도록 합시다. 바람이 썩은 가지들을 휩쓸어간다면, 우리 자신이 저 생명의 수액(樹液)으로 살아 있는지를 살피도록 합시다. 칼이 이미 마르고 죽은 가지들을 제거했다면, 우리는 그리스도께 생명의 관계로 결합되어서 열매를 맺는 가지가 되도록 기도합시다. 내 목회 사역 중에서 오래 전에 그릇된 길로 가버린 사람들을 생각할 때, 나는 두려운 마음으로 스스로에게 묻습니다. "나는 진정으로 회개했는가? 혹 그것이 전부 가짜는 아니었을까? 나는 지금 만세반석(the Rock of Ages) 되신 분을 의지하고 있는가? 혹 나는 허황된 자기 확신, 기만적인 믿음을 가지고 있는 것은 아닌가? 나는 진정으로 하나님과 바른 관계에 있는가? 나는 그분을 사랑하는가? 나는 그분을 섬기고 있는가? 혹 나는 어떤 거대한 속임수에 빠지고 잘못된 길로 탈선하여, 나 자신을 섬기고 있는 것은 아닐까?"

형제들이여, 여러분에게 호소합니다. 영원을 위하여 깊이 파십시오! 그 일을 분명하게 하든지, 아니면 그 일과 상관하지 마십시오. 페인트와 금박 칠은 아무 소용이 없습니다! 단지 신앙고백이라는 가면을 쓰는 것과 화려한 겉치레는 저 큰 진노의 날에 부는 바람에 모두 흩어져 버리고 말 것입니다. 금박(金箔)이 아니라 금을 취하십시오! 모조품이 아니라 참된 보석을 얻으십시오. 그리하여 마지막에 여러분이 가장 위로를 필요로 할 때, 절망 속에 떨어지는 일이 없도록 하십시오! 정녕 그것이 우리를 향한 하나님의 음성입니다. 그 음성을 들으십시오!

그 교훈을 배우십시오! 그것을 철저하게 실행에 옮기십시오!

다음으로, 어떤 신앙고백자들이 믿음에서 떠나는 일로 인해, 우리는 우리 자신의 특별한 유혹들에 대해 경계해야 하지 않겠습니까? 나는 여러분 각 사람이 삶을 어떻게 소비하는지 알지 못합니다. 하지만 나는 이것을 압니다. 즉 모든 사람의 발끝에 벼랑이 있으며, 모든 사람이 가는 길에 덫이 놓여 있다는 것입니다. 여러분은 나를 당혹하게 만드는 유혹에 빠지지 않을 수 있습니다. 그리고 나는 여러분을 괴롭히는 문제에 빠지지 않을 수 있습니다. 하지만 모든 새에 맞는 후림새(매를 불러들이기 위한 새 모양의 미끼 — 역주)가 있으며, 모든 물고기에 맞는 미끼가 있습니다. 나는 여러분을 벼랑 끝 가까이에 가도록 만드는 것들에 대해 특별히 주의하라고 호소합니다. 어느 지점까지는 허용될 수 있는 것들이 더러 있습니다. 그 지점을 넘어서 가는 것을 주의하십시오. 그렇습니다. 또한 자주 그 지점 가까이로 가는 것을 주의하십시오. 조금만 더 가면 유혹이 있기 때문입니다. 날카로운 도구들을 오래 다루다 보면 결국에는 상처를 입습니다. 특별한 유혹들에 주의하십시오! 그것들을 경계하십시오!

일반적으로는 어린아이라도 돌풍이 불어오는 것을 예견한다면 두 다리로 굳게 설 것입니다. 하지만 그 바람이 갑작스럽게 어느 모퉁이를 돌아 격렬하게 불어닥치면, 아마도 발이 땅에서 떨어질 것입니다. 매일 아침 당신의 배가 바다로 출항하기 전에 기도로써 바닥짐을 충분히 실어 안정시키십시오. 그렇지 않은 채 선박의 하물을 갑판에 싣고서 항해한다면, 파도에 전복되어 영구히 난파될 수 있습니다. 유혹이라고 간주되지 않는 것들도 지속적으로 경계하십시오. 가장 해로운 뱀은 가장 달콤한 꽃들이 자라는 곳에서 발견됩니다. 클레오파트라가 독사에 의해 스스로를 독살하려고 했을 때, 그 뱀을 아름다운 꽃다발 속에 담아서 들여왔습니다. 황금의 활에서 쏘았거나, 여인의 손으로 쏜 화살들을 조심하십시오. "시험에 들지 않게 깨어 기도하라"(마 26:41). 내가 만일 여러분 사이를 돌아다닐 수 있다면, 모든 사람의 손을 잡고서 이렇게 말할 것입니다. "내 형제여, 내 자매여, 당신도 떠날 것입니까?" 오, 만일 여러분이 "아니요, 우리는 어린 양이 어디로 가시든지 그분을 따를 것입니다"라고 대답한다면, 나는 내 주님의 말씀으로써 대답할 것입니다. "깨어 있으라, 내가 너희에게 하는 이 말은 모든 사람에게 하는 말이니라"(막 13:37).

그 이상의 교훈들이 많이 있습니다. 하지만 나는 각각의 교훈을 짧게 말하겠습니다. 이 사실이 우리로 하여금 서로를 위해 더 기도하게끔 만들어야 하지 않겠습니까? 내가 섬기고 있는 교회의 한 지체가 죄를 범할 때, 나는 스스로에게 묻습니다. "나는 그 사람을 위해 항상 기도했던가?" 이는 또한 당신을 위한 질문이기도 합니다. 당신은 그리스도 안에서 어떤 자매가 믿음을 욕되게 한 것을 압니까? 당신은 아마도 그 시험을 알았을 것입니다. 그렇다면 당신은 그녀를 위해 기도한 적이 있습니까? 구체적으로 그녀를 위해서 말입니다. 당신은 그녀에게 애정을 가지고 그녀에게 닥치는 위험을 경고한 적이 있습니까? 그 대답이 "유감스럽게도 그렇게 하지 못했습니다"가 아닐지 염려스럽습니다. 한편 우리는 그러한 입장에서 죄가 없습니까? 우리의 양심에는 불의가 없습니까? 기독교회에서 발견되는 모든 해악들은 우리로 하여금 이렇게 말하도록 하지 않습니까? "서로를 위해 기도하고, 모든 수단으로써 서로를 굳게 붙들어 주라."

당신 자신이 같은 시험에 빠지지 않도록 유의하면서, 시험당하는 자들을 도우십시오. 원수가 군대의 어느 한 사람을 쳐서 쓰러뜨리면, 다른 군사들이 그 빈자리를 채워야 하며, 또한 서로 굳게 서서 원수가 또 다른 사람을 해치지 못하게 해야 합니다. 우리에게 닥치는 모든 어려움은 단지 우리로 하여금 더욱더 하나가 되도록 융합시키는 것이 되어야 합니다. 또한 우리로 하여금 더욱 밀집된 진영을 이루게 하고, 더욱 견고한 군대가 되도록 만드는 것이 되어야 합니다. 그리하여 결국 원수가 우리보다 우세한 위치를 점하지 못하게 해야 합니다. 형제들이여, 서로를 위해 기도하십시오! 여러분의 하늘의 아버지께서 그렇게 하도록 명하십니다.

불경건한 자들이 교회에서 발견될 때마다, 교회는 불경건한 자들이 차지했던 자리를 진정으로 회심한 자들로 채움으로써, 어둠의 세력들에게 온 힘을 다해 보복을 가해야 합니다. 나는 사탄의 손가락이 내가 하나님을 위해 수행한 일들을 방해하는 것을 볼 때마다, 내 속에서 거룩한 분노가 일어 피가 끓는 듯합니다. 때때로 내가 어떤 지역에 교회가 하나 세워지기를 바라는 생각을 할 때, 어떤 나쁜 일이 발생하여 그 일을 불가능하게 만듭니다. 그러면 나는 속으로 맹세합니다. '아, 사탄아, 나는 그 일에 대해 너에게 보복하겠다. 다른 어딘가에 두(two) 교회가 세워질 것이다. 너는 내 주님의 대의를 위하는 일에서 나를 뒤로 물러나게 함으로써 조금도 얻는 것이 없을 것이다. 나는 네가 나를 방해함으로써 얻는 것이 아무것도 없도록 만들 것이다.' 불경건한 세상이 비웃는다면, 그 비웃음에 대해서, 우리는 하나님의 진리의 검으로 그 급소를 찌르도록 합시다. 원수가 비웃으라고 하십시오. 그에 대해서 우리는 하나님의 말씀의 화살들을 더 많이 쏘아댈 것입니다! 우리는 주님 나라의 확장을 위해서 더욱더 뜨겁게 기도하고, 더욱더 부지런히 수고할 것입니다. 전쟁의 작전으로는 이것이 제격입니다. 이 세대의 자녀들이 지혜롭겠지만, 그들로 하여금 빛의 자녀들보다 더 지혜롭지는 못하게 합시다.

마지막으로, 친구들이여, 이런 일이 우리로 하여금 천국을 열망하도록 해야 하지 않겠습니까? 여러분이 위선자들과 배교자들로 인해 마음이 괴로울 때마다, 여러분은 즉시 완벽한 교회와 천상에서의 달콤한 교제를 갈망해야 하지 않겠습니까? 그곳에서는 아무도 타락할 수 없고, 아무도 속이지 못합니다.

"오 하늘의 예루살렘, 영원한 언덕이여,
그 성벽 안에 거하는 백성은 복되도다.

그곳은 황금 저택이니,
거기서 성도들이 영원히 노래하도다.
그곳은 하나님이 택하신 보좌,
또한 왕의 궁전이라.

하나님이 좌정하시고 영광 중에 다스리시네.
어린 양이 등불 되어 비추시니
결코 꺼지지 않는 빛이로다.

이 성에 접근하여
그 백성의 평화를 방해할 자 없으니,
밤이나 낮이나 쉬지 않고
백성이 그들의 하나님을 영원히 노래하도다."

그들은 그 보좌 앞에서 아무런 흠이 없을 것입니다! 하늘의 예루살렘에는 더 이상 저주가 없을 것이며, 하나님과 어린 양의 보좌가 그곳에 있을 것입니다. 그곳에서 우리는 형제를 의심하지 않을 것입니다! 그곳에서 우리는 실패를 슬퍼하지 않을 것입니다! 그곳에서 우리는 타락을 두려워하지 않을 것이니, 성도들이 예수님 안에서 모두 온전할 것이기 때문입니다. 그들 모두가 그들의 주님의 형상을 닮을 것이며, 그들 아버지의 나라에서 해처럼 빛날 것입니다.

나는 내 마음이 느끼는 것만큼의 절반도 엄숙하게 말하지 못했습니다. 하지만 나는 내가 여러분에게 전한 것을 진지하고 숙고하라고 권면하며, 주 예수님의 이름으로 여러분에게 요청합니다. 그분은 그분의 상처와, 그분의 피와, 그분의 모든 고뇌와, 죽음의 고통에 의해 충분히 고난을 당하셨습니다. 그분을 다시 십자가에 못 박지 말고 드러내 놓고 욕되게 하지 마십시오(히 6:6). 오직 여러분의 삶에서와, 여러분의 말과 행동에서, 그분을 영화롭게 하십시오. 주께서 여러분에게 큰 긍휼을 베푸시길 빕니다. 아멘.

제
4
장

—

성령으로 기도하라

—

"성령으로 기도하며" — 유 20

이 구절은 사도가 경건한 자들과 경건하지 않은 자들을 대조하는 중에 등장한 말씀입니다. 경건하지 않은 자들은 조롱하며, 그 입으로 자랑하는 말을 하고, 그 정욕대로 행합니다. 반면 의로운 자들은 지극히 거룩한 믿음 위에 자신을 세우며, 하나님의 사랑 안에서 자신을 지킵니다. 경건하지 않은 자들은 원망하고 불평하면서 그들의 마음속에 있는 독물을 쏟아내고 있으며, 반면에 의로운 자들은 "성령으로 기도하며" 그들 속에 있는 새로운 행동 원리를 나타내고 있습니다. 경건하지 않은 자들은 그 입에 쓴 쑥을 머금고 있으며, 반면에 그리스도인의 입술은 경건하고 정결한 꿀을 떨어뜨리고 있습니다. 마치 거미가 벌들이 꿀을 빨아들이는 바로 그 꽃들에서 독을 찾듯이, 악한 자들도 경건한 자들이 하나님의 영광을 위하여 활용하는 은총들을 도리어 죄를 짓는데 남용하고 있습니다.

빛이 어둠과 분리되고, 생명이 사망과 구분되듯이, 믿는 자는 경건하지 않은 자들과 다릅니다. 우리는 이 차이를 아주 생생하게 유지해야 합니다. 악인들은 자랄수록 더욱 악해지지만, 우리는 자랄수록 더욱 거룩해지고, 더욱 기도에 힘쓰며, 더욱 경건해지고, 옛 여호수아가 말한 것처럼 말하도록 합시다. "다른 사람들이 어찌하든지, 오직 나와 내 집은 여호와를 섬기겠노라"(참조. 수 24:15). 이 본문이 특정한 맥락 속에서 등장했다는 점을 주목하십시오. 우선, 의인들이 지극히 거룩한 믿음 위에 자신들을 세우는 것으로 묘사되고 있습니다. 믿음은 우선적인(first) 하나님의 은혜이며, 경건의 뿌리(root)이며, 거룩함의 기초이며, 선함의 출발입니다. 이 문제에 가장 우선적인 관심이 기울여져야 합니다.

　하지만 우리는 첫 번째 원리에서 지체하지 않을 것입니다. 우리의 길은 전진하는 것입니다! 그렇다면, 믿음의 발꿈치를 따라가는 것은 무엇일까요? 믿음이 낳는 최초의 자녀는 무엇일까요? 믿음의 포도나무가 왕성해지고 경건의 열매를 맺을 때, 최초로 익는 포도송이들은 무엇일까요? 그것은 기도, 즉 "성령으로 기도하는" 것이 아닐까요? 기도하지 않는 사람은 믿음이 없는 사람입니다. 또한 믿음에서 풍성한 사람은 기도에서도 풍성한 사람입니다. 믿음이 어머니이며, 기도는 그 자녀입니다. 양자가 분리되는 경우는 거의 없습니다. 어머니인 믿음은 그 팔에 기도를 안고 있으며, 기도는 믿음의 품에서 생명을 빨아들입니다. 믿음에서의 성장은 기도에서의 열성으로 이어집니다. 엘리야는 바알 제사장들 앞에서 먼저 그의 믿음을 드러내고, 그 다음에는 조용히 물러가 갈멜 산에서 하나님과 씨름합니다.

　이 본문을 주의깊이 연구하여 "성령으로 기도하며" 다음에 어떤 말씀이 오는지를 보십시오. "하나님의 사랑 안에서 자기를 지키라"(21절). 기도에 관한 말씀 다음에, 우리를 향하신 하나님의 사랑을 지속적으로 의식해야 하고 또한 하나님을 향해서도 우리의 사랑이 솟아나야 한다는 말씀이 옵니다. 기도는 제단을 세우고 나무와 희생 제물을 차례로 올려놓습니다. 그 다음에는 사랑이, 마치 제사장처럼, 하늘로부터 거룩한 불을 가져와 그 제물에 불을 붙입니다! 이미 말했듯이 믿음(Faith)은 은혜(Grace)의 뿌리입니다. 기도는 백합화의 줄기이고, 사랑은 흠 없는 꽃입니다. 믿음은 구주를 바라보고, 기도는 그분을 따라 집으로 들어가며, 사랑은 옥합을 깨뜨려 귀한 향유를 그분의 머리 위에 붓습니다.

　하지만 한 걸음 더 나아가, 거룩한 사랑의 즐거움이 있습니다! 믿음의 건물을 완성하는 관석(冠石, top-stone)이 있으며, 그것은 장래를 기대하면서(expectantly) 믿는 것입니다. "영생에 이르도록 우리 주 예수 그리스도의 긍휼을 기다리라." 멀리 바라보는 소망(Hope)은 믿음이 세운 층계들을 오릅니다. 기도의 무릎을 꿇고서, 사랑이 열어놓은 창문을 통해, 주 예수 그리스도께서 영광 중에 오실 것과 그분이 자기의 모든 백성에게 그들의 유업인 영생을 주실 것을 전망합니다. 그러므로 기도의 가치를, 믿음의 소유물을 가리켜 주고, 사랑의 힘과 성장을 예시하며 지지해 주는 것으로 간주하십시오.

본문으로 직접 들어와서, 우리는 사도가 기도에 대해 말하는 것을 볼 수 있습니다. 하지만 그는 단지 기도의 한 종류에 대해 언급하는 것이 아닙니다. 관점에 따라서, 기도에는 많은 종류가 있습니다. 나는 각기 다른 사람들이 드리는 어떠한 두 가지의 진정한 기도도 정확히 같을 수는 없다고 생각합니다. 위대한 화가들이 같은 그림을 대량으로 만드는 경우는 드뭅니다. 그들은 화필(畵筆)을 쥘 때마다 새로운 생각들을 표현하기를 더 좋아합니다. 위대한 화가처럼, 기도의 작가(the Author)이신 성령께서도, 그분의 백성들의 마음의 서판에 정확히 똑같은 두 가지 기도를 좀처럼 만들어 내시지 않습니다.

기도는 몇 가지 다른 단계들로 구분할 수 있습니다. 탄원하는(deprecatory) 기도가 있습니다. 그 기도에서 우리는 하나님의 진노를 면하기 위해 애원합니다. 그분의 맹렬한 노여움을 돌이키시고, 그분의 회초리를 거두시며, 그분의 칼을 칼집에 넣으시도록 간청합니다. 탄원적인 기도는 재앙이 닥칠 것이 두려울 때와, 죄로 인해 주님을 노여우시게 했을 때 드려집니다. 다음으로 기원하는(supplicatory) 기도가 있습니다. 그 기도에서 우리는 복을 구합니다. 하나님의 풍성한 손으로부터의 은혜들을 구하고, 하늘에 계신 우리 아버지께 그리스도 예수 안에서 영광 가운데 그 풍성한 대로 우리들의 필요를 채우시도록 요청합니다. 개인적인(personal) 기도가 있습니다. 그 기도에서 기도하는 사람은 주로 자기 자신과 관련하여 호소합니다.

또한 중보적인(intercessory) 기도가 있는데, 그 기도에서 청원자는 마치 아브라함처럼 '소돔'을 위해 중재하거나 혹은 이스마엘이 하나님 앞에서 살 수 있도록 간청합니다. 다른 사람들을 위한 이러한 기도들은 우리 자신들을 위한 기도만큼이나 얼마든지 증대될 수 있습니다. 은혜의 보좌(Mercy Seat)가 영적인 이기심을 표출하는 자리가 되지 않도록 해야 합니다. 기도는 공적일 수도 있고 사적일 수도 있으며, 소리를 낼 수도 있고 마음으로 할 수도 있으며, 오래 끌 수도 있고 순간적으로 표현할 수도 있습니다. 기도에 참회의 소금을 칠 수도 있으며, 또는 감사의 향유를 뿌릴 수도 있습니다. 그것은 음악으로 노래될 수도 있고, 또는 비탄의 신음소리로 표현될 수도 있습니다. 여름에 많은 꽃들이 있듯이, 기도에도 많은 종류가 있습니다!

그러나 기도에 이처럼 다양한 단계들이 있긴 하지만, 만일 하나님께 받아들여질 수 있는 것이라면 어떤 면에서 그 모든 기도는 하나입니다. 그 모든 기도는

"성령 안에서(in the Holy Spirit)" 드려지는 것이어야 합니다. 성령으로 하지 않는 기도는 **육으로**(in the flesh) 하는 기도입니다. 육으로 난 것은 육이며, 우리는 육으로 난 것이 하나님을 기쁘시게 할 수 없다고 들었습니다. 우리의 부패한 본성에서 나오는 모든 것은 더럽고 오염된 것이며, 지극히 거룩하신 하나님께 받아들여질 수 없습니다. 하늘조차 그분이 보시기에 순결하지 않거든, 하물며 땅에서 난 자들의 기도가 그분께 기쁘게 받아들여지겠습니까? 기쁘게 받아들여지는 경건의 씨앗은 하늘의 창고에서 나온 것이어야 합니다. 오직 하나님으로부터(from God) 온 기도만이 하나님께로(to God) 갈 수 있습니다! 비둘기가 오직 자기가 나온 집으로 편지를 물고 가듯이, 기도 역시 하늘에서 나온 것이면 하늘로 되돌아갈 것입니다. 우리는 주님께서 쏘아 보내신 화살을 다시 그분께 쏘아 되돌려 보내야 합니다.

　　그분이 우리 마음에 쓰기를 바라시는 것이 그분의 마음을 움직이고 또한 우리에게 복을 가져다줄 것입니다. 하지만 육의 욕망은 그분에게 효력을 발휘하지 못합니다. 이 아침에 이 위대한 하나님의 진리를 형제들과 자매들의 마음에 각인시키기를 바라면서, 나는 이 본문의 짧은 말씀을 다섯 가지 방식으로 활용하고자 합니다.

1. 기도를 검증하는 도가니

　　먼저 이 본문을 우리의 기도를 검증할 도가니(crucible)로 활용하려고 합니다. 나는 여러분이 엄밀한 주의를 기울여 스스로를 시험하기를 바랍니다. 본문을 정련을 위한 도가니, 용광로, 시금석으로 활용하여 이로써 여러분의 기도가 진실한 것이었는지 아니었는지를 판가름해 보십시오! 이것은 검증입니다. 여러분의 기도는 진실로 "성령 안에서의" 기도였습니까? 형제들과 자매들이여, 알아들을 수 없는 기도, 외국 방언으로 하는 기도, 자기 자신도 이해하지 못하는 기도를 하는 자들을 우리가 판단할 필요는 없습니다. 이 문제에 대해서는 토론의 여지도 없이, 이해되지 않는 기도는 성령 안에서의 기도가 될 수 없다는 것을 우리는 압니다. 그 사람의 정신(soul)조차 개입되지 않은 기도에 어떻게 하나님의 영(Spirit)이 있을 수 있겠습니까?

　　불가사의한 말들이나 라틴어 특수 용어들은 하나님 앞에 상달되어 받아들여질 수 없습니다! 그러므로 우리는 스스로 분별력을 유지하도록 합시다. 여기

참석한 사람들 중에는 유년시절부터 습관적으로 기도의 특정 형식(form)을 사용해 온 사람들이 있을 것입니다. 아마도 여러분은 여러분의 침상 곁에 둔 그 기도 형식을 반복하지 않고서는 감히 그 날의 일을 하러 나가지 않으려 할 것입니다. 또한 그 형식을 반복하지 않고서는 밤에도 잠들기가 두려울 것입니다. 내 사랑하는 친구들이여, 여러분에게 질문을 하려 하는데, 정직하게 대답하시기 바랍니다. 여러분은 성령 안에서 기도해 왔습니까? 성령께서 그 기도 형식과 조금이라도 어떤 관계를 유지해 오셨습니까? 그분이 진정으로 그 기도문을 여러분의 마음에 느끼게 하셨습니까? 여러분이 엄숙한 음성과 분별없는 언어로 하나님을 조롱해 왔을 가능성은 없습니까? 잘 알려진 기도 형식을 조금의 진지함이나 진심도 없이 무분별하게 반복해 왔을 가능성은 없습니까?

하나님은 마음을 찾아볼 수 없는 제물을 혐오하시지 않습니까? 우리가 기도로써 우리의 죄를 증대시킨다면 그것은 참으로 슬픈 일이 아닐 수 없습니다. 우리가 무릎을 꿇고서 하나님을 섬긴다고 생각하였지만, 우리의 입술의 말에 마음이 뒤따르지 않고 그분이 불쾌히 여기는 말을 함으로써, 실제로는 하늘의 하나님을 모독하는 것으로 판명된다면, 이 얼마나 불행한 사실인지요! 만약 우리가 칠십년 동안을 시간을 정확히 엄수하여 우리가 배운 기도서나 기도 형식을 사용하였다고 해도, 어쩌면 그 칠십년을 통틀어 한 번도 기도하지 않았을 수도 있습니다! 그 전체 기간 동안 우리는 하나님이 보시기에 불경스러운 삶을 살고, 기도 없는 삶을 살았을 수도 있습니다. 왜냐하면 우리가 한 번도 영이신 하나님을 영과 진리로 경배하지 않고, 또한 한 번도 성령으로 기도하지 않았을 수도 있기 때문입니다. 형제들과 자매들이여, 여러분이 판단을 받지 않으려면 스스로를 판단해 보십시오!

하지만 우리 중에는 기도문을 사용하지 않았던 사람들도 있지 않습니까? 우리 중에는 일찍이 어린 시절부터 기도문 형식을 사용하기를 꺼렸고, 그러면서도 다른 사람들과 마찬가지로 많이 기도하려고 노력해 온 이들이 더러 있습니다. 우리는 즉흥적인 말로 기도하였고, 그러한 즉흥적인 기도는 필연적으로 어느 정도 생각과 주의를 기울일 것을 요구합니다. 하지만 여전히 그러면서도 우리가 그 속에 마음을 쏟지 못했을 수 있습니다. 나는 우리가 즉흥적인 기도를 하면서도 실제로는 배운 기도문을 반복하는 것이나 거의 나을 바 없는 습관에 빠질 수 있다고 생각합니다. 실습에 의해 유창해지면 사람의 말은 오 분이나 십 분 혹은 십오 분 동안은 마치 잔물결이 일듯 계속해서 지속될 수 있습니다. 하지만 그러면서도 마음은 무관심 속에서 헛되이 떠돌거나 침체된 상태로 머물 수 있습니다! 몸은 무릎을 꿇고 있지만, 영혼은 날개를 달고 은혜의 보좌에서 멀리 떠나는 것입니다.

공적인(public) 기도가 얼마나 성령 안에서 이루어져 왔는지를 조사해 봅시다. 여기 설교자로 서 있는 저는 하나님께서 그 문제에서 저를 살펴보시기를 요청합니다. 만일 설교자가 단지 회중의 기도를 인도하는 것이 공식적인 의무라는 이유만으로 공적인 기도를 수행해 왔다면, 그는 하나님 앞에서 해명해야 할 것이 많을 것입니다. 이 거대한 무리의 기도를 성령의 도우심을 구하지 않고 인도했다면, 그것은 결코 사소한 죄가 아닙니다! 또한 기도 모임에서의 기도에 대해서는 무어라고 할 수 있을까요? 그 기도들 중에 많은 부분이 단지 말에 그치는 것이 아닙니까? 육적인 차원에서 말하느니 차라리 아무 말도 하지 않는 편이 나을 것입니다.

나는 경건한 청중들이 마음을 연합할 수 있고 또한 하나님이 기쁘게 받으시는 유일한 기도란, 진실로 마음(heart)의 기도, 영혼(soul)의 기도, 성령(the Holy Spirit)께서 우리를 감동하여 기도하게 하시는 기도라고 확신합니다. 다른 모든 기도는 허공을 치는 것이며, 헛되이 시간만 소비하는 것입니다. 내 형제들이여, 나는 이 교회와 관계된 여러분 중에서 많은 이들이 기도에서 은사를 받은 것에 대해 하나님께 감사합니다. 나는 모든 기독교회의 모든 지체들이 공적으로도 기도할 수 있기를 바랍니다. 여러분 모두는 그렇게 할 수 있도록 시도해야 하며, 여러분 중에서 어느 누구도 전적으로 불가능한 것이 아니라면 그것을 포기해서는 안 됩니다. 하지만 오, 공적으로 기도하는 형제들이 때로는 하나님의 은혜에서 흘러나는 것이 아니라 말의 재능(gift)으로 기도할 때가 있지 않습니까? 만일 그렇다면, 그런 기도를 한 것에 대해 하나님께 용서를 구하고, 성령의 능력 안에서 그분을 바라게 해 주시길 간청하십시오.

우리는 좀 더 개인적인 기도에서, 즉 가족 기도에서와 하나님과 교제를 나누는 골방 기도에서 신중하게 살피기를 잊지 말아야 합니다. 오 형제들과 자매들이여, 우리가 그런 기도를 보잘것없는 것으로 간주한다면, 우리는 쉽게 기도에 싫증을 낼 수 있습니다! 때로는 제단의 뿔을 붙잡는 일이 아주 즐겁고 복되며, 제단에 뿌려지는 피가 여러분에게 뿌려졌다고 느낄 때가 있습니다. 하나님께 아된 바를 하나님이 들으신 것입니다! 언약의 사자를 붙들고, 여러 시간 그와 씨름하면서 이렇게 말하는 것은 복된 일입니다. "당신이 내게 축복하지 아니하면 가게 하지 아니하겠나이다!"(창 32:26). 하지만 안타깝게도 이런 일은 지속적이지 않습니다. 우리는 그런 경우를 '천사들의 방문'이라고 부를 수 있는데, 그런 일은 결코 빈번하게 일어나지 않습니다.

내 형제들이여, 와서 여러분의 기도를 "성령으로 기도하며"라고 하는 이 도가니에 넣어 보십시오. 여러분은 많은 금속을 부을 테지만, 소량의 정금만 나올 것입니다. 와서 여러분의 기도를 이 타작마당에 놓고서, "성령으로 기도하며"라고 하는 이 본문으로써 도리깨질을 해 보십시오. 그러면 오, 거기에 얼마나 많은 지푸라기와 찌꺼기들이 포함되어 있을 것이며, 잘 걸러진 곡식들은 얼마나 소량에 불과하겠는지요! 와서 이 창을 통해 우리 기도의 들판을 바라보십시오. 쐐기풀들과 찔레와 엉겅퀴들이 볼꼴 사납게 자라 있으며, 단지 외적인 행위들로만 가득한 황무지는 아닌지요! 은혜로 둘러싸이고, 성령 하나님께서 친히 개간하시고 땅을 파시고 심으셔서, 온전함에 이르게 하는 기도의 열매를 맺을 수 있는 곳은 얼마나 적은 구역에 불과할는지요!

우리의 하늘 아버지께서 우리로 겸손하도록 가르치시어, 우리의 최상의 기도조차 그분이 보시기에는 얼마나 부족한지를 깨닫게 해 주시길 바랍니다. 성도들이 그분 앞에 새롭게 나아와, 그분의 영으로 충만해지도록 간구하며, 그의 아들 안에서 받아들여지기를 바랍니다!

2. 기도의 강장제

다음으로, 우리는 본문을 강장제(强壯劑, cordial)로 사용할 것입니다. 하나님은 자기 백성을 살펴보시며, 그들의 고통과 역경들을 무관심한 방관자로 앉아서 보고만 계시지 않습니다. 이 사실을 묵상하는 것은 그리스도인에게 매우 즐거운 일입니다. 예를 들어, 그분은 우리의 기도에 주목하십니다. 기도는 세상에서 가장 쉬운 것이어야 하지만 실제로는 그렇지 않다는 것을 그분이 아십니다. 그분은 우리가 곧장 잘못에 빠지고, 언제나 참된 기도의 정신으로만 그분께 나아가지 못하는 것을 아시며, 또한 그 점을 긍휼히 여기십니다. 매우 약하고 상한 자들의 마음에 이 구절은 매우 귀합니다. "이는 그가 우리의 체질을 아시며 우리가 단지 먼지뿐임을 기억하심이로다"(시 103:14). 또한 이런 구절도 있습니다. "아버지가 자식을 긍휼히 여김 같이 여호와께서는 자기를 경외하는 자를 긍휼히 여기시니라"(시 103:13). 그분은 우리의 기도에서 약점들과 실패들을 주목하시고 또 아십니다. 그분은 그분의 자녀가 걷기를 시도하다가 넘어져서 그 약함을 슬퍼하며 눈물을 흘리는 것을 보십니다. "여호와의 눈은 의인을 향하시고 그의 귀는 그들의 부르짖음에 기울이시는도다"(시 34:15).

이 본문에서 느끼는 은혜로운 생각은, 우리 주님께서는 기도에 있어서 우리의 많은 실패들과 심지어 그 실패들에 포함된 죄들을 아시고도, 그것 때문에 우리에게 화를 내시지 않는다는 것입니다. 분노하시는 대신, 그분은 우리를 향하여 긍휼히 여기는 마음과 사랑하는 마음을 품으십니다. 그분은 "너희가 기도할 수 없다면, 얻지도 못할 것이다. 만일 너희가 올바로 구할 수 있는 충분한 은혜를 갖지 못하면, 나는 너희에게 은혜의 문을 닫을 것이다"라고 말씀하시지 않습니다. 그렇지 않습니다. 그분은 다리를 저는 자들과 멀리 떠나 있는 자들을 그분의 임재 속으로 이끌어올 수 있는 수단들을 고안해 내십니다! 그분은 무지한 자들에게 기도하는 법을 가르치시고, 그분 자신의 힘으로써 약한 자들을 강하게 하십니다! 이 점에서 그분은 또한 기이한 일들을 행하십니다. 그분이 우리의 약함을 돕는 수단들은 매우 놀랍습니다. 그 도움은 어느 한 책에서 발견되거나 혹은 어느 경건한 장소에서의 특정한 명령에서 발견되는 것이 아닙니다. 오히려 황송하게도 하나님 자신의 도움에서 발견됩니다! 본문에서 하나님 외에 언급되는 대상이 누구입니까? 성령님, 복되신 삼위일체의 제삼위(the third Person)께서, 친히 말할 수 없는 탄식으로 우리를 위해 간구하시며 우리의 연약함을 도우십니다! 우리의 기도가 드려질 때, 하나님께서 단지 우리의 기도에 응답하시는 것이 아니라 우리의 기도를 도우신다는 것은 놀라운 겸손의 표징입니다. 왕이 탄원자에게 "너의 사정을 내 앞에 아뢰라. 그러면 너의 소원을 들어주리라"고 말한다면, 그것은 친절입니다. 하지만 왕이 탄원자에게 "내가 너의 비서가 되겠다. 내가 너를 위해 탄원서를 써 주겠다. 내가 그것을 적절한 어구와 표현을 사용하여 너의 간청이 호의적으로 받아들여지도록 하겠다"고 말한다면, 그것은 최대한의 은혜입니다!

그리고 이것이 정확히 성령께서 우리처럼 불쌍하고, 무지하며, 흔들리며, 연약한 인간들을 위해 행하시는 일입니다. 나는 "성령으로 기도하며"라는 표현에서 성령께서 실제로 내 기도를 돕기를 바라신다는 사실을 배워야 합니다. 내가 어떻게 기도해야 할지 그분이 내게 일러 주실 것입니다! 또한 내가 잠시 중단하고서 내 소원을 어떻게 표현해야 할지 모르는 지점에 이르렀을 때, 내가 궁지에 몰렸을 때, 그분이 나타나시어 말할 수 없는 탄식으로 내 속에서 간구하십니다. 예수님이 고뇌 중에 간절히 기도하실 때, 천사가 나타나 힘을 더하였습니다 (눅 22:43). 여러분은 하나님 자신에 의해 도움을 받습니다! 아론과 훌은 모세의 손을 받쳐 주었습니다. 하지만 성령께서 친히 여러분의 약함을 도우십니다!

그리스도 안에서 내 사랑하는 형제들과 자매들이여, 이 생각은 웅변적인 표현으로 장식할 필요가 없습니다! 그것을 오빌의 금처럼 귀하게 여기십시오(참조. 사 13:12). 그것은 다른 모든 가치를 능가할 만큼 값비싼 것입니다. 여러분이 무릎을 꿇을 때, 황송하게도 하나님께서, 성령께서, 친히 여러분을 도우십니다. 비록 여러분이 사람들에게는 평범한 두 마디 말조차 하지 못하여도, 그분이 하나님과 더불어 말할 수 있도록 여러분을 도우십니다! 아아, 설혹 저 은혜의 보좌에서 여러분의 말이 부족하여도, 여러분은 실제로는 모자라지 않을 것입니다. 여러분의 마음이 그것을 극복할 것이기 때문입니다. 하나님은 말(words)을 필요로 하지 않으십니다. 하나님은 우리의 탄원을 결코 우리의 외적인 진술대로 읽지 않으시며, 오히려 내면의 탄식을 따라 읽으십니다. 그분은 우리의 갈망과, 소원과, 한숨과, 부르짖음을 아십니다.

기억하십시오. 외적인(outward) 기도는 껍질에 불과하며, 내적인(inward) 기도가 참된 내용이며 본질입니다. 설혹 기도가 군중의 노래 속에서 장엄한 음악의 향기와 더불어 하늘로 올라간다 해도, 그것이 상한 심령이 고통 중에 울부짖을 때의 기도보다 더 잘 받아들여지는 것은 결코 아닙니다. 인간의 귀에는 불협화음 같은 부르짖음도 하나님의 귀에는 음악으로 들립니다.

> "그분에게는 탄식 속의 음악이 있고
> 눈물 속에 아름다움이 있네."

이것을 기억하고, 위로를 얻으십시오.

3. 기도의 항해도

더 나아가 본문은 기도에서 우리의 갈 길을 지시해주는 항해도(航海圖, chart)

의 역할을 할 수도 있습니다. 여기서 나는 길게 말할 필요가 있습니다. 어떻게 기도합니까? 기도서를 보고 기도합니까? 기도서 없이 기도합니까? 공적으로 기도합니까? 사적으로 기도합니까? 길을 가면서 기도합니까? 집에서 기도합니까? 무릎을 꿇습니까? 서서 기도합니까? 앉아서 기도합니까? 본문은 이에 대해서 아무것도 말하는 바가 없습니다. 자세와 장소와 시간에 대해서는 모두 열려 있습니다. 한 가지를 제외하고는 규정이 없으며, 그 한 가지란 "성령으로" 기도하라는 것입니다.

그것이 필수적인 것입니다. 그것만 충족되면, 다른 것은 조금도 문제가 되지 않습니다. 만일 성령 안에서 기도하고 있다면, 다른 모든 것은 여러분이 원하는 대로 가능합니다. "성령으로" 기도하는 것이 무엇을 의미할까요? 그것은 "성령 안에서(in the Holy Spirit)" 뿐 아니라, "성령에 의해(by the Holy Spirit)" 혹은 "성령을 통해(through the Holy Spirit)"로 번역될 수 있습니다. 또한 그 구절은 성령의 능력(power) 안에서 기도하는 것을 의미하기도 합니다. 육의 생각은 이에 대해 아무것도 알지 못합니다. 나는 이 문제에 관해 영어로 말하고 있지만 거듭나지 못한 사람에게는 마치 내가 어려운 화란어로 말하는 것처럼 들릴 것입니다. 하지만 거듭난 사람들, 즉 성령으로 태어나고 성령의 세계 안에 사는 사람들은 그들의 영혼과, 하나님의 교회 가운데 거하시는 성령님의 교통이 무엇인지를 인식하고 있습니다.

우리는 성령님께서 음성을 사용하지 않고서도 우리 마음에 말씀하시는 것을 압니다. 육의 귀가 들을 수 있는 한 마디의 음성 없이도, 그분이 우리의 영으로 하여금 그분의 임재와 뜻을 이해하게 하시는 것을 우리는 압니다. 그분은 영적 감화의 그늘을 우리 위에 드리우시며, 그분의 의도와 뜻에 따라 우리의 생각과 느낌에 영향을 미치십니다. 그리스도인은 성령 곧 하나님의 영이 빈번하게 영적인 사람들의 마음을 다루시며 그들에게 그분의 능력을 부여하시는 것을 확실히 압니다. 이는 위대한 영적인 사실입니다. 새로 태어난 우리의 영 속에는 어느 정도의 능력이 있습니다. 하지만 그 능력이란, 하나님의 영이 우리의 영을 생동감 넘치도록 북돋우시지 않고서는 결코 제대로 드러나지 않습니다.

우리의 영이 기도합니다. 하지만 그것은 성령의 능력이 임하시고 채워지기 때문에 가능합니다. 나는 지금 어떻게 내 생각을 표현해야 할지 모르겠습니다. 하지만 내가 의미하는 바는 이것입니다. 즉, 한 사람으로서, 설혹 내가 은혜의 보좌(the Throne of Grace)로 나아가서 육의 본성을 가지고 기도할 수 있어도, 그 기도는 받아들여지지 않는다는 것입니다. 하지만 내가 새로운 본성으로 성령께서 하게 하시는 기도를 따라 시은좌(施恩座, Mercy Seat)로 나아가 기도한다면, 그 때 내 기도는 하나님께 받아들여질 것입니다. 만일 내가 하나님 보좌 앞으로 나아가서 혈과 육으로 할 수 있는 것만 한다면, 나는 아무것도 하지 않은 셈입니다. 육에 속한 것은 육 이상의 높은 차원에 오르지 못하기 때문입니다. 하지만 만약 하늘의 은혜의 보좌 앞으로 나아올 때에, 영원하신 하나님의 영이 내 영혼에 말씀하시고, 내 영혼을 타락한 인간성의 죽은 수준으로부터 높이 끌어올려 주시며, 거룩한 능력으로 내 영을 채우시고, 그분의(His) 능력 안에서 내가 열심을 품고 하나님 가까이에 나아간다면, 내 기도는 틀림없이 하나님을 설복시킬 것입니다! 이 능력은 모든 그리스도인에게 소유될 수 있습니다. 하나님이여, 지금 주의 백성 모두에게 그것을 허락하시어 그들이 성령으로 기도할 수 있게 하여 주소서! 성령의 능력(power)으로 기도하는 것, 내 생각에는 그것이 이 본문의 한 가지 의미입니다.

의심의 여지 없이 이 본문의 주된 의미는 성령으로 기도하며 사정을 아뢰라는 것입니다. 형제들과 자매들이여, 우리가 무엇을 위해 기도해야 하는지 항상 아는 것은 아닙니다. 무엇을 위해 구할지를 알 때까지 잠시 기도를 멈춘다면, 그것은 훌륭하고 지혜로운 한 가지 규칙이 될 것입니다. 즉흥적인 기도에서, 우리가 구하는 바를 언제나 곧바로 말하는 습관, 즉 우리가 무엇을 구할 것인지 생각하기 위해 잠시 멈추는 것도 없이 곧장 구하는 습관에 빠지는 것은, 기도의 정신에 아주 해롭습니다. 나는 홀로 있을 때, 하나님께 무엇을 구할까를 숙고하기 위해 몇 분간의 시간을 가지는 것을 좋아합니다. 그렇지 않으면, 마치 기도가 즉석에서 생각나는 무언가를 요구하기 위해 마치 국가 공직자들 중 한 사람과 면담하는 것처럼 여겨지기 때문입니다.

당신은 더비(Derby) 시장을 어떻게 알현하겠습니까? 먼저, 당신이 왜 그를 만나러 왔는지 잠시 생각해 보지 않겠습니까? 정녕 상식을 가진 사람은 이렇게 말할 것입니다. "당신이 말하려는 문제가 머릿속에서 정리될 때까지 잠시 지체하라. 그러면 당신이 무엇을 원하는지를 당신 스스로 명확히 알 것이며, 당신이 필요로 하는 것을 구할 수 있을 것이다." 우리가 하나님께 기도하면서, 어떤 문제들을 가지고 그분께 간청해야 하는지를 그분이 우리에게 계시해 주시기를 바라면서, 잠시 하나님을 바라며 기다려야 하지 않겠습니까? '겉날리는(hit-or-miss)' 식의 기도를 경계하십시오! 아무렇게나 말이 나오는 대로 기도하지 마십시오. 은혜의 보좌 앞으로 나아갈 때는 당신이 구하는 바가 무엇인지를 분명하게 인식하십시오.

　기도에 있어서 성령님이 우리의 생각을 이끌어 주시는 것이 우리에게도 좋습니다. 영적인 사람들은 모두 이것을 의식하지 않습니까? 즉 그들은 어떤 문제들에 대해서는 막혀 있고, 다른 방향으로는 자유로운 것을 느낍니다. 그럴 때 그들은 성령께 복종하며 그분이 이끄시는 대로 기도합니다. 우리가 구해야 할 것이 무엇인지를 그분이 아시기 때문입니다. 자, 그 다음에는 어떻게 하느냐고요? 내 형제들과 자매들이여, 성령 하나님께서 여러분을 감동하여 기도하게 하시는 것을 위해 기도하십시오. 성령의 감화력에 민감하십시오. 나는 토머스 실리토(Thomas Shillitoe. 1754-1836, 퀘이커 선교사이자 절제의 주창자로 알려진 인물 ― 역주)가 생전에 사용했던 은유를 좋아합니다. 그는 그의 정신이 마치 물 위에 뜬 코르크(cork)처럼 되어, 하나님의 영의 모든 움직임을 민감히 느끼기를 바란다고 말했습니다. 하나님의 영에 민감하여, 그분이 세미하게 부는 입김에도 우리 영혼의 바다에 잔물결이 일고 또한 우리 영혼이 성령님이 원하시는 방향대로 움직일 수 있다면, 그것은 멋진 일입니다!

　우리가 성화(sanctification)의 높은 단계에 도달하는 때는 하나님의 영과 우리 내면의 영이 완벽하게 조화될 때입니다. 말로 다할 수 없는 그토록 복된 상태에 이르게 되기를 바랍니다! 우리가 무엇을 원하고 바라는지를 생각하여도, 만일 그것을 이기적인 의도로 구한다면 바르게 기도하는 것이 아닙니다. 우리가 올바르게 기도하는 때는, 우리가 성령의 생각에 동의하고 그분이 말하도록 감동하시는 대로 말할 때입니다. 우리의 모든 간구하는 문제들이 모두 그분에게서 비롯되는 것이기를 간절히 바랄 때, 우리는 정녕 좋은 것으로 풍성해질 것입니다. 주여, 우리에게 기도를 가르쳐 주소서! 주님이 바라시는 것이 있다면, 주님의 생각을 우리의 정신에 넣어 주시고, 그 소원을 우리의 마음에 부어 주소서. 그리하여 우리의 모든 기도가 육적인 기도가 아니라 성령으로 드려지는 기도가 되게 하소서!

　성령으로 기도하는 것의 주된 의미는, 단지 성령의 능력으로 기도하거나 혹은 성령께서 구할 문제를 가르쳐 주신다는 부분에 있지 않으며, 오히려 그 방식에 있어서 성령님의 도우심(assisting)으로 기도하는 것에 있습니다. 형제들과 자매들이여, 하나님께 불쾌한 기도의 방식들이 많습니다. 그것들을 주의하고 피하십시오! 주께서 받으시는 기도의 방식은 오직 한 가지입니다. 여러분은 그것이 무엇인지를 압니다. 나는 그 특성들을 간략히 묘사할 것입니다. 하나님께 나아오는 자는 그분이 "영이신 것과, 그분께 예배하는 자들은 영과 진리로 예배해야 하는 것과, 아버지께서 이렇게 예배하는 자들을 찾으시는"(요 4:23-24) 것을 기억해야 합니다. 기도의 가장 우선적인 본질은 진리(truth) 안에서 기도하는 것이며, 만약 하나님의 영이 우리의 정신을 진실하고 참된 경건으로 이끌어 가시지 않으면 우리는 진리 안에서 기도하는 것이 아닙니다. 진리 안에서 기도하는 것은 이런 것입니다. 그것은 공허한 기도의 표현을 사용하는 것이 아니며, 우리의 뜻을 담아 말하는 것입니다. 그것은 마음이 하나님과 씨름하는 것이며, 강한 소원을 올려드리는 것입니다. 영적인 사람, 곧 성령으로 감동된 사람이 아니면 어떻게 그런 기도를 할 수 있겠습니까? 육적인 사람은, 아주 어리석은 자라도 기도의 억양으로 말할 수 있습니다. 육적인 사람도 마치 다른 사람들이 책을 읽듯이 "일과기도(日課祈禱) 문을 읽을 수 있으며" 기도라는 종교적 업무를 수행할 수 있습니다. 하지만 그는 기도하고 있는 것이 아닙니다! 그에게서는 어떤 기도도 나올 수 없습니다. 오직 영적인(spiritual) 사람만이 자신의 내면 깊은 곳에서와 하나님 앞에 있는 자기 영혼의 내실(內室)에서 탄식하고, 갈망하며, 부르짖을 수 있습니다. 하지만 그런 사람도 진리의 영이 진실하고도 마음 깊은 곳의 기도를 하도록 그를 이끌어 주지 않으시면 그렇게 기도하지 못합니다.

성령으로 기도하는 것은 뜨겁게(in fervency) 기도하는 것입니다. 형제들과 자매들이여, 냉랭한 기도는 주님에게 그 기도를 듣지 마시라고 요청하는 것이나 다름없습니다! 열성을 가지고 구하지 않는 자들은 전혀 구하는 것이 아닙니다. 미적지근하게 기도하는 자는 마치 열기 없는 불과도 같습니다! 불은 붉고 뜨겁게 타올라야 합니다. 진정한 기도는 마치 인간의 영혼 속에서 뜨거운 쇠가 타는 것과도 같으며, 그 사람의 영혼으로부터 마치 로뎀나무 숯불이 뜨거운 열기를 방출하는 것과도 같습니다. 그러한 기도는 오직 성령만이 가능케 하시는 기도입니다. 나는 이 장소에서 결코 잊지 못할 기도를 들은 적이 있으며, 누구라도 그 기도를 잊지 못할 것입니다.

지난 일월과 이월에, 우리 형제들 중 일부가 성령의 도우심을 따라, 우리가 겸손히 예배드릴 수 있도록, 그리고 그 후에는 독수리 날개를 타고 오르듯이 능력 있게 간구할 수 있도록 기도한 적이 몇 차례 있었습니다! 마치 삼손이 블레셋 신전의 기둥들을 붙잡은 듯이, 사람이 천국 문의 기둥을 붙잡고서, 은혜를 얻지 못하면 모든 것이 자기 위에 무너지기를 바랄 정도로 힘을 다해 드리는 기도가 있습니다. 진심으로 이렇게 단언할 수 있다는 것은 용감한 것입니다. "당신이 내게 축복하지 아니하면 가게 하지 아니하겠나이다"(창 32:26). 그것이 성령으로 기도하는 것입니다. 우리가 효과적이고 뜨거운 기도를 드리는 법을 배울 수 있기를 바랍니다!

　　다음으로, 우리가 끈기 있게(perseveringly) 기도하는 것이 중요합니다. 누구든 순간적으로는 빠르게 달릴 수 있습니다. 하지만 몇 마일이고 계속해서 속도를 유지하는 것은 대단히 어려운 싸움입니다! 어떤 열정적인 사람들은 이따금씩 아주 뜨겁게 기도할 수 있습니다. 하지만 쉬지 않고 기도하는 것, 하나님의 영이 붙들어 주시지 않는다면 누가 이렇게 기도할 수 있겠습니까? 인간의 정신이란 시들고 약해집니다. 단순히 육신적인 헌신의 길은 마치 기어다니다가 녹아서 죽는 달팽이의 길과도 같습니다. 육적인 정신의 소유자들은 앞으로 나아가지만, 그 열의는 갈수록 줄어들고, 보잘것없을 정도로 쪼그라들어, 마침내 이렇게 외치고 맙니다. "이 얼마나 따분한 일이냐!" 하지만 성령께서 한 사람을 채우시고 그를 기도 속으로 인도하실 때, 그는 갈수록 힘을 얻으며, 하나님께서 응답을 지연하실 때조차도 그 기도는 더욱 뜨거워집니다! 천사가 지체하는 기간이 길어질수록, 축복하지 아니하면 가게 하지 않겠다는 그의 결심은 더욱 굳세어지고, 필사적인 힘을 다해 천사를 붙잡습니다. 눈물이 가득하고, 그러면서도 포기하지 않는 끈질김은 하나님이 보시기에 아름답습니다. 주님은 이렇게 말하면서 그분을 붙드는 자를 기뻐하십니다. "저는 '아니요(No)'를 응답으로 받을 수 없습니다. 저는 이 은혜를 받아야 합니다. 당신께서 그것을 약속하셨고 또한 당신께서 그것을 구하라고 말씀하셨기 때문입니다. 또한 저는 당신을 스스로를 속이실 수 없는 분이라고 믿습니다." 정녕 우리는 이렇게 기도할 수 있도록 성령의 도우심을 받아야 합니다.

　　성령으로 기도하며, 우리는 정녕 거룩한 정신의 불꽃 가운데서 기도할 것입니다. 형제들과 자매들이여, 여러분은 마음은 괴롭고 복잡한 상태입니까? 여러분은 이렇게 말할 것입니다. "아아, 그렇지 않을 때가 오히려 이상합니다." 감히 여러분에게 말합니다. 아마도 여러분은 무거운 짐을 지고 있지만, 이렇게 말하면서 이 집에 들어왔을 것입니다. "오늘은 복된 주일이며, 나는 하나님의 임재를 느낀다." 그 때 어떤 어리석은 수다쟁이가 여러분을 층계에서 만나 한담을 들려줌으로써 생각을 어지럽힙니다. 당신이 조용히 자리를 잡고 앉았지만, 집에 있는 아이 생각이 떠오르고, 혹은 누군가 여섯 주 전에 한 말이 기억나서 정신을 어지럽히고, 그래서 당신은 기도하지 못합니다. 하지만 성령이 임하실 때, 그분은 노끈으로 채찍을 만들어 이러한 "사고, 파는" 자들을 성전에서 내쫓으십니다(참조. 요 2:15). 그 때 당신은 거룩하고 경건한 마음으로 나아올 수 있으며, 하나님께 나아가는 커다란 목적에 차분히 집중할 수 있습니다. 이것이 성령 안에서 그분께 가까이 가는 것입니다. 오, 이러한 복되고 혼란스럽지 않은 기도를 더욱더 드릴 수 있기를 바랍니다!

성령으로 기도한다는 것의 의미가 겸손히(humbly) 기도하는 것임을 빠뜨리고서는, 그 구절의 설명을 마칠 수 없습니다. 성령님은 결코 우리를 교만으로 부풀어 오르게 하시지 않기 때문입니다. 그분은 우리에게 죄를 깨닫게 하시며, 그리하여 우리로 하여금 통회하고 상한 심령으로 엎드리게 하시는 영이십니다. 우리는 하나님 앞에서 겸손한 세리처럼 기도해야 합니다. 그렇지 않으면 결코 그가 의롭다 하심을 얻고 내려간 것처럼 될 수 없습니다(눅 18:14). 우리가 "깊은 곳에 계시는 하나님"(God De Profundis)께 기도하지 않고서는 결코 "가장 높은 곳에서의 영광"(Gloria in Excelsis)을 부르지 못합니다. 우리는 낮고 깊은 곳에서 부르짖어야 하며, 그렇지 않으면 결코 가장 높은 곳에 있는 영광을 볼 수 없습니다!

성령 안에서 드려지는 참된 기도라면 사랑의(loving) 기도여야 합니다. 기도에는 사랑의 향기가 있어야 하고, 또한 그것은 사랑으로 가득 채워져야 합니다. 그 사랑은 동료 성도들을 향한 사랑이며, 또한 그리스도를 향한 사랑입니다. 더 나아가, 성령 안에서의 기도는 믿음(faith)으로 충만한 기도여야 합니다. 효과적이고 뜨거운 기도는 사람이 하나님을 믿을 때에만 가능합니다. 성령님은 우리 안에 있는 믿음의 주관자로서 믿음을 양육하고 강화시키시며, 우리로 하여금 하나님의 약속을 믿으며 기도하도록 하십니다.

오, 성령의 능력이 우리 마음 안에 부어지길 바랍니다. 그리하여 이러한 탁월한 은혜들의 복된 결합이, 곧 값지고 달콤한 향기가 우리 안에 가득해지기를 바랍니다! 시간이 부족하기 때문에, 성령으로 기도하는 것을 자세히 묘사할 수가 없습니다. 하지만 여러분이 그것을 이해하고 또 체득하게 되기를 바랍니다.

4. 기도의 성공을 알리는 그룹 천사

네 번째로, 나는 본문을 기도에서 우리의 성공을 선언하는 **그룹**(cherub) 천사로 활용할 것입니다. "성령으로 기도하며" — 이 얼마나 복된 말씀입니까! 그러한 기도에서 우리가 하나님의 응답을 얻는 것은 절대적으로 확실합니다. 만일 나의 기도가 나 자신의 기도라면, 나는 그런 확신을 가질 수 없습니다. 하지만 내가 입으로 읽는 기도가 내 영혼에 기록하신 하나님 자신의 기도문이라면, 하나님은 언제나 자기 자신과 일치하시기에, 거기에 기록된 것은 오직 그분의 목적에 따라 기록된 것임에 틀림없을 것입니다.

어느 옛 신학자는 기도란 전능자의 그늘(the shadow of Omnipotence)이라고 말했습니다. 우리의 뜻은, 성령 하나님께서 영향을 미치실 때에, 하나님의 뜻을 나타내는 표지입니다. 하나님의 백성이 기도하는 것은, 머잖아 복이 임할 것이기 때문이며, 또한 그들의 기도가 다가오는 복의 전조이기 때문입니다! 형제들과 자매들이여, 이 점을 확신하십시오. 하나님은 거짓말을 하실 수 없는 분입니다! 그분은 어느 한 장소에서 하신 말씀을 다른 곳에서 부인하실 수 없는 분입니다. 여러분과 내가 스스로 모순되는 말을 할 수 있는 것은, 신실하지 못하기 때문이거나 혹은 연약하기 때문입니다. 우리는 우리의 말을 굳게 지키지 못할 수도 있으며, 우리가 말한 바를 잊어버릴 수도 있습니다. 그래서 어느 곳에서 한 말과 다른 곳에서 한 말이 모순될 수 있습니다. 하지만 하나님은 연약하여 기억하지 못하는 경우가 없으며, 그 뜻이 변하지도 않습니다. 그분은 어제 약속하신 바를 오늘 이루십니다. 그분은 어느 한 곳에서 하신 말씀을 다른 곳에서도 공언하십니다. 그러므로 하나님께서 내 마음에서 "이런 저런 것을 위하여 기도하라"고 말씀하신다면, 그분이 그것을 그분의 작정의 책(the book of decrees)에서도 말씀하셨기 때문입니다. 하나님의 영이 마음에 기록하시는 것은, 언제나 하나님의 영원한 목적의 책에 기록된 것과 일치합니다. 여러분이 여러분의 영혼을 마치 종잇장처럼 주님 앞에 펼쳐두고서 그 위에 무언가를 쓰시도록 주님께 요청하였을 때, 여러분의 기도는 이루어질 수밖에 없음을 확신하십시오! 그럴 때 그것은 더 이상 여러분 자신의 기도가 아니며, 오직 성령께서 하나님의 뜻을 따라 여러분 안에서 간구하신 것입니다.

그럴 때 여러분은 이렇게 말할 필요가 없습니다. "하나님께서 기도에 응답해 주시기를 바랍니다." 그분이 그렇게 하실(will) 것입니다. 그분이 그렇게 하시기로 서약하셨습니다(pledged). 이런 식으로 말하는 것은 일종의 불신앙입니다. "나는 주님이 그분의 약속에 대해 신실하신지의 여부를 알지 못하며, 단지 그러시기를 바랄 뿐이다." 그분은 참되십니다! "사람은 다 거짓되되 오직 하나님은 참되시다 할지어다"(롬 3:4). 오, 만일 여러분이 우리 중 어떤 이들이 겪은 것만큼 그분을 경험해 보았더라면, 여러분은 놀라 손을 들고서 이렇게 말했을 것입니다. "진실로, 다른 그 무엇이 사실이 아니어도(not), 하늘의 가장 높은 곳에 앉아 계신 하나님께서 자기 백성의 부르짖음에 귀를 기울이시고, 또한 그들에게 마음의 소원을 따라 주시는 것만은 분명한 사실입니다." 성령께서 여러분에게 기도하도록 가르치시면, 마치 둘을 곱하면 틀림없이 넷이 되는 것과 마찬가지로, 하나님께서 여러분이 구하는 바를 주실 것이 확실합니다.

5. 기도의 병거

결론적으로, 나는 이 본문을 우리 영혼을 태우고, 우리로 하여금 기도의 즐거운 길을 달려가게 만드는 병거(chariot)로 활용하고자 합니다. 오늘과 내일, 우리에게 주어진 과제는 성령으로 기도하는 것입니다. 형제들과 자매들이여, 우리가 속한 교회를 덮칠 거대한 기도의 파도(great wave of prayer)를 일으키시는 주체는 하나님의 영이십니다. 그것을 믿으면 즐겁습니다. 몇몇 형제들이 진지한 기도로 온 종일을 보내고 다른 사람들에게는 다 말할 수 없는 놀라운 은혜를 경험한 것은, 우리의 고안이나 계획에 따른 일이 아니라 성령 하나님의 행동이었습니다! 그 때 다른 사람들도 감동을 받아 자발적으로 움직였고, 한 마디의 반대나 의견의 차이 없이 모두가 "아멘, 우리 또한 기도하기 위해 모입시다"라고 말했습니다. 그 때 우리 교단에는 형제 우애와 일치와 사랑의 정신이 주어졌고, 하나님으로부터 은혜를 얻고자 하는 진지한 열망이 있었습니다. 그렇지 않았을 때도 있었음을 우리는 압니다. 기도와 금식의 날에 대해, 비록 우리가 그것을 멸시하지는 않더라도, 하여간 지금처럼 감사하지 않았을 때도 있었던 것을 우리는 압니다. 이제 우리는 이 문제에서 한마음이 되었으며, 나는 많은 그리스도인들과 대화를 통해 이미 많은 하나님의 백성들이 특별한 기도의 때를 보내고 있다고 느끼고 있음을 압니다. 지금은 그들이 기도하려고 노력하는 때라기보다, 마치 호흡을 내쉬듯이 성도들의 부흥과 죄인들의 회심을 위하여 간절한 열망을 토로하고 있습니다.

이 교회에 속한 형제들과 자매들이여, 여러분은 하나님의 임재를 경험해 왔습니다. 다년간 여러분은 "성령으로 기도하는" 것과 관련하여 많은 은혜를 경험했으며, 또한 직접 여러분의 눈으로 하나님께서 기도의 응답으로 행하신 위대한 일들을 목격해 왔습니다. 여러분 중에 이제 와서 뒤로 물러서기를 바라는 이가 있습니까? 오늘과 내일, 기도에 열성을 다하지 않을 사람이 한 사람이라도 있습니까? 이 교회의 지체로 연합된 어느 한 성인(成人), 아니 어느 한 어린아이라도 기도에 대해 냉담한 자가 있습니까? 당신의 형제들과 자매들과 더불어 은혜의 보좌에 나아가기를 거부함으로써 주님께 죄를 짓지 말라고 나는 말하고 싶습니다. 주님을 거스르지 마십시오. 당신이 기도 모임에 참여하기를 거절함으로써 은혜 받을 기회를 스스로 박탈하는 일이 없기를 바랍니다.

내 사랑하는 친구들이여, 제자들이 급하고 강한 바람 같은 소리를 들은 것은 그들이 모두 한 곳에 모여 한마음으로 기도할 때였습니다. 우리는 모두 한 곳에 모일 수 없습니다. 하지만 적어도 한마음으로 기도하도록 합시다. 뭐라고요? 당신은 기도로써 구할 것이 전혀 없단 말입니까? 뭐라고요? 회심하지 않은 자녀들이 없고, 구원받지 못한 친구들이 없으며, 여전히 어둠 속에 있는 이웃들이 없단 말인가요? 뭐라고요? 런던에 살면서 죄인들을 위해 기도하지 않는단 말입니까? 당신은 어디에 삽니까? 당신이 사는 곳은 넓은 광야, 땅거미만 끝없이 펼쳐지는 곳이어서, 죄와 무지의 풍문이 전혀 귀에 들려오지 않는단 말입니까? 그렇지 않습니다. 당신은 경건하지 못한 수백만의 사람들 한가운데서 살고 있습니다! 자기들을 만드신 하나님을 멸시하고, 그리스도의 복음을 멸시하는 수백만의 사람들입니다!

수천이 아니라 수백만입니다! 그 말을 듣고 그 말의 의미를 이해할 수 있는지 생각해 보십시오! 하나님도 없고 소망도 없이 살아가는 수백만의 사람들, 그들이 지옥으로 떨어지고 있습니다! 또한 전 영역에 걸쳐, 위험한 해악들이 퍼져가고 있습니다. 내가 당신에게 그것들을 끊임없이 상기시킬 필요가 있을까요? 불신앙이 주교관(主敎冠, miter)을 쓰고 있으며, 교황주의가 개신교의 지역을 강탈하고 있습니다! 당신은 늑대와 사자에 의해, 또한 뱀과 곰에 의해 공격을 받고 있습니다! 모든 형태의 해악들이 교회를 공격하기 위해 몰려오고 있습니다. 기도하지 않는다고요? 만일 당신이 기도하지 않는다면, 내 말하건대, 당신의 태만으로 인해 따끔한 맛을 보지 않겠습니까? 나는 감히 조금이라도 당신에게 화가 임하기를 바라며 말하는 것이 아닙니다. 하지만 화가 임할 것이 분명합니다! 만일 이 시간에 내가 그 말을 하지 않으면, 하나님께서 그렇게 말씀하실 것입니다. "여호와의 사자의 말씀에, 메로스를 저주하라 그들이 와서 여호와를 돕지 아니하며 여호와를 도와 용사를 치지 아니함이니라"(삿 5:23).

　　지금 우리는 여러분에게 재물을 기부하라고 요청하는 것이 아닙니다. 설혹 우리가 그렇게 하여도, 주 예수님께는 그럴 권리가 있으며, 여러분은 기꺼이 그것을 드려야 합니다. 또한 우리가 오늘 온 종일 전도하라고 요청하는 것도 아닙니다. 우리가 그렇게 요청하여도, 여러분 중에 어떤 이들은 능력의 부족으로 인해 면제될 수도 있습니다. 하지만 우리는 여러분에게 기도를 요구하며, 이는 거부되어서는 안 됩니다! 당신은 기도를 할 수 없습니까? 그렇다면 당신은 은혜도 없고, 그리스도도 없으며, 소망도 없는, 잃은 자입니다. 그렇다면 나는 당신에게 우리의 기도에 동참하라고 요청하지 않을 것입니다! 오히려 나는 당신이 먼저 당신 자신을 위해 하나님께 나아오라고 말하겠습니다. 당신이 그리스도인이면 기도할 수 있습니다. 가난이 당신을 기도에서 가난하게 만들지 않습니다. 교육의 부족함이 당신이 무릎 꿇는 것을 방해하지 않습니다. 사회적 지위와 신분이 없는 것이 당신이 하나님과 교제하는 것에서 장애가 되지 않습니다. 하나님은 가난한 자가 부르짖을 때 들으시며, 풍성한 은혜로 그에게 응답하십니다!

　　형제들과 자매들이여! 만일 여러분이 그리스도를 사랑한다면, 그분의 사랑이 여러분의 마음에 부어진 적이 있다면, 여러분이 그의 피로 씻음받고, 그로 말미암아 하나님의 진노에서 구원을 받았다면, 또한 여러분이 그분 안에서 새로운 피조물이 되었고, 여러분의 소망이 마지막에 맞아주시는 그분의 얼굴을 뵈옵는 것이라면, 나는 당연한 요구로서 이 말을 할 수 있습니다! 하지만 나는 여러분에게 형제의 간절한 부탁으로서 이 말을 합니다. 성령 안에서 기도하는 일에 우리와 합류하십시오! 깜짝 놀라서 뒤로 물러나는 사람이 있습니까? 그렇다면 주의하십시오. 만일 당신이 기도에서 당신의 형제들과 연합하기를 거절한다면, 당신이 부르짖기로 결심하는 때에 옥에 갇힌 채 고통을 겪는 상태일지도 모릅니다! 주의하십시오! 하나님의 영이 임하신 지금 기도하기를 거절함으로써, 나중에 당신은 성령의 위로의 임재를 상실한 것을 느끼고, 경건의 달콤함이 당신에게서 떠난 것을 발견할 수도 있습니다.

　주님께서 은혜를 보내십니다. 그분은 틀림없이 은혜를 보내시며, 그렇지 않으면 우리의 가슴은 깨어지고 말 것입니다! 우리는 그 은혜가 임하고 있음을 느낍니다. 우리는 약속을 붙들었습니다. 우리는 여호와께 간구해 왔습니다! 우리는 예수님의 피에 호소해 왔습니다! 우리는 지금 그 은혜를 간구하고 있습니다! 그 말은 은혜가 임할 때까지 우리가 계속해서 간구하리라는 의미이며, 그 하늘의 소낙비가 곧 내릴 것임을 우리가 확신한다는 의미입니다! 그분은 야곱의 자손에게 "너희는 헛되이 내 얼굴을 찾으라"고 말씀하시지 않았습니다. 형제들과 자매들이여, 소망을 가지십시오. 그리고 모두 한마음이 되어 성령으로 기도하는 일에 참여하도록 합시다!

　사랑하는 친구들이여, 예수님을 위하여 주께서 이 문제에서 여러분에게 복을 주시길 빕니다.

제
5
장
—

중대한 권고

—

"하나님의 사랑 안에서 자신을 지키라." — 유 21

유다는 종말의 때에 일어날 일들을 아주 끔찍하게 묘사합니다. 그는 배교자들을 묘사하며, 그들을 가장 어두운 색깔로 채색합니다. 그런 다음 그는 마지막 시대에는 희롱하는 자들과, 분리주의자들과, 호색가들이 나타날 것이며, 그들 모두가 살아 계신 하나님의 교회를 공격할 것임을 우리에게 알려줍니다. 유다가 우리의 대적들에 대해 예고하면서 그들을 묘사하고, 또한 전쟁을 위해 모여든 그 무리들을 보라고 우리에게 명한 후에, 우리에게 방어를 준비하고 전투 대형을 이루라고 교훈하는 것은 아주 자연스럽습니다. 이 서신의 20절과 21절에서 유다는 기독교의 위대한 사변형요새(Quadrilateral), 즉 사중의 요새에 대해 언급합니다. 우리가 진격해 오는 적들과 싸우려면, 그 요새는 사람들이 잘 배치되어 있어야 하고 또한 주의 깊게 유지되어야 합니다. 나는 네 가지 요점에 대해 말하고자 합니다. 아주 간략하게 다루더라도 여러분의 깊은 주의를 바랍니다.

사도는 말합니다. "사랑하는 자들아 너희는 너희의 지극히 거룩한 믿음 위에 자신을 세우라"(20절). 믿음을 세우는 것(edification)은 회의주의자들과 이단자들의 공격에 맞서는 훌륭한 방어입니다. 그들은 무지하고 믿음에 서지 못한 자들을 먹이로 삼습니다. 우리는 지속적으로 세워져야 할 필요가 있습니다. 더 많이 배우고, 더 많이 사랑하고, 복음의 위대한 진리를 따라 더 힘써 살아가야 합니다. 우리는 기초가 올바른지 확인해야 합니다. 거짓된 가르침 위에 세우는 것은 소용없을 뿐만 아니라, 소용없는 것 이상으로 나쁜 것입니다. "거룩한 믿음 위에" 우리의 건물이 세워져야 합니다. 우리는 은혜의 교리들 위에 확고히 세워져야 하며, 그 교리들의 거룩함을 인식하고 우리 삶에서 거룩함을 따라서 살아가야 합니다. 영혼을 위해서는 오직 "지극히 거룩한" 믿음이 안전합니다. 다른 것에 만족하며 있는 사람에게는 화가 있습니다. 그러므로 형제들이여, 이 마지막 시대의 해악들을 멀리하기 위해서는 우리 스스로도 진리를 알기 위해 힘써야 할 것이며, 또한 우리의 형제들을 그 진리로써 가르치기를 힘써야 합니다. 교회 안에서 개인적이면서도 상호간에 믿음의 덕을 세우는 일은 오류의 침입에 맞서는 효과적인 방어책 중의 하나로서 지속적으로 유지되어야 합니다.

교회에서 가장 필요한 두 번째의 방어 원리는 기도(devotion)입니다. "성령 안에서 기도하는 것"은 주의 군대가 외국 군대에게 참패를 가할 무기입니다. 성도들의 기도는 강력한 대포이며, 그 무기로써 우리의 예루살렘 성벽은 보호를 받습니다. 간구는 진격해 오는 적군에게 어마어마한 화력을 퍼붓는 대포이며, 마치 히스기야가 하나님께 간구했을 때 산헤립이 경험한 것과도 같습니다. 하지만 기도는 철저히 영적이어야 하며, 성령님에 의해 마음에 각인된 것이어야 하며, 그분의 창조적인 힘에 의해 표현되어야 합니다. 형식적이고 생명력 없는 간구는 겉만 화려하게 색칠한 요새이지만, 성령 안에서의 기도는 난공불락의 성채입니다. "말할 수 없는 탄식"(롬 8:26)은 지옥문을 떨게 만드는 중화기(重火器)입니다. 우리는 우리의 마음을 복되신 하나님의 영의 영향력 아래에 두어야 하며, 그런 다음 하나님 앞에 계속적인 간청을 올려드려야 합니다. 그러면 우리의 마음이 악한 자의 오류에 빠질 것을 두려워하지 않아도 됩니다. 기도하는 교회는 신속하게 거짓 선지자들의 영들을 시험할 것이며, 그것들을 악한 것으로 여기고 내쫓을 것입니다. 나는 논쟁보다는 기도의 효력을 훨씬 더 믿습니다. 기도 모임을 바르게 고수하고, 개인적인 기도의 열성을 유지하십시오. 그러면 우리는 불신자들과 속이는 자들의 모든 궤변을 비웃을 수 있습니다.

다음으로 유다는 세 번째로 중요한 문제로서 교회의 애정(affections)을 언급합니다. 만일 교회 구성원들의 마음이 올바르다면, 조롱하는 자들과 비난하는 자들이 교회를 대적하여 할 수 있는 일이 거의 없을 것입니다. "하나님의 사랑 안에서 너희 자신을 지키라." 온 마음과 성품을 다하여 주님을 사랑하는 그리스도인들의 따뜻한 교제는 조롱하는 자들이나 쾌락주의자들에게 압도당하지 않을 것입니다. 하나님께 대한 사랑은 불이 그 사방을 두르고 있는 성벽과도 같습니다. 침체하고 쇠퇴하는 교회들에서는 오류들이 마치 옛 수도원 담 벽을 오르는 담쟁이덩굴처럼 퍼져갑니다. 하지만 생명과 열정과 진지함과 따뜻한 마음은 이런 모든 악들을 마치 붉게 달구어진 철판이 그 위에 떨어지는 물방울들을 신속하게 증발시켜 버리듯이 날려 버립니다. 하나님을 사랑하십시오. 그러면 여러분은 거짓 교리를 사랑하지 않을 것입니다. 교회가 마음을 바르게 지키면, 교회의 지성이 결코 그릇된 방향으로 가지 않을 것입니다. 교회가 예수님의 사랑 안에 거하면, 교회는 언제나 진리 안에 거할 것입니다.

유다가 언급하는 네 번째 요점은 장래에 대한 밝은 기대(expectancy)입니다. 그는 말합니다. "영생에 이르도록 우리 주 예수 그리스도의 긍휼을 기다리라." 그리스도께서 오실 것과, 그분이 우리에게 과분한 복을 가지고 오실 것을 기대하십시오. 하나님의 긍휼이 우리에게 나타날 것을 기대하십시오. 그분이 오실 때에 우리의 모든 싸움이 끝이 나고, 사탄을 우리가 발로 짓밟을 것이며, 이미 하나님이 우리 안에 심어놓으신 온전하고 영원한 생명이 나타날 것을 기대하십시오. 그리스도께서 확실히 오실 것을 고대하면서, 교회는 거만하기 짝이 없는 사람들의 말을 두려워하지 않을 것이며, 그들의 투덜거림도 두려워하지 않을 것입니다. 교회는 "그분이 오신다는 약속이 어디 있느냐?"는 저 폭군의 질문에 대한 답을 가지고 있습니다. 교회는 이렇게 대답할 것입니다. "보라 주께서 그 수만의 거룩한 자와 함께 임하시나니, 이는 뭇 사람을 심판하사 모든 경건하지 않은 자가 경건하지 않게 행한 모든 경건하지 않은 일과 또 경건하지 않은 죄인들이 주를 거슬러 한 모든 완악한 말로 말미암아 그들을 정죄하려 하심이라"(14-15절). 먼저는 "세우고(building)" 다음에는 망루에서 "바라보면서(looking)" 교회는 악의 세력들을 물리칠 것이며, 주님이 나타나실 때에 있을 최후의 승리를 확신할 것입니다.

형제들이여, 가장 어두운 시대가 온다 해도, 이 네 가지 점들을 부지런히 지속한다면 우리는 대적의 교활한 공격들에 맞서 안전할 것입니다. 오, 살아 계신 하나님의 종들이여, 여러분의 온 마음을 다하여 성도들의 믿음을 세우고, 기도의 뜨거움을 유지하며, 여러분의 사랑을 순수하게 지키고, 여러분의 소망의 기대를 밝게 유지하십시오. 그러면 여러분은 폭풍이 다 지나갈 때까지 굳게 설 것입니다. 그러한 전망으로 우리는 유다와 더불어 이렇게 노래할 수 있습니다. "능히 너희를 보호하사 거침이 없게 하시고 너희로 그 영광 앞에 흠이 없이 기쁨으로 서게 하실 이 곧 우리 구주 홀로 하나이신 하나님께 우리 주 예수 그리스도로 말미암아 영광과 위엄과 권력과 권세가 영원 전부터 이제와 영원토록 있을지어다. 아멘"(24-25절).

이 시간에는 본문이 제시하는 네 가지 권면 중에서 세 번째를 다루고자 합니다. "하나님의 사랑 안에서 자신을 지키라!" 나는 이 말씀이 상호간의 살핌을 언급하는 말씀이라고 믿어 의심치 않습니다. 그리스도인들은 하나님과의 교제 안에 거하도록 서로를 힘써 지켜야 합니다. 만일 한 형제가 주님과의 교제에서 차갑게 식은 것을 볼 때, 부드러운 책망과 위로와 훈계로써, 마땅히 지켜야 할 따뜻함에서 멀어지는 마음을 회복시키는 것이 그들의 의무입니다. "하나님의 사랑 안에서 자신을 지키라", 즉 서로를 살피고 서로를 깨어 있게 함으로써, 여러분 중에서 누구도 하나님의 사랑에 대한 의식을 조금씩 잃어버리지 않게 하는 것입니다. 늑대가 여기서 한 어린 양을 움키고 저기서도 한 마리를 움켜가게 함으로써, 교회 지체들의 수가 줄어들도록 허용하지 마십시오. 오직 성령의 도우심을 구하여 여러분 자신과 여러분의 형제들을 저 위대한 목자 가까이에 머물도록 지키십시오. 그러면 여러분이 안전할 것입니다. 하지만, 상호간의 감시가 오늘 아침 설교의 주제는 아닙니다. 나는 이 본문을 개인적인 의무의 차원으로 좁힐 것입니다. 각 사람이 하나님의 사랑 안에서 자기를 지키도록 하는 것이지요.

많은 사람들의 생각에 이 권고는 다소간 신중하지 못한 말처럼 보일 것입니다. 만일 내가 이 문장의 저자라면 아주 건전한 나의 형제들이 심각하게 반대하면서 이렇게 말할 것입니다. "우리는 하나님의 능력에 의해 지켜지는 것이며 믿음으로 구원에 이를 것입니다. 우리에게 우리 자신을 지키라고 권고하는 것은 소용없고, 육신적이며, 율법적입니다." 그들에 대해 나는 이렇게 대답합니다. "사랑하는 형제들이여, 내가 이 구절의 저자가 아닙니다. 그러므로 여러분에게 이 구절에 관하여 어떤 다툼이 있다면, 여러분의 논쟁 상대는 내가 아니라 성령님이심을 기억해주십시오. 나는 성령의 감동으로 된 책에서 이 구절을 발견했으니, 나에게는 그것을 삭제할 능력도 없고 그럴 의향도 없습니다. 게다가, 나는 하나님의 말씀에서 동일한 반대가 제기될 수 있는 다른 많은 권고들을 발견합니다. 나로서는 그 권고들이 다른 무언가를 의미한다고 그 뜻을 왜곡할 의도가 없으며, 건전하지 못한 사상이 될까 두려워 그 권고들을 설명하는 것을 회피할 의도도 없습니다. 성경에서 우리는 그리스도가 없이는 아무것도 할 수 없다는 가르침을 받습니다. 우리는 그것을 어렵잖게 이해할 수 있습니다. 하지만 동시에 우리는 모든 종류의 일들을 행하라는 권면을 받으며, 심지어 하늘에 계신 우리의 아버지께서 온전하시듯 우리도 온전해야 한다는 명령을 듣습니다. 만일 이것이 모순된다면 그것은 성경의 모순이며, 나는 그 앞에 머리를 숙일 뿐입니다. 다른 사람들이 그에 대해 트집 잡기를 원한다면 그렇게 하라고 하십시오. 선을 행하는 모든 능력은 성령께로부터 오며, 선을 향하는 모든 의지 역시 같은 원천으로부터 옵니다. 하지만 우리는 마치 우리 자신이 자유롭게 행할 수 있고 또 하기를 원하듯이, 바르게 행하라는 명령을 받습니다. 하나님의 말씀의 훈계들은 소위 '신중한 언어(guarded language)'로 조심스레 표현되지도 않으며, 제한적인 표현들로 에둘러 표현되지도 않습니다. 성경은 그 자신의 발언을 스스로 단속하지 않으며 자유롭게 말합니다. 반면에 사람들은 실수를 하지 않으려고 지나치게 두려워하여, 자주 문장 사이에 괄호를 끼워 넣고 설명을 부연합니다. 그래서 결국 그들이 말하는 내용의 효과를 망치고 말지요. 우리는 성령께서 그분이 말씀하셔야 할 내용을 밝히 말씀하신다는 것과, 또한 현안이 된 그 교리와 균형을 맞추는 다른 진리들을 기억하는 일을 신자들의 깨우침받은 정신에 맡겨 두신다는 것을 발견합니다. 우리는 진리에 대해서 너무 조심스러워합니다. 진리는 갑옷을 필요로 하지 않으며, 그 벗은 아름다움이 철갑 외투보다 훌륭한 보호막입니다. 어느 누구도 겨울용 담요로 태양을 감싸려는 생각을 할 필요가 없듯이, 우리도 걱정스러워하면서 진리를 지키고 보호하려 할 필요가 없습니다. 그 자체로 밝게 비치게 하십시오. 진리가 그 자신의 해석자가 될 것입니다.

하지만 본문의 전후관계를 살펴보십시오. 그러면 여러분은 사람이 하나님의 은혜가 없이도 자기 자신을 지킬 수 있다고 하는 거만한 생각에 본문이 재가(裁可)를 내리지 않음을 알 것입니다. 본문에 선행된 문장이 "성령으로 기도하라"이기 때문입니다. 여러분 자신을 지키되, 성령 안에서 기도함으로써 그렇게 해야 함을 기억하십시오. 그렇게 함으로써 여러분은 그분의 신적 능력에 의존함을 시인하는 셈입니다. 다음에 따르는 문장 역시 이 본문에서 율법적인 분위기를 해소합니다. "영생에 이르도록 우리 주 예수 그리스도의 긍휼을 기다리라." 여러분의 시선이 여러분 자신을 향해서가 아니라 예수님을 향하고 있음과, 또한 결코 여러분 자신의 공로나 능력이 아니라 하나님의 자비를 향하고 있음을 보이십시오. 내 형제들이여, 우리는 성령의 활동에 대한 성경의 가르침을 빌미로 서로를 권고하는 것을 두려워해서는 안 됩니다. 성경의 가르침은 우리를 앞으로 나아가도록 재촉하는 것이지, 결코 우리를 뒤로 끌어당기는 것이 아닙니다. 실제적인 계명들을 전할 때, 우리는 위로의 교리들을 믿는다는 이유로 입에 재갈을 물리고 단속을 받는다는 느낌을 받지 않습니다. 은혜의 자유 안에서, 주님께서 그분 자신의 진리를 그분의 백성의 마음과 경험 안에서 조화시키실 수 있다는 확신 속에서, 우리로 전체 진리를 말하게 하십시오. 우리는 진리를 손상시키지 않을까 하는 두려움에 끊임없이 동요할 필요가 없습니다. 마치 그것이 우리가 건드리기만 해도 깨져 버리는 가냘프고 얇은 도자기인 것처럼 여기지도 말고, 혹은 우리가 손을 움직이기만 해도 망가져 버리는 거미집인 것처럼 간주하지 마십시오. 진리를 말할 때는 담대하게 말하고, 본문이 "하나님의 사랑 안에서 자신을 지키라"고 말하듯이 말하도록 합시다.

하지만 사랑하는 친구들이여, 이 말씀은 여러분이 사랑 안에 있다는 의미를 내포합니다. 이 말씀은 모든 사람을 향하여 제시된 권고가 아닙니다. 어떤 사람들은 하나님의 사랑 안에 있지 않기 때문입니다. 이 말씀은 하나님의 사랑 안에 있는 자들을 향하여, 그 사랑 안에서 자신을 지키라는 권고입니다.

그렇다면, 나는 여러분이 하나님의 사랑 안에 있는지를 질문함으로써 시작할까 합니다. 여러분은 하나님의 사랑의 대상입니까? 그분은 모든 피조물들을 향하여 호의를 베푸시지만, 여러분은 그리스도 예수 안에서 그분의 사랑을 알고 있습니까? 여러분은 영생에 이르도록 예수 그리스도를 믿었으며, 예수님의 얼굴에서 빛을 발하는 아버지의 사랑을 보았습니까? 만일 여러분이 그리스도 안에서 나타난 아버지의 사랑을 믿었다면, 여러분도 그 사랑을 즐거워했을 것입니다. 왜냐하면 여러분에게 주어진 성령에 의해 여러분 마음속에 하나님의 사랑이 부은 바 되었기 때문입니다. 여러분은 또한 이 세상이 만들어 낼 수 있는 그 어떤 것보다 뛰어난 기쁨을 의식해 왔을 것입니다. 그렇다면 계속해서 그 깊고, 강하며, 참된 사랑을 믿으십시오. 그 사랑을 즐거워하는 중에서 살며, 더욱 그 사랑을 누리도록 기도하십시오. 부주의한 삶에 의해 그 사랑의 의식을 잃지 않도록 하십시오. 만일 여러분이 그 사랑을 알았다면 확실히 여러분도 그 반응으로 하나님을 사랑할 것입니다. 그러니 계속해서 주님을 사랑하십시오. 아마도 이것이 우리 앞에 제시된 이 권면의 특별한 의미일 것입니다. 여러분 안에 있는 하나님의 사랑은, 여러분이 하나님을 향해 품고 있는 사랑에 의해서와, 여러분이 그분의 모든 백성들을 향해 느끼는 지속적인 애정에 의해 명백해집니다. 그러므로 항상 하나님을 사랑하고, 더욱더 그분을 사랑하도록 힘쓰십시오. 거룩한 사랑의 불꽃을 일으키어 마침내 그것이 모든 것을 태워 버리는 불이 되게 하십시오. "너희 모든 성도들아 여호와를 사랑하라"(시 31:23). 마음을 다하고 뜻을 다하고 힘을 다하여 주님을 사랑하고, 또한 여러분의 이웃을 여러분 자신처럼 사랑하십시오. 특히 모든 성도를 향한 사랑을 장려하십시오. 이 또한 하나님을 사랑하는 것이기 때문입니다. "형제 사랑하기를 계속하라"(히 13:1). "그리스도께서 너희를 사랑하신 것 같이 너희도 사랑 가운데서 행하라"(엡 5:2). 하나님의 사랑 안에서 여러분 자신을 지키십시오. 그 사랑 안에 거하고, 그 사랑을 믿으며, 그 사랑을 즐거워하고, 그 사랑에 반응하며, 그 사랑을 다른 사람들에게 나타내십시오. 지속적으로 그 사랑을 믿고 누릴 것이며, 지속적으로 하나님과 사람들을 향한 여러분의 사랑을 나타내도록 하십시오.

오늘 아침에는 두 가지를, 오직 두 가지를 다룰 것입니다. 첫째는 하나님의 사랑 안에서 우리 자신을 지키기 위한 동기들(motives for keeping ourselves in the love of God)에 관한 것입니다. 둘째는 그렇게 하도록 우리를 돕는 수단들(means to assist us in so doing)에 관한 것입니다.

1. 하나님의 사랑 안에서 우리 자신을 지키기 위한 동기들

첫째로, "하나님의 사랑 안에서 여러분 자신을 지키는" 동기들입니다. 그것은 마치 군주의 호의를 입은 어느 신하가, 궁전에 들어가는 것에 대해서 한 친구로부터 훌륭한 조언을 얻는 것과도 같습니다. "이제 자네는 왕으로부터 호의를 입었으니, 자네의 위치를 유지하도록 처신하여, 그분을 뵙는 자리에서 더 천한 곳으로 멀어지지 않도록 하게나. 그분은 변덕스럽지는 않지만 질투하신다네. 그러므로 늘 조심하여 그분의 얼굴을 뵙는 은혜 안에 거하도록 힘쓰게." 신자들은 언제나 하나님의 종들입니다. 하지만 하나님이 그들에게 언제나 미소를 지으시는 것은 아니니, 그분의 미소를 잃지 않도록 항상 유의하며 살아야 합니다. 우리가 겨울에 건강을 위해서 햇볕이 따스한 남쪽 지방으로 갈 때, 우리는 의사에게서 가능한 한 햇볕을 많이 쬐라는 조언을 받습니다. 우리는 창으로 햇살이 들어오는 곳에 거하고, 볕이 들지 않는 골목이나 뜰을 피하라는 조언을 듣습니다. 이는 지혜로운 조언입니다. 만일 여러분이 해가 비치지 않는 방에서 숙박할거라면, 차라리 이 추운 지방에서 집에 머무르는 편이 나을 것입니다. 태양은 위대한 의사이며, 그 햇살에 노출시킴으로써 우리는 그 날개 아래서 치유되는 것을 발견합니다. 하나님의 사랑 안에 거하는 것이 꼭 그러합니다. "하나님의 사랑 안에서 자신을 지키십시오." 종일토록 그 안에 머물도록 하십시오. 꽃들은 우리에게 이것을 가르쳐 줍니다. 태양이 그들에게 비칠 때 그들은 꽃잎을 활짝 열어 그들의 얼굴을 빛으로 향합니다. 그들은 태양을 사랑하며 그 햇살의 입맞춤을 받는 것을 기뻐합니다. 그러기에 그들은 그 밝은 빛에 가능한 한 많이 머물고자 하는 것입니다. 태양이 한 방향으로만 비치는 어느 장소에 나무들을 심으면, 나뭇가지들은 햇살을 받으려고 해가 비치는 쪽으로 뻗어나갑니다. 같은 방식으로 행하십시오. 여러분은 하나님의 사랑 안에 있으니, 계속해서 그 안에 거할 것이며, 그 안에서 여러분 자신을 지키십시오. 여러분의 아버지께서 여러분을 사랑하십니다. 탕자처럼 그 사랑에서 멀어지지 말고, 그 사랑을 잊지도 말고, 그 사랑을 가벼이 여기지도 말며, 그 사랑을 슬프게 하지도 마십시오. 오직 그 사랑을 즐거워하고, 그 사랑으로 따뜻함을 유지할 것이며, 그 사랑에 의해 더욱더 거룩해지도록 하십시오.

　　이렇게 하는 동기가 무엇입니까? 처음에 여러분으로 하여금 하나님의 사랑을 갈망하도록 이끌었던 모든 동기들이 계속해서 여러분을 그 사랑 안에 거하도록 이끌어야 합니다. 가련하고 상심한 죄인이었던 나로서는, 최우선으로 중요한 것이 내 상처를 치유해 줄 사랑을 찾는 것이었습니다. 치유를 받은 다음에는, 내가 다시 상처를 입지 않도록 계속해서 그 사랑 안에 거하는 것이 마찬가지로 중요했습니다. 만일 내 아버지의 방탕한 아들이라면, 되돌아와서 다시 한 번 사랑의 입맞춤을 받고 나를 그분의 아들로 인정한다는 그분의 말씀을 듣는 것이 무엇보다 중요할 것입니다. 그리고 집에 돌아와 머물게 된 나로서는, 다시는 탕자 노릇을 하지 않는 것이 동일하게 중요할 것입니다. 참된 아들은 영원히 아버지의 집에 거하며, 그 집에서 떠난다는 생각을 몹시 두려워합니다. 사랑하는 여러분, 전에 여러분은 그리스도 안에 있는 하나님의 사랑이 없이는 결코 안식할 수 없다고 진지하게 간구하였습니다. 자, 오늘 아침에 나는 어느 한 가지 동기를 다루는데 긴 시간을 쓸 수 없습니다. 그러므로 나는 그 동기들이 무엇이었는지 기억하는 일을 여러분에게 맡깁니다. 여러분 스스로 그 동기들을 기억하고 스스로에게 적용하십시오. 얻을 가치가 있는 것은 계속 간직할 가치도 있습니다. 만일 하나님의 사랑이 구할 가치가 있는 것이라면, 심지어 여러분의 목숨이라도 버릴 정도로 구할 가치가 있는 것이라면, 그것은 어떤 희생을 치르더라도 지켜야 할 가치가 있음에 틀림없습니다. 나는 많은 사람들이 돈을 버는 것에는 재주가 있었으나, 그것을 얻은 후에 부를 유지하는 재능이 없었다는 말을 들었습니다. 내가 염려하는 것은, 많은 그리스도인들이 하나님의 사랑을 누리는 높은 단계에 이르고자 하는 큰 열정을 가지고 있었고, 또한 하나님의 길로 행하는 것에 매우 뜨겁고 진지했으나, 그들의 열심을 지속하지 못하고 얼마 후에 미지근한 상태로 후퇴한다는 것입니다. 많은 사람들이 충만한 확신이라는 햇빛 안으로 들어왔다가 곧 그 자리를 떠나, 의심과 두려움으로 어두워지고, 무감각과 무관심으로 냉담해집니다. 그들은 하나님의 사랑 안에서 자신을 지키지 못하는 것입니다. 여러분은 그러지 않기를 바랍니다. 주님의 음성을 들으십시오. "내 안에 거하라"고 그분이 말씀하십니다(요 15:4). 만일 영혼의 사랑이 얻을 가치가 있는 것이라면, 그 사랑은 지속할 가치도 있는 것입니다. 그 사랑 안에 계속하여 머무십시오.

다음으로 우리가 하나님의 사랑을 지키는 것은 그분에게 마땅한 것입니다. 형제들이여, 하나님이 나를 사랑하시는 것을 알고, 또한 내가 그 사랑을 즐거워하고 있음을 안다면, 그 보답으로 내가 그분을 사랑하는 것이 그분의 율법 아래에서 마땅한 것입니다. 이것이 이스라엘에게 주신 그분의 율법의 본질입니다. "너는 마음을 다하고 뜻을 다하고 힘을 다하여 네 하나님 여호와를 사랑하라"(신 6:5). 그렇게 명하시는 것은 그분이 자기 사랑을 이스라엘에게 나타내셨기 때문입니다. 십계명의 전문(前文)은 이와 같이 씌어 있습니다. "나는 너를 애굽 땅, 종 되었던 집에서 인도하여 낸 네 하나님 여호와니라"(출 20:2). 그분은 그들을 향한 그분의 사랑 때문에 그들의 사랑을 요구하십니다. 복음 아래에서는 더욱더 그러합니다. 비할 데 없는 하나님의 긍휼이 나타나 우리에게 거룩한 영향력을 끼쳤다면, 우리는 그 힘이 우리로 변하게 하고, 새롭게 하고, 억제하고, 제한하며, 지배하도록 허용할 것입니다. 복음의 은혜를 받고 그 영광을 묵상하면서, 우리는 마치 불 옆에 있는 밀랍처럼 많은 영향을 받습니다. 그 사랑의 불꽃에 접촉되어, 우리의 마음은 마치 로뎀 나무 숯불처럼(시 120:4) 감사의 사랑으로 불붙어야 합니다. 복음 안에서 하나님을 보고 그분을 사랑하지 않는단 말입니까? 그것은 어처구니없는 일입니다! 형제들과 자매들이여, 만일 여러분이 은혜의 언약에 분깃을 가지고 있다면, 필경 하나님의 사랑이 모든 것을 복종시키는 능력으로 당신을 다스리게 될 것입니다. 하나님의 사랑이 느껴진다면, 그 사랑에 보답하는 것은 당연한 '의무'이면서 동시에 무한한 '특권'입니다.

　하나님의 성품이 우리로 하여금 마땅히 그분께 사랑을 드리도록 하는 것을 기억하십시오. 그분의 성품은 지적이면서도 바른 마음을 가진 모든 피조물의 사랑을 몰입시킵니다. 새로워진 마음이 하나님을 사랑하지 않기란 불가능합니다. 그분은 아버지와 아들과 성령으로 자기를 계시하셨으며, 하나님의 각 위격(person)은 비할 데 없는 선하심을 거룩한 형태로 나타내셨기에, 그분을 사랑하지 않는 것은 천박한 것이면서 신성을 모독하는 것입니다. 하나님의 본성이 사랑을 요구하며, 우리의 본성 또한 그 사랑이 없이는 안식할 수가 없습니다. 물론 내 말은 우리의 거듭난 본성을 의미하는 것입니다. 은혜는 우리를 하나님의 자녀들이 되게 했으며, 참된 자녀들은 반드시 그들의 아버지를 사랑하게 되어 있습니다. 하나님의 사랑이 여러분의 영혼 안에 있다면, 그분의 거룩한 사랑을 느끼고 그 사랑을 받은 보답으로 그분을 사랑하지 않기란 불가능합니다. 그런 일은 있을 수 없습니다. 불꽃이 그 근원인 태양을 향해 날아가듯이, 영혼 안에 있는 하나님의 사랑의 따뜻한 애정과 교통은, 그것을 부여하신 하나님을 향하기를 갈망합니다. 여러분이 하나님의 자녀이면서도 그분을 사랑하지 않는 것은 있을 수 없는 일입니다. 이와 같이 율법과 복음, 그분의 본성과 여러분의 새로워진 본성, 그리고 아버지와 아들과 성령이 모두 당신의 마음을 요구하고 있으므로, 오, 여러분이 주 예수님을 사랑한다면 "하나님의 사랑 안에서 자신을 지키십시오."

　또한 사랑하는 형제들이여, 이를 기억하십시오. 사랑은 믿음의 증거이면서, 또한 믿음을 작동하게 하는 은혜의 증거이기도 합니다. 영혼을 구원하는 믿음은 언제나 사랑을 수반합니다. "믿음은 사랑으로써 역사하며"(갈 5:6), 또한 "행함이 없는 믿음은 죽은 것이라"(약 2:26)고 기록되었습니다. 사랑이 없는 믿음은 행함이 없는 믿음이며, 따라서 사랑이 없는 믿음은 죽은 것으로서, 영혼을 구할 수가 없습니다. 내 사랑하는 형제여, 만일 당신이 "나는 예수 그리스도를 믿습니다"라고 말하고, 그것이 또한 사실이라면, 당신은 이미 하나님을 사랑함으로써 그것을 입증하였을 것입니다. 그러므로 계속하여 사랑함으로써 끝까지 그 믿음을 입증하십시오. 그렇게 할 수 있도록 영원히 복되신 성령께서 당신을 도우시길 빕니다.

또 다른 동기가 여기에 있습니다. 하나님의 사랑은 우리가 얻는 모든 은혜들의 원천입니다. 나는 "하나님의 사랑"이라는 말이 우리를 향하신 하나님의 사랑과 그분을 향한 우리의 사랑 모두를 포함하는 것이라고 생각합니다. 그 두 가지 사랑은 거의 동일한 것이기 때문입니다. 한 가지 예를 들어보겠습니다. 당신은 볼록렌즈를 가지고 있고, 그것을 태양이 비치는 곳에 두고, 광선의 초점을 마른 나무 조각에 맞추어 그것에 불을 붙입니다. 자, 그 나무가 타서 재가 되는 것을 지켜보면서, 그것을 태우는 것이 무엇인지 내게 말해주겠습니까? 그 나무가 타는 동안 당신이 느끼는 열은 태양 탓입니까, 아니면 그 나무 탓입니까? 물론 최초의 불은 순수하고 단순하게 태양의 불꽃이었지만, 이후에는 그 나무 스스로가 타기 시작합니다. 태양이 그 나무를 태우고 다음에는 그 나무가 스스로를 태우는 것입니다. 하나님의 사랑이 우리 마음에 임하고, 그 다음에 우리의 마음이 그분을 사랑하는 것도 그와 마찬가지입니다. 두 가지 모두의 경우에서, "사랑은 하나님께 속한 것입니다." 어떤 사람도 온 마음을 다하여 하나님을 사랑하지 않으면 그리스도인이라 할 수 없습니다. 하지만 하나님을 향한 우리의 사랑은 우리를 향하신 하나님의 사랑의 반사(反射, reflection) 그 이상도 그 이하도 아닙니다. 따라서 결국은 같은 것입니다. 하나님의 사랑은, 그것이 그분으로부터 우리에게 오는 것이든 혹은 우리로부터 그분을 향하는 것이든, 실제로는 하나이며 같은 것입니다. 우리는 이 사랑을 우리 영혼에 간직해야 합니다. 그것이 모든 덕목의 근원이기 때문입니다. 어떤 사람도 하나님을 사랑하지 않고서는 그 어떤 바른 일도 행할 수 없습니다. 하나님을 향한 사랑이 없다면, 그분의 영광을 위한 열정은 어디서 오겠습니까? 그분을 위해 오래 참는 인내는 어디서 찾아보겠습니까? 그분의 뜻에 대한 즐거운 순종은 또 어디에 있겠습니까? 사람이 하나님을 사랑하지 않으면서 그분을 안다고 말할 수 있을까요? 하나님께 대한 사랑 없이 어느 누가 그분 보시기에 합당한 행동을 할 수 있겠습니까? 형제들이여, 여러분이 더 많이 사랑할수록 여러분은 더 많은 은혜를 가진 것입니다. 여러분의 사랑이 여러분의 상태가 건강한지를 확인하는 검증이 될 것입니다. 사랑이 타오를 때, 우리의 본성 전체가 거룩한 불꽃으로 타오르지만, 사랑이 연기만 낼 때 모든 은혜는 그을음을 내는 심지처럼 되고 맙니다. 우리가 진정 하나님을 영화롭게 하기를 원한다면, 사랑은 우리의 거룩한 삶에서 필수적인 것으로 유지되어야 합니다.

하나님의 사랑 안에서 자신을 지키십시오. 왜냐하면 당신의 사랑이란, 설혹 당신이 그 모든 것을 줄 수 있다고 해도, 매우 적기 때문입니다. 당신이 지금껏 살았던 어떤 성도들보다, 심지어 사도들이나 순교자들보다 더 많이 그리스도를 사랑한다고 해도, 상상할 수 있는 그 최고의 사랑도 당신을 향한 그리스도의 사랑에 비하면 얼마나 되겠습니까? 만약 당신이 하나님의 성품의 탁월성을 고려한다면, 그분은 지금껏 우리가 행할 수 있었던 것 이상으로 훨씬 더 강렬한 찬미와 사랑을 받기에 합당하시지 않습니까? 우리의 전심(全心)이라고 해도 너무 적을 뿐이니, 그 마음이 나누어지지 않도록 하십시오. 매일 사랑이 커지게 하고, 당신의 모든 사랑을 그분에게 드리십시오. 만일 당신이 당신의 모든 사랑을 그분께 드리지 않는다면 그분께 아무것도 드리지 않은 것이라고 간주하십시오. 설혹 당신이 당신의 몸을 불사르게 내준다 해도 하나님을 사랑하지 않으면 그것은 아무런 유익이 없습니다. 내가 사람과 천사의 방언으로 말하고, 온 세계를 돌아다니면서 그리스도의 복음을 전하고, 불굴의 용기로 지옥 문 앞에까지 이른다 해도, 만일 내가 하나님을 사랑하지 않으면, 그 모든 것이 그분의 제단 앞에서 기뻐 받으실 수 없는 죽은 제물이 아니고 무엇이겠습니까? 그러므로 사랑하는 친구들이여, 하나님의 사랑 안에서 여러분 자신을 지키십시오. 그것은 여러분이 할 수 있는 최소한의 일이기 때문입니다.

또한, 우리가 주님께 우리의 사랑을 드려야 하며, 그렇지 않으면 그 사랑이 다른 어디로 가버린다는 것을 기억하십시오. 우리는 반드시 어떤 것을 사랑하든지 그게 아니면 다른 것을 사랑하도록 창조되었습니다. 만일 영원히 복되신 그분이 우리의 사랑을 얻지 못하시면, 세상과 육체 또는 마귀가 그것을 획득할 것입니다. 온 세상에서 가장 사악한 마녀는 세상 그 자체입니다. 세상이 곧 사람을 매혹시켜 예수님께 향하는 사랑을 식어 버리게 만듭니다. 내 형제들이여, 만일 하나님이 여러분에게 전부가 되시지 않으면, 여러분은 이런저런 우상을 동경하게 될 것입니다. 만일 그분의 사랑이 여러분 속에서 아주 달콤하게 느껴지지 않고, 그 사랑이 당신으로 하여금 그분을 뜨겁게 사랑하도록 만들지 않으면, 여러분은 곧 정욕이나 육욕이나 부패의 지배 아래로 떨어지든지 혹은 여러분의 마음이 세속의 욕심이나 근심의 녹으로 부식하여 쓸데없이 소모되고 말 것입니다. 여러분의 마음은 무언가를 사랑하지 않을 수 없으며, 따라서 하나님의 사랑 안에서 그것을 지킬 때에만 안전할 수 있습니다.

하나님을 사랑하는 한 가지 동기로서, 내가 여러분에게 상기시키고 싶은 것은 여기에 행복이 있다는 것입니다. 하나님을 가장 사랑하는 자가 가장 행복한 자입니다. 이는 예외 없는 법칙입니다. "하지만 예외도 반드시 있을 것입니다"라고 한 사람이 말합니다. "만일 사람이 감옥에 갇히고, 다음 날에 잔인한 죽음을 당하게 될 상황이라면, 하나님을 향한 사랑이 그를 기쁨으로 충만하게 할까요?" 그런 일이 많이 있었습니다. "하지만 사람이 재산을 모으고, 건강의 복을 받고, 삶의 모든 위로를 누린다면, 틀림없이 그는 그 영혼에 하나님의 사랑이 없어도 행복할 수 있을 것입니다." 그렇지 않음을 보여주는 증거들이 풍부합니다. 가장 유복한 이 세상의 자녀들도 머잖아 그런 기쁨에 시큰둥해지고, 그들 가운데서 정직한 많은 이들이 그들의 모든 소유에서 어떤 만족도 찾을 수 없었노라고 선언해 왔습니다. 굳이 솔로몬의 말을 언급하지 않아도, 하나님의 사랑이 없다면 온 세상은 "헛되고 헛됩니다"(전 1:2). 최악의 상태에 있는 그리스도인이 최상의 상태에 있는 세상사람(worldling)보다 정녕 부러워할 만합니다. 나는 만국의 보화로 잔뜩 채워지는 것보다 차라리 일 그램의 하나님의 사랑을 더 원합니다. 영혼이 그리스도의 사랑으로 충만할 때 보통의 인간성을 초월하여 높이 고양되는 듯합니다. 영혼이 거룩한 불로 타오르고, 또한 그렇게 타오를 때 영혼은 불꽃의 날개를 타고 천국을 향해 높이 솟아오르는 듯합니다. 사랑의 발은 마치 암사슴의 발과 같으며, 그래서 지상의 높은 곳을 밟고 다닐 수 있습니다. 마치 산양들이 높이 오르지 못하는 자들에게 평지의 습지대를 남겨 두듯이, 세상의 염려와 의심들을 저 아래에 남겨 두는 것입니다. 하나님의 사랑은 영혼 속에서 열정과 거룩한 열심을 발생시킵니다. 그것이 사람들을 그 자신의 한계보다 높이 오르게 하며, 그들에게 거룩한 다른 종류의 삶을 가능하게 합니다. 거룩한 열정에 의해 영혼은 독수리의 날개를 타고 오르는 듯하며, 말할 수 없는 기쁨으로 의기양양해집니다. 이것이 사람을 이전보다 열 배나 강하게 하고, 용감하게 하고, 당당하게 하고, 행복하게 합니다. 내 생각에, 우리를 천사들과 동등하게 만들기 위해서는 단지 하나님을 더 사랑하기만 하면 되며, 장차 우리가 천국에서 그러할 것처럼 우리를 천사들보다 뛰어나게 만들기 위해서, 우리에게 가장 필요한 것은 천사들이 느끼는 것보다 뛰어난 사랑으로 우리가 충만해지는 것이라고 생각합니다.

형제들이여, 내가 제시하는 마지막 동기는 이것입니다. 하나님을 향한 사랑을 가지고, 그 사랑을 지속하십시오. 왜냐하면 그것이 여러분을 예수님처럼 만들 것이기 때문입니다. 여러분의 주님과 스승이신 예수 그리스도께서는 하나님의 사랑 안에 거하셨고, 하나님을 향한 사랑으로 충만하셨으며, 결과적으로 사람들을 향한 사랑으로도 가득하셨습니다. 바로 이것이 아버지의 뜻을 행하는 것이 그분에게 양식과 음료가 되게 했습니다. 그리스도의 생애의 비밀은 그분 안에 있는 사랑의 탁월성에 있습니다. 그분은 진정 사랑의 화신이셨습니다. 그분의 마음에는 어떤 이기심이나, 야심이나, 노염이나, 분노나, 그 외에도 어떤 추하거나 나쁜 동기들이 들어온 적이 없습니다. 이 세상의 임금도 그분에게서 아무런 잘못을 찾을 수 없었습니다. 하나님이 그분 안에서 전부이셨기 때문입니다. 사랑이 그분의 눈으로 빛을 발하고 그분의 입으로 말을 하였습니다. 아버지의 사랑이 그분을 지탱하였고, 또한 아버지를 향한 그분의 사랑이 마치 외투처럼 그분을 덮었습니다. 사랑, 많은 사랑, 참된 사랑, 희생적인 사랑을 가지십시오. 그러면 여러분은 예수님처럼 될 것이며, 천국에서 그분과 함께 살기에 합당하게 될 것입니다. 사랑이 바로 낙원을 감싼 대기(大氣)이며, 새로운 에덴의 꽃들이 발하는 향기입니다. 오 예수님의 신부여, 그대의 아름다운 의복을 입으십시오. 그대의 지위에 걸맞는 영광과 아름다움의 옷을 입으십시오. 신랑의 사랑이 그대를 위해 그 의복을 만들었습니다. 백합보다 곱고 오빌의 금보다 진귀한 사랑의 신발을 신으십시오. 예수님의 사랑으로 단장하였을 때, 그대는 마치 태양으로 옷 입은 듯 눈부십니다. 한편으로 그분을 향한 그대의 사랑은 그대를 그분 보시기에 달처럼 곱게 만들어 줍니다. 예수님을 향한 사랑을 그대의 보석과 장식으로 삼아 치장하십시오. 그리고 그대가 단장을 마치었을 때, 그 아름다운 장식들을 결코 치워 버리지 말고 영원토록 간직하십시오. 왕이 그대의 아름다움을 크게 기뻐할 것이기 때문입니다.

　이러한 것들이 우리가 사랑을 지켜야 하는 많은 동기들 중의 몇 가지입니다. 하지만 그 모든 것들을 다 언급할 시간이 없으므로, 사랑을 지키도록 변호하는 쉬운 임무를 여러분의 깨달은 정신에 맡겨 두어야겠습니다.

2. 하나님의 사랑 안에서 우리 자신을 지키도록 돕는 수단들

　두 번째로, 본문의 권고를 수행하기 위한 수단들(the means)을 이제 숙고해 보아야겠습니다. "하나님의 사랑 안에서 자신을 지키라." 나는 기도에 대해 말하지 않겠습니다. 왜냐하면 그것은 본문 앞에 있는 문장에 포함되었기 때문입니다. 그리고 지금 이 순간 이 일을 행함에 있어서 성령의 도움의 필요성에 대해서도 주장하지 않겠습니다. 그 진리를 여러분 모두가 알고 믿을 것이며, 또한 최근에 우리가 그 주제에 대해 자주 강조했기 때문입니다. 본문은 그 교리를 두드러지게 강조하지 않으니, 따라서 나는 그 교리를 상세하게 논하는 것을 자제하려고 합니다. 그것을 내가 과소평가해서가 아니라, 지금 당장은 그것이 우리의 주제가 아니기 때문입니다. "하나님의 사랑 안에서 자신을 지키라." 여러분이 어떻게 하면 그렇게 행할 수 있을까요?

자, 형제들이여, 첫째로 내가 말하고자 하는 것은 지금 이 순간 그 사랑으로 충만해지도록 힘쓰라(endeavor to be full of that love)는 것입니다. 만일 내가 어떤 도시가 곧 포위된다는 소식을 듣고, 그리고 포위된 기간 동안 사람들에게 식량을 공급하라는 명령을 받는다면, 나는 즉시 많은 식량을 저장해 두어 기근의 때를 준비할 것입니다. 마찬가지로, 여러분이 하나님의 사랑 안에서 지속하기를 원한다면, 지금 하나님 사랑을 많이 가지고, 그것을 더 많이 얻기 위해 기도하십시오. 오, 하나님의 사랑은 가능한 많이 알수록 좋은 것입니다! 그것을 바라고, 갈망하며, 애타게 구하십시오. 마치 기근이 있을 것을 아는 사람이 자기 곡물창고를 양식으로 가득 채우려 하듯이, 여러분의 영혼을 하나님의 사랑으로 가득 채우십시오. 본문 바로 앞에 이 말씀이 있음을 주목하십시오. "사랑하는 자들아, 너희의 믿음 위에 자신을 세우며(building)" ─ 이는 곧 증대시키고 성장하라는 의미입니다. 여러분 자신을 하나님의 사랑 안에서 지키는 방법은 그 사랑을 더욱 많이 획득하는 것입니다. 사랑은 마치 불과 같아서, 더 많은 연료를 소모하지 않으면 그 불길이 줄어들게 되어 있습니다. 여러분의 현재 상태에서 멈추어 있을 수는 없으며, 존속하기 위해서는 계속하여 새 연료를 보충해야 합니다. 나폴레옹은 이런 말을 하곤 했습니다. "정복이 지금의 나를 만들었으며, 또한 정복이 나를 유지시켜줄 것이다." 오 그리스도인들이여, 여러분은 앞으로 나아가야 하며 그렇지 않으면 퇴보한다는 것을 기억하십시오. 여러분은 더욱더 높이 세워져가야 합니다. 사랑은 여러분의 영혼 안에서 더욱더 절정을 향해 올라가야 하며, 그렇지 않으면 내리막으로 미끄러지게 됩니다. 뜨거움을 유지하고 싶다면, 지금 뜨거워지십시오. 오호라, 어떤 그리스도인들은 얼마나 보잘것없는 사랑을 가지고 있는지요! 굳이 오랫동안 조사하지 않아도 그들의 마음속을 들여다볼 수 있습니다. 그들은 참된 신자들이며, 따라서 그들의 마음에는 어느 정도 사랑이 있어야 합니다. 하지만 그들 마음의 병에 담긴 기름은 거의 다 소비되었고, 밑바닥을 드러낼 정도로 아주 조금만 남아 있을 뿐입니다. 우리가 그런 불행한 상태에 처해서는 안 됩니다. 우리가 형통할 때에 그토록 적은 은혜를 가지고 있다면, 유혹과 시련의 때가 닥치면 어찌하겠습니까? 마음에 넘칠 정도로 가득하다면 그 저장량이 어느 정도 지속될 거라고 예상할 수 있습니다. 하지만 빈약한 사랑은 우리로 하여금 그것이 일시적인 감정에 지나지 않으며, 하늘로부터 난 사랑이 아니라는 두려움을 느끼게 합니다.

　만일 여러분이 하나님의 사랑 안에서 자신을 지키려면, 여러분의 사랑을 질식시킬 수 있는 모든 것을 피하십시오(avoid everything that would damp your love). 특히 죄를 피하십시오. 죄는 하나님을 향한 사랑에 있어서 독이기 때문입니다. 죄를 향한 사랑은 하나님을 향한 사랑의 죽음입니다. 내가 의미하는 죄란, 단지 심각한 형태의 악행들만이 아니라, 영혼의 순결을 더럽힐 수 있는 모든 형태의 악을 의미합니다. 예수님을 향한 사랑이 부족하다든가, 혹은 믿음이 적다는 등등의 이유로 스스로 한탄하는 일부 그리스도인들을 나는 알고 있습니다. 내가 그들이 자주 가는 곳을 따라가 보면, 그들이 악한 동무들과의 어울림, 빈번한 유흥 모임을 지속한다는 것을 발견합니다. 그런 곳은 그리스도를 향한 사랑이 심각하게 해를 입거나 거의 죽임을 당할 수도 있는 곳입니다. 나는 그들의 양심에 묻고 싶습니다. 그리스도의 이름이 귀하게 여김을 받지 않고, 그분의 뜻이 무시를 당하는 곳에 다니면서도, 그들이 진정 그리스도를 향한 그들의 사랑이 커지기를 바라는가 하는 것입니다. 나는 그리스도인이라고 공언하는 어떤 사람이 극장에 출입하면서도 하나님을 아주 가까이 하며 살 수 있다고 주장하는 말을 들은 적이 있습니다. 그런데 나는 어느 목사님의 말도 기억하는데, 그는 이렇게 말했습니다. "극장에 자주 다니는 사람들 속에 큰 은혜가 있는 것을 본다면, 나는 즉시 내 지하 석탄저장 창고에 귀한 장미를 재배하겠다." 바로 그렇습니다. 만일 내가 그런 경우를 본다면, 내 집 지하 창고에 장미를 재배할 뿐 아니라, 야자수와 레몬나무까지도 재배하겠습니다. 떠들썩한 오락이 사람을 하나님의 사랑 안에서 자라게 하는데 도움이 된다고 말하는 사람은 거짓말을 하는 것입니다. 양심은 그런 세상적인 신앙 고백자를 정죄합니다. 그는 불경건한 자들이 모여서 오락을 즐기는 곳에서 집으로 올 때마다 이렇게 느끼지 않을 수 없을 것입니다. "있지 말아야 할 곳에 있었구나." 나는 지금 바깥 세상을 판단하고 있는 것이 아닙니다. 바로 교회의 구성원들을 향해 말하고 있으며, 세상과 구별되어야 함을 고백하는 자들을 향해 말하고 있는 것입니다. 만일 세상 사람이 세상적인 오락을 사랑한다면, 나는 그것을 이상히 여기지 않을 것이며, 그가 그의 오락을 멀리하기를 바라지도 않을 것입니다. 마치 사람이 돼지에 대해 느끼는 것과도 마찬가지입니다. 사람들이 그들의 돼지를 씻기려면 씻기라고 하십시오. 그것이 그들에게 적합한 일이기 때문입니다. 하지만 우리는 그 일에 동참하기를 원하지 않습니다. 회심하지 않는 자들과 그들의 경박한 일들에 대해서도 우리는 그렇게 말합니다. 하지만 하나님의 자녀들의 경우라면 다릅니다. 오 하나님의 사람이여, 대중들과 섞여서 배회하지 마십시오. 방탕, 밀실의 놀이, 음란, 불건전한 유희는 여러분을 위한 것이 아닙니다. "너희 중에서 그 이름조차도 부르지 말라 이는 성도에게 마땅한 바니라"(엡 5:3).

또한 나는 가능한 여러분의 영성을 약화시키는 자들과 어울리는 것을 피하라(avoid the company of those who deaden your spirituality)고 말하고 싶습니다. 가장 가난한 그리스도인이라 할지라도 그와의 대화를 통해 내 믿음의 덕을 세우게 된다면, 나는 그런 사람의 집에 방문하기를 좋아합니다. 하지만 나보다 부유한 사람이고, 그와 친분을 유지하면 여러 면에서 내게 바람직하다 할지라도, 만일 내가 그의 집에서 나오자마자 그가 내 생각에 의심을 주입하였음을 발견하든지 혹은 그의 언어가 내 양심의 순결을 더럽혔다는 것을 발견한다면, 나는 곧 그를 피할 것입니다. 만일 업무상 그와 접촉해야 할 일이 있다면 그를 만나야겠지요. 그것조차 하지 않으려면 차라리 세상 밖으로 나가야 할 테니까요(참조. 고전 5:10). 하지만 나는 하나님의 사랑에서 자신을 지키는 것에서 나를 조금이라도 멀어지게 하는 사람을 내 동료로 삼지는 않을 것입니다. 또한 우리는 정신에 해로운 영향을 끼치는 책들을 읽어서도 안 됩니다. 나는 우리의 젊은 친구들 중에서 몇몇 사람들이 이 말에 유의해 주기를 바랍니다. 여러분의 영혼에는 하나님의 사랑이 아주 적게 간직되어 있습니다. 여러분은 공허하고 쓰레기 같은 소설들을 읽음으로써 그 위에 찬물을 붓기를 원하지 않을 것입니다. 무종교(irreligion)와 헛됨(vanity)의 춥고 차가운 공기 속으로 들어가지 마십시오. 형제들이여, 여러분이 하나님을 사랑하는 것과 그분이 여러분을 사랑하심을 아는 것을 방해하는 모든 것을 치워 버리십시오. 여러분이 길을 잘못 들어섰고, 그렇게 해 왔음을 오늘 아침에 알게 되었다면, 나의 책망에 화를 내지도 말고 스스로에 대해 실망에 빠지지도 마십시오. 여러분이 알지 못하고 행한 동안에는 하나님이 눈감아주시고 용서하실 것이기 때문입니다. 여러분의 하늘의 아버지께 가서 이렇게 아뢰십시오. "오 주님, 이것이 제 행동의 규칙이 되도록 저를 도와주소서. 즉 당신께서 저를 사랑하심을 아는 저의 느낌을 방해하거나 당신을 향한 저의 사랑을 방해하는 것이라면, 무엇이든지 제가 즉시로 그만둘 수 있게 하여 주소서. 당신께서 저에게 '하나님의 사랑 안에서 자신을 지키라' 말씀하셨기 때문입니다."

여러분이 주님을 사랑하고자 한다면, 그분이 어떤 분이신지에 대해서와, 그분이 여러분을 위해 어떤 일을 행하셨는지를 많이 묵상하십시오(meditate much what He is, and what He has done for you). 여러분이 그분에게 진 은혜의 빚은 어마어마한 것이니, 그것을 느끼도록 하십시오. 그러면 그분이 먼저 여러분을 사랑하신 것 때문에 여러분도 그분을 사랑하게 될 것입니다. 매일 여러분이 어떻게 그분을 의존하여 살아가는지, 매시간 여러분이 어떻게 은택을 입고 있는지, 그분이 여러분을 돌보실 때의 인내와, 지속성과, 신실하심과, 온유하심이 어떠한지를 생각하십시오. 여기서 이런 것을 상세하게 설명할 필요를 느끼지 못합니다. 여러분이 정녕 하나님의 은혜를 입은 자들이라면, 얼마든지 그것을 알고 생각할 수 있을 것이기 때문입니다.

다음으로 사랑하는 친구들이여, 여러분이 하나님의 사랑 안에서 자기를 지키기를 원한다면, 은혜의 수단들을 열심히 추구하십시오(follow earnestly the means of grace). 말씀을 듣는 것에서나, 개인적으로 읽는 것에서 게으르지 마십시오. 은밀한 기도에서도 게으르지 말고, 함께 모이는 일에서도 게으르지 마십시오. 주의 만찬에 자주 나오십시오. 여러분은 그것이 여러분 영혼의 맥박을 고동치게 하는 데 매우 복된 수단임을 발견할 것입니다. 이러한 것들이 여러분의 사랑을 분발시키기 위하여 하나님이 지정하신 의식들입니다. 그런 것이 없어도 잘 할 수 있다는 교만한 생각을 품지 마십시오. 나는 어떤 그리스도인들이 선을 행하는(doing) 것에 너무 분주하여 선을 얻는(getting) 기회들을 스스로 박탈하는 것을 염려합니다. 나는 여기에 있는 그리스도인들이 그리스도를 위하여 어떤 일에 종사해야 한다고 끊임없이 강조합니다. 나는 그것을 거듭 강조할 것입니다. 하지만 젊은이들 중 일부에게 말합니다. 여러분은 빈민학교나 혹은 다른 어디에선가 가르치느라고 공적인 예배에 빠져서는 안 됩니다. 여러분은 아직 충분한 지식을 갖지 못했고, 교훈적인 가르침을 빈번하게 놓치고서도 견딜 수 있는 충분한 힘을 갖지 못했습니다. 배급되는 양식의 절반만 먹고 견딜 수 있는 사람이라도 그렇게 하는 것은 지혜롭지 못합니다. 하루 종일 일하는 사람이 충분히 잠을 자지 않거나 혹은 충분히 먹지 않으면, 결국에는, 몸을 돌보고 휴식하는 데 더 많은 시간을 쓰는 것에 비해 오히려 일할 수 있는 능력이 약화될 것입니다. 마르다를 기억하십시오. 비록 그녀는 매우 분주했지만, 예수님의 발치에 앉았던 마리아만큼 칭찬을 듣지는 못했습니다. 마르다처럼 부지런히 일하되, 마리아처럼 경건하십시오. 그러면 하나님의 사랑 안에서 여러분의 마음을 지킬 것입니다.

또한 여러분은 주님과 교제함으로써(by communing with the Lord) 하나님의 사랑 안에서 자신을 지킬 수 있습니다. 주님의 음성을 듣지 않은 채 하루를 보내지 마십시오. 여러분이 하나님의 얼굴을 뵙기 전에 사람의 얼굴을 보려고 여러분의 내실(內室)에서 나오지 마십시오. 천국과의 교통 없이 한 주간의 시간이 흘러가도록 방치하지 마십시오. 주님과의 교통이라는 황금 해안(Gold Coast)에 기도의 선박들을 보내십시오. 그러면 그 배들이 진귀한 보화들을 싣고서 되돌아올 것입니다. 높은 곳에 계시며 보이지 않으시는 분과의 고상한 대화를 유지하십시오. 그러면 여러분의 영혼이 틀림없이 그분을 사랑하게 될 것입니다. 왜냐하면 하나님을 가까이 하는 사람치고 하나님의 사랑이 그 영혼에 흘러넘치지 않는 이가 아무도 없기 때문입니다.

다음으로 말하고 싶은 것은, 만일 여러분이 하나님을 사랑하고자 한다면 반드시 그분을 위해 일하도록 하십시오(be sure to work for Him). 만일 내가 어떤 사람이 나를 사랑하기를 원한다면, 나는 두 가지를 선택할 수 있습니다. 즉 내가 그 사람을 위해 무언가를 하든지, 또는 그 사람으로 하여금 나를 위해 무언가를 하게끔 하는 것입니다. 만일 나의 유일한 목적이 그의 사랑을 확보하는 것이라면, 나는 내가 어찌해야 하는지를 알고 있습니다. 즉 그로 하여금 나를 섬기게 할 것입니다. 당신이 어떤 사람을 위해 친절을 베풀어도 그 사람이 감사하지 않고 당신을 잊어버릴 수도 있습니다. 하지만 그로 하여금 당신을 위해 무언가를 하게끔 한다면, 그가 당신을 위해 더 많은 일을 할수록 그는 일생 동안 당신을 더 가까이 할 것입니다. 이런 이유로, 당신은 하나님이 당신을 위해 행하신 일 때문에 하나님을 사랑할 뿐 아니라, 당신이 그분을 위해 무언가를 하도록 허락받았다는 것 때문에도 그분을 사랑하게 될 것입니다. 드보라가 바락과 함께 대적들을 몰아내었을 때 그녀의 노래를 읽어 보십시오. 우리는 하나님을 사랑하는 문제와 관련하여 사사기에서 많은 것을 찾아 읽지는 않습니다. 하지만 그녀의 노래 끝부분에서 이런 내용을 발견할 수 있습니다. "여호와여 주의 원수들은 다 이와 같이 망하게 하시고, 주를 사랑하는 자들은 해가 힘 있게 돋음 같게 하시옵소서"(삿 5:31). 그녀가 하나님을 사랑한다고 느낀 것은, 그녀가 바락과 더불어 하나님의 군대를 용감하게 이끌었기 때문입니다. 그녀가 그분을 위해 싸우는 동안 하나님을 향한 사랑이 불붙었습니다. 가서 무지한 자들을 가르치고, 병든 자를 심방하며, 가난한 자들을 돕고, 진리의 길에서 벗어난 자들을 인도하십시오. 그러면 여러분이 지금까지 그리스도를 사랑한다고 느끼지 못했어도, 이윽고 그분을 사랑하는 여러분을 발견할 것입니다. 게으름은 사랑을 숨 막히게 짓누르는 커다란 베개와도 같습니다. 하지만 예수 그리스도께 대한 정직한 섬김은 마치 한 연단(演壇)과도 같아서, 그 위에 서 있을 때 사랑은 자신의 모든 아름다움을 드러내며 또한 힘을 얻기도 합니다.

"너희 모든 성도들아 여호와를 사랑하라"(시 31:23). 만일 여러분이 그분의 사랑 안에서 자신을 지킬 수 있는 또 다른 수단을 필요로 한다면, 그분을 뵙게 될 기대 속에서 살아가십시오(live in expectation of seeing Him). 과거에 얼마나 많은 은혜를 입었으며, 미래에 얼마나 많은 것을 고대하는지를 느끼는 것보다 그리스도인의 사랑을 더 뜨겁게 타오르게 하는 것은 없습니다. 예수님은 오십니다. 여러분은 곧 그분을 뵙게 될 것입니다. 아마도 이번 한 주간이 지나기 전에 여러분이 그분의 얼굴을 뵈올지도 모릅니다. 정녕 여러분은 지금도 뜨거운 소망의 열기를 느끼고 있습니다. 그분을 향한 갈망이 여러분의 영혼 안에서 솟아오르고, 여러분은 이 더딘 날들이 속히 날아가서, 그분의 팔에 안기게 되기를 애타게 바라고 있습니다. 그러므로 그분의 사랑 안에서 자신을 지키십시오. 여러분이 그렇게 할 수 있도록 예수 그리스도를 위하여 하나님께서 도우시길 빕니다. 아멘.

제
6
장

—

현재 보호받고 영원히 영화롭게 될 그리스도인

—

"능히 너희를 보호하사 거침이 없게 하시고 너희로 그 영광 앞에 흠이 없이 기쁨으로 서게 하실 이 곧 우리 구주 홀로 하나이신 하나님께 우리 주 예수 그리스도로 말미암아 영광과 위엄과 권력과 권세가 영원 전부터 이제와 영원토록 있을지어다 아멘." — 유 24-25

모든 서론은 생략하고, 유다가 묵상해 왔던 내용을 이와 같은 송영으로 표현했을 때 유다의 마음은 어떤 상태였는지를 살펴보는 것이 좋을 것입니다. 그런 다음에 우리가 본문에 직접 접근하여, 유다가 본문에서 요약, 언급하고 있는 은혜가 무엇이며, 유다가 이와 같이 말하고 있는 그분께 우리가 돌려야 할 합당한 찬양이 무엇인지 살펴보도록 합시다.

1. 유다는 어떤 영향 하에서 이 송영을 썼습니까?

첫째, 이처럼 아주 간략하지만 충분한 내용을 담은 서신을 기록하면서 유다는 수많은 사람들의 고통스러운 실패를 생각하게 되었습니다. 그런 실패를 심사숙고하면서 유다는 다음과 같은 말씀을 쓰고 싶은 충동을 억제할 수 없었습니다. "능히 우리를 보호하사 거침이 없게 하시고."

여러분은 성경을 읽을 때 유다가 애굽에서 벗어난 이스라엘 백성을 언급하고 있는 것을 봅니다. 그날은 영광스러운 날이었습니다. 모든 백성이 애굽의 속박에서 벗어나자마자 숙곳에 모인 날이었습니다. 그리고 모든 백성은 자신들이 노역 감독의 채찍과 매질에서 구원받은 것을 알았습니다. 그들은 더 이상 압제자들을 위해 궁전과 피라미드를 짓는 헛수고를 하지 않아도 된다는 사실을 알게 되었습니다.

그러나 더욱 영광스러운 날이 있었습니다. 그날에 하나님은 자기 백성을 위해 홍해를 갈라 길을 만들어 주셨습니다. 깊은 바닷물이 산더미처럼 높이 수직을 이루며 멈추었고, 택한 백성은 그 때 그곳을 지나갔습니다. 그날 밤 그들이 마른 땅을 통과하듯이 깊은 바다를 지나갈 때 찬송과 찬미를 드린 것을 여러분은 상상해 보지 않으십니까? 그들이 모두 맞은편 땅에 이르자, 그들의 지도자는 지팡이를 들었습니다. 그 때 바람이 불기 시작했고, 바닷물은 원래 상태로 흘러갔습니다. 자기 군사들과 함께 이스라엘 백성을 뒤쫓다 바다 깊은 곳에 들어간 얼빠진 애굽 왕은 그곳에서 멸망당하고 말았습니다. 그들은 거대한 바닷물에 휩쓸려 침몰당했고, 한 사람도 살아남은 자가 없었습니다. 그 때 모세와 이스라엘 자녀는 "내가 여호와를 찬송하리니 그는 높고 영화로우심이요 말과 그 탄 자를 바다에 던지셨음이로다"(출 15:1)라고 찬송했습니다.

홍해 가에 서서 하나님의 원수들이 전멸당하는 것을 지켜보았던 바로 이 백성들이 몇 날이 못 되어 애굽으로 되돌아갈 것을 요구하였고, 또한 몇 달이 지나지도 않아 자기들 중에서 지도자를 택하여, 그들이 노예로 있던 곳으로 돌아가려 했던 것을 믿을 수 있겠습니까? 그러나 분명히 그들은 그렇게 했습니다. 또한 여호와의 역사와 소안에서의 모든 재앙을 보았던 그들이 스스로 송아지 형상을 만들어 그 앞에 절하고 "이스라엘아 이는 너희를 애굽 땅에서 인도하여 낸 너희 신이로다"라고 말하였습니다. 40년 방랑의 길에 얼룩진 이스라엘의 많은 슬픔을 눈물을 머금고 보십시오. 애굽에서 구원된 무리 중에서 오직 두 사람만이 요단을 건넜다는 사실을 두려운 심정으로 곰곰이 생각해 보십시오. 아론은 하나님께 범죄하였기 때문에 제사장의 흉배를 벗어야만 했고, 가장 온유한 모세까지도 느보 산 꼭대기에서, 사실상 기쁨을 누릴 수 없게 된 땅의 모습을 바라보는 것만 허락받았을 뿐이었습니다. 왜냐하면 갈렙과 여호수아를 제외하고는 모든 지파 중에 신실한 자가 아무도 없었기 때문입니다. 그래서 갈렙과 여호수아만이 젖과

꿀이 흐르는 기름진 땅에 들어가게 되었습니다.

유다가 이런 생각을 할 때, 그가 예루살렘과 그 밖의 지역의 교회 속에서 자신과 교제하고 있는 성도들의 상황과 자신의 상황을 생각했다는 것은 자연스러운 일입니다. 그리고 그는 예수님으로 말미암아 애굽으로부터 구원받은 모든 사람들이 참으로 약속된 안식으로 들어갈 것을 알았기 때문에, 그는 "능히 너희를 보호하사 거침이 없게 하시고 너희로 그 영광 앞에 흠이 없이 기쁨으로 서게 하실 이 곧 우리 구주 홀로 하나이신 하나님께 우리 주 예수 그리스도로 말미암아 영광과 위엄과 권력과 권세가 영원 전부터 이제와 영원토록 있을지어다"라는 찬미의 감정을 억제할 수 없었습니다.

만약 여러분이 다음 구절을 읽는다면, 유다가 또 다른 실례를 생각하고 있음을 알 수 있을 것입니다. "자기 지위를 지키지 아니하고 자기 처소를 떠난 천사들을"(유6). 우리는 천사들에 관해 많이 알지 못하지만, 성경 속에서 추측할 수 있습니다. 아마 밀턴의 반(半) 영감된 사상의 어떤 것들을 읽어봄으로써, 우리는 천사들이 우리 자신들보다 더 우수한 영들이라는 것을 압니다. 천사들은 동등한 수준으로 창조되었다 할지라도, 그들은 오랜 경험을 쌓았기 때문에 지력이 매우 훌륭할지도 모릅니다. 반면 인간의 존재는 겨우 한 뼘밖에 되지 않습니다. 우리는 천사를 진정으로 존중하지만, 그러나 그들과 비교할 때 우리의 존재가 얼마나 하찮은가를 느끼지 않을 수 없는 그런 고귀한 존재에게 경배를 드리는 적은 없습니다.

이런 천사들 중의 하나가 아침의 아들 루시퍼라는 이름으로 나타납니다. 아마 그는 하늘의 무리 중 지도자였고, 하늘의 왕자 중 으뜸이었을지도 모릅니다. 다른 무리들과 함께 그는 하나님께 대한 그의 충성을 배반합니다. 그들 중 하나가 다른 천사들을 유혹한 것 외에 달리 천사들이 유혹받은 것을 생각할 수 없습니다. 그들은 자신들의 본래의 지위를 지키지 않았으므로 하늘에서 쫓겨났으며, 빛나는 보좌들로부터 추방당했고, 그 이후 그들은 최후 심판의 날까지 흑암의 사슬에 묶여 있습니다.

자, 형제들이여, 여러분은 두려움이 없이 천사들의 타락을 생각할 수 있습니까? 흑암으로 쫓겨난 새벽별을 생각할 수 있습니까? 머리에 왕관을 쓴 천사가 수렁에 버려지고 그의 왕관이 먼지 속에 뒹굴고 있다는 것을 생각할 수 있습니까? 이처럼 총명한 영들이 가증한 악령들로 변하여, 한때는 하나님을 위한 성전들이었던 그들의 마음이 지금은 모든 추악한 것들의 소굴이 되었으며, 그들 스스로도 가장 부정한 것들이 되었다는 것을 생각할 수 있습니까? 여러분은, 여러분 역시 처음 자리에서 떨어지지는 않을까 하는 두려움 없이 천사의 타락을 생각할 수 있습니까? 또 타락으로부터 여러분을 보호하실 능력이 있고, 엄청난 기쁨으로 그의 영광 앞에 흠이 없이 서게 하실 자를 생각할 때, 또 다른 아주 짜릿한 기쁨이 없이 여러분은 그것을 생각할 수 있습니까?

> "시온의 길에서 돌이켰을 때는,
> (아! 얼마나 수없이 그리했던가)
> 나의 주님이 하시는 말씀을 생각해 봅니다.
> '너는 또 나를 버리겠느냐?
>
> 오, 주여! 내 심정으로는,
> 만일 주께서 나를 굳게 붙드시지 않는다면,
> 나는 타락할 것이며,
> 마침내 그들처럼 될 것입니다."

그러나 우리는 또한 즐겁게 노래할 수 있습니다.

> "예수님께 안식을 바라는 영혼을,
> 주께서는 그의 원수들에게 버려두지 않을 것이며,
> 비록 모든 음부가 요동친다 하더라도,
> 주께서는 영혼을 결코 버려두지 않을 것입니다."

우리는 계속 유다의 말을 따라야 하련만, 그렇게 하려 하지 않습니다. 오히려 유다가 그의 서신에 기록하지 아니한 어떤 것을 더 보태기를 좋아합니다. 인류의 시조 아담은 에덴 동산에서 행복하고 평화스럽게 살았습니다. 우리와는 달리 그는 타락하지도 않았고, 악에 대하여 생각하지도 않았습니다. 하나님은 그를 정직하게 만드셨고, 그는 정말로 순수했으며, 그가 죄를 짓든 말든 그것은 그 자신의 의지에 달려 있었습니다. 그 균형은 완전히 그의 손에 달려 있었습니다.

그러나 여러분은 어떻게 그가 금단의 열매를 취해서 먹고, 그 결과 그 자신과 온 인류가 저주받게 된 슬픈 날이 왔는지를 잘 기억합니다.

나의 형제들이여, 에덴 동산에서 추방당한 아담은 취함을 입었던 땅으로 보내져 땀 흘리며 수고하여 소산을 먹게 되었습니다. 그가 떠난 안식처와, 그의 죄로 인해 영원히 사라져 버린 행복과 평화를 회상할 때, 여러분은 타락하고 부패한 피조물인 여러분에게 "선 줄로 생각하는 자는 넘어질까 조심하라"(고전 10:12)고 말하는 소리를 듣지 못했습니까? 인류의 시조 아담과 비교하여 자신의 연약함을 느낄 때, 여러분은 "오, 하나님! 어떻게 아담이 넘어진 곳에 내가 설 수 있겠습니까!"라고 당장 부르짖게 될 것입니다.

그러나 기쁜 소식이 있으니, 곧 여러분과 함께 시작하신 그리스도 그분은 여러분을 완전하게 할 때까지 결코 멈추지 않을 것입니다. 여러분은 유다와 같이 "능히 너희를 보호하사 거침이 없게 하실 자"라고 노래할 수 있습니까? 배교자를 생각하고 죄인이나 동료들의 타락을 볼 때마다, 나는 충격을 받아 무릎을 꿇고 "주께서 나를 붙드시면 내가 완전하리이다"라고 부르짖습니다. 그리고 일어나 이렇게 노래합니다.

> "우리의 구속주 하나님께
> 영원한 권세가 있으며,
> 영원한 위엄의 면류관과
> 영원한 찬미가 있을지어다.
>
> 주는 우리 영혼들을
> 하나님의 영광 앞에
> 크고 거룩한 기쁨으로
> 흠이 없고 완전하게 서게 하시리라."

이것은 본문에 대한 부분적인 설명이지만, 서신의 또 다른 실례 속에서 사도의 마음에 나타난 다른 사상을 볼 수 있습니다. 사랑하는 성도들이여, 사도는 타락한 자의 자리의 본질과, 철저한 파멸과 멸망의 본질에 대해서 아주 생생하고 뚜렷하게 인식하고 있습니다. 이스라엘 자손들에 대하여, "하나님께서는 믿지 아니하는 자들을 멸하셨으며”라고 말한 것을 주의하십시오. 그것은 멸망될 것이었습니다! 멸망! 이것은 지나가는 자들에게 전율을 일으키게 하는, 광야에 묻힌 하얀 해골과 뼈로 끝나는 것이 아닙니다. 유다는 그 이상의 어떤 의미를 말하고 있습니다. 애굽에서 구원되었음에도 멸망당하고 말았습니다!

신앙을 고백한 이들이여, 조심하십시오. 여러분은 복음의 자유와 같은 어떤 것을 얻을지는 모르지만, 파멸하게 될지도 모릅니다. 세속적 신앙인은 조심하십시오! 여러분은 율법의 속박에서 벗어났다고 생각하겠지만, 그러나 결코 하나님의 백성을 위해 남겨 둔 안식에는 들어가지 못하며 멸망할 것입니다. ‘멸망’이라는 말을 당신의 귀에서 떠나지 않게 하고 주님께 도움을 구한다면, 타락으로부터 능히 보호하실 수 있는 하나님께 찬송을 돌리게 될 것입니다.

다음으로 유다는 타락한 천사들에 대해 말합니다. 그들은 “큰 날의 심판까지 영원한 결박으로 흑암에 가두어졌습니다.” 우리는 이 사실을 다만 대충 짐작할 수 있을 뿐입니다. 사탄은 세상에 계속 돌아다니도록 허락되었지만, 그는 여전히 사슬에 묶여 속박되어 있습니다. 주님은 섭리와 직접적인 권세로 사탄을 어떻게 결박할지를 아십니다. 우리는 이런 영들이 흑암 아래 있으며, 어느 곳에 있든지 음울하고 칠흑 같은 어둠이 영원히 그들의 마음을 뒤덮고 있음을 믿습니다. 그리고 그리스도께서 심판대 앞으로 그들 반역한 피조물을 소환하실 때까지 그들은 기다리고 있으며, 그 때 그들은 심판을 받아 다시금 무시무시한 지옥으로 떨어질 것입니다. 사랑하는 형제자매들이여, 만일 영원한 사랑이 이것을 막지 않았다면, 여러분이 이 경우에 해당한다는 것을 기억하십시오. 우리 역시 영원한 사슬에 묶여 어둠이 예비된 곳에 들어가 영원한 불을 견뎌 내야만 합니다. 만일 “우리를 보호하사 거침이 없게 하시고 우리로 그 영광 앞에 흠이 없이 기쁨으로 서게 하실” 그리스도가 없다면, 우리는 그렇게 될 것이며, 반드시 그렇게 됩니다.

이 모든 것을 그만두고라도, 다음 구절을 계속 읽는다면, 유다가 더욱 생생한 표현을 소개하려는 것을 볼 수 있을 것입니다. 소돔과 고모라 성은 해가 지면서 생기가 돌았습니다. 주민들은 떠들썩하게 즐거워하고, 곳간은 풍성하며, 저택 안은 사치스러웠고, 소돔 평원은 기름지고, 부족한 것이 아무것도 없었습니다. 재앙의 날 저녁, 해는 저물었고, 이 저주받은 도시인들에게 다시는 떠오르지 않았습니다. 태양이 지구 위를 막 비추기 시작한 여명, 천사들은 그 성에서 롯과 그의 가족들을 이끌어 내었고, 그들이 소알의 작은 성에 이르기도 전에 곧 하늘이 초자연적 화염으로 붉어지더니, 마치 하나님께서 하늘로부터 지옥을 퍼붓듯이 무시무시한 불이 쏟아졌습니다. 그 성에 불과 유황이 비오듯 퍼부어졌고, 그들의 고통이 연기가 되어 올라갔습니다. 그래서 서쪽 멀리 떨어져 있던 아브라함도 솟구치는 구름 기둥을 볼 수 있었고, 무서운 불빛은 마치 대낮같이 밝았습니다. 사람들은 사해를 지나가면서 죽음이 지배한 이 날을 생각하게 됩니다. 무수한 파편들이 바다 표면에 뜨고, 거기에는 살아 있는 것이 아무것도 없으며, 헤엄치는 물고기가 하나도 없는 혼탁한 시내는, 하나님의 무서운 심판을 확실히 증언했습니다.

유다는 이것을 생각하며 다음과 같이 말한 듯합니다. "오 하나님, 이 세상에서든 다가올 세상에서든 모든 배교자들의 최후는 불로 타버려질 것이므로 우리를 그러한 심판으로부터 보호하소서." 또한 그는, 하나님께서 자기 백성을 지키시고, 모든 성도들에게 풍성한 보호의 손길로 복 주신다는 것을 기억하므로, "능히 너희를 보호하사 거침이 없게 하실 이"라고 기록했던 것입니다.

나는 저자의 이름이 유다라는 사실에, 또 다른 유다를 생각하고는 놀랐습니다. 유다가 이 말씀을 기록할 때, 가룟이라는, 이름이 같은 유다를 기억했었을까요? 유다를 가룟 유다를 알고 있었고, 한때는 다른 사람들처럼 그를 존경했을지도 모릅니다. 그리고 최후의 만찬이 있던 밤에, 다른 사람들과 함께 "내니이까?"라고 말하는 가룟 유다를 주목했습니다. 아마도 유다는 주님과 함께 그릇에서 빵을 집는 가룟 유다를 보았을 때 매우 놀랐을 것입니다. 그리고 그가 밖으로 나갔고, 주님께서 밖으로 나간 자가 자기를 배반하리라는 말씀을 했을 때, 유다는 자신의 귀를 의심하였을 것입니다. 유다는 어떻게 가룟 유다가 인자에게 입 맞추고 은 삼십에 주님을 팔았는지 틀림없이 알고 있었습니다. 유다는 가룟 유다가 어떻게 스스로 목을 매어 창자가 터져 나왔는지 알지 않을 수 없었으며, 또한 유다가 이 글을 쓰는 동안, 자기에게 드리워진 가룟 유다의 파멸의 그림자를 생각하지 않을 수 없었을 것입니다. 그리하여 아주 강조적으로 "능히 타락으로부터 보호하실 이, 영원토록 영광 받으실 이"라고 기록한 듯합니다.

사랑하는 성도들이여, 이처럼 지금 우리는 사람들이 빠져들어갔던 두려운 길과 그들의 실패에 관한 유다의 생각을 추적해 가고 있습니다. 거듭 말하지만, 유다는 배교자들이 빠진 죄가 엄청나다는 사실을 아주 분명하게 말하고 있습니다. 아마 성경 전체에서 타락자들과 배교자들의 죄에 대해 유다서보다 더 무서운 묘사는 없을 것입니다. 나는 어느 날 저녁, 여러분에게 "자기의 수치의 거품을 뿜는 바다의 거친 물결이요 영원히 예비된 캄캄한 흑암에 돌아갈 유리하는 별들이라"(유 13)고 말씀한 것을 기억합니다. 내가 전한 무서운 메시지로 여러분이 얼마나 두려워했으며, 또 나 자신도 무서워했음을 기억합니다. 그러한 말씀이나 비유를 유다서 외에 어디에서 찾을 수 있겠습니까? 배교자들의 죄는 굉장합니다. 그들은 항상 인간의 범죄 수준에 머무르지 않고, 자기 스스로 죄악을 확대시킵니다. 아무도 그런 악령들을 이전의 천사들처럼 만들 수도 없으며, 또 아무도 그런 타락자들을, 이전에 하늘나라를 위해 공정하게 명령하던 자들로 삼을 수 없습니다. 이들은 유다가 말했듯이, 추악하고 육욕적인 꿈에 빠져 "음란하며 다른 육체를 따라가는 자들"(유 7)입니다. 사실 자신을 사신 주님을 십자가에 못 박고 수욕을 당하게 했을 때, 인간이 갈 수 있는 한계를 우리는 어디서 정할 수 있겠습니까?

오, 사랑하는 이들이여, 이런 배교자들이 빠진 죄를 생각할 때, 나는 유다와 함께 하나님을 이렇게 찬미하지 않을 수 없습니다. "우리를 보호하사 거침이 없게 하시고 그 영광 앞에 흠이 없이 기쁨으로 서게 하실 분이라."

2. 유다가 언급하는 찬미의 말씀을 하려고 합니다.

유다는 이 송영 속에서 적어도 예수님의 능력에 대한 세 가지 찬미를 말하고 있는 것 같습니다. 첫째, 타락으로부터 보호하시는 능력입니다. 나는 여러분이 위험한 순간에도 이 능력 때문에 이와 같은 가장 존귀한 찬양을 해야 한다고 생각합니다. 어떤 면에서, 하늘나라로 가는 길은 매우 안전합니다. 하나님께서 그렇게 만드셨습니다. 그러나 또 다른 면에서, 영원한 생명에 이르는 길만큼 위험한 길도 없습니다. 그곳에는 어려움이 에워싸고 있습니다. 우리는 산을 오르기 위해서 좁은 길도 따라가야 합니다. 그곳은 우리와 죽음 사이가 한 발자국밖에 되지 않습니다. 우리 발 아래 1마일이나 되는 깎아지른 듯한 절벽이 놓여 있기 때문입니다. 이것을 생각하면 머리가 어지럽지만, 우리는 이미 무사하게 지나갔습니다. 하늘로 가는 길이 바로 이와 같습니다. 은혜로 말미암아 쉽게 얻은 길이지만, 한번 잘못된 발을 내디디면 우리는 궁지의 상태에 빠집니다. 우리는 미끄러운 길을 걸어가야만 하는 것입니다.

　　여러분은 한 주일 동안에도 자신을 쓰러뜨리고 자신의 영혼을 파멸시키는 기회가 무수히 많다는 것을 잘 알고 있습니다. 스위스의 험준한 산에는 사람이 전혀 갈 수 없는 곳이 몇 군데 있습니다. 만약 그곳을 가야 한다면, 그들은 여러 해 동안 훈련받는 능숙한 등산가가 되어야만 합니다. 아마 약간 튀어나온 험한 바위를 제외하고는 발로 지탱할 수 있는 것이 아무것도 없어, 암벽을 타거나 덤불이나 바위에 매달려 계속 버티게 될지도 모르기 때문입니다. 그래서 아래를 내려다보면 현기증이 일어나 추락하게 되기 때문에, 위험을 등 뒤로 하고 기어가야만 됩니다. 물론 추락의 결과는 생명과 육체의 파멸입니다. 이것은 정말 하늘의 뜻입니다. 여러분은 그런 난관들을 거쳐야만 합니다. 그래서 나는 나 자신을 돌아볼 때, "내 발이 형통할 때나 넘어질 때도 능히 보호하시는 주님께 영광이 영원토록 있을지어다"라고 말할 수밖에 없었습니다.

　　다음으로, 여러분은 인간의 연약함을 생각해야만 합니다. 어떤 사람들은 다른 사람에게는 안전하지 않은 길을 여행할지도 모릅니다. 나의 형제 순례자인 여러분은 어린 아이에 불과합니다. 여러분을 믿고 영광에 이르는 길을 따라가는 것은 불안합니다. 왜냐하면 가장 좋은 길인데도, 여러분이 넘어지기 때문입니다. 이런 연약한 무릎으로는 비틀거리는 몸을 거의 지탱할 수 없습니다. 지푸라기가 여러분을 뒤덮고, 자갈들이 상처를 줄 뿐입니다. 만약 여러분이 보호를 받고자 한다면, 날마다 자신을 지키는 인내력의 은혜가 있어야만 합니다. 여러분의 죄를 반성하여 보십시오. 초라한 두뇌의 경솔함과 거짓된 마음의 어리석음에 대하여 생각해 보십시오. 여러분은 얼마나 쉽게 위험을 택하며, 얼마나 자포자기하는 경향이 많으며, 서는 것보다 도리어 넘어지는 경우가 많은지 생각해 보십시오. 그러면 여러분은 이전보다 더욱 감사하며 "능히 보호하시는 주님께 영광을 돌릴지어다"라고 찬미하게 될 것입니다. 그리고 여러분은 자신을 공격하려는 많은 적들에 대해 더욱 주의해야만 합니다. 길은 너무 거칠고, 우리는 너무 연약합니다. 여기저기에 매복해 있는 적들이 우리가 소홀한 틈을 타서 우리를 절벽 아래로 떨어뜨리거나 던져 버리려고 애씁니다. 나는 여러분이 절벽에서 떨어지는 사람을 본 적이 없다고 생각합니다. 여러분 중 어떤 이들은 절벽에서 줄을 타는 사람을 가서 볼 정도로 어리석었을지 모릅니다. 그런 경우, 나는 여러분이 살인죄를 자초하는 것이라 생각합니다. 왜냐하면 그 사람 스스로 목숨을 끊은 것이 아니라면, 여러분이 그 사람을 죽음으로 몰아넣은 것이 되기 때문입니다.

그러나 여러분이 절벽에 매달린 사람을 실제로 보았다면, 여러분은 인생에서 다시는 기회가 없는 그 절벽 끝으로 떨어지는 불쌍한 인간을 보았을 때, 여러분의 머리는 쭈뼛해지고, 여러분의 몸은 뼈 속 깊이 오싹해졌을 것입니다. 여러분은 분명코 여러분이 선 자리를 떠나 절벽 끝에서 도망치며 "나를 굳게 하시고 지키시는 하나님을 찬양하리라"고 외칠 것입니다. 만약 이와 같은 상황 속에서 타락하는 자를 본다면, 또한 그 사람을 밀쳤던 그 괴물이 여러분을 내던지려 한다면, 그리고 특히 여러분이 물처럼 나약하여 그 거대한 마귀에 저항할 수 없다고 느꼈다면, 여러분은 너무도 놀랄 것입니다. 자, 바로 이 경우가 여러분의 상황입니다. 여러분은 사탄을 대적하여 버틸 수 없습니다. 그렇습니다. 여러분의 육체는 여러분의 영이 지배할 것입니다. 어린 계집종은 베드로에게 그의 주를 부인하도록 만들었습니다. 또한때때로 그녀는 우리 중 가장 강한 자를 두렵게 만들 것입니다. 오, 우리를 파멸시키려 하는 강력한 적들로부터 보호된다면, 우리는 "능히 보호하시는 이"를 찬양할 것입니다.

둘째, 그리스도는 우리를 하늘나라로 데려갈 능력이 있습니다. 여러분은 한 인간을 굶주리지 않도록 할 수는 있지만, 그를 천국으로 데리고 갈 수는 없으며, 왕을 알현하게 할 수도 없습니다. 어떤 사람이 반역자가 되었을 때, 여러분은 그를 추적자들로부터 숨겨 주어 그의 도피를 도울 수는 있지만, 그를 왕 앞에 데리고 가 왕의 성 안에서 살도록 할 수는 없습니다. 그러나 여러분은, 하나님을 진노하게 하며 날마다 그의 의를 거스를지라도, 그리스도께서 자기 백성들을 보호하신다는 것을 알고 있습니다. 더욱이 그분은 하늘나라 보좌에서 왕 중의 왕으로 나타나십니다. 이것은 위대한 복입니다. 우리는 이 세상에서 항상 살 것이라고 걱정하지 않습니다. 우리는 자신이 여기 낯선 나라에 있음을 발견하며, 기쁘게 그곳으로 날아가 안식하게 될 것입니다. 우리는 지금 광야의 상태에 있지만, 우리가 들어갈 가나안을 알기에 기뻐합니다. 우리 천상의 여호수아는 우리를 그곳으로 인도하실 수 있습니다. 그분은 우리를 위해 아말렉과 싸우시며, 우리의 모든 대적들을 멸하시며, 우리를 타락에서 보호하실 수 있습니다. 더욱이 그분은 우리를 약속된 땅으로 인도하시고, "더 좋은 나라인 하늘나라"를 보여주시며, 모든 무리를 이끌어 한 사람도 멸망시키거나 버려두시지 않으실 것입니다. 그리스도는 보호하시며, 영화롭게 하시며, 더욱 풍성하게 하십니다. 그러므로 나의 형제들이여, 여기는 비할 수 없는 기쁨의 장소이며, 우리는 이 세상에 있는 동안 안전할 것입니다.

> "하늘의 영화로운 영들은
>   더 행복하지만, 더 안전하지는 않네."

우리도 머지 않아 그들처럼 행복할 것입니다. 주께서 영광스럽게 나타나시고, 그 앞에서 그들과 함께 우리에게도 엄청난 기쁨을 주실 것이기 때문입니다.

말해야 될 것이 많지만, 이 점에 대해 자세히 설명할 수 없습니다. 성도들이 "흠이 없이" 나타날 상태를 살펴봅시다. 우리 구주는 자기 사랑의 사역에 결코 부족한 상태로 머물지 않습니다. 끝까지 자기 백성을 지키시는 구주는 진흙 구덩이에서 건져 내신 때처럼 자기 백성을, 마침내 겨우 소생하여 모든 얼룩과 더러움이 그대로 있는 모습으로 보이게 하지 않을 것입니다. 주님은 자기 백성을 인도하실 때, 때때로 용감한 자들이 물에 빠진 사람을 구출하여 처방하는 것처럼 그들 속에 단지 생기만 불어넣어 주는 정도로 끝내지 않으실 것입니다. 오히려 우리 구주는 이 생애 동안 계속 자기 백성을 타락으로부터 안전하게 하실 것입니다.

주님은 자기 백성을 어떻게 만드십니까? 흠 없게 만드십니다. 오, "흠이 없다"는 이 말은 참으로 놀라운 말입니다. 그러나 지금 우리는 그것과는 거리가 멀고, 온통 결점 투성이입니다. 예수 그리스도는 우리가 흠 없이 될 때까지 결코 만족하지 않으실 것입니다. 그는 세 가지 방법으로 우리를 흠 없게 하실 것입니다. 곧, 주님은 한 점 흠도 남아 있지 않을 때까지 우리를 깨끗하게 하실 것인데, 이는 죄인들의 괴수가 하나님의 가장 순결한 천사처럼 희고 정결하게 될 것이기 때문입니다. 하나님은 공의의 눈으로 보시고 "너희 안에 죄의 얼룩이 한 점도 없다"고 말씀하실 것입니다. 여러분은 술주정뱅이나 도둑이나 간음자 등등이었을지도 모릅니다. 그러나 긍휼하신 그리스도께서 여러분의 죄를 대신하신다면, 주님은 그의 피로 여러분을 철저히 씻기셔서, 여러분은 마지막에 얼룩이나 주름 잡힌 것이 없이, 즉 흠 없이 될 것입니다. 지금 우리는 마치 "시궁창에 던져진 것"처럼 죄로 더러워졌으며, 죄로 가득 찼습니다. 우리는 마치 우리가 "시궁창 속에 빠져 있는" 것 같은 상태가 될 때까지 더러움을 일삼았습니다. 우리의 육체는, 우리가 자범죄와 원죄로 더러워진 것을 볼 수밖에 없다면, 분명 우리를 멸시할 것입니다.

이제 이 모든 것이 완전히 제거되어, 눈보다 더 희어질 것입니다. 여러분은 제자들이 변화산에서 예수님을 보았던 것을 기억합니다. 그들은 주님의 옷이 희어져 빛나며, 직조공이 만들 수 있는 어떤 것보다 더 희어진 것을 보았습니다. 우리 역시 이후에, 이 땅의 어떤 기술로도 할 수 없을 정도로 더 희고 깨끗하게 될 것입니다. 수정같이 깨끗한 유리 바다도, 어린 양의 피로 깨끗하게 될 우리보다 더 희거나 순수하지 않을 것입니다.

그러나 이 길은 오직 한 길입니다. 어떤 사람에게 결점이 없다고 해도, 그는 어떤 덕을 소유할 필요가 있습니다. 사람은 죄를 소유하고 있기 때문에, 전혀 하늘나라에 갈 수 없습니다. 율법을 지켜야만 하고, 하나님의 말씀에 온전히 복종해야 합니다. 종교는 그저 악이 없는, 소극적인 상태가 아닙니다. 종교는 선과 진리와 순수성의 현존입니다. 그러나 우리는 최선을 다해도 무익한 종이 될 수밖에 없기 때문에, 우리의 힘 없고 죄 많은 능력으로 할 수 있는 것 이상의 더 높은 어떤 것이 필요합니다. 그러므로 우리 주 하나님은 자기 독생자 그리스도의 완전한 의를 우리에게 덧입혀 주셨습니다.

> "죄의 그림자가
> 　나의 영혼 위에 머물지 않도록
> 　주께서 깨끗하게 하신 옷으로
> 　내 영혼을 덮으시도다."

예수 그리스도의 의는, 완전하고 흠 없고 훌륭한 옷을 입은 성도를 만들 것입니다. 이것은 하나님 보시기에 완전한 것입니다. 이 안에는 풍성함이 있어서, 나의 영혼을 기쁨으로 충만하게 합니다. 나의 눈에는 어떤 사람이 결점이 없는 것같이 보이지만, 그를 잘 아는 사람의 눈에는 그렇지 않습니다. 그리스도인은 정직한 사람들의 비난에서 벗어날 만큼 거룩할지도 모릅니다. 그러나 마음을 읽으며 사람의 내면을 대하는 목회자들은 인간의 시야에 비치지 않는 죄악에 대하여 말할 수 있습니다. 그러나 하나님께서는, 심지어 천사와 같은 사람들보다 더 분명하게 보신다는 것을 우리는 압니다. 왜냐하면 하나님께서 그들의 어리석음을 책망하시기 때문입니다. 그런데 하나님은 우리 안에서 어떤 죄악이나 흠도 보시지 않습니다. 우리는 주님의 기준에 도달하게 되며, 주님의 얼굴의 빛에 거하게 되며, "흠이 없다"는 선언을 받게 됩니다. 하나님의 법은 우리를 더 이상 정죄하지 않을 뿐만 아니라, 우리 안에서 확대되어 영광스럽게 될 것입니다. 우리는 우리를 위해 "그의 영광 앞에 우리를 흠이 없게 서게 하도록" 하신 주님의 의로움으로 덧입게 될 것입니다.

셋째, 이것은 최상의 사실인데, 하나님의 영은 우리를 새로운 피조물로 만드실 것입니다. 하나님은 일을 시작하셨고, 그 일을 마치실 것입니다. 하나님은 우리를 완전하게 거룩하게 만드시므로, 우리는 더 이상 죄성을 지니지 않을 것입니다. 그날이 오면, 우리는 동산에 있던 아담이 우리보다 깨끗하지 않았음을 알게 될 것입니다. 여러분 안에는 악의 흔적이 전혀 없을 것입니다. 판단력과 기억력, 의지와 모든 능력과 열정은 악의 속박에서 해방될 것입니다. 하나님이 거룩하신 것처럼 여러분도 거룩하게 될 것입니다. 여러분은 하나님 앞에서 영원히 거할 것입니다. 우리는 어떻게 변화되겠습니까? 우리의 경험이 사도 바울의 경험과 같은지 살펴보십시오. 바울은 자기 속에 한 강력한 법이 있는 것을 발견했는데, 그가 선을 행하려 할 때 악이 자기와 함께 하였고, 그가 어떤 악을 피하고자 하였을 때 때때로 원하지 않고 가장 싫어하는 바로 그 일을 하게 되었습니다. 우리도 이와 같습니다. 우리는 거룩하게 되지만, 찌그러진 공과 같아서 똑바로 갈 수 없습니다. 우리는 과녁을 맞추려 하지만, 휘어진 활처럼 한 쪽으로 치우치기 쉽습니다. 시냇물을 온통 더럽히는 검은 물방울이 우리 마음에 있으므로, 우리 마음은 깨끗하게 될 수가 없습니다. 그러나 어느 날 모든 것이 변하며, 우리는 다시 창조되며, 모든 악은 영원히 사라집니다. 나아만이 요단 강에서 몸을 씻고 어린 아이의 몸처럼 회복되어 집으로 돌아온 것은 얼마나 기쁜 일이었습니까! 성의 파수꾼이 멀리서 그가 다가오고 있음을 알았을 때, 온 식구가 마중 나와 그가 건강한 모습으로 돌아왔는지를 확인했으리라고 생각합니다. 동양의 관습으로는 아내가 사람들 앞에 나가는 것이 허락되지 않았으므로, 그의 아내는 창가에서 그의 얼굴을 어렴풋이 보고 나병의 반점이 없어진 것을 알았을 것입니다. "남편이 고침 받아 깨끗해졌네"라고 얼마나 기쁘게 외쳤겠습니까! 그러나 이것은 환희의 그날, 곧 영원한 문이 열리며, 빛 가운데 성도들의 모습을 대하며, 우리 주님의 기쁨에 참여하게 될 그날과 비교하면 아무것도 아닙니다.

또 다른 예를 봅시다. 군대 귀신이 들렸다가 고침을 받은 사람의 가정에 임한 행복을 살펴봅시다. 아마 더러운 귀신의 악한 영향 아래 있기 전 그는 가정적이었을 것입니다. 그가 자기 몸을 돌로 상하게 할 때, 그의 친구들은 가난하고 불행하며 비참에 처한 자의 광기를 의심할 여지 없이 경험하게 되었습니다. 이 얼마나 끔찍한 일이었겠습니까! 그래서 친구들은 자비와 사랑으로 그에게 차꼬를 채워, 스스로 고통과 상처를 가하지 못하도록 하였습니다. 그러나 그가 지금 다시 집에 돌아왔을 때, 친구들은 그를 보려고 가까이 왔습니다. 친구들은 그가 변화된 사람임을 알지 못했기 때문에, 오랫동안 지속된 공포가 그들을 사로잡았습니다. 도리어 친구들은 여전히 그를 예전의 미친 사람으로 생각했습니다. 그러나 그가 문에 들어섰을 때, 오랜 여행에서 돌아와 단지 순례 여행의 이야기를 말하고 사랑하는 친구들에게 다시 한 번 인사하기를 원하는 것처럼, 조용하고 침착했습니다. 그의 눈에는 광기가 없었으며, 하늘을 찌르는 듯한 괴성을 지르지도 않았습니다. 도리어 모든 행실은 정리되었고, 기쁨에 차 있었으며, 단정한 행동이었습니다. 이 모든 사실이 친구들에게 알려졌을 때, 그들은 주님께서 그를 위해 행하신 위대한 일을 들었습니다. 친족에게도 놀라운 기쁨이 충만했음이 틀림없습니다. 나도 이 장면 가운데 있었으면 하는 마음입니다. 확실히 이것은 그때로부터 지금에 이르기까지, 지상에서 유일하게 나타난 진정한 인간 행복의 선택된 모습입니다.

다메섹으로 가던 다소의 사울이 본 낮의 눈부심처럼 가장 순수한 광선이 그곳에 비칠 때, 그는 그리스도 예수 안에서 새로운 피조물이 되었습니다. 우리는 이 장면에서 비록 그 기쁨이 컸지만 이 기쁨은 우리가 새로운 피조물로 변화되어 의로운 마음으로 옷 입게 될 때 우리가 가질 기쁨과 비교할 수 없다고 말하지 않을 수 없습니다. 우리는 더 이상 어두운 죄악의 산속을 방황하는 과오를 저지르지 않으며, 죄와 허물로 죽은 자들 가운데 거하도록 유혹받지도 않으며, 도리어 언제나 거룩하며, 항상 하나님을 따라 살며, 그를 따라 닮아갑니다. 오, 이것이야말로 정말 기쁨입니다! 하나님은 우리를 타락에서 지키실 뿐 아니라 실수 없이 보호하십니다.

형제 자매들이여, 이것을 생각하면, 여러분은 유다와 함께 "이 모든 것을 하실 수 있는 하나님께 영광과 위엄과 권력과 권세가 영원 전부터 이제와 영원토록 있을지어다"라고 틀림없이 말할 것입니다. 나는 이와 같은 찬미를 원하지만, "누가 찬미할 수 있습니까?"라는 질문에 대답할 수는 없습니다. 그러나 우리가 천국에 갈 때, 우리는 그곳에서 더 아름답고 더 크게 찬양할 것입니다. 왜냐하면 우리는 우리가 벗어난 위험을 알게 되며, 우리를 보호하사 인생의 변화무쌍함에도 우리를 위해 준비하신 곳으로 안전히 인도하시는 주께 얼마나 은혜를 입었는지 알게 되기 때문입니다. 그날까지, 우리를 굳게 하사 우리를 버려두지 않을 능력 있는 은혜를 결코 잊지 맙시다.

3. 사도의 말을 생각해 봅시다.

"너희로 그 앞에 흠이 없이 기쁨으로 서게 하실 이." 아직 이 본문을 다루지는 않았습니다. 이미 제가 이야기를 앞질러서 했지만, 본문을 특별히 주의해서 봅시다.

누가 이 기쁨을 누릴까요? 형제여, 여러분이 이것을 누릴 것입니다. 탕자의 비유에 대해 생각해 본 적이 있습니까? 생각해 보셨을 것입니다. 성경을 부지런히 읽는 사람이라면 누구나 우리 주님의 비유들 중 가장 다정다감하고 교훈적인 이 비유를 거듭거듭 묵상했을 것입니다. 자, 그 잔치에서 행복한 사람은 누구였습니까? 탕자가 아니었겠습니까? 그의 마음을 터질 듯이 부풀어 오르게 한 것은 무엇이었겠습니까? 그는 정말 기쁨에 넘쳤을 것입니다. 아버지의 사랑, 곧 전혀 예기치 않았던 친절과 애정에 완전히 압도되고 말았습니다. 그는 유흥과 죄 짓는 즐거움으로 자기의 날을 보냈지만, 그가 집에 돌아온 것을 환영하여 옛 지붕 위에 울려 퍼지는 노래만큼 아름다운 노래를 들은 적은 없었습니다. 살진 송아지만큼 맛있는 음식도 맛본 적이 없었으며, 그가 죄 짓던 잔치 자리에서 마음에 맞는 친구나 미혹자의 목소리가, "먹고 즐기자"는 아버지의 음성보다 귀에 더 감미롭게 들린 적은 없었습니다. 우리가 세상에 지쳐 돌아올 때 우리에게 이런 일이 있을 것이며, 의를 찾아 굶주리고 목마를 때 성령님께서 우리를 사랑의 줄로 묶어 아버지의 집에 우리를 인도하실 것입니다. 먼 나라로부터 지친 순례 여행을 무사히 마치고 돌아올 때, 우리는 황금 길을 걷고, 진주 문에 안전히 들어가며, 다시는 겪지 않을 영원히 지나가 버린 과거를 볼 것입니다. 우리의 기쁨은 얼마나 클까요! 이 기쁨이 정말 천국일 것입니다. 죄는 이미 없어지고 사탄은 쫓겨남을 당하고 유혹도 영원히 사라질 때, 여러분은 현재 경험할 수 없는 기쁨을 맛볼 것입니다. 기쁨의 강이 여러분의 영혼으로 흘러 들어갈 것입니다. 여러분의 영혼은 이 세상에서 결코 알지 못했던 은혜의 강물을 마실 것입니다.

오, 지금, 계시된 미래의 기쁨을 보고 기뻐하십시오. 그러면 이후에 여러분은 영원히 하늘의 은혜를 누릴 것입니다. 누가 행복하게 될까요? 물론 **목사**가 행복할 것입니다. 이새의 아들 젊은 목자 다윗이 사자와 곰의 입에서 양을 구하기 위해 싸우러 나갈 때, 하나님께서 그를 도와 이기게 하셨습니다. 그 때 목자 다윗의 마음은 얼마나 기뻤겠습니까! 다윗은 틀림없이 어린 양이 어미 양 있는 곳으로 달려가는 것을 보고 정말 기뻐했을 것입니다. 틀림없이 그는 힘 없고 말 못하는 두 짐승이 서로 나누는 기쁨 속에서 기쁨을 발견했을 것입니다. 하늘에 있는 모든 목자가 이와 같을 것입니다. 그들은 모두 신실한 목자였고, 자기 양 무리를 보살피고 돌보는 자들로, "우는 사자처럼 삼킬 자를 두루 찾아다니는" 사탄의 권세에서 보호받은 사랑스런 자들을 찬미로 맞이하면서, 말할 수 없는 은혜를 맛볼 것입니다. 그렇습니다. 목사들은 이 기쁨을 함께 나누는 자입니다. 수확한 곡식단을 가지고 돌아올 때 우리는 특별한 기쁨을 맛볼 것입니다. 나를 지켜 멸망하지 않은 것이 하나님을 기쁘시게 하겠지만, 나는 하나님께서 나에게 영적 자녀로 주신 수천 명의 사람들과 함께 하늘 문에 들어서면, 주의 발 앞에 엎드릴 것입니다. 나는 지금도 살아 계신 하나님의 은혜에 가장 크게 빚진 자이며, 하나님의 자녀 중 누구보다 감사할 조건이 많으며, 하나님께 영광과 위엄과 능력과 권세를 영원히 돌릴 것입니다. "주께서 내게 주신 자녀들과 내가 여기 있나이다. 주께 찬양을 드리나이다"라고 말할 때 천사들 역시 얼마나 기쁠까요? 그들의 기쁨은 정말 클 것입니다. 회개할 죄인 한 명을 보고 천사들이 기뻐한다면, 회개뿐 아니라 모든 더러움에서 씻음받고 모든 결점에서 벗어난 깨끗한 죄인 만 명을 보면 만 배의 기쁨이 넘칠 것입니다. 오, 천사들이여, 그대들의 음악은 정말 웅장합니다! 그대들은 하프를 새롭게 조율하고 모든 줄을 뜯어 하나님을 찬양하는 가장 아름다운 음악을 연주할 것입니다. 하나님의 우편에서의 영광스런 기쁨을 생각하면, "바다와 거기 충만한 것은 외치어라."

내가 다시 묻지만, "누가 기쁨을 소유할 것입니까?" 정말 그리스도는 모든 기쁨 중 가장 큰 기쁨을 소유할 것입니다. 천사들과 목사들과 여러분 자신은 그리스도께서 기뻐할 기쁨만큼 그런 기쁨은 알지 못할 것입니다. 그리스도의 모든 양은 안전히 우리에 들어갔습니다. 건물의 모든 돌이 적당한 위치에 놓였습니다. 아버지께서 그에게 주신, 피로 사시고 피로 씻은 사람들을 사자의 입에서 구원하셨습니다. 그리스도는 구속할 것을 약속하신 이들을 효과적으로 구원하셨으며, 그의 계획은 모두 성취되었고, 그의 언약은 모두 완성되었습니다. 그 언약은 재가되었을 뿐 아니라 일점일획까지도 다 성취되었습니다.

그날, 어느 누구도 위대한 보증인이신 주님만큼 행복할 자가 없을 것입니다. 신랑이 신부를 보고 기뻐하듯, 그리스도께서는 여러분을 보고 기뻐하실 것입니다. 여러분은 다음과 같은 말씀을 알 것입니다. "그는 그 앞에 있는 기쁨을 위하여 십자가를 참으사 부끄러움을 개의치 아니하시더니"(히 12:2). "그가 자기 영혼의 수고한 것을 보고 만족하게 여길 것이라"(사 53:11). 이 기쁨과 만족이 우리 주님의 것이 될 것입니다. 그 때 모든 교회는 그의 영광 앞에 흠 없이 완전하게 섭니다. 그러나 아직은 아닙니다. 그 때, 그의 모든 보화를 셈하여 하나도 빠뜨린 것이 없을 때, 그는 영으로 새롭게 기뻐할 것이며, 이 세상에 계실 때보다 더 큰 기쁨으로 하나님께 감사할 것입니다. 그리스도는 이날을 바라보셨고, 이 날 때문에 잔혹한 고통과 부끄러운 죽음을 개의치 않으셨습니다. 그렇습니다. 그리스도는 기뻐하실 것입니다. 우리의 머리 되신 그리스도는 자기 모든 지체들과 함께 그의 기쁨을 나눌 것입니다. 그리스도는 더욱 행복하여 즐거워하실 것입니다. 그는 확실히 기쁨을 누리실 자격이 있으시므로 기뻐하실 것입니다. 누가 기뻐할까요? 물론 하나님 자신이 기뻐하실 것입니다. 이런 경우, 하나님의 기쁨이 언제나 무한하다고 말하는 것은 불경이 아닙니다. 하나님의 기쁨은 언제나 무한하시지만, 그 때 주의 피조물들 앞에서 그 기쁨이 무한히 전개될 것입니다.

다음 말씀을 들어보십시오. 즉, 여러분은 그것을 측량할 수 없으나 볼 수 있을 것입니다. "너의 하나님 여호와가 너로 말미암아 기쁨을 이기지 못하시며 너로 말미암아 즐거이 부르며 기뻐하시리라"(습 3:17)고 기록되어 있습니다. 언젠가 내가 이 말씀을 설교했지만, 어떤 점에서 이 본문은 성경 중 가장 놀라운 본문이라고 생각합니다. 하나님 자신이 노래하시다니! 세상이 창조될 때, 새벽별이 즐거이 소리친 것은 상상할 수 있습니다. 그러나 하나님은 노래하시지 않았습니다. 하나님이 "매우 좋았다"고 말씀하셨고, 그리고 그것이 전부였습니다. 거기에는 아무 노래도 없었습니다. 그러나 오, 이것을 생각해 보십시오. 택한 민족이 보좌에 둘러 모일 때, 영원하신 아버지는 가장 기뻐하시며, 모든 것을 충만하게 하시는 하나님께서 무한하고 거룩한 노래를 발하실 것입니다.

나는 이 본문 속에서 한 가지만 더 생각하려 합니다. 사랑하는 자여, 본문의 모든 것은 여러분에 대한 것입니다. 이 모든 것에 여러분도 해당됩니다. 여러분은 교회에서 가장 작은 자요, 가정에선 가장 불쌍한 자요, 가장 미천한 신자입니다. 여러분에게 이것은 모두 사실입니다. 하나님은 여러분을 지켜 보호하시고, 하나님 앞에 흠 없이 즐거움으로 서게 하실 것입니다. 오, 이 노래에 참여하여 나와 함께 이렇게 찬양하지 않으시렵니까! "오직 지혜로우신 하나님과 구세주께 영광과 위엄과 능력과 권세가 영원히 있을지어다 아멘."

　　나는 다음과 같이 말하는 저 나이 많은 여성도와 같은 생각입니다. 그녀는 자기가 천국에 이르면 언제까지나 예수 그리스도가 입에 오르내릴 것이라고 합니다. 참으로 그리스도 예수는 영원토록 성도의 입에 오르내릴 것입니다.

> "숨이 다할 때까지 나의 구세주를 찬양하리.
> 죽음으로 나의 목소리가 들리지 않을 때,
> 찬미는 나의 더 고귀한 능력을 쓰게 되리.
> 나의 찬미의 날은 결코 없어지지 않으리.
> 생명과 생각과 존재가 지속되는 동안,
> 아니면 불멸이 지속되는 동안."

　　나는 여러분이 자신의 연약함을 느끼며 살아가기를 원합니다. 그러나 자신을 보호하심을 믿는 믿음으로 살아가기를 원합니다. 여러분은 한시도 홀로 설 수 없으므로, 은혜가 여러분을 지켜 지옥에서 건져내지 않는다면 두 번째로 멸망받게 될 것을 아시기를 원합니다. 그리고 여러분이 그리스도의 손 안에 있기 때문에, 멸망할 수도 없고, 그 어느 것도 그리스도의 손에서 여러분을 잡아챌 수 없습니다. 가련한 죄인들이여, 나는 오늘 밤, 여러분이 주님의 손 안으로 들어가고, 주님께 여러분을 의탁하여 일을 처리하기를 바랍니다.

　　여러분은 죽을 수는 있지만, 자신을 구원할 수는 없습니다. "오 이스라엘이여, 너는 자신을 멸망시켰지만, 내 안에서 네 도움을 찾으리라." 그리스도만이 여러분을 구하실 수 있습니다. 자신으로부터 나와서 그리스도를 바라보십시오. 자신을 그리스도께 맡기십시오. 그분은 "여러분을 타락으로부터 능히 지키실 수 있습니다." 여러분은 심지어 똑바로 서지도 못하고, 그분이 여러분을 똑바로 세우더라도, 여러분을 지켜 주시지 않는다면 1분도 바로 서 있을 수 없습니다. 만일 성도들이 보호받아야 한다면, 여러분은 더욱더 구주의 상처 입은 옆구리의 안식처를 찾아야 합니다. 즉, 비둘기가 바위 틈새로 숨어드는 것처럼 거기로 피해야 합니다.

만일 하나님의 거룩한 사람들이 매일 용서해 달라고 부르짖고, 자신은 천국에 대해 아무런 권리도 없음을 고백한다면, 여러분의 경우는 얼마나 훨씬 더 절박합니까? 여러분이 현재의 모습 그대로 죽는다면, 여러분은 멸망해야 합니다. 여러분 스스로는 자신의 죄를 결코 없앨 수 없지만, 그리스도는 하실 수 있습니다. 그분은 죄와 더러움을 씻을 샘을 솟아올리셨습니다.

다시 말하건대, 예수님을 바라보십시오. 자신을 벗어나서 그리스도의 편에 붙으십시오. 자신에 대한 믿음을 낮추시고, 그리스도 예수께 대한 단순한 믿음을 올리십시오.

친애하는 여러분, 우리 각자가 모두 느끼고 있으리라고 생각하는 노래를 한 절 부르고 설교를 마치겠습니다.

> "주의 성도들 가운데 나도 참여하게 하소서.
> 천사장의 나팔 소리 울릴 때
> 주의 웃는 얼굴 보게 하소서.
> 수많은 무리 소리칠 때 나 노래하리.
> 화려한 천국의 집은 크신 은혜 찬미하는 소리로 울리리."

스펄전설교전집
요한서신
유다서

초판 인쇄 2012년 7월 20일
초판 발행 2012년 7월 25일

발행처   큐리스챤
다이제스트

발행인   박명곤
주소   경기도 고양시 일산동구 장항동 611-19
전화   031-911-9864, 070-7538-9864
팩스   031-911-9824
등록   제 396-1999-000038호
판권   ⓒ 크리스챤다이제스트 2012
총판   (주) 기독교출판유통
         전화 031-906-9191~4
         팩스 0505-365-9191